Buch-Updates
Registrieren Sie dieses Buch auf unserer Verlagswebsite. Sie erhalten dann Buch-Updates und weitere, exklusive Informationen zum Thema.

Galileo
BUCH UPDATE

Und so geht's
- > Einfach **www.galileodesign.de** aufrufen
- <<< Auf das Logo **Buch-Updates** klicken
- > Unten genannten **Zugangscode** eingeben

Ihr persönlicher Zugang zu den Buch-Updates 104501041863

Vitaly Friedman

Praxisbuch Web 2.0

Moderne Webseiten programmieren und gestalten

Galileo Press

Liebe Leserin, Lieber Leser,

Sie wollen endlich genau wissen, wie Web 2.0 technisch und gestalterisch realisiert wird? Dann ist dieses Buch genau das Richtige für Sie. Hier erfahren Sie alles über die praktische Umsetzung aktueller Webtechniken und Designkonzepte und erstellen so Ihre eigene Web 2.0-Seite

Sie beginnen mit der Seitenstrukturierung, der Farb- und Textgestaltung. Dabei lernen Sie anhand zahlreicher Beispiele und Praxisanleitungen, wie Sie die charakteristische Farbpalette sowie die typografischen Besonderheiten des Web 2.0 bei der Entwicklung Ihrer Seite einsetzen.

Die Techniken zur Entwicklung von CSS-basierten Navigationsmenüs, attraktiven Tabellen, Listen und Formularen werden in anschaulichen Schritt-für-Schritt-Anleitungen dargestellt. Auch die Gestaltung der dabei eingesetzten Grafiken wird detailliert gezeigt: Mit Adobe Photoshop, Flash oder frei verfügbaren Tools erstellen Sie ansprechende Grafiken für Ihre Seitenelemente.

Im Web 2.0 sind tabellenbasierte Layouts wegen ihrer Nachteile fast von der Bildfläche verschwunden. Auch hier zeigt Ihnen unser Autor Vitaly Friedman wieder Schritt für Schritt, wie Sie stattdessen mit CSS anspruchsvolle Layouts realisieren und dabei sämtlichen Browserbugs geschickt aus dem Weg gehen.

Doch Web 2.0-Seiten zeichnen sich nicht nur durch ein besonderes Design aus – Techniken wie Ajax, Microformats und der Einsatz von Web-APIs in Form von Mashups sind ebenso charakteristisch. Vitaly Friedman zeigt Ihnen, wie Sie Design und Programmierung miteinander verbinden können.

Als Blogbetreiber erhalten Sie nützliche Praxistipps und erfahren darüber hinaus, wie Sie WordPress mit einem individuellen Design nach Ihren Vorstellungen anpassen. Falls Sie Ihre Seiteninhalte durch Podcasts ergänzen möchten, unterstützt Sie dieses Buch bei der Vorbereitung, Konzeption und Realisierung.

Die Buch-DVD enthält neben den vollständigen Code-Beispielen ausgewählte Lektionen aus unseren Video-Trainings zu »Adobe Photoshop CS3« und »Adobe Flash CS3«.

Ihre Meinung ist uns wichtig. Kritik oder Zuspruch hilft uns bei der Arbeit an weiteren Auflagen. Ich freue mich deshalb, wenn Sie sich mit Ihren kritischen Anmerkungen an mich wenden.

Ihr Marc Czesnik
Lektorat Galileo Computing

marc.czesnik@galileo-presss.de
www.galileocomputing.de
Galileo Press • Rheinwerkallee 4 • 53227 Bonn

Teil III Web 2.0-Programmierung

Teil IV Web 2.0-Publishing

Schritt für Schritt: Textgestaltung

Schritt für Schritt: Navigation gestalten

Schritt für Schritt: Listen und Tabellen

Schritt für Schritt: Schaltflächen

Schritt für Schritt: Formulare gestalten

Schritt für Schritt: Web 2.0-Layouts mit CSS umsetzen

Schritt für Schritt: Ajax

Schritt für Schritt: Mikroformate

Schritt für Schritt: Wikis

Inhalt der Begleit-DVD

Die Begleit-DVD enthält die vollständigen Quellcodebeispiele sowie ausgewählte Lektionen aus den Video-Trainings »Adobe Photoshop CS3« von Marc Wolf sowie »Adobe Flash CS 3« von Sonja Vieten.

Marc Wolf: Photoshop CS3 – Grundlagen

1. Der Arbeitsbereich
1.1 Einleitung
1.2 Ihr Schnelleinstieg in Photoshop CS3
1.3 Die Arbeitsoberfläche
1.4 Den Arbeitsbereich einrichten
1.5 Die Werkzeug-Palette
1.6 Arbeiten mit Paletten
1.7 Die Protokoll-Palette
1.8 Ansicht und Zoom
1.9 Lineale, Raster und Hilfslinien
1.10 Werkzeuge per Klick erklärt
2. Ebenentechnik
2.1 Einleitung
2.2 Das Ebenenprinzip
2.3 Die Ebenen-Palette
2.4 Ebeneeigenschaften
2.5 Ebenenstile anwenden

Sonja Vieten: Adobe Flash CS3

1. Zeichnen und Text
1.1 Freihandzeichnen
1.2 Transformieren mit »9-sclice scaling«
1.3 Interaktive Texteingaben
2. Animation
2.1 Einzelbildanimation
2.2 Animationen per ActionScript
2.3 Ein Rechenspiel mit Arrays
2.4 Bewegung mit ActionScript 3.0
3. Eine Website mit Flash erstellen
3.1 Eine Flash-Navigation erstellen
3.2 Videos in die Website einbinden
3.3 Website veröffentlichen

Geleitwort des Fachgutachters

Ich könnte an dieser Stelle darauf eingehen, wie und wodurch sich der Begriff des »Web 2.0« definiert. Es wäre jedoch sehr ambitioniert, dieses polarisierende Buzzword in ein paar Zeilen beleuchten zu wollen: Zu unscharf sind die Definitionen, zu vielfältig die Interpretationen. Doch meinem geschätzten Kollegen Vitaly Friedman gelingt es mit klaren Worten und anhand vieler Beispiele, diesem Begriff Kontur zu verleihen.

Und so erfährt man unter anderem, wie »neu« das neue Web eigentlich ist, oder warum Entscheidungen einer Gruppe in der Regel weitaus präziser und qualitativ besser ausfallen als jene einzelner Personen. Darüber hinaus erfahren Sie, wie sich dieses Phänomen auf die Software-Entwicklung auswirkt und warum Open-Source immer populärer wird: Crowdsourcing statt Outsourcing lautet hier die Devise.

Wie bitte, Crowdsourcing? Ja, richtig gelesen! Denn bevor wir uns die Ärmel hochkrempeln und loslegen können, gilt es, die Bedeutung dieses und weiterer Begriffe, wie *Social Bookmarking*, *Tags*, *Trackbacks* oder den viel zitierten *Long Tail* zu klären. Jedoch schon unmittelbar nach diesem kurzen Exkurs in Sachen Web 2.0-Terminologie wird – dem Titel entsprechend – auf den praktischen Teil übergeleitet.

Die grundlegenden Ideen, Techniken und Designkonzepte des neuen Webs werden durch eine ausgewogene Mischung aus Screenshots, Code-Beispielen und erklärenden Texten anschaulich vermittelt. Ajax, CSS, RSS, Blogs, Microformats, Wikis und Podcasts sind nur einige der vielen Begriffe, welche man in diesem Buch kennen, verstehen und in der Praxis einzusetzen lernt.

So werden im Abschnitt über die Erstellung standardkonformer Websites die Vorzüge der Listen- und Tabellenelemente aufgezeigt und wie man diese durch geschicktes Styling in Menüs oder visuell ansprechende, tabellarische Auflistungen verwandelt. Auch ein Webformular wird semantisch korrekt mittels XHTML definiert, mit CSS gestaltet und im Anschluss daran mit JavaScript in puncto Usability verfeinert.

Doch was wäre ein technisch durchdachter Internet-Auftritt ohne ein ausgefeiltes Design? So lernen Sie beispielsweise mit Adobe Photoshop »glossy Buttons« zu erstellen oder Elemente mit einer Web 2.0-typischen Spiegelung zu versehen. Darüber hinaus garantieren Tipps zur Erstellung harmonischer Farbschemata, Grundregeln der Typografie sowie Usability-Guidelines ein fundiertes Verständnis für gutes Design. Dieses Buch schafft sowohl für Designer als auch für Web-Entwickler eine optimale Basis für einen erfolgreichen Start in das Zeitalter des neuen Webs.

Wolfgang Bartelme

Vorwort

Wirft man den Begriff Web 2.0 in die Runde, so sorgt das Thema häufig für eine angeregte Diskussion. Dies ist nicht unbedingt verwunderlich, denn von diesem Begriff als Bezeichnung für das heutige Web haben die meisten schon gehört, aber zugleich wissen nur die wenigsten, was genau darunter zu verstehen ist.

Doch was genau versteckt sich hinter dem Begriff *Web 2.0*? Wo liegt der Unterschied zwischen dem »alten« und dem »neuen« Web? Und was bedeutet er im Einzelnen für Webanwender, Designer und Programmierer?

Web 2.0 – ein Abenteuer im Begriffsdschungel

Im Laufe der letzten Jahre hat das Web einen undurchschaubaren Dschungel von neuen Begriffen und Trends hervorgebracht. Wer sich heute im Netz umschaut, wird zwangsläufig auf solche Schlagwörter wie *Ajax*, *CSS*, *RSS*, *Blogs*, *Folksonomy*, *Microformats*, *Wikis*, *Podcasts*, *Screencasts*, *Semantic Web* oder *soziale Netzwerke* stoßen, ohne dass ihre eigentliche Bedeutung für das Web klar wird. Dies sorgt für Missverständnisse und verwirrt einen unerfahrenen Nutzer genauso wie einen »Web-Guru«.

In der Konsequenz werden die Begriffe durcheinander geworfen und die Vorteile des neuen Webs übersehen oder einfach nicht verstanden.

Wer dennoch einen genaueren Blick hinter die Kulissen wirft, stellt schnell fest: Das Internet, in der Gestalt, an die wir uns gewöhnt haben, verändert sich rasant. *Die zweite Phase der globalen Vernetzung* lässt neue Verhaltensmuster, Gewohnheiten sowie eine sogenannte Kultur der Partizipation entstehen. Im Mitmach-Web etablieren sich neue Design Patterns, Technologien und Online-Plattformen, die plötzlich allgegenwärtig sind und dem Web eine neue Dynamik verleihen.

Themen, Aufgaben und Ziele dieses Buches

Web 2.0 in der Praxis
Dieses Buch beschreibt grundlegende Konzepte und Ideen hinter Web 2.0 sowie die Umsetzung in der Praxis

Eine wesentliche Aufgabe des Buches besteht darin, Ihren einen detaillierten Einblick in die grundlegenden Mechanismen des Web 2.0 zu verschaffen. Zu diesem Zweck werden Ihnen die Konzepte und Ideen hinter Web 2.0 vorgestellt.

Dabei werden aktuelle Designtrends, Techniken sowie einschlägige Werkzeuge genau unter die Lupe genommen und anhand zahlreicher praxisnaher Beispiele dargestellt. Insbesondere gilt es, neue und alte Probleme, die einem Web 2.0-Entwickler im Wege stehen, intensiv zu besprechen. Insbesondere werden wir in diesem Zusammenhang auf die Standardkonformität, Benutzerfreundlichkeit und Barrierefreiheit eingehen – wichtige Aspekte, die viel zu oft vergessen oder gar ignoriert werden.

Begleitende Schritt-für-Schritt-Anleitungen – etwa zur Erstellung von grafischen Elementen, zur Umsetzung eines CSS-Layouts oder Programmierung mit Ajax – sollen dabei Einsteigern und Profis einen nützlichen Werkzeugkasten bereitstellen, mit dem die neuen Techniken kreativ und vielfältig umgesetzt werden können.

Aufbau des Buches

Web 2.0-Trends
Ein Blick aus der Vogelperspektive

Im ersten Teil des Buches wird das Phänomen Web 2.0 aus der Vogelperspektive betrachtet. Hier können Sie sich einen Überblick über die neuen Konzepte verschaffen, und es werden die wesentlichen Eigenschaften des Web 2.0 dargestellt.

Web 2.0-Seitengestaltung
Seitengestaltung im neuen Look: Webtypografie, Farbgestaltung, Design von Seitenelementen.

Im zweiten Teil des Buches erleben Sie Web 2.0 praxisnah: Es werden die Besonderheiten der Webtypografie, Farbgestaltung und des Designs von Seitenelementen detailliert beschrieben. Die Gestaltung von Überschriften, Navigationsmenüs, Tabellen, Schaltflächen und Formularen wird anhand zahlreicher Beispiele dargestellt; aber auch Richtlinien zur Barrierefreiheit und Benutzerfreundlichkeit kommen an dieser Stelle zur Sprache.

Zudem werden konkrete Beispiele aus der Praxis sowie die Erstellung und Umsetzung von Web 2.0-Layouts mit CSS dargestellt. Es wird erklärt, welche Probleme (Stichwort »Browserkompatibilität«) bei der Realisierung auftreten können, wie sie gelöst werden und wie man unerwünschten Bugs effizient vorbeugt.

Web 2.0-Programmierung
Technische Aspekte moderner Webentwicklung: Ajax, Microformats und Mashups.

Der dritte Teil wird die technischen Aspekte des Web 2.0 weiter hervorheben. Dabei wird der Fokus auf der praxisorientierten Darstellung von Ajax liegen.

Im vierten Teil wird erläutert, wie man Blogs und Wikis in der Praxis verwendet und Microformats, Mashups sowie Podcasts in eine Webseite integriert.

Web 2.0-Publishing
Der Einsatz von Blogs, Wikis und Podcasts

Am Ende jedes Kapitels finden Sie eine Zusammenfassung sowie eine Auflistung weiterführender Referenzen zum Thema.

Auf meiner Webseite zum Buch (*http://www.praxisbuch-web20.de*) finden Sie weitere Informationen zum Thema. Dort können Sie auch die im Buch enthaltenen Linkcodes verwenden; so bleiben die Verweise stets aktuell.

Danksagung | Dieses Buch wäre ohne Unterstützung von vielen Freunden und Bekannten unmöglich gewesen. An dieser Stelle möchte ich daher einen herzlichen Dank an meine Eltern, meinen Bruder Alexander, meine Verwandten sowie Heiko Hoffmann, Viktoria Wissmann und Marie Giventar für die großartige Unterstützung aussprechen.

Ein herzliches Dankeschön an Wolfgang Bartelme, Sven Lennartz, Manuel Bieh und die weltweite Webdesign-Community, deren Arbeit, Beiträge, Ratschläge und Ressourcen mich zu Weiterentwicklungen inspiriert und unterstützt haben.

Insbesondere möchte ich mich bei meinem Lektor Marc Czesnik für die Idee zum Buch sowie seine konstruktive Kritik und Unterstützung bedanken.

Ein herzlicher Dank geht außerdem an alle Freunde, Bekannte und Unbekannte, die mich beim Verfassen dieses Buches unterstützt und motiviert haben.

Einleitung

Nur wenige werden sich an den 6. August 1991 erinnern, an dem eine revolutionäre Innovation eingeleitet wurde. Im europäischen Kernforschungszentrum (CERN) bei Genf arbeitete der britische Informatiker Timothy Berners-Lee fleißig an einem System, mit dem alle Rechner des Forschungszentrums miteinander verbunden und ihre Daten verknüpft werden konnten.

Doch das Problem, an dem Berners-Lee arbeitete, war gar nicht neu. Seit über einem Jahrzehnt suchten Universitäten und wissenschaftliche Einrichtungen nach Technologien, mit denen man mehr Ordnung in das globale Informationschaos bringen konnte. Als Konsequenz entstanden immer häufiger lokale Hypertext-Systeme. Diese sollten anhand elektronischer Verweise für eine effizientere Suche in Dokumenten sorgen. Fast immer wurden solche Systeme jedoch an spezielle Bedürfnisse angepasst und verließen selten den Großrechner einer Universität.

Die Geburtsstunde des World Wide Web

Die Idee, die Berners-Lee verfolgte, bestand darin, ein Hypertext-System als eine einfache Auszeichnungssprache zu implementieren, die es erlaubt hätte, beliebige Inhalte und Dokumente leicht zu erstellen und zu verknüpfen. Das Internet, jahrzehntelang eine eher akademische Angelegenheit, von Forschern für Forscher entwickelt und verwendet, wollte Berners-Lee der breiten Öffentlichkeit zugänglich machen. Die neue Technologie sollte frei verfügbar sein und jedem die Möglichkeit geben, daran teilzunehmen.

TIPP

Das von Berners-Lee veröffentlichte Konzept kann man immer noch in Usenet, mittlerweile im Google Groups Archive abgelegt, in der Gruppe *alt.hypertext* (Linkcode 001) anschauen.

Am 6. August 1991 wurde das neue Konzept präsentiert und eine Bibliothek bereitgestellt, die grundlegende Bausteine für die Entwicklung weiterer Webanwendungen lieferte. Mit Berners-Lees Anleitungen konnten Webserver relativ schnell eingerichtet werden. Das Erstellen von HTML-Dokumenten war anhand simpler Beschreibungssprache einfach und einheitlich. Dies eröffnete eine neue Perspektive für den Informationsaustausch und die Datenverknüpfung – und zwar für alle.

Das Internet wird allgegenwärtig

In den jüngsten Jahren seiner Entwicklung erfährt das World Wide Web eine außergewöhnliche Popularität. Statistiken weisen ein exponentielles Wachstum auf, das bis zum Ende der 90er-Jahre anhält.

Internet-Boom | Es entstehen schnelle Leitungen und die ersten drahtlosen Netzwerke. Internet-Telefonie, E-Commerce und Online-Banking, aber auch Java und MP3 sorgen für neue Aufbruchstimmung in der Webszene, die die Trafficvolumina weltweit gewaltig ansteigen lassen.

Das Internet wird zuerst von Großunternehmen und Versandhäusern benutzt – in der Hoffnung, neue Kunden durch die neue Kommunikationsform zu gewinnen. Langsam wandelt es sich zu einem Web der Anwender, die ihren Alltag mit Online-Diensten komfortabler und effizienter gestalten können. Das neue Medium wird zu einer effizienten Informationsquelle und interaktiven Unterhaltungsindustrie.

Die Entwicklung der Breitbandkommunikation schafft neue Möglichkeiten für Programmierer, bessere Aussichten für Unternehmen und günstigere Preise für die Anwender. Das Ergebnis wird sehr schnell deutlich: Das Web wird dynamischer, mobiler und attraktiver.

Die Wirtschaft entdeckt eine neue Nische

Der Internet-Boom beflügelt die Wirtschaft mit phänomenalen Potenzialen, die viele Visionäre im neuen Medium entdeckt zu haben glauben. Es entsteht eine neue Wirtschaftsbranche, die sogenannte *New Economy*, welche auf neuen Business-Modellen basiert und täglich Neugründungen hervorbringt.

Erfolgsgeschichten | Auch in Deutschland etablieren sich Dotcom-Unternehmen, wie beispielsweise 1993 die Multimedia-Agentur Kabel New Media und der Online-Shop-Hersteller Intershop.

In der Branche etablieren sich das Versandhaus Amazon (1994), die Suchmaschine Google (1998), das Online-Auktionshaus eBay

(1995), das Online-Bezahlsystem PayPal (1998) und Dutzende weiterer Dotcom-Unternehmen.

In Erwartung auf die großen Erfolge kleiner Firmen pumpen Investoren fantastische Startkapitale in neue Webprojekte, die oft kein tragfähiges Unternehmenskonzept vorweisen, und erhoffen, Einnahmen quasi mechanisch aus dem Internet-Effekt generieren zu können.

Die Dotcom-Blase platzt

Die Weltwirtschaft und die Internet-Branche wachsen immer stärker zusammen. Unter Börsianern und Kapitalgebern entsteht ein oftmals kaum zu erschütternder Glaube an die Unfehlbarkeit der Internet-Industrie. Aber nur wenige Investitionen rentieren sich. Einzelne Start-Ups werden schnell bekannt und lassen neue globale Konzerne entstehen. Bei den meisten Unternehmen bleibt der Erfolg jedoch aus.

[Dotcom-Blase]
Unter der Dotcom-Blase versteht man die Konzentrierung von Dotcom-Unternehmen mit Kapital, aber ohne Konzept, die anschließend zur Übersättigung und einer Krise der Internet-Wirtschaft führten

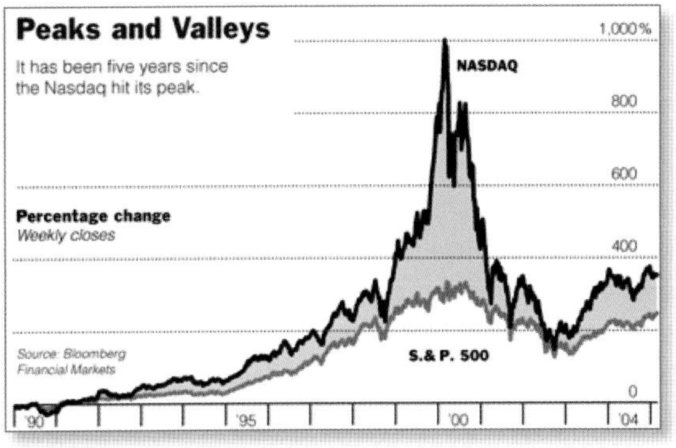

◂ Abbildung 1
Höhen und Tiefen der Internet-Entwicklung in den 90er-Jahren (Quelle: New York Times, Five Years After Nasdaq Hit Its Peak, Some Lessons Learned, 2005)

Die ersten Anzeichen der Marktübersättigung werden im Laufe des Jahres 2000 sichtbar. Durch mehrfache Misserfolge werden Investoren verunsichert und verlieren ihr Vertrauen ins Internet. Die Unsicherheit verbreitet sich rapide, sodass ein ganzer Wirtschaftszweig ins Schwanken gerät und eine Rezession einsetzt – die New Economy erleidet ihren Zusammenbruch.

Die Krise zwingt zum Umdenken

Auch in den folgenden Jahren hinterlässt die Rezession deutliche Spuren in der Internet-Industrie. Viele Unternehmen, die nach einer Sanierung einen Konsolidierungskurs einzuschlagen versuchen, bleiben auf der Strecke, werden verkauft oder verschwinden aus der Branche.

Die Internet-Entwicklung stagniert. Doch das kreative Denken lässt nicht nach. Bestehende innovative Konzepte werden neu – objektiver und realistischer – durchdacht, strukturiert und in neue Formen gebracht. Neue Projekte brauchen nun mehr Zeit, um manch vorsichtigen Anleger von ihrer Rentabilität zu überzeugen.

So stoßen Innovationen wie beispielsweise *Wikis* oder *Weblogs* zuerst auf Skepsis in der Öffentlichkeit, geraten dann aber immer mehr ins Blickfeld der Benutzer. Zunehmend setzt sich ein vorsichtiger Optimismus durch, der die Evolution des Webs weitertreibt. Es wird nur eine Frage der Zeit sein, bis sich die neuen Entwicklungen etabliert haben.

Renaissance des Web

Genau diese Entwicklung erreicht heute das breite Online-Publikum, das die Veränderungen im Internet unerwartet, aber dennoch mit Interesse aufnimmt. Neue Konzepte verändern nicht nur das Internet, sondern auch das Verhalten der Benutzer im Web. Es entsteht ein neues Verständnis für das Web und seine Aspekte.

So genügt es, sich im Netz kurz umzuschauen, um festzustellen, dass Webseiten allmählich eine neue Form annehmen. Ging es vor wenigen Jahren überwiegend um die präsentierten Inhalte, so geht es heute auch darum, die Informationen attraktiver zu gestalten und Webbesucher durch interaktive Online-Plattformen und Dienste zum Informationsaustausch und zur Mitgestaltung zu animieren. Die Bildergalerie *Flickr*, die Video-Plattform *YouTube*, der Bookmark-Manager *del.icio.us* sowie die Kennenlern-Börse *MySpace* – mittlerweile die populärsten Portale im Web – sind hervorstechende Beispiele für den neuen Trend.

Webseiten werden interaktiver, ansprechender und benutzerfreundlicher. Egal, ob nach einer sympathischen Bildergalerie oder einem bequemen Textverarbeitungsprogramm gesucht wird – zwangsläufig stößt man auf neue, modern ausgestattete Webdienste mit charmanten Namen.

Farbenfrohe Designtrends und neue visuelle Ansätze springen ins Auge; neue Funktionalitäten der Seiten sorgen für ein grundlegendes Umdenken der üblichen Interaktionen im Web; und die Zusammenarbeit der Online-Nutzer weltweit schafft ein erweitertes Medium zum Wissensaustausch und Informationskonsum, in dem Benutzer – zunehmend die Inhalte aktiv mitgestalten.

Das Internet entdeckt sich neu

Doch nicht nur das Äußere, sondern auch das Innere der Webseiten unterliegt einer grundlegenden Veränderung. Die neuen Entwicklungen versprechen ein sauberes, standardkonformes und effizienteres Web – eine Vision, die eigentlich viel realistischer ist, als sie manch einem skeptischen Beobachter vielleicht erscheint. Sich darauf einzustellen und das Web in diesem Sinne mitzugestalten, bedeutet jedoch nicht nur, die Seiten eleganter, anpassungsfähiger und benutzerfreundlicher zu gestalten. Vielmehr heißt es, sich ein ordentliches Stückchen vom Gesamtkuchen der Webindustrie zu sichern.

Neue technologische Entwicklungen zwingen Webentwickler dazu, die älteren Denk-, Design- und Programmiermuster gründlich zu prüfen und sich mit modernen Werkzeugen und Konzepten der Webentwicklung vertraut zu machen.

Neue Werkzeuge

Webentwickler erhalten bessere Werkzeuge zur Gestaltung von dynamischen und standardkonformen Webseiten. *Cascading Style Sheets (CSS), Extensible Hyper Text Markup Language (XHTML)* und *Asynchronous JavaScript and XML (Ajax)* räumen den Entwicklern mehr Möglichkeiten für die Programmierung moderner Webapplikationen ein. Begleitende Frameworks, Bibliotheken und Online-Dienste liefern praktisches Know-how zur effizienten Weiterentwicklung.

Somit wird Webentwicklung flexibler, Webdesign vielfältiger und Webseiten zugänglicher – und zwar für alle. Ganz unabhängig davon, ob eine Seite in einem Desktop-Browser mit maximaler Bildschirmauflösung oder auf einem PDA im Miniformat angezeigt wird.

Neue Konzepte

Gemeinschaftliche Zusammenarbeit sorgt im Web 2.0 für eine permanente Vernetzung der Informationen, die von Benutzern selbst erstellt und verbreitet werden. Zahlreiche *soziale Netzwerke* und *Folksonomies* führen zur Entstehung und Etablierung der sogenannten *Kollektiven Intelligenz (Wisdom of Masses)*.

Die Nutzer lagern ihre Tätigkeiten und Aktivitäten zunehmend ins Internet aus. Webanwendungen übernehmen die Desktop-Funktionalität und verbinden Mobilität mit Plattformunabhängigkeit. Statt komplexe, multifunktionale Websysteme zu erzeugen, setzt man auf einfach zu bedienende Webdienste, die alltägliche Aufgaben schnell lösen sollen.

Neue Business-Konzepte wie beispielsweise »*The Long Tail*« treffen den Nerv der Zeit und lassen Online-Unternehmen vom wachsenden Interesse der Nutzer an kleinen, kaum bekannten Nischen profitieren.

Neuer Begriff

Diese Vielzahl von Erneuerungen mag auf den ersten Blick überwältigend erscheinen, sie basiert aber zum großen Teil auf zwei simplen Komponenten: vernünftigen und intuitiven Konzepten sowie einer besseren Kommunikation zwischen den Unternehmen und deren Kunden. Das erneuerte Web wird durch vielfältige komplexe Beziehungen zu einem einfachen und bequemen Medium für Endanwender, in dem neue finanzielle Potenziale und soziales Kapital stecken. Webentwickler und Top-Manager erkennen dies und sorgen für weitere Innovationen und Investitionen.

Ein passender Begriff wurde gesucht und gefunden: *Web 2.0* soll das alte Web im neuen Gewand heißen. Ein Begriff, der den vielfältigen Entwicklungen im Netz nicht unbedingt gerecht wird, die Botschaft der Branche jedoch glasklar zum Ausdruck bringt – das Web erlebt etwas grundlegend Neues; etwas Revolutionäres und Umwerfendes.

Quellen und weiterführende Referenzen

- **Hobbes' Internet Timeline**
  http://www.zakon.org/robert/internet/timeline
  (Linkcode 002)
- **Netplanet – Geschichte des Internet**
  http://www.netplanet.org/geschichte/index.shtml
  (Linkcode 003)
- **The Internet Explained**
  http://www.searchandgo.com/articles/internet (Linkcode 004)
- **Wikipedia – Internet**
  http://en.wikipedia.org/wiki/Internet (Linkcode 005)
- **CBS Digital – Inventing the Internet Age**
  http://archives.cbc.ca/IDD-1-75-1738/science_technology/internet (Linkcode 006)

TEIL I

Web 2.0-Trends

1 Das Web im neuen Gewand

In diesem Kapitel lernen Sie den Ursprung und die Bedeutung des Begriffs *Web 2.0* kennen. Darüber hinaus werden Ihnen die Konzepte und Praktiken vorgestellt, die sich im Bereich der Webentwicklung zunehmend durchsetzen. Außerdem erhalten Sie einen Überblick über den Einfluss des Phänomens Web 2.0 weltweit und insbesondere auch in Deutschland.

1.1 Web 2.0 – wie neu ist das neue Web?

Als die Webpioniere Tim O'Reilly und Dale Dougherty im Herbst 2004 den Begriff *Web 2.0* prägten, wusste niemand wirklich, was sich daraus entwickeln würde. Zwar ließen sich gewisse Tendenzen erkennen, doch die Veränderungen waren vielschichtig und komplex, sodass jeder Versuch, den aktuellen Wandel an eine ausgezeichnete Entwicklung zu knüpfen, scheiterte.

Aus den unscharfen Konturen ließ sich kein auch nur ansatzweise klares Gesamtbild ableiten. Dennoch waren sowohl Nutzer als auch Entwickler den Veränderungen gegenüber positiv eingestellt.

Demzufolge wollte die Internet-Branche die rasant fortschreitende Entwicklung von Business und Technologie im Web stärker ins Bewusstsein der Öffentlichkeit rücken. Das Internet mit vielen neuen Potenzialen und Innovationen sollte nicht überbewertet werden, durfte aber auch nicht unterschätzt werden. Zu diesem Zweck beschlossen Internet-Visionäre eine Konferenz zu veranstalten, bei der die neuen Techniken und Trends des Webs aufgegriffen und die Perspektiven diskutiert werden sollten.

Doch jede innovative Idee braucht einen ebenso innovativen Namen. Und so waren O'Reilly und Dougherty auf der Suche nach einem treffenden Schlagwort für die Bezeichnung des Wandels, während die Vorbereitungen zur Konferenz auf vollen Touren liefen. Dabei zeigte sich, dass alle Trends eine gemeinsame Eigenschaft hatten.

1.1.1 Erneuerung statt Neuerfindung

Neues Web?
Das »neue« Web: kein neues Konzept, sondern eine tiefgreifende Erneuerung und Weiterentwicklung.

Bei einem direkten Vergleich der Situation vor und nach der Internetkrise fiel auf, dass das Web durch neue Konzepte und Anwendungen nicht neu konzipiert wird, sondern vielmehr eine tief greifende Erneuerung und Weiterentwicklung erlebt. Noch vor wenigen Jahren verzweifelt, haben Entwickler dazu gelernt und verleihen ihren neuen bzw. erneuerten Produkten detaillierte Konzepte und solide Geschäftsmodelle.

Diese Erneuerung ist jedoch nicht in dem Sinne zu verstehen, dass sämtliche Innovationen einer festen Bindung an ältere Ideen unterliegen. Vielmehr heißt es, dass etablierte Technologien und Grundgedanken des Netzes den konzeptionell wie strukturell neuen Online-Projekten als eine wesentliche Inspirationsquelle und eine notwendige technische Grundlage dienen und sich kreativ neu- und weiterentwickeln lassen. In diesem Zusammenhang ist es wichtig zu verstehen, dass die rasante Entwicklung des Netzes im »neuen« Web noch stärker als im »alten« Web seiner eigenen Dynamik überlassen bleibt. Dies sorgt dafür, dass täglich neue Ideen entstehen, die mithilfe älterer Technologien umgesetzt werden.

Bei manchen wird dies Skepsis hervorrufen – schließlich stellen CSS, XHTML, RSS, soziale Netzwerke, Ajax und all die Techniken und Entwicklungen, die in den letzten Jahren weit und breit als revolutionäre Innovationen begrüßt wurden, neue Konzepte dar, die es bisher nicht gegeben hat.

Dagegen ist jedoch einzuwenden, dass es diese Techniken bisher nur in dieser Form und in diesen Ausmaßen nicht gab, entwickelt wurden die meisten Konzepte noch Ende der 90er-Jahre. Nur konnten sie u.a. wegen mangelnder Breitbandkommunikation nicht umgesetzt werden.

1.1.2 Das neue Web: alte Technologien im Einsatz

Und in der Tat – wer genauer hinschaut, wird schnell mit einem Déjà-Vu-Erlebnis konfrontiert. Die neuen Techniken scheinen alte Bekannte in neuer Form zu sein.

▲ **Abbildung 1.1**
Valides CSS

CSS | Eine besondere Popularität gewinnen im neuen Web *Cascading Style Sheets (CSS)*, die ein hohes Maß an Flexibilität für die Webseitengestaltung liefern und einen enormen Aufschwung der Kreativität in der Design-Szene herbeiführten.

Die Grundidee der Style Sheets ist die strikte Trennung von Informationen und Darstellung. Jedes (X)HTML-Dokument kann Style Sheets dynamisch einbinden, sodass man beliebige Inhalte leichter und dynamischer gestalten, verändern und verwalten kann, ohne das Layout jeder einzelnen Seite einer Webseite einzeln anpassen zu müssen.

Die erste offizielle Spezifikation von Cascading Style Sheets, (CSS Level 1 Specification) erschien bereits im Dezember 1996. Die erste Version, von Arbeitsgruppen des World Wide Web Consortiums (W3C) entwickelt, zielte darauf ab, die Möglichkeiten zur Präsentation von Webinhalten zu erweitern, formalisieren und zu verbessern. Genau diese Zielsetzung konnte W3C erfolgreich umsetzen, sodass die erste Release-Version 1997 zur offiziellen Empfehlung erklärt wurde. Diese wird von den gängigen Browsern mittlerweile nahezu vollständig umgesetzt.

[CSS 2 & CSS 3]
CSS Level 2, eine verbesserte Version des ursprünglichen Standards, wurde 1998 veröffentlicht. Es hat sich jedoch bis zur Erscheinung des Internet Explorers 7 nicht durchsetzen können – in IE 7 wird CSS2 zum großen Teil unterstützt. Auch CSS Level 3 ist im Gespräch: Dieses soll das Prinzip der Sprache verändern und modular aufgebaut sein, also auf separaten Teiltechniken basieren und noch flexibler werden. Unter anderem werden Entwicklern multiple Hintergründe für ein Element, Mehrspaltigkeit, automatische Worttrennung sowie mehr Möglichkeiten zur Gestaltung von Rändern geboten. Auch einfache Berechnungen sollen dann möglich sein. Mehr zum Thema finden Sie auf *http://www.CSS3.info*.

▲ **Abbildung 1.2**
Das World Wide Web Concortium (W3C), das Gremium zur Standardisierung von Internet-Techniken, feierte 2006 den 10. Jahrestag seiner Gründung. Vieles hat sich verändert: Unter anderem wurden HTML, XML, CSS und RSS verabschiedet.

Seitdem hat sich zwar in der Entwicklung der Sprache Einiges getan, grundlegend Neues – etwa neue W3C-Empfehlungen für neue CSS-Standards – hat man jedoch noch nicht gesehen. Somit erhielt die CSS Level 1-Spezifikation ein fundamentales Gerüst für »spätere« Generationen von vielfältigen CSS-basierten Webseiten, das nun unter der Fahne des neuen Webs intensiv wie nie zuvor zur Geltung kommt.

XHTML | Nicht viel anders sieht es mit *Extensible Hyper Text Markup Language* (XHTML) aus, einer Neuformulierung von HTML 4.01 in strikterer XML-Syntax und mit neuen Komponenten aus XML. Die erste Release-Version von XHTML wurde im August 2000 veröffentlicht. Sie sollte HTML jedoch nicht ersetzen, sondern nur erweitern und Entwicklern durch besser organisierte Objekte und Sprachmodule mehr Freiheit und Bequemlichkeiten bei der Gestaltung der Seiten einräumen. Im Vergleich zu üblichen HTML-Dokumenten lassen sich XHTML-Dateien leichter erstellen und verwalten und können schneller an beliebige gerätespezifische Ausgabeformate – wie etwa die in PDAs oder Smartphones eingesetzten – angepasst werden.

▲ **Abbildung 1.3**
Valides XHTML 1.0

Per se stellt XHTML bloß eine Familie von XML-Dokumenttypen dar, die sämtliche Formatierungsmöglichkeiten von HTML übernehmen und diese in eine strukturierte und übersichtliche Form bringen. Dabei ist XHTML »abwärtskompatibel«: XHTML-Dateien entsprechen zwar den Syntaxregeln von XML; sollte ein Browser aber mit XML nicht vertraut sein, wird die Seite trotzdem korrekt angezeigt, da sie dann als ein HTML-Dokument interpretiert wird.

[XHTML 1.0]
XHTML 1.0 kommt in drei Varianten vor: Der Webentwickler darf zwischen *Frameset*, *Transitional* und *Strict* auswählen. Die Unterschiede zwischen Dokumenttypen werden in Kapitel 6 näher erläutert.

Die aktuelle Empfehlung des W3C bezieht sich auf die im August 2002 erschienene zweite Fassung von XHTML 1.0. Diese hat einige Fehler und Fehlinterpretationen ihrer Vorgängerin behoben.

Somit ist XHTML weder neu noch revolutionär. Das neue alte Format liefert eine Erneuerung der Struktur von Webdokumenten, die mit XML dynamisch – angelehnt an strikte Regeln und Syntax – entwickelt und in beliebigen Endgeräten einheitlich dargestellt werden können.

Ajax | Wer von einer Zäsur in der Webentwicklung spricht, denkt in der Regel an *Ajax* (*Asynchronous JavaScript and XML*). Ajax erlaubt es, den Inhalt einer Seite zu aktualisieren, ohne sie neu laden zu müssen.

Ajax ist jedoch keine neue Technologie, sondern eine Zusammensetzung mehrerer etablierter Webtechniken (mehr dazu in Kapitel 12).

Kurz nachgeschlagen
JavaScript 1.0 erschien erstmals 1995 im Netscape Navigator und entwickelte sich zunehmend zu einer objektorientierten Skriptsprache. Über DOM kann JavaScript auf beliebige Elemente eines (X)HTML-Dokuments zugreifen, sie verändern und neue Elemente erzeugen.

Das *XMLHttpRequest*-Objekt, einer der Grundbausteine von Ajax, wurde von Microsoft im Jahr 1999 entwickelt. Dies ist einer der Gründe, weshalb die neue Technologie von den meisten gängigen Browsern, im Internet Explorer seit der Version 5, vollständig umgesetzt wird.

Auch andere Teile der neuen Programmierschnittstelle, wie *JavaScript* oder das *Document Object Model (DOM)* erleben in Ajax eine Wiedergeburt und sorgen für die Interaktivität moderner Webanwendungen, welche immer stärker die Funktionalität üblicher Desktop-Anwendungen übernehmen.

web2.0 CONFERENCE

▲ **Abbildung 1.4**
Die erste Web 2.0-Konferenz fand 2004 statt. Die Veranstalter haben ihr Hauptziel erreicht – schon im Frühjahr 2005 verbreitete sich der Begriff »Web 2.0« unaufhaltsam im Netz.

1.1.3 Ein neuer Begriff für die Veränderungen im Web

Den Wandel wollten O'Reilly und Dougherty an den Prozess der Erneuerung knüpfen und dies dokumentieren. Im Laufe einer Brainstorming-Sitzung ist schließlich der Begriff *Web 2.0* gefallen, der den Übergang von alten zu neuen Webmodellen andeuten soll.

Genau dies sollte die Botschaft für die Branche sein, die nun ungeduldig von einem neuen Aufschwung des Internets schwärmte.

Der Terminus Web 2.0 wurde schnell zu einem Oberbegriff für sämtliche – bemerkenswerte und weniger bemerkenswerte – Erneuerungen im Web. Als Konsequenz haben eifrige Start-Ups den Begriff oft willkürlich verwendet, mit dem bloßen Zweck, das Interesse der Öffentlichkeit auf sich zu richten.

Web 2.0

Der Bedarf nach mehr Präzision im Umgang mit dem Begriff *Web 2.0* wurde immer deutlicher, sodass O'Reilly ein Jahr später den Beitrag »What is the Web 2.0?« veröffentlichte, in dem das neue Web genauer unter die Lupe genommen und spezifiziert wurde.

1.1.4 Was ist Web 2.0 – und was ist es nicht?

Der erste Eindruck, den man vom Begriff Web 2.0 bekommt, ist die Erinnerung an eine Versionsnummer aus der Software-Entwicklung. Web 2.0 stellt im gewissen Sinne eine Erneuerung des »alten« Webs dar. Dabei handelt es sich bei der Erneuerung nicht nur um technische Meilensteine, sondern auch um eine neue Art der Kommunikation und Vernetzung zwischen den Nutzern.

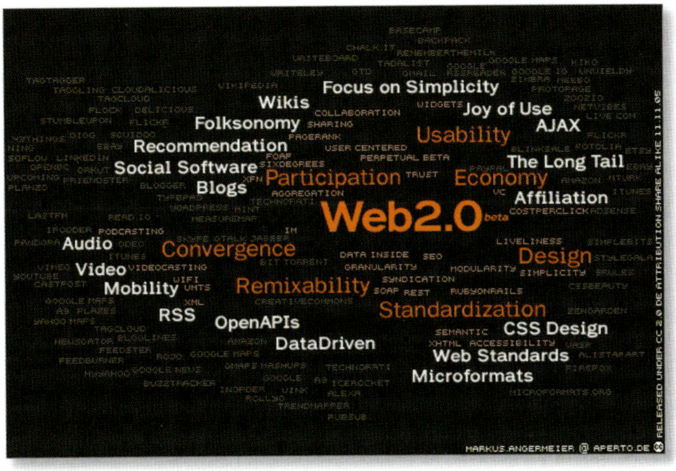

◀ **Abbildung 1.5**
Web 2.0 aus der Vogelperspektive. Diese Mind-Map von Markus Angermeier listet die wesentlichen Merkmale des Web 2.0, mit Beispielen und populären Web 2.0-Diensten im Hintergrund auf.

Dabei darf man sich nicht von der dominierenden Meinung beeindrucken lassen, die das Web 2.0 als eine revolutionäre Neuerfindung darstellt. Das neue Web entwickelt sich zwar technisch zu einem beispiellosen Medium, konzeptionell macht es jedoch einen großen Schritt zurück – zu den Anfängen des World Wide Web, als die Benutzer zum aktiven Austausch von Informationen und Kenntnissen motiviert wurden. Dieser Grundgedanke wurde durch den Online-Konsum der 90er-Jahre schnell in den Hintergrund verdrängt, kehrt nun aber in einer neuen Gestalt zurück.

Ein weiterer Irrweg, der oft unbemerkt eingeschlagen wird, ist die Gleichsetzung des Web 2.0 mit *semantischem Web* (*Semantic Web*). Der Unterschied liegt darin, dass das Web 2.0 zwar ein großes Maß an semantischen Entwicklungen vorweisen kann (XHTML, Microformats usw.), aber eben nicht nur aus diesen Technologien besteht. Somit ist Semantic Web als ein Teil des neuen Webs zu verstehen, der immer häufiger in den Vordergrund tritt.

[Semantic Web]
Unter *Semantic Web* versteht man eine Erweiterung des World Wide Web, sodass Inhalte nicht nur von Menschen, sondern auch für Maschinen besser interpretierbar sind. Voraussetzung dafür ist eine präzise semantische Auszeichnung von Inhalten.

1.2 Neue Möglichkeiten und neue Konzepte

Nach einem detaillierten Einblick in die Entstehung des Begriffs wird es nun Zeit, auf die einzelnen Entwicklungen im Web 2.0 ausführlich einzugehen. Was stellen die neuen Konzepte konkret dar? Und welche Möglichkeiten bieten sie Webentwicklern, Benutzern und Unternehmen? Es folgt ein Überblick über die grundlegende Erneuerungen im Web.

1.2.1 Das Web als Service-Plattform

Mobiles Betriebssystem

Das Web entwickelt sich zu einem mobilen Betriebssystem, auf dem Anwender alltägliche Aufgaben schnell und effizient lösen können.

Breitbandkommunikation und die neue Funktionalität moderner Webapplikationen bieten Web 2.0-Nutzern eine verlockende Alternative zu »üblichen« Desktop-Anwendungen, an die man sich im Laufe der letzten drei Jahrzehnte gewöhnte. Alltägliche Aufgaben, wie etwa Terminplanung, Projektführung und Text- oder Bildverarbeitung, verlassen die Schranken lokaler Desktop-Anwendungen und kommen im neuen Web immer stärker zur Geltung. Im Web 2.0 können sie effizienter und mobiler erledigt werden.

Textverarbeitung online

Writely, mittlerweile *Google Docs & Spreedsheets*, ist eine der ersten webbasierten Anwendungen, die eine einfache Alternative zu *Microsoft Word* im Web verfügbar gemacht hat. Ein anderes Beispiel ist *Zohowriter*.

Persönliche Daten, darunter Lieblingsbücher, Musik oder Lesezeichen müssen nicht mehr lokal auf dem eigenem Rechner gespeichert werden. Stattdessen können sie ganz offen in globalen Netzwerken abgelegt und verwaltet werden. Neue Applikationen trennen die feste Bindung der Anwender an eine spezielle Desktop-Software, die bis dato auf einem Rechner zuerst installiert und anschließend sorgfältig gepflegt werden musste. Da Dateien nun ins Netz ausgelagert werden, können sie jederzeit und überall und online erstellt, modifiziert und abgelegt werden.

Wer sich bisher zum Austausch von Informationen, beispielsweise bei der Zusammenarbeit an einem großen Projekt mit komplexen Content Management Systemen oder chaotischer E-Mail-Korrespondenz begnügen musste, wird im neuen Web einfache, bequeme und geräteunabhängige Anwendungen finden, die einen mobilen Datenaustausch ebenso wie eine Synchronisation der Daten bei paralleler Zusammenarbeit mehrerer Anwender ermöglichen.

▲ **Abbildung 1.6**
Moderne webbasierte Word Processing Tools in einer Übersicht

Die ersten webbasierten Büro-Anwendungen stellen eine neue Generation der Webapplikationen in Sicht. Mit *Zohowriter* und *Writely* lassen sich Word- und Excel-Dokumente online erstellen und ablegen; *NexImage* übernimmt die Aufgaben eines Grafikeditors und passt Farben und Schärfe eines Bildes an oder speichert einen Bildausschnitt. Und *Google Mail* stellt einen Webmail-

Dienst dar, dessen Möglichkeiten gängigen E-Mail-Programmen weit voraus sind.

Die neue Funktionalität von *Rich Internet Applications*, multifunktionalen Webanwendungen, liefert eine fundierte Grundlage für eine globale Service-Plattform und die Etablierung von sogenannten Online-Desktops, in denen der Umgang mit persönlichen Daten eine neue Dimension gewinnt.

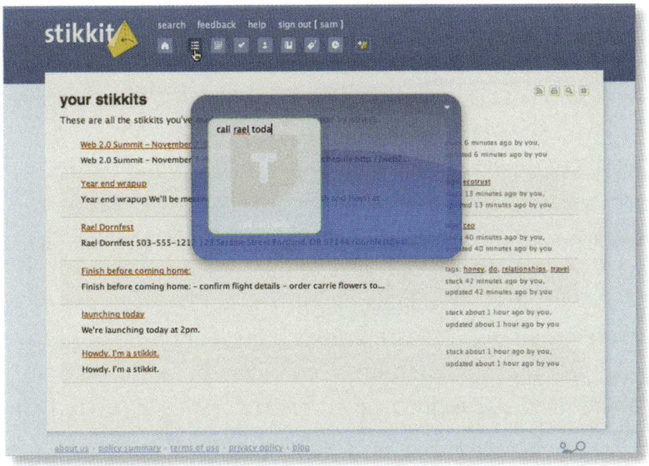

◀ **Abbildung 1.7**
Stikkit – ein Online-Assistent. Mit diesem Dienst lassen sich Daten und Bookmarks jederzeit ablegen, Termine und To-Do-Listen festlegen sowie Kontakte in ein persönliches Telefon- und Adressbuch eintragen.

1.2.2 Weisheit der Massen und Architektur der Partizipation

Im neuen Web nehmen die Nutzer aktiv teil und gestalten das Netz durch einzelne Veränderungen mit. Der *User Generated Content*, also der vom Benutzer erstellte Webinhalt, ist charakteristisch für Web 2.0-Portale.

Ein weiteres Beispiel ist die freie Online-Enzyklopädie *Wikipedia*, die mittlerweile zum Nachschlagewerk Nummer eins im Web geworden ist und eine starke Konkurrenz zu kostenpflichtigen Enzyklopädien wie *Britannica* oder *MSN Encarta* darstellt.

In Wikipedia kann jeder – öffentlich oder auch anonym – beliebige Inhalte hinzufügen, die von anderen Anwendern auf freiwilliger Basis korrigiert, ergänzt und erweitert werden. Die Summe kleinster Veränderungen durch Millionen von Wikipedianern bezeichnen Experten als ein Paradebeispiel für den sogenannten *Netzwerkeffekt*, der durch die gemeinschaftliche Arbeit von vielen Anwendern zustande kommt. Dabei soll der aus der Wirtschaft stammende Begriff suggerieren, dass passive und aktive Teilnahme von neuen Anwendern am Gesamtwerk den Wert des Produktes für das gesamte Netzwerk steigert und jeden Teilnehmer davon enorm profitieren lässt.

Das Ergebnis lässt sich sehen. Allein die deutschsprachigen Beiträge übertrafen Ende 2006 die Marke von 500.000 Artikeln,

[Folksonomy]
Folksonomy (stammt von *Folks* (Leute) und *Taxonomy* (Klassifizierung)) stellt eine Vorgehensweise im Web dar, bei der Nutzer Inhalte durch frei wählbare Schlüsselwörter und Tags kategorisieren und assoziieren. Die Funktionsweise des resultierenden Netzwerks kommt der Arbeitsweise des menschlichen Gehirns viel näher als dies bei struktureller Kategorisierung der Daten der Fall ist.

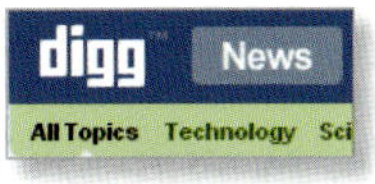

▲ **Abbildung 1.8**
Bei Digg.com entscheiden Benutzer selbst, welche Neuigkeiten sich zu Top Stories entwickeln und welche Beiträge im Netz dominieren.

▲ **Abbildung 1.9**
Die freie Online-Enzyklopädie Wikipedia ist mittlerweile zum Nachschlagewerk Nummer eins im Web geworden.

das englischsprachige Wikipedia verfügt über 1.515.000 Beiträge mit 3.000.000 registrierten Benutzern – Tendenz steigend.

del.icio.us, *Pandora*, *Flickr*, *Digg* und weitere Mitmach-Dienste magnetisieren Millionen von Anwendern. Dadurch gewinnt im Endeffekt die ganze Community, denn was viele Anwender als interessant empfinden, positiv bewerten und aus eigenen Interessen heraus auch weiterempfehlen (z. B. indem sie ein Lesezeichen kopieren oder einen Beitrag in einem »Zum Lesen«-Ordner ablegen) stellt eine wertvolle Informationseinheit dar, die man nicht unterschätzen sollte.

Eine Ordnung in die gebotenen Empfehlungen bringt die Verschlagwortung von Webinhalten durch dazugehörige *Tags*. Durch das *Tagging* werden die Semantik und Auffindbarkeit von Daten verbessert, wobei einzelne Einträge nun nach ihrer Bedeutung automatisch sortiert und direkt abgerufen werden können.

Abbildung 1.10 ▶
Auf den Seiten seines offiziellen Blogs verschlagwortet O'Reilly seine Beiträge mit Tags und Schlagwörtern.

Somit ersetzt die *Weisheit der Massen (Wisdom of Crowds)*, also das enorme Spektrum an Wissen und Information, das durch die Nutzer mitgetragen und bereitgestellt wird, die Dominanz von einzelnen selektierten Beiträgen und Seiten. Die Anwender bauen sich selbst ein globales und tief vernetztes Informationswerk zusammen, ohne sich auf die Editoren von renommierten Online-Verzeichnissen wie *DMOZ* oder *Web.de* verlassen zu müssen. Sie entscheiden selbst, welche Inhalte populär werden und welche Themen das Netz beherrschen. Diese Entwicklung ist für Paul Graham ein Zeichen für die sich durchsetzende Demokratie im Web (*http://www.paulgraham.com/web20.html* Linkcode 010).

[Kollektive Intelligenz]
Die Gesamtheit einzelner Beiträge, die von der Öffentlichkeit erstellt und verbreitet werden, ergibt eine Wissenseinheit, die Experten als *kollektive Intelligenz* bezeichnen.

Kollektive Intelligenz | Die Nutzung und Steigerung kollektiver Intelligenz werden zu zentralen Prinzipien im Web 2.0. Sie lassen die Qualität der Informationen über die Quantität dominieren. Treffende Beispiele dafür sind die Erfolgsgeschichten von »Altmeistern« wie eBay, Google und Amazon, welche die Empfehlungen von Nutzern und Kunden zu einem Grundprinzip gemacht haben.

So liefert eBay, eine transparente Darstellung sämtlicher Aktivitäten der Käufer und Verkäufer. Diese müssen sich wegen gegenseitiger, allen zugänglichen Bewertungen um möglichst optimale Verkaufsabläufe kümmern, was letztendlich zur Steigerung der *Quality of Service* führt. Die Vorteile für beide Seiten liegen auf der Hand.

[PageRank-Algorithmus]
Der Algorithmus hinter dem PageRank wird zwar geheim gehalten, doch das veröffentliche akademische Paper mit einer detaillierten Beschreibung der Grundprinzipien kann man im Netz finden (Linkcode 011)

Gleicher Ansatz im anderen Kontext: Die Suchmaschine Google, die in wenigen Jahren eine Umwälzung im Auffinden von Webinhalten herbeigeführt hat, basiert auf der Idee, die angezeigten Suchergebnisse u.a. von den Empfehlungen der Seitenbetreiber abhängig zu machen. Das Ergebnis, der berüchtigte *PageRank*, analysiert nicht nur die Webdokumente selbst, sondern analysiert auch ihre Erwähnung im Web und benutzt somit die Intelligenz der Webnutzer.

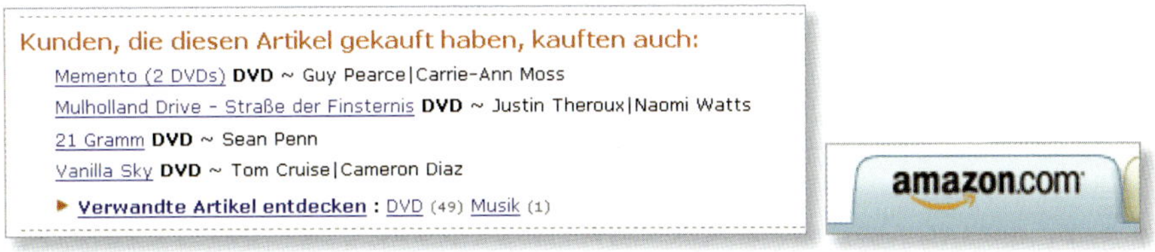

▲ **Abbildung 1.11**
Amazon bietet Produkte an, die von potenziell gleichgesinnten Kunden gekauft wurden.

Auch das Online-Kaufhaus Amazon konnte sich durch massiv eingebaute Empfehlungsangebote durchsetzen. Egal, für welches Produkt oder Thema der Kunde sich interessiert – auf sämtlichen Seiten des Portals findet man »beliebteste« Produkte und Empfehlungen von Kunden, die Ähnliches gesucht, gefunden und gekauft haben. Die typische Struktur eines Online-Shops auf der Basis detaillierter Produktbeschreibungen hatte Amazon durch Rezensionen und intensives Engagement der Nutzer erweitert. Die Nutzerbeteiligung macht das Angebot aus, und das Angebot wiederum macht die verstärkte Nutzung der Plattform aus – die Verkaufszahlen von Amazon sprechen für sich.

Ethik der Kooperation | Eine weitere Nebenerscheinung, die sich aus dem neuen Netzverständnis der Anwender ergeben hat, ist die *Ethik der Kooperation*, die im Web eine *Architektur der Partizipation* entstehen ließ. Diese zeichnet sich dadurch aus, dass Online-Dienste in der indirekten Kommunikation der Netzwerkteilnehmer als Vermittler agieren, welche die Knoten des Netzwerks verbinden, die Ressourcen der Nutzer bündeln und diese in einer weiterentwickelten Form wieder verfügbar machen. In diesem Zusammenhang wird häufig vom *Mehrwert durch Partizipation* gesprochen.

Im Web 2.0 gehen Webentwickler nach der Faustregel »je mehr Leute einen Dienst nutzen, desto besser wird das Produkt und desto profitabler wird seine Weiterentwicklung«. Somit wird ein besonderer Wert auf das aktive Mitwirken der Anwender gelegt, die durch die freie Verfügbarkeit der Dienste zur Teilnahme animiert werden.

1.2.3 Open-Source-Bewegung und offene Technologien

Einer der Aspekte, welcher die Web 2.0-Bewegung aus der Sicht eines Webentwicklers am stärksten prägt, ist die aktive Open-Source-Bewegung mit ihren zahlreichen Möglichkeiten.

Offene Personal-Publishing-Systeme wie *Weblogs* und *Wikis* lassen jeden Nutzer ohne fundierte Programmierkenntnisse beliebige Inhalte schnell publizieren und verbreiten. Frei verfügbare Datenformate lassen sich ohne Weiteres auf unterschiedliche Geräte übertragen und implementieren, sodass neue plattformunabhängige Applikationen entstehen können. Außerdem werden Informationen stärker von den Anwendungen getrennt, die sie benutzen, und häufiger als *open data* zur Verfügung gestellt, die von jedem Entwickler benutzt werden kann.

Bei *Sourceforge.net*, dem Rückgrat der Open-Source-Gemeinschaft, wo jeder ein Projekt hinzufügen und Quelltexte herunterladen und benutzen kann, findet man zurzeit über 140.000 Open-Source-Projekte. Neue Ideen werden durch gemeinsame Zusammenarbeit realisiert, zum Laufen gebracht und verbreitet – kostenlos und für alle. Ihre Entwickler arbeiten daran, der Öffentlichkeit vernünftige Alternativen zu kommerziellen Produkten anzubieten.

Abbildung 1.12 ▼
Die Architektur des SourceForge-Projekts, das über 1.650.000 registrierte Nutzer vorweisen kann

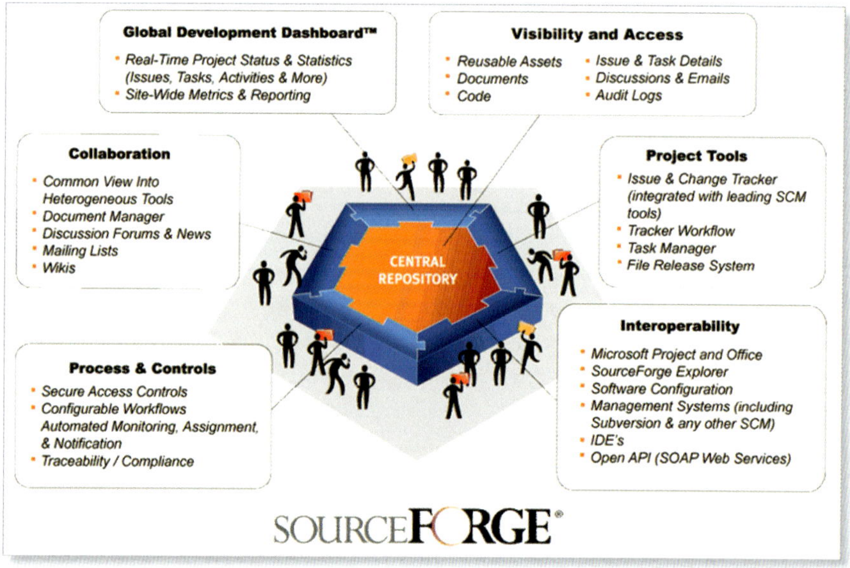

So stammen die wesentlichen Komponenten der Internet-Infrastruktur – darunter Linux, Apache, MySQL, Perl, PHP und Python – aus der Open-Source-Bewegung und wurden über Jahre gemeinsam von Programmierern aus der ganzen Welt öffentlich entwickelt.

Innovative Web Services | Neue, offene APIs ermöglichen den Zugriff auf die global gesammelten Daten, die auf den Servern großer Online-Konzerne abgespeichert und ständig aktualisiert werden. Die Offenheit der Daten stellt Webentwicklern ein neues technologisches Gerüst zur Gestaltung interaktiver Webauftritte mit dynamischen Inhalten bereit.

Verschiedenste Online-Inhalte lassen sich im Web 2.0 beliebig vermischen, in neue Formen bringen und ganz automatisch darstellen. Demzufolge entstehen sogenannte *Mashups* – Webseiten, die Inhalte aus verschiedenen im Internet verfügbaren Datenquellen zusammenfügen und verknüpfen. Anschauliche Beispiele dafür sind *Wikimapia* und *Placeopedia*, zwei Projekte, die Funktionalitäten von Google Maps und Wikipedia vereinigen, mit dem Ziel, sämtliche Plätze auf der Erde mit Referenzen zu entsprechenden Wikipedia-Einträgen zu versehen.

Aber auch Gelegenheitsblogger können sich die Offenheit von Datenbeständen zunutze machen. So lassen sich populäre Lesezeichen bei *del.icio.us*, beliebte Musikstücke bei *Last.FM*, aktuelle Neuigkeiten bei *Digg* und kürzlich abgelegte Bilder bei *Flickr* über entsprechende APIs dynamisch anzeigen.

▼ Abbildung 1.13
APIs zum Weiterentwickeln: Flicker Time aktualisiert Daten, die über die Flickr-API geladen und sekündlich aktualisiert werden (Linkcode 012).

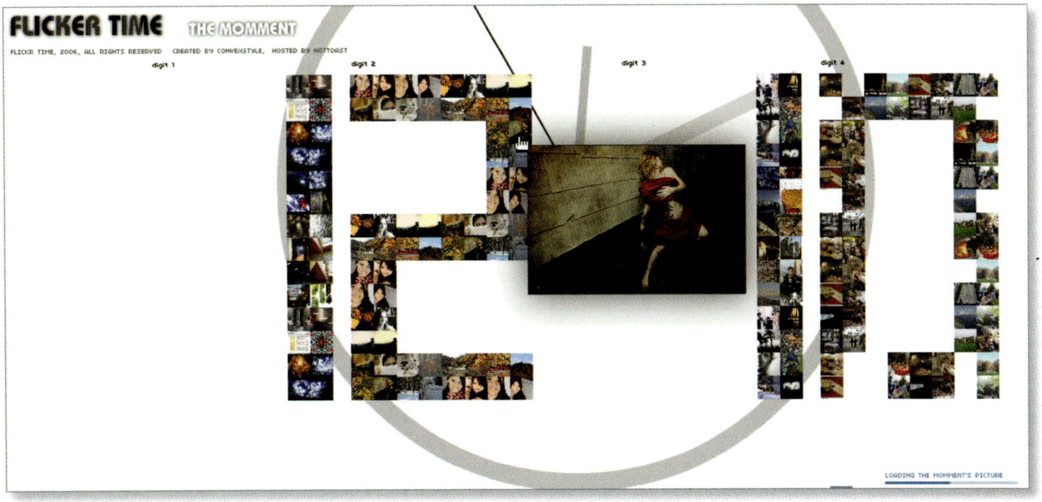

Die Bereitstellung von APIs ist zwar keine Neuerfindung des Web 2.0, doch die Komplexität und Unbeständigkeit, die man aus früheren Schnittstellen – wie etwa bei Microsoft Office –

[API]
Application Programming Interfaces sind Schnittstellen zur Anwendungsprogrammierung, die von einem System anderen Programmen zur Verfügung gestellt werden, um einen Zugang zu dem System und den darauf abgelegten Daten zu ermöglichen.

kannte, werden im neuen Web durch einfache, flexible und leicht zu bedienende Interfaces ersetzt. Somit können Webentwickler im neuen Web auf existierende Datenbestände aufbauen und diese weiterentwickeln. Und davon gibt es jetzt schon mehr als genug. Mittlerweile stellen neben Google auch Yahoo, Amazon, eBay sowie die BBC ihre Schnittstellen großzügig zur Verfügung.

1.2.4 The Perpetual Beta

Es ist schon ironisch, dass Web 2.0 einen Aspekt andeutet, der durch moderne Webapplikationen gerade zurückgedrängt und abgelöst wird. Die aus der Software-Entwicklung traditionsgemäß gepflegte Versionsnummerierung gilt in Web 2.0 als überflüssig und inkonsistent. Die Ursache liegt darin, dass bei webbasierten Applikationen eine ganz andere Dynamik der Software-Entwicklung besteht, als dies bei der Entwicklung typischer Desktop-Anwendungen der Fall ist. Der übliche Lebenszyklus von Desktop-Anwendungen verwandelt sich im Web zu einem permanenten Beta-Test, an dem Millionen von Anwendern bewusst oder auch unbewusst teilnehmen.

Der Nutzer als Co-Entwickler

Web 2.0 weist eine neue Dynamik der Software-Entwicklung auf: Permanentes Beta-Testing eröffnet Entwicklern die Möglichkeit, neue Optionen täglich mithilfe eines großen Publikums zu testen.

So werden Web 2.0-Applikationen permanent mit neuen Funktionen ausgestattet, verändert, neu veröffentlicht und öffentlich beurteilt. Kleinste Veränderungen der Benutzeroberfläche sorgen bei einem Millionenpublikum für ein recht aufschlussreiches Feedback, das in wenigen Stunden nach der Neuveröffentlichung bereits analysiert werden kann.

Als Maßstab für den Erfolg einer getesteten Funktion dient dabei nicht nur die eigentliche Rückmeldung der Anwender, sondern vielmehr deren Echtzeit-Verhalten und Umgang mit den neuen Funktionen auf den Seiten des Dienstes. Wer mit seinem Mauszeiger durch eine Seite irrt, liefert einem Entwickler eine klare Botschaft, die auf eventuelle Usability-Mängel der Anwendung hinweist.

Ganz im Geiste der Open-Source-Bewegung werden neue Versionen möglichst früh und möglichst oft veröffentlicht und getestet. Nutzer werden zu Mitentwicklern, die häufig genauer als die Entwickler selbst wissen, was die Software können soll und welche Features verbessert werden sollten.

▲ **Abbildung 1.14**
Swabba ist eine deutsche Web 2.0-Plattform zum Austausch von DVDs, CDs, Büchern, Computerspielen, Sammelkarten, Briefmarken und Anderem.

Dies ist einer von vielen Vorteilen der *ewigen Beta-Version*, die es erlaubt, die Funktionalität einer Anwendung täglich zu verbessern, neue Praktiken auszuprobieren und frische Ideen sofort umzusetzen.

Diese Vorgehensweise ist typisch für moderne Webapplikationen. Die meisten Anwendungen von Google genießen ihren Beta-Status seit Jahren. Flickr fügt neue Funktionen manchmal innerhalb von einer halben Stunde hinzu; bei Digg werden

Werkzeuge aus Digg Labs wöchentlich erweitert und bei sozialen Netzwerken werden neue Optionen mehrmals pro Monat hinzugefügt. Diese Tendenzen lassen von einem fundamentalen Übergang von der Software als Artefakt zur Software als Dienstleistung sprechen, die nicht nur täglich angepasst werden kann, sondern zum Teil auch angepasst werden muss. Beispielsweise um konkurrenzfähig zu bleiben und die Qualität des Angebots (etwa die Google-Suchergebnisse) zu sichern.

Als Nebeneffekt entfällt beim Benutzer die Notwendigkeit, sich rechtzeitig um Software-Updates zu kümmern. Dies geschieht im Web automatisch, zum Teil ohne dass man etwas davon merkt. Hinzu kommt die Möglichkeit, die Anwendung im eigenen Interesse – und somit im Interesse aller Anwender – mitzugestalten und seinen persönlichen Bedürfnissen anzupassen.

1.2.5 Einfachheit und Minimalismus

Ein Phänomen, das man sowohl in der Webseitengestaltung als auch bei modernen Webanwendungen beobachten kann, ist das Bestreben, die Nutzer durch schlichte, einfache oder gar minimalistische Ansätze zu überzeugen. Ein Anwender, der sich in einem mobilen Web bewegt und mehrere Aufgaben gleichzeitig erledigt, soll von Webdiensten schnell und effizient bedient werden. Daraus ergibt sich die Erwartung, Web Services als einfache Werkzeuge benutzen zu können. Komplexe multifunktionale Lösungen werden demzufolge vereinfacht, aufgeteilt, in einem schlichten Look aufbereitet und als kleinere Dienste neu veröffentlicht. Oder sie geben den Weg gleich frei für innovative Ideen, die häufig keine Geniestreiche sind, sondern sich aus alltäglichen Problemen oder Aufgaben ergeben.

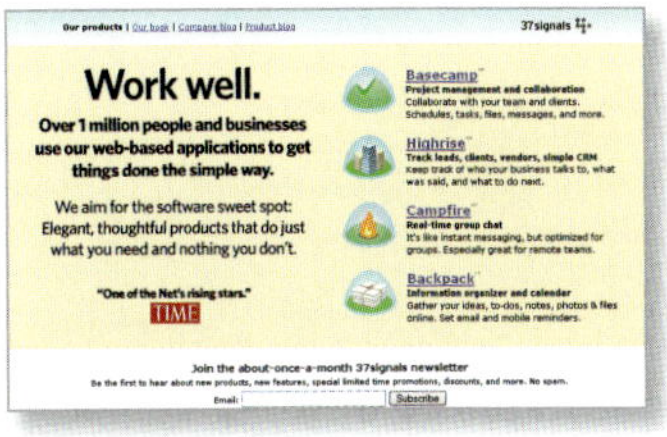

▲ **Abbildung 1.15**
Der Erfolg des kleinen Software Teams 37signals.com ist insbesondere durch die Einfachheit seiner Produkte möglich geworden. Das Team entwickelt Anwendungen, die extrem einfach zu bedienen sind. Ihre Popularität spiegelt sich in Zahlen wieder: Basecamp, Backpack, Campfire und Highrise werden täglich von über 1 Mio. Menschen weltweit verwendet.

Das neue Web reduziert die Komplexität von Online-Diensten und beeindruckt durch ganz einfache und bequeme Konzepte, die eben aus diesem Grunde schnell an Popularität gewinnen. So hat sich *RSS* (*Really Simple Syndication*) aufgrund ihrer Einfachheit zu der im Web 2.0 am häufigsten benutzten Technologie entwickelt. Die simple Idee, neue Inhalte einer Seite dynamisch im XML-Format zu codieren und im Netz zugänglich zu machen, wird von Bloggern und Unternehmen in gleichem Maße verwendet wie von renommierten Nachrichtendiensten und den allgegenwärtigen sozialen Netzwerken.

Das Grundprinzip der RSS weiß durch seine Einfachheit zu beeindrucken: Abonniert der Anwender die Angebote seiner Wahl über einen RSS-Reader, so werden Informationen aus verschiedenen Quellen regelmäßig auf Aktualisierungen hin überprüft, in einen Informationsstrom gebündelt und in einer kompakten Übersicht präsentiert. Somit wird man bei jedem

Abonnement und bei jeder Änderung live darüber informiert, was in der Webumgebung gerade passiert – der passende Begriff für diese Erscheinung ist *Live Web*.

RSS macht es für Entwickler einfacher als je zuvor, auf die Daten aus verschiedensten Webquellen direkt zuzugreifen und diese in eine Seite zu integrieren. Und Webnutzer brauchen sich nicht mehr auf der Suche nach neuen Inhalten von einer Seite zu einer anderen zu hangeln – diese werden automatisch nach »Hause« zugestellt und können offline gelesen werden.

▲ **Abbildung 1.16**
RSS – Really Simple Syndication

Angelehnt an das Konzept des Minimalismus entwickeln Webprogrammierer die *Lightweight Programming Models* (*LPM*), leichtgewichtige Programmieransätze, die häufig ohne tiefen Einblick in die begleitende Dokumentation umgesetzt werden können. Dabei gilt Google mit seinen APIs als Vorreiter der LPMs. Die vom Unternehmen ausgelieferten Modelle gehören zu den beliebtesten Schnittstellen der Entwickler-Community – zum Teil auch, weil sie von unerfahrenen Nutzern genauso wie von Webgurus effektiv angewendet werden können.

Neue Applikationen und Techniken werden nicht mehr an ein bestimmtes System gebunden, sondern sind zum Teil abgekoppelt von sämtlichen Implementierungen. Die Barrieren zur Wiederverwendung und zum Umbau von Applikationen werden in Web 2.0 nach Möglichkeit vermieden und durch die Bereitstellung flexibler Zugriffsmöglichkeiten zukunftsfähig gemacht. Schließlich gelangen offene Technologien häufiger ins Blickfeld von Entwicklern, die sich diese gerne zunutze machen. Dies geschieht ganz nach dem von O'Reilly aufgestellten Postulat: »Die erfolgreichsten Web Services sind diejenigen, die sich leicht in Richtungen weiterentwickeln lassen, an die der ursprüngliche Erfinder gar nicht gedacht hat«. Wer also seine Technologien zukunftsfähig machen möchte, setzt auf klar strukturierte, kompakte und einfache Lösungen, stellt diese frei zur Verfügung und wartet geduldig ab.

1.2.6 Webkultur 2.0

Das neue Web bietet Vorteile für jeden, der seine bisherige Anonymität einer direkten, ernsthaften Kommunikation preisgibt. Anwender mit leeren oder fiktiven Profilen und fragwürdigen Benutzernamen haben in der offenen Netzgemeinschaft keine Chance, (reale) Kontakte zu finden und ihr sogenanntes *soziales Kapital* zu erhöhen.

Vom Blog zum Job

Ein guter Ruf im Web kann auch in Realität vorteilhaft sein. So sind viele Nachrichtenmedien, die mittlerweile über Blogs verfügen, ständig auf der Suche nach guten Bloggern.

Das soziale Kapital bezieht sich üblicherweise auf die Aktivitäten der Anwender und die Anzahl der geknüpften Kontakte und soll ein Kriterium für die Popularität bzw. den Erfolg eines

Nutzers sein. Wer sich durch aktive und engagierte Partizipation, etwa Hilfsbereitschaft auszeichnet, wird respektiert und mit einer positiven Bewertung belohnt. Ein guter Ruf liefert – wegen der Authentizität der Teilnehmer – auch Vorteile in der Realität.

Und so ist die Sammlung des sozialen Kapitals in der neuen Webkultur kein neues Spiel, in dem es vor allem um Selbstbehauptung geht. Stattdessen ist das soziale Kapital zu einem wertvollen Instrument geworden, mit dem sich Kontakte knüpfen und Karrieremöglichkeiten entdecken lassen.

Soziale Netzwerke | *Social Networking* sorgt im Web 2.0 für eine tiefgreifende Vernetzung von Inhalten und Menschen.

[Vernetzung zweiter Ordnung]
Die Vernetzung geschieht global und hat Auswirkungen für jeden, der an einem sozialen Netzwerk teilnimmt – man spricht von der *Vernetzung der zweiten Ordnung*.

Waren die Benutzer populärer Foren und Board-Communities noch vor wenigen Jahren bei der Suche nach neuen Bekanntschaften auf das eigene Engagement angewiesen, so kommt in sozialen Netzwerken die Kunst des Verlinkens massiv zum Tragen. Sämtliche Daten der Benutzer werden untereinander verlinkt. Informationen werden zu einem Mittel, mit dem man Gleichgesinnte auf der Grundlage beliebiger Suchschemata zusammenführen kann.

Um dies zu gewährleisten, greift man auf Grundprinzipien der *Folksonomy* zurück und verschlagwortet Daten durch automatisch generierte Tags und Schlüsselwörter. Der Endanwender muss sich dabei über die »untere« Schicht der Plattform keine Gedanken machen und soll sich lediglich auf seine aktive Teilnahme konzentrieren.

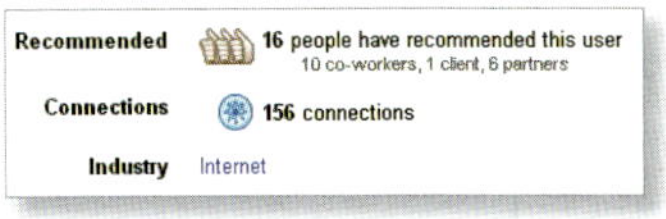

▲ **Abbildung 1.17**
Soziales Kapital im sozialen Netzwerk linkedin.com. Wer mehr Empfehlungen und Verbindungen online hat, hat auch Vorteile in der Realität – auf seinem Konto oder in seinem Adressbuch.

Und in der Tat, wer von sozialen Netzwerken profitieren will, muss selbst aktiv werden. Denn im Unterschied zu üblichen Technologien wie Online-Banking oder E-Commerce hat man es bei Social Networking mit einem grundlegend anderen Online-Angebot zu tun, das erst erlernt und verstanden werden muss.

Was nach viel Anstrengung klingt, wird schnell zu einer Lieblingsbeschäftigung, weil der resultierende Effekt unmittelbar nach dem Einstieg in die sogenannten *virtuellen Zirkel* deutlich wird und schon bald seine ersten Früchte zeigt.

Das Kleine-Welt-Phänomen | Die offene Online-Plattform XING, mittlerweile mit mehr als 1,5 Millionen registrierten Mitgliedern aus über 200 Ländern, kann dabei als ein Musterbeispiel für ein effizientes und erfolgreiches soziales Netzwerk angeführt werden. Der Open Business Club führt Berufstätige und Geschäftsleute aus verschiedensten Bereichen zusammen und stellt eine effiziente Möglichkeit zum Knüpfen neuer Geschäftskontakte dar.

▲ **Abbildung 1.18**
Die Business-Plattform XING

Aufmerksamkeit durch Aktivität

Der Erfolg in einem sozialen Netzwerk hängt nur vom Anwender selbst ab. Wer aktiv ist und gerne hilft, wird im Web 2.0 bemerkt und angesprochen.

Fällt ein Profil auf, so wird die entsprechende Person möglicherweise zu den eigenen Kontakten hinzugefügt und im Hinblick auf zukünftige Projekte beachtet. Nicht verwunderlich also, dass das Projekt zum Werkzeug vieler Freiberufler und Selbstständigen geworden ist, die permanent auf der Suche nach neuen Kunden oder Auftraggebern sind.

Die Grundidee der Vernetzung wird bei XING durch das über Jahre aufgebaute Kontaktnetz deutlich. Der Anwender kann nicht nur direkt verfolgen, welchen Freundeskreis und welche Interessen seine Bekannten haben, sondern auch, in welcher Beziehung er zu anderen Nutzern steht. So lässt sich bei den meisten sozialen Diensten abfragen, über wie viele »Ecken«, also über wie viele Mitglieder des Netzwerks, ein Teilnehmer andere Teilnehmer kennt. Diese Funktionalität ist nicht neu und basiert auf dem *Kleine-Welt-Phänomen*, welches besagt, dass jeder auf der Welt mit jedem anderen über eine erstaunlich kurze Kette (sechs bis sieben Glieder) von Bekanntschaftsbeziehungen verbunden ist.

▲ **Abbildung 1.19**
Pandora trat aus dem Music Genome Project hervor. Der kostenlose Dienst spielt Musik nach Ihren Vorgaben ab.

Im sozialen Raum steht jeder in einer Verbindung zu jedem anderen. Dies öffnet eine verlockende Perspektive für interessante Bekanntschaften, denn ein soziales Netzwerk beinhaltet meistens auch typische Community-Features wie Foren und Teilnehmergruppen.

Auf diese Weise entsteht eine Vielzahl von spezielleren, themenbezogenen Netzwerken innerhalb eines Netzwerks.

Humanisierung des Netzes | Eine treffende Bezeichnung für diese Entwicklungen liefert der Begriff *Humanisierung des Netzes*, der genau das anspricht, was die meisten Benutzer im Web 2.0 unbewusst tun – sie machen das Web menschlicher und persönlicher.

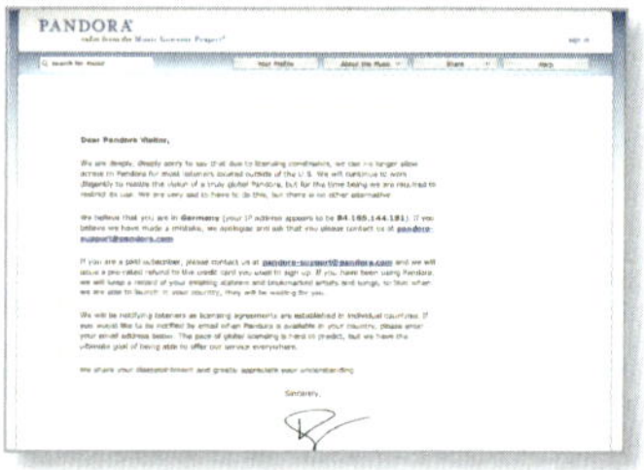

▲ **Abbildung 1.20**
Durch die neue Lizenzvereinbarungen und gesetzliche Einschränkungen ist die Zukunft der kostenlosen Online-Radiosender wie Pandora oder Last.FM unsicher. So sendet Pandora seit Mitte 2006 nur in den USA, europäische Nutzer erhalten eine Fehlermeldung.

So stellen Online-Dienste wie *Pandora* oder *Last.FM* eine Musikplattform bereit, die für jeden einzelnen Benutzer einen persönlichen »Radio«-Sender einrichtet und in Abhängigkeit von seinen musikalischen Vorlieben (Lieder, Künstler, Musikrichtung usw.) die passenden Stücke aus der Online-Bibliothek abspielt. Gefällt dem Benutzer ein Lied nicht, so gibt er eine negative Empfehlung ab und das System sucht sich ein anderes Lied aus, das dem Geschmack des Anwenders vielleicht eher entspricht. Wird ein Song aber positiv bewertet, so kann dies eventuell auch für andere Benutzer mit ähnlichen Musikvorlieben interessant sein. »Wer dies hört, hört gerne auch dieses« ist das Grundprinzip der Plattform. Und über Lieblingslieder kann man gleich in einer angelegten Fan-Ecke des Dienstes diskutieren.

Ähnlich wie beim Online-Händler Amazon basiert die Auswahl der Songs zum großen Teil auf dem Empfehlungsprinzip. Neu bei Musik-Diensten ist jedoch, dass sie auch abgelegte Plattensammlungen jedes einzelnen Benutzers zu Rate ziehen und jede Sekunde aktualisiert werden.

Äußerst interessant dabei ist die Tatsache, dass auch bei diesem Online-Modell die Folksonomy ihren Dienst meisterhaft leistet. Last.FM-Nutzer können beispielsweise Tags eingeben (und verteilen), die keine Musikrichtung, sondern nur bestimmte Eigenschaften der Lieder beschreiben.

▲ Abbildung 1.21
Last.FM spielt Musik live – ganz nach Ihren Vorlieben.

▲ Abbildung 1.22
Last.FM – »The Social Media Revolution«

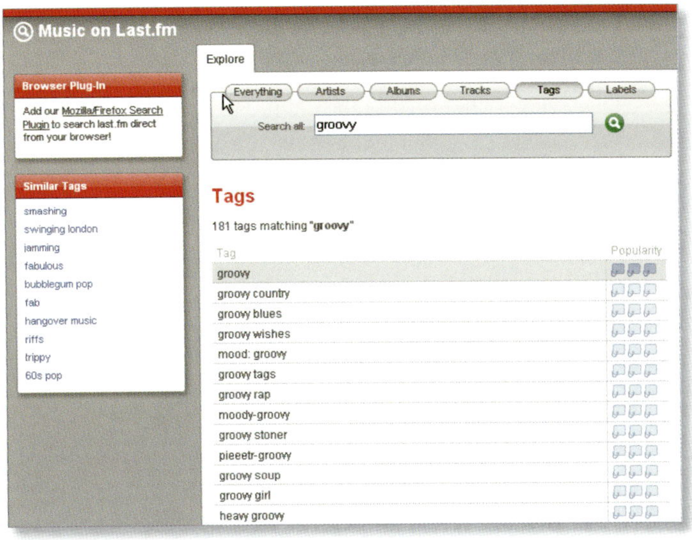

◄ Abbildung 1.23
Die Suche nach dem Tag »groovy« liefert Links auf »Radiosender«, die Lieder abspielen, welche Benutzer mit einem Tag verschlagwortet haben.

Die Ergebnisse bei der Suche nach solchen Schlüsselwörtern sind zum Teil genauso beeindruckend wie bei einem echten Musikgeschäft. Durch kollektive Intelligenz erhalten Webdienste Eigenschaften, die man in der Regel nur von Menschen erwarten würde, und dies macht das »humanisierte« Netz aus. Denn darin werden nicht nur geschäftliche Kontakte und Musiktitel, sondern beispielsweise auch Bücher (*Chain Reading*, *What Should I Read Next?*), Filme, Rezepte und persönliche Ziele rund um die Uhr einander empfohlen und weitergegeben.

◄ Abbildung 1.24
Bei Chain Reading (chainreading.com) und What Should I Read Next? (whatshouldireadnext.com) und Librarious (Lib.rario.us) empfehlen Anwender ihre Lieblingsbücher.

Menschliche Informationsfilter | Auch Hunderte weiterer sozialer Dienste setzen im neuen Web auf das Empfehlungsprinzip, darunter populäre Social Bookmarking-Dienste wie *del.icio.us*, *Furl* oder *StumbleUpon*, bei denen man seine Lesezeichen bequem ablegen und veröffentlichen kann.

Meistens sind dies nützliche Beiträge und Seiten, die durch reines Stöbern in Google-Ergebnislisten entdeckt wurden. Da die Anwender auf ihre Lesezeichen aber immer schnell zugreifen wollen, verteilen sie großzügig sinnverwandte Tags und Keywords, die nachher als Anhaltspunkte für das Wiederfinden der Inhalte benutzt werden können.

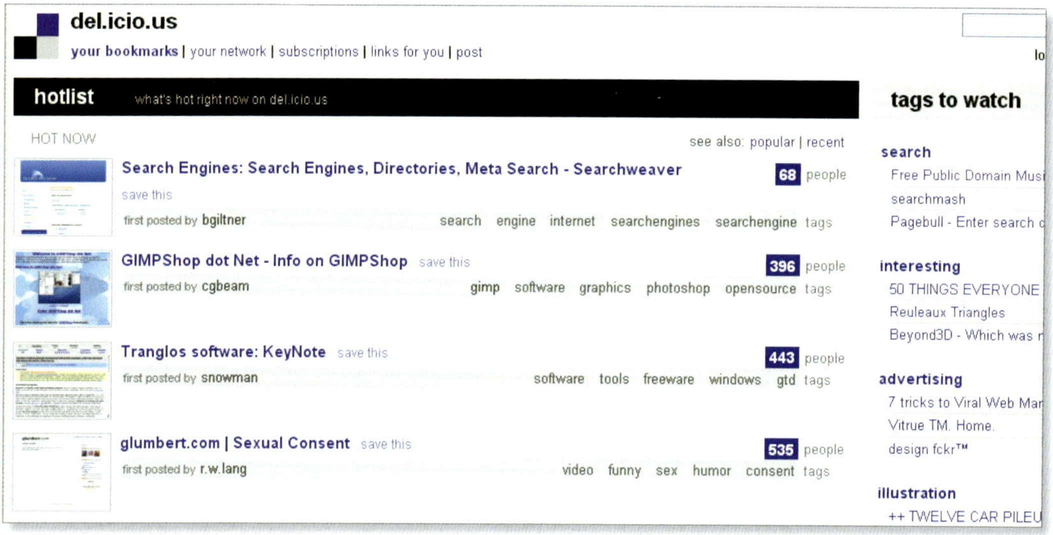

Abbildung 1.25 ▼
Der Social-Bookmark-Manager del.icio.us ist einer der ersten Online-Dienste, die vollständig auf dem Konzept des Taggens basieren und Nutzer die populärsten Inhalte selbst bestimmen lassen. Diese landen auf der Startseite des Dienstes.

Eben diese Tags stellen eine Fundgrube für Benutzer dar, die nach mehr oder weniger allgemein bekannten Informationen suchen. Gängige Suchmaschinen liefern bei allgemeinen Suchbegriffen auch allgemeine Ergebnisse. Wer also bei del.icio.us ein Schlüsselwort eingibt, gelangt schneller zu besseren Ergebnissen, weil Tausende von anderen Benutzern diese Suchergebnisse bereits besucht und bewertet haben. Als Nebeneffekt können vom Tagging aber auch alle profitieren, die interessante Inhalte zu einem Lieblingsthema nicht verpassen wollen. So kann man z. B. bei del.icio.us RSS-Feeds von beliebigen Tags abonnieren. Sollte eine Seite von mehreren Benutzern verschlagwortet sein, wird man über RSS sofort dazu benachrichtigt.

Das »Sharing« von Lesezeichen mit anderen Nutzern der Community sowie die Möglichkeit, eigene Netzwerke und Gruppen innerhalb der Plattform zu bilden, kann unter anderem als kreative Inspirationsquelle und effizientes Nachschlagewerk dienen.

Social Bookmarks Manager im Überblick

3spots sammelt alle Dienste, die Bookmarks ablegen, speichern und verwalten (*http://3spots.blogspot.com/2006/01/all-social-that-can-bookmark.html* (Linkcode 013). Sie werden regelmäßig mit begleitenden Informationen – wie etwa Vorteile, Nachteile und Popularität – erweitert und aktualisiert.

Blogging | Unter einem *Weblog* (auch Blog oder Online-Journal genannt) versteht man ein Mittel zur dynamischen Publikation und Verbreitung beliebiger Webinhalte sowie eine modernes Möglichkeit zur offenen oder anonymen Kommunikation mit der Außenwelt.

Das Interesse der Seitenbetreiber an Blogs warf die übliche Vorstellung von privaten Homepages über Bord, wurde aber vom Anwender schnell akzeptiert. In Weblogs sah man häufig bloß eine elegante dynamische Alternative zu den ursprünglich statischen Webseiten. Die neuen Aspekte der Blogging-Software wurden meistens außer Acht gelassen. Dabei machen gerade sie den Unterschied aus: *Kommentare*, *Trackbacks*, *Permalinks* und *RSS-Feeds* sind die neuen Erscheinungen, die unser Netzverständnis grundsätzlich verändert und erweitert haben.

Persönliche Webseiten erhalten nicht nur eine neue Gestalt, sondern auch einen neuen konzeptionellen Hintergrund. Homepages sind zu fachlichen Notizblöcken geworden, auf denen man seine Gedanken und Ideen zur Sprache bringt und beliebige Fragen zu beliebigen Themen in den öffentlichen Raum wirft. Private Seiten richten sich nicht mehr an einen bescheidenen Freundeskreis, sondern an eine globale Leserschaft – einen Kollegen in China und einen Studenten in Mexiko, die beide im selben Augenblick über zwei ganz verschiedene Quellen auf einen Blog-Beitrag aufmerksam werden und die Seite anschließend besuchen.

Die Aktualität der Daten, die Qualität und Sprache der Beiträge sowie Webdiskussionen der Leserschaft sind neue Kriterien, mit denen sich die Popularität bzw. der Erfolg eines Online-Journals bemessen lässt. Und der Erfolg lässt sich ganz bequem durch das Einblenden von unaufdringlichen Werbeanzeigen (etwa *Google AdSense*) in Geld umsetzen.

Erfolgreiche Applikationen und Online-Plattformen basieren auf innovativen Inhalten, die auf der Welle aktueller Ereignisse geschrieben und veröffentlicht werden. Im Fall der Blogging-Szene heißt das, einzigartige, frische Ideen und nützliche (oder auch ungewöhnliche) Inhalte regelmäßig zu publizieren. Eine kompetente Meinung zu einem bekannten Sachverhalt zu äußern, stellt in der Regel eine Investition von wenigen Minuten dar.

Und genau hier kommt das wachsende gegenseitige Vertrauen der Autoren und Leser ins Spiel. Daraus, dass die Blogger über ihre Online-Journale direkte Diskussionen mit ihrem Publikum führen und ihre Reputation immer bestätigen müssen, resultiert die Notwendigkeit, glaubwürdige und handverlesene Informationen zu präsentieren. Schließlich wollen sie der Erwartung

[Trackback]
Trackback ist eine Funktion, über die Blog-Betreiber Informationen über Backlinks (etwa Reaktionen oder Kommentare) automatisch in Weblogs einbetten können.

TIPP

Die neuen Möglichkeiten sowie der Einfluss von Blogs, die als »Social Media« (Text- und Video-Blogs) bezeichnet und oft als Konkurrenten zu konventionellen Medien angesehen werden, werden in Kapitel 17 ausführlich zur Sprache kommen.

[Permalink]
Permanent Link ist eine Bezeichnung für die Adressen von Weblog-Beiträgen. Da sich der Inhalt eines Blogs permanent verändert, verweist die URL der Startseite immer auf unterschiedliche Inhalte. Über Permalinks kann ein Beitrag dauerhaft verlinkt werden.

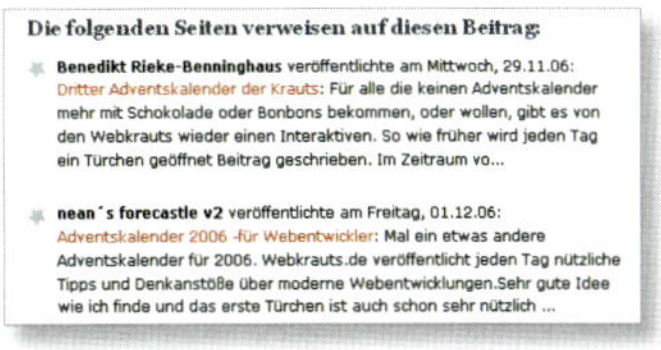

▲ **Abbildung 1.26**
Trackbacks schön und übersichtlich. Im Blog von Grafik-Designer Manuela Hoffmann (www.pixelgraphix.de) werden Trackbacks automatisch abgefangen, schön aufbereitet und dargestellt.

▲ **Abbildung 1.27**
Das erneuerte Web ist offener und persönlicher. Nicht verwunderlich, dass das Time Magazine den Online-Nutzer zur Person des Jahres gekürt hat.

▲ **Abbildung 1.28**
Google Notebook im Einsatz – ein kompaktes und intuitives online Notizbuch, das Text, Bilder, Verweise und Kommentare speichert. Inhalte können so immer online nachgeschlagen werden.

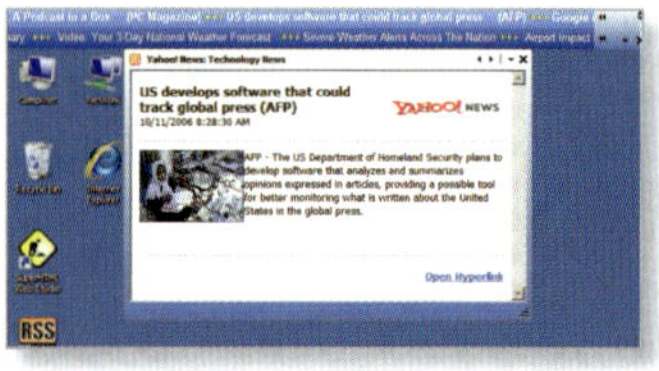

▲ **Abbildung 1.29**
Ein RSS-Widget können Sie z. B. mithilfe von Google Desktop (desktop.google.com) installieren. Eine weitere Möglichkeit finden Sie unter Linkcode 066.

anspruchsvoller Leser gerecht werden und die Leserschaft aufrechterhalten.

Die Leser ihrerseits entdecken im Blog wissenswerte Beiträge und können durch permanentes Verfolgen und Bewerten neuer Inhalte das Vertrauen zum Blogbetreiber entwickeln.

Die menschliche Komponente des Web 2.0 kommt somit insbesondere bei Blogs intensiv zum Tragen und bekräftigt die These, dass globale Vernetzung nicht nur durch das Anwenden sozialer Dienste, sondern großenteils auch durch verstärkte Beziehungen zwischen Web 2.0-Akteuren zustande kommt.

Das Web wird zum Aktiv- und Kreativraum | Der bereits angesprochene *User Generated Content* zeichnet sich insbesondere durch beinahe unbegrenzte Möglichkeiten aus, die sich aus dem aktiven Einsatz von Blogs, Wikis und sozialen Netzwerken ergeben. Im *Mitmach-Web 2.0* wird es für den Benutzer möglich, interessante Webinhalte schnell, bequem und einfach zu verwalten und für die oben genannten Plattformen aufzubereiten. Werden diese im Blog ordentlich veröffentlicht, so verbreiten sie sich im Sekundentakt in der ganzen Blogosphäre – häufig ohne zusätzliches Zutun des Autors.

Und weil moderne Technologien simple Möglichkeiten bereitstellen, um beliebige Inhalte zu publizieren, können diese auch benutzt werden, um selbst produzierte Inhalte der Öffentlichkeit zur Schau zu stellen. Die Kreativität jedes Einzelnen ist in Web 2.0 gefragt wie nie zuvor. Dies lässt sich beispielsweise aus der wachsenden Zahl von hochgeladenen Bildern bei Flickr (18.000 Seitenzugriffe pro Sekunde), Videos bei YouTube (täglich werden über 100.000 neue Videos hochgeladen) und Artikeln bei Wikipedia ablesen.

Das Web wird bunter und vielfältiger, die Nutzer werden aktiver und kreativer. Web 1.0-Konsumenten entwickeln sich zu Web 2.0-Produzenten. Das Ergebnis ist eine neue Dimension der Partizipation, die das Web zu einem Großlabor zum Experimentieren und einem Schauplatz für öffentliche Diskussionen werden lässt.

Konsequenterweise verändern sich die Gewohnheiten und das Verhalten der Webbenutzer. Der Nutzer surft nicht mehr gemütlich von einer Seite zur nächsten. Mobilität und die Möglichkeit, mehrere Aufgaben gleichzeitig erledigen zu können, erlauben es jedem, von neuen Technologien im vollen Ausmaß Gebrauch zu machen.

So werden Dutzende von verschiedensten Online-Diensten permanent kombiniert und parallel benutzt – Google-Suche und Instant Messaging, To-Do-Planning und Informationskonsum,

Teilnahme an Diskussionen in Online-Communities und Nutzung sozialer Netzwerke.

Wer gewisse Informationen zusammenstellen muss, schlägt bei *Wikipedia* nach, legt Notizen bei *Google Notebook* ab, fügt die Texte bei *Writely* zusammen, speichert diese online und verschickt sie über *Google Mail*, mit dem sich Adressaten ganz intuitiv auswählen lassen. Simultan werden die letzten Snapshots bei *Flickr* hochgeladen und mp3-Dateien irgendwo hoch- und runtergeladen. Sollte der Browser eine lesenswerte Webseite anzeigen, wird sofort ein Lesezeichen angelegt, bei *del.icio.us* hinzugefügt und in einem *Blog* kurz vermerkt.

Und damit der Nutzer immer auf dem Laufenden bleibt, läuft außerdem ein *RSS-Widget* auf dem Desktop, der über die neuesten Beiträge beliebter Blogs oder die Neuigkeiten in der Welt via renommierte Nachrichtensender wie Spiegel oder N24 regelmäßig informiert.

Von der Homepage zum Blog

Früher machte es keinen Sinn, vom *Erfolg* einer Homepage zu sprechen. Im Web 2.0 führt der Erfolg eines Fach-Blogs schnell zu größerer Bekanntheit und zu neuen persönlichen und geschäftlichen Kontakten.

1.2.7 The Long Tail

»Die lange Schleppe« ist eines der heute meist diskutierten wirtschaftlichen Konzepte. Der Begriff kommt aus dem Umfeld der Statistik und steht für die gleichgewichtige Bedeutung von ausgeprägten Maxima und kontinuierlichen Minima. In der Internetwelt entsprechen Maxima den am besten verkauften Bestsellern, Minima dem Interesse der Kunden an eher unbekannten, Produkten und Inhalten.

Das »The Long Tail«-Konzept, übertragen auf das Online-Marketing von Wired-Editor Chris Andersen, besagt, dass eine Vielzahl von kleinsten Nischen, welche Kunden aufgrund der Empfehlungen anderer Nutzer besser erforschen können, insgesamt mehr Absatzvolumen ergeben, als dies bei den meist verkauften Produkten der Fall ist. Trägt man die Verkaufszahlen gegen verkaufte Produkte in einem Graphen auf, so entstehen bei Topsellern ausgezeichnete Maxima, während etliche kleine Nischen eine »lange Schleppe« bilden, daher kommt der Name.

Interessanterweise wurde das Konzept von Amazon schon lange davor verwendet, bevor es seinen Namen erhalten hat. Das Erfolgsprinzip moderner Online-Händler basiert auf dem Empfehlungsprinzip und einer wachsenden Bedienung von Minderheiten, die durch ein breites, nischenorientiertes Angebot plötzlich zu Mehrheiten werden und den Online-Handel entscheidend bestimmen. Was in einem konventionellen Kaufhaus unmöglich ist, wird bei Online-Kaufhäusern der Ära Web 2.0 intensiv ausgenutzt, was Käufern wie Verkäufern zugutekommt.

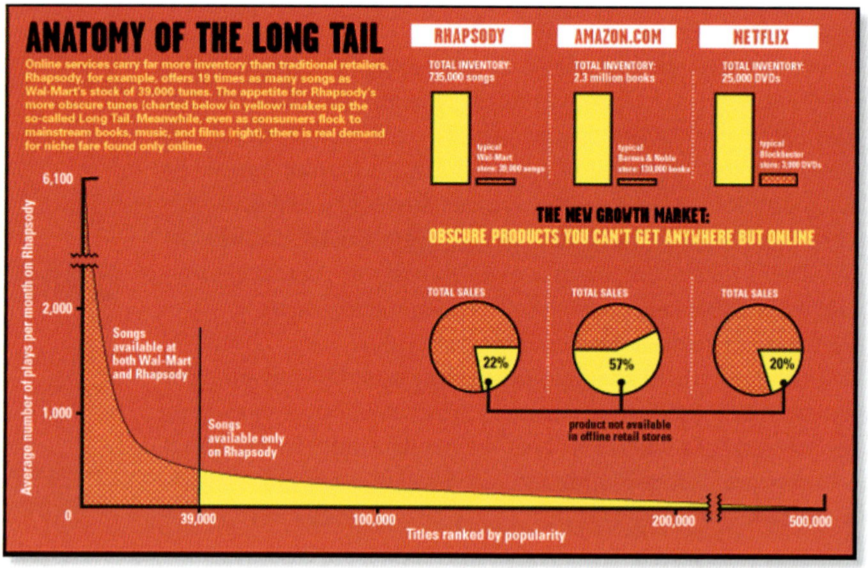

Abbildung 1.30 ▲
In dem Beitrag »The Long Tail« (*http://www.wired.com/wired/archive/12.10/tail.html*, Linkcode 015) vergleicht Chris Andersen, Chefredakteur von Wired.com, die Handelsplattformen Rhapsody, Amazon und Netflix.

1.2.8 Crowdsourcing

Die Tatsache, dass man aus vielfältigen Aktivitäten mobiler Nutzer wertvolle Inhalte schöpfen kann, wird spätestens durch die globale Verbreitung und Nutzung kollektiver Intelligenz klar. Doch die *Microwork* des Einzelnen, die beispielsweise in Wikipedia der Öffentlichkeit zur Verfügung gestellt wird, kann als eine attraktive Quelle für kommerzielle Wertschöpfung gesehen werden.

Minderheiten und Mehrheiten

Im neuen Web ergibt sich aus einer Vielzahl von Minderheiten eine neue Mehrheit, die grundsätzlich an wenig populären Produkten interessiert ist.

Das begreifen zunehmend auch Unternehmen, die ein besonderes Augenmerk auf das Phänomen des Crowdsourcings richten. Der dem *Outsourcing* ähnelnde Begriff steht für das Übertragen bestimmter Teilleistungen oder Teilaufgaben auf die breite Öffentlichkeit. Die finanzielle Komponente soll zudem dazu dienen, den Benutzer zu einer gewissenhafteren Teilnahme im Mitmach-Web und somit zu höherer Qualität zu motivieren.

Dies bedeutet eine beinahe natürliche Evolution der sozialen Partizipation, denn die Inhalte in sozialen Netzwerken werden dadurch zum einen neu filtriert und angeordnet und zum anderen gezielter produziert und verbreitet.

So kann ein *Tag* beispielsweise mehrere ganz unterschiedliche Bedeutungen haben, es wird aber automatisch zu einer Einheit zusammengefasst und verlinkt. Häufig werden Inhalte oft eilig mit Schlüsselwörtern versehen, die zu allgemein und unspezifisch sind. »Besserer Inhalt durch Massen« lautet das Motto von solchen Crowdsourcing-Projekten wie *Human Intelligence Tasks* (*http://www.mturk.com*) bei Amazon, die mithilfe von engagierten Nutzern Aufgaben lösen sollen, für die Rechner zu viel Zeit benötigen – etwa das Identifizieren von Objekten auf Bildern.

[Crowdsourcing]
Das Phänomen des *Crowdsourcings* versucht die Frage, ob man soziale Aktivitäten der Nutzer kommerziell ausnutzen kann

Darüber hinaus zeigt sich unter innovativen Web 2.0-Startups die Tendenz, die Qualität der Partizipation der Nutzer innerhalb einer Online-Plattform gezielt zu verstärken. Ein Beispiel dafür sind entstehende Online-Angebote, die versuchen, den finanziellen Aspekt stärker zur Geltung kommen zu lassen. »Upload your video, make $50!« (*http://www.Shopwiki.com*), »Write reviews for cash!« (*http://www.ReviewMe.com*) sind beispielhafte Stimmen cleverer Marketing-Manager, die mit kleinem Budget die Funktionalität einer üblichen Handelsplattform durch Produkt-Reviews und Rezensionen der Nutzer erweitern wollen.

Crowdsourcing muss sich dabei nicht notwendigerweise auf spezielle inhaltsbezogene Aufgaben beziehen. Oft ist es ein öffentlicher Wettbewerb für Redesign einer Internetpräsenz oder das Programmieren spezieller Anwendungen, wobei die Bemühungen der *Crowd* in der Regel auch mit relativ bescheidenen Geldsummen belohnt werden.

[No-SPEC]
Eines der häufig kritisierten Beispiele sind öffentliche Wettbewerbe der Unternehmen, die an einem professionellen Design mit minimalem Geldaufwand interessiert sind und Öffentlichkeit daran kostenlos teilnehmen lassen. Eine bekannte Bewegung dafür ist *No-SPEC* (*www.no-spec.com*), die sich für feste Rahmenbedingungen für Designarbeiten einsetzt.

▲ **Abbildung 1.31**
ReviewMe.com gibt 20 bis 200 $ für jeden guten Beitrag zu einem vorgegebenen Thema aus.

1.2.9 Qualitätsverlust und Datentransparenz

Wer sich auf den Seiten von Wikipedia umschaut, wird schnell feststellen, dass es manch einem Beitrag an sorgfältig überprüften Informationen und zitierten Angaben fehlt. Da die Enzyklopädie durch Bemühungen der Öffentlichkeit entsteht – unabhängig davon, ob Teilnehmer Experten auf dem entsprechenden Gebiet sind oder nicht –, kann man bei Wikipedia-Beiträgen nicht unbedingt von der Korrektheit der Daten ausgehen.

Web-Evangelisten betonen in diesem Zusammenhang den *Qualitätsverlust von Wissen im Netz*, das nun wegen eines massiven Datenstroms nicht mehr überprüft werden kann und immer wieder aus einer kritischen Perspektive betrachtet werden soll. Webvisionäre argumentieren dagegen damit, dass die Enzyklopädie zwar nicht perfekt, dafür aber offen für alle und letztendlich »gut genug« ist. Eine kostenpflichtige Enzyklopädie wie *Britannica* bietet zwar verlässliches Wissen, doch was nützt es, wenn es nicht zur Verfügung steht?

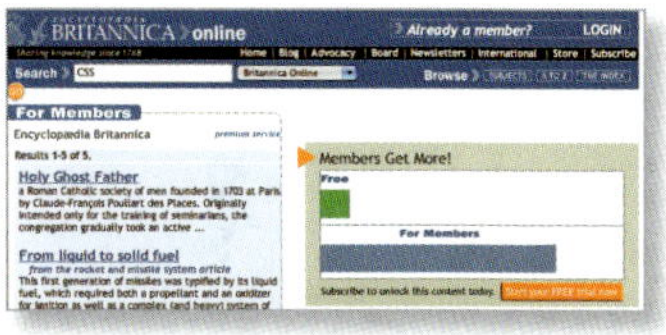

▲ **Abbildung 1.32**
Encyclopedia Britannica (www.britannica.com). Wer etwas genau wissen will, muss zahlen.

Eine Debatte über die Qualität der Information betrifft eine Online-Enzyklopädie genauso stark wie eine Unzahl von Weblogs, bei denen das Problem zum Teil noch stärker zur Geltung kommt. Der Einfluss von Blogs hat mittlerweile eine globale Dimension erreicht: Renommierte Blogs werden häufig in Zeitungen und in Nachrichtensendungen zitiert. Eine geschickte Online-Ente auf der Seite eines populären Bloggers kann also globale Auswirkungen in der Realität haben.

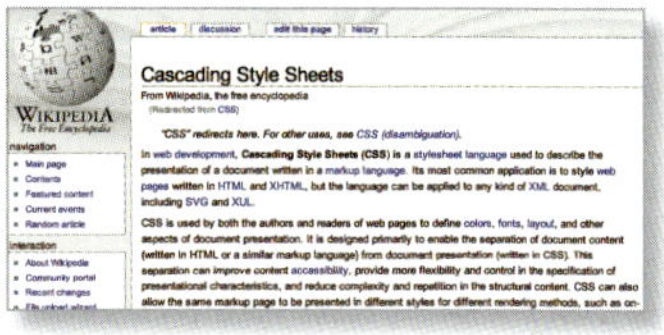

▲ **Abbildung 1.33**
Wikipedia (www.wikipedia.com). Wikipedia bietet eine kostenlose, aber nicht immer vertrauenswürdige Alternative

Doch eigentlich ist dies gar nicht so tragisch, finden die Experten. Denn ständig findet eine natürliche Auswahl von persönlich selektierten *A-Bloggern* statt, die auf der Grundlage von

Persönliche Daten im Netz

Da oftmals sämtliche persönlichen Daten im Web öffentlich präsentiert und von Nutzern freiwillig preisgegeben werden, ist es heutzutage einfacher als je zuvor, an die persönlichen Daten einer Person zu gelangen.

gesammeltem sozialen Kapital basiert. Da Blog-Leser grundsätzlich selbst Blogger sind und sich auch um ihre eigene Reputation kümmern, greifen sie auf der Suche nach neuen Inhalten zu vertrauenswürdigen Quellen – wie etwa Online-Journale von Experten und Fachleuten. Somit geht keine Qualität verloren, sondern eher umgekehrt. Der Nutzer gewinnt sogar mehr Qualität, als dies bisher der Fall gewesen war.

Eine Gefahr des Web 2.0 stellt die Transparenz persönlicher Informationen dar, die insbesondere durch offene soziale Netzwerke und persönliche Online-Tagebücher verstärkt wird. Da Web 2.0-Nutzer ihre Vorlieben und Interessen gerne ins Web verlagern und dem gemeinschaftlichen Zweck zunutze offenlegen, hat jeder Zugriff darauf. Schließlich sind alle Informationen im Web offene Daten, die gesammelt und analysiert werden können.

So ist es beinahe zu einer gängigen Praktik geworden, vor einem Bewerbungsgespräch nach dem Namen des Bewerbers zu googlen.

Die Zugangsdaten zu einem Google-Account sind häufig mehr wert als eine ausspionierte Kreditkarte. Da die neuen Online-Dienste miteinander stark vernetzt sind und immer öfter persönliche Daten abspeichern dürfen, kann ein kleines Versäumnis eines aktiven Webworkers die jahrelang aufgebaute Reputation zerstören.

Es stellt sich also die Frage, inwiefern man Online-Diensten die Verwaltung von persönlichen Informationen überlassen sollte. Schließlich kann ein Nutzer nie sicher sein, dass er den exklusiven Zugriff auf seine extern gespeicherten Daten hat.

▲ **Abbildung 1.34**
Die Zugangsdaten zu einem Google Account können schon bald mehr Wert sein als ausspionierte Kreditkartendaten. Grund: Mit Google-Diensten lässt sich beinahe alles ins Web übertragen. Neben persönlichen Daten können auch Geschäftskontakte und sämtliche »soziale« Online-Aktivitäten der Nutzer verfolgt und ausgenutzt werden.

1.2.10 Bedarf nach Weiterentwicklung

Eine Richtung, in die sich das Web bewegen sollte, ist die stärkere Standardisierung von Datenformaten und die Standardkonformität von Webseiten. Im Augenblick verfügt die Online-Community über viele verschiedene Konzepte, die demselben Zweck dienen sollen, dem Entwickler aber ganz unterschiedliche Schnittstellen anbieten. So hat der Erfolg von RSS viele alternative Formate ins Leben gerufen, die nun »natürlich« selektiert werden. Sollen die Informationen auf beliebigen Geräten korrekt angezeigt werden, so benötigt man feste Richtlinien, die dies eindeutig vorschreiben und dokumentieren.

Die semantische Struktur von Dokumenten wurde mit zunehmender Akzeptanz für standardkonforme Webseitengestaltung in den Vordergrund gerückt, durchgesetzt hat sie sich bisher allerdings noch nicht. Einen bedeutenden Schritt in diese Richtung stellen Mikroformate dar, auf die in Kapitel 13 eingegangen wird.

Schließlich läuft die Web 2.0-Bewegung Gefahr, schon in der nahen Zukunft über das »Kitchen Organization Problem« (Jared M. Spool) zu stolpern. Wer seine Küche ganz nach seinem Geschmack eingerichtet und ein anscheinend harmonisches Zusammenspiel von Tassen und Schranken gefunden hat, wird bei seinen Freunden schnell feststellen, dass nicht jeder eine Küche gleich organisiert. In sozialen Netzwerken ist der Informationsaustausch einfacher als je zuvor, doch wenn jeder Informationen auf seine eigene Art und Weise strukturiert (indem etwa sehr persönliche Tags oder allgemeine Schlüsselwörter verwendet werden), baut sich Baustein für Baustein ein globales Chaos auf.

1.2.11 Zusammenfassung

Hier abschließend ein kurzer Blick auf die grundlegenden Veränderungen im Netz, die es festzuhalten gilt.

- Das Web wird zur mobilen, geräteunabhängigen Service-Plattform mit der Funktionalität von Desktop-Anwendungen.
- Software wird zu einer Dienstleistung; es entsteht das Vertrauen in Anwender als Mitentwickler
- Neue offene Programmierschnittstellen erleichtern den Zugang zu Daten, ihre Verknüpfung und Wiederverwendung.
- Webanwendungen befinden sich permanent in einer Beta-Entwicklungsphase und werden kontinuierlich aktualisiert und neu veröffentlicht.
- Schlichtheit, Einfachheit und Minimalismus – etwa bei leichtgewichtigen Entwicklungsmodellen – setzen sich gegenüber komplexen Ansätzen durch.
- Das Netzverständnis der Nutzer des Web 2.0 basiert auf Offenheit, Authentizität und Mobilität; der Humanisierung des Netzes liegt das Empfehlungsprinzip zugrunde
- Web 2.0 macht aus passiven Surfern aktive Autoren, Akteure und Mitgestalter des Webs.
- Durch das »Long Tail«-Konzept gewinnen Nischen eine besondere Bedeutung für Online-Händler.
- *Crowdsourcing* leitet eine kommerzielle Wertschöpfung durch Neuorganisation und Filterung der kollektiven Intelligenz ein.
- Qualitätsverlust und Datentransparenz sind begleitende Nebeneffekte offener Netzwerke und neuer Webkultur.

Die Aufgabe, das Netz mitzugestalten und weiterzuentwickeln, wird im Web 2.0 komplett der Anwendergemeinde überlassen. Das neue Web stellt dem Benutzer eine Vielzahl von neuen Möglichkeiten und Konzepten bereit. Um diese wahrzunehmen, muss aber der Benutzer selbst aktiv werden.

1.3 Die Nutzer des Web 2.0

Die rasante Entwicklung der Breitbandkommunikation hat entscheidend dazu beigetragen, dass sich mobile, anspruchsvolle Online-Dienste im Internet durchsetzen konnten. Die Entstehung und Verbreitung von Webplattformen wie Flickr oder YouTube ist durch die fortschreitende Technik überhaupt erst möglich geworden. Schnelle Leitungen sind die Grundlage für mobilen Datenaustausch und intensivierten Informationskonsum.

Somit trifft die neue Dimension des Highspeed-Internets mit zahlreichen »heavy-load«-Angeboten auf die wachsenden Ansprüche mobiler Nutzer: Eine richtige Idee zum richtigen Zeitpunkt sorgt für den Durchbruch und lässt ambitionierte Neugründungen schon nach wenigen Monaten mit einem ordentlichen Publikum rechnen.

1.3.1 Soziale Netzwerke im Trend

Was ist Web 2.0?

Kaum jemand weiß, was Web 2.0 eigentlich ist. Benutzt wird es aber dennoch.

Trotz eines enormen Zuwachses der Web 2.0-Branche wissen die meisten Anwender auch zwei Jahre nach der Entstehung des Begriffs nur selten, was genau sich dahinter verbirgt.

Dies hindert den durchschnittlichen Nutzer jedoch nicht daran, sich mit populären Online-Diensten und Projekten vertraut zu machen und immer mehr Zeit in die Steigerung des sozialen Kapitals zu investieren.

Das Ergebnis lässt sich sehen. So konnten laut einer Studie von Nielsen//NetRatings etablierte Webunternehmen in 2007 ordentliche schwarze Zahlen schreiben – vorwiegend wegen des wachsenden Interesses der Nutzer. Insbesondere soziale Netzwerke konnten sich in der Branche mit doppelten Traffic-Raten behaupten: Der RSS-Feed-Dienst Feedburner (385 %), die Nachrichten-Plattform Digg.com (286 %), die Kontakt-Plattform MySpace (170 %), die Online-Enzyklopädie Wikipedia (161 %) und Studenten-Community Facebook (134 %) werden immer häufiger entdeckt und intensiver benutzt.

HINWEIS

Ein durchschnittlicher Nutzer von sozialen Netzwerken ist 35 Jahre alt. Eine ungewöhnliche Tendenz für das Netz, das bisher eher von Jugendlichen dominiert wurde.

Interessant dabei ist die Tatsache, dass über 40 % der weltweiten Nutzer von sozialen Diensten die Altersgrenze von 35 Jahren bereits überschritten haben.[1] Bei MySpace.com liegt der Schnitt mittlerweile bei 40 Jahren.

Social Networking ist somit kein Spielzeug von Teenagern, sondern ein Werkzeug, das von älteren Altersgruppen beherrscht wird. Inwiefern sich soziale Netzwerke im Mainstream der Online-Gemeinde durchsetzen werden, bleibt ungewiss; doch den Sprung zu den 20 meistbesuchten Webseiten im Netz haben

1 Studie comScore Media Metrix, August 2006, *http://www.comscore.com/press/release.asp?press=1019* (Linkcode 016)

die ersten sozialen Netzwerke der neuen Webära – nämlich *MySpace* und *Orkut* – bereits geschafft.

Insgesamt greift jeder fünfte Online-Nutzer in irgendeiner Art und Weise aktiv zu Web 2.0-Diensten: in Form von Tagebüchern, Communities oder modernen Webapplikationen. Das Alter der Web 2.0-Nutzer schwankt dabei sprunghaft von einem Dienst zum anderen – bleibt aber durchschnittlich im Rahmen zwischen 25 und 45 Jahren.

1.3.2 Die Blogosphäre weitet sich aus

Die zunehmende Popularität von sozialen Netzwerken reflektiert das steigende Interesse der Nutzer an aktiver Partizipation im Web. Dies ist jedoch nicht nur für Mitmach-Plattformen typisch, sondern auch für die Blogosphäre, in der jeder gerne seine Gedanken zum Ausdruck bringt – natürlich in einem eigenen Weblog.

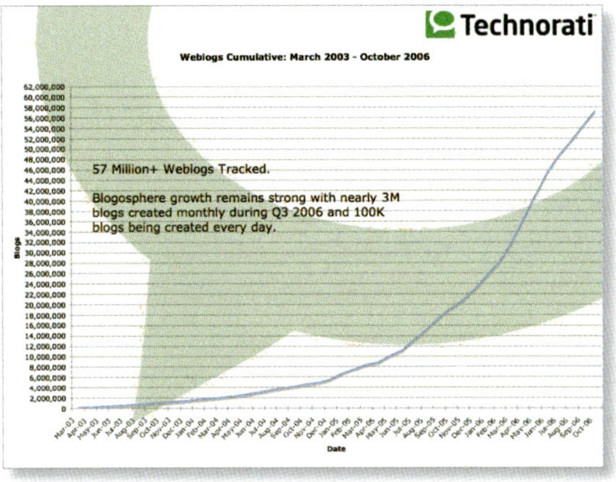

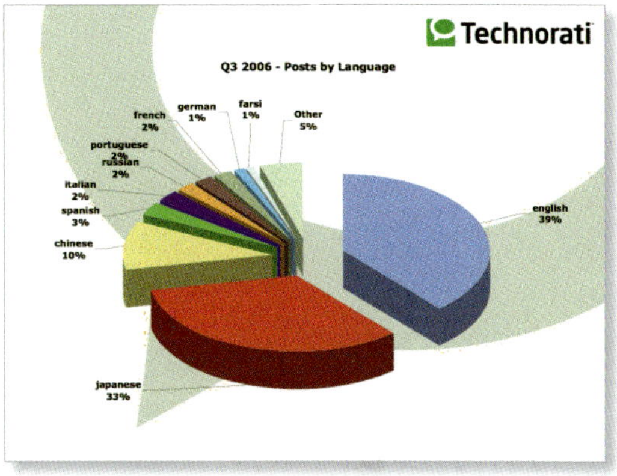

Abbildung 1.36 ▲
The State of the Blogosphere (*http://www.sifry.com/alerts/archives/000443.html* Linkcode 016): Weblogs weisen ein beinahe exponentielles Wachstum auf. In der Blogosphäre dominiert Englisch, gefolgt von Japanisch und Chinesisch.

Dabei lässt sich im Zeitraum zwischen 2003 und 2007 ein beinahe exponentielles Wachstum des Mediums beobachten. Die Blogosphäre dehnt sich alle fünf bis sieben Monate um das Doppelte aus. Entscheidend tragen dazu englisch- und japanischsprachige Blogger bei. Laut der Studie »The State of Blogosphere«[2] (Stand: Mai 2007) existieren heutzutage über 70 Millionen Weblogs. Weltweit werden täglich über 120.000 neue Blogs registriert und 1,4 Millionen Beiträge veröffentlicht, 36 % davon in englischer, 37 % in japanischer, 3 % in spanischer Sprache. Der Anteil an deutschsprachigen Beiträgen liegt gerade bei bescheidenen 1 %.

Der Blogging-Boom ist einer der wenigen Trends, durch die die technologische Revolution im Web deutlich wird. Während des Katrina-Hurrikans zeigte sich, dass jeder einzelne Nutzer das Geschehen in seiner Stadt, in seinem Land und in der ganzen Welt mitbestimmen kann – durch direkte Bildaufnahmen aus dem

Blogosphäre

Das Ausmaß der Blogosphäre verdoppelt sich alle fünf bis sieben Monate. Auf Deutsch schreibt gerade 1 % der gesamten Blogging-Community.

2 *http://www.sifry.com/stateoftheliveweb*

Krisengebiet und Austausch von Informationen über Blog-Netzwerke, die damals in wenigen Stunden aufgebaut wurden. Der Hurrikan brachte die Möglichkeiten des Bloggens ins Blickfeld der Anwender und der Massenmedien. Der Trend hält bis heute an. Dies ist einer der Gründe, warum das Erste, was Nachrichtendienste bei brisanten Ereignissen tun, die Suche nach sensationellem Video-Material in der Blogosphäre bzw. auf YouTube ist.

Abbildung 1.37 ▼
Wachstum und Charakteristika der Blogosphäre laut der Studie »The State of the Blogosphere«.

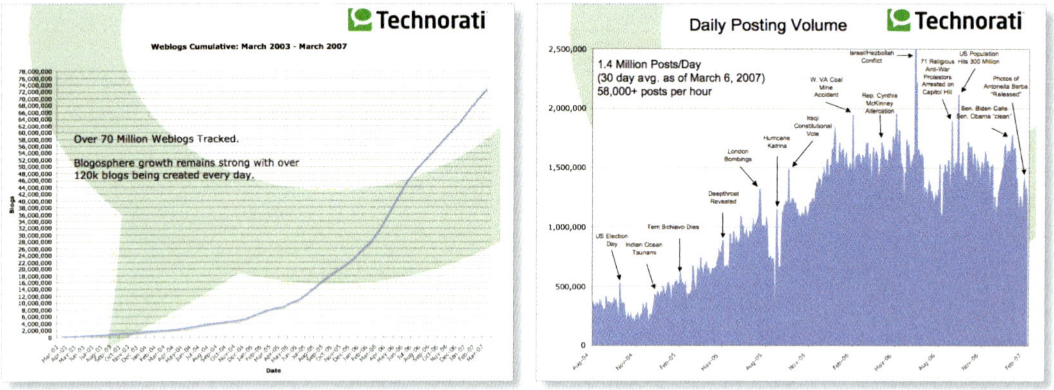

1.3.3 Desktop-Anwendungen online

Häufig ist die Anzahl registrierter Mitglieder eines Dienstes das einzige Mittel, das sich bei der Recherche der Popularität neuer Webapplikationen als hilfreich erweisen kann. Spärliche statistische Daten führender Analyse-Institute setzen mehr Frage- als Ausrufezeichen, lassen aber die Konturen gewisser Entwicklungen erkennen.

Bereits die ersten *Rich Client Applications* wie *Google Maps* und *Flickr* haben gezeigt, dass Webanwender im Web 2.0 mit einem beeindruckenden Online-Angebot zu rechnen haben. Doch trotz einer Vielfalt von verschiedensten interaktiven Webapplikationen, die von Büro-Anwendungen wie *Google Spread Sheets* zu Forschungstools wie *Zotero* reichen, haben Webapplikationen die Desktop-Anwendungen bisher nicht ersetzen können.

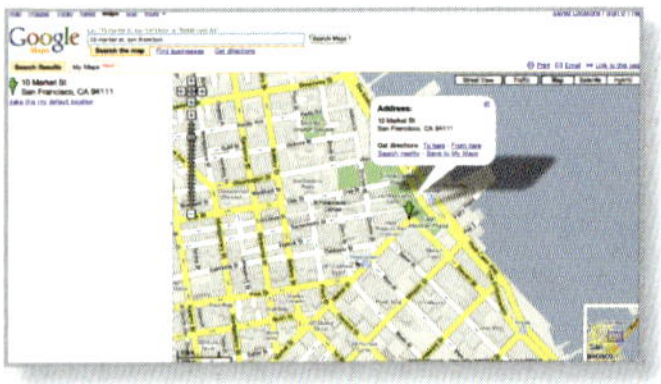

▲ Abbildung 1.38
Mit Google Maps (maps.google.com) können Anwender Orte, Geschäfte und andere Objekte suchen und sich deren Position auf einer Karte bzw. auf einem Bild von der Erdoberfläche anzeigen lassen.

Eine wesentliche Ursache dafür besteht darin, dass viele Nutzer sich die Arbeit, die gewöhnliche Umgebung mit mehreren Webapplikationen zu ersetzen, ersparen wollen. Eine klar strukturierte Desktop-Hierarchie und lokale Ordnung von Word- oder Excel-Dokumenten möchten die meisten Anwender bewahren. Bei der Erstellung neuer Dokumente werden mobile *Word Processing Tools* zwar gerne ausprobiert und benutzt – die erstellten Dokumente selbst werden aber eher lokal auf dem eigenen Rechner vorsichtshalber abgespeichert. Nicht jeder ist bereit, wichtige persönliche Daten im Netz abzulegen. Dies ist auch nicht verwunderlich, denn der Umgang mit »sensiblen« Daten stellt eine heftig diskutierte Debatte im Web dar.

Dennoch werden die Möglichkeiten der neuen Technologien immer stärker wahrgenommen. So gestalten moderne Unternehmen die Kommunikation zwischen ihren Mitarbeitern zunehmend mithilfe von Wikis: *Parallel working*, also gleichzeitige Bearbeitung gleicher Dokumente von verschiedenen Mitarbeiten, gewinnt durch *collaborative features* von Webdiensten eine neue Bedeutung.

Parallel working

Im Web 2.0 kann ein Dokument von mehreren Benutzern gleichzeitig bearbeitet werden. Bei Desktop-Anwendungen würde diese Funktionalität zusätzliche Kosten verursachen.

Auch Weblogs entstehen immer häufiger auf den Seiten von Webunternehmen, die einen direkten Kontakt mit ihren Nutzern zu pflegen wissen. Über eine Blogging-Plattform informieren Unternehmen regelmäßig über letzte Neuigkeiten und auftretende Probleme und nehmen die Wünsche der Kunden entgegen.

TIPP

Eine ausführliche Beschreibung von Weblogs und Wikis finden Sie in den Kapiteln 16 und 17.

1.3.4 Nutzer bestimmen selbst

Bei den großen Projekten des »neuen« Web lässt zwischen zwei verschiedenen Geschäftsmodellen unterscheiden.

Zum einen setzen Web 2.0-Unternehmen wie *XING* oder *Facebook* auf bestimmte Zielgruppen und bieten diesen ein entsprechendes, speziell auf ihre Wünsche ausgerichtetes Online-Angebot an. Im Prinzip lässt sich die Verbreitung von solchen Webportalen mit der intensiven Suche und festen Belegung von Online-Nischen vergleichen. Ein Freiberufler zum Beispiel, der sich um neue geschäftliche Kontakte bemüht, wird wegen der Exklusivität der Webplattform XING auf sie aufmerksam. Daraus ergibt sich das durchschnittliche Alter der Nutzer solcher Plattformen. Während bei XING meistens 25- bis 45-Jährige über ihre Geschäfte diskutieren, planen bei Facebook 18- bis 24-Jährige gemeinsame Treffen und Partys.

Zum anderen begnügen sich viele Projekte wie Flickr, del.icio.us und YouTube mit einem recht pragmatischen Modell: »Ein Dienst, der gut genug ist, wird seine Zielgruppen selbst finden«. Dementsprechend setzt man nicht auf speziell ausgewählte Target-Groups, sondern auf die Funktionalität der Webanwendung, die von alleine ein möglichst breites Benutzerspektrum erreichen soll. Interessanterweise bestimmt sich die Zielgruppe einzelner Online-Projekte erst langfristig durch die Aktivitäten der Nutzer, die den Dienst verwenden und mitbestimmen.

So wurde Flickr, das ursprünglich als eine bescheidene Plattform zur Veröffentlichung und dem Austausch von Snapshots gedacht war, zu einer riesigen, globalen Community von Amateurfotografen und Profis. Genauso verwandelte sich del.icio.us, eigentlich bloß zum online Ablegen von Lesezeichen gedacht,

Nischen vs. Dienste – Facebook vs. Flickr

An dieser Stelle ist es wichtig, den Unterschied zwischen einer nischenorientierten Studenten- und Bekannten-Plattform wie *Facebook*, die sich auf bestimmte Nutzer »spezialisiert« hat, und einer dienstorientierten Plattform wie *Flickr* zu sehen, die sich auf bestimmte Dienste spezialisiert hat. Flickr wird u. a. auch von Designern und Künstlern benutzt, während *Facebook* von vornherein eine bestimmte Zielgruppe ansprechen will.

zu einem wesentlichen Barometer der Popularität von Beiträgen und Seiten im Web. Die Nutzer dieser Dienste lassen sich nur schwer einer bestimmten Gruppe zuordnen, weil ihre Teilnahme nicht durch spezielle Interessen, sondern durch die Bequemlichkeit und Funktionalität des Dienstes bestimmt wird.

Somit haben Webnutzer in der Ära des Web 2.0 ein persönliches Gleichgewicht zwischen den extra auf sie ausgerichteten Plattformen und allgemeineren Online-Diensten zu finden. Die Vielfalt an neuen Diensten erweitert die üblichen Schemata der Nutzer-Demografie.

Genauso wie der Erfolg einer Online-Zeitschrift immer häufiger nicht nur an den Besucherzahlen, sondern an der Anzahl der RSS-Abonnenten gemessen wird, lassen sich die Vorlieben der Web 2.0-Gemeinde nur ansatzweise an den Besucherzahlen von Online-Portalen messen. Als ein neuer Maßstab etabliert sich im mobilen »zweiten« Web etwa die Anzahl von abgespielten Titeln, abgelegten Bildern, gespeicherten Lesezeichen und hochgeladenen Videos.

1.4 Web 2.0 in Deutschland

Die Euphorie, mit der das Web 2.0-Phänomen weltweit aufgenommen wird, breitet sich zwar rasant auf die ganze Online-Gemeinde aus, erreicht aber nur wenige Nutzer, die daraus persönliche Vorteile ziehen.

Davon ist auch – und insbesondere – die deutsche Web 2.0-Szene stark betroffen. Eine Umfrage der Hamburger PR-Agentur ZPR hat ergeben, dass nur 6 % der deutschen Internetnutzer den Begriff »Web 2.0« kennen[3], nur 3 % wissen, was genau er bedeutet. »Web 2.0 ist die Bezeichnung für den neuen Internetboom«, meinten 31 % der Befragten, wobei nur wenige genauer angeben konnten, wodurch dieser Boom geprägt wird.

Zwar verfügen deutsche Nutzer weitgehend über schnelle Internet-Zugänge, die bei jedem zweiten mit Flatrate-Tarifen kombiniert werden, doch meistens werden die Möglichkeiten des Breitband-Internets nur selten ausgeschöpft. Neben gänzlich neuen Nutzungsformen des Onlinemediums fördert die DSL-Technologie auch bekannte Onlineanwendungen wie Audio- (45 %) und Video-Streaming (29 %). *Podcasting* dagegen wurde im August nur von jedem zehnten DSL-Surfer regelmäßig benutzt. Im Jahr 2006 hat die Internet-Telefonie einen Durch-

3 Marketing-Börse, »Nur 6 Prozent der Internetnutzer kennen den Begriff Web 2.0«, 03.11.2006 (Linkcode 067)

bruch geschafft. Im Laufe eines Jahrs konnte sich die Anzahl der Voice-Over-IP-Nutzer von 7,3 % auf 12,7 % steigern.

Die Blog-Community in Deutschland zeichnet sich durch sporadische Blog-Netzwerke aus, die meistens über ein bescheidenes Publikum verfügen und weitgehend unbekannt sind. So hatten Ende 2006 über 75 % der deutschen Nutzer kaum Interesse an der Möglichkeit, aktiv Beiträge zu verfassen und ins Internet zu stellen. Der durchschnittliche Nutzer ist mit dem Abruf von Inhalten zufrieden und steuert nur selten eigene bei.

[Podcast]
Podcasts sind Audiodateien, die ähnlich den textbasierten RSS-Feeds über Weblogs und spezielle Online-Plattformen verbreitet werden und sich abonnieren lassen.

Weblogs stellen zwar einen neuen Trend dar, von dem häufig gesprochen wird, sie erreichen aber nicht die kritische Masse der Nutzer: Im August 2006 gaben nur 7 % der deutschen Internetnutzer an, schon einmal ein Weblog besucht zu haben. Online-Tagebücher sind dabei insbesondere bei Jugendlichen besonders beliebt – 11 % der 14- bis 19-jährigen Nutzer haben bereits ein Weblog besucht. RSS-Feeds benutzen nur 6 % der Anwender.

TIPP
Mehr zum Thema »Podcasting« finden Sie in Kapitel 15.

Die mehrheitliche Skepsis bestimmt die Passivität der Nutzer: So beschränken sich 92 % der Wikipedia-Nutzer auf den Abruf von Inhalten und nur 7 % Beiträge für die Online-Enzyklopädie selbst schreiben. Über 90 % der Internetnutzer verwenden beim Surfen überwiegend nur Suchmaschinen und E-Mails. Das Web wird immer noch passiv als ein Instrument benutzt. Nachschlagewerke, Kommunikation und Preisvergleiche beherrschen den Alltag des Nutzers.

Für jeden zweiten Online-Nutzer ist Web 2.0 im Moment keine Option, da sie nur wenig Interesse an den neuen Möglichkeiten haben. »Eigeninitiative der User ist noch zaghaft«, meinen die Experten, »die Nutzer bewegen sich – wie bei den klassischen Medien auch – weiterhin eher in einer ›Lean-Back‹-Haltung durchs Netz, das aktive ›Leaning Forward‹ ist mit den heutigen Vorstellungen der Nutzer noch nicht vereinbar«.

Interessanterweise zeichnet ein Umbruch der Nutzergewohnheiten aus. So ist bereits ein Viertel der Nutzer an einem aktiven Umgang mit dem Netz – durch Blogs, Webanwendungen oder soziale Netzwerke – interessiert, bei den 20- bis 29-Jährigen sind es 32 Prozent. Binnen zwölf Monaten konnte das deutsche Wikipedia eine um 200 % gestiegene Popularität aufweisen; eine ähnliche Tendenz ist bei Wer-Weiss-Was, der ältesten deutschen Online-Community, zu verzeichnen. Wikipedia wird mittlerweile von jedem dritten Surfer genutzt, Fotogalerien wie Flickr von 12 % der deutschen Online-Gemeinde.

Auch die Popularität von Weblogs im deutschen Sprachraum nimmt zu. Laut einer Studie der »Allensbacher Computer- und Technik-Analyse« benutzten bereits im Oktober 2006 12,6 % der

Deutschen Online-Tagebücher, 1,7 % davon regelmäßig. Podcasts hört inzwischen jeder Dritte private Internetnutzer.

Eine wichtige Rolle im Kampf gegen die Skepsis der Öffentlichkeit spielen aktive Blogbetreiber, soziale Netzwerke und neue Web 2.0-Dienste aus dem deutschsprachigen Raum. Einige davon haben weltweites Ansehen gewinnen können und gehören schon längst zu etablierten Diensten, die weltweit benutzt werden. Die populärsten Seiten des neuen Mediums stelle ich Ihnen nun im Schnelldurchlauf vor.

1.4.1 Blogs

In der deutschen Blogosphäre stellen *BILDBlog*, *Spreeblick* und *Basic Thinking* die populärsten Weblogs dar, die den größten Einfluss auf die deutschsprachige Online-Gemeinde haben.

▲ **Abbildung 1.39**
Bildblog.de

BILDBlog (*http://www.bildblog.de*), ein tägliches Watchblog über eine große deutsche Boulevardzeitung recherchiert fragwürdige Artikel, deckt Fehler auf und hält fest, was nach der Meinung der Blogbetreiber (mehreren Medienjournalisten) diskussionswürdig ist. Dabei werden erfundene, irreführende oder unzureichend recherchierte Artikel genau unter die Lupe genommen, erläutert und der Öffentlichkeit dargestellt. BILDblog verfügt über eine solide Leserschaft, die mehr als 42.000 Menschen umfasst. Das Projekt wurde 2005 mit dem »Grimme Online Award« in der Kategorie Information ausgezeichnet.

▲ **Abbildung 1.40**
Spreeblick.com

Richtig populär wurde *Spreeblick* (*http://www.spreeblick.com*), ein tägliches Online-Journal über Kultur, Technik und Unterhaltung, nach der öffentlichen Auseinandersetzung mit Geschäftspraktiken des Klingelton-Anbieters Jamba. Spreeblick sorgte im Dezember 2004 für ein enormes Medienecho – im Netz aber auch in deutschen Printmedien. Das Tagebuch wird von einer Redaktion unter der Leitung von Johnny Haeusler geführt. Spreeblick wurde 2006 mit dem »Grimme Online Award« für kreative Leistung, Gestaltung und Textqualität ausgezeichnet.

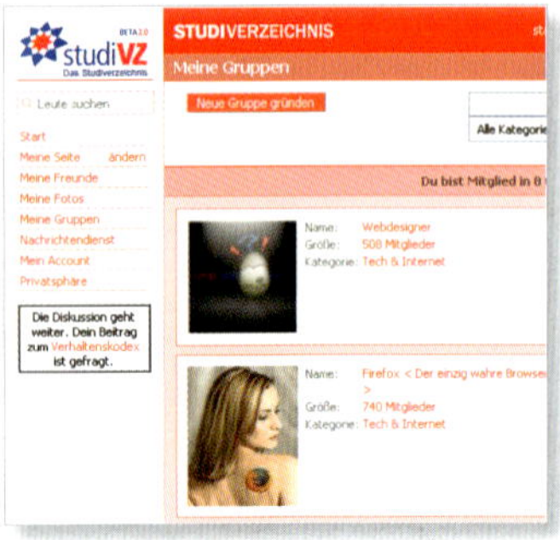

▲ **Abbildung 1.41**
Studiverzeichnis Studivz.net

1.4.2 Soziale Netzwerke

Neben *XING* ist *studiVZ* (*http://www.studivz.net*) das populärste soziale Netzwerk im deutschsprachigen Raum. Inspiriert vom Erfolg der amerikanischen Studenten-Plattform *Facebook*, haben drei Berliner Studenten ein Projekt ins Leben gerufen, das eine intuitiv bedienbare Plattform bietet, auf der sich Studierende austauschen können.

Ein anderes Konzept der sozialen Vernetzung kommt bei *Qype* (*http://www.qype.com*) zur Geltung. Dort lassen sich beliebige Dienstleister, Geschäfte und sonstige Anbieter vorstellen und bewerten. Natürlich von aktiven Webnutzern und auf freiwilliger

Basis. Die Grundidee lautet: »Leute bewerten Lokale, erzählen über ihre Interessen und finden Gleichgesinnte.«

Dabei werden insbesondere Kneipen, Restaurants und Ausflugsziele deutschlandweit verschlagwortet. Wer also nach einem ordentlichen Unterhaltungslokal sucht, wird bei Qype schnell und gut bedient.

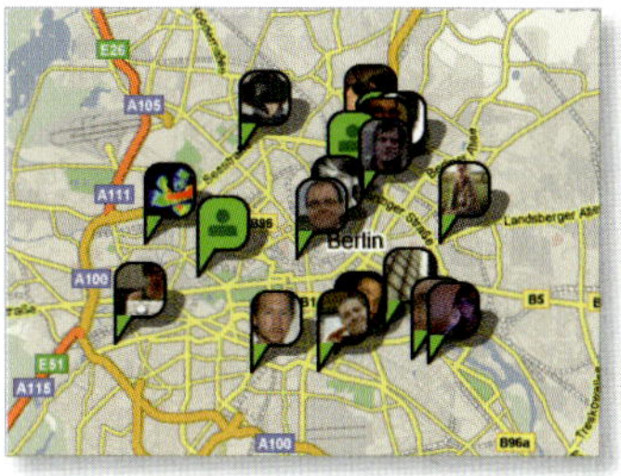

▲ **Abbildung 1.42**
Qype.com

1.4.3 Social Bookmarking

Der charmante Name des Netzwerkes *Mister Wong* (*http://www.mister-wong.de*) lässt vermuten, dass das Projekt einen pragmatischen Dienst zu leisten hat und diesen mit aller Sorgfalt erfüllt. Und in der Tat – die Plattform der Bremer Serviceagentur Construktiv GmbH stellt eine Alternative zum international dominierenden Dienst del.icio.us dar. Neben dem Verwalten von Bookmarks können Nutzer des Dienstes Gruppen bilden und abgelegte Lesezeichen von Freunden, Bekannten oder auch Unbekannten verfolgen. Bei Mister Wong werden mittlerweile über 2,2 Millionen Bookmarks abgelegt (Stand Juli 2007) und mit mehreren Millionen Tags versehen.

Dienste mit ähnlichen Funktionen sind *Taggle.de*, *Icio.de* sowie *Netselektor.de*.

▲ **Abbildung 1.43**
Mister-Wong.de

1.4.4 News-Community

Hinter dem Namen *YiGG*, der wohl an die populäre englischsprachige Nachrichtenplattform *Digg* angelehnt ist, verbirgt sich tatsächlich das gleiche Konzept mit einem deutlich erweiterten Angebot an bequemen Funktionen und Möglichkeiten. Realisiert mit Ajax, kann man bei *YiGG* (*http://www.yigg.de*) eigene Nachrichten und Videos einreichen sowie Beiträge anderer Nutzer kommentieren und bewerten. Je mehr Bewertungen ein Beitrag vorweisen kann, desto höher steigt er in seiner Kategorie auf. Die beliebtesten Artikel landen auf der Hauptseite des Dienstes. YiGG kombiniert soziales Bookmarking, Blogs, RSS-Feeds, Nachrichteneinträge, Tags und Videos.

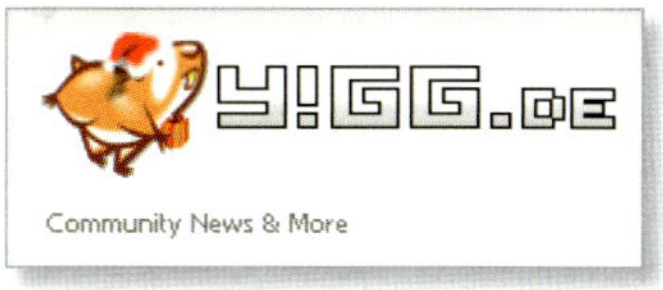

▲ **Abbildung 1.44**
Yigg.de

1.4.5 Multimedia-Portale

Das deutschsprachige Fotografen-Portal *Photocase* (*http://www.photocase.com*) ist eine »Community für alltagsnahe, inspirierende und außergewöhnliche Fotografie«. Profis und Amateure können ihre Werke der breiten Öffentlichkeit zur Schau stellen und die Bilder anderer Nutzer kommentieren und herunterladen. Ganz im Sinne üblicher Community-Portale werden hochgeladene Bilder verschlagwortet und in sogenannten »Lightboxen« nach Rubriken abgelegt.

▲ **Abbildung 1.45**
Photocase.com

▲ **Abbildung 1.46**
Sevenload

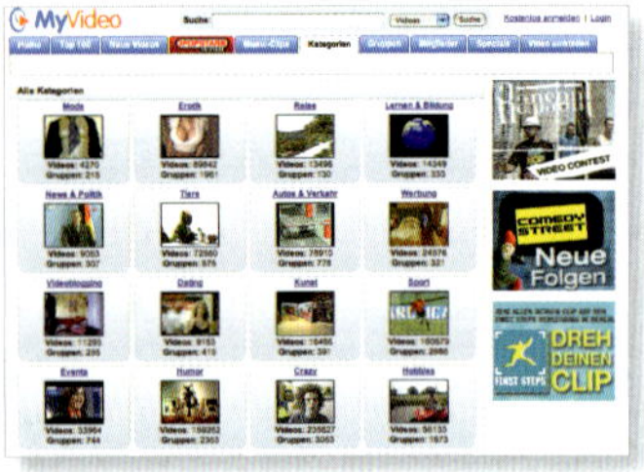

▲ **Abbildung 1.47**
MyVideo.de

▲ **Abbildung 1.48**
Lycos iQ

▲ **Abbildung 1.49**
Hitflip.de

Jeder Benutzer kann bei Photocase beliebte Fotos in einem persönlichen Fotoalbum zusammenstellen. Dabei können alle Fotos für gewerbliche und private Zwecke verwendet werden. Mit Photocase können Fotografen Geld verdienen, während Fotosuchende auf der Plattform preiswertes, hochwertiges und außergewöhnliches Fotomaterial für ihre Inspiration finden. Ein ähnlicher Dienst ist die Plattform *ImageLooop*.

Sevenload (*http://www.sevenload.de*) ist eine Multimedia-Plattform zur Verwaltung von Videos und Bildern und stellt ein erwähnenswerte Mischform aus den besten Funktionen von YouTube und Flickr dar. Auf den Seiten des Dienstes können Benutzer Bilder und Videos hochladen, taggen und in Alben organisieren.

Außerdem können aktive Nutzer eigene interaktive Video-Formate und Shows veröffentlichen – mit eigenen Moderatoren und Schauspielern. Selbstverständlich lassen sich auch Bilder und Videos anderer Mitglieder ansehen, wodurch man »sevenloader« mit gleichen Interessen finden und kennenlernen kann. Verwandte Dienste bieten Portale wie *zeec.de* und *myvideo.de* an.

1.4.6 Kollektive Intelligenz

Eine wesentliche Komponente des Netzes in »zweiter Auflage« ist die Sammlung und Nutzung kollektiver Intelligenz. Außer Wikipedia bietet *Lycos iQ* (*http://iq.lycos.de*), einen Webdienst, der als Wissens-Community und Plattform für Wissensfragen und Meinungsaustausch gedacht ist. Auf den Seiten des Netzwerks können Internetnutzer Fragen stellen, die andere Nutzer beantworten können, und dadurch soziales Kapital sammeln. Der Hauptzweck der Plattform besteht darin, Webnutzern eine »menschliche« Suche durch Experten anzubieten. Außerdem kann die Plattform zum Ablegen sowie zum Verwalten von Lesezeichen benutzt werden.

Ein renommiertes Netzwerk, das seit 1996 das selbe Ziel im deutschsprachigen Raum verfolgt, ist die Plattform *Wer-Weiss-Was* – ein Experten-Netzwerk zum Austausch von Wissen auf Gegenseitigkeit.

1.4.7 Dinge übers Netz tauschen

Die Vorteile der Humanisierung des Netzes werden durch die zunehmende Popularität solcher Dienste wie *Hitflip* (*http://www.hitflip.de*) deutlich. Die größte Tauschplattform in Deutschland bietet über 400.000 unterschiedliche Artikel an. Dabei basiert das System auf einem einfachen Prinzip: Jeder angemeldete Nutzer bietet Bücher, DVDs, Musik CDs und Spiele auf den Seiten der Plattform zum Austausch an. Ist eines der Mitglieder des Netzwerks an diesem Angebot interessiert, so verschickt der

Eigentümer dieses an die entsprechende Adresse. Nachdem dies geschehen ist, erhält der Anbieter ein »Flips-Guthaben«, mit dem er die Artikel anderer Nutzer »bestellen« kann. Sämtliche Angebote werden nach ihrer Aktualität und Qualität bewertet. Teilnehmer können sich durch eine gute Reputation zusätzliche »Flips« sichern.

Je erhaltenem Artikel zahlt der Nutzer 99 Cent. Produkte bleiben im Eigentum des Besitzers und werden bei jeglicher Beschädigung durch die Plattformbetreiber ersetzt.

1.5 Ressourcen

Über das Phänomen Web 2.0 wird viel gesprochen und geschrieben, nur wenige Beiträge helfen jedoch, auf die Spuren nach der wahren Bedeutung des »erneuerten« Mediums zu kommen. Die folgende, kompakte Übersicht soll Ihnen weiterführende Quellen und Nachschlagewerke zum Thema liefern.

1.5.1 Online-Artikel

- *Tim O'Reilly*: »What is the Web 2.0? Design Patterns and Business Models for the Next Generation of Software«; *http://www.oreilly.de/artikel/web20.html* (Linkcode 015); *http://www.oreilly.de/artikel/web20_trans.html* (deutsche Übersetzung, Linkcode 016)
- Bubble Map Web 2.0 *http://kosmar.de/archives/2005/11/11/the-huge-cloud-lens-bubble-map-web20/* (Linkcode 017)
- *Willi Schroll, Andreas Neef*: »Web 2.0 – Was ist dran?« *http://www.perspektive-blau.de/wissen/0609a/0609a.htm* (Linkcode 019)
- *Paul Graham*: »Web 2.0« *http://www.paulgraham.com/web20.html* (Linkcode 020)
- *Mario Saxtus*: »Die Humanisierung des Netzes« *http://www.zeit.de/2005/35/C-Humannetz* (Linkcode 021)
- *Joshua Porter*: »Introduction to Web 2.0« *http://www.squidoo.com/introtoweb20/* (Linkcode 022)
- comScore Media Metrix, August 2006: »More than Half of MySpace Visitors are Now Age 35 or Older« *http://www.comscore.com/press/release.asp?press=1019* (Linkcode 023)

1.5.2 Online-Ressourcen

- »Dr. Web: Web 2.0 Quellensammlung«
  http://www.drweb.de/weblog/weblog/?p=457
  (Linkcode 024)
- The Google Pagerank Algorithm and How It Works
  http://www.iprcom.com/papers/pagerank/
  (Linkcode 025)
- Google Page Rank: What Do We Know About It?
  http://www.smashingmagazine.com/2007/06/05/google-pagerank-what-do-we-really-know-about-it/ (Linkcode 000)
- Flicker Time
  http://www.hottoast.org/convexstyle/flickrtime/
  (Linkcode 026)
- Das englischsprachige Web 2.0-Sammelalbum
  http://www.econsultant.com/web2/ (Linkcode 027)
- Das deutschsprachige Web 2.0-Sammelalbum
  http://www.web2null.de (Linkcode 028)
- Wikipedia: Web 2.0
  http://en.wikipedia.org/wiki/Web_2 (Linkcode 029)
- »10 Free E-Books about Web 2.0«
  http://twopointouch.com/2006/10/31/10-free-ebooks-about-web-20/ (Linkcode 030)
- Dion Hinchcliffe's Web 2.0 Blog,
  http://web2.wsj2.com (Linkcode 031)
- Read/WriteWeb Magazine
  http://www.readwriteweb.com (Linkcode 032)

1.5.3 Literatur

- Tom Alby: »Web 2.0. Konzepte, Anwendungen, Technologien«
- James Surowiecki: »The Wisdom of Crowds«
- Albert-Laszlo Barabasi: »Social Network Technology – Linked, the New Science of Networks«
- Robert Scoble, Shel Israel: »Naked Conversations: How Blogs are Changing the Way Businesses Talk with Customers«
- Alan Moore, Tomi Ahonen: »Communities Dominate Brands«
- Chris Andersen: »The Long Tail«
- Steven Johnson: »Emergence«
- Paul Graham: »Hackers & Painters«

2 Designkultur Web 2.0

Nach einem ausführlichen Einblick in die grundlegenden Mechanismen des Web 2.0 lernen Sie nun neue Techniken zur Realisierung standardkonformer und ansprechender Seiten im Web 2.0-Look kennen. Dabei machen Sie sich mit neuen Ansätzen zur Text- und Farbgestaltung sowie dem Design von verschiedenen Seitenelementen vertraut. Zuerst betrachten wir aber die typischen Designmerkmale des »neuen« Webs.

Das Design des Web 2.0 zeichnet sich insbesondere durch neue kreative Ansätze und sorgfältig durchdachte Entwürfe aus. Designer verleihen jedem Seitenelement mehr Bedeutung und Ausdruckskraft. Eine einheitliche Organisation und Struktur der Seiten wird zunehmend wichtiger; in Kombination mit gezielt gewählten Designelementen lassen sie eine Vielzahl an Projekten entstehen, die durch eine visuell ansprechende und benutzerfreundliche Seitengestaltung zu beeindrucken wissen.

Im Mittelpunkt des Geschehens steht dabei jeder einzelne Besucher. Dieser soll sich auf der Seite schnell zurechtfinden und gesuchte Informationen finden können. Dementsprechend setzen sich verschiedene Seitentypen im Web 2.0 – Blogs, Community-Netzwerke, Portfolios, Nachrichtendienste und Unternehmensseiten – zum Ziel, Informationen deutlich, bequem und sympathisch zu präsentieren, wobei auch der Inhalt prägnant und kompakt aufbereitet wird.

Nimmt man die Werke der Design-Szene genauer unter die Lupe, so kann man typische Merkmale der Designkultur im Web 2.0 erkennen. Diese betreffen die Struktur der Seiten, grafische und typografische Techniken, Seitenelemente sowie neue Konzepte.

2.1 Seitenstrukturen

Seitenstrukurierung

Eine strikte Trennung des Seitenlayouts in mehrere Teile, die einzeln behandelt und gestaltet werden können, scheint heute beinahe selbstverständlich zu sein. Diese Art der Seitenstrukturierung weist Vorteile in dynamisch generierten Weblogs, CMS und Wikis auf.

Eine übersichtliche Seitenstruktur ist eines der wesentlichen Elemente, auf die ein Seitenbesucher sein Augenmerk richtet – häufig unbewusst. So wird eine neue, bisher unbekannte Seite vom Besucher in Bruchteilen von Sekunden nach Zusammenhängen gescannt und in Blöcke zerlegt. Wichtig für die *User Experience* ist dabei die Tatsache, dass der Designer diesen Prozess der Gliederung unterstützt.

In der Design-Szene spricht man von einem gelungenen Design, wenn dieses entweder sofort ins Auge springt oder unsichtbar bleibt. Ein unsichtbares Design ist häufig weit effizienter als ein buntes Farbenspiel, vor allem weil es nicht die Gestalt der Seite betont, sondern den Inhalt der Beiträge. Und in der Tat – zusätzliche Komplexität kann leicht zu einem Informationsoverkill führen, während Einfachheit und Schlichtheit intuitiv sind.

Dabei sind einfache Strukturen meistens komplexer zu realisieren als komplexe Entwürfe. Sämtliche Seiteninhalte auf das Wesentliche zu reduzieren, eindeutig zu beschreiben und in einer übersichtlichen Form zu präsentieren, ist eine anspruchsvolle Aufgabe, da sämtliche Entscheidungen der Nutzer genau berücksichtigt werden müssen.

Die Perfektion einer Seite wird somit nicht nur durch ein harmonisches Zusammenspiel der Farben erreicht, sondern durch die Einbettung in einen entsprechenden strukturellen Rahmen. Und eben dieser Rahmen wird in Zeiten des Web 2.0 meistens ganz einfach und übersichtlich gehalten.

2.1.1 Zwei- und Dreispalter

[Drei-Schichten-Modell]
Das *Drei-Schichten-Modell* definiert drei Schichten der Seitenkonzeption: *Text-Inhalte* (2. Schicht) werden in das Skelett der Seite, also *strukturierte Blöcke* (1. Schicht), eingefügt und durch *grafische Elemente* (3. Schicht) zu einer visuell ansprechender Internetpräsenz erweitert.
Häufig wird darüber hinaus die vierte Schicht in das Seitenkonzept integriert – etwa, wenn multimediale Komponenten wie Flash, Audio- oder Video-Streams zum Einsatz kommen sollen.

Basierend auf dem Drei-Schichten-Modell greifen Webdesigner meistens zu schlichten und überschaubaren zweispaltigen Strukturen. Dabei erfolgt eine strikte Trennung von den eigentlichen Inhalten der Seite und den Seitenattributen – etwa Navigation, Kontaktinformation, Links u.Ä. »*Content is (still) the king*« lautet das Motto der Szene. Webdesigner stellen Seiteninhalten gerne viel Platz zur Verfügung, die meistens durch ein links bzw. rechts platziertes Navigationsmenü begleitet werden.

Im Web 2.0 sind Webseiten grundsätzlich mit einem CSS/XHTML-Gerüst realisiert, um möglichst flexible Seitenstrukturen und eine einfache Positionierung der Elemente zu ermöglichen. Dabei werden Webauftritte nach dem Muster *Header, Content, Sidebar, Footer* gestaltet.

Bei einer modernen Seitengestaltung gilt es insbesondere, einzelne Elemente durch eine geschickte Farbauswahl oder grafische Betonung hervorzuheben. Zu diesem Zweck werden häufig starke, auffallende Kontraste eingesetzt, etwa um die Navigation oder die Fußzeile stärker zur Geltung kommen zu lassen.

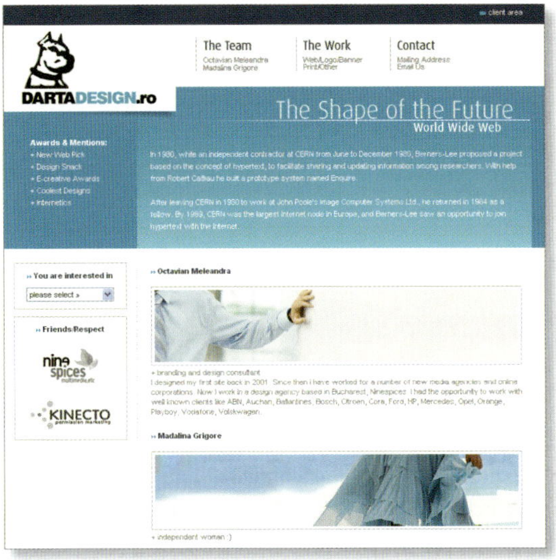

▲ **Abbildung 2.1**
Einfache Seitenstruktur, zwei dominierende Farben, Freiräume (Quelle: Dartadesign.ro)

▲ **Abbildung 2.2**
Ein buntes, durchdachtes und abgerundetes Design. (Quelle: fall.tnvacation.com)

▲ **Abbildung 2.3**
Ein auffallender Hell-Dunkel-Kontrast (Quelle: Methodarts.com)

▲ **Abbildung 2.4**
Frische, visuell ansprechende Farben und ein hoher Kontrast zwischen Weiß und Grün auf Brentayers.com

▲ **Abbildung 2.5**
Ein schlichtes Design in schwarz-weißen Tönen (Quelle: Electricgecko.de)

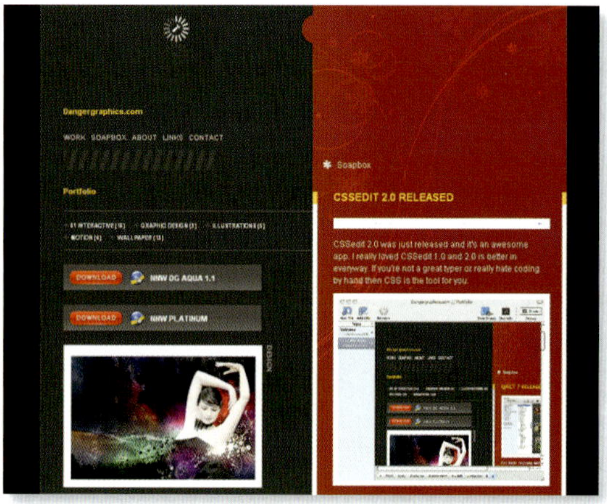

▲ **Abbildung 2.6**
Ein hoher Kontrast zwischen der Gestaltung einzelner Seitenelemente. Dunkelrot und Schwarz haben ein starkes visuelles Gewicht auf einem dunklen Hintergrund (Quelle: Dagergraphics.com).

Insbesondere spielen dabei Hintergrundfarben eine wesentliche Rolle. Auf den ersten Blick passive, bloß begleitende Töne bringen eine »visuelle Ordnung« in die Seitenstruktur und lassen den Besucher einzelne Elemente besser und schneller erkennen.

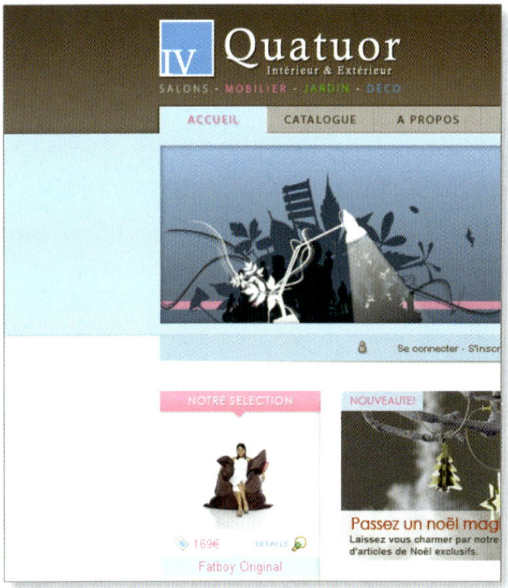

▲ **Abbildung 2.7**
Header (Quelle: Quatuor.be)

▲ **Abbildung 2.8**
Footer. Gleiche Farbtöne bei den Kopf- und Fußzeilen sorgen für ein abgerundetes Bild der Seite (Quelle: Quator.be).

Zweispaltige Strukturen werden häufig durch eine begleitende dritte Spalte ausgebaut, die für eine deutlichere Informationsgliederung sorgen soll. Bei einem Beitrag können diese Spalten verwandte und weiterführende Informationen zum Thema präsentieren.

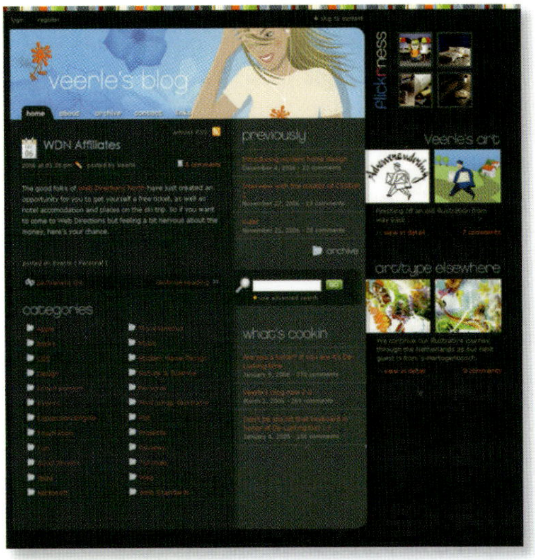

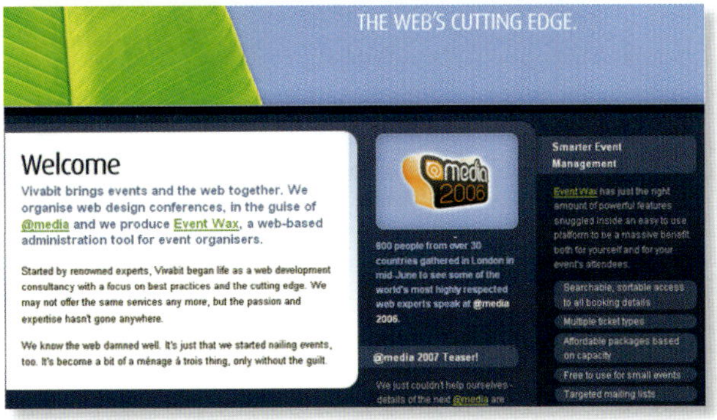

◄▲ **Abbildung 2.9**
Seiteninhalte werden auf drei Spalten verteilt. Jede Spalte bietet Inhalte, die einander ergänzen, aber zu unterschiedlichen Themen gehören (Quelle: Veerle.Duoh.com, Kineda.com).

2.1.2 Kreativität und Kompaktheit

Während Freiberufler eher auf Einspalter, Minimalismus und einen starken visuellen Eindruck setzen, ist bei größeren Portalen, etwa Nachrichtendiensten, der Bedarf nach einem mehrspaltigen Ansatz groß. Einseitige Webauftritte stellen Designern eine Leinwand zum Experimentieren bereit, auf der sie ihr Können zur Schau stellen können. Andererseits gerät das Bestreben der Designer, die Information »frei« zu gestalten, bei großen Projekten leicht ins Schwanken und erzwingt einen Kompromiss zwischen visueller Freiheit und kompakter Gestaltung von vielen Informationen.

Dennoch liegt der Schwerpunkt in beiden Fällen auf der Übersichtlichkeit der Seitenstrukturen.

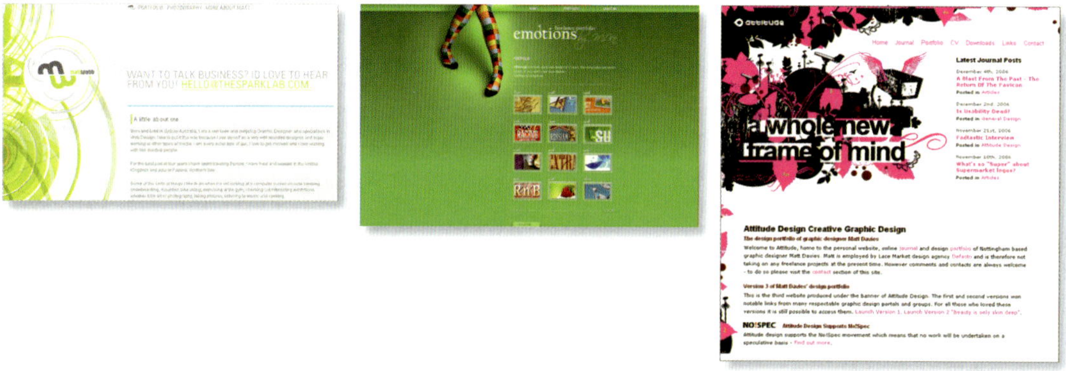

▲ **Abbildung 2.10**
Einspalter
(Quelle: Mattwebb.com.au, Emotionslive.co.uk, Attitudedesign.co.uk)

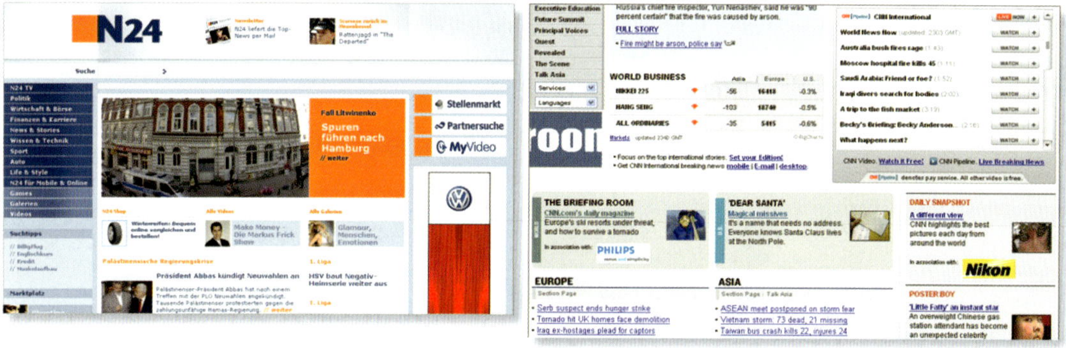

▲ **Abbildung 2.11**
Mehrspalter
(Quelle: N24.com, CNN.com)

2.1.3 Zentrale Positionierung der Inhalte

Bei der Ausarbeitung neuer Webprojekte tendieren Designer immer häufiger dazu, das Layout zentriert zu positionieren. Die ungeschriebene Regel, möglichst viele Informationen in den oberen Teil der Seite zu integrieren, damit der Benutzer ohne vertikalen Seitendurchlauf auskommt, wird der visuellen Gestaltung der Seite sowie der Lesbarkeit von Inhalten preisgegeben. Anstatt Inhalte kompakt in einen Block einzubetten, werden sie zentriert und in mehrere vertikal hintereinander folgende Blöcke verteilt.

Demzufolge entsteht auf der Seite mehr Freiraum, wodurch Besucher sich besser orientieren und Inhalte wahrnehmen können.

2.2 Grafische Ansätze

Laut einschlägigen Usability-Studien[1] entscheiden Seitenbesucher in den ersten 50 Millisekunden (1/20 Sekunde) des Seitenaufenthalts darüber, inwiefern eine Seite ihren Ansprüchen – sei es visueller Eindruck oder textueller Inhalt – entspricht. Diese Entscheidung ist fast ausschließlich kognitiver Natur. Der erste visuelle Eindruck beeinflusst den weiteren Entscheidungsprozess der Nutzer enorm und kann somit als ein grundlegender Baustein zum Aufbau von Vertrauen in die Seite angesehen werden. Zum Beispiel, wenn es um die Dienste eines Unternehmens oder Kompetenz eines Bewerbers geht.

Der erste Eindruck zählt

Ein attraktives Bild oder eine leicht nachvollziehbare Seitenstruktur? Was effizienter ist, hängt vom Können der Designer ab. Webentwickler haben eine zwanzigstel Sekunde Zeit, um Seitenbesucher zu beeindrucken und für sich zu gewinnen.

Um den hohen Ansprüchen des Seitenbesuchers gerecht zu werden, muss ein Designer den Anwender durch attraktive und leicht wahrnehmbare grafische Seitenelemente überzeugen. Konsequenterweise werden Seitenbesucher insbesondere im Web 2.0 mit bunten und visuell ansprechenden Farbschemata, Bildern und Grafiken bedient.

2.2.1 Farbschemata

Die Aufmerksamkeit der Seitenbesucher wird im Web 2.0 durch drei unterschiedliche Ansätze der Farbkomposition gewonnen. Diese Ansätze zielen im Einzelnen jeweils auf ein bestimmtes Publikum und können deshalb unterschiedlichen Seitentypen zugeordnet werden.

Zum einen setzen Designer häufig auf neutrale und weiche Farben, die den Eindruck von Behaglichkeit, Ruhe und Gelassenheit vermitteln sollen. Webauftritte solcher Art zeichnen sich üblicherweise durch Schlichtheit der Seitenkonzeption aus.

▼ Abbildung 2.12
Neutrale, weiche Farben (Quelle: Subdued.net, Folietto.at, Grovewebsitedesign.co.uk).

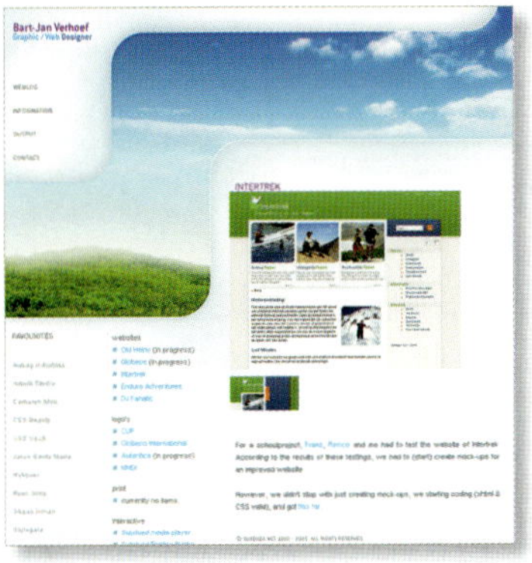

1 Lindgaard G., Fernandes G. J., Dudek C. & Brown, J., »Attention web designers: You have 50 milliseconds to make a good first impression!«, *Behaviour and Information Technology*, 25:115-126 (2006)

▲ **Abbildung 2.13**
Bunte Farben, wo das Auge hinschaut
(Quelle: Summer.tnvacation.com)

Zum anderen verleihen harmonische, stark ausgeprägte Farbkontraste einer Seite ein scharfes visuelles Bild. Interaktive Seitenelemente werden dabei mit lebendigen Farben in den Vordergrund gestellt. Die Absicht ist, das Augenmerk des Besuchers durch kräftige Farben zu lenken, mit dem Ziel, einen haftenden Eindruck zu verschaffen. Besondere Popularität genießen kräftige Purpurrot, Rosa, Grün, Blau und Orange.

Das Spektrum der Seiten, die sich diesen Ansatz zunutze machen, ist ziemlich weit gefasst. Besonderen Anklang finden bunte Farben jedoch bei modernen Webdiensten, kleineren Unternehmen und Auftritten, die insbesondere auf ein junges Publikum gerichtet sind oder die Attraktivität ihrer Angebote betonen wollen.

▲ **Abbildung 2.14**
Weiß und Grün dominieren
(Quelle: Onlinecenter.nu).

▲ **Abbildung 2.15**
Schlichtes Design mit dominierendem Rot und neutraler grüner und grauer Farbe
(Quelle: Electricpulp.com)

▲ **Abbildung 2.16**
Purpurrot (Quelle: www.do-jo.net)

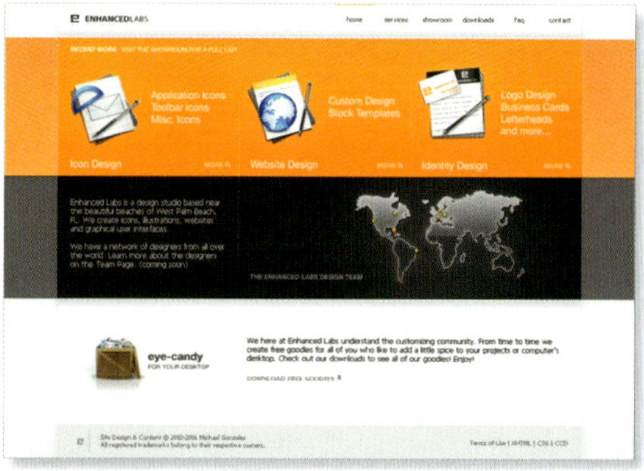

▲ **Abbildung 2.17**
Helles Orange (Quelle: Enhancedlabs.com)

Neben auffallenden Farbpaletten und kreativen Ansätzen kommen im Web 2.0 auch neue grafische Elemente zum Tragen. Sie verleihen modernen Webseiten eine besondere gestalterische Facette.

2.2.2 Badges, Streifen, Gradiente und Spruchbänder

Eines der Seitenelemente, die Designer häufig mit dem Web 2.0-Stil in Verbindung bringen, sind sogenannte *Stars*, auch *Badges* oder *Round Flashes* genannt.

Verbreitet in der Printwerbung, sind diese beschrifteten, kreisförmigen Elemente mit zackigen Rändern im Web dazu gedacht, einen besonderen Akzent auf bestimmte Merkmale einer Webseite zu setzen. Meistens sollen Badges die Botschaft der Seite kurz und prägnant vermitteln. Zum Teil werden sie aber auch benutzt, um die Aufmerksamkeit der Besucher auf Neuigkeiten, Veränderungen oder spezielle Angebote zu lenken.

Die Hervorhebung von Badges geschieht häufig durch die Verwendung einer zu den Hauptfarben kontrastierenden Farbpalette. Schatteneffekte sorgen dafür, dass ein sanfter Übergang zwischen Kontrastfarben erzeugt wird, und dass das Element sich von der Seite abhebt.

So springen beispielsweise direkte oder indirekte Aufrufe zu Aktionen (»Hire me!«, »Feed me!«, »Why should you buy it?«, »Subscribe to RSS-Feed!« u. Ä.) direkt ins Auge. Indem Badges den Anwender zu Interaktionen auf der Seite animieren, werden sie zu einem mächtigen grafischen Werkzeug.

Too Cool For IE

Wer eine Botschaft direkt vermitteln will, wählt ein kreisförmiges Gebilde bunter Farbe, versieht es mit zackigen Rändern und beschriftet das Bild mit einer prägnanten Botschaft. Die Grafik fällt direkt auf und sorgt für den gewünschten Effekt. Beispielhaft dafür ist die Aktion *Too Cool For IE* (*http://www.w3junkies.com/toocool/join.php*, Linkcode 033), welche die Öffentlichkeit auf Mängel des Internet Explorers aufmerksam machen sollte.

▲ **Abbildung 2.18**
Dunkelviolett, Gelb und Rot (Quelle: Art-zen.net)

▲ **Abbildung 2.19**
Frisches und lebendiges Seitenbild (Quelle: Zero.ru)

▲ **Abbildung 2.20**
Buntes Farbenspiel und ungewöhnliche Designansätze (Quelle: Kcrevolution.org)

▲ **Abbildung 2.21**
»Stars« werden häufig mit bunten Farben verziert. Sie betonen Slogans, die Thematik der Seite und begleitende Informationen.

Hintergründe mit Streifen

Genauso wie monotone Hintergrundbilder etwa bei öffentlichen Auftritten vermieden werden, versuchen Designer, Hintergrundbilder mit Streifen zu versehen. Dezente Streifen sind ein Versuch, die Monotonie einer einheitlichen Farbgebung aufzubrechen und eine visuelle Abwechslung zu erzeugen.

Eine andere Bedeutung tragen im Web 2.0 stark verbreitete horizontale und vertikale Streifen. Genauso wie Hintergrundfarben werden sie meistens als Hintergrundbilder eines Layouts verwendet und sollen den Aufenthalt der Besucher auf der Seite angenehmer und bequemer gestalten. Angepasst an das Gesamtkonzept der Webpräsenz können Streifen bestimmte Seitenelemente zusätzlich hervorheben und durch einen starken Kontrast in Vordergrund treten lassen. Andererseits ersetzen sie die Monotonie einer Farbe durch ein intensiveres und lebendiger wirkendes Farbenspiel und verleihen der Seite mehr visuelle Dynamik.

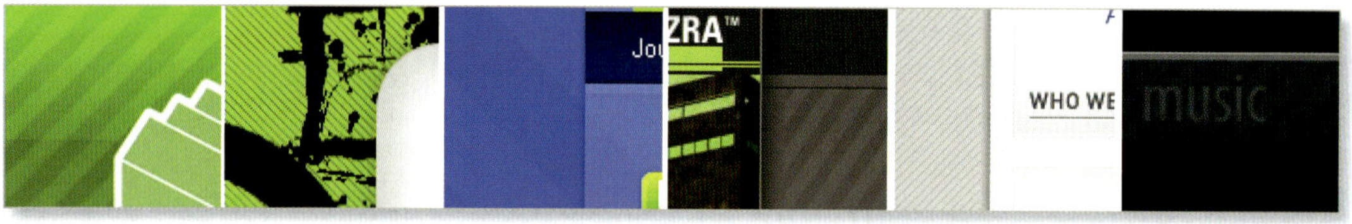

▲ **Abbildung 2.22**
Streifen spielen insbesondere bei der Auswahl eines Hintergrundbilds eine wichtige Rolle.

Farbverläufe

Farbverläufe schaffen fließende Übergänge zwischen benachbarten Seitenbereichen und tragen zu einem einheitlichen und abgerundeten Seitenbild bei.

In dieser Funktionsweise ähneln Streifen *Farbverläufen* (*Gradients*), fließenden »Farbgefällen«, die mindestens genauso oft benutzt werden. So verwendet man Verläufe zum Teil als kräftige Hintergrundbilder, zum Teil aber zur Gestaltung von Schaltflächen, Formularen und Navigationsmenüs. Sie bieten einen sanften Übergang von einer Farbe zu einer anderen, was beispielsweise für einen visuell ansprechenden Übergang von einem Beitrag zur Fußzeile einer Internetpräsenz sorgen kann.

Neu entdeckt werden diagonale und vertikale *Spruchbänder*, bunte Streifen, Linien und Bänder, die so in das Layout eingebettet werden, dass sie eine Webseite zu überdecken scheinen. Meistens tragen sie eine Botschaft oder einen Hinweis auf temporäre Aktionen oder Initiativen, treten aber nicht so stark hervor, wie dies bei Badges der Fall ist. Manchmal werden Logotypen in Spruchbänder integriert und auf diese Weise stärker auf der Seite ausgezeichnet.

Abbildung 2.23 ▼
Streifen, Linien und Bänder sollen Botschaften stärker zur Geltung kommen lassen.

2.2.3 Schatten-, Spiegel- und 3D-Effekte

Ein weiterer interessanter Ansatz betrifft den Versuch der Designer, Lichteffekte aus dem Alltag – Schatten, Spiegel, Lichtbrechung – im Web abzubilden und Seiten dadurch intuitiver und gewöhnlicher erscheinen zu lassen. Dabei werden Bilder oft im 3D-Look entworfen. Neben Fotos werden auch andere Bilder, Schaltflächen und gar gesamte Layouts mit einem lockeren, häufig halb-transparenten, Rahmen versehen. Spiegel- und 3D-Effekte finden sich meistens bei Logos, Slogans, Schaltflächen und Schildern, die Benutzer zu Aktionen motivieren sollen.

Eine Grafik kommuniziert mit dem Benutzer besser als jeder langwierige Text. Sie darf jedoch nicht allzu stark von der Seite abheben und muss zum Gesamtlayout passen.

▼ Abbildung 2.24
Schatten-, Spiegel- und 3D-Effekte in einer Übersicht

Dominierend sind Spiegelbilder und graue Schatten. Sie erzeugen realistische 3D-Effekte. Außerdem integrieren Designer manchmal auch freundliche Cartoon-Bilder in Webseiten. Anscheinend sollen sie eine entsprechende Laune erzeugen.

▼ Abbildung 2.25
Cartoons erzeugen eine angenehme, informelle und lustige Atmosphäre auf Webseiten.

2.2.4 Abgerundete Ecken

Abgerundete Ecken (*Rounded Corners*) stellen eines der typischen Merkmale von Web 2.0-Designs dar.

Abgerundete Ecken

In der Natur findet man abgerundete Formen häufiger als rechteckige.

Während Kästen und rechteckige Gebilde eher für praktische Zwecke gedacht sind, können abgerundete Objekte sich davon abheben und eine natürliche Form vorweisen. Folglich wirken sie attraktiv und leicht spielerisch.

Darüber hinaus weisen abgerundete Formen eher darauf hin, was sich innerhalb des Objekts befindet.

Verwendet ein Designer solide Farben für einen abgerundeten Seitenblock, so wird dessen Kontext hervorgehoben und die Illusion einer abgestimmten Textpräsentation erzeugt.

Die Abwesenheit von festen rechtwinkligen Formen macht somit einen sonst unauffälligen Block zu einem Kommunikationsmittel, das intuitiv Sympathie beim Besucher erzeugt.

Abbildung 2.26 ▼
Abgerundete Ecken: bei Navigationsleisten, Bildern und Aufzählungen

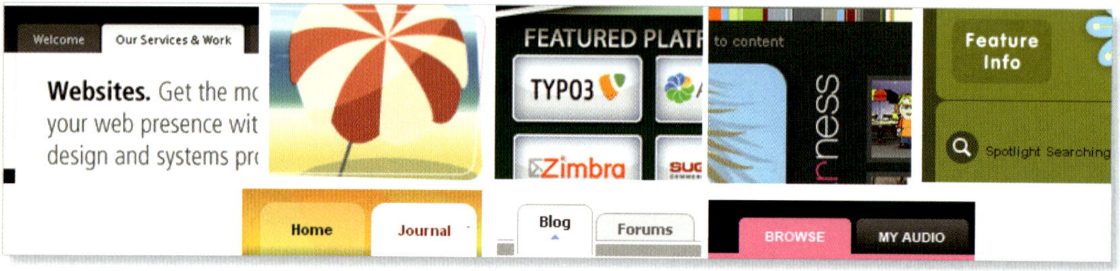

2.2.5 Icons

Eine spezielle Funktion übernehmen im Web 2.0 *Icons*, kleine den Seiteninhalt begleitende Bilder, die meistens bei Beiträgen und in Navigationsmenüs gefunden werden. Ihre Hauptaufgabe besteht darin, die Präsentation von Seiteninhalten durch »leichte« visuelle Elemente aufzulockern und die Lesbarkeit zu verbessern. Außerdem lassen sich Inhalte durch prägnante Bullets, Pfeile und andere Bilder intuitiver und anschaulicher gliedern.

Icons

Icons schaffen einen besseren Überblick und erleichtern den Scanvorgang der Seiten. Sie können Botschaften transportieren bzw. diese stärker betonen.

Meistens kommen Icons in einem bescheidenen Maße zur Geltung, stellen jedoch wie Rundungen ein mächtiges visuelles Kommunikationsmittel dar.

Das Web ist eine Umgebung, in der Benutzer dynamisch, durch rasche Augenbewegungen, nach Inhalten suchen und schnell unruhig werden, falls die Informationen nicht deutlich genug präsentiert werden. Demnach ist der Bedarf nach auffallenden visuellen Indikatoren groß. Icons können dabei als Wegweiser dienen, die dem Anwender genau zeigen, was er tun kann bzw. zu tun hat. Anstatt permanent Textinhalte zu scannen, können Besucher eine mit Icons verzierte Seite nach Bildern »abtasten«.

▲ **Abbildung 2.27**
Sinnvoll eingesetzt können Icons zu Aktionen animieren und Verweise stärker zur Geltung kommen lassen.

Grafische Lösungen stellen eine intuitive Oberfläche für eine Webseite bereit, doch ohne entsprechenden Seiteninhalt bleiben

Besucher aus. Schließlich wird im Netz nicht nach Bildern, sondern nach Informationen gesucht. An dieser Stelle kommt die Webtypografie, die Textgestaltung der Webseiten, ins Spiel.

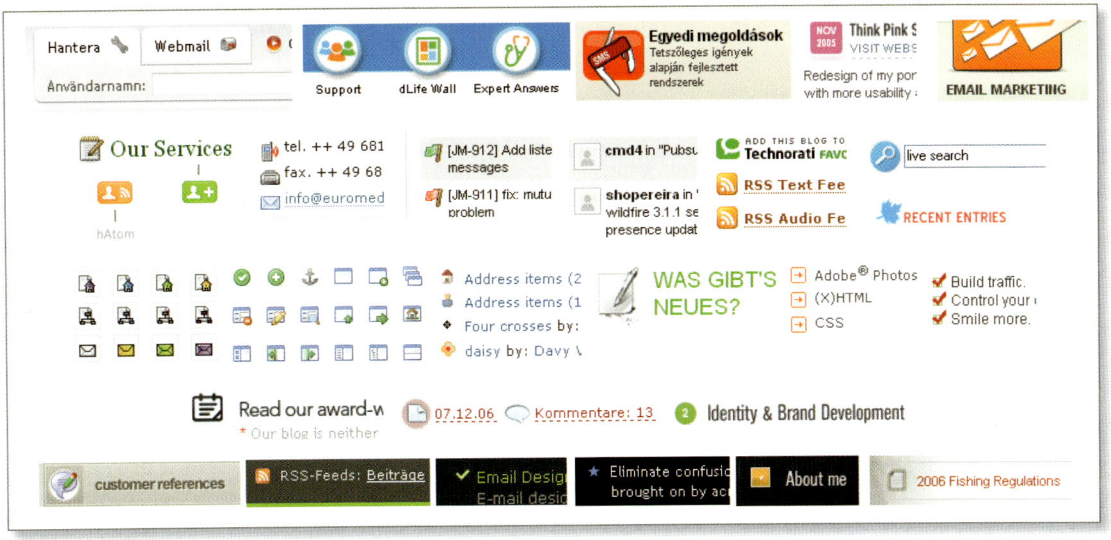

▲ **Abbildung 2.28**
Vielfältige Icons können in beinahe jeder Situation verwendet werden.

2.3 Webtypografie

Die Textpräsentation im Web 2.0 bietet viele neue Möglichkeiten. Elegante CSS-basierte Lösungen, die im Web 2.0 in vollem Maße zur Schau gestellt werden, verändern gewohnte Muster der Gestaltung von Texten – zugunsten besserer Lesbarkeit und beeindruckender Textpräsentation. Eine detaillierte Übersicht zu modernen webtypografischen Ansätzen finden Sie in Kapitel 3.

Die Notwendigkeit, spezielle Bilder, Illustrationen und Fotos für die direkte Kommunikation mit den Besuchern zu erzeugen, entfällt – diese werden durch die Verwendung von klaren, hervorstechenden Schlagzeilen ersetzt. Im Endeffekt werden grafische Elemente eingesetzt, um Hierarchie und Ausgewogenheit der Seite zu gewährleisten.

Webdesigner stehen bei der Auswahl von Schriftarten und *Typofaces* vor einem Problem: Welche Schriften sollen in welcher Größe, in welcher Farbe und in welchem Kontext eingesetzt werden? Die Frage erscheint zuerst vielleicht einfacher, als sie eigentlich ist. Denn Webtypografie gehört neben der Gestaltung der Seite zu den schwierigsten Aufgaben.

Gewichtung der Seitenelemente

Je größer die Seitenelemente, desto mehr visuelles Gewicht tragen sie auf einer Seite. Größere Überschriften tragen darüber hinaus den eigentlichen Seiteninhalt.

2.3.1 Überproportional große Überschriften

Viele Unternehmen setzen im Web 2.0 auf seriöse, klassische Schriftarten. Lockerer erscheinen Webseiten, die weniger formale, sondern eher attraktive, zum Teil sogar spielerische Schriftsätze verwenden.

Dabei riskieren Designer häufig überproportional große Überschriften mit übermäßig großen Zeilenabständen (*Line-Height*) und Buchstabenabständen (*Letter-Spacing*). Diese erscheinen bei Titeln der Beiträge, in Navigationsmenüs aber auch als Slogans bei Bildern.

In einem Beitrag werden die wichtigsten Textstellen durch fett oder farbig markierte Wörter hervorgehoben; alternativ ist die Betonung eines Wortes proportional zu dessen Schriftgröße. Größerer Text hilft dem Seitenbesucher, schneller zu erkennen, worum es im Text geht, was am wichtigsten ist und welche Teile des Beitrags interessant sind. Diese Art der Hervorhebung wird im Web 2.0 besonders intensiv benutzt. Der Proportionalitätsfaktor liegt dabei oft weit über zwei.

Abbildung 2.29 ▼
Überschriften auf weißem Hintergrund

Auch Links werden eigens gestaltet. Um Verweise von anderen Textstellen unterscheiden zu lassen, werden sie mit stark kontrastierenden Farben gestaltet, meistens mit Unterstrichen. Einzelne Zustände (*Link*, *Hover*, *Visited*) werden einzeln gestaltet und sorgfältig ausgewählt.

2.3.2 Flattersatz oder Blocksatz?

Unter *Flattersatz* versteht man eine Satzform, bei der die Zeilen ungleichmäßig auslaufen. Der Text ist beim typischen linksbündigen Flattersatz auf der linken Absatzseite bündig, die Endungen der Zeilen »flattern« auf der rechten Seite (siehe Abbildung 2.30).

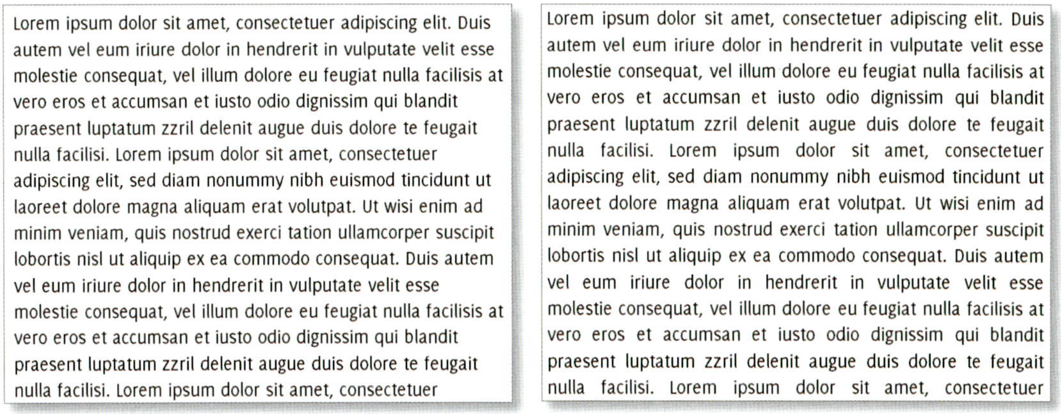

Lorem ipsum dolor sit amet, consectetuer adipiscing elit. Duis autem vel eum iriure dolor in hendrerit in vulputate velit esse molestie consequat, vel illum dolore eu feugiat nulla facilisis at vero eros et accumsan et iusto odio dignissim qui blandit praesent luptatum zzril delenit augue duis dolore te feugait nulla facilisi. Lorem ipsum dolor sit amet, consectetuer adipiscing elit, sed diam nonummy nibh euismod tincidunt ut laoreet dolore magna aliquam erat volutpat. Ut wisi enim ad minim veniam, quis nostrud exerci tation ullamcorper suscipit lobortis nisl ut aliquip ex ea commodo consequat. Duis autem vel eum iriure dolor in hendrerit in vulputate velit esse molestie consequat, vel illum dolore eu feugiat nulla facilisis at vero eros et accumsan et iusto odio dignissim qui blandit praesent luptatum zzril delenit augue duis dolore te feugait nulla facilisi. Lorem ipsum dolor sit amet, consectetuer

Lorem ipsum dolor sit amet, consectetuer adipiscing elit. Duis autem vel eum iriure dolor in hendrerit in vulputate velit esse molestie consequat, vel illum dolore eu feugiat nulla facilisis at vero eros et accumsan et iusto odio dignissim qui blandit praesent luptatum zzril delenit augue duis dolore te feugait nulla facilisi. Lorem ipsum dolor sit amet, consectetuer adipiscing elit, sed diam nonummy nibh euismod tincidunt ut laoreet dolore magna aliquam erat volutpat. Ut wisi enim ad minim veniam, quis nostrud exerci tation ullamcorper suscipit lobortis nisl ut aliquip ex ea commodo consequat. Duis autem vel eum iriure dolor in hendrerit in vulputate velit esse molestie consequat, vel illum dolore eu feugiat nulla facilisis at vero eros et accumsan et iusto odio dignissim qui blandit praesent luptatum zzril delenit augue duis dolore te feugait nulla facilisi. Lorem ipsum dolor sit amet, consectetuer

▲ **Abbildung 2.30**
Linksbündiger Flattersatz (links) und Blocksatz (rechts)

Beim *Blocksatz* wird Text so gesetzt, dass die Zeilen durch Erweiterung der Wortzwischenräume auf gleiche Breite gebracht werden.

Populärer scheint zwar der erste Ansatz zu sein – er wirkt lockerer und informeller und konnte sich über ein Jahrzehnt als typischer Satz für die Textgestaltung im Web etablieren. Die Wahl hängt immer sehr stark mit dem vorliegenden Layout und dem anzusprechenden Publikum zusammen.

2.3.3 Serifen oder Sans-Serifen?

Klassische wie moderne Schriftarten werden von einer Seite zu der anderen unterschiedlich benutzt – es zeigt sich jedoch eine starke Tendenz zur Verwendung von serifenlosen (*Sans-Serifen*) Schriften wie Arial, Frutiger, Futura, Lucida Grande, Myriad, Gill Sans, Trebuchet, Verdana für den eigentlichen Text und *Serifenschriften* wie Georgia und Times New Roman für Überschriften. Bei Fließtexten wird der in den 90er-Jahren dominierende Serifen-Font Times New Roman kaum verwendet und zunehmend durch die extra für das Web entwickelten Schriften Verdana und Georgia ersetzt. Unter anderem kann sich auch Lucida Sans (Sans Serif, eines der Systemfonts in Mac OS X) in der Design-Szene durch optimierte Lesbarkeit behaupten. Generell eignen sich Serifenschriften eher für den Druck.

Serifen

Serifen sind geschwungene oder rechteckige Enden der Striche, auch *Endstriche* genannt. Ob eine Schrift Serifen hat, lässt sich meistens an den Buchstaben »A« und »h« leicht erkennen.

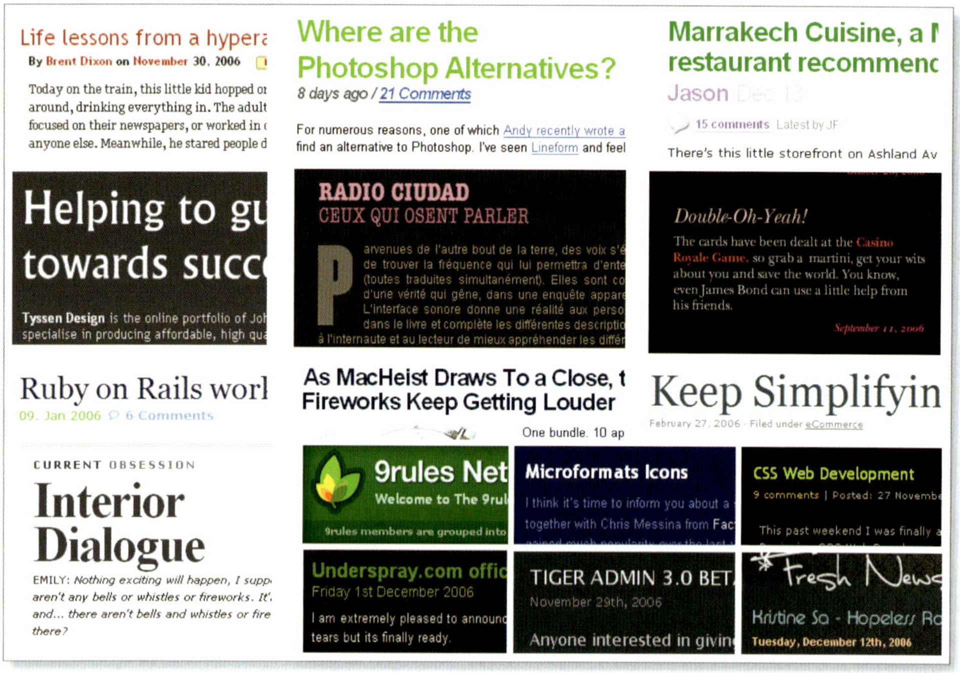

Abbildung 2.31 ▲
Bunte und große Überschriften heben sich ab und bringen das Thema klar zum Ausdruck.

Ein weiterer Trend, der sich in den letzten Jahren durchgesetzt hat, ist die statische und dynamische Ersetzung der Überschriften durch entsprechende Bilder, auf denen Texte als Grafik abgebildet werden. Der Grund zu diesem Vorgehen ist, dass es nur zehn Basisschriften gibt, die unabhängig vom installierten Betriebssystem auf jedem Rechner korrekt angezeigt werden. Ein Designer hat somit nur eine spärliche Auswahl an Schriften für eine kreative und gleichzeitig plattformunabhängige Textgestaltung. In einem Bild können dagegen beliebige Schriften verwendet werden.

Um einer Webseite mehr Originalität zu verleihen, greifen Webdesigner häufig zu CSS-basierten Techniken, die Überschriften durch grafische Bilder ersetzen (*Dynamic Text Replacement*) oder zusätzliche Schriftarten durch dynamische Lösungen (etwa sIFR) einbetten. Mehr zum Praxiseinsatz dieser Techniken finden Sie in Kapitel 3.

2.4 Seitenelemente

Neben grafischen und typografischen Ansätzen erleben auch übliche Seitenelemente wie Navigationsmenüs, Formulare, Such- und Eingabefelder eine gewisse Veränderung im Web 2.0. Meistens zeichnen sie sich durch eine deutlichere und benutzerfreundliche Präsentation aus und fallen auch einem »untrainierten« Nutzer schneller auf.

2.4.1 Registerkarten

Vertikale und horizontale Registerkarten (*Tabs*) gehören mittlerweile zum Standard moderner Webseitengestaltung. Als intuitiver Ersatz für tabellenbasierte Navigationsmenüs bieten sie ein leicht erkennbares Modell zum Browsen durch einzelne Rubriken einer Webseite. Üblich für Desktop-Anwendungen, stellen Tabs eine bequeme Navigationshilfe dar. Im Netz finden sie ihren Einsatz, weil sie Seitenbesuchern vertraut vorkommen.

Die Gestaltung der Registerkarten variiert enorm – schlichte Entwürfe stehen bunten Designs gegenüber. Die Hauptfunktion von Tabs besteht dabei darin, durch benutzerfreundliche Navigationsansätze eine angenehme User Experience sicherzustellen. Angenehme Erfahrung wirkt nicht nur bewusst, sondern auch unbewusst; ihre Wichtigkeit für das Verbleiben der Nutzer auf einer Seite darf dabei nicht unterschätzt werden. Das Navigationsmenü ist dasjenige Element, das während eines Seitenaufenthalts am häufigsten benutzt wird. Demzufolge soll seine Gestaltung sorgfältig überlegt werden.

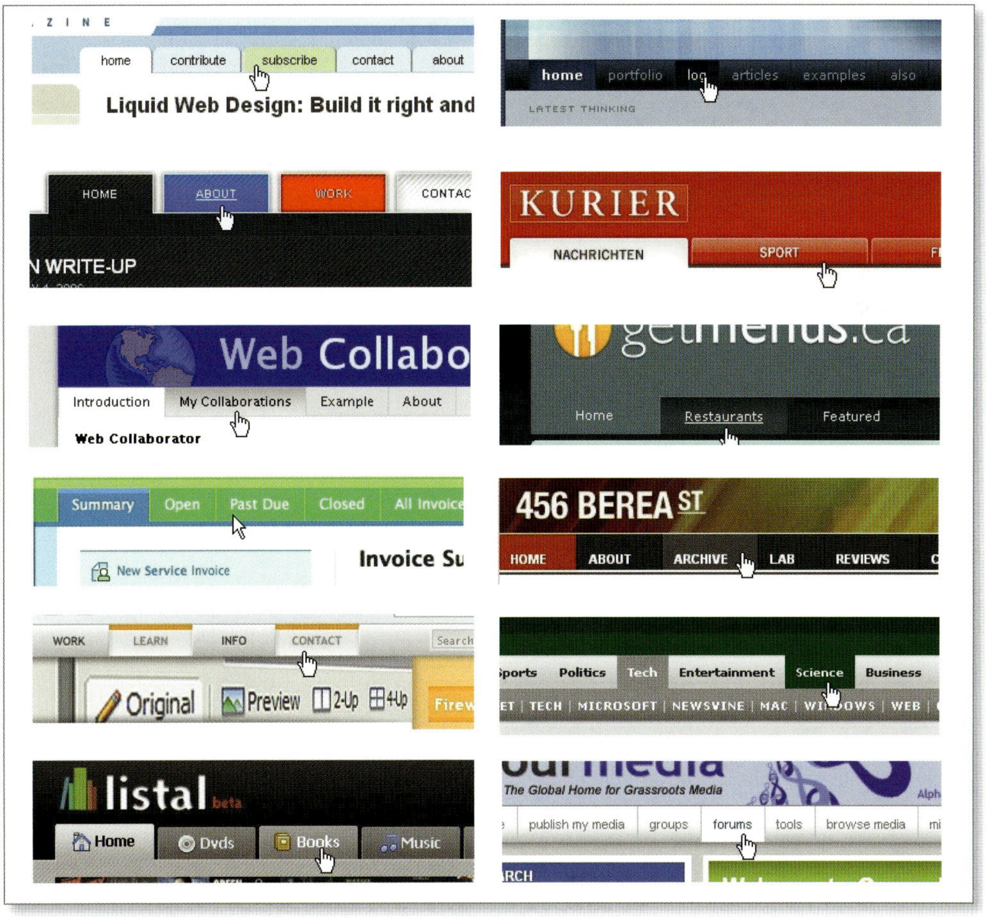

▼ Abbildung 2.32
Registerkarten im Web 2.0: bunt, anschaulich und benutzerfreundlich

Durch eine angenehme Erfahrung wird ein positiver erster Eindruck erzeugt, der jedoch nicht nur mit der Seite selbst, sondern automatisch auch mit dem Seitenbetreiber in Verbindung gebracht wird. Die kleinste Unstimmigkeit im Hinblick auf Farben, Schriftart und Schriftgröße, Formen oder mehrdeutige Benennungen der Rubriken werden sofort erkannt und mit Skepsis aufgenommen.

2.4.2 Such- und Eingabefelder

Typische Such- und Eingabefelder im Web 2.0-Look nehmen in der Regel deutlich mehr Platz als ihre Vorgänger ein. Der Anwender muss zudem in der Regel nur die wichtigsten Angaben machen, wie beispielsweise Benutzername und Passwort. Somit enthalten Webforms häufig nur wenige Felder und sollen eine Anmeldung in kurzer Zeit ermöglichen.

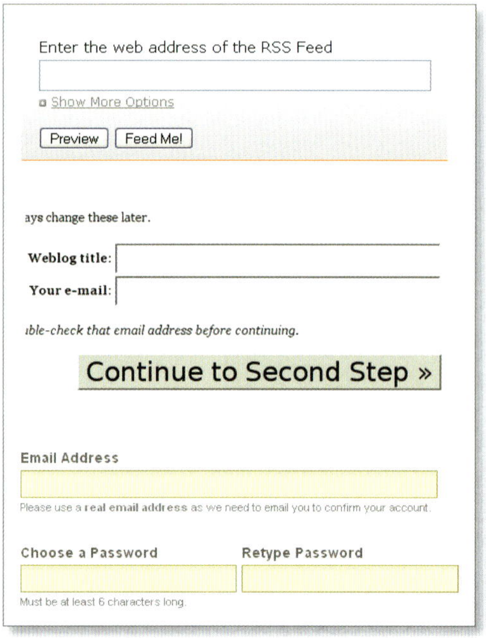

Abbildung 2.33 ▸
Eingabefelder werden größer. Der Trend setzt sich auch bei Schaltflächen der Webformulare durch.

Auch bei Online-Formularen lassen sich grundsätzliche Änderungen feststellen. Häufig können sie ein eigenständiges Design vorweisen, mit soliden umgebenden Rahmen (realisiert durch *fieldset*- und *legend*-Tags). Statisches Ausfüllen der Eingabefelder wird durch begleitende Hints, Tipps und Hervorhebung des Feldes ersetzt, das der Benutzer gerade bearbeitet.

Moderne Ansätze zur Gestaltung von Formularen verändern das übliche Bild einer Form; mit CSS wird diese sorgfältig an das gesamte Layout angepasst und durch Hintergrundbilder dekoriert.

2.4.3 Tagclouds

Die zunehmende Bedeutung der Tags ließ ein neues Muster in der Seitennavigation entstehen. Der Ansatz, die wichtigsten oder populärsten Inhalte durch eine entsprechend gewählte Schriftgröße anzudeuten, führte zu der Idee, die Hauptthemen einer Seite dynamisch durch entsprechende Tags anzeigen zu lassen. Das Gewicht eines Themas wird dabei an der Häufigkeit der vorkommenden Stichwörter – sprich Tags – auf der Seite gemessen. Je öfter ein Thema angesprochen wird, desto fetter wird das entsprechende Tag und desto größer seine Schriftgröße.

▲ **Abbildung 2.34**
Tagcloud eines Nachrichtendiensts

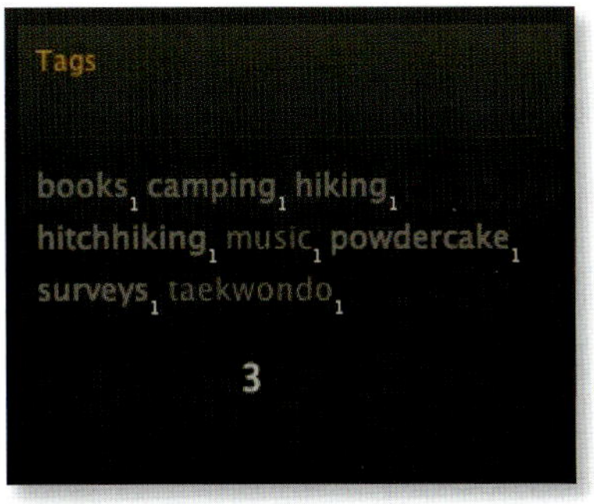

▲ **Abbildung 2.35**
Tagclouds werden mit Gewichten versehen (Quelle: carterlite.org)

Das Ergebnis ist ein neuer intuitiver Navigationsansatz, der die Schwerpunkte einer Präsenz sofort visuell vermittelt.

2.4.4 Zebratabellen

Der Grund, warum Streifeneffekte (daher der Name Zebratabellen) beim Design moderner Tabellen eine besondere Rolle spielen, liegt daran, dass man beim Umgang mit langen, einfarbig gestalteten Listen sehr leicht die Orientierung verlieren kann. Dies verursacht einen zusätzlichen zeitlichen Aufwand. Der Benutzer muss sich wieder auf eine langwierige Suche nach den gewünschten Inhalten begeben.

Zebrastreifen

Zebrastreifen brechen die Monotonie der tabellarischen Ansicht auf und erleichtern den Zugang zu den Daten.

CONFIGURATIONS	DUAL 1.8GHZ	DUAL 2GHZ	DUAL 2.5GHZ
MODEL	M9454LL/A	M9455LL/A	M9457LL/A
G5 PROCESSOR	Dual 1.8GHz PowerPC G5	Dual 2GHz PowerPC G5	Dual 2.5GHz PowerPC
FRONTSIDE BUS	900MHz per processor	1GHz per processor	1.25GHz per process
LEVEL2 CACHE	512K per processor	512K per processor	512K per processor

Abbildung 2.36 ▲
Zebratabelle: Eine Tabelle mit alternierenden Hintergrundfarben, gestaltet von Veerle Pieters (Quelle: *http://veerle.duoh.com/index.php/blog/comments/a_css_styled_table* Linkcode 034)

Abwechselnde Hintergrundfarben bei geraden und ungeraden Tabellenzellen sollen Anhaltspunkte für eine bessere Lesbarkeit ermöglichen. Ein deutlicher visueller Unterschied zwischen Zeilen oder Spalten sorgt für einen besseren Zugang zu den Daten, die in einer Tabelle gespeichert sind. Zeilensprünge sind einfacher und Nutzer können ihre Aufmerksamkeit leichter auf gesuchte Inhalte fokussieren. Darüber hinaus werden Zebratabellen häufig mit einer Sortierungsfunktionalität versehen, die eine noch bessere Orientierung und schnellere Extraktion der Informationen ermöglichen soll.

2.5 Neue Konzepte

Die Entwicklung der Webseitengestaltung stellte Designer vor die Aufgabe, Nutzer durch beeindruckende visuelle und textuelle Lösungen überzeugen zu müssen. Neben benutzerfreundlicher Präsentation von Inhalten trat dabei eine neue Kultur der Seitenpräsentation in den Vordergrund. Diese wurde durch mehrere neue Konzepte geprägt.

2.5.1 Plakatives und sauberes Design

Um eine möglichst gelungene Kommunikation mit den Seitenbesuchern sicherzustellen, eignen sich aussagekräftige Bilder und Fotos wohl am besten. Gekonnt eingesetzt, bringen sie das Thema einer Webseite sofort auf den Punkt und schaffen eine Atmosphäre, die zum gesamten Seitenkonzept passt. Diese »plakative« Perfektion zu erreichen, ist in der Regel keine einfache Aufgabe. Meistens liefert sie aber beeindruckende Ergebnisse, was die Usability und Seitenwahrnehmung angeht.

Grafische Ansätze sind meistens durch großzügig gewählte freie Räume begleitet. Sie stellen das am stärksten zur Geltung kommende visuelle Element einer Seite dar.

Sollen einzelne Elemente hervorgehoben werden, so setzt man auf ein sauberes, gut strukturiertes Design. Dieses betont vor allem die Lesbarkeit einer Seite.

▲ **Abbildung 2.37**
Webdesign als eine neue Form der Werbung. Designer greifen zu Kommunikationsmitteln, die man aus dem Printdesign kennt

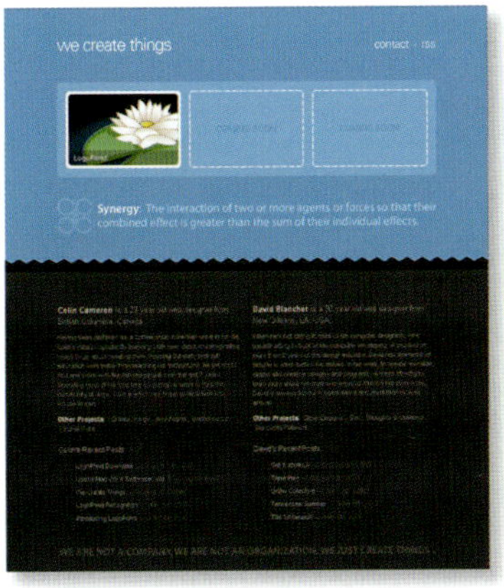

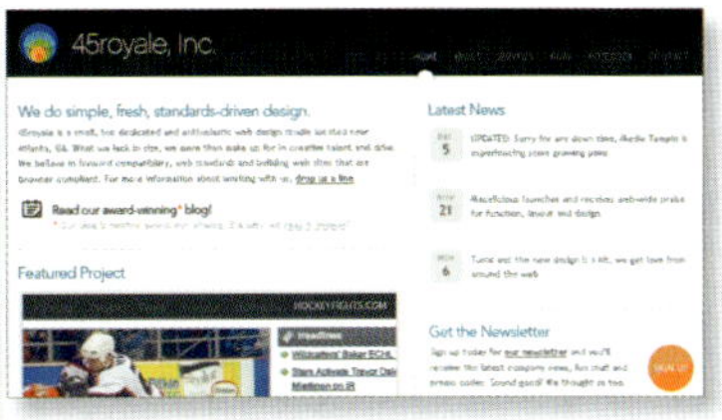

◄▲ **Abbildung 2.38**
Saubere Designkonzepte beeindrucken durch Klarheit und außergewöhnliche Usability (Quelle: Wecreatethings.com, teveleggat.com, 45royale.com).

2.5.2 Whitespace

Ein mächtiger Mechanismus, mit dem man einer Webseite relativ schnell und einfach mehr Klarheit verleihen kann, ist *Whitespace*, in der Fachsprache auch *negative space* genannt. Darunter versteht man sämtliche Freiräume, die einzelne Designelemente einer Seite voneinander trennen. Dabei beschreibt der Begriff einen leeren Raum zwischen Bildern, Wörtern, Zeilen und Paragraphen eines Textes genauso wie den Freiraum zwischen Strukturblöcken einer Seite. Dieser »leere Platz« muss jedoch nicht unbedingt weiß sein, wie dies der Name andeutet; vielmehr handelt es sich um leere Blöcke, die ein Hintergrundbild bzw. eine Hintergrundfarbe des dazugehörigen Blocks übernehmen und weiter strecken.

Abbildung 2.39 ▲
Whitespace: Tijsvrolix.be, Businesslogs.com, Drewwarkentin.com, Navix.co.uk, Thegoodness.com.au

Einer der Gründe, warum leere Abstände eine besondere Rolle in der Seitengestaltung spielen, ist rein psychologischer Natur. Werden Inhalte allzu eng präsentiert, so entsteht beim Leser das Gefühl der Enge. Lange Textpassagen, die direkt aneinander grenzen, stören das Lesen und erschweren das Verständnis der Inhalte. Dies ist typisch für Webseiten, die mit vielen unterschiedlichen Inhalten zu tun haben. Musterbeispiel dafür ist die Webseite der Magazins »The Economic Times« (siehe Abbildung 2.40), auf der Inhalte zwar sehr kompakt, aber auch sehr unübersichtlich erscheinen und deshalb schwer voneinander zu trennen sind.

Viele Informationen bieten auch viele Optionen, die Seitenbesucher wahrnehmen und berücksichtigen müssen. Doch bevor ein Benutzer seine nächste Entscheidung treffen kann, muss er präsentierte Inhalte in »verdauliche« Bruchteile auflösen. Studien haben gezeigt, dass wir Webseiten nicht nach einem typischen Schema scannen, sondern eine Art Zickzack-Analyse nach dem *F-Muster*, durchführen, um Inhalte zu sortieren, zu kategorisieren und anschließend Entscheidungen über nächste Seitenaktionen zu treffen.

[F-Muster]
Dass die meisten Seitenbesucher Webauftritte nach dem F-Muster scannen, heißt, dass zuerst der Kopf einer Seite gescannt wird, anschließend die linke Seite und dann der Hauptbereich. Im Web 2.0 ändert sich dies durch die dominierende Stellung von Blogs: Scannen nach dem gespiegelten F-Muster wird immer üblicher.

◀ **Abbildung 2.40**
Die Webseite der Zeitschrift »The Economic Times« (Quelle: economictimes.indiatimes.com)

Getrennt durch leere Räume bilden Inhalte größere Einheiten, mit denen man leichter umgehen kann.

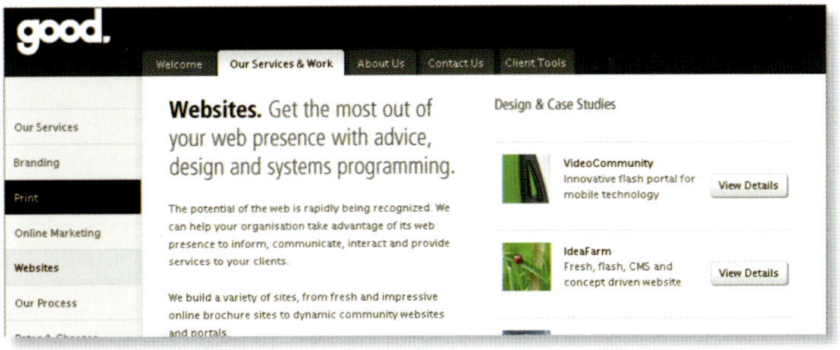

◀ **Abbildung 2.41**
Negative space dominiert. Richtig eingesetzt, sorgt es für bessere Lesbarkeit und Präsentation der Inhalte (Quelle: Thegodness.com.au).

Demzufolge wird Whitespace von Seitenbesuchern intuitiv als ein transparenter Wegweiser benutzt, der visuelle Richtlinien vorgibt und Anhaltspunkte liefert.

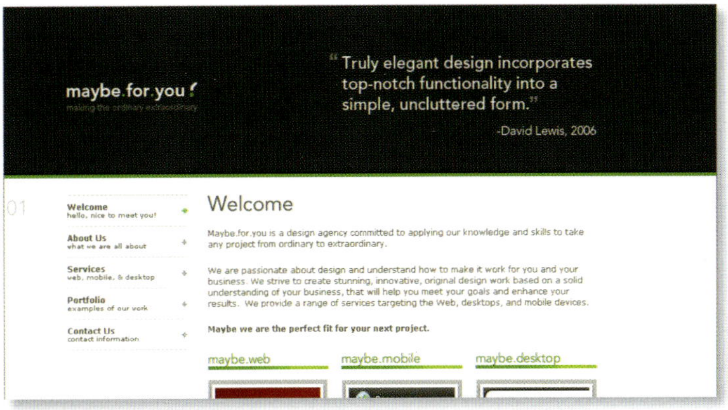

▲ **Abbildung 2.42**
Der obere Seitenbereich von wird von viel Leerraum umgeben und zieht die Aufmerksamkeit des Lesers an. (Quelle: www.maybeinc.com)

Aus der Perspektive eines Seitenbesuchers sollte der Inhalt einer Seite direkt erfassbar sein. Whitespace kann dabei helfen.

Sämtliche Seitenanteile, die voneinander unterschieden werden müssen – auch wenn sie z. B. im selben Abschnitt vorkommen – gilt es zwecks besserer Lesbarkeit durch *leere Abstände* (*Spalten*, sog. *gutter*) voneinander zu trennen. Kleine Veränderungen können dabei große Unterschiede ausmachen. Meistens hilft es schon, den Zeilenabstand (*Leading*) und Abstände zwischen Blöcken *Margin* (äußerer Rand) und/oder *Padding* (*innerer Rand eines Blocks*) um wenige Einheiten zu vergrößern.

▲ Abbildung 2.43
Gutter lässt eine Seite atmen und bringt Inhalte besser zum Ausdruck (Quelle: Kartooner.com, Kottke.org)

2.5.3 Simplicity und Minimalismus

Um Inhalte benutzerfreundlich darzustellen, müssen Webdesigner eine Balance zwischen Komplexität und Einfachheit ermitteln.

Die Vorteile simpler Ansätze sind offensichtlich – reduzierte Komplexität erleichtert das Scannen von Informationen und bringt Seiteninhalte sofort zum Ausdruck. Doch die Abwesenheit von nützlichen Funktionen, an die man sich über längere Zeiträume gewöhnt hatte, wirkt verwirrend für ein untrainiertes Auge.

Die anstehende Entscheidung fällt im Web 2.0 häufig zugunsten simpler, beinahe minimalistischer Ansätze, die grundsätzliche Funktionalität gewährleisten und auf überflüssig erscheinende

Elemente verzichten. Dabei ist zu beachten, dass »weniger« nicht unbedingt automatisch »mehr« bedeutet. »Less isn't more; just enough is more«, bemerkte der Designer Milton Glaser. Optimale Ansätze entstehen erst dann, wenn der Endanwender genug von Allem zur Verfügung gestellt bekommt, gleichzeitig aber nicht nur mit wenigen Basisfunktionen auskommen muss.

Abbildung 2.44 ▼
Wenige Optionen, viel Whitespace und prägnante Informationen: Simple und minimalistische Konzepte im Einsatz (Quelle: *Morellc.com*, *Wallopcreative.com*, *Kottke.org*)

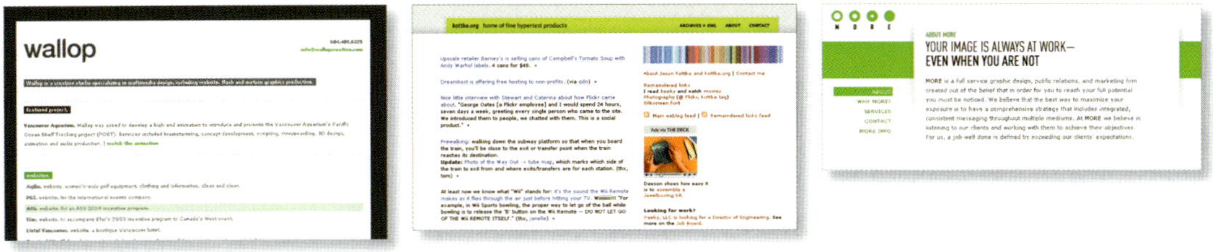

2.6 Zusammenfassung

In der Webdesignkultur 2.0 steht der Seitenbesucher ganz im Mittelpunkt des Geschehens. Durch attraktive Seitenelemente sollen Nutzer zu Interaktionen und Teilnahme motiviert werden. Zu diesem Zweck werden Webseiten besser und klarer strukturiert und mit – teilweise neuen – bunten visuellen Elementen sowie klaren typografischen Elementen versehen. Neue Designkonzepte übertragen die Attraktivität des Printdesigns ins Web und damit auch Techniken und Gestaltungsmethoden, die man in der Werbeindustrie findet. Daneben bilden minimalistische Ansätze eine weitere Basis für benutzerfreundliches Webdesign.

Doch nicht alles, was im Netz unter dem Stichwort Web 2.0 läuft, ist nachahmenswert. Bunte Ansätze mit herausragenden, übermäßig großen Seitenelementen können schnell verwirrend und unübersichtlich wirken. So können etwa Tagclouds schnell unübersichtlich werden, wenn die Schriftgröße nicht gerade optimal gewählt wird.

Darüber hinaus darf die Funktionalität einer Seite unter keinen Umständen durch den Einfluss von grafischen Elementen vernachlässigt werden. Insbesondere sollten Sie im Auge behalten, dass eine gute, zukunftsorientierte Webseite nicht nur visuell anspricht, sondern auch sauber programmiert ist und verständlich aufbereitete Inhalte anbietet.

Im Webdesign 2.0 geht es nicht nur um »schicke« visuelle Gestalt von Webseiten. Dies zu verstehen ist ein wichtiger Schritt in Richtung benutzerfreundliche und funktionale Webseitenentwicklung.

TEIL II

Web 2.0-Seitengestaltung

3 Textgestaltung

In diesem Abschnitt lernen Sie die Grundlagen der Webtypografie kennen und betrachten die wesentlichen Methoden einer benutzerfreundlichen Textgestaltung im Web. Insbesondere erfahren Sie, welche neuen typografischen Techniken die Darstellung einer Web 2.0-Seite entscheidend prägen, wie Sie diese vernünftig umsetzen und worauf Sie sich im Hinblick auf die zukünftige Entwicklung der Webtypografie einstellen sollten.

3.1 Was ist Webtypografie?

Die Gestaltung von Textinhalten spielt in der modernen Webseitengestaltung eine wichtige Rolle.

Damit verbunden ist die *Webtypografie*, bei der es um die lesefreundliche und korrekte Darstellung von Textinhalten im Web geht. Hervorgegangen aus der Printtypografie, gibt sie Webentwicklern Richtlinien und Anhaltspunkte vor, mit denen sich Texte ästhetischer und funktionaler darstellen lassen.

Gute Typografie schafft eine *visuelle Hierarchie* und sorgt für ein leichteres Verständnis von Texten, indem sie Akzente auf wesentliche Informationen setzt, diese leserlich präsentiert und eine klare Inhaltsgliederung schafft.

Eine entscheidende Rolle in der Webtypografie spielt die klassische Printtypografie, deren Eigenschaften in der jüngsten Entwicklung vollständig übernommen und auf das Web übertragen wurden.

Und in der Tat wird Textgestaltung im neuen Medium durch beinahe identische Designsprache, Kommunikationstechniken und Konventionen beherrscht, die man aus den Printmedien auch kennt. Der entscheidende Unterschied besteht aus drei wesentlichen Aspekten, die die Screentypografie zum Teil erweitern, zum Teil aber auch einschränken. Nämlich, die Kontrolle über die Textpräsentation, die Lesegewohnheiten der Nutzer und die sich daraus ergebende Notwendigkeit, die Gestaltung von Fließtexten für Screen Design zu optimieren.

▲ **Abbildung 3.1**
Typografie kann nicht nur schön, sondern auch atemberaubend sein. MelloSans und Tauran Regular: zwei Exponate aus der typografischen Ausstellung Letras Latinas 2006, (Quelle: *http://www.flickr.com/photos/46746624@N00/sets/72057594139789886* Linkcode 35)

▲ **Abbildung 3.2**
Der Spiegel in der Printausgabe und in der Webversion. Im Web werden Inhalte mit mehr Freiräumen und vielen Navigationsmöglichkeiten versehen. Dennoch lassen sich ähnliche typografische Merkmale entdecken.

3.1.1 Screen und Print – absolute Flexibilität und absolute Kontrolle

Während Designer bei ihren Printentwürfen von hoher Präzision und absoluter Positionierung einzelner Textelemente – etwa Überschriften, Abstände und Schriftarten – ausgehen können, müssen sie sich im Screen Design auf eine dynamische Umgebung mit lauter Unbekannten einstellen.

Im Web lässt sich im Allgemeinen nur wenig über die installierten Schriftarten, das Betriebssystem und die Bildschirmauflösung der Anwender aussagen. Aufgrund der Vielfalt von verschiedenen Plattformen und benutzerdefinierten Einstellungen können Textpassagen einer Seite ganz unterschiedlich angezeigt werden. Demzufolge müssen sich Designer damit abfinden, dass sie im Web keine absolute Kontrolle über die Darstellung von Inhalten haben.

Andererseits ermöglicht diese Dynamik den Lesern, die Darstellung der Texte an ihre Bedürfnisse manuell anzupassen. Die Entscheidung eines Designers, alle Anwender eine feste Schriftgröße verwenden zu lassen, erzeugt das Risiko, bei einer kleinen Bildschirmauflösung (800 × 600) zu groß, bei einer großen Auflösung (1600 × 1024) zu klein dargestellt zu werden. Somit ist es beim Screen Design besonders wichtig, typografische Angaben relativ zu setzen, damit der Proportionalitätsfaktor zwischen den Textelementen bei beliebigen Auflösungen erhalten bleibt.

Nachteilig ist, dass eine universelle – sprich plattformunabhängige – Typografie sehr kompliziert zu realisieren ist, weil man mit sehr wenigen Mitteln auskommen muss. Deswegen lassen sich außergewöhnliche typografische Ansätze, die spezielle, besonders leserliche, Schriftarten verwenden, bei der Gestaltung von Fließtexten kaum einsetzen. Schließlich werden die meisten Anwender sie überhaupt nicht sehen.

Systemabhängige Darstellung

Ein Zeichen wird auf verschiedenen Systemen nicht unbedingt gleich aussehen. So ist ein Punkt auf einem Windows-PC (96–120 ppi) wesentlich größer als auf einem Macintosh-PC (72 ppi).

3.1.2 Besonderheiten der Webtypografie

Trotz vieler Gemeinsamkeiten, die Print- und Screentypografie vor allem im Hinblick auf ihre theoretischen Grundlagen haben, sind sie grundsätzlich voneinander zu unterscheiden.

Ein Unterschied besteht in der Auflösung der angezeigten Texte. Ein Bildschirm gibt Texte in einer viel kleineren Auflösung wider als dies bei Büchern, Zeitschriften oder ausgedruckten Dokumenten der Fall ist.

Während die meisten Printausgaben wenigstens mit 1200 dpi arbeiten, stellen Bildschirme in der Regel höchstens 96 ppi bereit, Macintosh-Nutzer müssen sich dagegen mit 72 ppi bzw. 100 dpi begnügen. Dieser Sachverhalt hat zur Folge, dass Informationen auf einem üblichen PC-Bildschirm um 1,3-fach größer als auf

[ppi]
PPI (pixels per inch, Pixel pro Zoll) gibt an, wie viele Pixel ein Anzeigegerät auf einem Zoll (= 2,54 cm) unterbringen kann. Je höher die Zahl, desto besser die Auflösung.

[dpi]
DPI (dots per inch, Punkte pro Zoll) gibt an, wie viele Punkte ein Ausgabemedium auf einem Zoll (= 2,54 cm) unterbringen kann.

einem Mac-Bildschirm angezeigt werden. Bei Schriftgrößen einer Webseite macht dies einen bemerkbaren Unterschied von 2 bis3 Punkt-Einheiten (pt) aus.

Für Sie als Webdesigner bedeutet dies zweierlei: Zum einen kann eine Screen-Präsentation nicht so prägnant und präzise sein wie eine gedruckte Textpräsentation, da die Auflösung der Buchstaben wesentlich kleiner ist.

TIPP

Bei der Auswahl der Schriftgröße ist ihre Abhängigkeit von einzelnen Konfigurationen zu beachten.

Zum anderen müssen Sie bei der Auswahl der Schriftgröße die Abhängigkeit der Textpräsentation von einzelnen Rechner-, Bildschirm- und Browserkonfigurationen berücksichtigen. Eine umfassende Testphase bei der Entwicklung einer Webseite ist somit unbedingt erforderlich.

Weiterhin ist die Seitenfläche, die Webdesigner mit Inhalten füllen können, wesentlich kleiner als die Fläche einer gedruckten Seite. Zu breit formatierter Text erschwert allerdings das Lesen und sollte daher nicht verwendet werden. Lange Texte erzwingen zudem den vertikalen Seitendurchlauf. Aus diesem Grunde ist es in der Webtypografie besonders wichtig, vernünftige Kompromisse zwischen der Kompaktheit von präsentierten Inhalten und ihrer Lesbarkeit zu erzielen. Dies ist eine der Hauptaufgaben des Screendesigns.

3.1.3 Warum ist Webtypografie wichtig?

Wer von der Kommunikation einer Seite spricht, betont in der Regel neben grafischen Elementen auch die *visuelle Hierarchie* der Texte. Diese Hierarchie, an sich die bloße Strukturierung und Gestaltung von Überschriften und Fließtexten, ist grundlegend für den Dialog zwischen Seitenbetreibern und Seitenbesuchern.

Abbildung 3.3 ▼
Eine klare typografische Struktur lässt die Seitenhierarchie und visuelle Logik sofort erkennen. Bei 456bereastreet.com (links) heben sich Überschriften und weitere Textelemente entsprechend ihrer Bedeutung auf der Seite ab, auch ohne CSS. Bei Garrettdimon.com (rechts) werden zu diesem Zweck Farben eingesetzt.

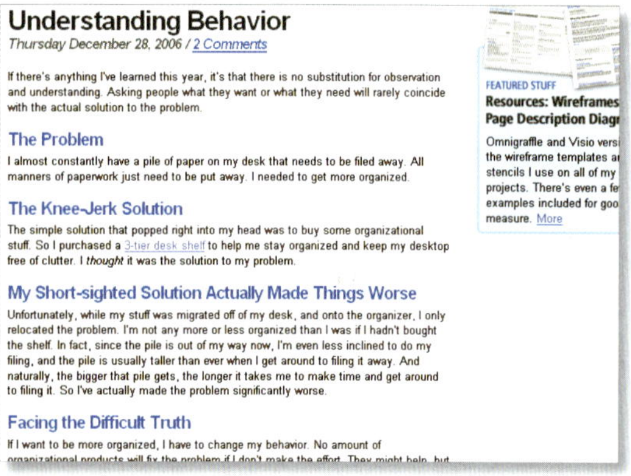

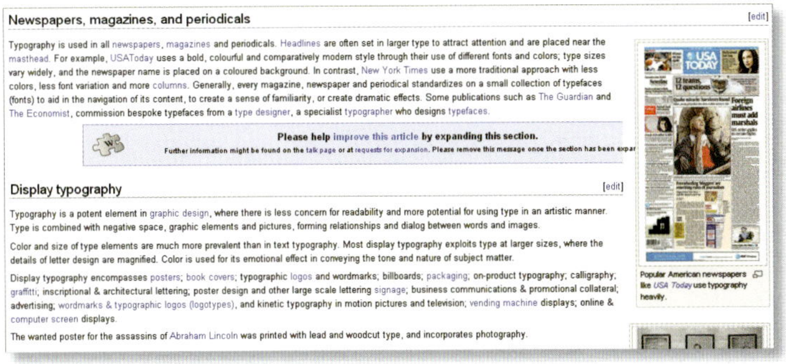

Newspapers, magazines, and periodicals [edit]

Typography is used in all newspapers, magazines and periodicals. Headlines are often set in larger type to attract attention and are placed near the masthead. For example, USAToday uses a bold, colourful and comparatively modern style through their use of different fonts and colors; type sizes vary widely, and the newspaper name is placed on a coloured background. In contrast, New York Times use a more traditional approach with less colors, less font variation and more columns. Generally, every magazine, newspaper and periodical standardizes on a small collection of typefaces (fonts) to aid in the navigation of its content, to create a sense of familiarity, or create dramatic effects. Some publications such as The Guardian and The Economist, commission bespoke typefaces from a type designer, a specialist typographer who designs typefaces.

Please help improve this article by expanding this section.
Further information might be found on the talk page or at requests for expansion. Please remove this message once the section has been expar

Popular American newspapers like *USA Today* use typography heavily.

Display typography [edit]

Typography is a potent element in graphic design, where there is less concern for readability and more potential for using type in an artistic manner. Type is combined with negative space, graphic elements and pictures, forming relationships and dialog between words and images.

Color and size of type elements are much more prevalent than in text typography. Most display typography exploits type at larger sizes, where the details of letter design are magnified. Color is used for its emotional effect in conveying the tone and nature of subject matter.

Display typography encompasses posters; book covers; typographic logos and wordmarks; billboards; packaging; on-product typography; calligraphy; graffiti; inscriptional & architectural lettering; poster design and other large scale lettering signage; business communications & promotional collateral; advertising; wordmarks & typographic logos (logotypes), and kinetic typography in motion pictures and television; vending machine displays; online & computer screen displays.

The wanted poster for the assassins of Abraham Lincoln was printed with lead and woodcut type, and incorporates photography.

◂ **Abbildung 3.4**
Die visuelle Logik der Seiten bei Wikipedia überzeugt durch ihre Klarheit und Deutlichkeit. Alle Überschriften tragen eine »hierarchische« Bedeutung zum Seiteninhalt bei und liefern eine erkennbare Gliederung der Beiträge.

Eine leicht erkennbare typografische Hierarchie schafft dabei eine intuitive Präsentation der Inhalte und gibt dem Besucher noch vor dem eigentlichen Lesen einen kurzen Überblick in die Schwerpunkte des Beitrags. Wird diese Hierarchie auf einer Seite konsistent beibehalten, so trägt sie entscheidend dazu bei, die Ideen und Funktionen der Webseite besser zu vermitteln und Seitenbesucher effizienter zu informieren.

Typografische Hierarchie

Typografische Hierarchie gibt dem Besucher einen Einblick in die Schwerpunkte eines Beitrags.

Genau an dieser Stelle kommt die Bedeutung der Webtypografie zum Tragen. Um die Struktur einer Seite besonders gut hervorzuheben, bedarf es sorgfältig durchdachter typografischer Vorgaben. Das Resultat ist eine strikte und überschaubare Textgliederung.

Webtypografie

Webtypografie bestimmt die »Stimme« einer Seite und verleiht Inhalten eine zweite, visuelle Bedeutung.

Aus einem anderen Blickwinkel betrachtet ist Webtypografie auch dann besonders wichtig, wenn es um die Deutlichkeit der zu vermittelnden Informationen geht. Eine Textpassage trägt neben der eigentlichen Bedeutung auch eine typografische Konnotation, die von der gewählten Schriftart, ihrer Größe und weiteren typografischen Merkmalen direkt abhängt.

In diesem Zusammenhang spricht man häufig neben der primären Bedeutung von Wörtern auch von ihrer »Stimme«, die von der Typografie bestimmt wird und Inhalten eine zweite Bedeutung verleiht.

▾ **Abbildung 3.5**
Heller Hintergrund wirkt neutraler und ruhiger als starker dunkler Hintergrund. Auch der Inhalt enthält eine entsprechende Bedeutung. Die Schriftarten District Thin (links) und Lacuna Italic (rechts) im Einsatz.

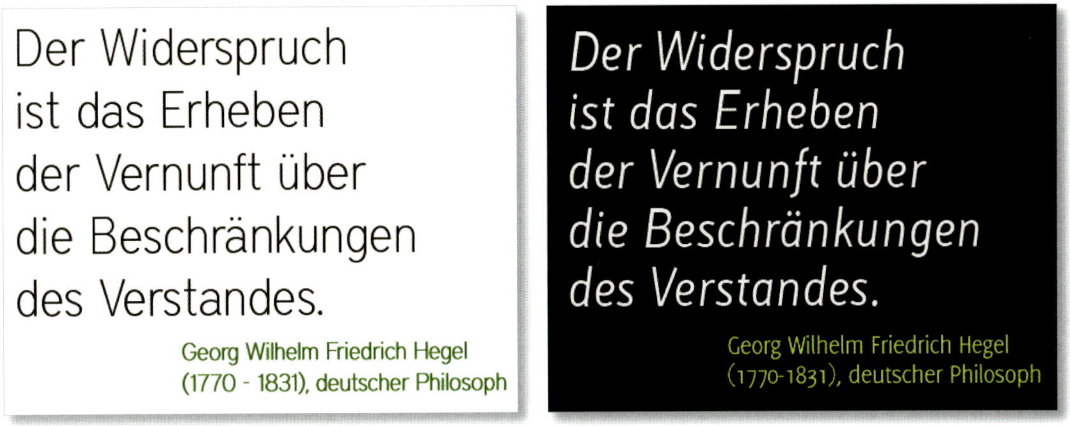

Geleitet von Assoziationen und visuellen Beziehungen, verbinden wir verschiedene Schriftarten – bewusst oder unbewusst – mit unterschiedlichen Bedeutungen. Times New Roman bedeutet für uns etwas anderes als Georgia, genauso wie weißer Text auf dunklem Hintergrund bei uns andere Assoziationen hervorruft als schwarzer Text auf hellem Hintergrund (siehe Abbildung 3.5).

Deutlicher soll dies die folgende Abbildung veranschaulichen. Die Schriftfamilie *Nina* wirkt solide, neutral und eindrucksvoll, während Stilschriften wie *MercuryAlternative* und *JI-Beasts* eher unpassend erscheinen. Entspricht die Atmosphäre eines Typofaces also nicht der Bedeutung der Information, so wirkt die Schriftart falsch und verleiht Inhalten Inkonsistenz und Unglaubwürdigkeit.

Werden semantische und visuelle Bedeutung einer Schriftart dagegen auf einander abgestimmt, so können sie einander ergänzen und eine Aussage besser wirken zu lassen.

Abbildung 3.6 ▸
Eine passende Schriftart verstärkt die Bedeutung der Aussagen; unpassende Typografie verfälscht sie.

Typografie und Semantik

Die funktionale Stärke der Webtypografie liegt darin, dass sie die Bedeutung der Inhalte verändern kann.

Die Bedeutung der Webtypografie wird also vor allem durch ihren Einsatz beim Aufbau visueller Logik sowie bei der Betonung von Seiteninhalten deutlich. Leichte Versäumnisse in der Auswahl von Schriftarten, Schriftgrößen, Zeilenabständen und weiteren Merkmale können unerwünschte Konsequenzen haben.

3.1.4 Webtypografie in der Praxis

Die praktische Umsetzung der Webtypografie wird meistens an zwei grundlegenden Kriterien gemessen. Zum einen stellt sich die Frage, ob der Seitenbesucher die präsentierten Inhalte – in der für ihn verständlichen Sprache – mühelos lesen kann; zum anderen ist es wichtig zu wissen, wie gut Texte verstanden und wahrgenommen werden.

Das zweite Messkriterium hängt überraschenderweise nicht nur vom eigentlichen Inhalt bzw. der Sprache selber, sondern zum großen Teil auch von der Art und Weise, wie sie präsentiert wird, ab. Schriftqualität, Schriftgröße, Zeilenabstände und weitere typografische Merkmale beeinflussen die Lesbarkeit von Texten enorm.

Inwiefern kann also die Qualität der Webtypografie bei einem Webauftritt gemessen und optimiert werden? Wie ist eine gute typografische Hierarchie in der Praxis zu realisieren? Und welchen Faustregeln sollte ein Webdesigner folgen, um optimale Ergebnisse erzielen zu können? Im folgenden Abschnitt lernen Sie technische Begriffe aus der klassischen Typografie und allgemeine Richtlinien für eine gelungene Webtypografie kennen.

Die typografische Frage, ob sich **Blocksatz** oder **Flattersatz** besser für die Formatierung eines Textes eignet, wird in verschiedenen Situationen unterschiedlich beantwortet. Unter anderem spielen Faktoren wie die *Zeilenlänge*, die *Sprache*, in der der Text verfasst ist, der Mechanismus der *Silbentrennung* sowie der *Umbruchalgorithmus* der eingesetzten Software eine Rolle.

Eine übergeordnete Bedeutung hat der **Grauwert der Formatierung**. Dieser stellt ein Messkriterium für die Lesbarkeit eines Textes dar. Weite, unregelmäßige Abstände zwischen Wörtern oder Buchstaben einer Zeile erschweren die Lesbarkeit, da das Auge permanent unterschiedlich große Sprünge machen muss.

Deshalb scheint Flattersatz geeigneter für den Einsatz im Web zu sein, da er die Freiräume zwischen Wörtern im gesamten Text gleich groß darstellt und für einen gleichmäßigen Grauwert sorgt. Das Problem besteht jedoch darin, dass bei Flattersatz ein sehr unregelmäßiger, meistens rechter Flatterrand entsteht. Deshalb wirkt Flattersatz zum Teil unruhig, insbesondere wenn der Zeilenumbruch und/oder die Silbentrennung mangelhaft sind.

Die typografische Frage, ob sich **Blocksatz** oder **Flattersatz** besser für die Formatierung eines Textes eignet, wird in verschiedenen Situationen unterschiedlich beantwortet. Unter anderem spielen Faktoren wie die *Zeilenlänge*, die *Sprache*, in der der Text verfasst ist, der Mechanismus der *Silbentrennung* sowie der *Umbruchalgorithmus* der eingesetzten Software eine Rolle.

Eine übergeordnete Bedeutung hat der **Grauwert der Formatierung**. Dieser stellt ein Messkriterium für die Lesbarkeit eines Textes dar. Weite, unregelmäßige Abstände zwischen Wörtern oder Buchstaben einer Zeile erschweren die Lesbarkeit, da das Auge permanent unterschiedlich große Sprünge machen muss.

Deshalb scheint Flattersatz geeigneter für den Einsatz im Web zu sein, da er die Freiräume zwischen Wörtern im gesamten Text gleich groß darstellt und für einen gleichmäßigen Grauwert sorgt. Das Problem besteht jedoch darin, dass bei Flattersatz ein sehr unregelmäßiger, meistens rechter Flatterrand entsteht. Deshalb wirkt Flattersatz zum Teil unruhig, insbesondere wenn der Zeilenumbruch und/oder die Silbentrennung mangelhaft sind.

▼ **Abbildung 3.7**
Schlechte Lesbarkeit (rechts) vs. gute Lesbarkeit (links): Ein guter typografischer Satz spielt in Praxis – bei jeder Webseite – eine wesentliche Rolle.

3.2 Grundlagen der Webtypografie

Im Rahmen dieses Buches werden die Akzente auf die wesentlichen Begriffe der Webtypografie gesetzt.

3.2.1 Typografische Begriffe im Überblick

Zuerst ein kurzer Überblick über die wesentlichen Begriffen der Typografie.

◄ **Tabelle 3.1**
Typrografische Begriffe

Begriff	Bedeutung
Grundlinie	Die untere Grenze eines Schriftsatzes, ohne Unterlänge
Mittellänge, x-Höhe	Die von der Grundlinie aus gemessene, reguläre Höhe der Kleinbuchstaben eines Schriftsatzes, die keine Oberlänge besitzen (etwa *e*).

Tabelle 3.1 ▶
Typografische Begriffe (Forts.)

Begriff	Bedeutung
Mittellinie	Die obere Begrenzung der x-Höhe
Oberlänge	Teile der Kleinbuchstaben, welche die Mittellinie nach oben überschreiten (*d*, *k*)
Unterlänge	Teile der Kleinbuchstaben, welche die Grundlinie nach unten überschreiten (*g*, *p*, *y*).
Versalhöhe	Höhe der Großbuchstaben eines Satzes. Die Oberlänge ragt dabei meist etwas über die Versalhöhe hinaus, um durch diesen optischen Trick gerade und gekrümmte Buchstaben gleich hoch erscheinen zu lassen.
Ligaturen	Bilder der Buchstaben, die zur besseren Lesbarkeit häufig zusammengefügt werden (*fi*, *li*). Ligaturen sind eher für serifenlose Schriftarten typisch.
Schriftbildhöhe, hp-Höhe	Die Summe aus Ober-, Mittel- und Unterlängen.
Serifen	Geschwungene Linien, die bei sogenannten Serifen-Schriftfamilien einen Buchstaben am Ende abschließen.

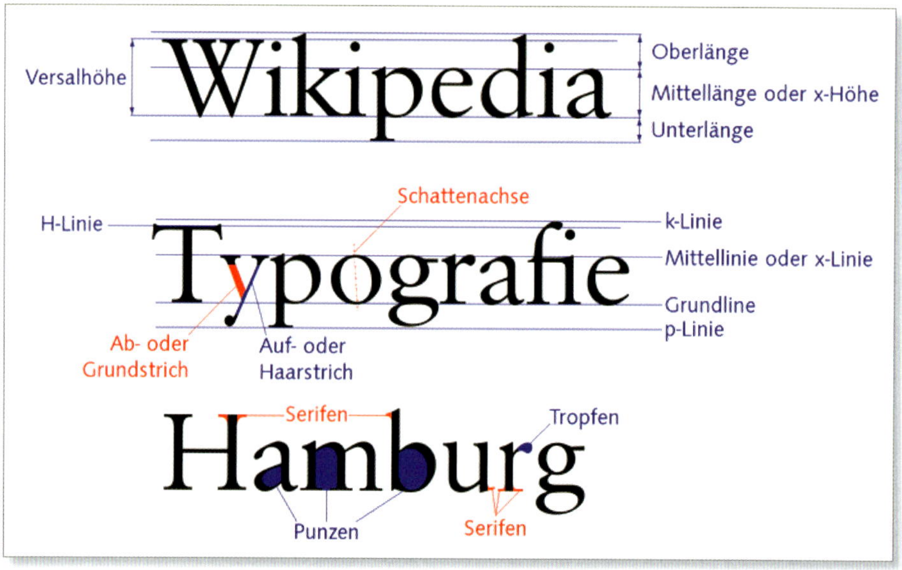

▲ **Abbildung 3.8**
Wichtige typografische Begriffe im Überblick (Quelle: *Wikipedia.de*)

3.2.2 Hervorhebung von Texten

TIPP
Die Hervorhebung wird meistens mithilfe nur einer Auszeichnungsart gestaltet.

Wie bereits erwähnt, trägt die Auszeichnung von Inhalten zum Aufbau einer visuellen Logik der Texte bei. Um einem Inhalt eine sichtbare Struktur zu verleihen, muss man mit der Hervorhebung jedoch sehr sparsam umgehen: Eine Aussage darf genau durch eine Art der Auszeichnung betont werden, lautet eine bewährte

Faustregel. Starker visueller Kontrast lässt sich bereits durch kleine Veränderungen erzeugen.

Intuitiv lassen sich mehrere Arten der Textauszeichnung unterscheiden. Diese ähneln den typischen Techniken aus der klassischen Typografie.

Kursive | Um eine kurze Textpassage in einem lokalen Kontext hervorzuheben, verwendet man *Kursive* (italics, manuelle Schrägstellung). Diese fallen erst beim Durchlesen der Texte auf, sind relativ passiv und eignen sich deshalb am besten für gewöhnliche Auszeichnungen im Text.

Kursive wirken auffallend wegen des deutlichen Kontrasts zur Form des sie umgebenden Textes. Sie werden häufig bei der Erwähnung eines unbekannten oder fremdsprachigen Begriffs, eines Buchtitels oder Namens benutzt.

Außerdem werden Kursive traditionell für Zitate und einleitende Passagen eines Beitrags verwendet. Es ist aber dringend davon abzuraten, lange Textblöcke in Kursive zu setzen: Ihre Lesbarkeit ist auf dem Bildschirm deutlich schlechter als Nicht-Kursive.

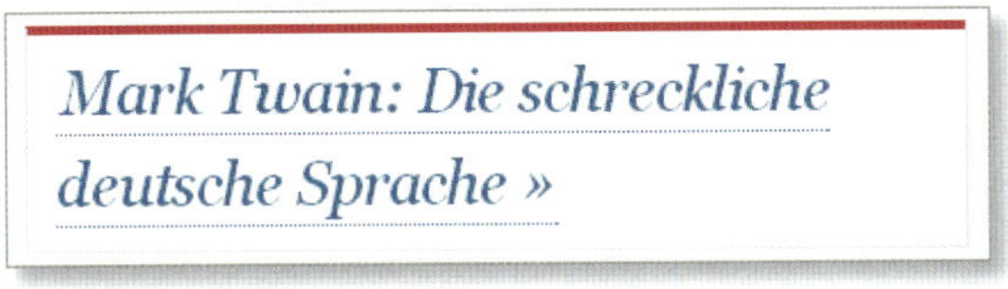

▲ **Abbildung 3.9**
Kursive – schön, elegant und leserlich

Schräge | Eine ähnliche Funktion wie *Kursive* übernehmen *Schräge* (elektronische Schrägstellung), die aber stärker geneigt sind und vor allem für serifenlose Schriftarten typisch sind.

Fette Auszeichnung | Um einen Sachverhalt stärker zu betonen, verwenden Designer *fette* (bold) Auszeichnung. Sie fallen auf einer Seite wegen des Kontrasts der Farbe und Größe sofort auf und heben sich stark vom übrigen Text ab. Man sollte mit fetter Auszeichnung jedoch sparsam umgehen.

Diese Art der Hervorhebung sollte bloß die wichtigsten Stellen, Begriffe und Ideen eines Textes betonen und so dem Anwender Stützstellen beim Lesen bereitstellen. Auch hilft die fette Hervorhebung beim Scannen von Inhalten. Überschriften zweiter und dritter Ordnung sind somit potenzielle Kandidaten für fette Auszeichnung. Es ist zu beachten, dass einzelne Textpassagen ihre Betonung verlieren, falls sämtliche Inhalte fett markiert sind.

Kursive

Mit CSS lassen sich z. B. einleitende Paragraphen durch Kursive wie folgt gestalten:

CSS:

```
p.introduction {
font-style: italic;
}
```

(X)HTML:

```
<p class="introduction">
Einleitung zu einem Beitrag
</p>
```

Schräge

```
p.introduction {
font-style: oblique;
}
```

Fette Auszeichnung

Ein Beispiel für die fette Auszeichnung von Paragraphen und einzelnen Wörtern.

CSS:

```
p.intro {
font-weight: bold;
}
```

(X)HTML:

```
<p class="intro">
Hervorgehobener Text
</p>
```

CSS:

```
em, strong {
font-weight: bold;
}
```

(X)HTML:

```
<p>
Ein <em>wichtiger</em>, sehr
<strong>wichtiger
</strong> Text.
</p>
```

Die *em* und *strong*-Tags haben in diesem Kontext die gleiche Bedeutung.

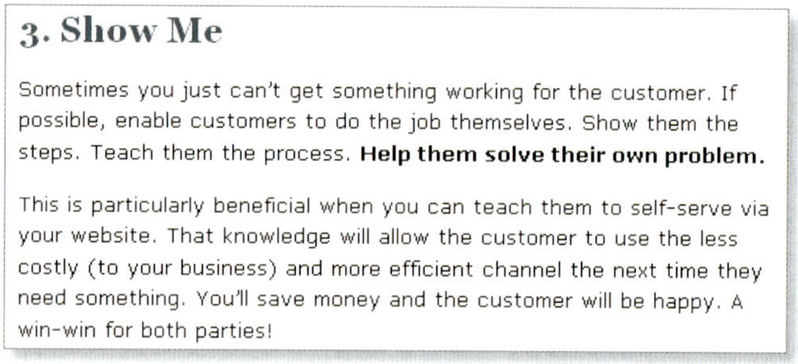

Abbildung 3.10 ▸
Mehr Gewicht durch höheren Fettgrad. Die fett gestaltete Aussage hebt sich vom Text ab und fällt sofort auf (Quelle: Returncustomer.com).

Unterstreichung | Beliebige Arten der *Unterstreichung* werden im Web intuitiv mit Links assoziiert. Im Fließtext sollten gewöhnliche Textstellen deshalb unter keinen Umständen unterstrichen werden. Bei Verweisen wiederum sind Unterstriche häufig unabdingbar, können aber auch durch eine farbliche Kennzeichnung angedeutet werden. Auch die *farbige Hervorhebung* von gewöhnlichem Text wirkt bei Online-Inhalten eher verwirrend, weil sie mit Links verwechselt werden kann. Insbesondere sollen blaue und violette Farben – Default-Farben für Links – unbedingt vermieden werden.

▴ **Abbildung 3.11**
Linkunterstreichung (Quelle: praegnanz.de)

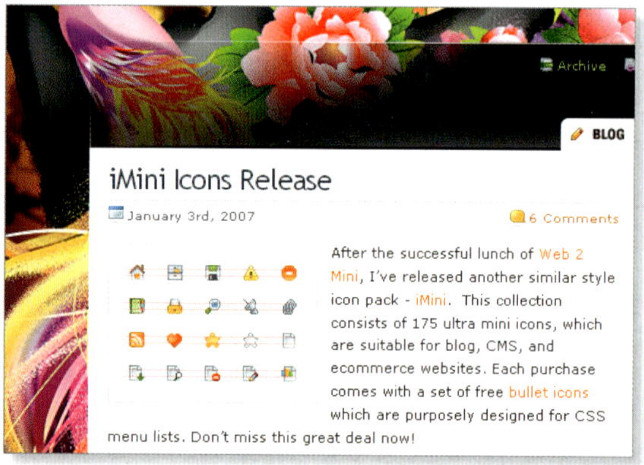

▴ **Abbildung 3.12**
Hervorhebung von Links durch Farbe bei Ndesign-studio.com

Versalien | Eine Hervorhebung durch *Versalien* (*Großbuchstaben, Capital letters*) sollte nach Möglichkeit vermieden werden. Eine Reihung von Großbuchstaben ist in der Regel nur mühselig zu scannen, wodurch das Textverständnis erschwert wird. Im Allgemeinen sind Versalien eher für Überschriften zu empfehlen. Auch dort sollten sie sparsam verwendet werden.

Versalien haben die Form eines Rechtecks und sind deshalb schwerer zu unterscheiden (siehe Abbildung 3.15).

Der Grund dafür ist unsere Vorgehensweise beim Lesen von Texten. Wenn wir eine Zeile durchlaufen, orientieren wir uns

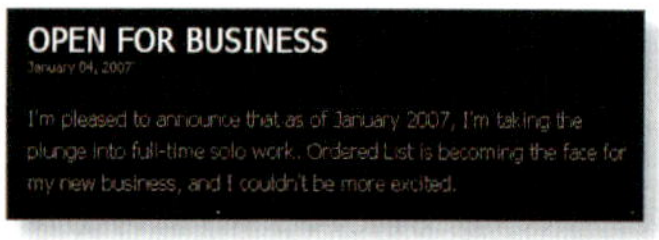

▴ **Abbildung 3.13**
Versalien in Überschriften (Quelle: Orderedlist.com)

nicht nur an einzelnen Buchstaben, sondern auch an der Form und Gestalt der Wörter und der daraus zusammengesetzten Sätze. Dabei wird vor allem die obere Hälfte der Buchstaben gescannt. Bei Versalien dagegen wird das Scannen durch die gleiche Höhe aller Buchstaben stark erschwert – schließlich formen alle Buchstaben identische Rechtecke unterschiedlicher Höhe. Dies verlangsamt das Lesen und wirkt ermüdend. Es ist also nicht vorteilhaft, Versalien in Fließtexten einzusetzen.

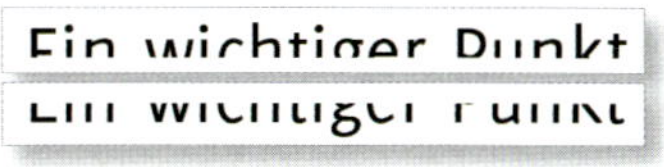

▲ **Abbildung 3.14**
Liest man die obere Hälfte des Satzes, ohne die untere zu sehen, so lässt sich die Semantik fast sofort erkennen; orientiert man sich dagegen an der unteren Hälfte, so ist das Lesen schwerer.

Texterfassung
Wörter mit fehlenden Buchstaben können wir problemlos rekonstruieren; auch Wörter ohne Vokale lassen sich häufig mühelos erkennen. Dies hängt mit unserer Vorgehensweise beim Lesen von Texten zusammen.

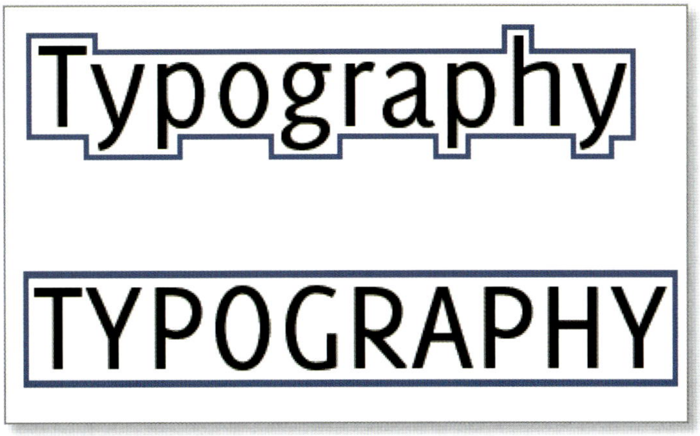

◂ **Abbildung 3.15**
Die Rechteckform von Versalien

Kapitälchen | Einen ähnlichen Effekt erzielen auch *Kapitälchen* (*smallcaps*). Bei diesen werden alle Buchstaben groß geschrieben. Leitbuchstaben sind dabei größer als die nachfolgenden Buchstaben, deren Höhe der x-Höhe der Kleinbuchstaben entspricht. Sie können ebenso unübersichtlich wirken wie Versalien.

Kapitälchen

```
p.introduction {
font-variant: small-caps;
}
```

◂ **Abbildung 3.16**
Kapitälchen in der Überschrift (Quelle: Travelingguys.com)

Sperren | Sowohl bei Kapitälchen als auch bei Versalien sollte man zur besseren Lesbarkeit den Abstand zwischen den Buchstaben vergrößern. Dies nennt man in der Fachsprache auch *Sperren*.

Sperren

```
p.introduction {
letter-spacing: 0.1em;
}
```

3.2.3 Absätze und Gestaltung

Je größer ein Textblock, desto schwerer fällst es dem Leser, seine Aufmerksamkeit auf die einzelnen Sätze zu fokussieren und sich im Fließtext zu orientieren. Klare Trennungen, etwa Absätze, erzeugen visuelle Sprünge und schaffen einen deutlichen Leitfaden.

Die Gliederung eines Textes geschieht in der Regel durch Abstände und Einzüge, wobei der Leitbuchstabe eines Beitrags eher selten besonders hervorgehoben wird.

Abstände

```
p.introduction {
margin: 0.5em;
}
```

Abstände | *Abstände* erreichen die Trennung bzw. Auflösung des Inhaltes dadurch, dass der Freiraum zwischen Absätzen weit größer gesetzt wird als der Zeilenabstand.

Einzüge

```
p.introduction {
text-indent : 0.3em;
}
```

Einzüge | Bei *Einzügen* wird die Zeilenbreite im gesamten Text gleich gehalten, die erste Zeile jedoch eingezogen und dadurch hervorgehoben.

Einzüge bzw. *Abstände* zwischen den Abschnitten werden erfahrungsgemäß auf 6 bis 7 % der Zeilenlänge bzw. das 1,5- bis 2-Fache des Zeilenabstands gesetzt.

Leitbuchstaben

```
span.leading {
float: left;
font-size: 5em;
line-height: 4em;
padding-top: .2em;
padding-right: .25em;
font-family: Times, Georgia,
serif;
}
```

oder über Pseudoelemente

```
p.intro:first-letter {
font-size: 5em;
line-height: 4em;
}
```

Die erste Zeile eines Paragraphen der Klasse intro lässt sich mittels CSS über das Pseudoelement `p.intro:first-line` formatieren.

Leitbuchstaben | Die aus der Printtypografie stammende Tradition, den *Leitbuchstaben* eines Textes besonders hervorzuheben, zeigt sich auch im Web. Sie wird aber eher selten genutzt, da Seitenbesucher sich im Web eher an eine gleichmäßige Schriftgröße auf einer Seite gewohnt haben.

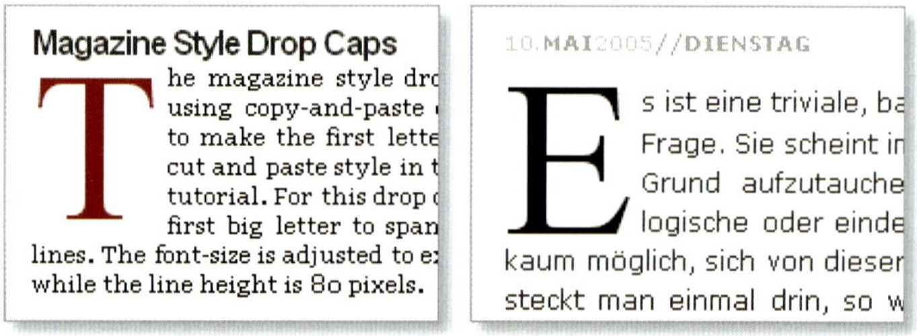

▲ **Abbildung 3.17**
Leitbuchstaben (Quelle: Mandarindesign.com, Alvit.de/vf)

Wahl der Zeilenlänge

Allzu lange und allzu kurze Zeilenlängen sind neben kleiner Bildschirmauflösung wesentliche Gründe, warum das Lesen von Texten auf einem Bildschirm schwerer erscheint als das Lesen der gedruckten Version desselben Textes.

Zeilenlänge | Einer der häufigsten Fehler, die Designer machen, ist die Wahl einer allzu großen Zeilenlänge. Der Wunsch, möglichst viele Informationen in einer Zeile anzeigen zu lassen, hat oft zur Folge, dass lange Textpassagen sehr mühselig zu lesen sind.

Tatsächlich wird die Zeilenbreite in Zeitschriften und Büchern nicht zufällig klein gewählt. Das menschliche Auge kann bei einer üblichen Lesedistanz durchschnittlich eine Spannweite von 7,6 cm erfassen. Deshalb wird die Zeilenlänge meistens im Rahmen dieser Spannweite gehalten, damit die Augenmuskeln durch das Wandern vom Ende einer Zeile zum Anfang der darauf folgenden Zeile nicht zusätzlich angespannt werden. Ein komfortables Lesen ist eher bei einer kürzeren Zeilenlänge möglich.

▲ **Abbildung 3.18**
Zeilenlänge: Zu klein (links) ist genauso schlecht wie zu groß (rechts oben). Das Optimum liegt wie immer in der Mitte.

Ebenso ist von besonders kurzen Zeilenlänge dringend abzuraten. Häufige Zeilensprünge wirken genauso ermüdend wie ein langes Wandern des Auges von einer Zeile zur nächsten (siehe Abbildung 3.18).

Zeilenlänge- und abstand

Die *Zeilenlänge* ist in der Regel proportional zum Zeilenabstand zu wählen. Genauere Angaben lassen sich nur schwer machen, da dies von der jeweiligen Schriftart abhängt. Der *Zeilenabstand* ist größer als der Abstand zwischen den Wörtern zu wählen.

Zeilenabstand | Soll die Zeilenlänge die Lesbarkeit des Textes erleichtern, so wird sie durch einen angemessenen Zeilenabstand überhaupt erst ermöglicht. Zu Zeilenabständen lassen sich im Allgemeinen nur wenige Faustregeln angeben, da diese stark von der gewählten Schriftart, der Größe und weiteren Attributen abhängen.

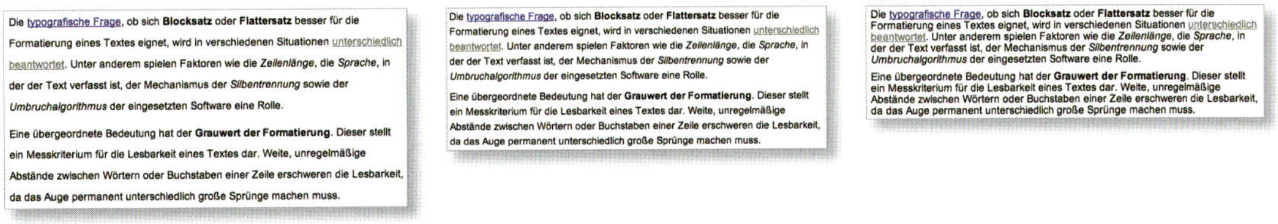

▲ **Abbildung 3.19**
Zu großer Zeilenabstand (links) ist genauso ineffizient wie zu kleiner Zeilenabstand (rechts).

Unter *Zeilenabstand* versteht man den vertikalen Freiraum zwischen Zeilen, also die Distanz zwischen der Grundlinie einer Zeile und der Grundlinie der nächsten Zeile. Der Zwischenraum

Optimale Zeilenlänge

Eine optimale Zeilenlänge liegt standardmäßig bei 52-78 Buchstaben pro Zeile (inklusive Interpunktion und Leerzeichen). Bei einer Schriftgröße von 11 px macht dies zwischen 285 und 440 px aus. Bei einer 12 px-Größe sollte man sich auf 335 bis 440 px beschränken. Dies gilt natürlich auch für größere Schriftgrößen.

zwischen den Zeilen, gemessen von der Unterlänge der oberen Zeile bis zur Oberlänge der unteren Zeile, wird als *Durchschuss* bezeichnet.

Auf der Suche nach einem optimalen Zeilenabstand haben Webdesigner zu beachten, dass geringe Freiräume zwischen Zeilen die Unterlängen und Überlängen vermischen, sie also ununterscheidbar machen. Dies bedeutet, dass es dem Seitenbesucher schwerer fallen wird, eine Zeile im Blick zu behalten. Größere Leading-Maße andererseits zerstreuen das Auge und erschweren Zeilensprünge im Text.

In der Regel sollte die Länge der Zeile proportional zum Zeilenabstand gewählt werden. Breite Blöcke mit Texten kleiner Schriftgröße benötigen in der Regel einen größeren Buchstabenraum als kurze Blöcke mit Texten größerer Schriftgröße.

▲ **Abbildung 3.20**
Überlappungen, wie hier zwischen der Unterlänge von g und der Oberlänge von t, erschweren die Lesbarkeit und sollten durch eine angemessene Zeilenhöhe vermieden werden.

Der optimale Wert liegt häufig bei einer 1,4- bis 1,5-fachen x-Höhe (in CSS umgesetzt `line-height: 1.4em;`). Generell soll sich der Zeilenabstand um zwei bis vier Größeneinheiten von der Schriftgröße unterscheiden. Bei einer festen Schriftgröße von 12 Punkten (pt) liegt der optimale Zeilenabstand somit bei 14-16 Punkten.

Weiterhin ist es erfahrungsgemäß sinnvoll, den Zeilenabstand einer Seite größer als den Abstand zwischen den Wörtern des dazugehörigen Textes zu wählen. Je größer die Zeilenlänge ist, desto größer sollte auch der Zeilenabstand sein.

[Line-Height]
Line-Height ist eine weitere Bezeichnung für Zeilenabstand, die sich auch in der CSS-Spezifikation durchgesetzt hat.

Zeilenhöhe und Zeilenabstand in CSS

CSS erlaubt eine kompakte Definition der verwendeten Schriftfamilie und ihrer Attribute (zum Beispiel Zeilenhöhe und Zeilenabstand). Diese Werte können innerhalb der Eigenschaft `font` wie folgt notiert werden:

```
selector { font: [font-style] [font-variant] [font-weight]
[font-size]/[line-height] [font-family] }
```

Beispiel:

```
h1 { font: small-caps bold 1.2em/1.4em
Verdana, Arial, Helvetica, sans-serif; }
```

Dadurch gibt der Webentwickler vor, dass `<h1>`-Überschriften fette Kapitälchen mit `1.2 em` Schriftgröße und `1.4 em` Zeilenabstand benutzen. Die Schriftart sollte – falls verfügbar – Verdana sein, zweite bzw. dritte Wahl sind Arial bzw. Helvetica. Sind all diese erwähnten Schriften nicht auf dem Rechner des Seitenbesuchers installiert, so soll eine serifenlose Default-Schrift verwendet werden.

▲ **Abbildung 3.21**
Laufweite –5 px bei Überschriften mit Georgia 36 px. In Großaufnahme noch gut lesbar, sonst liegen die Buchstaben zu eng aneinander und sorgen für unbequemes und ungewöhnliches Schriftbild.

Laufweite | Der Abstand zwischen den Buchstaben (*letter-spacing*) ist eine weitere Eigenschaft, die insbesondere ein schnelles Erkennen ermöglicht. Ein geeigneter, balancierter Buchstabenabstand bringt Ordnung in die Verteilung der Wörter auf einer

Seite und lässt sowohl Buchstaben als auch Sätze deutlicher in Erscheinung treten.

Ungleichmäßig voneinander distanzierte Buchstaben können die Lesbarkeit eines Textes erheblich erschweren: ein *AV* erfordert beispielsweise eine klare Distanz zwischen beiden Buchstaben, da man das Bild sonst als ein unbekanntes Zeichen wahrnehmen könnte. Andererseits benötigt ein *we* einen kleineren Abstand, da diese Buchstabenreihung bei einer deutlicheren Trennung wegen des geschwungenen *w* in zwei einzelne Buchstaben zerfallen würde. Die kleinsten Ungenauigkeiten fallen sofort auf und erzeugen ein verzerrtes Textbild, dessen Lesbarkeit stark beeinträchtigt wird.

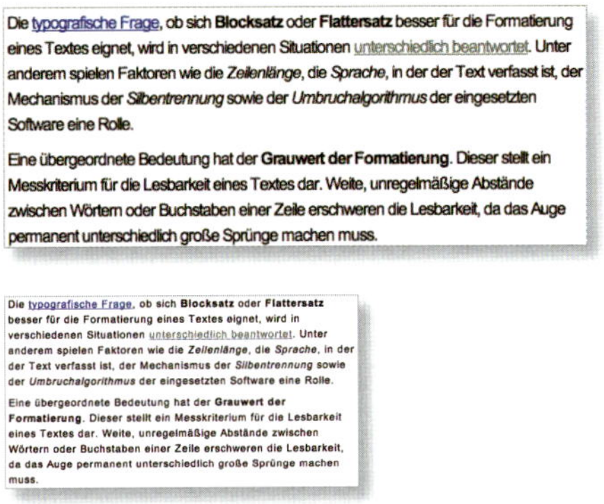
Die typografische Frage, ob sich **Blocksatz** oder **Flattersatz** besser für die Formatierung eines Textes eignet, wird in verschiedenen Situationen unterschiedlich beantwortet. Unter anderem spielen Faktoren wie die *Zeilenlänge*, die *Sprache*, in der der Text verfasst ist, der Mechanismus der *Silbentrennung* sowie der *Umbruchalgorithmus* der eingesetzten Software eine Rolle.

Eine übergeordnete Bedeutung hat der **Grauwert der Formatierung**. Dieser stellt ein Messkriterium für die Lesbarkeit eines Textes dar. Weite, unregelmäßige Abstände zwischen Wörtern oder Buchstaben einer Zeile erschweren die Lesbarkeit, da das Auge permanent unterschiedlich große Sprünge machen muss.

Die typografische Frage, ob sich **Blocksatz** oder **Flattersatz** besser für die Formatierung eines Textes eignet, wird in verschiedenen Situationen unterschiedlich beantwortet. Unter anderem spielen Faktoren wie die *Zeilenlänge*, die *Sprache*, in der der Text verfasst ist, der Mechanismus der *Silbentrennung* sowie der *Umbruchalgorithmus* der eingesetzten Software eine Rolle.

Eine übergeordnete Bedeutung hat der **Grauwert der Formatierung**. Dieser stellt ein Messkriterium für die Lesbarkeit eines Textes dar. Weite, unregelmäßige Abstände zwischen Wörtern oder Buchstaben einer Zeile erschweren die Lesbarkeit, da das Auge permanent unterschiedlich große Sprünge machen muss.

◂ **Abbildung 3.22**
Laufweite –1 px und +1 px im Fließtext mit Arial 14 px. Der Default-Wert (0 px) hinterlässt einen besseren Eindruck als eine manuell eingestellte verminderte (oben) oder erhöhte (unten) Laufweite. Dies ist typisch für Default-Schriften.

Unterschneidung

Die Unterschneidung ist die negative Laufweite. Bei Buchstabenkombinationen wie ff, fl und ffl kann es notwendig sein, eine negative Laufweite zu verwenden oder Buchstaben zu einem Buchstaben zusammenzufassen (Ligaturen).

Unterschneidung | Den Buchstabenabstand kann man durch den Einsatz der *Unterschneidung* (*kerning*) für eine bessere Lesbarkeit anpassen. Das Zusammen- bzw. Auseinanderrücken von Buchstabenpaaren, beispielsweise das Zusammenpressen des großen *T* und des kleinen *e* sorgt für ein glattes Schriftbild ohne überflüssige Freiräume.

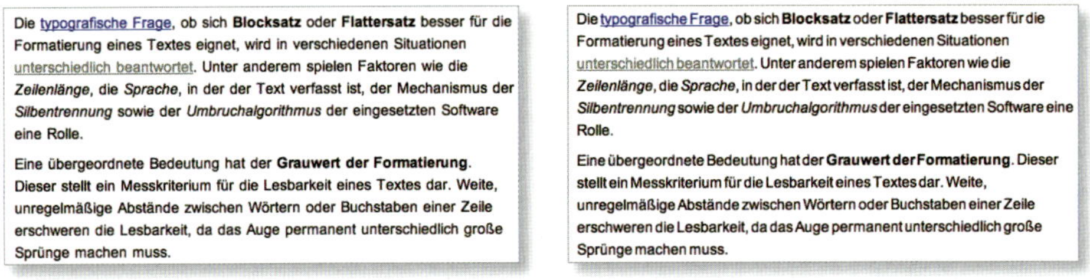
Die typografische Frage, ob sich **Blocksatz** oder **Flattersatz** besser für die Formatierung eines Textes eignet, wird in verschiedenen Situationen unterschiedlich beantwortet. Unter anderem spielen Faktoren wie die *Zeilenlänge*, die *Sprache*, in der der Text verfasst ist, der Mechanismus der *Silbentrennung* sowie der *Umbruchalgorithmus* der eingesetzten Software eine Rolle.

Eine übergeordnete Bedeutung hat der **Grauwert der Formatierung**. Dieser stellt ein Messkriterium für die Lesbarkeit eines Textes dar. Weite, unregelmäßige Abstände zwischen Wörtern oder Buchstaben einer Zeile erschweren die Lesbarkeit, da das Auge permanent unterschiedlich große Sprünge machen muss.

Die typografische Frage, ob sich **Blocksatz** oder **Flattersatz** besser für die Formatierung eines Textes eignet, wird in verschiedenen Situationen unterschiedlich beantwortet. Unter anderem spielen Faktoren wie die *Zeilenlänge*, die *Sprache*, in der der Text verfasst ist, der Mechanismus der *Silbentrennung* sowie der *Umbruchalgorithmus* der eingesetzten Software eine Rolle.

Eine übergeordnete Bedeutung hat der **Grauwert der Formatierung**. Dieser stellt ein Messkriterium für die Lesbarkeit eines Textes dar. Weite, unregelmäßige Abstände zwischen Wörtern oder Buchstaben einer Zeile erschweren die Lesbarkeit, da das Auge permanent unterschiedlich große Sprünge machen muss.

▴ **Abbildung 3.23**
Schon der Wortabstand von –2 px (rechts) macht die Unterscheidung zwischen den einzelnen Wörtern schwerer. Zusätzlicher Abstand (links) von 1px lässt Lücken entstehen, die beim Lesen übersprungen werden müssen.

Wortabstand | Auch der *Abstand zwischen den Wörtern* (*word-spacing*) lässt sich mit CSS genauer festlegen, wird jedoch in der Praxis nur selten verwendet. Der Grund dafür liegt daran, dass die Laufweite eines Textes schon *by Default* optimiert ist, sodass zusätzliche Änderungen in der Formatierung von Fließtexten meistens negative Effekte verursachen. Intensiv kann word-spacing dagegen bei Designelementen verwendet werden, die man

Letter-spacing

CSS:

```
h1.title {
letter-spacing: -0.2em;
}
```

XHTML:

```
<h1 class="title">
Überschrift
</h1>
```

besonders zur Geltung kommen lassen möchte. Musterbeispiel dafür sind wiederum Überschriften.

Die Faustregel lautet: Je kürzer die Zeilenlänge, desto kleiner sollte der Abstand zwischen den einzelnen Wörtern gewählt werden.

Absatzformatierung | Die typografische Frage, ob sich Blocksatz oder Flattersatz besser für die Formatierung eines Textes eignet, wird in verschiedenen Situationen unterschiedlich beantwortet. Unter anderem spielen Faktoren wie die verwendete Zeilenlänge, die Sprache, in der der Text verfasst ist, der Mechanismus der Silbentrennung sowie der Umbruchalgorithmus der verwendeten Software eine Rolle.

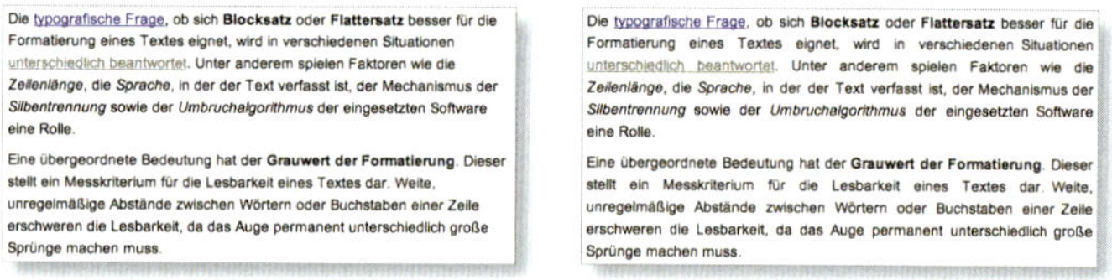

Abbildung 3.24 ▸
Flattersatz (links) ist fürs Web üblicher als Blocksatz (rechts). Dies hat einen Grund: Unregelmäßige Lücken im Blocksatz verursachen unregelmäßige Sprünge des Auges beim Lesen.

Eine übergeordnete Bedeutung hat der Grauwert der Formatierung. Dieser stellt ein Messkriterium für die Lesbarkeit eines Textes dar. Weite, unregelmäßige Abstände zwischen Wörtern oder Buchstaben einer Zeile erschweren die Lesbarkeit, da das Auge permanent unterschiedlich große Sprünge machen muss.

Deshalb scheint *Flattersatz* geeigneter für den Einsatz im Web zu sein, da er die Freiräume zwischen Wörtern im gesamten Text gleich groß darstellt und für einen gleichmäßigen Grauwert sorgt. Das Problem besteht jedoch darin, dass bei Flattersatz ein sehr unregelmäßiger, meistens rechter Flatterrand entsteht. Deshalb wirkt Flattersatz zum Teil unruhig, insbesondere wenn der Zeilenumbruch und/oder die Silbentrennung mangelhaft sind. Dies ist jedoch im Moment in sämtlichen Browsern der Fall. Der automatische Zeilenumbruch ist im Web durch eine simple Verschiebung der Wörter, die auf einer Zeile nicht als ein Ganzes angezeigt werden können, auf die nächste Zeile, realisiert. Eine Silbentrennung wurde in den gängigen Browsern bisher noch nicht implementiert. Ein guter Flattersatz erfordert somit einen ausgereiften Mechanismus zur Silbentrennung.

Flattersatz
Flattersatz erzeugt einen gleichmäßigen Grauwert und stellt Inhalte im Gegensatz zum Blocksatz natürlicher und abgerundeter dar.

Guter *Blocksatz* setzt dagegen auf eine gleichmäßige Verteilung der engen Wortzwischenräume innerhalb einer Zeile, die für das Auge gleich groß erscheinen und von Freiräumen im übrigen Text nur wenig abweichen. Diese Art der Formatierung schafft einen soliden Eindruck und sorgt für einen scheinbar abgerundeten Textverlauf, der dem aus der traditionellen Typografie sehr stark

Word-spacing

CSS:

```
h1.title {
word-spacing: -1px;
}
```

XHTML:

```
<h1 class="title">
Überschrift
</h1>
```

ähnelt. Problematisch an dieser Stelle ist, dass die Verteilung der Freiräume bei Blocksatz wiederum sehr einfach in den Browsern realisiert wird, sodass meistens allzu große Zwischenräume entstehen. Dadurch wird das Lesen eher erschwert als erleichtert, was nicht zuletzt auf die magelhafte Silbentrennung zurückzuführen ist.

Daher entscheiden sich Webentwickler meistens für Flattersatz, der im Hinblick auf die Absatzformatierung im Web das geringere Übel darstellt.

Blocksatz

CSS:

```
p {
text-align: justify;
}
```

(X)HTML:

```
<p>Lorem ipsum dolor sit amet, consectetur adipisci velit</p>
```

Kontraste | Um einem Text ein lebendiges Erscheinungsbild zu verleihen, reicht es häufig nicht, dem Leser sorgfältig konzipierte Textpassagen anzubieten. Monotonie der Textpräsentation kann bei langen Texten zur Ermüdung beim Lesen führen, da das Auge permanent auf das Wandern durch die Textzeilen angewiesen ist. Hilfe bieten abwechslungsreiche *Kontraste* im Text, die auf verschiedene Art und Weise realisiert werden können.

Eine der am häufigsten verwendeten Techniken ist der Einsatz von visuellen Mitteln, etwa Bildern oder Videos, die Texte auflockern und Seitenbesuchern Anhaltspunkte beim Lesen liefern. Ein passendes Bild veranschaulicht den Sachverhalt und kann unter Umständen genauer erklären, was eigentlich gemeint ist. Bei Business-Präsentationen schaffen passende Bilder die entsprechende Atmosphäre und lassen Leser präsentierte Information schneller aufnehmen.

◂ **Abbildung 3.25**
Visueller Kontrast durch Bilder (Quelle: Iconfactory.com)

Eine bewährte Faustregel besagt, die Textdarstellung eines Kapitels, in dem keine Unterkapitel oder Überschriften vorkommen, jeweils nach fünf bis maximal sieben Absätzen durch kontrastierende Wegweiser aufzulockern.

Statt Bilder können Sie auch rechtsbündige *Zitate* (*cite*) oder *Zitatblöcke* (*blockquote*) einfügen. Besonders beliebt bei Nutzern sind mit einem Einzug formatierte Aufzählungen (Listen), die in wenigen Sätzen das Wesentliche zum Ausdruck bringen.

Bei langen Erläuterungen und Erklärungen, etwa einer Veröffentlichung eines neuen Konzepts oder einer Stellungnahme zu einem Sachverhalt, macht es Sinn, eine kurze Zusammenfassung des Gesagten (2 bis 3 Sätze) am Anfang oder am Ende des Beitrags zu geben.

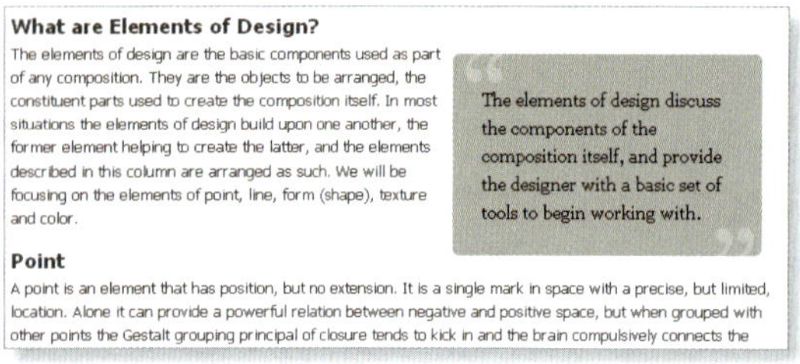

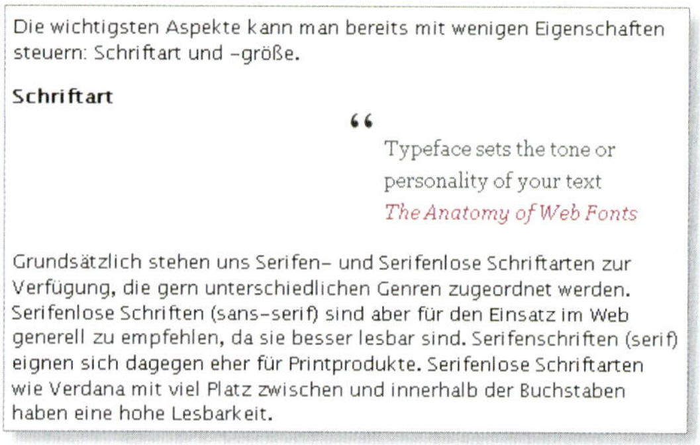

▲ **Abbildung 3.26**
Visueller Kontrast durch Zitate und Zitatblöcke (Quelle: Blog.calm-n-easy.de und Digital-web.com)

Um einen Kontrast auf der Seite zu erzeugen, genügt es also, Inhalte durch Freiräume zu isolieren und sie unterschiedlich zu den sie begleitenden Texten anzeigen zu lassen.

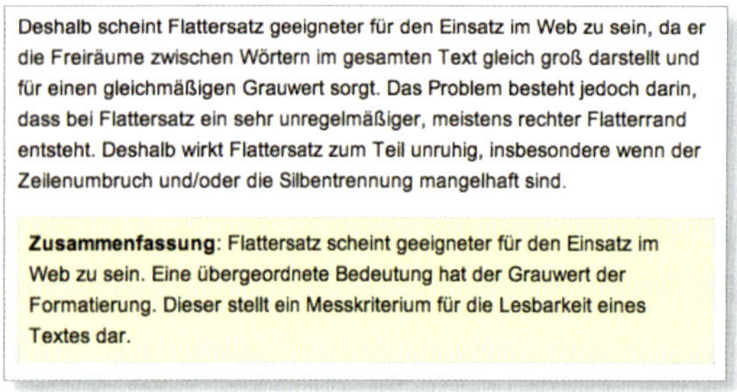

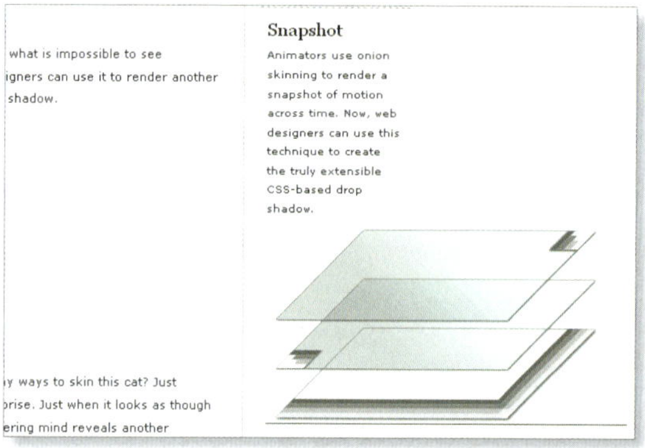

▲ **Abbildung 3.27**
Visueller Kontrast durch Zusammenfassung (links) und »Snapshot« eines Beitrags (rechts, Quelle: Alistapart.com)

Textgestaltung bei hellen und dunklen Hintergründen | Ein weiterer typografischer Aspekt, der häufig nicht berücksichtigt wird, ist der wesentliche Unterschied zwischen der Textgestaltung bei hellen und bei dunklen Hintergründen. Bei der Festlegung des typografischen Satzes haben Webdesigner zu beachten, dass man bei dunklen Layouts die Laufweite sowie den Zeilenabstand größer wählen sollte als bei analogen hellen Designs. Das *Schriftgewicht* (*font-weight*) sollte dagegen kleiner gewählt werden.

Abbildung 3.28 ▼
Schwarz auf Weiß vs. Weiß auf Schwarz

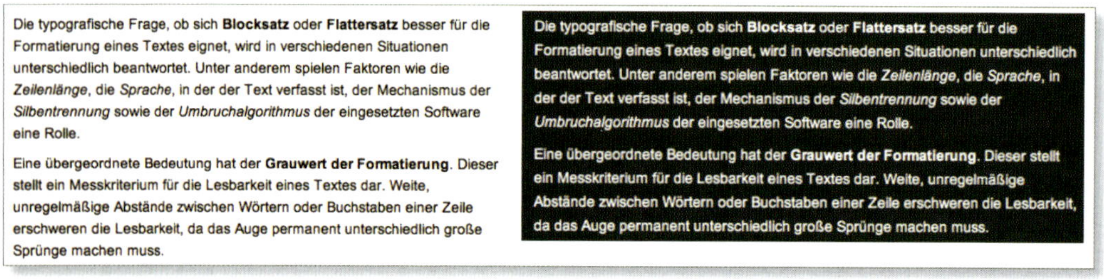

Weißer Text auf schwarzem Hintergrund besitzt einen höheren Kontrast als schwarzer Text auf weißem Hintergrund, deshalb müssen Zeilen bei dunklen Designs mit mehr Zwischenräumen versehen werden, während Buchstaben weiter auseinander liegen und einen kleineren Schriftgrad haben sollten.

Druck

Die weiße Schriftfarbe auf schwarzem Hintergrund verhält sich auf Bildschirmen und beim Druck genau gegensätzlich. Am Monitor wirkt die Schrift kräftiger, beim Druck dünner.

3.2.4 Schriftgröße

Zu den typografischen Aspekten gehört natürlich die Schriftgröße auch: In der Online-Umgebung stehen Webentwicklern relative und absolute Größen zur Verfügung. Diese lassen sich für sämtliche Textelemente einer Seite mittels CSS festlegen.

Schriftgröße

Bei der Schriftgröße können Webentwickler mit absoluten und relativen Einheiten arbeiten.

Absolute Schriftgröße | Da die Präsentation einer Webseite immer auf die Systemkonfiguration der Seitenbesucher angewiesen ist, ist die Verwendung von absoluten Maßeinheiten für das Screen Design in der Regel nicht zu empfehlen. Kaum zu vermeiden sind absolute Angaben jedoch bei Aufbereitung einer Seite für andere Ausgabemedien – etwa um das Drucklayout einer Webseite genau zu steuern.

Absolut ist hier in dem Sinne zu verstehen, dass genaue, konkrete Maße für die Schriftgröße bestimmt werden, die aber in modernen Browsern durchaus skaliert – also verkleinert und vergrößert – werden können. Im Unterschied zu relativen Angaben ist es bei absoluten Werten beispielsweise unmöglich, die Größe eines Elements in Relation zu der Größe seines Elternelements zu setzen und diese Proportionalität auch bei beliebiger Skalierung beizubehalten. Absolute Schriftgröße bezieht sich also immer nur auf dasjenige Textelement, für das sie definiert wird.

Laut CSS-Spezifikation lassen sich absolute Längen im Web durch *absolute Längenmaße* sowie Schlüsselwörter genauer angeben.

Absolute Größe wird durch *Punkte* (`pt`), *Pica* (`pc`), *Zentimeter* (`cm`), *Millimeter* (`mm`) und *Zoll* (`in`) angegeben. Punkte und Pica sind typografische Maßeinheiten, mit denen grundsätzlich in Printmedien gearbeitet wird (1 Punkt entspricht 1/72 Zoll, 1 Pica entspricht 1/6 Zoll oder 12 Punkten).

Absolute Größe

Punkte (pt):

`p { font-size: 10pt }`

Pica (pc):

`p { font-size: 1pc }`

Zentimeter (cm):

`p { font-size: 15cm }`

Millimeter (mm)

`p { font-size: 250mm }`

Zoll (in):

`p { font-size: 2in }`

Mit *Schlüsselwörtern* verfügen Webentwickler über ein Mittel, Textinhalte einheitlicher zu gestalten und ihre Präsentation an die Eigenschaften des genutzten Browsers zu binden. Da jedoch verschiedene, vor allem ältere Browser mit Schlüsselwörtern häufig nicht vertraut sind und Texte dementsprechend unterschiedlich skalieren, können sie unter Umständen erhebliche Probleme im Hinblick auf die Lesbarkeit bereiten.

Schlüsselwörter für absolute Schriftgrößen sind:

- `xx-small` (winzig)
- `x-small` (sehr klein)

- `small` (klein)
- `medium` (mittel)
- `large` (groß)
- `x-large` (sehr groß)
- `xx-large` (riesig)

Sie werden in der Abbildung 3.29 für die Schriftart Arial in aufsteigender Reihenfolge dargestellt:

Abbildung 3.29 ▲
Schlüsselwörter für absolute Größen am Beispiel der Schriftart Arial

Absolute Angaben sind im Screen Design jedoch wenig aussagekräftig, da sie als Maßeinheiten für den Druck gedacht sind und für die Darstellung auf einem Bildschirm zuerst in Pixel (z. B. dpi nach ppi) umgerechnet werden müssen.

Die Verwendung von Pixel für Druckversionen ist wiederum eine trügerische Angelegenheit. Ein 1200 dpi-Drucker würde eine 12 px große Schrift 0.01 Zoll groß drucken.

Exkurs: Druckversionen vorbereiten | Für den Seitenbesucher, der sich eine Seite ausdrucken möchte, gibt es nichts Unangenehmeres als abgeschnittene Textinhalte oder unlesbare Texte auf einem bunten Hintergrund. Um solchen Problemen gezielt vorzubeugen, ist es empfehlenswert, spezielle Druck-Stylesheets bereitzustellen.

Zu diesem Zweck wird eine separate CSS-Datei (etwa `print.css`) erzeugt, in der sämtliche Druckvorgaben – Schriftart, Schriftgröße, Zeilenabstand, eingeblendete und ausgeblendete Seitenelemente, Layout usw. – genau festgelegt werden. Die CSS-Datei wird schließlich mittels

```
<link href="print.css" type="text/css" media="print" />
```

innerhalb des `<head>`-Tags des (X)HTML-Dokuments eingebunden. Sollten Nutzer Inhalte ausdrucken wollen, wird diese Stylesheet-Datei von Browsern benutzt, um die Druckansicht zu erzeugen.

Navigationen, Formulare, Werbeelemente und weitere irrelevante Elemente können mit `.selector { display: none; }` ausgeblendet werden. Beachten Sie, dass alle Hintergrundbilder in Drucklayouts hierdurch ebenfalls ausgeblendet werden.

Außerdem darf man nicht vergessen, externe wie interne Links durch Text mit direkten Referenzen zu ersetzen. Dies lässt sich etwa mit

```
a:after {
content: " (" attr(href) ")";
}
```

realisieren. Ein Anker

```
<a href="www.musterseite.de">Beispiel</a>
```

erscheint dann im Drucklayout als »Beispiel (www.musterseite.de)«.

Besonders wichtig ist dabei die Funktion `attr(x)`, die zu einem Selektor den Wert von `x` als Buchstabenfolge zurückgibt. So liefert

```
a[href]:after {
content: attr(href);
}
```

als Ausgabe hinter (`after`) den eigentlichen Verweisen die Adressen der Seite, auf die verwiesen wird. Mit `a[href]:before` lassen sich ähnliche Angaben vor einem Verweis anbringen. Es ist zu beachten, dass der Internet Explorer mit den Pseudoklassen `before` und `after` nicht umgehen kann. Auch die aktuelle siebte Version kennt beide Klassen nicht.

HINWEIS

Ein Workaround für die fehlende Unterstützung der pseudoklassen `before` und `after` durch den IE kann ein Skript sein, das den IE erkennt und diese Funktion mithilfe entsprechender DOM-Manipulation realisiert. Nähere Informationenen finden Sie unter *http://nerds-central.blogspot.com/2007/02/internet-explorer-before-after-pseudo.html* (Linkcode 036).

Schritt für Schritt: Praxisbeispiel Druckversion

In der Regel sind Schriftarten mit Serifen in ausgedruckter Form leichter und schneller zu lesen und sollten deshalb in Drucklayouts verwendet werden.

1 Hintergrundfarbe anpassen

Um sicherzustellen, dass der ausgedruckte Artikel Schwarz auf Weiß gelesen werden kann, werden alle Seitenelemente mit weißer Hintergrundfarbe versehen. Bei Bedarf können Texte mit der Stilanweisung `text-align: justify;` in Blocksatzform gebracht werden. Die Anweisung `!important` sorgt dafür, dass jegliche andere Deklarationen, die eine andere Formatierung benutzen, ignoriert werden.

```
* {
/* Weiße Hintergrundfarbe */
background-color: #ffffff !important;
/* Schriftarten mit Serifen */
font-family: Cambria, Constantia, "Times New Roman",
Times, serif;
/* ggf. Blocksatz */
text-align:justify;
}
```

2 Schriftgröße setzen

Als Schriftgröße wird 12pt gewählt. Punkte sind für das Screendesign eher unpraktisch, für Drucklayouts dagegen sehr geeignet. 12pt ist der Standardwert, der in den meisten Fällen eine optimale Lesbarkeit sicherstellen wird.

```
body {
  font-size: 12pt;
}
```

3 Volle Seitenbreite

Damit die ausgedruckte Version automatisch die volle Seitenbreite verwendet, setzt man die Breite des jeweiligen Container oder Seitenkörpers auf `auto` bzw. auf `100%`. Innere und äußere Abstände werden auf Null gesetzt.

```
body, #container, #primary_content, #footer {
  width: auto !important;
  margin: 0 !important;
  padding: 0 !important;
}
```

4 Seitenelemente ausblenden

Irrelevante Elemente wie die Seitennavigation oder Werbung werden ausgeblendet.

```
#navbar, #sidebar, #commentarea, .intro  {
display: none;
}
```

5 Verweise aufbereiten

Alle Verweise, die nicht auf lokale Marker verweisen

```
<a href="#mark">Link</a>
...
<p id="mark">Text</p>,
```

werden hinter dem Verweis in Klammern angegeben und extra gestaltet.

```
/* Ausgabe des Links in Klammern */
a:not([href^= '#']):after {
content: " ("attr(href)")";
color: #ccc;
font-style: italic;
font-size: 0.85em;
}
```

6 Title-Attribute ausgeben

Sollte ein Verweis, ein Bild oder ein weiteres Element über ein `title`-Attribut verfügen, wird dieses auch ausgegeben.

```
*[title]: after {
content: " ("attr(title)")";
color: #eee;
font-style: italic;
font-size: 0.85em;
}
```

7 Alternative Beschreibung ausgeben

Die Ausgabe der alternativen Beschreibung eines Bildes wird hinzugefügt. Die Beschreibung soll unter dem Bild erscheinen (dafür sorgt `\A`).

```
img[alt]: after {
 content: "\A ("attr(alt)")";
}
```

8 Anführungszeichen

Anführungszeichen sollten mittels Unicode codiert werden. Mehr hierzu auf *http://de.selfhtml.org/css/eigenschaften/pseudoformate.htm#anfuehrungszeichen* (Linkcode 37).

```
body {
/* in der deutschen Sprache */
quotes: "\201E" "\201C" "\201A" "\2018";
/* in der englischen */
```

```
quotes:"\201C" "\201D" "\2018" "\2019";
}
```

Für die Tags `q` und `blockquote` werden öffnende und abschließende Anführungszeichen gesetzt.

```
q:before, blockquote:before {
 content: open-quote;
}
q:after, blockquote:after {
 content: close-quote;
}
```

9 **Quellenverweise setzen**

Damit am Ende jeder ausgedruckten Seite ein Verweis auf die Quelle steht, wird das Attribut `page-break-before` sowie `hr` verwendet.

```
hr {
page-break-before: always;
color: #fff;
margin-bottom: 3em;
text-align: left; }
hr: after {
content: "Original:\www.muster.de/muster.php."; }
```

10 **Zusätzliche Informationen**

Zusätzliche Informationen über die Seite, den Namen des Autors sowie ein Copyright-Vermerk können am Ende des ausgedruckten Dokuments hinzugefügt werden.

```
#container:after {
content: "\Alle Rechte vorbehalten. © 2008 www.
muster.de";
color:#666666;
font-size: 0.85em; }
```

Weitere Hinweise zum Thema, teilweise auch mit deutschsprachigen Anleitungen, finden Sie auf *http://www.drweb.de/csspraxis/drucken-printversion.shtml* (Linkcode 38).

Default Schriftart

Als *Default-Schriftart* wird von gängigen Browser die Serifenschrift *Times New Roman* der Größe *16px* benutzt.

Relative Schriftgröße | Um die visuelle Hierarchie zwischen Textelementen plattformübergreifend zu gestalten und ihre Proportionen aufrechtzuerhalten, muss man mit relativen Größen arbeiten.

Dabei hat der Webentwickler nur einen absoluten Wert im Hinterkopf zu behalten, und zwar die Standardschriftgröße in gängigen Internet-Browsern. Diese liegt bei 16 px und wird als Default-Wert benutzt, falls Webdesigner in ihrer CSS-Formatierung eine Schriftgröße von 100% vorschreiben oder auch keine Vorgaben machen.

Eine *relative Schriftgröße* erlaubt es dem Seitenbesucher, die Darstellung von Textinhalten gegebenenfalls zu vergrößern oder zu verkleinern, um die Darstellung an eigene Bedürfnisse anzupassen (z. B. bei Sehschwäche) und leserlicher zu gestalten.

Auch für relative Angaben haben Webentwickler eine vielfältige Wahl zwischen mehreren Maßeinheiten. Neben Schlüsselwörtern lässt sich die Schriftgröße von der *x-Höhe* der verwendeten Schrift (`ex`), von der *Pixelgröße* (`px`), von der sogenannten *Geviertbreite* (`em`) sowie vom *Prozentwert* bzgl. des Elternelements (`%`) abhängig machen. Die Schlüsselwörter für relative Größen `smaller` (kleiner) und `larger` (größer) verändern die Schrift relativ zur Schriftgröße des Elternelements um das 1,2-Fache. Wird also die `body`-Klasse einer Seite mit Standardschriftgröße 16 px verliehen, so wird ein Absatz `p`

```
<p style="font-size: larger">Inhalt</p>
```

eine Schrifthöhe von *19.2 px = 1.2 * 16 px* aufweisen. `<p style="font-size: smaller">Inhalt</p>` wird entsprechend eine Schrifthöhe von *13.3 px = 16 px / 1.2* besitzen.

Die *x-Höhe* (`ex`) bezieht sich auf die Höhe des Kleinbuchstabens *x* der verwendeten Schrift.

Die *Pixelgröße* (`px`) steht dagegen nicht in Relation zu einer eingesetzten Schriftgröße, sondern zur Auflösung des Anzeigegeräts: Bei einer größeren Bildschirmauflösung wird die Schriftgröße kleiner erscheinen. Pixelangaben werden häufig benutzt, da sie nicht von Browser-Einstellungen des Anwenders abhängen. Dabei ist zu beachten, dass 12 px auf verschiedenen Systemen unterschiedliche Größe darstellen und unter Umständen auch als 14 px angezeigt werden können.

So ist eine 9 px Schrift noch gut lesbar auf einem Windows-PC, während man bei einem Mac-PC die Zeichen (Glyphen) kaum voneinander unterscheiden kann. Im Internet Explorer bis zur Version 6 (einschließlich) lassen sich die durch px definierten Schriftgrößen nicht skalieren.

Die *Geviertbreite* (`em`) macht sich die Geviert-Einheit zunutze. Dies ist die Breite des Großbuchstabens *M* in der dargestellten Schriftart und Schriftgröße. Im Webkontext ist 1 em dasselbe wie die Schrifthöhe des zugehörigen Schriftsatzes. Ist beim Benutzer

Tipp für die Arbeit mit Schriftgrößen

Um mit Schriftangaben bequemer arbeiten zu können, setzen Designer die Schriftgröße des `body`-Elements häufig auf 0.625 em:

```
body { ... font-size: 0.625em; ... }
```

Dies entspricht einer Schriftgröße von 10 px (16 px * 0.625 = 10 px). Mit der 10er-Einheit lassen sich typografische Angaben im Code leichter machen und Proportionen der Schriftgröße leichter abschätzen. Anwender können die »Default«-Einstellungen des Browsers nach ihren Vorlieben verändern.

Pixelgröße
Die Pixelgröße steht in Relation zur Auflösung des Anzeigegeräts.

Geviertbreite
Die Geviertbreite steht in Relation zur Auflösung des Anzeigegeräts.

TIPP

Laut W3C-Spezifikation wird bei der zukünftigen Entwicklung von CSS besonders viel Wert auf die `em`-Einheit gelegt werden, deshalb ist es sinnvoll, bei Größenentscheidungen primär sie in Betracht zu ziehen.

die 16 px-Größe als Standardwert gesetzt, so entspricht 1 em eben diesem Default-Wert. Sollte der Leser jedoch die Schriftgröße skaliert haben, diese also etwa auf 18 px einstellen, so würde 2 em in diesem Kontext 36 px bedeuten.

So legt `p.introduction { font-size: 1.2em; }` fest, dass die Schriftgröße für Absätze der Klasse `introduction` um 20 % größer ist als die Schriftgröße eines übergeordneten Elements.

Wird `em` für die Festlegung der Schriftgröße (Attribut `font-size`) eines Textelements benutzt, so bezieht es sich auf die Schriftgröße des Elternelements. Verwendet man außerdem das Attribut `line-height` für einen Selektor (`body`, `p` usw.) mit `em`-Angaben, so gibt man an, um wie viel Prozent die Zeilenhöhe des jeweiligen Selektors größer sein soll als deren Schriftgröße. Die Angabe `p.introduction { line-height: 1.2em; }` bedeutet also, dass die Zeilenhöhe für einen Absatz um 20 % größer sein soll als seine Schriftgröße.

Prozentwerte
Prozentwerte legen Größenrelationen zwischen Eltern- und Kindelementen fest.

Prozentwerte stellen ähnlich zur `em`-Einheit ein weiteres Maß dar, mit dem sich Relationen zwischen Eltern- und Kindelementen genau festlegen lassen. Die Wurzel der Dokumentstruktur erbt – falls vom Webentwickler nicht anders vorgegeben – von eingestellten Default-Werten des Browsers, in dem die Seite angezeigt wird. So liefert `body { font-size: 75%; }` eine Schriftgröße von 9 px, falls der Default-Wert 12 px beträgt.

Relative und absolute Größe verwenden

Webentwickler sollten sich auf wenige relative Größen beschränken. Ein ausgewogenes Verhältnis zwischen absoluten Größen (etwa für Bilder) und relativen Größen (Layout) ist vernünftig.

Im Allgemeinen muss man bei relativen Größen damit rechnen, dass ein sorgfältig konstruiertes Layout durch eine starke Skalierung des Textes zusammenbrechen kann. Deshalb ist es wichtig, die Verwendung von mehreren verschiedenen Maßen nach Möglichkeit zu vermeiden. Optimal ist ein ausgewogenes Verhältnis zwischen `em`- (alternativ Prozentwerten) und `px`-Einheiten (dies ist abhängig vom gewählten Layout), wobei das `em`-Maß grundsätzlich für die Struktur der Seite verwendet wird und die Pixelgröße für den Einsatz in der Bilder- und Linkgestaltung zu empfehlen ist.

3.2.5 Schriftart

Die Auswahl einer visuell ansprechenden, leserlichen und zum Gesamtlayout passenden Schriftart ist eine der wichtigsten Fragen, mit denen es Webautoren bei der Seitengestaltung zu tun haben. Die gewählten Schriftarten sollen einen Webauftritt begleiten und ergänzen, ohne selbständig hervorzutreten und einen Akzent auf die eigene Gestalt zu setzen.

Dabei haben Designer nur eine Handvoll von Möglichkeiten, die ihnen bei der Schriftwahl zur Verfügung stehen. Um eine plattformübergreifende Textpräsentation zu ermöglichen, müssen sich Webentwickler – zumindest für die Gestaltung von Fließtexten

– mit den vorinstallierten Schriftschnitten bei Windows-PC und Mac-Systemen begnügen. Schließlich kann man nicht davon ausgehen, dass eine Schriftart, die durch ein Betriebssystem nicht mitgeliefert wird, auf dem PC des Seitenbesuchers vorhanden sein wird. Sind die vom Webdesigner vorgegebenen Schriftarten Frutiger, Verdana, Arial, Helvetica beim Benutzer nicht installiert, so verwendet der Browser eine Default-Schrift, was die Lesbarkeit der Texte stark beeinträchtigten kann.

[sIFR]
Mit *scalable Inman Flash Replacement* (sIFR) lassen sich beliebige Schriftarten in ein Seitenlayout einfügen lassen (siehe Abschnitt 3.3).

In solchen Fällen ist es sinnvoll, dem Browser immer wenigstens den Typ der Schriftart (generische Schriftfamilie) alternativ mitzuteilen. So wäre `font: 1.2em Frutiger, Verdana, Arial, Helvetica, sans-serif;` hier angebracht, damit im schlimmsten Fall eine serifenlose Schrift verwendet wird.

Zu den typischen Schriftkombinationen gehören

- Arial, Helvetica, sans-serif
- Times New Roman, Times, serif
- Courier New, Courier, mono
- Georgia, Times New Roman, Times, serif
- Verdana, Arial, Helvetica, sans-serif
- Geneva, Arial, Helvetica, sans-serif

▲ **Abbildung 3.30**
Serifenschrift Georgia und serifenlose Trebuchet MS in Großaufnahme

Möchten Sie also eine vernünftige Kontrolle über die Darstellung besitzen, so führt kein Weg an standardmäßig verwendeten Schriften vorbei.

Serifen und Sans-Serifen in der Praxis

Serifenschnitte eignen sich besser für Lauftexte, Sans-Serifen dagegen für Überschriften. Dies ist eine klassische Faustregel aus dem Printdesign; sie leistet ihren Dienst aber auch im digitalen Medium.

Serifen, Sans-Serifen, Monospace | Bei der Auswahl von Typefaces unterscheiden Webdesigner im Allgemeinen zwischen drei Schriftarten – *Serifen* (*roman fonts*), also Schriftsätzen mit geschwungenen Linien, die einen Buchstabenstrich am Ende abschließen, *Sans-Serifen* (*grotesque, gothic fonts*), die keine Serifen aufweisen, und *nichtproportionalen Schriften* (*monospace fonts*). Diese Typen werden in Webseiten meistens miteinander kombiniert und zu unterschiedlichen Zwecken verwendet.

Laut einer bewährten typografischen Tradition eignen sich Serifenschnitte wie Times New Roman oder Georgia grundsätzlich besser für Fließtexte, während Sans-Serifen wie Verdana, Trebuchet MS und Arial eher für den Einsatz in Überschriften zu empfehlen sind.

Grund dafür ist, dass das Auge beim Wandern durch große Textblöcke durch Serifen begleitet und gerichtet wird, sodass Übergänge zwischen einzelnen Buchstaben und Wörtern geglättet werden. Abgerundete Formen lassen eindeutigere Wortbilder entstehen. Zusätzliche Kurven und Linien betonen die Form der Buchstaben, die einen Schlüssel zum effizienten Lesen und Scannen darstellt.

[Antialiasing]
Unter Antialiasing versteht man die Verwendung einer digitalen Glättung von Buchstabenenden, um einer Schrift bessere Lesbarkeit zu verleihen.

Tatsächlich werden Serifenschriften in der Regel so entworfen, dass gute Lesbarkeit insbesondere bei kleinen Schriftgrößen – also vorwiegend im Lauftext – gewährleistet wird. Sans-Serifen dagegen beeindrucken durch ihre Klarheit bei größeren Schriftgrößen. Im Screen Design spielen Sans-Serifen eine besonders wichtige Rolle, da sie im Web im Allgemeinen sauberer, klarer und leserlicher als Serifen dargestellt werden.

Geneva, Georgia, einige Lucida-Schnitte, Monaco, Tahoma, Trebuchet und Verdana wurden speziell für das Screen Design entworfen und bieten neben Times New Roman ab Schriftgröße 26 px recht beeindruckende Ergebnisse. Insbesondere Arial, Trebuchet, Georgia, Times New Roman und Lucida eignen sich für den Einsatz in Überschriften. Beispiele sehen Sie in Abbildung 3.31.

Abbildung 3.31 ▸
Eine Überschrift, gestaltet anhand von Default-Schriften wie Times New Roman, Georgia, Trebuchet MS, Lucida Sans Unicode, Arial und Tahoma.

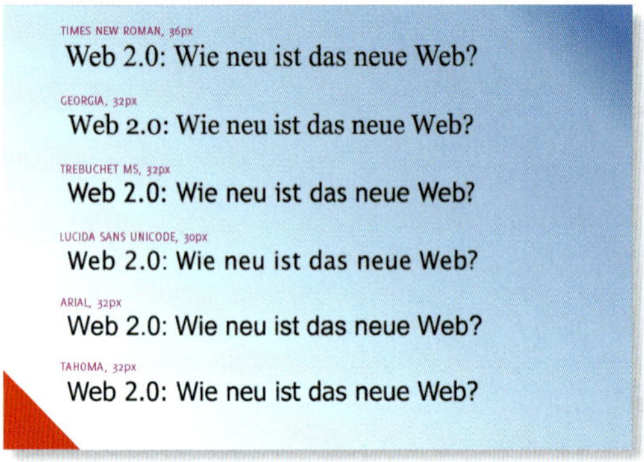

Als Schriftarten für Fließtexte kommen bei plattformübergreifender Seitengestaltung Arial, Georgia, Lucida-Schnitte, Tahoma, Times New Roman und Verdana am häufigsten zur Anwendung, deren Laufweite und Zeilenabstände einzeln angepasst werden müssen. Siehe dazu die Abbildung 3.32.

Abbildung 3.32 ▾
Gute Lesbarkeit im Fließtext – sie lässt sich mit sechs Default-Schriften realisieren.

Quelltexte dagegen werden meistens mithilfe *dicktengleicher* (*nichtproportionaler*) Schriften (Courier, Courier New, Letter Gothic) präsentiert, die im Gegensatz zu anderen Schriftarten eine feste Zeichenbreite besitzen. Bekannt als typische Schreibmaschinenschriften, dienen sie im Web häufig zur Formatierung von Listings und E-Mail-Inhalten.

	Windows	Mac
Serifen	Book Antiqua Georgia Palatino Linotype Times New Roman	Georgia New York Palatino Times
Sans-Serifen	Arial Lucida Sans Unicode MS Sans Serif Tahoma Trebuchet MS Verdana	Charcoal Chicago Geneva Gill Sans Helvetica Lucida Grande Trebuchet MS Verdana
Monospace	Courier New	Courier Monaco

◄ **Tabelle 3.2**
Default-Schriften nach Betriebssystemen

Generische Schriftfamilien | Möchten Sie ein Textelement in einer Serifenschrift anzeigen lassen, die auf dem Rechner des Anwenders installiert ist, ohne diese konkret vorzugeben, so können Sie bei CSS-Formatierung generische Schriftfamilien verwenden. Diese lassen Browser eine Default-Schrift der entsprechenden Art aus den vorhandenen Schriften des Anwenders automatisch auswählen und dienen als ein Ersatzmechanismus.

[Fallback]
Die Umschaltung des Browsers auf (manuell oder automatisch definierte) Default-Werte, falls eine vorgegebene Darstellung nicht möglich ist (etwa wenn eine Schriftart fehlt). Diese Werte können vom Designer zusätzlich definiert werden.

Insgesamt stehen Webautoren vier generische Schriftfamilien zur Verfügung, und zwar

- `serif` – Schriftart mit Serifen
- `sans-serif` – eine serifenlose Schriftart
- `cursive` – eine Schreibschrift
- `monospace` – eine nichtproportionale Schriftart

Diese können über die CSS-Eigenschaften `font-family` und `font` angegeben werden, z. B. durch den `p`-Selektor:

```
p {
font-family: Georgia, Times New Roman, Times, serif;
}
```

Als Primärschrift für die Darstellung eines Absatzes wird Georgia benutzt, die zweite Wahl ist Times New Roman, die dritte

Times; sollte keine dieser Schriftarten vorinstalliert sein, wird der benutzte Browser automatisch die erste verfügbare Default-Serifenschrift verwenden.

Generische Schriftfamilien kann man auch verwenden, um im schlimmsten Fall ein Ausweichen auf eine unerwünschte Schrift zu vermeiden. Deshalb darf eine entsprechende generische Angabe in `font-family`- und `font`-Eigenschaften nie fehlen.

3.2.6 Linkgestaltung

Damit der Seitenbesucher sich auch beim Navigieren von einer Seite zur anderen wohl fühlt, wird beim Webdesign der Linkgestaltung eine besondere Bedeutung geschenkt. Ist ein Webauftritt benutzerfreundlich, so müssen Seitenbesucher sich nicht lange überlegen, was die einzelnen Hervorhebungen bedeuten, welche Inhalte angeklickt werden können und was von jedem Klick zu erwarten ist.

TIPP

Verweise zu unterstreichen, ist eine bewährte Tradition im Web. Ein Nutzer wird mit Unterstreichungen besser zurechtkommen als ohne sie.

Um dies zu erreichen, empfiehlt es sich, sowohl interne als auch externe Links mit einem deutlichen Kontrast zu anderen Textelementen grafisch (farbig) hervorzuheben und (eventuell) mit Unterstrichen zu versehen. Zur besseren Unterscheidung können Verweise zusätzlich mit unaufdringlichen Hintergrundfarben versehen werden.

Da Webanker traditionell mit Unterstrichen gestaltet werden, sorgt ein unterstrichener Text ohne Referenz für Verwirrung, da Seitenbesucher in ihrem Verständnis der Seitenhierarchie irregeführt werden. Somit sollten Unterstriche – wenn überhaupt – nur bei Verweisen benutzt werden.

Ein weiterer wesentlicher Aspekt ist die visuelle Unterscheidung zwischen verschiedenen Linkzuständen. Bereits besuchte sowie noch nicht besuchte Links sollten grafisch unterschiedlich hervortreten und dem Anwender somit einen visuellen Leitfaden vorgeben.

Verweisgestaltung

Visuelle Unterscheidung von Verweisen wird in CSS durch die Pseudoklassen `a:link`, `a:visited`, `a:hover`, `a:active`, `a:focus` und ihre Kombination (z. B. `a:visited:hover`) realisiert.

In CSS dienen *Pseudoklassen* dazu, *aktive* HTML-Elemente zu deklarieren und zu definieren. *Aktiv* bedeutet in diesem Zusammenhang, dass keine konkreten Elemente oder Klassen gemeint sind, sondern Eigenschaften, die man einem speziellen HTML-Element nicht durch seine übliche Spezifikation vorschreiben kann. Pseudoklassen werden von Browsern wie Klassen behandelt.

Eine kurze Übersicht:

- `:link`
  Links zu noch nicht besuchten Seiten
- `:visited`
  Links zu bereits besuchten Seiten

- `:hover`
  Links, auf die mit dem Mauszeiger gezeigt wird
- `:active`
  Links, die gerade angeklickt sind
- `:focus`
  Links, die den Fokus erhalten (z. B. über die Tab-Taste)

▲ **Abbildung 3.33**
Linkzustände (Quelle: http://www.pixelgraphix.de)

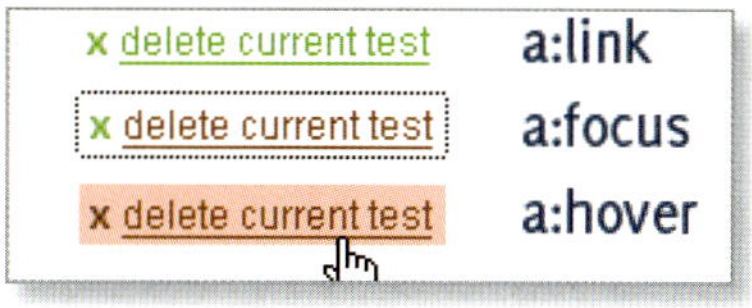

▲ **Abbildung 3.34**
Innere Abstände werden häufig großzügig gewählt. Im Beispiel Crazyegg.com wird auch die Semantik der Option in die Gestaltung einbezogen: Grün steht für Behalten, Rot für Löschen.

In diesem Sinne werden bereits besuchte Links entsprechend ihrer »Passivität« und »Gebrauchtheit« nicht so bunt wie die »Hauptlinks« gestaltet. Manchmal zwar in der gleichen Farbe, um die visuellen Beziehungen zwischen Links zu erzwingen, jedoch mit dunklen oder hellen Farbabstufungen. So wirkt die Kombination »dunkel grün – hell grün« besser als »rot – blau« für »Active – Visited«-Relationen. Die Faustregel lautet dabei: Ob besucht oder nicht, ein Link muss immer leserlich bleiben und darf auf keinen Fall von der Seitenfläche verschwinden.

Beim Drüberfahren mit der Maus kann sowohl eine *passive* als auch eine *aktive Linkgestaltung* verwendet werden – dies hängt von dem Effekt und der Atmosphäre ab, die Webentwickler insgesamt erreichen wollen. Ist primär eine ruhige, klare Stimmung zu erzeugen, so genügt es häufig, die Unterstriche auszulassen oder sie zu verändern (z. B. gerade Linien durch gestrichelte Linien ersetzen) und die Farbe des Verweises durch eine verwandte (dunkel/hell-Varianten), besser aber durch eine passive Kontrastfarbe zu ersetzen. Die Wahl der Farbe für die Links ist in Abhängigkeit von den Hintergrundfarben zu treffen.

TIPP
Wie man eine harmonische Farbkombination für Textelemente auswählt und diese umsetzt, erfahren Sie in Kapitel 4.

◀ **Abbildung 3.35**
Inversion bei Flickr.com, beim Drüberfahren mit dem Mauszeiger wird Blau auf Weiß durch Weiß auf Blau ersetzt.

Sollen Seitenbesucher dagegen durch Lebendigkeit der Seite und das Zusammenspiel der Farben beeindruckt werden, so sind bunte

– aber immer noch sorgfältig gewählte – Kontraste zu empfehlen. Häufig bedienen sich Webentwickler dabei der *Inversion* bzw. der *Umkehrung der Farben*: Die Hintergrundfarbe des passiven Verweises wird zur Schriftfarbe eines Verweises, und seine bisherige (oder auch eine alternative) Farbe wird zur Hintergrundfarbe.

Abbildung 3.36 ▶
Screenz.de arbeitet mit Hintergrundfarben. Der Effekt ist sehr angenehm und lesefreundlich.

Dabei tendieren Webdesigner sowohl bei der Inversion als auch bei der Gestaltung von Links mithilfe von Hintergrundfarben dazu, innere Abstände *(padding)* sehr großzügig zu wählen und Links dadurch stärker zur Geltung kommen zu lassen. 1 bis 3 px sind in solchen Fällen üblich, wobei die Hintergrundfarbe beim Drüberfahren verändert wird, aber dennoch passiv und neutral bleibt. Dies kommt bei Navigationsmenüs am stärksten zum Tragen. Ihre Gestaltung wird in Kapitel 5 detaillierter erläutert.

TIPP

Standardkonformes und zugängliches Webdesign erfordert die Deklaration von Verweisen in der Reihenfolge LVHA:
`a:link{}`
`a:visited{}`
`a:hover{}`
`a:active{}`
Mehr dazu finden Sie indem Beitrag »Link Specify« (*http://meyerweb.com/eric/css/link-specificity.html* Linkcode 39) von Eric Meyer.

Es ist darüber hinaus wichtig, dass sämtliche Anker von anderen Textelementen leicht zu unterscheiden sind. Grundlegend dafür ist ein klares Gegengewicht der gewählten Linkfarbe zu den Hintergrundfarben und zu den Farben, in denen sonstige Seiteninhalte gestaltet sind.

Active- und Focus-Zustände werden wegen ihrer Kurzlebigkeit – sie erscheinen nur beim Anklicken und Fokussieren – nur selten explizit gestaltet; dennoch ist es wichtig, diese Zustände von anderen Zuständen visuell zu trennen und sie entsprechend zu gestalten. Schließlich tragen sie eine besondere Semantik und spielen bei der Seitennavigation eine wichtige Rolle. In der Regel verwendet man für `a:active` und `a:focus` passive alternative Farben, die auf der Seite nicht verwendet wurden. Auch der Einsatz von Hintergrundfarben ist durchaus zu empfehlen.

Abschließend sei angemerkt, dass die Verweise in einer kleinen Schriftgröße nach Möglichkeit vermieden werden sollen. Um dem Leser ein abgerundetes Konzept darzubieten, darf die Schriftgröße im Lauftext sich nicht von der Schriftgröße der Links – in allen Zuständen – unterscheiden. Auch die Inhalte der Links müssen semantisch relevante Informationen liefern. Texte wie *click here* or *more* sind dabei weniger sinnvoll als genaue Informationen über die Seiten, die sich hinter den dazugehörigen Verweisen verbergen.

▲ **Abbildung 3.37**
Die Skalierung von Texten kann auch durch zusätzliche CSS+JavaScript-Option direkt auf der Seite angeboten werden. Manche Seiten machen davon Gebrauch, wie etwa *Einfach-fuer-alle.de*.

3.2.7 Typografische Konsistenz

Ein einheitliches Bild der Seite vermittelt Glaubwürdigkeit. Deshalb ist es wichtig, bei sämtlichen Seiten eines Webprojekts die strukturelle Hierarchie von Textelementen aufrechtzuerhalten, also etwa die Schriftgröße, Abstände oder die Darstellung ähnlicher Elemente identisch zu gestalten.

Dies heißt nicht, dass alle Seiten haargenau aussehen sollen – visuelle Vielfalt gilt häufig als ein mächtiges Werkzeug, mit dem man einzelnen Rubriken mehr Nachdruck verleihen kann. Es bedeutet vielmehr, dass typografische Regeln und Sätze innerhalb einer Präsenz allgemeingültig sein sollen.

TIPP

Allgemeingültigkeit und Konsistenz sind wichtig nicht nur für den typografischen Satz einer Seite, sondern für den gesamten Webauftritt.

3.2.8 Webtypografie und Barrierefreiheit

Eine besondere Betrachtung verdient bei der Auseinandersetzung mit Textgestaltung im Web 2.0 der Aspekt der Barrierefreiheit. Im Web kommt die soziale Komponente in vielerlei Hinsichten zum Tragen; eine davon ist zugängliches, benutzerfreundliches und barrierefreies Webdesign, auf dessen Grundsätze im Kapitel 9 ausführlicher eingegangen wird. Textgestaltung stellt eine der größten Quellen für Usability- und Accessibility-Probleme dar.

Insbesondere die Auswahl von Farben sowie Relationen in der Texthierarchie gehören zu den meist diskutierten Problemen der barrierefreien Typografie.[1] Probleme solcher Art entstehen aufgrund von Sehschwäche oder Blindheit der Seitenbesucher. Diese sollen auf einer barrierefreien Webseite in der Lage sein, Texte beliebig zu skalieren. Deshalb ist es wichtig, relative Schriftgrößen den absoluten Maßen vorzuziehen und nach Möglichkeit die Schriftskalierung dem Benutzer mittels CSS zu ermöglichen.

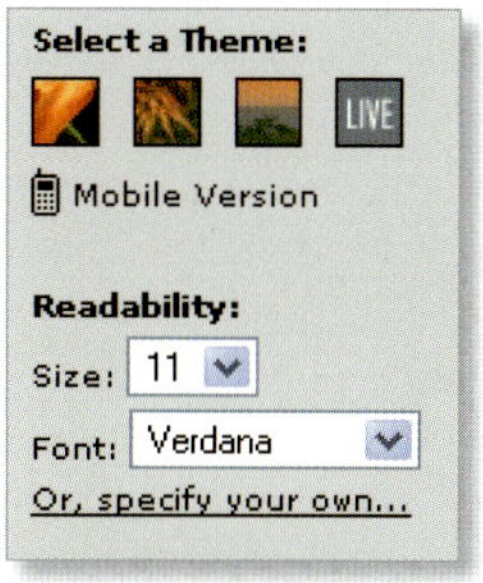

▲ Abbildung 3.38
Auch die Auswahl der verwendeten Schriftart sowie die »Theme« der Seite kann der Benutzer manchmal selbst definieren. Auch dies ist mit CSS und JavaScript möglich (Quelle: *Mikeindustries.com*).

Ein Bild sollte in der Regel eine *alternative Beschriftung* (`alt`-Attribut) aufweisen, etwa

```
<img src="tree.jpg" width="10px" height="10px"
alt="Ein Baum im Wald" />,
```

damit es auch von blinden Anwendern verstanden wird.

Seitenbesucher mit einer Sehschwäche oder Farbenblindheit sollten in der Lage sein, einen optimalen Kontrast zwischen Text- und Hintergrundfarben einzustellen.

Von großer Bedeutung ist auch ein strukturiertes Markup, das nicht durch Tabellen, sondern durch CSS-basierte Layouts realisiert wird und eine Transformation des Seiteninhalts in eine einfache Formen erleichtert. Setzen Sie die Eigenschaften der Seitenpräsentation mit CSS, so können Benutzer die Seite ihren Bedürfnissen entsprechend verändern.

Accessibility Check-List

Möchten Sie prüfen, inwiefern Ihre Webseite die Grundsätze der barrierefreien Textgestaltung erfüllt, so können Sie die folgenden Aspekte prüfen, die von Usabletype.com vorgeschlagen wurden.

- Lässt sich der Text in allen gängigen Browsern skalieren?
- Falls Links nicht unterstrichen sind, gibt es eine Möglichkeit, sie ohne Farbe zu identifizieren (z. B. Schriftgewicht)?
- Sind alle Bilder mit einem `alt`-Attribut versehen?
- Ist die Seite auch ohne Bilder und Flash-Unterstützung lesbar genug und gibt es einen textlichen Ersatz für Bilder (z. B. bei der dynamischen Textersetzung)?

1 *Patrick J. Lynch, Sarah Horton*, »Web Style Guide: Basic Design Principles for Creating Web Sites«, Yale University Press; 2nd edition (March 2002)

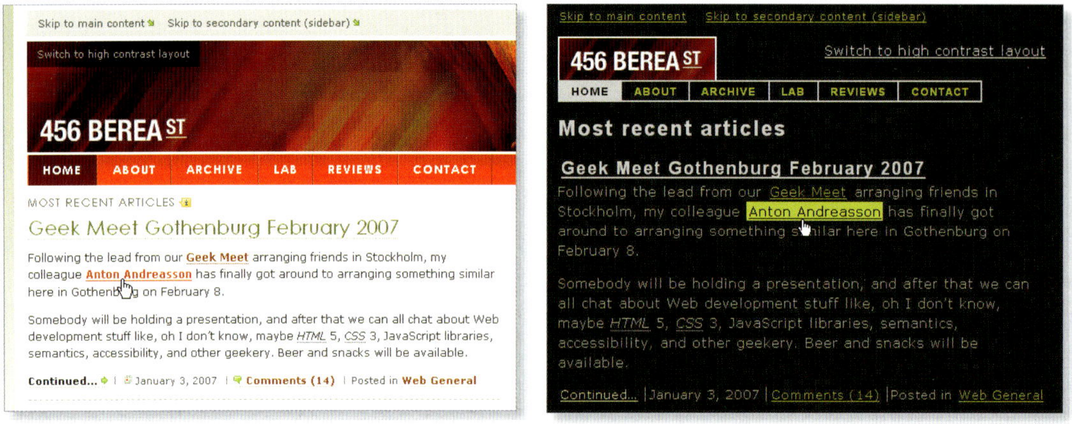

▲ **Abbildung 3.39**
Gleicher Inhalt, unterschiedliche Darstellung. Übliches Design (links) und Darstellung mit hohem Kontrast. Der Anwender darf selbst die Darstellung auswählen (Quelle: *456bereastreet.com*).

Bei der Hervorhebung von bestimmten Textstellen sollte der Webdesigner sich bemühen, nicht nur visuelle farbige Markierungen zu setzen, sondern Textstellen auch typografisch hervortreten zu lassen, beispielsweise durch fette Schriftschnitte.

Schließlich sollte man bei der Wahl zwischen verschiedenen Layouts immer möglichst flexible Lösungen bevorzugen, da diese sich leichter an Bedürfnisse der Seitenbesucher anpassen lassen.

3.3 Neue Techniken der Webtypografie

Im Web 2.0 stehen Designern neue Möglichkeiten zur typografischen Webgestaltung zur Verfügung, welche die recht spärliche Schriftauswahl deutlich erweitern und bessere Ergebnisse in Aussicht stellen. Zum Teil durch Einsatz von visuellen Mitteln und CSS, zum Teil durch die von JavaScript gelieferte Kontrolle von Seitenelementen ist es möglich, beliebige textliche Inhalte dynamisch durch analoge visuelle Präsentation zu ersetzen.
Drei gängige Techniken, die sich diesen Ansatz auf unterschiedliche Art und Weise zunutze machen, sind

- Simple Image Replacement
- Dynamic Image Replacement und
- Dynamic Flash Replacement.

[TTF]
True Type Font (»echte Schrift«) ist ein Schriftdarstellungsstandard für den Bildschirm und den Druck. Im Gegensatz zu Bitmap-Schriften wird das Schriftbild nicht aus einzelnen Pixeln zusammengestellt, sondern nach dem Prinzip einer Vektorgrafik aus Konturen erzeugt. TTF ist gegenwärtig in die Betriebssysteme Windows und Mac OS integriert.

Diese Methoden ersetzen Texte jeweils durch manuell erzeugte Bilder, automatisch generierte Abbildungen oder Flash-basierte Textpräsentationen.

Textersetzungstechniken arbeiten nach dem gleichen Muster – sie liefern alternative Darstellungen für Textinhalte, die angezeigt werden, falls der Rechner des Benutzers dies erlaubt.

Alle drei Techniken funktionieren nach dem gleichen Prinzip: Ist der Browser des Benutzers so eingestellt, dass Bilder bzw.

Flash-Filme angezeigt werden können, so werden die jeweiligen Textelemente durch entsprechende grafische Elemente ersetzt und angezeigt.

Sämtliche Schriftersetzungstechniken weisen gemeinsame Mängel auf. Zum einen lassen sich die durch sie erzeugten Seitenelemente in der Regel nicht skalieren und stellen keine textlichen Elemente dar, also können sie auch nicht als übliche Texte kopiert und eingefügt werden. Das ist beispielsweise beim Kopieren eines Beitrags sehr unpraktisch, da man visuelle Elemente einzeln kopieren oder – im schlimmsten Fall – gar selbst eintippen muss.

Zum anderen haben die meisten Techniken bisher Probleme mit der Verwendung der `:hover`-Pseudoklasse (also Veränderung beim Drüberfahren mit dem Mauszeiger) und unterstützen meistens nur das .ttf-Format (True Type Font) der Schriftsätze.
Dennoch bieten die neuen Techniken interessante Ansätze zur besseren und vielfältigeren Textgestaltung im Web. Deshalb verdienen sie es, im Rahmen einer knappen Übersicht wenigstens ansatzweise besprochen zu werden.

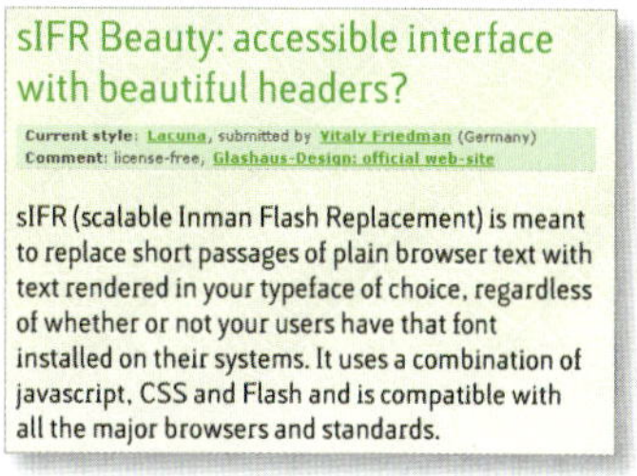

▲ **Abbildung 3.40**
Auch eine solche Textdarstellung ist im Web möglich; der Inhalt ist kein Bild, sondern Text, der mit sIFR entsprechend aufbereitet wird (Quelle: alvit.de/sifrbeauty).

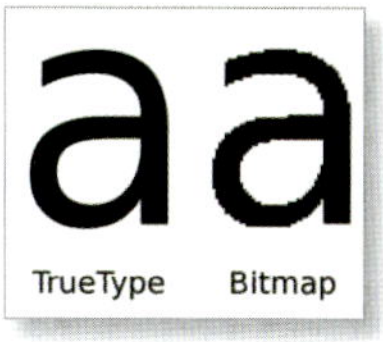

▲ **Abbildung 3.41**
TrueType vs. Bitmap. TrueType arbeitet mit Konturen aus der Vektorgrafik, Bitmap mit einzelnen Pixeln (Quelle: Wikipedia).

3.3.1 Simple Image Replacement

Dieser Oberbegriff steht für eine Reihe von CSS-Techniken, die Textelemente durch manuell erstellte Bilder ersetzen, die Hierarchie der Textstruktur jedoch nicht verändern. Dies bedeutet beispielsweise, dass `<h1>`-Überschriften in der Seitenstruktur immer noch als solche auftreten, für einen Seitenbesucher aber als Bilder erscheinen.

▲ **Abbildung 3.42**
Textpräsentation ohne CSS-Formatierung

▲ **Abbildung 3.43**
Textpräsentation mit CSS-Formatierung. Als Schrift für die Überschrift wird Lucida Sans Unicode benutzt.

▲ **Abbildung 3.44**
Simple Textersetzung der Überschrift durch ein Bild. Die eingebettete Schrift ist Delicious.

Werden manuell erzeugte Bilder mit alternativen Texten nicht innerhalb des `<h1>`-Tags, sondern ganz unabhängig davon einfach in den Textfluss eingefügt, so geht zwar nichts bezüglich der visuellen, wohl aber im Hinblick auf die strukturelle Logik verloren. In diesem Fall trägt das Element keine Semantik für die Seitenhierarchie mehr und wird aus dem Gesamtkontext praktisch herausgerissen.

Simple Image Replacement liefert in diesem Zusammenhang deutliche Vorteile. Nicht nur behinderte Nutzer profitieren davon,

TIPP

Simple Image Replacement ermöglicht nicht nur eine bessere visuelle Gestaltung, sondern lässt auch die Hierarchie der Seite unverändert. Dies ist wichtig für Suchmaschinen, die die Relevanz von Textpassagen anhand ihrer Hierarchie im Text einstufen.

die trotz vorhandener Grafiken Inhalte einwandfrei lesen können, sondern auch Sie, da Suchmaschinen-Spider nicht die grafische Oberfläche der Seiten, sondern ihre Struktur scannen. Die Relevanz eines auftretenden Wortes wird in Relation mit seiner Position in der Seitenhierarchie gesetzt und entsprechend bewertet. Ilst eine Seite ordentlich strukturiert, so werden ihre Inhalte in Suchergebnissen angemessen zum Tragen kommen.

3.3.2 Moderne Ansätze

Eine typische Technik der simplen Schriftersetzung ist die *Radu-Methode* (Radu Darvas, 2003), die Textinhalte eines Seitenelements (im Weiteren des `<h1>`-Elements) von Besuchern durch einen großen negativen Außenabstand (`margin`-Eigenschaft) verbirgt und sie durch ein Hintergrundbild ersetzt.

[Screenreader]
Software-Produkte und Online-Dienste, die Webinhalte für Blinde und Sehbehinderte vorlesen und somit eine alternative Benutzerschnittstelle anstelle des Textmodus oder anstelle einer grafischen Benutzeroberfläche bieten.

Im Gegensatz zu anderen Techniken, funktioniert diese Methode einwandfrei in allen Browsern, bei den meisten Screenreadern und auch im Internet Explorer 5. Das einzige Problem entsteht, wenn Grafiken deaktiviert werden, CSS dagegen aktiviert bleibt – dies kommt zwar sehr selten vor, liefert aber bei der Verwendung der Radu-Methode einen leeren Zwischenraum. Sollte diese Methode in Zukunft Probleme bereiten, so kann sie durch die *Phark-Methode* ersetzt werden, bei der statt eines negativen Außenabstands eine große Ausrückung über die `text-indent`-Eigenschaft verwendet wird.

▲ **Abbildung 3.45**
Example.gif – eine Überschrift (Schriftart: District Thin) der Größe 409 × 52 px.

HTML:

```
<h1>Überschrift</h1>
```

CSS:

```
h1 {
  /* Ersatzbild */
  background: url(example.gif) no-repeat top right;
  /* Beliebig großer Außenabstand */
  margin-left: -2000px;
  /* Breite: -2000 - Breite des Bildes */
  width: -2409px;
  /* Höhe */
  height: 52px;
}
```

▲ **Abbildung 3.46**
Eine Überschrift (Schriftart: District Thin) auf schwarzem Hintergrund: Größe 404 × 41 px.

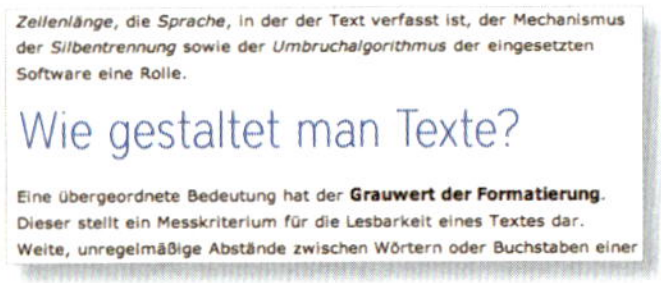

▲ **Abbildung 3.47**
Simple Textersetzung auf weißem Hintergrund.

Bei der Phark-Methode wird die vorletzte Zeile durch die Zeile `text-indent: -1000px;` ersetzt. Eine weitere Alternative wird durch *Malarkey Image Replacement* geliefert. Dabei wird die Eigenschaft `letter-spacing` ausgenutzt:

```
letter-spacing: -999em;
```

Darüber hinaus kann es sinnvoll sein, die Schriftfarbe des zu versteckenden Textes vorsichtshalber mit der Hintergrundfarbe gleichzusetzen.

▲ Abbildung 3.48
Simple Textersetzung auf schwarzem Hintergrund.

3.3.3 Dynamic Image Replacement

Im Unterschied zu einfacher Schriftersetzung liefert diese dynamische Alternative Ergebnisse »on the fly«. Textinhalte werden als Übergabeparameter für JavaScript- und PHP-basierte Skripte verwendet, die beim Laden der Seite entsprechende Bilder dynamisch generieren oder aus der gecacheten Version mitladen und in die Seite einbetten.

Die Technik geht auf Stewart Rosenbergers »Dynamic Text Replacement« zurück[2], die aus .ttf-Fonts .png-Bilder ganz automatisch erzeugt.

Die Weiterentwicklung der Technik brachte Ryan Petrellos zur Entwicklung von *Scalable Inline Image Replacement* (SIIR). Diese lässt Webentwickler neben spezifizierbaren typografischen Parametern (Schriftgröße, Farbe, Abstände usw.) eine Schriftart als Übergabeparameter für ein PHP-Skript angeben, die in den generierten Bildern verwendet werden soll. Für eine bessere Performance wird Caching eingesetzt.

▲ Abbildung 3.49
Bei einem Fallback wird Default-Schriftart Trebuchet MS angezeigt.

Schritt für Schritt: SIIR im Einsatz – Dynamische Ersetzung von Überschriften

Im Folgenden wird Schritt-für-Schritt ein Textelement dynamisch mithilfe der SIIR-Methode ersetzt.

▲ Abbildung 3.50
Dynamische Textersetzung der Überschrift mit SIIR

1 Package herunterladen und entpacken

Auf der offiziellen Seite der SIIR-Technik (*http://www.whaleofadive.com/misc/siir/about.php* (Linkcode 40) finden Sie ein Archiv, das zwei zur Verwendung von SIIR notwendige Dateien enthält. Laden Sie sich dieses Package herunter und entpacken es in einen Ordner.

2 Dateien konfigurieren

Öffnen Sie die Datei *external.js* mit einem Texteditor und ersetzen Sie die URL in der Zeile

```
var path = "www.path.to/siir/";
```

durch einen absoluten Pfad des Ordners, in dem neben diesen Skripten auch Ihre Schriftarten abgelegt werden. Liegt Ihre Seite

2 A List Apart, No. 183, Juni 2004, *alistapart.com/articles/dynatext* (Linkcode 41)

auf */srv/www/htdocs/web01/html/*, so ist z. B. */srv/www/htdocs/web01/html/siir* eine gute Idee.

3 Dateien hochladen, Zugriffsrechte einstellen

Erstellen Sie den entsprechenden Ordner (in diesem Beispiel `siir`) auf Ihrem Server und kopieren Sie beide Package-Dateien sowie die Schriftarten, die Sie verwenden möchten (im .ttf-Format). Erstellen Sie den Unterordner `cache` im Ordner `siir` und räumen Sie diesem Lesen-Schreiben-Modifizieren-Status ein, z. B. indem Sie im Ordner `siir` den Befehl `chmod 700 cache` ausführen.

4 JavaScript-Initialisierung einfügen

Auf jeder Seite, auf der Sie SIIR verwenden möchten, fügen Sie den folgenden Quelltext vor dem abschließenden `</body>`-Tag ein:

```
<script type="text/javascript">
SIIR_init();
</script>
```

5 Textinhalte durch Bilder ersetzen

Um Textinhalte durch generierte Bilder zu ersetzen, verwenden Sie statt üblicher Formatierung wie

```
<h1>Beliebige Information</h1>
```

das folgende Codestück:

```
<div class="h1">
/* Fallback-Formatierung mittels CSS in
der Klasse h1 */
<img class="h1" id="h1_1" name="h1_1"
/* IDs sollen bei jedem Bild unterschiedlich sein */
src="www.muster.de/siir/generate.php?
action=display&amp;
w=undefined&amp;              /* Breite */
h=32&amp;                     /* Höhe */
padding=2&amp;                /* Innerer Abstand */
transparentbg=0&amp;          /* Transparenz */
                              /* (1=Ja, 0=Nein) */
bgcolor=FFFFFF&amp;            /* Hintergrundfarbe */
font_color=2F3C42&amp;        /* Schriftfarbe */
shadow_color=E2E2E2&amp;      /* Schattenfarbe */
font_file=font.ttf&amp;        /* Schriftdatei */
```

```
font_size=30&amp;           /* Schriftgröße */
antialias=1&amp;            /* Anti-Aliasing */
text=Beliebige+Information" /* Text */
title="Beliebige Information"
alt="Beliebige Information" />
</div>
```

Der src-Parameter muss zusammengeschrieben werden. ■

Durch Übergabeparameter lassen sich beliebige typografische Angaben machen, wie etwa die Schattenfarbe (`shadow_color`), das Verwenden der Anti-Aliasing-Technik (`antialias`) oder die Transparenz des Hintergrunds (`transparentbg`), was in der Regel mit CSS kaum oder nur schwer zu realisieren ist.

Beachten Sie, dass der anzuzeigende Text auch in `title` und `alt`-Attributen angegeben werden soll, damit Benutzer, die Bilder deaktiviert haben, auf die übliche CSS-Gestaltung zurückgreifen können.

Um die Ausnutzung Ihres Servers zum Generieren oder Laden von Bildern extern (*Hotlinking*) zu vermeiden, ist es empfehlenswert, eine *.htaccess*-Datei zu erzeugen, die solche Versuche unterbindet. Dies lässt sich etwa mit dem folgenden Code innerhalb der *.htaccess*-Datei im selben Ordner, wo auch `generate.php` liegt, gewährleisten:

Hotlinking vermeiden

Um Missbrauch Ihrer Serverleistung (hotlinking) zu vermeiden, z. B. wenn jemand seine Inhalte über ein PHP-Skript Ihres Servers anzeigen lässt, fügen Sie in den siir-Ordner eine *.htaccess*-Datei ein, die beim Aufruf Ihres Skripts auf eine interne Seite weiterleitet.

```
IndexIgnore *
/* blockiert die Anzeige von Verzeichnissen aus ano-
nymen FTP-Servern */

RewriteEngine on
/* startet RewriteEngine, falls es nicht bereits ein-
geschaltet wurde */

RewriteCond %{HTTP_REFERER} ^$ [OR]
/* sollte ein Referer leer sein...
(RewriteCond vergleicht zwei Werte,
%{HTTP_REFERER} nimmt die Variable HTTP_REFERER,
^ steht für den Anfang des Strings, $ für das Ende
des Strings, der verglichen werden soll)
*/
RewriteCond %{HTTP_REFERER}
!^(www\.)?beispiel\.de.*$ [NC]
/* Vergleich nach dem Domainnamen; sollte vor einer
URL-Adresse ein www stehen oder nicht, sollte nach de
etwas kommen oder nicht. NC sorgt dafür, dass
```

```
zwischen Groß- und Kleinbuchstaben nicht unterschie-
den wird. */
RewriteRule .*
      www.beispiel.de/hotlinking.html [R,L]
/* Ist die Regel erfüllt, so wird auf die Seite hot-
linking.html weitergeleitet. [R, L] sagt aus, dass
es sich um ein "Permanent Redirect" handelt (abso-
lute Pfade sind nicht notwendig) (R) und dass dies
die letzte Anweisung vor der Ausführung des Skripts
ist (L) */
```

Weitere Informationen über die *.htaccess*-Datei finden Sie in den folgenden Beiträgen:

- **Understanding Apache htaccess**
  http://www.newearthonline.co.uk/index.php?page=article&article=68 (Linkcode 42)
- **Apache htaccess Ultimate Guide**
  http://www.askapache.com/htaccess/apache-htaccess.html (Linkcode 43)
- **Comprehensive Guide to .htaccess**
  http://www.javascriptkit.com/howto/htaccess.shtml (Linkcode 44).

Darüber hinaus finden Sie unter der Adresse *http://cooletips.de/htaccess* (Linkcode 45) einen .htaccess-Generator, mit dem Sie .htaccess-Dateien intuitiv konfigurieren und online erzeugen können.

SIIR liefert optimale Ergebnisse bei allen Browsern mit aktivierter JavaScript-Funktionalität. Werden grafische Elemente vom Browser ausgeblendet, so zeigt das Skript bei JavaScript-Unterstützung `alt`-Texte an.

Die jeweiligen Schriftarten werden auf den Server, auf dem die Seite abgelegt ist, hochgeladen, bei einem ersten Aufruf generiert, abgespeichert und können anschließend dynamisch abgerufen werden.

Eine analoge Funktionsweise zeigt auch die von Stewart Rosenberger und Alex Giron entwickelte Technik *PHP + CSS Dynamic Text Replacement* (*http://www.artypapers.com/csshelppile/pcdtr* Linkcode 46). *P+C DTR* liefert eine Caching-Funktionalität, verwendet keine JavaScripts und ist sehr leicht zu bedienen. Dafür verfügt sie aber über weniger Anzeigeoptionen. So lassen sich etwa Überschriften auf unterschiedlichen Seiten nicht unterschiedlich gestalten, auch IDs und Klassen lassen sich nicht auf die Überschriften anwenden.

Abgewandelte Versionen von SIIR sind:

- **Dynamic Text Replacement (DTR)**
  PHP, JavaScript, CSS, Voraussetzungen: PHP 4.3 oder höher, GD Graphics Library 1.6 oder höher wird unterstützt (*http://www.boutell.com/gd* (Linkcode 47), *http://www.alistapart.com/articles/dynatext* (Linkcode 048), die deutsche Übersetzung auf *http://webdesign.weisshart.de/dynatext.php* Linkcode 049).
- **Scalable Jens Image Replacement**
  Das Projekt finden Sie unter *http://persson.cx/sJIR*. Funktioniert analog wie DTR. Voraussetzungen: PHP, GD Graphics Library und LibFreeType.

Die Funktionen unterscheiden sich nur wenig. Ein wesentlicher Vorteil von DTR besteht darin, dass die Überschriften kein zusätzliches XHTML-Markup benötigen. Standardformatierung wie etwa `<h1>Überschrift</h1>` genügt, der Rest wird automatisch durch PHP-Skripte und JavaScript geliefert.

Schritt für Schritt: DTR im Einsatz – Dynamische Ersetzung von Überschriften

Im Weiteren wird beschrieben, wie Sie OpenType-Schriften auf Ihren Seiten verwenden und Texte durch jeweilige Bilder »on the fly« generieren lassen können.

1 Dateien herunterladen

Laden Sie zuerst die notwendigen Dateien *heading.php.txt* und *replacement.js* herunter:

- *heading.php.txt*
  http://www.alistapart.com/d/dynatext/heading.php.txt
  (Linkcode 050)
- *replacement.js*
  http://www.alistapart.com/d/dynatext/replacement.js
  (Linkcode 051)

2 Konfiguration des Bild-Generators

Öffnen Sie die *heading.php.txt*-Datei und betrachten Sie den Code hinter dem einführenden Kommentar:

```
$font_file  = 'font.ttf' ;
/* Lokaler (kein absoluter, auch keine URL-Adresse!)
Pfad zu einem True Type (.ttf) oder Open Type (.otf)
Font. Soll die .php-Datei im Ordner dtr liegen und
die Schriftdatei font.ttf im Unterordner fonts, so
```

```
ist $font_file = 'fonts/font.ttf'; anzugeben. */
$font_size  = 50 ;
/* Schriftgröße in .pt */
$font_color = '#000000' ;
$background_color = '#ffffff' ;
/* Definieren die Schrift- und Hintergrundfarbe */
$transparent_background  = true ;
```

`true` sorgt für einen »weichen Übergang der Kanten der Schriftzeichen zum Hintergrund `$background_color`, Anti-aliasing wird vermieden, und der Hintergrund der Schriftzeichen wird unsichtbar«.

```
$cache_images = true ;
$cache_folder = 'cache' ;
```

Wird `$cache_images` auf `true` gesetzt und `$cache_folder` auf den lokalen Pfad zu einem Verzeichnis mit Schreibrechten, so wird jedes generierte Bild gecachet und bei Bedarf nicht wieder neu generiert, sondern sofort als Bild nachgeladen.

Überlegen Sie, wie Sie die Verzeichnisstruktur wählen möchten und legen Sie die gewünschte Konfiguration in der .php-Datei fest. Speichern Sie die Daten ab.

3 Konfiguration des JavaScripts

Öffnen Sie die Datei *replacement.js* und betrachten Sie die ersten zwei Zeilen hinter dem einführenden Kommentar:

```
replaceSelector("h2","heading.php",true);
var testURL = "test.png";
```

Die Methode `replaceSelector` besitzt drei Parameter – einen CSS-Selektor, dessen textueller Inhalt durch Bilder ersetzt werden soll (das können auch IDs, Klassen und Attribute sein), die URL-Adresse des konfigurierten PHP-Skripts sowie den sogenannten *word-wrap-flag*. Wird dieser auf `true` gesetzt, so wird für jedes Wort ein eigenes Bild erzeugt. Diese werden anschließend mit Zeilenumbrüchen zu einem Satz zusammengefasst. Bei `false` wird für jede Überschrift genau ein Bild erzeugt, das nicht umgebrochen werden kann. Die URLs können absolut oder relativ (*path/filename*) sein. Die Methode darf nur einmal für eine Gruppe von Elementen definiert werden.

Die Variable `testURL` speichert den Pfad zu einem Testbild, mit dem das Skript getestet werden kann. Passen Sie diese Angaben an und speichern Sie die Datei ab.

4 Dateien hochladen

Laden Sie beide Dateien auf den Server hoch, etwa in den speziell für das Skript erzeugten Ordner *dtr*. Stellen Sie sicher, dass der Server PHP (ab Version 4.3) unterstützt und auch über die implementierte GD Graphics Library (1.6 oder höher) verfügt.

5 Das Skript mit einer Testdatei testen und implementieren

Fügen Sie in einer .html- bzw. .php-Datei auf Ihrem Server den folgenden Code innerhalb des `head`-Tags ein:

```
<script type="text/JavaScript"
src="dtr/replacement.js">
</script>
```

Rufen Sie nun die entsprechende Datei auf. ■

3.3.4 Dynamic Flash Replacement

Eine weitere Möglichkeit der Schriftersetzung wird durch die Flash-basierten Techniken *scalable Inman Flash Replacement (sIFR)* und *SwishMAX Text Replacement (STR)* bereitgestellt.

Bei beiden Methoden ersetzt man Textelemente nicht durch Bilder, sondern durch statische Filme mit eingebetteten Schriftarten, die beispielsweise mithilfe der Anti-Aliasing-Technik und weiteren typografischen Methoden schön aufbereitet und gestaltet werden können. Das Ganze basiert auf üblicher (X)HTML + CSS-Formatierung, die neben konventionellen CSS-Selektoren zur typografischen Seitengestaltung auch spezielle Selektoren beinhaltet, die Textinhalte durch Flash- bzw. Swish-Filme ersetzen lassen. Ist der Browser eines Benutzers nicht mit einem Flash-Plug-in ausgerüstet, so lässt ein JavaScript die Seite generisch anzeigen, und zwar so, wie dies durch CSS vordefiniert ist.

Die Methode *sIFR* wurde von Mike Davidson veröffentlicht (*http://www.mikeindustries.com/blog/archive/2004/08/sifr* Linkcode 052) und genießt seither eine ungewöhnliche Popularität bei Seitengestaltern, die ihren Webseiten – insbesondere Überschriften – mehr visuellen Nachdruck verleihen wollen. Im Hinblick auf Usability- und Accessibility-Probleme weist sIFR mehrere Mängel auf, die zum Beispiel dadurch deutlich werden, dass die Technik nicht spezifizierte Elemente (`embed`) und Attribute (`sifr`) generiert und verwendet. Zur Anzeige von Inhalten verwendet sIFR Macromeda Flash-Filme.

▲ **Abbildung 3.51**
scalable Inman Flash Replacement (sIFR) (Quelle: Mikeindustries.com/sifr)

sIFR-Beispiele
Beispiele der Seiten, die sich sIFR-Technik zunutze machen, findet man auf dem Projekt »sIFR Beauty« (*http://www.alvit.de/sifrbeauty* Linkcode 53), das über 40 Beispiele darstellt.

Schritt für Schritt: sIFR im Einsatz

In diesem Beispiel lernen Sie, wie Sie Textelemente (empfehlenswert nur für Überschriften) mithilfe von Flash ersetzen. Dabei lassen sich beliebige Schriftarten mit dem sIFR-Ansatz automatisch einbetten. Vorausgesetzt, der Nutzer verfügt über die JavaScript-Unterstützung sowie ein installiertes Flash-Plug-in. Ist dies nicht der Fall, so zeigt der Browser die jeweiligen Seitenelemente im »Standardmodus« (»Fallbackmodus«) mithilfe von CSS an.

1 Package herunterladen

Laden Sie die aktuellste Version der sIFR von der offiziellen Seite herunter. Entpacken Sie das Package in einen lokalen Ordner.

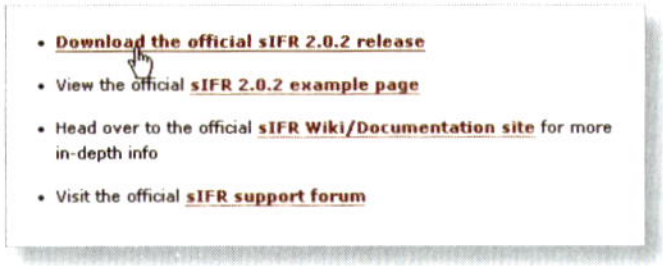

▲ **Abbildung 3.52**
sIFR von der offiziellen Seite herunterladen

2 Öffnen der .fla-Datei und Modifizierung des Buchstabensatzes

Um eine vorliegende Schriftdatei einzubetten, öffnen Sie die Datei *sifr.fla* im entpackten Ordner mit Flash Professional.

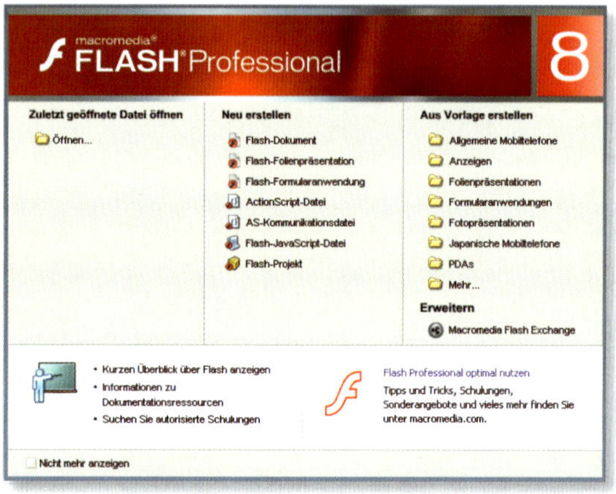

Abbildung 3.53 ▶
Splash Screen bei Flash Professional

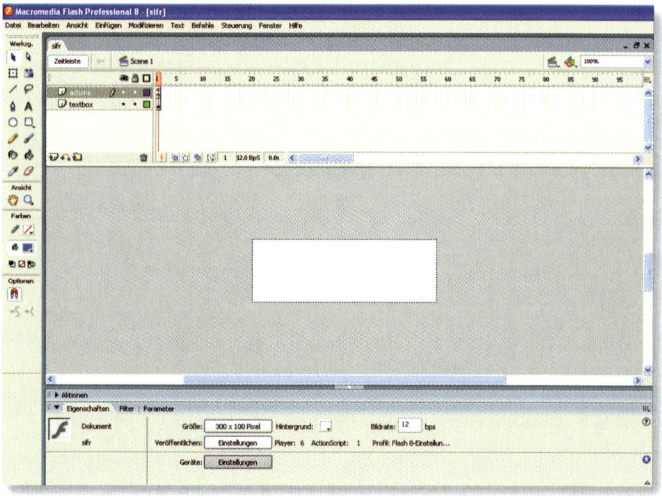

Abbildung 3.54 ▶
Nach dem Laden der Datei erscheint ein leeres Feld.

Es erscheint ein leeres Feld in der Mitte des Hauptfensters (auch *Arbeitsbereich* genannt). Klicken Sie das Feld mit der linken Maustaste doppelt an, um es zu aktivieren.

▼ **Abbildung 3.55**
Das leere Feld wird aktiviert.

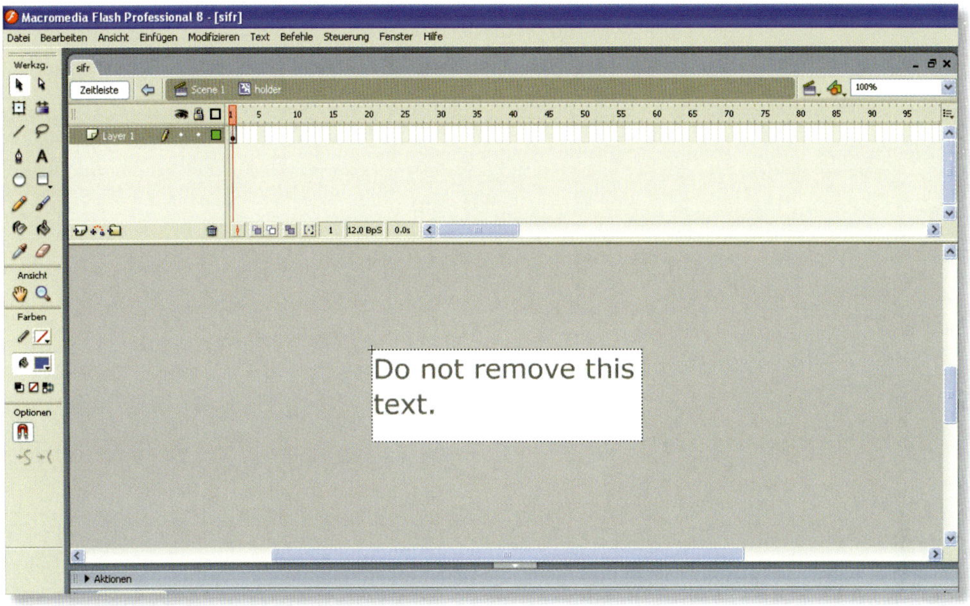

Wiederholen Sie dies noch einmal, um in den Editier-Modus zu gelangen.

◀ **Abbildung 3.56**
Das Eingabefeld ist aktiviert.

Sollte das Menü Eigenschaften nicht bereits angezeigt werden, öffnen Sie dieses mit Fenster • Eigenschaften (alternativ [Strg] + [F3]) in der Hauptmenüleiste.

Standardmäßig enthält die *.fla*-Datei alle Buchstaben des englischen Alphabets sowie Interpunktionszeichen, die anschließend auch auf der Seite angezeigt werden. Möchten Sie etwa deutsche Umlaute hinzufügen, so klicken Sie auf die Schaltfläche Einbetten und fügen Sie »ä, Ä, ö, Ö, ü, Ü, ß« explizit hinzu.

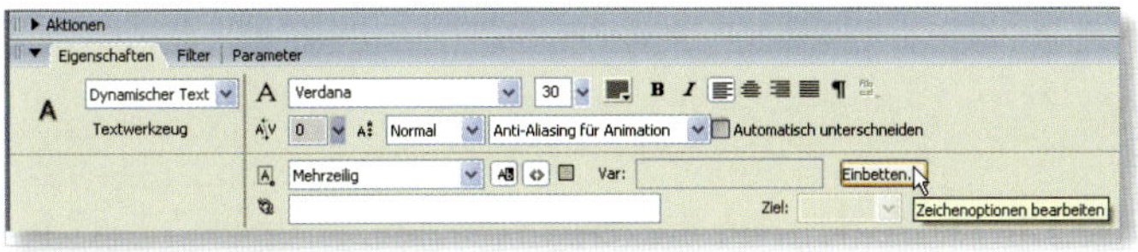

▲ **Abbildung 3.58**
Die Schaltfläche »Einbetten« ermöglicht das manuelle Einfügen von Zeichen in die zu exportierende .swf-Datei.

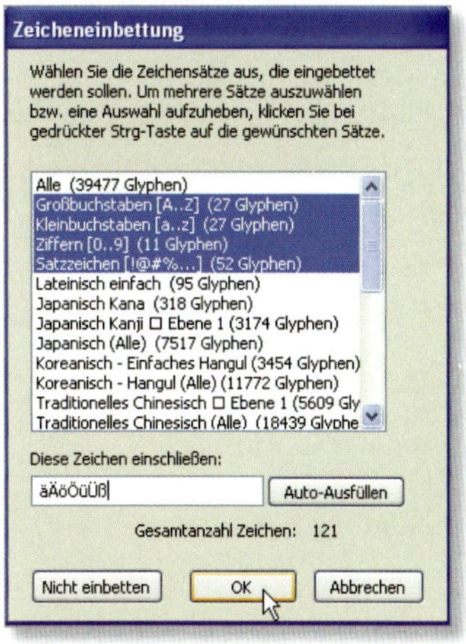

▲ **Abbildung 3.57**
Deutsche Umlaute werden in den Zeichensatz explizit eingefügt.

3 Einbettung einer vorinstallierten Schriftart und Export der Datei

Im Menü EIGENSCHAFTEN wählen Sie eine der auf Ihrem PC installierten Schriftarten. Danach sollte sich die Ansicht des Textes im Feld verändert. Mit den Kontrollschaltflächen I und B können Sie die Schriftart als eine Kursive oder als Fettschrift auszeichnen.

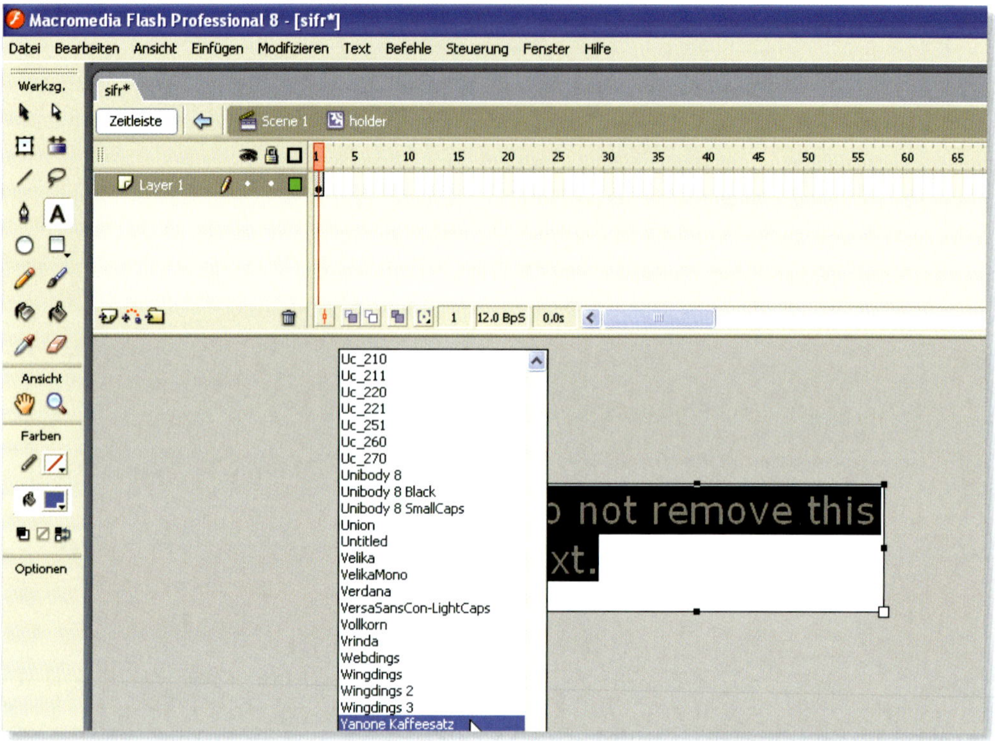

Abbildung 3.59 ▲
Auswahl einer Schriftart

Exportieren Sie nun die neue Datei mit der Auswahl DATEI • EXPORTIEREN • FILM EXPORTIEREN im Hauptmenü. Als Dateinamen können Sie etwa *font.swf* angeben.

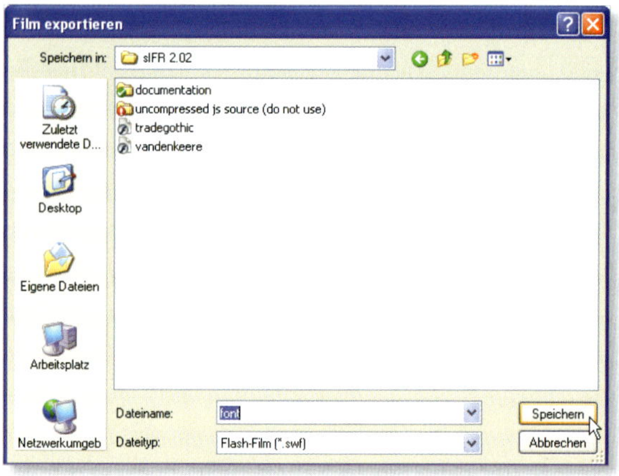

Abbildung 3.60 ▶
Die Datei wird als font.swf gespeichert.

4 Einbettung der CSS-Stile zur Anzeige von Überschriften, die mit sIFR gestaltet werden

Kopieren Sie den Inhalt der Datei *sIFR-print.css* in Ihr Drucklayout. Dies sorgt dafür, dass anstelle von Flash-Bildern tatsächliche Überschriften ausgedruckt werden.

Fügen Sie den Inhalt der Datei *sIFR-screen.css* in Ihre CSS-Datei ein. Dieser sorgt dafür, dass entsprechende Stile angewendet werden, falls JavaScript und Flash unterstützt werden.

5 Einbettung der JavaScripts innerhalb von <head>

Fügen Sie nun innerhalb des `head`-Elements den folgenden Code ein:

```
<script src="sifr.js"
type="text/javascript">
</script>
```

Es gibt eine Fülle von Optionen, mit denen sich die Anzeige von Überschriften mit Flash »tunen« lässt. Grundsätzlich genügt es, vor dem abschließenden `body`-Tag den folgenden Code einzufügen:

```
<script type="text/javascript">
//<![CDATA[
if(typeof sIFR == "function"){
sIFR.replaceElement(named({sSelector:"body h1",
sFlashSrc:"font.swf", sColor:"#000000",
sLinkColor:"#000000", sBgColor:"#ffffff",
sHoverColor:"#cccccc", nPaddingTop:20,
nPaddingBottom:20}));
};
//]]>
</script>
```

Dadurch wird für alle Überschriften erster Ordnung (*h1*) definiert, dass als Schriftart die in *font.swf* eingebettete Schrift verwendet wird, die – ob Link oder nicht – in Schwarz (`sColor:"#000000"`) mit weißer Hintergrundfarbe (`sBgColor: "#ffffff"`) erscheinen soll. Beim Drüberfahren wird `sHoverColor: "#cccccc"` genutzt. Außerdem sollen der obere wie der untere innere Abstand 20 px betragen. Das Ergebnis sieht wie folgt aus (siehe Abbildung 3.61).

6 Das Ergebnis
Weitere Optionen können Sie in der Dokumentation zu sIFR nachlesen. ■

Abbildung 3.61 ▼
sIFR wird auf eine Überschrift 1. Ordnung angewandt.

Ähnliche Funktionen findet man auch bei *SwishMAX Text Replacement*, bei der ähnliche Probleme auftauchen, die Menge an gestalterischen Möglichkeiten jedoch riesig ist. Texte werden bei STR durch SwishMax-Filme ersetzt. Im Unterschied zu sIFR können deshalb Hunderte zusätzlicher Texteffekte, die in der SwishMAX-Bibliothek mitgeliefert werden, auch für die dynamische Textgestaltung im Web benutzt werden.

3.4 Schriftart auswählen

Überschrift oder Fließtext?
Vor der konkreten Schriftwahl muss ein Designer sich ein Ziel setzen, das er mit einer Schrift erreichen will.

Welche Schriftarten sollte man wann benutzen und wo liegen die Vorteile bzw. Nachteile einzelner Schriften? Zum großen Teil ist dies an das Ziel gebunden, das Designer mit einer Schriftart verfolgen wollen.

Grundsätzlich muss man sich zuerst überlegen, ob eine Schriftart für Überschriften oder für Fließtexte gesucht wird. Bei Überschriften werden Webdesignern mehr Möglichkeiten zur Verfügung gestellt. Schließlich kann das übliche Typeface-Angebot eines Webgestalters durch Image bzw. Flash Replacement deutlich erweitert werden. Bei Fließtexten sollte man sich dagegen auf Default-Schriften beschränken. Im Folgenden finden Sie einen Überblick über die Default-Schriftarten.

3.4.1 Georgia

Bei Kursiven zeigt *Georgia* ab der Kegelhöhe 28 px ihre besten Formen, auch ihre Kapitälchen lassen sich bei dieser Größe sehen. Beim üblichen Schriftstil `(font-style: normal)` muss man jedoch insbesondere für einen guten Buchstabenabstand sorgen, diesen jedoch auch nicht zu groß wählen. Georgia stellt eine warme, persönliche und lesefreundliche Serifenschrift mit Mediävalziffern dar, die man zu verschiedensten Zwecken verwenden werden kann – insbesondere in geglätteter Darstellung. Für Fließtexte eignet sich Georgia grundsätzlich auch, sie wirkt jedoch ein wenig unruhig.

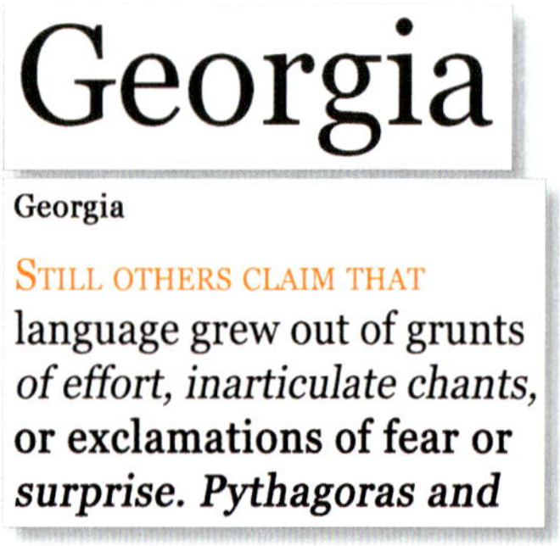

3.4.2 Arial

Arial überzeugt in Überschriften ab 34 px durch ihre Klarheit und Deutlichkeit. Auf der Suche nach besonders schönen typografischen Formen wird man bei Arial in diesem Bereich, der Ältesten aller Webschriften, dagegen nicht fündig – die Ausnahme sind geglättete Kursive und Kapitälchen.

Im Fließtext dagegen wirkt Arial solide und seriös, auch wenn sie im Druck im Vergleich zu anderen Schriften schlecht abschneidet. Bei Versalien spielt ein angemessener Buchstabenabstand eine wichtige Rolle, denn sonst verschmelzen einige Buchstabenpaare, wie etwa »TZ«.

3.4.3 Lucida Sans Unicode

Lucida Sans Unicode ist sehr gut ab 34 px zu lesen. Durch glatte, angenehme Kurven hinterlässt sie einen soliden und seriösen Eindruck. Kursive dagegen sorgen bei großen Schriftmaßen für Unruhe und erschweren die Lesbarkeit. Auch zusätzliche Buchstabenabstände machen das Lesen schwerer und sollten deshalb vermieden werden. Sowohl Kapitälchen als auch Versalien bieten ein schönes Bild, wobei man bei Versalien eine kleinere Schriftgröße wählen sollte, um den »Schreieffekt« der Überschrift zu vermeiden.

In Lauftexten wirkt Lucida Sans Unicode wegen all zu schräger Kursive nicht sehr deutlich. Das Schriftbild ist angenehm und ansprechend, insbesondere ab einer Kegelhöhe von 13 px.

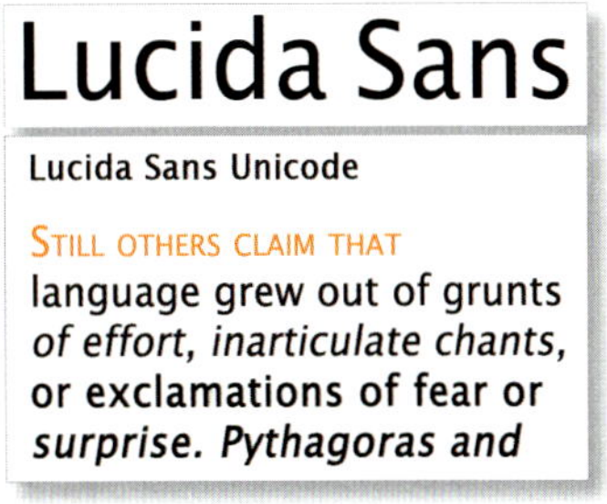

3.4.4 Tahoma

Vom Äußeren her ähnelt *Tahoma* Lucida Sans Unicode und bereitet sogar ähnliche Probleme wie sie. Bei Kursiven ist die Schrift nur schwer lesbar, ansonsten ist das Buchstabenbild klar und deutlich, überzeugt jedoch nicht durch attraktive Formen, sondern durch seine klare Gestalt. Im Vergleich zu Lucida Sans Unicode sind Kapitälchen und Versalien bei Tahoma schlechter und undeutlicher als bei Lucida Sans Unicode.

In Fließtexten wirkt Tahoma relativ schlicht und neutral. Es lassen sich weder gravierende Mängel noch besonders schöne Eigenschaften entdecken. Im Fließtext sollte serifenlose Tahoma mit der Schriftgröße ab 12 px verwendet werden, für kleinere Beschriftungen ist aber auch 11 px eine gute Wahl.

Es ist zu beachten, dass Mac-Systeme Tahoma nicht kennen, deshalb ist der Einsatz dieser Schriftart bei plattformunabhängiger Textgestaltung nicht zu empfehlen.

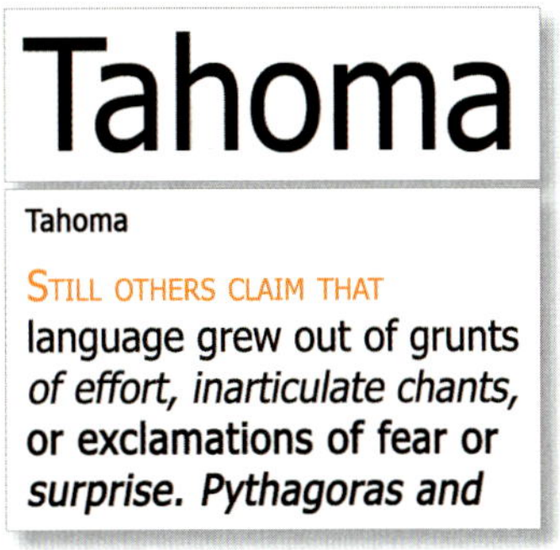

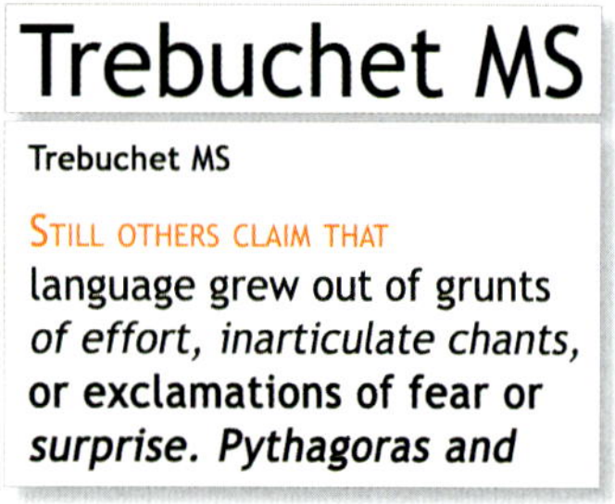

3.4.5 Trebuchet MS

Bei *Trebuchet MS* muss man vorrangig das Schriftgewicht der Buchstaben genau unter die Lupe nehmen. Bei Kursiven erscheint das Bild zu dick und somit unleserlich, ansonsten liefert die Schrift eine gute Qualität. Auch bei Kapitälchen und Versalien beeindruckt das Bild, wobei ein Designer bei Lucida Sans Unicode noch besser bedient wird.

Bei üblicher Gestaltung ohne Kursive wird man insbesondere in Trebuchet MS schöne, glatte Formen entdecken, die auch in Lauftexten (ab 13 px) überzeugen.

3.4.6 Times New Roman

Times New Roman zählt zwar zu den lesbarsten Schriften überhaupt, im Web wirkt sie aber zum Teil veraltet, zum Teil passiv angesichts alternativer Schnitte – möglicherweise weil sie in den letzten 15 Jahren zu *der* klassischen Webschrift geworden ist. Auf einem ordentlichen Bildschirm (kleine Pixel, verzerrungsarme Darstellung über die ganze Bildschirmfläche, wenig Konvergenzfehler) zeigt sich die Schrift in ihrer vollen Stärke. Bei einer nicht optimalen Auflösung verschwimmen Buchstaben und erzeugen ein verzerrtes Bild.

Ihre Stärke zeigt die Schrift bei einer Schriftgröße von 40 px, insbesondere bei Kursiven, Kapitälchen und einfacher Gestaltung vorweisen; sie überzeugt aber nicht durch Originalität oder eine starke visuelle Wirkung.

In Fließtexten erreicht die Schrift ihr Optimum zwischen 12 und 16 px. Bei kleineren Größen erzeugen Serifen ein verwirrendes, kaum leserliches Bild, bei größeren Formen sieht sie ziemlich grob und unschön aus.

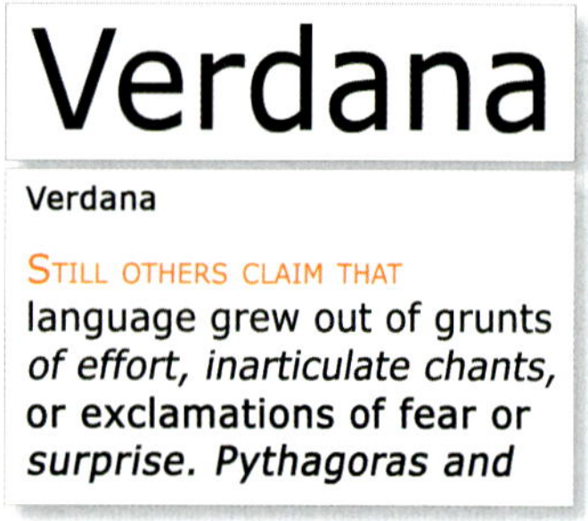

3.4.7 Verdana

Die extra für Screen Designs entworfene *Verdana* wirkt bei Überschriftgrößen durchaus leserlich, schöne Formen zeigt sie zudem meistens ohne Kursive. Vor allem Kapitälchen bieten ein klares, deutliches und solides Schriftbild. Der Buchstabenabstand darf bei Verdana nicht zu klein, aber auch keinesfalls zu groß gewählt werden – hier ist Verdana besonders sensibel.

Besonders stark zeigt sich Verdana bei kleinen Schriftgrößen zwischen 9 und 11 px; neben guter Lesbarkeit wirkt sie ruhig und angenehm. Auch im Bereich über 11 px bietet die serifenlose Verdana schöne Schriftformen, die jedoch mit einer sorgfältig gewählten Zeilenhöhe versehen werden sollten.

Da Verdana sehr häufig benutzt wird, wirkt sie auf einen erfahrenen Leser zwar gewöhnlich, aber auch charakterlos und unspektakulär. Möchten Sie bei Ihren Seitenbesuchern einen nachhaltigen Eindruck hinterlassen, so finden Sie in Verdana keinen potenziellen Kandidaten. In diesem Fall liegt es nahe, die modernen Methoden zur Gestaltung von Überschriften genauer in Betracht zu ziehen.

3.4.8 Überschriften und Fließtexte

Wer immer auf der sicheren Seite bleiben will, verwendet Default-Schriften, die sowohl bei Windows- als auch bei Mac-Systemen vorinstalliert sind. In Frage kommen dabei – wie schon erwähnt – *Georgia*, *Trebuchet MS*, *Lucida Sans Unicode*, *Times New Roman* und *Arial* (bzw. *Helvetica*). Da sich Überschriften auf der Seite durch ihre Größe und Gestalt hervorheben müssen, werden sie in der Regel mit der Schriftgröße 15 px und größer gestaltet. Bei größeren Maßen überzeugen die oben erwähnten Schriftarten durch ihre Klarheit und formale Schönheit, was von Designern gerne und häufig ausgenutzt wird.

TIPP

Um bei möglichst vielen Systemkonfigurationen ein möglichst einheitliches Darstellungsbild zu erhalten, empfiehlt es sich, Default-Schriftarten zu verwenden. In Frage kommen dabei Georgia, Trebuchet MS, Lucida Sans Unicode, Times New Roman und Arial.

Fließtexte dagegen werden zum leichten und schnellen Lesen in Kegelhöhe zwischen 10 und 15 px gesetzt (bei Verdana zwischen 9 und 15 px). Gute Ergebnisse liefern insbesondere Verdana, Arial, Lucida Sans Unicode, Times New Roman und Georgia.

Der Charakter und die Wirkung einer verwendeten Schriftart hängen stark mit der Gesamtatmosphäre der Seite zusammen. Diese bestimmt dementsprechend auch die Wahl des passenden Typofaces.

Die übliche Vorgehensweise, um die Textgestaltung zu optimieren, besteht in einer schrittweisen Veränderung und Anpassung von acht textgestalterischen Elementen:

- **Schriftstil**
  `font-style: italic | normal`
- **Schriftgestalt**
  `font-variant: normal | small-caps`
- **Schriftgewicht**
  `font-weight: bold | normal | lighter | bolder | integer (100-900)`
- **Texttransformation**
  `text-transform:`
  `capitalize (Große Leitbuchstaben) |`
  `lowercase (kleinbuchstaben) |`
  `uppercase (GROßBUCHSTABEN)`
- **Buchstabenabstand**
  `letter-spacing: <int>(px, em etc.)`
- **Zeilenhöhe**
  `line-height: <int>(px, em etc.)`

- **Einzug**
  text-indent: <int>(px, em etc.)
- **Wortabstand**
  word-spacing: <int>(px, em etc.)

3.5 Praxisbeispiel

Als Beispiel betrachten wir die Gestaltung des Textes über Flatter- und Blocksatz. Der Vollständigkeit halber werden im Fließtext auch ein paar Links gesetzt.

Beachten Sie die Kurznotation für die Angabe der Farbe für jeweilige Seitenelemente: Wiederholen sich zwei hexadezimale Werte für den roten, gelben oder blauen Bereich, so kann etwa statt #ffcc00 auch #fc0 geschrieben werden; bei #fcceef gilt dies nicht. Mehr dazu erfahren Sie in Kapitel 4.

3.5.1 Fließtext

Zu Beginn wird die Seite vom Browser ohne jegliche Formatierung zwar klar und deutlich, jedoch nicht visuell ansprechend angezeigt. Standardschrift ist Times New Roman, die Schriftgröße ist 16 px, die <h1>-Überschrift hebt sich deutlich hervor.

Absatzformatierung

Kapitel 3 | Textgestaltung, von *Vitaly Friedman*

Die typografische Frage, ob sich **Blocksatz** oder **Flattersatz** besser für die Formatierung eines Textes eignet, wird in verschiedenen Situationen unterschiedlich beantwortet. Unter anderem spielen Faktoren wie die *Zeilenlänge*, die *Sprache*, in der der Text verfasst ist, der Mechanismus der *Silbentrennung* sowie der *Umbruchalgorithmus* der eingesetzten Software eine Rolle.

Eine übergeordnete Bedeutung hat der **Grauwert der Formatierung**. Dieser

Abbildung 3.62 ▸
Nackter Text mit Default-Angaben.

Als XHTML-Grundgerüst wird die folgende Struktur verwendet:

```
<!DOCTYPE html PUBLIC "-//W3C//DTD XHTML 1.0 strict//
EN" http://www.w3.org/TR/xhtml1/DTD/xhtml1-strict.
dtd">
<html xmlns="http://www.w3.org/1999/xhtml "
xml:lang="de" lang="de">
<head>
<title>Absatzformatierung</title>
<meta http-equiv="content-type" content="text/html;
charset=utf-8" />
</head>
```

```
<body>
<div id="container">
<div id="content">
<h1>Absatzformatierung</h1>
<p><strong>Kapitel 3 | Textgestaltung
</strong>, von <em>Vitaly Friedman</em></p>
<p>
Die <a href="typografie.html">typografische Frage
</a>, ob sich <strong>Blocksatz</strong> oder
<strong>Flattersatz</strong> besser für die
Formatierung eines Textes eignet, wird in ver-
schiedenen Situationen <a href="kapitel2.
html">unterschiedlich beantwortet</a>. Unter anderem
spielen
Faktoren wie die <em>Zeilenlänge</em>, die
<em>Sprache</em>, in der der Text verfasst ist, der
Mechanismus der <em>Silbentrennung</em> sowie der
<em>Umbruchalgorithmus</em> der eingesetzten Software
eine Rolle.
 </p>
...
</div>
</div>
</body>
</html>
```

Zuerst wird eine CSS-Datei *style.css* erzeugt und folgendermaßen in das `<head>`-Konstrukt eingebunden:

```
<link rel="stylesheet" href="style.css" type="text/
css" media="screen" />
```

Dann werden in CSS sämtliche Werte mittels *Global Reset* auf Standardwerte gesetzt.

◂ **Abbildung 3.63**
Global Reset zeigt seine Wirkung. Es gibt keine zusätzlichen Abstände, und die Seite wird zu 100 % benutzt.

CSS:

```
/* 1. GLOBAL RESET */
* {
margin: 0;
padding: 0;
}
/* 2. ALLGEMEINE ATTRIBUTE */
body {
background-color: #fff;
color: #000;
}
em {
font-style: italic;
}
strong {
font-weight: bold;
}
p {
margin: 0.6em 0 0 0;
}
/* 3. STRUKTUR  */
#container {
/* Allgemeiner Container für das Seitenlayout. Dieser
kann neben #content auch weitere Blöcke enthalten,
etwa #sidebar */
margin: 10px auto;
width: 70%;
padding-bottom: 0.4em;
}
#content {
/* Spezieller Container für den content-Block. Wird
eingeführt, damit ggf. ein weiterer Block eingefügt
werden kann */
float: left;
width: 55%;
padding: 0.4em 0.4em 0.4em 0;
}
```

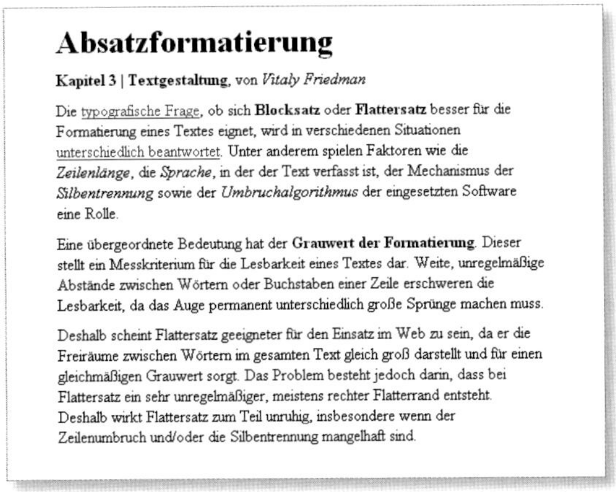
Absatzformatierung

Kapitel 3 | Textgestaltung, von *Vitaly Friedman*

Die typografische Frage, ob sich **Blocksatz** oder **Flattersatz** besser für die Formatierung eines Textes eignet, wird in verschiedenen Situationen unterschiedlich beantwortet. Unter anderem spielen Faktoren wie die *Zeilenlänge*, die *Sprache*, in der der Text verfasst ist, der Mechanismus der *Silbentrennung* sowie der *Umbruchalgorithmus* der eingesetzten Software eine Rolle.

Eine übergeordnete Bedeutung hat der **Grauwert der Formatierung**. Dieser stellt ein Messkriterium für die Lesbarkeit eines Textes dar. Weite, unregelmäßige Abstände zwischen Wörtern oder Buchstaben einer Zeile erschweren die Lesbarkeit, da das Auge permanent unterschiedlich große Sprünge machen muss.

Deshalb scheint Flattersatz geeigneter für den Einsatz im Web zu sein, da er die Freiräume zwischen Wörtern im gesamten Text gleich groß darstellt und für einen gleichmäßigen Grauwert sorgt. Das Problem besteht jedoch darin, dass bei Flattersatz ein sehr unregelmäßiger, meistens rechter Flatterrand entsteht. Deshalb wirkt Flattersatz zum Teil unruhig, insbesondere wenn der Zeilenumbruch und/oder die Silbentrennung mangelhaft sind.

◂ **Abbildung 3.64**
Simple Formatierung und Zentrierung durch <div>-Container

Als Schrift für den Lauftext wird die im Web gut lesbare Verdana verwendet. Alternativ werden Lucida Sans Unicode, Arial oder eine Serifenschrift benutzt. Eine der optimalen Schriftgrößen für Verdana liegt bei 13 px, dies macht mit Standardschriftgröße 16px umgerechnet 13 / 16 = 0.8125, also ungefähr 0.81 em aus. In die CSS-Sprache übersetzt heißt dies:

```
body {
    background-color: #fff;
    color: #000;
    font-family: Verdana, "Lucida Sans Unicode",
    "Lucida Grande", "Times New Roman", serif;
    font-size: 0.81em;
}
```

Absatzformatierung

Kapitel 3 | Textgestaltung, von *Vitaly Friedman*

Die typografische Frage, ob sich **Blocksatz** oder **Flattersatz** besser für die Formatierung eines Textes eignet, wird in verschiedenen Situationen unterschiedlich beantwortet. Unter anderem spielen Faktoren wie die *Zeilenlänge*, die *Sprache*, in der der Text verfasst ist, der Mechanismus der *Silbentrennung* sowie der *Umbruchalgorithmus* der eingesetzten Software eine Rolle.

Eine übergeordnete Bedeutung hat der **Grauwert der Formatierung**. Dieser stellt ein Messkriterium für die Lesbarkeit eines Textes dar. Weite, unregelmäßige Abstände zwischen Wörtern oder Buchstaben einer Zeile erschweren die Lesbarkeit, da das Auge permanent unterschiedlich große Sprünge machen muss.

Deshalb scheint Flattersatz geeigneter für den Einsatz im Web zu sein, da er die Freiräume zwischen Wörtern im gesamten Text gleich groß darstellt und für einen gleichmäßigen Grauwert sorgt. Das Problem besteht jedoch darin, dass bei Flattersatz ein sehr unregelmäßiger, meistens rechter Flatterrand entsteht. Deshalb wirkt Flattersatz zum Teil unruhig, insbesondere wenn der Zeilenumbruch und/oder die Silbentrennung mangelhaft sind.

◂ **Abbildung 3.65**
Als <body>-Schriftart wird Verdana, 13 px Größe gewählt.

Um die Lesbarkeit des Textes zu verbessern, wird die Zeilenhöhe des Textes innerhalb des `content`-Containers auf einen »Standardwert« von 1.6 em gesetzt. Der Bereich zwischen 1.4 und 1.6 em liefert meistens gute Ergebnisse.

```
#content {
    float: left;
    width: 55%;
    padding: 0.4em 0.4em 0.4em 0;
    line-height: 1.6em;
}
```

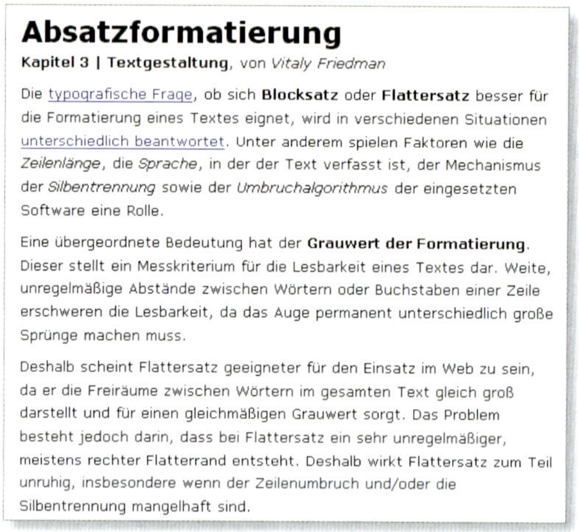

Absatzformatierung

Kapitel 3 | Textgestaltung, von *Vitaly Friedman*

Die typografische Frage, ob sich **Blocksatz** oder **Flattersatz** besser für die Formatierung eines Textes eignet, wird in verschiedenen Situationen unterschiedlich beantwortet. Unter anderem spielen Faktoren wie die *Zeilenlänge*, die *Sprache*, in der der Text verfasst ist, der Mechanismus der *Silbentrennung* sowie der *Umbruchalgorithmus* der eingesetzten Software eine Rolle.

Eine übergeordnete Bedeutung hat der **Grauwert der Formatierung**. Dieser stellt ein Messkriterium für die Lesbarkeit eines Textes dar. Weite, unregelmäßige Abstände zwischen Wörtern oder Buchstaben einer Zeile erschweren die Lesbarkeit, da das Auge permanent unterschiedlich große Sprünge machen muss.

Deshalb scheint Flattersatz geeigneter für den Einsatz im Web zu sein, da er die Freiräume zwischen Wörtern im gesamten Text gleich groß darstellt und für einen gleichmäßigen Grauwert sorgt. Das Problem besteht jedoch darin, dass bei Flattersatz ein sehr unregelmäßiger, meistens rechter Flatterrand entsteht. Deshalb wirkt Flattersatz zum Teil unruhig, insbesondere wenn der Zeilenumbruch und/oder die Silbentrennung mangelhaft sind.

Abbildung 3.66 ▶
Eine vergrößerte Zeilenhöhe erhöht die Lesbarkeit enorm. In diesem Beispiel beträgt sie das 1,6-Fache der Schriftgröße.

Um die Überschrift noch deutlicher von begleitenden Textelementen abzugrenzen, werden zwei Linien eingefügt und die Abstände zwischen Textelementen erweitert. Dies ist typisch für moderne Überschriften: Dabei wird die untere Grenzlinie häufig mit einer durchgezogenen Linie (`solid`) gestaltet, selten auch mit der gestrichelten (`dashed`) oder gepunkteten (`dotted`) Auszeichnung.

CSS:

```
#content .subheader {
    font-size: 0.85em;
/* 85% der Content-Schriftgröße = by Default 100% der
Body-Schriftgröße, also 85% der Body-Schriftgröße */
    border-top: solid 2px #c36;
    border-bottom: solid 1px #ccc;
    padding: 5px 0 5px 0;
    margin: 15px 0 0 0;
}
```

XHTML:

```
<p class="subheader">
<strong>Kapitel 3 | Textgestaltung</strong>,
von <em>Vitaly Friedman</em>
</p>
```

Gestaltung von Überschriften

Für die Auszeichnung von Überschriften wird in der Praxis häufig die untere Grenzlinie extra gestaltet:

Durchgezogene Linie
`h2 { border-bottom: 3px solid #333333; }`

Gestrichelte Linie
`h2 { border-bottom: 3px dashed #333333; }`

Gepunktete Linie
`h2 { border-bottom: 3px dotted #333333; }`

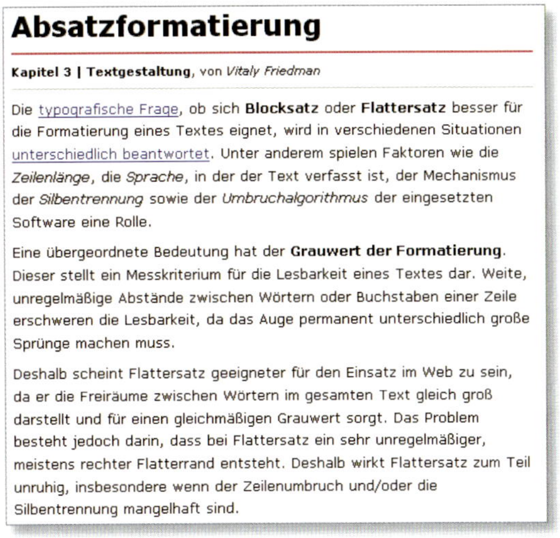

Absatzformatierung

Kapitel 3 | Textgestaltung, von *Vitaly Friedman*

Die typografische Frage, ob sich **Blocksatz** oder **Flattersatz** besser für die Formatierung eines Textes eignet, wird in verschiedenen Situationen unterschiedlich beantwortet. Unter anderem spielen Faktoren wie die *Zeilenlänge*, die *Sprache*, in der der Text verfasst ist, der Mechanismus der *Silbentrennung* sowie der *Umbruchalgorithmus* der eingesetzten Software eine Rolle.

Eine übergeordnete Bedeutung hat der **Grauwert der Formatierung**. Dieser stellt ein Messkriterium für die Lesbarkeit eines Textes dar. Weite, unregelmäßige Abstände zwischen Wörtern oder Buchstaben einer Zeile erschweren die Lesbarkeit, da das Auge permanent unterschiedlich große Sprünge machen muss.

Deshalb scheint Flattersatz geeigneter für den Einsatz im Web zu sein, da er die Freiräume zwischen Wörtern im gesamten Text gleich groß darstellt und für einen gleichmäßigen Grauwert sorgt. Das Problem besteht jedoch darin, dass bei Flattersatz ein sehr unregelmäßiger, meistens rechter Flatterrand entsteht. Deshalb wirkt Flattersatz zum Teil unruhig, insbesondere wenn der Zeilenumbruch und/oder die Silbentrennung mangelhaft sind.

◂ **Abbildung 3.67**
Zwei Grenzlinien trennen Elemente unterschiedlichen Rangs in der Texthierarchie voneinander und sorgen für mehr Ruhe und Klarheit auf der Seite.

3.5.2 Überschrift

Eine schlichte Formatierung der Überschrift durch Verdana bzw. Times New Roman liefert bei 2,4-facher bzw. 3-facher Schriftgröße und 100%-Zeilenhöhe gegenüber dem Fließtext zwar gut leserliche, jedoch aus typografischen Gesichtspunkten nur wenig beeindruckende Ergebnisse.

ANMERKUNG
In diesem Abschnitt werden Links zunächst ausgelassen, anschließend aber hinzugefügt.

CSS:

```
#content h1 {
font-family: Verdana, "Times New Roman", sans-serif;
font-size: 2.4em;
font-weight: normal;
}
```

Absatzformatierung

Kapitel 3 | Textgestaltung, von *Vitaly Friedman*

Die typografische Frage, ob sich **Blocksatz** oder **Flattersatz** besser für die Formatierung eines Textes eignet, wird in verschiedenen Situationen unterschiedlich beantwortet. Unter anderem spielen Faktoren wie die

▴ **Abbildung 3.68**
Lucida Sans Unicode im Einsatz: Eine schöne, klare Schrift hebt die Überschrift vom Lauftext ab.

Lucida Sans Unicode macht bei 2,9-facher Schriftgröße eine gute Figur (siehe Abbildung 3.68). Eine Verringerung des Zeilenabstandes um 1px drückt die Buchstaben zusammen und verleiht der Überschrift eine kompaktere und stärker zur Geltung kommende Gestalt (siehe Abbildung 3.69).

```
#content h1 {
font-family: "Lucida Sans Unicode",
"Times New Roman", Times, serif;
font-size: 2.9em;
font-weight: normal;
letter-spacing: -1px;
}
```

Absatzformatierung

Kapitel 3 | Textgestaltung, von *Vitaly Friedman*

Die typografische Frage, ob sich **Blocksatz** oder **Flattersatz** besser für die Formatierung eines Textes eignet, wird in verschiedenen Situationen unterschiedlich beantwortet. Unter anderem spielen Faktoren wie die

▴ **Abbildung 3.69**
Lucida Sans Unicode mit verkleinertem Buchstabenabstand.

Mit Georgia erreicht die Überschrift eine weniger formale, dafür aber schönere Form, die vor allem durch Serifen gewährleistet

Absatzformatierung

Kapitel 3 | Textgestaltung, von *Vitaly Friedman*

Die typografische Frage, ob sich **Blocksatz** oder **Flattersatz** besser für die Formatierung eines Textes eignet, wird in verschiedenen Situationen unterschiedlich beantwortet. Unter anderem spielen Faktoren wie die

▲ **Abbildung 3.70**
Lucida Sans Unicode wird durch Georgia ersetzt.

wird (siehe Abbildung 3.70). Kapitälchen wirken zwar passend, verlangsamen aber leicht die Lesbarkeit (siehe Abbildung 3.71).

```
#content h1 {
font-family: "Lucida Sans Unicode", "Times New Ro-
man", Times, serif;
font-size: 2.9em;
font-weight: normal;
letter-spacing:-1px;
}
```

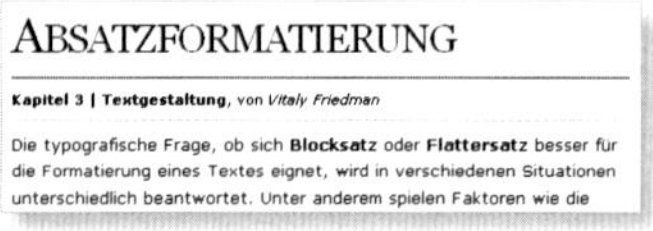

ABSATZFORMATIERUNG

Kapitel 3 | Textgestaltung, von *Vitaly Friedman*

Die typografische Frage, ob sich **Blocksatz** oder **Flattersatz** besser für die Formatierung eines Textes eignet, wird in verschiedenen Situationen unterschiedlich beantwortet. Unter anderem spielen Faktoren wie die

▲ **Abbildung 3.71**
Georgia mit Kapitälchen. Schön – bei langen Überschriften jedoch nur schwer lesbar.

Verringert man den Buchstabenabstand und ersetzt die Default-Schriftform (`normal`) durch Kursive, so erhält man ein gut lesbares Textbild, das angenehm wirkt und schnell zu erkennen ist (siehe Abbildung. 3.72).

CSS:

```
#content h1 {
...
font-style: italic;
letter-spacing: -1px;
...
}
```

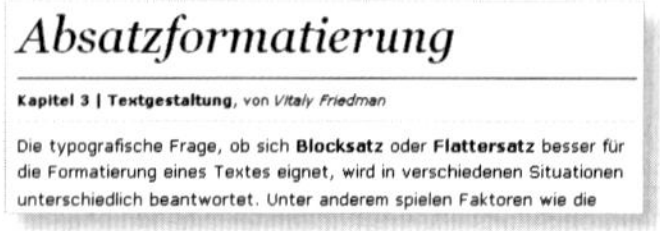

Absatzformatierung

Kapitel 3 | Textgestaltung, von *Vitaly Friedman*

Die typografische Frage, ob sich **Blocksatz** oder **Flattersatz** besser für die Formatierung eines Textes eignet, wird in verschiedenen Situationen unterschiedlich beantwortet. Unter anderem spielen Faktoren wie die

▲ **Abbildung 3.72**
Georgia als Kursive: schön, deutlich, lesbar

Um auch bei längeren Überschriften eine optimale Lesbarkeit sicherzustellen (siehe Abbildung 3.73), setzt man nun eine passende Zeilenhöhe fest:

```
#content h1 {
...
line-height : 1.2em;
...
}
```

Typografie und Absatzformatierung

Kapitel 3 | Textgestaltung, von *Vitaly Friedman*

Die typografische Frage, ob sich **Blocksatz** oder **Flattersatz** besser für die Formatierung eines Textes eignet, wird in verschiedenen Situationen unterschiedlich beantwortet. Unter anderem spielen Faktoren wie die

▲ **Abbildung 3.73**
Bei längeren Überschriften überlappen sich Oberlängen mit Unterlängen. Zeilen liegen zu nah aneinander. Dies liegt an der Zeilenhöhe (vergleichen Sie f und p).

Und um den zu groß gewählten Abstand zwischen der Überschrift und der Grenzlinie zu verringern, verändert man die Elemente der Klasse `subheader`:

```
#content .subheader {
    font-size: 0.85em;
    border-top: 2px solid #c36;
    border-bottom: 1px solid #ccc;
    padding: 5px 0 5px 0;
    margin: 8px 0 0 0;
}
```

Das Ergebnis lässt sich sehen (siehe Abbildung 3.75). Mit ein wenig CSS und bloßen Default-Schriften kann man eine durchaus ansprechende Textdarstellung auch bei größeren Schriftgrößen erreichen. Das Ergebnis sieht dann wie folgt aus:

▲ **Abbildung 3.74**
Die Zeilenhöhe der Überschrift wird auf 1,2 em gesetzt.

CSS:

```
#content h1 {
font-family: Georgia, "Lucida Sans Unicode", "Times
New Roman", Times, serif;
font-weight: normal;
font-style: italic;
line-height: 1.2em;
letter-spacing: -1px;
font-size: 2.9em;
}
```

oder, schöner und kompakter aufbereitet, so:

```
#content h1 {
font: italic normal 2.9em/1.2em Georgia, "Lucida Sans
Unicode", "Times New Roman", Times, serif;
letter-spacing: -1px;
}
```

Beim Design von Überschriften müssen Designer beachten, ob der Zeilenabstand auch bei Überschriften mit mehreren Wörtern ordentlich gesetzt ist. Wenige Veränderungen der Buchstaben- und Wortabstände können für eine enorme Verbesserungen der Lesbarkeit sorgen. Auch Kapitälchen können eine durchaus positive Wirkung erzielen. Außerdem kann sich die Überschrift durch eine besondere Farbe hervorheben, obwohl dies nicht unbedingt sein muss. Da Überschriften im Web üblicherweise Permalinks sind, müssen auch eventuell sämtliche Link-Zustände einzeln unter die Lupe genommen werden.

▼ **Abbildung 3.75**
Abgerundete und glasklare Textgestaltung

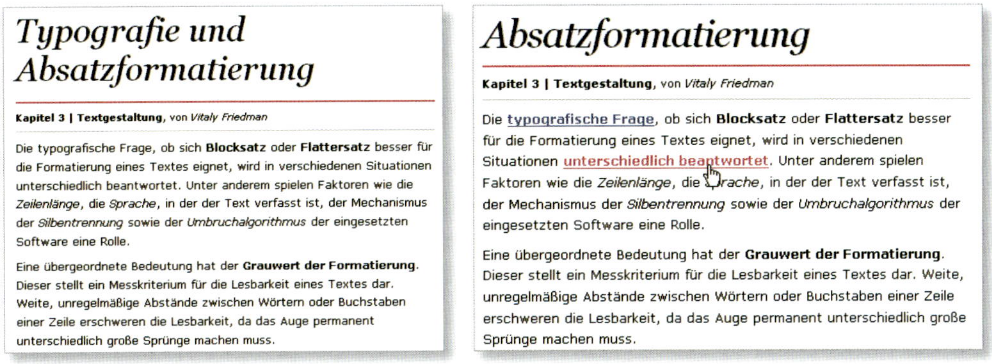

Besonders wichtig ist ein deutlicher Kontrast zwischen Überschriften und Fließtext (Form, Größe, Farbe usw.). Dies lässt sich daran ablesen, ob die Überschrift schon beim ersten Blick auf die Seite sofort auffällt und sich vom übrigen Text deutlich abhebt. Ist dies nicht der Fall, so sollte die Darstellung von Überschriften vielleicht überdacht werden.

▲ **Abbildung 3.76**
Informelle Überschriften im Überblick.
Von links oben nach unten rechts: Kineda.com, Sazziest.com, Geeksmakemehot.com, JeffCroft.com, Mikeindustries.com

▲ **Abbildung 3.77**
Solide, gut lesbare Schriften für seriöse Webauftritte: Cameronmoll.com, Randsinrepose.com, Niallkenedy.com/blog, Emaginacion.com.ar/cym, Bartelme.at, Trabian.com

Eine informelle Webseite wird mit einer attraktiven, visuell ansprechenden Schriftart entsprechender Größe gut bedient (siehe Abbildung 3.76). Ein seriöser Webauftritt wird dagegen mit einer prägnanten klassischen Schriftart besser gelingen (siehe Abbildung 3.77).

3.6 Unkonventionelle Schriftarten

TIPP

Zwei Musterblätter zum Nachschlagen finden Sie auf den folgenden Seiten. Dort werden 19 hochwertige kostenlose sowie ein Dutzend kostenpflichtiger Schriften in verschiedenen Varianten zur Schau gestellt. In eckigen Klammern links steht die Nummer der Schrift; über die Sie auf der Webseite des Buchs weiterführende Informationen erhalten können. Rechts finden Sie den HEX-Wert der Farbe.

Möchte ein Webdesigner seine Seitenbesucher durch unkonventionelle Überschriften beeindrucken, so wird er sich auf die Suche nach Schriftarten im Web begeben müssen. Dabei wird man schnell enttäuscht. Zwar bieten zahlreiche Schriftfundgruben Tausende von Exemplaren zum kostenlosen Download an, die meisten davon eignen sich jedoch kaum für einen seriösen Internetauftritt.

Dennoch können auch Freeware-Schriftarten ihren Dienst bei dieser Aufgabe genauso leisten wie klassische hochwertige Schnitte. Ein kurzer Überblick der besten Exponate, die man nicht nur für die Gestaltung von Überschriften, sondern zum Beispiel auch für Logotypen verwenden kann, wird Ihre Schriftsuche erleichtern und beschleunigen.

Weiterführende Links zum Thema sind in Abschnitt 3.9 aufgelistet. Unter den kostenpflichtigen Schriftarten ist die Auswahl groß, dabei entspricht die Qualität meistens dem Preis. Ein Überblick der von Webdesignern am häufigsten verwendeten Schriften soll die Suche nach einem Kompromiss zwischen Qualität und Preis erleichtern.

▲ **Abbildung 3.78**
Kostenlose Schriftarten in einer Übersicht

Unter den kostenpflichtigen Schriftarten ist die Auswahl groß, dabei entspricht die Qualität meistens dem Preis. Ein Überblick der von Webdesignern am häufigsten verwendeten Schriften soll die Suche nach einem Kompromiss zwischen Qualität und Preis erleichtern.

ITC Franklin

Adobe Caslon

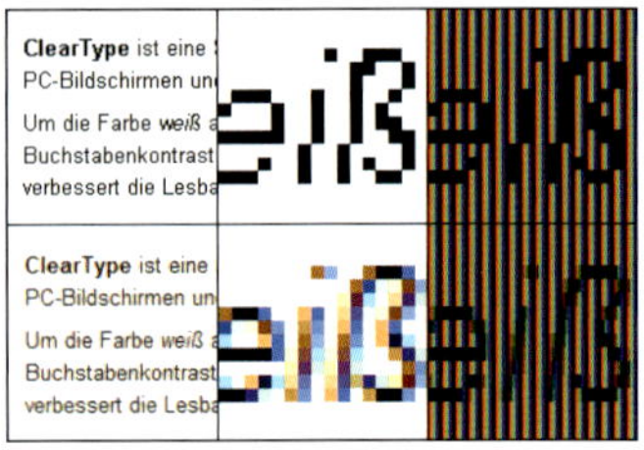

▲ **Abbildung 3.79**
Oben das normale Schriftbild, unten Cleartype

3.7 Ein Blick über den Tellerrand

Beobachtet man die aktuellen Entwicklungen im Bereich der Webtypografie genau, so stellt man fest, dass Webgestalter immer wieder versuchen, die eingeschränkte Auswahl der Schriften im Web durch neue Techniken der Schriftersetzung zu erweitern. Das Ergebnis dieser Bemühungen beeindruckt zwar häufig aus visuellen Gesichtspunkten, genügt aber selten den Anforderungen des barrierefreien und benutzerfreundlichen Webdesigns. Somit stellen Default-Schriftarten die einzige »sichere« Option dar, die auch sehenswerte Ergebnisse liefert.

Die zukünftige Entwicklung der Webtypografie lässt sich nur schwer vorhersagen. Eines ist jedoch sicher: Traditionelle Schriften werden im Web weiterhin zum Einsatz kommen, während Designer auf der Suche nach neuen Möglichkeiten immer wieder zu neuen typografischen Möglichkeiten greifen werden.

Eine davon wird durch die Veröffentlichung des Windows XP-Nachfolgers Vista im Frühjahr 2007 geliefert. Das neue Betriebssystem enthält sieben neue eindrucksvolle Schriftschnitte, welche von renommierten Typografen speziell für Fließtext im Screen Design entworfen wurden und die Lesbarkeit von Webinhalten deutlich verbessern sollen. Windows Vista enthält zwei Serifenschnitte, vier Sans-Serife und eine nichtproportionale Schriftart.

Abbildung 3.80 ▼
Elegante Schriftdarstellung, die man bisher nur von Mac OS kannte, wird in Windows Vista mit der verbesserten Cleartype-Technologie umgesetzt.

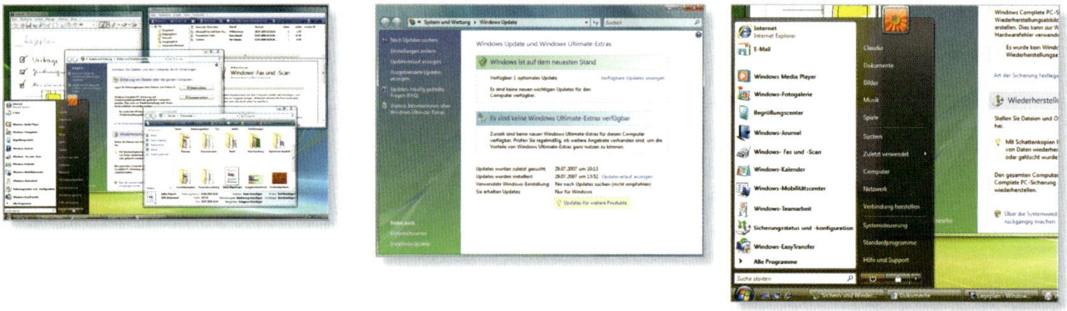

Die neuen Schriften sind lizenziert und werden nur als Bestandteil von Windows-Produkten zum kostenlosen Download angeboten. Auch Mac-Benutzer können sie benutzen: diese findet man in dem Package *Powerpoint Viewer 2007* (*http://www.microsoft.com/downloads/details.aspx?familyid=048DC840-14E1-467D-8-DCA-19D2A8FD7485&displaylang=en* Linkcode 054), *Segoe UI* kann man außerdem von *http://www.softpedia.com/get/Others/Font-Utils/Segoe-UI-Windows-Vista-System-Font.shtml* (Linkcode 055) herunterladen.

Die folgenden Screenshots entstammen der offiziellen Microsoft-Broschüre »Now Read This« und wurden dem Beitrag »*The*

Next Big Thing in Online Type«[3] von Anne van Wagener entnommen.

3.7.1 Serifen: Cambria, Constantia

Ursprünglich war *Cambria* als Schrift für Geschäftskorrespondenz, E-Mails und Webseitengestaltung gedacht. In jeder Schriftgröße macht die Serifenschrift eine elegante Figur, die durch prägnante Buchstabenbilder nicht nur leserlich ist, sondern auch attraktiv wirkt.

Mit ihren ein wenig zackigen Kurven wirkt *Constantia* sehr sauber und leserlich. Sowohl Kapitälchen als auch Kursive beeindrucken durch ihre schöne, deutliche Gestalt, die auch bei fetten Schriftgraden zu beeindrucken weiß. Constantia wurde als eine »flexible« Schrift mit dem Zweck entworfen, im Screen Design genauso gute Ergebnisse wie im Printdesign zu liefern. Tatsächlich zeigt die Schrift ihre Stärken in beiden Medien.

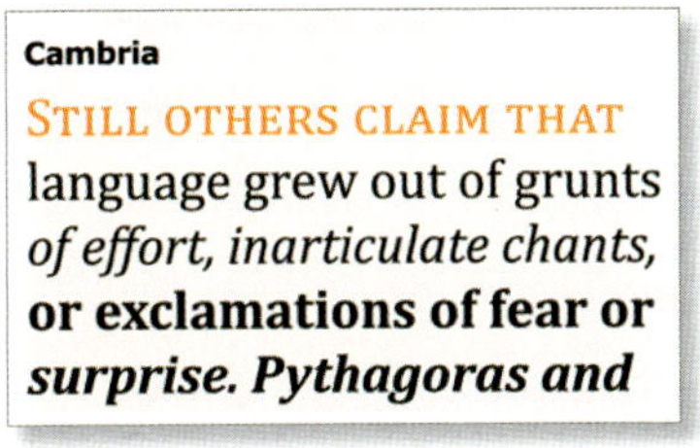

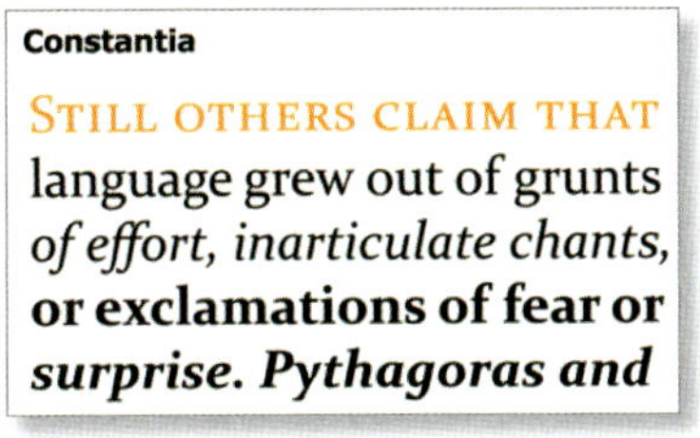

3.7.2 Sans-Serifen: Calibri, Candara, Corbel, Segoe UI

Calibri zeichnet sich insbesondere durch abgerundete Ecken aus, die für eine sanfte, angenehme und sachliche Atmosphäre sorgen. Optimale Proportionen einzelner Buchstaben erzeugen ein scharfes Textbild. Somit eignet sich Calibri sowohl gut für Fließtexte als auch für Überschriften und kann als die universelle Schrift der Windows-Familie bezeichnet werden. Gute Lesbarkeit wird durch großzügig gewählte Längen der Buchstaben gewährleistet. Diese leiten das Auge und ermöglichen ein schnelles und benutzerfreundliches Lesen.

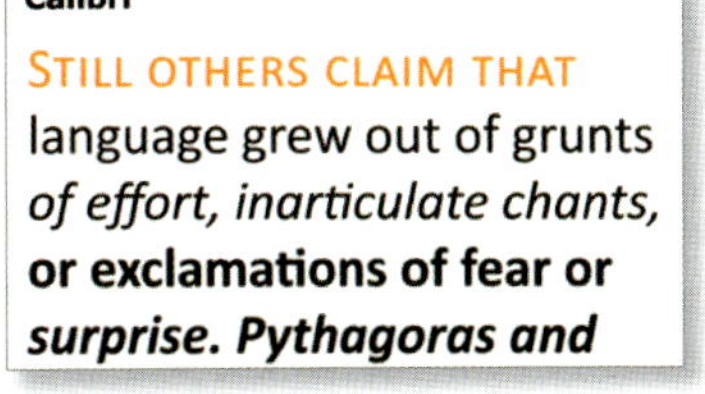

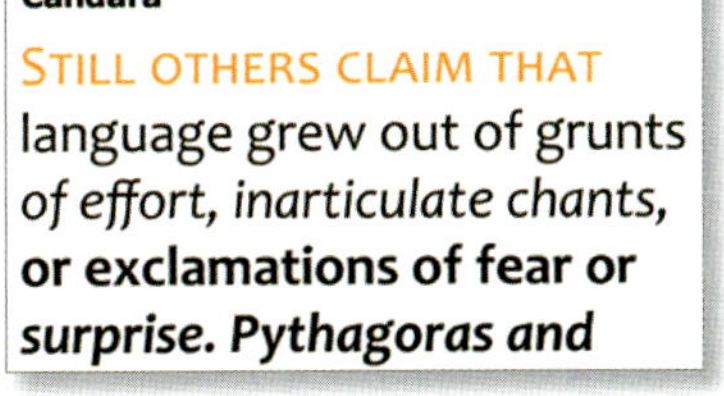

3 Poynter Magazine, März 2004, *www.poynter.org/column.asp?id=47&aid=78683* (Linkcode 056)

Corbel

STILL OTHERS CLAIM THAT
language grew out of grunts
of effort, inarticulate chants,
or exclamations of fear or
surprise. Pythagoras and

Segoe UI

STILL OTHERS CLAIM THAT
language grew out of grunts

Candara gilt als eine informelle serifenlose Schrift des Windows-Packets. Sie wirkt weniger solide, dafür aber leicht spielerisch und attraktiv. Verwirrend wirken vertikale Striche, die insbesondere beim Kleinbuchstaben *a* hervortreten. Candara hat zwar einen leichten Hang zu älteren Buchstabenformen, kann aber als eine gute Alternative zu Comic Sans dienen.

Corbel ist eine lesbare und sehr saubere Schrift, die als ein eleganter Ersatz für Arial und Verdana verwendet werden kann. Vorrangig durch starke geometrische Formen – ob bei Versalien oder Kursiven – kommt Corbel gut an und wirkt angenehm und erfrischend.

Bereits vor der Veröffentlichung des neuen Betriebssystems hat die *Segoe UI* wegen ihrer Ähnlichkeit zur weltbekannten Frutiger erhebliche Probleme für Microsoft bereitet. Als Ersatz für Tahoma und Arial bietet Segoe UI glatte, abgerundete Formen mit optimaler Zeilenhöhe und Buchstabenlänge. Im Web wirkt Segoe UI sehr deutlich, was nicht zuletzt auf sorgfältig aufbereitete Buchstabenformen zurückzuführen ist.

3.7.3 Monospaced: Consolas

Wer häufig programmiert oder Quelltexte ins Netz stellen möchte, wird mit *Consolas* gut bedient. Consolas ist mit Courier kaum zu vergleichen und kann die Lesbarkeit der Quelltexte in jeder Programmierer oder Webumgebung stark verbessern.

Consolas

```
<TextPanel ID="root"
  xmlns="http://schemas.microsoft.com/2003/xaml"
  xmlns:def="Definition"
  FontFamily="Calibri">
```

3.8 Zusammenfassung

Einige wesentliche Richtlinien dieses Kapitels werden im Folgenden knapp zusammengefasst. Sie sollen Ihnen als Faustregeln dienen, die Sie während des Designprozesses verwenden können.

- Printausgaben arbeiten mit 1200 dpi, Bildschirme mit höchstens 96 ppi, Macs mit 72 ppi/100 dpi. Jeder Pixel auf einem PC-Bildschirm ist um das 1,3-Fache größer als auf einem Mac-Bildschirm. Dies macht einen Unterschied von 2–3 px-Einheiten aus.
- Starker visueller Kontrast lässt sich durch Hervorhebung erzeugen: Textaussagen in einem »lokalen Kontext« werden

durch Kursive hervorgehoben. Zentrale Aussagen werden fett geschrieben. Farbige Hervorhebung und Unterstriche nur bei Links. Versalien sollten vermieden werden.

- Einzüge bzw. Abstände zwischen Paragraphen werden erfahrungsgemäß auf 6 bis 7% der Zeilenlänge bzw. das 1,5 bis 2-Fache des Zeilenabstands gesetzt.
- Eine optimale Zeilenlänge liegt standardmäßig bei 52–78 Buchstaben pro Zeile (inklusive Interpunktionszeichen und Leerzeichen).
- Die Zeilenlänge ist proportional zum Zeilenabstand zu wählen. Die obere Grenze liegt dabei bei einer 1,5-fachen x-Höhe. Der Zeilenabstand soll sich um zwei bis vier Größeneinheiten unterscheiden.
- Die Zeilenhöhe lässt sich über die `line-height`-Eigenschaft, Unterschneidung (*kerning*) über die `letter-spacing`-Eigenschaft in CSS einstellen. Beide Werte können die Lesbarkeit von Texten entscheidend beeinflussen.
- Für die Absatzformatierung im Web eignet sich *Flattersatz* besser als *Blocksatz*.
- Kontraste können in Form von Bildern, Zitaten und kurzen Zusammenfassungen erzeugt werden. Die Textpräsentation eines Kapitels, in dem keinerlei Abschnitte oder Überschriften vorkommen, ist nach jeweils fünf bis sieben Absätzen durch kontrastierende Wegweiser aufzulockern.
- Weißer Text auf schwarzem Hintergrund hat einen höheren Kontrast als schwarzer Text auf weißem Hintergrund. Bei dunklen Designs müssen Zeilen mehr Zwischenräume haben, Buchstaben weiter auseinander liegen und einen kleineren Fettgrad haben.
- Die Standardschriftgröße liegt bei 16 px, als Default-Schriftart wird Times New Roman benutzt.
- Relative Größenvorgaben werden für eine plattformübergreifende Textgestaltung. Absolute, direkte Formatierungsanweisungen sollten nach Möglichkeit vermieden werden. Ein ausgewogenes Verhältnis zwischen em- (alternativ Prozentwerten) und px-Einheiten ist optimal.
- Serifenschriften wie Times New Roman oder Georgia eignen sich grundsätzlich besser für Fließtexte, Sans-Serifen wie Verdana, Trebuchet MS und Arial sind eher für den Einsatz in Überschriften zu empfehlen.
- Eine reduzierte Minimaldarstellung der Inhalte (etwa in einer Druckversion) muss immer möglich sein.
- Die dynamische Anpassung an die Möglichkeiten des Benutzers ist wichtig. Barrierefreie Textgestaltung soll es dem Anwender erlauben, Texte beliebig zu skalieren und Kontraste

zwischen Text- und Hintergrundfarben einzustellen. Alternative Beschriftungen für Bilder und ein strukturiertes CSS-basiertes Markup sind ein Muss.

- Durch *Simple Image Replacement* (Radu-Methode, Phark-Methode, Malarkey Image Replacement), *Dynamic Image Replacement* (SIIR, P+C DTR) und *Dynamic Flash Replacement* (sIFR, STR) können Designer die Gestaltung der Überschriften erweitern.
- Überschriften werden mit einer Schriftgröße von 15 px oder größer gestaltet (geeignete Schriftarten Georgia, Trebuchet MS, Lucida Sans Unicode, Times New Roman und Arial), Fließtexte zwischen 9 und 15 px (Verdana, Arial, Lucida Sans Unicode, Times New Roman und Georgia).

3.9 Ressourcen

Die folgende Sammlung von weiterführenden Referenzen zu wesentlichen Aspekten, Methoden und Techniken kann als Nachschlagewerk dienen.

3.9.1 Quellen und weiterführende Beiträge

- Nadja Müller: »Typografie im Web« (mit Linksammlung), *http://blog.calm-n-easy.de/archiv/typographie-im-web.html* (Linkcode 057)
- Dave Shea: »Fine Typography in Web«, *http://www.mezzoblue.com/presentations/2005/wdw/type/* (Linkcode 058)
- Mark Boulton: »Five Steps to better typography«, *http://www.markboulton.co.uk/journal/comments/five_simple_steps_to_better_typography/* (Linkcode 059)
- Nadav Savio: »Web Typography Tutorial«, *http://www.webmonkey.com/webmonkey/design/fonts/tutorials/tutorial3.html* (Linkcode 060)
- Web Typography Guide, *http://www.usabletype.com* (Linkcode 061)
- Gerrit van Aaken: »HTML-Scrhiften unter der Lupe«, *http://praegnanz.de/essays/typo-im-web-html-schriften-unter-der-lupe* (Linkcode 062)

▲ **Abbildung 3.82**
»Fine Typography in Web«, von Dave Shea

3.9.2 Typografie

- The Elements of typographic style applied to Web *http://webtypography.net*

- Christoph Bier: »typokurz – Einige wichtige typografische Regeln«
  http://www.zvisionwelt.de/downloads.html (Linkcode 063)
- Typografie Guide
  http://www.designguide.at/typographie.html (Linkcode 064)
- Dr. Web
  Eine sehr ausführliche Quellensammlung zum Thema »Font und Typografie«
  http://www.drweb.de/weblog/weblog/?p=527 (Linkcode 065)

3.9.3 Fonts

- Freie Schriften im Portrait
  http://www.praegnanz.de/essays
- 25 Best Free Quality Fonts
  http://www.alvit.de/blog/article/20-best-license-free-official-fonts (Linkcode 066)
- 66 Best Pixel Fonts
  http://www.alvit.de/blog/article/25-best-license-free-pixel-fonts (Linkcode 067)

▲ **Abbildung 3.83**
Freie Schriften im Portrait (*www.praegnanz.de/essays*)

3.9.4 Dynamic Text Replacement

- Jens Meiert: »Übersicht: Image-Replacement-Techniken«, *http://meiert.com/de/publications/articles/20050513/* (Linkcode 068)
- sIFR
  www.mikeindustries.com/sifr (Linkcode 069)
- SIIR
  http://www.whaleofadive.com/misc/siir/about.php (Linkcode 070)
- SwishMAX Text Replacement
  http://pro.html.it/articoli/id_615/idcat_15/pro.html (Linkcode 071)
- Typografie für Webautoren
  http://webdesign.crissov.de/Typographie (Linkcode 072)

3.9.5 Werkzeuge und Dienste

- **Typetester**
  http://typetester.maratz.com (Linkcode 073)
  Mit dem Tool lassen sich bis zu drei auf Ihrem PC installierte Schriftarten miteinander vergleichen. Musterbeispiele sorgen dafür, dass Unterschiede klar zum Ausdruck kommen. Bei Bedarf können der Hintergrund und die Farbe des Textes, die Größe der Schrift sowie Ausrichtung, Laufweite, Schrift-

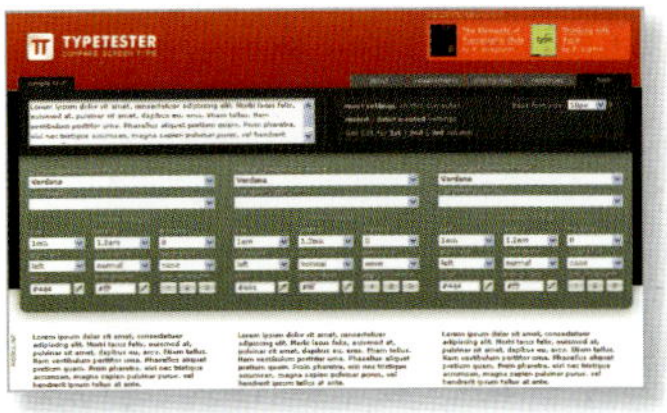

▲ **Abbildung 3.84**
Typetester

schnitt, Zeilenabstand und Zeilenlänge entsprechend angepasst werden. Besonders effizient für die Bestimmung eines optimalen Zeilenhöhe-Zeilenbreite-Verhältnisses.

- **Typewriter**
  http://www.korhoen.net/css_typeviewer.html (Linkcode 074)
- **Identifont**
  http://www.identifont.com/identify.html
  Der Dienst identifiziert eine Schriftart, indem er über ihre Eigenschaften (Serifen, Besonderheiten u.A.) befragt und Vorschläge macht.
- **Typonavigator**
  http://typenav.fontshop.com (Linkcode 075)
  Diese typografische Datenbank umfasst über 40.000 Schriften aus 70 Bibliotheken weltweit und stellt eine der größten Sammlungen kommerzieller Fonts dar. Auch die Suche ist nach der Form und Art der Schrift (Humanist, Modern, Slab Serif, Sans Serif, Geometric und andere) möglich.

3.9.6 Literatur

- Robert Bringhurst: »The Elements of Typographic Style«
- Ellen Lupton: »Thinking with Type: A Critical Guide for Designers, Writers, Editors, & Students«
  http://papress.com/thinkingwithtype
- Erik Spiekermann, E.M Ginger: »Stop Stealing Sheep & Find Out How Type Works«
- Alexander Branczyk, Jutta Nachtwey, Heike Nehl, Sibylle Schlaich, Jurgen Siebert, Sybille Schlaich: »Emotional Digital: A Sourcebook of Contemporary Typographics«
- Jim Byrn: »Accessible Web Typography«
  http://www.scotconnect.com/webtypography
- John Kane: »A Type Primer«
- David Jury: »About Face: Reviving The Rules Of Typography«
- James Felici: »The Complete Manual Of Typography«
- Jan Tschichold: »The New Typography«
- Robin Williams: »The Non-Designer's Type Book«
- Robin Kinross: »Unjustified Texts: Perspectives on Typography«

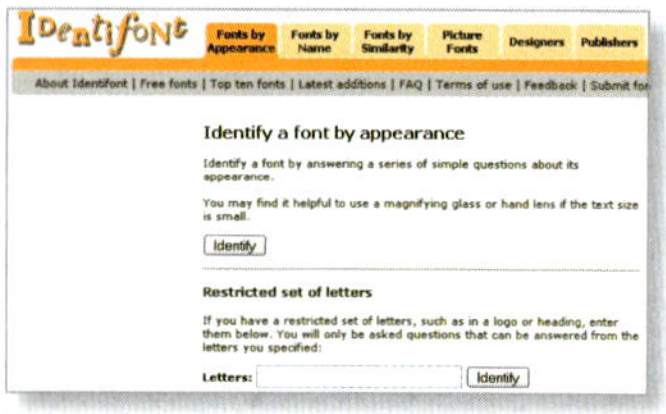

▲ **Abbildung 3.85**
www.identifont.com/identify.htm

▲ **Abbildung 3.86**
Robert Bringhurst: »The Elements of Typografic Style«

▲ **Abbildung 3.87**
Ian Tschichold: »The New Typography«

4 Farbgestaltung Web 2.0

Bunte Paletten und ausgefallene Farbschemata gehören zu den typischen Merkmalen einer Web 2.0-Seite. Doch der Umgang mit kräftigen Farben erfordert ein grundlegendes Theorieverständnis. Wichtig dabei ist zu verstehen, wie die einzelnen Farben wahrgenommen werden, welche visuelle Bedeutung ihre Kombinationen tragen und in welcher Beziehung sie zueinander stehen.

Dieses Kapitel erklärt die Grundlagen der Farbenlehre, welche Farben Designer in Web 2.0 am häufigsten verwenden, wie sie ausgesucht werden und wie Sie diese in Ihren Projekten optimal einsetzen können.

Im »neuen« Web tritt neben den eigentlichen Online-Inhalten eine intuitive und sympathische Seitenpräsentation in den Vordergrund. Ein harmonisches und visuell ansprechendes Seitenbild soll eine vertrauenswürdige Atmosphäre erzeugen und intuitiv sein, um den wachsenden Aufforderungen der Nutzer gerecht zu werden. Aus diesem Grunde tendieren Webdesigner immer häufiger dazu, attraktive Designelemente zu verwenden, die nicht unbedingt nötig sind, dafür aber für eine freundliche Stimmung sorgen, sofort auffallen und bestimmte Konzepte eindringlich vermitteln.

Die Aufmerksamkeit der Kunden soll durch eine starke visuelle Darstellung erreicht werden. Um diese sicherzustellen, benötigt man ein attraktives, stark wirkendes Design. Und genau hier kommt die Farbgestaltung ins Spiel.

Dabei findet eine direkte wie indirekte Kommunikation einzelner farbiger Akzente mit den Seitenbesuchern statt. Jede Farbe wird von Nutzern aus eigenen Erfahrungen heraus mit bestimmten Konzepten in Verbindung gebracht. Die gesamte Farbkomposition erzeugt durch Assoziationen einen Gesamteindruck der Seite.

Farbkomposition

Bei ersten Designentwürfen muss man häufig feststellen, dass trotz sorgfältiger Konzeption etwas im Gesamtlayout nicht stimmt. Am häufigsten ist dies ein Signal für den Austausch oder die Ergänzung von Farbkompositionen.

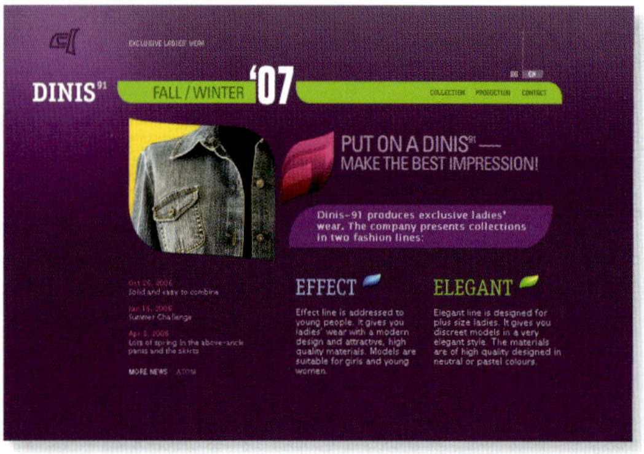

▲ **Abbildung 4.1**
Buntes Farbenspiel im Web 2.0-Look (Quelle: Dinis91.com)

Abbildung 4.2 ▶
Schlichtes Design im Web 1.0-Look (Quelle: Craigslist.com)

So ist die Farbgestaltung des offiziellen Apple-Auftritts beispielhaft für eine gelungene Kommunikation durch Farben. Eines der Details, die erst bei einer genauen Analyse auffallen, ist eine große Ähnlichkeit der Design-Produkte von Apple mit ihrer Präsentation im Web. Schriftarten, abgerundete Ecken und traditionelle Farbkomposition mit dominierenden Weiß und Blau sind sorgfältig gewählt, mit dem Ziel, eine emotionale Bindung der Anwender an die *Corporate Identity* des Unternehmens (*CI*) zu erzielen.

Abbildung 4.3 ▼
Corporate Identity (CI) auf Apple.com: Abgerundete Ecken, dominierende Weiß und Blau sowie »leichtes« Design im traditionellen Apple-Stil.

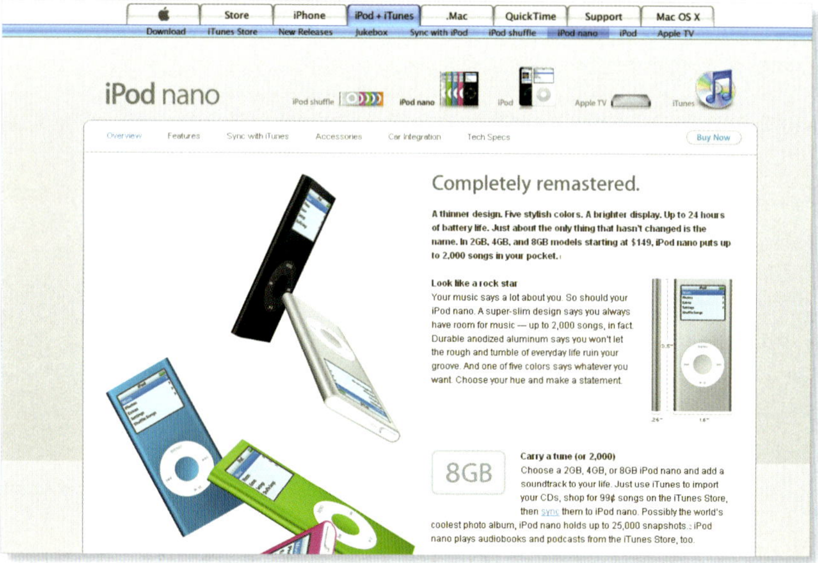

Eine verständliche, leicht erkennbare Botschaft durch Farbharmonie zu vermitteln, ist eine große Kunst, die beeindruckende Ergebnisse liefern kann.

Farben müssen eine (bestenfalls) *plattformunabhängige Darstellung* ermöglichen. Wird die Aufmerksamkeit eines Seitenbesuchers durch Farben auf einen Inhalt gelenkt, so müssen Farben entsprechende Informationen vermitteln, und – noch wichtiger – keine zum vorhandenen Kontext unpassende oder gar falsche Assoziationen hervorrufen.

Darüber hinaus übernimmt Farbgestaltung die Funktion, dem Layout eine visuelle Struktur zu geben, die durch den Nutzer besser und schneller wahrgenommen und wiedererkannt wird. Solch eine Struktur zeichnet sich durch eine gezielte Auswahl von Grund- und Nebentönen einer Seite aus. Auch angenehm empfundene grafische Hervorhebungen, wie etwa eine auffallende Farbgestaltung der Seitennavigation, können einen deutlicheren *visuellen Leitfaden* vorgeben.

Nicht zuletzt sollen Farben auch eine *ästhetische Wirkung* haben und den Eindruck visueller Harmonie erzeugen, um das Interesse des Seitenbesuchers zu fördern und eine angenehme *Browsing Experience* sicherzustellen. Die »Natürlichkeit« der Farbauswahl hat dabei primäre Bedeutung.

Jede dieser Aufgaben erfordert eine gezielte Auswahl von passenden Farbkombinationen. Um ein funktionierendes Zusammenspiel von eingesetzten Tönen zu erreichen, lohnt es sich, zuerst einen Blick auf die Grundlagen der Farbtheorie zu werfen.

Schwarz auf Weiß

Schwarz auf Weiß wird als sauber empfunden, erzeugt ein klares Bild und bietet funktionales und deutliches Grafikdesign.

4.1 Grundlagen der Farben- und Harmonielehre

Im wissenschaftlichen Sinne lässt sich Farbe als eine bloße Eigenschaft des Lichts auffassen, die bei Beugung oder Reflexion in Erscheinung tritt. Licht wiederum ist als eine Zusammensetzung von sieben Grundfarben des visuellen Spektrums (Rot, Orange, Gelb, Grün, Blau, Indigo und Violett) zu verstehen.

▲ **Abbildung 4.4**
Das Lichtspektrum: Magenta (Mischfarbe), Rot, Orange, Gelb, Grün, Cyan, Blau, Indigo, Violett

◂ **Abbildung 4.5**
Helle Töne treten gegen dunkle Töne an.

▲ **Abbildung 4.6**
Sättigung

▲ **Abbildung 4.7**
Transparenz

Um Farben deutlich voneinander unterscheiden zu können, werden spezielle Farbeigenschaften – etwa *Helligkeit* (*Brightness*), *Transparenz* (*Transparency*), *Opazität* (*Opacity*) oder *Sättigung* (*Saturation*) verwendet, wobei die sich aus ihrer Kombinationen ergebenden Farben spezielle Namen erhalten. So unterscheidet man z. B. bei Rot wenigstens zwischen drei weiteren roten Farben, nämlich rosa (*pink*), purpurrot (*crimson*) und ziegelrot (*firebrick*).

▲ **Abbildung 4.8**
Rosa, Purpurrot und Ziegelrot

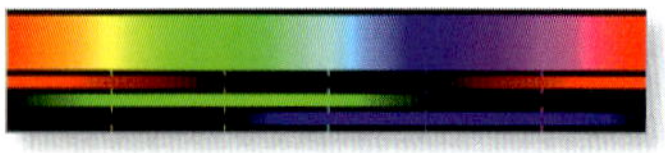

▲ **Abbildung 4.9**
Lichtspektrum auf dem Bildschirm: Dünne rote, grüne und blaue Balken unter dem oberen Streifen zeigen relative Intensitäten der drei Primärfarben. Dort, wo sie zusammentreffen, entstehen Farben aus dem obigen Farbstreifen.

CMYK

CMYK (K kommt von blacK) erzeugt nicht die gleiche Anzahl von Farben wie RGB. Deshalb sehen gelb-grüne Abbildungen auf gedruckten Dokumenten häufig ein wenig trübe aus.

4.1.1 Farbmischung und Farbmodelle

Grundsätzlich unterscheidet man zwischen zwei Arten der Farbmischung. Die *additive Farbmischung* mit den Grundfarben Rot, Grün und Blau entspricht der optischen Mischung des farbigen Lichts. Mit zunehmender Sättigung erhöht sich die Helligkeit der resultierenden Farbe. Bei der Mischung mit maximaler Sättigung ergibt sich deshalb Weiß. Bildschirme arbeiten auf der Grundlage dieses Farbmodells (*RGB*). Durch Kombinationen der drei Grundfarben lassen sich alle andere Farben erzeugen.

Subtraktive Farbmischung entsteht durch die Mischung körperhafter Farben (Pigmentfarben); diese findet bei Kombination von Cyan, Magenta und Gelb (*CMY*) aufgrund der Subtraktion des Lichts statt. Eine Kombination dieser als *Primärfarben* bezeichneten Töne erzeugt den dunklen Ton des Schnittes, der sich bei maximaler Sättigung zum Schwarz entwickelt. Verwendet wird dieses Modell für den Druck. Da beim CMY-Druck jedoch eine echte, tiefe Sättigung der schwarzen Farbe nicht erreicht wird, nimmt man zusätzlich Schwarz hinzu (*CMYK*).

Die Schnitte additiver Grundfarben ergeben subtraktive Primärfarben, die auch sekundäre Farben im RGB-Modell sind. Ähnliches geschieht auch bei der Überlappung subtraktiver Grundfarben.

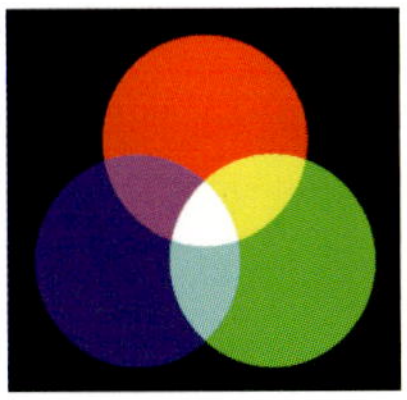

▲ **Abbildung 4.10**
Additive Farbmischung

▲ **Abbildung 4.11**
Subtraktive Farbmischung

4.1.2 Farbwirkung

Intuitiv verbindet jeder Seitenbesucher eine Farbe mit Konzepten und Erfahrungen, die durch die Farbe assoziiert und hervorgerufen werden. Zwar spielt bei den auf diese Weise entstehenden Assoziationen die Subjektivität eine wichtige Rolle, doch im Allgemeinen weist die psychologische Wirkung der Farben (nicht Farbkompositionen!) gewisse Schemata auf, die Sie bei der Auswahl der Farbpaletten berücksichtigen können. Die folgende Tabelle entstammt dem Tutorial: »Farben im Webdesign« (*http://www.metacolor.de*); sie liefert die wesentlichen Assoziationen, die durch Grundfarben erzeugt werden.

Farbe	Assoziation
Blau	Blau ist mit Abstand die beliebteste Farbe, sowohl bei Frauen als auch bei Männern. Sie wird mit vielen positiven Eigenschaften assoziiert: Sympathie, Harmonie, Freundlichkeit, Freundschaft. Blau ist die Farbe der Ferne, der Weite und der Unendlichkeit. Blau ist die Farbe des Vertrauens und der Verlässlichkeit. Blau ist still und entspannend, Grün eher ruhig und erholsam.
Rot	Rot ist die älteste Farbbezeichnung überhaupt. Sie ist die zweitbeliebteste Farbe mit gleichem Anteil bei Frauen und Männern. Rot kreist um die Assoziationsbereiche Blut und Feuer. Blut: Leidenschaft (Liebe, Hass), Aufregung, Impulsivität, Wut/Zorn (bes. in der Kombination mit Schwarz), Sexualität, Erotik. Feuer: Hitze, Wärme. Rot ist eine sehr dynamische Farbe.
Grün	Die Farbe der Natur und des Lebens. Frühling, Hoffnung, beginnende Liebe. Beruhigende Mitte. Die herbe Frische: frisch, herb, sauer, bitter. Gesund, aber auch unreif.
Schwarz	Negative Gefühle: Trauer, Einsamkeit (allerdings nur in ganz bestimmten Kulturen, wie der europäischen). Aber auch: Eleganz ohne Risiko. Modern, sachlich, eindeutig, funktional. Schwarz polarisiert: Bei vielen Menschen ist es sehr beliebt, bei vielen stößt es auf strikte Ablehnung.
Rosa	Zärtlich, zart, kindlich, süß, kitschig.
Gelb	Sonne, Licht, Wärme (schwächer als Rot), sauer.
Weiß	Vollkommen, ideal, gut, sachlich, klar, unschuldig, ehrlich.
Violett	Magie, Geheimnis, Dekadenz, Zweideutigkeit

◄ **Tabelle 4.1**
Farben und Assoziationen

Primärfarben
Primärfarben stehen für die Farben »erster Ordnung« in den RGB- und CMYK-Modellen. Aus ihnen lassen sich (fast) alle weiteren Farben erzeugen. So ist Orange z. B. eine Sekundärfarbe im RGB-Modell, weil sie aus Rot und Gelb gemischt ist.

Abbildung 4.12
Die beliebtesten Farben sind Blau, Rot und Grün. (Quelle: *http://www.metacolor.de/farben/lieblingsfarben.htm* Linkcode 76)

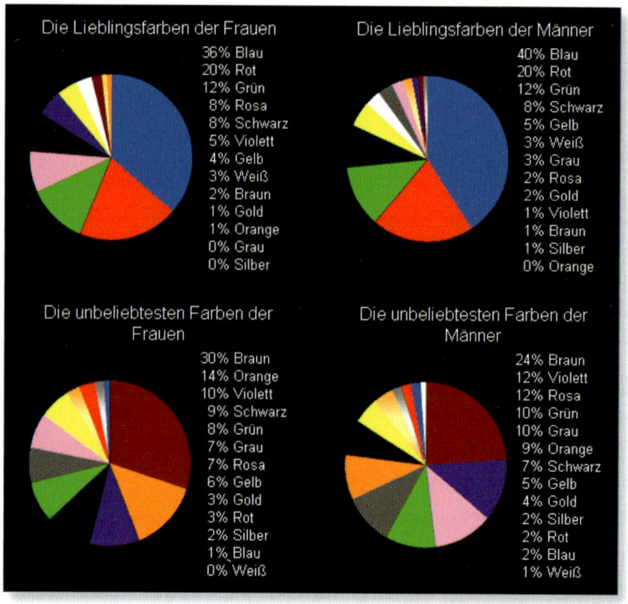

Abbildung 4.13 ►
Unbeliebt dagegen sind Braun, Orange und Violett.

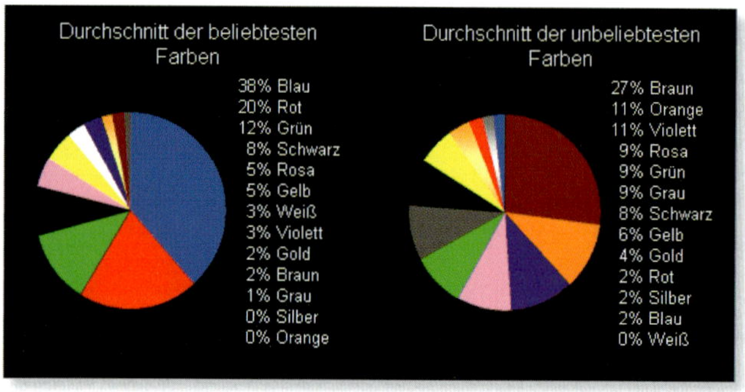

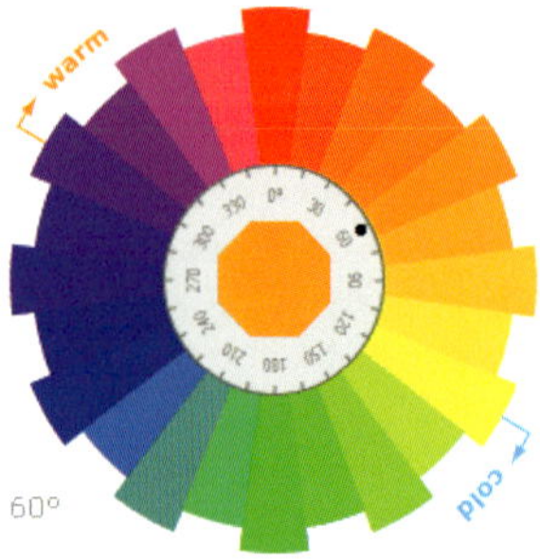

▲ Abbildung 4.14
Warme Farben fangen bei Violett an, kalte bei hellem Grün.

4.1.3 Farbtemperatur

Unterschiedliche Farben werden von uns gefühlsmäßig unterschiedlich empfunden. Eine aktive, lebendige und fröhliche Atmosphäre wird durch warmes Rot, Gelb und Orange erzeugt, da wir sie grundsätzlich mit Wärme assoziieren. Kalte Farben sind dagegen Blau/Blaugrün, die eher beruhigend und passiv wirken und für Stabilität, Seriosität und Fachkompetenz stehen.

4.1.4 Farbkreis

Verbindet man die Farben am Anfang und am Ende des Lichtspektrums und ordnet sie äquidistant an, so entsteht ein sogenannter *Farbkreis*. Dieser wird häufig verwendet, um die Zusammenhänge zwischen primären, sekundären und tertiären Farben leichter zu erkennen und funktionierende farbige Kontraste zu erzeugen.

RYB
RYB verwendet Rot, Gelb und Blau als Primärfarben und Orange, Grün und Rosa als Sekundärfarben. Für die Praxis ist dies jedoch nicht weiter wichtig, da dadurch bloß die Anordnung der Farben auf dem Kreis festgelegt wird.

Der Farbkreis stellt eine visuelle Repräsentation der Farben bezüglich ihrer chromatischen Beziehungen dar. In der Praxis verwendet man traditionsgemäß die Red-Yellow-Blue-Darstellung (RYB) des »Color Wheel«.

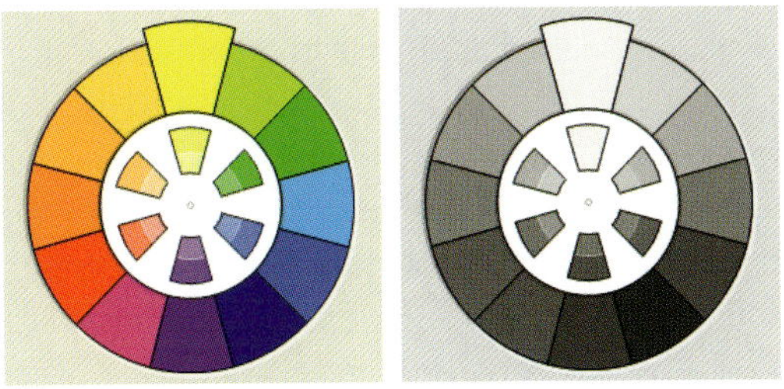

◀ **Abbildung 4.15**
Farbkreis in Color Schemer Pro

Auf dem Farbkreis unterscheidet man zwischen mehreren Farbgruppen und Farbtypen. Zu den *primären Farben* gehören die Grundfarben, die durch andere Farben nicht erzeugt werden können. *Sekundäre Farben* erreicht man durch die Mischung zweier Primärfarben. *Tertiäre* durch eine Mischung primärer und sekundärer Farbtöne.

Als *komplementäre Farben* bezeichnet man Töne, die auf dem Farbenkreis direkt gegenüberliegen (z. B. Orange und Blau). Benachbarte Farbtöne werden dagegen *analoge Farben* genannt (etwa Gelb, Hellgrün, Grün).

Farbkreis
Primäre Farben formen auf dem Farbkreis ein Dreieck, wobei sekundäre Farben jenseits der Geraden liegen, die jeweils zwei Grundfarben verbinden.

4.1.5 Farbkombinationen

Die Beziehungen zwischen den Farbtönen einer Farbpalette lassen auf die resultierende Wirkung des Seitenbildes schließen. In der Theorie der Farbenkreises spricht man dabei von sechs Grundbeziehungen der Farbkombinationen.

Neutrale Farbwirkung
Schwarz, Weiß und Grau wirken bei sämtlichen Farbkombinationen neutral und können eine Farbpalette immer ergänzen. Bei der monochromatischen Beziehung der Farben, die niedrigen Kontrast haben, kann Schwarz somit für die Vermehrung des Hell-Dunkel-Kontrasts sorgen.

Monochromatische Beziehung | Die *monochromatische Beziehung* beschreibt das Zusammenwirken der Farbtöne, die sich nur durch Variationen der Schattierung und/oder Transparenz voneinander unterscheiden. Sie entstammen derselben Grundfarbe und können deshalb fast immer eine harmonische Wirkung vorweisen. Deshalb eignen sie sich besonders gut für ein funktionierendes Design. Eine monochromatische Beziehung erzeugt eine neutrale, ruhige Mischung, in der Farben einander ergänzen und unterstützen. Sämtliche Inhalte können einheitlich, aber deshalb auch monoton, eintönig und reizlos erscheinen. Monochromatische Farben passen immer gut zusammen, da sie im Grunde genommen unterschiedliche Abstufungen voneinander sind. Beispiel: Hellblau, Blau, Dunkelblau.

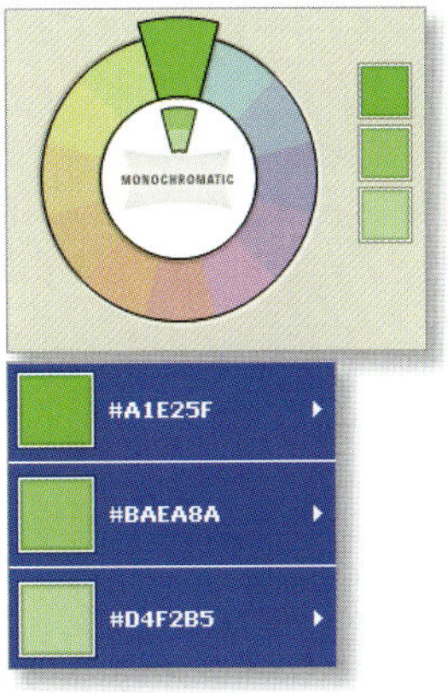

▲ **Abbildung 4.16**
Monochromatische Farbbeziehung

Aufgeteilte komplementäre Beziehung | *Aufgeteilte komplementäre Beziehung* beschreibt das Zusammenspiel einer Grundfarbe mit zwei weiteren Farben, die auf dem Farbenkreis von ihrem

Komplement gleich weit entfernt sind. Diese Beziehung reduziert den hohen Kontrast komplementärer Farben durch ihre Aufteilung in zwei analoge Farben. Somit wird ein »leichteres« Gegengewicht zu der Grundfarbe erzeugt. Beispiel: Grün, Hellrot, Dunkelrot.

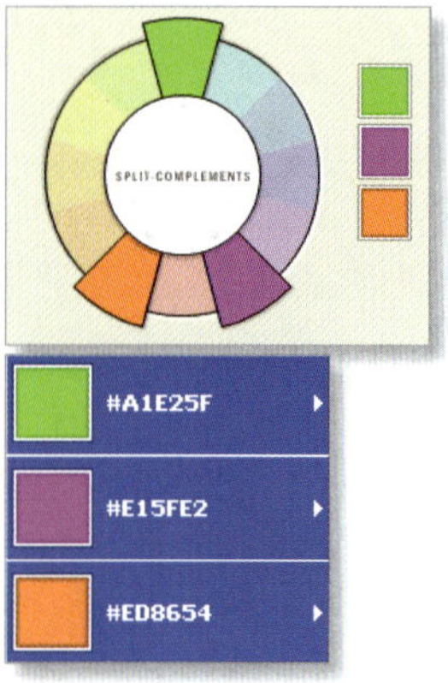

▲ **Abbildung 4.17**
Aufgeteilte komplementäre Farbbeziehung

Doppelt-Komplementäre Beziehung | Die *doppelt-komplementäre Beziehung* verwendet zwei Farbgruppen, deren Elemente (jeweils zwei Farbtöne) Komplementärfarben sind. Die Distanz zwischen Elementen einer Gruppe auf dem Farbenkreis wird identisch gewählt; ihr Abstand voneinander bestimmt den Kontrast der Farbkomposition. Diese Beziehung lässt komplementäre Farben zum einen einander ergänzen, zum anderen »schwächer« gegeneinander auftreten und einen bunten visuellen Kontrast erzeugen. Beispiel: Hellgrün, Dunkelgrün, Hellrot, Dunkelrot.

Triade-Beziehung | Die *Triade-Beziehung* bezieht sich auf die Wirkung von drei Farbtönen, die auf einem Farbenkreis äquidistant voneinander entfernt sind. Die Triade erzeugt eine gewisse Spannung, bewirkt jedoch eine Balance und sorgt für die Vielfältigkeit eingesetzter Töne. Beispiel: Grün, Orange, Violett.

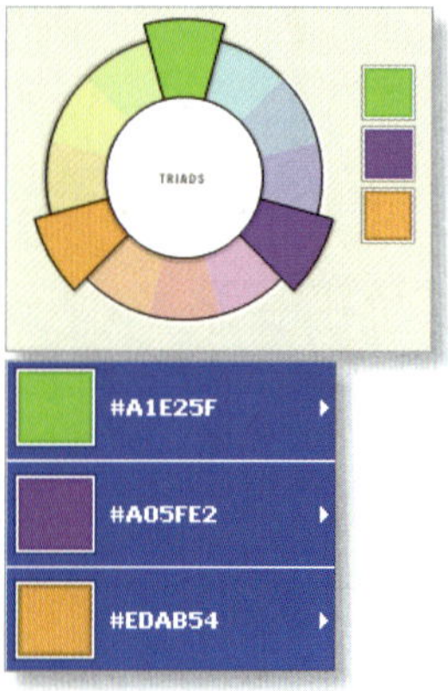

▲ **Abbildung 4.18**
Triade-Beziehung

Farbkomplexität begrenzen

Die Buntheit sollte in einem vernünftigen Rahmen geschehen (Vierer-Harmonie kann dabei als eine vernünftige Grenze dienen), da sonst zu viele Farben, die gleichzeitig auf einer Seite erscheinen, eine visuelle Belastung für den Anwender darstellen.

Durch weiteres gleichmäßiges Aufsplitten des Farbenkreises können weitere Farbschemata erzeugt werden. Dabei ist zu beachten, dass zwei Farben, die durch die Aufteilung der ursprünglichen (meistens einer komplementären) Farbe entstehen, den gleichen Winkelabstand zu ihr haben sollten, damit ein Gleichgewicht der Farbpalette erhalten bleibt.

Analoge und komplementäre Beziehung | Schließlich basieren die *analoge Beziehung* auf einem Spektrum benachbarter Farben und die *komplementäre Beziehung* auf Abstufungen komplementärer Farben, die den allzu hohen Kontrast reduzieren.

Bei der analogen Beziehung kann man eine Farbpalette zu einer *Farbreihe* entwickeln; dies geschieht, indem man wenige Grundfarben durch eine Familie (vier bis sechs Töne) aufeinander folgender Farben ersetzt. Bei komplementären Farben kann ein zu hoher Kontrast durch den Einsatz von sogenannten *unterstützenden*, in der Mitte zwischen den beiden Komplementärtönen liegenden, *Farben* relativiert werden (z. B. Magenta-Grün lässt sich durch Blau-Violett oder Dotter-Gelb »harmonisieren«).

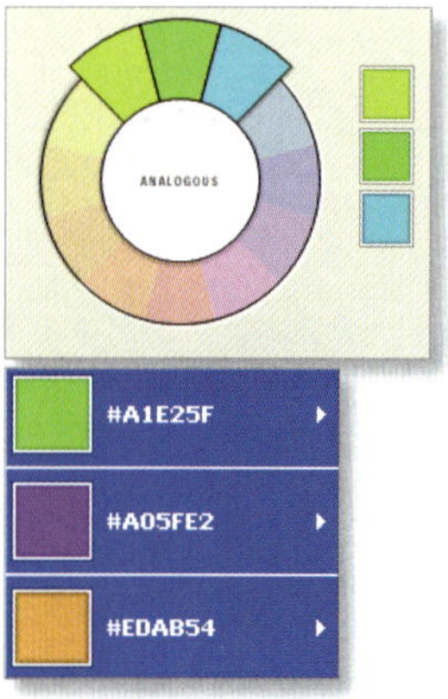

▲ **Abbildung 4.19**
Analoge Beziehung

4.1.6 Kontraste

Eine wichtige Funktion bei der Auswahl von Farbkompositionen übernehmen Kontraste. Die Wahrnehmung jeder Präsentation, bei der Farben zum Einsatz kommen, wird durch die Beziehung zwischen gewählten Haupt- (dominierende Farbe, meistens auf einen großen Anteil der Fläche verteilt) und Nebenfarben (begleitende Farben für farbige Akzente und Fließtext) entscheidend geprägt. Der Kontrast beschreibt die Intensität dieser Beziehung. Bei einem höheren Kontrast treten Inhalte deutlicher in Erscheinung, sind leserlicher und fallen schneller auf.

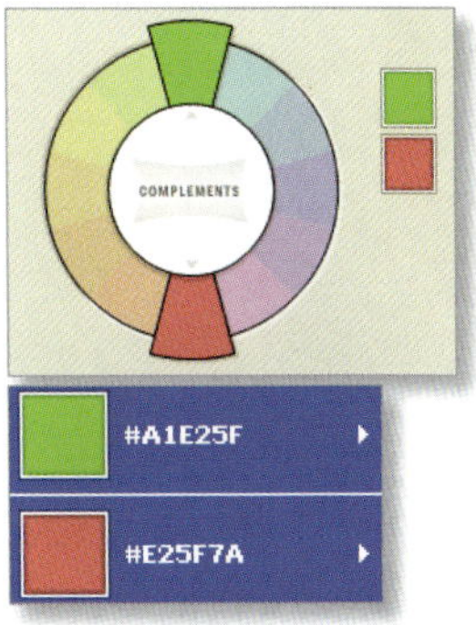

▲ **Abbildung 4.20**
Komplementäre Beziehung

◂ **Abbildung 4.21**
Der Kontrast zwischen Text und Hintergrundfarbe ist links deutlich niedriger als rechts. Dies wirkt sich auf die Lesbarkeit beider Bilder aus.

Die Farbtheorie gibt mehrere Strategien vor, mit denen sich Farbschemata mit optimalen Farbkontrasten auswählen lassen. Grundlegend sind dabei acht Arten von Farbkontrasten, die von Johannes Itten entdeckt und erforscht wurden. In seinen Studien machte sich Itten insbesondere die Intensität der begleitenden Töne zunutze, also Kontraste, die durch helle, moderate oder dunkle Abweichungen entstehen.

Farbharmonie

Maximale Harmonie wird erzeugt, wenn man bei einer Farbreihe auch Buntheit und Helligkeit aufeinander folgender Töne stufenweise verändert.

Kontrast durch Sättigung | *Kontrast durch Sättigung* wird durch die Zusammenstellung von hellen und dunklen Variationen einer Farbe erreicht, die mit jeweils hoher und niedriger Sättigung versehen werden. Es ist zu beachten, dass die Töne mit kleiner Sättigung heller erscheinen als die dunklen Abstufungen von Tönen mit höherer Sättigung.

▲ **Abbildung 4.22**
Hell-Dunkel-Kontrast in Farbe

▲ **Abbildung 4.23**
Hell-Dunkel-Kontrast in grauen Stufen

Kontraststärke

Im Allgemeinen sollten Inhalte, die zum Lesen gedacht sind, einen Kontrast von mindestens 80 % aufweisen, damit der Leser seine Augenmuskeln nicht zusätzlich anspannen muss. Zur Überprüfung dieses Faktors kann man sich *GrayBit* zunutze machen. Der Dienst zeigt eine Seite in Abstufungen von Grau. Vergleicht man anschließend die Farbe eines Objekts mit der seiner Umgebung, so kann man Rückschlüsse über den Kontrast ziehen.

▲ **Abbildung 4.24**
Hell-Dunkel-Kontrast kann sowohl bei monochromatischer Farbbeziehung als auch bei komplementärer Farbbeziehung verwendet werden. Er sorgt dafür, dass Flächen lebendig erscheinen und eine visuelle Spannung erzeugen.

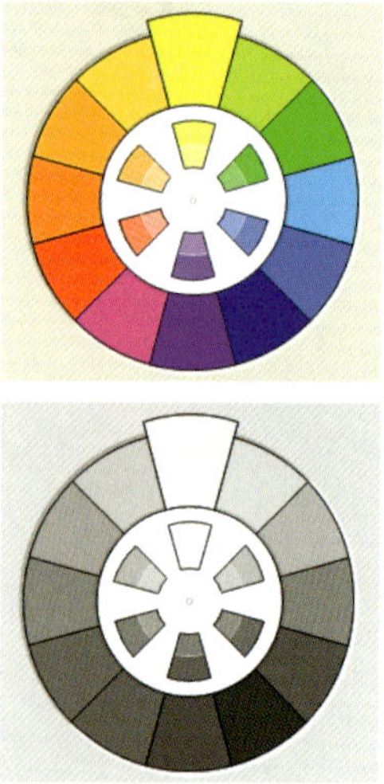

▲ **Abbildung 4.25**
Den stärksten Hell-Dunkel-Kontrast weisen Gelb, Violett und Blau vor, den schwächsten Rot und Violett sowie Hellorange und Hellgrün. Am hellsten ist Gelb, am dunkelsten Blau.

▲ **Abbildung 4.26**
Hell-Dunkel-Kontrast
in Abstufungen von Rosa

▲ **Abbildung 4.27**
Hell-Dunkel-Kontrast
in grauen Stufen

Abbildung 4.28 ▶
Schwacher Hell-Dunkel-Kontrast oben, starker Hell-Dunkel-Kontrast unten

Abbildung 4.29 ▶
Farbschema zum Hell-Dunkel-Kontrast

▲ **Abbildung 4.30**
Kontrast (fast) komplementärer Farben. Reine komplementäre Farben würden direkt ins Auge fallen und blendend wirken.

▲ **Abbildung 4.31**
Durch die Abschwächung der beiden Komplementärfarben wird der Kontrast zwischen dem grünen »e« und der rosa »2« schwächer.

Bunt-Unbunt-Kontrast | Einen *Bunt-Unbunt-Kontrast* erzeugen Farben mit verschiedener Strahlkraft, die durch ihre Buntheit bestimmt wird. Lebendige Farben wie helles Grün, Blau oder Rosa besitzen eine stärkere Strahlkraft als dunkle und graue Farbtöne.

▲ **Abbildung 4.32**
Bunt-Unbunt-Kontrast. Zuerst fällt der rechte obere Bereich auf. Nicht verwunderlich – er ist bunter als der Rest der Komposition.

▲ **Abbildung 4.33**
Bunt-Unbunt-Kontrast. Bunte Farben in der Mitte und im rechten Teil der Farbkomposition dominieren; unbunte, dunkle Töne wirken eher begleitend.

Kontrast durch Proportion | *Kontrast durch Proportion* (auch *Mengenkontrast* genannt) wird erreicht durch die Zuordnung von dominierenden Farben zu größeren Seitenflächen. Kleinere Flächen werden mit Nebenfarben versehen. Farbige Akzente können durch das Einfügen von kleinen hellen Blöcken innerhalb eines dunklen Layouts oder umgekehrt erzeugt werden.

Kleine Flächen

Eine kleine Fläche sollte nie mehr als 20 % der großen Fläche einnehmen.

Abbildung 4.34 ▸
Größere Flächen mit hellem Grün und Violett treten hervor. Sonstige Farben – auch sehr helles Grün (rechts unten), das in solcher Farbkomposition eher unharmonisch wirken würde, wirkt nicht so eindringlich, da ihm eine kleine Fläche zugeordnet wird.

Komplementärer Kontrast | *Komplementärer Kontrast* wird durch eine Komposition von Komplementärfarben erzeugt. Bei kräftigen Farben wie in der Abbildung 4.35 liegt dies in der grauen Zone zwischen Harmonie und Disharmonie.

Abbildung 4.35 ▸
Blau ist die Komplementärfarbe zu Gelb, dementsprechend ist der Kontrast zwischen beiden hoch. Die Rechtecke 1 und 2 besitzen dieselbe Farbe, werden aber in unterschiedlichen Kontexten unterschiedlich wahrgenommen. So erscheint Rechteck 1 bunter als 2, da es von bunten Farben umgeben ist, also in einem »bunten« Kontext hervortritt.

Simultaner Kontrast | *Simultaner Kontrast* entsteht, wenn komplementäre Farben häufig aneinander grenzen und somit leuchten lassen. Er wird in der Seitengestaltung eher selten benutzt.

Abbildung 4.36 ▸
Ein sehr hoher simultaner Kontrast. Das kleine Rechteck im rechten oberen Teil des blauen Quadrates wirkt trotz seiner Größe beinahe blendend, da es die komplementäre Farbe zu Blau hat. Hätte man das große, herausragende Rechteck mit dieser Farbe versehen, würde es sehr aufdringlich wirken.

Winkelkontrast | Einen *Winkelkontrast* erreicht man durch die Aufnahme von solchen Farben des Farbenkreises in die Farbpalette, die einen gleichen Winkelabstand voneinander haben. Diese Bedingung sichert die Harmonie der Farbpalette.

Temperaturkontrast | *Temperaturkontrast* basiert auf der Gegenüberstellung von kalt und heiß empfundenen Farben und ihren Abstufungen.

▲ **Abbildung 4.37**
Winkelkontrast

◄ **Abbildung 4.38**
Temperaturkontrast

Ist einer der erwähnten Kontraste in einem gegebenen Fall zu hoch, so verwendet man die *Auffächerung*, indem man eine Farbe durch eine Familie ihrer Nachbarn auf dem Farbenkreis ersetzt.

Als Faustregel für die Auswahl von Kontrasten können die folgenden, von *Metacolor.de* aufgestellten Richtlinien dienen: Bei mehreren Flächen (Blöcken) sollen

- mindestens zwei der Flächen einen Hell-Dunkel-Kontrast haben,
- alle Flächen miteinander eine Winkelharmonie bilden,
- mindestens zwei der Flächen einen Bunt-Unbunt-Kontrast bilden,
- mindestens zwei der Flächen einen Mengenkontrast bilden.

4.1.7 Kontext der Farben

Neben Farbpaletten spielt auch der Kontext, in dem sie eingesetzt werden, eine immense Rolle für die Wirkung einer Seite. Die zusammengestellten Farben können den Gesamteindruck einer Seite allein für sich genommen nur wenig beeinflussen. Unter anderem prägen Farbassoziationen, Verteilung der Farben auf Flächen, Kontraste sowie das Zusammenspiel der Hintergrund-Fließtext-Töne den visuellen Gesamteindruck entscheidend.

Haupt- und Nebenfarben

Die Komposition der gewählten Hauptfarben mit Nebenfarben prägt die Farbwirkung der Seite.

Nach einer bewährten Faustregel sollte man sich bei der Zusammensetzung von Farbpaletten höchstens auf drei oder vier dominierende Hauptfarben (d. h. mehr oder weniger gleich stark verteilt auf der Seitenfläche) beschränken. Bei Farben für Akzente und Verweise hat man zwar mehr Möglichkeiten, doch auch mit ihnen sollte man sehr sparsam umgehen. Auch bei Links sollten höchstens drei Arten der Auszeichnung vorliegen. Das Seitenbild kann durch die verschiedenen Zustände der Links, die Farben der Navigationsmenüs und die Hauptfarben der Kopf- und Fuß-

Bereiche sehr schnell sehr bunt werden. Konsequenz: Es entsteht ein visueller Eindruck, der verwirrend wirkt und die Wahrnehmung von Inhalten erschwert.

Falsch eingesetzt, können Farbpaletten nicht nur ihre Bedeutung verlieren, sondern auch falsche Assoziationen hervorrufen.

4.2 Farbtheorie in der Praxis

Primäre Farben
Primäre Farben vermitteln die Dringlichkeit eines Sachverhalts.

Primäre Farben (Rot, Gelb, Blau) werden in der Praxis gebraucht, wenn die Dringlichkeit eines Sachverhalts oder besondere Eigenschaften eines Produkts deutlich vermittelt werden soll. Zusammengestellt auf einer Seite, sorgen sie für einen intensiven visuellen Effekt, der durch das Zusammentreffen von bunten Farben auf dem Farbenkreis zustande kommt.

Sekundäre Farben
Sekundäre Farben wirken neutral und erzeugen eine visuelle Balance.

Sekundäre Farben (Orange, Grün, Violett) befinden sich zwischen den Primärfarben. Ihre Position gibt Auskunft darüber, wie sie entstanden sind. Bewegt man sich auf dem Farbenkreis in Richtung einer der beiden Primärfarben, so erhält man dunklere bzw. hellere Töne in Richtung einer der Grundfarben. Sekundäre Farben wirken neutraler, sogar leicht spielerisch, dennoch elegant und solide. Sie erzeugen ein Gefühl des Wohlbefindens und einer visuellen Balance.

Tertiäre Farben (etwa helles Grün) können im Design benutzt werden, um eine einladende Wirkung zu erzielen. Sie wirken freundlich und angenehm, sind aber dennoch in der Lage, um einer Webseite einen visuell ansprechenden Charakter zu verleihen.

▲ **Abbildung 4.39**
Sekundäre Farben: Orange, Grün, Violett

▲ **Abbildung 4.40**
Primäre Farben im Überblick: Rot, Gelb, Blau

▲ **Abbildung 4.41**
Komplementäre Farben, wie z. B. Rot und Grün oder Blau und Orange, werden selten zusammen in voller Sättigung benutzt.

▲ **Abbildung 4.42**
Tertiäre Farben: Lila, helles Grün, helles Orange

Komplementäre Farben, wie z. B. Rot und Grün oder Blau und Orange, werden selten zusammen in voller Sättigung benutzt, da sie extrem lebhaft sind und einen großen Kontrast erzeugen. Dennoch sind sie recht nützlich, wenn man einen Aspekt besonders betonen will, dies jedoch nicht durch eine entsprechende Schriftgröße realisieren will. Ein kleiner blauer Punkt auf oranger Oberfläche fällt z. B. sofort auf und wirkt fast blendend. Komplementärfarben vermitteln Stärke und Stabilität, sie können sich gegenseitig leuchtend erscheinen lassen.

▲ **Abbildung 4.43**
Kleiner blauer Punkt auf oranger Fläche.

◂ **Abbildung 4.44**
Die Komplementärfarben Rot und Grün werden durch die dazwischen auf dem Farbenkreis liegende braune Farbe abgeschwächt.

Um den hohen Kontrast von Komplementärfarben dennoch ausnutzen zu können, nimmt man in der Praxis zusätzlich eine dunkle Mischung von beiden Tönen in die Farbpalette auf. Sie schafft praktisch einen Übergang von einem Extremum zu einem anderen. Der resultierende Effekt ist eine neutrale Farbkomposition, die angenehm wirkt und Inhalte klar zum Ausdruck bringt.

◂ **Abbildung 4.45**
Analoge Farben erzeugen wenig Kontrast.

Analoge Farben passen meistens sehr gut zusammen, da sie auf dem Farbenkreis direkt benachbart sind. Sie erzeugen einen schwachen Kontrast, wodurch sich zwei Bereiche sehr unterschiedlicher Thematik sehr schwach voneinander trennen lassen.

Analoge Farben sind ein Muss, da sie insbesondere bei Fließtexten eine optimale Lesbarkeit erzeugen können. Neben einer harmonischen Farbwahrnehmung erzeugen sie ein klares Bild.

Noch besser passen monochromatische Farben zueinander, da sie noch näher verwandt sind als benachbarte analoge Farben. Deshalb verwendet man bei hellen Designs häufig dunkle Abstufungen der Hintergrundfarbe für die Auszeichnung von Fließtexten.

Farbhelligkeit

Auch durch die Farbhelligkeit kann man die Aufmerksamkeit der Besucher auf gewisse Seitenelemente lenken. Helle und hochgesättigte Farben werden länger betrachtet als ihr Gegenteil, da dunkle Farben intensiver und »schwerer« sind und stärker wirken. Deshalb werden meistens zuerst helle Elemente und anschließend dunkle Objekte betrachtet. Starke Sättigungsunterschiede fallen schneller auf.

Abbildung 4.46 ▸
Monochromatische Farbbeziehung ist immer harmonisch, kann jedoch nur einen niedrigen Kontrast vorweisen.

4.3 RGB und CMYK in der Praxis

Auf dem Bildschirm ergeben Kombinationen von den Spektralfarben Rot, Blau und Grün die Leuchtfarbe jedes angezeigten Pixels. In der Webseitengestaltung werden Farben analog direkt über die RGB-Darstellung oder durch hexadezimale Werte in (X)HTML- und CSS-Dateien definiert.

Bei der RGB-Darstellung gibt man an, welche Intensität jede der drei Grundfarben haben soll. Pro Spalte lassen sich 256 Werte für die roten, grünen und blauen Bereiche angeben (0 – 255). Sie werden der Reihe nach angegeben: etwa über `background-color: rgb(255, 255, 255);` für die Hintergrundfarbe Weiß.

Hexadezimale Werte stellen eine Umrechnung von RGB-Werten in das Hexadezimal-System dar. Somit entspricht 255 in RGB dem Wert FF im Hexadezimalsystem. Die Deklaration `background-color: #ffffff;` steht somit für die Intensität FF = 255 für Rot, Grün und Blau. Das Ergebnis ist wiederum eine weiße Hintergrundfarbe.

An dieser Stelle sollte man anmerken, dass Webentwickler auch bei der Farbdarstellung nicht von einer einheitlichen Interpretation der Farben auf dem Bildschirm des Anwenders ausgehen können. Unterschiedliche Bildschirme können gleiche Farben unterschiedlich anzeigen (dies liegt an integrierten Farbprofilen bei verschiedenen Konfigurationen). Außerdem können Anwender ihre Bildschirmeinstellungen manuell beliebig festlegen.

In der Praxis sollte man sich bei der Gestaltung von Drucklayouts von Fließtexten mit der CMYK-Palette begnügen, damit die Darstellung auf dem Bildschirm auch in der ausgedruckten Version erhalten bleibt. Werden bei Printversionen der Seiten überwiegend RGB-Farben verwendet, so können sie beim Druck verlorengehen. Dies kann unter Umständen die Unlesbarkeit des gesamten Layouts zur Folge haben.

Farbspektrum

Das sichtbare Farbspektrum enthält Milliarden von Farben. Ein Bildschirm kann Millionen davon darstellen (»true color«, 16 Millionen Farben); bei einem überdurchschnittlich guten Drucker hat man mit Tausenden von Farben zu rechnen. Ältere Rechner können dagegen höchstens 256 Farben anzeigen; diese werden seit 1995 zu den »websafe-colors« gezählt.

Einige Webentwickler arbeiten immer noch mit 256 »websicheren« (*Web-Safe*) Farben, die in allen Systemen »identisch« angezeigt werden. Ob diese Einstellung angesichts der Entwicklung moderner Bildschirme zeitgemäß ist, ist fraglich. Meistens kann man aber die CMYK-Palette ohne Bedenken verwenden. Web-Safe-Palette ist nicht mit *Web-Smart*-Palette zu verwechseln; die Letztere arbeitet mit 4.096 Farben, die aus drei Paaren identischer hexadezimaler Ziffern (0–9 und a–f, wie etwa #aa1100) zusammengesetzt sind. Optimal werden sie auf Bildschirmen mit einer Farbtiefe ab 16 Bit angezeigt und sind daher beim Design zu empfehlen.

Aus praktischen Gesichtspunkten ist außerdem zu beachten, dass Farben auf einem Bildschirm eine deutlich schwächere Intensität besitzen als diejenigen aus einer Malertube. Dennoch lassen sich durch konventionelle Ansätze aus der Farbtheorie durchaus realistische Effekte erzeugen.

Rot und Grün

Rot und Grün aus unserer natürlichen Umgebung sind erwartungsgemäß weit bunter und kräftiger als entsprechende Farben auf einem Bildschirm.

4.4 Farbpalette im Web 2.0

In einem direkten Vergleich mit der Farbgestaltung vor dem Web 2.0 fallen bei modernen Farbpaletten insbesondere zwei gestalterische Merkmale auf.

Zum einen tritt die Klarheit und Deutlichkeit der Inhalte immer stärker in Vordergrund – häufig auch mit einem Hang zum Minimalismus. Beliebte Farben bei dazugehörigen Designs sind neutral, ruhig und angenehm. Sie sollen insbesondere durch ein intuitives Seitenbild überzeugen. Zu diesem Zweck wird manchmal auch eine »reine« Schwarz-auf-Weiß-Gestaltung benutzt; in der Praxis ist sie jedoch überraschenderweise relativ schwer zu realisieren. Grund: Akzente, die man sonst mithilfe der Farben setzen könnte, muss man bei solchen Designs mit einer Farbe gestalten, gleichzeitig aber dafür sorgen, dass sie tatsächlich hervortreten – auch wenn alles sonst in schwarzen Tönen gehalten wird.

Dennoch wirkt diese »Zweierpalette« bei einer geschickten Umsetzung teilweise stärker und eindrucksvoller.

Zum anderen ist eine zunehmende Buntheit von Webauftritten zu beobachten. Diese werden häufig mit kräftigen und leuchtenden Farben versehen. Designs solcher Art setzen vorrangig auf einen emotionalen Eindruck und binden »schicke« grafische Elemente großzügig in die Seitenstruktur ein. Beispielsweise um ein Produkt oder einen Dienst möglichst ansprechend zu präsentieren.

▲ **Abbildung 4.47**
Subtraction.com ist komplett in Schwarz/Weiß gestaltet. Die Seite verbindet eine beispielhafte Usability mit einem soliden und eleganten Eindruck.

▲ **Abbildung 4.48**
Bunte Farben und »schicke« grafische Elemente im Einsatz. (Quelle: Sebdesign.eu)

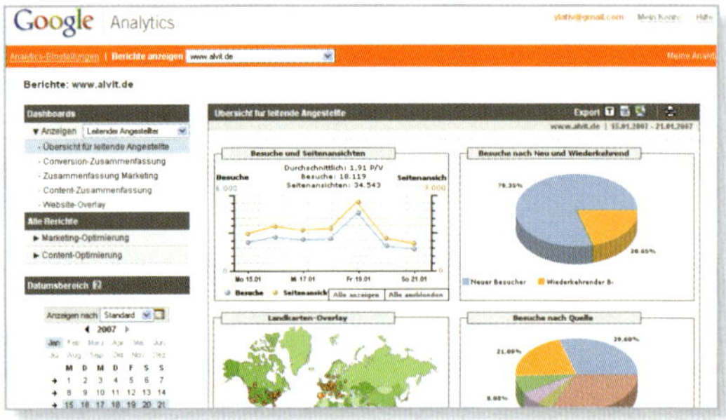

▲ **Abbildung 4.49**
Neutrale Farben bei Google Analytics (Quelle: www.google.com/analytics)

▲ **Abbildung 4.50**
Neutrale Farben bei A List Apart (Quelle: www.alistapart.com)

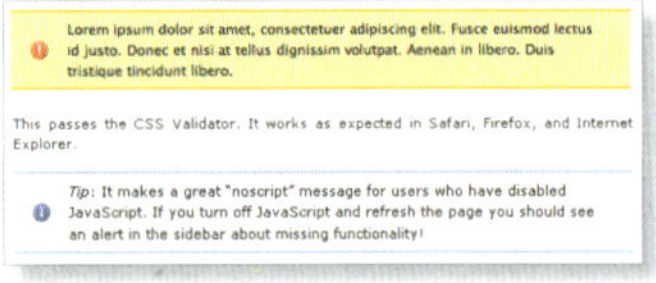

▲ **Abbildung 4.51**
Neutrale Farben im Einsatz, z. B. für Design von Warnungen, Tipps oder Hints. Im Beispiel: CSS Alert Message (Quelle: *http://www.bioneural.net/2006/04/01/create-a-valid-css-alert-message* Linkcode 77).

4.4.1 Neutrale, passive Farben

Unter den neutralen passiven Farben gelten Weiß und Grau als klare Favoriten. In Designs, die stärker auf Einfachheit und White Space setzen, sind sie häufig die erste Wahl, wenn es um eine simple und intuitive Farbgestaltung im Web 2.0-Look geht. Um eine monotone Seitengestaltung zu vermeiden, werden beide Töne häufig durch helle Variationen von Grundfarben – etwa halbtransparentes helles Grün, Blau oder Rot – unterstützt. Diese können sowohl eine begleitende als auch eine aktive Rolle übernehmen. So kann man sie für farbige Akzente und Betonungen verwenden oder für Seitenelemente, die hervorgehoben werden müssen – etwa ein Navigationsmenü oder einen Footer.

Eine freundliche und entspannende Wirkung kann auch durch wenig aussagekräftiges Grau und Braun erzeugt werden. In Kombination mit jeder anderen Farbe weisen sie kaum Kontrast auf.

Matt und ruhig wirkend, lassen sich beide Farben am besten als begleitende Töne einsetzen und dominierende Hintergrundfarben damit stärker in Erscheinung treten.

Farben, die sich von Hauptfarben nur durch wenige Abstufungen unterscheiden, wirken in der Umgebung von Hauptfarben ruhig und neutral. Dies wird im Web 2.0 häufig ausgenutzt, zum Teil um ein abgerundetes Bild zu erzeugen.

Im Fließtext können neutrale Farben benutzt werden, um die Aufmerksamkeit des Seitenbesuchers auf gewisse Aspekte zu lenken. Schwach gesättigtes Gelb und Blau können dabei beispielsweise für Warnmeldungen oder Zusammenfassungen eingesetzt werden. Sie fallen schneller auf, wirken angenehm und nicht zu eindringlich und werden als solche auch benutzerfreundlich empfunden.

Weißer Hintergrund

Auf weißem Hintergrund wirkt jede nur wenig gesättigte Farbe neutral. Diese kann benutzt werden, um bestimmte Inhalte hervorzuheben oder den Hover-Zustand der Links benutzerfreundlich zu gestalten.

◀ **Abbildung 4.52**
Neutrales Gelb als ruhige Hintergrundfarbe für Formulare (Quelle: *http://www.markboulton.co.uk/portfolio/detail/international_baccalaureate_organization* Linkcode 078, *http://www.alistapart.com/articles/prettyaccessibleforms* Linkcode 079)

Eine weitere Anwendung wird durch die Gestaltung von Online-Formularen geliefert. Angenehme, beinahe sanfte Farben kommen dabei häufig zum Einsatz.

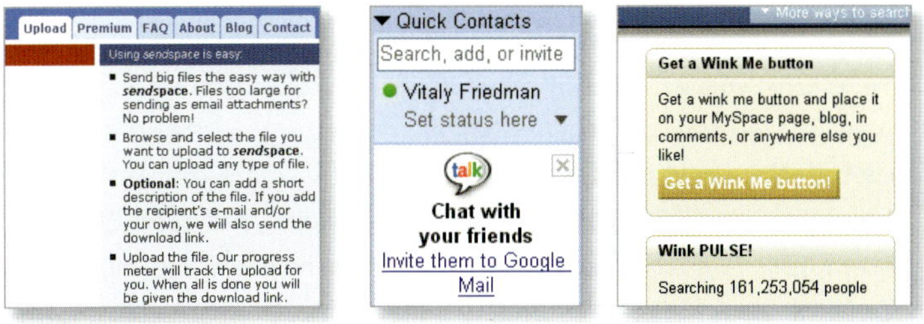

▲ **Abbildung 4.53**
Neutrale Farben sind sympathisch und angenehm. Sie wirken als unterstützender visueller Inhalt und erleichtern das Lesen und Auffinden von Inhalten (Quelle: Sendspace.com, Gmail.com, Wink.com).

Neutrale Farben vermitteln visuelle Ruhe. Sie erscheinen zart, mild und weich und dominieren deshalb in Webprojekten, die vor allem auf einen angenehmen, sanften Eindruck setzen. Daher werden helle Designs den dunklen Entwürfen so gut wie immer vorgezogen.

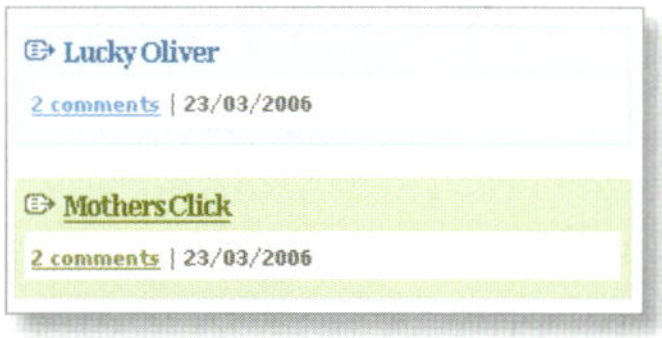

▲ **Abbildung 4.54**
cssvault.com

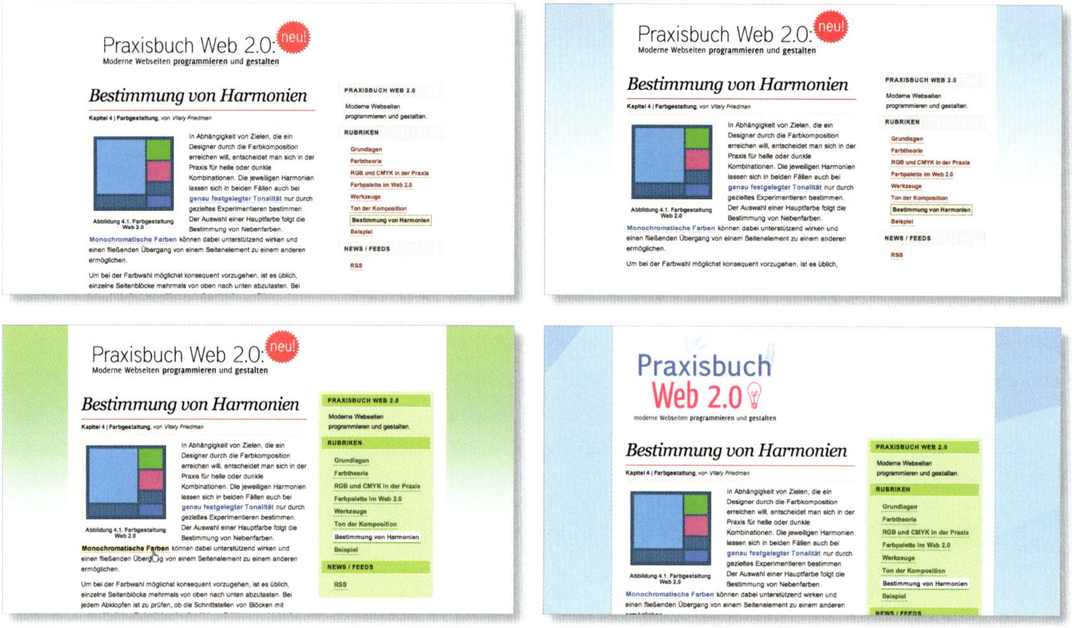

Abbildung 4.56 ▲
Aktive und neutrale Farben im Einsatz. So gelangt man von einem schlichten Layout zu einer harmonischen Farbkomposition.

▲ **Abbildung 4.55**
Neutrale Farben im Überblick

Dunkle Designs

Insbesondere bei dunklen Designs zeigen bunte Farben ihre Stärken und bieten ein beeindruckendes Seitenbild.

4.4.2 Bunte, aktive Farben

Um Emotionen hervorzurufen, muss man Seitenbesuchern ein Bild anbieten, das attraktiv und ansprechend wirkt. Wichtig ist dabei, dass die Schwerpunkte des Auftritts sofort deutlich werden und dass die Seitenpräsentation sympathisch genug ist.

Bunte Farben stellen in diesem Zusammenhang ein mächtiges Werkzeug dar, mit dem sich eben dies besonders gut bewerkstelligen lässt. In Kombinationen miteinander verwendet, können Grün, Orange, Rosa und Blau erfrischend und glänzend wirken und einer Webseite dadurch mehr Lebendigkeit und eine visuelle Ästhetik verleihen. Auch ist es in der Regel wichtig, das Image bzw. den Tätigkeitsbereich eines Kunden nicht nur möglichst realitätsnah, sondern auch möglichst attraktiv ins Web zu übertragen. Bei Aufgaben solcher Art können bunte Töne eine neue Dynamik innerhalb einer Webseite erzeugen.

Bei bunten Designs ist der Einsatz von kräftigen Farben bedeutend; sie sollen sich einprägen und erscheinen deshalb häufig in voller Sättigung. »Aktive« Farbkompositionen sind intensiv und lebhaft.

Meistens bedienen sich Designer bei »aktiven« Farbpaletten leichter Abstufungen komplementärer Farben. Die daraus resultierenden Farbpaletten stellen Kombinationen primärer, sekundärer und tertiärer Farben dar.

Bunte Farben findet man insbesondere in Logotypen und Überschriften moderner Web 2.0-Applikationen. Diese treten aber auch als Nebenfarben in der gesamten Seitenkomposition auf und sollen für ein abgerundetes Konzept und Dominanz der Corporate Identity auf der Seite sorgen.

▼ Abbildung 4.57
Bunte Logos und Überschriften im Web 2.0

Hellblau, Grün und helles Violett sind optimal, um die Seite anziehend und schick aussehen zu lassen. Sie wirken erfrischend und edel, da sie mit Natur, Schönheit und Reichtum in Verbindung gebracht werden. Insbesondere wird Grün als Ausgleich zwischen kaltem Blau und heißem Rot empfunden und kann einen hohen Kontrast zwischen blauen und roten Farbtönen relativieren.

▲ **Abbildung 4.58**
Bunte Farben im Überblick

▲ **Abbildung 4.59**
Dunkle bunte Farben im Überblick

Um die Attraktivität der Farbpalette auch bei professionellen Webauftritten nicht zu stark reduzieren zu müssen, verwendet man im Web 2.0 häufig dunkle Abstufungen der bunten Töne. Wegen schwächerer Sättigung fallen sie nicht so stark auf, erzeugen aber einen seriösen Eindruck.

▼ **Abbildung 4.60**
Beispiele für die Verwendung von dunklen bunten Farben

4.4.3 Weiß auf Schwarz oder Schwarz auf Weiß

Die Frage, wie man angesichts vorgegebener Projektziele einerseits optimale Lesbarkeit der Inhalte und anderseits eine visuelle und grafische Balance erreicht, wird in erster Linie durch die Seitenstruktur sowie die Auswahl und den Einsatz der Farbpalette entschieden. Grundsätzlich müssen sich Designer bereits am Anfang für eine passive und neutrale (häufig Weiß) oder aktive und lebhafte (häufig Schwarz, alternativ – bunte Farben) Hauptfarbe entscheiden.

Dabei lässt sich die Frage, ob ein dunkler oder ein heller Entwurf (bezogen auf die Hauptfarbe) für einen Webauftritt besser geeignet ist, im Allgemeinen nur schwer beantworten, da dies

Dunkle Designs

Einer der Gründe für die Tendenz zu dunklen Designs ist die farbenfrohe Präsentation von Seiteninhalten, die im Web 2.0 so stark wie nie zuvor angestrebt wird. Bei solchen Konzepten verdrängen visuelles Design und Grafik schlichte, rein textbasierte Konzepte, die durch reine Information überzeugen wollen.

von konkreten Intentionen des Auftraggebers abhängt. Dennoch kann man gewisse Faustregeln angeben, die Sie bei der Erarbeitung Ihrer Entwürfe berücksichtigen sollten.

In den letzten Jahren zeigt sich unter Designern die zunehmende Tendenz, den »invertierten« Ansatz – helle Fließtexte auf dunklen Hintergründen – dem konventionellen Schwarz-auf-Weiß vorzuziehen. Dies stößt bei Usability-Experten häufig auf Skepsis, da eine benutzerfreundliche Realisierung dunkler Ansätze eine recht komplexe (und im Vergleich zum üblichen Ansatz sicherlich komplexere) Angelegenheit ist, bei der allzu häufig Usability-Probleme auftauchen und gravierende Fehler gemacht werden. Das Letztere betrifft vor allem die Wahrnehmung von Seiteninhalten.

Dunkle Hintergrundtöne
Dunkle Hintergrundtöne können den sogenannten *Aesthetic Usability Effect* erzeugen. Ob er mit konventioneller Usability gleichgestellt werden kann, ist fraglich.

Im Allgemeinen wird schwarzer Text auf weißem Hintergrund schneller und effizienter gelesen. Auch bei langen Textpassagen wird ein durchschnittlicher Leser durch Schwarz-auf-Weiß besser bedient, unabhängig von gewählter Schriftgröße und Textdarstellung. Bei kürzeren Beiträgen zeigen dagegen dunkle Ansätze ihre Stärke, da Sie Inhalte äußerst ansprechend präsentieren können. In diesem Zusammenhang sprechen Experten auch vom *Aesthetic Usability Effect* dunkler Designs.

Hell und Dunkel
Hell und Dunkel beziehen sich in diesem Kontext nicht nur auf weiße und schwarze Farben, sondern auch auf bunte helle (z. B. helles Grün) und bunte schwarze (dunkles Rosa) Töne.

Und in der Tat werden dunkle Designs meistens nicht wegen ihrer Mängel an Ästhetik kritisiert. Überwiegend werden ihre grundsätzlichen Probleme mit der Lesbarkeit von Texten bemängelt. Das Lesen von längeren Beiträgen wirkt auf dunklen Hintergründen sehr schnell ermüdend, auch wenn ein optimaler Kontrast eingestellt ist. Deshalb eignen sich helle Hintergründe in der Regel besser für mehrseitige Publikationen oder auch relativ umfangreiche Artikel, die man bei großen Webauftritten solider Unternehmen oder Online-Zeitungen findet. Kurze Produktpräsentationen, Fotogalerien, Portfolios aber auch Auftritte, die auf ein bestimmtes Zielpublikum gerichtet sind, können sich auch dunklere Töne leisten. Etwa um einen starken visuellen Eindruck zu hinterlassen und eine Botschaft besonders stark zum Ausdruck zu bringen.

Außerdem ist es sinnvoll, bei der Auswahl der Hauptfarbe die Häufigkeit, mit der die Leser die Seite besuchen sollen, in die Gesamtüberlegung einzubeziehen. Dunkle Farbtöne wirken intensiver als helle und werden deshalb meistens »schwer« empfunden. Bei regelmäßigen Besuchen werden dunkle Töne deshalb im Allgemeinen eher lästig wirken und sollten deshalb vermieden werden. Eine konsistente Abstimmung von Kontrasten ist insbesondere bei dunklen Designs von Bedeutung. Nicht klar genug dargestellte Textinhalte verwirren das Auge des Betrachters. Bei hellen Layouts wird das Problem relativiert, weil man in der Regel mit wenigen unruhigen Kontrasten zu tun hat.

HINWEIS

Bei dunklen Designs ist eine konsistente Abstimmung von Konstrasten besonders zu beachten. Eine harmonische Darstellung ist bei dunklen Designs schwerer zu erreichen als bei hellen Designs.

4.5 Werkzeuge für die Farbauswahl

Doch ob Schwarz oder Weiß, ohne geeignete Hilfsmittel kommen weder Einsteiger noch Profis mit der Auswahl einer »wirkenden« Farbpalette zurecht. Ein gut ausgestatteter Werkzeugkasten kann Ihnen helfen, auf die Spuren harmonischer Kombinationen sowie visueller Fehler zu kommen. Es folgt eine Übersicht nützlicher Farbwerkzeuge im Schnelldurchlauf.

4.5.1 Grundfarben auswählen

500+ Colors (*http://cloford.com/resources/colours/500col.htm* Linkcode 080) stellt über 500 Farben mit HEX- und RGB-Werten in einer kompakten Tabelle zusammen. Klickt man auf den Namen der Farbe, so wird der Hintergrund auf die entsprechende Farbe gesetzt. Das Tool leistet seinen Dienst meisterhaft, wenn es um die Auswahl passender Fließtextfarben zu einer Hintergrundfarbe geht. Ähnlich funktioniert *Web Color Visualizer* (*http://www.ideo.com/visualizer.htm* Linkcode 081).

4.5.2 Farben mischen

Color Blender (*http://meyerweb.com/eric/tools/color-blend* Linkcode 082) vermischt zwei Farben, indem er Abstufungen erzeugt, die von einer Farbe zur anderen führen. Die Anzahl der Variationen kann der Benutzer selbst definieren. Das Werkzeug kann benutzt werden, um »glatte« Übergänge zu schaffen und diese natürlicher erscheinen zu lassen.

Abbildung 4.61 ▼
Web Color Visualizer (Quelle: *http://www.ideo.com/visualizer.html* Linkcode 083) veranschaulicht hexadezimale Farbwerte.

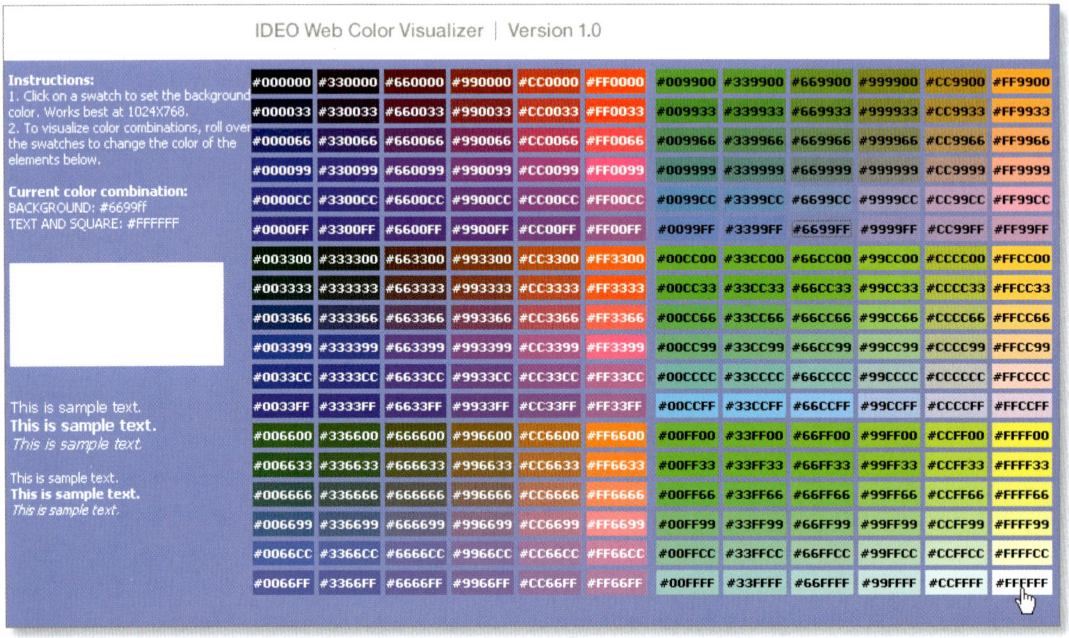

4.5.3 Farbpaletten wählen

Auf dem *4096 Color Wheel* (*http://www.ficml.org/jemimap/style/color/wheel.html* Linkcode 084) kann man Farben auf dem Farbenkreis stufenweise abtasten und optimale Farben nacheinander ablegen. Anschließend können Sie auswählen, ob Sie *Web-Safe*, *Web-Smart* oder *Web-Unsafe-Palette* verwenden möchten.

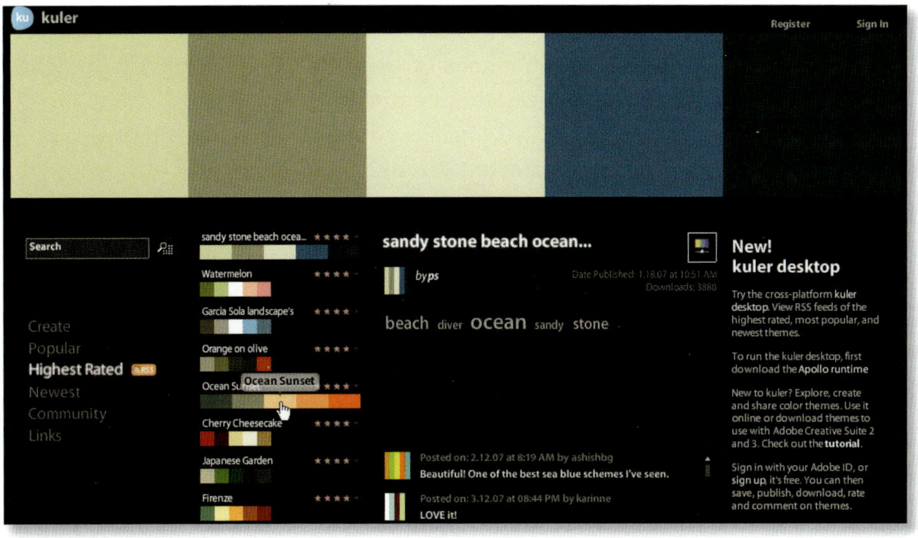

▲ **Abbildung 4.62**
Adobe Kuler (kuler.adobe.com) lässt Designer Farbschemata hinzufügen, bewerten und mittels RSS abonnieren.

▲ **Abbildung 4.63**
Daily Color Scheme (beta.dailycolorscheme.com) liefert jeden Tag eine neue harmoische Farbpalette.

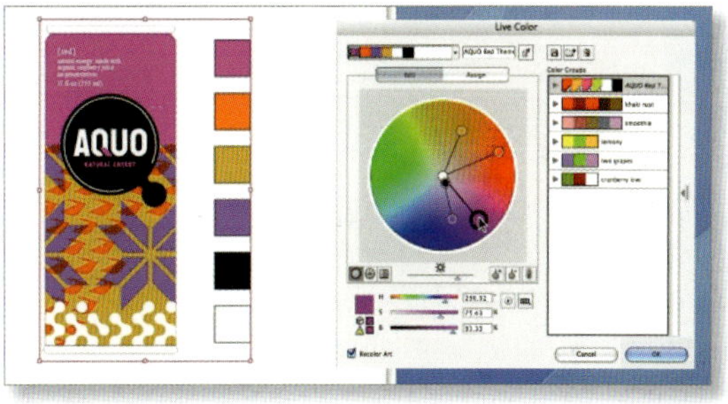

▲ **Abbildung 4.64**
Color Live-Werkzeug in Illustrator CS 3

Die Inspiration für die Palette einer Webseite lässt sich häufig aus Galerien von Farbpaletten gewinnen. Eine harmonische Farbkomposition findet man zum Beispiel bei

- *Adobe Kuler* (*http://kuler.adobe.com*) lässt Designer Farbschemata hinzufügen, bewerten und die populärsten Einträge via RSS abonnieren.

▲ **Abbildung 4.65**
Color Palette Generator (*http://www.degraeve.com/color-palette* Linkcode 86) kann Farbschemata automatisch aus Bildern generieren.

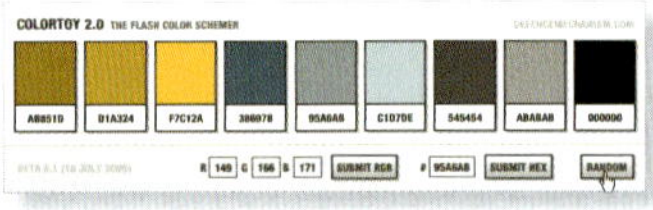

▲ **Abbildung 4.66**
Colortoy 2.0 (http://www.defencemechanism.com/color) erzeugte harmonische Farbschemata zufällig oder zu einer vorgegebenen Grundfarbe.

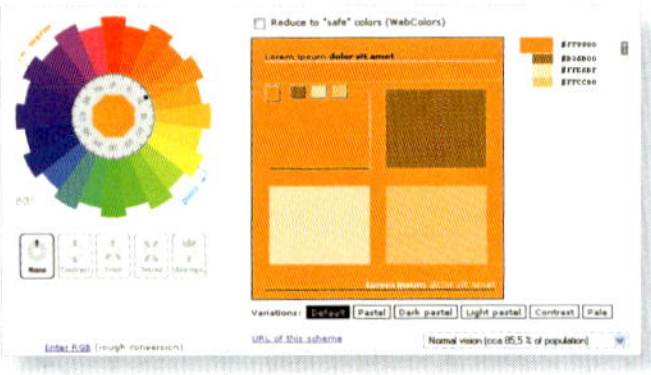

▲ **Abbildung 4.67**
Mit Color Scheme Generator lassen sich mehrere Arten der Farbkombinationen online bestimmen.

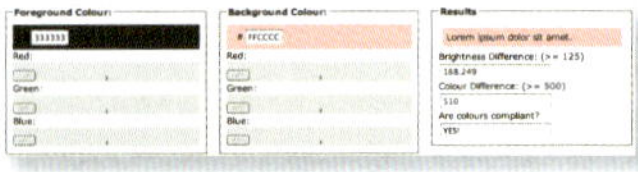

▲ **Abbildung 4.68**
Colour Contrast Check auf http://www.snook.ca

- *colordb* (*http://pourpre.com/colordb/?l=eng* Linkcode 85)
- *Color Combos* (*http://www.colorcombos.com*)
- *ColourLovers* (*http://www.colourlovers.com*)
- *Daily ColorScheme* (*http://beta.dailycolorscheme.com*) und
- *Color Schemer* (*http://www.colorschemer.com/schemes*).

Erwähnenswert ist in diesem Zusammenhang das Live-Color-Werkzeug in Adobe Illustrator CS3. Mit dem integrierten Tool lassen sich harmonische Farbschemata und deren Modifikationen effizient in Echtzeit bestimmen.

4.5.4 Farbpaletten erzeugen

Um eine Farbkombination aus einem Bild automatisch generieren zu lassen, kann man *Color Palette Generator* (*http://www.degraeve.com/color-palette*) verwenden. Dem Anwender werden zwei Paletten (*dull* und *vibrant*) bereitgestellt, die sich durch die Sättigung der verwendeten Farben unterscheiden. Die Palette einer Webseite kann via *RedAlt* (*http://redalt.com/Tools/I+Like+Your+Colors* Linkcode 087) ermittelt werden.

Monochromatische Farbpaletten lassen sich mit *Color Palette Creator* (*http://slayeroffice.com/tools/color_palette* Linkcode 088) mit einem Mausklick erzeugen. Das Tool bestimmt zu einer Grundfarbe ihre Abstufungen (100 %, 75 %, 50 %, 25 % und 10 %) und gibt sie direkt zusammen mit entsprechenden HEX-Werten. Ähnliche Ergebnisse liefert *Color Toy* (*http://www.defencemechanism.com/color* Linkcode 089).

Aufgeteilte komplementäre und doppelt-komplementäre Beziehung kann man mit *Technicolor* (*http://www.themaninblue.com/experiment/Technicolor* Linkcode 090), *Unsafe Color Match* (*http://www.neteffect.dk/colormatch* Linkcode 091) und *Colormixers* (*http://colormixers.com/mixers/cm* Linkcode 092) erzeugen. Neben 12 Farben der Palette wird auch die Anordnung und Verteilung der Farben auf einer Seite vorgeschlagen.

Color Scheme Generator (*http://wellstyled.com/tools/colorscheme2/index-en.html* Linkcode 093) ist ein kompaktes und mächtiges Werkzeug zur Erstellung von Farbpaletten beliebiger Art und Sättigung. Es lassen sich monochromatische, analoge sowie Kontrastfarben automatisch erstellen, aber auch Triaden und Tetraden können beliebig mit Sliders angepasst werden. Das Tool zeigt darüber hinaus, wie Farben von Nutzern mit Sehbehinderungen wahrgenommen werden. Alternativ kann auch *Color Blender* (*http://colorblender.com*) verwendet werden.

4.5.5 Farben umwandeln

Um eine Farbe aus einem Farbsystem in ein anderes Farbmodell zu übertragen, kann man *Color Calculator* (*http://www.easyrgb.com/calculator.php* Linkcode 094) verwenden. Mit dem Tool lassen sich über 20 Umwandlungen online durchführen. Näheres über die verwendeten Gesetzmäßigkeiten sowie einen Überblick über die vorhandenen Umwandlungsmöglichkeiten findet man auf *http://www.easyrgb.com/math.html* (Linkcode 095).

4.5.6 Kontrast prüfen

Den Hell-Dunkel-Kontrast kann man mithilfe des Dienstes *GrayBit* prüfen, der Seiten in Abhängigkeit von ihrer Farbpalette in Schwarz-Grau-Tönen anzeigt und somit sofort erkennen lässt, ob Seitenblöcke visuell leicht zu unterscheiden sind. Hintergrundfarbe und Fließtextfarbe kann man direkt bei *http://www.snook.ca/technical/colour_contrast/colour.html* (Linkcode 096) vergleichen. Das Tool berechnet den Kontrast und gibt an, ob er hoch genug ist.

4.5.7 Zugänglichkeit prüfen

Um die Barrierefreiheit einer Präsenz auch im Hinblick auf ihre visuelle Gestaltung sicherzustellen, ist es notwendig, von vornherein möglichen *Problemen* vorzubeugen. Ein entsprechender Accessibility Test kann mit *VisCheck* (*http://www.vischeck.com/vischeck* Linkcode 097) durchgeführt werden. Der Dienst zeigt, wie eine Seite von Nutzern mit Sehschwächen gesehen wird. Alternativ können Sie auch *Accessibility Color Wheel* (*http://gmazzocato.altervista.org/colorwheel/wheel.php* Linkcode 098) verwenden.

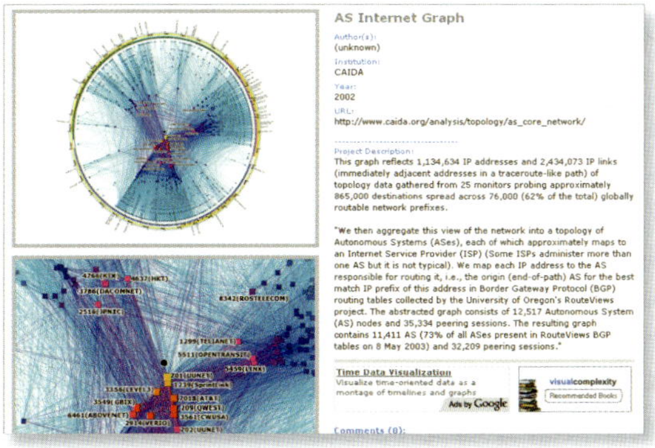

▲ Abbildung 4.69
Übliche Seitendarstellung in visuellen Browsern (Quelle: http://www.Visualcomplexity.com/vc)

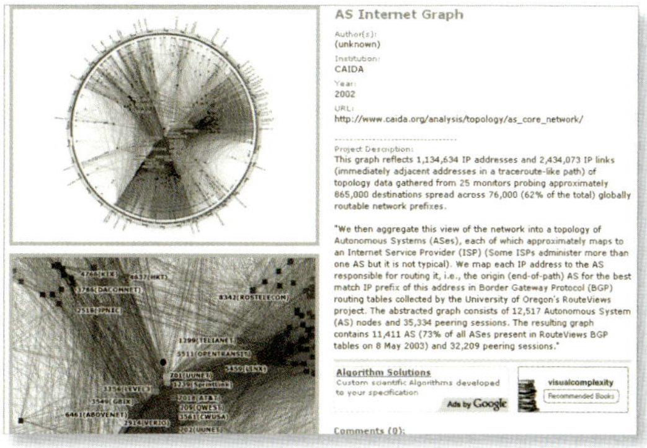

▲ Abbildung 4.70
Die Seitendarstellung in grauen Tönen mithilfe von GrayBit (http://www.graybit.com). So lässt sich der Kontrast zwischen verwendeten Farben am besten bestimmen.

4.5.8 Bewerten lassen

Um die harmonische Wirkung einer gewählten Farbpalette zu garantieren, kann man sie durch andere Anwender bewerten und kritisieren lassen. Dies kann etwa bei *Adobe Kuler* (*http://kuler.adobe.com*) geschehen. Eine Galerie beliebter Farbkombinationen wird mitgeliefert.

4.5.9 Kostenpflichtige Werkzeuge

Unter zahlreichen Applikationen zur Erstellung und Verwaltung von Farbpaletten zeichnet sich insbesondere *ColorSchemer Studio* (*http://www.colorschemer.com*) durch die Einfachheit und Vielfältigkeit der Funktionen aus. Mit dem Tool kann man nicht nur 11 Typen von Farbpaletten auf einem Farbenkreis auswählen, sondern auch die Sättigung der Palette stufenweise anpassen. Beliebte Farben können abgelegt werden. Eine »schwächere« Farbe zwischen zwei Kontrastfarben kann durch *Color Blender* gefunden werden und mit *Color Scheme Analyzer* lassen sich Hintergrund- und Fließtextfarben aneinander anpassen.

▲ **Abbildung 4.71**
ColorSchemer kann unter anderem Farbschemata aus Bildern erzeugen.

4.5.10 Weitere Ressourcen

Colour Selector (*http://www.limov.com/colour/tools.lml#preview*) bietet mehrere Tools zur Erzeugung von Farbpaletten, Mischen von Farben (Erzeugung dunklerer und hellerer Abstufungen) sowie zur Vorschau der Fließtexte auf einem Hintergrund.

4.6 Ton der Komposition

Haben Sie sich für einen dunklen oder hellen Ansatz entschieden, so ist anschließend die Auswahl der Töne für die Gesamtkomposition an der Reihe. Ein interessanter Ansatz bei der Erarbeitung der ersten Entwürfe ist die Auswahl von Farben aus der Weiß-Schwarz-Palette. Durch Abstufungen von Schwarz bzw. Weiß kann man visuell festlegen, welche Seitenelemente stärker zur Geltung kommen und wie die Verteilung von Inhalten auf einer Seite aussehen soll.

Nach der Auswahl einer passenden Designskizze übertragen Sie diese mit Adobe Photoshop in einen entsprechenden Box-Entwurf, indem Sie einzelne Blöcke auf dem leeren Canvas zusammenstellen.

In der Regel ist die Tonalität von wenigstens vier Blöcken, nämlich *Header* (evtl. mit einer Suchbox und einem oberen Navigationsmenü), *primärem Inhaltsblock* (für Fließtexte), *sekundärem Inhaltsblock* (*Sidebar*) und *Footer* festzulegen.

Bei hellen Layouts verleihen Sie allen Blöcken zunächst schwarze Farbe, der Hintergrundfarbe dagegen Grau. Bei dunklen Layouts gehen Sie umgekehrt vor.

◂ **Abbildung 4.72**
Erster grober Entwurf in Weiß-Grau-Schwarz

Transparenz
Experimentieren Sie mit der Transparenz von Tönen, bis ein optimaler Kontrast erreicht wird.

Experimentieren Sie nun mit der Transparenz von Weiß, Grau und Schwarz so lange, bis ein hoher und optimaler Kontrast zwischen den Seitenelementen erreicht wird. Je stärker sich ein Seitenelement im Gesamtlayout hervorheben soll, desto dunkler (bei hellen Layouts; heller bei dunklen Layouts) ist die Abstufung und desto gesättigter wird nachher die Farbe, die bei der Auswahl einer passenden Palette gewählt wird.

Kopf- und Fußzeilen, aber auch Navigationsmenüs und Sidebars sind dabei (bei hellen Designs) konsequenterweise in Dunkel-Grau, Dunkel-Schwarz zu färben, damit sie direkt deutlich werden und sich vom Fließtext der Seite abheben. Am stärksten sollte der obere Seitenbereich hervortreten, gefolgt von den Navigationsmenüs. Das erste wird von Seitenbesuchern als Erstes gesehen und sollte deshalb angenehm oder neutral wirken.

Bei hellen Layouts ist es sinnvoll, diese beiden Blöcke dunkler zu gestalten. Ein Block, der mit Fließtext gefüllt werden wird, lässt sich dagegen am besten durch helles Grau repräsentieren. Trennlinien und Abstände können weiß gehalten werden. Bei dunklen Layouts ist es umgekehrt.

HINWEIS

Kopfzeilen, Fußzeilen, Navigationsmenüs und Sidebars sind in Dunkel-Grau, Dunkel-Schwarz zu färben.

Nach dem Experimentieren mit Sättigung und Transparenz von Schwarz könnte das erste Ergebnis so aussehen:

Abbildung 4.73 ▸
Detaillierter Entwurf mit klarer Verteilung der Funktionalität einzelner Blöcke

Im Beispiel wird durch einen starken Kontrast zwischen dunklem oberen Block und hellem unteren Block eine visuelle Spannung erzeugt. Beachten Sie, dass sie eher für Layouts typisch ist, die attraktiv wirken sollen und Seitenbesucher durch visuell ansprechende, häufig bunte Farben beeindrucken soll. Der Logo-Bereich wird in dunkleren Farben gestaltet, um einen seriösen Eindruck zu vermitteln und den Block tatsächlich als »Kopf« der Webseite wahrnehmen zu lassen.

Können Sie das gesamte Seitenbild wahrnehmen, ohne dass ein Block bzw. eine Hintergrundfarbe sofort auffällt, so ist es ein positives Zeichen dafür, dass ein funktionierender Kontrast vorliegt. Betrachtet man das obere Beispiel genauer, so fällt auf, dass der Seitenkopf nicht stark genug hervortritt und im Vergleich zum oberen Navigationsmenü relativ schwach wirkt. Der Grund liegt darin, dass der Kopf der Seite ein wenig matt ist und deshalb nicht unbedingt die Dominanz des oberen Bereichs vermittelt.

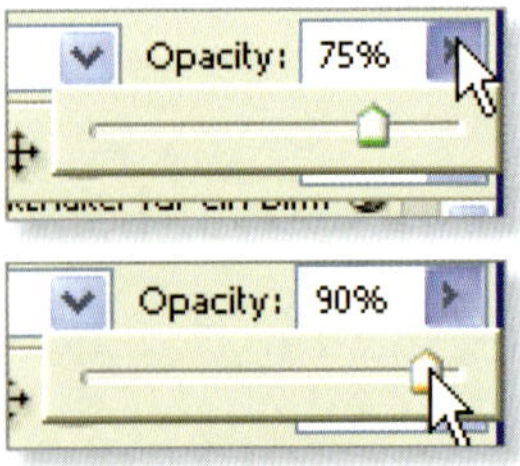

▴ **Abbildung 4.74**
Die Opazität wird vergrößert, damit auch die Sättigung der schwarzen Farbe.

Durch eine Erhöhung der Sättigung erreicht man ein Bild, das bereits in Grautönen eine klare Struktur vorweist und die Funktionen einzelner Blöcke optisch verteilt.

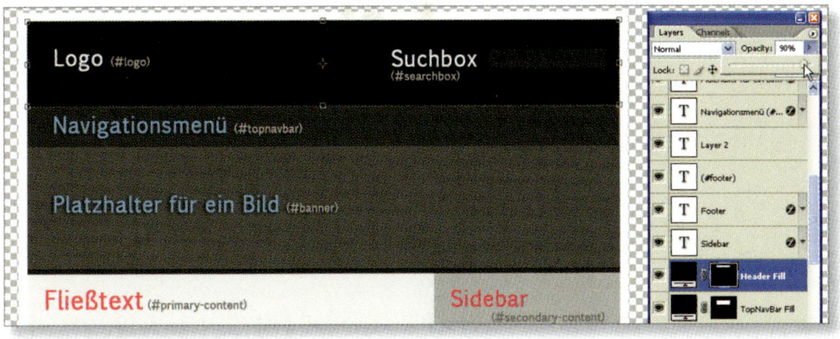

◂ **Abbildung 4.75**
Modifizierter Kontrastentwurf in Adobe Photoshop

Sie haben auf diese Weise eine anschauliche Komposition mit einem festgelegten tonalen Farbbereich der Seitenblöcke konstruiert. Sie sorgt dafür, dass »die Funktionalität Ihres Layouts nicht von einer gewählten Farbe abhängt«[1] und während des gesamten Designprozesses als eine »bulletproof-Vorlage« dienen kann.

4.7 Bestimmung von Harmonien

In Abhängigkeit von den Zielen, die ein Designer durch die Farbkomposition erreichen will, entscheidet man sich in der Praxis für helle oder dunkle Kombinationen. Die jeweiligen Harmonien lassen sich in beiden Fällen auch bei genau festgelegter Tonalität nur durch gezieltes Experimentieren bestimmen. Der Auswahl einer Hauptfarbe folgt die Bestimmung von Nebenfarben. Monochromatische Farben können dabei unterstützend wirken und einen fließenden Übergang von einem Seitenelement zu einem anderen ermöglichen.

Hell oder Dunkel
Die Entscheidung zugunsten heller oder dunkler Farbkomposition fällt in Abhängigkeit von den gestellten Zielen und Aufgaben der Seite.

Um bei der Farbwahl möglichst konsequent vorzugehen, ist es üblich, einzelne Seitenblöcke mehrmals von oben nach unten abzutasten. Bei jedem Abklopfen ist zu prüfen, ob die Schnittstellen von Blöcken mit unterschiedlicher Farbe keine visuellen Nebeneffekte verursacht. Ist dies der Fall, so kann man dies durch Einsatz einer dezenten Übergangsfarbe – diese wird auf dem Farbenkreis »dazwischen« liegen – korrigieren. Allmählich kann man auf diese Weise jedem Seitenelement eine zu ihm passende Farbe geben.

Übergangsfarbe
Eine Übergangsfarbe können Sie mithilfe von *Color Blender* bestimmen.

1 Mark Boulton, »Five Simple Steps To Designing With Colour«, *http://www.markboulton.co.uk/journal/comments/five_simple_steps_to_designing_with_colour/* (Linkcode 099)

Wie geht man nun aber konkret vor, um eine optimale Seitenwahrnehmung sicherzustellen? Im Weiteren betrachten wir die Auswahl von Farbpaletten für das Layout, das im vorigen Abschnitt entworfen wurde. Dabei wird die Aufgabe gestellt, die Startseite eines Web 2.0-Auftritts zu erstellen. Diese soll Seitenbesucher vor allem durch eine klare Darstellung, angenehme Farben und intuitives Design überzeugen.

4.8 Helles Design – Praxisbeispiel

Wer von hellen Designs spricht, hat in der Regel Layouts mit dominierender weißer Hintergrundfarbe im Hinterkopf. Dies muss jedoch im Allgemeinen nicht gelten, denn auch schwach gesättigtes Gelb, Grün oder Grau können bewirken, dass eine Seite hell erscheint, aber eben nicht weiß ist. Im Beispiel wird ein helles Design mithilfe eines weißen Hintergrunds sowie heller Farben im Hauptblock der Seite erstellt.

4.8.1 Header

Überlegen Sie sich zuerst, welche Farbe im Kopfbereich der Seite dominieren soll. Diese ist etwa in Abhängigkeit vom Firmenzeichen bzw. Tätigkeitsbereich des Unternehmens oder der zu erzeugenden Atmosphäre zu wählen. Orientieren Sie sich bei Ihrer Wahl an der psychologischen Wirkung der Farben und ihren Assoziationen. Der »Kopf« eines Auftrittes ist das erste Element, das der Nutzer beim Seitenbesuch sieht. Seine Farbgestaltung gilt es deshalb mit aller Sorgfalt und Präzision anzugehen.

Farbharmonie prüfen

Ist sowohl die Grundfarbe als auch eine farbige Komposition der Seite bereits festgelegt, so ist zuerst zu überprüfen, ob die gewählten Farben überhaupt zueinander passen. Zu diesem Zweck können Sie ein Werkzeug verwenden, das zu einer der gewählten Farbe passende harmonische Ergänzungen vorschlägt. Ist eine Farbe aus der gewählten Palette nicht im Vorschlag enthalten, suchen Sie auf dem Farbenkreis nach der nächsten analogen Farbe, die im Vorschlag enthalten ist und ersetzen Sie diese durch den »berechneten« Farbton.

Um eine dominierende Farbe in einem konkreten Fall auszuwählen, betrachtet man das Ziel, das dadurch erreicht werden soll. Da sich die Musterseite an ein möglichst breites Publikum richten soll und kein bestimmtes Profil der Seitenbesucher (also eine Zielgruppe) anzusprechen hat, ist eine Farbe zu finden, die von möglichst vielen angenehm empfunden wird. Blau ist mit Abstand die beliebteste Farbe, sowohl bei Frauen als auch bei Männern. Als Farbe des Vertrauens und der Verlässlichkeit erzeugt sie positive Assoziationen und wirkt freundlich und sympathisch.

Um einen passenden Hex-Code für die Farbe zu finden, kann man z. B. die übliche Farbpalette in Photoshop verwenden. Effizienter ist es jedoch, sich eines der vorgestellten Werkzeuge zu bedienen. Unter anderem können Sie den webbasierten *Color Scheme Generator 2*, *4096 Color Wheel* und *500+ Named Colours* verwenden (siehe Abschnitt 4.5). Bei den beiden letzten Tools können Sie nicht nur Web-Smart-Farben gleich ermitteln. Ebenso sehen Sie unmittelbar, wie die Farbe auf einer Seite präsentiert wird und ob der Effekt, den Sie erzielen möchten, erreicht wird.

Als dominierende Farbe für das Beispiel wird die Farbe `#33aadd` aus dem Farbenkreis gewählt.

In einer Kopie des erstellten Entwurfs wird dieser Wert für den Block, der die Container `#logo` und `#suchbox` enthält, eingetragen. Um sicherzustellen, dass der Kontrast erhalten bleibt, stellen Sie beide Layouts (Kontrastlayout und »neues« Layout) parallel zueinander und wechseln Sie via Shortcut `Strg` + `Alt` + `⇧` + `B` (Adobe Photoshop CS3) in den *Grayscale Modus*. Experimentieren Sie mit den Abstufungen der Farbe so lange, bis die beiden Töne in den Entwürfen gleich sind. Dies kann man mit *Photoshop*, *ColorMixer* oder *Color Blender* erledigen.

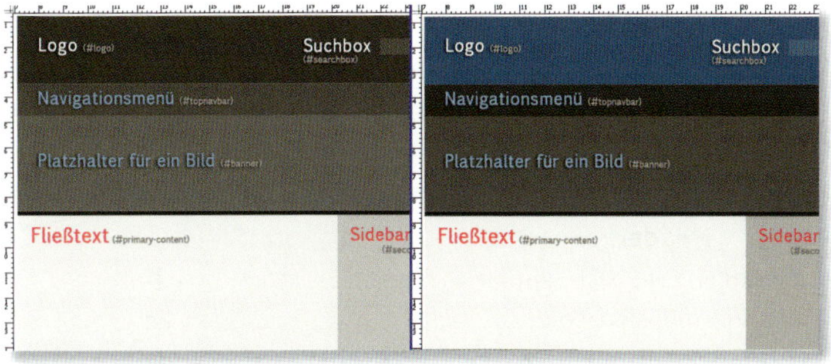

▲ **Abbildung 4.76**
Anpassung der Header-Farbe zwecks eines funktionierenden Kontrasts.

Zum Schluss wird der gleiche Kontrast etwa bei dem »kalten Blau« mit dem Hex-Wert #116688 (RGB: 17, 102, 136) der Fall sein. Diese wird im Entwurf übernommen.

4.8.2 Seitennavigation

Die Auswahl der Farben für die Seitennavigation ist durch ihre besondere Stellung in der Seitenkomposition bestimmt. Eine Navigationsleiste soll immer sichtbar sein und dem Anwender möglichst intuitiv erscheinen. Dies heißt aber nicht, dass sie das auffälligste Seitenelement ist. Vielmehr gilt es, das Menü neutral und angenehm wirken zu lassen, schließlich geschieht die Interaktion der Benutzer grundsätzlich darüber.

Neutralität meint in diesem Fall den Einsatz von monochromatischen oder analogen Farben bezüglich der gewählten Hauptfarbe. Um Besuchern einen fließenden Übergang zwischen Elementen des Seitenkopfs anzubieten, wird mit *Color Blender* (Linkcode 101) eine dunkle Abstufung der Hauptfarbe (also #116688) bestimmt. Es ist zu beachten, dass das Tool keine Web-Smart-Werte erzeugt. Deshalb lohnt es sich, direkt mit RGB-

Monochromatische Farbpalette

Möchten Sie eine monochromatische Farbpalette verwenden, so genügt es, die gewählte Farbe in allen Seitenblöcken zu übernehmen. Die zum Kontrast passenden Abstufungen der Farbe werden durch die eingestellte Transparenz der Töne automatisch »mitgeliefert«.

Navigationsmenüs gestalten

Navigationsmenüs besitzen eine besondere Bedeutung. So ist im Web 2.0 etwa eine angenehme User Experience beim Hovern eines Navigationspunktes ein Muss.
Bei Color Blender empfiehlt es sich, auf der Suche nach dunkleren Abstufungen einer Farbe »Stufen« zwischen dieser Farbe und der rein schwarzen Farbe (#000000) zu suchen; bei hellen kommt dementsprechend weiße Farbe (#ffffff) zum Einsatz.
Alternativ kann man auch *Technicolor* (Linkcode 100) oder *Slayer Color Palette Creator* (Linkcode 102) verwenden.

Werten zu arbeiten. Diese als Farbe für `#topnavbar` eingetragen ergibt durch Abstimmung des Kontrasts die Farbe #004455 (RGB: 0,68,65) für den Hintergrund des Navigationsmenüs. Auch diese Farbe wird ins Layout übernommen.

Abbildung 4.77 ▸
Navigationsmenü farblich gestalten

4.8.3 Banner

Wichtige Botschaften, Slogans und Aufrufe dienen in der Designkultur 2.0 dazu, Besucher zu Aktionen zu animieren – gleichgültig, ob es sich um ein kostspieliges Produkt oder einen neuen Webdienst handelt. Meistens geschieht dies mithilfe von bunten Werbeblöcken (*Banner*), die gerne großzügig in der Mitte der Seite platziert werden. Diese haben eine Botschaft den potenziellen Kunden effizient zu vermitteln und müssen die Aufmerksamkeit der Besucher auf sich lenken. Das Letztere erfordert ein attraktives visuelles Bild, was häufig mit bunten Farben und geschicktem Einsatz der Webtypografie erzielt werden kann. Neben dominierenden analogen Farben kommen dabei auch Komplementärfarben ins Spiel, wobei ihre Sättigung an die bereits vorliegende Farbkomposition genau abgestimmt werden sollte.

Im Beispiel wird zuerst eine helle und monochromatische Hintergrundfarbe für den Slogan gewählt (im Weiteren wird vorausgesetzt, dass die Farben immer bzgl. der Hauptfarbe gewählt werden). Dazu kann z. B. *Color Toy 2* oder *Color Blender* benutzt werden: das erste Tool liefert zu einer dunklen Farbe ihre hellen Variationen sowie weitere »harmonische« Farben. Gibt man bei dem zweiten Tool als erste Farbe die Grundfarbe #116688, als zweite die weiße Farbe #FFFFFF ein, so erzeugt der *Color Blender* mehrere Zwischenstufen, aus denen Sie sich eine passende Farbe aussuchen können. Als eine mögliche helle Abstufung wird von *Color Toy 2* die Farbe mit dem Wert #199FD4 (RGB: 25,159,212) vorgeschlagen.

◂ **Abbildung 4.78**
Der mittlere Seitenbereich hebt sich durch seine Buntheit ab.

Da eine Botschaft sich stark hervorheben muss, gilt es nun solche Farben für den Text des Banners zu wählen, die schnell auffallen, aber dennoch unaufdringlich sind und nicht blendend wirken. Untersucht man die Wirkung verschiedener Farben auf dem gerade gewählten Hintergrund, so erkennt man, dass dunkle Farben entweder einen starken Kontrast erzeugen oder zu stark in den Hintergrund treten. Durch helle Farben hebt sich der Text dagegen stärker ab. Er wirkt lebhafter, attraktiver und freundlicher.

Eine optimale Lesbarkeit des Textes lässt sich natürlicherweise mit reinem Weiß erzeugen. Doch wie geht man mit farbigen Akzenten des Banners um – z. B. wenn Sie bestimmte Wörter bewusst hervorheben oder umgekehrt passiver wirken lassen möchten? Dies führt uns auf die Frage nach einer passenden harmonischen Farbkombination zurück.

4.8.4 Harmonische Farbkombination

Eine optimale Wahrnehmung der Seite kann durch ein abgerundetes Seitenbild angestrebt werden. In der Praxis wird dies dadurch erreicht, dass die gewählten Farben in verschiedenen Kontexten – mal als Hintergrundfarbe des Navigationsmenüs, mal als Hauptfarbe der Verweise im Fließtext – verwendet werden. In der Regel sollte ein Designer sich bei der Zusammenstellung der Farbkomposition auf höchstens drei bis vier Grundfarben beschränken. Dies heißt für das Musterbeispiel, dass die Auswahl der Farben für das Banner im Grunde genommen die gesamte Farbpalette der Seite festlegt. Genauso könnte man zuerst die Farbgestaltung der restlichen Seitenelemente vornehmen, wodurch der Farbbereich des Werbeblocks festgelegt worden wäre.

Da man also grundsätzlich mit der Vielfalt der eingesetzten Farben sehr sparsam umgehen soll, lohnt es sich jetzt schon, mögliche Kombinationen genauer unter die Lupe zu nehmen.

Abbildung 4.79 ▸
Komplementäre und aufgeteilte komplementäre Farben

Betrachtet man die Abstufungen von komplementären und aufgeteilten komplementären Farben, so erkennt man, dass sie Töne liefern, die den gewünschten Eindruck einer Web 2.0-Seite eher dämpfen als betonen. Da Rot, Dunkelorange und Blau »gegensätzliche« Farbtemperatur haben, erzeugen sie einen Gegensatz, der abstoßend wirkt und nicht zur Seite passt.

Abbildung 4.80 ▸
Monochromatische Farbpalette für die dominierende Farbe Blau

Abbildung 4.81 ▸
Tetraden-Beziehung zu Blau

Der Einsatz monochromatischer Farben hat die Monotonie der Seitenkomposition zur Folge, da diese bereits drei Abstufungen von Blau enthält. Der Einsatz von Farben, die in der Tetraden-

Beziehung zu Blau und zueinander stehen, würde die Buntheit der Seite stärken. Nur ein Paar von vier Farben aus der Tetraden-Beziehung in die Palette aufzunehmen ist möglich, aber nicht unbedingt hilfreich, da dadurch die visuelle Balance der eingesetzten Farben auf dem Farbenkreis gestört wird.

◂ **Abbildung 4.82**
Analoge Farben und Farben, die mit Blau in einer Triade-Beziehung stehen

Die Stimmung der Seite kann dagegen durch analoge Farben sowie Farben, die mit Blau in der Triade-Beziehung stehen, verstärkt werden. Der Einsatz der Triade-Palette alleine würde die Buntheit der Farbpalette deutlich erhöhen. Um diese in einem angemessenen Rahmen zu halten, wird das vorgeschlagene Goldenrot (#BB9911) durch die zu blau benachbarte (analoge) grüne Farbe (#22BB11) ersetzt. Hinzu kommt Violett (#CC1188) aus der Triaden-Beziehung.

Anschließend werden die Farben für die Gestaltung des Werbeblocks übernommen und zur besseren Lesbarkeit durch Veränderung ihrer Sättigung mit der Hintergrundfarbe abgestimmt. Auf diese Weise erhält man als zweite Farbe der Palette #88FF88 (helles Grün) und als dritte #FF44AA (helles Rosa). Durch diese Farben wird die Farbgestaltung weiterer Seitenelemente entscheidend bestimmt.

▴ **Abbildung 4.83**
Farbpalette des hellen Musterbeispiels

▴ **Abbildung 4.84**
Slogan in bunten und angenehmen Farben

▴ **Abbildung 4.85**
Das Banner im oberen Seitenblock

Wer die Farben nicht »per Hand« bestimmen will, kann auch zu den vorgestellten Werkzeugen greifen. In diesem Fall würde man jedoch intensiver experimentieren müssen, da die Paletten »universell« berechnet werden und in einem vorliegenden Designkonzept einfach nicht passen können.

4.8.5 Sidebar

Eine detaillierte Navigationsleiste findet man in Sidebars genauso häufig wie begleitende Informationen über den Webauftritt. Da eine Sidebar parallel zu dem eigentlichen Inhalt der Webseite verläuft, darf sie die Präsentation von Seiteninhalten nicht stören. Stattdessen kann sie diese durch einen angenehmen Farbverlauf unterstützen und das Lesen somit angenehmer machen. Alternativ kann sie auch neutral und passiv wirken – etwa wenn ihr Hintergrund mit dem des Fließtextes übereinstimmt.

Auf der Musterseite wird für die Hintergrundfarbe eine helle Variation der grünen Farbe aus der gewählten Palette mit Color Blender bestimmt (#C1F887, RGB (193,248,135)). Auch eine geeignete helle Abstufung von Rosa würde die Seite harmonisch erscheinen lassen.

▲ **Abbildung 4.86**
Sidebar mit hell-grüner Hintergrundfarbe

▲ **Abbildung 4.87**
Hintergrundfarbe für Fließtext wird auf Weiß gesetzt.

4.8.6 Footer

Häufig ist es im Design wichtig, die funktionierende Harmonie eines Auftrittes nicht durch zusätzliche, unnötige Effekte bis an die Spitze zu treiben. Was für einen Benutzer noch harmonisch erscheint, kann für einen anderen bereits in der grauen Zone liegen, insbesondere wenn die Farben ungleichmäßig verteilt sind. Bei der Gestaltung des Footers im Beispiel konnte man dem Element durch den Rosa-Hintergrund mehr Nachdruck verleihen. Dies muss jedoch nicht sein. Weiß wirkt angenehm und ruhig und stellt einen schlichten und beinahe natürlichen Abschluss des Layouts dar.

4.8.7 Übergänge zwischen Farben

An dieser Stelle sei noch mal angemerkt, dass man beim Übergang von einer Farbe zu einer anderen (z. B. zwischen Blau des `#banner` und Grün der `#sidebar`) beachten sollte, dass der Kontrast an den Grenzflächen nicht zu groß ist, weil sonst disharmonische Effekte entstehen können.

4.8.8 Auszeichnung von Texten

Eine gute Lesbarkeit basiert darauf, dass textliche Inhalte – sei es Fließtexte oder Verweise – leicht erkennbar sind und einen optimalen Kontrast mit der Hintergrundfarbe vorweisen. Dies wird durch den typografischen Satz genauso stark beeinflusst wie durch die gewählte Textfarbe. Dabei gilt es laut einer bewährten Regel, rein schwarze Farbe (#000000) auf einem rein weißen Hintergrund (#FFFFFF), insbesondere auch umgekehrt, zu vermeiden, da sonst der Kontrast zu hoch wird. Für den Anwender würde dies ein ermüdendes Lesen bedeuten. In der Regel liest sich Schwarz auf Weiß besser als eine dunkle Abstufung jeder anderen Farbe.

Auf einem rein weißen Hintergrund sollte man aus diesen Gründen Abstufungen von Schwarz als Textfarbe verwenden (etwa #222222 bis #444444). Im umgekehrten Fall hat man mehrere Möglichkeiten, die im folgenden Abschnitt »Dunkle Designs« näher erläutert werden.

Zwecks optimaler Lesbarkeit wird im Beispiel als Textfarbe #222222 verwendet. Im Footer der Seite sollen Informationen dagegen bescheidener in den Vordergrund treten. Deshalb werden Fließtexte im unteren Seitenbereich mit dunklem Grau versehen (#777777).

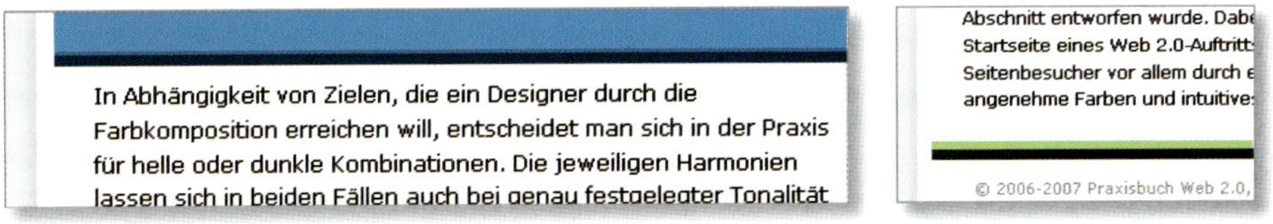

▲ **Abbildung 4.88**
Die Fließtextfarbe wird auf #222222 gesetzt, die Textfarbe im Footer auf einen grauen Ton #777777.

Die Hervorhebung von Überschriften erster, zweiter und dritter Ordnung kann entweder durch eine typografische oder eine grafische Auszeichnung geschehen. Im ersten Fall ist die Farbe für die Überschrift neutral, aber dennoch leicht auffallend zu wählen. Auch hier gilt es, die Farben aus der gewählten Farbpalette zu nehmen und den Seitenbesucher nicht durch zusätzliche visuelle Hervorhebung zu überfordern.

Die Überschrift erster Ordnung wird mithilfe typografischer Hervorhebung deutlich und kommt auch ohne eine spezielle farbige Auszeichnung gut aus. Ihre Farbe wird auf #092E20 gesetzt, ein Ton, der einer dunklen Abstufung der Fließtextfarbe entspricht. Häufig verwendet man für die Überschriften erster Ordnung die dominierende Farbe des Layouts; auch sie würde in das Gesamtlayout gut passen.

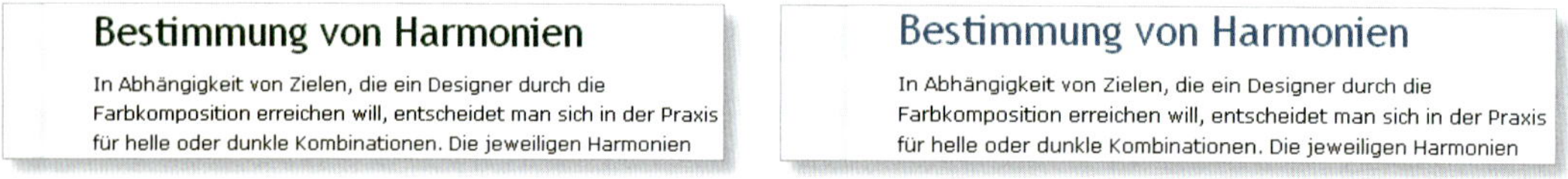

Abbildung 4.89 ▲
Schwarze Überschrift vs. blaue Überschrift. Beide passen in das Gesamtlayout.

Dunkler blauer Text auf hell-blauem Hintergrund erzeugt den gewünschten Effekt. Die Struktur eines Beitrags ist leicht erkennbar und wird passend zum Gesamtlayout präsentiert. Die verwendeten Farben sind #DBF7FF (RGB (219,247,255)) für den Hintergrund und #0088AA für die Überschrift.

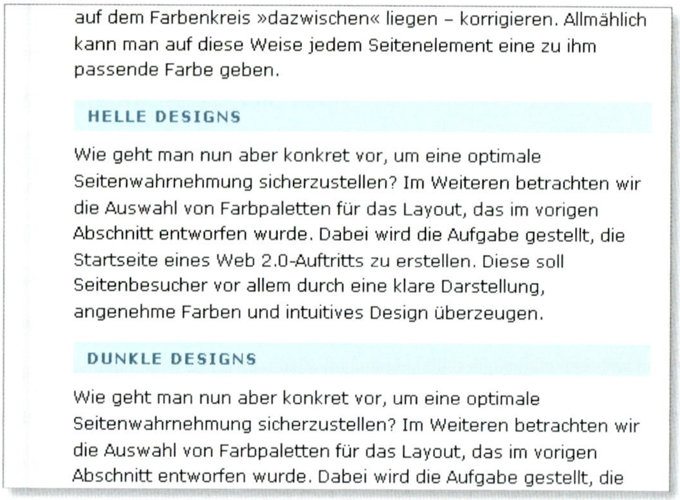

Abbildung 4.90 ▶
Angenehme blaue Hintergrundfarbe lässt die dunkle blaue Textfarbe stärker in den Vordergrund treten.

Bei `#sidebar` wird die Hervorhebung von Überschriften durch ihre Darstellung auf weißem Hintergrund realisiert. Weiße Farbe sorgt für eine neutrale Abgrenzung der übergeordneten Überschriften von den begleitenden Verweisen auf grünem Hintergrund.

▲ **Abbildung 4.91**
Die Hervorhebung von Überschriften wird durch ihre Darstellung auf weißem Hintergrund realisiert.

4.8.9 Auszeichnung von Verweisen

In einem benutzerfreundlichen Webauftritt gilt es, sämtliche Verweise auf interne wie externe Seiten deutlich hervorzuheben. Dies ermöglicht es dem Seitenbesucher, den Scan-Vorgang nach speziellen Inhalten schneller und effizienter ablaufen zu lassen.

Die Link-Hervorhebung kann durch Unterstriche oder Farben realisiert werden. Im letzten Fall kann man in der Regel selten falsch liegen. Eine sich im Web 2.0 anbietende Möglichkeit ist die

Verwendung von dunklen oder hellen Abstufungen der Töne aus der gewählten Farbpalette. Dabei sind einzelne Zustände der Verweise (Link, Hover, Visited, Active, Focus) einzeln zu betrachten.

Häufig weist man dem Link-Zustand von Verweisen die dominierende Hauptfarbe des Designentwurfs zu. Beim Drüberfahren mit der Maus empfiehlt es sich, die Farbe bunter und lebendiger zu wählen, während der Visited-Zustand eher mit matten und passiven Farben zu versehen ist.

Bei der Gestaltung von Active- und Focus-Zuständen wird häufig die Umkehrung der Farben benutzt. So wird z. B. blauer Text auf weißem Hintergrund beim Anklicken zum weißen Text auf blauem Hintergrund. Dadurch wird sehr deutlich, welcher Link auf der Seite fokussiert ist und welcher Link angeklickt wurde.

Active und Focus

Active und *Focus* werden häufig bewusst oder aus Versehen ausgelassen, doch richtig eingesetzt können sie sehr hilfreich sein. Etwa, wenn der Seitenbesucher die Tab-Taste zur Navigation von einem Link zum anderen verwendet, oder falls beim Rüberziehen eines Links in die Favoritenliste der jeweilige Verweis sich deutlich hervortritt.

Es ist zu beachten, dass bunt gestaltete Verweise, insbesondere in blauen Tönen, leichter anzuklicken sind als die schwarzen. Auch dann, wenn ein hoher visueller Kontrast vorliegt und schwarze Verweise leichter zu finden sind.

Im Beispiel wird der Link-Zustand durch eine Abstufung der dominierender blauen Farbe (#114499) dargestellt. Diese ähnelt der standardmäßig eingestellten Link-Farbe (#0000EE) und wird deshalb »natürlich« als Verweis erkannt.

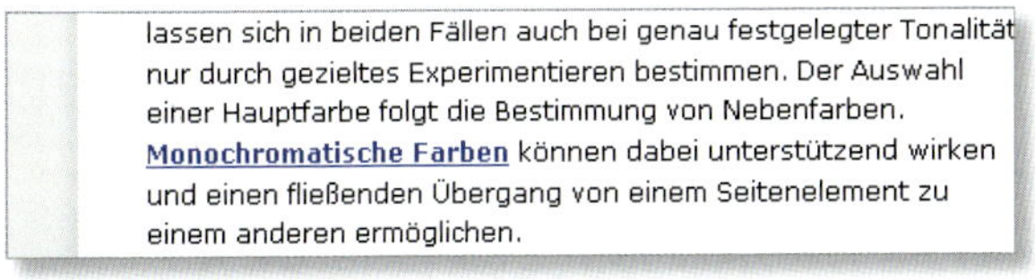
lassen sich in beiden Fällen auch bei genau festgelegter Tonalität nur durch gezieltes Experimentieren bestimmen. Der Auswahl einer Hauptfarbe folgt die Bestimmung von Nebenfarben. Monochromatische Farben können dabei unterstützend wirken und einen fließenden Übergang von einem Seitenelement zu einem anderen ermöglichen.

◂ **Abbildung 4.92**
Der Link-Zustand wird durch eine Abstufung der dominierenden blauen Farbe (#114499) dargestellt.

Damit der Anwender auf der Seite bequem navigieren kann, wird der Link beim Drüberfahren mit der Maus eine dunkle (Text) und bunte (Hintergrund) Variante des hellen Rosa aus der Farbpalette (#FF44AA) erhalten. Dadurch wird erreicht, dass die Browsing Experience der Anwender erhöht wird. Eine attraktive, vom Benutzer selbst produzierte Dynamik auf einer Seite wirkt angenehm und anziehend.

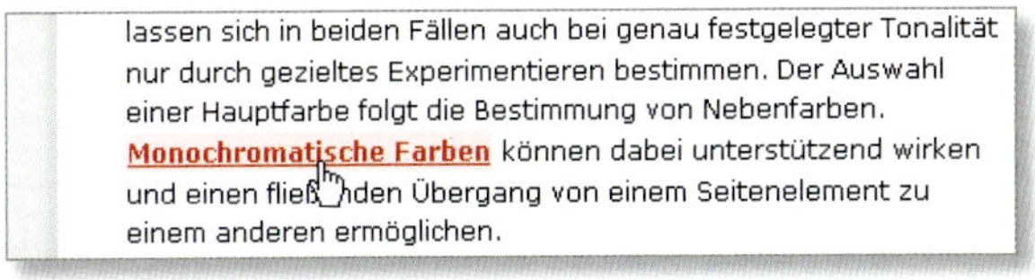
lassen sich in beiden Fällen auch bei genau festgelegter Tonalität nur durch gezieltes Experimentieren bestimmen. Der Auswahl einer Hauptfarbe folgt die Bestimmung von Nebenfarben. Monochromatische Farben können dabei unterstützend wirken und einen flie[illegible]nden Übergang von einem Seitenelement zu einem anderen ermöglichen.

◂ **Abbildung 4.93**
Beim Drüberfahren der Maus wird der Link mit einer dunklen (Text) und bunten (Hintergrund) Variante des hellen Rosa aus der Farbpalette (#FF44AA) versehen.

Ein besuchter Verweis kann zum Beispiel in dunkel-grauen Tönen dargestellt werden. Er soll immer lesbar bleiben, aber den Besucher visuell darauf hinweisen, dass der Link schon besucht wurde. Der Farbton #666666 ist dafür gut geeignet. Beim Drüberfahren mit der Maus zeigt sich der Link in der gleichen Gestalt wie bei »normalen« Verweisen. Dies ist bei der Gestaltung von Links üblich, vor allem da eine intuitive und benutzerfreundliche Interaktion ermöglicht werden soll.

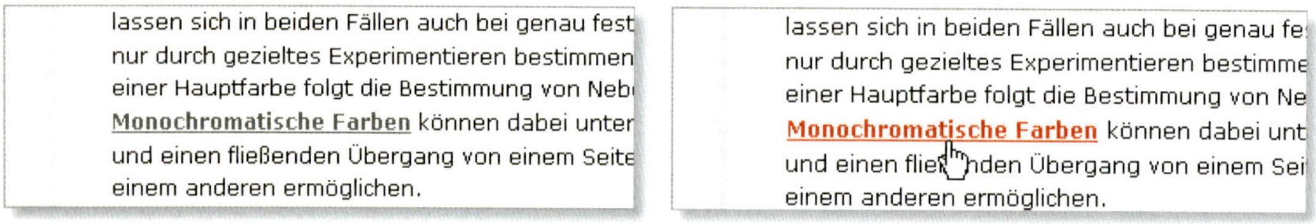

▲ **Abbildung 4.94**
`:visited` und `visited:hover`-Zustand

Bei Active- und Focus-Zuständen wird die Umkehrung der Farben verwendet.

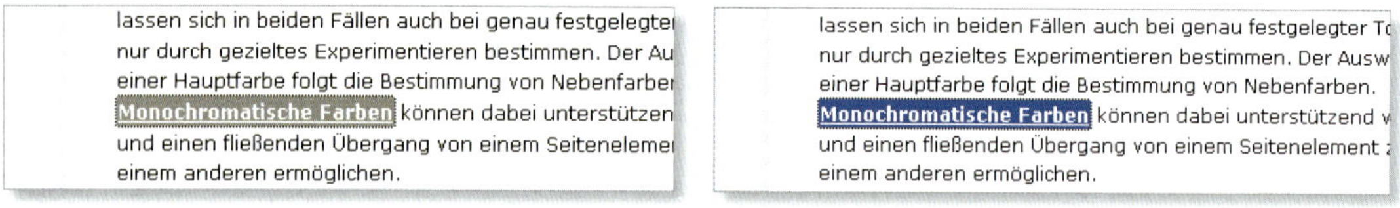

▲ **Abbildung 4.95**
Ein visited und ein üblicher Verweis im `:active` und `:focus`-Zustand

Um die Deutlichkeit zu erhöhen, werden Links und besuchte Links mit begleitenden Icons versehen. Sie zeigen, ob es sich um einen besuchten oder einen noch nicht besuchten Link handelt.

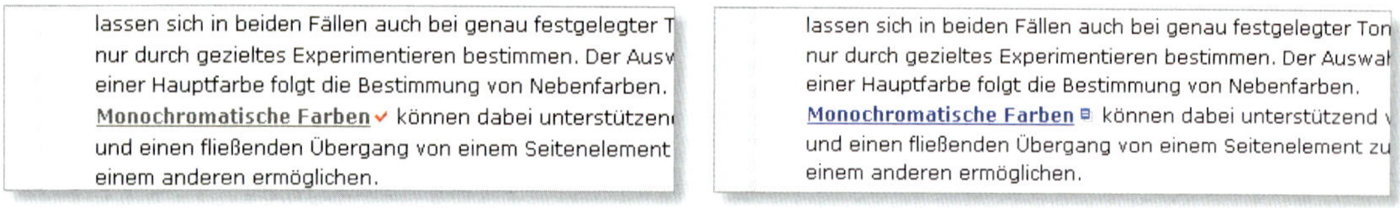

▲ **Abbildung 4.96**
Verweise werden mit begleitenden Icons versehen.

Manchmal verwenden Designer den gleichen Hover-Effekt – sowohl bei besuchten Verweisen als auch bei noch nicht besuchten Links. Dies ist im Grunde genommen durchaus zu empfehlen, wird jedoch in verschiedenen Designs zu unterschiedlichen Effekten führen. Seitenbesucher müssen beide Typen von Links sehr schnell deutlich unterscheiden können. Wie dies im Einzelnen realisiert wird, bleibt dem Designer überlassen.

Um Seitenbesuchern einen einheitlichen Eindruck der Textgestaltung zu vermitteln, wird die gleiche Gestaltung auch im Footer verwendet.

Abbildung 4.97 ▶
Die Gestaltung der Verweise im Footer orientiert sich an der Linkgestaltung im Layout.

4.8.10 Navigationsmenüs

Zum selben Zweck werden Links in Navigationsmenüs oft ähnlich oder genauso gestaltet wie die im Fließtext. Da `#sidebar` einen bunten grünen Hintergrund hat, empfiehlt es sich, eine sanfte Abstufung des Grüns für den Hintergrund im Hover-Zustand einzusetzen. Der Text kann beim Hovern durch eine bunte Farbe, etwa dunkles Rosa, stärker zur Geltung kommen.

HINWEIS

Beim Design einem einheitlichen Schema zu folgen, muss nicht notwendigerweise Monotonie verursachen. Im Web 2.0 werden die Verweise in Navigationsmenüs häufig genauso gestaltet wie im Fließtext.

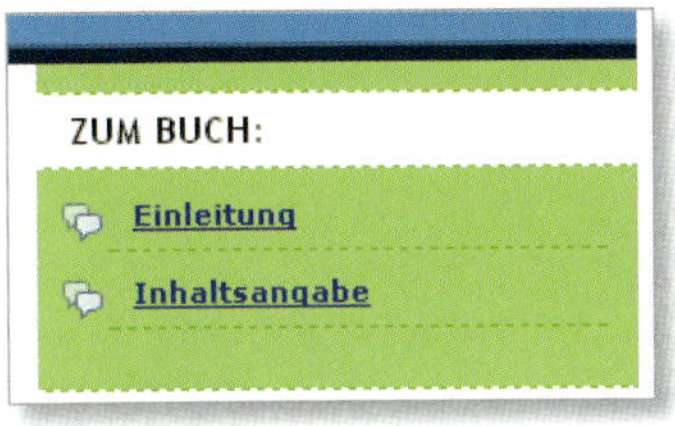

▲ **Abbildung 4.98**
Verweise im begleitenden rechten Seitenblock

▲ **Abbildung 4.99**
Verweise im `#sidebar` beim Drüberfahren mit der Maus

Da die Links in Active- und Focus-Zuständen häufiger als die im Fließtext angeklickt werden, ist es nicht notwendig, den Benutzer jedes Mal explizit wissen zu lassen, welchen Abschnitt im Navigationsmenü er gerade angeklickt hat. Beschreibt man die Darstellung von Active- und Focus-Zuständen genauso wie den Hover-Zustand, so wird dies zwar immer noch sichtbar, fällt aber nicht so stark auf.

▲ **Abbildung 4.100**
`Active`- und `Hover`-Zustand der Verweise im `#sidebar`

▲ **Abbildung 4.101**
Bereits besuchte Links werden in dunkel-grau mit dunkel-roten Häkchen versehen.

Bereits besuchte Links werden analog zum Hauptblock in Grau gefärbt und mit einem Mini-Icon versehen. Es ist wichtig, dass der Text auch im `:visited`-Zustand gut lesbar ist; dafür sorgt die Textfarbe #666666.

▲ **Abbildung 4.102**
Im oberen Navigationsmenü wird der Verweis auf die aktuelle Seite durch einen grünen Hintergrund markiert. Andere Verweise sollen im Hintergrund bleiben.

Besondere Auszeichnung verdient der Menüpunkt im rechten Navigationsmenü, welcher der gerade angezeigten Seite entspricht. Um ihn deutlich hervortreten zu lassen, aber keine neuen Farben in die Palette aufnehmen zu müssen, werden Dunkel-Grün als Hintergrundfarbe und neutrales Weiß als Textfarbe benutzt.

Navigationsmenüs sollen Seitenbesucher nicht nur hinreichend darüber informieren, welche Seiten bereits besucht wurden, sondern auch deutlich zum Ausdruck bringen, welche Seite gerade angezeigt wird. Dies geschieht in der Regel durch klare Hervorhebung der aktuellen Rubrik, häufig mit auffälligen Farben.

Diesen Zweck kann Rosa, die bunteste Farbe der Palette, gut erfüllen. Aber auch dunkles Grün hebt den Inhalt deutlich hervor. Einen fließenden Übergang zwischen dem Ton des aktuellen Seitenbereichs und der Hintergrundfarbe schafft der 2 px-große Rahmen in Hellrosa- bzw. Hellgrün.

Abbildung 4.103 ▸
Die gerade angezeigte Seite bzw. Rubrik der Seite wird durch Weiß auf Dunkel-Grün realisiert. Somit ist die Farbgestaltung des rechten Blocks abgeschlossen.

▲ **Abbildung 4.104**
Beim Hovern soll der Hintergrund des Verweises heller werden.

Anders sieht dies im oberen Navigationsmenü aus. Oft wird für seine Gestaltung eine komplementäre Farbe, begrenzt von ihren dunklen Abstufungen, verwendet. Da das Beispiel sich auf eine Farbpalette mit drei bunten Grundfarben beschränkt, liegt es nahe, das Navigationsmenü mit analogen Farben zu gestalten.

Da dieses von dominierenden blauen Farben umgeben ist, können diese benutzt werden, um die Wichtigkeit der oberen Hauptnavigationsleiste gegenüber dem detaillierten Sidebar-Menü zu betonen. In der Beispielseite geschieht dies durch die Farbkomposition von hellem und dunklen Blau. Die Hintergrundfarbe einzelner Navigationspunkte wird beim Drüberfahren heller, die aktuelle Seite wird durch einen grünen Hintergrund markiert.

▲ **Abbildung 4.105**
Das Navigationsmenü und das Banner fließen ineinander. »Aktuell« soll sich dabei auf die aktuelle Aktion der Seite beziehen und in Zusammenhang mit dem Banner stehen.

Ein abgerundetes Bild wird durch eine Vielzahl von Kleinigkeiten erzeugt. Um den oberen Seitenbereich deutlicher und benutzerfreundlicher wirken zu lassen, kann man das obere Navigationsmenü und das Banner ineinander fließen lassen. Zusammen mit den Verweisen wird dadurch das folgende Seitenbild erzeugt:

4.8.11 Logo

Bei der Gestaltung eines einprägsamen Logos lassen sich im Allgemeinen auffallende Farben schwächerer Intensität besonders gut verwenden. Das Logo werden Seitenbesucher immer wieder sehen. Ein buntes Zusammenspiel von eingesetzten Farben kann dabei eher unangenehm empfunden werden, da es Seitenbesucher vom eigentlichen Inhalt der Seite ablenkt. Aus diesem Grunde empfiehlt es sich, blendende Farben für die Gestaltung von Logos grundsätzlich zu vermeiden. Es sei denn, die Farbe dominiert im ganzen Layout und gehört zum wichtigsten Stilelement eines Webauftritts.

Im Web 2.0 werden Logotypen häufig mit einem begleitenden Whitespace im oberen Bereich der Seite versehen. Mit einer Pastellfarbe auf dem Hintergrund lassen sich beinahe beliebige Farben zur Gestaltung von Logos verwenden. Insbesondere bunte Töne werden gerne eingesetzt. Auf einem zarten, hellen Hintergrund wirken sie anziehend und angenehm und fallen schneller auf, ohne dabei verwirrend der aufdringlich zu wirken.

Leichte, schwächer gesättigte Abstufungen der Layoutfarben im Logo führen immer zu einem freundlichen und soliden Eindruck. Genau dies wird in der Musterseite erzielt. Deshalb kann man die Auswahl der Farben für das Logo auf die »neutrale« Hauptfarben Weiß und Blau reduzieren. Das Ergebnis ist ein schlichtes, klares und unaufdringliches Logo ohne überflüssige farbige Akzente und unnötige Informationen.

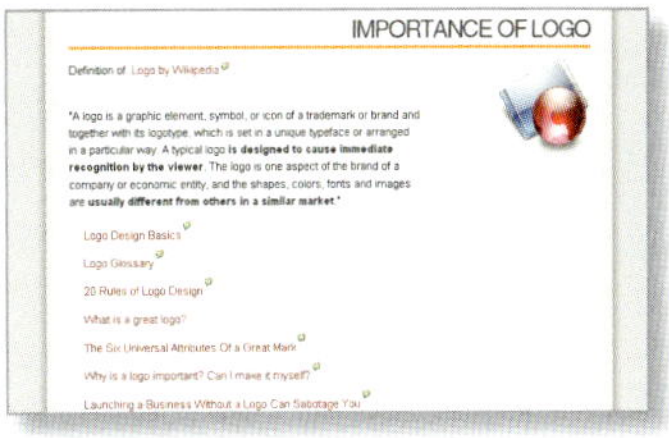

▲ **Abbildung 4.106**
Eine ausführliche Sammlung von Referenzen, Werkzeugen und Diensten sowie weiterführenden Informationen zum Thema »Logo-Design« finden Sie im Beitrag »Complete Logo Design Guide« (*http://www.elogodesign.com/logo-design-guide* Linkcode 103)

◄ **Abbildung 4.107**
Das Logo ist schlicht, klar und unaufdringlich. Dies ist im Web 2.0 nicht immer der Fall. Es erzeugt jedoch ein ruhiges und benutzerfreundliches Seitenbild – dieses steht im Web 2.0 im Mittelpunkt der Gestaltung.

4.8.12 Ergebnis

Nach einer CSS-basierten Umsetzung des Layouts könnte die erste umgesetzte Version der Webseite wie in Abbildung 4.108 aussehen. Mit CSS-Formatierung lassen sich weitere Kleinigkeiten, wie etwa die Bullet-Bilder der Listen im Navigationsmenü oder Icons bei Links an das Gesamtlayout anpassen.

Abbildung 4.108 ▸
Das komplette Layout des hellen Designs

4.9 Dunkles Design – Praxisbeispiel

Bunte Farben

Bunte Farben wirken bei dunklen Designs stärker als auf hellen Entwürfen. Deshalb erzeugt eine Disharmonie auf Schwarz eine stärkere Verzerrung eines Bildes.

Ein funktionierendes dunkles Design zu entwerfen, ist keine einfache Aufgabe, da die Abstimmung von Kontrasten zu einer zeitaufwendigen Aufgabe werden kann. Bei hellen Layouts kann man sich wegen des ruhig und neutral wirkendem Weiß vieles erlauben, was bei schwarzen Designs sofort auffällt. Insbesondere bunte Farben wirken bei dunklen Designs weitaus stärker als auf hellen Entwürfen. Deshalb erzeugt Disharmonie auf Schwarz eine stärkere Verzerrung des Bildes als auf Weiß. Ein guter Kompromiss zwischen der Helligkeit der eingesetzten Farben und einer optimalen Lesbarkeit ist ein weiterer Punkt, um den häufig gestritten wird. Dennoch ergeben sich aus dem ersten Sachverhalt beim geschickten Farbeinsatz beeindruckende Ergebnisse. Wie erreicht man also ein glänzendes visuelles Seitenbild in dunklen Tönen?

Ein wichtiger Aspekt, der von Designern häufig falsch verstanden und in dunklen Designs inkorrekt umgesetzt wird, ist der seitenübergreifende Vorzug dunkler Elemente gegenüber ihren hellen Kontrahenten. In der Praxis wird ein dunkles Design nicht unbedingt durch den Einsatz nur dunkler Töne erreicht. Meistens sorgt dies zum einen für Monotonie der Textpräsentation, zum anderen für Ununterscheidbarkeit von verschiedenen Seitenelementen. Auch dunkle Designs können bunt sein. Die Dunkelheit kann dabei durch Kontraste erreicht werden. Beispielhaft dafür wird das aus den vorherigen Seiten bekannte Layout verwendet. Hier werden die dominierende blaue Farbe, Header, Navigationsleiste und Banner aus dem hellen Design 1:1 übernommen.

Dunkle Designs

Bei dunklen Designs müssen nicht alle Seitenelemente dunkel sein. Dunkle Töne können dominieren und bunte Elemente in den Vordergrund treten lassen. Etwa damit ein starker visueller Effekt erzielt wird.

Grundsätzlich geht man bei der »Färbung« einzelner Seitenelemente in dunklen Designs genauso vor wie bei hellen Designs. Auch die Auswahl der Grundfarben für das Layout folgt demselben Schema. Ein wesentlicher Unterschied liegt jedoch darin, dass Designer bei dunklen Tönen mehr bunte und auffallende Farben riskieren können.

4.9.1 Rahmen, Umgebung, Hintergrund

Doch zunächst gilt es, die Hintergrundfarbe für das dunkle Layout auszuwählen. Wird ein dunkles Bild auf einem Bildschirm präsentiert, so ist es zunächst einmal wichtig, dass die Seitenpräsentation nicht von hellen Farben umgeben ist. Ein hoher Hell-Dunkel-Kontrast reduziert die starke Wirkung der intensiven schwarzen Farbe. Meistens wirkt er unpassend und wird als disharmonisch empfunden.

Deshalb empfiehlt es sich, bei jedem entworfenen dunklen Design dafür zu sorgen, dass die ganze Seitenfläche von dunklen Tönen umgeben wird. Dabei lässt sich dies auch für visuelle Zwecke ausnutzen. Um etwa ein zentriertes Layout noch stärker hervortreten zu lassen, kann man für die Hintergrundfarbe des `body`-Elements einen Farbton einsetzen, der sich von dem im Hauptcontainer nur um wenige helle Stufen unterscheidet. Den Hauptcontainer selbst kann man anschließend mit einem dunklen Rahmen versehen (etwa über die border-Eigenschaft mit CSS). Genau dies wird im Entwurf realisiert. Die Hintergrundfarbe des Dokuments ist #30373C (RGB 48,55,60), der Rahmen besitzt den Farbwert #252A2E (RGB 37,42,46), für den Fließtext in `#primary-content` wird #292F33 (RGB 41,47,51) verwendet. Die letzte Farbe wird alternativ zu dem reinen Schwarz gewählt, da der Block sonst in der Umgebung von bunten Farben allzu stark hervortreten würde.

Dunkle Seitenfläche

Sorgen Sie bei jedem entworfenen dunklen Design dafür, dass die gesamte Seitenfläche von dunklen Tönen umgeben wird.

Abbildung 4.109 ▸
Ein erstes dunkles Layout der Seite

4.9.2 Sidebar

Am stärksten kommen auf dunkel-schwarzen Hintergründen Lila, Blau und Grün zur Geltung. Nicht verwunderlich also, dass viele dunkle Designs im Web 2.0 ausgerechnet in diesen Farben gestaltet werden. Besondere Popularität genießt Lila. Sein Glanz wirkt anziehend und wird deshalb gerne genutzt, häufig auch auf Kosten der Lesbarkeit von Textinhalten.

Um diesen Effekt zu erzeugen, wird für den `#sidebar`-Block das im vorigen Abschnitt gewählte Rosa (#FF44AA) übernommen und mithilfe von *Color Blender* verdunkelt. Dabei ist es für die Vermeidung von visuellen Nebeneffekten wichtig, mit dem Tool solange neue Zwischenstufen auszuprobieren, bis eine ausgewogene Balance zwischen Rosa als passive Nebenfarbe und Rosa als attraktive Akzentfarbe hergestellt wird. In der Regel darf die Buntheit des Tons nicht stärker als die Buntheit des Headers sein, muss aber dennoch sichtbar bleiben und als heller Ton wahrgenommen werden.

Um eine passende Farbe zu finden, wird man nun sowohl mit Color Blender als auch mit der Graustufendarstellung im Photoshop experimentieren müssen. Orientieren Sie sich bei Ihrer Wahl daran, dass der Block, der nachher mit Texten gefüllt wird, stärker wirken soll als das begleitende Navigationsmenü. In einem direkten Vergleich der beiden Blöcke sollte die Aufmerksamkeit der Besucher nicht auf die bunte `#sidebar`, sondern auf das intensive Schwarz des `#primary-content` gelenkt werden. Ist dies der Fall, so liegt ein möglicher Kandidat für eine harmonische Farbkomposition vor.

◂ **Abbildung 4.110**
Ein bunter, aber wegen seiner Sättigung passiver Streifen in #A30056 (RGB 163,0,86) neben dem dunklen Hauptbereich der Seite

4.9.3 Übergänge zwischen Farben

Fließende Übergänge von einem Seitenelement zu einem anderen sind bei dunklen Designs – noch stärker als bei hellen – von primärer Bedeutung. Im zentralen Seitenbereich des Beispiels dominieren Schwarz und Lila. Ein Rahmen, versehen mit einer Übergangsfarbe zwischen beiden Tönen, sorgt für einen angenehm empfundenen Übergang zwischen beiden Elementen. Im Allgemeinen muss ein Übergang dieser Art nicht vorliegen. Doch häufig hilft er, unerwünschten Effekten an den Grenzflächen vorzubeugen.

◂ **Abbildung 4.111**
Unerwünschte Effekte an den Grenzflächen werden durch zusätzliche Übergangsfarben »geglättet«. Hier die Übergänge von `#primary-content` zu `#secondary-content` und `#banner` zu `#secondary-content`.

4.9.4 Auszeichnung von Texten

Auf einem dunklen Hintergrund können viele helle Töne leserlich und deutlich erscheinen. Abgedunkeltes Weiß ist dabei nur eine Möglichkeit, mit der man immer auf der sicheren Seite ist. Aber auch helle Farben aus der gewählten Farbpalette (mit einer Transparenz von 85–95 %) können ihren Dienst gut leisten, z. B. um einem Fließtext mehr Lebendigkeit und Attraktivität zu verleihen. Dies ist nicht immer günstig, denn ein Text sollte stets ruhig und prägnant präsentiert werden. Eine attraktiv wirkende Präsenz wird in bunten Designs jedoch mit Sicherheit nicht mit Weiß auf Schwarz auskommen.

Betrachtet man eine helle Abwandlung aus der Familie der gewählten Grundfarbe Blau, so kann man die Fließtextfarbe auf

#EBFAFF (RGB 235,250,255) setzen. Der Text erscheint trotzdem lesbar, aber eben nicht so trocken und »unlebendig« wie Grau (#EEEEEE oder #FAFAFA).

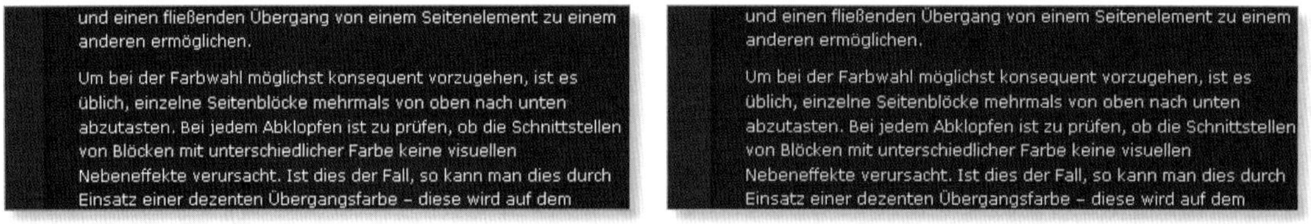

▲ **Abbildung 4.112**
Auf dem dunklen Hintergrund wirkt Grau (oben) nicht so attraktiv wie eine helle Abstufung von Blau (unten).

Dementsprechend wird auch die Überschrift gestaltet. Da die weiße Farbe im oberen Seitenbereich dominiert, liegt es nahe, die Überschrift zur Unterstützung der Fließtextfarbe in einer blauen, aber stärker gesättigten, Farbe zu gestalten. Zum Beispiel, #BBEEFF. Es zeigt sich jedoch im Vergleich, dass »fast« Weiß (#FAFAFA) dennoch besser in die Seitenkomposition passt. Es wirkt stärker und wird deshalb beim zweiten Hinschauen bevorzugt – damit die Überschrift schnell und leicht erkennbar ist.

▲ **Abbildung 4.113**
(Fast) Weiß passt zur Auszeichnung von Überschriften im Vergleich zu hellem Blau.

Die Überschriften zweiter und dritter Ordnung können für eine abwechslungsreiche und strukturierte Textgestaltung durch eine helle Auszeichnung auf einem dunklen Hintergrund hervorgehoben werden. Dabei wählt man zuerst eine passende Farbe für die farbige Hervorhebung aus und nimmt ihre hellen und dunklen Variationen in Richtung der Hintergrundfarbe des Hauptblocks. Die dunkle Farbe lässt sich als Hintergrundfarbe für die Überschrift verwenden, die helle für die Farbe des Textes. Die Letztere sollte in Relation zum Fließtext neutral wirken, schnell auffallen (dies wird meistens durch die Schriftgröße oder eine hellere Hintergrundfarbe erreicht) und sich nicht aus dem Gesamtkontext ausreißen lassen.

Verwendet man ursprünglich die Hauptfarbe #116688 und bestimmt die entsprechenden Abstufungen, so erhält man etwa dunkles Blau (#072A33, RGB 7,42,51) für den Hintergrund, helles Blau (#68D7EE, RGB 104,215,238) für den Text. Umgeben werden Überschriftenblöcke von einem grauen Rahmen, damit sie leichter zu erkennen sind. Der Block fällt beim Scannen der Seite auf, wirkt jedoch eher passiv, was durch die Anpassung der Töne an die Hintergrundfarbe erreicht wurde.

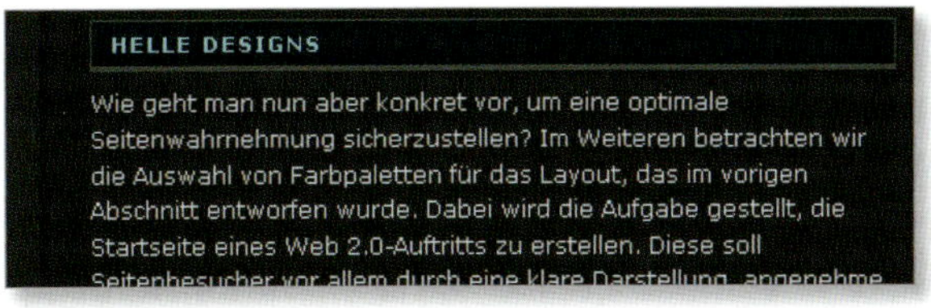

◄ **Abbildung 4.114**
Auszeichnung von Überschriften zweiter Ordnung

Doch insgesamt ist die Entscheidung, die Überschrift mit Blau zu färben, nicht sehr glücklich, da die Inhalte bereits blau sind. Auf der Suche nach einer alternativen Lösung stößt man auf grüne Farbe. Ihre Verdunkelung ergibt das folgende seriös wirkende Bild. Dieses wird in das Layout übernommen.

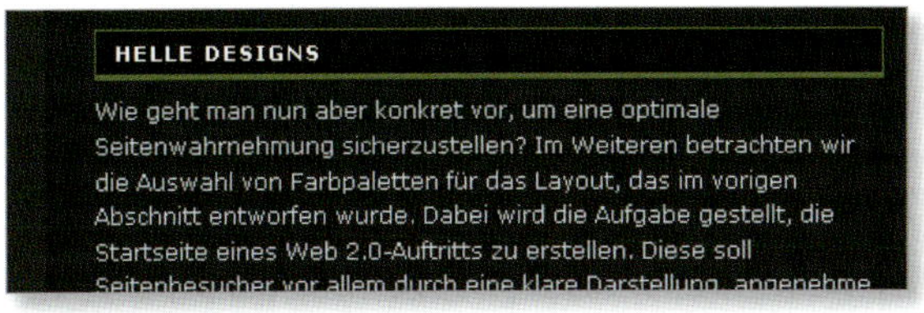

◄ **Abbildung 4.115**
Verdunkelung der Überschrift

Im rechten Block `#sidebar` gehe man analog vor, indem man für die passive und neutrale Hervorhebung von einzelnen Kategorien einen bezüglich der verwendeten Hintergrundfarbe dunkleren Ton verwendet. Im Beispiel ist es die Farbe #800044. Nur der Rahmen wird weggelassen. Im rechten Block ist er überflüssig.

▲ **Abbildung 4.116**
Überschriften in `#sidebar`

4.9.5 Auszeichnung von Verweisen

Wie bereits angesprochen, wirken helle und bunte Farben auf dunklen Hintergründen besonders intensiv. Doch daraus folgt nicht, dass man diese in aller ihrer Buntheit zum Einsatz kommen lassen sollte. Stattdessen ist es vernünftig, die Töne der verwendeten Farbpalette zu entnehmen, damit das Seitenbild abgerundet erscheint.

Die dominierende blaue Farbe wird bereits für die Auszeichnung der Überschriften benutzt; die gleiche Auszeichnung für Links würde für Verwirrung bei den Seitenbesuchern sorgen. In Frage kommen somit bloß die grüne und die Lila-Farben. Betrachtet man das bereits vorliegende Seitenbild, so lässt sich erkennen, dass der Hauptbereich der Seite bereits zwei Grundtöne verwendet: Blau bei Überschriften und Lila bei der `#sidebar`. Setzt man zusätzlich Grün ein, so erhält man ein äußerst buntes Bild, verursacht durch drei bunte Farben. Dabei darf man nicht vergessen, dass auch bereits besuchte Links farbig hervorgehoben werden müssen. Insgesamt würde dies vier Töne ergeben, was nach der 3-Farben-Faustregel zu Problemen im Hinblick auf die Lesbarkeit führen könnte.

Aus diesem Grunde ist es vernünftiger, Lila für die Auszeichnung von Links zu verwenden. Dadurch ergänzen und verstärken sich Verweise im Fließtext und das Navigationsmenü in der #sidebar. Das Experimentieren mit der Grundfarbe Rosa ergibt eine gute Lesbarkeit für den Farbton #FF6BBA.

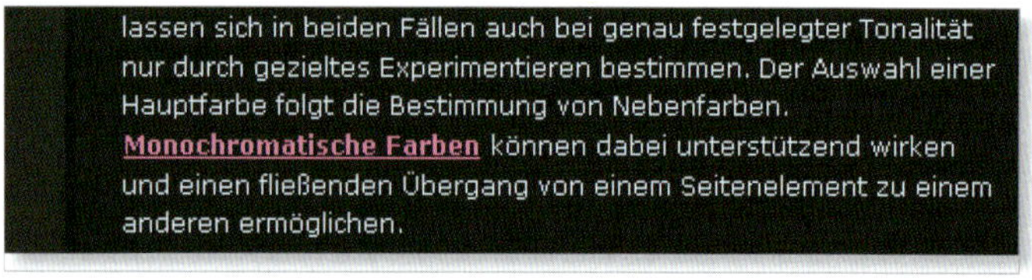

Abbildung 4.117 ▸
Linkgestaltung im Hauptblock und in der Sidebar

Das Ergebnis ist eine Seitenpräsentation, bei der beide Elemente aneinander angepasst sind.

Der Hover-Zustand wird aus ähnlichen Gründen nicht grün, sondern lila gefärbt. Dabei muss man nicht unbedingt die Farbe des Verweises beim Hovern stark verändern. Häufig genügt es, etwa die Hintergrundfarbe mit einer schwachen Abstufung der Verweisfarbe zu gestalten. Dennoch ist es in der Regel benutzerfreundlicher, den Unterschied zwischen beiden Zuständen deutlich zu gestalten. Im Beispiel wird dies durch die Verdunkelung der Hintergrundfarbe (#010C0D) und den Einsatz einer hellen Farbe für den Text (#FAFAFA) realisiert. Auch der untere Rahmen wird sich beim Hovern deutlicher hervorheben.

▴ **Abbildung 4.118**
Link im passiven Zustand

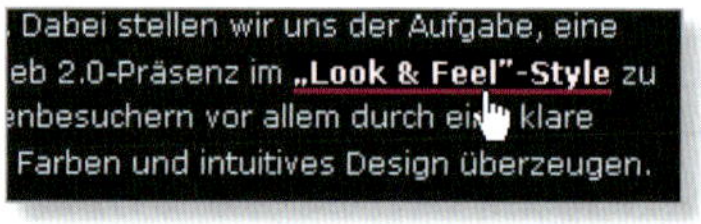

▴ **Abbildung 4.119**
Hover-Zustand in hellen Tönen

▴ **Abbildung 4.120**
Hover-Zustand in bunten Tönen. Alternativ sieht der Hover-Effekt auch mit hellem Grün attraktiv aus.

Für besuchte Links ist Grau immer eine geeignete Farbe, da sie die Passivität des Verweises ausdrücklich betont. Um eine optimale Graustufe zu bestimmen, kann man sich auf die Suche nach einer Zwischenfarbe zwischen der Hintergrundfarbe und der aktiven Verweisfarbe machen. Das Optimum wird meistens in Abstufungen in Richtung der Verweisfarbe gefunden. Analog kann man versuchen, auch mit den Stufen zwischen der Hintergrundfarbe und der Fließtextfarbe für die Auszeichnung des Visited-Zustandes zu experimentieren.

Möchte man die Linkfarbe nicht verändern, so kann man die Hintergrundfarbe geeignet anpassen, sodass diese dem Verweis eine passive Gestalt verleiht. Häufig wird dies bei dunklen Designs eine helle Abstufung der Hintergrundfarbe sein.

Im Beispiel werden besuchte Links entsprechend der obigen Vorgehensweise mit einer erkennbaren, aber passiven dunkelschwarzen Hintergrundfarbe (#2E2E2E) versehen; die Verweise selbst dagegen mit einem Grauton #A1B2B8.

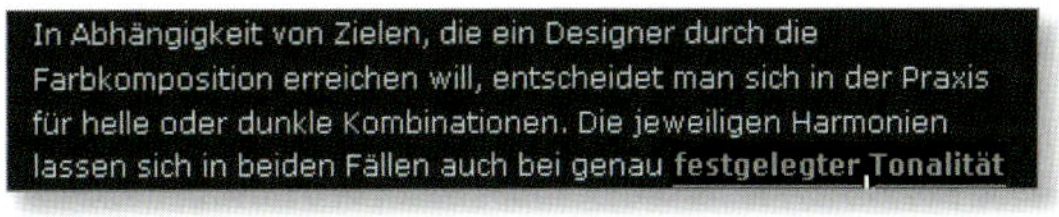

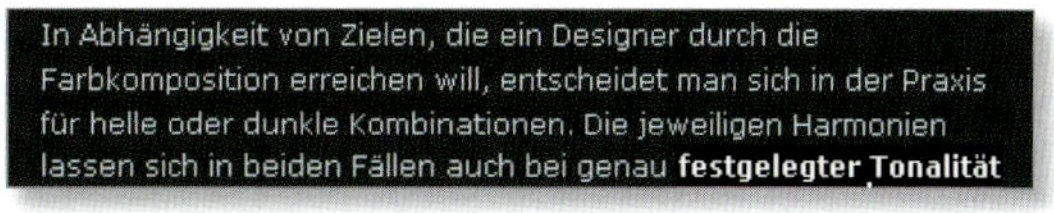

▲ Abbildung 4.121
`:link`- und `:hover`-Zustand eines bereits besuchten Verweises

Der Focus-Zustand wird mithilfe der Umkehrung von Farben gestaltet, wobei die Verweisfarbe deutlich abgedunkelt wird, damit der Kontrast zwischen ihr und der Hintergrundfarbe nicht zu groß und angenehm wirkt. Der Active-Zustand wird zwar mit den gleichen Farben gestaltet, verwendet aber den grauen Ton als Hintergrundfarbe. Beim Rüberziehen eines Links in die Bookmarks wird sich dieser deutlich vom übrigen Text abheben.

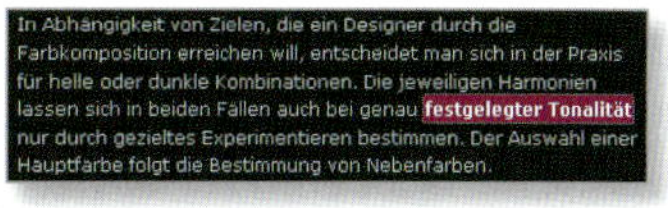

▲ Abbildung 4.122
`:focus` und `:active`-Zustand eines Verweises

4.9.6 Navigationsmenü

Die vertikale Navigationsleiste folgt beim dunklen Design einem anderen Schema. Auf dem bunten Hintergrund, wie etwa Lila, erreicht man eine optimale Lesbarkeit durch den Einsatz einer (fast) weißen Farbe. Weiß erzeugt auf einem bunten Hintergrund einen hohen Kontrast und wird deshalb durch Grau (#EEEEEE) ersetzt. Dies lässt einzelne Rubriken lesbarer erscheinen und neutral wirken. Ein Effekt, der bei einem Navigationsmenü gerade erzeugt werden soll.

Für die Auszeichnung der Link-Zustände einzelner Rubriken empfiehlt es sich, auf hellen Hintergründen beim Hovern den Hintergrund der Rubrik zu verdunkeln. Die gleichzeitige Veränderung der Verweisfarbe ist möglich, aber nicht notwendig. In der Musterseite springt die Hintergrundfarbe beim Hovern von #A30056 (RGB 163,0,86) auf #7A003D (RGB 122,0,61), der Text auf #FFFFFF. Bereits besuchte Links werden in grauer Farbe präsentiert. Sie soll für die Passivität der Verweise stehen.

▲ Abbildung 4.123
Graue Verweise im Navigationsmenü

Die Rubrik, die der Besucher gerade durchstöbert, lässt sich durch besondere Hervorhebung einer der Rubriken in speziellen Farben auszeichnen. Wegen der Buntheit der Farbkomposition sollte man zu diesem Zweck keine neuen Farben in die Palette aufzunehmen, sondern lieber zu neutralen Farben greifen. Weiß und Schwarz lassen sich bei jedem Design ohne Weiteres einsetzen. Auf einer hellen Sidebar wirkt Weiß angenehmer als Schwarz. Um eine abgerundete Darstellung zu erreichen, kann man den Übergang zwischen Weiß und der Hintergrundfarbe durch eine Zwischenfarbe unterstützen. Im konkreten Fall bedeutet dies, die aktuelle Rubrik in Weiß hervorzuheben und ihren

▲ Abbildung 4.124
Hover-Effekt im Navigationsmenü

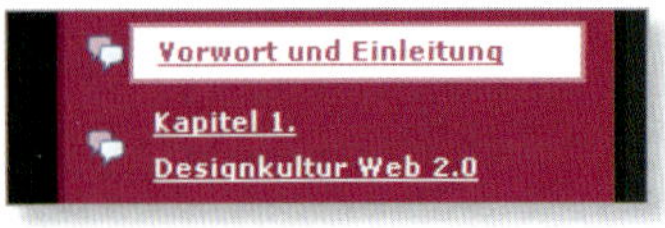

▲ **Abbildung 4.125**
Hervorhebung der Rubrik, die gerade besucht wird

Rand in einer Abstufung der Hintergrundfarbe (etwa #CF7BA7, RGB 207,123,167) zu gestalten. Zufälligerweise entspricht dies der Umkehrung von Farben für Verweise in der Sidebar – Rosa auf Weiß wird zu Weiß auf Rosa.

4.9.7 Footer

Der Footer wird analog zur Vorgehensweise beim hellen Design gewählt. Die graue Farbe lässt den unteren Seitenbereich in den Hintergrund treten; die Auszeichnung von Verweisen vererbt die allgemeine Linkgestaltung, die oben erläutert wurde.

▲ **Abbildung 4.126**
Link- und Hover-Zustände beim Footer

4.9.8 Ergebnis

Das entworfene dunkle Design zeichnet sich durch eine gute Lesbarkeit der Inhalte und eine bunte Farbkomposition aus. Es wirkt angenehm und attraktiv, auch dann, wenn über besuchte und noch nicht besuchte Verweise mit dem Mauszeiger drübergefahren wird. Die erste umgesetzte Version der Webseite könnte somit wie folgt aussehen. Auch hier lassen sich mit CSS viele Kleinigkeiten, wie etwa Icons bei den Links, an das Gesamtlayout anpassen.

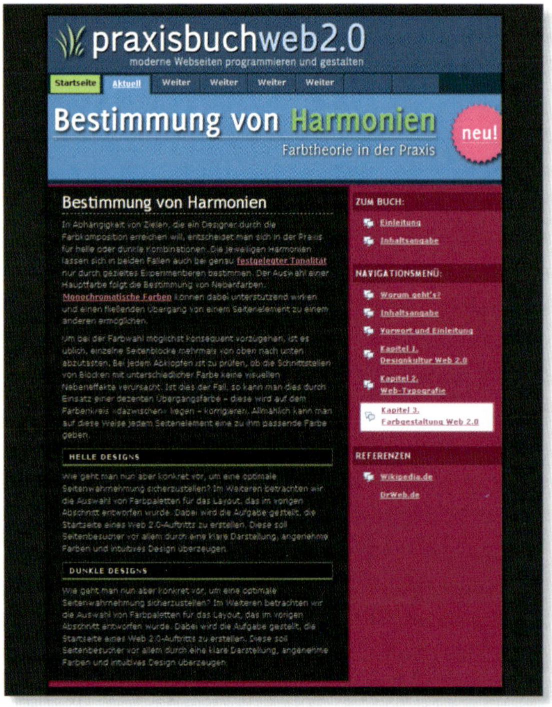

Abbildung 4.127 ▶
Dunkles Layout nach einer CSS/XHTML-Umsetzung

4.10 Zusammenfassung

Ein kurzer Überblick über wesentliche Faustregeln soll Ihnen helfen, bei der Bestimmung von Farbharmonien gezielter und effizienter vorzugehen.

- Vor der Auswahl von Farbschemata sollte man sich auf einen konstruktiven Designprozess und konsequenten Farbeinsatz einstellen. Der Einsatz von zu vielen Farben ist ineffizienter als die Verwendung einer einzigen Farbe.
- Bildschirme arbeiten mit der *additiven Farbmischung* auf der Grundlage des RGB-Farbmodells (Rot, Grün, Blau). Für den Druck wird die *subtraktive Farbmischung* mit dem CMYK-Modell (Cyan, Magenta, Gelb und Schwarz) verwendet.
- Primärfarben stehen für die Farben *erster Ordnung* im RGB (also Rot, Grün, Blau)- und CMYK-Modell. Aus ihrer Mischung lassen sich alle weiteren, *sekundäre*, *tertiäre* usw. Farben erzeugen. Orange ist beispielsweise eine Sekundärfarbe im RGB-Modell, da sie aus Rot und Gelb gemischt ist.
- Als *komplementäre Farben* bezeichnet man Töne, die auf dem Farbenkreis direkt gegenüberliegen (Orange und Blau). Benachbarte Farbtöne werden *analoge Farben* genannt (Gelb, Hellgrün, Grün).
- Die *monochromatische Beziehung* beschreibt das Zusammenwirken der Töne, die sich nur durch Variationen der Schattierung und/oder Transparenz voneinander unterscheiden. Sie eignen sich besonders gut für ein funktionierendes Design, können aber die Monotonie der Seite zur Folge haben. Beispiel: Hellblau, Blau, Dunkelblau.
- Die *aufgeteilte komplementäre Beziehung* beschreibt das Zusammenspiel einer Grundfarbe mit zwei weiteren Farben, die auf dem Farbenkreis von ihrem Komplement gleich weit entfernt sind. Sie wird am häufigsten benutzt, um einen hohen Kontrast zu reduzieren. Beispiel: Grün, Hellrot, Dunkelrot.
- Die *doppelt-komplementäre Beziehung* verwendet zwei Farbgruppen, deren Elemente (jeweils zwei Farbtöne) Komplementärfarben zueinander sind. Sie schwächt und ergänzt den Kontrast komplementärer Farben und erzeugt einen bunten, visuellen Kontrast.
- Die *Triade-Beziehung* bezieht sich auf die Wirkung von drei Farbtönen, die auf dem Farbkreis äquidistant voneinander entfernt sind. Sie erzeugt eine Spannung und sorgt für eine Vielfalt der eingesetzten Töne. Beispiel: Grün, Orange, Violett.

- Die *analoge Beziehung* basiert auf einem Spektrum benachbarter Farben; *komplementäre Beziehung* auf reinen oder »abgestuften« komplementärer Farben.
- Kontraste werden im Web vor allem durch Sättigung der Farben, Proportionen der Flächen und ein Zusammenspiel von hellen und dunklen oder bunten und unbunten Farben erzeugt.
- Bei der Zusammensetzung von Farbpaletten ist mit der Anzahl der Töne sehr sparsam umzugehen. Man sollte sich *höchstens* auf *drei* oder *vier* dominierende *Hauptfarben* beschränken.
- Primäre Farben werden gebraucht, um die Wichtigkeit eines Sachverhalts darzustellen. Sekundäre Farben wirken neutral, elegant und solide. Sie erzeugen ein Gefühl des Wohlbefindens und eine visuelle Balance. Tertiäre Farben haben eine einladende und verlockende Wirkung. Sie sind freundlich und angenehm.
- Um den hohen Kontrast von Komplementärfarben auszunutzen, nimmt man in der Praxis zusätzlich eine dunkle Mischung von beiden Tönen in die Farbpalette auf.
- Ruhiges und klares Design setzt auf analoge und monochromatische Farben, die meistens sehr gut zusammenpassen. Dabei ist darauf zu beachten, dass der Kontrast hoch genug ist.
- Für die Farbgestaltung eignet sich die *Web-Smart*-Palette am besten. Um auf der sicheren Seite zu sein, können Sie auch direkt mit RGB-Werten arbeiten.
- Die neutralen Töne aus der Farbpalette im Web 2.0 sind schwach gesättigte Abstufungen bunter Farben (etwa zu 85 % transparentes Blau und Grün). Bunte und aktive Farben sind Grün, Orange, Rosa und Blau.
- Grundsätzlich sind helle Designs besser zu lesen als dunkle Layouts. Dunkle Töne wirken intensiver, deshalb lassen sich stärkere visuelle Effekte bei dunklen Designs erzeugen. Die Wahl zwischen beiden Ansätzen reduziert sich auf die Frage, ob Sie Seitenbesucher durch ruhige, klare Texte oder eine lebhafte visuelle Präsentation überzeugen möchten.
- Das Übertragen einer ersten Designskizze geschieht durch die Anfertigung eines Kontrastlayouts in Weiß-Grau-Schwarz. Durch Experimentieren mit der Transparenz von Grau und Schwarz lässt sich ein optimaler Kontrast einstellen.
- Bei der Auswahl einer Farbharmonie tastet man einzelne Seitenblöcke von oben nach unten mehrmals ab. Orientieren Sie sich bei der Bestimmung von Hauptfarben an der psychologischen Wirkung der Farben und ihren Assoziationen. Durch eine Anpassung der Sättigung gewählter Töne an die

des Kontrastlayouts sorgen Sie für einen optimalen Kontrast der Farben.

- Bei hellen Designs erreicht man Neutralität der Farben durch den Einsatz von monochromatischen oder analogen Farben bezüglich der gewählten Hauptfarbe, Hervorhebung von Inhalten durch die Auszeichnung mit bunten Farben. Bei dunklen Designs können Sie auch bunte Farben riskieren. Dabei ist zu beachten, dass der Kontrast nicht zu groß wird, Farbübergänge keine ungewünschten Nebeneffekte erzeugen und Fließtexte deutlich zu lesen sind.

4.11 Ressourcen

4.11.1 Online-Artikel

- Einführung in die Farbtheorie
  http://www.metacolor.de
- Kompakter Einblick in die Farbtheorie
  http://weblab.uni-lueneburg.de/weblab/seminare/webdesign/farbtheorie.php (Linkcode 104)
- Color Worqx, eine ausführliche Einführung in die Grundlagen der Farbtheorie, *http://www.worqx.com/sitemap.htm* (Linkcode 105)
- Bedeutung der Farben und ihr Einsatz In der Praxis, Color-Matters, *http://www.colormatters.com*
- »Vom Farbraum zum Farbcode«: RGB-Farbraum, HSL-Farbraum, Farbnamen und Systemfarben
  http://www.j-a-b.net/web/hue/colorspaces (Linkcode 106)
- Color Glossary, Fachbegriff kompakt erklärt
  http://www.sapdesignguild.org/resources/glossary_color/index1.html (Linkcode 107)
- Secrets of Web Colors Revealed,
  http://www.ysbl.york.ac.uk/%7Emgwt/KKwebcourse/colourscience/colourmodels.html (Linkcode 108)
- The Psychology of Color, *http://coe.sdsu.edu/eet/Articles/wadecolor/start.htm* (Linkcode 109)
- Dirk Metzmacher, »Über die Wirkung der Farben«
  http://www.drweb.de/webdesign/farben-color-wirkung.shtml (Linkcode 110)
- Colourlovers.com, Farben, Farbschemata, Trends
  http://www.colourlovers.com
- Quellensammlung zum Thema »Farbe«
  http://www.drweb.de/weblog/weblog/?p=464
  (Linkcode 111)

- Web Developer's Handbook, Referenzen zur Farbtheorie *http://alvit.de/handbook* (Linkcode 112)

4.11.2 Literatur

- Mark Boulton: »Five Simple Steps: Designing for the Web«, *http://fivesimplesteps.markboulton.co.uk*
- Johannes Itten: »The Elements of Color«
- Edith Anderson Feisner: »Colour : How to Use Colour in Art and Design«
- Tom Fraser, Adam Banks, Designer's Color Manual: »The Complete Guide to Color Theory and Application«
- Josef Albers, Nicholas Fox Weber: »Interaction of Color«, Revised and Expanded Edition
- Augustine Hope, Margaret Walch: »The Color Compendium«
- Paul J. Zelanski, Mary Pat Fisher: »Color« (4th Edition)

5 Navigation

Eine logisch konsistent und übersichtlich gehaltene Navigation ist bekanntlich der Schlüssel zu einer erfolgreichen Seitengestaltung. Doch wie gestaltet man Navigationsmenüs, um dieser Herausforderung gerecht zu werden? In diesem Kapitel geht es um die Umsetzung von benutzerfreundlichen Navigationsleisten. Dabei lernen Sie die Faustregeln beim Design von benutzerfreundlichen Navigationsmenüs, typische CSS-basierte Ansätze im Web 2.0 sowie grundlegende Photoshop-Techniken und neue Navigationsarten kennen.

Eine effiziente Navigation stellt Seitenbesuchern eine präzise Orientierung bereit, mit der jeder – unabhängig von den benutzten Werkzeugen – in wenigen Schritten zum gesuchten Seiteninhalt gelangt. Dabei sind die meisten Anwender bei der Informationssuche extrem zielgerichtet. Je weniger Zeit sie verwirrt zum Durchstöbern von Seiten benötigen, desto benutzerfreundlicher empfinden sie den Webauftritt.

Um die User Experience einer Seite auf hohem Niveau zu halten, müssen Webentwickler Anwendern einen deutlichen und intuitiven Leitfaden anbieten.

5.1 Navigationselemente entwerfen

Eine gute Seitennavigation setzt sich zum Ziel, einen Kompromiss zwischen einer (häufig unüberschaubaren) Fülle von Optionen und hinreichend vielen Navigationsmöglichkeiten bereitzustellen.

Wichtig in diesem Zusammenhang ist die Tatsache, dass Besucher in möglichst wenigen Schritten die wichtigsten Seiteninhalte (*key content*) einer Präsenz finden können.

[Page drifting]
Ein Verhalten der Seitenbesucher, bei dem auf der Suche nach Inhalten, chaotisch von einer Seite zu einer anderen und zurück gesprungen wird. *Page drifting* ist meistens ein Zeichen für eine inkonsistente Seitennavigation, mangelhafte Suche oder mehrdeutige Beschriftungen der Navigationsbereiche.

Entspricht die Navigation nicht den Erwartungen der Anwender, so werden sie auch keine Möglichkeit haben, sich mit dem Seiteninhalt vertraut zu machen. Ein Seitenbesuch kann bei mangelhafter Realisierung zu einem chaotischen *page drifting* werden, und das obwohl man Besuchern mit minimalem Aufwand eine leicht erkennbare Navigationshilfe zur Verfügung stellen kann.

Um dies zu erfüllen, müssen Navigationsmenüs unter anderem vier grundlegende Aufgaben lösen können.

5.1.1 Aufgaben der Seitennavigation

Der Hauptzweck von Navigationssystemen besteht darin, Informationen über die Seiteninhalte deutlich zu vermitteln. Dabei gilt es, Nutzer darüber zu informieren,

- **wo sie gerade sind**
  Besucher müssen wissen, in welchem Seitenbereich sie sind und welche themenrelevante Inhalte ihnen zur Verfügung stehen.
- **wohin sie gehen können**
  Auf einer unbekannten Seite können Anwender nicht zu Seiteninhalten gelangen, wenn sie die Struktur der Seite nicht kennen.
- **wo sie bereits gewesen sind**
  Seitenbesucher surfen nicht nur in eine Richtung, sondern sowohl vorwärts als auch rückwärts; das Zurückspringen zu bereits besuchten Seiten über den Zurück-Button ist üblich.

Außerdem muss die Gestaltung der Seitennavigation konsistent bleiben. Denn sollte sich die Navigation permanent ändern, so verliert sie ihre Bedeutung, da mehrere Pfade plötzlich zum selben Ziel zu führen scheinen. Dies sorgt für Verwirrung, erzeugt Misstrauen in die vorliegende Seitenstruktur und somit auch in Dienste, die vom Seitenbetreiber angeboten werden.

TIPP

In diesem Kontext liegt es nahe, eine Navigationshilfe auf jeder Seite unterzubringen, es sei denn, sie ist explizit zur Präsentation von speziellen Inhalten gedacht (etwa Navigation in einem mehrteiligen Artikel).

Legen Sie ein besonderes Augenmerk auf eine konsequente Erfüllung dieser Kriterien, so verfügen Ihre Seitenbesucher über einen guten Wegweiser. Resultat: Da die Benutzerfreundlichkeit stärker zur Geltung kommt, wird der Seite intuitiv ein hoher Nutzungswert zugeordnet, was nicht selten zufällige Besucher zu Stammbesuchern werden lässt.

Laut einer Studie von Nielsen/Lorangeres aus dem Jahr 2006 landen mehr als die Hälfte der Webseitenbesucher zunächst auf einer untergeordneten Seite (*deep link*) einer Webseite, da sie von einer Suchmaschine darauf verwiesen wurden.

In diesem Zusammenhang taucht eine entscheidende Frage auf, die meistens rein intuitiv beantwortet wird: Wo platziert man die Seitennavigation am besten?

5.1.2 Platzierung von Navigationsleisten

Oberer und linker Seitenbereiche | Traditionsgemäß werden Navigationsleisten bei klassischen Webauftritten im oberen und/oder im linken Seitenbereich platziert. Dies hat einen einfachen Grund: Webnutzer aus der westlichen Welt sind gewohnt, Inhalte von links nach rechts zu lesen, demzufolge wird der Blick zuerst auf den linken Seitenbereich fokussiert. Auch befinden sich Browserschaltflächen (wie EINE SEITE ZURÜCK, EINE SEITE VOR, AKTUALISIEREN usw.) meistens links und somit direkt über dem Navigationsmenü.

▼ **Abbildung 5.1**
Seitennavigation im oberen Seitenbereich (Quelle: Businesslogs.com, Jeffcroft.com, Grovewebsitedesign.co.uk)

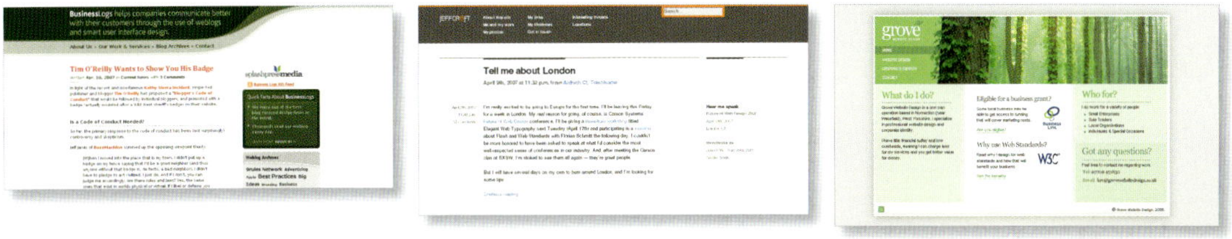

Daraus resultiert das sogenannte *F-Muster*, nach dem Seitenbesucher unbekannte Seiten scannen. Mit der Platzierung der Seitennavigation in diesen Bereichen können Sie effektiv für ihr schnelles Auffinden sorgen.

TIPP

Mehr über das *F-Muster* erfahren Sie im Kapitel 9.

In der Fachsprache unterscheiden Experten zwischen Breitennavigation (*breadth navigation*) durch Hauptkategorien und Tiefennavigation (*depth navigation*) durch Unterkategorien.

Bei größeren und umfangreichen Webauftritten wird *Breitennavigation* häufig in den oberen Seitenbereich verlagert (dazu gehören Hauptrubriken der Seite, etwa die wesentlichen Ressorts eines Unternehmens). *Tiefennavigation* (mit einzelnen Unterkategorien der Hauptrubriken) ist dagegen oft am linken Seitenrand zu finden.

▲ **Abbildung 5.2**
Die Seitennavigation im linken oberen Seitenbereich (Quelle: Revision3.com)

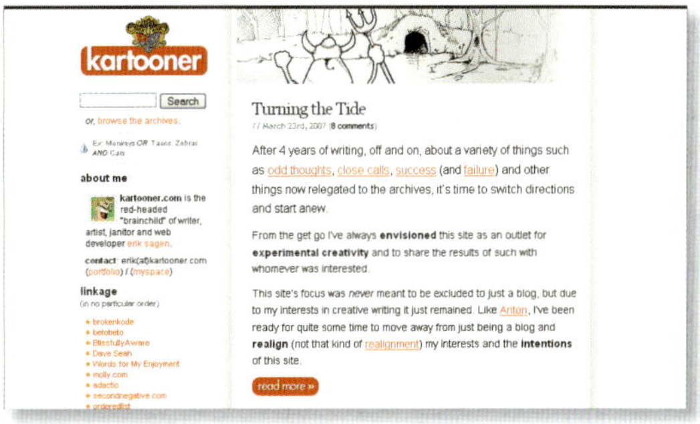

▲ **Abbildung 5.3**
Navigationsleiste im linken Seitenbereich (Quelle: Kartooner.com)

Rechter Seitenbereich | Eine Navigationsleiste im rechten Seitenbereich zu platzieren, empfiehlt sich für Seiten, die Schwerpunkt auf Inhalte setzen und diese häufig erweitern oder aktualisieren. Die Besucher solcher Seiten müssen häufig vertikal scrollen – ein Navigationsmenü im rechten Seitenblock kommt dem Nutzer in diesem Fall entgegen.

Insbesondere mit zunehmender Popularität von Weblogs gewinnt der rechte Seitenblock immer mehr an Bedeutung. Wird eine Navigationsleiste rechts eingebettet, so können die meisten Seitenbesucher sie ohne zusätzliche Mausbewegungen erreichen, da die Maus und der Scrollbalken (bei Rechtshändlern) zur rechten Hand liegen.

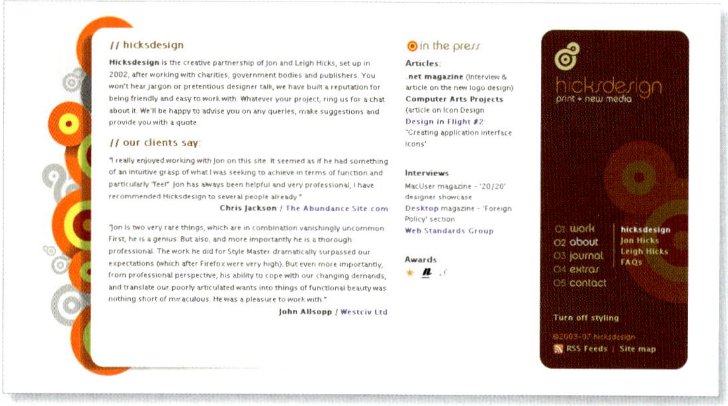

Abbildung 5.4 ▸
Navigation im rechten Seitenbereich (Quelle: Hicksdesign.co.uk)

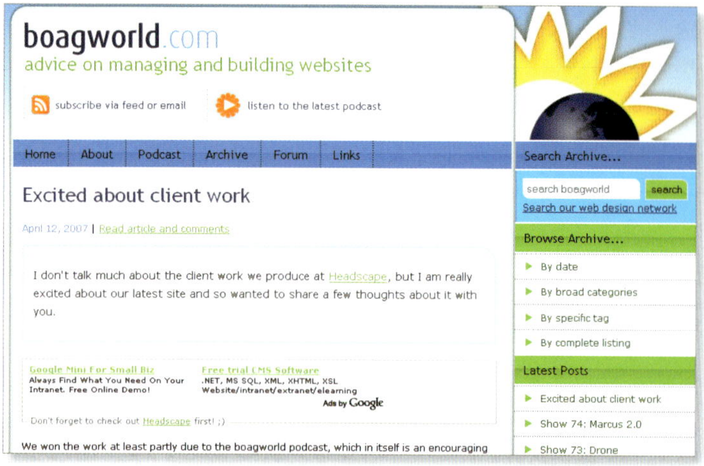

Abbildung 5.5 ▸
Obere und rechte Navigationsmenüs werden kombiniert. (Quelle: Boagworld.com)

Der Weg zum Menü ist kürzer, die Betonung ist auf den eigentlichen Seiteninhalt gelegt – dieser dominiert am linken Rande und ist somit direkt lesbar. Das Letztere wird in Blogs besonders wichtig, da sie vor allem Inhalte in den Mittelpunkt stellen. Die Navigation übernimmt dabei eher eine unterstützende Funktion.

◂ **Abbildung 5.6**
Linke und rechte Seitennavigationen werden miteinander kombiniert (Quelle: Drewwarkentin.com).

Durch die Platzierung der Navigationsmenüs im rechten Seitenbereich kann der Laufweg zu Navigationsschaltflächen im Browser lang werden. Aus diesem Grunde ist bei solchen Navigationsleisten insbesondere auf die eindeutige Beschriftung von Seitenbereichen zu achten.

Alternativ lassen sich linke und rechte bzw. obere und rechte Seitennavigationen miteinander kombinieren. Dabei ist zu beachten, dass die Rubriken, die durch Leisten repräsentiert werden, strikt voneinander getrennt sind und ihre Inhalte leicht zu unterscheiden sind. In der Regel befindet sich die Hauptnavigation (*Breitennavigation*) im linken oder oberen Bereichen, die untergeordnete Navigation (*Tiefennavigation*) dagegen rechts.

TIPP

Alternativ zur globalen Seitennavigation im unteren Bereich kann unter jedem langen Beitrag ein Verweis angebracht werden, über den Seitenbesucher zum oberen Seitenbereich springen können. Etwa mit <a href="#header">Zum Seitenanfang</a>, wobei header die ID eines im XHTML-Markup definierten div-Containers im oberen Seitenbereich ist.

Unterer Seitenbereich | Eine zusätzliche Navigation im unteren Seitenblock (im *Footer*) liefert Vorteile für Nutzer. Wer nach einem langwierigen Artikel nicht nach oben scrollen möchte, wird mit einem Überblick der wichtigsten Seitenrubriken gut bedient. Im unteren Seitenblock sollte nur eine globale Navigation verwendet werden. Die Besucher wollen bei ihren Entscheidungen nicht durch zusätzliche Details verwirrt werden.

Bei Weblogs findet man neben einer globalen Seitennavigation zusätzlich größere, sich über die ganze Seitenbreite erstreckende, lokale und externe Navigation. Bei professionellen Online-Auftritten wird dies eher selten der Fall sein. Stattdessen wird eine ausführliche globale Seitennavigation eingesetzt. Bei informellen Blogs lässt sich dadurch mehr über den Seitenbetreiber erfahren und weitere Beiträge auf der Seite finden.

Abbildung 5.7 ▸
Navigation im unteren Seitenbereich (Quelle: Artypapers.com)

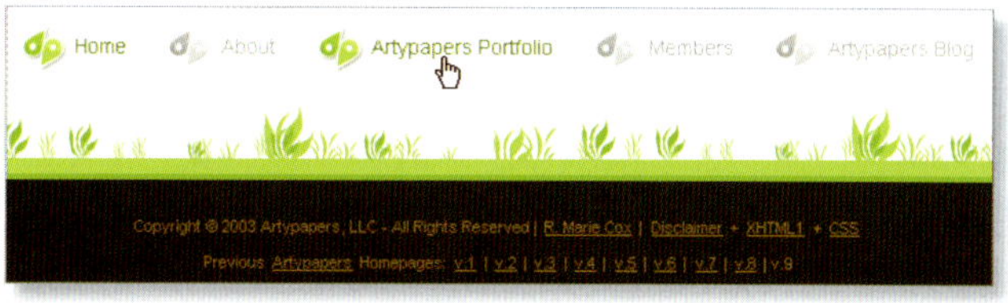

Abbildung 5.8 ▸
Lokale Seitennavigation im Footer (Quelle: Ndesign-studio.com)

Abbildung 5.9 ▸
Globale Seitennavigation im Footer (Quelle: Revolucao.etc.br)

Erwähnenswert ist an dieser Stelle, dass es für den durchschnittlichen Anwender im Prinzip gar keine Rolle spielt, wo das Navigationsmenü platziert wird.[1] Viel wichtiger ist, dass das Menü deutlich erscheint und die Navigationspunkte einer klaren, logischen Hierarchie folgen.

Dies bringt uns zum nächsten Punkt: Grundlegenden Richtlinien, die man beim Design von benutzerfreundlichen Navigationsmenüs immer beachten sollte.

HINWEIS

Nach dem sogenannten 7±2-Prinzip können sich Menschen im Schnitt fünf bis neun Aspekte gleichzeitig merken. Daraus lässt sich die Voraussetzung für eine optimale Seitennavigation ableiten: In der Navigationsleiste sollten Sie sich auf höchsten 5 bis 6 verschiedene Hauptrubriken beschränken.

5.1.3 Navigationsleisten gestalten

Weniger ist häufig mehr: Statt Besuchern eine Fülle von Verweisen anzubieten, fokussieren Sie ihre Aufmerksamkeit auf höchstens fünf bis sechs wesentliche Rubriken (hinzu kommen ein Verweis auf die Startseite und ein Verweis zu den Kontaktinformationen. Je kleiner die Auswahl, desto höher die Wahrscheinlichkeit, dass diese Verweise tatsächlich benutzt werden. Bei größeren Projekten sind Drop-Down-Menüs häufig eine optimale Lösung. Stellen Sie dabei eine kompakte strukturelle Navigation bereit. Als eine hilfreiche Orientierung können etwa »Brotkrumen« im Inhaltsbereich dienen.

Es ist jedoch bei der Verwendung von dynamischen Drop-Down-Menüs und Flyouts zu beachten, dass diese im Hinblick auf Zugänglichkeit und Barrierefreiheit erhebliche Probleme bereiten können.

[Breadcrumb-Navigation]
Der Begriff *Breadcrumb-Navigation* bezeichnet Navigationselemente, die den Pfad zur aktuellen Seite zeigen. Der Name stammt aus dem Märchen »Hänsel und Gretel« der Brüder Grimm, in dem die in den Wald geführten Kinder Brotkrumen auf den Weg streuen, um den Weg zurückzufinden.

Navigationselemente sollten nicht als Bilder, sondern als Textelemente implementiert werden, damit Anwender sie gegebenenfalls zur besseren Lesbarkeit vergrößern können. Bei Bildern

1 Studie von James Kalbach und Tim Bosenick, *http://jodi.ecs.soton.ac.uk/Articles/v04/i01/Kalbach/* (Linkcode 113)

sind alternative Textbeschreibungen mit dem `alt`-Attribut anzugeben.

Zum Rollover-Effekt sollten Sie statt JavaScript alternative CSS-Techniken verwenden. Die gängigen Methoden finden Sie auf den nachfolgenden Seiten dieses Kapitels.

Als Typen der Navigationsmenüs kommen

- eine *Hauptleiste* (*Main navigation menu*, 5–9 Einträge, entspricht dem Inhaltsverzeichnis eines Beitrags),
- ein *funktionales Menü* (*Functional navigation menu*, »aktive« Verweise auf Kontakt-Formulare oder Anmeldung, zwei bis vier Einträge) sowie
- ein *benutzerorientiertes Menü* (*Affinity navigation menu*, gedacht für bestimmte Zielgruppen, etwa »Login für Kunden« oder »Für Jugendliche«, zwei bis fünf Einträge) in Frage.

[Rollover-Effekt]
Ein Effekt, bei dem sich ein Seitenelement sich beim Drüberfahren mit der Maus verändert, also »aktiviert« oder »überrollt« wird. Ende der 90er-Jahre gehörten umständliche JavaScript-basierte Rollover-Effekte zum Standard. Im Web 2.0 werden sie durch »leichte« CSS-basierte Ansätze ersetzt.

◂ **Abbildung 5.10**
Ariadnefaden bei Yahoo.com

Hinzu kommen ein *globales Navigationsmenü* (Links zu der Startseite, üblicherweise Logo des Auftrittes) und Pfadorientierung in der Seitenhierarchie durch »Brotkrumen« (*breadcrumb trail*).

5.1.4 Richtlinien für die Gestaltung von Navigationselementen

- Beschriftungen von Navigationselementen sollen kurz, prägnant, vollständig und leicht verständlich sein. Ähnliche Begriffe und jegliche Redundanzen sollten vermieden werden. Je deutlicher die Trennung zwischen einzelnen Rubriken, desto schneller können sie von den Seitenbesuchern wahrgenommen werden.
- Es ist wichtig, Navigationselemente in der Leiste konsistent zu ordnen. Thematisch verwandte Oberbegriffe sollten benachbart erscheinen. Dies reduziert Navigationsfehler und vermindert die Zeit, die Nutzer zum Lokalisieren und Identifizieren von Seitenbereichen benötigen. Besser eignen sich dazu aus der Usability-Sicht vertikale Listen im linken Seitenbereich als lange horizontale Balken im oberen Bereich.
- Beschriftungen von Navigationselementen sollten mit Überschriften der jeweiligen Seiten abgestimmt werden. Wird ein Verweis angeklickt, so bestätigt die Übereinstimmung

der Navigationsbeschriftung mit der Überschrift, dass das gewünschte Ergebnis erzielt wurde.

- Vermeiden Sie »dead-end«-Seiten: Jede Seite sollte über ein Navigationsmenü verfügen. Leiten Sie den Seitenbesucher nicht auf Seiten, die keine Navigationsmöglichkeiten anbieten. Daraus ergibt sich die Notwendigkeit, Verweise im Navigationsmenü nicht in einem neuen Browser-Fenster, sondern im aktuellen Fenster zu öffnen, damit Seitenbesucher über den *Zurück*-Button »zurückspringen« können.
- Designen Sie die Navigationsleiste für Ihre Seitenbesucher: Die Deutlichkeit der Navigationshilfe ist weit wichtiger als ihre grafische Aufbereitung. Häufig sind simple Verweise effizienter als bunte visuelle Elemente, die von der Struktur der Seite her besser in das Gesamtkonzept zu passen scheinen. Anwender reagieren besser auf Navigationsleisten, die anklickbar erscheinen und gewöhnlichen Registerkarten (wie etwa aus Büro-Mappen) ähneln.
- Überprüfen Sie immer, ob Ihre Navigationsleiste auch ohne JavaScript- und CSS-Unterstützung lesbar dargestellt wird.
- Die Seitennavigation ist ein mächtiges Werkzeug, das Seitenbetreiber zur Verfügung haben; sie dient nicht dem Selbstzweck: Sie darf Anwender nicht von Seiteninhalten ablenken und hat den Seiteninhalt zu betonen. Der Inhalt sollte die Navigation prägen, nicht umgekehrt.

Experimentieren Sie mit der Seitennavigation so lange, bis Ihre Besucher zufrieden sind. Berücksichtigen Sie die Rückmeldung der Nutzer: Kein anderer Input – ob Ratschläge von Usability-Gurus oder Faustregeln – wird ihr »Navigation tuning« so effizient machen wie die Erfahrungen der Nutzer, die Ihre Seite besuchen und benutzen[2].

Um im Hinblick auf die aufgelisteten Faustregeln ein benutzerfreundliches Navigationsmenü zu entwerfen, lohnt es sich, zuerst einen genaueren Blick auf die gängigen CSS-basierten Ansätze zu werfen.

HINWEIS

Eine kompakte Übersicht von 37 Navigationstechniken, darunter auch alle Techniken, die auf nachfolgenden Seiten präsentiert werden, finden Sie auf meiner Seite »CSS-Showcase« (*http://alvit.de/css-showcase* (Linkcode 114))

5.2 CSS-basierte Ansätze

Bei einem genaueren Vergleich zwischen den Navigationsleisten aus dem Web 2.0 und ihren »Vorgängern« fällt eines direkt auf: Moderne Menüs setzen ganz bewusst und ganz gezielt auf den

2 D. Keith Robinson, »Web Navigation thoughts and unsolicited advice«, *http://www.7nights.com/asterisk/archive/2002/12/web-navigation-thoughts-and-unsolicited-advice* (Linkcode 115)

»Besucher-Faktor«, indem sie Anwender durch angenehmes und intuitives Design von Navigationselementen zu beeindrucken versuchen.

Immer häufiger geschieht dies durch attraktive und leicht erkennbare Registerkarten mit abgerundeten Ecken. Im Netz trifft man zahlreiche Varianten, die eine optimale Orientierung und angenehme Navigation sicherstellen. Sie werden mithilfe von CSS-basierten Techniken, wie etwa *Sliding Doors* oder *CSS Sprites*, realisiert. Aber auch auch »Klassiker«, wie etwa *Suckerfish Dropdowns* und *Flyouts*, treten immer noch häufig in Erscheinung – meistens aber in einem neuen Gewand.

Die bis dato dominierenden tabellenbasierten Lösungen geben demnach den Weg frei für CSS-basierte Ansätze, die anhand schlichter ungeordneter Listen (*unordered list, UL*) und Listenpunkte (*list item, LI*) gestaltet werden.

TIPP

Zur Markierung des aktuellen Elements ist es meistens sinnvoller, eine CSS-Klasse (etwa `<li class="current">...</li>`) und keine ID zu verwenden. Dies ist vor allem dann nützlich, wenn Sie das gleiche Konzept auf eine Subnavigation anwenden möchten und somit zwei oder mehrere Elemente als `"current"` markiert werden müssen.

5.2.1 Die (X)HTML-Grundstruktur

Im Folgenden betrachten wir verschiedene Designoptionen, die Ihnen zur Gestaltung von Navigationsmenüs zur Verfügung stehen. Die strenge Trennung von Inhalt und Form durch CSS wird an dieser Stelle die Flexibilität von CSS-Leisten entscheidend betonen. In den folgenden Designs wird immer dasselbe (X)HTML-Markup als Grundgerüst verwendet, abgesehen von Menüs mit mehreren Navigationsebenen, die mit zusätzlichen Verweisen auf die jeweiligen Ebenen versehen werden:

Flexible Seitennavigation
CSS bringt beim Design von Navigationsleisten Flexibilität ins Spiel. Bei einer Änderung der Seitennavigation brauchen Sie z. B. bloß den Text der Verweise zu verändern – ein umständliches Design von neuen »Ersatzgrafiken« ist nicht notwendig.

```
<!DOCTYPE html PUBLIC "-//W3C//DTD XHTML 1.0 Strict//
EN" "http://www.w3.org/TR/xhtml1/DTD/xhtml1-strict.
dtd">
<html xmlns=" http://www.w3.org/1999/xhtml"
xml:lang="de" lang="de">
<head>
<title>Navigationsmenü</title>
<meta http-equiv="content-type" content="text/html;
charset=utf-8" />
<link rel="stylesheet" href="css.css" type="text/css"
media="screen" />
</head>
<body>
<div id="container">
  <h1>Navigationsmenü: Beispiel</h1>
    <div id="navbar">
      <ul>
        <li id="home">
        <a href="#">Startseite</a></li>
```

◄ **Listing 5.1**
Das XHTML-Grundgerüst

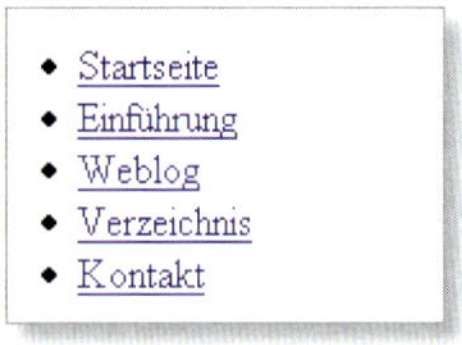

▲ **Abbildung 5.11**
Eine einfache ungeordnete Liste mit Listenelementen, dargestellt von Browsern by default (ohne CSS-Formatierung).

```
        <li>
        <a href="#">Einführung</a></li>
        <li class="current">
        <a href="#">Weblog</a></li>
        <li>
        <a href="#">Verzeichnis</a></li>
        <li><a href="#">Kontakt</a></li>
      </ul>
    </div>
</div>
</body>
</html>
```

Die Datei *css.css* bettet die Dateien *basic.css* und *navbar.css* »on the fly« ein:

```
@import url(basic.css);
@import url(navbar.css);
```

[Span-Tag]
Span (<span> ... </span>) ist ein allgemeines Inline-Element in (X)HTML, das Texte und weitere Inline-Elemente enthalten kann. Es wird benutzt, um umschließende Textinhalte innerhalb von Blockelementen mit CSS detaillierter zu spezifizieren.

Unter den `li`-Elementen werden dem Verweis auf die Startseite sowie der aktuellen Rubrik (hier »Weblog«) jeweils entsprechende ID-Attribute verliehen, um beide Navigationselemente per CSS entsprechend markieren zu können.

Bei einigen Techniken wird man zu dem `span`-Attribut innerhalb von Listenlementen greifen müssen. Dies ist an sich nicht notwendig, ist jedoch für die korrekte Anzeige in Internet Explorer unabdingbar, da dieser den `:hover`-Zustand nur für Verweise interpretieren kann. Mit `span` lassen sich ganze Blöcke quasi zu einem Verweis erklären. Da in weiteren Beispielen Hintergrundbilder häufig im Spiel sein werden, muss man für IE-Anwender mit dem `span`-Element arbeiten. Erst dann lassen sich plattformübergreifende Navigationsleisten realisieren.

5.2.2 Simple Navigation mit CSS

Hintergründe einsetzen

Bei der Erarbeitung von Navigationsleisten ist es manchmal nützlich, Elemente mit einem Hintergrund zu versehen, um das Element direkt sehen und Fehlern vorbeugen zu können.

Für die Realisierung horizontaler Navigationsleisten wird zuerst ein Container erstellt, in dem sich alle anderen Elemente befinden werden. Außerdem wird ein `div`-Container `#navbar` durch einen neutralen grauen Rahmen hervorgehoben und zwecks Übersichtlichkeit mit einer grauen Hintergrundfarbe versehen.

```
body {
background-color: #ffffff;
}
#container {
width: 70%;
```

```
margin: 10px auto;
}
#navbar {
background-color: #fafafa;
border: 1px dashed #ddd;
}
```

◀ **Abbildung 5.12**
Navigationsmenü auf komplette Layoutbreite

Um beim Design der Navigationsmenüs den gleichen Ausgangspunkt bei allen Internet-Browsern zu haben, wird für die Navigationselemente ein *Global Reset* vorgenommen. Sowohl der innere als auch der äußere Abstand werden dadurch automatisch auf 0 gesetzt; außerdem werden Listenmarker entfernt:

[Global Reset]
Global Reset sorgt dafür, dass gewisse Seitenelemente von allen Browsern gleiche Standardwerte (bzw. Initialwerte) besitzen. Ohne *Global Reset* können verschiedene Browser (darunter auch Internet Explorer) mit verschiedenen Default-Werten arbeiten und Seiten demnach unterschiedlich darstellen.

```
* {
margin: 0;
padding: 0;
}
#navbar ul {
list-style: none;
}
```

Es ergibt sich das Seitenbild, das in Abbildung 5.13 dargestellt wird.

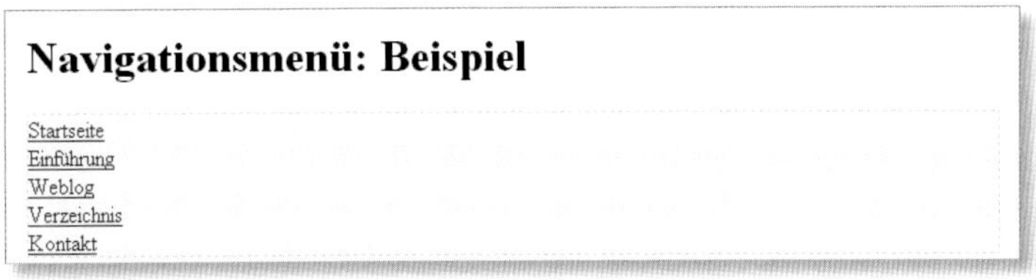

◀ **Abbildung 5.13**
Seitennavigation nach Global Reset. Alle Abstände werden auf 0 gesetzt.

Um die Liste horizontal auszurichten, kann man Listenelemente als Inline-Blöcke deklarieren (`display: inline` in `#navbar li`, siehe Abbildung 5.14) oder sie nach links floaten lassen. Das letztere wird durch die Eigenschaft `float: left;` in `#navbar li` realisiert. Linksausrichtung setzt voraus, dass man auch den Eltern-Container `#navbar` nach links floatet. Seine Breite wird auf die komplette Containerbreite gesetzt).

Inline in älteren Browsern

Inline-Styling kann bei älteren Browsern zu unerwünschten Problemen führen; diesen kann man durch `float` vorbeugen.

Es ergibt sich:

```
#navbar {
background-color: #fafafa;
border: 1px dashed #ddd;
float: left;
width: 100%;
}
#navbar li {
float: left;
width: auto;
}
```

Floaten

Floaten »vor« `#navbar` noch weitere Elemente im Dokumentfluss, so ist es notwendig, dem `#navbar`-Block die Eigenschaft `clear: both` zuzuweisen. Erst dann wird die Floatrichtung auf `#navbar` nicht mehr angewendet.

▲ **Abbildung 5.14**
Verweise rücken zueinander. `float: left` erzeugt eine Inline-Anordnung von Listenelementen innerhalb einer ungeordneten Liste.

Die Blockdarstellung eines Elements wird mit der Angabe `display: block;` definiert. Würde man mit Inline-Formatierung arbeiten, so wären nur die Angaben für linke und rechte Abstände möglich. Abstände können in Inline-Elementen nämlich nur in horizontaler Ausrichtung (links und rechts vom Element) deklariert werden.[3] In Blockelementen lassen sie sich dagegen in alle Richtungen festlegen.

Inline- und Blockelemente

Der Unterschied zwischen Inline- und Blockelementen wird in Kapitel 10 erklärt.

Anschließend werden sämtliche Anker innerhalb von Listenelementen mit einer Blockdarstellung versehen, damit die inneren und äußeren Abstände in alle Richtungen definiert werden können.

Fügt man Verweisen des Navigationsmenüs einen inneren bzw. äußeren Abstand (`padding` bzw. `margin`) hinzu, so erhält man ein standardkonformes, funktionierendes Grundgerüst, das mit wenig CSS auskommt.

```
#navbar a {
    display: block;
    padding: 7px;
    margin: 5px;
}
```

Innerer und äußerer Abstand

Der Unterschied zwischen dem inneren und äußeren Abstand wird durch das CSS Box-Modell deutlich. Siehe Abschnitt 10.2.

3 Inline elements and Padding, *http://www.maxdesign.com.au/presentation/inline/* (Linkcode 116)

◂ **Abbildung 5.15**
Ein standardkonformes, CSS-basiertes Grundgerüst eines vertikalen Navigationsmenüs

Um den Listenelementen mehr Raum zu geben, werden sie mit einem äußeren Abstand von dem Elternelement (`#navbar`) versehen. Beim Drüberfahren der Verweise mit der Maus soll der jeweilige Verweis markiert werden – z. B. durch die Veränderung der Hintergrundfarbe.

◂ **Abbildung 5.16**
Die Hintergrundfarbe im `:hover`-Zustand wird auf `#1199CC` gesetzt.

Nach wenigen Anpassungen der Schriftart, Schriftgröße, Hintergrundfarbe, Abstände (`padding` und `margin`) und Ränder ergibt sich zunächst ein schlichtes Navigationsmenü ohne Schnickschnack. Insbesondere ist es wichtig zu beachten, dass der innere Abstand zwischen den Listenelementen erhöht wird. Buchstaben werden mit `text-transform: lowercase;` auf Kleinbuchstaben gesetzt. Dies ist für Links in Navigationsmenüs genauso typisch wie Großbuchstaben oder Kapitälchen.

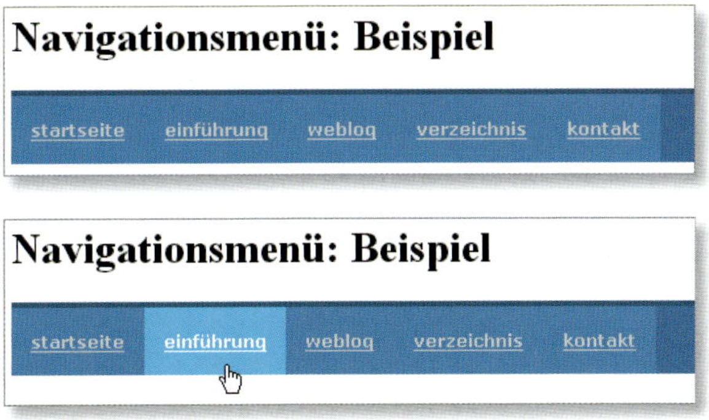

◂ **Abbildung 5.17**
Ein schlichtes Navigationsmenü im Standard `:hover`- und `:focus`-Zustand

```
#navbar {
background-color: #1188bb;
border-top: 4px solid #079;
float: left;
width: 100%;
}

#navbar a {
display: block;
```

text-transform

Mit der Anweisung `text-transform` lässt sich per CSS auf Kleinbuchstaben, Großbuchstaben – mit der Anweisung `font-variant` auf Kapitälchen umschalten.

Kleinbuchstaben
```
p {
text-transform: lowercase; }
```
Großbuchstaben
```
p {
text-transform: uppercase; }
```
Kapitälchen
```
p {
font-variant: small-caps; }
```

```
padding: 10px 15px;
font: bold 0.8em/1.6em Verdana, "Lucida Sans Unicode", "Lucida Grande", Verdana, Arial, sans-serif;
text-transform: lowercase;
background-color: #19c;
color: #ddd;
}
#navbar a:hover, #navbar a:focus {
background-color: #3bbe;
color: #fff;
}
```

TIPP

Analog lassen sich Trennlinien auch mit

```
#navbar a {
border-right: 1px solid
#11AADD;
}
```

erzeugen. Nachher muss dafür gesorgt werden, dass das erste Elemente eine Trennlinie links besitzt. Dies muss nicht zwingend sein, sorgt aber für ein abgerundetes Bild der Leiste.

Navigationselemente absetzen | Um einzelne Navigationselemente stärker voneinander zu trennen, kann man eine sichtbare Trennlinie im linken oder rechten Rand der `li`-Elemente über die `border`-Eigenschaft einfügen. Geschieht dies etwa durch

```
#navbar a {
...
border-left: 1px solid #1ad;
...
},
```

so muss man dafür sorgen, dass auch im letzten Element der Liste eine Trennlinie rechts vorliegt. Die Verwendung der Pseudoklasse `:last-child` stellt dies sicher.

▼ Abbildung 5.18
Das Navigationsmenü im Standard- und Hover-Modus

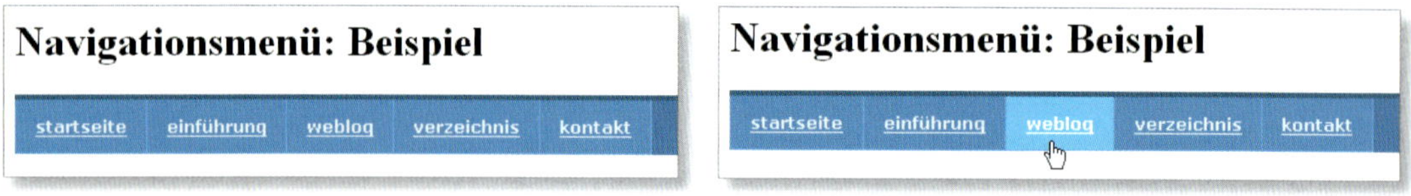


```
#navbar a {
...
border-left: 1px solid #1ad;
}
#navbar li:last-child a {
border-right: 1px solid #1ad;
}
```

▲ Listing 5.2
Eine simple Navigationsleiste mit Trennlinien

Pseudoklassen

Pseudoklassen unterstützt der Internet Explorer (auch in der Version 7) meistens nicht – :last-child wird vom Browser demnach ignoriert. Eine Möglichkeit, dem Problem aus dem Weg zu gehen wäre, für das letzte Element eine extra-Klasse zu deklarieren und sie mit einem rechten Rand zu versehen.

Aktuelle Rubrik hervorheben | Die gerade angezeigte Rubrik, die im XHTML-Markup als ein Element der Klasse `current` deklariert wurde, soll sich von den übrigen Elementen hervorheben und dem Besucher zeigen, wo er sich gerade befindet. Dies lässt sich unter anderem durch Verdunkelung der Hintergrundfarbe und eine erhöhte Helligkeit der Textfarbe erreichen.

▼ **Abbildung 5.19**
Die gerade angezeigte Rubrik soll »Weblog« sein.

```
#navbar li.current a {
background-color: #079;
color: #fff;
text-decoration: none;
}
```

◀ **Listing 5.3**
Auszeichnung des aktuellen Seitenbereichs in einer passiven, dunklen Hintergrundfarbe

Noch besser kann die Hervorhebung durch einen farbigen Akzent, z.B. durch die `border`-Eigenschaft des aktuellen Elements, geschehen.

◀ **Abbildung 5.20**
Der aktuelle Seitenbereich wird farbig mit einer Hintergrundfarbe und einem unteren Rahmen hervorgehoben

```
#navbar li.current a {
background-color: #007799;
color: #fff;
text-decoration: none;
border-bottom: 10px solid #aadd00;
}
```

◀ **Listing 5.4**
Der aktuelle Seitenbereich wird durch einen dunkleren Hintergrund und einen unteren Rahmen hervorgehoben.

Um die angezeigte Rubrik stärker hervorzuheben, kann man den oberen inneren Abstand des Textes erhöhen und den Text dadurch »nach unten« schieben. Um Darstellungsprobleme in älteren Versionen des IE zu vermeiden, wird außerdem `position: relative;` hinzugefügt.

```
#navbar li.current a {
padding-top: 15px;
...
}
```

Abbildung 5.21 ▸
Der obere innere Abstand des Textes im aktuellen Seitenbereich wird erhöht.

Listing 5.5 ▸
Aus einem unteren Rahmen wird ein oberer Rahmen.

```
#navbar li.current a {
margin-top: -14px;
background-color: #079;
color: #fff;
text-decoration: none;
border-top: 10px solid #ad0;
/* Relative Positionierung wegen
der Rendering-Probleme des IE */
position: relative;
}
```

Abbildung 5.22 ▸
Verschiedene Browser verstehen die margin-Eigenschaft unterschiedlich: IE macht nicht mit. Firefox (oben), IE (unten).

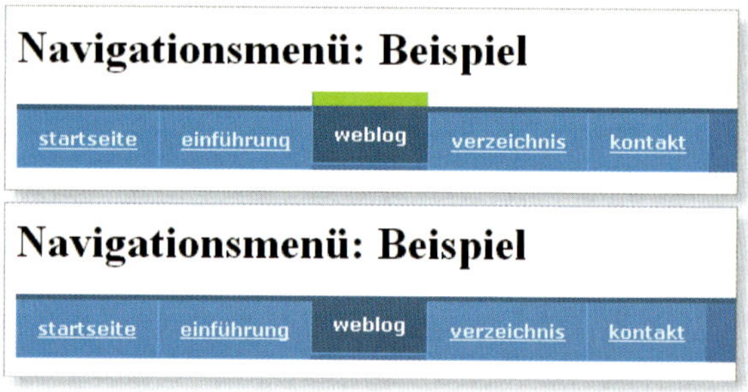

Weitere Anpassungen | Was auf den ersten Blick als eine bloß aufgeräumte Anreihung von Verweisen aussieht, kann schnell zu benutzerfreundlichen Registerkarten gestaltet werden.

Dazu genügt es, den Abstand der Liste vom oberen Rand (von `#navbar`) zu erhöhen, Listenelemente mit oberer und unterer Trennlinie zu versehen und ihren Abstand voneinander auf wenige Pixels zu setzen.

Abbildung 5.23 ▸
Damit die Hover-Linkfarbe nicht so stark auffällt, wird sie in Richtung der Hintergrundfarbe verdunkelt.

Listing 5.6 ▸
Aus Block-Elementen werden gewöhnliche Registerkarten.

```
#navbar ul {
...
margin: 5px;
}
#navbar li {
 ...
margin: 2px 1px 2px 1px;
```

```
display: inline;
}
#navbar a {
 ...
border-top: 1px solid #11aadd;
}
#navbar li.current a {
background-color: #079;
color: #fff;
border-bottom: none;
text-decoration: none;
padding-bottom: 20px;
}
```

TIPP

Häufig greifen Webdesigner zu grafischen Mitteln, um Registerkarten realitätsnäher und die Navigation effizienter zu gestalten. Dies kann durchaus hilfreich sein, ist jedoch nicht zwingend notwendig, vor allem nicht, wenn zu diesem Zweck Texte durch Grafiken ersetzt werden sollen.

5.2.3 2-Level Navigation mit CSS

Bei großen Projekten wird es häufig vorkommen, dass eine horizontale Menüleiste nicht ausreicht, um alle Seitenbereiche abzudecken bzw. alle Navigationsoptionen in einer kompakten Übersicht zu präsentieren. Aus diesem Grunde werden Navigationsleisten – insbesondere auch Registerkarten – häufig in mehrere Ebenen unterteilt. In Abhängigkeit davon, was der Nutzer in der ersten Ebene ausgewählt hat, erscheinen in der zweiten Ebene dann weitere Navigationsoptionen.

Wurde beim oberen Beispiel `<li class="current">...</li>` zur Auszeichnung des aktuellen Elements verwendet, so wird dies bei größeren Navigationsleisten mit mehreren Ebenen eher unpraktisch sein. Denn zum einen kann es mehrere aktuelle Bereiche geben (einen für das Hauptmenü, einen für das Hauptmenü), die u.U. unterschiedlich hervorgehoben werden sollen (daraus resultiert die Notwendigkeit, `currentHaupt`, `currentSub` zu verwenden). Zum anderen wird die Festlegung der aktuellen Seite für alle Seiten aufwendiger.

Eine elegante alternative Methode basiert auf der Verwendung des `body`-Tags. Dabei wird der gewählte Seitenbereich im `body`-Tag angegeben (z.B. `<body id="sectionDesign">`); für jede der Möglichkeiten (`sectionBlogs`, `sectionWikis`, `sectionDesign`) wird anschließend das »passende« Listenelement der Navigationsleiste (`blogsTab`, `wikisTab`, `designTab` u.a.) über CSS mit einer besonderen Markierung versehen. Damit diese Markierung nicht auf allen Seiten wirksam wird, gibt man den Listenelementen bei der CSS-Deklaration ihr Elternelement (z.B. `sectionDesign`) explizit mit an. Die CSS-Formatierung wird somit für jedes Element genau dann wirksam, wenn das `body`-Tag des Dokuments zu ihm passt.

TIPP

Verwendet man Floats zusammen mit äußeren Abständen, so sollte man die `display`-Eigenschaft stets auf `inline` setzen, da der Internet Explorer 6 die Abstände sonst verdoppelt (*Doubled-Margin-Bug*). Aus diesem Grunde wird im Beispiel `display: inline;` hinzugefügt.

Betrachten Sie dazu als Beispiel den folgenden (X)HTML-Code:

```
<body class="sectionDesign">
...
      <div id="navContainer">
        <div id="mainNavigation">
          <ul>
            <li id="blogsTab"><a href="#">Blogs</a>
            </li>
            <li id="wikisTab"><a href="#">Wikis</a>
            </li>
            <li id="socialsoftwareTab"><a href="#">
              Social software</a></li>
            <li id="designTab"><a href="#">Design
            </a></li>
            <li id="ajaxTab"><a href="#">Ajax</a>
            </li>
            <li id="podcastingTab"><a href="#">
              Podcasting</a></li>
            <li id="rssTab"><a href="#">RSS</a></li>
          </ul>
        </div>

        <div id="subNavigation">
          <ul>
            <li><a href="#">CSS</a></li>
            <li><a href="#">(X)HTML</a></li>
            <li class="current"><a href="#">
              Standards</a></li>
            <li><a href="#">Typography</a></li>
            <li><a href="#">Graphics</a></li>
            <li><a href="#">Templates</a></li>
            <li><a href="#">Tools</a></li>
            <li><a href="#">Inspiration</a></li>
          </ul>
        </div>
      </div>
...
</body>
```

CSS:

```
.sectionBlogs #mainNavigation #blogsTab a,
.sectionWikis #mainNavigation #wikisTab a,
.sectionSocialsoftware #mainNavigation
#socialsoftwareTab a, .sectionDesign #mainNavigation
```

```
#designTab a,
...,
.sectionRSS #mainNavigation #rssTab a {
...Formatierung des "aktiven" Tabs...
}
```

So werden trotz des immer gleichen (X)HTML-Markups die Tabs in Abhängigkeit von der Klasse im body-Element markiert. Im Fall der Klasse sectionDesign wird also die ID designTab durch die CSS-Anweisung .sectionDesign #mainNavigation #designTab a relevant.

Zur Markierung des aktuellen Bereichs der zweiten Navigationsebene wird weiterhin die Klasse .current verwendet.

Angelehnt an das erste Beispiel ergibt sich für die Hauptnavigation (1. Ebene):

```
#mainNavigation {
        background-color: #3377aa;
        border-top: 1px solid #555555;
        padding: 6px 0;
        }
#mainNavigation ul {
        text-align: center;
        }
#mainNavigation li {
        display: inline;
        }
#mainNavigation a {
        font: bold 1.2em Arial, Helvetica,
        sans-serif;
        color: #99CCEE;
        text-decoration: none;
        padding: 6px 10px;
/* Transparenter horizontaler Rahmen für den "Hover"-
Effekt: hinzugefügt, damit andere Verweise beim
Hovern durch plötzlich entstehenden Rahmen nicht
bewegt werden */
        border-right: 1px solid #3377AA;
        border-left: 1px solid #3377AA;
    }
.sectionBlogs #mainNavigation #blogsTab a,
.sectionWikis #mainNavigation #wikisTab a,
.sectionSocialsoftware #mainNavigation
#socialsoftwareTab a, .sectionDesign #mainNavigation
#designTab a,
```

```
...
.sectionRSS #mainNavigation #rssTab a
{
color: #fff;
background-color: #55aadd;
border-top: 3px solid #2277BB;
border-left: 2px solid #88BBEE;
border-right: 2px solid #88BBEE;
}
```

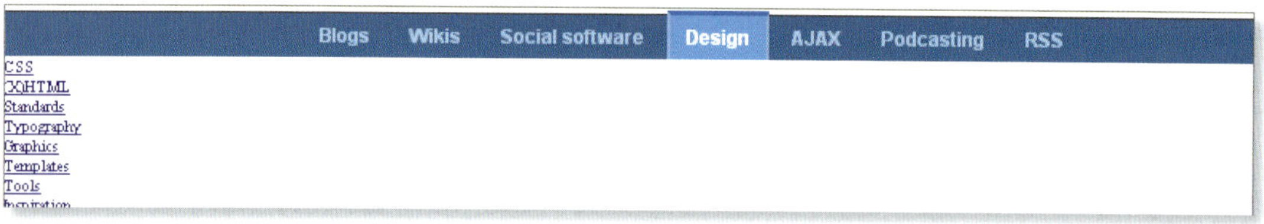

▲ **Abbildung 5.24**
Eine simple Navigationsleiste. Der hervorgehobene Seitenbereich wird »automatisch« selektiert, eine dazugehörige Klassenzuweisung ist nicht notwendig.

Der Hover-Zustand könnte etwa durch die Veränderung sowohl der Verweis- als auch der Hintergrundfarbe des Seitenbereichs erfolgen:

```
#mainNavigation ul li a:hover {
color: #EE2244;
background-color: #fff;
/* border-radius-Eigenschaft wird in der CSS3-Spezi-
fikation vorliegen; solange kann man die bei Firefox
proprietäre moz-border-radius-Eigenschaft zur automa-
tischen Erzeugung von abgerundeten Ecken verwenden */
-moz-border-radius: 2px;
}
```

Abbildung 5.25 ▶
Hover-Zustand der Navigationsleiste

Die Navigation zweiter Ordnung (also Navigation innerhalb von »Design«) wird direkt unter der oberen Navigationsleiste platziert und zentriert.

```
#subNavigation {
        margin-top: -1px;
        background-color: #55AADD;
        border-bottom: 1px solid #fff;
        border-top: 1px solid #88bbee;
        padding: 8px 0 10px 0;
        }
```

```
#subNavigation ul {
        text-align: center;
        }
#subNavigation li {
        display: inline;
        }
```

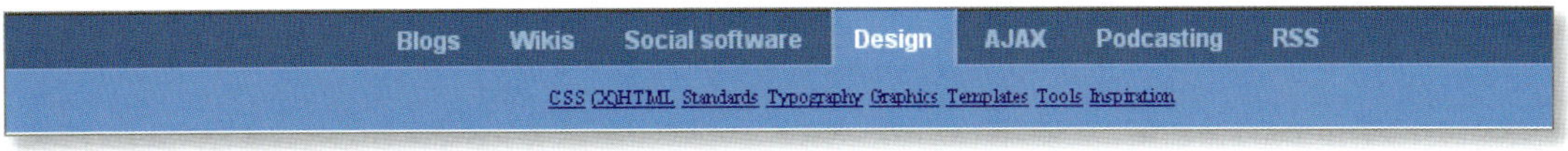

▼ **Abbildung 5.26**
Die Navigation zweiter Ebene wird unter die primäre Navigation in die Mitte platziert.

Die minimale Gestaltung von Verweisen mithilfe von CSS, nämlich das Hinzufügen der inneren Abstände, macht das Menü benutzerfreundlicher.

```
#subNavigation a {
        font: bold 1.1em Arial, sans-serif;
        color: #fff;
        text-decoration: underline;
        padding: 3px 7px;
        border: 1px solid transparent;
    }
```

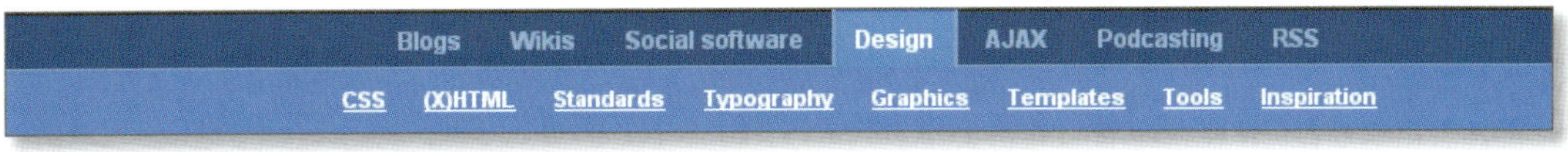

▼ **Abbildung 5.27**
Beide Navigationsleisten scheinen visuell zusammenzupassen.

Der aktuelle Unterbereich kann deutlicher als der Seitenbereich in der oberen Navigationsleiste hervorgehoben werden.

```
#subNavigation li.current a {
color: #fff;
background-color: #EE3355;
border: 1px solid #ccc;
}
```

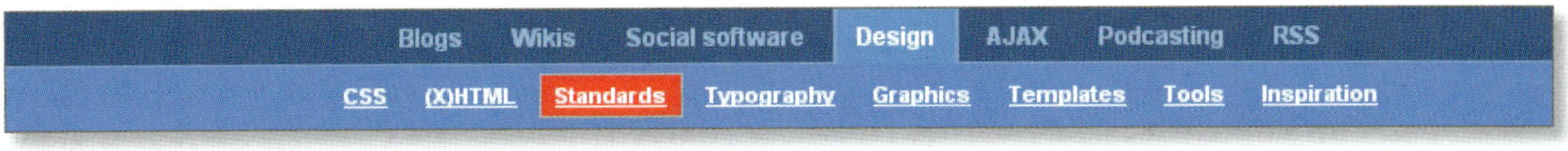

▲ **Abbildung 5.28**
»Standards« wird visuell hervorgeboen. Die Markierung steht für den aktuellen Unterbereich der »Design«-Rubrik.

Anschließend wird der Hover-Zustand für die zweite Navigationsebene festgelegt. Dieser kann mit der Hervorhebung des aktuellen Bereichs übereinstimmen – etwa um das Auge des Besuchers nicht mit allzu vielen Farben zu verwirren.

```
#subNavigation a:hover {
color: #fff;
background-color: #EE3556;
-moz-border-radius: 3px;
border: 1px solid #ccc;
}
```

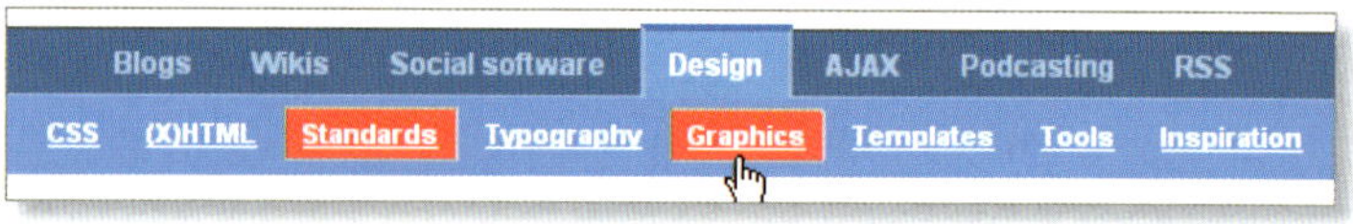

Abbildung 5.29 ▸
Die Hover-Hervorhebung stimmt mit der Current-Gestaltung überein, wirkt jedoch nicht störend, da beide Elemente auf der gleichen Ebene platziert sind.

Das Resultat ist eine einfache, benutzerfreundliche und browserübergreifende Seitenführung ohne Grafiken mit CSS und XHTML.

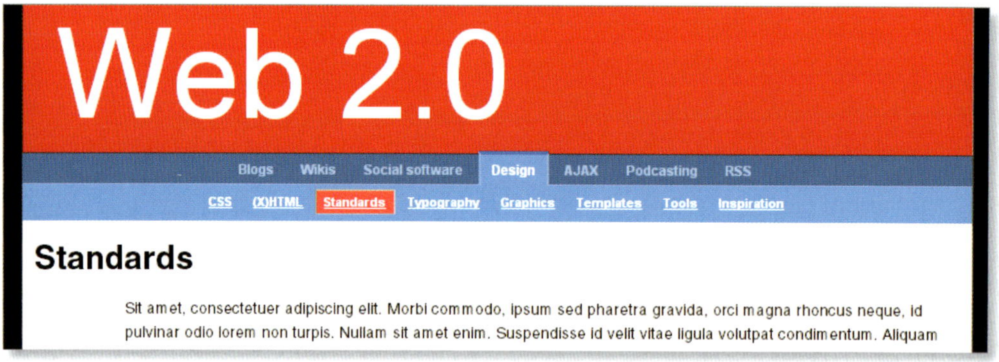

Abbildung 5.30 ▴
Das Resultat: eine simple und überschaubare Navigationsleiste.

5.3 Register ansprechend gestalten

5.3.1 Abgerundete Ecken

Der Grund dafür, dass *Tabbed Document Interfaces* (TDI) im Webdesign immer häufiger zum Einsatz kommen, liegt in ihrer Kompaktheit und Übersichtlichkeit. Unterschiedliche Dokumente können mit *Registerkarten* (Tabs) innerhalb eines Fensters platziert werden, ohne dass man zwischen mehreren Fenstern einer Anwendung hin und zurück navigieren muss.

Üblicherweise werden Registerkarten bei TDIs horizontal platziert. Zu ihrer Implementierung können mehrere Techniken verwendet werden. Eine Methode, die insbesondere wegen ihrer Anpassungsfähigkeit an die Bedürfnisse der Anwender bevorzugt wird, ist die sogenannte »Schiebetürentechnik«[4] (*sliding doors technique*).

[TDI]
Tabbed Document Interface, ein Interface, mit dem sich mehrere Dokumente in einem Fenster integrieren lassen, wobei Registerkarten (Tabs) zur Navigation zwischen Dokumenten bzw. Dokumentfenstern verwendet werden.

4 Douglas Bowman, *http://www.alistapart.com/articles/slidingdoors/* (Linkcode 117)

5.3.2 Sliding Doors

Der wesentliche Vorteil der Schiebetürentechnik liegt darin, dass sie eine flexible Navigation realisiert, deren Elemente sich in Abhängigkeit von der Textgröße und Textlänge eines Listenelements »automatisch« verkürzen oder verlängern. Somit lässt sich mit *Sliding Doors* eine einheitliche Gestaltung der Navigation erzielen, die sich sowohl an die Schriftgröße als auch an die Fenstergröße des benutzten Browsers anpasst.

▲ **Abbildung 5.31**
Registerkarten bei Yahoo.com

Diese Flexibilität wird durch die Aufspaltung des Hintergrundbildes eines Navigationselements in zwei separate Hintergrundbilder realisiert – jeweils für den linken und für den rechten horizontalen Rand eines Navigationselements.

◄ **Abbildung 5.32**
»Sliding Doors«-Technik im Überblick

Anschaulich kann man sich beide Bilder als Seiten einer Schiebetür vorstellen. Sie umschließen den Durchgang und gleiten zusammen, wenn dieser wenig Platz einnimmt, und gleiten auseinander, wenn er mehr Platz benötigt. Der Durchgang entspricht in der Navigationsleiste dem Linkbereich eines Navigationspunkts.

Sliding Doors
Bei *Sliding Doors* gleiten Hintergrundbilder bei Bedarf auseinander – etwa in Abhängigkeit davon, mit welcher Bildschirmauflösung der Nutzer arbeitet.

Ursprünglich sind beide »Türen« in diesem Modell gleichgewichtig. Sie dehnen sich proportional aus und bedecken einander. Möchte man nun die Ecken jedes Navigationselements etwa durch eine Abrundung abschließen, so liegt es nahe, sicherzustellen, dass ein Teil der Hintergrundgrafik nicht beliebige Bereiche des anderen Bildes bedeckt, sondern nur ganz spezielle. Damit die Abrundung immer sichtbar bleibt, darf eine der Grafiken nicht zu groß werden. Dies lässt sich etwa dadurch gewährleisten, dass nur ein kleiner Teil einer Grafik den anderen Teil bedeckt, während das andere Hintergrundbild sich über den Durchgang erstreckt (linkes Bild in Abbildung 5.32). Zu diesem Zweck wählt man die Größe des linken Randbereichs möglichst schmal, aber dennoch groß genug, damit die seitliche Abrundung zur Geltung kommen kann.

▲ **Abbildung 5.33**
Registerkarten-basiertes Navigationsmenü (Quelle: Colourlovers.com)

Mehrreihige Tabbars

Beachten Sie, dass verschachtelte bzw. mehrreihige Tabbars aus Sicht der Usability sehr schlecht sind. Bestes Beispiel dafür ist der Optionen-Dialog in Microsoft Word (bis Version 2003).

Werden nun beide Hintergrundbilder nahtlos aneinandergereiht, wobei das kleinere linke Bild zu der linken Grenze des »Durchgangs« (bestimmt durch die Breite eines Textlinks) gerückt wird, so erhält man ein einheitliches Bild des Navigationselements. Bei einer Veränderung der Schriftgröße wird das linke Bild auf dem rechten Hintergrundbild nach links bzw. nach rechts gleiten und sich somit »automatisch« vergrößern bzw. verkleinern.

Die Voraussetzung für den Sliding Doors-Effekt ist eine ausreichend große Höhe der beiden Hintergrundbilder, sodass diese auch bei einer Vergrößerung der Schrift das Schriftbild nicht zerstören.

Schritt für Schritt: Beispiel zur Erzeugung von Registerkarten mit der Sliding-Doors-Technik

Im Weiteren betrachten wir ein einfaches Beispiel einer Registerkarten-basierten Navigationsleiste mit der Sliding Doors-Methode.

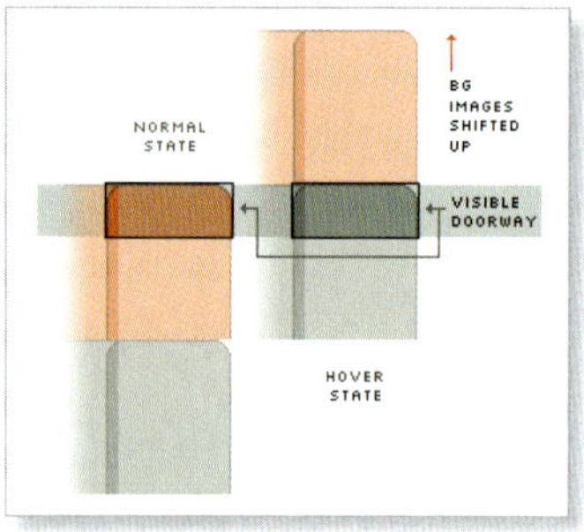

▲ **Abbildung 5.34**
Beim Drüberfahren mit der Maus wird das Hintergrundbild verschoben: CSS Sprites im Einsatz

1 Designentwurf

Jeder Umsetzung in der Praxis soll ein Designentwurf zugrunde liegen. Beim Design von Navigationsleisten haben Designer in der Regel drei Fälle abzufangen: Den Standard-Zustand, in dem eine Registerkarte passiv ist, den Hover-Zustand, in dem man mit dem Mauszeiger über eine Registerkarte fährt sowie den Current-Zustand, der aktiv wird, falls eine entsprechende Seite angezeigt wird. Häufig werden die letzten zwei Zustände durch ein gemeinsames Bild repräsentiert, um die Navigation möglichst einfach zu gestalten. Ein beim Hovern erscheinendes Bild einer Registerkarte ist somit identisch mit dem »aktuellen« Bild der Registerkarte.

Eine elegante Methode, den Hover-Zustand zu erzeugen, wird durch die Technik *CSS-Sprites* geliefert. Dabei werden mehrere Bilder, die zu einem Zustand gehören, in einem Bild zusammengefasst, und übereinander in Form eines Stapels platziert. Beim Wechsel der Zustände wird das gerade passende Bild über die `background-position`-Eigenschaft mit CSS quasi vorgeschoben und angezeigt.

Damit die Navigationsleiste auch bei der Vergrößerung des Textes und großen Bildschirmauflösungen sichtbar bleibt, empfiehlt es sich, das Bild breit genug zu machen. Optimal ist eine Breite von 150 px, mit der sich die meisten Fälle abdecken lassen.

▲ **Abbildung 5.35**
Ein oben abgerundetes Rechteck der Höhe 150px.

Zuerst wird mit Adobe Photoshop ein Bildprototyp erzeugt, der gewöhnlichen Registerkarten ähnelt. Anschließend wird ein passendes Hover-Bild erzeugt und direkt darunter gelegt. Das resultierende Bild ist in Abbildung 5.36 dargestellt.

Anschließend wird das obere Bild in ein linkes (*tab-links.png*) und ein rechtes (*tab-rechts.png*) Hintergrundbild aufgesplittet. Das linke Hintergrundbild hat eine Breite, die gerade die linke obere Abrundung umfasst.

▲ **Abbildung 5.36**
Oben: Standard-Zustand, unten: Hover- und Current-Zustände.

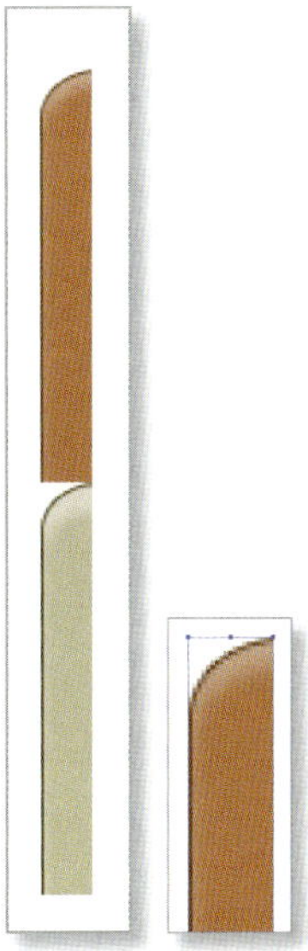

▲ **Abbildung 5.37**
Linkes Hintergrundbild in einer Großaufnahme

2 XHTML-Markup

Als Grundlage für die Navigationsleiste dient das folgende XHTML-Grundgerüst:

```
<div id="navbar">
  <ul>
    <li><a href="#" title="Zurück zur
      Startseite">Startseite</a></li>
    <li class="current"><a href="#"
      title="Unternehmen">Unternehmen</a></li>
    <li><a href="#" title="Produkte">Produkte</a>
    </li>
    <li><a href="#" title="Dienste">Dienste</a>
    </li>
    <li><a href="#" title="AGB">AGB</a></li>
    <li><a href="#" title="Kontakt">Kontakt</a>
    </li>
  </ul>
</div>
```

▲ **Abbildung 5.38**
Das rechte Hintergrundbild

Dabei steht der Bezeichner `current` für den Seitenbereich, der gerade angezeigt wird. Dieser wird grafisch besonders hervorgehoben.

3 Global Reset

Zuerst werden sämtliche inneren und äußeren Abstände auf 0 gesetzt und Navigationspunkte horizontal zueinander ausgerichtet.

```
* { margin: 0; padding; 0; }
body {
```

```
background-color: #fff;
font: 2.0em/1.6em Calibri, Helvetica, Arial, serif;
margin: 1em;
}
#navbar {
float: left;
width: 100%;
background: #ddd;
}
```

Abbildung 5.39 ▸
Ursprüngliche Navigationsleiste ohne innere und äußere Abstände

4 Horizontale Ausrichtung der Listenpunkte

Jedes Navigationselement wird nach links gefloatet. Beachten Sie, dass bei `ul`- und `li`-Elementen Abstände auf 0 gesetzt werden, da verschiedene Browser unterschiedliche Default-Vorgaben für Abstände haben.

```
#navbar ul {
list-style: none;
}
#navbar li {
float: left;
width: auto;
}
```

Abbildung 5.40 ▸
Listenmarker werden entfernt, Listenelemente werden nach links gefloatet.

5 Linken Teil des Hintergrundbildes der Registerkarte hinzufügen

Verweise sollen als Blockelemente behandelt werden. Außerdem wird der linke Teil des Hintergrundbildes als Hintergrundbild des gesamten Listenelements erklärt. Dabei wird das Bild an der linken oberen Ecke (`left top`) fixiert und angezeigt.

```
#navbar li {
float: left;
width: auto;
background: url("tab-links.png") no-repeat left top;
}
```

```
#navbar a {
display: block;
}
```

◀ **Abbildung 5.41**
Als Hintergrund für das li-Element wird der linke Teil der Registerkarte definiert.

6 Linken inneren Abstand und unteren Rahmen hinzufügen

Damit der Text die Registerkarten nicht bedeckt und nachher mit einem ergänzenden Hintergrundbild erweitert werden kann, werden Verweise um die Breite des linken Bildes (in diesem Fall 18 px) nach rechts verschoben. Außerdem werden li-Elemente mit einem unteren Rahmen versehen.

```
#navbar li {
float: left;
width: auto;
background: url("tab-links.png ") no-repeat left top;
padding: 0 0 0 18px;
border-bottom: 1px solid #765;
}
```

EXKURS: background-position

`background-position: [horizontale Position] [vertikale Position]`
Mit der background-position-Eigenschaft in CSS kann man die Position des Hintergrundbildes für das dazugehörige Blockelement genau festlegen. Dabei lässt sich über die Prozent- oder Pixelangaben angeben, wo sich die linke obere Ecke des angezeigten Ausschnitts der Grafik auf dem Hintergrundbild befinden soll.
Alternativ kann man auch Schlüsselwörter verwenden:
`top` = vertikal oben ausrichten.
`bottom` = vertikal unten ausrichten.
`center` = zentriert
`left` = horizontal linksbündig
`right` = horizontal rechtsbündig
So zeigt etwa

```
ul li {
background-image:url(background.png);
background-position: 19px 85px;
}
```

ein Listenelement mit einem Hintergrundbild, dessen Startpunkt (linker oberer Punkt) horizontal 19 px (in Richtung nach links) und vertikal 85 px (in Richtung nach oben) entfernt vom linken oberen Randpunkt des Hintergrundbildes ist. Negative Werte (–19 px, –85 px) geben die Bewegungsrichtung des Fokus nach unten bzw. nach rechts: Man kann sich diese Bewegung als Verschiebung des Hintergrundbildes nach oben vorstellen.

Abbildung 5.42 ▶
Verweise werden um die Breite des linken Rands der Registerkarten verschoben. Auch ein unterer Rand wird hinzugefügt.

7 Rechten Teil des Hintergrundbildes der Registerkarten hinzufügen

Im nächsten Schritt werden die Verweise der Navigationsleiste mit einem Hintergrundbild versehen und vorsichtshalber in Hinblick auf die Kompatibilität mit älteren Browsern auch nach links gefloatet.

```
#navbar a {
/* Float-Elemente sind automatisch
Block-Level-Elemente, display: block nicht
notwendig */
float: left;
width: auto;
background: url("tab-rechts.png") no-repeat right top;
}
```

Sind der linke und der rechte Teil einer Registerkarte sauber in zwei Dateien geschnitten worden, so ergibt sich das Bild, wie es in der Abbildung 5.43 gezeigt wird.

Abbildung 5.43 ▶
Verweise werden mit einem Hintergrundbild – dem rechten Teil des Hintergrunds der Registerkarte – versehen.

8 Verweise von Abrundungen trennen und deutlicher gestalten

Um die Verweise besser voneinander und von den Abrundungen zu trennen, werden sie mit einem inneren Abstand versehen.

```
#navbar a {
float: left;
width: auto;
background: url("tab-rechts.png") no-repeat right
top;
padding: 5px 15px 4px 0;
}
```

Abbildung 5.44 ▶
Ein innerer Abstand wird hinzugefügt.

Mit ein wenig CSS-Styling kann man die Registerkarten besser hervortreten lassen.

```
#navbar a {
float: left;
width: auto;
background: url("tab-rechts.png ") no-repeat right
top;
text-decoration:none;
font-weight:bold;
color:#333;
padding: 5px 15px 4px 0;
}
```

TIPP

Um doppelte horizontale (bzw. vertikale) Rahmen zwischen den Tabs zu vermeiden, ist es häufig nützlich, `li`-Elementen die Eigenschaft `margin-right: -1px` (bzw. `margin-bottom: -1px`) zuzuweisen. Dann wird jeder nachfolgende Reiter immer 1 px vor dem Ende seines Vorgängers anfangen.

9 Aktuellen Seitenbereich auszeichnen

Um den aktuellen Seitenbereich gesondert auszuzeichnen, wird die dafür gedachte ID `current` verwendet. Als Hintergrundbild für das `li`-Element wird der linke Teil der Registerkarte verwendet, für den Verweis der rechte Teil. In beiden Fällen wird das Hintergrundbild an die passende Position verschoben, nämlich um 150 px vertikal nach unten. Dies war ursprünglich gerade die Höhe der Registerkarte in einem beliebigen Zustand.

```
#navbar li.current {
background-position: 0% -150px;
}
#navbar li.current a {
background-position: 100% -150px;
}
```

◀ **Abbildung 5.46**
Auszeichnung des aktuellen Seitenbereichs mithilfe der `background-position`-Positionierung.

Für den aktuellen Seitenbereich soll der untere Rahmen aussehen wie ein darunter liegendes Seitenelement, damit die Registerkarte darin überzufließen scheint. Diesen Effekt kann man z. B. durch Einfügen eines unteren Rahmen für den Container `header` wie folgt erreichen:

```
#navbar {
float: left;
width: 100%;
background-color: #ddd;
border-bottom: 12px solid #ddccbb;
}
```

```
#navbar li.current {
background-position: 0% -150px;
border-bottom: 1px solid #ddccbb;
}
```

Abbildung 5.47 ►
Registerkarten mit der Sliding Doors-Methode.

10 Hover-Effekt hinzufügen

Vollständigkeitshalber sind nun noch die Listenelemente – also einzelne Registerkarten – mit einem Hover-Effekt zu versehen, damit diese dem Nutzer aktiver erscheinen. Dabei wird für den Hover-Effekt das Hintergrundbild wieder vertikal um 150 px nach unten verschoben.

```
#navbar li:hover, #navbar li:hover a {
  background-position: 0% -150px;
  color: #333;
  }
#navbar li:hover a {
  background-position: 100% -150px;
  }
#navbar li a:hover {
color: #111;
}
```

Abbildung 5.48 ►
Eine Navigationsleiste in Gestalt von Registerkarten mit Hover-Effekt. Hover-Effekt in Mozilla Firefox und Internet Explorer 7.

11 Hover-Effekt für Internet Explorer anpassen

Der Internet Explorer bis einschließlich Version 6 interpretiert die `:hover`-Pseudoklasse nur dann, wenn sie für Verweise verwendet wird.

Abbildung 5.49 ►
Die Navigationsleiste im Internet Explorer 6

Mit unseren Stilangaben wird die Hintergrundfarbe der Registerkarten beim Internet Explorer 6 und älteren Versionen demnach nicht angezeigt. Um diesem Problem aus dem Wege zu gehen und die Funktionalität der Registerkarten in neuen wie in alten

Browsern sicherzustellen, kann man das span-Element zu Rate ziehen und dieses innerhalb der Anker verschachteln.

Dadurch ändert sich das XHTML-Markup:

```
<div id="navbar">
  <ul>
    <li><a href="#" title="Zurück zur
      Startseite"><span>Startseite</span></a></li>
    <li class="current"><a href="#"
      title="Unternehmen"><span>Unternehmen</span>
       </a></li>
    <li><a href="#" title="Produkte"><span>Produkte
      </span></a></li>
    <li><a href="#" title="Dienste"><span>Dienste
      </span></a></li>
    <li><a href="#" title="AGB"><span>AGB</span>
       </a></li>
    <li><a href="#" title="Kontakt"><span>Kontakt
      </span></a></li>
  </ul>
</div>
```

Dementsprechend wird der linke Teil des Hintergrundbildes vom Verweis getragen, der rechte vom span-Element. Der gesamte CSS-Stil sieht dann wie folgt aus (die wichtigsten Veränderungen sind fett markiert):

```
* {
margin: 0;
padding: 0;
}

body {
background: #fff;
font: 2.0em/1.6em Calibri, Helvetica, Georgia, serif;
margin: 1em;
}
#navbar {
float: left;
width: 100%;
background-color: #ddd;
border-bottom: 12px solid #dcb;
}
#navbar ul {
```

```
list-style: none;
}
#navbar li {
float: left;
width: auto;
border-bottom: 1px solid #765;
}
#navbar a {
float: left;
width: auto;
background: url("tab-links.png") no-repeat left top;
padding-left: 18px;
text-decoration: none;
font-weight: bold;
color:#333;
}
#navbar a:hover {
background-position: 0% -150px;
}
#navbar li.current {
border-bottom: 1px solid #ddccbb;
}
#navbar li.current a {
background-position: 0 -150px;
}
#navbar li.current a span {
background-position: 100% -150px;
color: #333;
}
#navbar a span {
float: left;
width: auto;
background: url("tab-rechts.png") no-repeat right top;
padding: 5px 15px 4px 0;
color: #333;
}
#navbar a:hover span {
color: #111;
background-position: 100% -150px;
cursor: pointer;
}
```

Damit funktioniert das Navigationsmenü auch im Internet Explorer einwandfrei. Das visuelle Erscheinen ändert sich dadurch nicht.

▲ Abbildung 5.50
Die Navigationsleiste im Internet Explorer 6 – links ohne Hover-Effekt, rechts mit Hover-Effekt

Mit ein wenig CSS-Styling ergibt sich der fertige Prototyp:

```
#navbar li.current a span {
  background-position: 100% -150px;
  color: #a10000;
  font-weight: bold;
}
```

◄ Abbildung 5.51
Die Navigationsleiste in der Gestalt von Registerkarten

12 Probleme mit älteren Versionen des Internet Explorers beheben

Im Prinzip wäre die Navigationsleiste an dieser Stelle schon fertig – problematisch ist bloß der Internet Explorer 5 Mac, bei dem Verweise in Listenelementen, die im oberen Code mit `float: left` nach links geschoben werden, auf die ganze Seitenbreite erstreckt werden. Die meisten Browser interpretieren die `float`-Deklaration »straight forward«: Alle Elemente, auf die `float` angewandt wird, werden mit minimaler Größe versehen. Diese wird durch den Inhalt des Containers festgelegt. Bei einem Bild wird die Breite automatisch (falls keine weiteren Angaben vorliegen) auf die Breite des Bildes gesetzt; bei Texten auf die kleinstmögliche Breite eines im Text auftretenden Wortes – ohne Zeilenumbruch. Nur bei IE 5 Mac tritt eine unangenehme Besonderheit auf. Lösen lässt sich das Problem mit dem *Commented Backslash Hack*, indem die float-Anweisung nur für IE5 Mac angezeigt wird, von anderen Browsern jedoch ignoriert wird.

```
/* Commented Backslash Hack versteckt die
   folgende Anweisung von IE5-Mac \*/
#header a span {float:none;}
/* End IE5-Mac hack */
```

Commented Backslash Hack

Mehr über den *Commented Backslash Hack* erfahren Sie auf *http://www.sam-i-am.com/work/sandbox/css/mac_ie5_hack.html* (Linkcode 118)

Somit ist eine standardkonforme, von den meisten Browsern korrekt angezeigte Navigationsleiste in Form von Registerkarten fertig gestellt. ■

Selbstverständlich beschränkt sich die Methode nicht nur auf Navigationsleisten mit abgerundeten Ecken. Verschiedene andere visuelle Effekte lassen sich auf diese Weise in Projekten umsetzen.

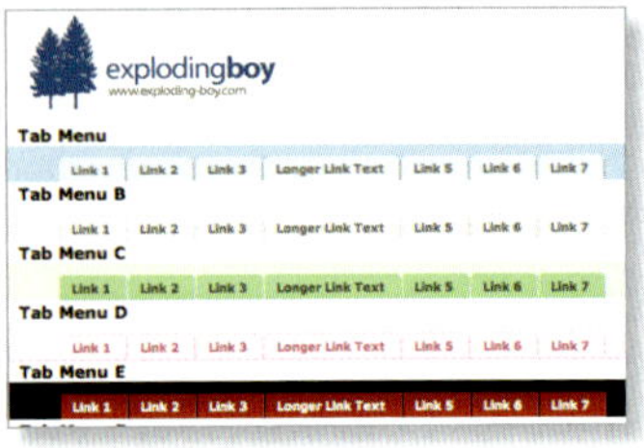

▲ **Abbildung 5.52**
Auf ExlodingBoy.com finden Sie standardkonforme, plattformübergreifende Navigationsmenüs, die mit der Sliding-Door-Technik realisiert wurden.

- Weitere Beispiele zum Design von Registerkarten mithilfe der Sliding Doors-Methode finden Sie auf *http://www.exploding-boy.com/2005/12/15/free-css-navigation-designs* (Linkcode 119).
- Weitere Informationen zu Sliding Doors finden Sie unter *http://www.alistapart.com/articles/slidingdoors* und *http://www.alistapart.com/articles/slidingdoors2* (Linkcode 120). Ein Vortrag zum Thema mit detaillierten Erklärungen vom Autor kann unter *http://www.stopdesign.com/present/2004/sydney/limits/?no=83* (Linkcode 121) nachgeschlagen werden.
- In seinem Beitrag »Inverted Sliding Doors Tabs« (*http://456bereastreet.com/archive/200406/inverted_sliding_doors_tabs* Linkcode 122) beschreibt Roger Johansson, wie man invertierte Registerkarten mit CSS auf der Grundlage von Sliding Doors implementiert (*http://fiftyfoureleven.com/sandbox/weblog/2004/oct/light-weight-css-tabs* Linkcode 1231)
- Eine Weiterentwicklung der Technik, übertragen auf elf unterschiedliche Navigationsmenüs mit abgerundeten Ecken finden Sie auf *http://www.exploding-boy.com/2005/12/15/free-css-navigation-designs* (Linkcode 124).
- Außerdem ermöglicht die »Mountaintops«-Technik (*http://alistapart.com/articles/mountaintop* Linkcode 1253) von Dan Cederholms die Reduzierung zweier Bilder auf ein halbtransparentes Bild.

5.3.3 CSS Stripes

Ein weiterer kreativer Ansatz zur Gestaltung von CSS-Menüs ist die *CSS Stripes*-Methode von Dave Shea[5]. Zwar ist die Technik nicht so flexibel wie Sliding Doors, doch eigentlich war sie auch gar nicht dazu gedacht. CSS Stripes zielt darauf ab, den Rollover-Effekt beim Drüberfahren von Navigationselementen mit der Maus möglichst effizient (für Entwickler) und möglichst »schlank« (für Seitenbesucher) zu gestalten.

[Stripe]
Ein *Stripe* (engl. für Geist, Kobold) ist ein Grafikobjekt, das von der Grafikhardware über das Hintergrundbild bzw. den restlichen Inhalt der Bildschirmanzeige eingeblendet wird. Die Positionierung wird dabei komplett von der Grafikhardware erledigt. Der Name rührt daher, dass ein Sprite quasi auf dem Bildschirm »umherspukt« und im Grafikspeicher nicht zu finden ist.

Mit CSS Sprites lässt sich ein Navigationsmenü komplett in einer einzigen Bilddatei speichern. Einzelne Teile werden in einer Art Raster angeordnet. Zur Veränderung des angezeigten Bildes wird die Position des entsprechenden Bildteils im Raster angegeben. Das Bild wird genau einmal geladen und kann direkt für die Anzeige aller vordefinierten Zustände verwendet werden.

Die Technik erlaubt es also, beliebige Rollover-Effekte im Navigationsmenü zu erzeugen, ohne dass dabei lästiger JavaScript-Code verwendet wird. So mussten sie sich beispielsweise auf

5 Dave Shea ist ein renommierter Grafik- und Webdesigner, der u. a. CSS Zen Garden (*http://www.csszengarden.com*) ins Leben gerufen hat.

einer Seite mit JavaScript-basierter Navigationsleiste immer wieder gedulden, bis alle einzelnen Bilder komplett geladen waren und angezeigt werden konnten. Als Konsequenz musste man mit einem Flackern der Bilder und einer überraschenden Menüanzeige rechnen.

Bei CSS Stripes verwendet man dagegen ein *master image* für die Gestaltung des ganzen Navigationsmenüs. Dieses wird zunächst als Hintergrundbild eines `div`-Containers gesetzt, in dem sich die Navigationselemente befinden sollen. Diese werden wiederum relativ zu ihrem Eltern-Container inline-positioniert und transparent gehalten, damit das Hintergrundbild des Containers übernommen wird. Das Markup der Leiste wird durch eine ungeordnete Liste (`ul`) repräsentiert.

Rollover-Menüs

Ende der 90er-Jahre gehörten JavaScript-basierte Rollover-Menüs zum Alltag im Web. Jedes Bild wurde genau geschnitten und per onMouseOver- und onMouseOut-Effekten direkt in den HTML-Code eingefügt. Mit CSS Sprites geht es einfacher, anschaulicher und transparenter.

Die Breite des `ul`-Elements ist fix. Sie stimmt mit der gesamten Breite der `li`-Elemente überein. Somit wird die Breite der Menüpunkte durch die Breite des Hintergrundbildes festgelegt. Deshalb werden bei CSS Sprites keine Texte verwendet. Bei diesen müsste man nämlich bei beliebigen Veränderungen der Texte (etwa Vergrößerung der Schriftart) mit merkwürdigen Nebeneffekten – im schlimmsten Fall mit einem Auseinanderfallen des Menüs – rechnen.

Um die Veränderung des Zustands eines Navigationspunkts beim Hovern zu erzeugen, verändert man durch die Beschreibung der Pseudoklasse `:hover` die Positionierung des Hintergrundbildes – sowohl vertikal als auch horizontal – für jedes Element der Liste. Dies lässt sich mit der `background-position`-Eigenschaft mittels CSS realisieren.

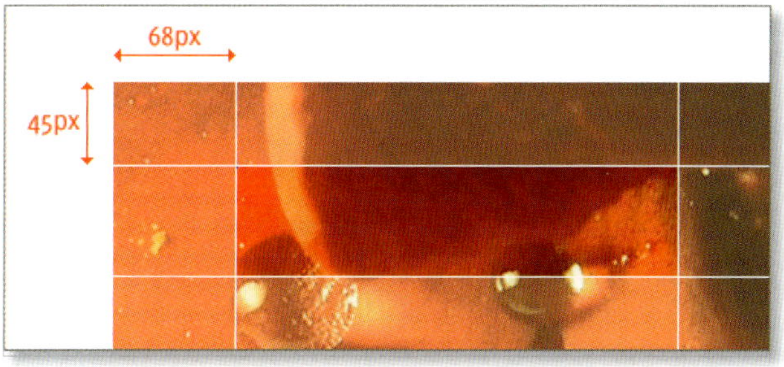

◂ **Abbildung 5.53**
Bei Sprites muss die Positionierung des Hintergrundbildes genau beachtet werden. In diesem Bild muss die background-position auf –68 px –46 px (–68 = –67 – 1 und –46 = –45 – 1) gesetzt werden, damit das helle Rechteck angezeigt wird.

Im Allgemeinen wird die Technik für kleinere Navigationsmenüs verwendet, da sie eine explizite Gestaltung jedes Navigationselements sowie eine sorgfältige Positionierung des Hintergrundes bei sämtlichen Zuständen erfordert. Bei großen Projekten, die neue Menüpunkte (etwa Submenüs) häufig hinzufügen, kann dies durchaus zu einer zeitaufwendigen und kostspieligen Angelegenheit werden.

TIPP

`ul li { background-position: 50% 50%; }`
sorgt dafür, dass ein Punkt, der in der Mitte des Hintergrundbildes liegt, in der Mitte des Blockelements angezeigt wird. Auch bei Zahlenangaben bewegt sich der Fokus bei positiven horizontalen Prozentangaben nach rechts, bei positiven vertikalen Prozentangaben nach links. Der Punkt, der durch die Positionierung getroffen wird, landet immer in der linken oberen Ecke des angezeigten Bildes.

Betrachten Sie nun das folgende Beispiel, das die Anwendung von CSS Stripes in der Praxis veranschaulichen soll.

Da die Methode mit einem einzigen Hintergrundbild arbeitet, muss man sich zuerst überlegen, welche Zustände des Navigationsmenüs überhaupt relevant sind. Meistens beschränkt man sich auf `:hover` und `:link-states`.

Sämtliche Zustände werden anschließend explizit gestaltet und in einem Gesamtbild zusammengefasst. Um das Flackern der Bilder beim Sprung von einem Zustand zu dem entsprechenden `hover`-Zustand in älteren Browsern zu vermeiden, ist es notwendig, den Ankern des `ul`-Elements ein Hintergrundbild vorzugeben, in dem alle möglichen Hover-Zustände, die durch das Hovern der Navigationselemente erzeugt werden, bereits dargestellt sind.

Wählt man eine graue Farbe für die Anzeige der aktuellen Seite, hellgrüne für den Hover-Effekt und »kaltes Grün« für die Default-Anzeige, so ergibt sich als Gesamtkomposition der Navigationszustände ein kompaktes Bild.

UL LI A
Ein Hintergrundbild des `ul li a`-Elements wird nicht angezeigt und durch jeweilige Hintergrundbilder der `li a`-Elemente bedeckt.

Wegen der Flacker-Probleme wird die erste Reihe dieses Bildes als Hintergrundbild der Verweise innerhalb der `ul li`-Hierarchie für die Startseite verwendet, die zweite für die »Products«-Seite, die dritte für die »Support«-Seite und die vierte für die »Contact«-Seite. Dadurch entstehen zwar Redundanzen – sie können jedoch angesichts der Dateigröße und Cross-Browser-Kompatibilität vernachlässigt werden. Es ist wichtig zu verstehen, dass ein Hintergrundbild des `ul li a`-Elements nicht angezeigt wird und durch die jeweilige Hintergrundbilder der `li a`-Elemente bedeckt wird.

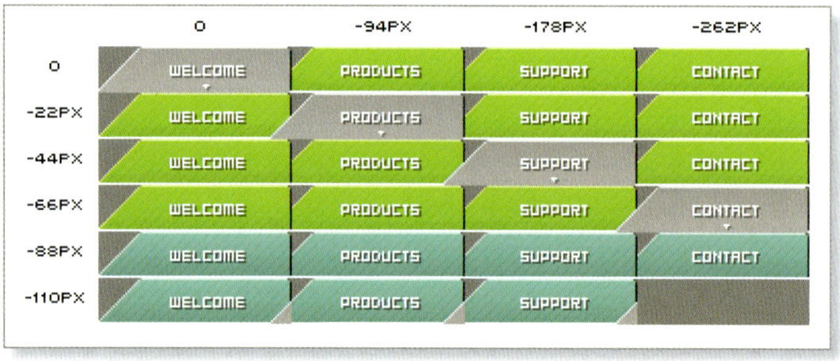

Abbildung 5.54 ►
CSS-Stripes-Methode zur Gestaltung der Seitennavigation (Navigation Matrix). Die Zahlen geben Auskunft über die Position der Bilder. So hat z. B. das graue »Products«-Hintergrundbild die Entfernung –94px (h) und –22px (v) vom Nullpunkt (diese Angaben entsprechen der Breite bzw. der Höhe der in der Matrix davor positionierten Bilder)

Die fünfte Reihe stellt die Anzeige der Elemente im passiven `:link`-Zustand zusammen. In der sechsten Reihe befinden sich schließlich Bilder, die von einem Listenelement benutzt werden, falls das benachbarte Navigationselement grau hervorgehoben wird. Dies tritt genau dann auf, wenn das benachbarte Navigationselement gerade aktiv ist (siehe Abbildung 5.55).

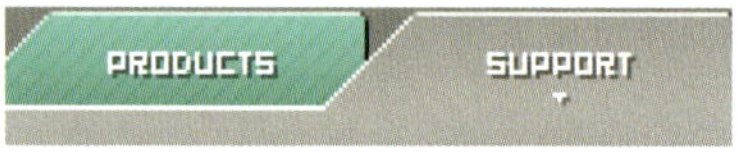

Abbildung 5.55 ►
Der linke Teil der Abbildung (»Products«) entspricht der sechsten Zeile der Matrix

Somit kann jedes `li`-Elemente auf jeder Seite genau einen Zustand annehmen. Dieser wird durch seine Position in der »Navigationsmatrix« präsentiert.

Beachten Sie, dass das aktive graue Element in den zweiten, dritten und vierten Reihen extra so gestaltet wird, dass es einen Teil seines »Vorgängers« überdeckt (zum Beispiel bedeckt der Support-Bereich den Products-Bereich in der dritten Reihe). Dies werden Sie intuitiv tun, wenn Sie ein Navigationsmenü etwa in Adobe Photoshop gestalten. Dabei lassen sich beliebige visuelle Effekte schnell und intuitiv realisieren.

Beim Code des Navigationsmenüs müssen Sie sehr präzise mit der Positionierung des Hintergrundbildes arbeiten. Kleinste Ungenauigkeiten, die sich im seltsamen Verhalten Ihres Navigationsmenüs widerspiegeln werden, können sehr schnell einen unangenehmen visuellen Eindruck erzeugen.

Um das Markup des Navigationsmenüs nicht immer wieder ändern zu müssen, wenn die gewählte Seitenrubrik verändert wird, versieht man das `body`-Element mit einer ID. Jede Seite wird somit nicht durch IDs der Listenelemente (z. B. `<li class="current">...</li>`), sondern durch die ID des `body`-Elements definiert. Die Anzeige des Navigationsmenüs wird somit auf allen Seiten komplett durch diese Klasse manipuliert. Als Bezeichner werden `welcome`, `products`, `support` und `contact` verwendet. Im »welcome«-Fall sieht das Markup wie folgt aus (das Bild wird *navmatrix.png* genannt):

```
<body id="welcome">
<div id="navbar">
  <ul id="nav">
    <li id="wel"><a href="w.html">welcome</a></li>
    <li id="pro"><a href="p.html">products</a></li>
    <li id="sup"><a href="s.html">support</a></li>
    <li id="con"><a href="c.html">contact</a></li>
  </ul>
</div>
</body>
```

CSS:

```
ul#nav {
margin: 0;
overflow: hidden;
position: relative;
top: 68px;
left: 188px;
width: 346px;
```

Sprites im Einsatz

Sprites eignen sich für kleine übersichtliche Navigationsmenüs; bei großen Menüleisten werden die Angaben schnell unübersichtlich und können eher für Verwirrung sorgen.

Abweichungen vermeiden

Die kleinste Abweichung bei der Positionierung von Hintergrundbildern erzeugt ein verzerrtes Bild und ist bei jedem Projekt in sämtlichen Zuständen zu untersuchen.

TIPP

Auf CSSSprites.com wird die `background-position`-Angabe automatisch berechnet.

```
height: 22px;
list-style-type: none;
}
ul#nav li a {
padding: 22px 0 0;
background: transparent url('navmatrix.png') ⮐
  no-repeat; overflow: hidden;
position: absolute;
top: 0;
width: 84px;
text-indent: -9000px;
text-decoration: none;
height: 0 ! important;
}
```

Jedem der Navigationspunkte muss man nun ein zu ihm passendes Hintergrundbild mittels der `background-position`-Eigenschaft zuweisen. Da es im Beispiel insgesamt vier Rubriken gibt und für jede Rubrik sowohl der `:link`-Zustand als auch der `:hover`-Zustand deklariert werden soll, ergeben sich insgesamt jeweils acht Zustandsbeschreibungen für jede Seite, auf denen das Navigationsmenü erscheinen soll. Viele davon werden redundant sein und sich überhaupt nicht unterscheiden.

Auf der Startseite soll das linke obere Hintergrundbild links erschienen; beim Hovern soll sich nichts verändern. Dies wird folgendermaßen realisiert:

```
body#welcome li#wel a {
background-position: 0 0;
width: 94px;
left: 0;
}
body#welcome li#wel a:hover {
background-position: 0 0;
}
```

Für den Menüpunkt Products soll das zweite Hintergrundbild aus der fünften Matrixzeile verwendet werden. Seine Position in der Matrix entspricht der Entfernung –94 px (horizontal) und –88 px (vertikal) vom linken oberen Rand. Außerdem soll es links von »Welcome« platziert werden, und zwar im Abstand seiner Breite von linkem Rand des `ul`-Elements. Die Breite wurde im oberen Quellcode explizit angegeben.

```
body#welcome li#pro a {
background-position: -94px -88px;
left: 94px;
}
```

Beim Drüberfahren soll das Hintergrundbild auf das zweite Bild in der ersten Zeile springen. Dieses hat die horizontale Entfernung –94 px vom Nullpunkt.

```
body#welcome li#pro a:hover {
background-position: -94px 0px;
}
```

Analog beschreibt man die Zustände weiterer Seitenelemente.

```
body#welcome li#sup a {
background-position: -178px -88px; left: 178px; }
body#welcome li#sup a:hover {
background-position: -178px 0; }
body#welcome li#con a {
background-position: -262px -88px; left: 262px; }
body#welcome li#con a:hover {
background-position: -262px 0; }
...
```

Wie Sie sehen, erfordert die Implementierung von CSS Stripes eine mühselige Anpassung und Positionierung der einzelnen Navigationselemente. Je mehr Elemente und Zustände es gibt, desto undurchschaubarer wird die Matrix. Das Ergebnis kann dagegen recht attraktiv aussehen:

▲ **Abbildung 5.56**
Das fertige Navigationsmenü mit CSS Stripes. Links: `:link`-Zustand, rechts `:hover`-Zustand.

Die Vorteile dieser Technik liegen auf der Hand. Auch Anwender, die ohne JavaScript-Unterstützung unterwegs sind, werden gut bedient. Hinzu kommt noch, dass CSS Stripes es möglich machen, beliebige Hover-Effekte leicht zu programmieren und anzupassen.

Zum größten Nachteil der Technik gehört die Tatsache, dass sich das Navigationsmenü nicht vergrößern lässt und mehrere Probleme im Hinblick auf die Zugänglichkeit aufweist, da die Menüs auf der Grundlage von »fixen« Bildern basieren. Die Veränderung von Rubriken im Navigationsmenü hat die Veränderung der ganzen Matrix zur Folge, was wiederum zur Veränderung und Anpassung des CSS-Quelltextes führt.

Stripes ohne JavaScript

Menüs, die mit der Stripes-Technik arbeiten, funktionieren auch bei deaktivierter JavaScript-Unterstützung. Reine CSS-Anweisungen ermöglichen eine flexible und plattformunabhängige Navigationsgestaltung.

Die Technik empfiehlt sich somit für Seitenbetreiber, die nach einer eleganten Lösung für attraktive Rollover-Effekte suchen. Flexible und zugängliche Navigationsmenüs sollten dagegen rein textbasiert sein. Sliding Doors stellt dafür eine gute Grundlage bereit.

Mehr Information zu CSS Sprites finden Sie auf *http://www.alistapart.com/articles/sprites/* (Linkcode 114)

Ursprünglich basiert die Technik auf Ideen und Methoden, die in »Fast Rollovers Without Preload« (*http://wellstyled.com/css-nopreload-rollovers.html* Linkcode 115) und »Accessible Image-Tab Rollovers« (*http://simplebits.com/notebook/2003/09/30/accessible_imagetab_rollovers.html* Linkcode 116) veröffentlicht wurden; beide werden in Sprites kombiniert.

Die Technik lässt Entwicklern viel Freiraum zum Experimentieren. Erwähnenswert ist in diesem Kontext die »Navigation Matrix« von Dan Rubin (*http://superfluousbanter.org/archives/2004/05/navigation-matrix-reloaded/* Linkcode 117), die im oberen Beispiel benutzt wurde.

Im Beitrag »Sliding Doors Meets CSS Sprites« (*http://fiftyfoureleven.com/sandbox/weblog/2004/jun/doors-meet-sprites* Linkcode 118) erfahren Sie, wie Sie Sliding Doors und Sprites zusammen verwenden.

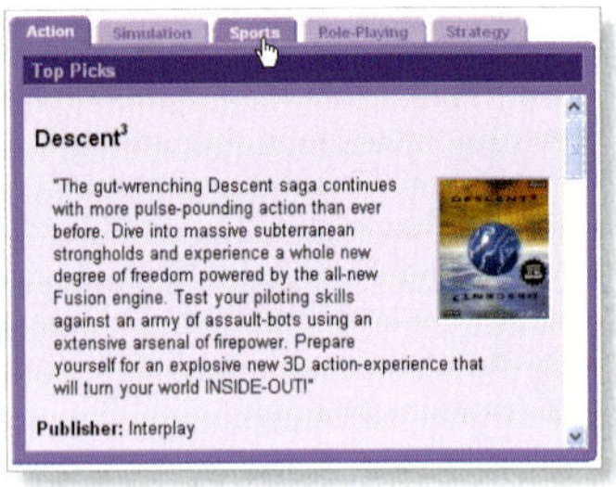

▲ **Abbildung 5.57**
Brainjar CSS Tabs realisiert Register mit abgerundeten Ecken mit CSS, JavaScript und Iframe.

5.3.4 Weitere Ansätze

Neben *Sliding Doors* und *CSS Sprites* lassen sich zur Realisierung von standardkonformen Navigationsregistern weitere interessante Konzepte einsetzen, die zum größten Teil standardkonform und cross-browser-kompatibel sind.

Eines davon, *Brainjar CSS Tabs* (*http://brainjar.com/css/tabs* Linkcode 119), ist ein Musterbeispiel für ein flexibles Registerkarten-basiertes User Interface. Basierend auf CSS und wenigen Zeilen JavaScript, bietet die Technik eine Grundlage für dynamisch sich anpassende, textbasierte Registerkarten, die man aus gängigen Desktop-Anwendungen kennt.

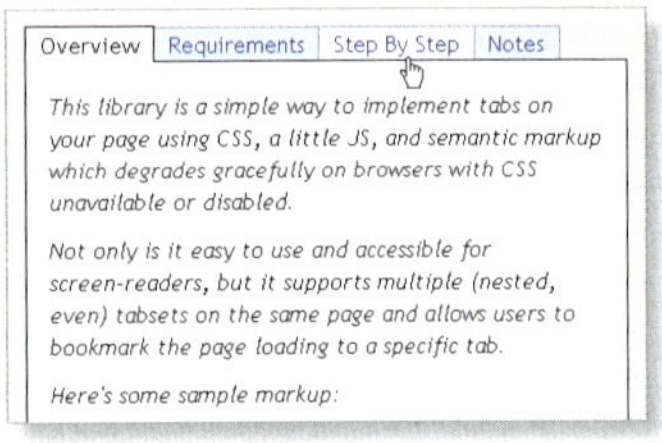

▲ **Abbildung 5.58**
Tabtastic erzeugt textbasierte Tabs mit CSS und JavaScript.

Der Anwender kann Seiteninhalte über Registerkarten nachladen. Der jeweilige Inhalt wird in dem darunter liegenden Iframe angezeigt. Eine elegantere Lösung bietet *Tabtastic* (*http://phrogz.net/JS/Tabtastic/index.html* Linkcode 120), das auch mit JavaScript, aber ohne Iframe auskommt. In beiden Fällen können Anwender Schrift- und Fenstergröße beliebig anpassen; auch beim Zoomen funktionieren beide Menüs einwandfrei.

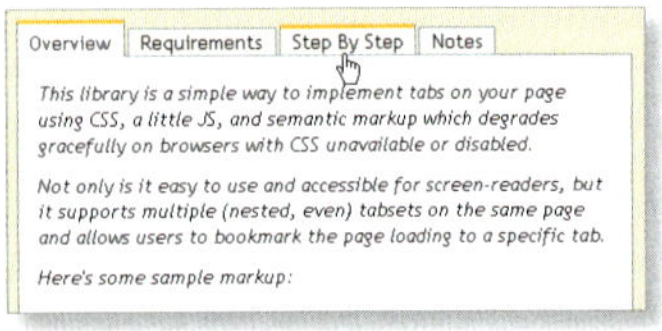

▲ **Abbildung 5.59**
Mit wenigen Anpassungen lassen sich aus Tabtastic die aus Windows XP bekannten Registerkarten entwerfen.

Eine erwähnenswerte Methode zur Implementierung von Registerkarten mit mehreren Ebenen wird durch die textbasierte *Simpleorange CSS Tabs* (*http://labs.silverorange.com/images/tabs-update/index.html*) geliefert. Die Technik erlaubt es, mehrere ungeordnete Listen innerhalb einer Hauptliste einzubetten und diese in Form von Registerkarten mit Unterpunkten »automatisch« darstellen zu lassen.

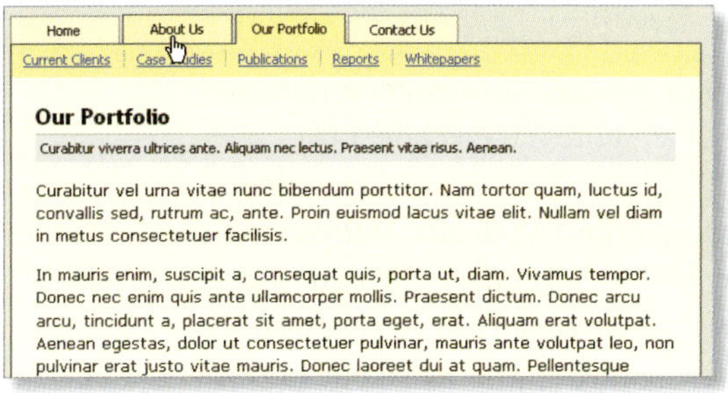


```
<div id="header">
<ul id="primary">
        <li><a href="index.html">Home</a></li>
        <li><a href="about.html">About Us</a></li>
        <li><span>Our Portfolio</span>
                <ul id="secondary">
                        <li><a href="#">Current Clients</a></li>
                        <li><a href="#">Case Studies</a></li>
                        <li><a href="#">Publications</a></li>
                        <li><a href="#">Reports</a></li>
                        <li><a href="#">Whitepapers</a></li>
                </ul>
        </li>
        <li><a href="contact.html">Contact Us</a></li>
</ul>
</div>
```

▲ **Abbildung 5.60**
Simpleorange CSS Tabs

Einfache, beinahe minimalistische Ansätze werden in *Mini-Tab* (*http://simplebits.com/bits/minitabs.html* Linkcode 121), Mini-Tab-Shapes (*http://simplebits.com/notebook/2003/08/14/minitab_shapes.html* Linkcode 122) und *Simplified CSS Tabs* (*http://simplebits.com/notebook/2003/04/#1049772884211135* Linkcode 123), präsentiert.

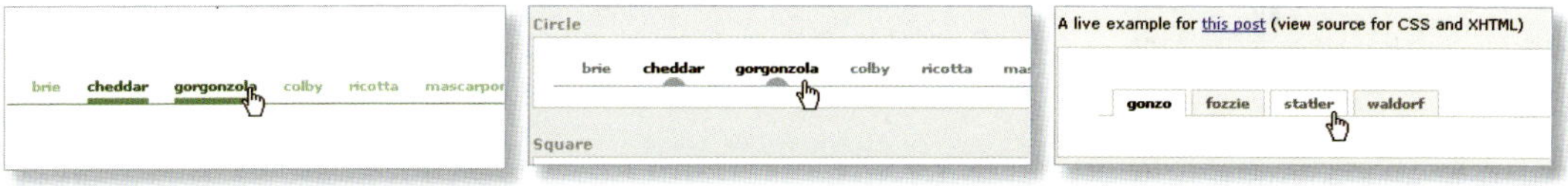

▲ **Abbildung 5.61**
Minitab, Minitab-Shapes, Simplified CSS Tabs

Ein weiterer einfacher Ansatz, der ohne Grafiken auskommt und textbasierte Registerkarten präsentiert, wurde von Joshua Kaufman realisiert (*http://unraveled.com/projects/css_tabs* Linkcode 124). Der visuelle Effekt wird durch den umgebenden Rahmen und eine Anpassung der äußeren und inneren Abstände erzeugt. Ein analoges Menü mit Unterpunkten auf der zweiten Navigationsebene bietet Adam Kelsey (*http://kalsey.com/tools/csstabs* Linkcode 125)

5.3.5 Klappmenüs und Flyouts

Finden übliche textbasierte oder bildbasierte Navigationsmenüs und Registerkarten ihre Anwendung bei kleineren Webauftritten und Weblogs, so werden Webentwickler bei größeren Projekten zum Nachdenken gezwungen. Der Besucher soll sich auf der Seite eines umfangreichen Online-Shops genauso leicht und schnell zurechtfinden, wie dies bei kleinen Webpräsenzen der Fall ist. Dabei stehen ihm weitaus mehr Optionen und Navigationsmöglichkeiten auf einer geringeren Seitenfläche zur Verfügung.

Einer der Ansätze, die in solcher Situation traditionsgemäß – und insbesondere bei Web 2.0-Auftritten – verwendet werden, sind mehrspaltige, logisch und hierarchisch aufgebaute Linklisten.

Klappmenü
Eine Art des Navigationsmenüs, bei dem zusätzliche Navigationspunkte beim Drüberfahren aufgeklappt werden.

[Flyout-Menü]
Form eines Menüs, bei dem Navigationspunkte zur Seite aufklappen, anstatt, wie bei einem Drop-Down-Menü, nach unten.

Diese sind häufig alphabetisch angeordnet, die Verweise selbst können meistens neben einer weit gefassten Navigationsbreite auch eine entsprechende Navigationstiefe vorweisen. Genauso üblich ist es, solche Linklisten in mehrere Rubriken aufzuteilen und durch ihre Schriftgröße oder farbige Markierungen hervorzuheben, damit der Benutzer sie deutlich voneinander unterscheiden kann.

Der Nachteil dieses Ansatzes ist leicht zu erkennen: Bei vielen Navigationsmöglichkeiten wird die Linkliste entsprechend viel Seitenplatz beanspruchen; im schlimmsten Fall kann der Anwender mit einer riesigen Auswahl von Optionen erschlagen werden. Das ist einer der Gründe, warum eine die Hauptkategorien der Seite umfassende Navigationsbreite häufig einer tiefen Navigationstiefe in Navigationsmenüs vorgezogen wird.

Eine vernünftige alternative Lösung bieten *Klapp-Menüs* (*Drop-Down-Menüs*) und *Flyouts*, die zusätzliche Informationen zu einer Rubrik erst beim Drüberfahren der Maus auf dem jeweiligen Menüpunkt im Navigationsmenü anzeigen. Dadurch lassen sich mehrere Navigationsebenen kompakt vereinen und bieten dem Anwender neben einer leichten Orientierung auch eine schnelle und gezielte Auswahl der gesuchten Inhalte.

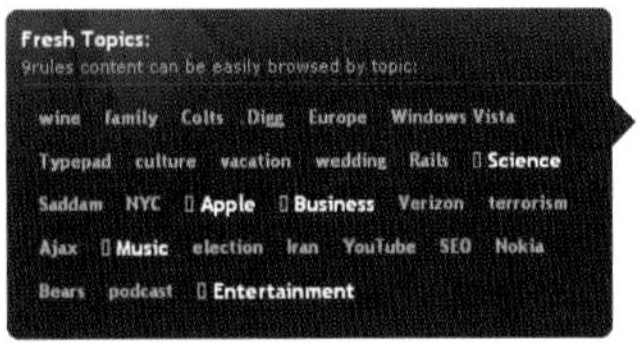

▲ **Abbildung 5.62**
Zahlreiche Seitenbereiche werden nach ihrem Gewicht auf der Seite angeordnet (Quelle: 9rules.com).

Musste man bis dato bei der Realisierung von beiden Menüarten zu aufwendigen DHTML- und JavaScript-Quelltexten greifen, so lässt sich dies nun leicht und flexibel realisieren. Natürlich mit CSS.

5.3.6 Suckerfish Dropdowns

Einer der ersten Ansätze zu einer CSS-basierten Drop-Down-Funktionalität wurde von Patrick Griffiths und Dan Webb entworfen und mit dem Titel *Suckerfish Dropdowns*[6] versehen. Dem Ansatz liegen eine Liste mit Hauptkategorien der Seite sowie ungeordnete Listen (evtl. mit weiteren Unterlisten) mit zusätzlichen Navigationsmöglichkeiten zugrunde. Die Letzteren werden nur dann auf der Seite aufklappen, wenn der Seitenbesucher über die entsprechende Hauptkategorie mit der Maus gefahren ist. Dies gilt auch für die Unterlisten.

Ein Beispiel soll dieses Prinzip der *cascading logic* verdeutlichen. Betrachten Sie das folgende (X)HTML-Markup und das angezeigte Seitenbild.

---

6 Patrick Griffiths, Dan Webb, »Suckerfish Dropdowns« *http://www.alistapart.com/articles/dropdowns* (Linkcode 138), »Sons of Suckerfish«, *http://www.htmldog.com/articles/suckerfish* (Linkcode 139).

```
<ul id="nav">
  <li><a href="#">Percoidei</a>
    <ul>
      <!-- etc -->
    </ul>
  </li>
    <li><a href="#">Anabantoidei</a>
    <ul>
      <li><a href="#" class="daddy">Climbing
        perches</a>
        <ul>
        <li><a href="#">Anabas</a></li>
        <li><a href="#">Ctenopoma</a></li>
      </ul>
      </li>
      <li><a href="#" class="daddy">Labyrinthfishes
      </a>
        <ul>
          <li><a href="#">Belontia</a></li>
          <li><a href="#">Betta</a></li>
          <!-- etc. -->
          <li><a href="#">Trichopsis</a></li>
        </ul>
      </li>
      <li><a href="#">Kissing gouramis</a></li>
      <li><a href="#">Pike-heads</a></li>
      <li><a href="#">Giant gouramis</a></li>
    </ul>
  </li>
  <!-- etc. -->
</ul>
```

Der Clou der Technik liegt darin, dass man die aufzuklappenden Navigationsmenüs zu Anfang mit der `left: -999em`-Angabe ausblendet und erst beim Hovern wieder anzeigen lässt. Die Position aufzuklappender Menüpunkte wird mit em-Angaben relativ zu ihren Elternelementen festgelegt, damit die Navigationsleiste auch bei einer Vergrößerung der Schriftgröße funktioniert. Um Problemen in Internet Explorer vorzubeugen, verwendet man CSS und JavaScript-Tweaks.

Problematisch bei derartigen Navigationsmenüs kann die eigentliche Auswahl von Seiteninhalten sein. Wegen ihrer Drop-Down-Natur erfordern Klappmenüs mehr oder weniger präzise Bewegungen der Maus, sonst verschwinden die aufgeklappten Navigationsoptionen. Bei größeren Leisten mit mehreren Hierarchieebenen können Präzisionsfehler demnach äußerst ärgerlich werden, nicht zuletzt weil jeder davon eine erneuerte Auswahl der gewünschten Option zur Folge hat.

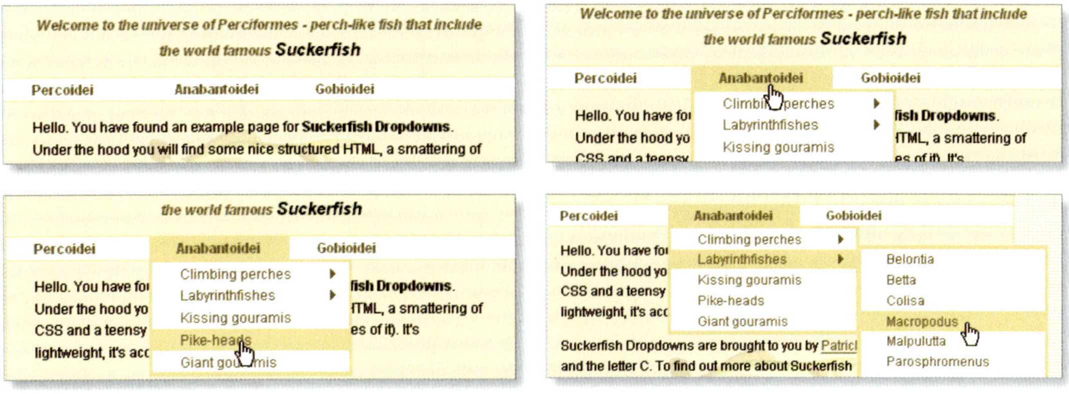

▲ **Abbildung 5.63**
Klassisches Suckerfish-Drop-Down-Menü.

Mehr Informationen über Suckerfish Drop-Down-Menüs finden Sie bei *http://www.htmldog.com/articles/suckerfish* (Linkcode 128).

Auch ein vertikales Klappmenü (Flyouts) mit mehreren Navigationsebenen lässt sich mit Suckerfish-Technik realisieren. *http://www.htmldog.com/articles/suckerfish/dropdowns/example/vertical.html* (Linkcode 129).

Eine Weiterentwicklung der Technik, übertragen sowohl auf eine horizontale als auch vertikale Anordnung von Navigationselementen, finden Sie auf *http://solardreamstudios.com/learn/css/cssmenus* (Linkcode 130).

Analoge Funktionalität liefern *Horizontal Drop-Downs* (*http://alistapart.com/articles/horizdropdowns* Linkcode 131) und *Deluxe CSS Dropdowns and Flyouts* (*http://positioniseverything.net/css-dropdowns.html* Linkcode 132). Sie kommen aber nicht ohne JavaScript Tweaks für den Internet Explorer aus.

Eine weitere Implementierung bietet *ADxMenu* (*http://aplus.co.yu/adxmenu/examples* Linkcode 133). Zahlreiche Beispiele und Varianten werden mitgeliefert.

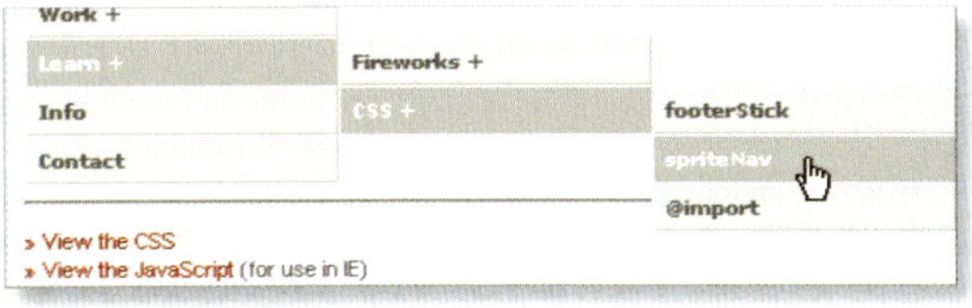

▲ **Abbildung 5.64**
Suckerfish-Technik im Einsatz

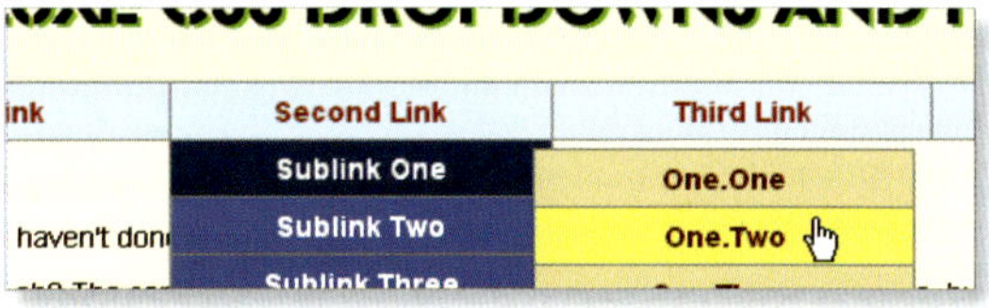

▲ **Abbildung 5.65**
Deluxe CSS Dropdowns and Flyouts

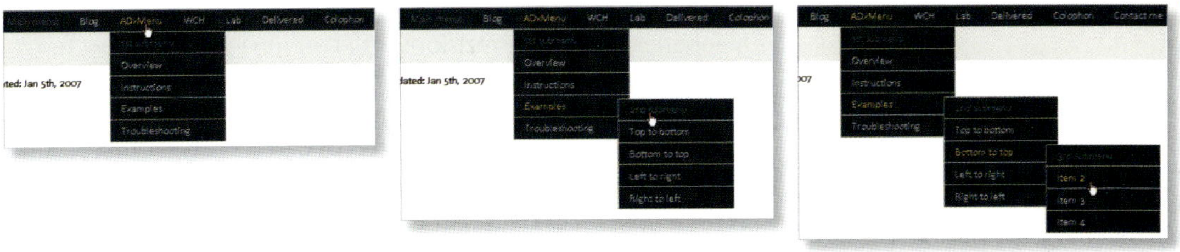

▲ **Abbildung 5.66**
Ein ADxMenu mit mehreren Navigationsebenen.

5.3.7 Hybrid CSS Dropdowns

Drop-Down-Funktionalität einer anderen Art wird durch *Hybrid CSS Dropdowns* (Eric Shepherd, »Hybrid CSS Dropdowns«, *http://www.alistapart.com/articles/hybrid* Linkcode 134) geliefert. Hybrid CSS Dropdowns zielen darauf, zwei Mängel der üblichen Klappmenüs auszuräumen:

- Zum einen erscheint die sekundäre Navigation bei Klappmenüs erst dann, wenn das gesamte Menü aktiv wird;
- Zum anderen bieten sie eine unzulängliche Navigationshilfe, da der Anwender nicht präzise genug weiß, welche Seite er gerade besucht.

Unter Umständen kann die Navigation innerhalb einer Seitenrubrik deshalb äußerst ärgerlich werden, da man das Menü immer wieder aufklappen soll, um von einer Seite zu einer anderen zu gelangen. Hybrid CSS-Dropdowns sollen eine flexible Lösung beider Probleme bereitstellen.

Der grundsätzliche Unterschied dieser Technik von traditionellen Drop-Down-Menüs besteht darin, dass die aufzuklappenden Navigationsoptionen nicht nur beim Drüberfahren angezeigt werden, sondern direkt sichtbar sind. Dabei wird eine übersichtliche Darstellung der Navigationsleiste bei textbasierten Menüs mit der Drop-Down-Dynamik kombiniert. Genauer heißt dies, dass die Navigationsmöglichkeiten einer gewählten Rubrik (Navigation 2. Ordnung) wie gewohnt unter der Primärnavigation angebracht werden und somit den Seitenbereich, auf dem der Besucher gerade ist, deutlich angeben. Sie können direkt als übliche Verweise angeklickt werden, ohne dass man sich mit der Drop-Down-Präzision auseinandersetzen muss.

Die Navigationsleiste zweiter Ordnung verändert sich, wenn der Anwender über die Hauptkategorien der Seite fährt. Sie gibt somit unmittelbar einen Überblick über die Optionen, die Besuchern auf der Seite zur Verfügung gestellt werden.

TIPP

Eine interessante Weiterentwicklung der Hybrid CSS Dropdowns finden Sie auf *http://www.projectseven.com/tutorials/index.htm* (Linkcode 147). Das Menü gibt eine leicht erkennbare und präzise Navigationshilfe und überzeugt durch seine Schlichtheit und Benutzerfreundlichkeit.

Aus der Sicht eines Webentwicklers sieht der CSS-Quellcode dem Code üblicher Drop-Down-Menüs sehr ähnlich. Die Elemente der Liste mit Hauptkategorien werden mit `float: left;` horizontal ausgerichtet, die sekundäre Navigation wird mit `dis-`

`play: none;`[7] ausgeblendet. Um sicherzustellen, dass das Menü 2. Ordnung die Default-Leiste tatsächlich bedeckt, wird seine Priorität durch `z-index: 6000;` angegeben. Für ältere Versionen des Internet Explorers, die den `:hover`-Zustand nur für Verweise, interpretieren und darstellen, benutzt man das JavaScript aus der Suckerfish-Methode.

Ein wesentlicher Vorteil der Technik ist neben einer besseren Navigationshilfe auch eine bessere Interaktion mit dem Menü. Die Navigationsoptionen bleiben, solange der Mauszeiger auf der Seitenfläche des ganzen Menüs bleibt, die dem Nav-Element zugewiesen wird. Bei üblichen Drop-Down-Menüs musste man den Mauszeiger auf einem gewählten Seitenbereich fixieren.

Gleiche Funktionalität, andere Implementierung: *Two-Level Navigation* (*http://aplus.co.yu/lab/nestedtabs336111148* Linkcode 136) stellt eine weitere standardkonforme und cross-browser-kompatible Lösung zur Realisierung von »kombinierten« Dropdowns zur Verfügung.

▲ **Abbildung 5.69**
Two-Level Navigation

5.3.8 Alle CSS-basierten Techniken im Überblick

Sämtliche CSS-basierten Techniken – darunter auch die hier präsentierten Methoden – mit zahlreichen Bespielen zu ihrer Implementierung finden Sie auf der Seite *<CSS Showcase />* (*http://alvit.de/css-showcase*). Das Projekt enthält außerdem weitere Referenzen zum Thema und wird ständig aktualisiert.

Hybrid CSS Dropdowns

Zustand a
Die ursprüngliche Darstellung gibt eine Übersicht vorhandener Navigationsoptionen.

Zustand b
Hovern einer der Rubriken

Zustand c
Hovern einer der Hauptkategorien – die untere Navigationsleiste verändert sich

Zustand d
Auch das Hovern der veränderten unteren Navigationsleiste ist direkt möglich.

▲ **Abbildung 5.67**
Zustand »a«

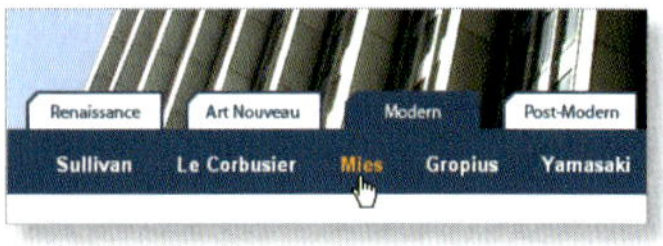

▲ **Abbildung 5.68**
Zustand »b«

▲ **Abbildung 5.70**
Zustand »c«

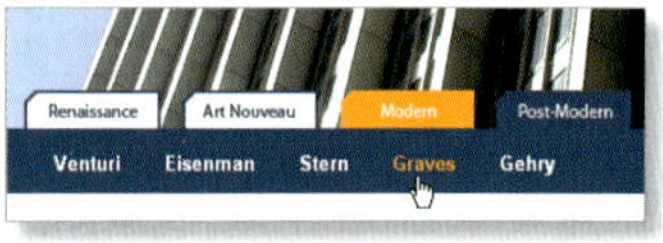

▲ **Abbildung 5.71**
Zustand »d«

7 Da einige Screenreader die Eigenschaft `display: none` häufig als Anlass zum Ausblenden von Inhalten ohne Berücksichtigung übriger CSS-Formatierung verstehen, wäre es an dieser Stelle sinnvoller, die `text-indent: -999em`-Eigenschaft zu verwenden.

Drop-Down Menus, Horizontal Style // ALA

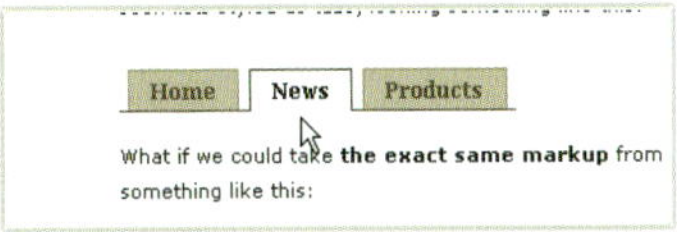

Sliding Doors // ALA

Taming Lists // ALA

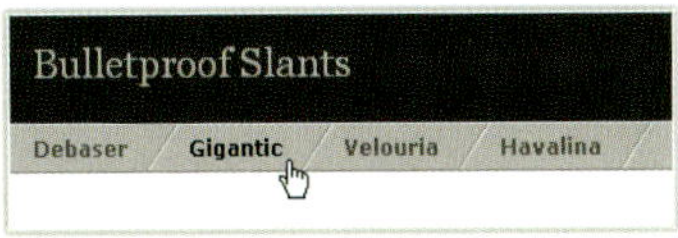

Bulletproof Slants

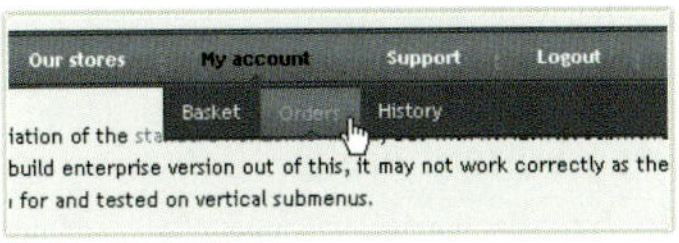

ADxMenu: Five Free Themes

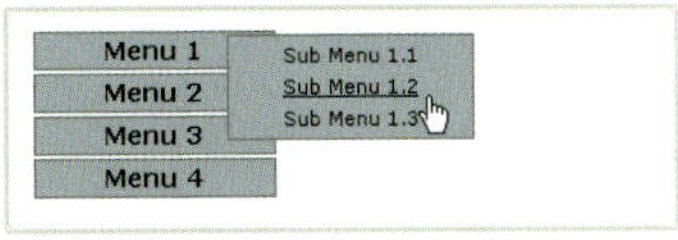

Alsacreations Menus - 16 Basic Themes

Brainjar CSS Tabs

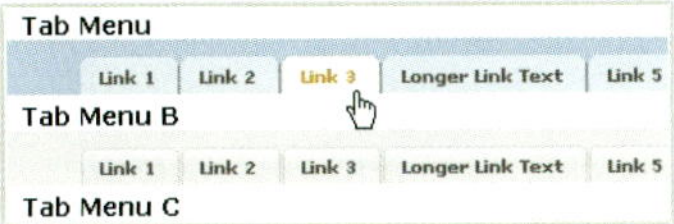

11 horizontal menus, based on Sliding Doors // ExplodingBoy

14 free vertical menus // ExplodingBoy

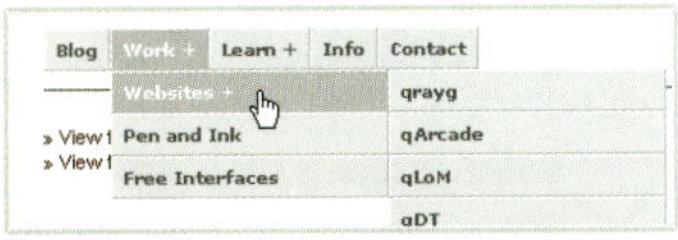

4 level deep CSS menu system

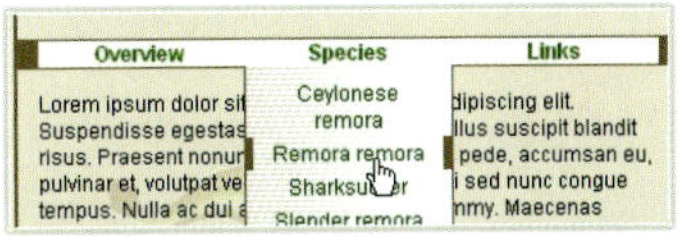

Suckerfish Dropdowns

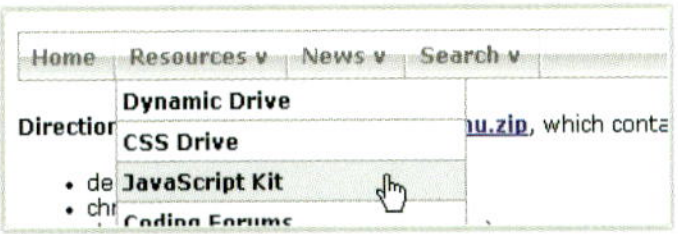

Chrome CSS Drop Down Menu

CSS Based Navigation [1] // Superflousbunter

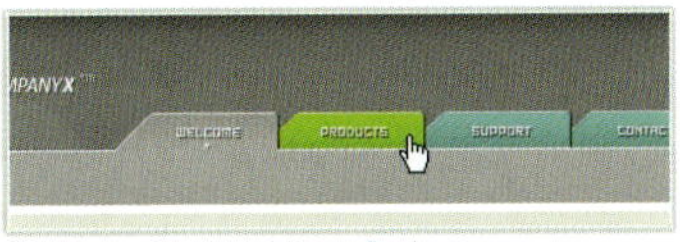
Navigation Matrix Reloaded // Superflousbunter

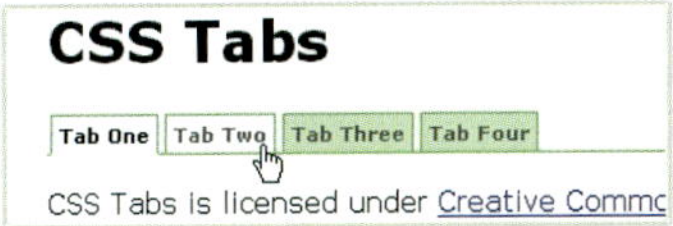

CSS Tabs Unraveled

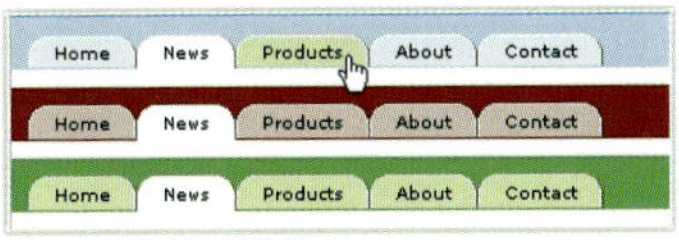

Lightweight CSS Tabs // fiftyfoureleven.com

E-Lusion Free Menu Designs

Sons of Suckerfish: An Overview of Suckerfish Techniques

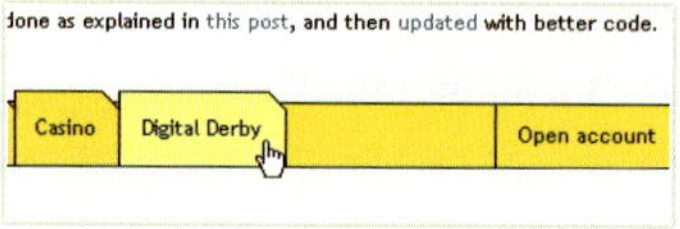

Tabs of variable height

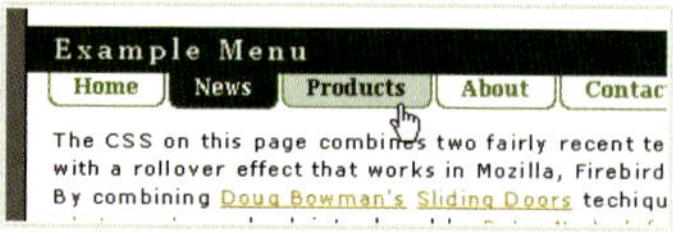

Cross Browser Tabs With Rollover

CSS Tabs With Submenus

Simplebits Mini-Tab Shapes

Silverorange Simple CSS Tabs

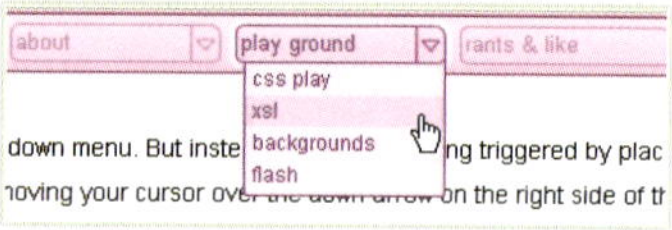

Drop-Down Llama Menu

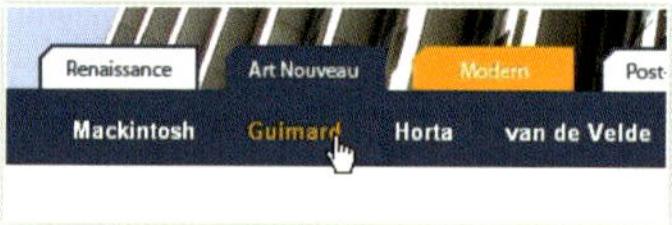

Hybrid CSS Dropdowns

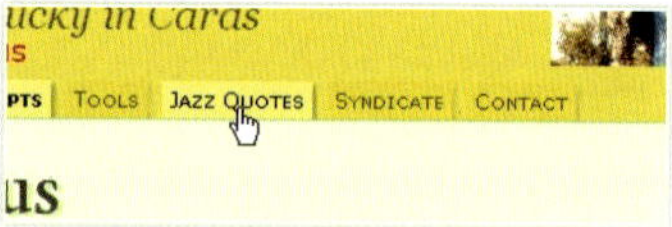

Photo Matt Intelligent Menus

Inverted Sliding Doors Tab // 456bereastreet.com

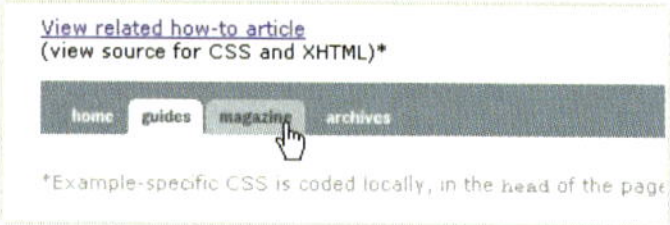

Accessible Image-Tab Rollovers // Simplebits

Simplebits Mini-Tabs

Simplified CSS Tabs // Simplebits

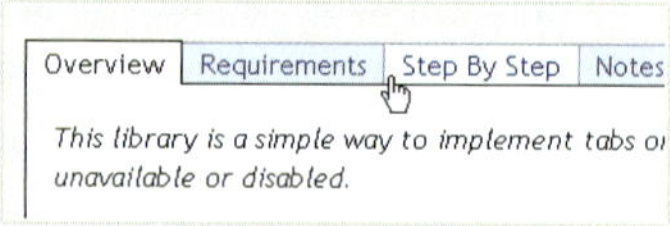

Tabtastic

CSS PLaY Navigation Menus

Veerle's Two Level Menu

Inline Minitabs

Turning A List Into A Navbar // 456bereastreet.com

5.4 Photoshop-Techniken

Ein wesentlicher Vorteil von CSS-Techniken ist die Flexibilität, die Webentwickler dadurch gewonnen haben. Beispielhaft dafür ist eine textbasierte Navigationsleiste, die bereits mit wenig CSS-Code zu einem dynamischen grafischen Navigationsmenü mit Hover-Funktionalität erweitert werden kann. Wie Sie in der Beschreibung der Sprites-Technik gesehen haben, genügt es dafür, mit der `background`-Eigenschaft zu experimentieren.

Und tatsächlich gehören textbasierte Navigationsleisten – nicht zuletzt wegen ihrer Flexibilität – immer häufiger zu einem Standardwerkzeug eines Web 2.0-Auftritts. Dabei geben sich Designer häufig nicht mit relativ bescheidenen Gestaltungsmöglichkeiten von CSS zufrieden. Sie greifen zu den in Adobe Photoshop gestalteten Grafiken, um etwa grafische Verläufe, Aqua- und Registerkarten-Look oder andere visuelle Effekte in die Navigationsleiste zu integrieren und dieser so mehr Glanz und Realitätsnähe zu verleihen.

Dabei gibt es mehrere Techniken, die bei der Gestaltung von Navigationsmenüs häufig angewandt werden. Ein Überblick von grundlegenden Photoshop-Techniken kann sich dabei in jedem Projekt als hilfreich erweisen.

5.4.1 Abgerundete Registerkarten für die Textnavigation

Die Farbgestaltung von Registerkarten wird in der Regel bereits bei der Erarbeitung des Seitenentwurfs festgelegt. Steht das Farbschema für die »aktive« Rubrik (aktuelle Rubrik, also die, die gerade angezeigt wird), die passiven Rubriken (weitere neben der«aktiven« Rubrik vorhandene Navigationsmöglichkeiten) und die Hover-Zustände sämtlicher Rubriken fest, so können die jeweiligen Hintergrundbilder mit Adobe Photoshop erstellt werden.

TIPP

Der Beitrag »120 Adobe Photoshop Tips« (*http://scribd.com/doc/2162/120-Adobe-Photoshop-Tips*) bietet eine Übersicht von nützlichen Tipps, Tricks, Tastaturkürzel und Ideen für Adobe Photoshop.

Vom Standpunkt der Benutzerfreundlichkeit empfiehlt es sich, alle Hintergrundbilder in ein Bild »zu packen« und die Position des jeweiligen Bildes mithilfe der `background-position`-Eigenschaft (*CSS Sprites*) festzulegen. Die Anzeige eines passenden Hintergrundbildes wird somit durch CSS geregelt.

Erzeugen Sie in Adobe Photoshop ein neues Dokument der gewünschten Höhe und Breite mit der Hintergrundfarbe, die für das Navigationsmenü bestimmt worden war. Beachten Sie dabei, dass bei bestimmten Techniken (etwa *Sliding Doors*) die Größe des Hintergrundbildes hinreichend ist, um auch bei vergrößerten Texten korrekt angezeigt zu werden.

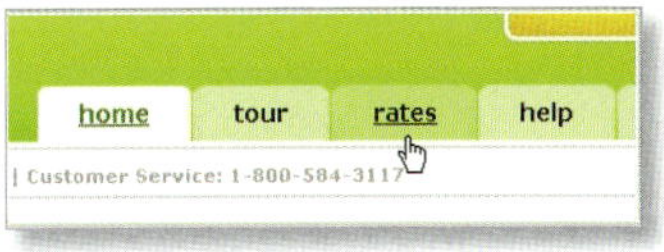

▲ **Abbildung 5.72**
Das Navigationsmenü von Pindance.com erinnert an benutzerfreundliche Registerkarten.

Die Hintergrundfarbe können Sie im Menü EBENE • NEUE FÜLLEBENE... festlegen, indem Sie angeben, ob Sie eine feste Hinter-

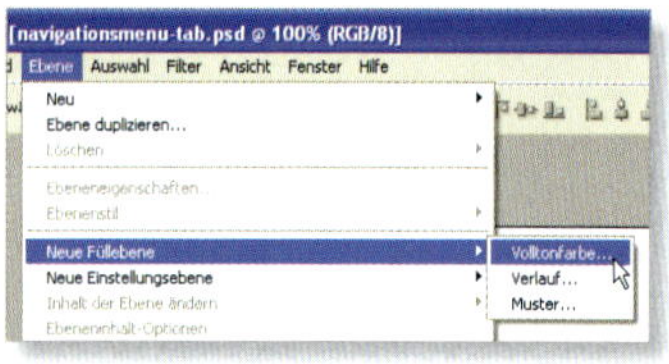

▲ **Abbildung 5.73**
Hintergrundfarbe festlegen

grundfarbe (VOLLTONFARBE), einen Farbverlauf (VERLAUF) oder ein grafisches Muster (MUSTER) verwenden möchten.

Fügen Sie nun ein abgerundetes Rechteck mit dem gewünschten Radius und der Farbe für »passive« Rubriken auf das leere Canvas ein (ABGERUNDETES-RECHTECK-WERKZEUG). Den Radius der Ecken kann man über das entsprechende Feld im oberen Menü festlegen.

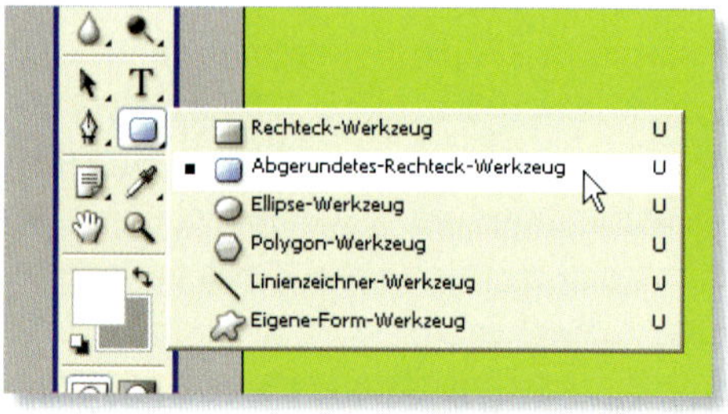

Abbildung 5.74 ▶
Auswahl von »Abgerundetes-Rechteck-Werkzeug« in der linken Toolbox in Adobe Photoshop.

Abbildung 5.75 ▶
Radiusangabe im oberen Menü

Vergrößern Sie das Bild um das 3 bis 4-Fache, um Einzelheiten detaillierter sehen und bei Bedarf korrigieren zu können. Um die Größe des Hintergrundbildes genauer festzulegen, können Sie auch *Hilfslinien* verwenden (ANSICHT • NEUE HILFSLINIE...).

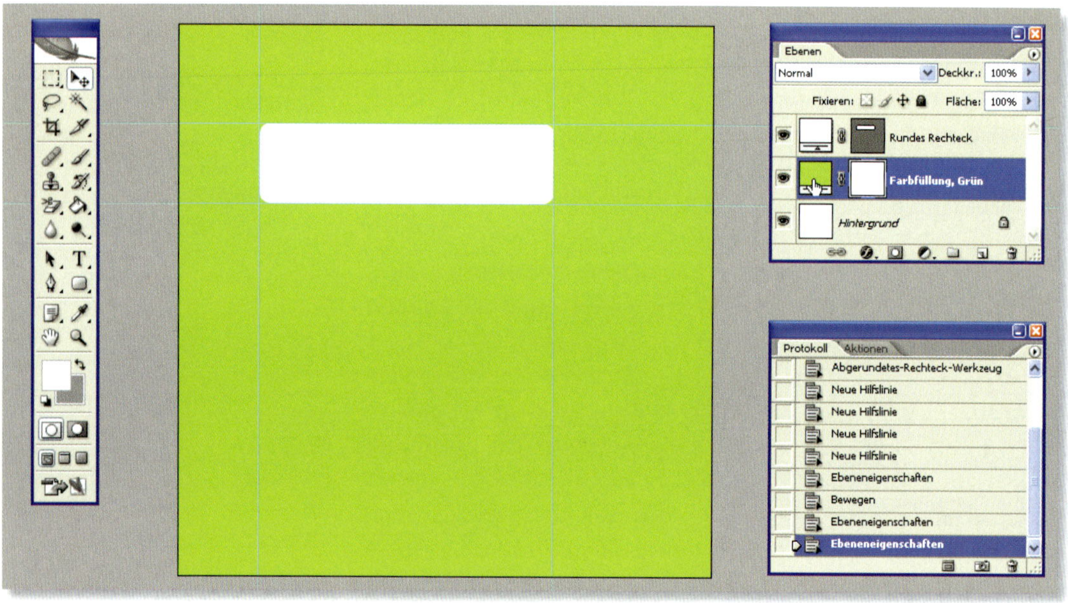

▲ **Abbildung 5.76**
Hilfslinien zur besseren Kontrolle der Bildgröße und einzelner Teile des Bildes

◀ **Abbildung 5.77**
Abgerundetes Rechteck in Großaufnahme: In Adobe Photoshop wurde 300%-facher Zoom eingestellt.

Bedecken Sie nun die untere Abrundung durch eine neue Ebene mit weißer Hintergrundfarbe, damit der Registerkarten-Effekt erzeugt wird. Setzen Sie dafür eine horizontale Hilfslinie auf eine Linie, bei der die Abrundung beginnt und setzen Sie ein Rechteck weißer Farbe auf den Canvas. Damit das Rechteck nicht bedeckt wird, schieben Sie es nach vorne. Sie erreichen dies, indem Sie die Ebene im Ebenenfenster über die anderen Schichten ziehen oder den Shortcut `Shift` + `Ctrl` + `]` verwenden.

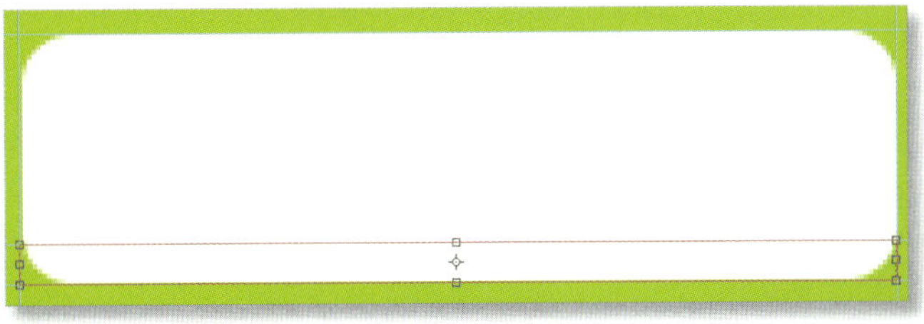

◀ **Abbildung 5.78**
Horizontale Hilfslinie anbringen

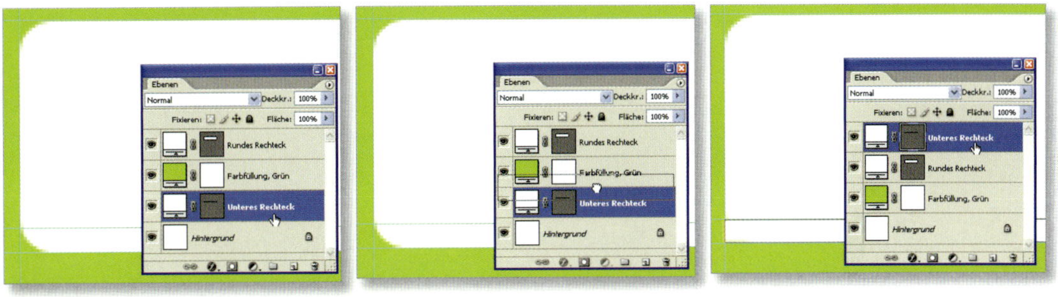

▲ **Abbildung 5.79**
Das untere Rechteck wird »nach vorne« geschoben.

◀ **Abbildung 5.80**
Ein »halb« abgerundetes Rechteck

Vermischen Sie nun beide Ebenen (markieren Sie diese und verwenden Sie anschließend `Strg` + `E`).

Erstellen Sie nun zwei Kopien der Ebene, die für den aktiven und den Hover-Zustand dienen (Ebene duplizieren). Setzen Sie alle drei Bilder untereinander. Der Abstand zwischen den Bildern kann sowohl 0 als auch wenige Pixels betragen. Es ist empfehlenswert, den Abstand gleich zu wählen, damit Sie nachher bei der Positionierung des Hintergrundbildes Abstände leichter im Auge behalten können.

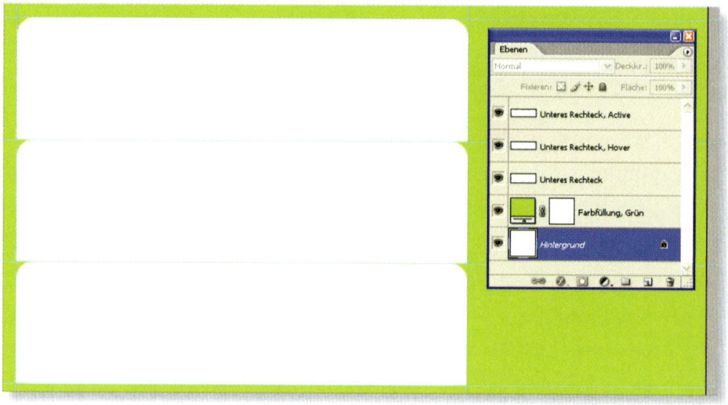

Abbildung 5.81 ▸
Bilder untereinander anordnen

Gestalten Sie beide neuen Bilder entsprechend Ihrem Entwurf. Die Hintergrundfarbe können Sie etwa über FÜLLOPTIONEN • FARBÜBERLAGERUNG ändern.

Speichern Sie das entstandene Bild, das die drei halb-abgerundeten Rechtecke enthält pixelgenau in ein neues Bild – etwa im *.gif*-Format ab.

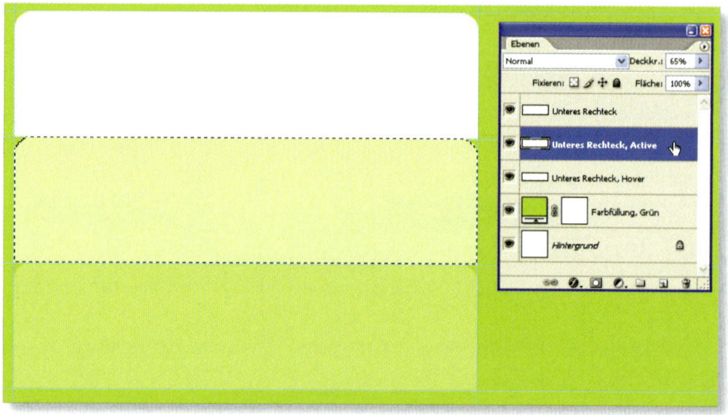

Abbildung 5.82 ▸
Bilder gestalten

Ein weiterer visueller Effekt wird durch die Verwendung von Schatten erzeugt. Der gerade besuchte Seitenbereich wird so gestaltet, dass er im Vergleich zu den übrigen Elementen in der Navigationsleiste tiefer zu liegen scheint. Erreichen kann man diesen Effekt auf zwei Arten.

5.4.2 Tiefeneffekt für Navigationsleisten

Um eine angenehme Seitennavigation zu erstellen, kombiniert man häufig Farbverläufe und Füllfarbe bei der Gestaltung von

Hintergrundbildern. Beim Drüberfahren mit der Maus wird ein passiver Farbverlauf durch eine deutliche Füllfarbe ersetzt.

◂ **Abbildung 5.83**
Beispiel für den Tiefeneffekt

Erzeugen Sie in Adobe Photoshop ein neues Dokument mit einer Breite von 400 px und einer Höhe, die der dreifachen Höhe des Platzes entspricht, der den oberen Seitenbereich vom Inhaltsbereich trennen soll (z. B. 3 × 42px = 126 px). Setzen Sie das Hintergrundbild des Dokuments auf Weiß.

▴ **Abbildung 5.84**
Hilfslinien anlegen

Legen Sie die Hilfslinien als Guides auf den Canvas, damit Sie einzelne horizontale Blöcke voneinander unterscheiden können. Im Beispiel werden für das eigentliche Menü 32 px verwendet, die übrigen 10 px werden für den unteren Schatten, der anschließend in die Hintergrundfarbe übergehen soll, verwendet.

Selektieren Sie das obere Rechteck und erstellen Sie aus ihm eine neue Füllebene mit einem Verlauf (Ebene • Neue Füllebene • Verlauf). Als Randfarben des Verlaufs wählen Sie Farben, die Ihrem Entwurf entsprechen. Im Beispiel sind dies die Farben Weiß (RGB 255,255,255) und Grau (RGB 200,200,200). Verschieben Sie die Unterbrechung im Farbverlauf so lange, bis der gewünschte Grad an Schattierung erreicht wird und wenden Sie den Effekt auf das Bild an.

▴ **Abbildung 5.85**
Neue Füllebene erstellen

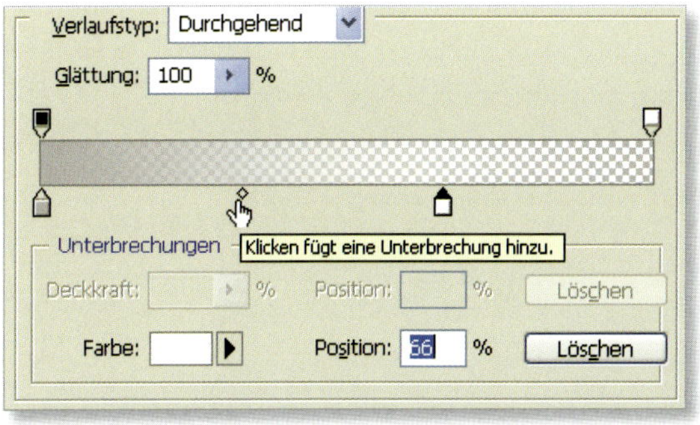

◂ **Abbildung 5.86**
Randfarben des Verlaufs wählen

Um den Verlauf besser vom Hintergrund abzugrenzen, verleihen Sie der Ebene einen Schlagschatten (Rechte Maustaste auf die Ebene • Fülloptionen • Schlagschatten) mit Deckkraft 50 %, Distanz 1 Pixel und Größe 3 Pixel. Zusätzlich können Sie auch den Ebenenstil Kontur verwenden, bei dem Sie die Grenzfläche genauer spezifizieren, beispielsweise extra verdunkeln, können.

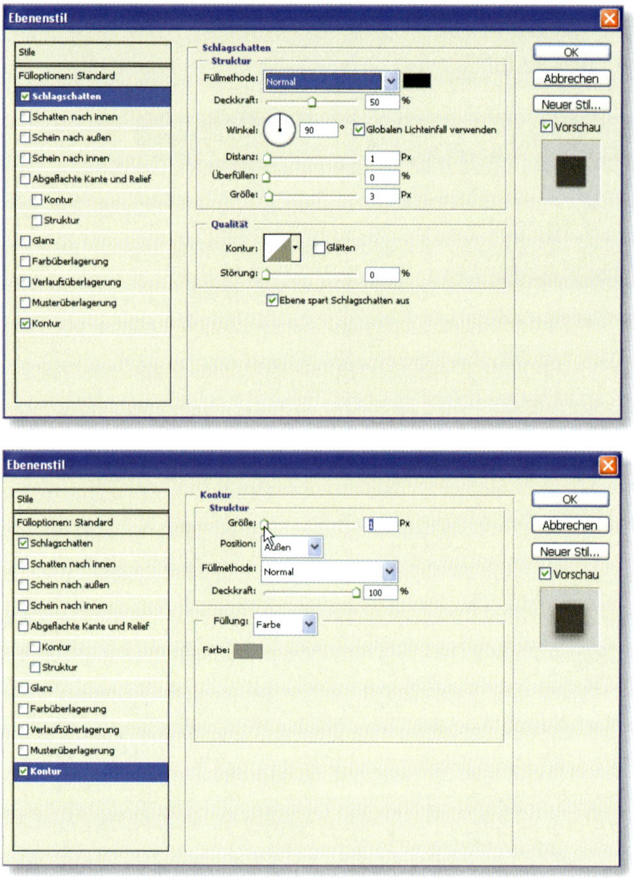

Abbildung 5.87 ▸
Schlagschatten (oben) und Kontur (unten) werden hinzugefügt.

Abbildung 5.88 ▸
Das Hintergrundbild für den passiven Zustand eines Listenelements mit Schlagschatten

Abbildung 5.89 ▸
Mit Hilfslinien werden die Abstände zwischen Bildern, die in passivem (oben), aktiviertem (mitte) und hover-Zustand (unten) sind, präzise festgelegt

Selektieren Sie nun den Bereich, der unter dem Navigationsmenü liegen soll und setzen Sie für dessen Hintergrundfarbe den vertikalen (90 Grad) Verlauf von einer hellen Variation der Grenzflächenfarbe zu derjenigen Farbe, in die der obere Seitenbereich übergehen soll.

Duplizieren Sie nun beide Ebenen jeweils zweimal, um einerseits den gewünschten Hover-Effekt zu erzeugen und andererseits die Rubrik, die gerade angeschaut wird, durch ein eigenständiges Hintergrundbild hervorzuheben. Etwa durch einen anderen Farbverlauf oder ein Hintergrundbild mit einer Volltonfarbe.

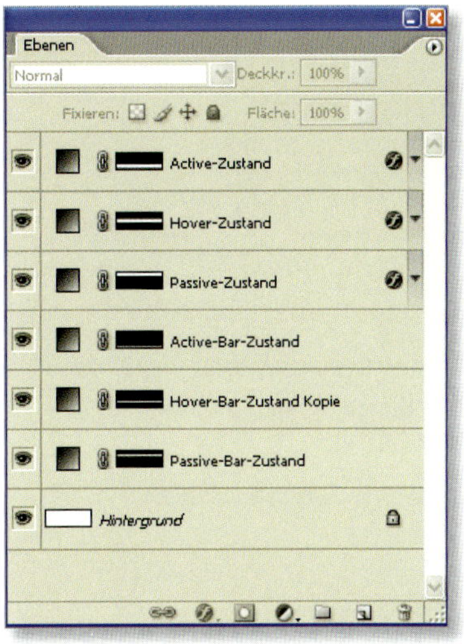

◀ **Abbildung 5.90**
Ebenen für alle Zustände duplizieren

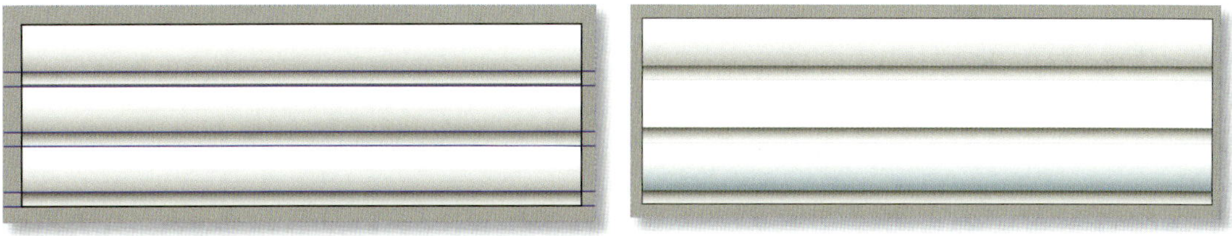

▲ **Abbildung 5.91**
Passive, Active und Hover-Zustände in einem Hintergrundbild.

Mit CSS wird anschließend ein schmaler Teil der Grafik als Hintergrundbild benutzt, das in x-Richtung wiederholt wird. Um einzelne Navigationselemente besser voneinander zu trennen, fügt man an der rechten Grenze des Hintergrundbildes einen schmalen grauen Streifen hinzu und lässt den Browser mit CSS den rechten Teil des Hintergrundbildes anzeigen. Dadurch wird eine deutliche Trennung der einzelnen Rubriken erreicht.

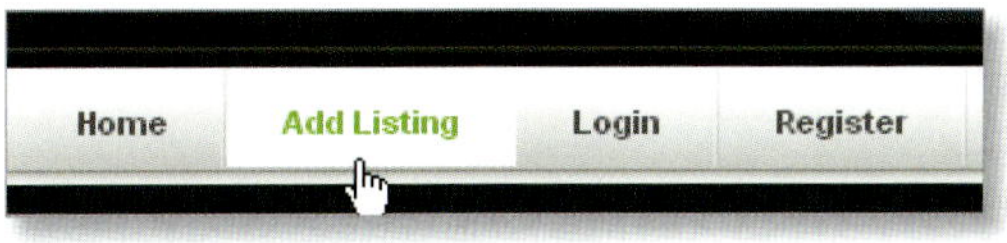

◀ **Abbildung 5.92**
Beispiel auf Roscripts.com

5.4.3 Registerkarten

Besonderes beliebt sind bei Web 2.0-Designs hübsche und leicht erkennbare Registerkarten. Ein eigenständiges Hintergrundbild wird dabei so gut wie immer für den gerade besuchten Seitenbereich reserviert. Der Rest soll unauffällig im Hintergrund bleiben und sich beim Bedarf (Hover-Effekt) hervorheben. Bei leicht erkennbaren Registerkarten wird die Farbe des aktiven Navigationsbereichs mit der Farbe des darunterliegenden Bereichs übereinstimmen und somit beide Bereiche ineinander fließen lassen.

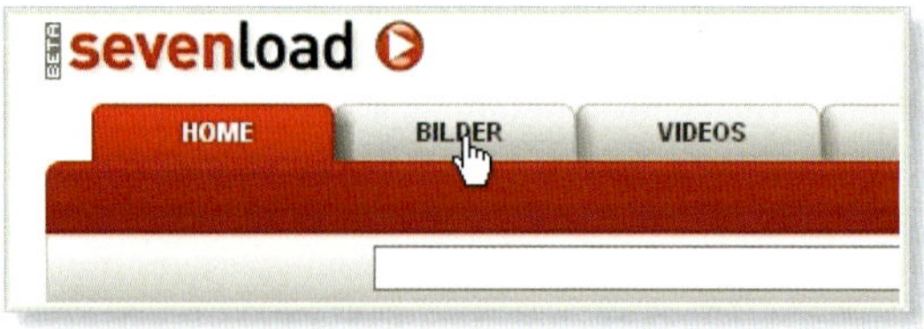

Abbildung 5.93 ▸
Beispiel auf Sevenload.de

Erstellen Sie ein neues Dokument mit der Breite 400 px und einer Höhe, die dem Navigationsbereich zusammen mit dem darunter liegenden Bereich (24 px + 32 px = 56 px) entspricht. Setzen Sie die weiße Hintergrundfarbe für den Canvas und kennzeichnen Sie die beiden Bereiche mit Hilfslinien.

Abbildung 5.94 ▸
Der untere Bereich wird selektiert.

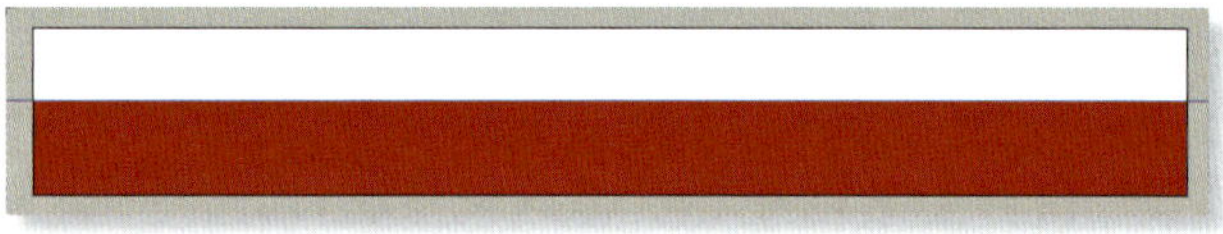

Abbildung 5.95 ▸
Der untere Bereich wird mit Farbe gefüllt.

Füllen Sie den unteren Bereich nun mit einem Rechteck der gewünschten Farbe (im Beispiel Rot, RGB 166,9,4). Wechseln Sie nun zum Menü Kanäle (Fenster • Kanäle) und erstellen Sie einen neuen Kanal, indem Sie auf die entsprechende Schaltfläche klicken.

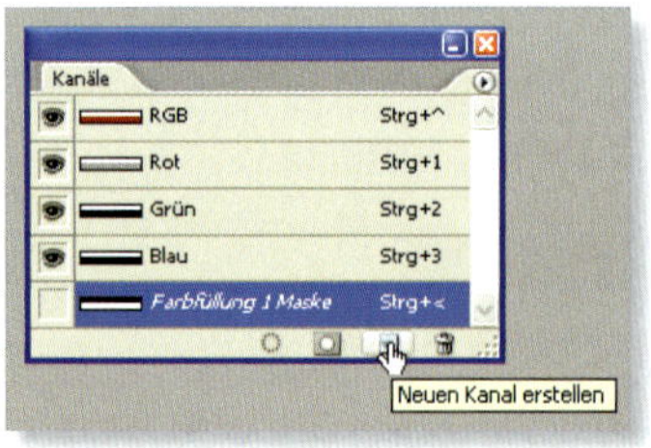

▲ **Abbildung 5.96**
Um einen neuen Kanal zu erstellen, wird das Icon im rechten unteren Menü benutzt.

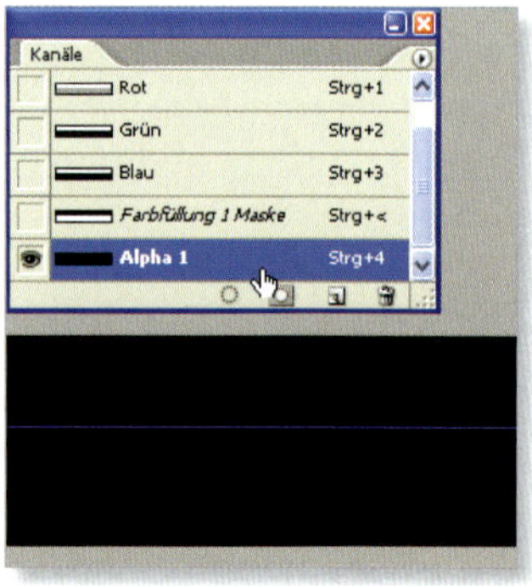

▲ **Abbildung 5.97**
Neuer Alpha-Kanal – Alpha 1

Wählen Sie nun das Polygon-Lasso-Werkzeug aus der linken Toolbar und setzen Sie dessen Farbe auf Weiß.

▲ **Abbildung 5.98**
Auswahl des Polygon-Lasso-Werkzeugs

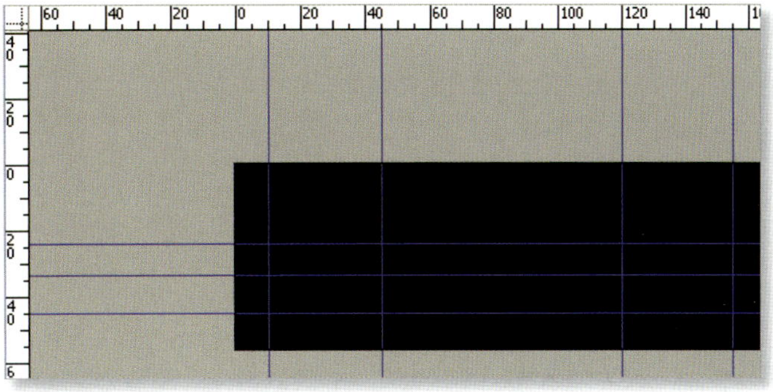

▲ **Abbildung 5.99**
Hilfslinien

Zeichnen Sie nun eine Figur, die der Figur aus Abbildung 5.100 ähnelt. Zur besseren Symmetrie verwenden Sie Hilfslinien wie in Abbildung 5.99. dargestellt.

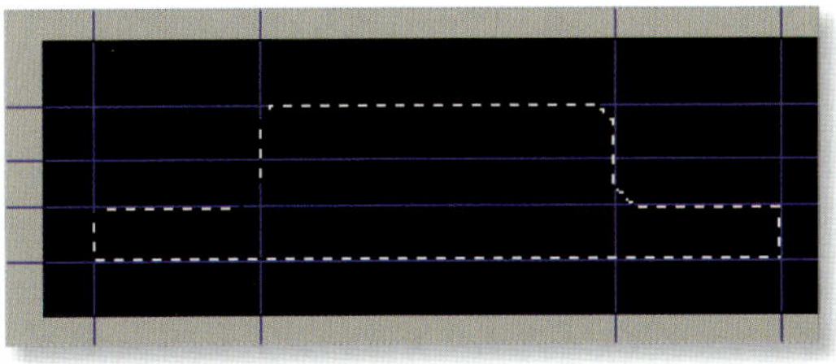

◄ **Abbildung 5.100**
Die Auswahl soll eine Registerkarte formen.

Füllen Sie das Objekt mit weißer Hintergrundfarbe (Rechte Maustaste • Fläche füllen).

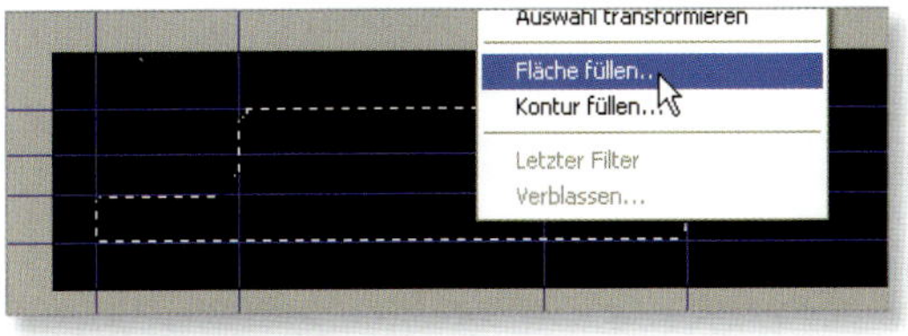

◄ **Abbildung 5.101**
Auswahl »Fläche füllen«

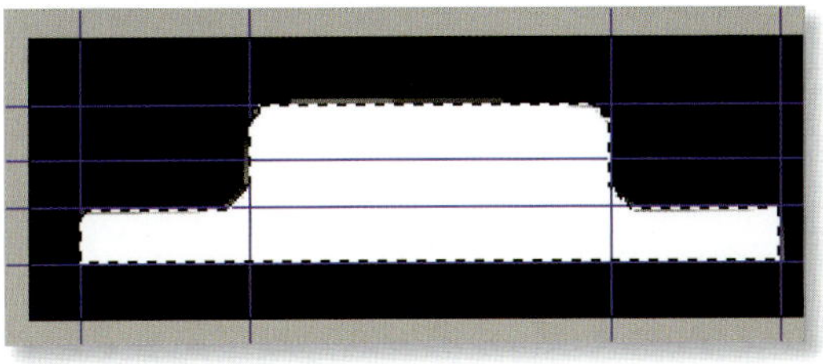

◄ **Abbildung 5.102**
Ausgewählte Fläche wird mit weißer Farbe gefüllt.

Entfernen Sie die Konturen des Bildes, indem sie zum Beispiel auf einen Punkt auf dem Canvas klicken.

Wählen Sie in der Rubrik Filter • Weichzeichnungsfilter • Gaussscher Weichzeichner und wenden Sie diesen mit Radius 6.0 px an.

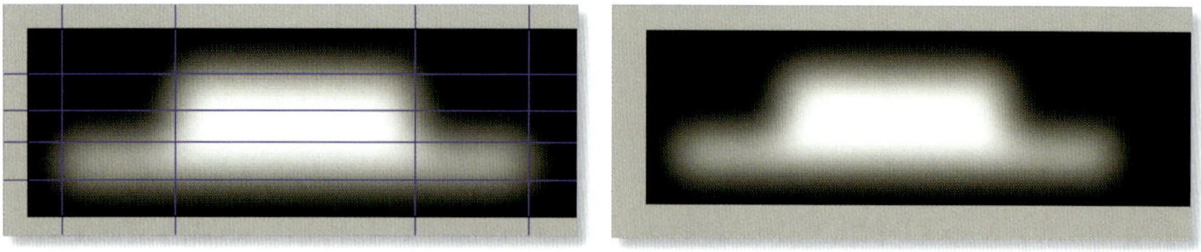

Abbildung 5.103 ▼
Gaußscher Weichzeichner im Einsatz

Um das Bild zu glätten und deutlicher hervortreten zu lassen, nehmen Sie die Tonwertkorrektur des Bildes vor. Das entsprechende Fenster wird mit dem Shortcut Strg + L geöffnet.

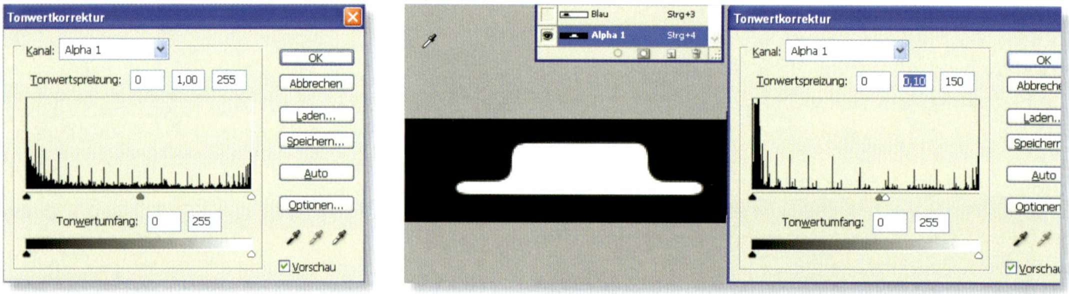

Abbildung 5.104 ▲
Tonwertkorrektur

Drücken Sie die drei Regler so lange zusammen oder entfernen Sie den grauen Punkt so lange, bis die gewünschte Schärfe eingestellt wird (siehe Abbildung 5.104).

Abbildung 5.105 ▸
Das fertige Bild

Verändern Sie gegebenenfalls die Form der Registerkarten. Häufig werden Sie nach der Verwendung des Gaußschen Weichzeichners etwa die Breite des unteren Bereichs des Bildes vergrößern wollen. Vergrößern Sie den unteren Bereich, dadurch, dass sie ihn mit Hilfslinien genauer selektieren und mit der Option Frei Transformieren (rechte Maustaste) anpassen. Auch danach können Sie für eine bessere Schärfe die Tonwertkorrektur verwenden.

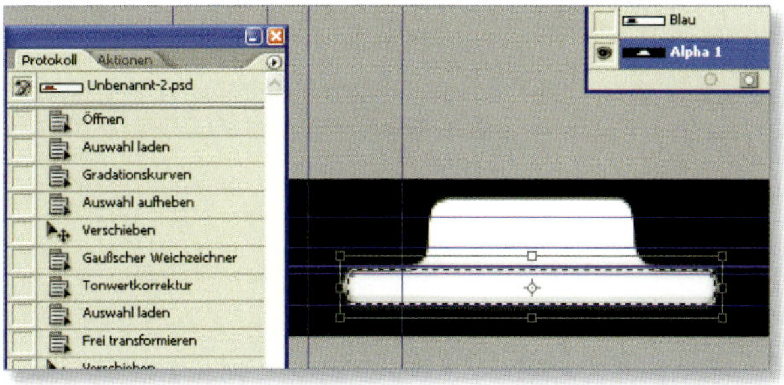

◂ **Abbildung 5.106**
Selektion des unteren Bildbereichs

Um das Objekt als eine Ebene verwenden zu können, selektieren sie die Figur zum Beispiel, indem Sie mit gedrückter [Strg]-Taste auf den Kanal Alpha 1 im Kanalmenü klicken. Mit der rechten Maustaste fügen Sie das Objekt als eine neue Ebene hinzu. Platzieren Sie das Objekt über dem bereits vorhandenen Block mit der Hintergrundfarbe und füllen sie es mit der gewünschten Farbe.

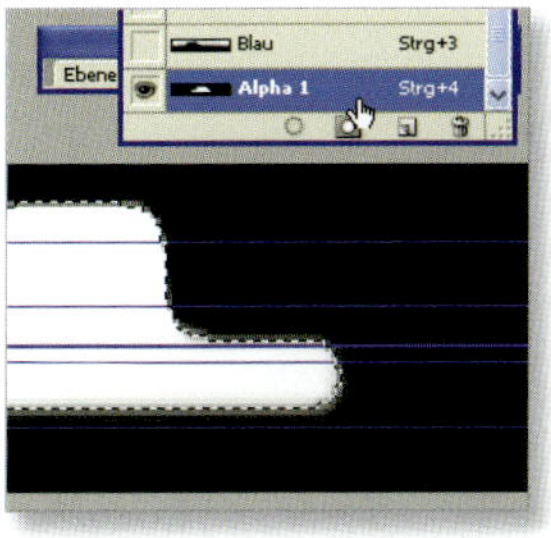

▴ **Abbildung 5.107**
Selektion des Objekts: Es genügt, auf den Alpha 1-Kanal zu klicken, während [Strg] gedrückt ist.

▴ **Abbildung 5.108**
Erstellen einer neuen Ebene

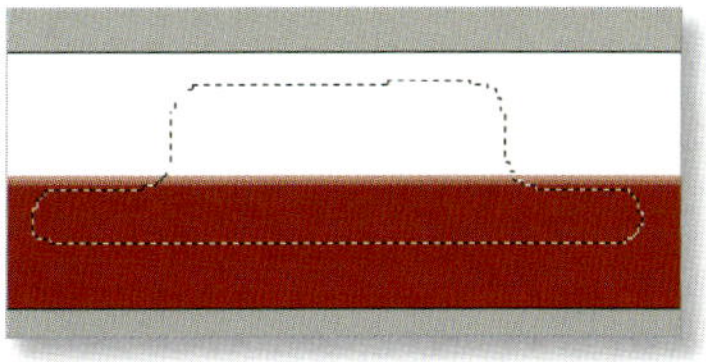

▴ **Abbildung 5.109**
Das Objekt wird auf den Canvas überführt.

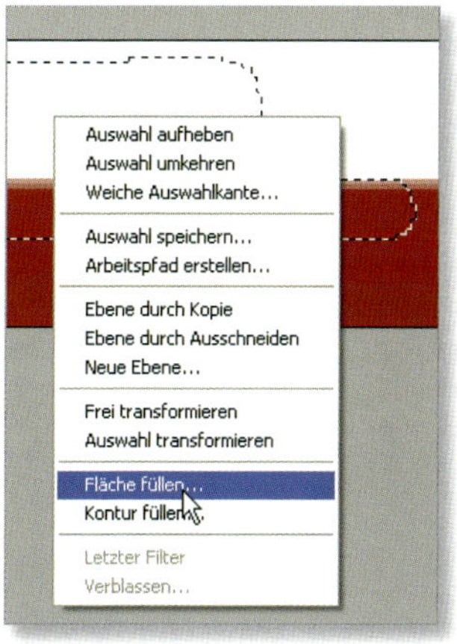

▴ **Abbildung 5.110**
Die Registerkarte soll mit einer entsprechenden Farbe gefärbt werden.

▴ **Abbildung 5.111**
Auswahl der Farbe

▲ **Abbildung 5.112**
Die Färbung ist abgeschlossen.

▲ **Abbildung 5.113**
Die Registerkarte im Detail ...

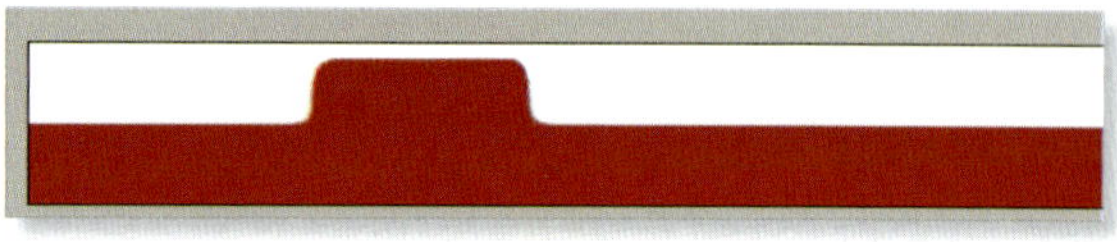

▲ **Abbildung 5.114**
... und im Menü

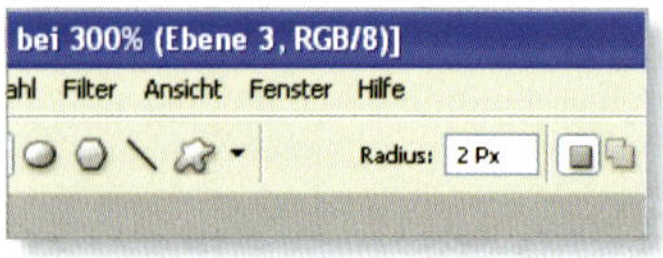

▲ **Abbildung 5.115**
Der Radius der Abrundung beim Rechteck darf 2 bis 3 px betragen.

Passen Sie gegebenenfalls die Position des Objekts genau an, damit es in den unteren Block zu fließen scheint.

Um die »passiven« Registerkarten zu erstellen, erzeugen Sie ein abgerundetes Rechteck mit dem ABGERUNDETES-RECHTECK-WERKZEUG in der Toolbar. Der Radius der Abrundung darf bescheiden bleiben – mit 2 bis 3 px sind Sie gut bedient.

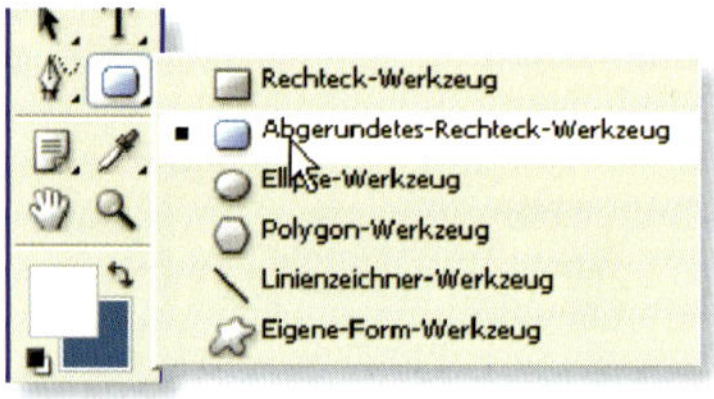

▲ **Abbildung 5.116**
Auswahl des »Abgerundetes-Rechteck-Werkzeugs« in der Toolbar

▲ **Abbildung 5.117**
Platzierung des Rechtecks auf den Canvas

▲ **Abbildung 5.118**
Auswahl der Fülloptionen bei der Ebene der passiven Registerkarte

Platzieren Sie das Rechteck direkt neben der Registerkarten und schieben Sie die Ebene des Objekts hinter die beiden anderen Ebenen.

Um dem Rechteck ein passendes Registerkarten-Bild zu verleihen, betrachten Sie nun die Fülloptionen des Objekts (Klick mit der rechten Maustaste auf die Ebene in dem Ebenenmenü).

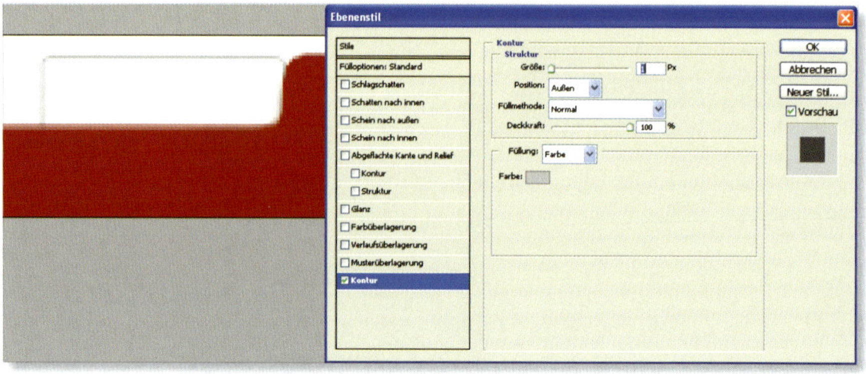

Abbildung 5.119 ▲
Die Kontur des Bildes wird festgelegt.

Im Stil KONTUR verleihen Sie dem Rechteck die Größe von 1 px, die Position AUSSEN und die gewünschte Farbe (im Beispiel RGB 208,208,208).

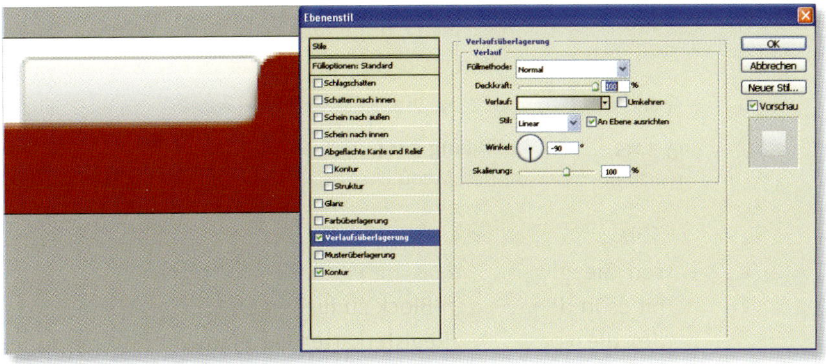

Im Menü VERLAUFSÜBERLAGERUNG wählen Sie einen Farbverlauf (im Beispiel von RGB 250,250,250 zu RGB 196,196,196) und wenden diesen vertikal und linear an (siehe Abbildung 5.120).

▲ **Abbildung 5.120**
Verlaufsüberlagerung

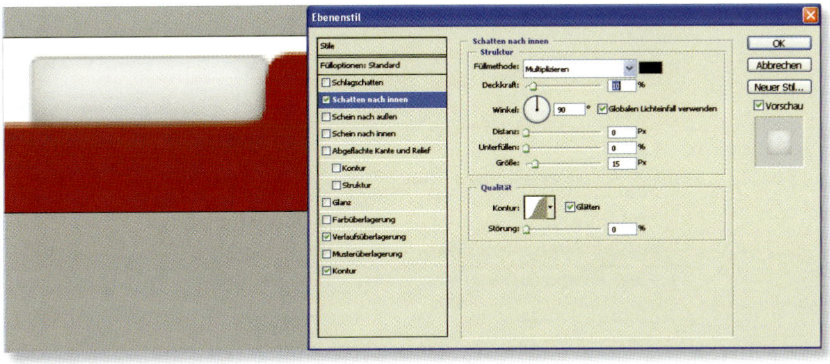

Anschließend erzeugen Sie einen SCHATTEN NACH INNEN mit einer Deckkraft von 10%, Distanz 0 px und einer Größe von 15 px. Um die Qualität zu verbessern, wählen Sie GLÄTTUNG und eine passende Kontur, z. B. GAUSSSCHE NORMALVERTEILUNG.

▲ **Abbildung 5.121**
Schlagschatten

Dupliziert man die erzeugte Rubrik mehrmals, so erhält man ein Registerkarten-basiertes Navigationsmenü (siehe Abbildung 5.122).

Man kann die passiven Registerkarten nach unten schieben, um den aktiven Tab stärker hervortreten zu lassen.

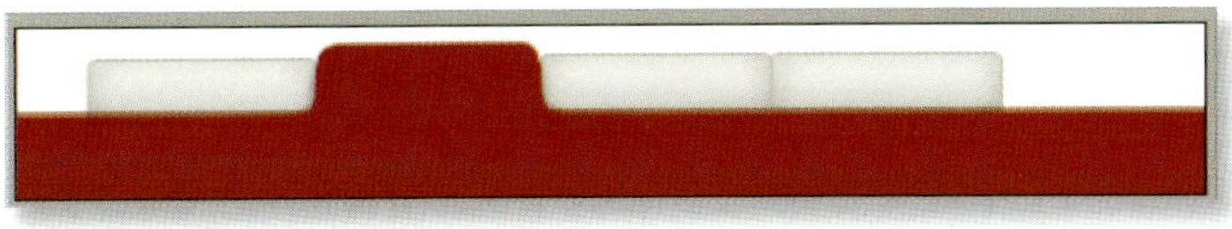

◄ **Abbildung 5.122**
Das Ergebnis: ein Menü, das an die gewöhnlichen Registerkarten erinnert. Passive Registerkarten lassen den aktiven, roten Tab hervortreten.

Zur Umsetzung eines dazugehörigen Navigationsmenüs mithilfe von CSS und (X)HTML reicht das obere Bild noch nicht aus. Die meisten Zustände, die im Menü vorkommen können, werden abgedeckt; was noch übrig bleibt, sind die Fälle, in denen eine hervorgehobene Registerkarte sich ganz links oder ganz rechts befindet. Realisieren lässt sich das Menü mithilfe der *Sliding Doors-Technik*. Dabei ist es wichtig, den Schnitt so zu wählen, dass das gesamte Bild anschließend »zusammenpasst«

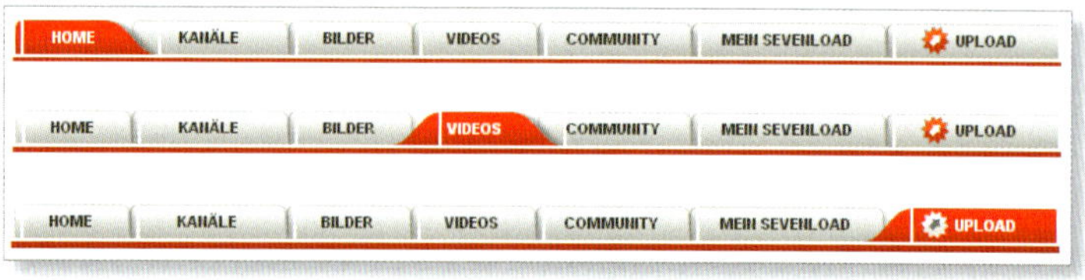

▲ **Abbildung 5.123**
Schnitt der Bilder für die Sliding-Doors-Technik

Auf *Sevenload.de* wird das Menü mithilfe der Tabellen realisiert; diese legen die Breite des Menüs fest und fügen jeweilige Teilbilder nahtlos aneinander zusammen. Angesichts Layouts fester Breite, das auf der Seite verwendet wird, ist dies eine durchaus denkbare Lösung.

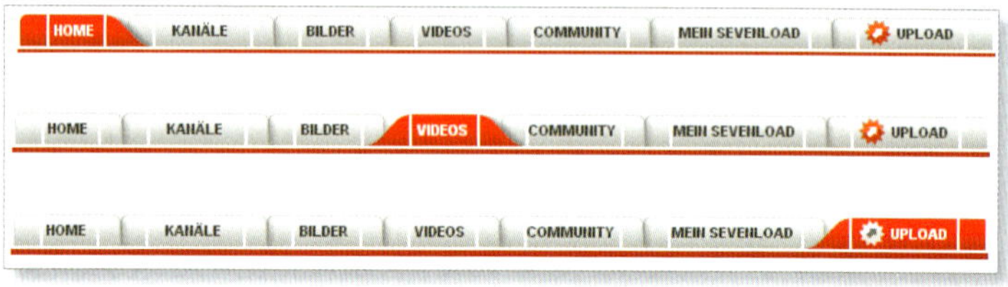

▲ **Abbildung 5.124**
Schnitt der Bilder für die tabellen-basierte Technik

Passen Sie außerdem auf, dass die Breite des rot markierten Bereichs für die Text-Beschriftungen Ihrer Rubriken komplett ausreicht. Alternativ wird man mit CSS Sprites die Breite des hervorgehobenen Bereichs nur mühsam festlegen müssen; auch auf Flexibilität der Anzeige bei der Skalierung der Schriftgröße werden Sie verzichten müssen.

Sowohl beim tabellen-basierten Ansatz als auch bei Sliding Doors ergibt sich ein elegantes und übersichtliches Bild.

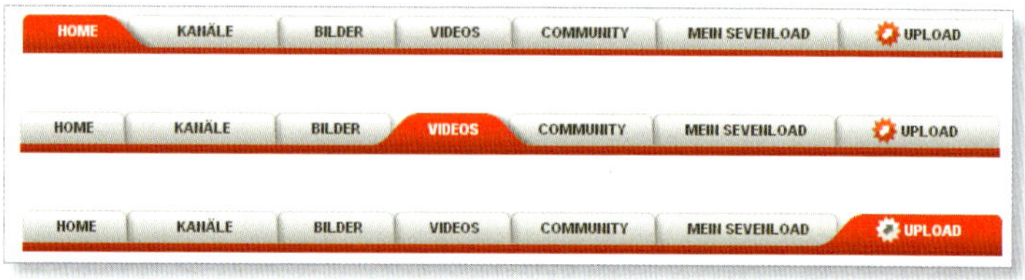

▲ **Abbildung 5.125**
Das Erscheinungsbild des Navigationsmenüs bei verschiedenen Hervorhebungen

5.4.4 Bildbasiertes Navigationsmenü

Wenn möglich sollten reine bildbasierte Ansätze bei der Gestaltung von Navigationsmenüs vermieden werden, da sie Seitenbesuchern keine Möglichkeit bieten, Texte, die in Bildern abgespeichert sind, zu vergrößern. Somit ist beim Design von bildbasierten Navigationsmenüs insbesondere auf die Schriftgröße zu achten. Zu groß ist in der Regel besser als zu klein. Dennoch sollte eine Navigation den Leser nicht mit riesigen Überschriften »erschlagen«.

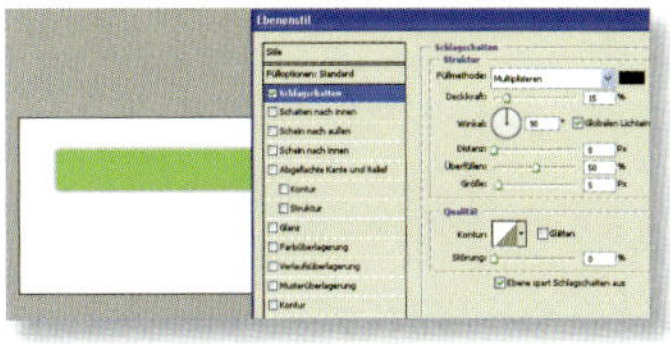

▲ **Abbildung 5.126**
Ein Schlagschatten wird hinzugefügt.

Erzeugen Sie ein neues Dokument und füllen Sie dieses mit weißer Hintergrundfarbe. Setzen Sie ein abgerundetes Rechteck auf den Canvas. Die Breite des Rechtecks soll der Breite des Navigationsmenüs entsprechen, genauso wie seine Hintergrundfarbe (im Beispiel RGB 166,236,124). Damit die Abrundung besser zur Geltung kommt, fügen Sie als Ebenenstil den Schlagschatten mit der Deckkraft 15%, Transparenz 50% (Überfüllung) und Größe 5 px hinzu, damit die Randkonturen nicht zu stark auffallen.

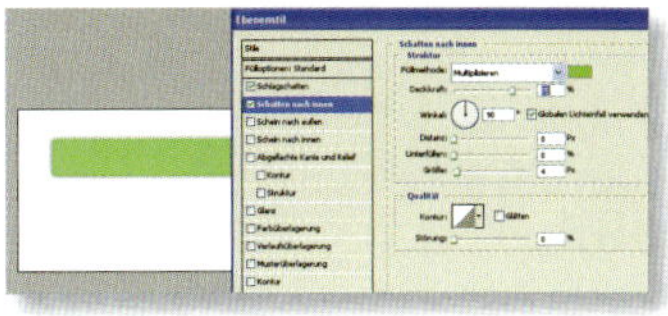

▲ **Abbildung 5.127**
Ein Schatten nach innen wird hinzugefügt.

Für den inneren Schatten wählen Sie eine dunkle Abstufung der gewählten Hintergrundfarbe (z.B. RGB 157,234,86) und geben Sie dem inneren Rand die Deckkraft 75% und die Größe von 4 px, Distanz und Unterfüllen werden auf 0 gesetzt. Um den Hintergrund lebendiger aussehen zu lassen, setzen Sie bei der Verlaufsüberlagerung die Deckkraft auf 15%. Anschließend geben Sie der Figur einen weißen Rahmen der Größe 1 px im Stil Kontur.

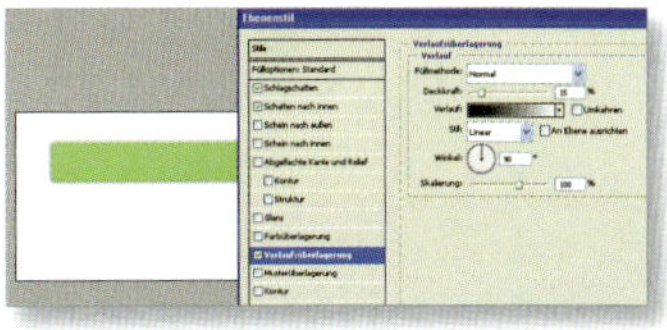

▲ **Abbildung 5.128**
Verlaufsüberlagerung

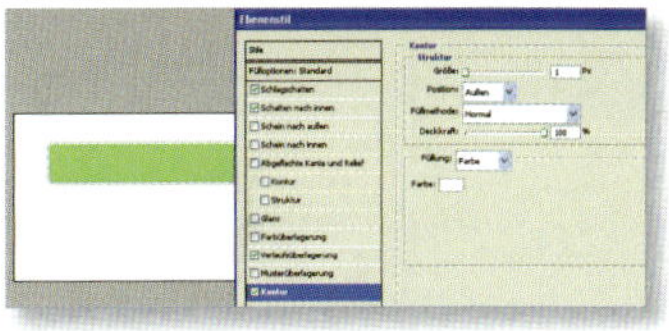

▲ **Abbildung 5.130**
Ein Kontur soll das Bild besser hervorheben.

▲ **Abbildung 5.129**
Markierung der Seitenbereiche mit Hilfslinien

▲ **Abbildung 5.131**
Ein Navigationsmenü mit abgerundeten Ecken

Setzen Sie nun die Verweise des Navigationsmenüs auf den Canvas, indem Sie einen Link erstellen, ihn entsprechend Ihrem Entwurf gestalten und den Stil durch Duplizieren auf alle anderen Verweise übertragen. Dabei kann es sinnvoll sein, den Verweisen eine Kontur zu verleihen und einen »leichten« Schlagschatten hinzuzufügen, damit der Text gut lesbar wird.

Verwenden Sie Hilfslinien für die Positionierung von Verweisen, damit Abstände zwischen Navigationspunkten gleich groß sind.

Abbildung 5.132 ▶
Der aktive Bereich wird gelb hervorgehoben.

Der aktive Seitenbereich kann zum Beispiel durch die Wahl der Farbe, mit der ein entsprechender Link gestaltet wird, gekennzeichnet werden. Im Beispiel geschieht dies durch die Farbe RGB 255,248,130.

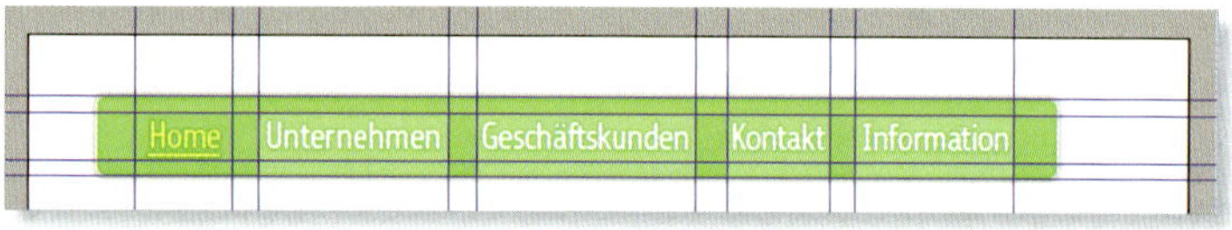

Abbildung 5.133 ▶
Rubriken werden mit einer sanften Hintergrundfarbe versehen.

Abbildung 5.134 ▶
Darstellung des Menüs ohne Hilfslinien.

Beim Drüberfahren mit der Maus soll ein angenehmer Hover-Effekt erzeugt werden. Dies lässt sich durch »Beleuchtung« des jeweiligen Navigationspunktes mit einer helleren Hintergrundfarbe erreichen. Dafür setzt man mithilfe von Hilfslinien Rechtecke als neue Ebenen auf den Canvas, setzt ihre Transparenz auf 30–50% und schiebt sie über andere Schichten, damit Transparenz entsteht.

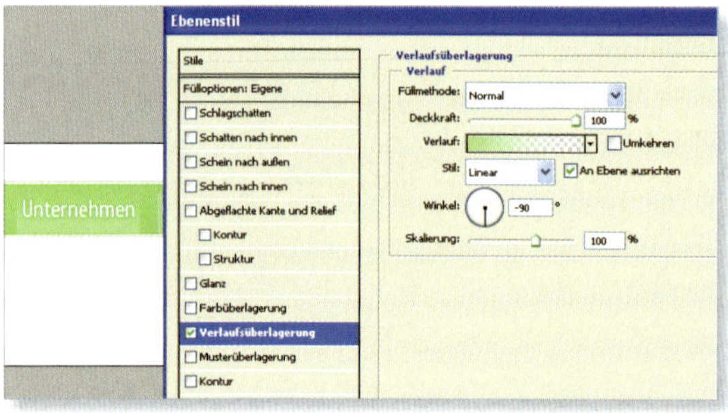

▲ **Abbildung 5.135**
Verlaufsüberlagerung für die Hintergrundbilder

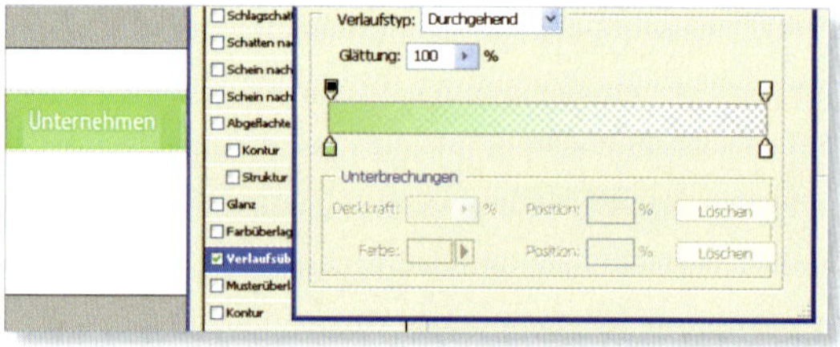

▲ **Abbildung 5.136**
Der Verlauf soll von Grün nach Transparent gehen.

Abbildung 5.137 ▶
Das Resultat der Verlaufsüberlagerung

Zusätzlich kann man eine Verlaufsüberlagerung einsetzen, um das Hintergrundbild sanfter und nicht so aufdringlich wirken zu lassen. Dafür erzeugt man einen Verlauf und lässt die Hintergrundfarbe transparent zu Weiß verlaufen.

Damit der aktive Bereich sofort sichtbar wird, fügt man ein Rechteck um ihn herum, indem man den Schlagschatten sowie die Konturen festlegt und eine weitere Verlaufsüberlagerung einfügt.

Das Ergebnis ist ein übersichtliches Navigationsmenü in angenehmen Farbtönen.

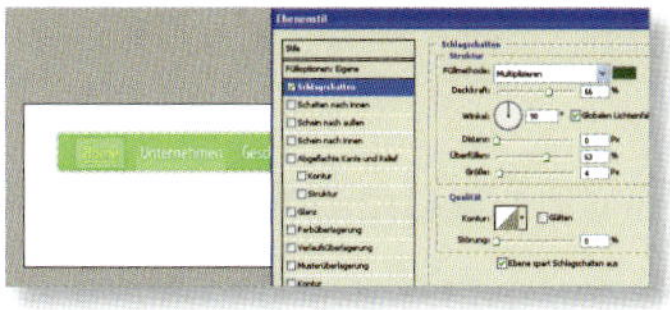

▲ **Abbildung 5.138**
Schlagschatten für den aktiven Bereich

▲ **Abbildung 5.139**
Endergebnis: Ein Navigationsmenü in angenehmen Farbtönen. Die zweite Selektion soll beim Hovern des Bereichs angezeigt werden.

Da das Navigationsmenü bildbasiert ist, werden die Bilder mithilfe der `background`-Eigenschaft in CSS als Hintergrundbilder einer ungeordneten Liste eingesetzt. Die drei Zustände der Bilder (aktiv, passiv, hover) werden in einer Matrix abgespeichert, in der mit dem `background-position`-Attribut navigiert wird.

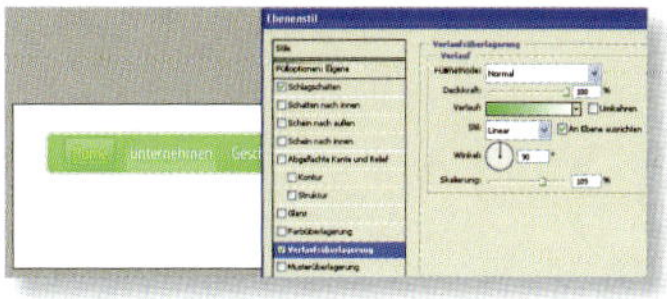

▲ **Abbildung 5.140**
Verlaufsüberlagerung für den aktiven Bereich

Diese Übersicht von grundlegenden Photoshop-Techniken soll nur gewisse Richtlinien vorgeben. Mit den oben erwähnten Techniken lassen sich beliebig komplizierte Menüs gestalten, die Sie mit CSS-Techniken in Ihren Projekten direkt umsetzen können. Dabei ist insbesondere zu beachten, dass »hübsch« nicht unbedingt mit »benutzerfreundlich« gleichzusetzen ist. Außerdem ist es wichtig zu verstehen, dass der Inhalt der Menüs – also Verweise und Kategorisierung von Seitenrubriken – wenigstens genauso wichtig ist wie die Form, in der er präsentiert wird.

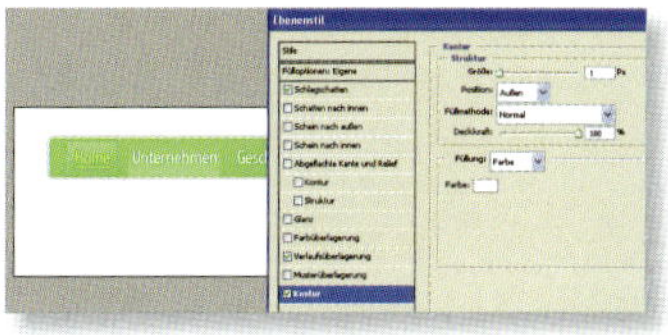

▲ **Abbildung 5.141**
Kontur für den aktiven Bereich

5.5 Tag-Clouds

Fragt man nach einem typischen Merkmal von Web 2.0-Anwendungen, so erhält man in der Regel das Stichwort *Taxonomy*. Und tatsächlich kann *Tagging* – eine zweckmäßige Verschlagwortung von Inhalten – bei einem vernünftigen Einsatz zu einer schnelleren und effizienteren Seitennavigation verhelfen. Dies wissen Entwickler zu schätzen und bauen die Funktionalität gerne und großzügig in sozialen Netzwerken und interaktiven Online-Diensten ein.

[Globale Navigation]
Globale Navigation entspricht der Navigation in Hauptkategorien; *lokale Navigation* – etwa der Navigation in Inhalten einer gewählten Rubrik.

Dabei wird die Tatsache ausgenutzt, dass eine Navigationshilfe sich im Allgemeinen nicht auf eine globale oder lokale Navigation – im Rahmen der Seitenhierarchie – beschränken muss. Die gängige Methode, beide Navigationen zu vereinen und dem Nut-

▲ **Abbildung 5.142**
Tag-Clouds auf Spiegel.de. In einer Linkliste werden die Schlüsselwörter zu den aktuellen Themen des Tages zusammengestellt und abhängig von ihrem Gewicht hervorgehoben.

zer dadurch eine bessere Übersicht zu verschaffen, bieten sogenannte *Tag-Clouds*.

Darunter versteht man eine Zusammenstellung von Tags, die man jeder Seite bzw. jedem Beitrag eines Weblogs verleiht. Die Logik dahinter ist ziemlich intuitiv: Je häufiger ein Tag unter sämtlichen Schlagwörtern vorkommt, desto höher ist sein Gewicht für den gesamten Webauftritt. Stellt man sämtliche Tags als Verweise auf Beiträge in einer Liste zusammen, so ergibt sich eine Übersicht über die Gewichtungen der Seite.

Um das Gewicht von Tags stärker zum Ausdruck zu bringen, werden sie in der Liste mit unterschiedlicher Farbe und/oder Schriftgröße gestaltet – entsprechend ihrem Gewicht. Über die resultierende Linkliste können Seitenbesucher dann schnell zur Seitenhierarchie gelangen, da nicht über vorgegebene Rubriken, sondern über eigentliche Themengebiete der Seite navigiert wird.

Diese Art der Navigation kann unter Umständen sinnvoller sein, als das übliche Navigationsschema. So können z. B. Inhalte gefunden werden, die sonst nicht gefunden worden wären oder auch Informationen, die gesuchten Inhalten ähnlich sind.

Demzufolge vereinigen Tag-Clouds beide Navigationsmöglichkeiten, indem sie Seitenbesuchern einen direkten Zugriff auf Inhalte eines gewünschten Themas anbieten. Das Ergebnis ist eine übersichtliche und effiziente Navigationshilfe, die insbesondere durch die direkte Verknüpfung von Themen (und nicht Rubriken) mit Inhalten den konventionellen Seitennavigationen weit überlegen ist.

TIPP

Tag-Clouds verschaffen einen zusätzlichen Überblick von Themengebieten der Seite. Sie sind als Ergänzung zu der konventionellen Seitennavigation und nicht als ihr Ersatz zu verstehen und umzusetzen.

Was ist beim Tagging zu beachten? | Aus der Sicht des Seitenbetreibers liefern Tag-Clouds zwar Vorteile für den Anwender, doch bei einer ungeschickten Verschlagwortung von Inhalten können sie auch für Verwirrung sorgen. Um dies zu verhindern, ist es sinnvoll, aus mehreren Wörtern, die gleiche Bedeutung tragen und im Hinblick auf die Thematik der Seite nicht unterschieden werden müssen (etwa »design«, »designs«, »web-design«, »web design«), genau eines zu wählen und dieses auch folgerichtig zu verwenden.

Dabei sollen die Tags nicht zu allgemein gewählt werden: Sie sollen präzise genug sein, um dem Leser den zu erwartenden Inhalt anzuzeigen. In diesem Kontext kann die Verschlagwortung mit dem Inhaltsverzeichnis eines Buches verglichen werden – und eben in diesem Sinne ist sie auch zu gestalten.

HINWEIS

Wie man Plug-ins bei WordPress installiert, wird in Kapitel 17 detailliert erläutert.

Umsetzung von Tag-Clouds für Ihre Projekte | In der Regel werden Tag-Clouds nicht als Ersatz für die konventionelle Seitennavigation verwendet, da die meisten Seitenbesucher sich daran im Laufe von Jahren gewöhnt haben. Stattdessen dienen sie häufig als eine nützliche Ergänzung, die eine alternative Navigationshilfe bereitstellen soll.

Der Platzierungsort für Tag-Clouds wird in Abhängigkeit von Funktionen gewählt, die sie übernehmen und zu erfüllen haben. Bei großen Projekten können Tag-Clouds den mittleren und/oder oberen Seitenbereich einnehmen, um etwa als ein dynamisches Stichwortverzeichnis auf der Startseite zu dienen. Sie können aber auch eine begleitende Rolle übernehmen und den Seiteninhalt im linken bzw. rechten Seitenbereich unterstützen. Gewisse Muster und Schemata lassen sich dabei nicht erkennen. Im Endeffekt kommt es auf die Besonderheiten jedes einzelnen Projekts an.

Tag-Clouds werden meistens nicht manuell erzeugt, sondern durch eine moderne Web Publishing Engine, ein Content Management System (CMS) oder durch Weblog-Software ermöglicht. Das Tagging an sich wird bei der Publikation von Inhalten vom Autor vorgenommen oder der Engine überlassen. Bei jedem neu veröffentlichten Beitrag werden die Tags mit neuen Gewichten versehen und das Ergebnis in neuer Form auf den Seiten des Webauftritts präsentiert.

In gängigen Engines wie etwa WordPress, Expression Engine oder Textpattern können Tag-Clouds durch entsprechende Erweiterungen oder Plug-Ins installiert werden.

Tag-Clouds bei Wordpress, EE und Textpattern | Unter vielen Plug-ins, die eine dynamisch aktualisierte Tag-Clouds-Navigation bereitstellen, zeichnen sich insbesondere drei Erweiterungen aus. Sie stellen weitere nützliche Funktionen und Anpassungsmöglichkeiten zur Verfügung, die über die Funktionalität hinausgehen.

Heat Map Plugin (*http://engadgeted.net/projects/wordpress-heat-map-plugin* Linkcode 137) ermöglicht eine bessere Kontrolle über die Ansicht und Zusammenstellung von Themen eines Blogs. Sowohl die Schriftgröße als auch die Farbgestaltung unterliegen vollständig dem Geschmack und Absichten des Designers. Außerdem lässt sich die Anzahl der angezeigten Kategorien festlegen. Irrelevante Tags können mit einem Filter aufgefangen und rausgefiltert werden.

Alternativ können *Ultimate Tag Warrior* (UTW, *http://www.neato.co.nz/ultimate-tag-warrior* Linkcode 138), *Jerome's Keyword Plugin* (*http://vapourtrails.ca/wp-keywords* Linkcode 139) und *Simple Tagging Plugin* (*http://sw-guide.de/wordpress/word-*

press-plugins/simple-tagging-plugin Linkcode 140) verwendet werden. In diesen Erweiterungen kann der Seitenbetreiber beliebige Formatierungsvorlagen vorgeben und die Präsentation von Tag-Clouds an das Design seines Webauftritts anpassen.

In Expression Engine konnte man Tag-Clouds bis dato bloß mit dem *SolSpace Tag Module* (*http://solspace.com/software/detail/tag/c/modules*) erstellen. Das Modul ermöglicht eine leichte und flexible Anpassung des Designs und eine absolute Kontrolle über die angezeigten Verweise. Das Angebot des Moduls unterscheidet sich nur wenig von analogen Wordpress-Erweiterungen.

In *Textpattern* kann die Tag-Clouds-Navigation über die Plug-Ins *tru_tags* (*http://forum.textpattern.com/viewtopic.php?id=150414 18444131313139153* Linkcode 141) oder *rss_unlimited_categories* (*http://wilshireone.com/textpattern-plugins/rss-unlimited-categories* Linkcode 142) vorgenommen werden.

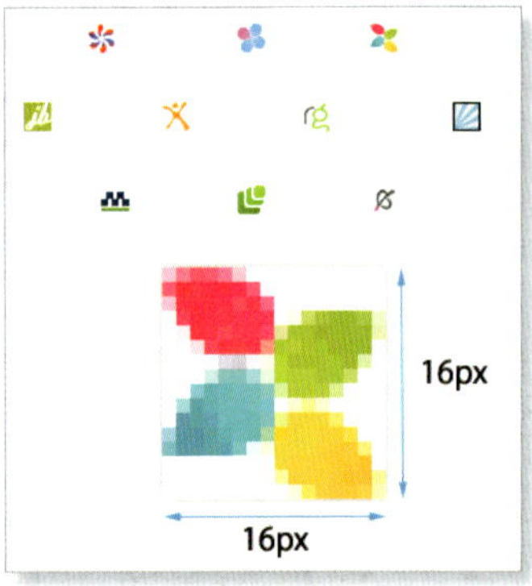

▲ **Abbildung 5.143**
Favicons im Überblick

Moderne Web 2.0-Dienste leben von inhaltsbezogener Verknüpfung ihrer Inhalte; Tag-Clouds stellen dabei ein mächtiges Werkzeug dar, mit dem sich einerseits Themengebiete und Inhalte, andererseits aber auch Nutzer und Webressourcen zusammenführen lassen. In dieser Hinsicht sind sie bei der Erarbeitung von Entwürfen zu betrachten und in der Praxis in einem vernünftigen Maße einzusetzen.

5.6 Favicons

Eine weitere, typische Erscheinung in der Design-Szene 2.0 ist die Seitennavigation mithilfe von sogenannten *Favicons*. So bezeichnet man 16 × 16 px-große Icons, die man im Browser beim Besuch einer Seite in der Adresszeile zu sehen bekommt. Favicons dienen dem Zweck, in der Lesezeichenliste (Favoriten) leicht auffindbar zu sein und sich durch ein individuelles Logo auszuzeichnen. Auch tauchen sie unter Windows beim Speichern einer Seite auf dem Desktop auf.

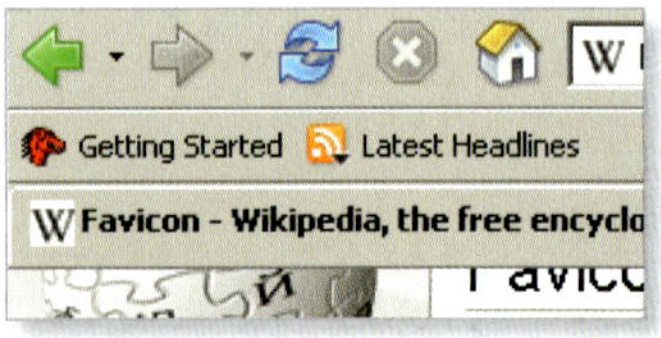

▲ **Abbildung 5.144**
Favicons befinden sich links von hinzugefügten Lesezeichen. Beispiel in Mozilla Firefox ...

In der Regel werden sie in Übereinstimmung mit den Farbtönen und dem Logo des Webauftritts gestaltet. Da die Besucher der Seite mit dem jeweiligen Favicon vertraut sind, können sie dieses auch auf einer externen Seite erkennen.

Eine Zusammenstellung von Favicons liefert eine kompakte Übersicht von weiterführenden Ressourcen (Linkliste, auch Blogroll genannt). Sie ermöglicht eine schnelle Navigation, ohne dass über die ganze Seite hinweg gescrollt werden muss.

▲ **Abbildung 5.145**
... und im Internet Explorer 7.

Diese Art der Navigation wird meistens für die Verlinkung von externen Webseiten mit ähnlichen Inhalten verwendet, die sonst mit üblichen Verweisen zu viel Seitenplatz beanspruchen würden. Sie empfiehlt sich überwiegend für Seiten, deren Leserschaft die aufgelisteten Ressourcen zum großen Teil kennt.

Favicons sind typisch für Weblogs und private Webauftritte. Bei größeren Projekten finden Sie keinen Platz, da sie nicht deskriptiv genug sind und einen unerfahrenen Nutzer eher verwirren.

Am häufigsten findet man 16 × 16 px-Bilder im linken und rechten Seitenbereichen unter der lokalen Navigationshilfe, wie sie z. B. durch übliche Navigationsleisten gegeben wird. Auch eine Kombination von Tag-Clouds mit Favicons ist nicht untypisch. Dennoch sind beide Techniken mit aller Vorsicht zu genießen. Schließlich ist eine Navigation nur effizient, solange sie dem Anwender eine leicht erkennbare und übersichtliche Orientierung liefert.

▲ **Abbildung 5.146**
Favicon Navigation bei Asemota.de

> **TIPP**
> Ein interessanter Ansatz ist der dynamische Einbau von Favicons direkt neben Textverweisen auf die entsprechenden Seiten. Wie das geht, erfahren Sie auf *http://www.askthecssguy.com/2006/12/hyperlink_cues_with_favicons.html* (Linkcode 155)

5.6.1 Favicons erstellen

Beim Design von Favicons stehen dem Designer grundsätzlich zwei Optionen zur Verfügung. Ein eigenständiges Design mit einem Bildbearbeitungsprogramm zu entwerfen oder einen der Favicon-Generatoren zu Rate zu ziehen. Diese können 16 × 16 px-Icons blitzschnell online erstellen.

Beim Entwurf von Favicons in Adobe Photoshop folgt man einem simplen Schema: Um ein möglichst klares Bild zu erzielen, modifiziert man das Bild in einer Großaufnahme und verfolgt Änderungen direkt in einer Kleinaufnahme nebenan.

▲ **Abbildung 5.147**
Ein neues Fenster für das Dokument öffnen

Schritt für Schritt: Favicon gestalten

1 Favicon erstellen

Erstellen Sie ein neues Dokument und wählen Sie als Größe 16 × 16 px (oder größer bis 64 × 64 px). Öffnen Sie ein zweites Fenster mit dem selben Dokument, indem Sie Fenster • Anordnen • Neues Fenster für... ausführen.

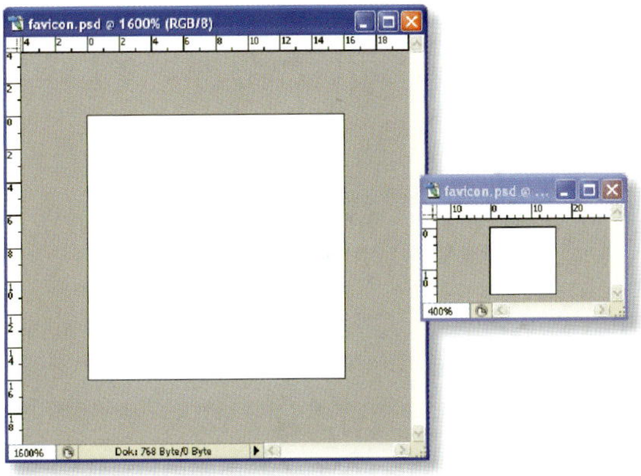

◄ **Abbildung 5.148**
Zwei Fenster des gleichen Dokuments nebeneinander gestellt.

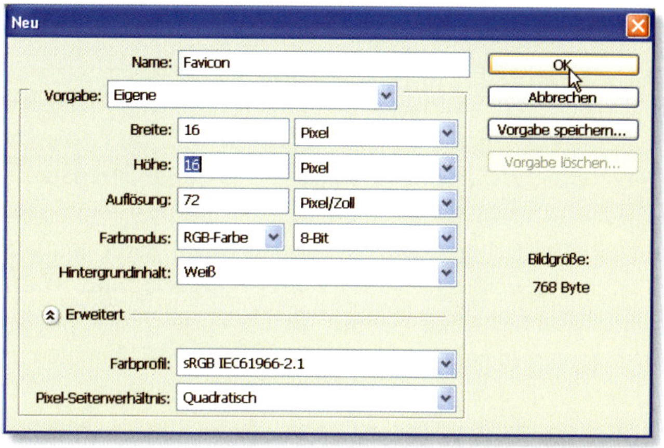

Abbildung 5.149 ▸
Ein neues Dokument der Größe 16 × 16 px wird in Adobe Photoshop erstellt.

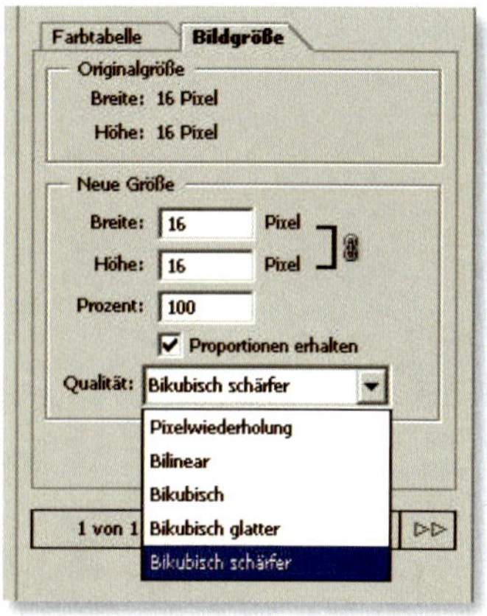

▴ **Abbildung 5.150**
Bikubisch schärfer wird beim Speichern der Datei in Adobe Photoshop eingestellt.

Stellen Sie das neue Fenster neben das ursprüngliche Dokument. Vergrößern Sie im »unteren« Fenster das Bild bis zur Maximalgröße, indem Sie 1600 % Zoom einstellen, bis es teilweise bedeckt wird.

Nun kann man jedes Pixel mit Bleistift einzeln zeichnen, die Konturen des Favicons festlegen und das Ergebnis direkt im rechten Bild sehen.

Steht das Bild fest, so muss es in *.ico*-Format exportiert werden, um anschließend von Browsern erkannt zu werden. Doch kennt Adobe Photoshop das *.ico*-Format nicht und kann demzufolge auch keine Icons abspeichern. Abhilfe liefert das kostenlose Plug-in *Telegraphics* (*http://telegraphics.com.au/sw* Linkcode 144).

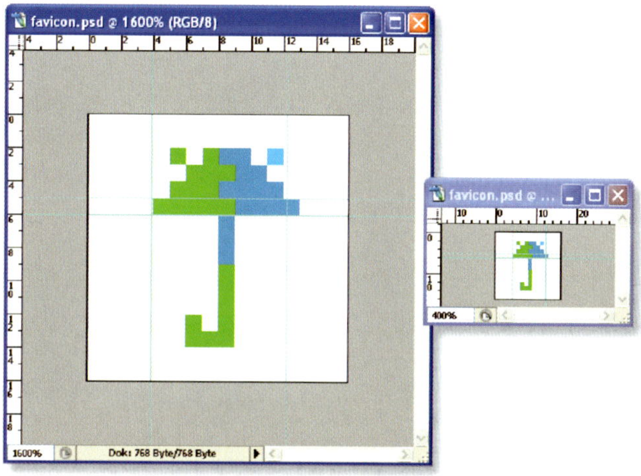

Abbildung 5.151 ▸
Ein blau-grüner Regenschirm mit Pixeln als Favicon.

Bei größeren Icons sollte man zur besseren Qualität der Bilder die Option Bikubisch schärfer (Bicubic Sharper) beim Speichern der Datei (Datei • Speichern für Web) einstellen. Diese findet man unter Dateigrösse.

Während sich geometrische Strukturen pixelweise ziemlich leicht manuell erzeugen lassen, ist dies bei komplizierten Grafiken nicht mehr der Fall. Eine alternative Option ist die Verkleinerung oder das Abschneiden eines bereits vorhandenen Bildes. Diesem Zweck können neben Werkzeugen aus Ihrer Werkzeugkiste auch Online-Generatoren dienen.

DynamicDrive FavIcon Generator (*http://tools.dynamicdrive.com/favicon*) und *FavIcon from Pics* (*http://html-kit.com/e/favicon.cgi?m=143157* Linkcode 145) generieren Favicons von Bildern in den Formaten .gif, .jpg, .png und .bmp. *FavIcon from Pics* erzeugt darüber hinaus neben statischen auch animierte Bilder.

Wer sich für die professionelle Icon-Gestaltung interessiert, wird mit *Axialis IconWorkshop* (*http://axialis.com/iconworkshop* Linkcode 146) einen multifunktionalen Editor finden. Alternativ können Sie Icon-Gestalter *IconBuilder* (*http://iconfactory.com/software/iconbuilder* Linkcode 147) ausprobieren.

2 Favicons einbinden

Liegt das Favicon als Datei *favicon.ico* im Root-Ordner der Seite vor, so wird es von meisten Browsern auch ohne explizite Angabe im Header angezeigt. Dennoch ist es ratsam, das Favicon direkt einzubinden.

Um das Bild *favicon.ico* den Browsern als Favicon bekannt zu machen, muss man in (X)HTML-Dateien den folgenden Quelltext innerhalb des `<head>`-Tags einbinden:

```
<link rel="shortcut icon" href="http://www.seite.de/
favicon.ico" type="image/x-icon" />
```

In HTML wird in der letzten Zeichenfolge `/>` durch `>` ersetzt. In gängigen Browsern (Firefox 2, Internet Explorer 7, Opera 9) werden sowohl *.png* als auch *.gif*-Formate für Favicons unterstützt. Korrekt in sämtlichen, auch älteren, Browsern, die Favicons überhaupt darstellen können, wird jedoch nur *.ico* angezeigt. Daher empfiehlt es sich bei der Wahl zwischen verschiedenen Formaten, »echte« Icons vorzuziehen. ■

5.7 Ressourcen

Da die Seitennavigation eine Schlüsselrolle bei einer jeden Webpräsenz darstellt, wird über sie in Webdesign-Kreisen viel geschrieben und gerne diskutiert. Ein paar Quellen, die permanent aktualisiert werden, finden Sie nachfolgend.

5.7.1 Online-Artikel

- »The Basics of Navigation« (*http://efuse.com/Design/navigation.html* Linkcode 148) und Good Web Site Navigation (*http://mardiros.net/good-navigation.html* Linkcode 149) stellen Richtlinien beim Design von Navigationsmenüs sowie weiterführende Links zusammen.
- Navigation & Labeling (*http://d.umn.edu/itss/support/Training/Online/webdesign/navigation.html* (Linkcode 150)) ist eine umfangreiche Sammlung von Referenzen rund um die Seitennavigation.
- CSS-Showcase (*http://alvit.de/css-showcase* (Linkcode 151)) präsentiert eine kompakte Übersicht von Navigationstechniken und stellt die besten Exemplare des Navigation Designs zur Schau.
- Der Beitrag »Alles rund um das Favicon« *http://www.piktogramme-und-icons.de/wissen/artikel/alles-rund-um-das-favicon* (Linkcode 152)) liefert das Wesentliche, was Sie über Favicons wissen sollten.
- »Favicon richtig einbinden und Probleme vermeiden« *http://michael-hocke.de/tutorial/favicon.php* (Linkcode 153)) beschreibt, was Sie beim Entwerfen und Einbinden von Favicons in Webseiten beachten sollten.
- »Building Accessible Website«, Joe Clark, 08. Navigation, *http://joeclark.org/book/sashay/serialization/Chapter0855445152.html* (Linkcode 154)
- Zur Seitennavigation, *http://www.d.umn.edu/is/support/Training/Online/webdesign/books.html#navigationbooks* (Linkcode 155)

5.7.2 Tools

- Mit Telegraphics Plug-In (*http://www.telegraphics.com.au/sw* (Linkcode 156)) lassen sich Icons im .ico-Format in Adobe Photoshop erzeugen.
- Favourite FavIcons (*http://www.deltatangobravo.com/archives/200457/march/favourite* (Linkcode 157)) stellt rund 300 kreative Favicons aus aller Welt zur Schau.
- Eine weitere Sammlung findet man im Beitrag »Inspire Yourself: 50 Remarkable Favicons« (*http://smashingmagazine.com/2007/01/31/inspire-yourself-5058-remarkable-favicons* (Linkcode 158)).
- DynamicDrive FavIcon Generator *http://www.tools.dynamicdrive.com/favicon* und FavIcon from Pics (*http://html-kit.com/e/favicon.cgi?m=1171* (Linkcode 159)) generieren Favicons von Bildern in den Formaten .gif, .jpg, .png und .bmp.

- Für professionelle Icon-Gestaltung können Axialis Icon-Workshop (*http://axialis.com/iconworkshop* (Linkcode 160)) und IconBuilder (*http://iconfactory.com/software/iconbuilder* (Linkcode 161)) empfohlen werden.

5.7.3 Tag-Cloud Plug-ins

WordPress

- **Heat Map Plugin** *http://engadgeted.net/projects/wordpress-heat-map-plugin* (Linkcode 162)
- **Ultimate Tag Warrior** UTW, *http://www.neato.co.nz/ultimate-tag-warrior* (Linkcode 163)
- **Jerome's Keyword Plugin** *http://vapourtrails.ca/wp-keywords* (Linkcode 164)
- **Simple Tagging Plugin** *http://sw-guide.de/wordpress/wordpress-plugins/simple-tagging-plugin/* (Linkcode 165)

Expression Engine

- **SolSpace Tag Module** *http://solspace.com/software/detail/tag/c/modules/* (Linkcode 166)

Textpattern

- **tru_tags** *http://forum.textpattern.com/viewtopic.php?id=165111165179* (Linkcode 167)
- **rss_unlimited_categories** *http://www.wilshireone.com/textpattern-plugins/rss-unlimited-categorie* (Linkcode 168)

5.7.4 Literatur

- Merlyn Holmes: »Web Usability and Navigation: A Beginner's Guide«
- Morville, Peter. »Ambient Findability«
- Jennifer Fleming: »Web Navigation: Designing the User Experience«
- James Kalbach: »Designing Web Navigation: Optimizing the User Experience«

6 Listen und Tabellen

Im Web 2.0 gewinnt die Notwendigkeit, Daten übersichtlich und strukturiert zu gestalten, eine ganz neue Dimension. Insbesondere Listen und Tabellen genießen enorme Popularität und werden von Seitenbetreibern häufig verwendet. Deshalb gilt es, die Aufbereitung von übersichtlichen und flexiblen Tabellen und Listen im Rahmen dieses Buches besonders zu beleuchten.

In diesem Kapitel lernen Sie, wie Sie Daten professionell in tabellarischer Ansicht und in Listenform präsentieren können. Ein besonderes Augenmerk wird dabei auf die modernen CSS-Techniken gelegt; Sie erfahren, worauf beim Design von Listen zu achten ist und wie Sie eine komplexe und benutzerfreundliche Tabelle mit wenigen CSS-Kenntnissen realisieren.

6.1 Tabellen und Listen im Web 2.0

Im Web 2.0 werden Inhalte laufend nach persönlichen Vorlieben und Schlüsselwörtern gescannt, analysiert, selektiert und verwaltet. Die Auswahl ist groß, somit auch die Zeit, die für diesen Scanvorgang investiert werden muss. Wer auf der Suche nach interessanten Inhalten ist, wird seine Zeit deshalb nicht für wenig aussagekräftige Einleitungstexte opfern wollen. Nutzer haben nämlich weder Zeit noch Lust, längere Beiträge, auf die sie im Web mehr oder weniger zufällig stoßen, genau unter die Lupe zu nehmen.

Daraus ergibt sich die Faustregel: Je übersichtlicher die Struktur des Beitrags ist, desto schneller gelangt der Besucher zum eigentlichen Inhalt und desto mehr Leser spricht der Beitrag an.

In der Tat trägt die Form eines Beitrags entscheidend zum Verständnis der Information bei, die dadurch vermittelt werden soll. Einfache, gut gegliederte Inhalte können den Scanvorgang deutlich erleichtern und beschleunigen.

Im Allgemeinen bieten Listen die einfachste Form an, Gedanken zu organisieren und in einer übersichtlichen Gestalt darzustellen. Eine vernünftig aufbereitete Übersicht in Form einer Liste kann Inhalte besser und intuitiver zum Ausdruck bringen, als dies bei der Fließtextform der Fall ist.

Argumente in Listenform sind einfacher zu erkennen, leichter zu verfolgen und schneller zu merken. Nicht zuletzt sorgt dafür die Tatsache, dass die Navigation in Listen leichter fällt als die Navigation in Fließtexten. Anwender können sich von einem Punkt zu dem anderen schneller bewegen. Inhalte, die Sie nicht interessieren, können direkt übersprungen werden. Dies gilt auch und insbesondere für Schritt-für-Schritt-Anleitungen, bei denen Leser einzelne Schritte direkt umsetzen können.

Analoges gilt auch für die tabellarische Ansicht. Eine beliebig komplexe Tabelle stellt die einfachste Methode dar, um die Beziehungen zwischen zwei oder mehreren Aspekten eines Sachverhalts kompakt und detailliert zu präsentieren. Daten in Tabellenform lassen sich leichter vergleichen und analysieren – Vorausgesetzt, Sie können sehen.

Was bei Listen nicht dramatisch ist, erweist sich bei Tabellen als eine äußerst komplexe Angelegenheit: wie bringt man die Übersichtlichkeit von Tabellen Nutzern bei, die nicht sehen können und via Screenreader oder weitere Geräte im Web unterwegs sind?

Die Lösung liefern einschlägige standardkonforme Ansätze zur Gestaltung von tabellarischen Daten. Mit zusätzlichem XHTML-Markup können Sie Tabellen nicht nur flexibel und plattformübergreifend gestalten, sondern auch dafür sorgen, dass sie von allen Benutzern wahrgenommen und interpretiert werden können. Ein passendes Design wird anschließend mit CSS-Styling erledigt – die Übersichtlichkeit der Daten wird dabei im Mittelpunkt stehen.

6.2 Listen

6.2.1 XHTML-Markup für Listen

In XHTML stehen dem Entwickler drei Arten der Listenformatierung zur Verfügung. Neben ungeordneten (`ul` und `li`, unordered lists und list elements) und geordneten (`ol` und `li`, ordered lists und list elements) Listen schreibt der Standard sogenannte Definitionslisten (`dl`, `dt` und `dd`, definition lists) vor.

Am häufigsten verwendet man in Praxis ungeordnete Listen, bei denen Listenpunkte gleichwertig sind und nicht speziell geordnet werden.

```
<p>Listen bieten die einfachste Form an, Gedanken zu
organisieren. Listen bieten folgende Vorteile:</p>
<ul>
<li>sie sind übersichtlich,</li>
<li>sie bringen Inhalte besser zum Ausdruck,</li>
<li>sie sind leicht zu erkennen,</li>
<li>sie sind leicht zu verfolgen.</li>
</ul>
```

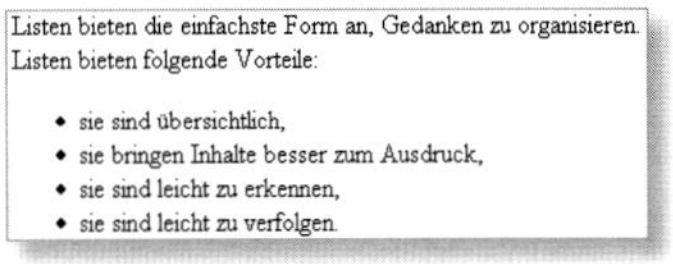

▲ **Abbildung 6.1**
Die standardmäßige Darstellung einer ungeordneten Liste mit Default-Stilen

Bei geordneten Listen spielt die Reihenfolge der Listenpunkte dagegen eine Rolle. Jeder Listenpunkt wird mit einer Zahl, einem Buchstaben oder einer römischen Ziffer versehen und erhöht sich automatisch mit jedem nachfolgenden Eintrag.

```
<ol>
<li>sie sind übersichtlich,</li>
<li>sie bringen Inhalte besser zum Ausdruck,</li>
<li>sie sind leicht zu erkennen,</li>
<li>sind leicht zu verfolgen.</li>
</ol>
```

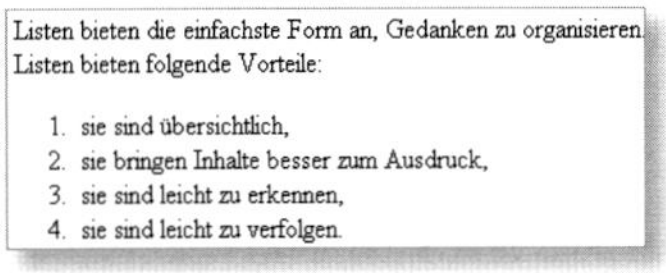

▲ **Abbildung 6.2**
Die standardmäßige Darstellung einer geordneten Liste mit Defaultstilen

Bei Verschachtelung von Listen ist zu beachten, dass die Elternelemente einer `ul`- und `ol`-Liste nur die `li`-Elemente als Kinder haben dürfen. Standardkonformes Markup erfordert somit, Unterlisten innerhalb von Listenpunkten einzufügen.

```
<ul>
    <li>eins</li>
    <li>zwei
        <ol>
        <li>drei</li>
        <li>vier
            <ul>
            <li>fünf</li>
            <li>sechs</li>
            </ul>
        </li>
        </ol>
        <ul>
        <li>sieben</li>
        <li>acht</li>
        </ul>
    </li>
    <li>neun</li>
```

```
    <li>zehn</li>
</ul>
```

Im Unterschied zu `ul` und `ol`-Listen bestehen Definitionslisten aus zweiteiligen Listenelementen, die neben einer Bezeichnung (`dt`-Element, definition term) auch eine Beschreibung (`dd`, definition definition) beinhalten. Innerhalb des `dt`-Elements sind nur inline-Elemente erlaubt, innerhalb des `dd` auch Blockelemente, insbesondere also auch weitere Listen. Definitionslisten sind dazu gedacht, Informationen zu gliedern, die aus einem Hauptbegriff und dessen Beschreibung bestehen – etwa wenn ein Produkt und seine Charakteristika in Form einer Liste dargestellt werden sollen.

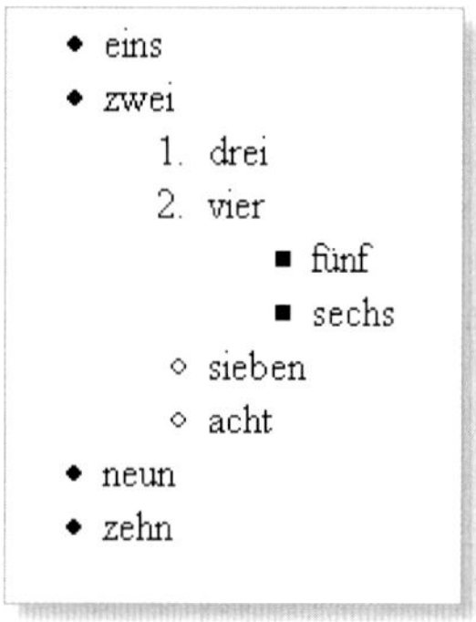

▲ **Abbildung 6.3**
Eine verschachtelte Liste besteht sowohl aus geordneten als auch ungeordneten Listen.

```
<dl>
    <dt>Buch:</dt>
    <dd>Praxisbuch Web 2.0</dd>
    <dd>Moderne Webseiten programmieren und
    gestalten</dd>

    <dt>Autor:</dt>
    <dd>Vitaly Friedman</dd>

    <dt>Verlag:</dt>
    <dd>Galileo Press</dd>

    <dt>Jahr:</dt>
    <dd>2007</dd>

    <dt>Informationen zum Thema:</dt>
    <dd>
     <ul>
         <li><a href="http://www.alistpart.com">
         A List Apart</a></li>
         <li><a href="http://www.456bereastreet.com">
         456 Berea Street</a></li>
         <li><a href="http://www.w3c.org">W3C.org
         </a></li>
     </ul>
</dd>
</dl>
```

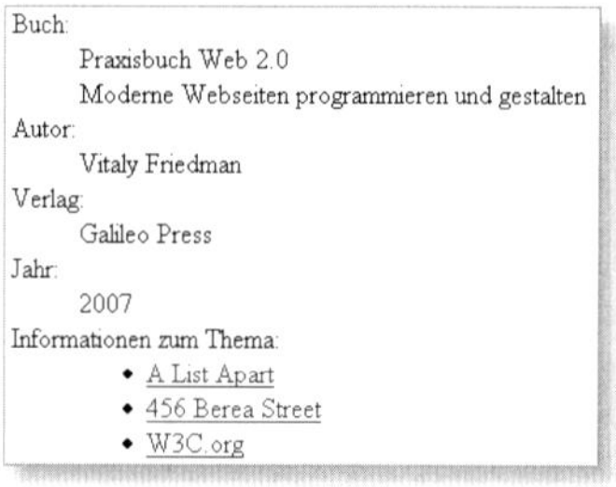

▲ **Abbildung 6.4**
Typische Definitionsliste, deren Elemente im Unterschied zu »unären« geordneten und ungeordneten Listen eine »binäre« Bezeichner-Beschreibung-Struktur haben.

6.2.2 Gestaltung von Listen mit CSS

Sowohl Eltern- als auch Kindelemente lassen sich mit CSS genau spezifizieren und gestalten.

Die Erscheinung von Listenzeichen lässt sich über die `list-style-type`-Eigenschaft des Elternelements festlegen. Für ungeordnete Listen kommen folgende Werte in Frage:

- `disc` (gefüllter Kreis)
- `circle` (leerer Kreis)
- `square` (gefülltes Rechteck)
- `none` (kein Listenzeichen)

Für geordnete Listen können

- `decimal` (1., 2., 3., ...)
- `lower-roman` (i., ii., iii., ...)
- `upper-roman` (I., II., III., ...)
- `lower-alpha`, `lower-latin`
  (a., b., c., ..., z, aa., ab., ...)
- `upper-alpha`, `upper-latin`
  (A., B., C., ..., Z, AA., AB., ...)

sowie weitere spezifische Nummerierungen verwendet werden.

```
ul {
  list-style-type: square;
}
```

Die Listeneinrückung durch die `list-style-position`-Eigenschaft definiert die Position des Listenzeichens bezüglich der Listenpunkte. `inside` steht für die Einrückung des Bildes, d.h. bei längeren Listenpunkten wird sein Inhalt zusammen mit dem Bullet-Bild im Fließtext erscheinen. Der Wert `outside` sorgt für die Voreinstellung des Listenzeichens; bei beliebigen Listenpunkten wird es außen bleiben.

Schließlich kann man über `list-style-image` den Pfad zum Bild angeben, das als Listenzeichen angezeigt werden soll.

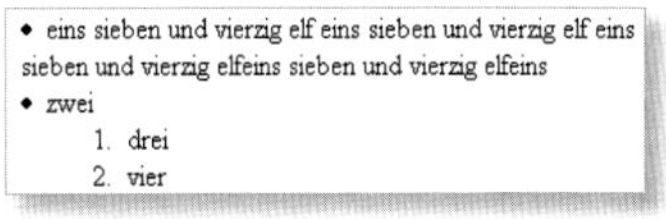

▲ **Abbildung 6.5**
Die Eigenschaft `list-style-position` ist bei der ersten Liste auf `inside` gesetzt. Listenmarker befinden sich in der Zeile, auf der sich auch das Listenelement befindet.

```
ul {
  list-style-image: url("pfad/zum/bild.png");
}
```

Als Dateiformate können *.png*, *.jpg* und *.gif* verwendet werden, wobei zu beachten ist, dass der Internet Explorer bis einschließlich Version 6 transparente *.png*-Bilder falsch darstellt (im IE 7 tritt das Problem nicht mehr auf). Abhilfe liefert *The AlphaImageLoader Hack* (*http://alistapart.com/stories/pngopacity* Linkcode 169). Mit *.gif*- und *.jpg*-Dateien sind Sie immer auf der sicheren Seite.

Der Wert `none` für das Attribut `list-style-type` ist dabei nicht zwingend notwendig.

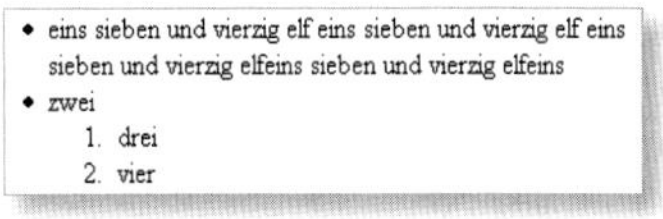

▲ **Abbildung 6.6**
Die Eigenschaft `list-style-position` ist bei der ersten Liste auf `outside` gesetzt. Listenmarker befinden sich außerhalb der Zeile, in der das Listenelement anfängt.

Alternativ können Sie auch eine kompakte Schreibweise verwenden: Mittels der `list-style`-Eigenschaft lassen sich die drei Attribute zusammenfassen. Dabei schreibt man die Werte für die Eigenschaften hintereinander, getrennt durch Leerzeichen. Die Reihenfolge der Angaben spielt keine Rolle.

```
<ul style="list-style: url(page_white.png) outside;">
     <li>eins</li>
     <li>zwei
      <ol style="list-style: url(bild-1.gif);">
         <li>drei</li>
         <li>vier

            <ul style="list-style: url(bild-2.gif);">
            <li>fünf</li>
            <li>sechs</li>
            </ul>

         </li>
         </ol>
         <ul style="list-style: url(bild-1.gif);">
         <li>sieben</li>
         <li>acht</li>
         </ul>
     </li>
     <li>neun</li>
     <li>zehn</li>
</ul>
```

▲ **Abbildung 6.7**
Verschachtelung von Listen

Bei der Verwendung der `list-style-image`-Eigenschaft ist zu beachten, dass sie bisher von verschiedenen Browsern unterschiedlich interpretiert wird. Abstände zwischen Listenzeichen und Listenelementen variieren von einem Browser zum anderen. Effizienter ist es deshalb, statt `list-style-image` für das Elternelement (`ul`), Hintergrundbilder für die Kindelemente passend zu positionieren.

6.2.3 Listen im Web 2.0-Look

Das Erscheinungsbild des Web 2.0 wird durch visuell ansprechende Seitenelemente entscheidend geprägt. Jeder Aspekt des Designs soll zu einer intuitiven Seitenstruktur und übersichtlichen Seitenpräsentation beitragen. Dies gilt auch für Listen.

Ein intuitives Bild lässt sich durch simple und überschaubare Struktur der Seite erzeugen. Dabei ist zu beachten, dass mehrere Verschachtelungen von Listen einen Leser schnell durcheinander bringen können. Für übliche Beiträge sollten zwei bis drei Listenebenen in der Regel ausreichen, es sei denn, es geht etwa um die Darstellung eines Buchverzeichnisses.

Bei der Gestaltung von Listenelementen gelten folgende Faustregeln:

- Listenzeichen müssen nicht zu auffallend, aber auffallend genug erscheinen.
- Die Farbgestaltung von visuellen Elementen (Listenzeichen, Markierungen des Textes) soll an das Gesamtlayout der Seite angepasst sein und in gleichen Tönen gestaltet werden.
- Der Abstand zwischen Listenelementen sollte wenigstens das 1,5-Fache des Zeilenabstands betragen.
- Der Zeilenabstand soll eine optimale Lesbarkeit gewährleisten.
- Die Schriftgröße einer Unterliste sollte nach Möglichkeit immer kleiner sein als die Schriftgröße ihres Elternelements.
- Listenmarker werden immer nach links eingerückt, Unterlisten werden immer nach rechts eingerückt.

Bei größeren Listen werden Listenpunkte häufig mit Überschriften versehen, welche die Aussage direkt zum Ausdruck bringen müssen. Wichtige Schlüsselwörter werden, wie bei üblichen Fließtexten auch, fett markiert.

Schritt für Schritt: Listen gestalten

Als Beispiel zur Gestaltung einer simplen und übersichtlichen Liste betrachten wir einen Beitrag in Form einer ungeordneten Liste. Die Letztere soll Listenmarker aufweisen und zwei Listenebenen besitzen . Im Markup befindet sich die Liste mit dem ID `#root_list` im Container `#list`.

Liegt das XHTML-Markup einer Liste vor, so ist es immer vernünftig, zuerst den typografischen Satz festzulegen. Mit ein wenig CSS-Formatierung erreicht man eine übersichtliche Gliederung der Liste.

Im Folgenden sehen einen Ausschnitt des XHTML-Grundgerüsts, das Sie mit beliebigem Inhalt füllen können:

```
<p class="intro">
     <strong>"Rules Of Smart And Successful
     Web-development"</strong>
     is <a href="http://www.alvit.de/vf/">
     Vitaly Friedman's</a>
     personal pick [...]
</p>
```

```
<div id="liste">
    <ul id="root_list">
<li>Respect your visitors.<br />
Don't try to force your visitors to read the content
of your web-pages. [...] </li>
<!--  Weitere Listenelemente -->
```

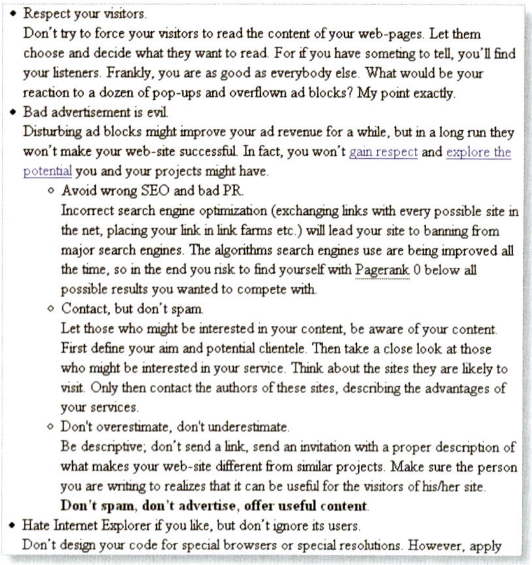

- Respect your visitors.
Don't try to force your visitors to read the content of your web-pages. Let them choose and decide what they want to read. For if you have someting to tell, you'll find your listeners. Frankly, you are as good as everybody else. What would be your reaction to a dozen of pop-ups and overflown ad blocks? My point exactly.
- Bad advertisement is evil.
Disturbing ad blocks might improve your ad revenue for a while, but in a long run they won't make your web-site successful. In fact, you won't gain respect and explore the potential you and your projects might have.
    - Avoid wrong SEO and bad PR.
    Incorrect search engine optimization (exchanging links with every possible site in the net, placing your link in link farms etc.) will lead your site to banning from major search engines. The algorithms search engines use are being improved all the time, so in the end you risk to find yourself with Pagerank 0 below all possible results you wanted to compete with.
    - Contact, but don't spam.
    Let those who might be interested in your content, be aware of your content. First define your aim and potential clientele. Then take a close look at those who might be interested in your service. Think about the sites they are likely to visit. Only then contact the authors of these sites, describing the advantages of your services.
    - Don't overestimate, don't underestimate.
    Be descriptive; don't send a link, send an invitation with a proper description of what makes your web-site different from similar projects. Make sure the person you are writing to realizes that it can be useful for the visitors of his/her site.
    Don't spam, don't advertise, offer useful content.
- Hate Internet Explorer if you like, but don't ignore its users.
Don't design your code for special browsers or special resolutions. However, apply

▲ **Abbildung 6.8**
XHTML-Markup für eine ungeordnete Liste

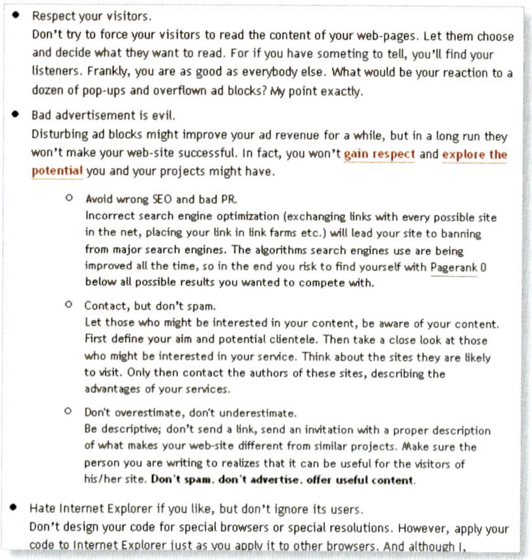

- Respect your visitors.
Don't try to force your visitors to read the content of your web-pages. Let them choose and decide what they want to read. For if you have someting to tell, you'll find your listeners. Frankly, you are as good as everybody else. What would be your reaction to a dozen of pop-ups and overflown ad blocks? My point exactly.
- Bad advertisement is evil.
Disturbing ad blocks might improve your ad revenue for a while, but in a long run they won't make your web-site successful. In fact, you won't **gain respect** and **explore the potential** you and your projects might have.
    - Avoid wrong SEO and bad PR.
    Incorrect search engine optimization (exchanging links with every possible site in the net, placing your link in link farms etc.) will lead your site to banning from major search engines. The algorithms search engines use are being improved all the time, so in the end you risk to find yourself with Pagerank 0 below all possible results you wanted to compete with.
    - Contact, but don't spam.
    Let those who might be interested in your content, be aware of your content. First define your aim and potential clientele. Then take a close look at those who might be interested in your service. Think about the sites they are likely to visit. Only then contact the authors of these sites, describing the advantages of your services.
    - Don't overestimate, don't underestimate.
    Be descriptive; don't send a link, send an invitation with a proper description of what makes your web-site different from similar projects. Make sure the person you are writing to realizes that it can be useful for the visitors of his/her site. **Don't spam, don't advertise, offer useful content.**
- Hate Internet Explorer if you like, but don't ignore its users.
Don't design your code for special browsers or special resolutions. However, apply your code to Internet Explorer just as you apply it to other browsers. And although I,

▲ **Abbildung 6.9**
Mit wenig CSS-Formatierung wird eine gut gegliederte Übersicht in Listenform erzeugt.

1 XHTML Markup und simple CSS-Formatierung

```
* {
margin: 0;
padding: 0;
}
body {
font: 0.8em/1.5em "Trebuchet MS", Georgia, Verdana,
sans-serif;
}
#liste {
margin: 0 25%;
}
a {
color: #a10000;
font-weight: bold;
text-decoration: none;
```

```
border-bottom: 1px dotted #a10000;
}
#liste ul li ul {
font-size: 90%;
margin: 1em;
}
#liste ul li {
margin-bottom: 0.6em;
}
```

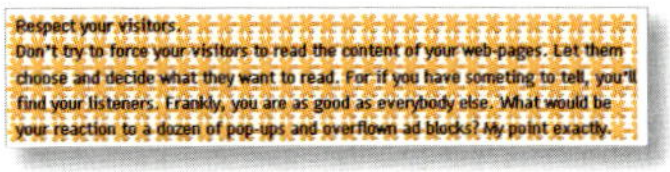
Respect your visitors.
Don't try to force your visitors to read the content of your web-pages. Let them choose and decide what they want to read. For if you have someting to tell, you'll find your listeners. Frankly, you are as good as everybody else. What would be your reaction to a dozen of pop-ups and overflown ad blocks? My point exactly.

▲ **Abbildung 6.10**
By Default wiederholt sich das Hintergrundbild innerhalb des li-Elements.

2 Individuelle Listenelemente

Anschließend werden Default-Listenzeichen entfernt und durch Bilder – Hintergrundbilder von Listenelementen – ersetzt.

```
ul#root_list {
list-style-type: none;
}
ul#root_list li {
background-image: url(bullet-1.gif);
}
#liste ul li ul {
font-size: 0.9em;
margin: 1em;
list-style: inside;
}
```

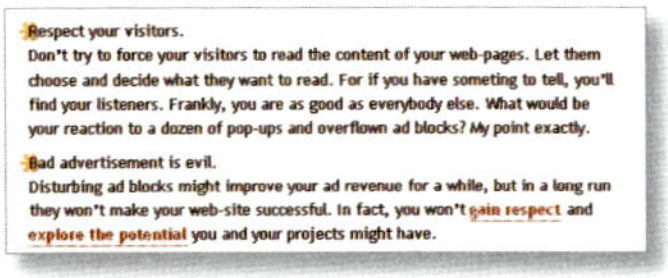
Respect your visitors.
Don't try to force your visitors to read the content of your web-pages. Let them choose and decide what they want to read. For if you have someting to tell, you'll find your listeners. Frankly, you are as good as everybody else. What would be your reaction to a dozen of pop-ups and overflown ad blocks? My point exactly.
Bad advertisement is evil.
Disturbing ad blocks might improve your ad revenue for a while, but in a long run they won't make your web-site successful. In fact, you won't gain respect and explore the potential you and your projects might have.

▲ **Abbildung 6.11**
Der Listenmarker wird von li-Elementen bedeckt.

3 Hintergrund ohne Wiederholung

```
ul#root_list li {
background-image: url(bullet-1.gif);
background-repeat: no-repeat;
}
```

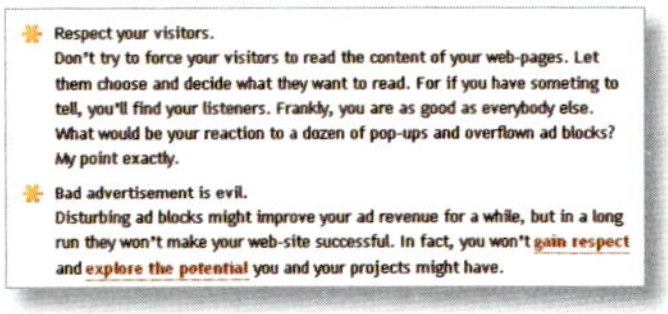
Respect your visitors.
Don't try to force your visitors to read the content of your web-pages. Let them choose and decide what they want to read. For if you have someting to tell, you'll find your listeners. Frankly, you are as good as everybody else. What would be your reaction to a dozen of pop-ups and overflown ad blocks? My point exactly.
Bad advertisement is evil.
Disturbing ad blocks might improve your ad revenue for a while, but in a long run they won't make your web-site successful. In fact, you won't gain respect and explore the potential you and your projects might have.

▲ **Abbildung 6.12**
Listen nach der Positionierung des Hintergrundbildes und Einrückung von li-Elementen nach rechts.

4 Listenelemente rechts einrücken

Damit der Listenmarker sichtbar und zentriert positioniert wird, muss man die Listenelemente nach rechts einrücken und die Position des Listenelements genau festlegen.

```
ul#root_list li {
background-image: url(bullet-1.gif);
background-repeat: no-repeat;
padding-left: 2em;
}
```

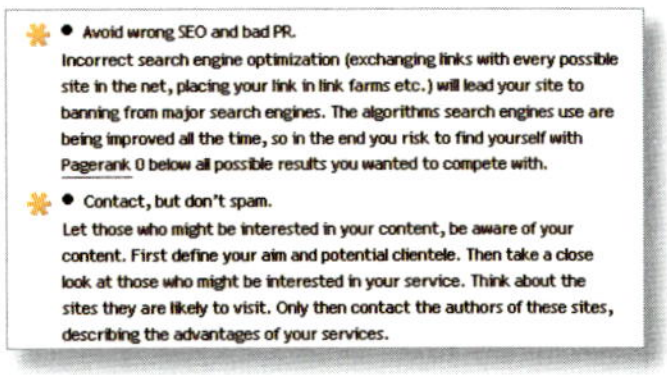
• Avoid wrong SEO and bad PR.
Incorrect search engine optimization (exchanging links with every possible site in the net, placing your link in link farms etc.) will lead your site to banning from major search engines. The algorithms search engines use are being improved all the time, so in the end you risk to find yourself with Pagerank 0 below all possible results you wanted to compete with.
• Contact, but don't spam.
Let those who might be interested in your content, be aware of your content. First define your aim and potential clientele. Then take a close look at those who might be interested in your service. Think about the sites they are likely to visit. Only then contact the authors of these sites, describing the advantages of your services.

▲ **Abbildung 6.13**
Das Hintergrundbild vererbt sich by default von der Elternliste auf das Kind.

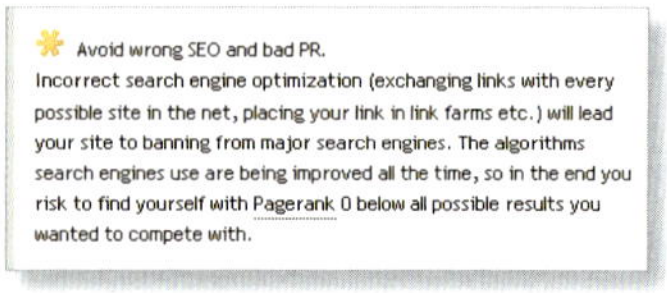

▲ **Abbildung 6.14**
Listenzeichen sowie die Einrückung der Marker für die Liste zweiter Ordnung werden eingefügt.

5 Listenelemente zweiter Ordnung gestalten

Im nächsten Schritt werden die Listenelemente zweiter Ordnung mit der `border`-Eigenschaft gestaltet und nach rechts eingerückt.

Damit der Listenmarker, der von der Elternliste vererbt wird, nicht angezeigt wird, verwendet man `background: none`. Beachten Sie, dass `list-style` an dieser Stelle nicht ersetzt werden kann, da die Einrückung sonst nicht für eine einzige Zeile, sondern für den ganzen Block gelten würde (vgl. 6.15).

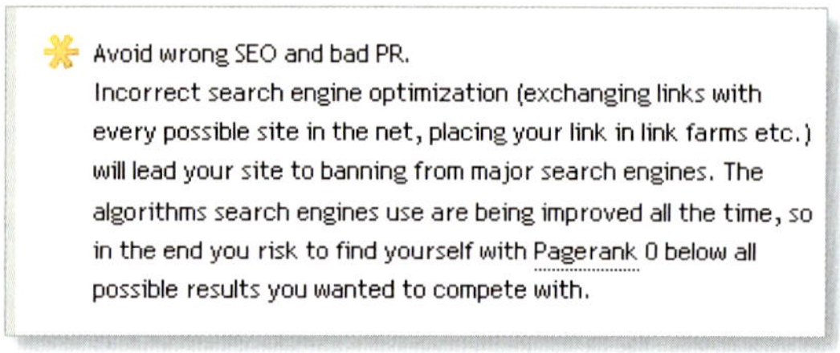

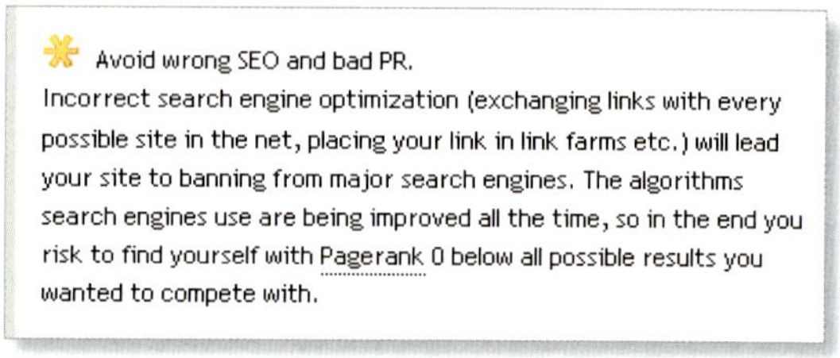

▲ **Abbildung 6.15**
Einrückung (Inline-Positionierung des Listenmarkers) lässt sich nur durch `list-style-type: inside` erreichen (rechts).

```
#liste li ul li  {
list-style: url(bullet-2.gif) inside;
border-right: 1px solid #ccc;
border-bottom: 1px solid #ccc;
border-top: 1px solid #ccc;
border-left: 5px solid #ddd;
padding: 1em 0 1em 1em;
margin: 5px 0 5px 2.5em;
background-image: none;
}
```

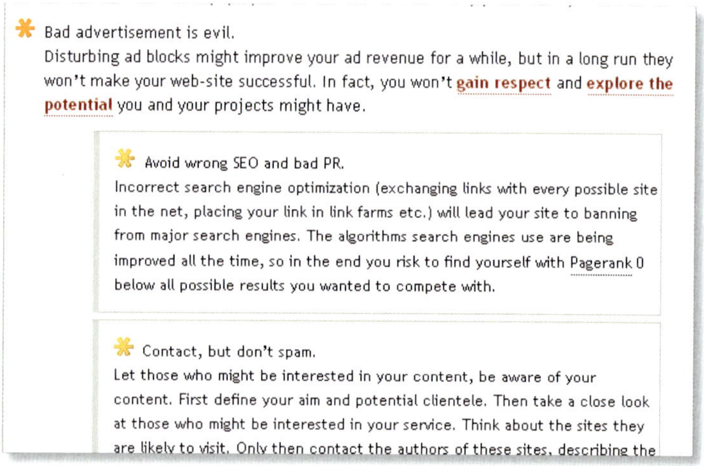

Abbildung 6.16 ▶
Übersichtliche graue Boxen für die Liste zweiter Ordnung

6 Überschriften hervorheben

Um die Überschriften von Listenelementen stärker zur Geltung kommen zu lassen, wird die Pseudo-Klasse `:first-line` für die Auszeichnung der ersten Zeile im Fließtext verwendet. Trotz der typischen Definition-Beschreibungs-Struktur wird an dieser Stelle keine Definitionsliste verwendet, um die Hauptaussagen und ihre Erläuterungen nicht voneinander trennen zu müssen. Sonst würden nämlich entweder alle Listenelemente in einer Box stehen müssen oder immer bloß ein Teil der Definitionsliste.

```
#liste ul li:first-line {
font-weight: bold;
background-color: #ffeedd;
}
#liste li ul li:first-line {
text-transform: uppercase;
background: transparent;
/* Dieser Selektor erbt die Hintergrundfarbe sei-
ner Eltern; seine Hintergrundfarbe wird deshalb auf
transparent gesetzt */
}
```

HINWEIS

Beachten Sie, dass die `:first-line`-Pseudoklasse von IE 6 und IE 7 nur teilweise unterstützt wird, und zwar genau dann, wenn IE kein sogenanntes `hasLayout` für das jeweilige Element erkennen kann. Alternativ können Sie das Markup via (X)HTML gestalten, indem Sie für jede Zeile ein zusätzliches `<span>`-Element einfügen und dieses mittels CSS gestalten.

(X)HTML:

```
<ul>
 <li><span
class="firstline">Erste
Zeile</span>
<br />Beschreibung.</li>
</ul>
```

CSS:

```
.firstline { }
```

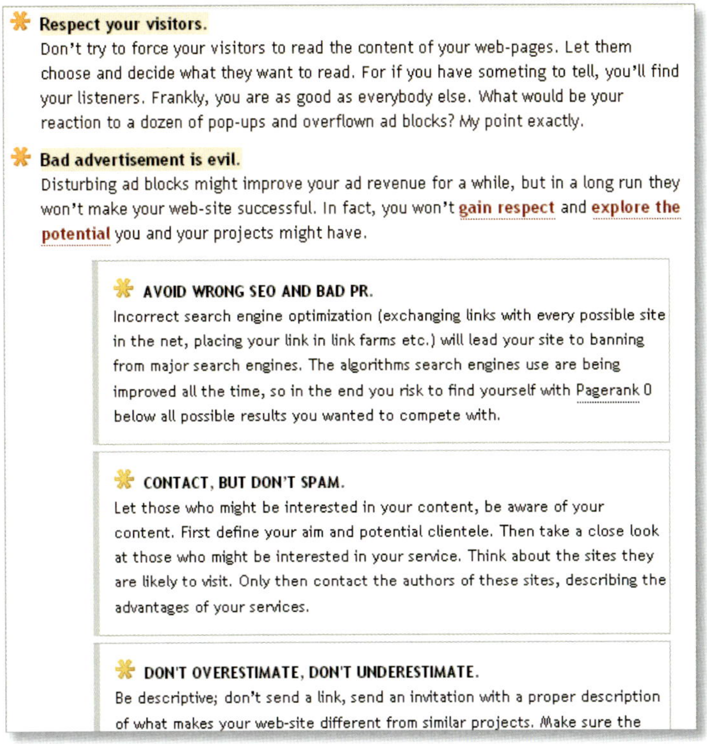

◀ **Abbildung 6.17**
Wenige grafische und typografische Hervorhebungen erleichtern den Scanvorgang für den Leser.

7 Hover-Effekt hinzufügen

Damit die grauen Blöcke beim Drüberfahren mit der Maus verändert werden, werden die Listenelemente mit einem Hover-Effekt versehen.

```
#liste li ul li:hover {
background-color: #f7f7f7;
}
```

8 Übersichtliche Darstellung erzeugen

Mit ein wenig CSS-Styling für den oberen Paragraphen, Links und vergrößerten äußeren Abständen zwischen Listenelementen ergibt sich eine übersichtliche Darstellung des Beitrages in Form einer Liste:

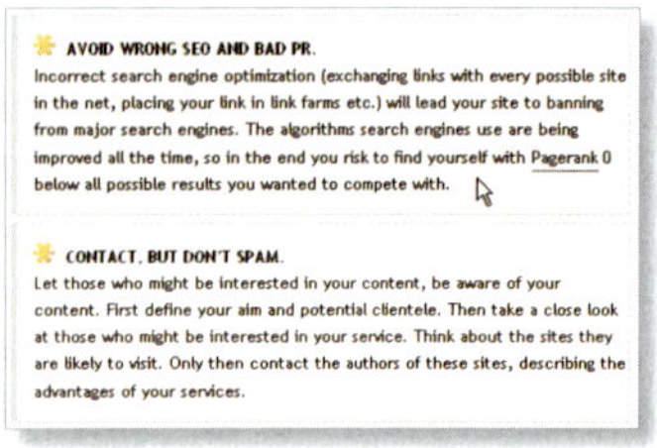

▲ **Abbildung 6.18**
`Hover`-Effekt bei Listen zweiter Ordnung

```
#liste ul li {
margin-bottom: 1em;
}
p.intro {
margin: 1em 21%;
padding: 0.5em 1em;
background-color: #f8f7f6;
border: 1px solid #eee;
font-size: 1.7em;
line-height: 1.7em;
}
a:link, a:visited {
color: #a10000;
font-weight: bold;
text-decoration: none;
border-bottom: 1px dotted #a10000;
}
a:hover, a:visited:hover {
background-color: #fff5eb;
border-bottom: 1px solid #a10000;
}
a:active, a:focus {
background-color: #a10000;
color: #fff;
}
```

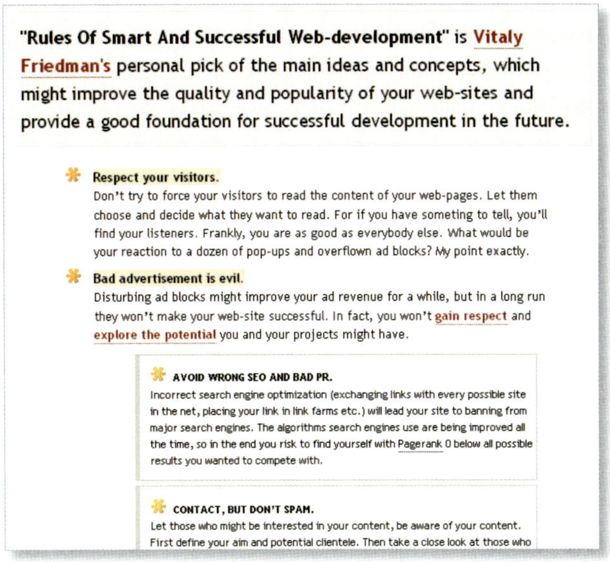

"Rules Of Smart And Successful Web-development" is Vitaly Friedman's personal pick of the main ideas and concepts, which might improve the quality and popularity of your web-sites and provide a good foundation for successful development in the future.

- **Respect your visitors.**
  Don't try to force your visitors to read the content of your web-pages. Let them choose and decide what they want to read. For if you have someting to tell, you'll find your listeners. Frankly, you are as good as everybody else. What would be your reaction to a dozen of pop-ups and overflown ad blocks? My point exactly.
- **Bad advertisement is evil.**
  Disturbing ad blocks might improve your ad revenue for a while, but in a long run they won't make your web-site successful. In fact, you won't gain respect and explore the potential you and your projects might have.
  - **AVOID WRONG SEO AND BAD PR.**
    Incorrect search engine optimization (exchanging links with every possible site in the net, placing your link in link farms etc.) will lead your site to banning from major search engines. The algorithms search engines use are being improved all the time, so in the end you risk to find yourself with Pagerank 0 below all possible results you wanted to compete with.
  - **CONTACT, BUT DON'T SPAM.**
    Let those who might be interested in your content, be aware of your content. First define your aim and potential clientele. Then take a close look at those who

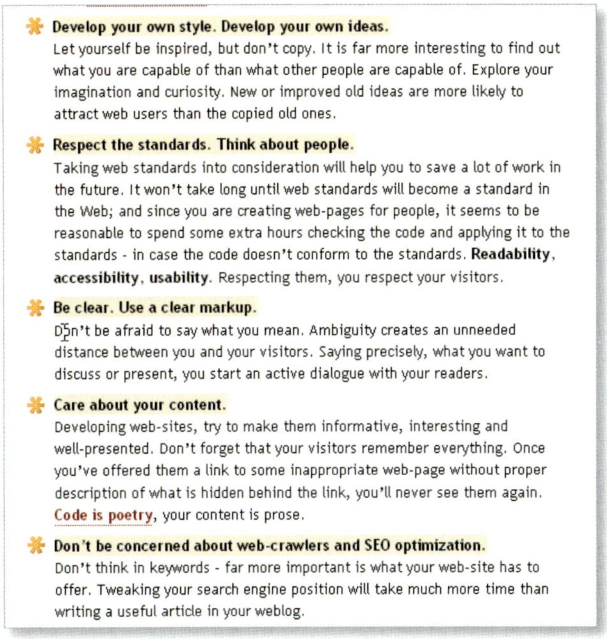

- **Develop your own style. Develop your own ideas.**
  Let yourself be inspired, but don't copy. It is far more interesting to find out what you are capable of than what other people are capable of. Explore your imagination and curiosity. New or improved old ideas are more likely to attract web users than the copied old ones.
- **Respect the standards. Think about people.**
  Taking web standards into consideration will help you to save a lot of work in the future. It won't take long until web standards will become a standard in the Web; and since you are creating web-pages for people, it seems to be reasonable to spend some extra hours checking the code and applying it to the standards - in case the code doesn't conform to the standards. **Readability**, **accessibility**, **usability**. Respecting them, you respect your visitors.
- **Be clear. Use a clear markup.**
  Don't be afraid to say what you mean. Ambiguity creates an unneeded distance between you and your visitors. Saying precisely, what you want to discuss or present, you start an active dialogue with your readers.
- **Care about your content.**
  Developing web-sites, try to make them informative, interesting and well-presented. Don't forget that your visitors remember everything. Once you've offered them a link to some inappropriate web-page without proper description of what is hidden behind the link, you'll never see them again. Code is poetry, your content is prose.
- **Don't be concerned about web-crawlers and SEO optimization.**
  Don't think in keywords - far more important is what your web-site has to offer. Tweaking your search engine position will take much more time than writing a useful article in your weblog.

◂ **Abbildung 6.19**
Eine übersichtliche Darstellung in Listenform

9 **Fehlerbehandlung**

Im Internet Explorer 6 und 7 wird die Pseudoklasse `:first-line` fehlerhaft implementiert. Beide Browser interpretieren die Angabe

```
#liste ul li:first-line {
font-weight: bold;
background-color: #ffeedd;
}
```

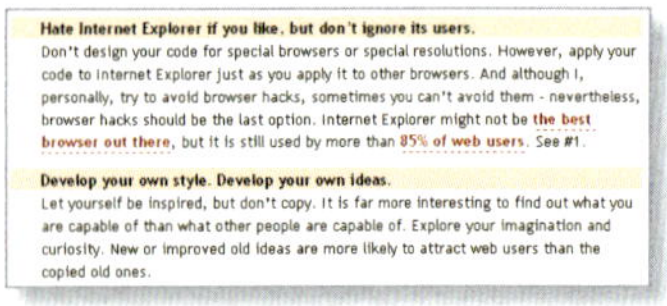

▲ **Abbildung 6.20**
Die Darstellung von `:first`-line im Internet Explorer

für die ganze erste Zeile, auch für das Listenmarker, das sich außerhalb dieser Zeile befindet. Demzufolge wird die Hintergrundfarbe auch auf den Listenmarker übertragen und bedeckt diesen (vgl. Abbildung 6.20. Das Problem kann mit *IE Conditional Comments* gelöst werden, indem man in der Datei *ie.css*

```
#liste ul li:first-line {
background-image: url(bullet-1.gif);
}
```

explizit angibt und IE Conditional Comments vor `</head>` einfügt:

TIPP

Mehr über IE Conditional Comments erfahren Sie in Kapitel 11.

```
<!--[if IE]>
<link href="ie.css" rel="stylesheet" type="text/css"/>
<![endif]--> </head>
```

Für weitere Überraschungen sorgt der IE 7, bei dem das Seitenbild außerdem für merkwürdige Hintergrundeffekte sorgt.

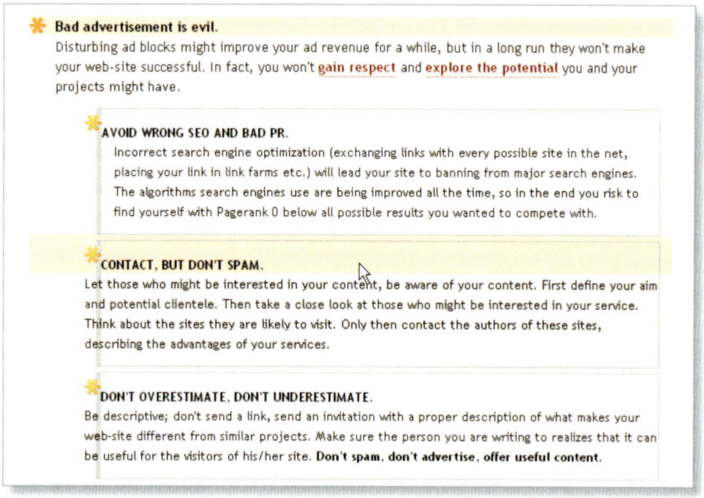

Abbildung 6.21 ▶
Falsche Hintergrunddarstellung im IE7

Um dem *Hover-Bug* vorzubeugen, genügt es, den Selektor `#liste li ul li:first-line` »stärker« zu machen, also die Angabe spezifischer machen, indem die ID `#root_list` explizit angegeben wird. Nämlich wie folgt:

TIPP

Unterschiede im Rendering der Seiten treten in der Praxis häufig wegen des unterschiedlichen Gewichts von CSS-Selektoren auf. Browser interpretieren nur Angaben, die spezifischer als alle anderen Stilanweisungen sind (*CSS-Spezifizität*). Das Gewicht der Selektoren wird dabei einzeln berechnet und verglichen. Mehr zum Thema finden Sie im Beitrag »CSS Specificity: Things You Should Know« (*http://www.smashingmagazine.com/2007/07/27/css-specificity-things-you-should-know* Linkcode 170).

```
#liste #root_list li ul li:first-line {
text-transform: uppercase;
background: transparent;
}
```

Zudem wird der Einrückungsbug »erledigt«, wenn die Angabe `margin: 5px 0 5px 2.5em;` im Selektor `#liste li ul li` durch die exaktere Angabe `margin: 5px 0 5px 5px;` ersetzt wird. ■

6.3 Tabellen

In der modernen Seitengestaltung gelten tabellenbasierte Layouts als überholt und ineffizient. Nicht zu Unrecht: Mangelnde Flexibilität und mühselige HTML-Formatierung sind bei globalen Veränderungen des Layouts komplex und zeitaufwendig. Doch dies heißt nicht, dass Tabellen prinzipiell vermieden werden sollten. Zu einem Zweck dürfen und müssen sie eingesetzt werden. Nämlich dafür, wofür sie eigentlich gedacht sind: zur Darstellung von Daten in tabellarischer Form. Etwa wenn es um die Präsentation von statistischen Erhebungen, Kalendern oder Fahrplänen handelt.

6.3.1 XHTML-Markup für Tabellen

Bei der Formatierung von Tabellen stehen Webdesigner neben bekannten Elementen (`table`, `tr`, `th` und `td`) eine Fülle von zusätzlichen Tags (`caption`, `thead`, `tfoot`, `tbody`, `colgroup`, `colspan`, `rowspan` usw.) zur Verfügung. Sie können sich häufig als äußerst hilfreich erweisen, vor allem wenn es sich um umfangreiche und komplexe Tabellenstrukturen geht.

In Tabellen dienen zusätzliche Markup-Elemente dem Zweck, die Semantik der Tabelle näher zu erläutern und ihre Struktur genauer zu spezifizieren. Je deutlicher die Trennung zwischen den eigentlichen Daten und ihrer Form in der tabellarischen Ansicht ist, desto verständlicher wird die Tabelle.

6.3.2 table, tr, th, td, caption – Tabellen, Zeilen, Zellen, Überschriften

In XHTML werden Daten einer Tabelle bekanntlich in Zellen angeordnet, die Zeilen und Spalten entstehen lassen. Für das Markup der tabellarischen Darstellung werden folgende Elementtypen verwendet:

- Das Element `table` stellt den Container für die tabellarische Ansicht bereit.
- `tr` markiert eine Zeile innerhalb einer Tabelle.
- `th` markiert eine Zelle, die zum Kopf einer Tabelle gehört.
- `td` markiert eine Zelle, die zum Inhalt einer Tabelle gehört.
- `caption` legt die Tabellenüberschrift fest. Das Element kann wie auch alle anderen mit CSS gestaltet werden.

Das folgende einfache Beispiel soll die Funktion jedes Elementtyps veranschaulichen.

Listing 6.1 ▶
Grundgerüst

```
<table summary="Buchinventur mit Autor, Titel,
Preis">
  <caption>Tabelle 1: Buchinventur</caption>
    <tr>
    <th>Pos.</th>
    <th>Autor</th>
    <th>Buch</th>
    <th>Preis (&euro;)</th>
  </tr>
  <tr>
    <td>1. </td>
    <td>G. Marquez</td>
    <td>Hundert Jahre Einsamkeit</td>
    <td>19, 90</td>
  </tr>
  <tr>
    <td>2. </td>
    <td>G. Orwell</td>
    <td>1984</td>
    <td>19, 90</td>
  </tr>
  <tr>
    <td>3.</td>
    <td>A. Exupery</td>
    <td>Der Kleine Prinz</td>
    <td>9, 90</td>
  </tr>
<!--  weitere Zeilen -->
</table>
```

Tabelle 1: Buchinventur

Pos.	**Autor**	**Buch**	**Preis (€)**
1.	G. Marquez	Hundert Jahre Einsamkeit	19, 90
2.	G. Orwell	1984	19, 90
3.	A. Exupery	Der Kleine Prinz	9, 90

Abbildung 6.22 ▶
Buchinventur in Tabellenform

Zeilenüberschriften müssen nicht unbedingt horizontal ausgerichtet sein. Möchten Sie sowohl vertikale als auch horizontale Kopfzeilen setzen, z. B. bei der Gestaltung eines Fahrplans, so können Sie jeweils in der ersten Position der Zeilen den th-Elementtyp benutzen.

```
<table>
<caption>Tabelle 2: Zeitplan</caption>
<tr>
<td></td>
<th>9-11</th>
<th>11-13</th>
</tr>
<tr>
<th>Mo.</th>
<td>Brainstorming</td>
<td>Meeting</td>
</tr>
<tr>
<th>Di.</th>
<td></td>
<td>Office</td>
</tr>
<tr>
<th>Mi.</th>
<td>Meeting</td>
<td>Office</td>
</tr>
</table>
```

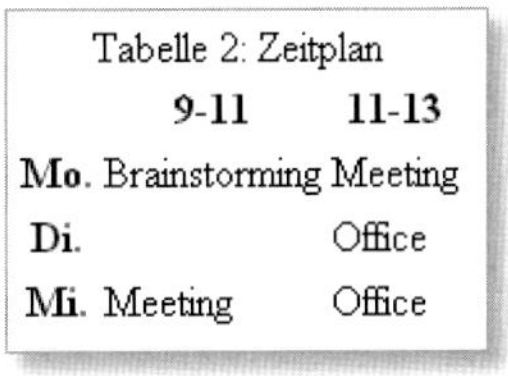

Tabelle 2: Zeitplan

	9-11	11-13
Mo.	Brainstorming	Meeting
Di.		Office
Mi.	Meeting	Office

◂ **Abbildung 6.23**
Tabelle 2 verwendet vertikale und horizontale Kopfzeilen.

6.3.3 Summary, abbr – Zusammenfassung und Abkürzung

Um eine Tabelle zugänglicher zu gestalten, empfiehlt es sich, zusätzliche Attribute wie `summary` und `abbr` im Tabellen-Markup zu verwenden.

`Summary` stellt eine Zusammenfassung von Inhalten einer Tabelle dar. Diese wird von visuellen Browsern nicht angezeigt, von speziellen Browsern aber erkannt und in entsprechender Form ausgegeben.

`Summary` wird als Attribut von Elementen des Typs `table` benutzt.

```
<table summary="Eine Tabelle zur durchgeführten
Buchinventur. Enthält Angaben über Autor, Buch und
Preis.">
```

Das Attribut abbr definiert eine abgekürzte Form von Zeilen- und Spaltenüberschriften. Bei langen Überschriften kann abbr die Navigation in der Tabelle erleichtern: die Überschriften werden dann nur beim Durchlauf der Kopfzeile ausgegeben, anschließend werden sie mit Werten des abbr-Attributs abgekürzt.

Abbr kann für Elemente des Typs th und td verwendet werden.

```
<th abbr="Preis">Preis in Euro</th>
```

6.3.4 Zeilengruppen und Spaltengruppen

XHTML gestattet Webautoren, mehrere Zeilen bzw. mehrere Spalten zu einer Einheit zusammenzufassen. Dies kann hilfreich sein, wenn Sie gewisse Zeilen oder Spalten mit einer einzigen CSS-Angabe direkt hervorheben möchten.

Zeilengruppen bestehen aus einem Tabellenkopf (thead), Tabellenfuß (tfoot) und einem oder mehreren »Tabellenkörpern« (tbody, Rumpfbereiche der Tabelle).

<thead> und <tfoot> sollten ausschließlich zur Präsentation von Kopfüberschriften und Fußzeilen verwendet werden. <tbody> sollte ausschließend die eigentlichen Daten enthalten.

Die Reihenfolge der drei Elemente folgt dem angedeuteten Schema

```
<thead> ... </thead>
<tfoot> ... </tfoot>
<tbody> ... </tbody>.
```

Dadurch wird zum einen erreicht, dass Browser bei langen und komplexen Tabellen Kopf- und Fußzeilen direkt anzeigen können. Zum anderen wird die Tabelle – falls der Browser mitspielt – beim Drucken mit Kopf- und Fußzeilen versehen. Und zwar auf jeder der Seiten, über die sich die Tabelle erstreckt.

Sie können mehrere Zeilengruppen definieren, etwa durch <tbody id="rowgroup1">...</tbody> und <tbody id="rowgroup2">...</tbody>. Der Zugriff via CSS geschieht dann über table tbody#rowgroup1 { } bzw. tbody#rowgroup2 { }.

Spalten lassen sich mit den Attributen col und colgroup zu Spaltengruppen zusammenfassen. Die Anzahl der Spalten wird entweder durch die Aufzählung von. col-Elementen realisiert (jedes Element steht für eine Spalte der Gruppe)

```
<table>
 <caption>Tabelle</caption>
 <colgroup>
```

```
 <col />
 <col />
 </colgroup>
</table>
```

oder durch das span-Attribut des colgroup-Elements.

```
<table>
 <caption>Tabelle</caption>
<colgroup span="2" />
</table>
```

Das Attribut span gibt an, dass colgroup zwei Spalten vereinigt (»spans«). Beide Methoden schließen einander aus und dürfen nicht gleichzeitig verwendet werden. Zur Gestaltung mit CSS können sie über Bezeichner (IDs) direkt formatiert werden. Im folgenden Beispiel werden zwei Spalten zusammengefasst und mit einer CSS-Angabe gestaltet.

```
<table summary="Buchinventur gibt eine Übersicht
von Büchern in Ihrem Einkaufswagen, mit Preisen in
Euro.">
  <caption style="text-align:left; font-weight:
  bold">Tabelle 3: Bücher in Ihrem Einkaufswagen
  </caption>
  <colgroup span="2" />
  <colgroup span="2" style="background-color:
  #eeeeff" />
  <thead>
    <tr>
      <th>Pos.</th>
      <th>Autor</th>
      <th>Buch</th>
      <th>Preis (&euro;)</th>
    </tr>
  </thead>
  <tfoot>
    <tr>
      <td></td>
      <td></td>
      <td></td>
      <td>49, 70</td>
    </tr>
  </tfoot>
```

```
  <tr>
    <td>1. </td>
    <td>G. Marquez</td>
    <td>Hundert Jahre Einsamkeit</td>
    <td>19, 90</td>
  </tr>
  <tr>
    <td>2. </td>
    <td>G. Orwell</td>
    <td>1984</td>
    <td>19, 90</td>
  </tr>
  <tr>
    <td>3.</td>
    <td>A. Exupery</td>
    <td>Der Kleine Prinz</td>
    <td>9, 90</td>
  </tr>
<!--  weitere Zeilen -->
</table>
```

Abbildung 6.24 ►
Die erste Zeile liegt innerhalb <thead>, die letzte innerhalb von <tfoot>, der Rest befindet sich in <tbody>. Zwei erste und zwei letzte Spalten werden zu einer Spaltengruppe zusammengefasst und gestaltet.

Tabelle 3: Bücher in Ihrem Einkaufswagen

Pos.	Autor	Buch	Preis (€)
1.	G. Marquez	Hundert Jahre Einsamkeit	19, 90
2.	G. Orwell	1984	19, 90
3.	A. Exupery	Der Kleine Prinz	9, 90
			49, 70

6.3.5 Colspan und rowspan – Zeilen und Spalten verbinden und vereinigen

Um festzulegen, über wie viele Spalten bzw. Zeilen sich eine Zelle erstrecken soll, werden die Attribute `colspan` bzw. `rowspan` verwendet. Standardwert für beide Attribute ist 1. Beide können miteinander kombiniert werden und sind bei Elementen des Typs `td` und `th` anzugeben. Hierzu ein Beispiel:

```
    <table summary="Eine Übersicht von Büchern in
Ihrem Einkaufswagen, mit Informationen zu Büchern
(Autor und Buchtitel) sowie Preisen in Euro.">
  <caption>Tabelle 4: Bücher in Ihrem Einkaufswagen
  </caption>
    <colgroup id="spalte1" span="1" />
    <colgroup id="spalte2" span="3"/>
     <thead>
    <tr>
```

```
    <th rowspan="2">Pos.</th>
    <th colspan="2">Information zum Buch</th>
    <th rowspan="2">Preis (&euro;)</th>
  </tr>
    <tr>
    <th>Autor</th>
    <th>Titel</th>
  </tr>
</thead>
     <tfoot>
    <tr>
    <td colspan="3"></td>
    <td>49, 70</td>
  </tr>
</tfoot>

  <tr>
    <td>1. </td>
    <td>G. Marquez</td>
    <td>Hundert Jahre Einsamkeit</td>
    <td>19, 90</td>
  </tr>
  <tr>
    <td>2. </td>
    <td>G. Orwell</td>
    <td>1984</td>
    <td>19, 90</td>
  </tr>
  <tr>
    <td>3.</td>
    <td>A. Exupery</td>
    <td>Der Kleine Prinz</td>
    <td>9, 90</td>
  </tr>
<!--  weitere Zeilen -->
</table>
```

Tabelle 4: Bücher in Ihrem Einkaufswagen

Pos.	**Information zum Buch**		**Preis (€)**
	Autor	**Titel**	
1.	G. Marquez	Hundert Jahre Einsamkeit	19, 90
2.	G. Orwell	1984	19, 90
3.	A. Exupery	Der Kleine Prinz	9, 90
			49, 70

◂ **Abbildung 6.25**
Die untere leere Zelle nimmt drei Spalten ein; »Pos.« dehnt sich auf zwei Zeilen aus, »Buch« und »Autor« auf zwei Spalten.

Dabei ist zu beachten, dass die Anzahl der Spalten und Zeilen erhalten bleiben soll: Nimmt ein Block also den Platz von zwei Spalten ein, so sollte die jeweilige Zeile zwei Spalten weniger, also auch zwei `td`- bzw. `th`-Elemente weniger besitzen.

In den letzten Beispielen wurden Tabellen übersichtlichkeitshalber mit zusätzlichen CSS-Angaben gestaltet. Ohne zusätzliche Gestaltung erscheinen einzelne Informationsblöcke nämlich allzu dicht aneinander und lassen sich weder gut unterscheiden noch leicht zuordnen.

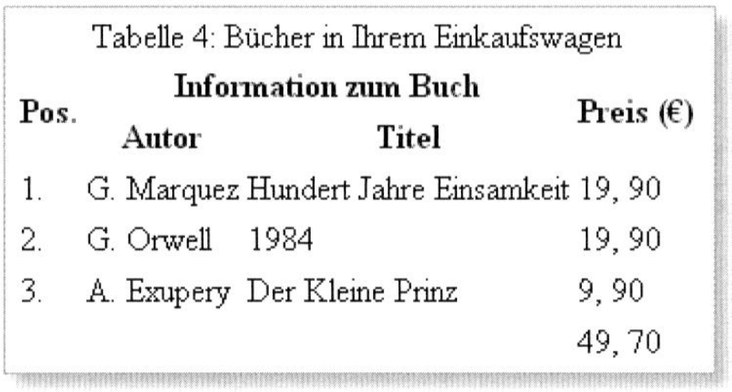

Tabelle 4: Bücher in Ihrem Einkaufswagen

Pos.	Information zum Buch		Preis (€)
	Autor	Titel	
1.	G. Marquez	Hundert Jahre Einsamkeit	19, 90
2.	G. Orwell	1984	19, 90
3.	A. Exupery	Der Kleine Prinz	9, 90
			49, 70

Abbildung 6.26 ▶
In der Standardansicht ohne CSS-Formatierung sind Daten nur schwer lesbar.

Eine benutzerfreundliche Tabellendarstellung erfordert daher CSS-Gestaltung. XHTML-Markup bietet dabei zahlreiche Optionen, Tabellen mittels CSS präzise und detailliert zu gestalten.

6.3.6 Gestaltung von Tabellen mit CSS

Im Großen und Ganzen gelten für Tabellen dieselben Regeln wie für andere XHTML-Elemente. Dabei können zusätzliche Eigenschaften verwendet werden.

Besonders wichtig in der Praxis sind die Eigenschaften `border`, `border-collapse`, `border-spacing`, `empty-cells` und `caption-side`.

- `border` legt die Gestaltung der äußeren Grenze einer Tabelle fest (z. B. `border: 1 px solid #eee;`).
- `border-collapse` kann die Werte `collapse` und `separate` annehmen. `collapse` sorgt dafür, dass zwei oder mehrere Zellen keinen Abstand voneinander haben. Beachten Sie, dass dies zur Folge haben kann, dass auf den Rahmen einer Zelle die CSS-Gestaltung von gleich zwei benachbarten Elementen angewandt wird. Standardwert für `border-collapse` ist `separate`, dabei hat jede Zelle ihren eigenen Rahmen (z. B. `border-collapse: collapse;`).
- `border-spacing` beschreibt die Abstände zwischen Zellen und Spalten. Um die Eigenschaft verwenden zu können, muss die Tabelle auf »Separate Modus« gesetzt werden. Die Eigenschaft kann zwei Werte annehmen. Der erste legt den horizontalen Abstand der Zelle fest (links und rechts von der Zelle), der zweite – den vertikalen Abstand (oben und

unten von der Zelle). Wird ein Wert vorgegeben, so wird der Abstand für alle Richtungen benutzt.

- Mit der `empty-cells`-Eigenschaft können Sie vorgeben, ob die Grenzen zwischen leeren Zellen angezeigt werden sollen (`show`) oder nicht (`hide`). Es kann bei beliebigen Elementen der Tabelle verwendet werden (z. B. `table colgroup#colgroup1 { empty-cells: hide; }`).
- `caption-side` setzt die Position des `<caption>`-Elements in Bezug auf die Tabelle. Das Attribut kann die Werte `top`, `left`, `right` und `bottom` annehmen, welche die Tabellenbeschreibung oben, links, rechts oder unter der Tabelle anzeigen (z. B. `caption { caption-side: bottom; }`).
- Bei der Gestaltung von Tabellen mit CSS ist die Ebenenanordnung innerhalb des Tabellenmodells zu beachten. Aus Abbildung 6.27 ergibt sich die Priorität der Angaben: Im Browser wird diejenige Formatierung angezeigt, die laut dem Schema möglichst weit von der `table`-Ebene entfernt ist. Bei der Angabe der Hintergrundfarbe für ein `colgroup`-Element und ein `tbody`-Element, die dieselbe Zelle gestalten, wird die Zelle entsprechend der Formatierung des `tbody`-Elements angezeigt.

Außerdem sollten Sie die Darstellung der Tabelle in den gängigen Browsern genauer untersuchen; Internet Explorer bis einschließlich Version 6 ist weder mit dem Attribut `caption-side` noch mit dem *Separate-Modus* gut genug vertraut; im Zweifel sollten Sie die Tabelle auf den Collapse-Modus umstellen.

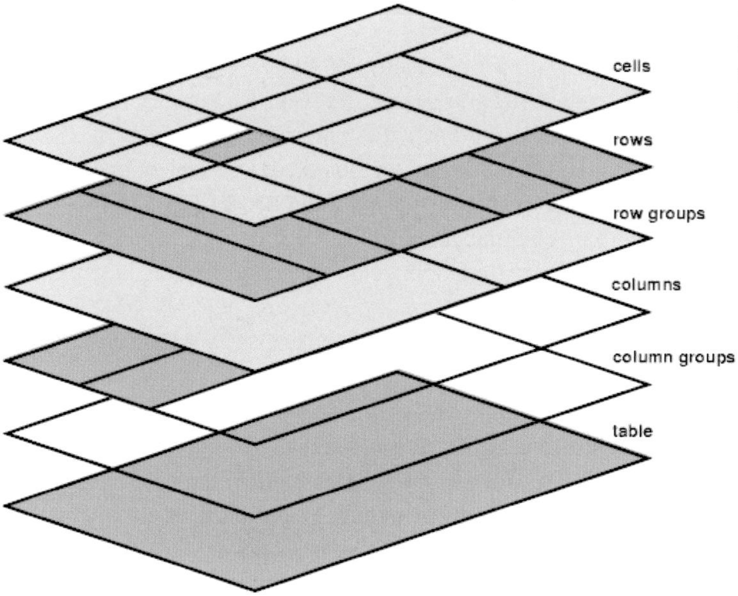

◂ **Abbildung 6.27**
Ebenenansicht des Tabellenmodells in XHTML laut W3C-Spezifikation

6.3.7 Tabellen im Web 2.0-Look

Schritt für Schritt: Ansprechende Tabellendarstellung

Als Beispiel wird basierend auf dem XHTML-Markup der Tabelle 4 eine ansprechende tabellarische Ansicht gestaltet.

Tabelle 4: Bücher in Ihrem Einkaufswagen

Pos.	Information zum Buch		Preis (€)
	Autor	Titel	
1.	G. Marquez	Hundert Jahre Einsamkeit	19, 90
2.	G. Orwell	1984	19, 90
3.	A. Exupery	Der Kleine Prinz	9, 90
			49, 70

Abbildung 6.28 ▸
Die Ausgangssituation

1 Typografischer Satz, äußerer Abstand

Um der Tabelle eine frische Gestalt zu geben, werden zunächst Schriftart und Schriftgröße verändert. Ein äußerer Abstand (`margin`) sorgt dafür, dass die Tabelle sich von den sonstigen Inhalten der Seite abhebt. Außerdem wird durch die Festlegung der `border-spacing`-Eigenschaft explizit angegeben, dass benachbarte Tabellenzellen im *Separate*-Modus keinen Abstand voneinander haben sollen. Damit kann man nachher leichter kontrollieren ob die Tabelle konsistent ist, also beispielsweise keine Zeile mehr Spalten als die übrigen besitzt.

TIPP

In diesem und in weiteren Beispielen wird *Global Reset* (`* {margin: 0; padding: 0;}`) in der Regel stillschweigend vorgenommen, um Kompatibilitätsproblemen frühzeitig und effektiv vorzubeugen.

```
table {
font: normal 0.8em "Lucida Sans Unicode", "Trebuchet
MS", Verdana, Arial, Helvetica, sans-serif;
margin: 1em 0;
border-collapse: collapse;
border-spacing: 0;
}
```

Tabelle 4: Bücher in Ihrem Einkaufswagen

Pos.	Information zum Buch		Preis (€)
	Autor	Titel	
1.	G. Marquez	Hundert Jahre Einsamkeit	19, 90
2.	G. Orwell	1984	19, 90
3.	A. Exupery	Der Kleine Prinz	9, 90
			49, 70

Abbildung 6.29 ▸
Tabelle mit festgelegtem typografischen Satz

2 Formatierung der Tabellenbeschreibung

Im zweiten Schritt wird das `caption`-Element formatiert und unter die Tabelle in Kursiven angebracht. Der typografische Satz der Beschreibung wird nicht vom `table`-Element geerbt und ist explizit anzugeben.

```
caption {
    font: italic 0.9em "Trebuchet MS", Verdana,
    Arial, Helvetica, sans-serif;
    text-align: right;
   caption-side: bottom;
}
```

Pos.	Information zum Buch		Preis (€)
	Autor	Titel	
1.	G. Marquez	Hundert Jahre Einsamkeit	19, 90
2.	G. Orwell	1984	19, 90
3.	A. Exupery	Der Kleine Prinz	9, 90
			49, 70

Tabelle 4: Bücher in Ihrem Einkaufswagen

◂ **Abbildung 6.30**
Die Tabellenbeschreibung wird unter der Tabelle angebracht.

3 Einfügen innerer Abstände zwischen Zellen

Einzelne Zellen der Tabelle müssen für eine gute Lesbarkeit genug Freiraum zwischen einander aufweisen. Dies gilt sowohl für Kopfzellen als auch für Datenzellen.

```
th, td {
padding: 0.4em 0.4em 0.4em 0.8em;
}
```

Pos.	Information zum Buch		Preis (€)
	Autor	Titel	
1.	G. Marquez	Hundert Jahre Einsamkeit	19, 90
2.	G. Orwell	1984	19, 90
3.	A. Exupery	Der Kleine Prinz	9, 90
			49, 70

Tabelle 4: Bücher in Ihrem Einkaufswagen

◂ **Abbildung 6.31**
Ein innerer Abstand zwischen Zellen wird eingefügt.

4 Gestaltung von Kopfzeilen

Kopfzeilen einer Tabelle sollen sich vom Inhalt abheben und eine leichte Orientierungshilfe darstellen. Daher werden sie hervorgehoben.

```
th {
    font: bold 0.85em Arial, "Trebuchet MS", Verdana,
    Arial, Helvetica, sans-serif;
    color: #116688;
    letter-spacing: 2px;
    text-transform: uppercase;
    text-align: center;
    background-color: #cceeff;
}
```

POS.	INFORMATION ZUM BUCH		PREIS (€)
	AUTOR	TITEL	
1.	G. Marquez	Hundert Jahre Einsamkeit	19, 90
2.	G. Orwell	1984	19, 90
3.	A. Exupery	Der Kleine Prinz	9, 90
			49, 70

Tabelle 4: Bücher in Ihrem Einkaufswagen

Abbildung 6.32 ▸
Die Kopfzellen der Tabelle werden mit einer Hintergrundfarbe versehen.

Damit sich beide Ebenen im Tabellenkopf leichter unterscheiden lassen, wird ihnen ein Rahmen gegeben. Beachten Sie bei den Rahmenangaben im *Separate Modus*, dass es nicht notwendig ist, nur zwei Rahmenpaare festzulegen (z. B. nur den linken und den unteren Rand). Im *Separate Modus* werden benachbarte Zellen immer durch eine Rahmenlinie getrennt.

```
th {
...
   border: 1px solid #bbdddd;
...
}
```

POS.	INFORMATION ZUM BUCH		PREIS (€)
	AUTOR	TITEL	
1.	G. Marquez	Hundert Jahre Einsamkeit	19, 90
2.	G. Orwell	1984	19, 90
3.	A. Exupery	Der Kleine Prinz	9, 90
			49, 70

Tabelle 4: Bücher in Ihrem Einkaufswagen

Abbildung 6.33 ▸
Überschriftzellen in der Kopfzeile werden voneinander durch einen Rahmen getrennt.

5 Grenzen für Datenzellen setzen

Die Datenzellen werden durch einen leicht erkennbaren Rahmen voneinander getrennt.

```
td {
   color: #666677;
   border: 1px solid #bbdddd;
}
```

POS.	INFORMATION ZUM BUCH		PREIS (€)
	AUTOR	TITEL	
1.	G. Marquez	Hundert Jahre Einsamkeit	19, 90
2.	G. Orwell	1984	19, 90
3.	A. Exupery	Der Kleine Prinz	9, 90
			49, 70

Tabelle 4: Bücher in Ihrem Einkaufswagen

Abbildung 6.34 ▸
Die Datenzellen weisen nun einen Rahmen auf.

6 Spalten hervorheben

Mithilfe von definierten Spaltengruppen können Spalten mit wenigen CSS-Angaben einheitlich gestaltet werden. Mit dem folgenden Quellcode wird die erste Spalte der Tabelle markiert.

```
table colgroup#spalte1 {
background-color: rgb(241, 250, 253);
}
```

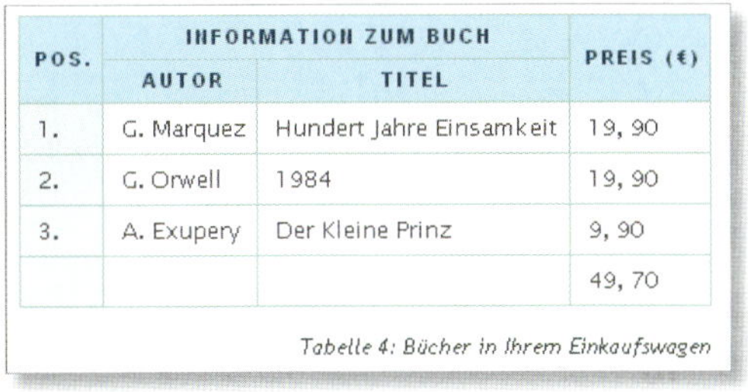

POS.	INFORMATION ZUM BUCH		PREIS (€)
	AUTOR	TITEL	
1.	G. Marquez	Hundert Jahre Einsamkeit	19, 90
2.	G. Orwell	1984	19, 90
3.	A. Exupery	Der Kleine Prinz	9, 90
			49, 70

Tabelle 4: Bücher in Ihrem Einkaufswagen

◂ **Abbildung 6.35**
Die erste Spalte wird markiert. Die drei unteren Zellen wurden im (X)HTML-Gerüst zu einer Einheit zusammengefasst. Auch sie werden deshalb markiert.

7 Markierte leere Räume entfernen

In der unteren Zeile ist ein Leerraum entstanden, der sich entsprechend dem XHTML-Markup auf drei Spalten ausgedehnt hat. Um leere Räume zu entfernen, verwendet man das `empty-cells`-Attribut für die Zellen des `tfoot`-Elements. Zudem wird ein wenig CSS-Styling betrieben.

```
tfoot td {
background-color: #fff;
color: #333;
font-weight: bold;
empty-cells: hide;
}
```

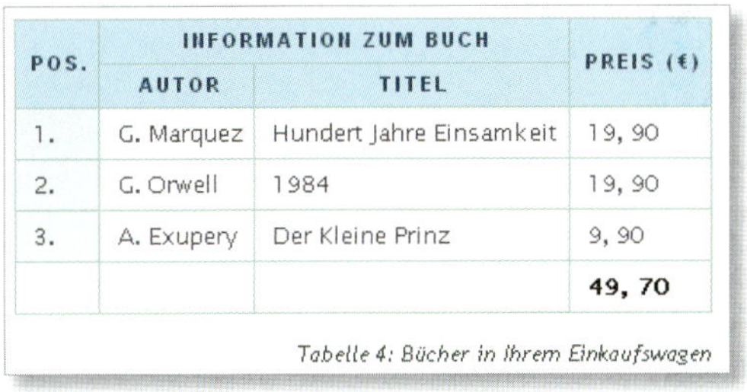

POS.	INFORMATION ZUM BUCH		PREIS (€)
	AUTOR	TITEL	
1.	G. Marquez	Hundert Jahre Einsamkeit	19, 90
2.	G. Orwell	1984	19, 90
3.	A. Exupery	Der Kleine Prinz	9, 90
			49, 70

Tabelle 4: Bücher in Ihrem Einkaufswagen

◂ **Abbildung 6.36**
`empty-cells` wird auf `hide` gesetzt.

Grenzen entfernen und leere Zellen löschen. Um die leeren Zellen im `tfoot`-Element zu entfernen, wird der Rand der Zellen entfernt

```
tfoot td {
border: 0;
}
```

und die »Preis«-Zelle in der unteren rechten Ecke hervorgehoben:

```
td.preis {
border: 1px solid #c1dad7;
background-color: #e8f6fc;
}
```

Zu diesem Zweck wird die jeweilige »Preis«-Zelle im (X)HTML-Gerüst mit einer CSS-Klasse versehen:

```
<tfoot>
  <tr>
    <td colspan="3"></td>
    <td class="preis">49, 70</td>
  </tr>
</tfoot>
```

8 Hover-Effekte festlegen

Schließlich werden Hover-Effekte für das Drüberfahren der Maus über die Tabelle festgelegt.

```
tr:hover {
background-color: #eeffcc;
cursor: pointer;
}
```

TIPP

Beachten Sie, dass `tr:hover` nicht bei allen Browsern wie gewünscht funktioniert wird. Grundsätzlich ist es daher besser,

```
tr:hover td {
...
background-color: #f0fad4;
...
}
```

zu verwenden, also den Hintergrund direkt den entsprechenden Zellen zuweisen.

So könnte dann das Bild beim Einfügen von Verweisen anstatt von reinen Texten erscheinen.

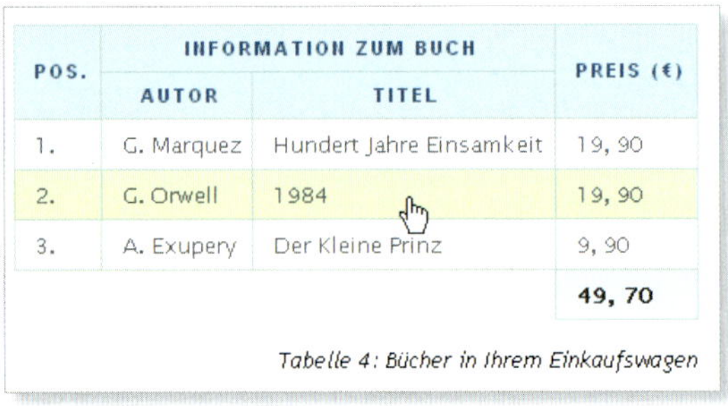

POS.	INFORMATION ZUM BUCH		PREIS (€)
	AUTOR	TITEL	
1.	G. Marquez	Hundert Jahre Einsamkeit	19, 90
2.	G. Orwell	1984	19, 90
3.	A. Exupery	Der Kleine Prinz	9, 90
			49, 70

Tabelle 4: Bücher in Ihrem Einkaufswagen

Abbildung 6.37 ▸
Die Hintergrundfarbe der Zelle verändert sich beim Drüberfahren mit der Maus.

9 Weitere Gestaltungsmöglichkeiten

Möchte man dem Anwender die Möglichkeit einräumen, eine Tabelle zu sortieren, so muss man für die Rubriken, in denen sortiert werden soll, zusätzliche Klassen (`.class`) oder Bezeichner (`#id`) einfügen und Sortieralgorithmen (JavaScripts) einsetzen.

Jedes Element der Tabelle kann über die jeweiligen Bezeichner einzeln gestaltet werden.

```
...
    <thead>
   <tr>
   <th rowspan="2">Pos.</th>
   <th colspan="2">Information zum Buch</th>
   <th rowspan="2">Preis (&euro;)</th>
  </tr>
       <tr>
   <th class="sub">Autor</th>
   <th>Titel</th>
  </tr>
</thead>
...
```

CSS:

```
table tr th.sub {
background-color: #e4f4fc;
}
```

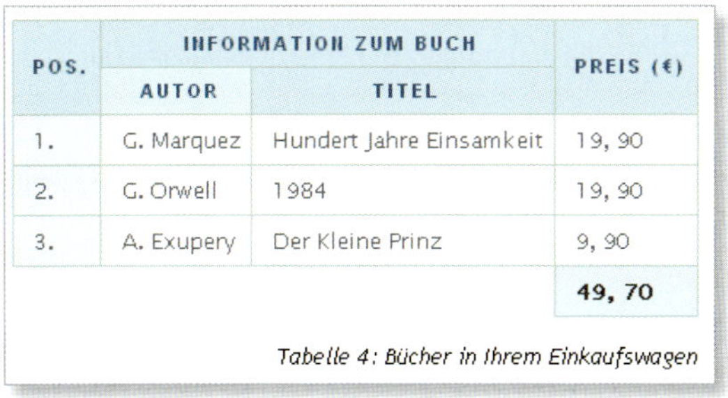

POS.	INFORMATION ZUM BUCH		PREIS (€)
	AUTOR	TITEL	
1.	G. Marquez	Hundert Jahre Einsamkeit	19, 90
2.	G. Orwell	1984	19, 90
3.	A. Exupery	Der Kleine Prinz	9, 90
			49, 70

Tabelle 4: Bücher in Ihrem Einkaufswagen

▲ **Abbildung 6.38**
Zugriff auf eine der Zellen über die Klasse `.sub`.

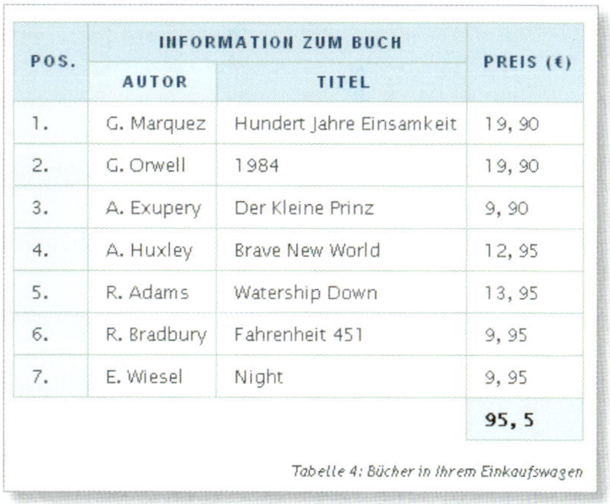

POS.	INFORMATION ZUM BUCH		PREIS (€)
	AUTOR	TITEL	
1.	G. Marquez	Hundert Jahre Einsamkeit	19, 90
2.	G. Orwell	1984	19, 90
3.	A. Exupery	Der Kleine Prinz	9, 90
4.	A. Huxley	Brave New World	12, 95
5.	R. Adams	Watership Down	13, 95
6.	R. Bradbury	Fahrenheit 451	9, 95
7.	E. Wiesel	Night	9, 95
			95, 5

Tabelle 4: Bücher in Ihrem Einkaufswagen

▲ **Abbildung 6.39**
Das Ergebnis

10 Zebra-Tabellen

Besonders beliebt sind bei Web 2.0-Anwendungen sogenannte »Zebra-Tabellen«, also Tabellen, bei denen jede zweite Spalte mit einer anderen Farbe versehen wird und somit an Zebra-Streifen erinnert. Tabellen dieser Art erleichtern das Verständnis für die Inhalte.

Eine Möglichkeit, Zebra-Tabellen zu erzeugen, liegt praktisch auf der Hand. Erzeugt man eine zusätzliche Klasse, die für eine Zeile (`<tr>`) eine Hintergrundfarbe festlegt und ordnet jeder zweiten Zeile diese Klasse zu, so erhält man den gewünschten Effekt. Was bei kleinen Tabellen in wenigen Sekunden zu erledigen ist, wird bei großen Datenbeständen zu einer zeitaufwendigen Angelegenheit.

Automatisieren lässt sich die Färbung der Tabelle mit einem JavaScript, das man auf der Webseite *http://www.sitepoint.com/article/background-colors-javascript* (Linkcode 171) findet. Das Ergebnis ist:

POS.	INFORMATION ZUM BUCH		PREIS (€)
	AUTOR	TITEL	
1.	G. Marquez	Hundert Jahre Einsamkeit	19, 90
2.	G. Orwell	1984	19, 90
3.	A. Exupery	Der Kleine Prinz	9, 90
4.	A. Huxley	Brave New World	12, 95
5.	R. Adams	Watership Down	13, 95
6.	R. Bradbury	Fahrenheit 451	9, 95
7.	E. Wiesel	Night	9, 95
			95, 5

Tabelle 4: Bücher in Ihrem Einkaufswagen

Abbildung 6.40 ▸
Zebra-Streifen

6.4 Ressourcen

In den obigen Beispielen wurden nur die wesentlichen Grundlagen der CSS-basierten Listen- und Tabellengestaltung beleuchtet. Zusätzlich lassen sich beide Datenstrukturen mit vielen weiteren JavaScript-Funktionen erweitern, etwa mit einer Sortierungsfunktionalität oder Datafiltern. Weitere Informationen finden Sie auf den folgenden Seiten:

- SELFHTML: Listenformatierung (*http://de.selfhtml.org/css/eigenschaften/listen.htm* (Linkcode 172))

- Listutorial
(*http://css.maxdesign.com.au/listutorial/index.htm* (Linkcode 173)) präsentiert eine detaillierte Einführung in die crossbrowser-Gestaltung von Listen.
- Listen
(*http://jendryschik.de/wsdev/einfuehrung/xhtml/listen* (Linkcode 174)) und »Tabellen« (*http://jendryschik.de/wsdev/einfuehrung/xhtml/tabellen* (Linkcode 175))
- SELFHTML: Tabellenformatierung
(*http://de.selfhtml.org/css/eigenschaften/tabellen.htm* (Linkcode 176))
- W3C Recommendation, Tables in HTML Documents
(*http://www.w3.org/TR/html4/struct/tables.html* (Linkcode 177))
- CSS-Based Tables: Modern Solutions
(*http://www.smashingmagazine.com/2006/12/29/css-based-tables-modern-solutions* (Linkcode 178)) listet 31 CSS-und CSS+JavaScript-basierte Techniken zur Gestaltung von Tabellen auf und bietet weiterführende Referenzen zum Thema.
- In ihren Beiträgen »Bring on the tables« (Roger Johansson, *http://www.456bereastreet.com/archive/200410/bring_on_the_table* (Linkcode 179)) und »HTML, CSS and tables – the beauty of data« (Christian Heilmann, *http://icant.co.uk/articles/tables* (Linkcode 180)) beleuchten die Autoren die wesentlichen Grundlagen des semantisch korrekten, zugänglichen Tabellen-Markups. Der Artikel »Techniques for Accessible HTML Tables« (*http://www.ferg.org/section508/accessible_tables.html* (Linkcode 181)) liefert Zugaben.
- CSS Table Gallery
(*http://icant.co.uk/csstablegallery/index.php* (Linkcode 182)) stellt Dutzende von Tabellendesigns zur Schau.
- XHTML Tutorials
(*http://msconline.maconstate.edu/tutorials/XHTML* (Linkcode 183)) beschreibt die Syntax und Semantik von XHTML im Hinblick auf Listen und Tabellen.

7 Schaltflächen

Neben der eigentlichen Funktionalität besteht der Zweck einer Schaltfläche darin, Nutzer zu Aktionen zu animieren. Unwichtig, ob es sich dabei um eine Software-Anwendung, eine Webapplikation oder einen Online-Dienst handelt. Mithilfe von visuellen Mitteln kämpfen Schaltflächen (Buttons) um die Aufmerksamkeit und das Interesse des Nutzers. Dies gilt auch im Web 2.0. Umso wichtiger ist es, ein besonderes Augenmerk auf ihren Entwurf zu legen.

In diesem Kapitel erfahren Sie, wie man Schaltflächen eine angenehme und attraktive Gestalt verleiht. Hierbei werden Sie grundlegende Photoshop-Techniken kennenlernen, aber auch sehen, wie Buttons mit CSS erzeugt werden und wo Sie bei der Suche nach geeigneten Mini-Icons fündig werden.

Bei modernen Webauftritten dienen Schaltflächen meistens als auffallende visuelle Wegweiser. Um die Schaltflächen besonders deutlich von der Seite abzuheben, werden sie häufig von großzügig gewählten Freiräumen umgeben. Sie können sowohl schlüssige Navigationsmöglichkeiten als auch Aufrufe zu Aktionen beinhalten.

Damit eine zu vermittelnde Botschaft ankommt, kann man die Schaltfläche visuell von der Seite abheben. Zu diesem Zweck greifen Webdesigner zu 3D-, Glanz-, Schatten- und Spiegeleffekten. Geschickt umgesetzt, können die so gestalteten Buttons professionell und attraktiv wirken.

Aus den Verhaltensmustern der Benutzer ergibt sich der Platzierungsort für grafische Schaltflächen. Der mittlere und der obere Seitenbereich werden von Designern gerne verwendet und mit auffallenden, bunten und nicht selten übermäßig großen Buttons versehen.

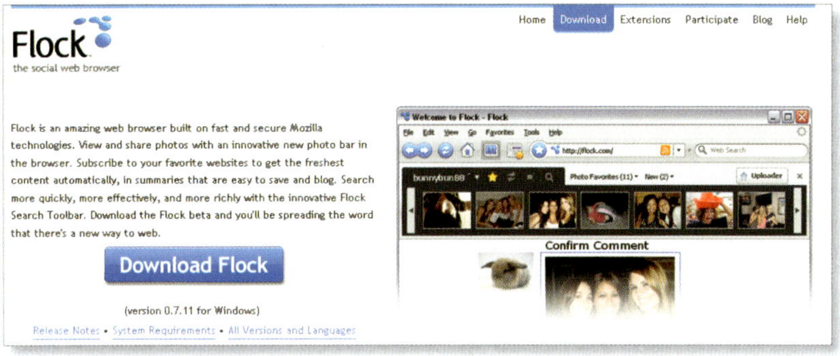

Abbildung 7.1 ▲▶
Grafische Schaltflächen auf www.skype.com, www.flock.com, www.ventbox.com, www.webkit.org

Unter den Bildern, die in der modernen Seitengestaltung am häufigsten als Schaltflächen verwendet werden, treten Aqua und Chrome Look (Mac-Stil), Spiegelungen, Schatteneffekte sowie Schaltflächen mit glänzenden Oberflächen besonders häufig auf. Im Folgenden finden Sie ausgewählte Praxisanleitungen, die Ihnen zeigen, wie Sie mit Photoshop selbst anspruchsvolle Schaltflächen gestalten können.

Weiche Konturen

Die Kontur wird weicher, wenn man anstatt einer Kontur einen äußeren Schein mit einem engen Radius verwendet. Mehr dazu finden Sie im Beitrag »Optimizing Strokes« (*http://bartelme.at/journal/archive/optimizing_strokes_part2* Linkcode 184).

7.1 Einfache Schaltfläche

Schritt für Schritt: Erzeugen einer einfachen Schaltfläche

1 Rechteck mit abgerundeten Ecken erzeugen

Öffnen Sie ein neues Dokument mit weißer Hintergrundfarbe in Adobe Photoshop und erzeugen Sie mit dem Abgerundetes-Rechteck-Werkzeug ein neues abgerundetes Rechteck mit einem passenden Radius für die Abrundung (4 px). Im Beispiel wird als Hintergrundfarbe der Farbton RGB 60,193,241 verwendet.

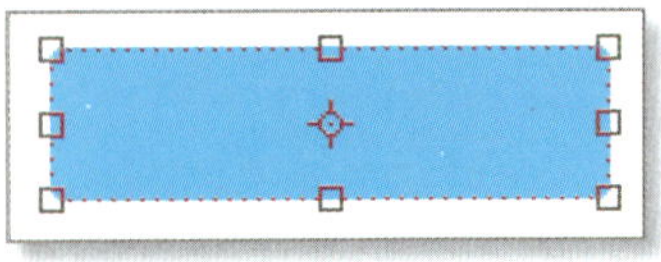

▲ **Abbildung 7.2**
Ein blaues Rechteck mit einer Abrundung von 4 px.

2 Äußeren Rand hinzufügen

Wechseln Sie zu den Ebenenstilen der erzeugten Ebene. Im Stil KONTUR geben Sie dem Objekt einen äußeren Rand von 1 px mit einer Farbe, die ein wenig dunkler ist als die Hintergrundfarbe der Schaltfläche (im Beispiel RGB 47,151,188).

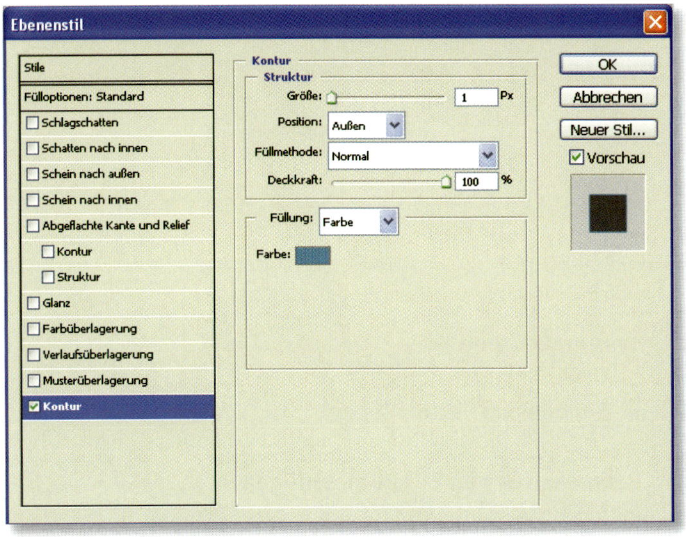

◂ **Abbildung 7.3**
Einen äußeren Rand hinzufügen

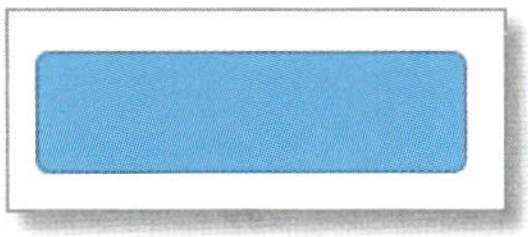

▴ **Abbildung 7.4**
Die Schaltfläche mit einem äußeren Rand

3 Innere Kante erstellen

Im Ebenenstil SCHEIN NACH INNEN wählen Sie Weiß für den inneren Rand. Setzen Sie die Größe der inneren Kante auf 1 px.

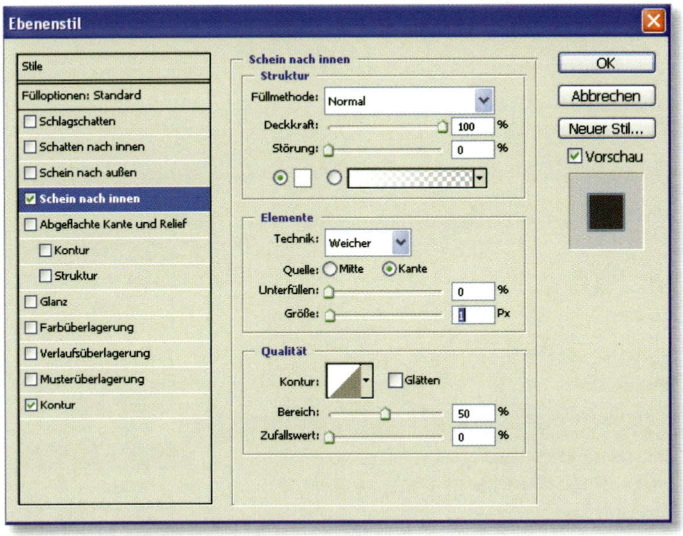

◂ **Abbildung 7.5**
Einen inneren Rand setzen

▴ **Abbildung 7.6**
Schaltfläche mit der inneren weißen Kante

4 Schlagschatten hinzufügen

Anschließend wählen Sie einen leichten schwarzen Schlagschatten mit Deckkraft 45 %, Distanz 1 px und Größe 1 px.

Abbildung 7.7 ▸
Schwarzen Schlagschatten hinzufügen

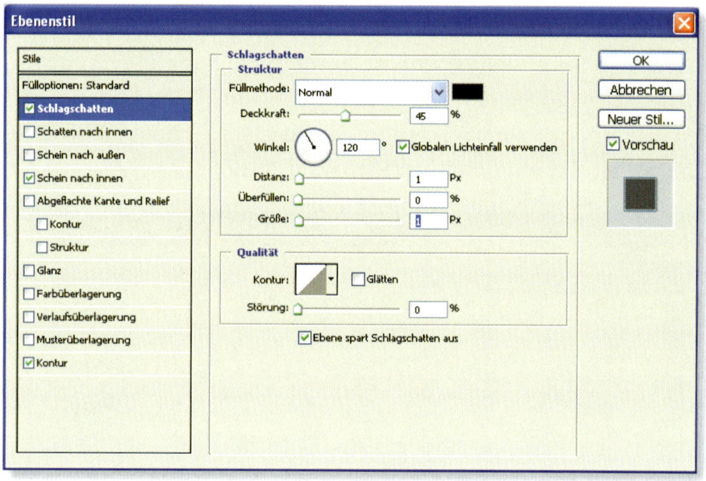

▲ **Abbildung 7.8**
Die Schaltfläche mit einem Schlagschatten

▲ **Abbildung 7.9**
Text einfügen

▲ **Abbildung 7.10**
Die Schaltfläche im frischen Look

5 Text hinzufügen

Eine einfache Schaltfläche ist somit erzeugt. Anschließend können Sie darauf einen Text einfügen.

6 Perspektivischen Effekt hinzufügen

Um einen perspektivischen Effekt hinzuzufügen, wird die Schaltfläche in zwei gleich große Bereiche aufgeteilt. Im oberen Bereich erstellt man einen Farbverlauf von der Hintergrundfarbe zu Weiß. Im unteren einen Farbverlauf von Schwarz zur Hintergrundfarbe (in beiden Fällen von oben nach unten). Anschließend experimentiert man mit der Deckkraft, bis das gewünschte Ergebnis erzeugt wird.

Im Beispiel genügt für den oberen Bereich eine Deckkraft von 25 %, für den unteren 5 %. Für den Farbverlauf wurden in einem Fall der Verlauf Transparent zu Weiß (RGB 255,255,255) und im anderen Fall Transparent zu Schwarz (RGB 0,0,0) benutzt.

▲ **Abbildung 7.11**
Der untere Bereich der Fläche wird selektiert.

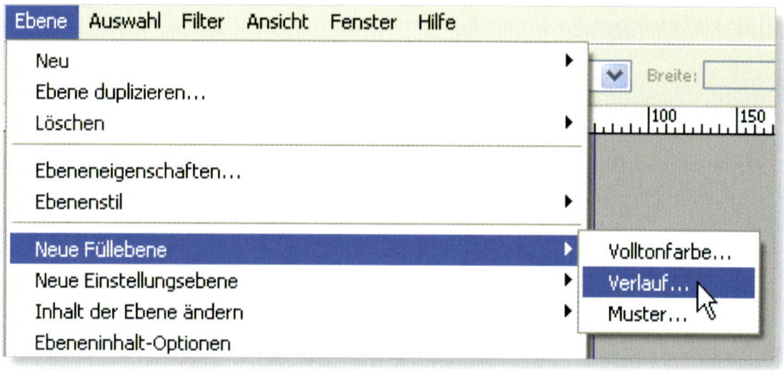

▲ **Abbildung 7.12**
Der obere und untere Bereiche werden mit einem Farbverlauf gefüllt.

▲ **Abbildung 7.14**
Farbverlauf für den unteren Bereich

▲ **Abbildung 7.15**
Farbverlauf für den oberen Bereich

▲ **Abbildung 7.13**
Die Deckkraft für den oberen Bereich beträgt 25 %, für den unteren 5 %.

▲ **Abbildung 7.16**
Eine Schaltfläche mit einem Scheineffekt

7 Inneren Schatten erzeugen

Erzeugen Sie anschließend Sie einen inneren Schatten. Als Hintergrundfarbe wird hierbei RGB 88,218,255 verwendet.

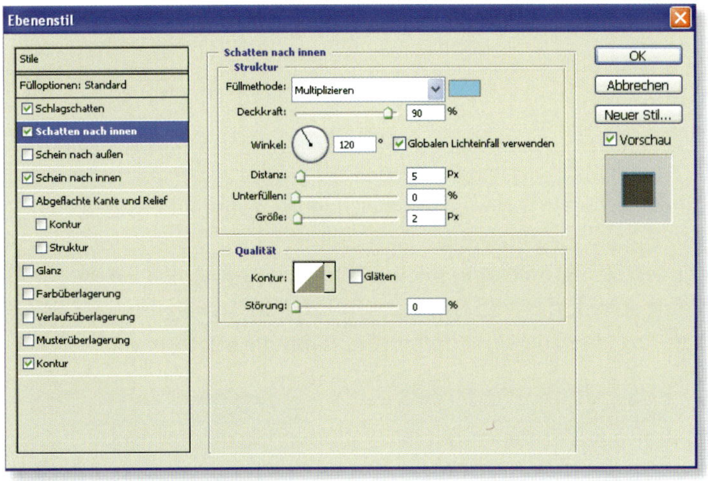

◄ **Abbildung 7.17**
Inneren Schatten erzeugen

▲ **Abbildung 7.18**
Schaltfläche mit inneren Schatten

8 Scheineffekt hinzufügen

Um einen Scheineffekt für das Bild zu erzeugen, wählen Sie nun das Zeichenstift-Werkzeug in der Toolbar. Im Ebenenmenü soll die Schaltflächen-Ebene aktiviert sein. Setzen Sie zuerst den ersten (Abbildung 7.21), dann den zweiten Ankerpunkt auf die Fläche (Abbildung 7.22) und schließen Sie die Figur anschließend mit dem FREIFORM-ZEICHENSTIFT-WERKZEUG beliebig ab (Abbildung 7.23). Etwa indem Sie anhand mehrerer Linien wieder den ersten Ankerpunkt erreichen.

◄ **Abbildung 7.19**
Freiform-Zeichenstift-Werkzeug

▲ **Abbildung 7.20**
Eine Vektormaske ist mit einer Ebene verbunden.

Im Ebenenmenü wird eine neue Ebene mit einer Vektormaske erzeugt.

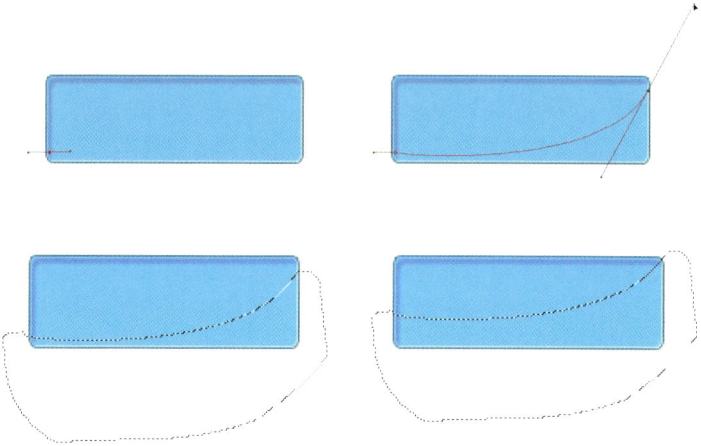

▲ **Abbildung 7.21**
a) Ein Anker wird auf das Bild gesetzt. b) Zwei Anker erzeugen eine Kurve. c) Mit dem Freiform-Zeichenstift-Werkzeug wird die Selektion abgeschlossen und eine Figur erzeugt. d) Die Selektion wird verformt.

Selektion skalieren

Mit Strg + T können Sie die Selektion beliebig skalieren.

Füllen Sie die Selektion mit weißer Farbe und stellen Sie die Deckkraft so ein, dass die Farbe einen Scheineffekt ergibt (im Beispiel die Deckkraft 35 %). Löschen Sie dann die Vektormaske.

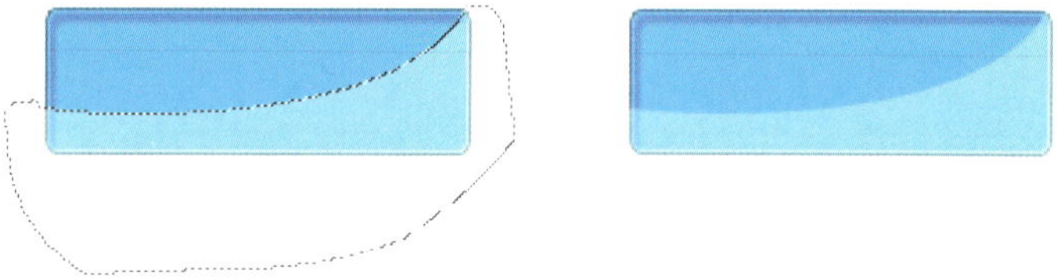

▲ **Abbildung 7.22**
Die Figur wird mit einem weißen Hintergrund gefüllt, die Deckkraft wird auf 35 % gesetzt. Ein Teil der Schaltfläche wird überdeckt.

Abbildung 7.23 ▶
Die Schaltfläche mit einem Scheineffekt und Text

7.2 Glänzende Schaltfläche im Aqua-Look

Schritt für Schritt: Schaltfläche im Aqua-Look erzeugen

1 Rechteck mit abgerundeten Ecken erstellen

Erzeugen Sie ein neues Dokument mit ausreichend großer Höhe und Breite in Adobe Photoshop.

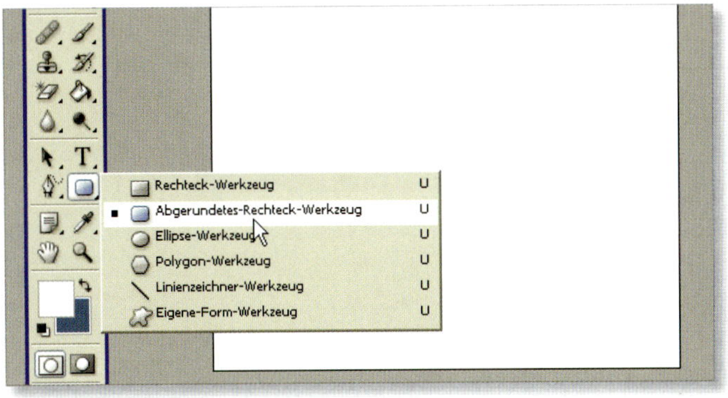

◂ **Abbildung 7.24**
Ein neues Dokument in Adobe Photoshop

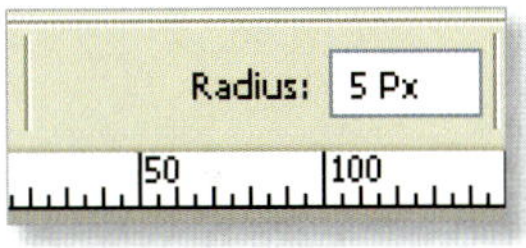

▴ **Abbildung 7.25**
Der Radius der Abrundung der Ecken beträgt im Beispiel 5 px.

Verwenden Sie das Abgerundetes-Rechteck-Werkzeug. Geben Sie den Radius der Abrundung vor (siehe Abbildung 7.24, im Beispiel 5 px) und setzen Sie das Objekt auf den Canvas (siehe Abbildung 7.25).

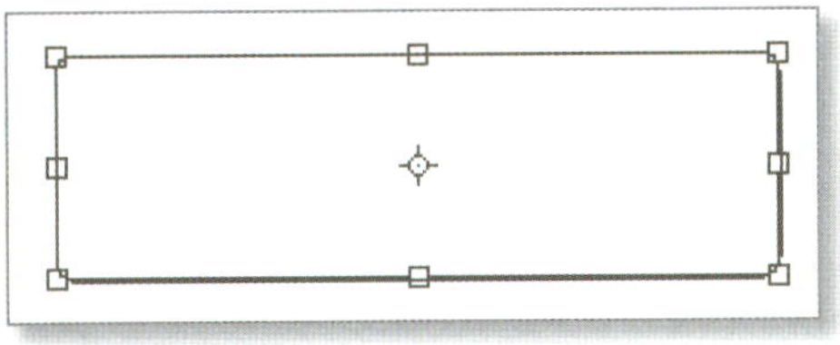

▴ **Abbildung 7.26**
Das Erscheinungsbild auf dem Canvas

2 Farbverlauf bestimmen

Betrachten Sie nun die Fülloptionen der erzeugten Ebene im Ebenenmenü. Klicken Sie dafür mit der rechten Maustaste auf den jeweiligen Eintrag im Ebenenmenü (siehe Abbildung 7.27).

◂ **Abbildung 7.27**
Fülloptionen der Ebene auswählen

Im Menüpunkt Verlaufsüberlagerung geben Sie einen gewünschten Farbverlauf für die Hintergrundfarbe vor. Damit ein sanfter Glanzeffekt erzeugt wird, verwenden Sie für den Verlauf zwei analoge oder – noch besser – monochromatische Farben, etwa RGB 92,130,203 und RGB 53,91,166 (siehe Abbildungen 7.29 und 7.30).

Abbildung 7.28 ▸
Default-Farbverlauf

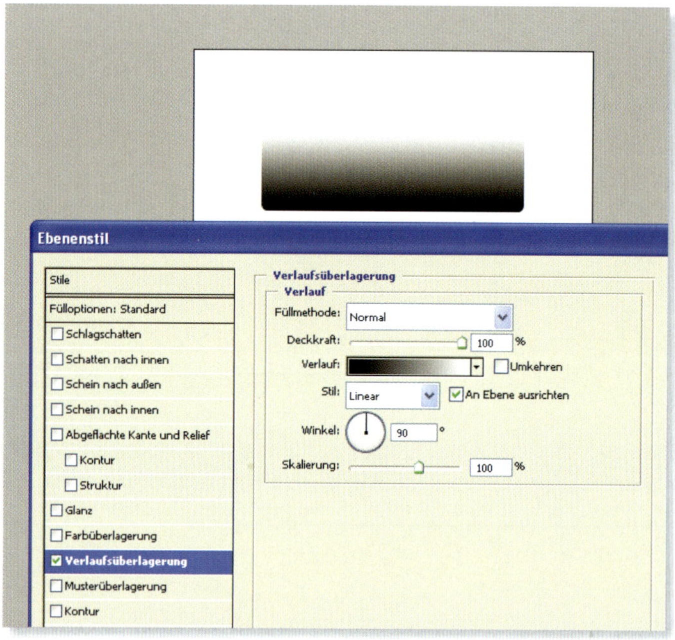

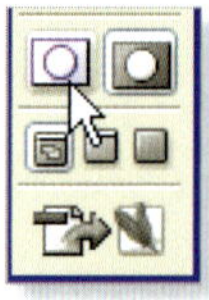

▲ **Abbildung 7.29**
Ein sanfter Farbverlauf von hellblau nach dunkelblau mit Adobe Photoshop

▲ **Abbildung 7.30**
Blauer Farbverlauf

3 Rand erzeugen

Verwenden Sie nun den Ebenenstil Kontur, um dem Objekt einen angenehmen, unaufdringlichen Rand zu verleihen. Im Beispiel wird dafür die Farbe RGB 143,170,220 verwendet.

Abbildung 7.31 ▸
Rand erzeugen

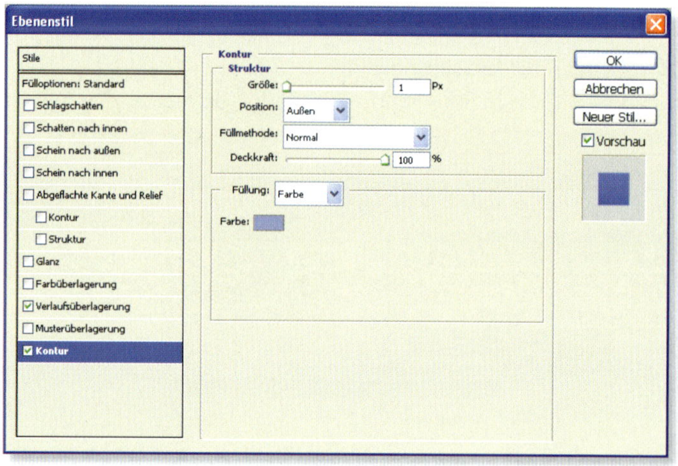

▲ **Abbildung 7.32**
Blaue Schaltfläche mit einem 1 px großen schwarzen Rand

4 Weichen Glanzeffekt erzeugen

Mit dem Schein nach innen lässt sich am Rande der Schaltfläche ein weicher Glanzeffekt erzeugen. Als Farbverlauf wird dabei ein transparenter Verlauf gewählt. Die Deckkraft des Verlaufs wird auf 47 % gesetzt. Die Kante des Objekts wird mit dem 10 px großen Schatten gefüllt.

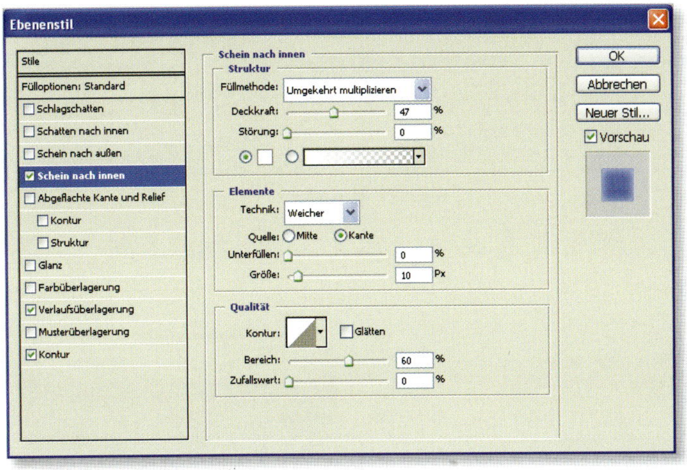

◂ Abbildung 7.33
Glanzeffekt hinzufügen

▴ Abbildung 7.34
Ein innerer Schein wird hinzugefügt.

5 Schaltfläche hervorheben

Damit sich das Objekt hervorhebt, fügen Sie einen Schlagschatten hinzu. Die Deckkraft beträgt 55 %, Distanz und Größe der Struktur jeweils 4 px.

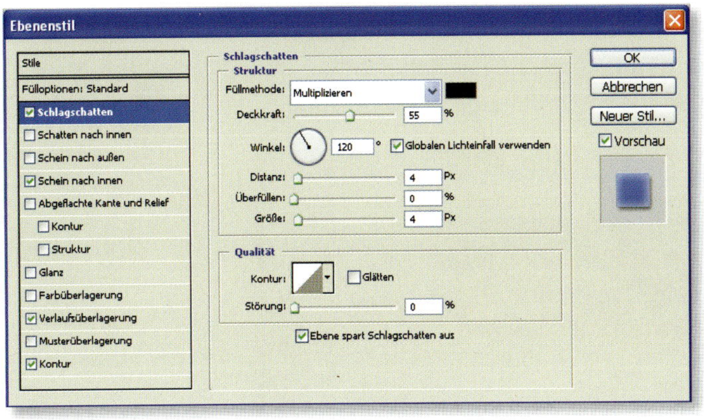

◂ Abbildung 7.35
Schlagschatten hinzufügen

▴ Abbildung 7.36
Die Schaltfläche in einem 3D-Look

6 Weiteren Glanzeffekt hinzufügen

Anschließend wird ein Glanzeffekt durch die Überdeckung der vorliegenden Ebene mit einer weiteren Ebene erzeugt. Dafür erstellt man eine neue Ebene, setzt mithilfe des *Abgerundetes-Rechteck-Werkzeugs* ein weiteres abgerundetes Rechteck darauf und lässt es die obere Teilfläche oder genau die Hälfte der gerade erzeugten Schaltfläche überdecken. Dies kann man mit Hilfslinien

TIPP

Der Schatten kann in der Praxis durch Experimentieren mit der Konturkurve verbessert werden. Häufig hilft es, die lineare Konturkurve in eine exponentielle umzuwandeln.

präzise erledigen. Der Radius des Rechtecks ist entsprechend dem Radius der Abrundung beim primären Rechteck zu wählen, im Beispiel werden 10 px gewählt.

Zu diesem Zweck wird zuerst eine neue Ebene erstellt, auf die anschließend ein abgerundetes Rechteck platziert wird (siehe Abbildungen 7.37 bis Abbildung 7.40).

Abbildung 7.37 ▶
Erzeugung einer neuen Ebene in Adobe Photoshop

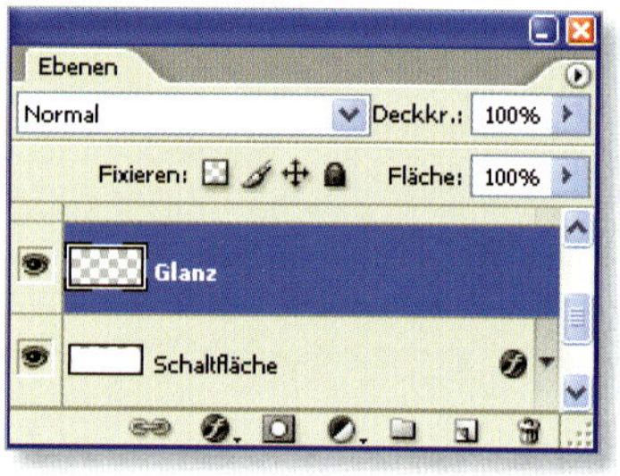

Abbildung 7.38 ▶▶
Die neue Ebene wird »Glanz« genannt.

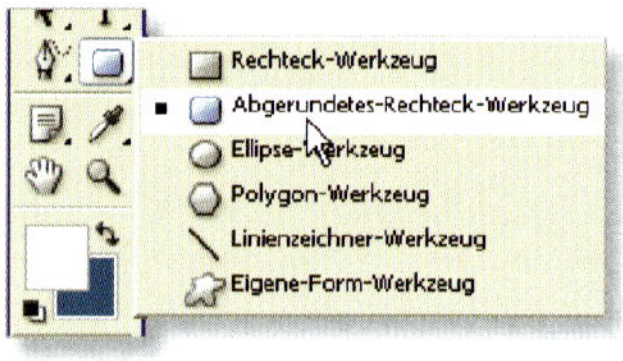

▲ **Abbildung 7.39**
Das Abgerundetes-Rechteck-Werkzeug wird ausgewählt.

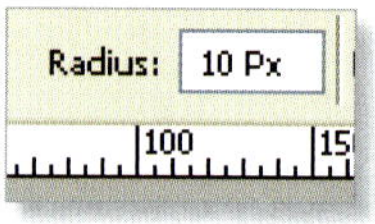

▲ **Abbildung 7.40**
Der Radius der Abrundung des Rechtecks wird auf 10 px gesetzt.

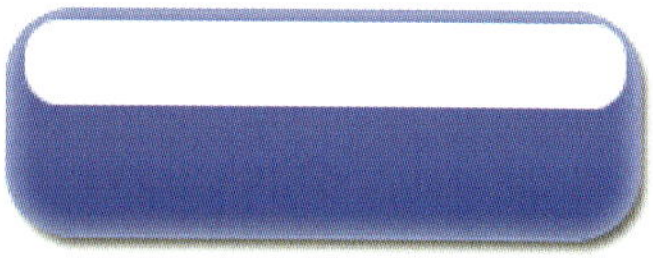

▲ **Abbildung 7.41**
Die neue Ebene überdeckt die Schaltfläche.

7 Verlauf im Maskierungsmodus

Als Nächstes wechseln Sie in den Maskierungsmodus (die Schaltfläche unten in der Toolbar). Wählen Sie das Verlaufswerkzeug aus und erzeugen Sie einen sanften Verlauf, etwa von Blau zu Weiß (siehe Abbildungen 7.42 bis 7.44).

▲ **Abbildung 7.42**
Auswahl des Maskierungsmodus

▲ **Abbildung 7.43**
Auswahl des Verlaufswerkzeugs

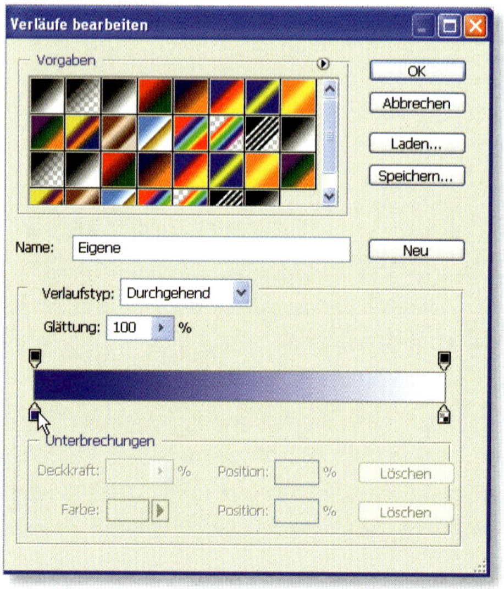

Abbildung 7.44 ▶
Ein Verlauf von Blau zu Weiß

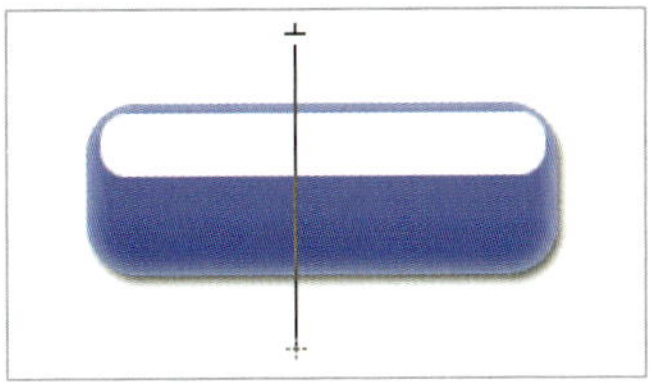

▲ **Abbildung 7.45**
Der Farbverlauf wird auf das Bild angewendet.

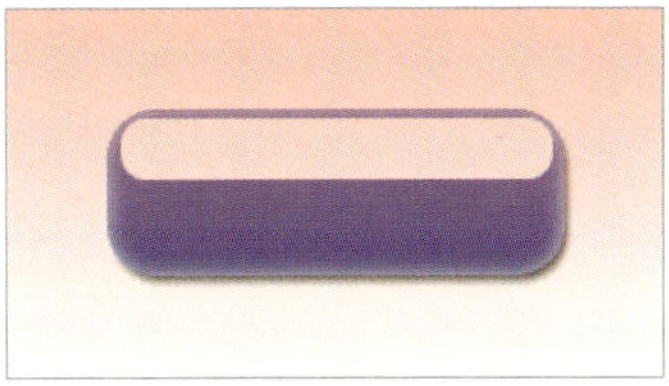

▲ **Abbildung 7.46**
Der Farbverlauf im Maskierungsmodus

8 In den Standardmodus wechseln

Wechseln Sie anschließend in den Standardmodus zurück (Abbildung 7.48). Navigieren Sie zu der Ebene GLANZ und löschen Sie den selektierten Bildbereich.

▲ **Abbildung 7.47**
Wechsel in den Standardmodus

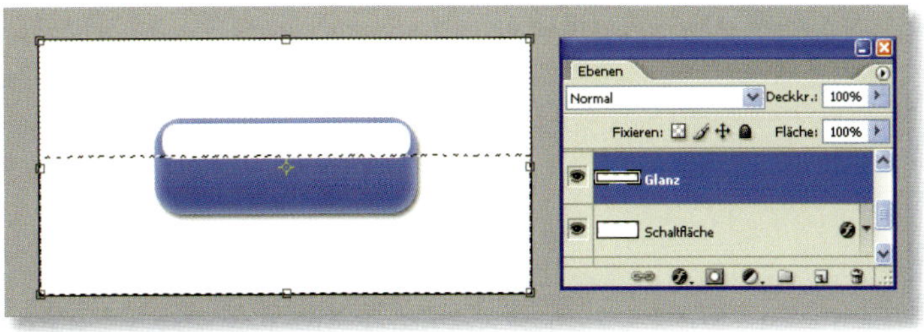

◄ **Abbildung 7.48**
Slelektierter Bereich und Ebenenpalette

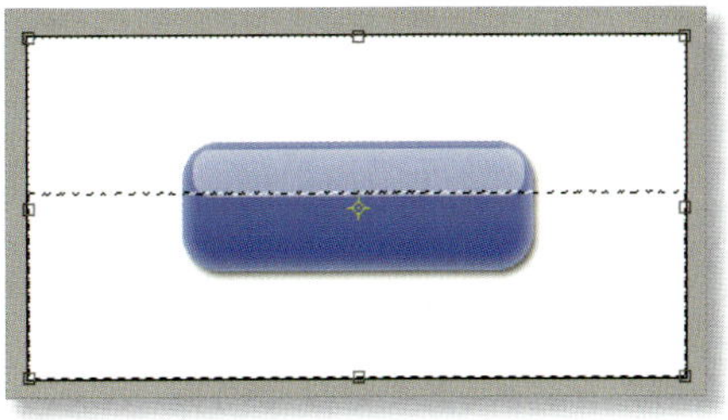

◄ **Abbildung 7.49**
Das Bild nach dem Löschen des selektierten Bildbereichs der Ebene »Glanz«

9 Schaltfläche optimieren

Sollte sich die Ebene GLANZ zu stark hervorheben, so können Sie dies nachträglich ändern, indem Sie die Deckkraft der Ebene verringern.

▲ **Abbildung 7.50**
Das Bild in Großaufnahme

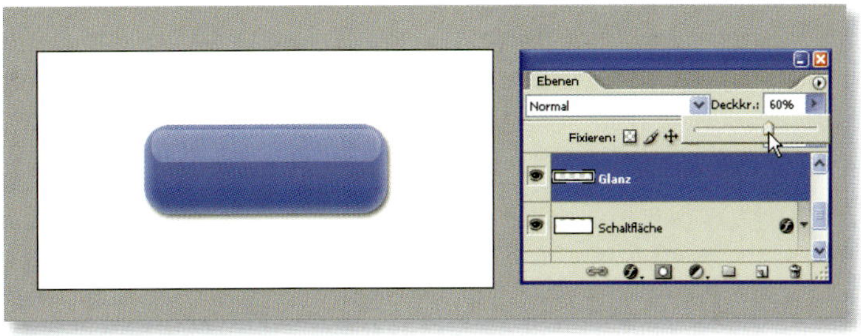

◄ **Abbildung 7.51**
Die Deckkraft der Überdeckung wird auf 60% verringert.

Auch die Breite und Höhe der Ebene können geändert werden. Selektieren Sie dafür die obere Ebene, wechseln Sie zum Transformationsmodus (Strg + T) und skalieren Sie das Bild, indem Sie seinen Rand horizontal oder vertikal vergrößern (vgl. Abbildung 7.52).

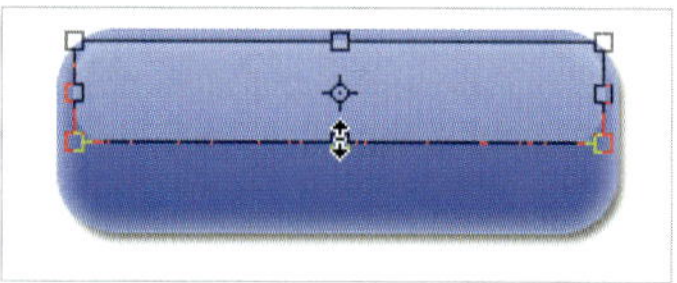

▲ **Abbildung 7.52**
Die Höhe des abgerundeten Rechtecks wird nachträglich verändert.

▲ **Abbildung 7.53**
Das Ergebnis

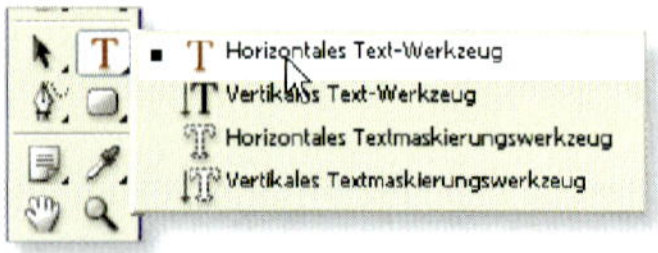

▲ **Abbildung 7.54**
Zur Angabe des Textes wird HORIZONTALES TEXT-Werkzeug verwendet.

10 Text hinzufügen

Nachdem Sie die Schaltfläche erzeugt haben, können Sie den Button nun mit einer Botschaft beschriften, z. B. mit »Download Now!«. Zur besseren Lesbarkeit können Sie dem Text zusätzlich einen Schlagschatten geben (siehe Abbildung 7.56).

▲ **Abbildung 7.55**
Der Text wird eingefügt und mit einem Schlagschatten hervorgehoben.

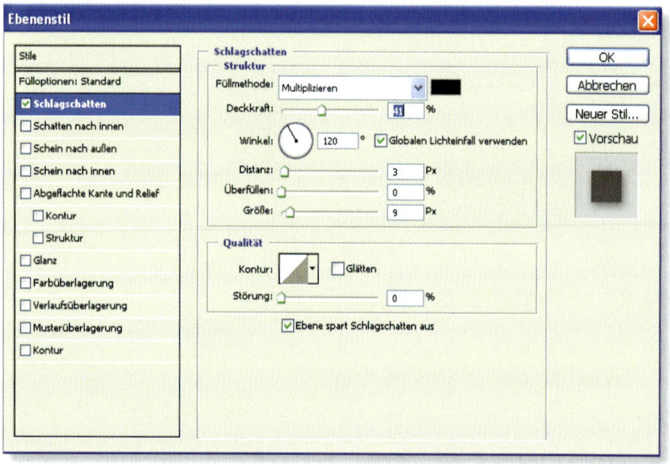

Abbildung 7.56 ▶
Einstellungen des Schlagschattens für den Text

Mit leichten Anpassungen der GLANZ-Ebene (Veränderung der Deckkraft sowie Einfügen eines Farbverlaufs) erhält man eine Schaltfläche wie in Abbildung 7.57. ■

▲ **Abbildung 7.57**
Eine Schaltfläche mit einem Glanz- und 3D-Effekt

TIPP

Um ein Bild mit einem optimalen Schlagschatten zu erhalten, experimentieren Sie mit der Füllmethode der Schattenstruktur. Ein Bild mit weichen, sanften Übergängen kann mithilfe der Füllmethode WEICHES LICHT erreicht werden.

- Weitere Schaltflächen mit .psd-Dateien finden Sie auf *http://iris-design.info/photoshop/web-20-style-buttons* (Linkcode 185).
- Wie man eine Schaltfläche mit realistischem Aqua-Look-Effekt erstellt, können Sie auf *http://home.zonnet.nl/epragt/tutorials/photoshop/shapesandobjects/aquabuttonpro/index.jsp.htm* (Linkcode 186) nachlesen.
- Wie Sie den Chrome-Effekt erzeugen, können Sie auf *http://www.tipclique.com/tutorial/photoshop/custom-chrome-text-effect* (Linkcode 187) nachlesen.

▲ **Abbildung 7.58**
Eine Schaltfläche im Aqua-Look

▲ **Abbildung 7.59**
Chrome Effekt

7.3 Glänzende 3D-Schaltfläche

Schritt für Schritt: Schaltfläche im 3D-Look erzeugen

1 Abgerundetes Rechteck erstellen

Öffnen Sie ein neues Dokument und setzen Sie ein abgerundetes Rechteck mit einer Abrundung der Ecken von 10 px auf den Canvas. Als Hintergrundfarbe für den Rechteck wird im Beispiel Grau gewählt (RGB 238,238,238).

▲ **Abbildung 7.60**
Ein abgerundetes Rechteck. Die Abrundung für den Radius beträgt 10 px.

2 Schlagschatten hinzufügen

Wählen Sie den Ebenenstil SCHLAGSCHATTEN und setzen Sie die Deckkraft auf 38 %, die Größe auf 6 px.

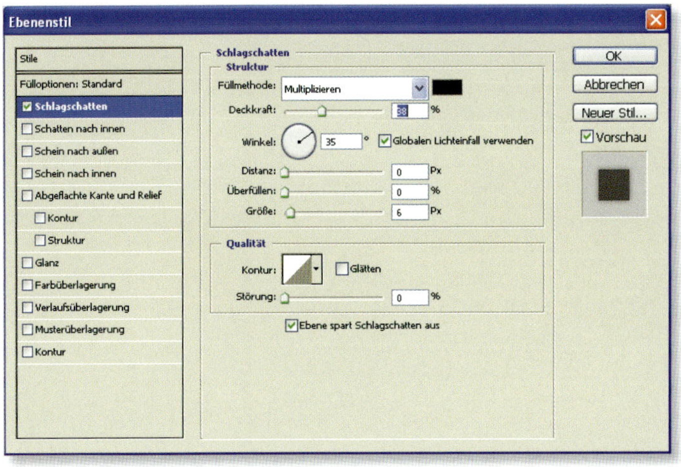

◄ **Abbildung 7.61**
Ein Schlagschatten wird hinzugefügt.

▲ **Abbildung 7.62**
Die Schaltfläche mit dem Schlagschatten der Größe 6 px

3 Auswahl verkleinern

Selektieren Sie nun die Schaltfläche, indem Sie mit gedrückter [Strg]-Taste auf die Ebenenminiatur der Schaltfläche in der Ebenenleiste mit der linken Maustaste klicken. Verkleinern Sie die Auswahl um 2 Pixel.

Abbildung 7.63 ▶
Die Schaltfläche wird selektiert.

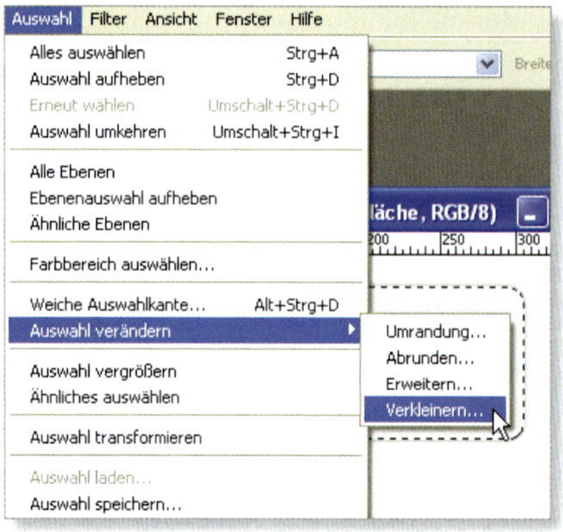

Abbildung 7.64 ▶
Die Selektion wird um 2 px verkleinert.

4 Ebene mit Farbverlauf erzeugen

Erzeugen Sie nun eine neue Ebene und wählen Sie das Verlaufswerkzeug in der Toolbar. Als Farbverlauf geben Sie FOREGROUND TO TRANSPARENT (VERLAUFSTYP: DURCHGEHEND) an und geben der Vordergrundfarbe einen Farbton, der ein wenig dunkler als die ursprüngliche Hintergrundfarbe ist. Im Beispiel wird hierfür RGB 170,170,170 gewählt.

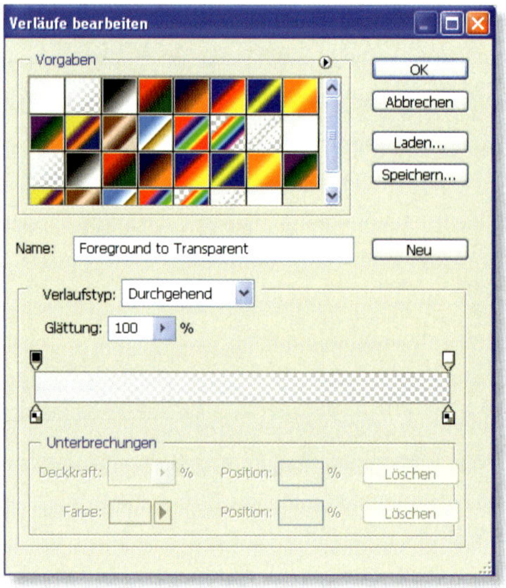

Abbildung 7.65 ▶
Farbverlauf »Foreground to Transparent«.

Wechseln Sie zu der neuen Ebene und stellen Sie sicher, dass das Verlaufswerkzeug in der Toolbar aktiviert ist. Klicken Sie nun auf einen Punkt der Schaltfläche, der sich in der Mitte oberhalb des Objekts befindet. Halten Sie die ⇧-Taste gedrückt und ziehen Sie mit der Maus eine gerade Linie bis zur Mitte der Schaltfläche.

▲ **Abbildung 7.66**
Ein Punkt wird oberhalb der Schaltfläche gesetzt.

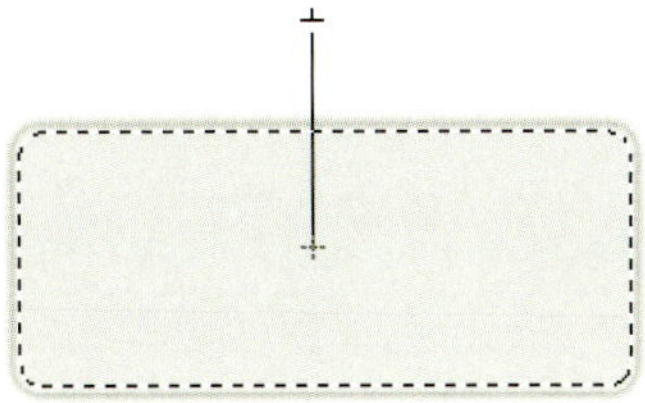

▲ **Abbildung 7.72**
Es wird eine gerade Linie bis zur Mitte der Schaltfläche mit angeklickter ⇧-Taste durchgezogen.

◄ **Abbildung 7.67**
Die Schaltfläche mit dem Farbverlauf

5 Glanzeffekt hinzufügen

Zusätzlich können Sie nun einen Schein- oder Glanzeffekt hinzufügen. Dafür erstellen Sie eine neue Ebene mit weißer Hintergrundfarbe und selektieren die Schaltfläche wie oben. Im Ebenenmenü soll die neue Ebene angeklickt sein.

Wählen Sie das Auswahlellipse-Werkzeug in der Toolbar. Halten sie die `Alt`- (Auswahl subtrahieren) und ⇧-Tasten (der Auswahl hinzufügen) gleichzeitig gedrückt und ziehen Sie oberhalb der Schaltfläche eine Ellipse, die einen Teil der Schaltfläche (vom linken oberen Rand bis zum rechten oberen Rand) überdeckt.

Im oberen Menü stellen Sie für die weiche Kante 10 px und setzen Sie ein Häkchen für Glätten. Je auffallender die Grenzfläche dargestellt werden soll, desto kleiner sollte die weiche Kante sein.

▲ **Abbildung 7.68**
Auswahlellipse-Werkzeug im Einsatz

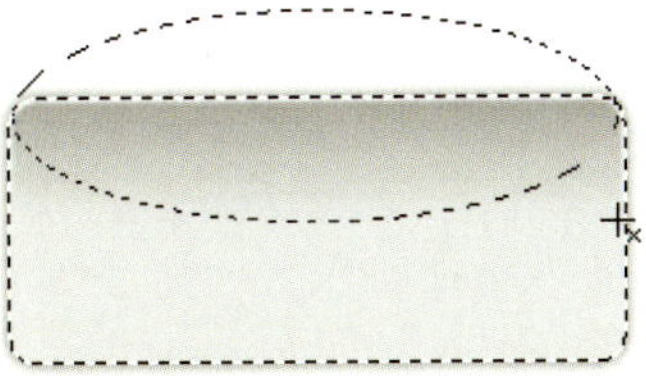

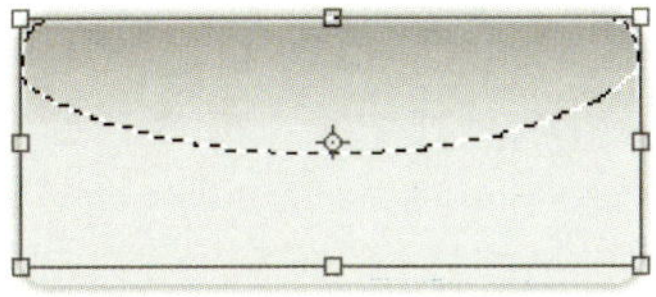

◄◄ **Abbildung 7.69**
Die Ellipse überdeckt einen Teil der Schaltfläche.

◄ **Abbildung 7.70**
Die Selektion wird durch die Transformation vergrößert.

Setzen Sie nun den Vordergrund auf eine beliebige Farbe, die im oberen Bildbereich eingesetzt werden soll. Klicken Sie dafür in der Toolbar unten auf das linke Rechteck.

▲ **Abbildung 7.71**
Linkes Rechteck steht für die Vordergrundfarbe, das rechte für die Hintergrundfarbe.

Im Beispiel wird für die Hintergrundfarbe RGB 250,250,250 verwendet. Erstellen Sie eine neue Ebene. Stellen Sie sicher, dass die neue Ebene im Ebenenmenü aktiviert ist. Um die Selektion mit der gewählten Farbe zu füllen, verwenden Sie die Tasten [Strg] + [←]. Sollte sich der obere Bereich durch die Wahl der Farbe zu stark hervorheben, so können Sie die Hintergrundfarbe durch Verringern der Deckkraft abschwächen. ■

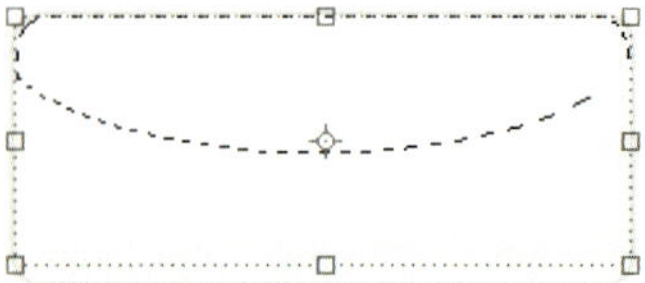

▲ **Abbildung 7.72**
Der selektierte Bereich wird entfernt.

▲ **Abbildung 7.73**
Das fertige Bild

▲ **Abbildung 7.74**
Die Schaltfläche mit Text

▲ **Abbildung 7.76**
Durch die Variationen der Einstellungen für die weiche Kante erhalten sie unterschiedliche Ergebnisse.

Um einen stärkeren Rand für die obere Ellipse zu erzeugen, stellen Sie vor der Selektion die weiche Kante auf 0 px und setzen Sie ein Häkchen auf GLÄTTEN. Es ergibt sich dann das Bild wie in Abbildung 7.77.

▲ **Abbildung 7.75**
Einstellungen der Ellipsenselektion

Badge'n'Button beschreibt eine Technik, mit der sich Badges und Schaltflächen kombinieren lassen (siehe Abbildung 7.77). Ein ausführliches Schritt-für-Schritt-Tutorial finden Sie auf *http://www.designphase.net/?q=badge_n_button* (Linkcode 188).

▲ **Abbildung 7.77**
Badges und Schaltflächen lassen sich kombinieren.

7.4 Reflexion

Schritt für Schritt: Schaltfläche mit Reflexion erzeugen

1 Ebenen zusammenfassen

Als Basis betrachten wir die Schaltfläche aus Abbildung 7.78.

Um die Reflexion für die gesamte Schaltfläche zu erzeugen, werden zunächst beide Ebenen, also die Ebene des Hintergrundbildes sowie die Ebene mit dem Text zu einer Ebene, zusammengefasst.

Dafür halten Sie im Ebenenmenü [Strg] und klicken mit der linken Maustaste auf den weißen Bereich der beiden Ebenen im Ebenenmenü.

Mit einem Klick der rechten Maustaste auf eine der beiden Ebenen wählen Sie im Kontextmenü den Punkt AUF EINE EBENE REDUZIEREN. Es entsteht eine gemeinsame Ebene (Im Beispiel »Schaltfläche«).

▲ **Abbildung 7.78**
Eine Schaltfläche im frischen blauen Look

▲ **Abbildung 7.79**
Zwei Ebenen werden auf eine Ebene reduziert. Es ergibt sich die Ebene »Schaltfläche«

2 Ebene duplizieren

Duplizieren Sie nun diese Schaltfläche, indem sie auf die Ebene im Ebenenmenü mit der rechten Maustaste klicken und EBENE DUPLIZIEREN auswählen. Die neu erzeugte Ebene wird im Beispiel »Spiegelbild« genannt. Selektieren Sie die Ebene mit [Strg] + Klick auf die Ebenenminiatur. Mit [Strg] + [T] rufen Sie das Transformationsmenü der Ebene auf.

▲ **Abbildung 7.80**
Die Ebene wird dupliziert.

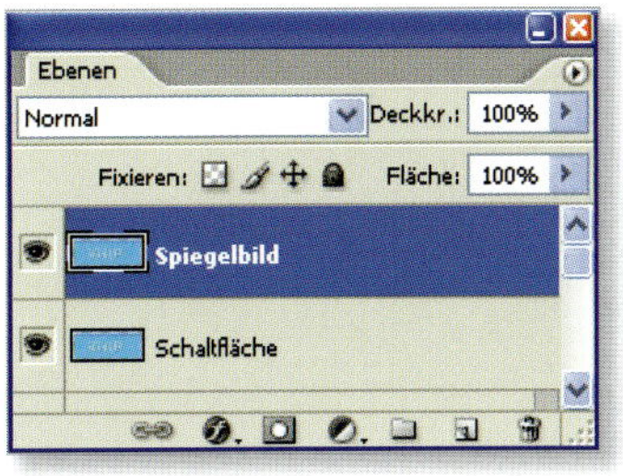

▲ **Abbildung 7.81**
Die neue Ebene wird »Spiegelbild« genannt.

▲ **Abbildung 7.82**
Das Bild nach der Erzeugung einer Duplikatebene

3 Ebene spiegeln

Um die Ebene zu spiegeln, geben Sie im Eingabefeld VERTIKALE SKALIERUNG EINSTELLEN den Wert –100% an und bestätigen Ihre Angabe mit [↵].

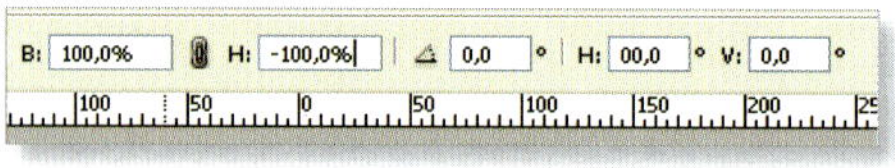

Abbildung 7.83 ▸
Zur Reflexion wird vertikale Skalierung auf –100% gesetzt.

▲ **Abbildung 7.84**
Das Bild nach der Skalierung

Stellen Sie sicher, dass die Spiegelbild-Ebene selektiert ist und transformiert werden kann ([Strg] + [T]); bewegen Sie sie mit [⇧] + [Bild↓] nach unten, bis die Position wie in Abbildung 7.85 erreicht wird.

▲ **Abbildung 7.85**
Das Spiegelbild wird unter das Originalbild gebracht.

4 Farbverlauf

Beim selektierten Spiegelbild wählen Sie in der Toolbar das Verlaufswerkzeug und geben als Farbverlauf den SCHWARZ ZU WEISS-VERLAUF an. Erzeugen Sie eine neue Ebenenmaske für die Ebene (EBENENMASKE HINZUFÜGEN in der unteren Leiste). Aktivieren Sie die Ebenenmaske mit einem Klick mit der linken Maustaste.

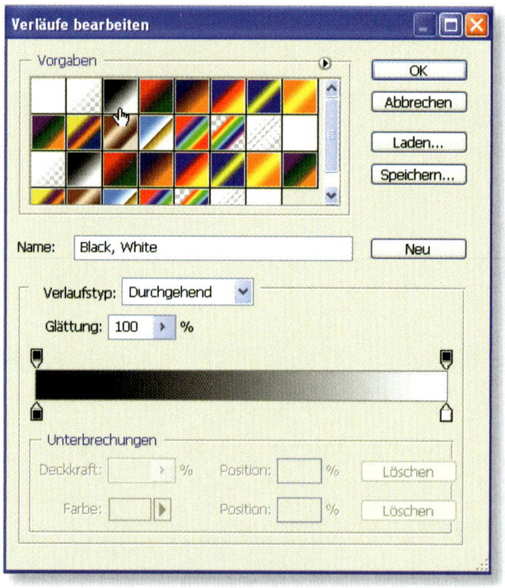

Abbildung 7.86 ▸
Der Standard-Schwarz-Weiß-Verlauf

▲ **Abbildung 7.87**
Es wird eine neue Ebenenmaske erzeugt.

▲ **Abbildung 7.88**
Die Ebenenmaske wird angeklickt.

▲ **Abbildung 7.89**
Selektiert ist das Spiegelbild nach der Anwendung des Farbverlaufs.

Wenden Sie nun den Farbverlauf auf die Ebene an. Halten Sie die linke Maustaste auf dem Canvas unterhalb der Ebene gedrückt, halten Sie ⇧ ebenfalls gedrückt und ziehen Sie die Linie zur Mitte des Spiegelbildes.

Setzen Sie nun die Deckkraft auf 40%.

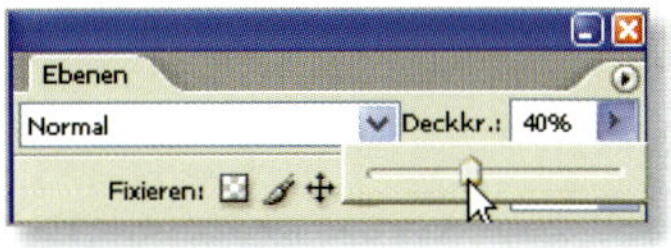

▲ **Abbildung 7.90**
Deckkraft anpassen

▲ **Abbildung 7.91**
Die Deckkraft des Spiegelbilds wird auf 40% reduziert.

▲ **Abbildung 7.92**
Die obere Schaltfläche scheint gespiegelt worden zu sein.

Erzeugen Sie eine neue Ebene und platzieren Sie diese direkt oberhalb der Hintergrundebene. Selektieren Sie auf dieser Ebene mit dem Auswahlrechteck-Werkzeug eine Fläche, deren oberer Rand genau durch den Mittelpunkt der ursprünglichen Schaltfläche geht. Wenden Sie einen Farbverlauf auf die Selektion an. Als Hintergrundfarbe können Sie die graue Farbe oder die Hauptfarbe der Schaltfläche wählen.

▲ **Abbildung 7.93**
Die obere Grenze des selektierten Rechteck geht durch die Mitte der oberen Schaltfläche.

◀ **Abbildung 7.94**
Auf die neue Ebene wird ein Farbverlauf Blau zu Weiß angewandt.

Zusätzlich können Sie mit dem Pinsel-Werkzeug zum Scheineffekt einige Sternchen auf der Schaltflächen-Ebene hinzufügen.

◀ **Abbildung 7.95**
Mit zusätzlichen Sternchen erzeugt man neben einer Reflexion einen Glanzeffekt.

7.5 Schatteneffekt

Schritt für Schritt: Schaltfläche mit Schatteneffekt erzeugen

1 Ausgangsgrafik erstellen

Erstellen Sie ein neues, transparentes Dokument und setzen Sie ein Objekt auf den Canvas, im Beispiel wird ein Stern mit 50 Zacken erzeugt.

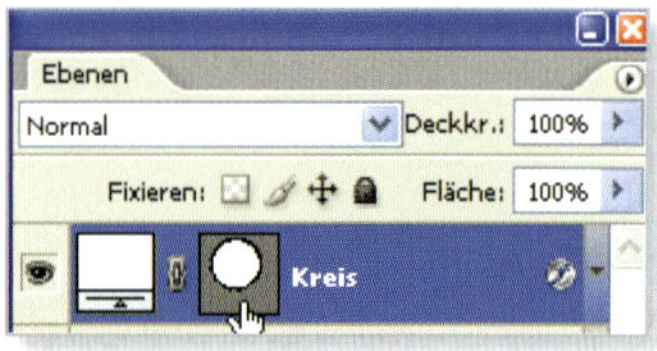

▲ **Abbildung 7.96**
Die Vektormaskenminiatur wird angeklickt.

Abbildung 7.97 ▶
Ein Stern wird auf den Canvas gesetzt.

2 Ränder glätten

Um die Ränder zu glätten, klicken Sie mit der linken Maustaste auf die Vektormaskenminiatur der Ebene.

Abbildung 7.98 ▶
Die Ränder des Sterns werden geglättet.

3 Ebene stylen

Mit dem üblichen Ebenen-Styling erhält man die folgende Darstellung.

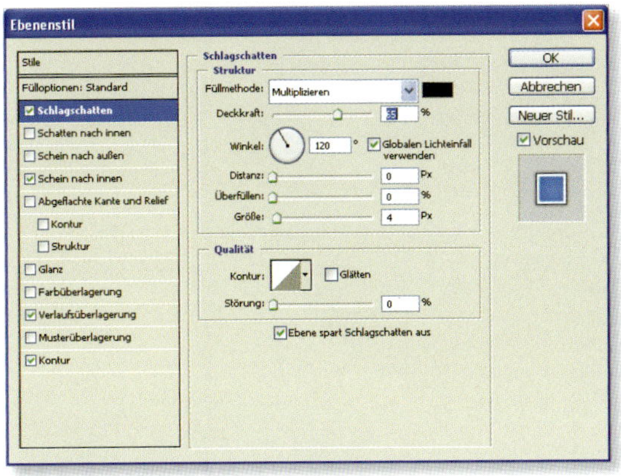

▲ **Abbildung 7.99**
Der Schlagschatten wird eingestellt.

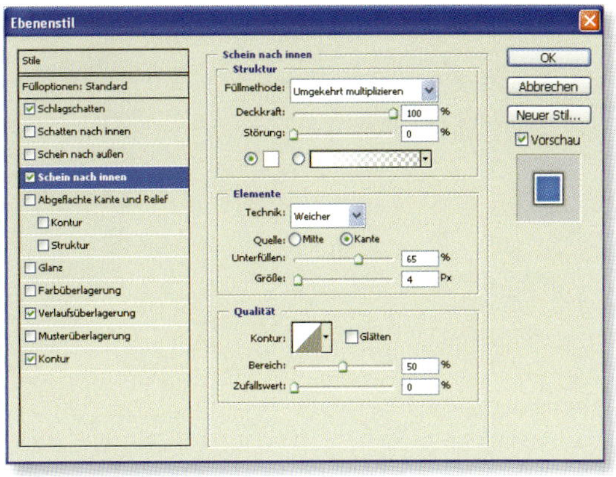

▲ **Abbildung 7.100**
Schein nach innen

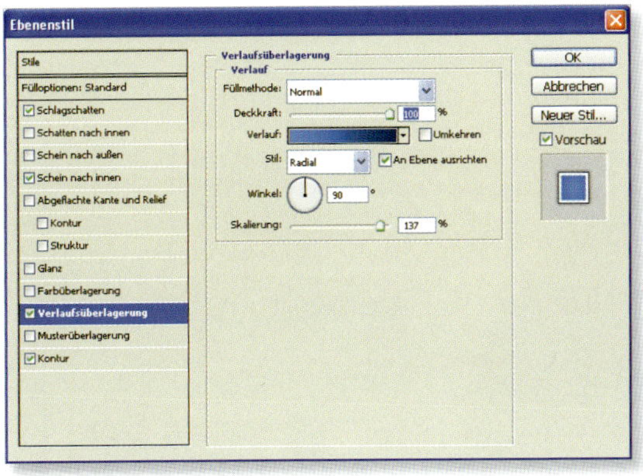

▲ **Abbildung 7.101**
Verlaufsüberlagerung
(von RGB 0,156,255 zu RGB 12,47,90)

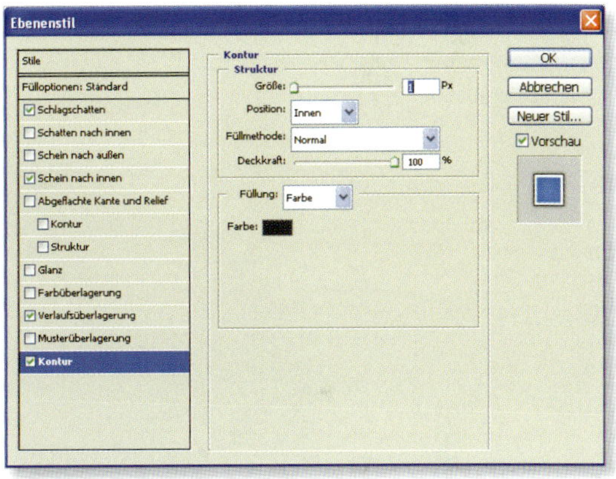

▲ **Abbildung 7.102**
Kontur

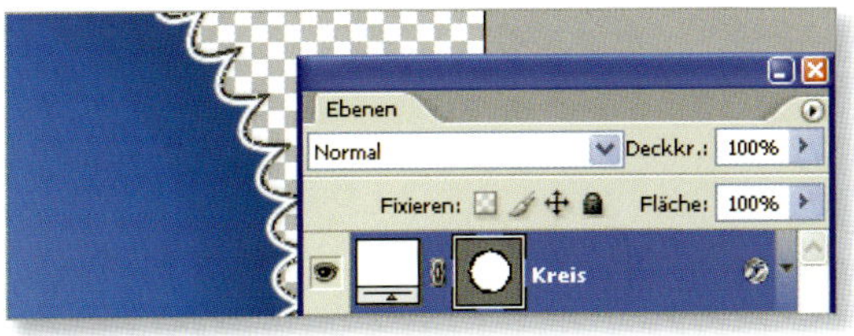

▲ **Abbildung 7.103**
Stern ohne Glättung

▲ **Abbildung 7.104**
Stern mit Glättung

HINWEIS

Um das Bild zu glätten, klicken Sie auf die jeweilige Ebene im Fenster EBENEN und klicken Sie mit der linken Maustaste auf die Vektormaskenminiatur (im Bild 7.106 ist dies das dunkle Rechteck mit einem weißen Kreis).

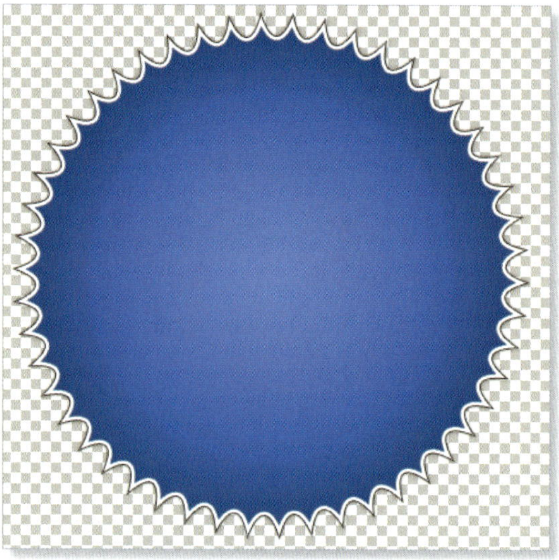

Abbildung 7.105 ▸
Das Zwischenergebnis

4 Schattenebene erzeugen

Erzeugen Sie eine Kopie der Ebene. Glätten Sie die Ränder wie oben. Verwenden Sie anschließend die 100%-Farbüberlagerung mit Schwarz als Ebenenstil. Diese Ebene wird als Schatten agieren. Stellen Sie die Deckkraft der Ebene auf 40% ein.

Abbildung 7.106 ▾
Eine Schattenebene wird erzeugt.

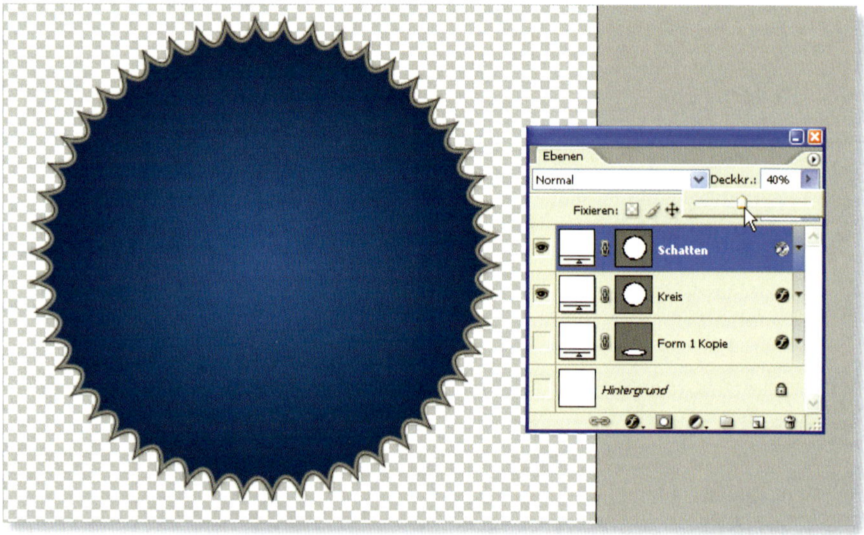

Selektieren Sie die Ebene mit der linken Maustaste auf die Ebene im Ebenenmenü. Mit Strg + T rufen Sie die freie Transformation des Objekts auf.

Stellen Sie die horizontale Neigung auf 60% ein und die vertikale Skalierung auf 50% ein.

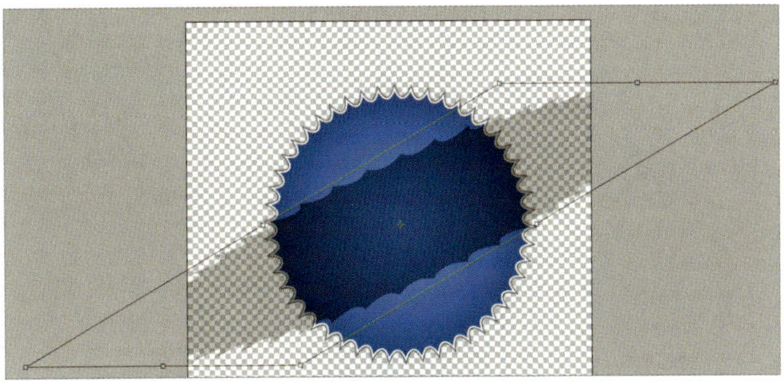

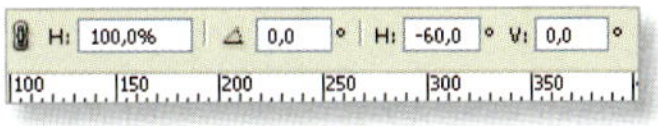

◀ **Abbildung 7.107**
Die horizontale Neigung wird auf 60 % gesetzt.

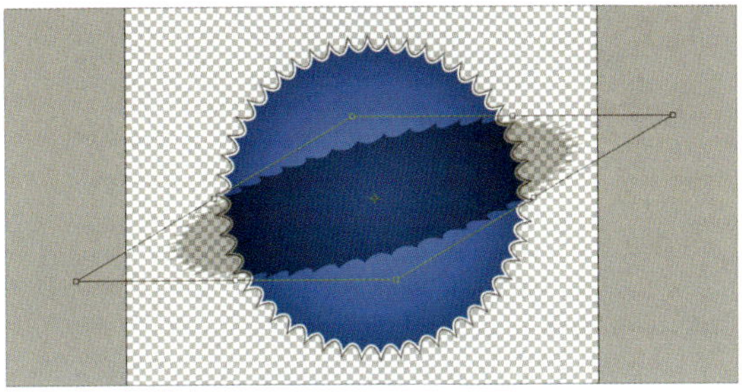

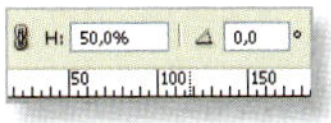

◀ **Abbildung 7.108**
Die vertikale Skalierung wird auf 50 % gesetzt.

Bewegen Sie den Schatten nun solange nach unten, bis sich ein Schatteneffekt abzeichnet.

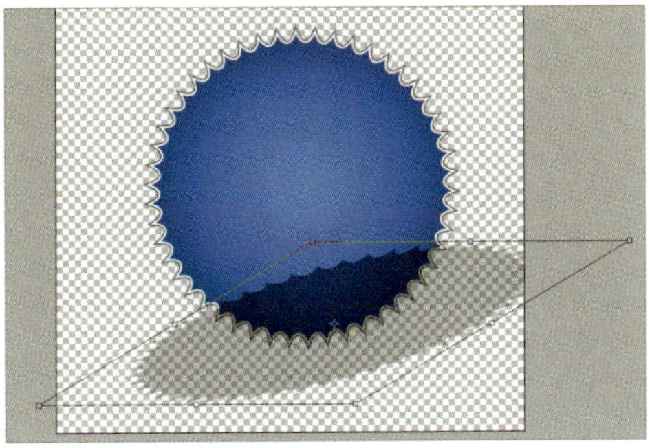

◀ **Abbildung 7.109**
Das Schattenbild wird nach unten bewegt.

Schieben Sie die Schattenebene hinter die Sternebene, indem Sie die Reihenfolge der Ebenen im Ebenenmenü tauschen.

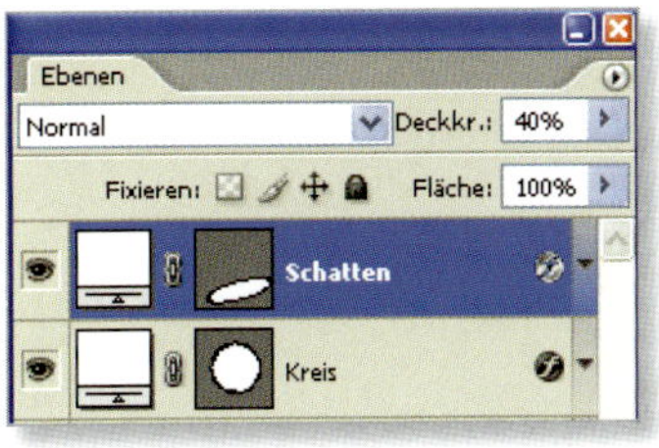

◀ **Abbildung 7.110**
Die Reihenfolge der Ebenen wird vertauscht.

Abbildung 7.111 ▶
Die Schattenebene befindet sich hinter der Sternebene.

5 Lichtquelle positionieren

In Abhängigkeit davon, wo sich die Lichtquelle befinden soll, wählen Sie nun eine passende Skalierung und Winkel. Im Beispiel wird wieder eine vertikale Skalierung von 50 % verwendet, um den Schatten stärker zu drücken – die Lichtquelle soll sich höher über dem Bild befinden. Bewegen Sie den Schatten nach unten, damit der Effekt realistischer wirkt.

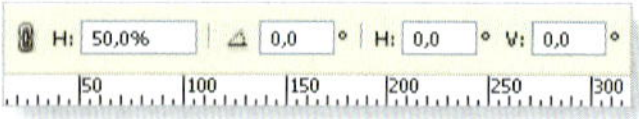

▲ **Abbildung 7.112**
Die vertikale Skalierung wird nochmals auf 50 % gesetzt.

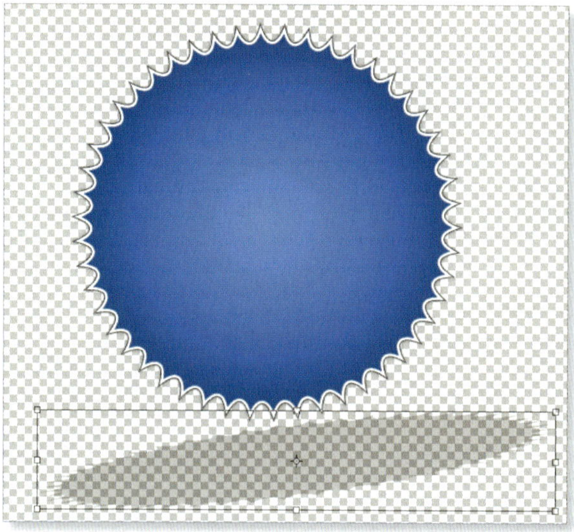

Abbildung 7.113 ▶
Der Schatten wird nach unten bewegt.

Färben Sie anschließend den Hintergrund mit einem Farbverlauf. Im Beispiel wird der Farbverlauf von RGB 248,255,148 zu RGB 142,237,65 verwendet.

◂ **Abbildung 7.114**
Das Resultat

Bei Schatteneffekten spielen Webdesigner mit der vertikalen und horizontalen Skalierung von Ebenenduplikaten. Dies gilt für beliebige Objekte, für geometrische Objekte ebenso wie für Texte.

7.6 Schaltfläche mit 3D-Objekt

Schritt für Schritt: Schaltfläche mit 3D-Objekt erzeugen

1 2D-Objekt hinzufügen
Als Basis wird das Bild aus Abbildung 7.116 genutzt.

▴ **Abbildung 7.116**
Der Anfangszustand

▴ **Abbildung 7.115**
Die Formebenen-Schaltfläche ist aktiviert.

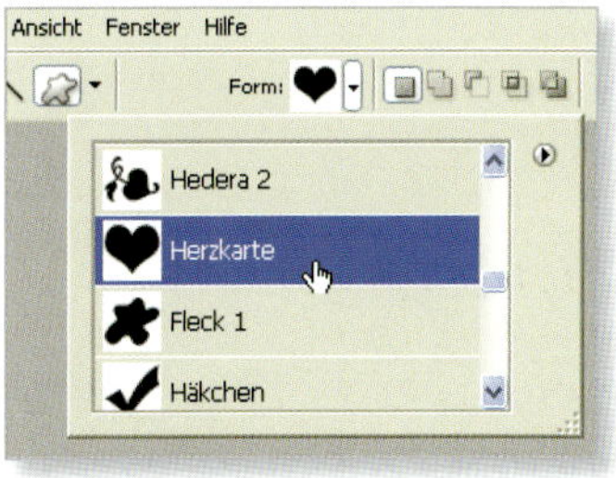

▴ **Abbildung 7.117**
Die Form »Herzkarte« wird ausgewählt.

Wählen Sie über das EIGENE-FORM-WERKZEUG die Form »Herzkarte«. Stellen Sie sicher, dass mit Formebenen gearbeitet wird und setzen Sie das Objekt auf den Canvas. Es entsteht eine neue Ebene. Nennen Sie diese »Herz«.

2 Grafikobjekt anpassen

Setzen Sie die Ebene »Herz« unter die Ebene »Sternchen«, auf der Sternchen hinzugefügt wurden.

Abbildung 7.118 ▶
Die Ebene mit der Herzform befindet sich vor der Schaltfläche und hinter den Sternchen.

Mit wenigen zusätzlichen Ebenenstilen erreicht man das dargestellte Bild. Dabei wird die weiße, innere 2 px große Kontur hinzugefügt sowie ein radialer Farbverlauf von RGB 241,34,131 (#f12283) zu RGB 221,11,95 (#dd0b5f) verwendet.

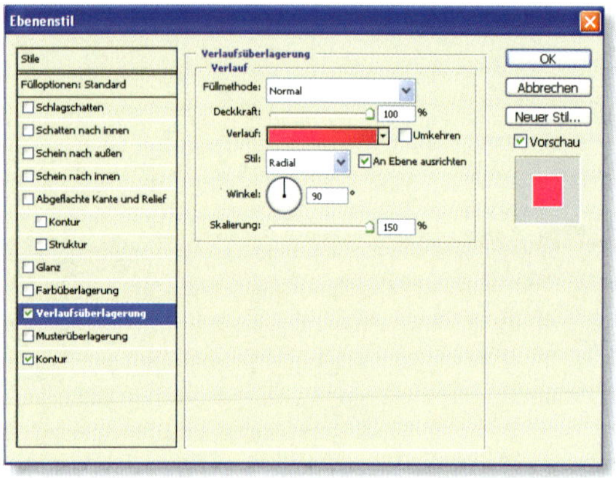

▲ **Abbildung 7.119**
Ebenenstil »Verlaufsüberlagerung«

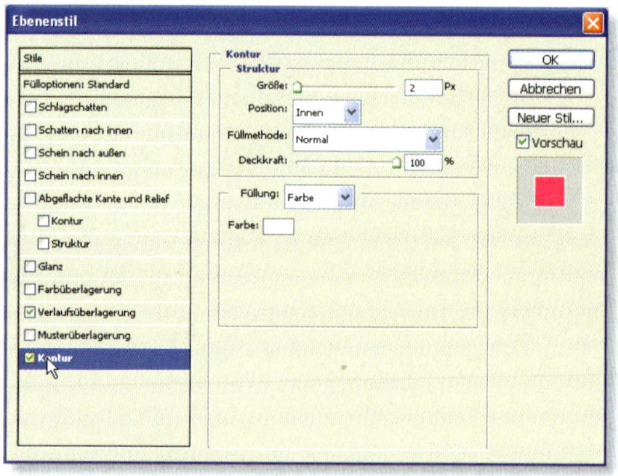

▲ **Abbildung 7.120**
Ebenenstil »Kontur«

Abbildung 7.121 ▶
Das erzeugte Seitenbild

3 3D-Effekt hinzufügen

Duplizieren Sie die Ebene »Herz«, nennen Sie sie »Herzfläche« und schieben Sie diese hinter die Ebene »Schaltfläche«. Geben

Sie der Kopie eine Deckkraft von 75% und bewegen Sie sie wenige Pixel nach rechts von dem Originalbild (Ebene »Herz«). Dies erzeugt die dreidimensionale Wirkung der Figur.

◂ **Abbildung 7.122**
Ein 3D-Effekt wird hinzugefügt.

4 Unteren Abstand einfärben

Färben Sie nun den unteren Abstand zwischen beiden Objekten mit einer passenden Farbe (etwa mit einem Pinselwerkzeug) auf der Ebene »Herz«.

◂ **Abbildung 7.123**
Der Abstand des Bildes und seines »Körpers« wird kleiner gemacht.

5 Vertikalen Schatten erzeugen

Erzeugen Sie nun eine weitere Kopie »Herzschatten« der Ebene, entfernen Sie sämtliche Ebenenstile und wenden Sie auf das Objekt die schwarze Farbüberlagerung mit Deckkraft 20% an. Aktivieren Sie die Ebene mit der linken Maustaste und rufen Sie mit [Strg] + [T] die Transformationsleiste auf.

◂ **Abbildung 7.124**
Um den vertikalen Schatten zu erzeugen, wird die Ebene kopiert.

6 Schatten transformieren

Stellen Sie die vertikale Skalierung auf 40% ein.

Bewegen Sie das transformierte Bild mit [⇧] + [Bild↓] nach unten, bis es die Spitze des Originalherzes schneidet. Rücken Sie das Bild um wenige Pixel nach rechts, damit der Schnittpunkt von der Mitte der Figur zu kommen scheint.

Eine Transformation erzeugt den gewünschten Effekt.

Abbildung 7.125 ▸
Das Bild nach der Transformation des Schattens.

Setzen Sie zum Schluss die Deckkraft der Schattenebene auf 7%.

Abbildung 7.126 ▸
Das fertige Bild

7.7 Ressourcen

Die Beispiele, die in diesem Kapitel erwähnt werden, beleuchten nur wenige grundlegende Techniken zum Entwurf von Design-Elementen im Web 2.0-Look. Um sich weiter in die Materie einzuarbeiten, empfehlen sich zudem:

- Web 2.0 Webdesign-Tutorials (*http://www.drweb.de/weblog/weblog/?p=780* (Linkcode 189)) präsentiert über 50 Referenzen zu Tutorials, mit denen sich Designelemente eleganter und realitätsnäher erstellen lassen.
- Richard Harrington: »Understanding Adobe Photoshop: Digital Imaging Concepts and Techniques«
- Daniel Giordna: »How to use Photoshop CS2: Visually in full color«

- Andy Anderson & Steve Johnson: »Adobe Photoshop CS2 On Demand«
- Daniel Giordan: »The Art of Photoshop CS2 Edition«
- Tanya Staples: »Adobe Photoshop CS2 For The Web«
- Roger Pring: »Photoshop Type Effects«
- Sibylle Mühlke: »Adobe Photoshop CS2, Das Praxisbuch zum Lernen und Nachschlagen«
- Photoshop CS2 Shortcuts (*http://user.fundy.net/morris/downloads/PSCS2_Shortcuts.pdf* (Linkcode 190)) stellt sämtliche Tastaturkürzel zu Adobe Photoshop CS2 zusammen.

8 Formulare

Im Web 2.0 geht es vor allem um Kommunikation: Zwischen Lesern und Autoren, zwischen Nutzern und Entwicklern, aber auch zwischen Kunden und Unternehmen. Diese Interaktion findet häufig über Kontakt- und Kommentarformulare statt. Je intuitiver diese gestaltet sind, desto konkreter wird die Anfrage und desto genauer kann sie bearbeitet und beantwortet werden.

Kommunikation und Interaktion
Im Web 2.0 geht es um Kommunikation und Interaktion. Kommuniziert wird dabei häufig über Online-Formulare: Werden sie ansprechend gestaltet, so profitieren davon nicht nur Seitenbesucher, sondern auch Seitenbetreiber.

Dieses Kapitel ist der Gestaltung von visuell ansprechenden und benutzerfreundlichen Formularen gewidmet. Auf den folgenden Seiten finden Sie ein typisches Grundgerüst der Formulare und einen Überblick von Methoden zu ihrer Gestaltung mit CSS. Außerdem erfahren Sie, wie erweiterte Funktionen, etwa Tooltips, in Formulare eingebettet werden; Sie erfahren darüber hinaus, wie man ein *Captcha* zur Spam-Vorbeugung einbaut und welche Regeln Sie im Hinblick auf Usability beachten sollten.

Die Entwicklung eines visuell wie funktionell gelungenen Formulars ist in der Regel keine einfache Aufgabe, auch wenn seine Struktur und Inhalte exakt vorgegeben sind. Ein Formular muss kurz, aber vollständig sein, schön aussehen und nicht verwirrend wirken, informativ sein und sich nicht in Details verlieren. Jede Entscheidung über die Abstände, Einrückung, Ausrichtung, Hervorhebung und Gruppierung von Beschriftungen und Steuerelementen beeinflusst die Interaktion der Nutzer direkt.

HINWEIS
Plug-ins zum automatisierten Ausfüllen von Formularen, die man in modernen Web-Browsern oder ihren Erweiterungen findet, leisten ihren Dienst nur teilweise. Bei komplexen Formularen ist die manuelle Arbeit nicht zu vermeiden.

Da der Nutzer die Eingabefelder (größtenteils) manuell zu bearbeiten hat, müssen Sie mit Fehlern rechnen, diese abfangen und den Anwender darauf aufmerksam machen.

Zum anderen dürfen eingegebene Daten bei einem komplexen mehrseitigen Formular nicht verloren gehen.

Ein verwirrendes Formular erzeugt Missverständnisse, ein benutzerfreundliches Formular dagegen führt schneller zum Ziel und unterstützt den Anwender.

Werden die Beziehungen zwischen einzugebenden Daten klar vermittelt, so ist auch mit weniger Fehlern, Ungenauigkeiten und Abbrüchen beim Ausfüllen des Formulars zu rechnen.

▲ **Abbildung 8.1**
Kommentarformular auf www.thewatchmakerproject.com

Bei diesem Prozess, den Informationsarchitekten mit *Interaktionsdesign* bezeichnen, müssen Sie jedoch das Rad nicht neu erfinden. Gewisse Muster und Schemata treten in der Formulargestaltung immer wieder auf.

Doch zuvor lohnt sich ein kurzer Blick auf die einschlägigen XHTML-Elemente sowie CSS-Methoden zu ihrer Gestaltung. Die meisten davon bleiben häufig im Hintergrund, können sich jedoch vor allem bei komplexen Formularen aber als sehr nützlich erweisen.

8.1 XHTML-Markup für Formulare – Grundlagen

Es folgt eine kurze Übersicht von grundlegenden XHTML-Elementtypen, die bei der Gestaltung von Formularen verwendet werden können. Ihre Umsetzung wird auf den nächsten Seiten erklärt.

XHTML-Elementtypen	Beschreibung
form	Formularcontainer für Steuerelemente
<form action="script.php" method="post"> ...	Das Attribut action gibt die Datei an, an die Daten geschickt werden, method die Methode zur Übertragung von Daten.
input	Dient zur Definition von Steuerelementen. Zu beachten: In HTML wird das input-Tag nicht geschlossen, in XHTML dagegen schon.
<input type="text" name="id_text" />	Einzeiliges Textfeld; der Inhalt wird über die Variable id_text übermittelt.
<input type="password" name="id_pass"/>	Einzeiliges Passworteingabefeld; die Eingabe wird mit Asterisken (*) versteckt. Der Inhalt wird über die Variable id_pass übermittelt.
<input type="checkbox" name="checkbox_id" value="wert" checked="checked"> Wert</input>	Kontrollkästchen, der Inhalt wird über die Variable checkbox_id übermittelt. value hat den Wert, der beim Ankreuzen des Kästchens übermittelt wird. Rechts vom Kästchen wird das Wort »Wert« angezeigt.
<input type="radio" name="radio_id" value="wert" checked="checked">Option</input>	Optionsfeld, ähnlich zum Kontrollkästchen, es erlaubt nur eine aus mehreren Optionen auswählen. Rechts vom Optionsfeld wird das Wort »Option« angezeigt.
<input type="file" name="file_id" value="datei" />	Dateiauswahl-Schaltfläche. Das Attribut value gibt die Anfangsbuchstaben der Datei an; der Inhalt wird über die Variable file_id übermittelt.

▲ **Tabelle 8.1**
Grundlegende XHTML-Elemente zur Gestaltung von Formularen

XHTML-Elementtypen	Beschreibung
<input type="submit" value="Senden" />	Absenden-Schaltfläche, die alle Variablen an die Datei, die im action-Attribut von <form> angegeben wird, abschickt. Es erscheint eine Schaltfläche mit Inhalt »Senden«.
<input type="reset" value="Abbrechen" />	Zurücksetzen-Schaltfläche; bringt das Formular in seinen ursprünglichen Zustand. Es erscheint eine Schaltfläche mit dem Inhalt »Abbrechen«.
<input type="hidden" name="hidden_id" value="wert" />	Verstecktes Steuerelement; es wird nicht angezeigt, sein Wert wird jedoch übermittelt.
textarea	Mehrzeiliges Texteingabefeld
<textarea name="textfeld" rows="8" cols="30">Dieser Text wird im Eingabefeld erscheinen.</textarea>	rows gibt die Anzahl der Zeilen, cols die Anzahl der Spalten an.
select, option	Auswahlmenü
<select name="auswahl" [multiple="multiple"]> <option>Angabe 1</option> <option selected="selected">Angabe 2</option> ... <option>Angabe n</option> </select>	Auswahlmenü; der Variable auswahl wird ursprünglich der Wert »Angabe 2« zugewiesen und angezeigt. Dieser Wert kann durch die Auswahl eines der option-Elemente durch den Benutzer verändert werden. Wird das Attribut Multiple verwendet, so kann der Anwender mehrere Optionen aus der Liste auswählen. Dies geschieht über die [Strg] + linke Maustaste.
Button	Dient zur Erzeugung einer HTML-Schaltfläche
<button [disabled] name="knopf" value="Klicken!" type="button">... </button>	Das optionale Attribut disabled stellt sicher, dass die Schaltfläche nicht angeklickt werden kann. name identifiziert das Element, value speichert den Wert, der auf der Schaltfläche angezeigt wird, falls kein Inhalt innerhalb von <button>...</button> festgelegt wird. Als Typ des Elements kommen neben button (Standardwert) auch reset (Abbruch) und submit (Absenden) in Frage.
Fieldset	Definiert Gruppen von Formular-Elementen
<fieldset> <legend>Name</legend> <table>...</table> </fieldset>	Das Attribut legend legt die Beschriftung der Gruppe (*label*) fest. Diese erscheint oberhalb der zusammengefassten Elemente. Innerhalb von fieldset können beliebige Formularelemente definiert werden.

▲ **Tabelle 8.1**
Grundlegende XHTML-Elemente zur Gestaltung von Formularen (Forts.)

Um ähnliche Steuerelemente, die Sie gleich gestalten möchten, mit einer CSS-Deklaration zu gestalten, können Sie in CSS eine Klasse erzeugen und die Steuerelemente als Elemente dieser Klasse definieren.

```
<input name="vorname" type="text"
  class="feldklasse" />
<textarea name="feedback" type="text"
  class="feldklasse " />
```

CSS:

```
.feldklasse { background-color: #fafafa; }
```

Im Prinzip kommen Sie mit den Elementen, die in Tabelle 8.1 aufgelistet sind, fast immer gut aus und können damit beliebig komplexe Formulare benutzerfreundlich gestalten.

Vier weitere Elementtypen sind oft hilfreich – vor allem für Anwender, die beim Surfen spezielle Ausgabegeräte verwenden.

8.1.1 optgroup – Optionen gruppieren

Mit dem Elementtyp optgroup lassen sich mehrere Optionen eines Auswahlmenüs (Elemente des Typs select) zu Gruppen zusammenfassen und mit CSS gestalten. Das Element erfüllt seinen Zweck vor allem bei größeren Auswahlmenüs, die sich über viele Optionen erstrecken (z. B. die Auswahl einer Rubrik in einem Online-Kaufhaus). Mit dem optionalen Attribut label können Sie der Gruppe eine Überschrift geben.

▲ **Abbildung 8.2**
Ein Auswahlmenü ohne die Eigenschaft multiple erlaubt es dem Nutzer, nur einen Punkt aus der Liste auszuwählen.

Befindet sich das optgroup-Element beispielsweise innerhalb einer form-Konstruktion, etwa

```
<form id="umfrage" action="process.php">
  <div><select id="c" multiple="multiple">
    <optgroup class="ids" label="Zeitschrift">
      <option>Chip</option>
      <option>com!</option>
      <option selected="selected">c't</option>
      <option>PC Welt</option>
    </optgroup>
  </select></div>
</form>,
```

so kann das Element wie gewohnt direkt mit CSS »angesprochen« werden.

▲ **Abbildung 8.3**
Mit der Eigenschaft multiple können mehrere Optionen gewählt werden. Zur Auswahl müssen Nutzer beim Anklicken von Optionen [Strg] drücken.

```
optgroup.ids {
font-size: 20px;
padding: 15px;
text-align: left;
background-color: #efc;
color: #333;
```

```
border-bottom: 1px solid #ccc;
border-top: 1px solid #ccc;
}
```

Auch der hover-Zustand beim Drüberfahren einer Option innerhalb des optgroup-Elements kann näher festgelegt werden.

```
optgroup.ids option:hover{
background-color: #A1E25F;
color: #fff;
}
```

HINWEIS

Weder im Internet Explorer 6 noch 7 wird die :hover-Pseudoklasse für das optgroup-Element unterstützt. Auch keine der verfügbaren Bibliotheken wie etwa *IE7* (*http://dean.edwards.name/IE7*) oder *Whatever:Hover* (*http://www.xs4all.nl/~peterned/csshover.html*) können dem Internet Explorer diese Funktionalität beibringen.

8.1.2 label – Steuerelemente beschriften

Der Elementtyp label dient dazu, Steuerelemente eines Formulars, die keine Beschriftung haben, aber in einer Verbindung zu einem oder mehreren Elementen stehen, logisch und semantisch zu verknüpfen. Ein Feld, vor dem seine Beschriftung als HTML-Text (z. B. <p>Benutzername:</p>) steht, stellt für Nutzer von visuellen Browsern den Zusammenhang deutlich genug dar, aber nicht für *Webspider*, die diesen nicht erfassen können.

Das label-Element wird von grafischen Browsern nicht angezeigt. Dennoch kann das Element über CSS gestaltet werden (ein definierter Abstand des label-Elements überträgt sich auch auf Elemente, die sich innerhalb des label-Elements befinden).

Beachten Sie, dass die Auswahl bzw. Fokussierung des Mauszeigers auf Steuerelemente auch durch das Anklicken der jeweiligen Beschriftung geschehen kann. Zusätzlich stellt das label-Element eine große Orientierungshilfe für Nutzer mit Sehbehinderungen bereit, die dadurch einen direkten Bezug zwischen den Feldern und ihren Beschriftungen erhalten.

Im Markup, bei dem label-Beschriftungen nicht direkt vor dem jeweiligen Element stehen können (z. B. in tabellenbasierten Formularen oder Listen), kann man label-Elemente mit dem Attribut for versehen. Sein Wert soll der ID des Steuerelements entsprechen, auf welches es sich bezieht. Diese Art des Markups ist vorzuziehen, da man dadurch einen expliziten Bezug erstellt und eine Verschachtelung von Elementen vermeidet.

HINWEIS

Beachten Sie, dass im Beispiel eine Definitionsliste im Markup des Formulars verwendet wird. Sie dient dazu, Eingabefelder sowie ihre Beschriftungen semantisch auszuzeichnen. Das Schema der Definitionsliste lässt sich auf das Schema des Formulars übertragen. Es hilft, Inhalte semantisch besser zu strukturieren.

```
<form action="anmeldung.php">
<dl>
<dt><label for="login">Benutzername:</label></dt>
<dd><input id="login" name="login"></dd>

<dt><label for="pass">Kennwort:</label></dt>
<dd><input id="pass" name="pass"></dd>
```

```
</dl>
</form>
```

CSS:

```
dt { clear: left; }
label{
float:left;
margin:5px;
padding-right: 10px;
width:100px;
display:block;
text-align: right;
}
```

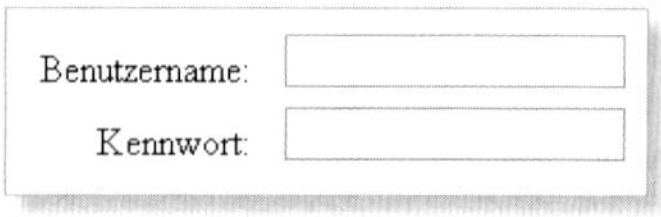

▲ **Abbildung 8.4**
Einfache Eingabefelder, mit label-Elementen zur semantischen Auszeichnung der Beziehungen zwischen den Elementen.

Beachten Sie, dass in diesem Beispiel sowohl das id- als auch name-Attribut für das Element input verwendet werden. Der Grund dafür liegt im folgenden Sachverhalt. Zum einen senden Browser eingegebene Daten nur dann an den Server, wenn das name-Attribut für die jeweiligen Felder angegeben wird. Andererseits wird ein Feld genau dann beim Anklicken der Beschriftung aktiviert, wenn diese Beschriftung mit einem *label*-Tag, das sich auf ein Steuerelement über das id-Tag bezieht, beschrieben wird[1].

8.1.3 fieldset, legend – verwandte Formularelemente gruppieren und beschriften

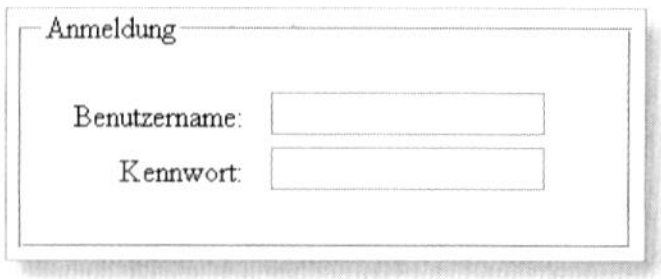

▲ **Abbildung 8.5**
Mithilfe des fieldset- und legend-Tags können Online-Formulare mit einer festen Struktur versehen werden.

Genauso wie optgroup zusammengehörige Optionen im Auswahlmenü gruppieren kann, können Sie mit fieldset verwandte Formularinhalte in einer Feldgruppe (fieldset) zusammenfassen. Dies ist vor allem dann vorteilhaft, wenn mehrere verschiedene Daten eingegeben werden sollen. Beispielsweise persönliche Angaben des Benutzers sowie Angaben zur Bankverbindung im Anmeldeformular eines Online-Shops.

Eine Beschriftung für die Gruppe wird durch die Definition des legend-Elements festgelegt.

```
<form action="anmeldung.php">
<fieldset>
<legend>Anmeldung</legend>
<dl>
<!—Login-Feld -->
<dt><label for="login">Benutzername:</label></dt>
<dd><input id="login" name="login"></dd>
```

1 »Forms – ids vs. Name«, *http://www.quirksmode.org/oddsandends/forms.html* (Linkcode 191)

```
<!—Kennwort-Feld -->
<dt><label for="pass">Kennwort:</label></dt>
<dd><input id="pass" name="pass"></dd>
<!—Weitere Felder -->
</dl>
</fieldset>
<!—Weitere Feldgruppen -->
</form>
```

Das `fieldset`-Element wird in visuellen Browsern entsprechend der Standardvorgabe mit einem Rahmen versehen.

Accesskeys – Tastaturkürzel definieren | Die Steuerelemente `area`, `button`, `input`, `label`, `legend` und `textarea` können über das `accesskey`-Attribut mit Tastaturkürzeln versehen werden. Über diese gelangen Nutzer direkt zum jeweiligen Eingabefeld. Accesskeys kommen nur in wenigen Anwendungen zum Einsatz, werden jedoch von gängigen Browsern vollständig unterstützt und können deshalb ohne Bedenken verwendet werden. Als Shortcuts können Sie ein beliebiges Zeichen über `<label accesskey="1">` definieren (Buchstaben, Ziffern, spezielle Zeichen). Es ist jedoch empfehlenswert, Kürzel mit den Feldern, auf die sie verweisen, zu assoziieren und sie einprägsam zu benennen.

Eine bewährte Praktik in der modernen Seitengestaltung ist es, den ersten Buchstaben der jeweiligen Beschriftung als Kürzel zu wählen. Dies empfiehlt sich insbesondere für Seiten, bei denen Anwender häufig mit Formularen arbeiten müssen. Aber auch für die Leser eines Weblogs können Accesskeys viel Zeit sparen. Im Allgemeinen kann die Seitennavigation durch die Zuweisung von Ziffern zu einzelnen Seitenrubriken deutlich beschleunigt werden. Die jeweiligen Tastaturkürzel müssen dem Anwender natürlich explizit bekannt gegeben werden.

In Mozilla Firefox werden Aktionen über den Shortcut [⇧] + [Alt] + *[accesskey]* aufgerufen; im Internet Explorer über [Alt] + *[accesskey]*. Tastaturkürzel werden von verschiedenen Browsern unterschiedlich interpretiert. Orientieren Sie sich bei der Vergabe der Tastaturkürzel an den Vorgaben, die im Beitrag *http://www.wats.ca/show.php?contentid=32* (Linkcode 192) vorgestellt werden.

Accesskeys

Webstandards sehen vor, dass Tastaturkürzel auch für Anker definiert werden können (z. B. `<a accesskey="a" href="link.php" >Link</a>`). Über die Tastatureingaben können Anwender dann direkt zu der Seite übergehen, auf die der jeweilige Anker verweist.

tabindex – Reihenfolge der Eingaben festlegen | Bei komplexen Formularen können Anwender schnell den Überblick verlieren. Dies kann zu Sprüngen im Text führen, die mit einem weiteren XHTML-Elementtyp vermieden werden können.

Enter-Taste

Beachten Sie, dass fast alle modernen Browser die Taste [↵] standardmäßig verwenden. So können Formulare häufig mit [↵] abgesendet werden bzw. der Suchvorgang mit [↵] gestartet werden. Deshalb kann eine neue Zuweisung der Taste unter Umständen zu Problemen führen.

Per Standard gelangen Sie mit ↹ von einem Feld zum nächsten in derjenigen Reihenfolge, die im Quelltext angegeben ist. Sollten Sie diese Reihenfolge verändern wollen, so müssen Sie dafür sorgen, dass die Seitenbesucher ihre Eingaben trotzdem logisch und konsequent vornehmen können.

```
<input tabindex="1" ... />
<select tabindex="3" ... />
<textarea tabindex="2" ... />
...
```

8.2 Formularfelder mit CSS gestalten

Gehörte ein einfarbiges und deshalb häufig auch langweiliges Online-Formular noch vor wenigen Jahren zum Erscheinungsbild eines seriösen Webauftritts, so wird dies in modernen Web 2.0-Anwendungen nur noch selten der Fall sein. Durch vielfältige Schatteneffekte, Abrundungen, begleitende Mini-Icons und dynamische Wegweiser werden Seitenbesucher Schritt für Schritt zum Ziel geleitet. Besondere Bedeutung kommt dabei auch den Formularfeldern zu, die mit CSS-Mitteln eleganter, lebendiger und benutzerfreundlicher gestaltet werden können.

8.2.1 Positionierung und Gestaltung von Eingabefeldern

Seitenbesucher haben sich über mehrere Jahre daran gewöhnt, beim Ausfüllen eines Online-Fragebogens einem vertikalen Pfad von oben nach unten zu folgen.

Aus dieser typischen Vorgehensweise resultiert die Notwendigkeit, sämtliche Eingabefelder vertikal, mit möglichst wenigen gestalterischen wie strukturellen Abweichungen voneinander auszurichten. Einzeilige (`input`) wie mehrzeilige (`textarea`) Eingabefelder sollten somit nach Möglichkeit dem gleichen Schema folgen. Die Länge der `input`-Felder kann durchaus variieren – aber nur dann, wenn die Größe Rückschluss auf den Inhalt gibt. Zum Beispiel sollte das Eingabefeld für die Postleitzahl kürzer als jenes für die Adresse sein.

Darüber hinaus sollten die Beschriftungen von Eingabefeldern visuell wie strukturell getrennt sein und in logisch zusammengehörigen Gruppen zusammengefasst sein. Auch für die Gestaltung von Eingabefeldern sind nur wenige Variationen sinnvoll, beispielsweise sollte bei allen Eingabefeldern der typografische Satz gleich eingestellt sein, wie auch die Farbe für verschiedene Zustände.

Feldränder stylen | Eine der ersten Anpassungen beim Design von Formularen ist die Veränderung der Ränder bei Steuerelementen. Ohne eine zusätzliche Formatierung erscheinen nämlich sämtliche Felder bei vielen Browsern mit einem Rahmen, der einen 3D-Effekt darstellen soll.

Um einen Standard-Rand zu variieren, verändert man seine Gestalt über die CSS-Anweisung `border`.

```
input, textarea {border: 1px solid #ccc;}
```

Dabei empfiehlt es sich, keine gepunktete oder gestrichelte Linien für den Rand eines Steuerelements zu wählen.

Aus Usability-Gründen sollte man beim Design von Eingabefeldern unter keinen Umständen auf einen sichtbaren Rand für die Steuerelemente verzichten. Wie auch in üblichen Fragebögen, die man aus dem Alltag kennt, sollen Anwender direkt sehen, wo sie ihre Eingaben machen können. Ein Rand gibt ihnen dabei eine gute Orientierungshilfe.

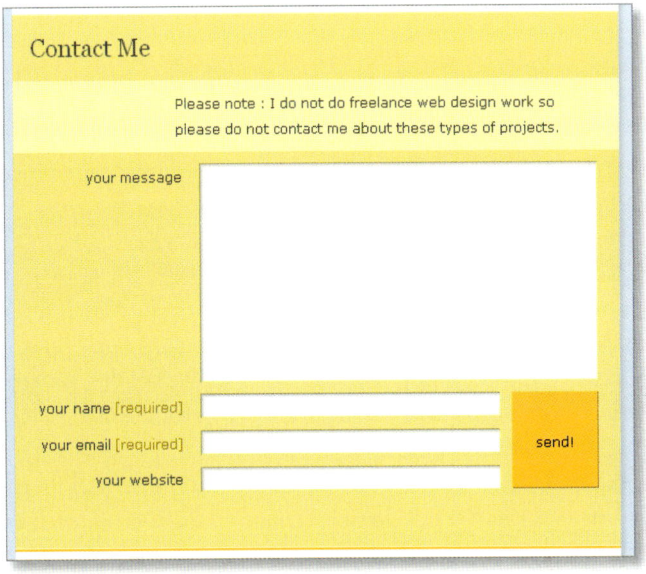

◂ **Abbildung 8.6**
Durch eine geschickte Auswahl des linken und rechten Randes sowie das Einbetten eines Hintergrundbildes wird ein angenehmer 3D-Effekt erzeugt (Quelle: http://www.binarymoon.co.uk/about)

Anpassung des Hintergrunds | Durch die Veränderung des Hintergrunds von Steuerelementen antworten Seitenbetreiber auf die Interaktionen von Seitenbesuchern. Hervorhebungen werden insbesondere bei `:hover`- und `:focus`-Zuständen von Steuerelementen extra gestaltet.

Beim `:hover`-Zustand wird der Anwender durch visuelle Markierung der Felder zum Ausfüllen des Formulars geleitet. Die Hover-Markierung dient außerdem dazu, die Felder aus dem übrigen Kontext stärker hervorzuheben.

Da viele Anwender in Online-Formularen mit [Tab] von einem Eingabefeld zum nächsten navigieren, muss das »fokussierte« Eingabefeld besonders deutlich hervorgehoben werden. Dann weiß der Anwender nämlich genau, wo er gerade ist. Bei Unterbrechungen des Ausfüllvorgangs und beim Navigieren auf anderen Seiten des Browsers kann der Besucher zum Formular zurückkehren und unmittelbar feststellen, welches Feld gerade »am Zuge« ist.

Beides kann durch die Veränderung der Hintergrundfarbe bzw. des Hintergrundbildes und des Rahmens des Feldes unterstützt werden.

```
input, input:hover, input:focus {
border-width: 1px;
}
input {
background-color: #fff;      /* weiß */
border-color: #ccc;          /* grau */
}
input:hover {
background-color: #dee;     /* Hellblau */
border-color: #9cc;         /* Dunkelblau */
}
input:focus {
background-color: #efd;     /* Hellgrün */
border-color: #be8;         /* Dunkelgrün */
}
```

Häufig verändert man nicht nur die Hintergrundfarbe des gerade bearbeiteten Feldes, sondern die Hintergrundfarbe der ganzen Gruppe, zu der es gehört.

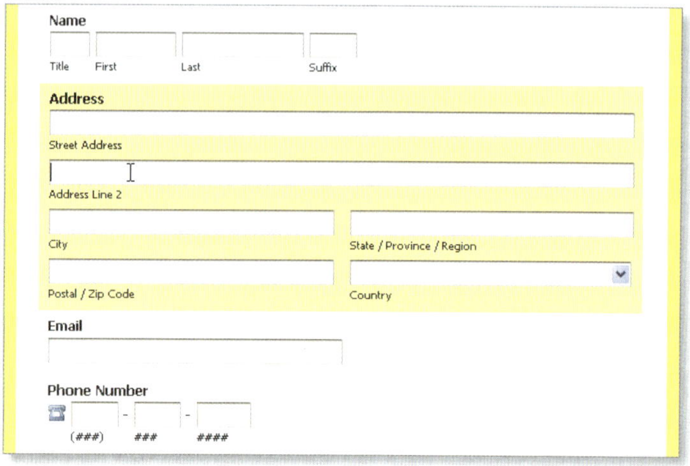

Abbildung 8.7 ▸
Im :focus-Zustand wird die Hintergrundfarbe für die ganze Gruppe verändert.

Beachten Sie, dass Eingabefelder auch mit Hintergrundbildern versehen werden können. Dies kann nützlich sein, z. B. wenn Sie Eingabefelder durch begleitende Mini-Icons deutlicher auszeichnen wollen.

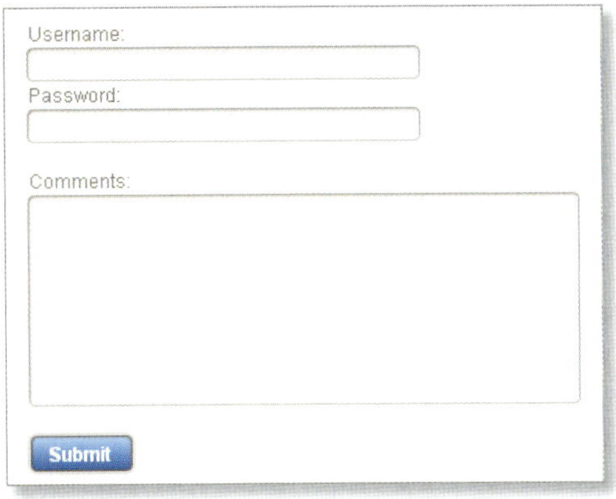

◂ **Abbildung 8.8**
Eingabefelder werden mit einem Hintergrundbild versehen (Quelle: *http://www.badboy.ro/assets/articles/niceforms/niceforms.html* Linkcode 193).

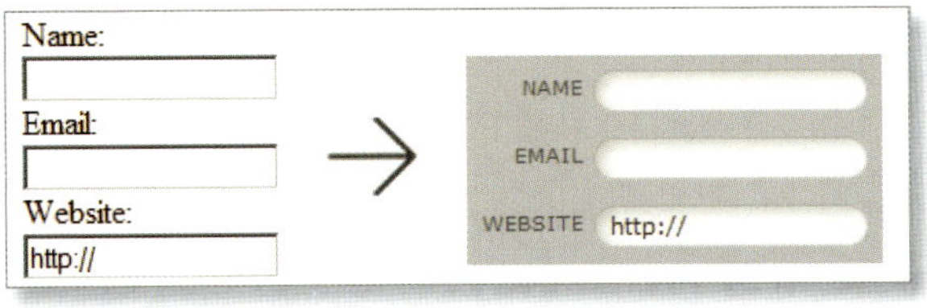

◂ **Abbildung 8.9**
Hintergrundbilder verwandeln die Default-Gestalt eines Online-Formulars. »Fun With Forms«-Technik (Quelle: *http://www.picment.com/articles/css/funwithforms* Linkcode 194).

Im Allgemeinen kann man auf beide Effekte bei kleinen Formularen verzichten (siehe Abbildung 8.10). Bei größeren Fragebögen sind sie durchaus hilfreich.

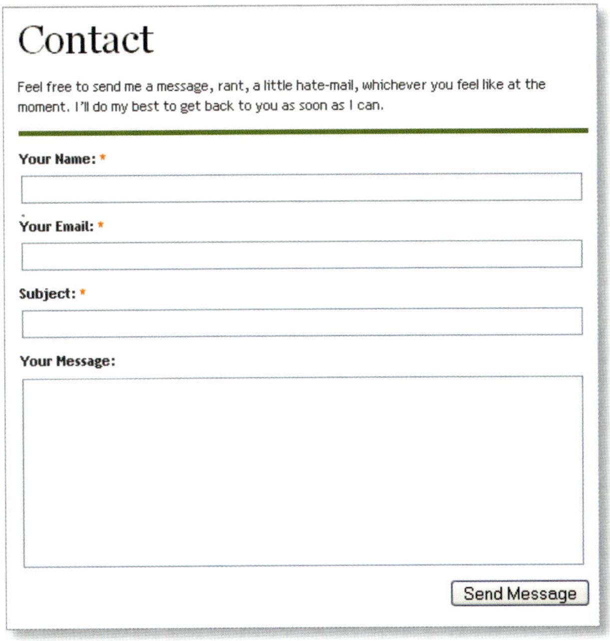

◂ **Abbildung 8.10**
Klar, deutlich und ohne Hover- oder Active-Zustände (Quelle: *http://www.farfromfearless.com/contact* Linkcode 195).

Schritt für Schritt: Formular gestalten

Im Folgenden betrachten wir ein Beispiel zum Design eines einfachen Formulars mit zwei Eingabefeldern.

1 XHTML-Markup und Positionierung der Elemente mit CSS

Listing 8.1 ▸
Das XHTML-Gerüst

```
<form action="anmeldung.php" method="post">
....
<div class="leftbar"><label for="login">Benutzer:
</label></div>
<div class="rightbar"><input name="login" id="login"
size="20" maxlength="40" value="" type="text" />
</div>
<div class="leftbar"><label for="pass">Kennwort:
</label></div>
<div class="rightbar"><input name="pass" id="pass"
size="20" maxlength="40" value="" type="password" />
</div>
...
<div class="rightbar"><input type="submit"
value="Senden!" /></div>
</form>
```

Listing 8.2 ▸
Grundsätzliche Formatierung mit CSS

```
.leftbar {
    width: 25%;
    clear: both;
    float: left;
    display: inline;
    padding: 4px;
    margin: 10px 0;
    text-align:right;
}
.rightbar {
    width: 70%;
    text-align: left;
    float: right;
    display: inline;
    padding: 4px;
    margin: 5px 0;
}
```

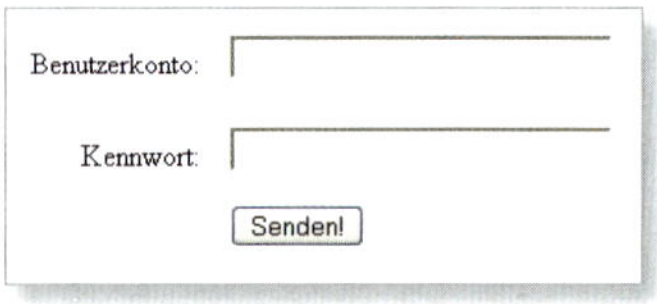

▲ **Abbildung 8.11**
Ausgangssituation: Die Standarddarstellung des Formulars ohne zusätzliche CSS-Formatierung

▲ **Abbildung 8.12**
Die `input`-Elemente werden mit einem grauen Rahmen versehen.

2 Anpassung des Randes und der Feldgröße

In diesem Schritt wird zunächst der Rand der Formularfelder auf neutrales Grau gesetzt.

```
input {
border: 1px solid #cccccc;
}
```

Damit der Anwender bei der Eingabe von Daten mehr Platz zur Verfügung hat, setzt man für `input`-Elemente zusätzlich einen großzügigen inneren Abstand fest.

```
input {
border: 1px solid #cccccc;
padding: 4px;
}
```

▲ **Abbildung 8.13**
Die `input`-Elemente erhalten den inneren Abstand von 4 px in alle Richtungen.

3 Hover-, Focus- und Active-Klassen definieren

Diese Effekte spielen bei Formularen eine besondere Rolle. Richtig umgesetzt, können sie den Nutzer bei seinen Angaben unterstützen, und zwar mithilfe von visuellen Hinweisen und grafischen Hervorhebungen.

Beim Drüberfahren mit der Maus wird das Eingabefeld mit einer grünen Hintergrundfarbe und einer blauen Randlinie versehen.

```
input:hover {
border: 1px solid #ade;
background-color: #efd;
}
```

In `focus`- und `active`-Zuständen wird die Randlinie auf Grün gesetzt.

```
input:focus, input:active {
border: 1px solid #cea;
}
```

:focus und :hover im IE bis Version 6

Beachten Sie, dass die Pseudoklasse `:hover` beim Internet Explorer bis einschließlich Version 6 nur im Falle der Verweise interpretiert und sonst ignoriert werden. Die `:focus`-Klasse ist dagegen nicht implementiert und kommt erst im Internet Explorer 7 vor. Um beide Klassen diesen Browsern beizubringen, können Sie in Ihre CSS-Datei die `whatever:hover`-Bibliothek (*http://www.xs4all.nl/~peterned/csshover.html* Linkcode 196) einbinden:

```
body
{behavior:url("csshover2.
htc");}
```

Diese wird nur von Browsern der IE-Familie erkannt und verwendet. Eine alternative Lösung gibt es nicht.

▲ **Abbildung 8.14**
Angepasster Rahmen. Weißer Hintergrund, grauer Rahmen.

▲ **Abbildung 8.15**
Beim Drüberfahren mit der Maus verändert sich die Farbe auf Hellgrün; der Rahmen auf Dunkelblau.

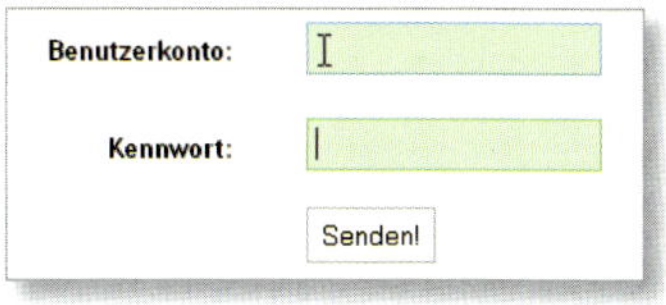

▲ **Abbildung 8.16**
Hover-Effekt im oberen Eingabefeld, Active-Effekt im unteren Eingabefeld. ■

Checkboxen, Radiobuttons, Selection | Für Optionen werden in Online-Formularen Kontrollkästchen, Optionsfelder und Aus-

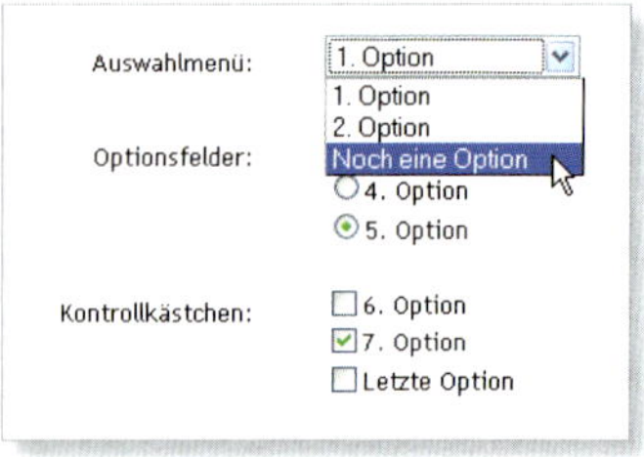

▲ **Abbildung 8.17**
Auswahlmenü, Optionsfelder und Kontrollkästchen in Default-Ansicht.

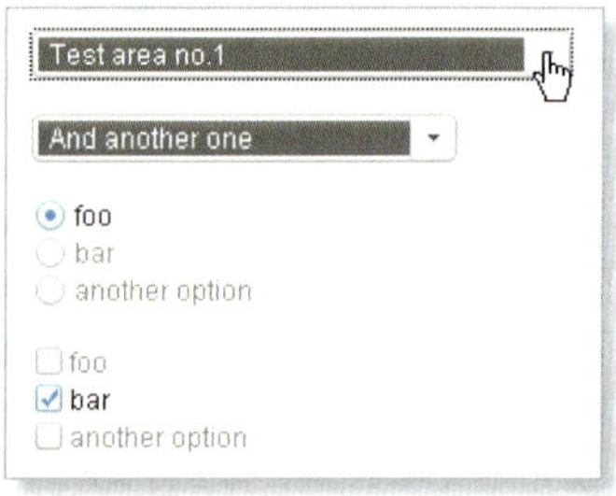

▲ **Abbildung 8.18**
NiceForms v1.0

▲ **Abbildung 8.19**
Pretty Forms lässt Steuerelemente durch eigene Bilder ersetzen.

wahlmenüs verwendet. Ihre Gestaltung ist häufig nur schwer zu handhaben, da diese Elemente meistens eine winzige Größe besitzen. Dennoch lassen sich auch sie mit CSS gestalten.

Eine analoge XHTML-Struktur wie in den obigen Beispielen ergibt ein Bild wie in Abbildung 8.17.

Die von Lucian Slatineanu entwickelte Technik *NiceForms* basiert auf CSS und JavaScript. Sie setzt darauf, dass man die Steuerelemente in ihrer ursprünglichen Gestalt mit `left:3000px;` vom Bildschirm verschwinden lässt und durch Bilder ersetzt, die im CSS-Code als Hintergrundbilder agieren. Die Hintergrundbilder erhalten dabei beide Zustände (angeklickt / nicht angeklickt). Die Anzeige eines passendes Bildes wird durch eine JavaScript-Bibliothek und die Positionierung des Hintergrunds geregelt. Bei Optionsfeldern wird wiederum mit einem JavaScript dafür gesorgt, dass nur eine Option ausgewählt wird.

Die Elemente mit den jeweiligen Ersatzgrafiken werden absolut positioniert. Das Hintergrundbild des Select-Menüs wird in drei Teile aufgeteilt und mithilfe von drei Containern »genäht«. Die Optionen werden im zentralen Container angezeigt. Durch die Wahl der Größe der Bilder kann man dafür sorgen, dass die Steuerelemente auch bei einer Skalierung korrekt angezeigt werden und einwandfrei funktionieren. Auch die Navigation über die Tastatur ist möglich.

Die Vorteile dieser Technik liegen auf der Hand. Mit einigen Anpassungen lassen sich sämtliche Steuerelemente beliebig gestalten. Bei korrektem, standardkonformen XHTML-Markup werden sie dann von allen gängigen Webbrowsern korrekt interpretiert. Weiteres zur Technik finden Sie auf *http://www.badboy.ro/articles/2007-01-30/niceforms* (Linkcode 197).

- Eine alternative Lösung bietet die Technik *Pretty Forms* (*http://www.agavegroup.com/?p=35* Linkcode 198); auch sie basiert auf einer JavaScript-Bibliothek.
- Eine weitere Methode wird durch *ARC – Adam's Radio & Checkbox Customisation Method* (*http://www.flog.co.nz/2005/04/27/arc-adams-radiocheckbox-customisation* Linkcode 199) bereitgestellt. Sie basiert auf JavaScript und CSS. Sollte eines der beiden nicht unterstützt werden, springt das Skript auf die Default-Version des Formulars zurück.

Beachten Sie, dass Sie die Gestaltung von Steuerelementen nicht komplett verändern dürfen. Letztendlich geht es darum, dass die Anwender damit zurechtkommen, und nicht darum, dass eine beeindruckende Präsentation erzielt wird. Da Seitenbesucher mit dem Default-Design von Steuerelementen gut vertraut sind – etwa durch die Software-Produkte aus ihrem Alltag –, ist es weder benutzerfreundlich noch effizient, beim Design von Formularen grundlegend neue, unbekannte Elemente anzubieten. Dadurch riskieren Sie, den Anwender zu verwirren.

8.2.2 multiple-Eigenschaft bei Auswahlmenüs

Bei Auswahlmenüs kann man über das Attribut `multiple` regeln, ob der Anwender genau eine oder mehrere Optionen auswählen darf. Ursprünglich muss der Seitenbesucher mit `Strg` und der rechten Maustaste arbeiten, um die gewünschten Optionen auszuwählen. Eine mehrfache Auswahl lässt sich mit der von Nicholas Rougeaux entwickelten Technik *Scrollable Checklists* besser und intuitiver gestalten.

Bei dieser Methode werden sämtliche Auswahloptionen im `Select`-Menü in Form von mehreren, vertikal angeordneten Kontrollkästchen mit Beschriftungen dargestellt, über die Seitenbesucher wie in einem Frame navigieren können.

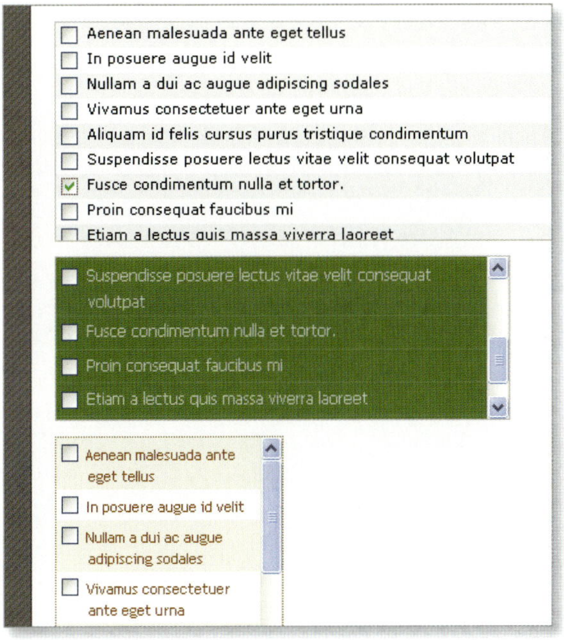

◄ Abbildung 8.20
Scrollable Checklists erlaubt dem Anwender, in einem Auswahlmenü wie in einem Frame zu scrollen.

Mit einem JavaScript für IE 6 bzw. einem Hack für IE 7 wird dafür gesorgt, dass die Methode auch im Internet Explorer einwandfrei funktioniert.

In der Praxis ist gegen die Technik nichts einzuwenden, solange die Auswahlmöglichkeiten auch für einen unerfahrenen Nutzer deutlich zum Ausdruck gebracht werden.

Die Möglichkeiten zur Anpassung des Formulardesigns an das Layout der jeweiligen Seiten sind somit bei Eingabefeldern wie bei Auswahl-Steuerelementen unerschöpflich.

Schritt für Schritt: Formular im Web 2.0-Look gestalten

Zur Veranschaulichung gestalten wir auf den nächsten Seiten ein einfaches Formular im Web 2.0-Look. Dafür wird als XHTML-Quellcode das bereits verwendete Markup (in erweiterter Form) verwendet. Das Beispiel basiert auf einer Technik, die von *InfectedFX* (*http://www.infectedfx.net*) vorgestellt wurde.

1 Positionierung von Blöcken und Formatierung mit CSS

Mit der Positionierung von Blöcken auf der Seite wird das Formular zuerst zentriert und formatiert. Anschließend werden die Schriftart und Schriftgröße der Texte festgelegt.

Listing 8.2 ▶
Das XHTML-Formular

```
<form action="form.php">
     <div id="wrapper">
          <div id="content"
               <h2>Kontaktformular</h2>

               <div class="contactform">

               <div class="contactleft"><label
               for="Name">Name: </label></div>
               <div class="contactright"><input
               name="Name" id="Name" size="30"
               maxlength="50"
               value="" type="text"/> <span
               class="required">*</span>
               </div>
               <div class="contactleft"><label
               for="Email">Email:</label></div>
               <div class="contactright"><input
               name="Email" id="Email"
               size="30" maxlength="50" value=""
               type="text"/> <span
               class="required">*</span>
               </div>
               <div class="contactleft"><label
               for="Site">Web-Seite:</label>
               </div>
               <div class="contactright"><input
               name="Site" id="Site" size="30"
               maxlength="100" value=""
               type="text"/></div>
               <div class="contactleft"><label
               for="Feedback">Rückmeldung:
               </label></div>
```

```
                <div class="contactright">
                <textarea name="Feedback"
                id="Feedback" cols="35" rows="8">
                </textarea></div>
                <div class="contactright"><input
                name="submit" value="Absenden!"
                id="subm" type="submit"/></div>
                </div>

            </div>

        </div>
    </form>
```

Im Folgenden sehen Sie die grundlegende CSS-Gestaltung:

◀ **Listing 8.3**
Die CSS-Basis des Formulars

```
*
{
    margin: 0;
    padding: 0;
}
body
{
    font: 12px "Trebuchet MS",Arial, Helvetica,
    sans-serif;
}
.contactleft {
    width: 25%;
    clear: both;
    float: left;
    display: inline;
    padding: 4px;
    margin: 10px 0;
    text-align:right;
}
.contactright {
    width: 70%;
    text-align: left;
    float: right;
    display: inline;
    padding: 4px;
    margin: 5px 0;
}
```

```
div#wrapper
{
    margin: 0;
    width: 770px;
}
div#content
{
    margin: 0 auto;
    padding: 0 5px 0 0;
    text-align: left;
    width: 500px;
}
input, textarea {
border: 1px solid #aabbcc;
}
```

2 Innerer Abstand und Web 2.0-Styling

Es ist wichtig, dass in den Eingabefeldern hinreichend viel Platz zum Rand hin gelassen wird. Der Benutzer soll sich beim Ausfüllen der Felder nicht »eingeengt« fühlen.

Abbildung 8.21 ▶
Vor dem Styling ...

```
h2 {
font-family: "Trebuchet MS", Calibri, Georgia,serif;
font-weight: normal;
font-size: 4em;
color: #fff;
}
```

```
span.required {
color: #fff;
font-size: 2em;
}
label {
color: #fafafa;
font-weight: bold;
padding: 2px 5px 2px 5px;
}
.contactform #Name,
.contactform #Email,
.contactform #Site,
.contactform #Feedback {
width:80%;
padding:5px;
color: #333;
font: 1.1em/1.6em Arial, "Trebuchet MS", Verdana,
sans-serif;
}
```

Bei der letzten Anweisung könnte man genauso gut mit

```
input, textarea { width: 80%... }
```

arbeiten. Um jedoch einzelne Felder einzeln zu gestalten , werden sie über ihre jeweilige ID angesprochen.

Mit ein bisschen Styling im »frischen blauen Look« erhält man:

```
body {
...
background-color: #5EA4D7;
...
}
h2 { font-family: "Trebuchet MS", Calibri,
Georgia,serif;
font-weight: normal;
font-size: 4em;
color: #fff;
}
span.required {
color: #fff;
font-size: 2em;
}
```

Abbildung 8.22 ▶
... und nach dem Styling

3 Gestaltung von Eingabefeldern

Um die Eingabefelder stärker zum Ausdruck zu bringen, kann man ihnen einen dunklen blauen Rand der Breite 1 px geben.

```
.contactform #Name,
.contactform #Email,
.contactform #Site,
.contactform #Feedback
{
border: 1px solid #387eb1;
}
```

▲ **Abbildung 8.23**
Damit das Eingabefeld besser zum Ausdruck gebracht wird, wird es mit einem dunkelblauen Rand versehen.

Zur noch besseren Übersichtlichkeit kann man Eingabefeldern einen neutralen, abgerundeten Rahmen verleihen. In CSS3 wird in Zukunft die Eigenschaft `border-radius` dafür sorgen. In Mozilla Firefox kann man dies mit `-moz-border-radius` erreichen; es empfiehlt sich jedoch, mit entsprechenden CSS/JavaScript-basierten Techniken zu arbeiten.

Eine große Auswahl davon finden Sie im Beitrag *CSS Rounded Corners Roundup* (*http://www.smileycat.com/miaow/archives/000044.php* Linkcode 200). Die meisten Methoden basieren auf der Positionierung von Hintergrundbildern, die zusammen mit passenden Hintergrundfarben den gewünschten Effekt abgerundeter Ecken erzeugen.

Im Beispiel des Online-Formulars können abgerundete Ecken nur durch den Einsatz von speziell dazu entworfenen Bildern realisiert werden. Dies ist meistens zeitaufwendig, erzeugt unflexiblen Code und ist mit zusätzlichem Markup verbunden.

Bei anderen Seitenelementen lassen sich Abrundungen dagegen in Bruchteilen von Sekunden auch ohne Bilder erstellen. So kann eine Abrundung mithilfe der robusten *Nifty Corners Cube-Bibliothek* (*http://www.html.it/articoli/niftycube/index.html* Linkcode 201) hinzugefügt werden.

Schritt 1: Installation des Skripts
Laden Sie die JavaScript-Bibliothek von der Seite des Entwicklers runter und entpacken Sie das Archiv in einen Ordner. Suchen Sie im entpackten Verzeichnis die Datei *niftycube.js* und kopieren Sie diese in den Ordner, in dem sich Ihre Webseite befindet.

Binden Sie diese Datei anschließend vor dem abschließenden `head`-Tag ein – und zwar auf der Seite, auf der Sie Seitenelemente abrunden wollen:

```
<script type="text/javascript" src="niftycube.js">
</script>
```

◂ **Abbildung 8.24**
Übliche Darstellung ohne Einbindung des Nifty-JavaScripts

Schritt 2: Abrundung mit JavaScript
Angenommen, Ihre Seite enthält zwei beliebige Elemente, die mit dem folgenden Markup ausgezeichnet sind:

```
<div id="container">
<div id="content">
<h1>Nifty Corners</h1>
<p>Lorem ipsum... </p>
<h2>Rounded corners without images</h2>
<p>Vim solet partiendo ut... </p>
</div>
```

```
<div id="nav">
<h2>Simple. Just Javascript and CSS.</h2>
<p>Sed te movet propriae... </p>
</div>
</div>
```

Zur Abrundung von Elementen ist es notwendig, die Bibliothek-Funktion `Nifty()` mit passenden Argumenten aufzurufen. Die ID-Bezeichner im oberen Quellcode sind demnach als Variablen zu verwenden.

Als Übergabeparameter kann das Skript beliebige Folgen von Selektoren (Tags – `p`, `h2` usw., IDs – `div#header`, `h2#about`, Klassen – `div.news`, `span.date`, `p.comment` usw.) erkennen. Außerdem können Schlüsselwörter angegeben werden, welche Eigenschaften der Abrundung (etwa Größe, Abrundung von allen oder ausgewählten Ecken usw.) festlegen. Standardmäßig werden alle Ränder mit 5 px Radius abgerundet.

Zum Aktivieren des Skripts wird die JavaScript-Funktion `window.onload` verwendet. Sie sorgt dafür, dass die Methode `Nifty()` beim Aufbau der Seite aufgerufen wird. Der Quellcode

```
<script type="text/javascript">
window.onload=function(){
Nifty(... Parameter ... );
}
</script>
```

wird somit bei der Abrundung von Seitenelementen über die Nifty Corners Cube-Bibliothek immer vor dem abschließenden `</head>`-Tag erscheinen.

Zur Abrundung der Container `#content` und `#nav` aus dem oberen Beispiel genügt es somit,

```
<script type="text/javascript">
window.onload=function(){
Nifty("div#content,div#nav");
}
</script>
```

vor `</head>` zu setzen.

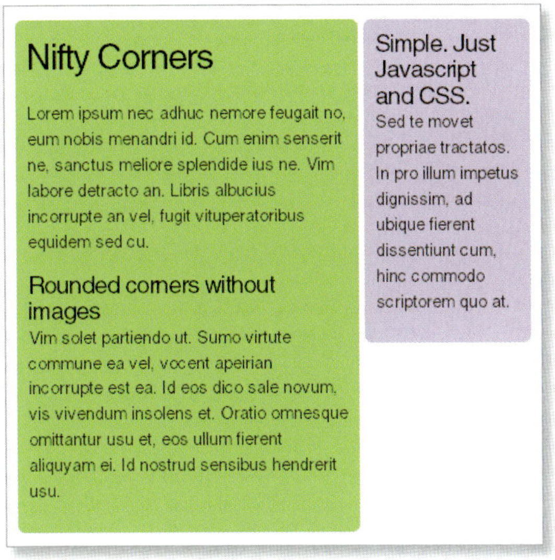

◂ **Abbildung 8.25**
Abgerundete Ecken im Einsatz – benutzerfreundlich, elegant und automatisch generiert. Mit der Nifty Corners Cube-Bibliothek.

Das Ergebnis lässt sich sehen: schöne Blöcke mit automatisch generierten, abgerundeten Ecken ohne Verwendung von zusätzlichen Bildern.

In unserem Beispiel wird weiterhin die `-moz-border-radius`-Eigenschaft eingesetzt. Sie können diese natürlich auch wie gezeigt durch *Nifty Corners* ersetzen.

▴ **Abbildung 8.26**
Eine 4 px große dunkelblaue Abrundung für das Eingabefeld mit der `-moz-border-radius`-Eigenschaft

```
input, textarea {
border: 4px solid #387eb1;
-moz-border-radius: 3px;
}
```

Dies führt zu folgendem Formular:

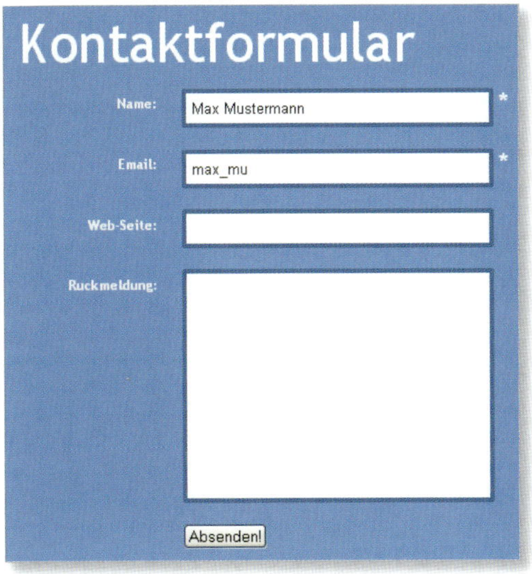

◂ **Abbildung 8.27**
Das Formular mit »verzierten« Eingabefeldern

HINWEIS

Beachten Sie, dass die Formatierungsanweisung `-moz-border-radius` eine proprietäre Anweisung von Browsern der Gecko-Familie (Mozilla Firefox, Camino, Flock u. a.) ist.
In der nächsten Version der CSS-Spezifikation *CSS3* wird die Anweisung `border-radius` diese Funktion übernehmen. Andere Browser ignorieren die Anweisung. In diesem Beispiel wird sie verwendet, um ein benutzerfreundliches Design mit minimalem Quellcode zu erzeugen.

4 Gestaltung des Submit-Buttons

Anschließend wird der Submit-Button gestaltet.

```
#subm {
font: 1.1em/1.6em "Trebuchet MS", Verdana,
sans-serif;
width: 310px;
border: 1px solid #dddddd;
padding: 4px 5px 4px 5px;
color: #fff;
background-color: #285a80;
font-weight: bold;
-moz-border-radius: 3px;
}
```

Abbildung 8.28 ▸
Der Submit-Button hebt sich durch seine Hintergrundfarbe und die weiße Kontur ab.

Um dem Formular eine eigenständige Gestalt zu geben, wird es mit einer Hintergrundfarbe versehen. Damit die Farbe sichtbar wird, wird `overflow: auto` verwendet.

Für IE 6 muss außerdem die Höhe explizit angegeben werden: `height: 100 %;`

```
.contactform {
overflow: auto;
height: 100%;
background-color: #4c95c9;
-moz-border-radius: 6px;
}
```

Als Nächstes werden die Überschriften durch eine Hintergrundfarbe hervorgehoben.

```
label {
color: #fafafa;
font-weight: bold;
padding: 2px 5px 2px 5px;
background-color: #5ea4d7;
-moz-border-radius: 3px;
}
```

◂ **Abbildung 8.29**
Das Bild des Kontaktformulars im Web 2.0-Look

5 Einfügen von Mini-Icons

In diesem Schritt wird das Formular mit Mini-Icons versehen. Dazu werden Eingabefelder mit geeigneten transparenten Hintergrundbilden sowie mit der passenden Hintergrundfarbe gestaltet.

```
.contactform #Name {
background: #fff url(buddy.png) no-repeat left;
}
.contactform #Email            {
background: #fff url(email.png) no-repeat left;
}
.contactform #Site {
background: #fff url(house.png) no-repeat left;
}
.contactform #Feedback {
width:86%;
```

HINWEIS

Beachten Sie, dass IE 6 und ältere Versionen Probleme mit der PNG-Transparenz haben. Bei der Verwendung von Bildern im *.png*-Format müssen Sie deshalb bei plattformunabhängiger Darstellung auf Browser-Hacks zurückgreifen (siehe Abschnitt 11.2). Alternativ können Sie auch mit Farbangaben oder transparenten *.gif*-Dateien arbeiten.

▲ **Abbildung 8.30**
Ein Mini-Icon wird als Hintergrundbild eingefügt.

▲ **Abbildung 8.31**
Beim Eintippen ist der eingegebene Text wegen des Hintergrundbildes nur schwer lesbar.

▲ **Abbildung 8.32**
Mit einem passenden inneren Abstand wird der Text bei der Eingabe nach rechts gerückt.

```
background: #fff url(comment.png) no-repeat bottom
right;
}
.contactform #Name,
.contactform #Email,
.contactform #Site,
{
width: 80%;
padding: 5px 5px 5px 25px;
}
```

Der linke innere Abstand in der letzten CSS-Deklaration wird auf 25 px gesetzt, da der eingegebene Text bei 5 px Abstand wegen des Hintergrundbildes nur schlecht lesbar wird.

Zu beachten ist auch, dass das Hintergrundbild genügend Abstand von linkem Rand hat, damit es hervortritt. Beim Verwenden von vorgefertigten Icons muss man eventuell das Bild noch manuell anpassen.

Abbildung 8.33 ▶
Links: Geeignete Mini-Icons für die Felder »Email« und »Web-Seite«, rechts: geeignetes Mini-Icon für das Kommentarfeld.

Berücksichtigen Sie, dass die Mini-Icons auf dem Bildschirm symmetrisch dargestellt werden sollten, also vertikal wie horizontal gleich ausgerichtet sein müssen. Dies erleichtert nämlich den vertikalen Durchlauf des Formulars und gibt Anwendern intuitive visuelle Hinweise.

Abbildung 8.34 ▶
Das Formular mit Mini-Icons

6 Gestaltung von Zuständen der Eingabefelder

Da bei der Gestaltung von Formularen mehrere Zustände bei der Eingabe zu beachten sind, ist die Farbgestaltung des Formulars zu bedenken.

Die oben gewählte weiße Hintergrundfarbe hat ein starkes visuelles Gewicht und kann deshalb benutzt werden, um den Seitenbesucher zum Ausfüllen des Formulars zu animieren. Ihren Zweck kann sie somit vor allem im `:hover`-Zustand erfüllen.

Die eigentliche Eingabe von Daten muss dagegen bequem und angenehm gestaltet werden. Darüber hinaus muss die Navigation über [Tab] visuell deutlich gemacht werden. Dies kann etwa durch einen dunkleren Hintergrund und einen neutralen Rahmen des `:focus`-Zustands geschehen. Daher wird eine Standardhintergrundfarbe gewählt, die nicht direkt auffällt, aber dennoch deutlich hervortreten soll.

```
.contactform #Name,
.contactform #Email,
.contactform #Site,
.contactform #Feedback
{
...
color: #bbddff;
...
}
.contactform #Name {
background: #3377aa url(buddy.png) no-repeat left;
}
.contactform #Email {
background: #3377aa url(email.png) no-repeat left;
}
.contactform #Site {
background: #3377aa url(house.png) no-repeat left;
}
.contactform #Feedback
{
width:86%;
background: #3377aa url(comment.png) no-repeat bottom
right;
}
```

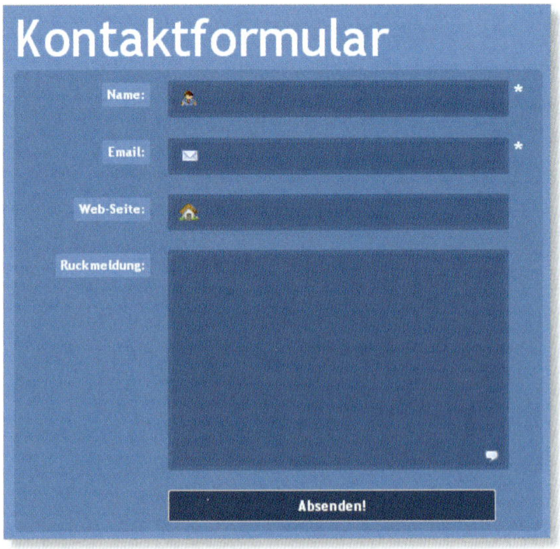

Abbildung 8.35 ▶
Das Formular im passiven Zustand

Anschließend werden die `:focus`- und `:hover`-Zustände definiert!

▲ **Abbildung 8.36**
`:hover`-Zustand

▲ **Abbildung 8.37**
`:active`-Zustand

▲ **Abbildung 8.38**
`:hover` und `:active`-Zustand

```
.contactform #Name:hover,
.contactform #Email:hover,
.contactform #Site:hover,
.contactform #Feedback:hover {
background-color: #fff;
border: 4px solid #6ad;
color: #333;
}

.contactform #Name:focus,
.contactform #Email:focus,
.contactform #Site:focus,
.contactform #Feedback:focus
{
border: 4px solid #7bd;
color: #fff;
background-color: #369;
}
```

7 Zusätzliche Klassen definieren

Im Allgemeinen ist es hilfreich, zusätzliche Formularklassen einzuführen. Über PHP-basierte Mailer können Sie dann genauer bestimmen, wie ein Eingabefeld unter bestimmten Umständen erscheinen soll. Werden die Daten an den Server geschickt, so kann man mit speziellen CSS-Klassen dafür sorgen, dass bestimmte Felder besonders ausgezeichnet werden.

Für Warnmeldungen (etwa wenn in einem Eingabefeld keine Angaben gemacht wurden) empfiehlt es sich, das Feld nicht grundsätzlich anders zu gestalten, sondern durch leichte visuelle Markierungen hervorzuheben. Etwa durch eine rote Kante.

```
<div class="contactleft"><label for="Email">Email:
</label></div>
<div class="wrong contactright"><input name="Email"
id="Email" size="30" maxlength="50" value=""
type="text"/> <span class="required">*</span></div>
```

CSS:

```
.contactform .wrong #Email {
background: #ffffff url(warning.png) no-repeat left;
-moz-border-radius: 3px;
color: #333333;
border: 2px solid #990000;
}
```

▲ **Abbildung 8.39**
Warnmeldung mit einer roten Kante

Alternativ kann man den umgebenden Container gestalten, um die Felder nicht einzeln gestalten zu müssen:

```
.wrong {
background: #77aadd url(exclam.gif) no-repeat right;
border: 1px solid #99ccdd;
border-width: 1px 0 1px 0;
}
```

▲ **Abbildung 8.40**
Eine Warnmeldung erscheint neben dem Eingabefeld.

Mit demselben XHTML-Code ergibt sich mit dem oberen CSS-Styling das Seitenbild, das Sie in Abbildung 8.40 sehen.

Man kann auch die Warnmeldung sowie die rote Kante kombinieren:

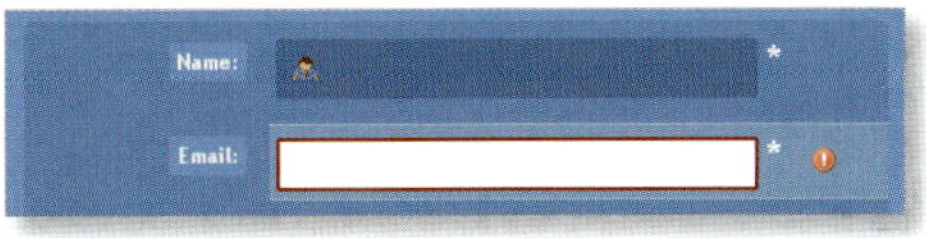

◂ **Abbildung 8.41**
Beide Methoden zur Auszeichnung eines Feldes werden kombiniert.

Es liegt nahe, beim Drüberfahren mit dem Mauszeiger auf dem Warning-Icon einen entsprechenden Hinweis (Tooltip) anzuzeigen, das den Anwender über eine korrekte Eingabe des jeweiligen Feldes informiert.

Eine Möglichkeit wäre es, bei erforderlichen Feldern einen `div`-Container einzufügen, der in der Standardanzeige mit

```
display: none;
```

ausgeblendet wird und erst nach der Eingabe des Benutzers per Serverantwort durch Einfügen einer neuen Klasse

```
.displayInput { display: block; }
```

angezeigt wird.

Wurden die Daten erfolgreich übermittelt, so kann dies dem Anwender durch ein grünes Mini-Icon mitgeteilt werden.

```
<form action="form.php" method="post">
  <div id="wrapper">
    <div id="content">
      <h2>Fertig!</h2>
        <div class="contactform">
          <div id="Erfolg">
           Danke! Ihre Eingaben wurden
           erfolgreich übermittelt.
          </div>
        </div>
    </div>
  </div>
</form>
```

CSS:

```
.contactform #Erfolg {
background: #fcfcfc url(accept.png) no-repeat left;
border: 1px solid #eeeeee;
color: #0066CC;
padding: 10px 10px 10px 30px;
-moz-border-radius: 3px;
width: 80%;
margin: 1.5em auto;
}
```

Somit ist das Design eines einfachen Online-Formulars abgeschlossen. Beachten Sie, dass das Formular auch ohne CSS- und JavaScript-Unterstützung vom Browser des Benutzers angezeigt wird und einwandfrei funktioniert. ■

▲ **Abbildung 8.42**
Wurden die Daten erfolgreich versendet, so kann man den Anwender dies durch eine Mitteilung wissen lassen.

Vorschau | Eine übliche Option, die Anwendern häufig zur Kontrolle bereitgestellt wird (vor allem bei mehrseitigen Formularen) ist die Vorschau der eingegebenen Daten vor ihrem Absenden. Dies kann entweder auf der Client-Seite über JavaScript oder auf der Server-Seite über PHP realisiert werden.

JavaScript vs. PHP
Im Hinblick auf die Benutzerfreundlichkeit ist die JavaScript-Methode besser, vor allem wenn sie mithilfe von *XMLHttpRequest* zu einer Ajax-basierten Methode erweitert wird. Dann sieht der Anwender seine Angaben nämlich direkt, ohne dass zu einer neuen Seite gewechselt wird (PHP-basierte Methode). Die Veränderungen können somit direkt vorgenommen werden.

Aber: Weist der Browser des Anwenders keine JavaScript-Unterstützung auf, so steht dem Anwender auch keine Vorschauoption zur Verfügung.

Der erneute Ladevorgang der Seite ist dagegen bei PHP-basierten Vorschauen immer der Fall. Eines der wesentlichen Usability-Probleme stellt dabei die Interaktion über den Zurück-Button im Browser dar. Kehrt der Nutzer beim PHP-Ansatz über den Button zur vorherigen Seite zurück, so läuft er Gefahr, dass die Daten verlorengehen. Stattdessen sollte der Anwender die vom Seitenentwickler speziell bereitgestellte Option zum Änderung der Angaben verwenden.

Bei der JavaScript-Methode kann es dagegen nicht zum Verlust von Daten kommen.

Eine weitere Möglichkeit ist es, die eingegebenen Daten direkt bei ihrer Eingabe anzuzeigen. Sie kommt vor allem bei Weblogs zum Einsatz, bei denen Seitenbesuchern vielfältige Formatierungsmöglichkeiten (Schriftgröße, Farbe, Verweise usw.) für ihre Kommentare zur Verfügung stehen. Bei üblichen Formularen wird dies eher selten der Fall sein.

Beim Design von Vorschau-Fenstern bzw. Preview-Seiten sollten Sie die eingegebenen Daten möglichst formal, deutlich und ähnlich den Haupttönen Ihres Formulars darstellen. Die Nutzer wollen sicher sein, dass mit ihren persönlichen Daten angemessen umgegangen wird und dass sie sich auf die Professionalität des Anbieters verlassen können. Durch unseriöse Töne und ein buntes Farbenspiel kann ein Eindruck entstehen, der eventuell dazu führt, dass der Benutzer seine Eingabe abbricht.

Tooltips | Tooltips (kleine Hilfsanweisungen) werden in Online-Formularen in der Regel rechts vom Eingabefeld platziert, da im westlichen Kulturraum von links nach rechts gelesen wird.

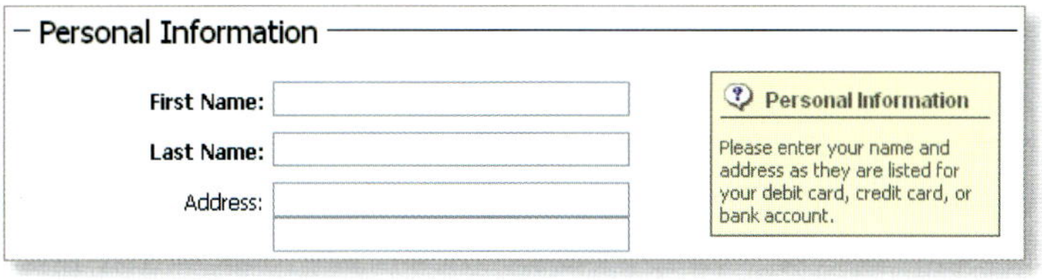

◂ **Abbildung 8.43**
Tooltips werden im rechten Seitenbereich angezeigt (Quelle: http://jeffhowden.com/code/css/forms).

▲ **Abbildung 8.44**
Links: In einem Online-Formular liegt ein Eingabefeld ohne Tooltip vor Rechts: mit einem Tooltip. (Quelle: http://examples.wufoo.com/forms/exercise-tracker)

Im Beispiel wird dies durch die Darstellung von Formularelementen in Form einer ungeordneten Liste sowie Ausblenden/Einblenden des »Tooltip«-Paragraphen p erreicht.

```
<li>
<label class="desc" for="Field">Distance</label>
<div>
<input id="Field" name="Field" class="field text
small" maxlength="255" value="" type="text">
</div>
<p class="instruct"><small>Enter distance in miles.</
small></p>
</li>
```

CSS:

```
form .instruct{
display:none;
...
}
.form li:focus .instruct, form li:hover .instruct{
display: block;
}
```

Alternative Methoden zur Gestaltung von Tooltips | Längere Beschreibungen, die als Hilfe dienen sollen, können die vertikale Ausdehnung des Formulars erheblich vergrößern oder – sollte ein Tooltip sich über mehrere Formularfelder erstrecken – nicht alle Elemente mit der jeweiligen Hilfe anzeigen.

Es ist deshalb üblich, Beschreibungstexte erst nach einer Nachfrage anzuzeigen. Rechts vom Eingabefeld wird dazu ein Hilfsicon platziert. Ein Klick auf das Bild genügt, damit eine ausführliche Hilfe angezeigt wird. Im Allgemeinen werden zu diesem Zweck Pop-Ups verwendet, was bei jedem Usability-Experten einen Skepsis hervorruft. Es empfiehlt sich, zusätzliche Informationsblöcke (`<p>`, `<div>`) innerhalb einer Seite anstelle von Pop-Ups zu verwenden. Bei Bedarf können Sie etwa unter dem Eingabefeld angezeigt werden (siehe Abbildung 8.46).

In der folgenden Abbildung wird die Technik »Form Help With Popups« (*http://juicystudio.com/article/form-help-without-popups.html* Linkcode 202) demonstriert. Sie basiert auf JavaScript und kann deshalb von Nutzern, deren Browser JavaScript nicht unterstützt, nicht verwendet werden.

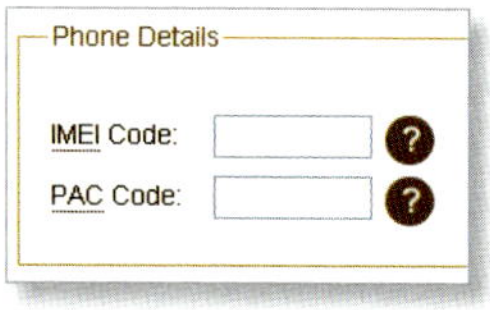

▲ **Abbildung 8.45**
Ein übliches Formular mit üblichen Eingabefeldern. Rechts befinden sich Hilfsicons.

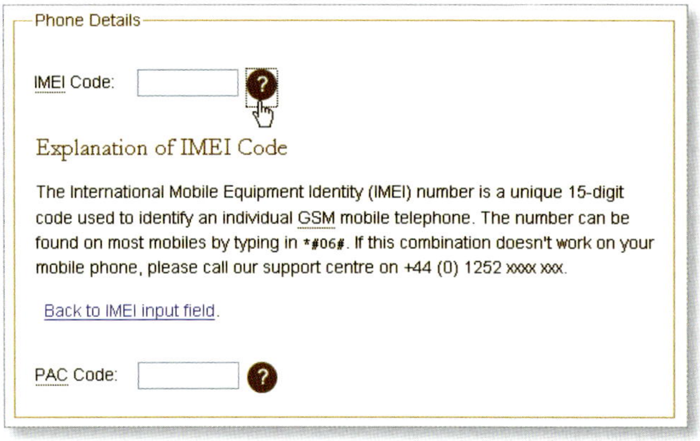

◀ **Abbildung 8.46**
Die Hilfe wird beim Anklicken des Hilfe-Icons unter dem Text angezeigt.

Eine weitere Methode ist die Anzeige von Hilfsanweisungen in einem Tooltip direkt unter dem Eingabefeld. Realisiert wird sie durch ein JavaScript, das in Abhängigkeit vom Status eines Feldes bestimmte Blöcke auf der Seite anzeigt oder verschwinden lässt.

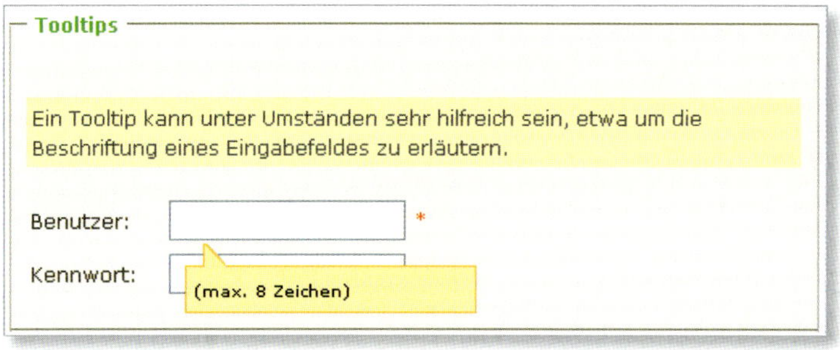

◀ **Abbildung 8.47**
Beim Fokussieren des Eingabefeldes mit dem Mauszeiger kann man einen Hinweis (*Tooltip*) anzeigen lassen.

```
<form action="processing.php">
<fieldset>
<legend>Tooltips</legend>
<div class="intro">
Ein Tooltip kann unter Umständen sehr hilfreich sein,
um die Beschriftung eines Eingabefeldes zu erläutern.
</div>
<span class="username_passiv">
   <div style="top: 402px; left: 410px;"
    class="tooltip-passiv">
     <div><small>(max. 8 Zeichen)</small></div>
   </div>
   <label for="username">Benutzer:</label>
```

```
    <input id="username" name="username" value=""
     size="" class="required" type="text">
    <span class="reqMark">*</span><br />
</span>
<span class="pass_t">
  <label for="password">Kennwort:</label>
  <input id="password" name="password" value=""
  size="" class="required" type="password">
<span class="reqMark">*</span><br />
</span>
</fieldset>
</form>
```

HINWEIS

Beachten Sie, dass die Klasse `tooltip-aktiv` im oberen Quelltext nicht vorkommt. Ein JavaScript sorgt mittels DOM-Manipulation dafür, dass Eingabefelder mit einer passenden CSS-Klasse versehen werden. Beim Fokussieren des Mauszeigers des Nutzers auf ein Eingabefeld wird die Klasse `tooltip-passiv` durch die Klasse `tooltip-aktiv` ersetzt.

CSS:

```
/* Tooltip im aktiven Zustand - sichtbar */
form .tooltip-aktiv {
position: absolute;
width: 180px;
z-index: 50;
...
}
form .tooltip-aktiv div {
background-color: #fffbb8;
border-left: 1px solid #ffc20d;
border-right: 1px solid #ffc20d;
border-bottom: 1px solid #ffc20d;
padding: 4px;
}

/* Tooltip im passiven Zustand - unsichtbar */
form .tooltip-passiv {
visibility: hidden;
position: absolute;
}
```

Üblicherweise sollten Tooltips in neutralen Farben gestaltet werden und erst dann auffallen, wenn sie benötigt werden, also wenn der Nutzer das jeweilige Feld ausfüllt. Gelb wie blau gehören dabei zu beliebtesten Farben, weil sie angenehm und unaufdringlich wirken.

8.2.3 Die Größe der Felder manuell einstellen

Wiederum interessant im Hinblick auf die Benutzerfreundlichkeit von Online-Formularen ist die Möglichkeit, den Benutzer die Länge bzw. Breite von Eingabefeldern selbst einstellen zu lassen. Ebenso kann man Nutzer auch die Schriftgröße der Eingabe selbst festlegen lassen.

Der erste Effekt lässt sich mit *Textarea Tools Library* (*http://livsey.org/2005/01/29/textarea-tools* Linkcode 203) realisieren; die Schriftgröße kann über die *Zoom Zoom Zoom*-Technik (*http://www.deltatangobravo.com/images/zoom* Linkcode 204) angepasst werden. Ein Beispiel, wie beide Techniken eingesetzt werden, finden Sie auf InfectedFX Contact Page (*http://www.infectedfx.net/contacto* Linkcode 205).

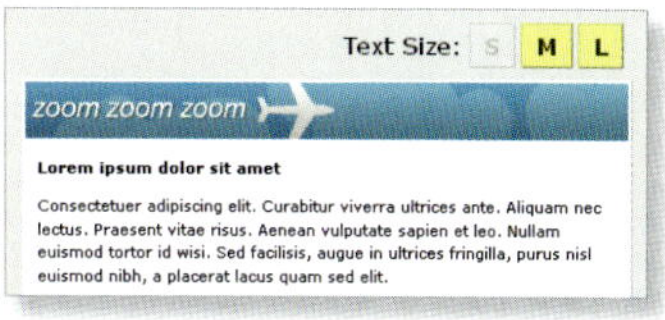

▲ **Abbildung 8.48**
Zoom Zoom Zoom-Technik zum Vergrößern der Schriftgröße durch den Nutzer

8.2.4 Formularnavigation

Bei größeren Formularen ist es durchaus sinnvoll, eine zusätzliche Formularnavigation auf der Seite anzubringen. Sie kann etwa im rechten Seitenbereich erscheinen oder bei Bedarf eingeblendet werden. Wie dies gemacht wird, können Sie auf *http://www.quirksmode.org/css/display.html* (Linkcode 206) sehen.

▲ **Abbildung 8.49**
Beispiel zum Skalieren der Textarea-Größe und der Schriftgröße auf *http://www.infectedfx.net/contacto* (Linkcode 207)

Tastaturkürzel | Bei üblichen Formularen sind Tastaturkürzel überflüssig, weil sie in der Regel nicht benutzt werden. Spezialisiert sich eine Seite auf der Vermittlung bestimmter Dienste, die eine permanente Arbeit mit Formularen erforderlich machen, so können vordefinierte Accesskeys dem Anwender Arbeit ersparen.

Die Tastaturkürzel können dabei durch Unterstriche des jeweiligen Buchstabens in der Beschriftung des Feldes ausgezeichnet werden. Eine Beispiel hierzu:

```
<form action="form.php">
...
<label for="var"> <span class="key">B</
span>Benutzername</label>
<input type="text" name="var" id="var" accesskey="b"
value="" />.
...
</form>
```

Das dazugehörige CSS:

```
span.key { text-decoration: underline; }
```

Alternativ kann man auch mit der Pseudo-Klasse `:first-letter` arbeiten. Diese wird jedoch von Firefox 1.07 Win, Explorer 5.2 Mac und älteren Versionen beider Browser nicht unterstützt.

```
form label:first-letter {
text-decoration: underline;
}
```

8.2.5 Wie geht man mit Spam um?

Eines der größten Probleme, mit denen Seitenbetreiber bei der Programmierung von Formularen zu kämpfen haben, sind automatisch abgesendete E-Mails und Kommentare zu Posts. Diese werden von Spammern gerne verwendet und ausgenutzt. Insbesondere falls der Programmierer allgemein bekannte Lücken nicht berücksichtigt hat. Unsichere Formulare können somit schnell zur »Brutstätte« von Spam werden.

Ein hohes Niveau an Sicherheit kann durch die Verwendung von *CAPTCHA* (*Completely Automated Public Turing test to tell Computers and Humans Apart*) erreicht werden, einem Ansatz, bei dem vom Benutzer eine Art Authentifikation gefordert wird. Darin soll bestätigt werden, dass es sich tatsächlich um einen Menschen und keinen Spam-Bot handelt. Etwa dadurch, dass ein auf dem Bildschirm dargestelltes Wort (schwache Sicherheit) eingegeben wird, eine Frage beantwortet oder eine simple mathematische Aufgabe gelöst wird (hohe Sicherheit).

Eine simple und effiziente Methode bietet ein *pseudografisches CAPTCHA mit PHP*. Dabei handelt es sich um ein von René Schmidt entwickeltes Skript, das eine vierstellige Zahl aus ` `-Zeichen mit weißem und schwarzem Hintergrund darstellt.

Wie das CAPTCHA-Skript in einen Formularbausatz eingefügt wird, wird Schritt für Schritt in dem begleitenden Beitrag des Autors beschrieben.

- Mehr Information zur Methode: *http://www.drweb.de/webmaster/sichere-formulare-captcha.shtml* (Linkcode 208)
- Kontaktformular-Bausatz für Webentwickler: *http://www.drweb.de/webmaster/kontakt-formular-bausatz.shtml* (Linkcode 209)

HINWEIS

In der Regel benötigen Sie zur Einbettung eines *CAPTCHAs* eine spezielle grafische Bibliothek, wie z. B. *GD Graphics Library* (*http://boutell.com/gd*) oder *ImageMagick* (*http://imagemagick.com*), eine flexible Open-Source-Bibliothek, die APIs für C, Perl, Java, PHP, Visual Basic und weitere Sprachen bereitstellt. Beide Libraries sind ziemlich anspruchsvoll und nicht einfach zu implementieren, da zusätzliche Bibliotheken installiert oder neu kompiliert werden müssen. Darüber hinaus sind die meisten grafischen CAPTCHAs für Anwender, die ohne visuelle Browser im Netz surfen, unverständlich und somit auch nicht zugänglich.

Nach einer detaillierten Betrachtung von einschlägigen XHTML-Elementen und CSS- und JavaScript-basierten Methoden, sollten Sie in der Lage sein, ein standardkonformes, zugängliches und benutzerfreundliches Grundgerüst für Ihr Formular zu erweitern und das Design anzupassen. Der Entwurf eines solchen Grundgerüsts wird Ihnen im Rahmen dieses Buches zur Verfügung gestellt. Die Bibliothek können Sie für alle Ihre zukünftigen Projekte verwenden und beliebig modifizieren.

Das Grundgerüst setzt auf eine tabellarische Struktur des Layouts, in der Beschriftungen und Steuerelemente voneinander getrennt werden. Zusammengehörende Eingabefelder werden in Gruppen (`fieldsets`) zusammengefasst und mit Beschriftungen (`legend`) versehen.

Bei der Gestaltung des Gerüsts werden verschiedene moderne CSS-Techniken miteinander kombiniert. Methoden, die Ihrer Ansicht nach überflüssig sind, können Sie mit simplen Anpassungen von XHTML- bzw. CSS-Quelltexten entfernen.

Neben den üblichen Formularelementen finden Sie zusätzliche Funktionen, die über JavaScript realisiert werden: Tooltips, Ausblenden von optionalen Feldern, Hervorhebung von erforderlichen Feldern, Accesskeys, Navigation, Vorschau-Option, CAPTCHA-Funktionalität und Weiteres. Das komplette Grundgerüst kann unter Linkcode 210 heruntergeladen werden.

▲ **Abbildung 8.50**
Pseudografisches CAPTCHA mit der Methode von René Schmidt

8.3 Formulare und Usability

Bei Online-Formularen lässt sich viel mehr falsch machen als man vielleicht denkt. Kleinste Ungenauigkeiten in der Struktur des Formulars fallen dem Seitenentwickler nur selten auf, werden von Anwendern jedoch oftmals direkt erkannt. Deshalb ist es wichtig, vor der Veröffentlichung des Fragebogens zu untersuchen, inwiefern die Interaktion des Anwenders den Erwartungen des Seitenbetreibers entspricht.

Häufig treten Probleme bei der Beschriftung von Eingabefeldern, `:hover`- und `:focus`-Zuständen der Felder, mehrdeutigen visuellen Elementen sowie ihrer Platzierung im Formular auf. Außerdem können komplexe Formularstrukturen genauso wie überflüssige Informationen zu Orientierungsproblemen führen.

In der Regel empfiehlt es sich, für typische Webformulare – etwa Rückmeldung, Anmeldung – eine einspaltige vertikale Ausrichtung von Formularelementen zu wählen.

Bei größeren Formularen sollten Sie eine Anreihung von mehreren vertikalen Blöcken parallel zueinander vermeiden – dies vergrößert die Komplexität zusätzlich. Stattdessen verteilen Sie die Blöcke auf mehrere Seiten und gruppieren zusammenhängende Angaben auf einer Seite. Geben Sie dabei auf jeder Seite explizit an, welche Angaben auf der Seite zu machen sind und wie viele Schritte der Nutzer vom Ziel entfernt ist. Bei solchen Formularen ist die Vorschau-Option unabdingbar.

HINWEIS

Dieses Kapitel orientiert sich teilweise an den Beiträgen »Web Application Form Design Expanded« (*http://www.lukew.com/ff/entry.asp?155* Linkcode 211) und »Web Application Form Design« (*http://www.lukew.com/ff/entry.asp?155* Linkcode 212), in dem Luke Wroblewski grundsätzliche Richtlinien des Interaction Designs von Formularen beleuchtet und ihre Verwendung in der Praxis erläutert.

Verwandte oder ähnliche Angaben sollten in Gruppen zusammengefasst und einheitlich präsentiert werden. Dies muss nicht unbedingt über das `fieldset`-Element geschehen. So kann eine dünne horizontale Linie die oben und unten platzierten Elemente trennen und visuell in Gruppen zusammenfassen.

Die Beschriftungen von Eingabefeldern sollten entweder links vor dem Eingabefeld oder direkt über ihm angezeigt werden. Der Zurück-Button sollte möglichst vermieden werden.

8.3.1 Beschriftungen von Eingabefeldern

Die Länge der Eingabefelder sollte nicht zu groß wählt werden, aber auch nicht zu klein, damit der Großteil Eingaben sichtbar bleibt. Falls die Struktur des Layouts es zulässt, kann das Vergrößern der Schriftgröße durch eine zusätzliche Schaltfläche, ein Icon oder einen Link ermöglicht werden.

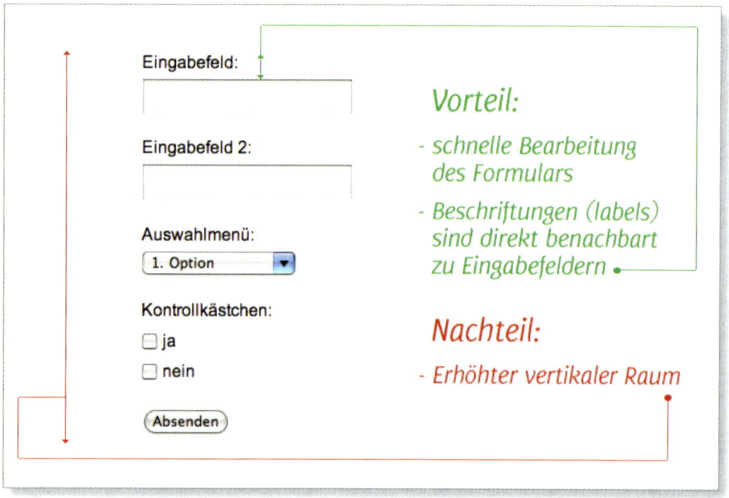

Abbildung 8.51 ▸
Benutzerfreundlichkeit bei vertikaler Anordnung von Beschriftungen vor Eingabefeldern

Es ist hilfreich, Beschriftungen direkt über den Feldern anzubringen. Allerdings braucht damit das Formular mehr Raum in der vertikalen Ausrichtung, was dazu führen kann, dass der Benutzer scrollen muss. Beschriftungen sollten dabei zur besseren Lesbarkeit fett hervorgehoben werden.

Werden die Labels dagegen separat in einer besonderen Gruppe zusammengefasst, so wird der benötigte vertikale Raum reduziert. Auch kann der Anwender zwischen den Beschriftungen besser navigieren und Labels leichter ablesen, da er beim Scanvorgang nicht durch Eingabefelder unterbrochen wird. Außerdem kann der Anwender seine Eingaben direkt sehen.

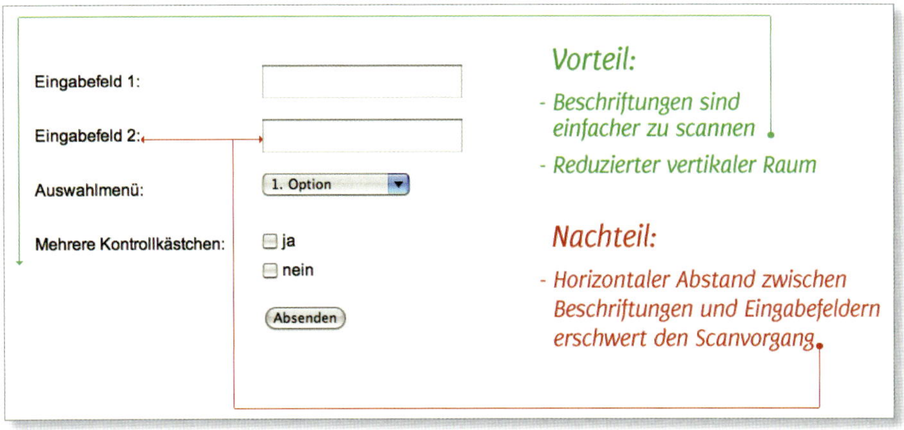

In der westlichen Welt möchten die Nutzer einen deutlichen, linken Rand haben, da gewöhnlich von links nach rechts gelesen wird. Bei linksbündiger Ausrichtung von Texten kann jedoch ein leerer Raum zwischen dem Label und dem Eingabefeld entstehen.

▲ **Abbildung 8.52**
Benutzerfreundlichkeit bei linksbündiger Ausrichtung der Beschriftungen

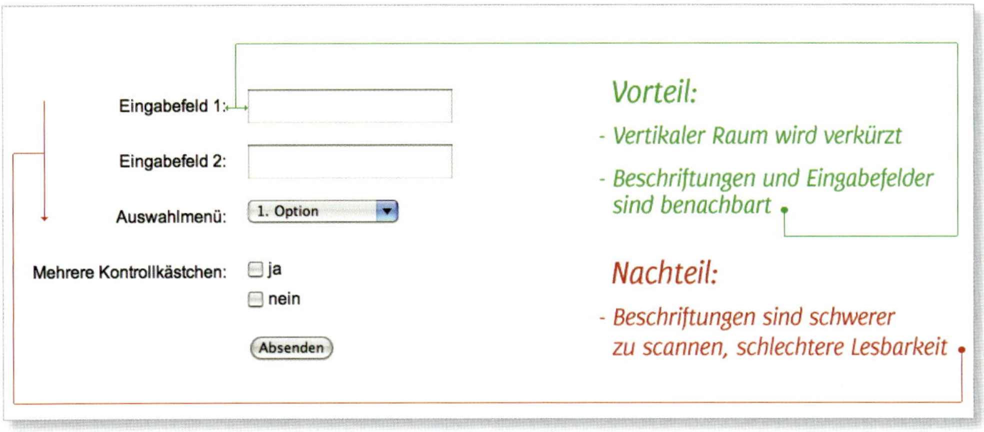

Rechtsbündige Einrückung kann deshalb unter Umständen deutlich bessere Ergebnisse vorweisen. In vielen Fällen kann sie jedoch schwerer zu lesen sein und den Scanvorgang beim Benutzer verlangsamen.

▲ **Abbildung 8.53**
Benutzerfreundlichkeit bei rechtsbündiger Ausrichtung der Beschriftungen

In Praxis ist es besser, die Labels nur dann über den Eingabefeldern zu platzieren, wenn der Zeitaufwand minimiert werden muss und die erforderlichen Daten (Benutzername, Passwort, E-Mail-Adresse) dem durchschnittlichen Anwender gut bekannt sind.

Sind die einzugebenden Daten dagegen eher unbekannt, sehr spezifisch oder lassen sich nicht schnell nacheinander eingeben (Zahlungsinformation, Anschrift), so ist es besser, dem Nutzer eine bessere Übersicht durch eine besondere Platzierung der Labels zu ermöglichen.

Außerdem ist es wichtig, dass die gewählte horizontale Position – sei es ein Eingabefeld oder Label – konsistent für das ganze Formular beibehalten wird. Dann kann sich der Anwender nämlich in eine Richtung – von oben unten – vorarbeiten und die Daten direkt eintippen.

8.3.2 Verwendung von visuellen Elementen

Einer der häufigsten Fehler in der Gestaltung von Seitenelementen ist, alle Bestandteile der Seite visuell hervorzuheben. Wie Edward Tufte bemerkte, »besteht die Information aus Unterschieden, die einen Unterschied ausmachen«: Übertragen auf die Gestaltung von Formularen heißt dies, dass visuelle Markierungen, die der Usability nicht helfen, ihr schaden und deshalb vermieden werden sollten.

Je weniger Blöcke das Auge des Benutzers erkennen muss, desto weniger Zeit wird für den Scanvorgang gebraucht. Dies betrifft zum Beispiel Formulare, die mit mehreren Hintergrundfarben für die Steuerelemente arbeiten und diese durch einen Rand voneinander unterscheiden. Im Beispiel in Abbildung 8.54 erzeugt eine Überkreuzung der vertikalen und horizontalen Randlinien visuell sechs unterschiedliche Blöcke, welche die Komplexität des Formulars deutlich erhöhen.

Abbildung 8.54 ▼
Einzelne Felder sind schwer zu scannen und zu lesen.

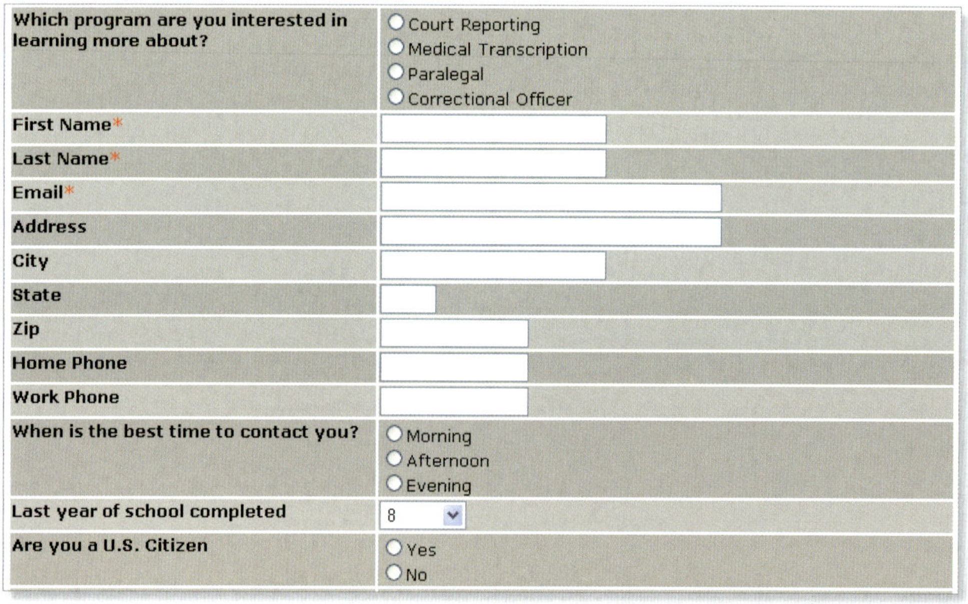

Visuelle Markierungen sind somit nur dann hilfreich, wenn dadurch ein notwendiger Effekt erzeugt werden kann.

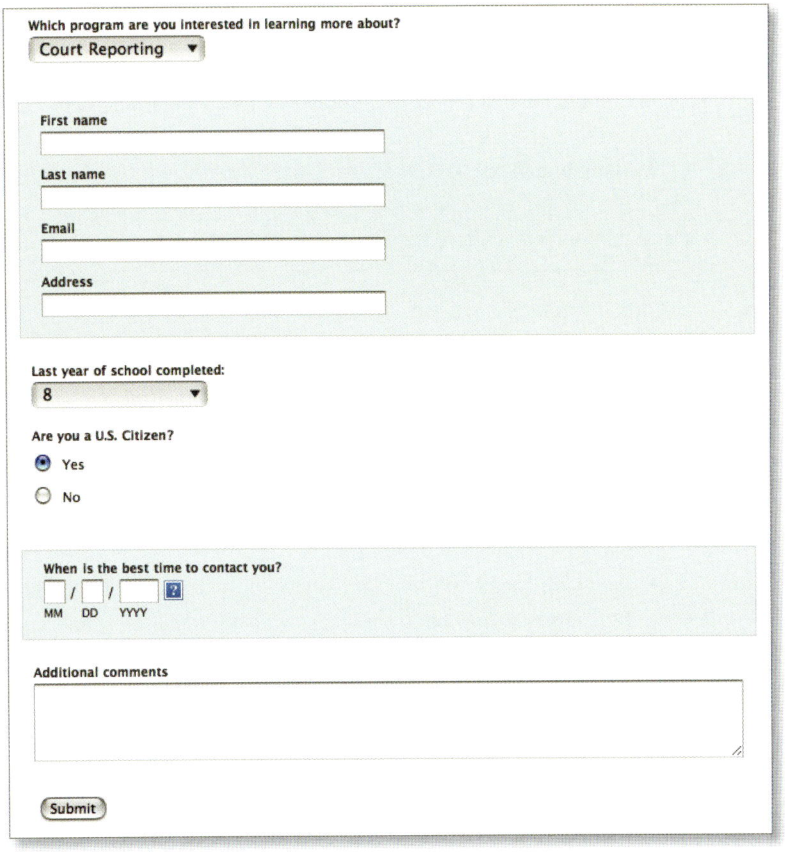

▲ **Abbildung 8.55**
Die Eingabefelder sind gut lesbar und klar strukturiert.

8.3.3 Primäre und sekundäre Aktionen

Wird ein Formular ausgefüllt und sämtliche Angaben bestätigt, so sollten die Daten über das `input`-Steuerelement an den Server übermittelt und anschließend (hoffentlich) an den Seitenbetreiber verschickt werden. Das Letztere kann jedoch durch die ungünstige Position von Schaltflächen verhindert oder erschwert werden – z. B. wenn die Reihenfolge von Schaltflächen verwechselt wurde und statt auf SAVE auf RETURN geklickt wurde.

◀ **Abbildung 8.56**
Positionierung von Schaltflächen

In diesem Zusammenhang unterscheidet man zwischen primären Aktionen, die in der Regel dem Ausfüllen eines Formulars direkt folgen (»Absenden«), und sekundären Aktionen, die erst in den nächsten Schritten durchgeführt werden.

Primäre Aktionen sollten in der Regel im Vergleich zu übrigen den Elementen ein stärkeres visuelles Gewicht besitzen (Hervorhebung durch die Hintergrundfarbe, Schriftgrad, Schriftfarbe etc.). Ihre vertikale Ausrichtung sollte mit der von Eingabefeldern übereinstimmen.

Verfügt ein Formular neben primären Aktionen auch über eine oder mehrere sekundäre Aktionen, so müssen diese visuell deutlich getrennt sein: durch die Farbe von Steuerelementen, aber auch durch ihre Position auf der Seite. Sinnvoll ist es, sekundäre Aktionen in passiven Farbtönen (grau) zu gestalten und somit in den Hintergrund stellen, um das Fehlerrisiko zu minimieren.

In vielen Fällen beschränken sich Seitenbetreiber bei der Gestaltung von Formularen auf die wesentlichen Angaben, wie etwa den Benutzernamen und das Kennwort. Oft wird eine gültige E-Mail-Adresse gefordert, über die der Anwender seine Identität bestätigen soll.

Bei großen Projekten werden dagegen fleißig Informationen abgefragt, vor allem um jedem einzelnen Kunden einen an seine Vorlieben abgestimmten Service anbieten zu können. Eine optimale Umsetzung in der Praxis kombiniert hinreichend viele Angaben mit der Schlichtheit und Übersichtlichkeit von Online-Formularen.

8.4 Ressourcen

Bei Formularen haben Webentwickler viel Freiheit, was die Gestaltung von einzelnen Elementen angeht. Wichtig ist dabei, vernünftige Regeln des Interaction Designs zu beachten und diese umzusetzen. Folgende Ressourcen können dabei hilfreich sein:

- »The Form Assembly« (*http://www.formassembly.com* Linkcode 213) ist eine wachsende Sammlung von über 200 CSS+XHTML-basierten Formular-Templates mit frei verfügbaren CSS- und XHTML-Quelltexten. Die Sammlung enthält unter anderem auch deutschsprachige Templates zu verschiedenen Zwecken und Themen.
- »Dr. Web Kontaktformular Bausatz« (*http://www.drweb.de/webmaster/kontakt-formular-bausatz.shtml* Linkcode 214) stellt eine Methode vor, mit der ein Online-Formular Sicherheit sowie technische, optische und inhaltliche Flexibilität anbietet.

- Formulare – Einführung in XHTML, CSS und Webdesign (*http://jendryschik.de/wsdev/einfuehrung/xhtml/formulare* (Linkcode 215))
- Web Usability – Accessible Forms (*http://www.usability.com.au/resources/forms.cfm* (Linkcode 216)) beschreibt die Techniken zur Entwicklung ansprechender Formulare.
- »CSS-Based Forms: Modern Solutions« (*http://www.smashingmagazine.com/2006/11/11/css-based-forms-modern-solutions* (Linkcode 217)) stellt über 20 einschlägige Methoden zur Gestaltung von Formularen vor. Die Liste wird permanent erweitert. Beschrieben werden auch JavaScripts, mit denen sich statische Eingabefelder mit zusätzlichen Funktionen (etwa Tooltips) erweitern lassen.

9 Barrierefreiheit und Usability

Um allen Besuchern ein intuitives Seitenbild anbieten zu können, müssen Webentwickler ihre Designs mit Richtlinien der zugänglichen und benutzerfreundlichen Seitengestaltung vereinbaren. Im Endeffekt gewinnen dadurch alle: Seitenbetreiber, die eine flexible und vielfältige Seitenpräsentation anbieten sowie Nutzer, denen eine gute Orientierungshilfe mit bequemen Navigations- und Anzeigeoptionen bereitgestellt wird.

Stellen Sie sich vor: Sie befinden sich in einem abgeschlossenen dunklen Raum mit Dutzenden von unbekannten Gegenständen. Wo auch immer sie blicken, treffen Sie einen schwarzen Punkt, der entweder zu einem der Gegenstände gehört oder ein Teil von Nichts ist. Wie gehen Sie nun vor, um zu einem vorgegebenen Ort dieses Raumes möglichst schnell zu gelangen? Ein paar grundlegende Orientierungshilfen wären hilfreich, damit Sie sich schneller und besser zurechtfinden können.

TIPP

Zugänglichkeit liefert Vorteile für alle: für Seitenbetreiber, die flexibler werden, und Seitenbesucher, die mehr Ansichtsmöglichkeiten zur Verfügung haben.

Was hat das mit Webdesign zu tun? Beim Besuch einer unbekannten Seite steht jeder Anwender vor der gleichen Aufgabe: Auf der Suche nach Informationen muss das Seitenlayout genau unter die Lupe genommen und in Einzelteile zerlegt werden; die Seitennavigation ist dabei an den vorliegenden Orientierungshinweisen und der Seitenstruktur auszurichten.

TIPP

Bevor Anwender sich mit Seiteninhalten auseinandersetzen können, müssen sie die Seitenstruktur analysieren und die Seite in Komponenten zerlegen.

Verschiedene Nutzer haben verschiedene Bedürfnisse und stellen somit unterschiedliche Ansprüche an die Seite. Was von einem Nutzer als ein glänzendes Seitenbild beurteilt wird, kann von einem zweiten als ein eintöniges Mischmasch und vom dritten überhaupt nicht wahrgenommen werden.

Wer unter einer Sehschwäche leidet, möchte etwa die Schriftgröße von Texten vergrößern können. Wer ein Farbschema für unübersichtlich hält, möchte zur besseren Lesbarkeit zu einem alternativen Layout wechseln können. Wer nicht sehen kann, möchte Seiteninhalte über Braillezeichen, einen Screenreader oder ein anderes Ausgabegerät wahrnehmen und über die Tastatur navigieren können. Und wer einen Dienst immer wieder benutzt, möchte damit effizient arbeiten.

HINWEIS

Um ein breites Interesse der Öffentlichkeit zu erzielen, müssen Seitenbetreiber sowohl die Bedürfnisse der Zielgruppen als auch die der Nischen berücksichtigen. Dies lässt sich leichter realisieren, als Sie vielleicht vermuten.

Wollen Sie also mit Ihrer Internetpräsenz ein möglichst breites Publikum erreichen, so müssen Sie auch ein breites Spektrum an verfügbaren Optionen anbieten. Hinzu kommen auffallende und hinreichend informative Orientierungshinweise für verschiedene Nutzer. Über deren Platzierung und visuelle Gestaltung müssen Sie in Ihrem Designentwurf sorgfältig nachdenken.

Im Web 2.0 wird genau dies häufig vernachlässigt: Durch die neue Dynamik des Mitmach-Webs werden die Grundregeln des guten Designs, auch im Hinblick auf *Usability* und *Accessibility*, schlicht und ergreifend verdrängt. Viele Auftritte sehen zwar schick aus, können ihr Potenzial aber nicht ausschöpfen. Warum? Die Nutzer verstehen nicht, wie sie die Seite benutzen sollen, um zu ihrem Ziel zu gelangen.

Usability vor Präsentation
Die einschlägigen Untersuchungen im Bereich der Benutzerfreundlichkeit haben gezeigt, dass Seiten, die grundlegende Regeln des »guten« Designs umsetzen, beim potenziellen Kunden besser ankommen als glänzende visuelle Designs ohne entsprechende Funktionalität.

Ein funktionierendes Design basiert nicht auf schicken visuellen Konzepten, sondern vielmehr auf der simplen Tatsache, dass Seitenbesucher die Seitenstruktur schnell erkennen und gesuchte Inhalte schnell finden können. Dies gilt auch für Web 2.0-Anwendungen.

9.1 Prinzipien der Barrierefreiheit

Generell beschreibt *Barrierefreiheit (Accessibility)* die Eigenschaft von Gegenständen und Einrichtungen, einen Dienst für alle Menschen, unabhängig von einer eventuell vorhandenen Behinderung, uneingeschränkt nutzbar zu machen. Wird dies gewährleistet, so spricht man auch von Zugänglichkeit von Objekten und Einrichtungen.

[Barrierefreiheit]
Barrierefreiheit bedeutet, dass alle Nutzer einen einfachen Zugang zu den Seiteninhalten haben – ganz unabhängig davon, um wen es sich dabei handelt und mit welchen Mitteln gesurft wird.

Die Aufgabe des barrierefreien Webdesigns besteht dabei darin, Seiteninhalte Nutzern in einer Form anzubieten, über die *jeder* unabhängig von Behinderungen irgendeiner Art (etwa Körperbehinderungen) verfügen kann.

Besonderer Beachtung bedürfen in diesem Zusammenhang Seitenfunktionen, welche die Erfassung von Inhalten für Seh-, Hör- und Sprachbehinderte sowie Anwender mit anderen körperlichen Einschränkungen erleichtern. Diese Anwender können Seiteninhalte nämlich über spezielle Geräte und Software, die unter dem Begriff *assistive (unterstützende) Technologie* zusammengefasst werden, wahrnehmen.

HINWEIS

Laut Untersuchungen verwenden 80 % der Behinderten weltweit das Internet. Inhalte können dabei über Vorlese-Software vorgelesen werden oder über spezielle Software auf einer Braillezeile ausgegeben werden.

Aber auch Anwender mit technischen Einschränkungen profitieren enorm vom barrierefreien Designansätzen. Zu dieser Gruppe gehören etwa Nutzer, die mit einem Webbrowser ohne JavaScript-Unterstützung surfen.

9.1.1 Vorteile der barrierefreien und standardkonformen Seitengestaltung

Zugänglichkeit ist günstig | Stolpert ein Kunde in einer Diskussion mit Entwicklern über die Stichwörter »Barrierefreiheit«, »Zugänglichkeit« und »ergonomische Seitenentwicklung«, so taucht unmittelbar die Kostenfrage auf. Entscheiden Sie sich als Seitenbetreiber für oder gegen einen barrierefreien Webauftritt, so taucht direkt die Frage nach der Notwendigkeit des zusätzlichen Zeitaufwands auf.

Im Gegenteil, barrierefreie Seitengestaltung ist günstig: laut Experten erhöht zugängliches Design das Gesamtbudget im Schnitt höchstens um 2 % (Joe Clark, Buildung Accessible Websites). Der Zeitaufwand kann durch die Berücksichtigung der »zugänglichen« Aspekte in der ersten Phase des Designentwurfs deutlich minimiert werden und die zeitliche Auflagen für die Seitengestaltung in Zukunft (etwa zukünftige Aktualisierung) reduzieren.

Barrierefreiheit ist keine Eigenschaft, die nachträglich, nach dem die Seite realisiert worden ist, eingefügt wird, sondern ein wichtiger Teil des Gesamtkonzepts, der schon auf der Ebene des Entwurfs angesiedelt ist. Ein durchdachtes Konzept setzt also die Ebene der Zugänglichkeit (*Accessibility Layer*) unter die visuelle Ebene (*Layout Layer*) und baut auf ihr konsequent auf.

Dabei spielt die *Redundanz*, die in der Öffentlichkeit häufig mit Überflüssigkeit gleichgesetzt wird, eine wichtige Rolle: in der Praxis ist ein vernünftiges Maß an Redundanz so gut wie unvermeidlich. Über Alternativen und zusätzliche Optionen kann der Nutzer nämlich einen für ihn passenden Weg zu den gesuchten Informationen aussuchen.

Bei Seiten, die ihren Nutzern mehrere Optionen anbieten, sprechen Fachleute von *Richness* (*Reichhaltigkeit*) eines Webauftritts.

Zugänglichkeit liefert Flexibilität | Wer meint, mit einem visuell ansprechenden Design und einer mehr oder weniger sinnvollen HTML-Umsetzung ein genügend großes Publikum erreichen zu können, begrenzt die Reichweite seines Webauftritts noch vor dessen Entstehung. Die Entwicklung und Etablierung einer Webseite ist in der Anfangsphase nur schwer einzuschätzen, schließlich weiß der Seitenbetreiber meistens nicht einmal, ob sich die Investition in eine Internetpräsenz überhaupt rentieren wird.

Die aktuellen Kosten und den Zeitaufwand zu minimieren, bedeutet an dieser Stelle, die Präsenz der Zukunftsunsicherheit preiszugeben. Der Umstieg auf die neuen Technologien wird

▲ **Abbildung 9.1**
Barrierefreiheit gewährleistet den Zugang zu Seiteninhalten für alle, auch für Behinderte.

HINWEIS

Zugänglichkeit wirkt auf Kunden abschreckend und verwirrend. Seitengestaltung für alle wird häufig als unnötiger, zusätzlicher Kostenfaktor eingestuft.

TIPP

Barrierefreiheit ist keine zusätzliche Eigenschaft, sondern die Grundlage für ein zukunftsorientiertes Konzept eines Webauftritts.

Redundanz

Redundanz, also mehrfache Kennzeichnung derselben Information, hat – wenn sie nicht auf die Spitze getrieben wird – Vorteile.

durch diese Entscheidung in Zukunft komplexer und zeitaufwendiger ausfallen. Denn eigentlich gewinnen durch Zugänglichkeit vor allem die Seitenbetreiber.

In diesem Sinne ist auch die Barrierefreiheit (aber auch Web Standards und Usability) zu verstehen. Indem Sie Barrieren für andere Nutzer vermeiden, vermeiden Sie auch die Festlegung auf einen Zeitraum, in dem Ihre Seiten überhaupt noch nutzbar sind. Insbesondere im Hinblick auf das fortschreitende Mobile Web (Nutzung des Internets durch mobile Nutzer) ist eine klare Trennung zwischen Form und Präsentation – wie sie durch CSS und Web Standards gegeben wird – immer wichtiger. Liegt diese Trennung bei Ihrer Seite nicht vor, so werden Sie den Auftritt mühselig für die Anzeige in mobilen Geräten vorbereiten müssen. Sonst wird die Seite weder verständlich noch lesbar erscheinen – ein Marktanteil ginge dadurch fast automatisch verloren.

Kompatibilität als oberstes Prinzip

Die Einstellung »*Hauptsache es läuft fast überall*« ist bis heute das Maß aller Dinge, wenn es um die Seitengestaltung eines Webauftritts geht. Dies führt zu gravierenden Problemen – für Sie und Ihre Kunden.

Barrierefreiheit lohnt sich

Kosten bei der Barrierefreiheit zu sparen, bedeutet die Kosten für die zukünftige Aktualisierung aufzustocken.

Abbildung 9.2 ▶
Auf einem Handy ist der »Spiegel« (http://spiegel.de) in der üblichen Seitendarstellung nur schlecht lesbar.

Abbildung 9.3 ▶▶
Die »mobile« Version packt semantisch ausgezeichnete Inhalte von Spiegel.de kompakt auf eine Miniseite.

Bereits in der nahen Zukunft werden WebTV, PDAs, Handys sowie Browser in Navigationssystemen (etwa in Autos) alltäglich zum Navigieren im Netz verwendet. Und so werden zum Beispiel bei vielen Nutzern, die über PDA- oder Handy-Browser im Netz unterwegs sind, Bilder ausgeblendet, Seitenlayouts nicht skaliert und die JavaScript-Funktionalität sicherheitshalber abgeschaltet. Bei über 58 Millionen Nutzern weltweit, die allein im Jahre 2008 über ein neues PDA verfügen werden[1], macht dies schon einen beachtlichen Unterschied aus.

Mit standardkonformer, zugänglicher Seitengestaltung verfügen Sie über ein flexibles Werkzeug, mit dem Sie beliebige Inhalte auf Ihrer Seite semantisch korrekt darstellen und auch auf zukünftigen Geräten direkt weiterverwenden können.

Mobile Endgeräte
Eine korrekte Seitenansicht auf mobilen Geräten und Multimedia-Geräten der nächsten Generation setzt standardkonformes und barrierefreies Webdesign voraus.

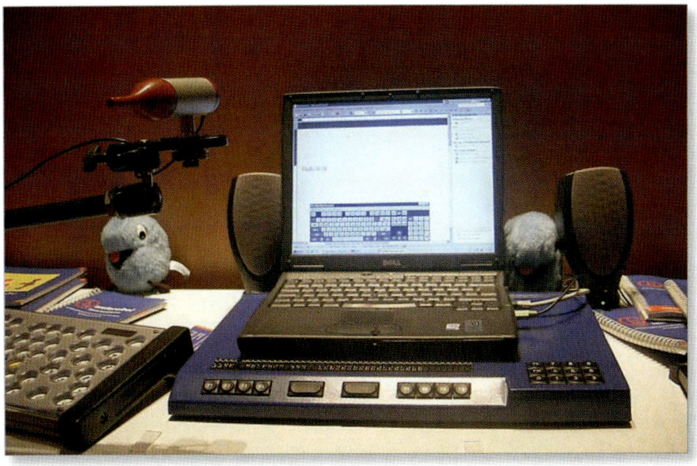

◂ **Abbildung 9.4**
Mit Vorlesesoftware, Braille-Ausgabe und speziellen Geräten können auch Behinderte im Internet surfen.
Quelle: http://Wikipedia.de.

Barrierefreiheit nützt Minderheiten | Das Publikum, das durch barrierefreie Ansätze besser angesprochen bzw. überhaupt erreicht wird, ist weit größer, als dies häufig angenommen wird:

- In der Europäischen Union gibt es 38 Millionen Menschen mit verschiedenen Behinderungen, von leichten Behinderungen (Sehschwächen) bis hin zu schweren Einschränkungen wie Blindheit oder schweren Mehrfachbehinderungen.
- In den USA liegt der Anteil der mit einer Behinderung lebenden Bevölkerung bei 15 %.
- 3,5 % amerikanischer Webnutzer haben eine Sehschwäche.
- Unter Farbfehlsichtigkeit leiden 4–5 % der weltweiten Bevölkerung.
- 15–25 % der amerikanischen Nutzer sind kurzsichtig.
- Ab 40 Jahren ist der überwiegende Teil der Nutzer altersweitsichtig. Jens Meiert, »Augenerkrankungen und barrierefreies Webdesign«, (*http://drweb.de/accessibility/augenerkrankungen.shtml* (Linkcode 218)).

Zugänglichkeit unterstützt Benutzerfreundlichkeit | Eine angenehme User Experience fördert das Potenzial des Betreibers. Durch Zugänglichkeit gewinnen insbesondere die Seitenbesu-

1 eTForecasts Press Release (*http://www.etforecasts.com/pr/pr0603.htm*)

TIPP

Benutzerfreundlichkeit und Barrierefreiheit bedingen einander: teilweise decken sie ab, teilweise ist nur die Kombination der beiden möglich. Das Ergebnis: eine Webseite, die den Erwartungen aller Nutzer gerecht wird.

cher. Je simpler und intuitiver die Orientierungshilfe gestaltet wird und je mehr praktische Einstellungen einem Besucher geboten werden, desto besser fällt es ihm, in einer Seite zu navigieren und gesuchte Inhalte zu finden.

Barrierefreiheit dient nicht nur kleinen Zielgruppen, sondern allen Kunden: Zugängliche Seitenoptionen können auch Nutzer verwenden, die sie nicht notwendig brauchen – etwa um ihre Arbeit mit einem Dienst effizienter und angenehmer zu erledigen (z. B. über Accesskeys).

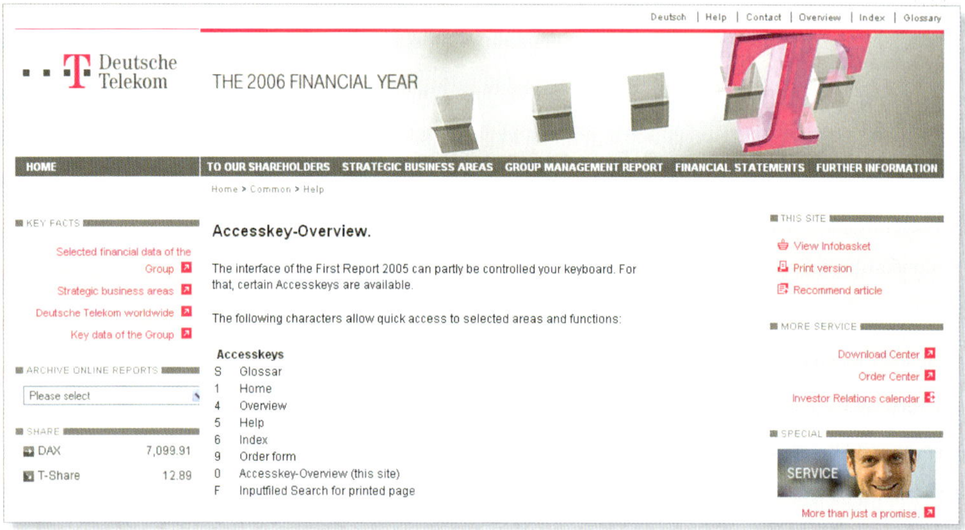

Abbildung 9.5 ▲
Accesskeys-Übersicht auf einer der Seiten von Deutsche Telekom (Quelle: *http://devgdtag06.sul.t-online.de/en/co/hilfe/accesskeys.php* Linkcode 220)

Zugänglichkeit verbessert das Ranking in Suchmaschinenanfragen | Laut letzten Studien verwenden über 64 % aller Internet-Nutzer eine einschlägige Suchmaschine bei ihrer Websuche (*http://www.kelseygroup.com/press/pr040211.htm* Linkcode 219). Nicht verwunderlich also, dass Seitenbetreiber die erzielten Positionen in Suchergebnissen als ein Maß für den Erfolg der Internetpräsenz betrachten und diese permanent zu optimieren versuchen.

Folgen Sie bereits bei der Seitengestaltung den Richtlinien der Zugänglichkeit, so wird Web-Crawlern eine detaillierte semantische Grundlage zur besseren Einschätzung der Seite bereitgestellt. Mit diesen Daten können Suchmaschinen Inhalte besser einordnen, ihre Relevanz realitätsnäher bewerten und in Suchergebnissen effizienter platzieren.

Suchmaschinenverhalten

Bei der Einschätzung einer Seite ziehen Suchmaschinen die Qualität des Inhalts als Maßstab zu Rate. Damit sie Seiteninhalte besser »verstehen« und einstufen können, ist es notwendig, die Semantik korrekt zu präsentieren.

Zugänglichkeit ist gesetzlich verankert | In den europäischen Ländern, den USA, Kanada und Australien gelten unzugängliche Seiten als gesetzwidrig. Laut geltender Rechtsordnung ist die Diskriminierung oder ungleiche Behandlung wegen einer Behinderung – auch im Web – ausdrücklich verboten.

In den USA verordnet der *508. Paragraph* des *The Disabilities Act* sämtlichen öffentlichen Einrichtungen eindeutig, die Zugänglichkeit für die Besucher von Webseiten bereitzustellen. Aber nicht nur Webseiten – alle in den Einrichtungen verwendeten Informationssysteme müssen den Richtlinien entsprechen. Dabei wird explizit betont, dass es gesetzwidrig ist, eine nicht barrierefreie Seite überhaupt zu veröffentlichen – unabhängig davon, ob sich jemand deswegen beschwert oder nicht. Weitere Informationen dazu finden Sie auf *http://www.section508.gov*.

Die Europäische Union startete 2005 eine länderübergreifende Initiative, mit der zugängliche Webseitengestaltung gefördert und gefordert werden soll. Sie läuft unter dem Stichwort *eAccessibility* und soll von allen Mitgliedstaaten in nationales Recht umgesetzt werden. Weitere Informationen dazu finden Sie auf *http://europa.eu/scadplus/leg/de/lvb/l24226h.htm*.

In Deutschland stellt die *Barrierefreie Informationstechnik-Verordnung (BITV 2002)* Richtlinien und Anforderungen auf, welche die Entwickler von zugänglichen Webseiten berücksichtigen sollten bzw. müssen.

Die *BITV ist die Grundlage der barrierefreien Seitengestaltung in Deutschland* und ist als verbindliche Rechtsverordnung zu § 11 Behindertengleichstellungsgesetz gesetzlich verankert.

Sämtliche Bedingungen, die der Gesetzgeber an Seitenbetreiber und Seitenentwickler stellt, werden in der Anlage (Teil 1) zu den §§ 3 und 4, Absatz 1 BITV festgelegt. Die vorgeschriebenen Richtlinien sind in 14 Anforderungen gegliedert, die jeweils mehrere Bedingungen aufstellen. Jede der Bedingungen wird mit der Prioritätsstufe I oder II versehen; 14 Bedingungen der Stufe I stellen die wesentlichen Richtlinien dar, die jede zugängliche Seite erfüllen soll.

- Weitere Informationen zum Thema: *http://bundesrecht.juris.de/bitv/anlage_8.html* (Linkcode 221)
- BITV für Alle, Reloaded
  Eine Serie von ausführlichen Beiträgen zum Thema, die alle 14 Anforderungen genauer unter Lupe nimmt und mögliche Designansätze zu ihrer Umsetzung beleuchtet (*http://www.einfach-fuer-alle.de/artikel/bitv-reloaded* (Linkcode 222)).
- Web Accessibility Initiative (WAI) beschäftigt sich intensiv mit der Ausarbeitung weiterer Empfehlungen unter Berücksichtigung von Zugänglichkeitsaspekten. Diese werden im »Checklist of Checkpoints for Web Content Accessibility Guidelines 1.0« (*http://www.w3.org/TR/WAI-WEBCONTENT/full-checklist.html* (Linkcode 223)) aufgelistet und laufend aktualisiert. Da sich die Richtlinien der BITV großteils an den Anforde-

rungen der WAI orientieren, ist zukünftig eine Übereinstimmung der beiden Standards zu erwarten.

9.2 Barrierefreie Seitengestaltung

Somit ist die theoretische Grundlage für die barrierefreie Webseitengestaltung ausdrücklich gegeben. Ihre Umsetzung ist gefördert und gefordert. Doch was heißt es nun konkret, einen Webauftritt zugänglich zu gestalten? Und womit ist der Umstieg auf die Barrierefreiheit für Sie persönlich verbunden?

Guter Stil

Barrierefreiheit basiert auf Webstandards, konsistent durchdachten Designentwürfen und ihrer sorgfältigen, fehlerfreien Implementierung. In der Webgemeinde spricht man in diesem Zusammenhang von »Sauberkeit« und »gutem Stil« der Seitengestaltung.

In der Praxis erweist sich dieser Schritt häufig leichter als dies die oberen Aussagen zunächst einmal vermuten lassen. Es genügt, einem Satz von Richtlinien und Regeln zu folgen und Seitenelemente im Hinblick auf die Erfahrung und Bedürfnisse der Nutzer in diesem Sinne zu gestalten.

Konkret bedeutet dies:

- überholte HTML-Elemente zu vermeiden,
- die durch Standards vorgesehenen Elemente mit zusätzlichen Attributen zu versehen,
- und die Seiten mit neuen Optionen und Funktionen zu erweitern.

Struktur und Gestaltung

Webstandards sehen eine strikte Trennung zwischen der Struktur und der Gestaltung einer Seite vor. Die wichtigsten Änderungen beim Umstieg auf standardkonforme Seitengestaltung lauten: korrekt gestalten, Überholtes vermeiden und Funktionalität erweitern.

Die Grundlage dafür bilden Webstandards und W3C-Richtlinien, die ein benutzerfreundliches und standardkonformes Design überhaupt erst ermöglichen.

9.2.1 Grundlegende Richtlinien

Laut der letzten Revision (2.0, Stand: März 2007) von Web Content Accessibility Guidelines soll jede Internetpräsenz vier wesentliche Prinzipien berücksichtigen. Diese decken sich teilweise mit Richtlinien der Benutzerfreundlichkeit.

- **Inhalte müssen wahrnehmbar sein.**
  Sämtliche Inhalte einer Seite müssen auch in einem Text-Browser wie etwa Lynx zu lesen sein. Zu diesem Zweck ist es erforderlich, Information und Struktur der Seiten voneinander zu trennen. Zur Auszeichnung von Seitenelementen ist es notwendig, semantisches Markup zu verwenden. Außerdem sind für alle Multimedia-Inhalte (Grafisch dargestellter Text, statische und animierte Bilder, Image Maps, grafische Navigationssysteme, Schaltflächen) alternative Textbeschreibungen anzugeben.
- **Benutzerschnittstellen im Inhalt müssen bedienbar sein.**
  Die Seitennavigation muss nicht nur über die Maus, sondern auch über die Tastatur (via Tabulatortaste) möglich sein.

Unüberschaubare Seitenelemente, welche die Lesbarkeit des Inhalts erschweren, müssen übersprungen werden können. Außerdem muss die Seite eine hinreichend detaillierte Orientierungshilfe (evtl. eine Suchoption) vorweisen und Nutzer über deren Fehler (etwa Fehler beim Ausfüllen eines Formulars) detailliert informieren.

- **Inhalte und Bedienelemente müssen verständlich sein.**
- **Seiteninhalte müssen lesbar und verständlich sein.**
  Die Platzierung muss einheitlich und für Anwender vorhersehbar sein.
- **Inhalte müssen robust sein.**
  Inhalte müssen auch für aktuelle und zukünftige Benutzeragenten zugänglich zu sein (inklusive assistiver Hilfsmittel). Inhalte müssen zudem in einer Form gestaltet werden, welche die einwandfreie Funktionalität in aktuellen und zukünftigen Browsern gewährleistet. Webseiten müssen möglichst plattformübergreifend sein, was vor allem durch den Einsatz von verfügbaren Standards sichergestellt werden kann. Standardkonforme Webseiten sind zukunftsorientiert, da moderne Technologien als Grundlage für Entwicklungen verwenden.

TIPP

Die aufgelisteten Richtlinien betreffen nicht nur zugängliches Webdesign, sondern auch standardkonformes Webdesign.

Einschlägige CSS-Techniken zur Umsetzung dieser Grundprinzipien liefert das W3C auch: Eine Übersicht wird auf *http://www.w3.org/TR/WCAG10-CSS-TECHS* (Linkcode 224) präsentiert.

Dabei ist zu beachten, dass Zugänglichkeit nicht automatisch durch die Bereitstellung von geforderten Optionen mitgeliefert wird. Barrierefreiheit ist in dem Sinne zu verstehen, dass so viele Anforderungen wie möglich Ihrer Seitenbesucher erfüllt werden sollen. Eine simple Aneinanderreihung von zugänglichen Optionen erfüllt diese Aufgabe nicht.

HINWEIS

Der Umstieg auf die Zugänglichkeit verändert die innere Struktur der Seite; das Äußere bleibt dabei meistens unverändert.

9.2.2 Zugänglichkeit in der Praxis

Eine sinnvolle Umsetzung der Barrierefreiheit setzt semantisch korrektes und logisch aufgebautes Markup voraus. Dieses ist nach den gängigen Richtlinien des standardkonformen Webdesigns zu gestalten.

Dadurch wird die visuelle Erscheinung in den Browsern (meistens) kaum beeinflusst. Die meisten Veränderungen betreffen Beziehungen zwischen Seitenelementen sowie das XHTML-Markup. Dennoch reichen sie vollkommen aus, um eine solide Grundlage für eine zugängliche und Suchmaschinen- wie benutzerfreundliche Seitenpräsentation zu schaffen.

Definition des Dokumenttyps (DOCTYPE) | Einer der ersten Schritte bei der Implementierung einer Webseite sollte die Festlegung auf einen der Webstandards sein. Mithilfe der DOCTYPE-Deklaration können Sie einem Browser bzw. einem Ausgabegerät mitteilen, nach welchen Regeln (nach welcher Version der Sprache) die Seite interpretiert und dem Anwender präsentiert werden soll.

Sie können mehrere Versionen von HTML und XHTML berücksichtigen. Es empfiehlt sich, XHTML zu verwenden, da Sie in der Sprache mehr Möglichkeiten für eine semantische Seitengestaltung haben.

Dabei müssen Sie die Auswahl zwischen *XHTML 1.0 Strict* (ausnahmslose Verwendung nur solcher Elemente, die in der Sprache definiert sind), *XHTML 1.0 Transitional* (Verwendung von alten HTML-Tags zusammen mit neuen Elementen der Sprache), *XHTML 1.0 Frameset* (wie Transitional, nur für Seiten, die Frames verwenden) und *XHTML 1.1* (veröffentlicht 2001, die letzte Version der Sprache XHTML) treffen.

Damit ein Screenreader erfährt, in welcher Sprache die Inhalte einer Seite vorgelesen werden, geben Sie die verwendete Sprache im `html`-Tag an (im Beispiel Deutsch):

in HTML 4 mit

```
<html lang="de">,
```

in XHTML 1.0 mit

```
<html xmlns="http://www.w3.org/1999/xhtml" lang="de"
xml:lang="de">
```

und in XHTML 1.1 mittels

```
<html xmlns="http://www.w3.org/1999/xhtml"
xml:lang="de">.
```

Beachten Sie, dass die Darstellung einer Seite sich durch die Dokumenttyp-Definition (DTD) komplett verändern kann, da gewisse Sprachelemente (Tags) anschließend möglicherweise falsch verwendet werden oder laut Spezifikation überhaupt nicht (mehr) existieren.

Ist eine Seite standardkonform, entspricht sie also vollständig einem Webstandard, so ist eine optimale Grundlage für einen barrierefreien Webauftritt gegeben. Dennoch ist eine standardkonforme Seite nicht unbedingt barrierefrei. Standards schaffen nur Rahmenbedingungen für die Zugänglichkeit und stellen Entwicklern viel Freiraum zur Interpretation bereit.

Standard und Quirks Mode

Bei der Interpretation von Seiteninhalten unterscheiden Browser zwischen *Standards Mode* und *Quirks Mode*. Ist ein Standard via DTD festgelegt, so wird die Seite nach Standardregeln angezeigt. Wird kein Standard erkannt, so springt der Browser in den Quirks Mode, bei dem Inhalte wie bei älteren Browsern angezeigt werden. Deshalb ist es wichtig, mit DTD immer darauf zu achten, dass die Browser Standards Mode erkennen können.

Trennung von Struktur und Präsentation | Um eine möglichst flexible Gestaltung und Verwaltung einer Seite zu ermöglichen, ist eine strikte Trennung zwischen der logischen Struktur (Markup + Inhalt) und der Seitendarstellung (Design) notwendig. Diese Trennung wird durch die Verbindung der Markup-Sprache XHTML (1.0 oder 1.1) und der Stylesheet-Sprache CSS möglich. Waren Form und Gestalt in den älteren Versionen von HTML (vor 1998) in einem Dokument vereinigt, so werden mit XHTML und CSS zwei unabhängige Ebenen erzeugt, die getrennt voneinander behandelt werden können.

Die Verknüpfung beider Sprachen (XHTML und CSS) lässt das Erscheinungsbild eines ganzen Webauftritts mit einer einzigen Anweisung in einer CSS-Datei – also zentral und global – anpassen.

Diese Trennung liefert dem Entwickler Vorteile, bedarf jedoch eines sauberen und korrekten Markups. Entwickler müssen die tatsächliche Bedeutung von Sprachelementen genau verstehen. Die Verwendung von Sprachelementen darf sich nicht nach der Seitendarstellung in einem Browser richten: Entscheidend ist, dass Elemente semantisch korrekt eingesetzt werden. Ihre Darstellung kann anschließend per CSS beliebig verändert werden. (Ein Musterbeispiel für diese Art der Seitengestaltung ist CSS Zen Garden (*http://www.csszengarden.com*), ein Projekt, das zeigt, wie die Gestaltung einer Seite mit bloßen CSS-Stilen realisiert wird.

Webdokumente on the fly

Mit SSI, PHP, ASP und Ruby lassen sich Webdokumente *on the fly* generieren. In solchen Webseiten steht Entwicklern ein noch höheres Niveau an Flexibilität zur Verfügung, da eine Trennung zwischen einzelnen Elementen des XHTML-Markups (Header, Navigation, Content, Rightbar, Footer u. Ä.) vorgenommen wird. Dadurch werden XHTML-Strukturen autonom und können zentral verändert werden. Dies ist etwa in Blog-Engines wie Wordpress, Textpattern, Expression Engine, aber auch in CMS und Wikis, der Fall.

▲ **Abbildung 9.6**
CSS Zen Garden, Entry # 200
(Quelle: http://www.csszengarden.com)

▲ **Abbildung 9.7**
CSS Zen Garden, Entry # 195
(Quelle: http://www.csszengarden.com)

Es klingt komplexer, als es ist: Was heißt es nun genau? Das heißt zum Beispiel, dass eine Tabelle nicht zur Auszeichnung eines Fließtextes verwendet werden darf, da Fließtexte mit einer tabellarischen Form meistens nichts zu tun haben, also semantisch gesehen keine Tabellen sind.

Eine Seitenüberschrift darf in einem semantisch korrekten Dokument nicht als Fließtext auftauchen, da sie semantisch gesehen eine Hierarchie höher angesiedelt ist.

Ein Zeilenumbruch darf nicht als Trennung für Absätze verwendet werden, da diese Trennung schon durch das `<p>`-Element semantisch vorgenommen wird.

Eine Aufzählung in der Seitennavigation ist kein Fließtext, sondern eine – geordnete oder ungeordnete – Liste.

Allgemeiner: In einem semantischen Markup werden alle Elemente mit speziell für sie gedachten Eigenschaften und Zwecken versehen. Daraus ergibt sich, dass Designer in ihrem Markup zwischen Überschriften, Paragraphen, Listen, Tabellen, Zitaten, Definitionen, Programmierquelltexten und Multimedia-Elementen sehr deutlich unterscheiden.

Eine optimale Grundlage für barrierefreie Seitenentwicklung wird durch *XHTML 1.0* geliefert: Im Gegensatz zu der Version 1.1 ist XHTML 1.0 rückwärtskompatibel, d. h. XHTML 1.0-Dokumente werden von HTML-Browsern noch korrekt verarbeitet, solange die Sprache im Dokument korrekt verwendet wird. Bei XHTML 1.1 wird dies nicht immer der Fall sein.

Semantik

In XHTML macht die strukturelle (nicht die visuelle!) Auszeichnung von Inhalten die Semantik des Gesamtdokuments aus.

Semantik eines Dokuments | Die Semantik eines Dokuments wird in XHTML durch die Wahl der Auszeichnung von Inhalten bestimmt. Eine hierarchische Seitenstruktur ist dabei besonders wichtig, um etwa die Gewichtung von einzelnen Textpassagen korrekt zu vermitteln und die Schwerpunkte stärker zum Ausdruck zu bringen. Dies wird durch die Formatierung von Inhalten mit passenden Sprachelementen und nicht durch die Gestaltung per CSS erreicht.

Dafür werden etwa Überschriften über die extra dazu gedachten XHTML-Elemente `<h1>` bis `<h6>` (`h1` ist die Überschrift 1. Ordnung, ..., `h6` die Überschrift 6. Ordnung) hervorgehoben. Listen werden durch geordnete (`ol`) und ungeordnete (`ul`, `dl`) Listenelemente gekennzeichnet. Analoges gilt auch für Tabellen und alle anderen Elemente.

In semantisch korrekten XHTML-Dokumenten dürfen keinerlei Elemente vorkommen, die bis dato zur rein optischen Gestaltung verwendet wurden.

Elementtypen `<b> ... </b>` (bold) und `<i> ... </i>` (italics) sollen durch `<strong> ... </strong>` (strong emphasized text) und `<em> ... </em>` (emphasized text) ersetzt werden.

Es ist wichtig zu verstehen, dass es sich dabei nicht bloß um den Ersatz eines Tags durch ein anderes, sondern um den Aus-

TIPP

Syntaxsuppen (z. B: `<p style="margin: 0.1em;"> ... </p>`) mögen zwar hilfreich sein, um die Darstellung von gewissen Elementen schnell anzupassen. Es spricht nichts dagegen, sie zu kurzfristigen Testzwecken zu verwenden; langfristige Anpassungen sollten jedoch über Klassen in CSS realisiert werden.

XHTML:

```
<p class="introduction">...</p>
```

CSS:

```
.introduction { margin: 0.1em; })
```

tausch eines gestalterischen Elements gegen ein strukturelles Element handelt.

In diesem Zusammenhang ist auch dringend von sogenannten *Syntaxsuppen* (*HTML-Soups*) abzuraten, bei denen Stil- und Strukturelemente im Quelltext miteinander vermischt werden. Das Markup

```
<p style="font-weight: bold"> ... </p>
```

sollte etwa durch

```
<p class="introduction"> ... </p>
```

ersetzt werden; die extra dafür eingeführte Klasse `introduction` muss dann in den jeweiligen CSS-Dateien entsprechend definiert werden.

Solche rein logische Syntaxstrukturen sind besonders vorteilhaft für Suchmaschinen, schließlich wird dadurch die »nackte« Semantik der Inhalte präzise vermittelt.

Alternative Beschriftungen | Demselben Zweck dienen auch alternative Beschriftungen für Bilder und Karten (*Imagemaps*): Behinderte und Nutzer mit deaktivierter Bilderanzeige können Grafiken genauso wenig wahrnehmen wie die Suchmaschinen-Spider. Für solche Fälle macht es Sinn, einen alternativen Text bereitzustellen, der anstelle von Bildern angezeigt bzw. ausgegeben wird.

Bei Bildern werden Beschreibungen über ein `alt`-Attribut angegeben, bei Imagemaps ist jeder Kartenbereich einzeln zu beschreiben. Dabei sollen auch Dateinamen der jeweiligen Bilder (allgemeiner: sämtlicher Elemente auf Ihrer Seite) ihrem Inhalt entsprechen, also semantisch gesehen ähnlich sein:

```
<img src="studie-zugaenglichkeit-2007.png"
width="300" height="250" alt="Studie der Vereinten
Nationen 2006: 97% aller Seiten sind unzugänglich" />
```

Beachten Sie, dass die Beschreibungen semantisch korrekt sein müssen, also den Sachverhalt möglichst präzise und detailliert veranschaulichen sollen.

Bilder ohne Bedeutung dürfte es nicht geben. Lässt sich dies jedoch nicht vermeiden, so empfiehlt es sich, das »leere« alt-Attribut mit Leerzeichen zu verwenden (`alt=" "`).

Alternative Beschriftungen

Im barrierefreien Webdesign müssen alle Multimedia-Elemente beschrieben werden. Bei Bildern und Imagemaps geschieht dies über das alt-Attribut.

Bei Karten benutzt man etwa

```
<map name="karte">
<area shape="rect" coords="15,49,30,20"
href="saarbruecken.html" alt="Saarbrücken">
</map>
<p><img src="karte.gif" alt="Eine Karte"
usemap="#karte" height="300" width="250" /></p>
```

Häufig sind alternative Beschreibungen auch bei Verweisen nützlich oder notwendig. Bei Beiträgen, die sich an einen informellen Stil halten und als Linktexte etwa die Wörter »hier«,«mehr« und »auch« verwenden, oder auch einen Sachverhalt indirekt andeuten wollen,

```
"Schließlich wird <a href="http://www.studie.de">in
vielen Fällen</a> auf das semantisch korrekte Markup
verzichtet."
```

können Verweise präzisere Beschreibungen besitzen. Zum Beispiel,

```
"Schließlich wird <a href="http://www.studie.de"
title="Studie der Vereinten Nationen 2006: 97% aller
Seiten sind unzugänglich">in vielen Fällen</a> auf
das semantisch korrekt Markup verzichtet."
```

TIPP

Je präziser ist eine Verweisbeschreibung, desto verständlicher ist er für die Seitenbesucher – sowohl mit als auch ohne Behinderungen. Ein Tooltip lässt sich mit dem Attribut title erzeugen.

Die durch das `title`-Attribut bereitgestellte Texthilfe wird in visuellen Browsern beim Drüberfahren mit der Maus als Tooltip erscheinen. Für Vorlesesoftware und Ausgabegeräte gelten sie dagegen als Hinweise, die entweder direkt vorgelesen bzw. ausgegeben oder nach Bedarf »nachgeschlagen« werden können.

Im Grunde lässt sich diese zusätzliche Hilfe durch aussagekräftige Verweise vermeiden. Texte und Links sollten immer inhaltsbezogen und nicht gestaltungsbezogen sein: »Rote Schaltfläche im rechten unteren Bild« sollte etwa durch »zweiter Verweis in der Rubrik »Dienste« ersetzt werden.

Möchten Sie ein Bild mit einer detaillierten mehrzeiligen Beschreibung versehen, so können Sie das Attribut `longdesc` (Long Description) verwenden, das auf eine externe Datei mit einer Beschreibung verweist.

```
<img src="beispiel.jpg" alt="Beispiel"
longdesc="beschreibung.html" />
```

Im Internet Explorer bis einschließlich Version 6 wird das Attribut `longdesc` nicht unterstützt. Deshalb bleibt Seitenentwicklern nichts übrig, als einen Verweis auf die Beschreibung zusätzlich unter das Bild zu setzen.

```
<a href="beschreibung.html" title="Verweis zur
Bildbeschreibung">[Info]</a>
```

Dies wird in der Praxis jedoch äußerst selten vorkommen. Benötigt das Bild eine ausführliche Beschreibung, so ist es besser, diese gleich als Fließtext direkt nebenan einzufügen.

◂ **Abbildung 9.8**
Bei Wikipedia werden Bildbeschreibungen direkt unter dem Bild angebracht.

Der entsprechende XHTML-Code lautet wie folgt:

```
...
<div class="container">
<div class="imgcaption">
<img src="pfad.jpg" width="250" height="167"
title="... " alt="... " />
<p>Abb. 5.8. ... </p>
</div>
</div>
...
```

Diese Struktur wird mit CSS in Form gebracht:

```
.container {
margin: 0.5em;
border: 1px solid #ccc;
width: 264px;
```

```
float: right;
margin: 0.5em 1em;
background-color: #fafafa;
}

.container p {
font-size: 0.8em;
line-height: 1.4em;
padding: 0;
margin: 0.5em;
}

.imgcaption {
    margin: 7px;
}
```

▲ **Abbildung 9.9**
Die Bildbeschreibung sollte sich direkt unter dem Bild befinden.

Weitere Methoden setzen auf JavaScript: Die Beschreibung wird aus dem `title`- oder `alt`-Attribut genommen und direkt unter das Bild gesetzt.

- **Image Caption**
  http://lab.arc90.com/tools/imgcaption (Linkcode 225)
- **Styled images with caption**
  http://www.boagworld.com/archives/2006/07/styled_images_with_caption.htm (Linkcode 226)

Kennzeichnung von Abkürzungen | Auch semantisch ausgezeichnete Textelemente wie etwa Abkürzungen und Akronyme sollen im semantischen XHTML-Markup als solche deutlich gemacht werden. Dabei können Sie Nutzern die ausgeschriebene Form bereitstellen. Diese wird in visuellen Browsern beim Drüberfahren als Tooltip angezeigt, in anderen Software-Tools bei Bedarf vorgelesen und/oder ausgegeben.

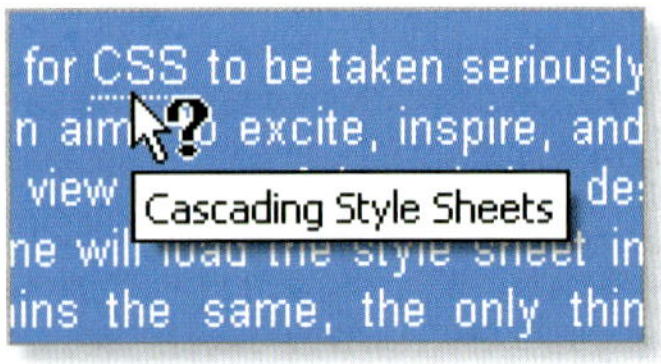

▲ **Abbildung 9.10**
Die ausgeschriebene Form der Abkürzungen erscheint in Form eines Tooltips. Benutzt wird das `<abbr>`-Tag.

Häufig benötigen Nutzer Hintergrundwissen, um Seiteninhalte einordnen und verstehen zu können. Da Sie als Seitengestalter oder Seitenbetreiber nicht wissen können, welches Publikum auf Ihre Webseite aufmerksam wird, können Hilfestellungen deshalb sehr hilfreich sein. Durch eine semantische Auszeichnung spezifizieren Sie eindeutig, dass ein Screenreader das Wort als eine Abkürzung und nicht etwa als eine Anreihung von Konsonanten buchstabieren soll.

Abkürzungen müssen wenigstens an der Stelle ihres ersten Auftretens im Inhalt erläutert werden.

Dies geschieht über die Tags `<abbr>` oder `<acronym>`. `<abbr>` wird für Abkürzungen verwendet, bei denen jeder einzelne Buchstabe ausgesprochen wird. z. B. BBC oder USA. <acronym> ist dagegen für Wörter gedacht, die wie ein Wort ausgesprochen werden. z. B. NATO oder UNO. In (X)HTML werden beide Elemente mit dem `title`-Attribut ausgezeichnet:

```
<abbr title="Cascading Style Sheets">CSS</abbr>
```

Die Gestaltung von `<abbr>` und `<acronym>` mit CSS geschieht dann wie folgt:

```
abbr {
cursor: help;
border-bottom: 1px dotted #333333;
}
```

TIPP

Sie können die Anzeige der Ausschreibungen über CSS kontrollieren. So sorgt die Stilanweisung

```
abbr:after {
content:
" (" attr(title) ")";
  }
```

dafür, dass die ausgeschriebene Form gleich hinter der Abkürzung ausgegeben wird.

Im letzten Entwurf (Working Draft) von *XHTML 2.0* ist `acronym` nicht mehr enthalten und wird durch `abbr` ersetzt; für Abkürzungen wird demzufolge in Zukunft nur `abbr` verantwortlich sein.

Gruppierung von zusammenhängenden Seiten | Semantisch zusammenhängende Inhalte, die auf mehreren Seiten verteilt werden, können durch die Angabe ihrer Beziehungen direkt miteinander verknüpft werden. Dieser Fall tritt bei vielen großen Online-Zeitschriften auf, etwa wenn ein langer mehrseitiger Zeitungsartikel veröffentlicht wird.

Die Verknüpfung lässt sich über das `<link>`-Tag erzeugen: So wird die Startseite über die Beziehung `home` festgelegt, vorherige Seite – über `prev`, nachfolgende – über `next` und die letzte über `last`. Diese Beziehungen werden in Webstandards auch als *Link Relations* bezeichnet.

▲ **Abbildung 9.11**
In solchen mehrseitigen Beiträgen empfiehlt es sich, die Navigation über Link-Beziehungen zu ermöglichen.

```
<link rel="home" title="Startseite" href="http://www.
seite.de/home" />
<link rel="prev" title="Überschrift der vorherigen
Seite" href="http://www.seite.de/vorherige-seite" />
<link rel="next" title="Überschrift der nächsten
Seite" href="http://www.seite.de/naechste-seite" />
<link rel="last" title="Inhaltsverzeichnis "
href="http://www.seite.de/references" />
```

Definition von Tastaturkürzeln | Tastaturkürzel sparen Zeit und erhöhen die Effizienz einer Anwendung. Doch was sich für den Nutzer eines visuellen Browsers als hilfreich erweist, hilft einem Behinderten gewaltig, da dadurch für ihn die einzige Möglichkeit entsteht, auf gewisse Seiteninhalte direkt zu zugreifen.

Tastenkürzel

Stehen einem behinderten Nutzer keine Tastaturkürzeln zur Verfügung, so muss er die ganze Seite linear abtasten. Dies kann viel Zeit kosten, vor allem wenn Seitenbetreiber nicht dafür gesorgt haben, dass Seiteninhalte übersprungen werden können.

Denn ein wesentlicher Unterschied in der Wahrnehmung einer Seite mit einem Browser und einem alternativen Mittel besteht darin, dass Inhalte in letzteren linear abgetastet werden müssen. Sämtliche Verweise, Texte und Bilder müssen somit nacheinander – Block für Block – durchgegangen werden. Mit Tastaturkürzeln wird dies mit einem Klick möglich.

In Kapitel 8 haben Sie gesehen, dass die Tastaturkürzel sowohl für Eingabefelder und Steuerelemente in Formularen als auch für Verweise benutzt werden können. Dies wird in der zugänglichen Seitengestaltung ausgenutzt, insbesondere wenn es um die Bereitstellung einer schnellen Seitennavigation geht.

Der Aufruf von Tastaturkürzeln geschieht in den verschiedenen Browsern unterschiedlich. In seinem Beitrag »Accesskeys: Fakten und Standards« listet Jens Meiert auf, wie *Hotkeys* in verschieden Browsern ausgeführt werden (*http://meiert.com/de/publications/articles/20041113* Linkcode 227):

- Windows und Internet Explorer: Alt + *Accesskey* + ↵
- Windows und Mozilla/Firefox/Netscape: Alt + *Accesskey*
- Windows und Firefox ab Version 2.0: Alt + ⇧ + *Accesskey*
- Windows und Opera: ⇧ + Esc + *Accesskey*
- Macintosh und Internet Explorer: Strg + *Accesskey* + ↵
- Macintosh und Safari: Strg + *Accesskey*
- Macintosh und Mozilla/Firefox/Netscape: Strg + *Accesskey*
- Macintosh und Opera: ⇧ + Esc + *Accesskey*
- Linux Mandrake und Galeon/Mozilla: Alt + *Accesskey*
- Alle Betriebssysteme und Amaya: Strg + *Accesskey*

In der Praxis werden für Accesskeys die Zahlen 0...9 verwendet, da Windows-Nutzer sonst die vom Betriebssystem mitgelieferten Tastaturkürzeln nicht verwenden können.

```
<a href="seite.html" accesskey="2">Verweis</a>
```

Für die Wahl der Tastaturkürzel haben sich laut dem britischen e-Government Web Handbook (*http://www.cabinetoffice.gov.uk/e-government/resources/handbook/html/2-4.asp#2.4.4* Linkcode 228) folgende Konventionen als Standard durchgesetzt:

- S – Navigation überspringen
- 1 – Startseite
- 2 – Neuigkeiten
- 3 – Sitemap
- 4 – Suche
- 5 – Häufig gestellte Fragen (FAQ)
- 6 – Hilfe

- 7 – Beschwerden
- 8 – AGB
- 9 – Kontaktformular
- 0 – Übersicht aller Accesskeys

Im Allgemeinen gibt es jedoch keinen einheitlichen Standard, der die Verwendung von Accesskeys festlegt. Bei vielen Seiten werden Accesskeys demzufolge unterschiedlich verteilt. So wird man häufig »1« für den Sprung zur Hauptseite verwenden müssen, »2« für den direkten Sprung zum Inhalt der Seite (= Navigation überspringen). »0« führt bei mehrteiligen Beiträgen zur folgenden Seite, »9« zur vorherigen Seite.

Um neue Besucher über die definierten Accesskeys zu informieren, ohne eine komplette Auflistung auf der Seite veröffentlichen zu müssen, können Sie aussagekräftige Beschreibungen für Verweise benutzen.

In der Seitennavigation kann etwa ein folgender Link vorkommen:

```
<a href="dienste.php" accesskey="4" title="Dienste -
Accesskey 4">Dienste</a>
```

Beim ersten Besuch können Anwender auf diese Weise feststellen, welche Tastaturkürzel vorliegen. Stammbesucher der Seite werden sich dagegen orientieren können, ohne extra auf die Anzeige von Hilfsbeschreibungen zu warten.

Die Durchsetzung von Accesskey-Standards scheint nur eine Frage der Zeit sein. Große Unternehmen, wie etwa das deutsche E-Mail-Portal GMX.de mit 7,9 Millionen Nutzern (*http://www.gmx.net/de/go/accesskeys* Linkcode 229) setzen Tastaturkürzel zunehmend ein, um die Reichweite des Angebots zu maximieren.

Reihenfolge der Navigation | Viele Nutzer mit Sehschwächen navigieren über die Tabulatortaste – auch diese Art der Navigation lässt sich mit XHTML anpassen. Ursprünglich verwenden die meisten Browser beim Tabulieren die Reihenfolge, in der Verweise im Quelltext auftauchen. Wird ein Seitenblock im oberen Teil des Quelltextes beschrieben und per CSS rechts unten positioniert, so kann die Navigation über die Tastatur schnell verwirrend und unübersichtlich werden.

Diese Reihenfolge lässt sich mit dem `tabindex`-Attribut festlegen.

Reihenfolge anpassen

Um die Reihenfolge der Navigation über die Tabulatortaste anzupassen, geben Sie die Reihenfolge explizit an, indem sie Seitenelementen mit den jeweiligen tabindex-Attributen versehen.

> **HINWEIS**
>
> An dieser Stelle kommt wieder die vorhin angesprochene Redundanz ins Spiel. Aktionen oder Statusanzeigen sollen immer mehrfach kommuniziert werden. Zum Beispiel grüner Kreis und ein kleiner Haken, bzw. roter Kreis und ein x. Als Designer sollten Sie sich bei Ihren Entscheidungen nicht ausschließlich auf Farben verlassen.

```
<a href="1.html" tabindex="1">1</a>
<a href="2.html" tabindex="2">2</a>
<a href="4.html" tabindex="3">4</a>
<a href="3.html" tabindex="4">3</a>
```

In diesem Fall wird der Anwender über die Tabulatortaste vom ersten Verweis (`1.html`) zum zweiten (`2.html`), vom zweiten zum vierten (`4.html`) und vom vierten zum dritten (`3.html`) gelangen. Ohne das `tabindex`-Attribut würde die Reihenfolge linear sein – dem ersten Verweis würde der zweite folgen, dem zweiten der dritte und dem dritten der vierte.

Zugängliche Farbgestaltung | Trotz des verwirrend klingenden Begriffs, stellt zugängliche Farbgestaltung einen der grundlegenden Aspekte von Webseitengestaltung dar, die in der Praxis häufig unberücksichtigt bleiben. Dabei müssen Sie als Designer dafür sorgen, dass Nutzer mit Sehschwächen, also mit unterschiedlichen Formen der Fehlsichtigkeit, sich auf Ihren Seiten orientieren können.

▲ **Abbildung 9.12**
Menschen mit Rot-Grün-Sehschwäche sehen auf diesem Bild eine 17, Normalsichtige können neben der 17 eine 47 erkennen.

Ein Problemfall ist dabei besonders wichtig: Es gibt einen beachtlichen Anteil von Nutzern, die gewisse Farben durcheinander bringen. »Ungefähr vier bis acht Prozent der Bevölkerung in westlichen Ländern (meistens Männer) haben in der einen oder anderen Form eine Abweichung der Farbsichtigkeit«, *http://www.einfach-fuer-alle.de/artikel/gestaltung-hilft* Linkcode 230).

Besonders häufig bereitet die Farbkombination Rot-Grün erhebliche Probleme. Das Zusammenspiel der Farben sowie ihre dunklen und hellen Farbvarianten können 8% der Männer und 0,8% der Frauen weltweit nicht unterscheiden. Bei Blau und Grün fällt diese Zahl unter 0,01%.

Deshalb sollte die rot-grüne Farbpalette nach Möglichkeit nicht als dominierende Farbkombination gewählt werden. Dies gilt auch für die Gestaltung von Verweisen: Überprüfen Sie immer, ob die Farbwahl optimal getroffen ist.

> **Rot und Grün**
>
> Ein beachtlicher Teil der Nutzer kann den Unterschied zwischen Rot und Grün nur mühselig oder gar nicht wahrnehmen. Layouts, die eine strikte Unterscheidung dieser Farben erfordern, müssen überdacht werden.

Bemerken Sie, dass sowohl Rot und Grün als auch Blau und Grün auf einer Seite im Prinzip eingesetzt werden dürfen. Sie dürfen nur nicht zur Auszeichnung von benachbarten Elementen benutzt werden, die voneinander notwendigerweise unterschieden werden sollen.

Zur besseren Unterscheidung zwischen Verweisen und sonstigen Texten ist es empfehlenswert, Verweise zu unterstreichen und/oder durch Fettdruck hervorzuheben.

Bereitstellung von alternativen Layouts | Eine simple Möglichkeit, die Inhalte einer Seite *allen* Anwendern in einer lesbaren Form anzubieten, stellen *CSS-Styleswitcher* bzw. die Präferenz-Auswahl bereit. Beide Techniken bieten alternative Anzeigemöglichkeiten an, die sich ohne Veränderung des XHTML-Quellcodes bequem anpassen und anzeigen lassen.

Im ersten Fall können Anwender zu einem alternativen Layout wechseln und Inhalte in einer Form anschauen, die direkt an ihre Bedürfnisse angepasst ist. In der Praxis wird man in alternativen Layouts den Schriftgrad höher einstellen. Dabei ist zu beachten, dass die Laufweite sich proportional zu der Schriftgröße verändern soll, damit Buchstaben einander nicht überlappen und lesbar bleiben. Außerdem wird man einen hohen Kontrast zwischen der Text- und der Hintergrundfarbe verwenden. Klassische Stile sind helle Textfarben auf dunklem Hintergrund und dunkle Textfarben auf hellem Hintergrund. Sollte der Benutzer die Lesbarkeit erhöhen wollen, so genügt ein Klick, um die Darstellung entsprechend anzupassen.

Ein PHP-basierter CSS-Styleswitcher beruht darauf, dass ein PHP-Skript mit dem Dateinamen der alternativen CSS-Datei aufgerufen wird. Dieses ersetzt an der passenden Stelle den Pfad zur CSS-Datei und schickt den modifizierten XHTML-Code wie gewohnt an den Browser weiter. Anschließend wird die Seite neu geladen, wobei die Ansicht der Seite durch eine alternative CSS-Datei festgelegt wird.
In der Präferenz-Auswahl wird die Seitenansicht zusätzlich in Cookies gespeichert und bei jedem Besuch des Nutzers als Standardanzeige verwendet.

▲ **Abbildung 9.13**
Auf www.456bereastreet.com ist der Wechsel zu einem alternativen Layout mit einem hohen Kontrast möglich.

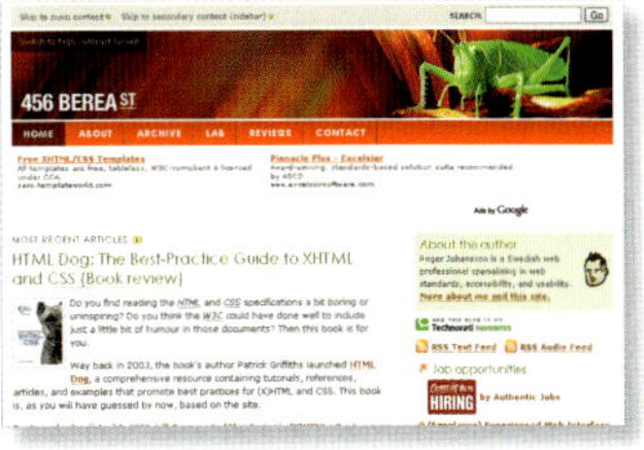

▲ **Abbildung 9.14**
456bereastreet.com vor dem Switch …

▲ **Abbildung 9.15**
… und nach dem Switch.

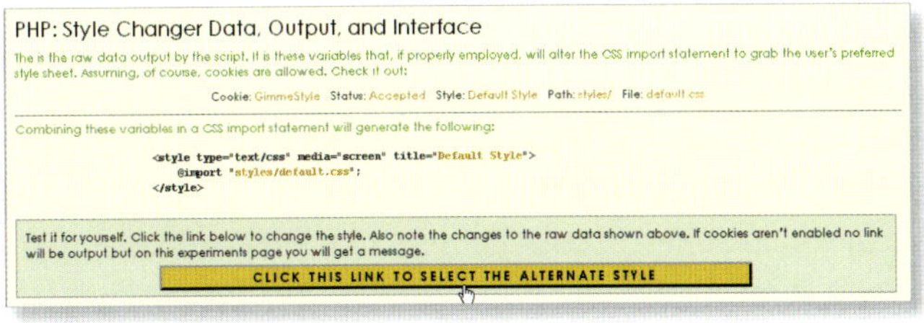

▲ **Abbildung 9.16**
Mike Cherim's PHP Style Changer (*http://mikecherim.com/experiments/php_style_changer.php?GimmeStyle=default.css* Linkcode 231)

In einschlägigen Methoden, wie sie etwa von Roger Johansson (»Build your own PHP style sheet switcher«, *http://www.456bereastreet.com/archive/200608/build_your_own_php_style_sheet_switcher* (Linkcode 232)) oder Mike Cherim (PHP: Style Changer, *http://mikecherim.com/gbcms_xml/news_page.php?id=12* (Linkcode 233)) beschrieben werden, verwendet man ein *Lay-*

HINWEIS

Beachten Sie, dass CSS-Styleswitcher an einer Stelle im Layout untergebracht werden sollten, die allen Nutzern leicht auffällt und deutlich hervortritt. Häufig wird dafür der rechte obere Seitenbereich sowie das rechte Navigationsmenü gewählt. Zur Auswahl können sowohl Verweise als auch Auswahlmenüs verwendet werden.

out Cookie, um die Seitenansicht zu kontrollieren. Dieses wird auf dem PC des Anwenders gespeichert; sollte der Browser keine Cookies akzeptieren, wird die Standardansicht gewählt.

Sorgen Sie dafür, dass eine Ansicht, zu der gewechselt wird, deutlich genug beschrieben ist. Als anschauliche Indikatoren können Sie zusätzlich Farbtone anzeigen, schließlich werden alternative Layouts meistens nur mit wenigen Farben auskommen.

Ähnlich können Sie Anwender manuell angeben lassen, welche Farbe, Schriftgröße und Schriftart verwendet werden sollen. Selbstverständlich ist auch die Bereitstellung von alternativen Layouts für Behinderte immer möglich. Dabei ist es wichtig, sämtliche Seiteninhalte in einer Spalte anzuzeigen, Verweise mit Hilfsbeschreibungen zu versehen, Bilder durch Beschreibungen ersetzen und unnötige Elemente (etwa Mini-Icons) zu entfernen. Der Hinweis zum alternativen Layout sollte am Anfang der Seite angebracht werden.

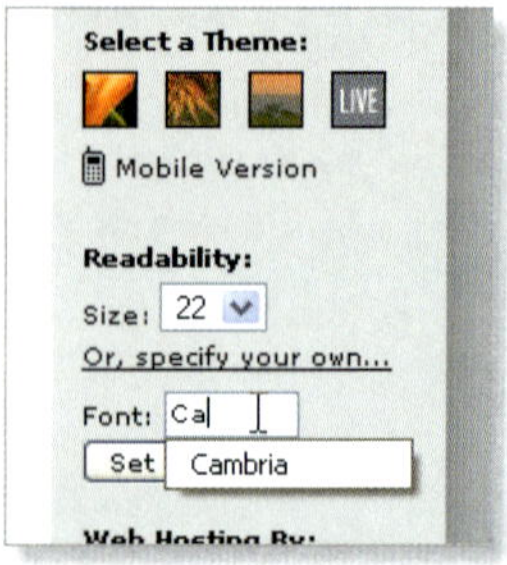

▲ **Abbildung 9.17**
Smarter CSS-Styleswitcher auf *http://www.mikeindustries.com*. Neben mehreren Themes lassen sich auch die mobile Version anschauen, die Schriftgröße der Texte anpassen sowie die Schriftart manuell festlegen.

Weitere Empfehlungen

- **Frames**
  Zum einen sollten jegliche Arten von Frames – sei es ein `<frameset>` oder `<iframe>` – unbedingt vermieden werden. Einerseits werden Frames von Web-Crawlern im besten Fall nur teilweise gescannt, wodurch Inhalte der Seite – wenn überhaupt – falsch bewertet werden. Andererseits sind Frames für Screenreader unzugänglich, da sie nur teilweise vorgelesen werden können. Möchten bzw. können Sie auf Frames aus irgendwelchen Gründen nicht verzichten, so ist es notwendig, das `<noframes>`-Element zur Beschreibung des Seiteninhalts einzusetzen, um auch Nutzern von textbasierten Browsern den Zugang zur Seite zu ermöglichen.
- **Verweise trennen**
  Nebeneinanderliegende Verweise sind durch von Leerzeichen umgebene, druckbare Zeichen zu trennen, damit sie auch ohne visuelle Umgebung auf dem Bildschirm voneinander getrennt und von Screenreadern in Wörter zerlegt werden können. Als druckbare Zeichen können Leerzeichen, Kommata, Bullets oder auch das Pipe–Zeichen (|) benutzt werden.
- **Sitemaps**
  Eine gute Orientierungshilfe verschaffen ein vollständiges Inhaltsverzeichnis der Seite (*Sitemap*), eine textbasierte Seitennavigation sowie eine Volltextsuche. Die Volltextsuche kann unter anderem mithilfe von Google realisiert werden, etwa über den Dienst Google Co-op: Custom Search Engine (*http://google.com/coop/cse* Linkcode 234).

▲ **Abbildung 9.18**
Auf popurls.com stehen dem Anwender mehrere Funktionen zur Verfügung, darunter die Vergrößerung des Textes, der Wechsel zu einem hellen Layout, das Öffnen der Dateien in neuen Fenstern usw.

- **Popups**
  Vermeiden Sie das Öffnen von neuen Browserfenstern (*Pop-Ups*) ohne eine entsprechende Zustimmung der Nutzer. Ein sehbehinderter Anwender kann nicht verstehen, was mit der Seitenansicht passiert ist. Außerdem bereitet dies mehrere Usability-Probleme, da z. B. die Navigation über die Zurück-Schaltfläche in neuen Fenstern unmöglich wird.
- **Navigationsmenüs**
  Bildbasierte Navigationsmenüs können in älteren Browsern (auch in IE bis einschließlich Version 6) nicht skaliert werden. Ist die Schriftgröße nicht groß genug gewählt, so können Nutzer die Bedeutung der Bilder nicht ablesen und müssen zu alternativen Beschreibungen greifen. Empfehlenswert ist es deshalb, flexible textbasierte Navigationsmenüs (Listen) mit CSS zu realisieren. Es ist dabei auf jeden Fall eine alternative Beschreibung bereitzustellen.
- **Schriftgröße**
  Anwender sollten den Schriftgrad der Seite direkt einstellen können. Diese Möglichkeit kann durch die Verwendung von relativen Schriftgrößen (`em`, `ex`, `%`) eingeräumt werden. Dann können Anwender Seiteninhalte mit der Lupe-Funktion beliebig skalieren (für Bilder gilt dies nicht!). Alternativ kann man die Schriftgröße über eine entsprechende Schaltfläche oder einen Verweis auf der Seite veränderbar machen. Als Beispiel können Sie die Seite *http://www.einfach-fuer-alle.de* betrachten, auf der dies mit einem JavaScript realisiert wird. Texte, deren Schriftgröße mit Pixelangaben festgelegt wird, können im Internet Explorer bis einschließlich Version 6 nicht vergrößert werden.

▲ **Abbildung 9.19**
Links werden durch Kommata und Pipe-Zeichen getrennt. (Quelle: Smashingmagazine.com).

▲ **Abbildung 9.20**
Eine Sitemap auf Theherald.co.uk

▲ **Abbildung 9.21**
Die Schriftgröße lässt sich auf www.einfach-fuer-alle.de beliebig vergrößern und verkleinern. Außerdem sind Druckansichten und Großschriftansichten möglich.

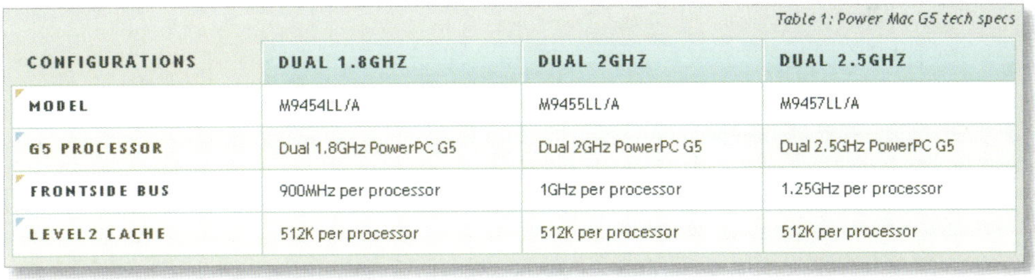

Table 1: Power Mac G5 tech specs

CONFIGURATIONS	DUAL 1.8GHZ	DUAL 2GHZ	DUAL 2.5GHZ
MODEL	M9454LL/A	M9455LL/A	M9457LL/A
G5 PROCESSOR	Dual 1.8GHz PowerPC G5	Dual 2GHz PowerPC G5	Dual 2.5GHz PowerPC G5
FRONTSIDE BUS	900MHz per processor	1GHz per processor	1.25GHz per processor
LEVEL2 CACHE	512K per processor	512K per processor	512K per processor

Abbildung 9.22 ▲
Eine Tabelle soll mithilfe des semantischen Markups realisiert werden. Im Beispiel *http://www.duoh.com/csstutorials/csstables* (Linkcode 235)

- **Tabellen**
  Eine Tabelle wird im semantischen Markup nicht als ein gestalterisches Element der Seite interpretiert, sondern als eine Form, über die tabellarische Daten präsentiert werden. Tabellen sind somit mit Überschrift (`caption`), Zusammenfassung (`summary`), Tabellenkopf (`thead`), Tabellenfuß (`tfoot`) und Tabellenkörper (`tbody`) zu versehen.

- **Label-Tags**
  Label-Tags in Formularfeldern ermöglichen eine direkte Beziehung von Beschriftungen und Eingabefeldern. Diese stellen für Nutzer von nicht-visuellen Browsern eine große Hilfe dar. Damit können Formulare schneller ausgefüllt werden.

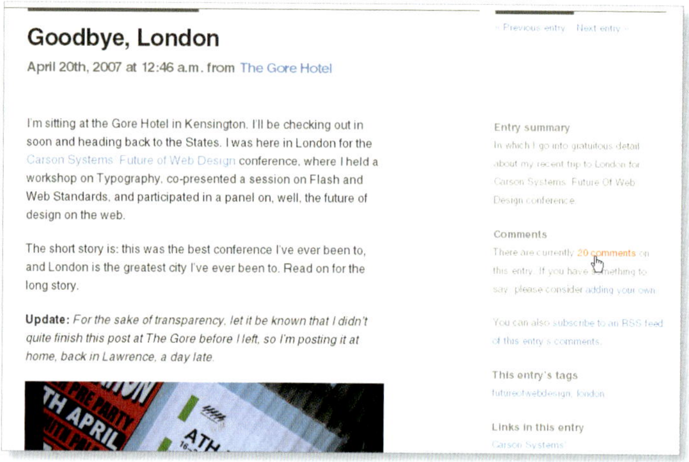

Abbildung 9.23 ▸
Auf *JeffCroft.com* wird nicht nur eine kurze Zusammenfassung jedes Beitrags präsentiert, sondern auch direkte Verweise zu Kommentaren. Möchte der Leser sich über die neuen Einträge informieren oder einen eigenen hinzufügen, kann er dies durch einen Verweis tun, ohne die Seite komplett scrollen zu müssen.

- **Sprungverweise**
  Bringen Sie vor großen Textblöcken einen Verweis an, mit dem Seiteninhalte übersprungen werden können, damit etwa Nutzer von Screenreadern nicht ewig lange »scrollen« müssen und Blöcke, die auf jeder Seite permanent auftauchen (Navigation), sich immer wieder anhören müssen. Der Inhalt eines Beitrags im XHTML-Code sollte vor die Seitennavigation gesetzt und anschließend mit CSS positioniert werden. Seitensprünge können durch Verweise auf die IDs des jeweiligen Containers realisiert werden. Platzieren Sie die ungeordnete Liste

```
<ul id="skip">
<li><a href="#content">Zum Inhalt</a></li>
<li><a href="#sidebar">Zur sekundären Navigation
</a></li>
</ul>
```

  vor die Seitennavigation, wobei `#content` ein Container mit dem Seiteninhalt der aktuellen Seite ist, `#sidebar` – beispielsweise ein Container mit der sekundären Seitennavigation. Wird einer der Verweise angeklickt, so springt der Browser zum entsprechenden Container
  Fügen Sie zusätzlich die Zeile

HINWEIS

Vermeiden Sie bei Ihren CSS-Dateien die Anweisung `display: none;`. Sie versteckt Inhalte sowohl für Nutzer von visuellen Browsern als auch für Nutzer von Vorlesesoftware. Eine Übersicht von Methoden zum Einblenden und Ausblenden von Daten finden Sie auf *http://www.webaccessibility.info/lab/displaytest.html* (Linkcode 236).

```
ul#skip {
indent:-100em;
}
```

in Ihre CSS-Deklaration ein, so werden beide Verweise in visuellen Browsern nicht angezeigt, stehen jedoch für Nutzer von Screenreadern zur Verfügung.

Mit den oben aufgeführten Richtlinien haben Sie eine gute Grundlage für einen funktionierenden, zukunftsorientierten Webauftritt.

Ausgezeichnete Webseiten, die sämtliche Forderungen erfüllen, findet man in einer Übersicht im Beitrag »High Accessibility, high design. CSS to the rescue« (*http://naarvoren.nl/artikel/high_accessibility* (Linkcode 237)) des Accessibility-Experten Joe Clark. Die deutsche Übersetzung »Gute Gestaltung und gute Zugänglichkeit – CSS hilft allen« von Jörg Mosbach finden Sie auf *http://www.einfach-fuer-alle.de/artikel/gestaltung-hilft* (Linkcode 238)).

9.2.3 BITV für Dummys

Eine Zusammenfassung von allen Richtlinien, die Sie laut BITV in Ihren Projekten umzusetzen haben – zusammengefasst und beschrieben von Ursula Pidun und Gerald Himmelein – finden Sie unter *http://www.heise.de/ct/04/19/194/default.shtm* (Linkcode 239).

9.3 Prinzipien der Benutzerfreundlichkeit

9.3.1 Was ist Benutzerfreundlichkeit?

Während *Accessibility* den Zugang zu Seiteninhalten ermöglicht, sorgt *Usability* für eine möglichst angenehme Erfahrung der Nutzer auf einer Seite. Dazu gehört vor allem, dass Nutzer

- ihre Aufgaben schnell und leicht erledigen können,
- Seiteninhalte leicht verstehen und lernen können und
- während der Interaktion möglichst *wenige Fehler machen*.

UCD HCID

Die Hauptaufgaben des UCD und HCID bestehen darin, Benutzererwartungen nicht nur zu erfüllen, sondern auch bei Weitem zu übertreffen.

Benutzerfreundlichkeit (*Gebrauchstauglichkeit*, *Usability*) bedeutet also insbesondere, dass eine intuitive und verständliche Kommunikation zwischen dem Nutzer und dem Webauftritt stattfindet. Zu diesem Zweck lässt sich etwa das Potenzial des User-Centered Design (UCD) und Human-Computer Interaction Design (HCID) ausnutzen.

Denn eine der wichtigen Voraussetzungen für eine funktionierende Benutzerfreundlichkeit ist unter anderem ein nutzerorientiertes Modell der Seitenentwicklung. Dieses Modell basiert darauf, anhand der bekannten Gewohnheiten und Erfahrungen der Webnutzer (Usability-Heuristiken) eine Seitenstruktur zu realisieren, die den Nutzererwartungen entgegenkommt. Dies geschieht etwa, indem man auf verschiedenen Designstufen Usability-Tests durchlaufen lässt, daraus Verbesserungsvorschläge ableitet und die Ergebnisse direkt umsetzt.

Im Idealfall soll ein auf diese Weise resultierendes Design die Benutzererwartungen nicht nur erfüllen, sondern bei Weitem übertreffen. Die Idee, die dahinter steckt, ist psychologisch begründet: Ein angenehmer Überraschungseffekt erzeugt unbewusst eine Bindung der Nutzer an einen Webauftritt und bindet potenzielle Kunden somit an das Unternehmen bzw. dessen Dienste.

9.3.2 Ziel und Zweck der Usability

Ein hoher Grad an Usability erlaubt es einer Webseite, ihre Besucher nicht nur zu informieren, sondern auch Gespräche mit ihnen führen. Können User Interfaces einen produktiven Dialog mit Seitenbesuchern initiieren und möglichst viele Wünsche auf dem höchst möglichen Niveau berücksichtigen, so hat der Anwender keinen Grund, nach alternativen Diensten zu suchen.

Webgrafik

Webgrafik kann die Benutzerfreundlichkeit einer Seite unterstützen, aber nicht entscheidend prägen. Durch visuelle Kommunikation können Bilder zwar Hinweise liefern, sie können jedoch die ganze Seitenstruktur nicht erklären, Ist diese selbsterklärend, so wurde das Hauptziel der Usability erreicht.

Bringt eine Seite dem Anwender keinen Nutzen, so wird sie auch nicht benutzt. Damit ein Auftritt erfolgreich wird, müssen Anwender richtige Entscheidungen treffen und zügig zum Ziel gelangen. Dies wird durch den gezielten Einsatz der Usability – und nicht etwa bloß des Grafikdesigns – möglich.

Genauso wie Barrierefreiheit ist die Usability-Ebene in der Seitenentwicklung vor der Designebene angesiedelt. Designentwürfe für benutzerfreundliche Seiten sollten auf ihr aufbauen.

Dabei hat das Schema, welchem ein Unternehmen bei der Entwicklung der Seite gefolgt hat, keine primäre Bedeutung: ein Erfolg benötigt immer eine ausgewogene Balance zwischen den Vorstellungen des Seitenbetreibers und Bedürfnissen bzw. Gewohnheiten der Nutzer.

Diese Balance zu erreichen ist in der Praxis das Primärziel der Usability-Untersuchungen.

Dennoch bleibt das Thema »Benutzerfreundlichkeit« häufig auf der Strecke, da Usability-Entscheidungen meistens intuitiv und aus der Sicht eines erfahrenen Nutzers getroffen werden.

Und in der Tat nützt diese Vorgehensweise dem Unternehmen selten, da sowohl Seitenbetreiber als auch Webentwickler in der Regel keine durchschnittlichen Nutzer sind.

Eine benutzerfreundliche Seite setzt deshalb notwendigerweise eine Analyse der Interaktion zwischen Nutzer und Auftritt voraus. Was jedoch nur selten gemacht wird. Daraus resultieren häufige Fehler und Unzulänglichkeiten, die für Seitenbetreiber unsichtbar bleiben, Seitenbesuchern jedoch direkt auffallen.

Betriebsblindheit

Kleinste Probleme, die bei der Seitennavigation auftauchen, sehen Seitenbesucher direkt, Seitenbetreiber jedoch selbst bei genauerer Analyse nur selten.

9.3.3 Häufig auftretende Usability-Fehler

Grob gesprochen lässt sich die Benutzerfreundlichkeit einer Seite mit der Qualität eines Produkts vergleichen.

Es zeichnen sich insgesamt 7 typische Aspekte auf, die oft Probleme im Hinblick auf Usability bereiten. Sie sind deshalb vor der Veröffentlichung eines Auftritts sehr genau zu beachten.

- **Konsistente Seitenpräsentation**
  Seitenübergreifende Funktionalität von Steuerungselementen (gleiche Funktionalität auf allen Seiten)
- **Logische und natürliche Organisation der Information**
  Klare Seitenhierarchie und übersichtliche Seitenstruktur, eindeutige Beschriftungen und eindeutige visuelle Hinweis.
- **Kontextabhängige Orientierung**
  Sinnvolle Gliederung der Seitenbereiche; Nutzer sollen wissen, wo sie gerade sind, wo sie waren und wohin sie gehen können.
- **Effiziente Navigation**
  Der Zeitaufwand für die Navigation zu gewünschten Inhalten soll minimiert werden; die Navigation selbst soll voraussehbar und verständlich sein.
- **Effiziente Volltextsuche**
  Suchfunktionalität, notwendig für mittlere und große Auftritte; Nutzer ziehen Suche der Seitennavigation vor.
- **Einfache Kommunikation**
  Die Kontaktaufnahme sollte intuitiv, einfach und leicht zu finden sein.
- **Qualität der Inhalte**
  Ansprechendes und sprachlich korrektes Content; Kommunikation durch verständliche Sprache und Veranschaulichung durch intuitive visuelle Mitteln.

9.4 Verhaltensmuster der Benutzer

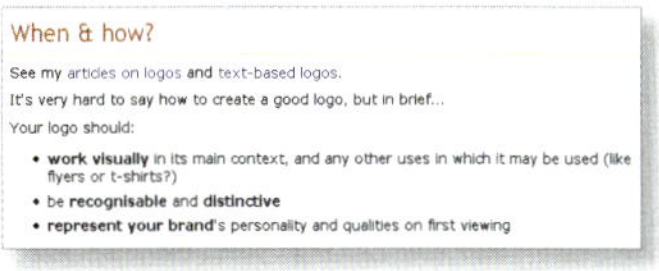

▲ **Abbildung 9.24**
Schlüsselwörter und Hauptaussagen werden hervorgehoben, damit Nutzer den Inhalt besser scannen können. Auf *Webdesign-fromscratch.com* geschieht dies durch Fettdruck.

Nutzer lesen nicht, sie suchen nach Schlüsselwörtern | Eines der typischen Verhaltensmuster zeigt sich darin, dass Nutzer im Netz nicht lesen, sondern überwiegend nach auffallenden Wörtern in Texten suchen. Schlüsselwörter und Textaussagen werden dabei entweder zufällig oder mithilfe der Auszeichnungen im Text gewählt. Als Ansatzpunkte werden Überschriften, die ersten Sätze von Paragraphen sowie die ersten Wörter der Sätze genommen.

Demzufolge ist es wichtig, Lesern Texte anzubieten, deren Auszeichnungen die Schwerpunkte betonen und den Scanvorgang erleichtern. Realisieren lässt sich dies zum einen visuell mit

- hervorgehobenen Schlüsselwörtern,
- aussagekräftigen Überschriften und
- geordneten und ungeordneten Listen.

Zum anderen kann die Kommunikation durch die gewählte Ausdrucksweise benutzerfreundlicher gestaltet werden. Offene und einfach gehaltene Sprache lädt zu einer Konversation ein. Imperative Sätze können die wichtigsten Aspekte des Sachverhalts betonen.

Laut Usability-Experten hat sich in den letzten Jahren gezeigt, dass es aus der Usability-Sicht sinnvoller ist, die Ideen eines Beitrages abschnittsweise – ein Abschnitt bzw. ein Paragraph enthält genau eine Idee – zu präsentieren. Dies hat zum einen den Vorteil, dass Nutzer Informationen strukturierter wahrnehmen. Zum anderen kann ein Argument übersprungen werden, falls es den Nutzer nicht überzeugen konnte.

In diesem Zusammenhang ist zu beachten, dass ein *Informationsoverkill* Nutzer sowohl beeindrucken als auch überwältigen kann.

Das berühmte Experiment von Miller (1956), in dem kognitive Belastung, also die Fähigkeit zum Lernen, intensiv untersucht wurde, hat gezeigt, dass alle Menschen eine ähnliche Erinnerungsspanne haben und somit gleich viele Dinge schnell und nachhaltig merken können. Bei meisten Menschen variiert diese Spanne bei beliebigen Sachverhalten zwischen 5 bis 9 Aspekten, woraus der amerikanische Psychologe George A. Miller das bekannte *7±2-Prinzip* abgeleitet hat (*http://psychclassics.yorku.ca/Miller/*, *http://www.digital-web.com/news/2004/09/rule_of_seven* (Linkcode 240)).

Demnach versuchen die Webautoren, die Anzahl ihrer Argumente bei langen Artikeln auf fünf bis neun zu beschränken.

Invertierte Pyramide

Diese Vorgehensweise wird als »invertierte Pyramide« bezeichnet, da Autoren in den klassischen Werken umgekehrt vorgehen. Eine solide, auf Fakten basierte Grundlage führt zu Thesen, die anschließend mit aussagekräftigen Argumenten belegt werden.

Damit Besucher direkt wissen, ob sie die gesuchten Inhalte gefunden haben, wird in der Praxis häufig das Prinzip der *invertierten Pyramide* (front-loading) angewandt: Der Autor fängt mit der Schlussfolgerung und/oder Zusammenfassung des Beitrags an und erklärt dann in einzelnen Schritten, wie er zu diesem Schluss gekommen ist. Dabei sollen schon die ersten zwei Absätze das Wesentliche eines Beitrages klar zum Ausdruck bringen – weiter lesen die meisten Nutzer sowieso nicht. (*http://www.useit.com/alertbox/reading_pattern.html* (Linkcode 241))

Je genauer der Inhalt, desto leichter ist er zu scannen. Umständliche Aussagen sind deshalb nicht nur unnötig, sondern kontraproduktiv, da sie die Orientierung im Text erschweren. Sie sollten deshalb genauso wie wenig aussagekräftige Textpassagen vermieden werden. Überzeugen Sie Besucher durch einfache Sprache, ohne Betonung der Fachausdrücke und technischen Begriffe.

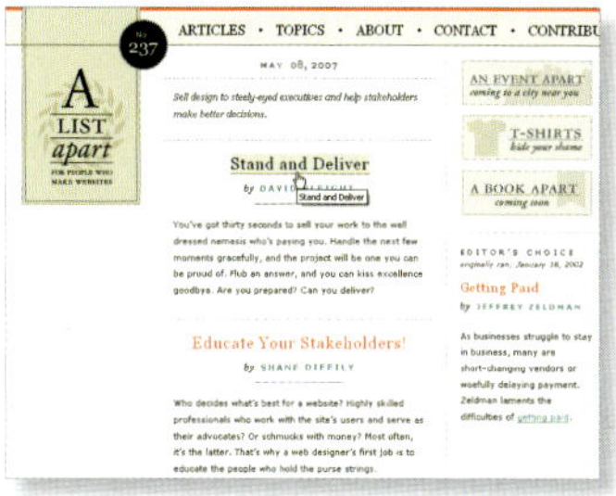

▲ **Abbildung 9.25**
Der Erfolg von AListApart.com in der Entwickler-Szene basiert zum großen Teil auf der Qualität der Beiträge. Wer Qualität regelmäßig anbietet, wird mit der Quantität von Seitenaufrufen belohnt.

Nutzer schätzen Qualität und Glaubwürdigkeit | Wissen die Nutzer, dass eine Seite Qualität anbietet, so sind sie auch bereit, einen Kompromiss zwischen Inhalt, Werbung und Design einzugehen. Die Qualität der Gestaltung ist nicht so wichtig, wie die Qualität der Beiträge.

Es zeigt sich, dass Anwender gute Arbeit und gutes Material respektieren. Seitenbesucher ziehen natürlicherweise Seiten vor, auf denen sie mit sorgfältig aufbereiteten, vertrauenswürdigen Informationen zu rechnen haben und kehren zu diesen Seiten immer zurück, falls sie sich als nützlich erwiesen haben. Schließlich gibt es im Netz genügend Inhalte, auf die man sich nicht wirklich verlassen sollte.

Durch praxisbezogene, gut recherchierte Inhalte können Seitenbetreiber somit das Vertrauen und die Glaubwürdigkeit ihres Auftritts erhöhen.

▲ **Abbildung 9.26**
Der Inhalt ist grundsätzlich wichtiger als das Design. Der Weblog von Steve Pavlina (http://www.stevepavlina.com) überzeugt nicht durch seine visuelle Erscheinung, sondern durch Beiträge über die Produktivität im Alltag. Der Autor zählt zu den bekanntesten Bloggern weltweit.

Hinzu kommt, dass Nutzer meist extrem zielorientiert sind. Erfüllt eine Seite nicht die Erwartungen eines Besuchers, so springt er direkt über die Zurück-Schaltfläche des Browsers zurück und sucht weiter.

Eine benutzerfreundliche Webseite überzeugt ihre Besucher also durch nützliche Beiträge, die in einer präzisen Sprache geschrieben sind. Sämtliche Behauptungen sollten mit soliden Quellen (am besten Verweise zu bekannten Webseiten gleicher Thematik) belegt werden. Hochwertige Illustration können Qualität betonen und ein guter Schreibstil kann Leser binden.

Dadurch lässt sich ein professionelles Image erzeugen, Reputation aufbauen und Fachwissen des Seitenbetreibers unter Beweis stellen. Ebenso wichtig: Kommunizieren Sie mit Ihren Besucher in der Sprache, die ihnen vertraut ist.

Nutzer sind ungeduldig | Bei der Websuche stellen Nutzer einem Auftritt im Schnitt höchstens 8,6 Sekunden für den kompletten Ladevorgang zur Verfügung (Andrew B. King – Speed Up Your Site). Die Entscheidung, ob eine Seite nützlich genug ist und entsprechende Informationen anbietet, fällt in den ersten Sekunden des Seitenbesuchs; der erste Eindruck entsteht dagegen in den ersten 500 Millisekunden und beeinflusst den gesamten Eindruck entscheidend (Michael Hopkin, Web users judge sites in

▲ **Abbildung 9.27**
Der Ladevorgang des eleganten Flash-basierten Webauftritts Mhq.nl kann unter Umständen eine Weile dauern. Ob der Nutzer bereit ist, zu warten, ist fraglich.

the blink of an eye, *http://www.nature.com/news/2006/060109/full/060109-13.html* Linkcode 242). Nutzer wollen nicht warten. Die Informationen sollen direkt erscheinen und sofort zugänglich sein.

Ist eine unbekannte Seite schwer zu bedienen, so wird sie direkt verlassen. Wird ein Beitrag zum gesuchten Thema über eine interne Volltextsuche nicht gefunden, so wird die Seite direkt verlassen. Sind Inhalte schwer zu scannen, so wird die Seite direkt verlassen. Erhält der Nutzer mehrmals eine unverständliche Fehlermeldung, so wird die Seite direkt verlassen.

Das Schließen des Browser-Fensters ist dabei wie eine Art Schutzreaktion auf auftretende Schwierigkeiten zu verstehen.

Dieser Trend gilt insbesondere für Online-Kaufhäuser: Lässt sich ein Produkt nicht schnell genug finden, so wird es auch gar nicht gefunden, also wird es auch nicht verkauft.

Deshalb sind ein auffallendes Suchfeld, ein leicht zerlegbares Seitenbild und eine klare Seitennavigation besonders wichtig bei großen Online-Auftritten, bei denen Nutzer eine Fülle von Informationen zur Verfügung gestellt bekommen.

TIPP

Typische Heuristiken für die Platzierung des Suchformulars und der Seitennavigation werden auf den nachfolgenden Seiten detailliert erläutert.

Nutzer drucken wichtige Inhalte aus | Die Dynamik im Internet nehmen die meisten Seitenbesucher trotz ihrer Vorteile auch als eine ungünstige Gegebenheit des Mediums wahr. Sie rechnen nämlich damit, dass wichtige Inhalte, die nur mühselig gefunden werden konnten, im Netz dauerhaft verloren gehen können – etwa wenn die Seite nicht mehr existiert.

Besonders wichtige Inhalte werden deshalb nicht nur im Netz oder in lokalen Ordnern abgelegt, sondern auch direkt zum Heften ausgedruckt.

Vor allem lange Beiträge oder Details eines Produkts sowie im Allgemeinen PDF-Dateien werden in der Regel lieber Schwarz auf Weiß auf Papier gelesen.

Bei einem Webauftritt mit langen Beiträgen ist es deshalb aus Usability-Sicht notwendig, Seitenbesuchern mit CSS ein spezielles Drucklayout bereitzustellen, damit Inhalte aufbereitet und für den Druck vorbereitet werden können. Ein besonderes Augenmerk sollte in Printversionen auf die verwendeten Schriftarten, Schriftgrößen, ausgeschriebenen Abkürzungen sowie Laufweite und Zeilenabstand der Texte gelegt werden. Auch die URL des Dokuments und enthaltene Links sollten als Text hinter Verweisen angegeben werden.

Printing the Web: Solutions and Techniques, *http://www.smashingmagazine.com/2007/02/21/printing-the-web-solutions-and-techniques* (Linkcode 243).

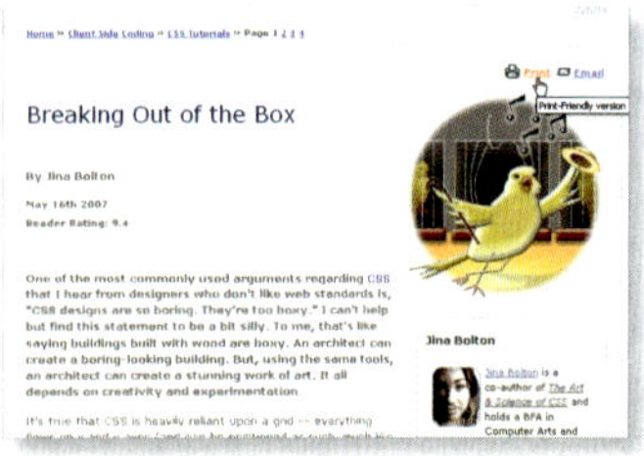

▲ **Abbildung 9.28**
Wichtige Inhalte drucken Nutzer aus. PDF-Version und Drucklayouts sind deshalb nicht nur wichtig, sondern auch notwendig.

Nutzer treffen keine optimalen Entscheidungen | Sowohl beim Entwurf als auch bei der Umsetzung von Webprojekten gehen Webdesigner in der Regel von zwei Annahmen aus. Zum einen wird vermutet, dass Nutzer bei ihrer Suche einen möglichst schnellen Weg zum Ziel suchen. Zum anderen wird angenommen, dass Nutzer eine Seite anhand vorliegender Hinweise linear, also Sequenz für Sequenz, in Komponenten zerlegen.

Beide Annahmen erweisen sich laut letzten Usability-Studien als falsch. Die Nutzer interessieren sich überhaupt nicht für einen optimalen Weg zur Information: Laut Untersuchungen des »Usability-Gurus« Steve Krug entscheiden sich Anwender meistens nicht für die beste Option, sondern für die erste vernünftige Option, die sie erkennen (*http://www.sensible.com/chapter.html* Linkcode 244). Scheint ein Verweis eine Referenz auf gesuchte Inhalte darzustellen, so wird er direkt angeklickt; sollte die Seite nicht die richtige sein, wird zurückgekehrt und weiter gesucht. Diese Suchstrategie wird in der Fachsprache *satisficing* genannt.

Zum anderen läuft der Scanvorgang meistens im Zickzack-Rhythmus. Die Bewegung des Mauszeigers erinnert dabei an das »F«-Muster (F-Shaped Pattern, *http://www.useit.com/alertbox/reading_pattern.html* Linkcode 245). Dieses Schema variiert von einer Seite zur anderen, in Abhängigkeit von der Motivation der Seitenbesucher. Wird etwa gezielt nach einer E-Mail-Adresse auf einer Kontaktseite gesucht, so werden Zeilen nacheinander durchstöbert. Die Seitenstruktur auf unbekannten Webseiten wird dagegen nicht linear, sondern mehr oder weniger chaotisch abgetastet.

Printlayouts

Printlayouts sind nicht nur wichtig, sondern auch notwendig. *By default* läuft der Seitenbetreiber sonst Gefahr, dass Teile der gedruckten Beiträge abgeschnitten oder in einer kaum lesbaren Form ausgedruckt werden. Etwa wenn die Schriftgröße zu klein ist.

[Satisficing]
Unter *Satisficing* (*satisfying* (= befriedigend) und *suffice* (= genügen) versteht man eine Entscheidungsfindung, bei der in einer Entscheidungssituation die erstbeste Möglichkeit bevorzugt wird, die den angestrebten Zweck erfüllt.

Abbildung 9.29 ▼
F-Muster auf einer »About Us«-Seite, einer Produktseite und einer Google-Seite (Quelle: *http://www.useit.com/alertbox/reading_pattern.html* Linkcode 246).

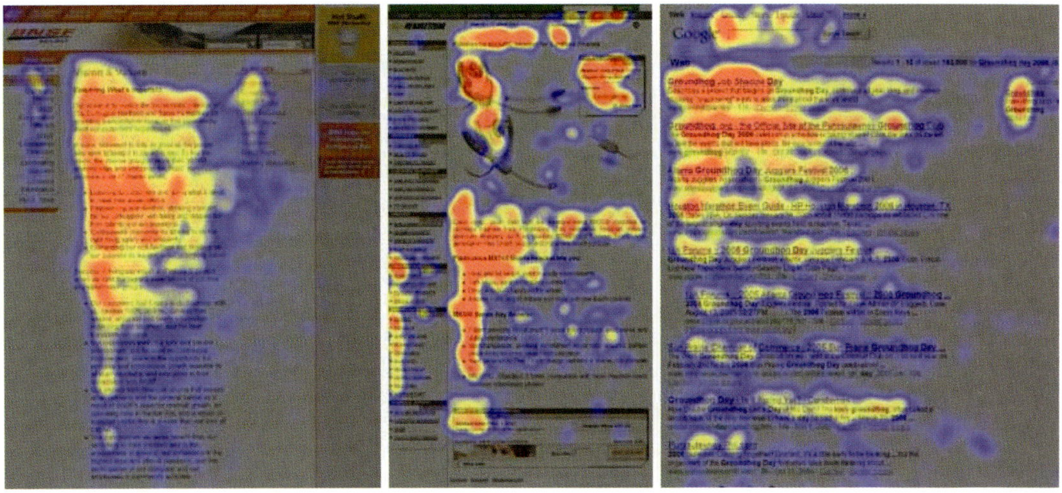

Dies heißt natürlich nicht, dass der Seitenbetreiber deshalb auf eine logische Seitenhierarchie verzichten sollte. Vielmehr heißt es, dass sämtliche Verweise möglichst präzise formuliert und das Thema des Beitrags andeuten sollen. Deshalb sind sensationelle Überschriften bei Webauftritten nicht immer nützlich: Sie mögen zwar die Aufmerksamkeit auf sich lenken, bringen aber unproduktiven Traffic, da Seitenbesucher nach wenigen Sekunden die Seite wieder verlassen.

HINWEIS

Indem Nutzer *satisficing* als ihre Suchstrategie anwenden, lassen sie sich auf eine ineffiziente Websuche ein. Daraus resultieren Fehler, die sich beim genaueren Hinschauen und Analysieren der Seite vermeiden ließen.

Nutzer folgen ihrer Intuition | Bei der Suche vertrauen Seitenbesucher nicht so stark Hinweisen der Seitenbetreiber wie ihrer eigenen Intuition. Konsequenterweise stöbern sie Seiteninhalte hartnäckig durch, bis sie etwas Sinnvolles finden oder ihre Geduld erschöpft ist.

Daraus ergibt sich eine hohe Fehlerrate bei der Navigation und Suche von Inhalten. Häufig werden Rubriken gescannt, die mit dem eigentlichen Thema nur indirekt etwas zu tun haben, während ein passender Seitenbereich wegen der Suchstrategie erst später entdeckt und erforscht wird.

Deshalb ist es für Sie besonders wichtig, vernünftige Fehlermeldungen bereitzustellen, in denen genau erklärt wird, was passiert ist und welche weitere Navigationsmöglichkeiten dem Besucher zur Verfügung stehen. Eine ausführliche Übersicht von sämtlichen Seiteninhalten – gegebenenfalls mit einer begleitenden Kurzbeschreibung – sowie ein Suchfeld sollten für eine bessere Orientierung sorgen und helfen, auftretende Probleme schneller zu lösen.

TIPP

Deutliche Hinweise und klare Hilfestellungen helfen enorm bei der Suche nach Inhalten. Nur darf man sie nicht mit der Absicht verwenden, Seitenbesucher zu Zielseiten zu führen, mit denen sie eigentlich nichts zu tun haben wollen.

Nutzer wollen Kontrolle haben | Zu den oben genannten Verhaltensmustern kommt eine weitere Erscheinung hinzu.

Nutzer wollen respektiert werden. Sie wollen selbst entscheiden, wie sie mit Verweisen umgehen und welche Inhalte sie sich wie und wann anschauen – oder auch nicht anschauen. Blinkende Meldungen und missverständliche Verweise kommen diesem Wunsch nur schlecht entgegen. Alle Veränderungen der Seitenansicht, die ohne ausdrückliche Zustimmung des Nutzers geschehen, rufen negative Reaktionen hervor – sie sind bei der Seitengestaltung unbedingt zu vermeiden.

Alle möglichen Aktionen müssen dem Nutzer somit voraussehbar erscheinen. Die Webseite soll vor allem den Erwartungen der Besucher gerecht werden. So darf z. B. kein Verweis auf eine Seite führen, deren Inhalte mit der Beschreibung nicht übereinstimmen. Genauso darf kein Link zu einem PDF-Dokument anstelle einer üblichen HTML-Seite führen, es sei denn dies ist explizit angegeben. Beides kommt im Netz sehr häufig vor.

Dies sind jedoch nicht die einzigen Praktiken, die Nutzer als nervig, aufdringlich und unbequem empfinden. Dazu gesellen sich Pop-Ups, Dead Links, eine verwirrende Seitennavigation, langsam geladene Seiten sowie eine ineffiziente Seitensuche. Außerdem empfinden es Nutzer äußerst unangenehm, wenn sie sich für den Zugang zu Seiteninhalten registrieren und anmelden oder gar eine spezielle Software installieren müssen (*http://www.hostway.com/media/survey/petpeeves.html* (Linkcode 247)).

Der Wunsch nach Kontrolle wird durch das Phänomen der *Werbeblindheit* (*Banner blindness*) gestützt. Da Nutzer beim Informationskonsum nicht abgelenkt oder gestört werden wollen, beachten sie alles, was schon annähernd Werbung ähnelt, überhaupt nicht. Blinkende und bunte Seitenelemente, die über dem Logo, direkt darunter oder rechts vom Inhalt platziert sind, werden ignoriert.

Abbildung 9.30 ▼
Werbeblindheit ist keine neue Erscheinung im Web, sondern eine Weiterentwicklung der bereits bestehenden Tendenz (rechts). Meistens ignorieren Nutzer Inhalte, die als Werbung erscheinen. Laut letzten Untersuchungen von (Quelle: *http://tagliaerbe.blogspot.com/2007/03/banner-blindness.html* Linkcode 248)

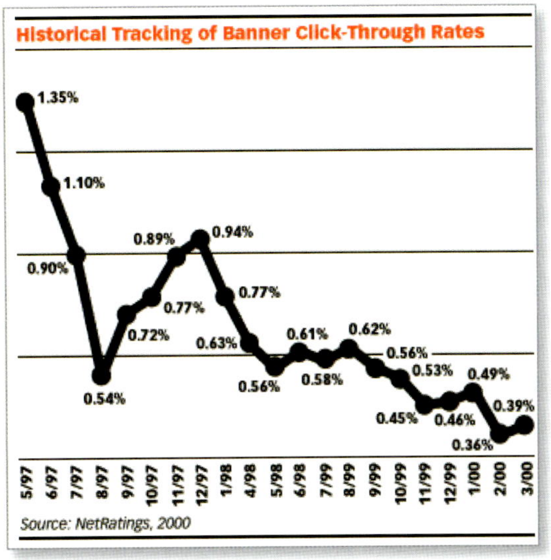

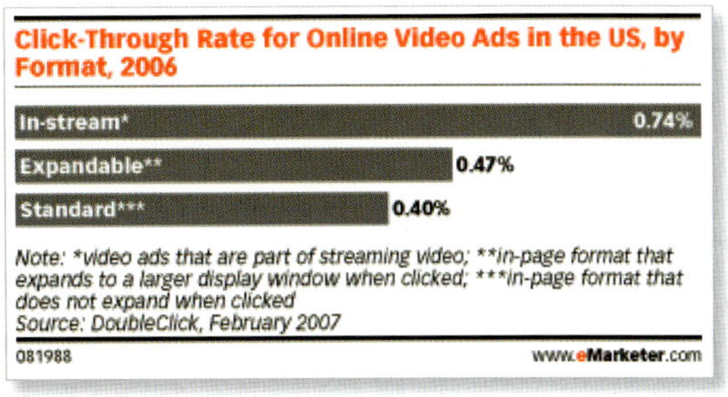

Alle Aktionen, die den »üblichen Fluss« – also die gewöhnliche Navigation von einer Seite zur anderen – stören oder unterbrechen, müssen somit abgefangen werden. Bei jedem Verweis, der eine Unterbrechung des »gewöhnlichen« Surfens erzwingt (sei es ein lange ladendes Bild, ein Flash-Film oder eine .mp3-Datei), erwartet der Nutzer eine entsprechende und eindeutige Mitteilung.

9.5 Usability-Heuristiken

Neben mehreren Verhaltensmustern übernehmen sogenannte Usability-Heuristiken in der Praxis eine besondere Funktion. Darunter versteht man Gewohnheiten der Nutzer und Merkmale der Seiten, welche sich über mehrere Jahre im Web etabliert

▲ Abbildung 9.31
Klare und visuell ansprechende Navigationsleiste auf Change.org

▲ **Abbildung 9.32**
Benutzerfreundliche Lesezeichen werden auf Ndesign-studio.com mit Icons versehen.

▲ **Abbildung 9.33**
Seitenbereiche werden durch Icons gekennzeichnet (Quelle: Macrabbit.com).

haben. Sie gelten als ungeschriebene Regeln im Webdesign und werden grundsätzlich bei jeder Webseite stillschweigend umgesetzt.
Heuristiken dienen dazu, eine klare Orientierung zu ermöglichen und Rahmenbedingungen für einen funktionierenden Webauftritt zu schaffen

Auf nachfolgenden Seiten finden Sie eine Auflistung von 35 wesentlichen Heuristiken, die Sie in jedem Ihrer Projekte als Mindestanforderung erfüllen sollten. Sie gelten als Ergänzungen zu Konventionen, die auf vorherigen Seiten erläutert wurden und decken sich teilweise mit den Accessibility-Regeln.

Platzierung von Seitenelementen

1. Die Seitennavigation ist auffällig genug platziert, weist keine Redundanzen auf und bietet eine deutliche Seitengliederung an. Ähnliche Themen sind visuell gruppiert.
2. Sprachauswahl, Log-in und Einkaufswagen befinden sich im oberen Seitenbereich rechts.
3. Das Logo der Seite befindet sich im linken oberen Randbereich jeder Seite und ist verlinkt zu der Startseite.
4. Im unteren Seitenbereich befinden sich die wichtigsten Navigationsmöglichkeiten der Seite. Dort finden die Besucher auch eine Anbieterkennzeichnung, einen Link auf die Startseite und einen Verweis zur internen Suche.
5. Ein Suchfeld befindet sich im oberen Seitenbereich rechts oder im rechten Seitenbereich.
6. Die Seitennavigation befindet sich auf allen Seiten am selben Platz und ist benachbart zum Seiteninhalt.

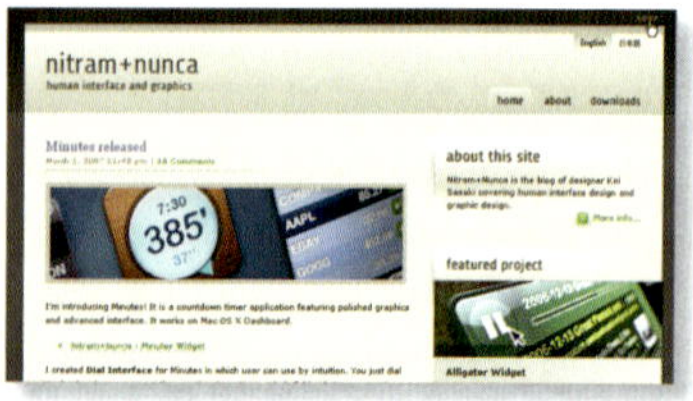

▲ **Abbildung 9.34**
Die Sprachauswahl sowie das Log-in befinden sich im rechten oberen Seitenbereich (Quelle: Nitram-nunca.com).

▲ **Abbildung 9.35**
Auch der Warenkorb sollte sich immer im rechten oberen Seitenbereich befinden (Quelle: http://discoapp.com).

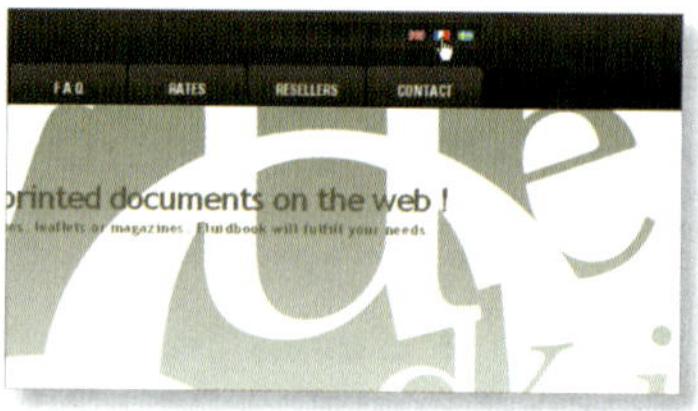

▲ **Abbildung 9.36**
Sprachauswahl auf dem üblichen Platz (Quelle: Fluidbook.com).

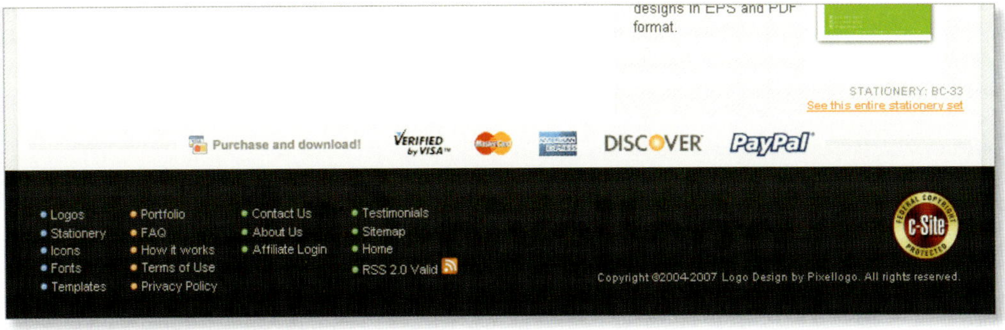

▲ **Abbildung 9.37**
Im unteren Seitenbereich werden die wesentlichen Navigationsmöglichkeiten zusammengefasst. (Pixellogo.com)

Gestaltung von Inhalten

1. Besuchte und unbesuchte Links sollten unterschiedlich ausgezeichnet werden. Ausnahme stellen Links in der Navigationsleiste dar.
2. Verweise werden farblich gekennzeichnet und (in der Regel) unterstrichen. Text, der keinen Link darstellt, wird nicht unterstrichen; die Unterstreichung ist vor allem notwendig, wenn Links als solche sonst nicht erkennbar sind (*http://meiert.com/de/publications/articles/20061208* Linkcode 249).
3. Inhalte, die gleiche Semantik tragen, werden ähnlich gestaltet.
4. Die Hervorhebung von wichtigen Elementen geschieht durch die Auszeichnung mit Fettdruck oder entsprechender Schriftgröße – nur selten mit Farbe und nur bei besonders wichtigen Mitteilungen.
5. Neue und aktualisierte Inhalte werden markiert.
6. Illustrationen und Mini-Icons machen einen trockenen Beitrag »flüssiger« und anschaulicher.
7. Horizontale »Breadcrumbs« geben an, wo sich der Benutzer gerade befindet.
8. Es werden keine Inhalte versteckt. (Ein hoher Preis, wie hoch er auch sein mag, soll direkt neben dem Produkt eines Online-Shops angezeigt werden.) Nutzen schätzen Ehrlichkeit und Seriosität.
9. Anklickbare Inhalte werden deutlich gekennzeichnet. Ein verkleinertes Bild in einem Fließtext soll anklickbar sein und zum Originalbild führen.
10. Als Überschrift der Weblog-Seite (`title`-Tag) ist der Titel des jeweiligen Beitrages zu wählen, gefolgt von einem Trennzeichen (etwa das Pipe-Zeichen (|) und dem Titel der gesamten Seite.
11. Als Überschrift einer korporativen Seite wird der Name des Unternehmens, gefolgt von einem Trennzeichen und kurzer Beschreibung der Seite gewählt. Dieser Text erscheint in den Lesezeichen der Nutzer: »Willkommen auf ...« landet

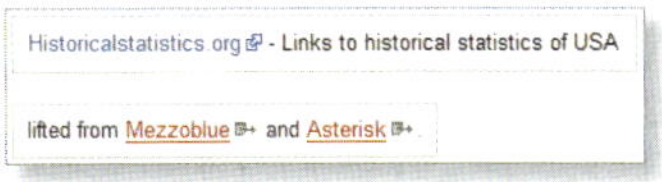

▲ **Abbildung 9.38**
Nicht besuchte und besuchte Links. Verweise müssen sich von begleitenden Inhalten unterscheiden – mit ihrer Farbe, Unterstreichung oder beiden Effekten gleichzeitig.

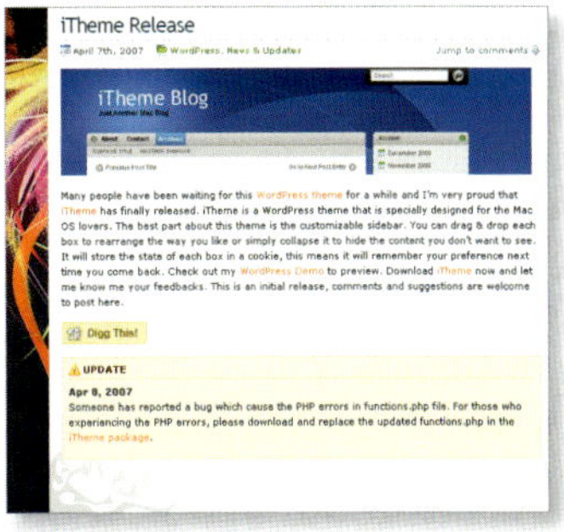

▲ **Abbildung 9.39**
Neue und aktualisierte Inhalte werden markiert. (Ndesign-studio.com)

▲ **Abbildung 9.40**
Slogan: kurz, prägnant und bündig (Quelle: http://www.panic.com/coda)

in einer alphabetisch geordneten Favoritenliste dagegen im W-Bereich der Liste.

12. Taglines (auch Slogans genannt) werden benutzt, um den Zweck einer Seite direkt zu vermitteln. Diese sind kurz und deutlich zu wählen.
13. Werbung und Inhalte sind deutlich voneinander getrennt.
14. »Erkennen anstatt Erinnern«: Alle Seitenelemente kommen deutlich zum Ausdruck, sind gut zu lesen, leicht zu erkennen und wiederzuerkennen.
15. Die »About«-Seite informiert über den Seitenbetreiber und den Auftritt und stellt eine Kontaktmöglichkeit zur Verfügung.
16. Ein Inhaltsverzeichnis ist auf einer speziellen Seite angeboten und bildet die gesamte Seitenhierarchie detailliert ab.

▲ **Abbildung 9.41**
Kurz und deutlich: die »About us«-Seite auf Freshview.com

Technisches

1. Zur Festlegung der Schriftgröße werden relative Angaben verwendet.
2. Webtypografie ist sorgfältig durchdacht. Beiträge weisen eine Hierarchie auf, Überschriften sind leicht von der Einleitung und dem Beitrag zu trennen – zum Beispiel durch eine optimale Schriftgröße.
3. Breitere Seitenhierarchie ist effektiver als tiefe Strukturen.
4. Verweise werden im selben Fenster geöffnet. Sie dürfen nicht ohne Zustimmung der Nutzer in neuen Fenstern geöffnet werden.
5. Verweise werden ausgeschrieben; statt »hier klicken« wird etwa »Den Beitrag »Usability: What next?« weiterlesen.« als Linktext verwendet.
6. Es wird auf Frames verzichtet, da sonst die Seiten nicht ausgedruckt werden können, kein Lesezeichen auf direkten Inhalt gesetzt werden können und »Zurück«- sowie »Aktualisieren«-Schaltflächen Probleme bereiten und zum Teil unzugänglich sind.
7. Das visuelle »Rauschen« wird zwecks optimaler Lesbarkeit reduziert; Whitespace sorgt für bessere Wahrnehmung der Information.
8. Es werden keine Splashscreens, d. h. Eingangs- oder Introseiten, verwendet. Inhalte werden direkt auf der Startseite angezeigt.
9. Horizontales Scrollen wird nicht eingesetzt. Eine besondere Bedeutung kommt dabei dem typografischen Satz eines Textes zu. Nutzer mögen zwar nicht scrollen, aber sie scrollen (vertikal) lieber, anstatt langwierige Texte in einer kleinen Schriftgröße lesen zu müssen.

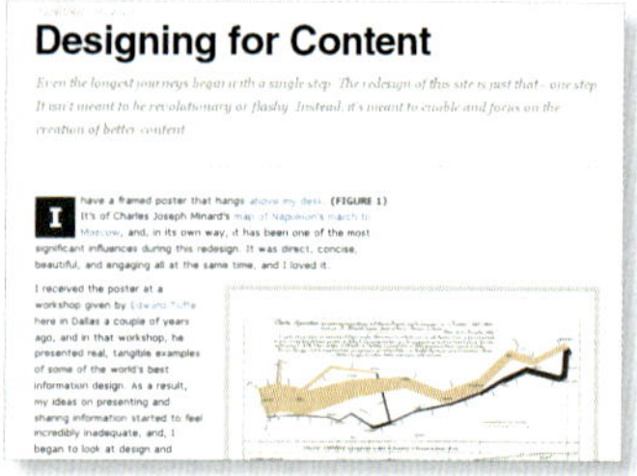

▲ **Abbildung 9.42**
Durchdachte Typografie ist der Schlüssel zu einer erfolgreichen Präsentation. Garrett Dimon beschränkt das Design seiner Seite GarrettDimon.com auf die Typografie.

10. Links einer Seite verweisen nicht auf die Seite selbst. Ist dies technisch schwer zu realisieren, so muss deutlich gemacht werden, dass die Seite bereits besucht wurde.
11. Verweise auf Seiten, von denen man annehmen kann, dass sie mehrmals angeschaut werden (»Kontakt«, »Startseite«, »Über Uns«) werden nicht als besucht ausgezeichnet.
12. Eine Volltextsuche ist intelligent, multifunktional und kann eventuelle Rechtschreibfehler korrigieren.
13. Recherchierte und innovative Beiträge werden mit Referenzen versehen, damit Nutzer die Qualität der Information einschätzen und sich zum Thema weiter informieren können.

TIPP

Alternativ können Sie neben dem Link automatisch einen Verweis generieren lassen, der den Wechsel zu einer Seite in einem neuen Fenster ermöglicht. Der Benutzer soll über die Wahl verfügen und selbst entscheiden dürfen, wie die Verweise geöffnet werden. Häufig werden Pop-Ups benutzt, um den Seitenbesucher nicht zu »verlieren« – dies ist nicht benutzerfreundlich.
Etwa 60 % der Nutzer verwenden die Zurück-Schaltfläche im Browser als Primärmittel zur Seitennavigation. Die Schaltfläche wird beim Öffnen eines Verweises in einem neuen Fenster deaktiviert.

9.6 Barrierefreiheit und Benutzerfreundlichkeit testen

Je später Usability- bzw. Accessibility-Aspekte im Designprozess berücksichtigt werden, desto mehr Probleme tauchen bei der Umsetzung auf und desto kostspieliger wird der gesamte Webauftritt.

Sowohl Barrierefreiheit als auch Benutzerfreundlichkeit sind das Fundament einer durchdachten Webimplementierung: Sie setzen Rahmenbedingungen für alle Seitenelemente, die in einer Internetpräsenz enthalten sein sollen.

Um zukünftige Probleme möglichst früh zu erkennen, sollten Seitenbetreiber ihre Seite permanent von den Besuchern testen lassen. Die Benutzertests laufen dabei entweder automatisch mithilfe geeigneter Dienste oder manuell über die direkte Beobachtung des Besucherverhaltens.

HINWEIS

Usability- und Accessibility-Problemen rechtzeitig vorzubeugen, lässt den Zeitaufwand und die Kosten klein bleiben und schafft eine vernünftige Grundlage für zukunftsorientierte Webseiten.

Barrierefreiheit-Check | Bei der Untersuchung einer Seite auf Zugänglichkeit lassen sich mehrere Werkzeuge zu Rate ziehen, die Sie manuell ohne zusätzliche Tests ausprobieren können. Ein umfangreicher Benutzertest ist dabei meistens nicht notwendig, da im Barrierefreiheit-Check bloß dafür gesorgt werden soll, dass alle notwendigen Optionen und Funktionen (im Hinblick auf die Barrierefreiheit) vorhanden sind.

- *Colour Blindness Simulator* simuliert Farbenblindheit und zeigt, wie Nutzer mit derartigen Behinderungen eine Seite wahrnehmen. *Color Check* analysiert Differenzen zwischen Farben und informiert, ob ein Farbschema laut gesetzlich geregelten Spezifikationen einen genügend hohen Kontrast aufweist. *Accessibility Check* testet, ob eine Seite alle Anforderungen

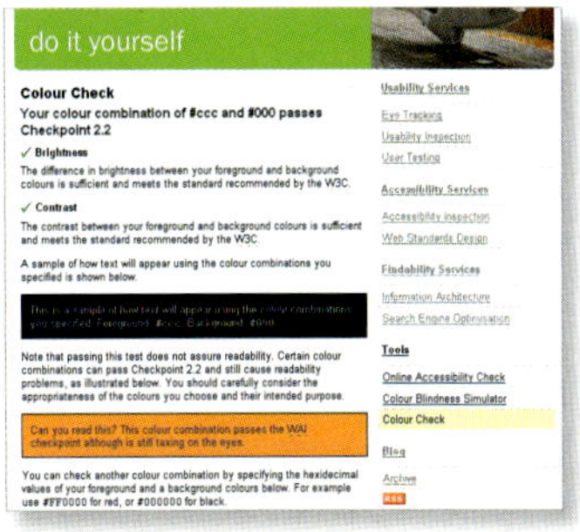

▲ **Abbildung 9.43**
Color Check (http://www.etre.com/tools) analysiert Differenzen zwischen Farben und weist auf eventuelle Probleme mit dem Kontrast hin.

▲ **Abbildung 9.44**
UITest Site Check (http://uitest.com/en/check) von Jens Meiert ermöglicht eine schnelle Überprüfung einer Seite auf mögliche Accessibility-Probleme.

▲ **Abbildung 9.45**
HTML-Validator des W3C-Konsortiums (Quelle: http://validator.w3.org)

▲ **Abbildung 9.46**
HTML/XHTML/WML/XML-Validator von SelfHTML (http://validator.de.selfhtml.org) kann nicht nur validieren, sondern auch semantische Analysen durchführen.

Usability-Check

Im Unterschied zu Tests auf Zugänglichkeit kann die Benutzerfreundlichkeit nicht automatisch geprüft werden. Hier spielt der Faktor »Mensch« die entscheidende Rolle.

und Richtlinien barrierefreien Webdesigns erfüllt.
Alle drei Tools findet man auf *http://www.etre.com/tools/* (Linkcode 250).

- *Web Developer Extension* ist eine nützliche Erweiterung für Mozilla Firefox, mit der sich Webseiten »live« modifizieren und anpassen lassen. Unter den verfügbaren Optionen enthält die Erweiterung ein Dutzend Accessibility-Checker zu allen Richtlinien der Barrierefreiheit. Sie lassen sich direkt im Browser ausführen.
  http://www.webaim.org/articles/evaluatingwithfirefox (Linkcode 251), *http://chrispederick.com/work/webdeveloper* (Linkcode 252)
- *GrayBit* (*http://graybit.com* Linkcode 253) zeigt die Farben einer Seite in grauen Abstufungen an. Somit lassen sich etwa Seitenbereiche entdecken, die wegen der Intensität der Farbe besonders betont werden und Kontraste entsprechend anpassen.
- *TAW3* (*http://www.tawdis.net/taw3/cms/en* Linkcode 254) analysiert Webseiten auf ihre Zugänglichkeit und stellt Probleme direkt visuell dar – mit dazugehörenden Erklärungen und Lösungshinweisen.
- *UITest.com Site Check* ermöglicht eine schnelle Überprüfung von Seiten in mehreren Accessibility-Checks. Die Seite enthält auch weitere Referenzen zu unterschiedlichen Check-Tools: *http://uitest.com/en/check* (Linkcode 255)
- Weitere Dienste findet man im *Web Developer's Handbook: Accessibility Checkers* auf *http://www.alvit.de/handbook/#accessibilitycheckers* (Linkcode 256).
- HTML-Validator des W3C
  http://validator.w3.org
- CSS-Validator des W3C
  http://jigsaw.w3.org/css-validator
- HTML-Validator von SelfHTML
  http://validator.de.selfhtml.org
  führt eine komplette logische und semantische Analyse der Seite durch. Dadurch werden komplexe Fehler entdeckt, wie etwa das Auftreten eines Tags in einem falschen Kontext.
- Dead Link Checker
  http://validator.w3.org/checklink (Linkcode 257)
- Link Checking Software
  http://home.snafu.de/tilman/xenulink.html (Linkcode 258)

Bei der Untersuchung der Benutzerfreundlichkeit kann man sich prinzipiell nicht auf externe Tools oder Dienste verlassen, da die Benutzerfreundlichkeit sehr stark durch Psychologie und Intuition beeinflusst wird. Entscheidungen werden nicht folgerichtig gemäß eines Schemas getroffen, sondern aufgrund von Gewohnheiten, Emotionen und Vermutungen gefällt. Aus diesem Grunde lassen sich Usability-Tests vor der Implementierungsphase kaum vermeiden.

Usability-Tests

Bei der Durchführung von Usability-Tests darf sich der Beobachter unter keinen Umständen in die Interaktion der Anwender einmischen.

Vorgehensweise bei Usability-Tests | Alle Usability-Tests basieren auf einem grundlegenden Prinzip, mit dem sich präzise Ergebnisse überhaupt erst erzielen lassen: Ein Beobachter darf sich unter keinen Umständen in die Interaktion der Nutzer einmischen. Weder Kommentare noch Hinweise gehören in den Test.

Vor Tests macht es Sinn, genau festzulegen, welche Aspekte näher untersucht werden sollen. Zu diesem Zweck lassen sich sowohl allgemeine als auch detaillierte Fragen aussuchen, wobei die jeweiligen Antworten im Inhalt der Seiten zu finden sein sollen. So ist es z. B. wichtig zu wissen, ob besonders wichtige Rubriken (Produkte, Dienste, Kontakt) schnell gefunden werden, ob Nutzer auf Vorteile der Angebote eingehen, aber auch, ob sie im Text gut genug navigieren können.

Dummy-Layout

Ein Layout wird schlicht gestaltet und während des Tests allmählich erweitert, um eine optimale Darstellung zu erreichen.

In der Designphase wird ein Dummy-Layout erzeugt, das dem Designentwurf entspricht und die Basisfunktionalität sowie die wichtigsten Inhalte enthält. Es ist empfehlenswert, mit einem einfachen Layout anzufangen und dieses allmählich mit allen geplanten Funktionen und Bereichen zu erweitern.

Stehen die Fragen fest, so können fünf bis zehn Nutzer für kleine Tests ausgesucht werden – sie werden repräsentativ entsprechend der Zielgruppe des Webauftritts gewählt. Dies können Verwandte, Freunde, Bekannte oder auch Unbekannte sein, die mit dem Projekt nichts zu tun haben.

Teilnehmer auswählen

Repräsentative Auswahl von Teilnehmern. Keiner der Teilnehmer darf am Entwurf des Projekts beteiligt sein.

Anschließend werden (gleiche) Aufgaben an die Nutzer verteilt und diese im Einzelnen bei ihren Interaktionen beobachtet. Dabei ist vor allem zu beachten,

- was als Erstes gemacht wird (Vergrößerung der Schriftgröße signalisiert etwa die schlechte Lesbarkeit);
- was Nutzer machen (Klicks auf Bereiche, die nicht anklickbar sind);
- wie sie auf die Seite reagieren (sind sie irritiert oder zufrieden?);
- in welchen Bereichen sie gut zurechtkommen und schnell zum Ziel gelangen;
- zwischen welchen Bereichen sie bei der Suche nach Information immer wieder wechseln (Kennzeichen dafür, dass die Beschriftungen beider Seitenbereiche sich nicht deutlich genug unterscheiden).

TIPP

Mit kleineren Usability-Tests können Feinheiten und Details genauer unter die Lupe genommen und ihre Wirkung untersucht werden. Die kleinsten Details sind häufig entscheidend für den ersten Eindruck der Seitenbesucher.

Abschließende Tests

Ein Test nach der Fertigstellung der Seite kann Fehler der Implementierung beheben.

Möchte der Seitenbetreiber genauer wissen, wie seine Seite im Vergleich zu Mitbewerbern abschneidet, so können Nutzer auch darum gebeten werden, ähnliche Aufgaben auf ähnlichen Seiten der Konkurrenz zu lösen. Die Qualität einer Seite lässt sich dann durch einen Vergleich der Ergebnisse (etwa anhand der Fehlerrate) feststellen.

Laut Experten ist es effektiver, mehrere kleine Usability-Tests durchzuführen anstatt in eine große, kostspielige Studie zu investieren. Nach jedem kleinen Test kann ein Designentwurf entsprechend überarbeitet werden. Dieses Prinzip des »iterativen Designs« ist eine optimale Lösung zum Auffinden von Usability-Fehlern und Identifizieren der dadurch verursachten Probleme.

Ein abschließender Usability-Test nach der Implementierungsphase kann auf die zufällig aufgetretenen Fehler bei den Tests und nach der Fertigstellung des Projekts hinweisen.

Schriftgröße

Eine Seite die eine große Schriftgröße hat, können ältere Nutzer optimal benutzen; für junge Leute ist sie dagegen nicht »mobil« genug, da Inhalte nur schwer zu scannen sind.

Alternative Methoden | Eine zunächst verblüffend erscheinende Option ist die Ansicht einer zu untersuchenden Seite in einer fremden Sprache. Etwa auf Chinesisch, falls Ihre Testgruppe (das können auch Verwandte sein) Chinesisch nicht beherrscht. Dafür können Sie einen beliebigen Online-Übersetzer verwenden, z. B. Altavista Babelfish (*http://world.altavista.com* Linkcode 259).

Sprachkenntnisse

Kann sich ein Anwender auch ohne Sprachkenntnisse, also intuitiv, auf der Seite zurechtfinden, so ist dies ein Zeichen für eine erfolgreiche visuelle Kommunikation.

Inwiefern macht es Sinn? Es ist wichtig, dass ein Nutzer sich schon intuitiv auf einer Seite zurechtfindet, etwa weil die Seitenstruktur ihm bekannt vorkommt und gewisse Elemente (z. B. Suchfelder, Navigationsmenü u. Ä.) deutlich genug präsentiert werden.

Darüber hinaus können auch einschlägige Analyse-Dienste verwendet werden. Damit werden Nutzer indirekt in die Usability-Tests einbezogen. Moderne Monitoring-Werkzeuge können das Verhalten bzw. die Bewegung des Mauszeigers abfangen, abspeichern und dem Seitenbetreiber in Form von *Online-Tapes* oder *Heatmaps* präsentieren. Dadurch kann man Präferenzen der Nutzer auf der Seite beobachten.

Unter anderem können folgende Dienste aussagekräftige Ergebnisse liefern:

▲ **Abbildung 9.47**
Google Analytics (http://www.google.com/analytics), der Meister der Analyse-Dienste. Das kostenlose Tool liefert ausführliche Berichte über die Seitenbesucher, kann jedoch weder Heatmaps noch Tapes erzeugen.

- **Google Analytics**
  Bietet ein enormes Arsenal an vielfältigen Maßstäben, an denen die Funktionalität Ihrer Seiten gemessen werden kann. Mausbewegungen werden nicht gespeichert, dafür wird das Verhalten der Nutzer sehr detailliert statistisch erfasst. Auch A/B (After/Before-Tests)-Vergleiche, Navigationsanalyse, Länge und Tiefe der Besuche, Marketing-Tools sind frei verfügbar (*http://www.google.com/analytics* Linkcode 260).

- **Clicktracks Appetizer**
  Bietet Visitor labeling, Campaign Report, Pay-Per-Click Reports und A/B Tests. Außerdem berichtet der Dienst über die Conversation Rate. Die Basic-Version ist kostenlos (*http://www.clicktracks.com/products/appetizer* (Linkcode 261))
- **Crazy Egg**
  Sammelt Klicks der Benutzer und bereitet diese in Form einer sogenannten »Heatmap«. Aktive Inhalte werden rot gefärbt, kaum angeklickte werden dagegen nicht gefärbt. Daraus kann man das Verhalten der Nutzer ableiten und näher studieren. Die Free-Version ist kostenlos (*http://www.crazyegg.com* (Linkcode 262)).
- **Opencube Mousetrends**
  Dies ist ein JavaScript, das die Mausbewegungen der Nutzer abspeichert und abspielen lässt (*http://www.opencube.com/mousetrends/setup_wizard.html* (Linkcode 263))
- **Tapefailure**
  Speichert Mausbewegungen von Nutzern als Tapes ab, die online angeschaut oder heruntergeladen werden können. Verschiedenste Filter-Optionen werden mitgeliefert. Der Dienst ist ab 8$ pro Monat erhältlich (*http://www.tapefailure.com* (Linkcode 264)).

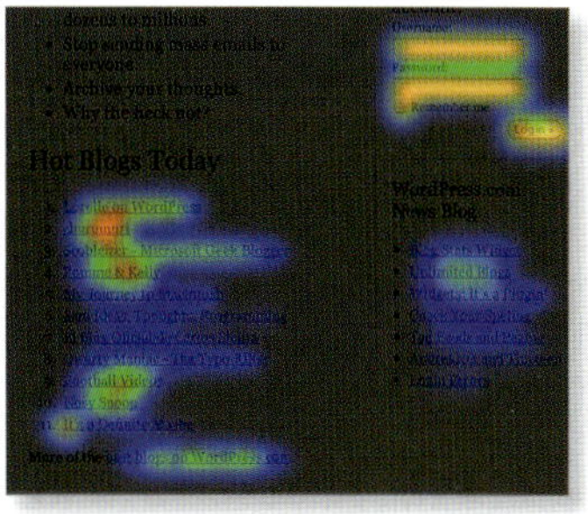

▲ **Abbildung 9.48**
Mit Crazy Egg (crazyegg.com) können Sie direkt beobachten, welche Inhalte Seitenbesucher am liebsten lesen. Je häufiger Seitenbesucher auf einen Verweis geklickt haben, desto »wärmer« wird der jeweilige Seitenbereich.

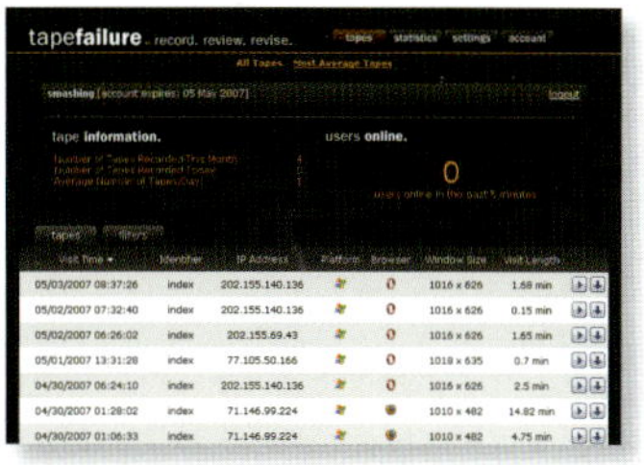

▲ **Abbildung 9.49**
Tapefailure (http://www.tapefailure.com) speichert Mausbewegungen von Nutzern in Form von Videotapes ab.

Weitere Dienste finden Sie in den Beiträgen »Complete Guide to Web Analytics Solutions: 2007 Edition« (*http://www.conversionrater.com/index.php/2007/03/10/complete-guide-to-web-analytics-solutions-2007-edition* (Linkcode 265)) und »Buzz-Monitoring: Observing and Tracking« (*http://www.smashingmagazine.com/2006/11/24/buzz-monitoring-observing-und-tracking* (Linkcode 266))

9.7 Ressourcen

Das Verhalten der Nutzer wird durch moderne Dienste permanent verändert. Dies führt wiederum zur Veränderung von Konventionen, die im Netz seit Jahren als Standards galten.

9.7.1 Online-Artikel

- Web Design References: Accessibility
  Eine umfangreiche Sammlung von Ressourcen zum Thema »Barrierefreiheit«, wird ständig aktualisiert (*http://www.d.umn.edu/itss/support/Training/Online/webdesign/accessibility.html* (Linkcode 267)).

- Accessibility Resources
  Eine weitere Sammlung von Referenzen zum Thema (*http://www.hcibib.org/accessibility* (Linkcode 268)).
- Mark Pilgrim: »Dive into Accessibility, 30 days to a more accessible web-site«
  In seinem Online-Buch beschreibt Mike Cherim, warum Barrierefreiheit wichtig ist und wie zugängliche Seiten in der Praxis entwickelt werden (*http://diveintoaccessibility.org* (Linkcode 269)).
- Joe Clark: »Buildung Accessible Websites«
  Ein Standardwerk über das barrierefreie Webdesign. Es beleuchtet detailliert sämtliche Aspekte der Barrierefreiheit, mit Beispielen und praktischen Anleitungen zur zugänglichen Seitengestaltung. Online kostenlos verfügbar (*http://joeclark.org/book/sashay/serialization* (Linkcode 270)).
- »Einfach für Alle, Aktion Mensch-Initiative für ein barrierefreies Web«
  Das größte deutschsprachige Internet-Portal zum Thema *Barrierefreiheit*. Wird täglich aktualisiert und bietet eine Menge Material zum Nachlesen und Studieren (*http://www.einfach-fuer-alle.de* (Linkcode 271)).
- Drweb.de: »Accessibility – Zugänglichkeit«
  Aktuelle und Beiträge zum Thema, die regelmäßig aktualisiert werden (*http://www.drweb.de/accessibility/index.shtml* (Linkcode 272)).

9.7.2 Tools

- **Fangs Screen Reader Emulator**
  Simuliert Vorlesesoftware auf Webseiten (*https://addons.mozilla.org/de/firefox/addon/402* (Linkcode 273))
- **WebAim Screenreader**
  Simuliert Vorlesesoftware auf Webseiten (*http://www.webaim.org/simulations/screenreader.php* (Linkcode 274))
- **Lynx**
  Textbasierter Browser, mit dem sich Seiten in reiner Textansicht anzeigen lassen (*http://www.delorie.com/web/lynxview.htm* (Linkcode 275))

9.7.3 Usability

- **Web Design References: Usability**
  Hunderte von Referenzen zu allen Themen, die mit Usability verknüpft sind. Die Liste wird ständig aktualisiert (*http://www.d.umn.edu/itss/support/Training/Online/webdesign/usability.html* (Linkcode 276))

- **Research-Based Web Design & Usability Guidelines**
  Ein vom amerikanischen Ministerium für Gesundheit (US Department of Health and Human Services, HHS) herausgegebener Bericht mit wesentlichen Richtlinien der Usability. Der Bericht basiert auf wissenschaftlichen Studien, wird ständig aktualisiert und kann kostenlos als PDF-Datei heruntergeladen werden (*http://www.usability.gov/pdfs/guidelines.html* (Linkcode 277)).
- **Jakob Nielsen's Alertbox**
  Auf seiner Seite (*http://www.useit.com/alertbox* (Linkcode 278)) berichtet der Usability-Guru Jakob Nielsen über aktuelle Entwicklungen im Bereich der Web-Usability. Das Institut für Software-Ergonomie und Usability in der Schweiz (*http://www.usability.ch* (Linkcode 279)) übersetzt »Alertbox« ins Deutsche. Die deutsche Version kann man auf der Seite des Instituts als Newsletter bestellen.
- **100 Usability Tips**, Jens Meiert
  http://meiert.com/de/publications/articles/20060508 (Linkcode 280))
- **The Universal Usability**
  Die Online-Version des Buches »Access by Design: A Guide to Universal Usability for Web Designers« von Sarah Horton. Das Buch enthält einen Überblick zu Richtlinien zum barrierefreien und benutzerfreundlichen Webdesign sowie weiterführende Ressourcen zum Thema (*http://universalusability.com/access_by_design/index.html* (Linkcode 281)).
- **25 excellent Usability / User Experience articles and resources**
  Eine empfehlenswerte Auswahl von lesenswerten Beiträgen und Ressourcen zum Thema »Usability«.
  http://meiert.com/en/blog/20070330/25-excellent-usability-ux-articles-and-resources (Linkcode 282))
- **Benefits of Web Standards**
  In seinem Podcast erläutert Paul Boag technische und finanzielle Vorteile der standardkonformen Seitengestaltung (*http://boagworld.com/standards* (Linkcode 283)).

9.7.4 Literatur

Barrierefreiheit

- Robert B. Yonaitis: »Understanding Accessibility«
- Jon Duckett: »Accessible XHTML and CSS Web Sites Problem Design Solution.«
- Jim Byrne: »60 hot to touch Accessible Web Design tips – the tips no web developer can live without!«

- Angie Radtke und Dr. Michael Charlier: »Barrierefreies Webdesign. Attraktive Websites zugänglich gestalten«

Usability

- Kelly Braun: »Usability: The Site Speaks for Itself«
- John Cato: »User-Centered Web Design«
- Jesse James Garrett: »The Elements of User Experience«
- Steve Krug: »Don't Make Me Think! A Common Sense Approach to Web Usability«
- Matthew Linderman, Jason Fried: »Defensive Design for the Web«
- Jakob Nielsen, Hoa Loranger: »Prioritizing Web Usability«
- Jakob Nielsen: »Ensuring Web Usability – Understanding What Users Want«

Webstandards

- Andy Budd: »CSS Mastery: Advanced Web Standards Solutions«
- Dan Cederholm: »Bulletproof Web Design«
- Jeffrey Zeldman: »Designing With Web Standards«

10 Web 2.0-Layouts mit CSS umsetzen

In den vorherigen Kapiteln haben wir verschiedene Elemente der modernen Seitengestaltung genauer betrachtet. Unter anderem haben Sie gesehen, wie Sie einen passenden typografischen Satz sowie ein harmonisches Farbschema wählen, aber auch auf welche Art und Weise Navigationsleisten, Formulare, Listen und Tabellen erzeugt, angepasst und in eine Seite eingebettet werden.

Ein grundlegender Aspekt der Seitengestaltung wurde dabei völlig aus der Acht gelassen – nämlich, die Erzeugung eines Grundgerüsts, also eines strukturellen »Skelettes« (Framework), das anschließend mit einzelnen Seitenelementen »gefüllt« wird. Dies wird nun im Rahmen dieses Kapitels in aller Ausführlichkeit nachgeholt.

Insbesondere finden Sie auf nachfolgenden Seiten eine anschauliche Übersicht zu theoretischen Grundlagen von CSS mit vielen Beispielen und detaillierten Erklärungen. Außerdem sehen Sie, welche Layouts in welchen Situationen zu empfehlen und zu welchen Zwecken einzusetzen sind und wo Sie bereits vorgefertigte Layout-Schablonen finden können. Ein Beispiel zur Umsetzung eines Entwurfs im Web 2.0-Look wird Ihnen abschließend einen Leitfaden bieten, nach dem Sie sich bei allen Ihren Projekten richten können.

HINWEIS

Im Gegensatz zu konkreten Seitenelementen (Listen, Absätze, Bilder) ist der strukturelle Rahmen von Webseiten eher abstrakter Natur und deshalb nicht so einfach zu verstehen. Vor der Implementierung eines Designentwurfs müssen Sie sich beispielsweise genau überlegen, welche div-Blöcke zu welchem Zweck verwendet werden.

Im Folgenden werden

- Block und Inline-Elemente,
- das CSS Box-Modell,
- die `float`-Technik und das Attribut `clear` (mit Beispielen) sowie
- Positionierungsgrundlagen (relative und absolute Positionierung, Z-Index)

detailliert beleuchtet.

TIPP

Vor der Implementierung eines konkreten Designentwurfs ist es hilfreich, vorgefertigte, standardkonforme Skelett-Vorlagen zu verwenden. In sogenannten *Master Stylesheets* wird die Darstellung von allen Seitenelementen für alle Browser gleich gesetzt (*Global Reset*) sowie sämtliche Selektoren aufgelistet, die zur einheitlichen Präsentation der Seite definiert werden müssen. Mehr dazu unter *http://www.smashingmagazine.com/2007/05/10/70-expert-ideas-for-better-css-coding* (Linkcode 284)

10.1 Block- und Inline-Elemente

TIPP

Um eine bessere Übersicht der vorliegenden Selektoren in CSS-Stylesheet zu erreichen, empfiehlt es sich, die gesamte CSS-Formatierung in mehrere CSS-Dateien (etwa *reset.css*, *global.css*, *structure.css* usw.) aufzuteilen, die anschließend in einer Datei (*Master Stylesheet*) zusammengefasst werden. Durch die spezielle Angabe `/*\*` in XHTML wird dafür gesorgt, dass ältere Browser die Seite auch ohne Verwendung von Stylesheets anzeigen.

XHTML:

```
<style type="text/css"
media="screen">
/*\*/@import url("css/ma-
ster.css");/**/
</style>
```

CSS:

```
@import url("reset.css");
@import url("global.css");
@import url("structure.
css");
```

In der Markup-Sprache sieht der W3C-Standard eine Unterscheidung zwischen zwei Typen von Elementen vor – sogenannten *Block-Level*- (`p`, `div`) und *Inline-Level*- (`em`, `span`) Elementen. Der grundlegende Unterschied zwischen beiden Typen liegt darin, dass Block-Level-Elemente immer ein Zeilenumbruch vorangeht und folgt. Inline-Level-Elemente tauchen dagegen direkt im Textfluss auf; sie können demnach in eine Linie gelegt werden (daher der Name), was bei Block-Level-Elementen ohne CSS unmöglich ist.

Außerdem erstrecken sich Block-Level-Elemente standardmäßig auf die ganze Breite des Elternelements, während Inline-Level-Elemente eine minimale Breite beanspruchen, die gerade zur Anzeige der Inhalte benötigt wird.

Im Unterschied zu Inline-Level-Elementen kann Block-Level-Elementen sowohl eine Breite (`width`) als auch eine Höhe (`height`) zugewiesen werden.

10.1.1 Block-Level-Elemente

In der Regel agieren Block-Level-Elemente als Container, die weitere Elemente – sowohl Block-Level- als auch Inline-Level-Elemente – enthalten dürfen. In Abhängigkeit davon, welche Dokumenttypdefinition (DTD) zur Auszeichnung des Markups verwendet wird, dürfen verschiedene Block-Level-Elemente unterschiedliche Elementtypen bzw. Elemente enthalten.
So dürfen:

- `<form>` und `<body>`-Elemente nur andere Block-Level-Elemente enthalten (somit müssen Texte immer in Absätzen, Listen oder Tabellen enthalten sein),
- `<p>`-Elemente nur Text und Inline-Elemente (`em`, `strong`, `span`) enthalten,
- `<div>`- und `<li>`-Elemente sowohl Block-Level-Elemente als auch Inline-Elemente enthalten.

In strikten Versionen der Markup-Sprache treten 22 Elementtypen auf, die als Block-Elemente definiert sind. Ihre Auflistung finden Sie in der Tabelle 1.

Tabelle 10.1 ▶ Block-Level-Elemente in der Übersicht (XHTML 1.0 Strict)

Block-Level-Element	Bedeutung
`address`	Identifiziert die Kontaktinformation des Seitenbetreibers.
`blockquote`	Ein langes Zitat
`div`	Fasst Seitenelemente zu Blöcken zusammen (Division, Bereich).

Block-Level-Element	Bedeutung
dl, dt, dd	Definitionsliste (definition list), Ausdruck in der Definitionsliste (definitions list terms), Definition in der Definitionsliste (definition list definition)
fieldset	Fasst Felder eines Formulars zusammen.
form	Formular
h1, h2, h3, h4, h5, h6	Überschriften erster bis sechster Ordnung
hr	Trennlinie
ins	Eingefügter Inhalt
noscript	Alternativer Text für Beschreibung von JavaScripts, die nicht angezeigt werden können.
ol	Geordnete Liste (ordered list)
p	Absatz
pre	Vorformatierter Text (preformatted text)
script	Skript
table	Tabelle
ul	Ungeordnete Liste (unordered list)

◄ **Tabelle 10.1**
Block-Level-Elemente in der Übersicht (XHTML 1.0 Strict) (Forts.)

Folgende Elemente dürfen weitere Block-Elemente enthalten:

```
dd, dt, frameset, li, tbody, td, tfoot, th, thead, tr
```

Folgende Elemente dürfen sowohl als Block-Level-Elemente als auch als Inline-Level-Elemente verwendet werden:

```
applet, button, del, iframe, ins, map, object, script
```

Werden sie als Inline-Level-Elemente verwendet (innerhalb eines weiteren Inline-Elements oder eines Absatzes `p`), so dürfen sie keine Block-Level-Elemente enthalten. `object` ist das einzige Inline-Element, das Block-Level-Elemente beinhalten kann.

10.1.2 Inline-Level-Elemente

Inline-Level-Elemente tauchen in der Regel an Stellen im Markup auf, wo sie Inhalten eine zusätzliche semantische Bedeutung verleihen. Sie dürfen nur Text und weitere Inline-Elemente beinhalten.

Wird ein Block-Level-Element innerhalb eines Inline-Level-Elements eingefügt, so wird der Browser den Code in ein Inline-Element, das ihm folgende Block-Level-Element und ein weiteres Inline-Element aufteilen.

Aus `<span>Inline<p>Block</p>Box</span>` würden die drei Elemente `<span>Inline</span>`, `<p>Block</p>` und `<span>Box</span>` erzeugt.

Eine Übersicht von Inline-Level-Elementen finden Sie in der Tabelle 2. Beachten Sie, dass `<i>` und `<b>` immer noch im Standard enthalten sind und nicht als »deprecated« (überholt) gelten.

Tabelle 10.2 ▸ Inline-Level-Elemente (XHTML 1.0 Strict)

Inline-Element	Bedeutung
A	Anker
abbr	Abbreviatur
acronym	Akronym
b	Fettgrad
big	Auszeichnung des Textes in großen Buchstaben
br	Zeilenumbruch
button	Schaltfläche
cite	Zitat oder Referenz auf eine Quelle
code	Quelltext
del	Gelöschter Inhalt
dfn	Legt die Definition eines Ausdrucks fest (defining instance)
em	Betonung (emphasis)
i	Kursive
img	Bild
ins	Eingefügter Inhalt
input	Einzeiliges Eingabefeld
label	Beschriftung
map	Image-Map
kbd	Zeichnet die Ausgabe des Nutzers aus
object	Eingebettetes Objekt
q	Kurzes Zitat
samp	Zeichnet ein Sample aus Programmen, Skripten usw.
script	Skript
select	Auswahlschaltfläche
small	Auszeichnung des Textes in kleiner Schriftgröße
span	Gibt eine generische Möglichkeit, Texte mit einer Struktur zu versehen und sie explizit zu gestalten
strong	Starke Betonung
sub	Tiefgestellter Index (subscript)
sup	Hochgestellter Index (superscript)
textarea	Mehrzeiliges Eingabefeld

Inline-Element	Bedeutung
`tt`	Teletype- oder Monospace-Angaben
`var`	Eine Variable in einem Programmcode

◀ **Tabelle 10.2**
Inline-Level-Elemente (XHTML 1.0 Strict) (Forts.)

10.1.3 Block- und Inline-Elemente in CSS

Beide Arten von Seitenelementen werden im Markup für die Strukturierung von Daten verwendet. Das Modell der Markup-Sprache basiert auf sogenannten Boxen, unsichtbaren rechteckigen Kästen, in denen sämtliche Seitenelemente platziert werden. Die Positionierung dieser Boxen sowie ihre Beziehungen zueinander machen das gesamte Seitenlayout aus.

Boxen
Es gibt auch andere Arten von Boxen, die im Kontext der CSS-Layouts keine bedeutende Rolle spielen oder Spezialfälle darstellen (etwa Listen-Boxen).

▲ **Abbildung 10.1**
Boxen auf Welt.de

▲ **Abbildung 10.2**
Boxen auf Amazon.com

Jedes Seitenelement verfügt über genau eine Box, die entweder eine *Inline-Box* (erzeugt von Inline-Level-Elementen), eine *Block-Box* (erzeugt von Block-Level-Elementen) oder eine *Inline-Block-Box* (je nach Kontext eine Inline- oder eine Block-Box) ist.

Die Zuordnung von Seitenelementen zu einem der Boxtypen ist jedoch nicht als eine immer gültige Vorgabe zu sehen, sondern als eine Standardvorgabe, die mithilfe von CSS verändert werden kann. So lassen sich Block-Level-Elemente mit einer Inline-Box versehen, genauso wie Inline-Level-Elementen eine Blockbox aufgezwungen werden kann.

In CSS geschieht dies mit der `display`-Eigenschaft. So erzeugt etwa die Stilvorgabe `p {display: inline;}` jeweils Inline-Boxen für alle Absätze, die in einem Text vorkommen. Das Ergebnis ist eine Darstellung, in der alle Absätze direkt hintereinander folgen, ohne durch Zeilenumbrüche getrennt zu werden.

TIPP

Es ist wichtig zu verstehen, dass durch Stilanweisungen die Typen der Elemente nicht verändert werden, sondern nur die Gestalt, in der sie interpretiert und angezeigt werden. Wird also ein Inline-Element mit einer Block-Box versehen, so bedeutet dies nicht, dass es Block-Level-Elemente enthalten darf.

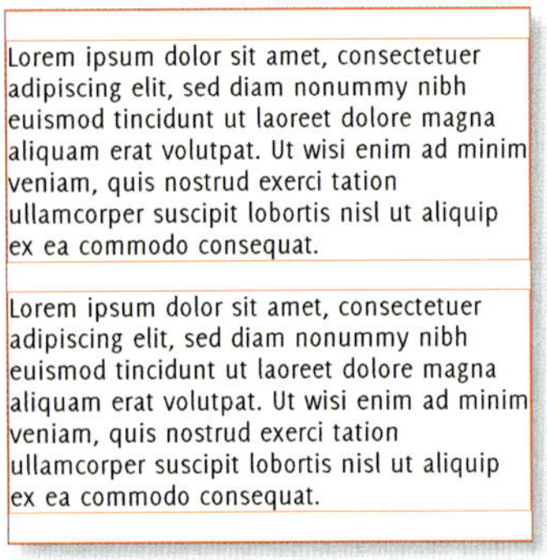

▲ **Abbildung 10.3**
Standardmäßig werden Block-Level-Elemente mit Zeilenumbrüchen davor und danach versehen.

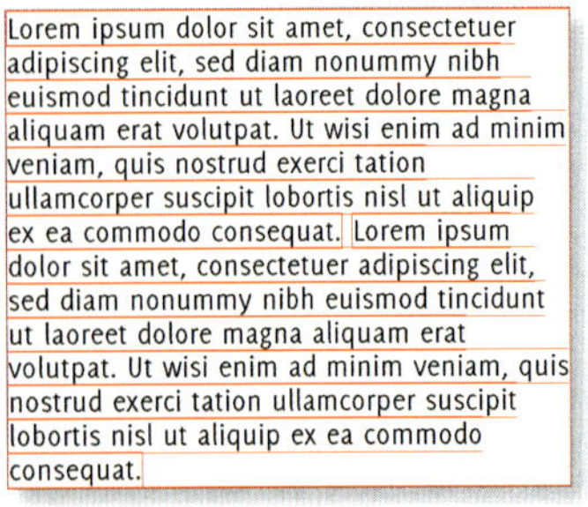

▲ **Abbildung 10.4**
Zwei Absätzen wird jeweils eine Inline-Box aufgezwungen. Sie sind nicht durch Zeilenumbrüche getrennt.

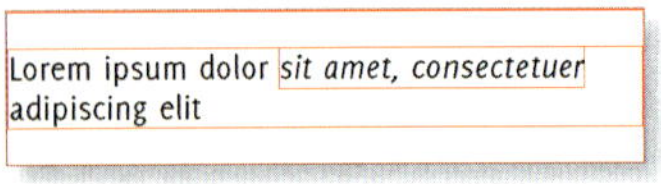

▲ **Abbildung 10.5**
Für das Inline-Element <em> wird eine Inline-Box erzeugt.

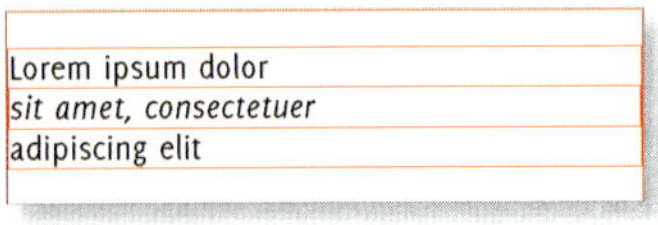

▲ **Abbildung 10.6**
Dem Element <em> wird eine Block-Box aufgezwungen.

Analoges gilt auch für Inline-Boxen. Standardmäßig wird ein Inline-Element mit einer Inline-Box versehen (etwa <em> innerhalb von <p>), was in Abbildung 10.5 deutlich wird.

```
<p>Lorem ipsum dolor <em>sit amet, consectetuer</em>
adipiscing elit</div>
```

Mit der CSS-Angabe `em {display: block;}` verändert sich die Darstellung der Blöcke (siehe Abbildung 10.6).

Block-Boxen werden vertikal ausgelegt, eine unter einer anderen; Inline-Boxen werden dagegen horizontal ausgerichtet, eine hinter einer anderen. In beiden Fällen lassen sich die typischen Eigenschaften von Boxen, etwa der innere Abstand (`padding`), der äußere Abstand (`margin`) sowie die Grenzlinien (`border`) festlegen.

Vertikale Abstände

Vertikale Abstände bei Inline-Boxen sind laut W3C-Spezifikation tabu. Nicht allerdings für den Internet Explorer: Die Angaben werden vom Browser interpretiert und bei der Anzeige von Inhalten berücksichtigt.

Bei Block-Boxen können diese Eigenschaften sowohl für die horizontale als auch die vertikale Ausrichtung angegeben werden. Bei Inline-Boxen werden alle vertikalen Abstände, Breiten (`width`), Höhen (`height`) sowie maximale und minimale Breiten- und Höhen-Angaben (`max-width`, `max-height`, `min-width`, `min-height`) gemäß der Spezifikation ignoriert.

Sowohl bei Block- als auch bei Inline-Elementen erfolgt die Ausrichtung und Positionierung von Inhalten der Boxen mit CSS. Dies geschieht auf der Grundlage des *CSS Box-Modells*, das eines der fundamentalen Konzepte in CSS darstellt.

Eine ausführliche deutschsprachige Einführung in Block-Level- und Inline-Level-Elemente finden Sie im dreiteiligen Beitrag von Björn Seibert (*http://www.bs-markup.de/archiv/2005/01/15/block-vs-inline-teil-i-vergleich* Linkcode 285), einer deutschen Übersetzung des Beitrages »Block vs. Inline« von Tommy Olsson (*http://www.autisticcuckoo.net/archive.php?id=2005/01/11/block-vs-inline-1* Linkcode 286).

10.2 Das CSS Box-Modell

Alle Elemente, die im (X)HTML-Markup auftauchen und nicht ausgeblendet werden, verfügen über eine dazugehörige Box.

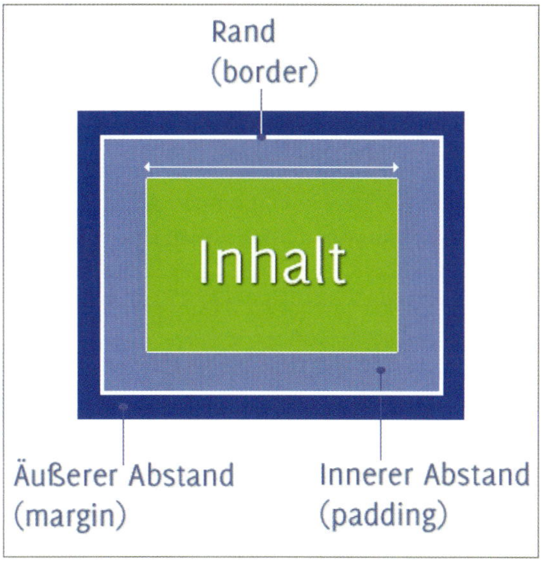

Elemente Ausblenden
Inline-Level- und Block-Level-Elemente können mit der Eigenschaft `display: none;` ausgeblendet werden.

◂ **Abbildung 10.7**
Innerer Abstand, äußerer Abstand, Rand sowie der Inhaltsblock nach dem CSS Box-Modell.

Das CSS Box-Modell wird durch vier Eigenschaften eindeutig festgelegt: die Breite des Inhaltes, der sich im Inneren der Box befindet, den inneren Abstand (*padding*), den äußeren Abstand (*margin*) sowie den Rand, der innere und äußere Abstände voneinander begrenzt. Anschaulich werden diese Eigenschaften in Abbildung 10.7 dargestellt.

Die Breite des Inhalts ist von der Breite der Box zu unterscheiden. Die Breite der Box setzt sich zusammen aus

- dem linken Rand,
- dem linken inneren Abstand,
- der Breite des Inhalts,
- dem rechten inneren Abstand sowie
- dem rechten Rand.

Analoges gilt für die Höhe.

Was Seitenbesucher sehen ist also der Inhalt, der von einem leeren Raum (innerer Abstand + Rand + äußerer Abstand) umgeben wird. Wird etwa ein Bild im Textfluss angezeigt, so stimmt die Breite des Inhalts mit der Breite des Bildes überein, bei der Breite der Box kommt der innere Abstand zusätzlich hinzu. Ein anderes Beispiel: Wird eine Box mit einer Hintergrundfarbe versehen, so wird diese nur auf die Fläche bis zum Rand der Box (ohne den äußeren Abstand) angewandt.

Der äußere Abstand sorgt für die genaue Positionierung der Box relativ zu benachbarten Elementen, während der innere Abstand die genaue Positionierung von Inhalten innerhalb der Box ermöglicht.

TIPP

Durch eine klare Trennung von Selektoren, die für jeweilige Seitenbereiche in CSS-Dateien zuständig sind, können Sie eine bessere Übersicht in Ihren CSS-Dateien sicherstellen. Dafür können Sie CSS-Flags, Kommentare, ein Inhaltsverzeichnis am Anfang der Datei sowie auffallende Trennungen verwenden. Etwa

```
/* --->>> TYPOGRAPHIE
<<<---*/
...
/* --->>> VERWEISE <<<--- */
```

Geben Sie die Eigenschaften der Selektoren immer in alphabetischer Reihenfolge an. Listen Sie die verwendeten Farben am Anfang der CSS-Datei explizit auf.

```
# /*
# Dark grey (text): #333333
# Dark Blue (headings, links)
#000066
# Light blue (top navigation)
#ccccff
# */
```

Dabei ist es wichtig zu verstehen, dass die Breite eines Elements (Attribut `width`) laut Standard nicht die Breite der Box beschreibt, in die das Element gepackt wird, sondern die Breite des Inhaltes, der sich in dieser Box befindet.

10.2.1 Beispiel

Als Beispiel betrachten Sie Abbildung 10.8 sowie den folgenden Quellcode für CSS und XHTML.

Listing 10.1 ▶
Container mit Blindtext

```
...
<div><p>Lorem ipsum dolor sit amet... </p>
<p>Sed orci risus, nonummy et, fermentum... </p>
</div>
```

Listing 10.2 ▶
CSS-Formatierung

```
div {
margin: 50px auto;
background-color: #6699ee;
width: 600px;
padding: 10px;
border: 5px solid #ffffff;
}
```

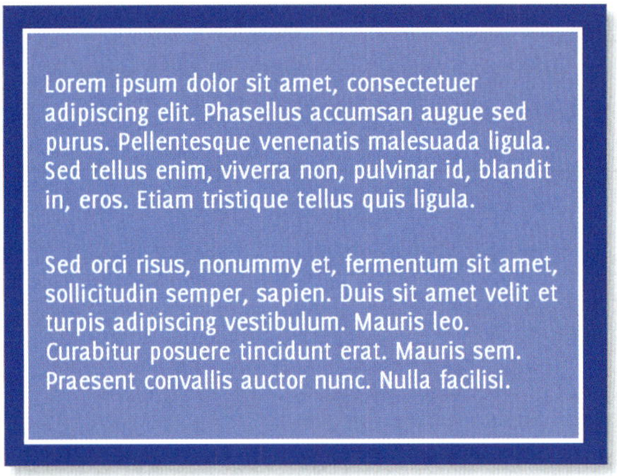

Abbildung 10.8 ▶
Zwei Textblöcke im Inneren eines `<div>`-Containers.

10.2.2 margin und padding

`margin`- und `padding`-Eigenschaften stellen die Kurzschreibweisen für die Angaben der äußeren und inneren Abstände innerhalb einer Box dar.

```
margin: (<length> || <percentage> || auto){1,4}
padding: (<length> || <percentage>){1,4}
```

Die Angaben können einen bis vier Werte haben und jeweils einen der Werte `<length>` (Breite in `px`, `pt`, `em` etc.), `<percen-`

tage> (%) (bei `margin` zusätzlich `auto`) haben. Sie werden im Uhrzeigersinn gemacht – nach dem Muster *oben-rechts-unten-links*. Die Stilvorgabe `margin: 1em 2px 1em 2em;` legt somit fest, dass der obere äußere Abstand vom Rand `1 em` beträgt und der linke `2 em`.

Wird in der Anweisung genau ein Wert angegeben, so gilt dieser für die Abstände in alle Richtungen (`padding: 1px;` ersetzt also `padding: 1px 1px 1px 1px`).

Kommen in der Anweisung zwei Werte vor, so gilt der erste Wert für den oberen und unteren Abstand, der zweite für den linken und rechten Abstand.

Bei drei Werten wird der erste Wert für den oberen Abstand, der zweite für den linken sowie für den rechten Abstand und der dritte für den unteren Abstand verwendet.

In der Stilvorgabe können auch Prozentangaben gemacht werden. Sie beziehen sich immer auf die gesamte Breite des umschließenden Elements (der Wert des Attributs `width`).

Bei der Eigenschaft `margin` steht Ihnen zusätzlich das Attribut `auto` zur Verfügung; dieses ermöglicht die automatische Ermittlung der äußeren Abstände abhängig von vertikalen und horizontalen Eigenschaften der Box.

Im Beispiel beträgt die Breite des Inhalts, in dem der Text platziert wird, `600 px`. Die Breite der Box (`630 px`) ergibt sich letztendlich aus den hinzukommenden Rändern und inneren Abständen:

`5 px` (linker Rand) + `10 px` (linker innerer Abstand) + `600 px` (Breite des Inhaltes) + `10 px` (rechter innerer Abstand) + `5 px` (rechter Rand) = `630 px`.

Machen Sie sich klar, dass der helle blaue Hintergrund gerade `620 px` Platz füllt (Breite der Box ohne Ränder).

10.2.3 border

Die Gestaltung der Ränder von Seitenelementen gehört zu einem der Themen in der Seitenentwicklung, über die häufig diskutiert wird. Zum einen zeigt sich im Web 2.0 die Tendenz, die Gestaltung von Elementen, wie die von Boxen, aus ästhetischen Gründen zu vermeiden und somit auch standardmäßige Eigenschaften, wie etwa `border`, zu vermeiden – etwa zugunsten von Boxen mit abgerundeten Ecken (Bilder-basierte Ansätze). Je weniger »sichtbare« Boxen der Benutzer zu sehen bekommt, desto besser – so der Hauptgedanke dahinter.

Andererseits können klar gegliederte Seiten mit sichtbaren Boxen eine gute Orientierungshilfe darstellen und Seitenelemente deutlich hervortreten lassen.

```
border: <border-width> <border-style> <border-color>
```

HINWEIS

Weitere Informationen finden Sie auf *http://www.thestyleworks.de/ref/index_vi.shtml* (Linkcode 287).

Horizontale Zentrierung
Eine der am häufigsten auftretenden Situationen, in denen das `auto`-Attribut von `margin` verwendet wird, stellt die horizontale Zentrierung einer Box auf dem Bildschirm dar. Sie wird mit `body {margin: 0 auto;}` realisiert. Beachten Sie, dass die Zentrierung unabhängig von der Bildschirmauflösung des Benutzers geschieht.

Spezifikation des Box-Modells

Eine vollständige Spezifikation des Box-Modells mit detaillierten Beschreibungen der Box-Eigenschaften sowie Beispielen finden Sie auf *http://www.w3.org/TR/REC-CSS2/box.html* (Linkcode 288).

`border` ist die Kurzschreibweise für die Attribute `border-width`, `border-style` und `border-color`.

`border-width` legt die Linienbreite des Randes fest. Mögliche Werte sind `medium` (Standardwert), `thin` (dünner als medium) und `thick` (dicker als medium).

Beispiel: `p {border-width: thin thin;}`

Gewöhnlich verwendet man explizite Angaben, etwa `border-width: 1px 2px 3px 4px;`, wobei die »Laufrichtung« der Angabe mit der aus der `margin`-Eigenschaft übereinstimmt.

`border-style` legt die Linienart des Randes fest. Mögliche Werte sind:

- `none / hidden` (kein Rahmen)
- `dotted` (punktierte Linie)
- `dashed` (gestrichelte Linie)
- `solid` (durchgehende Linie)
- `double` (doppelte durchgehende Linie)
- `groove` (3D, der Rahmen wird in die Bildebene eingekerbt)
- `ridge` (3D, das Element hebt sich aus der Ebene hervor)
- `inset` (3D, das Element ist in die Bildebene eingetieft)
- `outset` (3D, das Element springt aus der Ebene hervor)

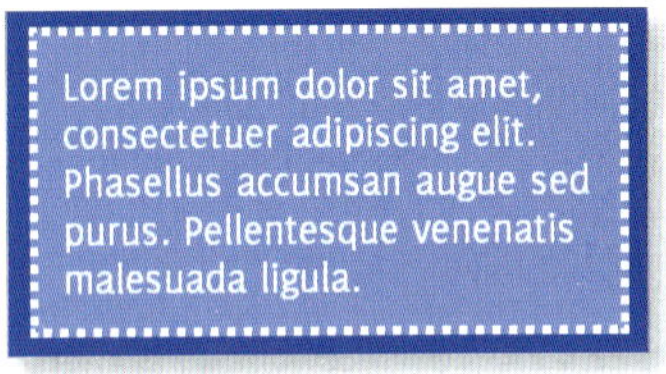

▲ **Abbildung 10.9**
Border-Style »dashed«

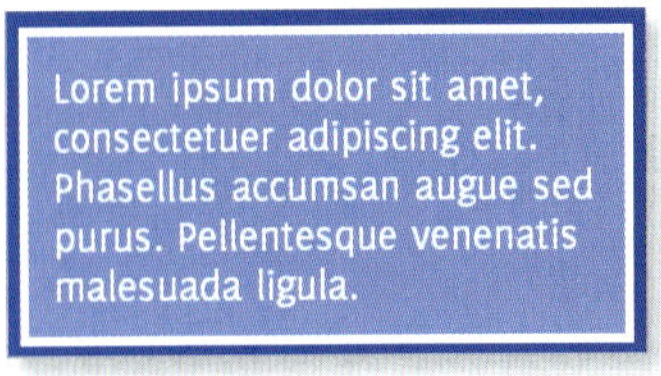

▲ **Abbildung 10.10**
Border-Style »solid«

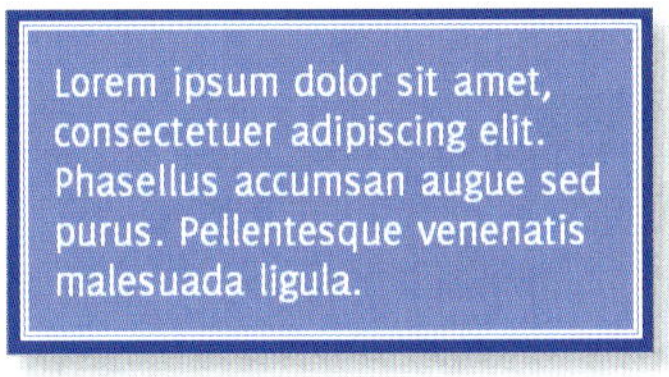

▲ **Abbildung 10.11**
Border-Style »double«

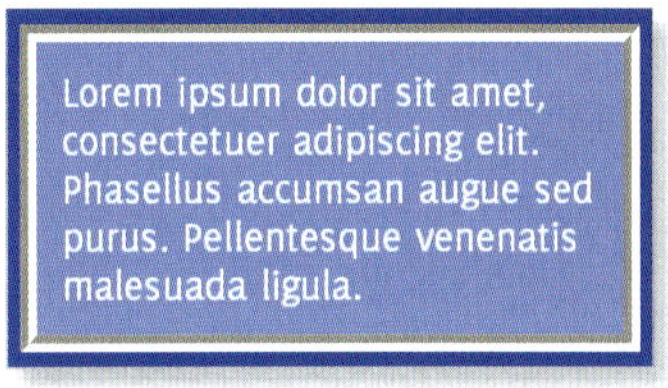

▲ **Abbildung 10.12**
Border-Style »groove«

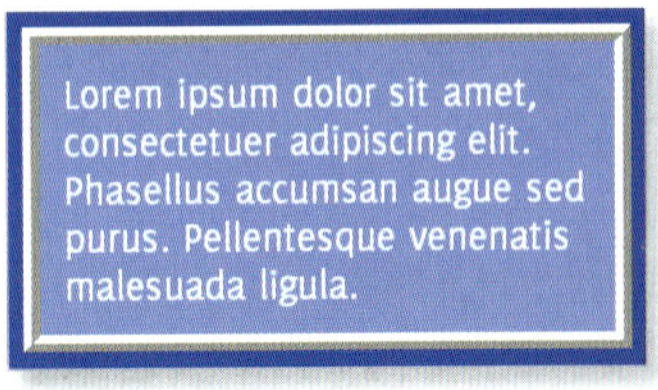

▲ **Abbildung 10.13**
Border-Style »ridge«

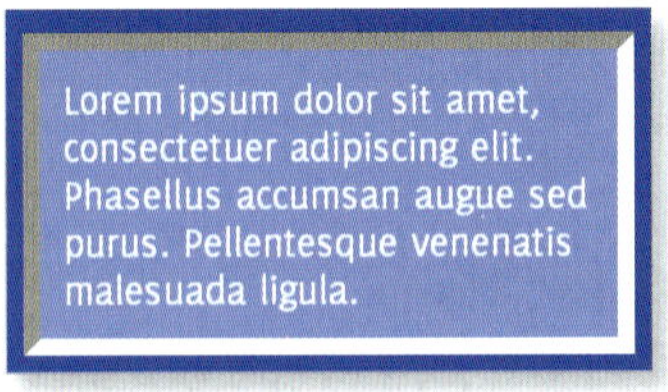

▲ **Abbildung 10.14**
Border-Style »inset«

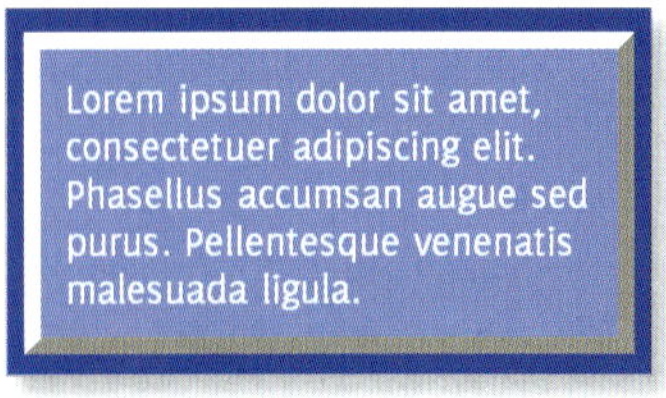

▲ **Abbildung 10.15**
Border-Style »outset«

Beispiel:

```
p {border-style: double none dotted dashed;}
```

`border-color` legt die Farbe des Rahmens fest, etwa durch `border-color: #eee #333 #ccc #ddd`.

Insgesamt:

```
p {
border-style: double dashed dotted double;
border-width: medium;
border-color: #eee #333 #ccc #ddd;
}
```

HINWEIS

Über weitere `border`-Eigenschaften in CSS können Sie im Betrag »CSS 2.1: Border« (*http://www.thestyleworks.de/ref/border.shtml* Linkcode 289) informieren.

10.2.4 Vertikale Abstände

Ein grundlegender Unterschied zwischen horizontalen und vertikalen äußeren Abständen besteht darin, dass sie von Browsern nicht gleichwertig interpretiert werden. Während horizontale Abstände immer gerendert werden – entsprechend Angaben, die mittels CSS gemacht werden, ist dies bei vertikalen Abständen nicht der Fall.

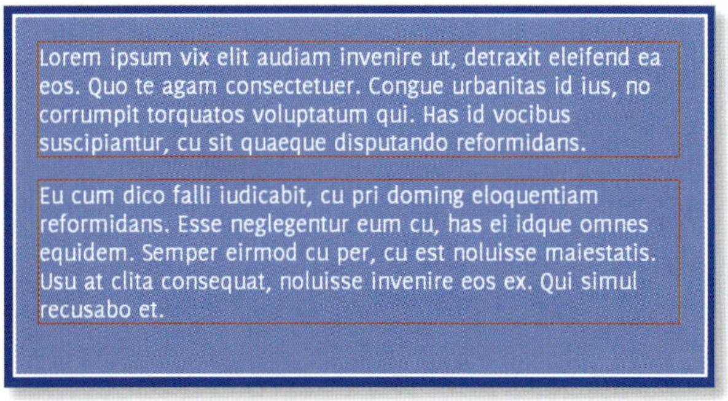

◂ Abbildung 10.16
»Collapse of vertical margin«. Der äußere Abstand zwischen beiden Boxen ergibt sich nicht als Summe der beiden äußeren Abstände. Stattdessen wird das Maximum der beiden Werte genommen.

XHTML:

```
<p class="p1">Lorem ipsum ... </p>
<p class="p2">Eu cum ...</p>
```

CSS:

```
p.p1 {margin-bottom: 19px;}
p.p2 {margin-top: 20px;}
```

In der Abbildung wird der obere Absatz mit einem unterem inneren Abstand von 19 px versehen, im unteren wird der obere innere Abstand auf 20 px gesetzt. Der Abstand zwischen beiden Boxen beträgt überraschenderweise nicht 39 px, sondern nur 20 px. Laut CSS-Spezifikation wird nämlich der größere der beiden Werte genommen, der andere Wert wird ignoriert. Diese Erscheinung bezeichnet man als *collapse of vertical margins*.

Aus diesem Grunde werden bei der Seitenentwicklung vertikale Abstände immer nur mit der `padding`-Eigenschaft realisiert, da vertikale äußere Abstände von den verschiedenen Browsern unterschiedlich interpretiert werden.

IE 5.x/Win

Im Microsofts Internet Explorer IE 5.x/Win wurde das CSS Box-Modell inkorrekt implementiert. Dies führt zum Problem, das in der Praxis *The Box Model Problem* heißt.

10.2.5 The Box Model Problem

Bei der Implementierung des CSS Box-Modells im IE 5.x/Win führte Microsoft ein eigenes Box-Modell ein, das sich von dem der Standards grundsätzlich unterscheidet. Im IE 5.x/Win bezieht sich die Breite eines Elements (Attribut `width`) nicht nur auf die Breite des Inhaltes, wie dies durch die Standards vorgeschrieben wird, sondern auch auf den inneren Abstand und den Rand der Box. Mit anderen Worten: Die durch das `width`-Attribut spezifizierte Breite setzt sich aus der Breite des Inhaltes plus innere Abstände plus Ränder zusammen. Das gleiche Modell wird auch für die Höhe (Attribut `height`) verwendet.

Um diesen Sachverhalt zu veranschaulichen, betrachten Sie wieder das Beispiel aus dem vorherigen Abschnitt. In der CSS-Formatierung wird die Breite des Elements `div` auf 600 px gesetzt. Die Breite des Inhaltes beträgt somit ebenfalls 600 px, die Gesamtbreite der Box 630 px.

TIPP

Bei der Implementierung eines Designentwurfs können Sie nach der folgenden Faustregel vorgehen: Falls Sie die Breite eines Elements festlegen, machen Sie keine Angaben über den Rand (`border`) und Abstände (`margin`, `padding`) der Box des Elements. Umgekehrt: Werden border, margin oder padding verwendet, vermeiden Sie die Angaben zur Breite des Elements.

Nach dem IE 5.x/Win-Modell beträgt die Gesamtbreite der Box 600 px. Da innere Abstände und Ränder in dieser Breite bereits berücksichtigt sind, beträgt die Breite des Inhalts 600 px – 20 px (innere Abstände, 10 px links + 10 px rechts) – 10 px (Ränder, 5 px links + 5 px rechts) = 570 px.

Was im oberen Beispiel kaum die Darstellung beeinträchtigt, kann in komplexen Layouts schnell zu Problemen führen – bis hin zum Zusammenbrechen des Layouts.

Um auch im IE 5.x/Win die gewünschte Darstellung der Boxen sicherzustellen, können Seitenbetreiber zwei alternative Lösungen verwenden.

Das Problem lässt sich dadurch umgehen, dass man bei der Gestaltung der Boxen weder mit inneren Abständen noch mit der `border`-Eigenschaft arbeitet. Zur Abgrenzung der Boxen von benachbarten Elementen wird dabei ausschließlich das `margin`-Attribut verwendet, um die Illusion des inneren Abstandes zu erzeugen. Nur in solchen Fällen sind beide Boxmodelle nämlich identisch. In der Praxis ist diese Vorgehensweise meistens ziemlich aufwendig.

Tan Hack

Tan Hack (von Edwardson Tan) ist eine Weiterentwicklung des bekannten *Tanteks Box Model Hack* (*http://www.tantek.com/CSS/Examples/boxmodelhack.html*). *Tanteks Box Model Hack* verursachte Probleme in Opera und älteren Browsern.

Weit verbreiteter ist deshalb die zweite Methode, die in der Fachsprache unter dem Begriff *Tan Hack* läuft. Dabei erhält IE 5.x/Win zusätzliche Angaben gefüttert, die von anderen Browsern ignoriert werden.

Zu diesem Zweck wird die Breite der Box um den Wert vergrößert, der in IE 5.x/Win Box-Modell verlorengeht. Im oberen Beispiel waren das 30px gewesen (630 px – 600 px). Die Korrektur sieht dann im CSS-Code wie folgt aus:

```
* html div {/* This is the Tan hack */
    width: 630px;
    width: 600px;
}
```

Der Clou besteht darin, dass alle Versionen des Internet Explorers im Unterschied zu anderen Browsern ein eigenes Verständnis vom `root`-Element besitzen, also dem obersten Element in der Seitenhierarchie. Während `html` laut Standards explizit als `root`-Element definiert wurde, existiert laut der IE-Implementierung ein weiterer abstrakter »wrapper«, in dem sich die Inhalte der Seite, insbesondere also auch das `html`-Element, befinden. Dieser wrapper kann über den Stern-Selektor (*) adressiert werden; von sämtlichen anderen Browsern wird er ignoriert und überlesen.

`* html div` beschreibt somit die Stilformatierung für alle `div`-Elemente, die sich innerhalb des `html`-Elements befinden. Die Tiefe, in der sich `<div>` in der Seitenstruktur befindet, spielt dabei keine Rolle.

TIPP

Anstelle von `div` können auch beliebige andere Block-Level-Elemente auftauchen, auf die das Boxmodell angewandt werden darf.

Anschließend wird die Breite des Elements festgelegt (`width: 630px;`); sie wird von IE 5.x/Win beim Rendern der CSS-Stildatei übernommen. Da das Problem bei IE 5/Mac nicht auftritt und in den nächsten Versionen (ab IE 6 einschließlich) behoben ist, muss nun dafür gesorgt werden, dass auch diese Browser mit korrekten Angaben arbeiten.

Gesorgt wird dafür mit der Stilvorgabe `width: 600px;`. Das Escape-Zeichen wird vom IE 5.x/Win ignoriert, von anderen Versionen des Internet Explorers jedoch verstanden. Es ist wichtig zu beachten, dass der Backslash im Hack nicht vor den Buchstaben a, b, c, d, e und f vorkommen darf, damit er nicht als Hex-Zeichen interpretiert wird.

Hacks vermeiden
Grundsätzlich ist es empfehlenswert, bei der Implementierung eines Designentwurfs jegliche Hacks nach Möglichkeit zu vermeiden.

10.3 Die float-Theorie

Die theoretische Grundlage des `float`-Attributs wird in der Regel zu Themen gezählt, die Webentwicklern die meisten Probleme bei der Implementierung bereiten. Der Grund dafür ist, dass die `float`-Theorie weder intuitiv ist noch einheitlichen Regeln folgt. Dennoch stellt es eine der wesentlichen Grundlagen für die Positionierung von Elementen auf einer Seite dar.

10.3.1 Grundlegende Eigenschaften

Grundsätzlich versteht man unter *Float* eine Box (auch *floating box* genannt), die nach links bzw. nach rechts verschoben werden kann und die benachbarten Seitenelemente an ihren Rand fließen lässt (das Letztere kann mit der `clear`-Eigenschaft verhindert werden).

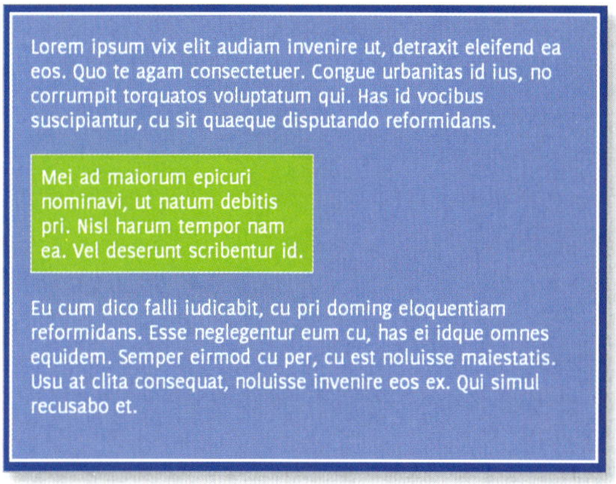

▲ **Abbildung 10.17**
Das Block-Level-Element mit dem grünen Hintergrund wird mit `float: none`; versehen. Eine explizite Angabe sorgt dafür, dass Block-Level-Elemente standardmäßig angezeigt werden.

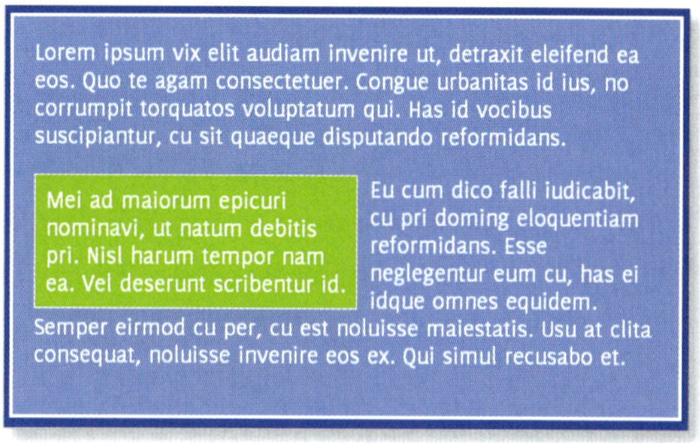

▲ **Abbildung 10.18**
`float: left` – die grüne Box wird nach links verschoben, die benachbarten Seitenelemente fließen an den rechten Rand der gefloateten Box.

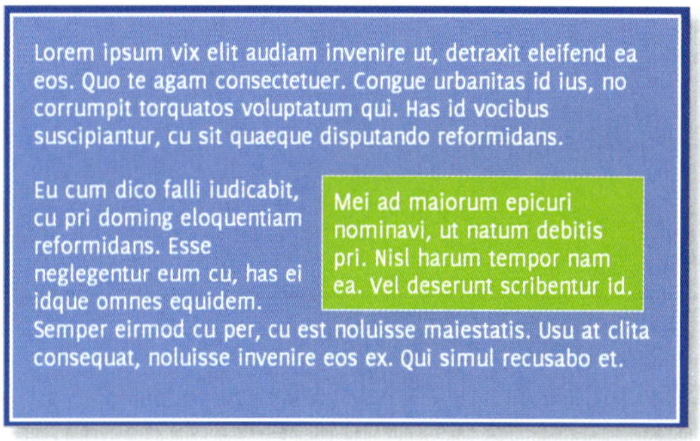

▲ **Abbildung 10.19**
`float: right` – die grüne Box wird nach rechts verschoben, die benachbarten Seitenelemente fließen an den linken Rand der gefloateten Box.

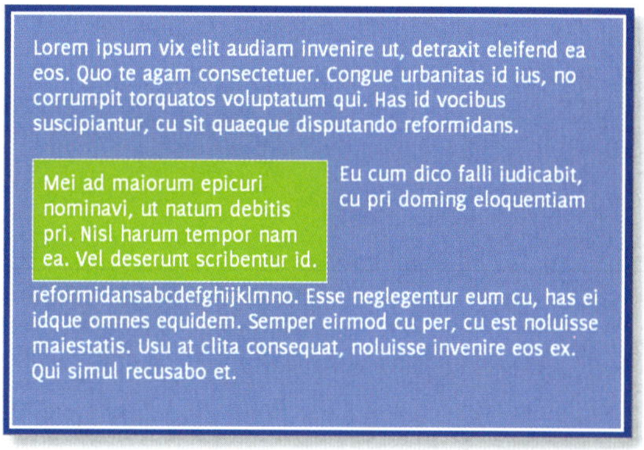

▲ **Abbildung 10.20**
Die gefloatete grüne Box räumt dem benachbarten Textfluss nicht genug Platz ein; Konsequenz: Der benachbarte Inhalt wird nach unten geschoben.

Hinweis

Eine zu floatende Box sollte neben der `float`-Angabe außerdem immer eine Breitenangabe besitzen, etwa

```
p.floated {
  float: left;
  width: 300px;
}
```

Ein Fehler, dem Seitenentwickler bei der Umsetzung von Designentwürfen immer wieder folgen, ist die Annahme, dass nur Block-Level-Elemente »gefloatet« werden dürfen. In der Tat darf man das `float`-Attribut beliebigen Seitenelementen zuweisen – dadurch werden sie automatisch zu Block-Level-Elementen und werden von den Browsern als solche behandelt.

Seitenelemente, die mit der `float`-Angabe versehen werden, werden aus dem Textfluss des Dokuments herausgenommen. Das heißt insbesondere, dass Regeln, die für die Eltern-Elemente von »gefloateten« Elementen gelten, von Kindelementen nicht notwendigerweise vererbt werden. Im Klartext heißt es wiederum, dass gefloatete Elemente ohne explizite Angaben mehr oder weniger beliebig aussehen können.

Aus diesem Grunde ist es wichtig, die gewünschte Formatierung für gefloatete Kindelemente immer präzise anzugeben und insbesondere die gewünschte Boxbreite festzulegen. Sonst können die Boxen nämlich ganz nach der Interpretation des Browsers positioniert und gestaltet werden, was in der Praxis unvermeidlich zu unerwünschten Darstellungen führt.

Beispiel 1 | Betrachten Sie Abbildung 10.17. Dort erkennen Sie drei Absätze, von denen der zweite extra gestaltet wird. Die Absätze werden als Block-Level-Elemente standardmäßig untereinander platziert und durch Zeilenumbrüche getrennt.

XHTML:

```
<div id="container">
<p>Lorem ipsum....</p>
<p class="floated">Mei ad maiorum...</p>
<p>Eu cum dico falli iudicabit...</p>
</div>
```

CSS:

```
#container {
background-color: #6699ee;
margin: 0 auto;
width: 600px;
border: 3px solid #ffffff;
padding: 0.9em;
}
p {
margin: 0 0 1em 0;
}
p.floated {
background-color: #aadd22;
border: 1px solid #fff;
padding: 10px;
}
```

Um den Seiteninhalt am rechten Rand der grünen Box fließen zu lassen, genügt es, der zu floatenden Box die Eigenschaften

```
p.floated {
...
```

TIPP

Beachten Sie, dass der Seiteninhalt, der an einem Rand der floatenden Box fließt, unter der float-Box nicht weite am Rand ausgerichtet wird, sondern die Box quasi umschließt und wie vor der Box weiterfließt.

```
float: left;
width: 288px;
}
```

zuzuweisen. Das Ergebnis können Sie in Abbildung 10.18 beobachten. Verändert man die »float-Richtung« auf `float: right`, so ergibt sich das Bild aus Abbildung 10.19.

Im Textfluss erscheinen gefloatete Elemente immer nach dem letzten vorausgehenden Block-Level-Element im Markup. Sie können links bzw. rechts von nachfolgenden Block-Level-Elementen positioniert werden.

Wird die Box nach links »gefloatet«, so fließt der Text an ihrem rechten Rande (siehe Abbildung 10.18); beim Floaten von rechts erscheint der Textfluss am linken Rande (siehe Abbildung 10.19). Steht dem Inhalt nicht genug horizontalen Freiraum zur Verfügung, so wird er unter die gefloatete Box geschoben (siehe Abbildung 10.20).

Beispiel 2 | Möchten Sie, dass mehrere Block-Level-Elemente am Rande einer float-Box fließen, so stellen sie sicher, dass ein Inline-Level-Element, das sich innerhalb eines Block-Level-Elements befindet, gefloatet wird. Etwa so:

XHTML:

```
<div id="container">
<p>Lorem ipsum vix elit audiam invenire ut, detra-
xit eleifend ea eos. Quo te agam consectetuer. <span
class="floated">Mei ad maiorum epicuri nominavi...</
span> Congue urbanitas id ius, no corrumpit...</p>
<p>Eu cum dico falli iudicabit...</p>
</div>
```

CSS:

```
...
span.floated {
background-color: #aadd22;
border: 1px solid #ffffff;
float: left;
width: 300px;
padding: 10px;
margin: 0.5em;
}
```

Das Ergebnis können Sie in Abbildung 10.21 beobachten. Beachten Sie, dass zur Abgrenzung des umfließenden Textes von der

Box kein innerer Abstand des umfließenden Textes, sondern der äußere Abstand der float-Box verwendet wurde. Da float-Boxen aus dem Textfluss herausgenommen werden, ist es falsch, vom Abstand eines Absatzes von der float-Box zu sprechen, da die float-Box hierfür einfach nicht existiert. Aus diesem Grunde muss der äußere Abstand der Box entsprechend angegeben werden.

TIPP

Mit CSS lassen sich beliebig viele Elemente gleichzeitig floaten. Dies kann bei dynamischen Layouts sehr nützlich sein, um etwa die Seitendarstellung automatisch ausrichten zu lassen.

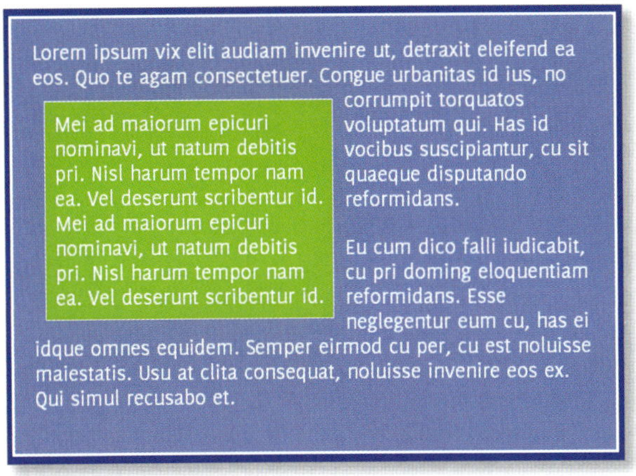

◂ **Abbildung 10.21**
Am rechten Rand einer float-Box fließen zwei Absätze.

10.3.2 Positionierung von float-Boxen

Im Widerspruch zur weit verbreiteten Vorstellung, dass ein Block-Level-Element höchstens eine float-Box beinhalten kann, lassen sich beliebig viele Elemente gleichzeitig floaten – auch die Float-Richtung ist dabei unerheblich.

Fügt man etwa einen zweiten `<span>`-Block der Klasse `floated` innerhalb des ersten Absatzes direkt hinter dem ersten `<span>`-Block hinzu, so entsteht das Bild aus der Abbildung 10.22.

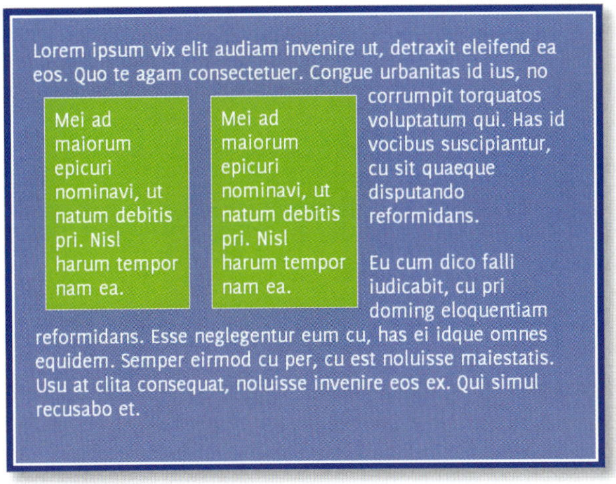

◂ **Abbildung 10.22**
Zwei grüne Blöcke werden nach links gefloatet.

Die zweite grüne Box kann auch durch die Ersetzung von `float: left;` auf `float: rechts;` nach rechts gefloatet werden.

HINWEIS

Im Dokumentenfluss haben float-Boxen keine besondere Stellung gegenüber anderen Boxen. Sie werden genau so interpretiert, positioniert und angezeigt wie sie im Markup stehen – falls keine zusätzlichen CSS-Angaben gemacht werden.

XHTML:

```
<div id="container">
<p>Lorem ipsum vix elit audiam invenire ut, detra-
xit eleifend ea eos. Quo te agam consectetuer. <span
class="leftfloated">Mei ad maiorum epicuri nomi-
navi...</span> <span class="rightfloated">Mei ad ma-
iorum epicuri nominavi...</span> Congue urbanitas id
ius, no corrumpit...</p>
<p>Eu cum dico falli iudicabit...</p>
```

CSS:

```
...
span.rightfloated, span.leftfloated {
background-color: #aadd22;
border: 1px solid #fff;
width: 288px;
padding: 10px;
margin: 0.5em;
}
span.rightfloated {
float: right;
}
span.leftfloated {
float: left;
}
```

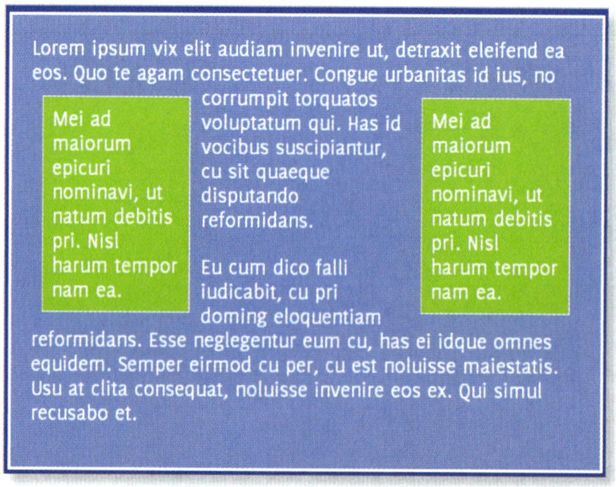

Abbildung 10.23 ▸
Eine Box wird nach links gefloatet, die andere nach rechts. Der umfließende Text wird zwischen die beiden Boxen geschoben.

Befindet sich der zweite <span>-Block nicht direkt hinter dem ersten, sondern in der Mitte des zweiten Absatz', so wird der Teil des Fließtextes, der vor dem zweiten <span>-Block kommt, am linken Rand der ersten float-Box ausgerichtet. Der Teil des Fließtextes, der nach dem zweiten <span>-Block kommt, fängt am linken Rande der zweiten float-Box an (siehe Abbildung 10.24).

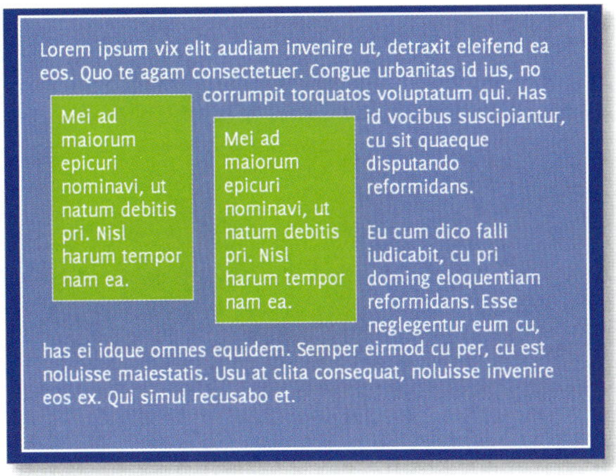

◂ **Abbildung 10.24**
float-Boxen haben keine besondere Stellung im Markup. Sie werden so angezeigt, wie sie im Markup stehen.

TIPP

In CSS können einem Element mehrere Klassen zugewiesen werden. Dies ist nützlich, wenn etwa einem Container mehrere Eigenschaften zugewiesen werden müssen und hilft, die Anzahl der erzeugten Container zu verringern.
`<div class="wrapper front-page">...</div>`
Alternativ können Sie `<body>` eine ID zuweisen und damit analog arbeiten.

Allgemeiner: befindet sich ein float-Element innerhalb eines Block-Elements (üblicherweise `<p>` in `<div>` oder `<span>` in `<p>`), so wird die float-Box vertikal direkt unter dem vorausgehenden Inhalt ausgerichtet und horizontal links (`float: left;`) oder rechts (`float: right;`) vom umfließenden Text angelegt. Die horizontale Verschiebung der Box geschieht so lange, bis die float-Box auf den inneren Abstand des Elternelements trifft. Machen Sie sich klar, dass im Falle, dass der äußere Abstand der float-Box sowie der innere Abstand des Elternelements auf 0 gesetzt werden, die float-Box direkt an den linken bzw. an den rechten Rand des Elternelements grenzt (siehe Abbildung 10.25).

Befindet sich ein float-Element dagegen zwischen zwei Block-Level-Elementen, so wird es direkt unter dem vorausgehenden Block-Element platziert. Hat das Letztere keinen äußeren Abstand, so wird der Rand der float-Box direkt an den Rand dieses Elements grenzen (siehe Abbildung 10.26).

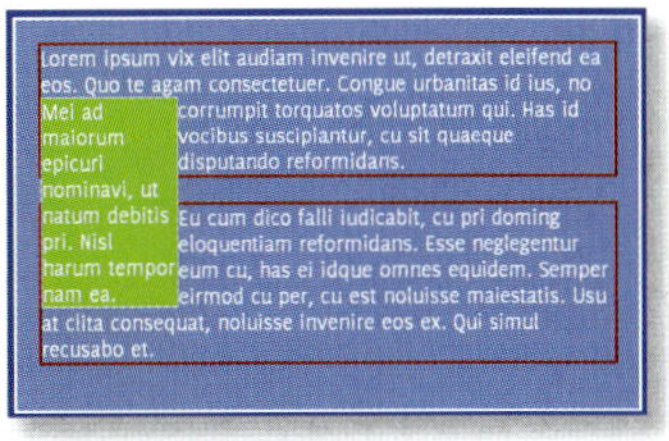

▴ **Abbildung 10.25**
Der äußere Abstand der float-Box sowie der innere Abstand der Absätze wird auf 0 gesetzt. Die float-Box grenzt direkt an den linken Rand des Elternelements.

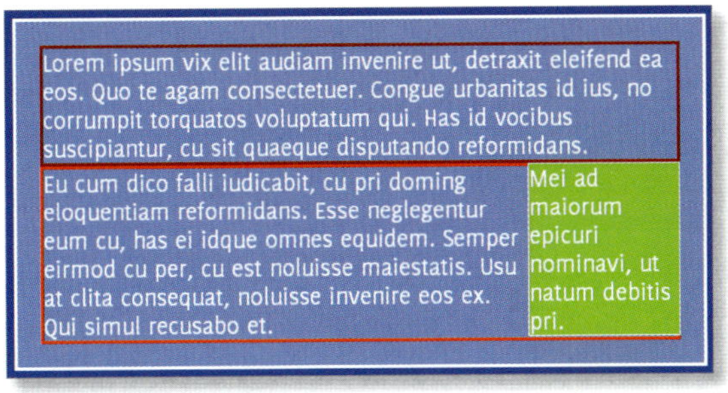

◂ **Abbildung 10.26**
Die float-Box befindet sich nicht direkt unter dem Rand der unteren Box, sondern überdeckt sie und grenzt an das vorausgehende Block-Level-Element.

Wenn das vorausgehende und das nachfolgende Block-Level-Elemente nicht direkt aneinander grenzen, sondern etwa durch Whitespace getrennt sind, wird die float-Box unter dem vorausgehenden Element (nach dem äußeren Abstand) erscheinen (siehe Abbildung 10.27).

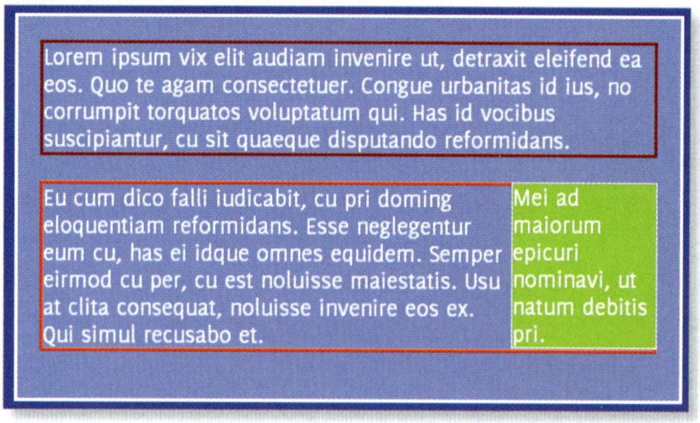

Abbildung 10.27 ▶
Zwei Block-Level-Elemente werden auseinander gehalten; die float-Box, die sich im Markup zwischen beiden Elementen befindet, grenzt an das vorausgehende Block-Level-Element.

Tritt eine float-Box im Quellcode auf, so wird sie zuerst auf der gegenüberliegenden Seite ihrer float-Richtung platziert – und zwar möglichst weit oben, wo es genug Platz für die Box gibt. Anschließend wird sie so lange in die float-Richtung verschoben, bis sie auf den inneren Abstand des Elternelements stößt oder auf eine andere float-Box trifft. Wird eine nachfolgende float-Box in die entgegengesetzte Richtung gefloatet, so folgt die Positionierung dem gleichen Schema, nur in umgekehrter Richtung. Gibt es für die float-Box keinen Platz, so wird sie mit Umbruch auf die nächste Zeile (wie auch bei Inline-Elementen) gerückt. So wird beispielsweise eine links gefloatete Box zuerst möglichst weit rechts oben platziert und anschließend nach links verschoben.

Eine float-Box, deren Höhe kleiner ist als die eines »gefloateten« Vorgängers, wird ihr folgen und nicht etwa auf der nächsten Zeile erscheinen. Als Beispiel betrachten Sie die Abbildung 10.28, die auf dem Beispiel aus dem Beitrag »The Floats« (*http://css-technik.de/css-examples/219_9/beispiele/thumbnails2.html* Linkcode 290) basiert.

Sämtliche Boxen werden nach links gefloatet. Die Boxen *Float 3* und *Float 13* haben eine größere Höhe als die anderen Boxen. *Float 17* hat eine kleinere Höhe.

XHTML:

```
<div id="floats">
<div>Float<br/>1</div>
<div>Float<br/>2</div>
<div id="float3">Float<br/>3</div>
<div>Float<br/>4</div>
<div>Float<br/>5</div>
<div>Float<br/>6</div>
<div>Float<br/>7</div>
<div>Float<br/>8</div>
<div>Float<br/>9</div>
<div>Float<br/>10</div>
```

```
<div>Float<br/>11</div>
<div>Float<br/>12</div>
<div id="float13">Float<br/>13</div>
<div>Float<br/>14</div>
<div>Float<br/>15</div>
<div>Float<br/>16</div>
<div id="float17">Float<br/>17</div>
<div>Float<br/>18</div>
<div>Float<br/>19</div>
<div>Float<br/>20</div>
</div>
```

CSS:

```
body {
font-size: 130%;
font-family: Verdana, Geneva, Arial, Helvetica,
sans-serif;
text-align: left;
}
#floats {
margin: 15px 10% 10px 18%;
}
#floats div {
float: left;
width: 80px;
height: 80px;
w\idth: 62px;
hei\ght: 62px;
/* IE 5.x/Win Box Model Hack */
padding: 6px;
margin: 0 5px 5px 0;
border: 3px solid;
border-color: #d3d3d3;
background: #a60201;
text-align: center;
color: #ff8;
}
div#float3, div#float13, div#float17 {
background-color: #dd0000;
color: #ffffff;
}
div#float3 {
height: 100px;
}
```

```
div#float13 {
height: 140px;
}
div#float17 {
height: 45px;
}
```

Sie sehen, dass die Boxen 4 bis 7 an der 3 hängen, genauso wie 14 bis 16 an der 13 hängen. Da die Box 17 kürzer als die anderen Boxen ist, lässt sie einen freien Raum unter sich. Dieser Raum wird von *Float 18* gefüllt – und bleibt auf *Float 17* hängen. Analoges geschieht auch mit der Box 19. Der freie vertikale Raum wird besetzt. Die nachfolgende Box richtet sich an ihrem Vorgänger aus.

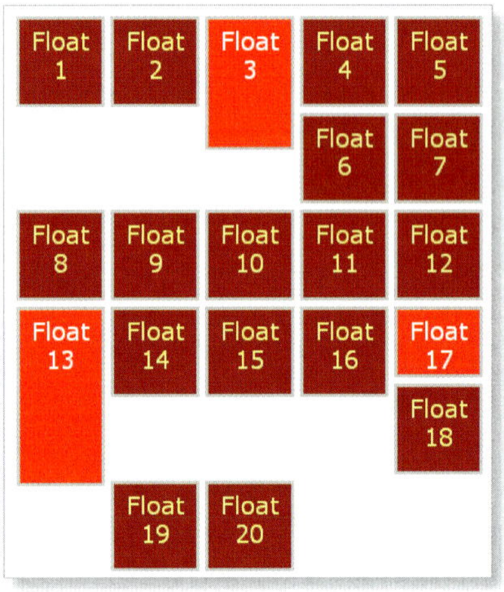

Abbildung 10.28 ▸
20 float-Boxen werden nacheinander positioniert. Die Boxen »Float 4« bis »Float 7« hängen an der »Float 3«, »Float 18« hängt an »Float 16«, »Float 19« an der »Float 13«.

Grundsätzlich sollte eine float-Box auf die nächste Zeile genau dann umbrechen, wenn sie auf der vorherigen Zeile – auf der sie eigentlich stehen sollte – nicht genug Platz hat. Dies gilt auch für gefloatete Boxen, die direkt hintereinander folgen. Problematisch wird dieser Sachverhalt, wenn ältere Browser im Spiel sind. Im Internet Explorer 5.x/Win treten nämlich etliche float-Bugs auf. In diesem Fall wird der IE 5.x/Win eine nachfolgende float-Box nicht umbrechen, falls das Elternelement keine Breitenangabe besitzt.

[clear]
Mit der Eigenschaft `clear` für ein Element, das einem gefloateten Element folgt, können Sie sicherstellen, dass gewisse Inhalte unter der gefloateten Box angezeigt werden, diese nicht umfließen und etwa Seitenblöcke deutlich voneinander trennen.

10.3.3 Das Attribut clear

Möchten Sie dafür sorgen, dass gewisse Inhalte eine float-Box nicht umfließen, sondern automatisch unter der float-Box angezeigt werden, so können Sie dies mit dem Attribut `clear` sicherstellen. Dies ist etwa nützlich, wenn Sie Überschriften deutlich vom Inhalt trennen wollen.

Das Attribut wird denjenigen Seitenelementen zugewiesen, die eine oder mehrere float-Boxen nicht umfließen sollen.

Diese Eigenschaft setzt die Breite des jeweiligen Seitenelements auf einen maximalen Wert, damit die resultierende Box nicht mit dem Platz, der ihr durch die float-Box zur Verfügung gestellt wird, auskommt. Konsequenterweise wird die Box unter die float-Box geschoben, wodurch der gewünschte Effekt erzeugt wird.

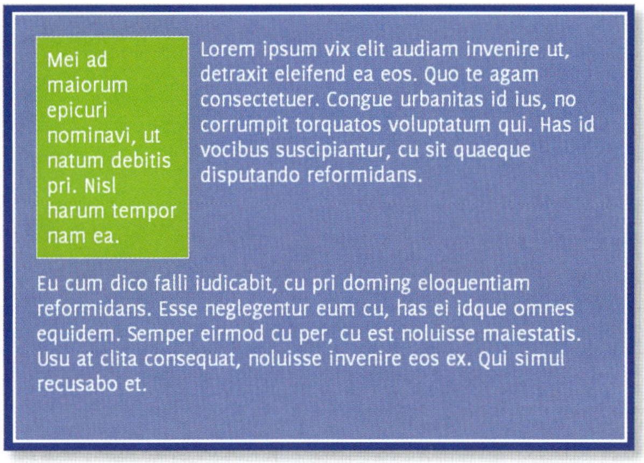

◂ **Abbildung 10.29**
Der untere <p>-Block umfließt die linke float-Box nicht. Ihm wird die Stilanweisung `clear: left;` zugewiesen (`p {... clear: left; ...}`).

`clear` kann drei Werte annehmen:

- `clear: left;` bewirkt, dass Inhalte linke float-Boxen nicht umfließen, rechte float-Boxen dagegen umfließen können;
- `clear: right;` bewirkt, dass Inhalte rechte float-Boxen nicht umfließen, linke float-Boxen dagegen umfließen können;
- mit `clear: both;` werden nachfolgende Inhalte linke wie rechte float-Boxen nicht umfließen und immer auf der neuen Zeile starten.

Eine zusätzliche Anwendung von `clear: both;` erweist sich in der Praxis häufig als nützlich, ist jedoch bis dato relativ unbekannt.

Da float-Boxen aus dem Dokumentfluss quasi herausgenommen werden, werden sie auch von ihren Elternelementen ignoriert. Dies hat die unangenehme Folge, dass hohe float-Boxen aus dem Container, in dem sie sitzen, herausragen können (siehe Abbildung 10.30).

Damit das Elternelement die float-Box »mitnimmt« und umschließt, muss man ihm mitteilen, dass es weitere Elemente gibt, die nicht von ihm umschlossen wurden. Dies wird dadurch gemacht, dass man vor dem abschließenden Tag des Containers (etwa vor `</div>`) die Anweisung

```
<div style="clear: both;"></div>
```

HINWEIS

Beachten Sie: existiert etwa keine rechts gefloatete Box, die zu einem Block-Level-Element benachbart ist, so wird `clear: right;` auch keinen Umbruch verursachen.

einfügt. Dieses Pseudo-Block-Level-Element wird dann die float-Box nicht umfließen, sondern direkt darunter »erscheinen«. Da diese Block-Box keine float-Box ist, wird sie aus dem Datenfluss nicht herausgenommen und gehört somit zum Elternelement. Als solche wird sie vom Elternelement eingeschlossen.

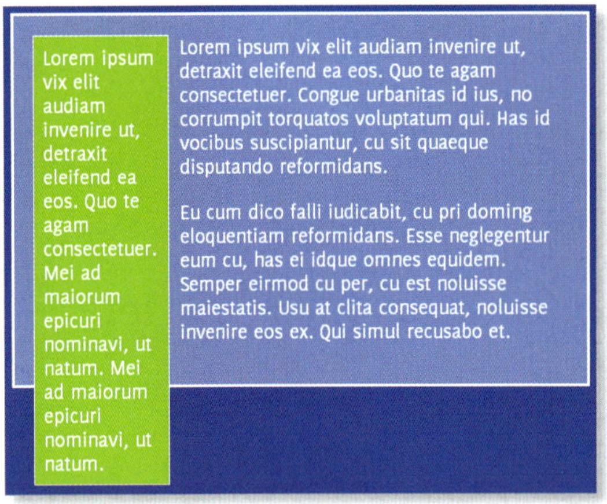

▲ **Abbildung 10.30**
Die linke float-Box ragt aus dem Eltern-Container heraus.

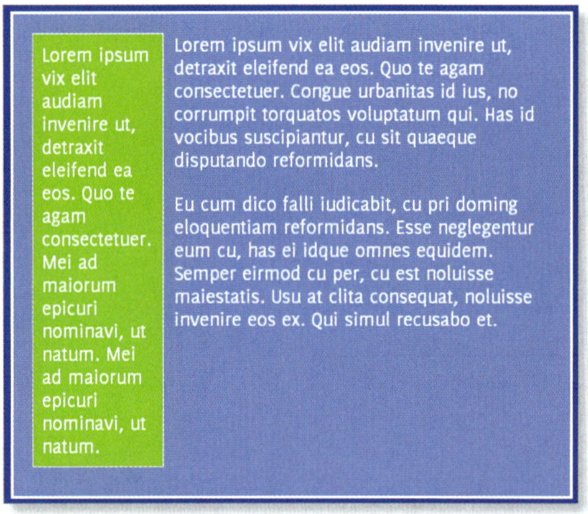

▲ **Abbildung 10.31**
Die float-Box wird vom Elternelement »eingeschlossen«. Trick: Vor dem abschließenden </div>-Tag wird <div style="clear: both;"></div> eingefügt.

10.3.4 Float-basierte Layouts

Im Grunde genommen stellen float-basierte Layouts die einfachste Methode zur Implementierung eines mehrspaltigen Layouts dar. Im Folgenden betrachten wir ein Beispiel zur Entwicklung eines simplen zweispaltigen Layouts mit

- einem Header mit Suchbox,
- einem Navigationsmenü,
- einer Contentspalte,
- einer Sidebarspalte und
- einem Footer

mithilfe von floats. Anschließend wird das Layout zu einem dreispaltigen Layout erweitert.

TIPP

Beachten Sie, dass die Standards eine Unterscheidung zwischen Groß- und Kleinbuchstaben der Selektoren vorschreiben. Wird etwa im XHTML-Markup <div id="Container"> deklariert, in der CSS-Datei dagegen #container { ... }, so werden die Eigenschaften von #container überlesen.

Schritt für Schritt: Zweispaltiges float-basiertes Layout

1 Markup festlegen

Bei der eigentlichen Implementierung eines Layouts ist es wichtig, die Struktur der Seite möglichst früh in die jeweiligen Container zu »übersetzen« und in einem (X)HTML-Markup umzusetzen. Im

Layout sollten wenigstens vier Bereiche vorkommen. Zusammen mit einem sie einschließenden Wrapper macht dies sechs `<div>`-Container aus. Sie werden im Markup wie folgt angeordnet:

XHTML:

```
<div id="container">
    <div id="header">
    </div>
    <div id="navbar"></div>
    <div id="content"></div>
    <div id="sidebar"></div>
    <div id="footer"></div>
</div>
```

TIPP

Eine in der CSS-Datei festgelegte ID darf höchstens einem Seitenelement zugewiesen werden; Klassen dürfen dagegen mehrfach zugewiesen werden. Die Namen der IDs und Klassen dürfen nur `[A-Z]`, `[a-z]`, `[0-9]` sowie – (*Hyphen*) verwenden. Sie dürfen aber nicht mit einer Zahl oder Hyphen beginnen.

2 Container mit Daten füllen

Um einzelne Seitenbereiche besser voneinander unterscheiden zu können, lohnt es sich, das obere Skelett jetzt schon mit semantisch korrekten Daten bzw. Markup zu füllen. Dabei ist es in der Regel nützlich, sich auf möglichst wenige zusätzliche Angaben zu beschränken.

```
<div id="container">
    <div id="header">
        <h1>Überschrift (h1)</h1>
                <form action="processing.php">
                <p><input value="Suche" /></p>
                </form>
    <div id="navbar">
<ul>
<li><a href="link1">Rubrik 1</a></li>
<li><a href="link2">Rubrik 2</a></li>
<li><a href="link3">Rubrik 3</a></li>
<li><a href="link4">Rubrik 4</a></li>
</ul>
</div>
    </div>
    <div id="content">
<h2>Überschrift (h2)</h2>
<p>Lorem ipsum vix elit...</p>
<p>Eu cum dico falli iudicabit...</p>
<h3>Überschrift (h3)</h3>
<p>Lorem ipsum vix elit...</p>
<p>...</p>
</div>
    <div id="sidebar">
```

```
<h2>Überschrift (h2)</h2>
<p>Lorem ipsum vix elit... </p>
<h3>Überschrift (h3)</h3>
<ul>
<li><a href="sublink1">Link 1</a></li>
<li><a href="sublink2">Link 2</a></li>
<li><a href="sublink3">Link 3</a></li>
<li><a href="sublink4">Link 4</a></li>
</ul>
 </div>

    <div id="footer">
<p>© 2007, ein Musterbeispiel für ein float-basiertes
zweispaltiges Layout</p>
</div>
</div>
```

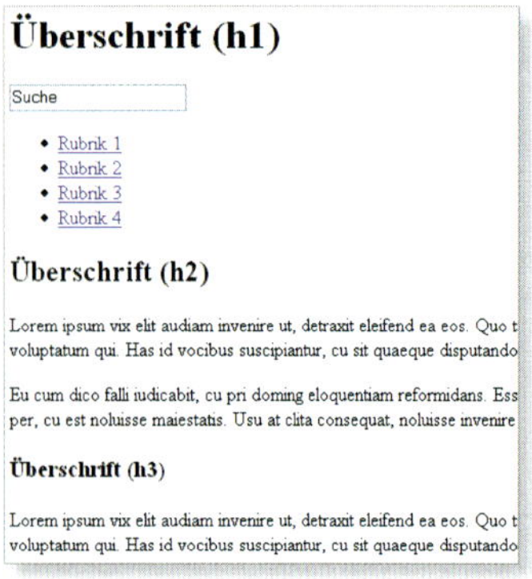

▲ **Abbildung 10.32**
Das Layout-Skelett wird mit Daten gefüttert.

3 Das <body>-Element mit Default-Werten versehen

Um sicherzustellen, dass alle Browser mit gleichen Default-Vorgaben arbeiten, werden alle Abstände mit *Global Reset* auf 0 gesetzt. Außerdem wird `<body>` mit einer grauen Hintergrundfarbe (`#eeeeee`) versehen. Standardmäßig liefern Browser eine Schriftgröße von `16 px`. Wegen der Übersicht wird als Schriftart die Schrift *Delicious* verwendet. Ist sie nicht vorhanden (dies wird meistens der Fall sein), so wird eine der generischen Schriftarten verwendet. Abstände der Paragraphen und Überschriften sollen dem Seitenbild darüber hinaus mehr Übersichtlichkeit verleihen.

```
* {
margin: 0;
padding: 0;
}
body
{
background-color: #eeeeee;
font: 1.1em/1.3em Delicious, Georgia, Times,
"Times New Roman", serif;
}
h1, h2, h3 {
padding: 0.7em 0;
}
p {
padding: 0.3em 0;
}
```

TIPP

Häufig ist es bei großen Projekten bequemer, bei der Behandlung der Schriftgröße in 10er-Einheiten zu arbeiten. Dafür wird die Schriftgröße durch die Angabe font-size: 0.625 em bzw. font-size: 62.5 % auf 10 px gebracht (16 px * 0.625 = 10 px). Dies hat den Vorteil, dass man anschließend bei der Angabe der Schriftgröße in em-Einheiten bequemer rechnen kann. 1.6 em wird quasi genau 16 px bedeuten, wobei die tatsächliche Schriftgröße immer noch manuell einstellbar und skalierbar bleibt.

Die Schreibweise `1.1 em/1.3 em` bei der Schriftangabe ist eine übliche Kurzschreibweise für die Schriftgröße (`1.1 em`) und Zeilenhöhe (`1.3 em`) der Texte.

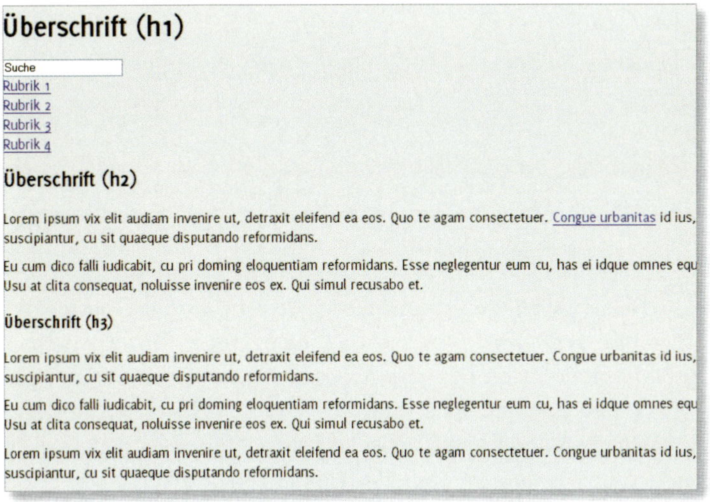

◂ **Abbildung 10.33**
Global Reset des `body`-Elements wird von Standardvorgaben begleitet.

4 Hauptcontainer positionieren (#container)

Um die Seiteninhalte in die Mitte der Seite zu setzen, wird der Container mit einem horizontalen äußeren Abstand von 6% der Bildschirmbreite versehen. Ein vertikaler Abstand von 1 em soll dem Container und sowie dem Layout genügend Platz auf der Seite geben. Zusätzlich soll er einen weißen Hintergrund und einen Rand besitzen.

```
#container
{
margin: 1em 6%;
background-color: #ffffff;
border: 1px solid #1166cc;
}
```

TIPP

Um einen Container horizontal in der Mitte einer Seite zu positionieren, genügt es
`margin: 0 auto;`
zu setzen und dem Container eine Breite zuzuweisen, etwa:

```
#container {
 width: 80%; margin: 0 auto;
}
```

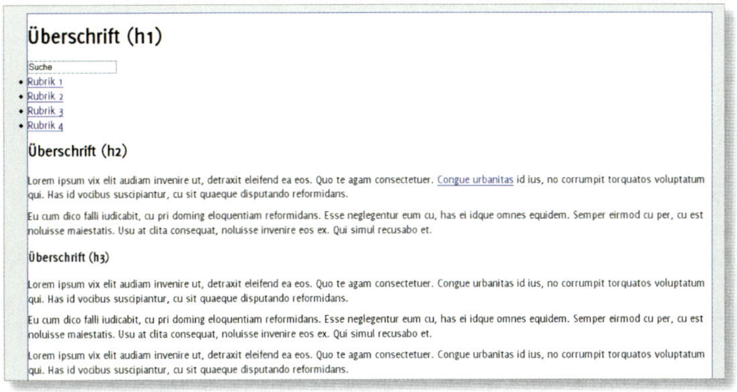

◂ **Abbildung 10.34**
`#container` wird zentriert und mit einem Rand versehen.

5 Den oberen Seitenbereich positionieren (#header)

Die Überschrift der Seite soll sich im linken oberen Seitenbereich befinden, die Suchbox dagegen wird rechts oben platziert. Die Positionierung von beiden Elementen geschieht mit float-Stilanweisungen.

Zuerst wird der Header mit einer blauen Hintergrundfarbe versehen.

```
#header {
background-color: #5599dd;
}
```

Anschließend werden die Überschriften 1. Ordnung nach links gefloatet. Jede float-Box benötigt eine Breite. Diese wird auf 65 % gesetzt. Damit <h1>-Elemente nicht direkt an den Rand des Containers grenzen, sollen sie über einen horizontalen Abstand verfügen. An dieser Stelle muss man beachten, dass die gesamte Breite von Abständen, des <h1>-Elements sowie der Suchbox die Breite des Layouts nicht übersteigen dürfen. Aus dieser Überlegung heraus wird für <h1> der horizontale Abstand von 2 % der Gesamtbreite des Elternelements gewählt. Dies macht schon wenigstens 69 % der Gesamtbreite aus. Für die Suchbox soll nun eine Breite gewählt werden, die in die Seitenbreite passt und gegebenenfalls genug freien Raum zwischen der Überschrift und dem Eingabefeld lässt. Eine Breite von 20 % sowie ein horizontaler Abstand von 1 % genügen hierfür.

```
#header h1 {
color: #ffffff;
float: left;
width: 65%;
padding: 0.5em 2%;
}
#header form {
padding: 0.4em 1%;
float: right;
background-color: #77aadd;
width: 20%;
margin: 0.5em;
}
#header input {
   padding:5px;
   background-color:#ffffff;
   border:2px solid #f6f6f6;
   font-size:1em;
```

```
    color:#999999;
    width: 70%; /* 70% des Elternelements form */
}
```

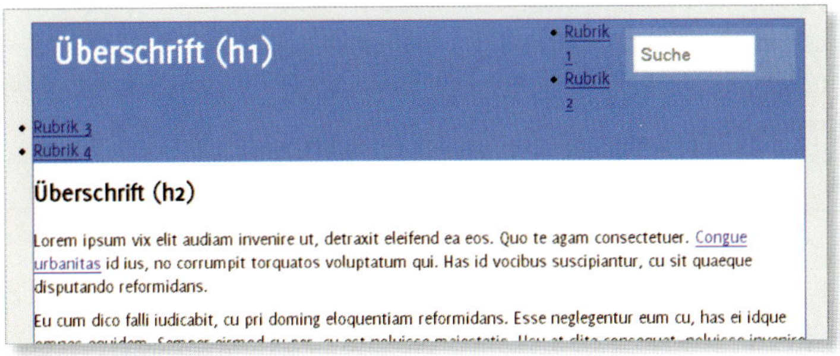

◂ **Abbildung 10.35**
Die `h1`-Überschrift wird im `#header` nach links gefloatet, die Suchbox nach rechts.

6 Container für das Navigationsmenü setzen (#navbar)

Im letzten Schritt wurde der `#navbar`-Container dazu gezwungen, die linke sowie die rechte float-Box umzufließen; um dies zu verhindern, wird `clear: both;` eingesetzt.

```
#navbar {
clear: both;
background-color: #77aadd;
padding: 0.1em;
}
#navbar ul {
padding: 0.6em;
}
#navbar li {
display: inline;
list-style: none;
}
#navbar li a {
padding: 0.3em;
color: #fafafa;
}
```

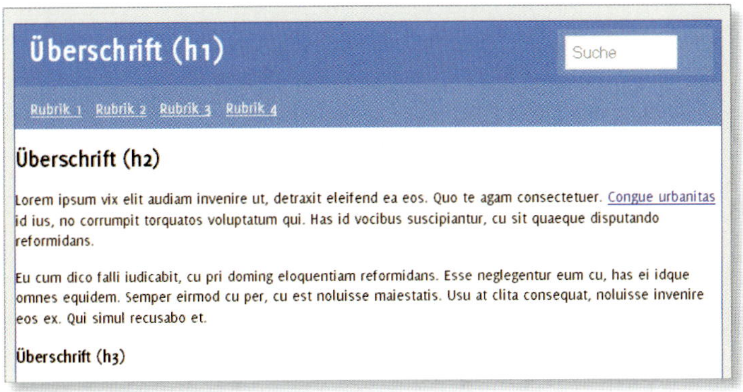

◂ **Abbildung 10.36**
`#navbar` und `#header` überdecken sich nicht mehr – die Lösung wird durch `clear: both;` geliefert.

7 Inhaltsbereich positionieren (#content)

Der Seiteninhalt soll sich links befinden und wird deshalb nach links gefloatet. Die Breite des Blocks wird auf 65 % gesetzt. Um genug Platz zwischen dem linken und dem rechten Container zu lassen, wird der innere horizontale Abstand auf 3 % der Containerbreite gesetzt. Zusammen ergibt dies 71 % der Gesamtbreite des Layouts.

```
#content {
float: left;
width: 65%;
padding: 0.5em 3%;
}
```

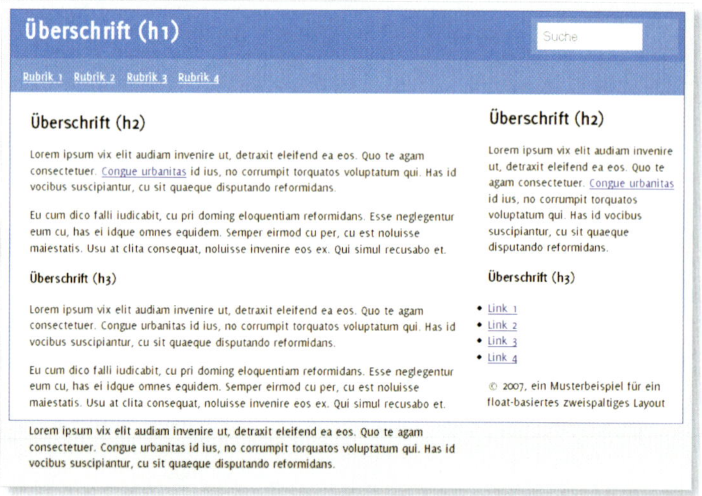

Abbildung 10.37 ▶
Der Inhaltscontainer wird links positioniert. Sowohl die Sidebar als auch der Footer fließen um ihn.

8 Infospalte gestalten (#sidebar)

Die Sidebar soll zusätzliche, begleitende Informationen zum Thema liefern. Ihre Schriftgröße wird deshalb verringert. Der Block wird nach rechts gefloatet, seine Breite ergibt sich als Differenz aus der Gesamtbreite des Containers (100%) und der Breite des `#content`-Blocks, dessen innerer Abstände sowie der inneren Abstände des `#sidebar`-Blocks. Insgesamt also `100% - 65% (#content)- 6% (#content padding, 3%+3%) - 6% (#sidebar padding, 3% + 3%) = 23%`

```
#sidebar {
float: right;
padding: 0.5em 3%;
font-size: 0.95em;
background-color: #cceeff;
```

HINWEIS

Ohne Festlegung eines horizontalen Abstandes (im Beispiel 71 %) würde ein sehr hoher sidebar-Block, der am Rande des `content`-Blocks floatet, nicht immer rechts vom `content`-Block erscheinen, sondern sich unter ihm fortsetzen

```
/* 100% - 65% (#content)- 6% (#content padding,
3%+3%) - 6% (#sidebar padding, 3% + 3%) = 23% */
width: 23%;
}
```

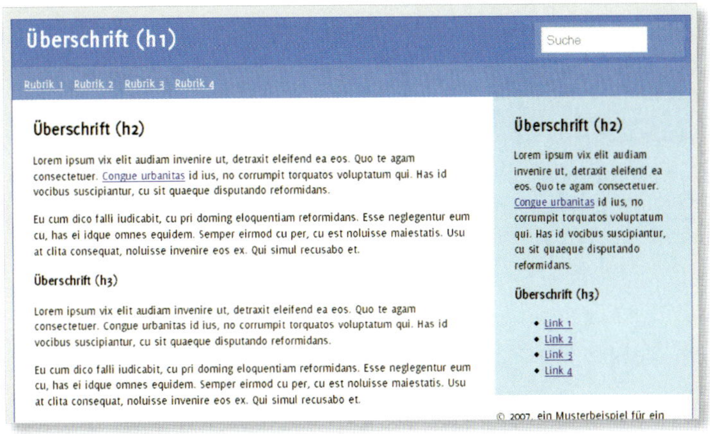

◄ **Abbildung 10.38**
`#sidebar` wird hervorgehoben.

9 Footer positionieren

Da die Content-Box nach links gefloatet wurde, fließen die nachfolgenden Seitenelemente an ihren rechten Rand. Dies gilt für Sidebar genauso wie für Footer. Der Footer muss jedoch im unteren Seitenbereich untergebracht werden und sich auf die volle Seitenbreite erstrecken. Um die umfließende Wirkung zu unterbrechen, wird `clear: both` (`clear: left` würde auch gehen) verwendet. Der Inhalt des Footers wird nach rechts gerückt und die Default-Werte für `p`, die sich von einem Browser zum anderen ändern können, auf neue einheitliche Werte gesetzt.

```
#footer {
clear: both;
background-color: #5599dd;
text-align: right;
color: #fff;
}
#footer p {
padding: 0.5em;
}
```

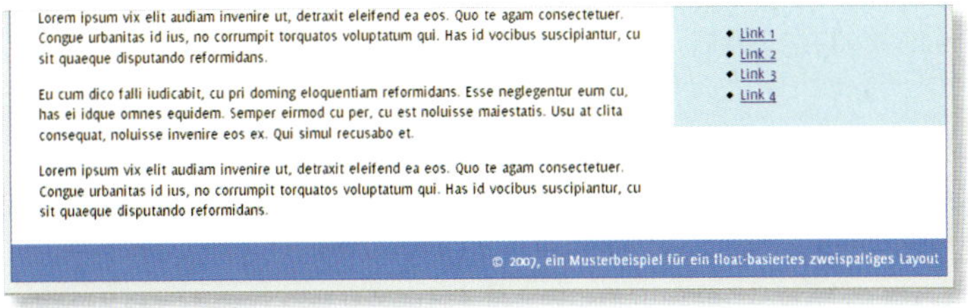

◄ **Abbildung 10.39**
`#footer` befindet sich am unterem Rand des Layouts.

Das Ergebnis ist ein flexibles, standardkonformes Seitenlayout, das mit Prozentangaben positioniert wird und somit bei jeder Bildschirmauflösung lesbar bleibt.

10 Bugs fixen

Wegen des eigenartigen Box Modells im IE 5.x/Win muss dieser Bug an dieser Stelle besonders unter die Lupe genommen werden.

Wegen der speziellen Eigenschaften des Internet Explorers müssen seine CSS-Bugs an dieser Stelle besonders beachtet werden. Für IE 6 muss folgende Angabe eingefügt werden (dies ist einer der typischen IE Bugs):

```
#footer {
height: 1%;
}
```

Um eventuelle Darstellungsprobleme mit IE zu vermeiden, ist es außerdem wichtig, bei jeder Deklaration, die `float: left` oder `float: right` verwendet, die Stilangabe `display: inline` explizit anzugeben - diese beugt dem sog. *Double-Margin-Bug* des IE vor (mehr dazu s. Kapitel 11). Etwa so:

```
#sidebar {
float: left;
...
display: inline;
}
```

11 Layout anpassen und weiterentwickeln

Einer der wesentlichen Vorteile von Floats besteht darin, dass sie Seitenentwicklern ein flexibles Werkzeug bereitstellen, mit dem die Positionen von Blöcken leicht verändert und angepasst werden können. Um die Position der Sidebar- und der Content-Blöcke auszutauschen, genügt es nun, den Inhalt nach rechts zu floaten und den linken äußeren Abstand beim Sidebar mit dem rechten äußeren Abstand auszuwechseln.

CSS:

```
#content {
/* float: left wird auf float: right geändert */
float: right;
padding: 0.5em 3%;
width: 65%;
}
```

```
#sidebar {
/* float: right wird auf float: left geändert */
float: left;
font-size: 0.95em;
background-color: #d4ebf7;
padding: 0.5em 3%;
width: 23%;
}
```

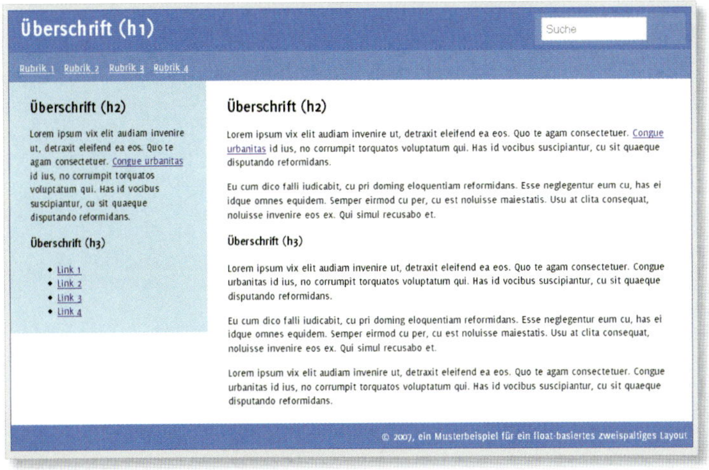

◀ **Abbildung 10.40**
Container-Block und Sidebar-Block werden mit zwei Code-Anpassungen vertauscht.

12 Dreispaltiges Layout

Um das Layout zu einem dreispaltigen Layout zu entwickeln, genügt es, eine Sidebar nach links, die andere nach rechts zu floaten und den Content-Container nach links zu floaten. `float: right` für den `#content`-Bereich würde den Block nämlich rechts von beiden Blöcken platzieren, also auch von `#nextsidebar`. Beachten Sie, dass im Layout auf 1% der Seitenbreite verzichtet wird – dies liegt an einem IE Bug.

XHTML:

```
<div id="sidebar"> ... </div>
<div id="content"> ... </div>
<div id="nextsidebar"> ...</div>
```

CSS:

```
#content {
padding: 0.5em 3%;
float: left;
width: 47%;
}
#sidebar {
float: left;
```

TIPP

Aus der Accessibility- und SEO-Sicht ist es immer von Vorteil, wenn die Seiteninformation möglichst weit oben im Markup steht. Mit floats können Sie Seitenblöcke links und rechts positionieren – unabhängig davon, wo der Seitenblock im Markup steht.

```
width: 20%;
font-size: 0.95em;
background-color: #d4ebf7;
padding: 0.5em 1.5%;
}
#nextsidebar {
float: right;
width: 20%;
font-size: 0.95em;
background-color: #d4ebf7;
padding: 0.5em 1.5%;
}
```

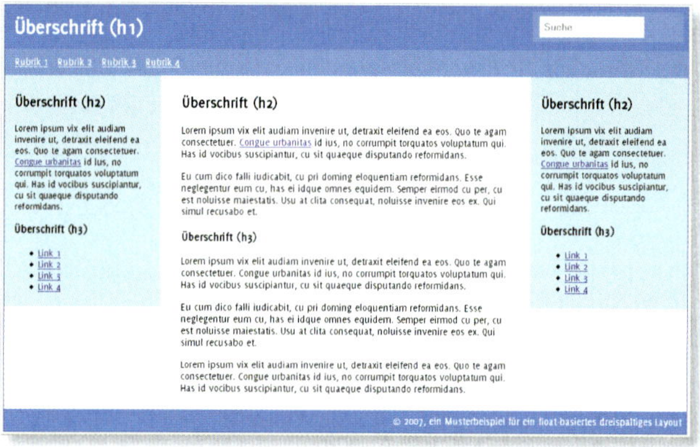

Abbildung 10.41
Dreispaltiges, float-basiertes Layout

Verschiebung des `content`-Containers im Markup verändert die Positionen von Blöcken.

XHTML:

```
<div id="content"> ... </div>
<div id="sidebar"> ... </div>
<div id="nextsidebar"> ...</div>
```

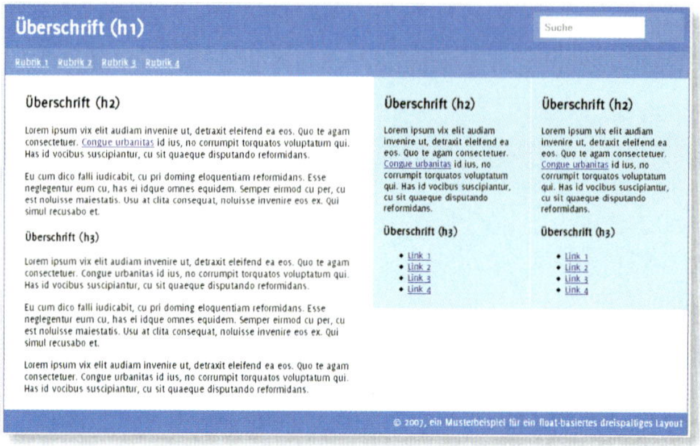

Abbildung 10.42 ▶
Mit wenigen Veränderungen können float-Boxen in der horizontalen Ebene beliebig verschoben werden.

10.3.5 Spalten mit gleicher Höhe

Häufig werden Sie bei der Implementierung eines modernen Designentwurfs dafür sorgen wollen, dass die Hintergrundfarbe eines Blocks – etwa einer Informationsspalte (`#sidebar` im oberen Entwurf) – mit der Höhe des höchsten Blocks (`#content`) übereinstimmt. Dies ist ein typisches Ziel für Designentwürfe, bei denen Spalten mit einer Hintergrundfarbe bzw. einem Hintergrundbild versehen werden.

Standardmäßig hat eine beliebige Box die minimale Höhe, die durch ihren Inhalt sowie den inneren Abstand begrenzt wird. Um die Höhe der Box zu vergrößern, muss man zu Methoden greifen, die künstlich den gewünschten Effekt erzeugen. Betrachten Sie zur Veranschaulichung des Problems Abbildung 10.43 und Abbildung 10.44.

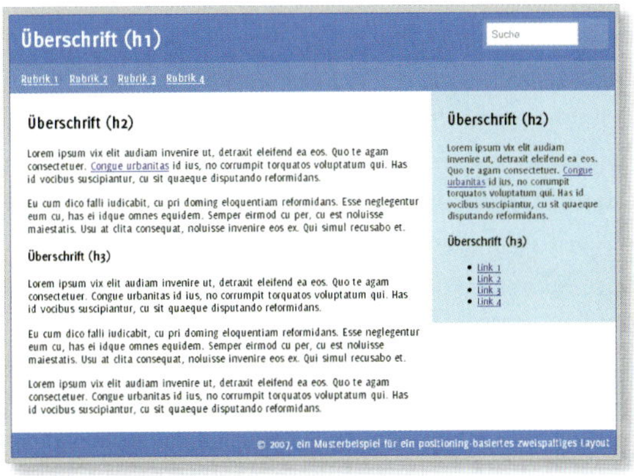

▲ **Abbildung 10.43**
Die rechte Spalte nimmt nur so viel Platz, wie viel der Inhalt für seine Erscheinung benötigt. Dies lässt sich an der Hintergrundfarbe ablesen – diese wird für die ganze Box definiert.

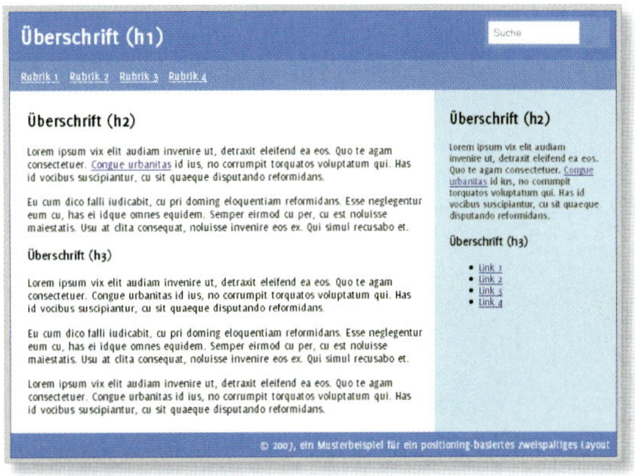

▲ **Abbildung 10.44**
Die rechte Spalte erstreckt sich über die gesamte Seitenhöhe.

Grundsätzlich gibt es zwei Techniken, mit denen die Hintergrundfarbe einer Box auch über ihre Grenzen hinaus erstreckt werden kann.

Equal Height Columns | Eine mögliche Vorgehensweise bietet die Technik *Equal Height Columns* an. Die Methode basiert auf drei CSS-Attributen, die in die CSS-Datei zusätzlich eingefügt werden.

- Wird ein `#sidebar`-Block innerhalb eines Containers platziert, so wird der Container mit der Stilangabe `overflow: hidden` versehen;

- anschließend wird `#sidebar` mit einem inneren Abstand versehen, der größer als die mögliche Höhe des Layouts ist (z. B. `#sidebar {padding-bottom: 9999px;}`);
- schließlich wird für `#sidebar` ein negativer äußerer Abstand gesetzt, dessen Wert mit dem des inneren Abstands übereinstimmt (`sidebar {margin-bottom: -9999px;}`).

Was dadurch geschieht, ist rein intuitiv nicht unbedingt klar: Wegen des großen inneren Abstands wird die Höhe der `#sidebar`-Box künstlich vergrößert. Der gleich große negative äußere Abstand sorgt dafür, dass der Dokumentfluss gerade auf die Stelle springt, wo der innere Abstand anfängt und zeigt weitere Seiteninhalte ab dieser Position – dies ändert jedoch nichts an der Tatsache, dass die Box eine Höhe von `9999 px` besitzt. Demzufolge erstreckt sie sich weit über die Grenzen des Layouts hinaus. Damit die Hintergrundfarbe nicht auch hinter dem Container des Layouts angezeigt wird und somit die Höhe der Seite nach oben treibt, wird `#container` mit dem Attribut `overflow: hidden` versehen. Dadurch werden übergroße Inhalte, die sich innerhalb von `#container` befinden, automatisch abgeschnitten.

Die Methode funktioniert einwandfrei in allem gängigen Browsern, abgesehen von älteren Versionen von Opera (bis einschließlich Opera 8) sowie IE Mac 5. Die zusätzlichen Anpassungen der Technik für ältere Browser finden Sie im Beitrag »Equal Height Columns« (*http://www.positioniseverything.net/articles/onetruelayout/equalheight* Linkcode 291).

Auf das obere Beispiel angewandt ergibt die Technik den folgenden zusätzlichen Quellcode:

```
#container {
...
overflow: hidden;
}
#sidebar {
...
padding-bottom: 9999px;
margin-bottom: -9999px;
}
#footer {
...
overflow: hidden;
/* Wird benötigt, damit der Footer-Bereich in den Vordergund tritt */
...
}
```

In Safari unter Mac wird der #footer-Bereich in Folge dieser Veränderungen zu einem schmalen linken Rand. Die folgenden Angaben weisen dem Bereich eine feste Breite zu und liefern auch in Safari die gewünschte Darstellung:

CSS:
```
#footer {
...
width: 100%;
display: block;
...
}
```

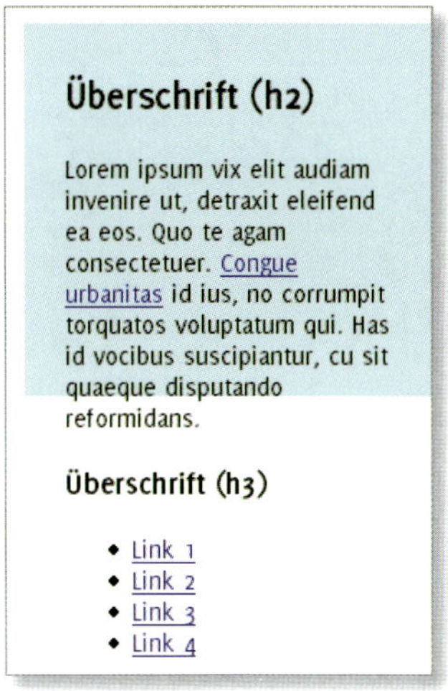

▲ **Abbildung 10.45**
Der Inhalt ragt über die Elternbox hinaus.

Außerdem wird der #footer-Bereich in Opera 9 vom #sidebar-Streifen überdeckt. Um ihn zu entfernen, wird der Footer-Block relativ positioniert (vgl. dazu Abschnitt 10.4):

CSS:
```
#footer {
  ...
position: relative;
}
```

Exkurs: overflow | Befindet sich ein Seitenelement innerhalb eines anderen Seitenelements, dessen Breite bzw. Höhe festgelegt sind oder aber durch seine Inhalte begrenzt werden, so kann eine übermäßig große innere Box nicht im Rahmen ihrer Eltern-Box platziert werden. Das Problem tritt etwa auf, wenn #content nicht breit genug ist , um ein Bild in großer Auflösung darzustellen oder um Inhalte komplett anzuzeigen.

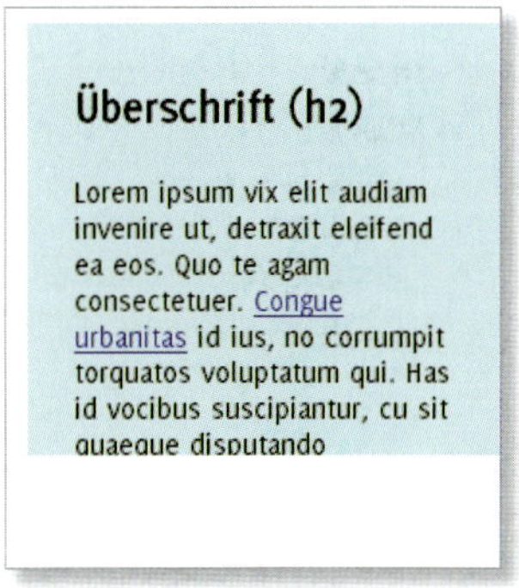

▲ **Abbildung 10.46**
Der Inhalt wurde abgeschnitten.

XHTML:
```
<div id="box">Lorem ipsum ... </div>
```

CSS:
```
#box {
width: 200px;
height: 200px;
}
```

Mit dem overflow-Attribut kann geregelt werden, wie übergroße innere Elemente eines Containers behandelt werden. Es kann vier Werte annehmen:

- overflow: auto; oder keine expliziten Angaben

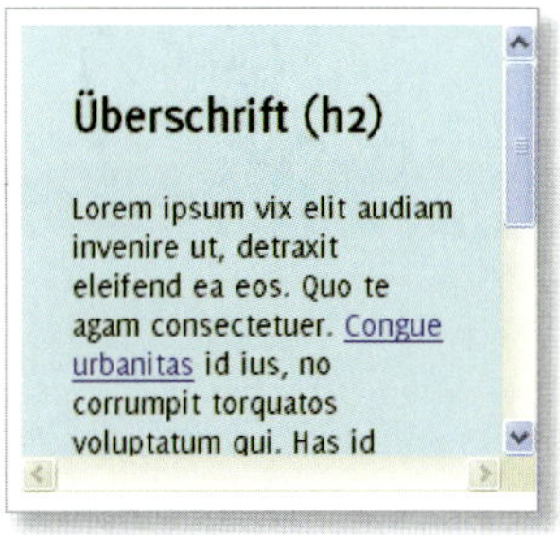

▲ **Abbildung 10.47**
Scrollbalken bei overflow: scroll

HINWEIS

Es ist zu beachten, dass IE bis Version 6 bei `visible` das Element so weit vergrößert, bis der Inhalt vollständig sichtbar ist. Opera 6 stellt `auto` wie `visible` und `scroll` wie `hidden` dar.

Der Browser bzw. die Vorlesesoftware darf selbst entscheiden, wie Inhalte angezeigt werden.

- `overflow: visible;`
  Der Inhalt der Box soll aus der Elternbox so weit herausragen, bis er vollständig angezeigt wird.
- `overflow: hidden;`
  Der Inhalt, der die Grenzen der Box überschreitet, wird abgeschnitten.
- `overflow: scroll;`
  Der Inhalt, der die Grenzen der Box überschreitet, wird abgeschnitten. Ein Scrollbalken soll die Navigation im abgeschnittenen Bereich ermöglichen.

Faux Columns | Die zweite Methode, auch Faux *Columns*-Methode (engl. »falsche Spalten«) genannt, setzt im Gegenteil zur Equal Heights Columns-Methode auf einen optischen Effekt und hat mit der technischen Seite von CSS nur wenig zu tun. Im Grunde genommen wird bei Faux Columns dem Container ein Hintergrundbild zugewiesen, das als Hintergrundbild sowohl für `#content` als auch für `#sidebar` agieren soll. Das eigentliche Bild ist nur wenige Pixel hoch, seine Breite umfasst die ganze Breite des Layouts.

Overflow
Weitere Details zur Verwendung des Attributs sowie anderer Eigenschaften zur Positionierung und Anzeige von Elementen finden Sie in der Übersicht »Positionierung und Anzeige von Elementen« (*http://de.selfhtml.org/css/eigenschaften/positionierung.htm*).

Wird das Hintergrundbild in einem Container vertikal untereinander wiederholt (mit der `background-repeat`-Eigenschaft in CSS), so entsteht die gewünschte visuelle Illusion, dass die Seitenblöcke selbständige Spalten darstellen – und zwar ganz unabhängig vom Inhalt der jeweiligen Boxen.

Der Quellcode könnte etwa so aussehen:

```
#container {
background: #fff url(hintergrund.png) repeat-y;
}
```

Das Hintergrundbild wird dabei so gewählt, dass die im Layout vorkommenden Blöcke gerade mit der jeweiligen Hintergrundfarbe versehen werden. Im einfachsten Fall lassen sich Layouts fester Größe auf diese Weise leicht mit einem Hintergrundbild überdecken. Eine präzise Festlegung der Farben für die jeweiligen Bereiche erzeugt den gewünschten Effekt.

Faux Columns

Die *Faux Columns-Methode* wurde vom Dan Cederholm entworfen. Den Beitrag zum Thema finden Sie im Beitrag »Faux Columns« (*http://www.alistapart.com/articles/fauxcolumns* Linkcode 292).

Sollte also ein zweispaltiges Layout die feste Breite von 750 px besitzen, sodass der linke `#content`-Bereich (zusammen mit inneren und äußeren Abständen) die Breite von 540 px hat und der rechte `#sidebar`-Bereich die Breite von 210 px hat, so sind die Hintergrundfarben entsprechend zu verteilen. Das gesamte Hintergrundbild wird eine Breite von 750 px haben, der Bereich von 0 px bis 540 px wird mit der ersten Farbe gefüllt, der Bereich von 541 px bis 750 px wird mit der zweiten Farbe gefüllt. Dabei kann der Designer selbst festlegen, wo die eine Farbe endet und die andere anfängt. Da mit Bildern gearbeitet wird, sind auch beliebige fließende Übergänge möglich.

Auf diese Weise lässt sich auch das `body`-Element mit einer Hintergrundfarbe versehen – um etwa einem Seitenlayout einen schönen, abgerundeten Rahmen zu verleihen.

◄ **Abbildung 10.48**
Faux Columns. Ein breites Bild wird als Hintergrundbild des Containers verwendet. Mit pixelgenauer Platzierung der Hintergrundfarben lässt sich der optische Effekt von Spalten erzeugen.

Problematischer wird dies bei Layouts, die keine feste Breite besitzen. Dann lassen sich die Hintergrundfarben für die Blöcke nämlich nicht pixelgenau positionieren, da die Position von Seitenelementen im Container etwa von der Bildschirmauflösung abhängt. In solchen Fällen erzeugt man ein breites Hintergrundbild (z. B. `hintergrund.png`, etwa mit einer Breite von 2000 px, damit der Effekt auch für Bildschirme mit hoher Bildschirmauflösung wirkt) und füllt dieses in gleichen Proportionen aus wir die Breiten der Blöcke im Layout.

Soll der linker Block etwa 70% und der rechte 30% des Gesamtlayouts besitzen, so füllt man die ersten 1400 px (0.7 * 2000 px) mit der Hintergrundfarbe des ersten Blocks, die übrigen 600 px mit der Hintergrundfarbe des zweiten Blocks. Wir wollen, dass der Fokus des Hintergrundbildes so eingerichtet wird, dass genau 70% des Layouts mit der jeweiligen Hintergrundfarbe gefüllt wird; d. h. unabhängig von der Größe des Layouts soll nach 70% der Gesamtbreite der Wechsel von einer Farbe zur anderen stattfinden.

Genau dafür sorgt die Anweisung

```
#container {
background: url(hintergrund.png) 70% 0 repeat-y;
}
```

für `#container`.

Wie Sie bereits bei der Technik CSS Sprites gesehen haben, erlaubt die obere Angabe, welche die Kurzschreibweise für `back-`

TIPP

Werden Seiteninhalte dynamisch positioniert, so kann man dem Layout kein pixelgenaues Hintergrundbild zuweisen. In Abhängigkeit von der Bildschirmauflösung soll sich das Bild entsprechend erstrecken. Dazu wird in der Praxis ein breites Bild verwendet, das mit der `background-position`-Eigenschaft mittels CSS positioniert wird.

`ground-image` und `background-position` ist, den Fokus des Bildes, also den Punkt auf dem Hintergrundbild, ab dem das Bild angezeigt wird, beliebig zu positionieren.

Background Position

Bei relativen Angaben der `background-position`-Eigenschaft beziehen sich Werte nicht auf die linke obere Ecke, sondern auf die Größe des Bildes.

An dieser Stelle ist es sehr wichtig, genau zu verstehen, was dabei geschieht. Besitzt die `background-position`-Eigenschaft »feste« Werte (Pixel), so wird der Fokus, der ursprünglich auf die linke obere Ecke platziert wird, um die jeweiligen Werte horizontal und vertikal bewegt. Bei relativen Werten ist dies grundlegend anders. Die Prozentangaben beziehen sich nicht auf die linke obere Ecke, sondern auf die Größe des Bildes. Wollen Sie also dafür sorgen, dass der Fokus auf einen Punkt gesetzt wird, der eine horizontale Verschiebung von 70 % des Gesamtbildes beträgt und 70 % der Breite des Layouts einnimmt, so ist dies die richtige Angabe. Machen Sie sich klar, dass der Fokus nicht nur auf eine bestimmte Position im Bild gesetzt wird, sondern auch seine Position im Container dadurch festgelegt wird.

Erwähnenswerte Beiträge zum Thema sind unter anderem:

- **Creating Liquid Faux Columns**
  http://www.communitymx.com/content/article.cfm?cid=afc58 (Linkcode 293)
- **Sliding Faux Columns**
  http://meyerweb.com/eric/thoughts/2004/09/03/sliding-faux-columns Linkcode 294) und
- **Faux Columns for Liquid Layouts**
  http://www.ilovejackdaniels.com/css/faux-columns-for-liquid-layouts Linkcode 295).

Eine weitere Technik, die für ein dreispaltiges Layout zwei Hintergrundbilder verwendet, wird im Beitrag »Elastic Faux Columns« (*http://nickcowie.com/2005/elastic-faux-columns* Linkcode 296) vorgestellt. Sie bereitet in älteren Versionen von Safari Probleme.

10.4 Relative und absolute Positionierung

Inherit

Zusätzlich kann man `inherit` als Typ der Positionierung angeben – dann wird der Typ der Positionierung vom Elternelement vererbt.

Neben der float-basierten Positionierung stellen die relative und die absolute Positionierung weitere Methoden dar, mit denen sich die Struktur einer Seite festlegen lässt.

CSS 2.1 stellt insgesamt vier Typen zur Positionierung von Seitenelementen bereit: `static`, `relative`, `absolute` und fixed.

Wie Tommy Olsson in seinem Beitrag »Web Design 101: Positioning«[1] anmerkt, sind die Beschriftungen für die einzelnen

1 »Web Designg 101: Positioning«, Digital Web Magazine, *http://www.digital-web.com/articles/web_design_101_positioning*

Positionierungstypen in der Spezifikation von CSS 2.1 eher verwirrend als selbsterklärend. So ist beispielsweise ein statisches Element nicht statisch, da es beim Scrollen der Seite mitbewegt wird.

Ein relativ positioniertes Element steht in keiner Relation zu anderen Elementen und bezieht sich immer auf sich selbst. Ein absolut positioniertes Element wird nicht mit absoluten Angaben versehen, seine Position wird relativ zu anderen Elementen festgelegt. Ein »fixiertes« Element ist insofern fix, als dass es absolut und statisch positioniert wird. Viele Begriffe sorgen nicht unbedingt für Klarheit und werden demnach häufig durcheinander gebracht.

HINWEIS

Bei der relativen und absoluten Positionierung von Seitenelementen werden Begriffe häufig durcheinander geworfen.

Blickt man auf die Positionierungstypen dagegen aus der Perspektive des Dokuments, in dem sie verwendet werden, so erkennt man:

- *statische* Elemente sind statisch im Hinblick auf den Datenfluss,
- *relativ positionierte* Elemente sind relativ zu sich selbst,
- *absolut positionierte* Elemente verhalten sich absolut zu anderen Elementen und
- *feste* Positionierung lässt Seitenelemente an einer Position im Layout unverändert – gleichgültig, ob gescrollt wird oder nicht.

Die folgende Übersicht soll anhand von Beispielen eine Ordnung in den Begriffsdschungel bringen. Ein wichtiger Begriff ist dabei *Containing Blocks*.

10.4.1 Containing Blocks

Ein wichtiges Konzept, das in der Spezifikation von CSS sehr abstrakt gehalten wird und äußerst vage definiert wird, ist das Konzept von Containing Blocks. Grundsätzlich ist darunter eine Block-Box zu verstehen, die weitere Boxen enthält. Daraus leitet sich etwa der Name für `<div>`-Container ab: Sie stellen immer Containing Blocks dar, falls sie Seitenelemente beinhalten. Zur Veranschaulichung betrachten Sie das folgende Beispiel.

TIPP

Eine formale Erläuterung des Begriffs *Containing Blocks* finden Sie in der offiziellen Spezifikation von CSS 2 auf *http://www.w3.org/TR/REC-CSS2/visuren.html#containing-block* (Linkcode 297).

```
<div>
<p>Paragraph</p>
<ul>
  <li>Eintrag 1</li>
  <li>Eintrag 2</li>
</ul>
</div>
```

So sind im oberen Beispiel `div`-, `p`-, `ul`- und `li`-Elemente Containing Blocks. `div` ist ein Containing Block für `p` und `ul`, `p` ist ein Containing Block für den Textstring »Paragraph«, `ul` ist ein Containing Block für die Listenelemente `li` und `li` ist wiederum ein Containing Block für die Strings »Eintrag 1« und »Eintrag 2«.

Wird einem Element die Breite von 30 % zugewiesen (`width: 30%;`), so bezieht sich die Prozentangabe auf die Breite des Containing Blocks. Für jedes Element, das nicht absolut positioniert wird, ist der Containing Block der direkte Block-Level-Vorgänger, der das Element umfasst. Existiert für ein Element kein Vorgänger (etwa beim `html`-Element), so wird die gesamte Seite (das Fenster im Browser, in dem die Seite angezeigt wird) als dessen Containing Block definiert.

10.4.2 Statische Positionierung

HINWEIS

Statische Elemente sind statisch im Hinblick auf den Datenfluss. Die statische Positionierung ist die Standardpositionierung, nach der Seiteninhalte ohne weitere explizite Angaben auf Seiten platziert werden.

Die statische Positionierung von Inhalten (`position: static;`) stellt die standardmäßige Art und Weise dar, wie Inhalte auf einer Seite positioniert werden. Sie erscheinen im Browser genauso, wie sie im Quellcode stehen. Im Grunde genommen sorgt die statische Positionierung dafür, dass Block-Level-Elemente durch Zeilenumbrüche voneinander getrennt werden und Inline-Level-Elemente zu Inline-Boxen werden. Beispiel:

```
<div id="container">
<p>Lorem ipsum ... </p>
<p class="positioned">Mei ad maiorum ... </p>
<p>Eu cum dico falli ... </p>
</div>
```

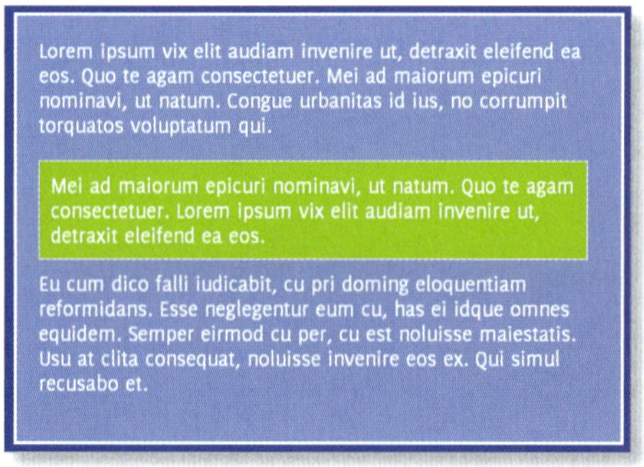

Abbildung 10.49 ▶
Alle <p>-Boxen werden standardmäßig statisch positioniert.

Wird für ein Element keine Positionierung explizit angegeben, so ist mit dessen statischen Positionierung zu rechnen.

10.4.3 Relative Positionierung

Bei der relativen Positionierung (`position: relative`) wird eine Box zuerst wie gewohnt dort platziert, wo sie bei der statischen

Positionierung auftauchen würde. Alle weiteren Seitenelemente werden demzufolge ausgerichtet – das nachfolgende Block-Level-Element wird etwa wegen eines Zeilenumbruchs darunter platziert. Anschließend wird die Box vertikal und horizontal verschoben – die genaue Position wird durch die relativen Angaben `top`, `bottom`, `left` und `right` festgelegt. Deshalb macht es in diesem Kontext Sinn, von der relativen Positionierung von Elementen zu sich selbst zu sprechen.

Die vier Angaben geben den Abstand (sowie die Richtung) an, um den (in die) eine Box von ihrer ursprünglichen Position bewegt wird. Neben absoluten px- oder pt-Angaben können auch relative Werte – etwa % oder em benutzt werden; diese beziehen sich auf die Eigenschaften der Box – also ihre Breite und Höhe. So sagt etwa `top: 20px;` aus, dass die Box um 20 px nach unten von der oberen Kante der »statischen« Box bewegt werden soll.

Auch negative Werte können benutzt werden: `right: -50px;` bedeutet etwa, dass die Box um 50 px nach rechts bewegt werden soll. Beachten Sie, dass die Box bei der Eingabe von entgegengesetzten Richtungen, also zum Beispiel

```
p {
   position: relative;
   left: 30px;
   right: 40px;
 }
```

oder

```
p {
    position: relative;
    top: 30px;
    bottom: 40px;
}
```

nur den ersten auftretenden Wert interpretiert – der zweite wird ignoriert.

In der Praxis könnte die relative Positionierung in etwa so aussehen (der XHTML-Code wird aus dem oberen Beispiel übernommen):

```
p.wichtig {
position: relative;
left: -5em;
}
```

HINWEIS

Relativ positionierte Elemente sind relativ zu sich selbst; mit `top`, `bottom`, `left` und `right`-Attributen können Sie von der Position, an der Sie bei statischer Positionierung auftauchen würden, verschoben werden.

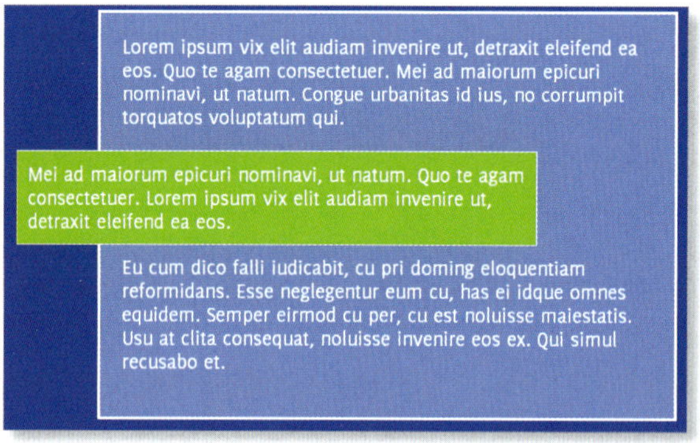

Abbildung 10.50 ▶
Die grüne Box ist relativ positioniert, sie wird relativ zu sich selbst um 5 em nach links bewegt.

Stack Order

Unterschiedliche Browser gehen unterschiedlich mit der Anzeige von relativ positionierten Elementen um. Manchmal überdecken sie andere Elemente, manchmal werden sie selbst überdeckt. Deshalb empfiehlt es sich, bei Boxen, die einander überdecken können, die sogenannte *Stack Order*, also Reihenfolge der Box-Schichten, genau festzulegen. Dies geschieht mit dem `z-index`-Attribut, das auf der Seite erläutert wird.

Relativ positionierte Boxen können andere Seitenelemente überdecken (siehe Abbildung 10.51).

```
p.wichtig {
position: relative;
left: -5em;
top: 2em;
}
```

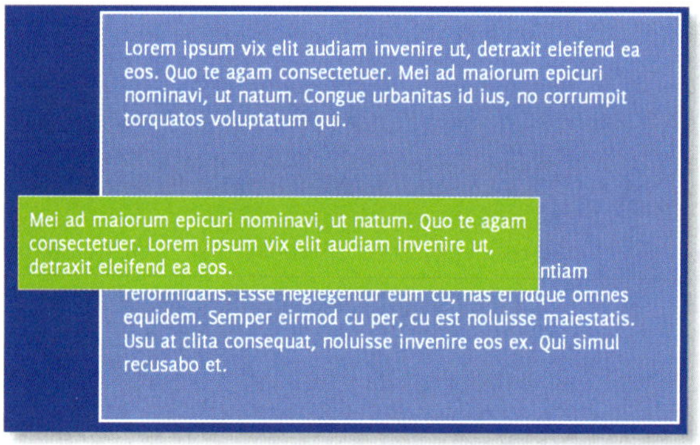

Abbildung 10.51 ▶
Die relativ positionierte Box überdeckt die untere Block-Level-Box.

Das Entscheidende dabei ist, dass die relativ positionierte Box für alle anderen Seitenelemente immer noch den Platz auf der Seite einnimmt, der ihr durch die statische Positionierung eingeräumt wird. Dieser Platz ist somit für alle andere Elemente genauso besetzt, als wenn das Element statisch positioniert wäre.

Wird etwa eine relativ positionierte Box weit über das Seitenlayout hinausbewegt, so bleibt im Layout ein freier Platz, der ursprünglich von der bewegten Box besetzt worden war (siehe Abbildung 10.52).

Es ist wichtig zu verstehen, dass die relativ positionierte Box der Containing Block für ihre Kindelemente ist. Das heißt, dass die Angaben bei der relativen Positionierung von Kindelementen sich auf die Angaben der Eltern-Box beziehen.

TIPP

Grundsätzlich sollten Sie nur Block-Level-Elemente relativ positionieren. Bei Inline-Level-Elementen tauchen bei unterschiedlichen Implementierungen Unterschiede auf.

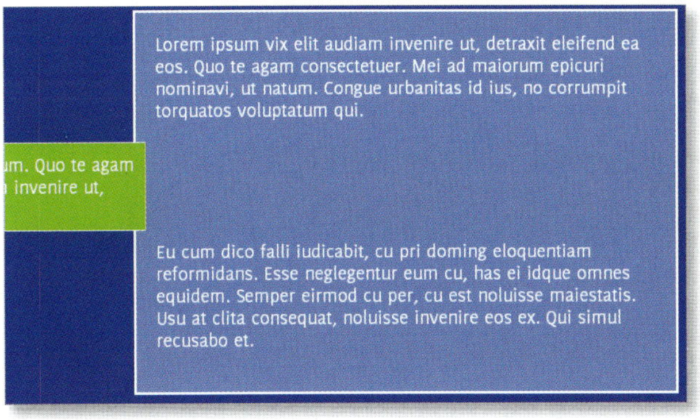

▲ **Abbildung 10.52**
Auch wenn die relativ positionierte Box über das Layout hinausbewegt wird, bleibt im Layout der freie Platz stehen – ihn hat die verschwundene Box eingenommen.

Absolute Positionierung

Absolut positionierte Elemente verhalten sich absolut zu anderen Elementen. `top`, `right`, `bottom` und `left`-Angaben beziehen sich auf die Position innerhalb des Blocks, in dem sie einen Containing Block darstellen.

Die relative Positionierung ist besonders dann nützlich, wenn gewisse Seiteninhalte durch ihre Position hervorgehoben werden und über die Struktur der Seite hinausgehen sollen.

10.4.4 Absolute Positionierung

Während die Attribute `left`, `right`, `top` und `bottom` bei der relativen Positionierung für die Verschiebung von Boxen sorgen, dienen sie bei der absoluten Positionierung zur Angabe der Positionen, auf denen sich die Box befinden soll. Sie legen den Abstand der Box von ihrem Containing Block fest.

Befinden sich zum Beispiel mehrere Absätze `p` innerhalb eines `div`-Containers und wird einer der Absätze absolut positioniert. So bedeutet die `top: 50px;`-Anweisung, dass der absolut positionierte Absatz einen Abstand von 50 px vom Containing Block – also dem Element `div` – haben soll. Die Prozentangaben beziehen sich immer auf die Eigenschaften (Breite und Höhe) des sie umfassenden Blocks (Containing Block).

Relative Positionierung

Im Kontext der absoluten Positionierung kann man die relative Positionierung als Spezialfall sehen, wobei die relativ positionierte Box ein Containing Block von sich selbst ist.

Eine absolut positionierte Box (`position: absolute;`) wird aus dem Dokumentfluss herausgenommen. Dadurch existieren die absolut positionierten Boxen für Seiteninhalte nicht mehr und können diese überdecken. Deshalb ist es wichtig, bei absolut positionierten Boxen genauso wie bei float-Boxen neben der Position der Box auch ihre Breite (`width`) explizit anzugeben.

Ohne konkrete Angaben zu ihrer Position erscheint die Box dort, wo sie im Markup auftritt.

```
p.positioned {
position: absolute;
width: 600px;
}
```

TIPP

Aus technischen Gründen ist es sinnvoller, jeweils eine vertikale und horizontale Position der absolut positionierten Box festzulegen. In älteren Browsern kann es nämlich zu Problemen kommen, falls zwei Angaben zur vertikalen oder horizontalen Positionierung gemacht werden.

Abbildung 10.53 ▸
Die grüne Box ist absolut positioniert und hat die Breite 600 px. Ohne explizite Angaben der Position der Box erscheint sie dort, wo sie im Quelltext auftritt. Die grüne Box überdeckt die unter Block-Box.

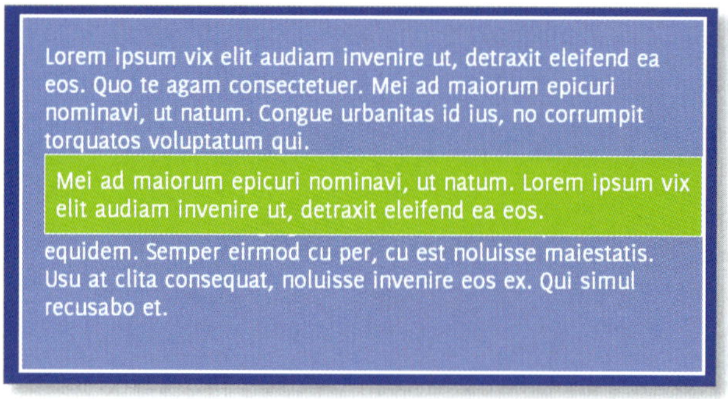

TIPP

Bei Prozentangaben und weiteren relativen Werten (etwa em) ist immer zu überprüfen, auf welche Größen sich die Angaben beziehen. Dies muss nicht notwendigerweise das direkte Elternelement eines absolut positionierten Elements sein.

Im unteren Beispiel bezieht sich die Prozentangabe auf die Höhe des Containing Blocks, der in diesem Fall das `html`-Element ist. Ist ein absolut positionierter Block nämlich das Kind eines statisch positionierten Elements, so wird in der Hierarchieebene bis zum ersten absolut (oder relativ) positionierten Element weitergegangen, dessen Eigenschaften anschließend als Basiswerte verwendet werden.

```
p.positioned {
position: absolute;
width: 600px;
top: 50%;
}
```

Abbildung 10.54 ▸
Die grüne Box wird absolut positioniert und um 50 % von oben entfernt. Die Prozentangabe bezieht sich auf das erste absolut positionierte Elternelement in der Seitenhierarchie.

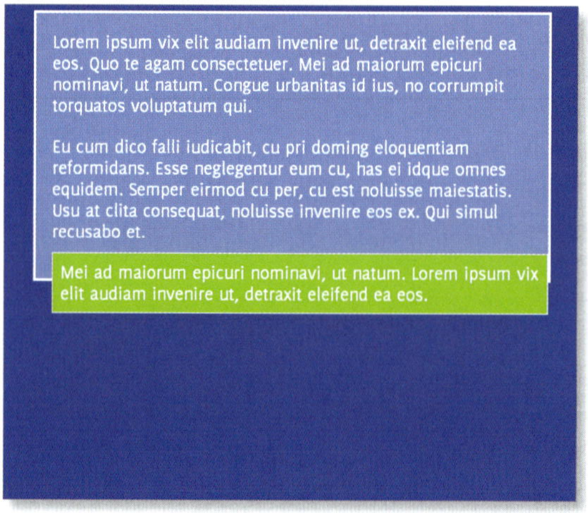

Dies lässt sich durch die Veränderung der Höhe des `html`-Elements veranschaulichen:

```
html {
height: 150%;
}
```

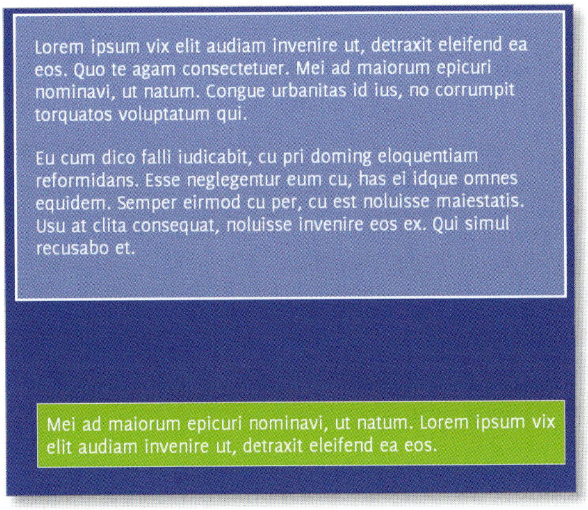

◂ **Abbildung 10.55**
Die Höhe des html-Elements wird vergrößert. Die Position der absolut positionierten Box verändert sich ebenfalls.

Wird dagegen der Container, der die Absätze enthält, zu einem absolut positionierten Element erklärt, so bezieht sich die Prozentangabe auf dessen Höhe. Die obere Kante befindet sich im Abstand genau 50 % von der oberen Kante (inklusive padding) des Containers.

```
#container {
...
position: absolute;
width: 600px;
}
p.positioned {
top: 50%;
width: 600px;
}
```

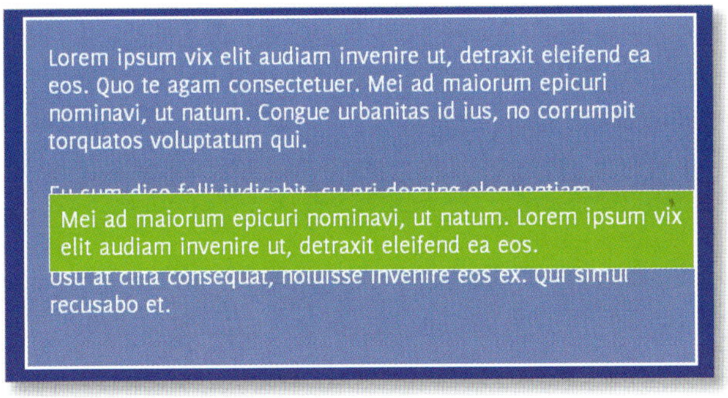

◂ **Abbildung 10.56**
Die obere Kante der grünen, absolut positionierten Box befindet sich im Abstand von genau 50 % von der oberen Kante des Containers.

Als Nebeneffekt haben Sie eine nützliche Eigenschaft der absolut positionierten Seitenelemente gesehen: Ist ein absolut positioniertes Element ein Kind eines relativ positionierten Elements, so stehen die absoluten Angaben des Kindes in Relation zu den Angaben seines Eltern. Dies ist besonders nützlich bei Layouts, in

HINWEIS

Beachten Sie an dieser Stelle, dass bei relativ positionierten Elementen Boxen nur relativ zu sich selbst bewegt werden können. Mit absolut positionierten Elementen können unterschiedliche Elemente in Beziehung zueinander gesetzt werden.

denen Sie ein Element relativ zu einem anderen Element positionieren wollen. Tatsächlich kann die absolute Positionierung als solche nur selten verwendet werden, da in Abhängigkeit von der Bildschirmauflösung Inhalte ungewollte Positionen einnehmen können. Die Verschachtelung von absolut positionierten Elementen in relativ positionierte Elemente ist dagegen eine gängige Methode, um Blöcke präzise und relativ zueinander zu positionieren. Dies liefert mehr Flexibilität, da die eigentlichen Breiten und Höhen der jeweiligen Elemente keine Rolle mehr spielen.

10.4.5 Feste Positionierung

Der einzige Unterschied zwischen *absoluter Positionierung* und *fester Positionierung* besteht darin, dass bei dieser Positionierung Blöcke immer an derselben Position im Browserfenster bleiben – auch dann, wenn nach unten gescrollt wird. Dies hat zur Folge, dass »fixierte« Blöcke etwa beim Drucken immer an derselben Stelle gedruckt werden – und zwar auf allen Seiten. Dies kann z. B. nützlich sein, um die URL des Artikels oder seine Überschrift auf jeder Seite zu drucken.

Es ist zu beachten, das IE 5.x und IE 6 diese Art der Positionierung nicht unterstützen. In IE 7 wird sie unterstützt. Ein Hack (*http://www.howtocreate.co.uk/fixedPosition.html* Linkcode 298) soll Abhilfe für ältere Browser-Versionen liefern.

10.4.6 Z-Index

Z-Index
Der Z-Index regelt die Reihenfolge der Boxen, in der sie einander überdecken können. Er kann nur auf Elemente angewandt werden, die nicht statisch positioniert sind und im gleichen Kontext stehen.

In den vorherigen Beispielen haben Sie gesehen, dass es bei der Positionierung von Seitenelementen zu Überlappungen von Blöcken kommen kann. Um sicherzustellen, dass immer nur solche Inhalte angezeigt werden, die in der Tat angezeigt werden sollen, muss man die Tiefe der Boxen kontrollieren können. Genau das geschieht über das Z-Index-Attribut. Es regelt die Reihenfolge der Boxen, in der sie einander überdecken können (*stacking order*).

Zwar ist die Darstellung der Seiten auf dem Bildschirm (noch) zweidimensional (X, Y), doch die Spezifikation legt auch die nicht sichtbare dritte Dimension (Z) der Seitendarstellung fest: Sie legt für jede der positionierten Boxen eine Tiefe in der dritten Dimension fest.

Der Z-Index kann nur auf Elemente angewandt werden, die nicht statisch positioniert sind. Es nimmt beliebige numerische Werte an: Je kleiner der Wert ist, desto näher ist die jeweilige Box zum Seitenbesucher. Um das Attribut benutzen zu dürfen, können Sie die Box mit `position: relative;` versehen, ohne zusätzliche Angaben über die Verschiebung der Box zu machen.

Die Spezifikation legt nicht nur eine Z-Ebene fest, sondern spricht von Z-Ebenen im sogenannten Stacking context. Der letztere entsteht bei der Verschachtelung von Elementen und beschreibt die Reihenfolge von Seitenelementen auf einem Stack. Damit Seitenelemente nach vorne oder nach hinter verschoben werden können, müssen sie im selben Kontext existieren, also »gleichwertig« sein bzw. auf gleicher Ebene angesiedelt sein. Konkret bedeutet dies, dass sie gleiche Elternelemente besitzen müssen. Im Fall

```
<div id="container1">
<p id="zwei">Zwei</p>
<p id="eins">Eins</p>
</div>
<div id="container2">

<p id="drei">Eins</p>
<p id="vier">Zwei</p>
</div>
```

sind `#eins` und `#zwei` gleichwertig, genauso wie `#drei` und `#vier` sowie `#container1` und `#container2`.

`#drei` und `#eins` existieren dagegen in verschiedenen Kontexten, wie auch `#container1` und `#vier`, deshalb kann das Attribut auf sie nicht angewendet werden.

Sollte also `#zwei` `#eins` überdecken, so können Sie mit

```
p#eins {z-index: 1; position: relative;}
p#zwei {z-index: 2; position: relative;}
```

die Tiefe der Blöcke verändern und dafür sorgen, dass `#eins` `#zwei` überdeckt.

In Abbildung 10.57 überdeckt die absolut positionierte Box den zweiten Absatz des Containers. Beide Absätze existieren im selben Kontext und können deshalb auf ihrer gemeinsamen Z-Ebene verschoben werden.

```
p {
position: relative;
z-index: 2;
}
p.positioned {
...
position: absolute;
z-index: 1;
}
```

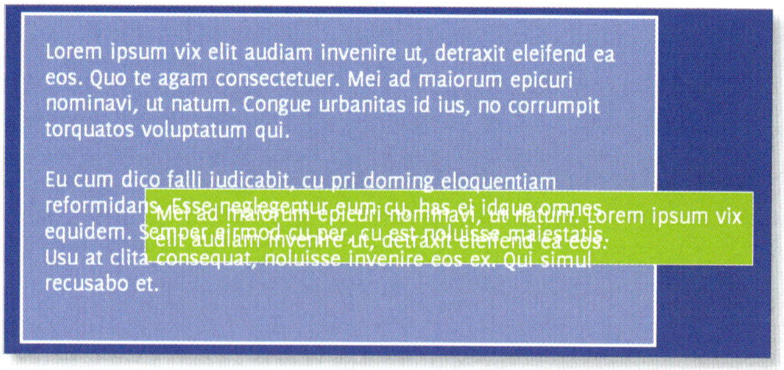

Abbildung 10.57 ▶
Ein Absatz im Container überdeckt die absolut positionierte Box: er wird mit einem kleineren `Z-Index` versehen.

Wird der zweite Absatz zusätzlich mit einer Hintergrundfarbe versehen, so wird der Effekt deutlicher (siehe Abbildung 10.58).

Bei der Vergabe eines Z-Index ist es wichtig zu verstehen, dass Fälle auftreten können, bei denen eine Ebene nicht hinter eine andere Ebene verschoben werden kann. So kann die absolut positionierte grüne Box aus dem oberen Beispiel nicht hinter die `#container`-Ebene bewegt werden, da die Ebenen in unterschiedlichen Kontexten existieren.

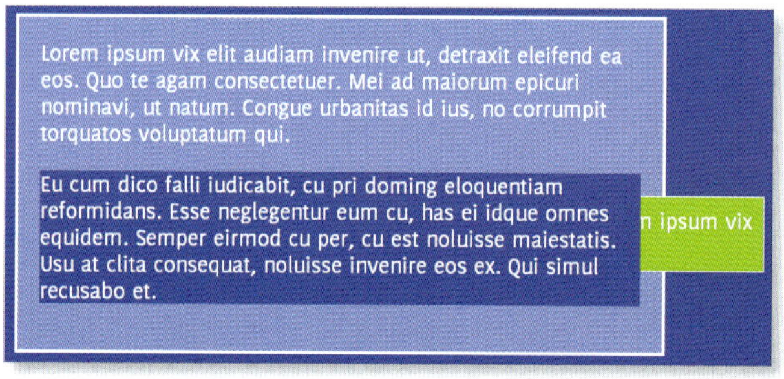

Abbildung 10.58 ▶
Die absolut positionierte Box wird unter die Block-Box geschoben.

10.4.7 Positions-basierte Layouts

Im Folgenden betrachten wir analog zum Beispiel auf Seite 484 ein Beispiel zur Entwicklung eines simplen zweispaltigen Layouts mithilfe der relativen und absoluten Positionierung. Anschließend wird das Layout zu einem dreispaltigen Layout erweitert.

Schritt für Schritt: Mehrspaltige Layouts mit relativer und absoluter Positionierung

Die ersten vier Schritte stimmen mit der Vorgehensweise auf Seite 468 vollständig überein. Das Ergebnis können Sie in Abbildung 10.59 sehen.

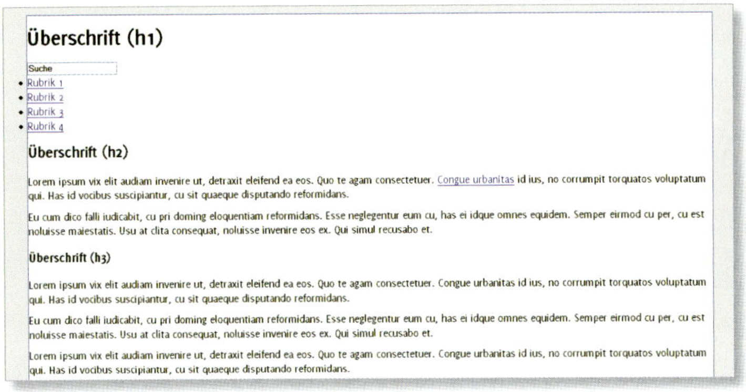

◂ **Abbildung 10.59**
`#container` wird zentriert und mit einem Rand versehen – bei Floats wie bei bei der relativen und absoluten Positionierung.

1 Den oberen Seitenbereich positionieren (#header)

In den vorherigen Schritten wurden sämtliche Elemente statisch positioniert. Um nun die Seitenüberschrift links oben und die Suchbox rechts oben zu positionieren, müssen wir genau festlegen, wo sich die Elemente befinden sollen. In beiden Fällen könnte man etwa die absolute Positionierung verwenden – es wäre praktisch, wenn ihre Abstände (`top: 0 und left: 0` für die Überschrift, `right: 0 und top: 0` für die Suchbox) sich auf die Ränder des Elternelements `#container` beziehen würden (und nicht auf die Ränder des aktuellen Browserfensters). Dies setzt voraus, dass `#container` relativ (oder absolut) positioniert wird, da eine absolut positionierte Box nur in Relation mit nicht statisch positionierten Boxen gesetzt werden kann.

Doch in den vorherigen Abschnitten haben Sie erfahren, dass absolut positionierte Elemente aus dem Dokumentfluss herausgenommen werden. Dies würde in diesem Fall bedeuten, dass sowohl die Überschrift `h1` als auch die Suchbox zwar an den jeweiligen Positionen erscheinen würden, doch die Navigationsleiste würde nach oben rücken und die Überschrift überdecken, da beide Elemente für `#header` nicht mehr existieren. Betrachten Sie dazu Abbildung 10.60 sowie den folgenden Code:

▴ **Abbildung 10.60**
Die Überschrift `h1` und die Suchbox sind absolut positioniert. Für den `#header`-Container existieren beide Elemente nicht, deshalb werden der nachfolgende `#navbar`-Block und `h1` an derselben Position platziert.

```
#container
{
margin: 1em 6%;
background-color: #ffffff;
border: 1px solid #1166cc;
position: relative;
}
#header {
background-color: #5599dd;
position: relative;
}
```

```
#header a {
color: #fff;
}
#header h1 {
color: #fff;
padding: 0.5em;
position: absolute;
top: 0;
left: 0;
}
#header form {
padding: 5px;
background-color: #77aadd;
width: 160px;
margin: 0.5em;
position: absolute;
top: 0;
right: 0;
}
```

Aus diesem Grund ist es sinnvoll, die Überschrift statisch zu positionieren und die Suchbox relativ zum Header rechts oben zu positionieren.

```
#container
{
margin: 1em 6%;
background-color: #ffffff;
border: 1px solid #1166cc;
position: relative;
}
#header {
background-color: #5599dd;
position: relative;
}
#header a {
color: #fff;
}
#header h1 {
color: #fff;
padding: 0.5em;
}
#header form {
padding: 5px;
background-color: #77aadd;
```

```
width: 160px;
margin: 0.5em;
position: absolute;
top: 0;
right: 0;
}
#header input {
padding: 5px;
background-color: #fff;
border: 2px solid #f6f6f6;
font-size: 1em;
color: #999;
width: 110px;
}
```

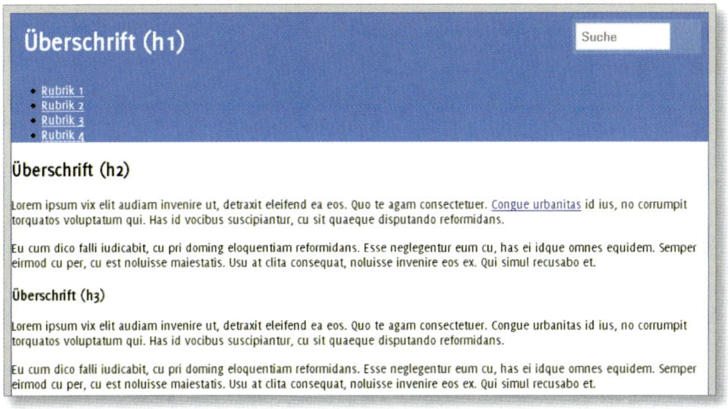

◂ **Abbildung 10.61**
Die Überschrift ist statisch positioniert, die Suchbox ist absolut positioniert. Zu diesem Zweck wurde `#container` mit `position: relative;` versehen.

2 Container für das Navigationsmenü setzen (#navbar)

Da keine benachbarten Elemente gefloatet wurden, wird der `#navbar`-Container als eine Block-Box interpretiert und ohne zusätzliche Angaben unter der Überschrift erscheinen.

```
#navbar {
background-color: #77aadd;
padding: 1px;
}
#navbar ul {
padding: 0.6em;
}
#navbar li {
display: inline;
list-style: none;
}
#navbar li a {
padding: 0.3em;
```

```
color: #fafafa;
}
```

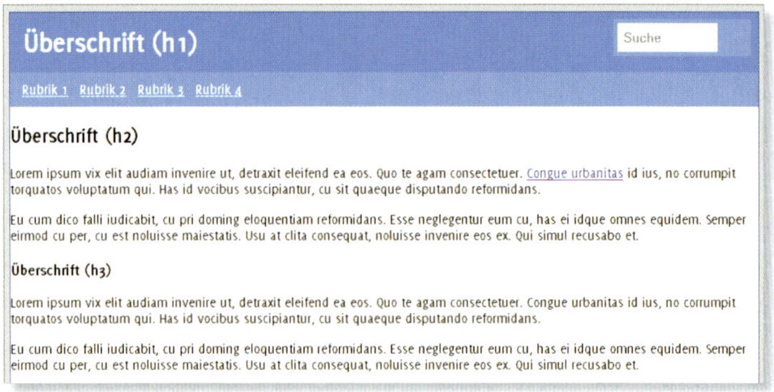

Abbildung 10.62 ▸
#navbar richtet sich unter der Überschrift im #header aus.

3 Inhaltsbereich positionieren (#content)

Der Seiteninhalt soll sich links befinden und 65 % der horizontalen Gesamtfläche des Layouts besitzen. Der innere Abstand soll zur besseren Lesbarkeit dienen und Inhalte nach rechts vom linken Rand des Containers verschieben.

```
#content {
width: 65%;
padding: 0.5em 3%;
}
```

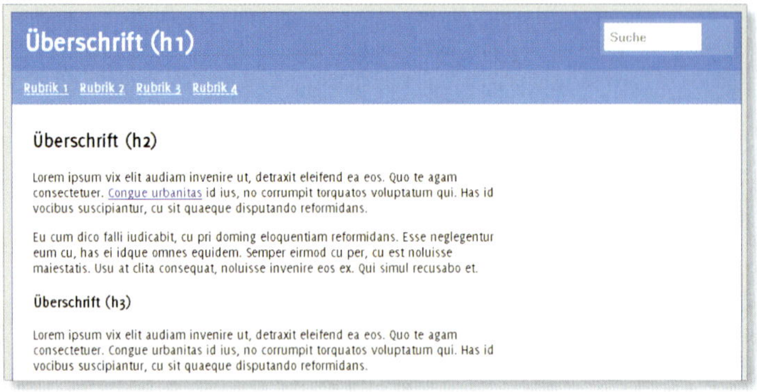

Abbildung 10.63 ▸
Der Inhalts-Container wird standardmäßig links positioniert. Die Infospalte wird nach unter gerückt – wie es bei Block-Level-Elementen auch zu erwarten war.

4 Infospalte gestalten (#sidebar)

Die Sidebar soll sich rechts von der Contentspalte, aber unter dem #header befinden. Die absolute Positionierung der Box würde sich auf die Ränder des #container beziehen, der in diesem Fall dessen Containing Block wäre.

```
#sidebar {
position: absolute;
top: 0;
```

```
right: 0;
font-size: 0.95em;
background-color: #cceeff;
padding: 0.5em 1.5%;
width: 25%;
}
```

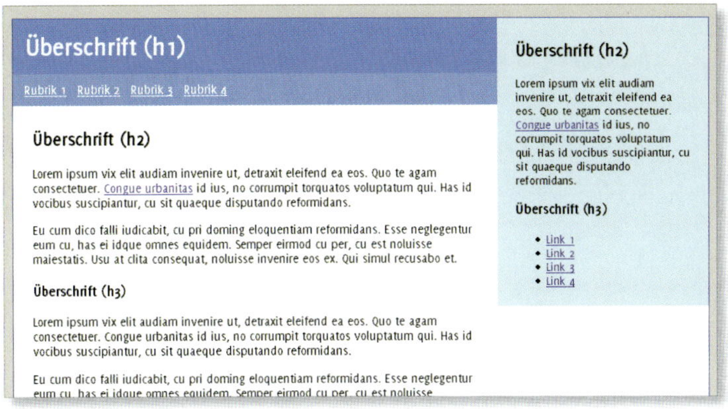

◂ Abbildung 10.64
Wird #sidebar absolut positioniert, so beziehen sich die Position-Angaben top, right, left und bottom auf #container. Mit top: 0 und right: 0 erscheint die Box am rechten oberen Rand des Containers und überdeckt die Suchbox.

Damit die Infospalte relativ zur Grenze des #navbar positioniert werden kann, wird ein neuer div-Container (etwa #main) unter #navbar eingefügt. Dieser wird #content und #sidebar umfassen und relativ positioniert sein. Wird dann #sidebar absolut positioniert, so beziehen sich die Angaben top: 0; right: 0; auf die Ränder von #main und nicht von #container.

```
<div id="main">
<div id="content">
...
</div>
<div id="sidebar">
...
</div>
</div>
```

Das entsprechende CSS:

```
#main {
position: relative;
}
#sidebar {
position: absolute;
top: 0;
right: 0;
font-size: 0.95em;
```

```
background-color: #cceeff;
padding: 0.5em 1.5%;
width: 25%;
}
```

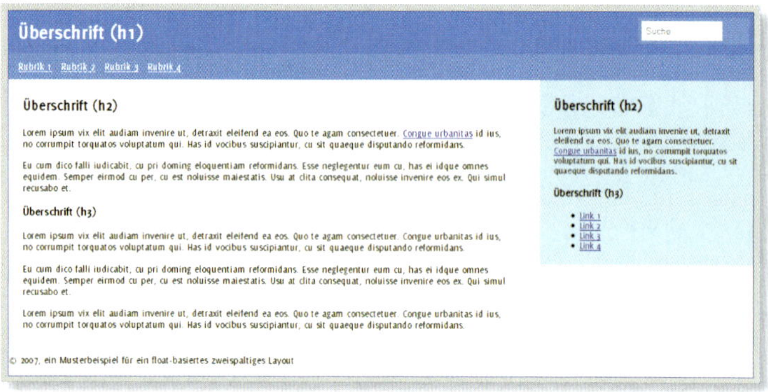

Abbildung 10.65 ▸
Die Infospalte wird rechts am oberen Rand des unsichtbaren Containers `#main` positioniert.

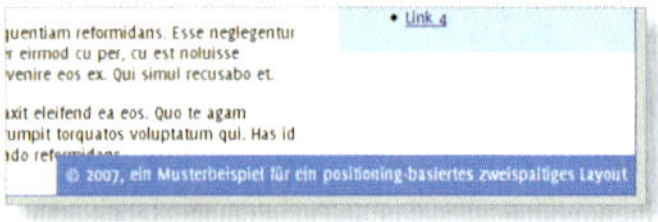

▲ Abbildung 10.66
`#footer` ist absolut positioniert. Es überdeckt andere Inhalte, da er für andere Inhalte gar nicht existiert.

5 Footer positionieren (#footer)

Theoretisch könnte man den Footer unten rechts absolut positionieren, und zwar relativ zum gesamten `#container` des Layouts. Dann wäre er aber aus dem Dokumentfluss herausgenommen und könnte deshalb andere Inhalte überdecken (s. Abbildung 10.66):

```
#footer {
position: absolute;
bottom: 0;
right: 0;
background-color: #5599dd;
text-align: right;
color: #fff;
}
```

Deshalb ist es besser, den Footer wie gewohnt statisch zu positionieren.

```
#footer {
background-color: #5599dd;
text-align: right;
color: #fff;
}

#footer p {
padding: 0.5em;
}
```

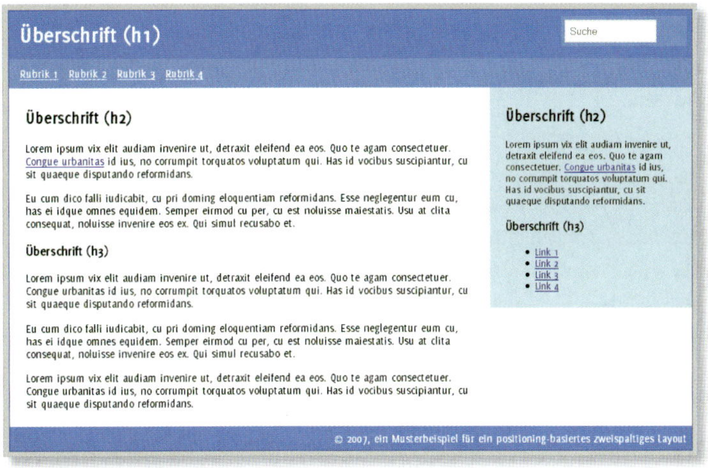

◂ Abbildung 10.67
Das resultierende Layout basiert auf relativer und absoluter Positionierung.

6 Bugs fixen

Jedes relativ oder absolut positionierte Element benötigt für die korrekte Anzeige im Internet Explorer eine vorgegebene Breite, sonst kann dem Block ein falscher Containing Block zugewiesen werden. Im oberen Beispiel wird die gesamte Seite vom Internet Explorer als Containing Block der absolut positionierten Box interpretiert (siehe Abbildung 10.68). Im IE 7 tritt das Problem nicht mehr auf.

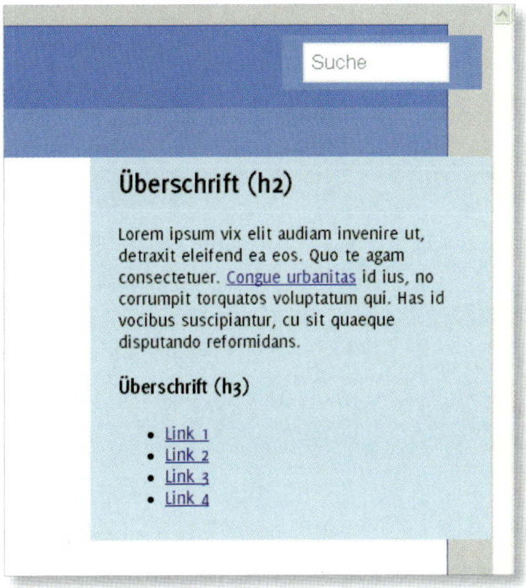

◂ Abbildung 10.68
Im Internet Explorer werden absolut positionierten Boxen falsche Containing Blocks zugewiesen.

Dies lässt sich mit der Vorgabe der Seitenbreite für die »korrekten« Containing Blocks korrigieren.

```
#header {
...
width: 100%;
}
```

```
#main {
...
width: 100%;
}
```

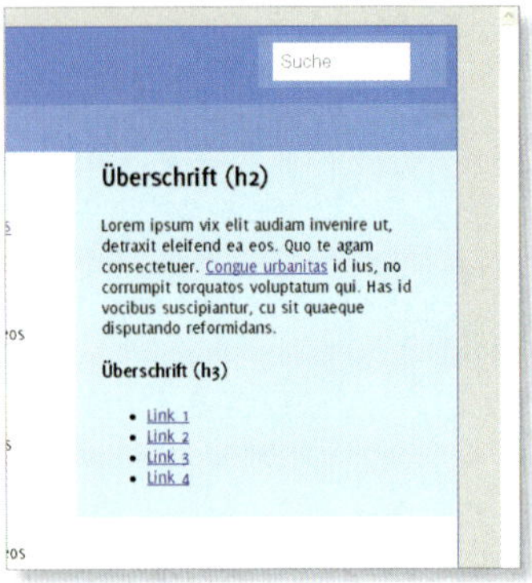

▲ **Abbildung 10.69**
Durch die Vorgabe der Breite der »korrekten« Containing Blocks lässt sich der Bug beheben.

7 Layout anpassen und weiterentwickeln

Im Unterschied zur float-basierten Positionierung von Inhalten, ist es bei der absoluten und relativen Positionierung möglich, Seitenblöcke an beliebigen Stellen innerhalb des Containing Blocks zu platzieren. Insbesondere ist es etwa möglich, die `#sidebar` auch unten zu positionieren, und zwar mit

```
#sidebar {
position: absolute;
...
right: 0;
bottom: 0;
}
```

Das Ergebnis können Sie in Abbildung 10.70 sehen.

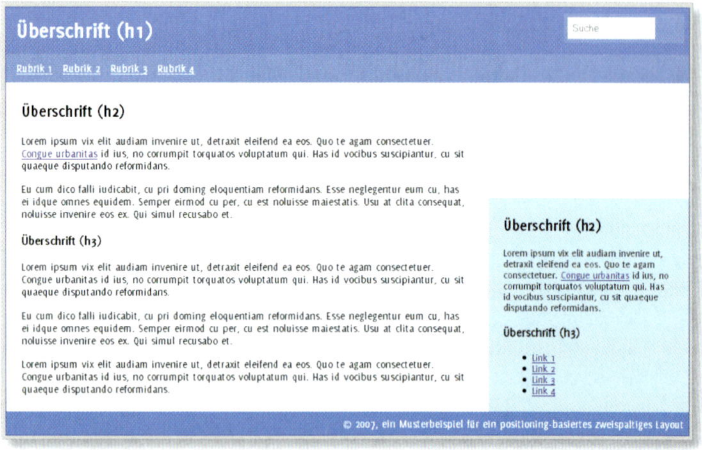

Abbildung 10.70 ▶
Die `#sidebar` wird rechts unten positioniert.

Auch bei diesem Schema der Positionierung ist es möglich, die Höhe des Blocks auf die Höhe der Seite anzupassen. Visuell lässt sich dies mit allen vorgestellten Methoden – also Equal Height Columns – und einer der Faux Columns-Methoden realisieren.

Um das Seitenlayout zu einem dreispaltigen Layout zu erweitern, genügt es nun, neben `#sidebar` eine weitere absolut positionierte Box zu definieren und den äußeren Abstand der `#content`-Box zu verändern. Sie kann an beliebigen Stellen im Markup auftauchen, da sie sowieso aus dem Dokumentfluss herausgenommen wird.

```
#nextsidebar {
position: absolute;
left: 0;
top: 0;
font-size: 0.95em;
background-color: #cceeff;
padding: 0.5em 1%;
width: 15%;
/* Equal Height Columns */
margin-bottom: -9999px;
padding-bottom: 9999px;
}
#content {
width: 50%;
padding: 0.5em 1.5%;
margin-left: 17%;
margin-right: 17%;
}
#main {
...
overflow: hidden
...
}
#sidebar {
...
margin-bottom: -9999px;
padding-bottom: 9999px;
...
}
```

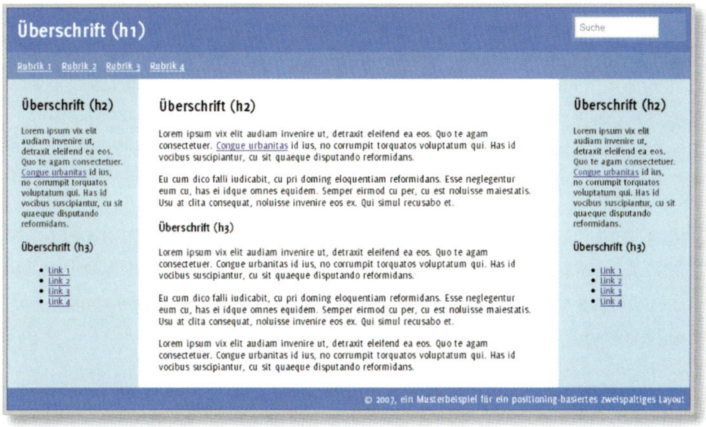

◂ **Abbildung 10.71**
Dreispaltiges Layout mit absoluter und relativer Positionierung

Die Position der absolut positionierten dritten Spalte lässt sich über die Eigenschaft `right` verändern. Nimmt die rechte Spalte (zusammen mit innerem Abstand) 22% Platz ein, so kann die zweite Box in einer Entfernung von 22% vom rechten Rand des Containers platziert werden. Der äußere Abstand von #content muss entsprechend angepasst werden.

TIPP

Beachten Sie, dass man beim Positionierungsansatz in der Regel mit weniger Bugs zu tun haben wird, als dies beim float-basierten Ansatz meistens der Fall ist.

```
#nextsidebar {
position: absolute;
right: 22%;
top: 0;
font-size: 0.95em;
background-color: #d4ebf7;
padding: 0.5em 1%;
width: 18%;
/* Equal Height Columns */
margin-bottom: -9999px;
padding-bottom: 9999px;
}
#content {
width: 55%;
padding: 0.5em 1.5% ;
margin-right: 40%;
}
```

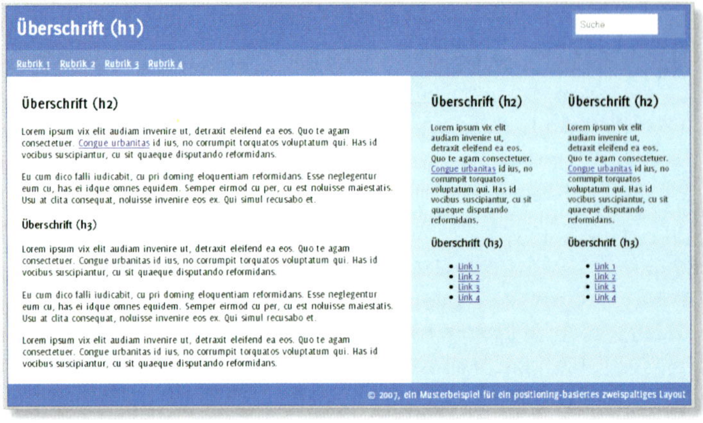

Abbildung 10.72 ►
Dreispaltiges Layout mit absoluter und relativer Positionierung

Beachten Sie, dass bei den vorgestellten Methoden unter Umständen die Tatsache, dass IE 5.x/Win die Breite der Seitenelemente falsch berechnet, durch entsprechende Box Model Hacks korrigiert werden sollte. ■

TIPP

Die Auswahl einer der beiden Methoden zur Positionierung von Elementen hängt vom Seitenentwickler ab – mit beiden Methoden lassen sich beliebig komplexe Layouts erzeugen.

10.4.8 Floats vs. Positioning

Im Grunde genommen sind beide Konzepte – float-basierte Layouts und Layouts mit absoluter und relativer Elementpositionierung – gleichwertig. Beide Ansätze überzeugen im Gegensatz zu tabellenbasierten Ansätzen durch ihre Flexibilität, wobei Sie bei der zweiten Methode mehr Kontrolle über die genaue Positionierung von Blöcken haben. Bei Floats kann dagegen die Dynamik der Positionierung ausgenutzt werden – etwa wenn Seitenblöcke sich in bestimmten Situation automatisch unter andere Blöcke schieben sollen.

Hinzu kommt die Tatsache, dass es eine Menge von verschiedensten Bugs gibt, die bei der Implementierung von Browsern gemacht wurden und Seitenentwicklern deshalb zusätzliche Probleme bereiten. Im Hinblick auf die absolute und relative Positionierung fallen solche Bugs ziemlich bescheiden aus.

Float-Bugs
Die am häufigsten vorkommenden Float-Bugs werden im nächsten Kapitel ausführlich behandelt. Sie betreffen meistens den Internet Explorer; aber auch die Entwickler von Opera haben in älteren Versionen des Browsers vieles anders interpretiert, als dies die Standards vorschreiben.

Beide Ansätze lassen Seitenblöcke automatisch an die Größe und Form des Browserfensters anpassen und stellen Inhalte demzufolge in einer Form dar, die bei möglichst vielen Konfigurationen (Bildschirmauflösung, System, Browser) lesbar und übersichtlich interpretiert wird. Dieses Maß an Flexibilität setzt voraus, dass Seitenblöcke dynamisch positioniert werden, ihre Positionen sich also nur selten genau voraussagen lassen. Auf breiten Bildschirmen mit hoher Auflösung kann ein Inhaltsblock etwa schlicht und einfach zu breit werden und den Text auf übermäßig lange Zeilen verteilen.

Footer

Wie positioniert man einen Footer bei absoluter Positionierung so, dass er unter allen Seitenblöcken erscheint und keine Inhalte überdeckt? Das Problem tritt bei der Float-Positionierung nicht auf.

Das größte Problem, das bei der Verwendung von absolut und relativ positionierten Elementen auftreten kann, ist die Überdeckung von übrigen Seitenelementen durch absolut positionierte Boxen. Da diese aus dem Fluss herausgenommen werden, können bei einer Vergrößerung oder Verkleinerung des Layouts unter Umständen unerwünschte Nebeneffekte auftreten. In der Regel lässt sich die Überdeckung von Inhalten jedoch durch großzügig gewählte äußere Abstände der Boxen sicherstellen. Dies kann auch bei Floats vorkommen, deren Breite bzw. Höhe nicht präzise genug berechnet wurde.

Hinzu kommt das sogenannte *The Footer Problem*. Ist eine absolut positionierte `#sidebar`-Box höher als die `#content`-Box, nach der wie gewöhnlich ein `#footer`-Block folgt, so überdeckt die aus dem Fluss herausgenommene Box den Footer (siehe Abbildung 10.73). Aus technischer Sicht lässt sich das Problem mit CSS nicht lösen. Um das Problem zu umgehen, können Sie entweder immer dafür sorgen, dass die `#content`-Box immer breiter als `#sidebar` ist oder aber den Footer in den `#content`-Block aufnehmen.[2] Bei float-basierten Ansätzen kann das Problem schon aus rein technischen Gründen nicht auftreten.

TIPP

Bei mehreren absolut positionierten Boxen werden die Verhältnisse zwischen relativ und absolut positionierten Elementen unübersichtlicher, das Layout dadurch komplexer: Ist dies der Fall, so ist dies ein Anzeichen dafür, dass bei der Anzeige der Seite in verschiedenen Konfigurationen Probleme entstehen werden.

Andererseits hängt die Positionierung von Boxen nicht von ihrer Position im Quelltext (Stichwort Usability, Accessibility:

2 »Absolute Layouts: css-dicuss«, *css-discuss.incutio.com/?page=AbsoluteLayouts*

Inhalte sollten vor den übrigen Elementen kommen) ab, wobei die Boxen selbst wiederum auf jeder beliebigen Position im Layout positioniert werden können.

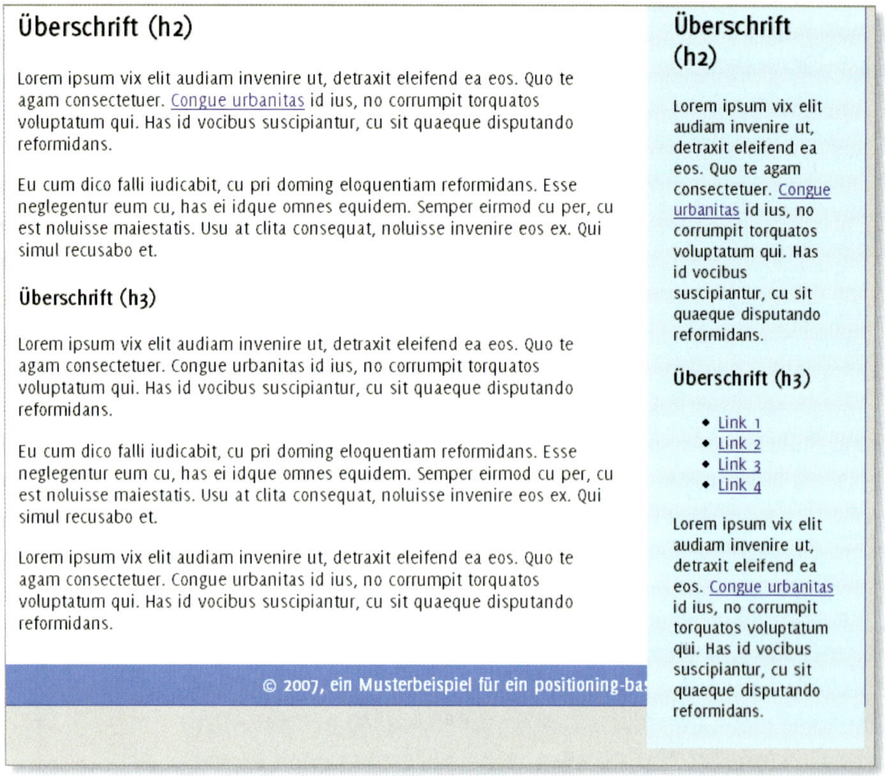

Abbildung 10.73 ▲
The Footer Problem: Ist die rechte absolut positionierte Box höher als die Contentspalte, so überdeckt sie den Footer.

Grundsätzlich ist die Wahl der Technik eine der Entscheidungen, die aus der eigenen Erfahrung heraus gemacht werden und davon abhängen, mit welcher Technik Sie persönlich besser umgehen können.

Eine besondere Bedeutung hat in diesem Kontext die Art und Weise, wie die Größe von Seitenelementen (Boxen, Schriftgröße, Abstände, Whitespace) angegeben wird. In Abhängigkeit davon, ob und wie absolute (`px`, `pt`, `cm`) oder relative (`%`, `em`) Werte benutzt werden, wird zwischen festen, flüssigen und elastischen Layouts unterschieden. Die einzelnen Layouttypen stellen Seitenbesuchern unterschiedliche Grade an Flexibilität bereit. In Abhängigkeit vom Konzept der Seite wird diese manchmal extra angeboten oder gänzlich vermieden.

10.5 Auswahl des Layouts – fest, flüssig oder elastisch?

Diese Frage sorgt schon seit Jahren für heftige Debatten unter Webentwicklern: Im Web 2.0 steht die Benutzerfreundlichkeit der Seitengestaltung im Mittelpunkt, somit auch die Anpassung des Layouts an Bedürfnisse und Einstellungen des Nutzers.

Dabei zwingt die Suche nach einem »universellen« Layout immer zu einem *Trade-Off* zwischen existierenden Ansätzen. Es kommt darauf an, was der Designer erzielen möchte, welche Freiheiten dem Seitenbesucher zur Verfügung gestellt werden sollen, aber auch für welche Zwecke der Seitenbetreiber die Präsenz benutzen will.

Im Weiteren nehmen wir die einzelnen Layouttypen genauer unter die Lupe und setzten uns mit Vorteilen und Nachteilen der jeweiligen Ansätze auseinander.

Fest, flüssig oder elastisch?

Designer sind sich uneinig – alle Techniken bieten Vorteile, weisen aber auch Mängel und Probleme auf.

TIPP

Universelle Layouts sind gefragt, Diskussionen über optimale Ansätze und Lösungswege sind beliebt. Der Beitrag »In search of the One True Layout« (*http://www.positioniseverything.net/articles/onetruelayout* Linkcode 299) setzt sich mit dem Thema auseinander und präsentiert ein flexibles, plattformunabhängiges, dreispaltiges Layout mit Spalten gleicher Höhe.

10.5.1 Layouttypen im Überblick: Wo liegt der Unterschied zwischen den Ansätzen?

Grundsätzlich werden in der Entwurfsphase wenigstens fünf grundlegende Layouttypen in Betracht gezogen, deren Eigenschaften anschließend mit den Anforderungen des Designkonzepts abgestimmt werden sollen.

- **Fixed Layout (Layout fester Breite)**
  Ein statisches Layout, bei dem die Dimensionen von Seitenelementen (Breite und ggf. Höhe der Boxen) unabhängig von Veränderungen des Browserfensters (in der Fachsprache auch *viewport* genannt) immer gleich bleiben und bei genügend großer Verkleinerung des Fensters einen horizontalen Scrollbalken erzeugen. Solche Layouts basieren auf der pixelgenauen Positionierung von Blöcken. Alle Seitenelemente haben eine feste Höhe und Breite.
- **Liquid/Fluid Layout (»flüssiges« Layout)**
  Ein dynamisches Layout, bei dem die Dimensionen von Seitenelementen (meistens nur Container) bei Veränderungen des Browserfensters entsprechend skaliert werden, sodass kein horizontaler Scrollbalken entstehen kann. Die Positionierung von Elementen geschieht mithilfe von Prozentangaben, die sich auf die Dimensionen des Browserfensters beziehen. Die meisten flüssigen Layouts verwenden den gesamten verfügbaren Platz (also das ganze Browserfenster) zur Anzeige von Inhalten – sie »füllen« den freigestellten Raum also vollständig aus.

[em]
Die `em`-Einheit ist definiert als die Breite des Buchstabens »M« in der eingestellten Schriftart und Schriftgröße. Wird Text skaliert, so vergrößert sich entsprechend der Platz, der vom »m« eingenommen wird. Deshalb ist em relativ; die tatsächliche Größe der em-Angaben wird durch die Einstellungen des Benutzers festgelegt.

[px und PT]
Die als absolute Werte gekennzeichneten Pixel- (px) und Punktangaben (pt) werden in der CSS-Spezifikation als relative Werte definiert. Ein Pixel ist ein nicht-skalierbarer Punkt auf dem Bildschirm. Seine Größe hängt von der Konfiguration des Bildschirms ab. Mehr dazu finden Sie auf *http://www.w3.org/TR/CSS21/syndata.html#length-units* (Linkcode 300).

- **Elastic/Zoomable Layout (elastisches Layout)**
  Ein dynamisches Layout, bei dem die Dimensionen von Seitenelementen bei der Veränderung der Schriftgröße automatisch skaliert werden, sodass neben der Textgröße auch das komplette Layout skaliert wird. Die Platzvergabe für die Seitenblöcke geschieht mithilfe von em- bzw. ex-Einheiten, die sich auf die eingestellte Schriftgröße beziehen. Ein elastisches Layout muss nicht notwendigerweise flüssig sein. Bei Veränderungen des Browserfensters kann es auch unverändert bleiben, da die em- bzw. ex-Einheit sich nicht auf die Fenstergröße bezieht.
- **Hybrid Layout**
  Ein Layout, bei dem die oben genannten Layouttypen miteinander kombiniert werden, um eine optimale Darstellung bei möglichst vielen Konfigurationen sicherzustellen. Typisch sind Layouts fester Breite mit skalierbaren Textinhalten (Breite wird in px gesetzt, Schriftgröße in em) sowie elastische Layouts mit fluiden Elementen. Die maximale Breite des Containers wird in em-Einheiten angegeben, Seitenblöcke werden in Prozentwerten gesetzt, Textinhalte in em.

10.5.2 Fixed Layout

Eines der aussagekräftigen Argumente, die zugunsten von statischen, pixelgenau positionierten Layouts sprechen, ist die Schlichtheit ihrer Komposition und Einfachheit ihrer Implementierung in der Praxis. Layouts fester Breite lassen sich schnell und leicht realisieren, da mit »absoluten« Werten (px) gearbeitet wird. Sie legen das Layout eindeutig fest und sorgen dafür, dass Inhalte bei sämtlichen Bildschirmauflösungen identisch angezeigt werden.

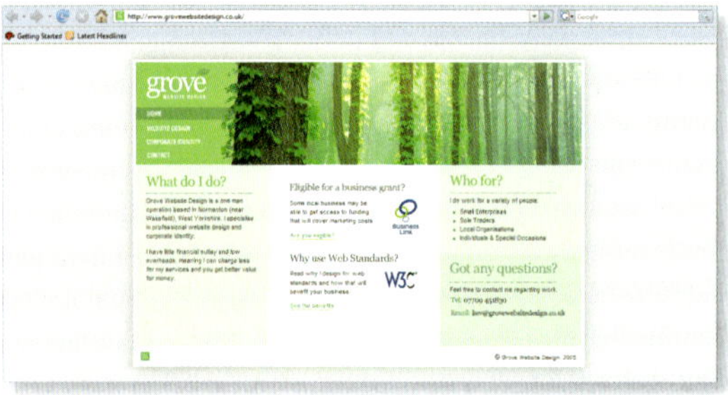

▲ **Abbildung 10.74**
Fixed Layout: Grovewebsitedesign.co.uk, 1200 × 800. Das zentrierte Layout ist von freiem Raum umgeben.

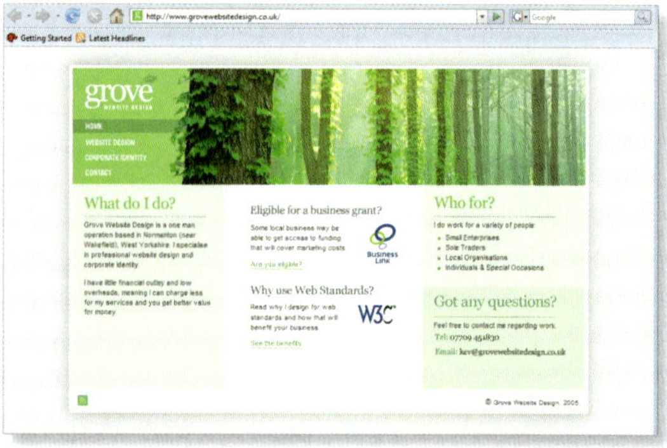

▲ **Abbildung 10.75**
Fixed Layout: Grovewebsitedesign.co.uk, 1024 × 768. Optimale Darstellung. Nicht zu viel Freiraum, kompakt und übersichtlich.

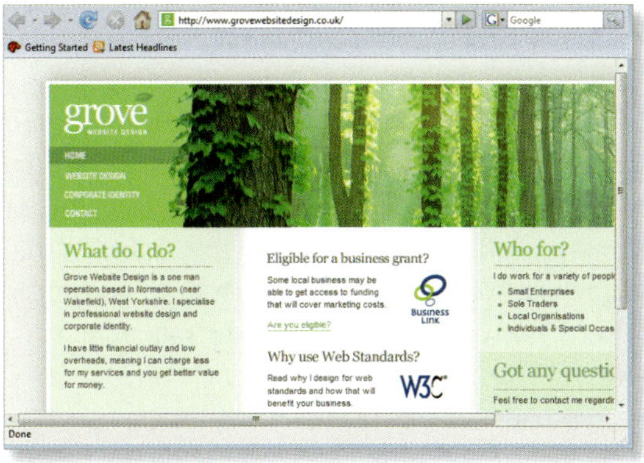

▲ **Abbildung 10.76**
Fixed Layout: Grovewebsitedesign.co.uk, 800 × 600. Da das Layout eine feste Breite hat, erscheint ein horizontaler Scrollbalken.

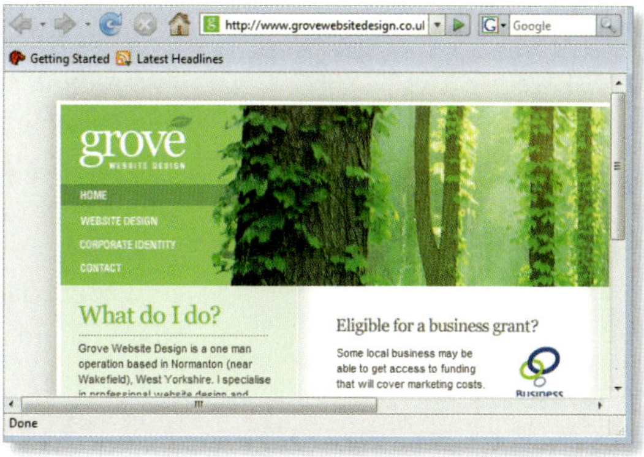

▲ **Abbildung 10.77**
Fixed Layout: Grovewebsitedesign.co.uk, 640 × 480. Bei kleiner Auflösung lässt sich das Gesamtlayout nur schwer wahrnehmen.

Die Frage, ob das Layout fester Größe für eine Webseite angebracht ist, reduziert sich meistens auf die Frage, welches Maß an Kontrolle der Designer Seitenbesuchern überlassen möchte. Je genauer die Angaben über die Strukturen im Layout sind, desto mehr Entscheidungen werden dem Nutzer vorweggenommen und aus der Sicht des Designers getroffen.

TIPP

Bei der Angabe der Schriftgröße in px ist es empfehlenswert, mit den vererbten Angaben zu arbeiten. In der Praxis wird meistens das body-Element mit einer festen px-Angabe versehen, der Schriftgrad aller weiteren Seitenelemente wird in em-Einheiten bzw. in Prozentwerten bzgl. des Elternelements body angegeben. Etwa

```
body {font-size: 14px;}
h1 {font-size: 1.5em;}
```

Vorteile | Dadurch können etwa der typografische Satz, die Positionen von Blöcken sowie die Verhältnisse zwischen den Seitenelementen gemäß den einschlägigen Regeln und Heuristiken exakt gesetzt werden. Die feste Breite sorgt dafür, dass diese Regeln immer gelten, und dass die Seite somit auch stets entsprechend den Vorstellungen des Designers dargestellt wird. Die Nutzer müssen sich damit abfinden und verfügen über (fast) keine Möglichkeit, das Layout an die eigenen Wünsche anzupassen.

Diese Denkweise ist typisch für das Printdesign, bei dem die absolute Kontrolle über Präsentation die höchste Priorität hat und deshalb überwiegend mit festen Angaben gearbeitet wird.

Nachteile | Dennoch weisen Layouts fester Breite gewisse Mängel auf, die auf ihre rigide Struktur zurückzuführen sind.

Zum einen stellt sich die Frage, in welcher Spanne eine akzeptable feste Seitenbreite anzuordnen ist. Denn grundsätzlich kann es keine optimale Seitenbreite geben, die bei allen (oder wenigstens bei meisten) Bildschirmauflösungen vernünftige Darstellungsergebnisse liefert. Hinzu kommt, dass viele Benutzer das Browserfenster nach eigenen Wünschen skalieren und nicht not-

HINWEIS

Der Vorteil von Layouts fester Breite zeigt sich darin, dass sie die Konsistenz der Seitendarstellung in den Vordergrund treten lassen.

Feste Seitenbreite

Eine feste Seitenbreite, die in der Regel für Nutzer mit großen Bildschirmauflösungen gedacht ist, wird einen mobilen Nutzer von Handy oder PDA mit seiner Größe erschlagen und ihn vertikal wie horizontal weit und breit scrollen lassen. Lösungsweg: Für mobile Geräte werden Webentwickler in Zukunft neben einem CSS-Drucklayout ein CSS-Mobile Layout bereitstellen müssen. Dieses wird extra für mobile Geräte entworfen und nur von mobilen Geräten gerendert.

wendigerweise mit Browserfenstern maximaler, standardgemäßer oder proportionaler Größe arbeiten.

Im Augenblick liegt es nahe, angesichts eines breiten Spektrums an verschiedenen Auflösungen, die Seitenbreite bei festen Layouts zwischen 640px und 770px zu setzen, da ein beachtlicher Anteil der Nutzer immer noch die Bildschirmauflösung 800 × 600 verwendet. Die dominierende Bildschirmauflösung ist im Moment jedoch 1024 × 768. Ohne Browserränder und eventuelle Add-Ons, die etwa durch Google Sidebar, Browser-Erweiterungen, ICQ, Skype oder andere Dienste geliefert werden, ergibt sich der obere Wert – mit ihm wird ein Großteil durchschnittlicher Nutzer abgedeckt sein. In diesem Kontext ist anzumerken, dass sich der Trend zu breiteren und höheren Bildschirmauflösungen bereits in den nächsten Jahren fortsetzen wird.

Problematisch ist an dieser Stelle die Darstellung der »festen« Seiten bei zu kleinen wie zu großen Bildschirmauflösungen. Was bei einer Auflösung zu breit erscheint, wird bei anderen Auflösungen nur einen schmalen Bildschirmbereich mit Inhalten füllen und unnötiges vertikales Scrollen verursachen. Denn eine 750 px breite Layoutbreite hinterlässt schon bei einer Bildschirmauflösung von 1600 × 1200 (1400 px aktive Fenstergröße) einen freien horizontalen Raum, der gleich dem ganzen Seitenlayout ist. Wird die Fenstergröße verkleinert, so entsteht ein horizontaler Scrollbalken, der sowohl Usability- als auch Accessibility-Probleme bereitet.

▲ **Abbildung 10.78**
Festes Layout auf Bartelme.at. Der minimale Schriftgrad (0.25 x-fache Verkleinerung der Seite)

▲ **Abbildung 10.79**
Festes Layout auf Bartelme.at. Die Schriftgröße nimmt zu. Optimale Seitendarstellung

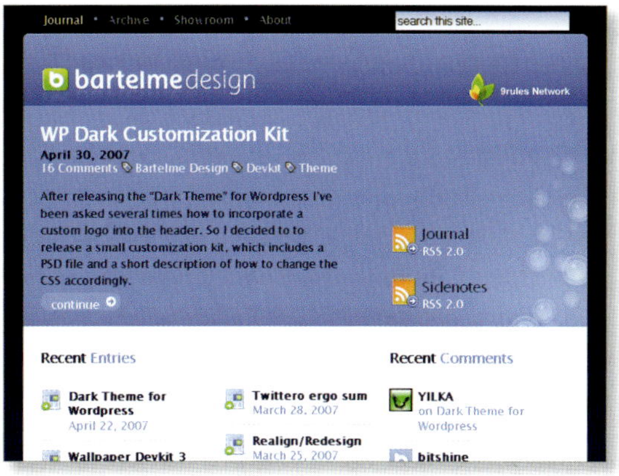

▲ **Abbildung 10.80**
Festes Layout auf Bartelme.at. Bei einfacher Skalierung des Schriftgrads (Vergrößerung) werden Inhalte erwartungsgemäß deutlicher.

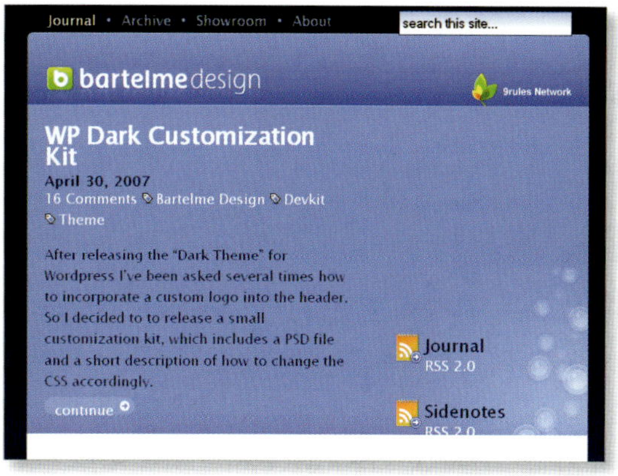

▲ **Abbildung 10.81**
Festes Layout auf Bartelme.at. Bei zweifacher Skalierung von Texten wird die Darstellung kritisch. Die höchste Priorität wird dennoch auf die Lesbarkeit gesetzt.

Und genau an dieser Stelle kommt ein weiterer kritischer Punkt zum Tragen. Aus der Usability-Sicht ist es bei Layouts dieser Art besonders problematisch, dass Textinhalte bei der manuellen Vergrößerung der Schriftgröße zwar (in modernen Browsern) größer werden, aber immer von Blöcken gleicher Breite begrenzt werden. Das heißt, dass es schon bei zwei- oder dreifacher Skalierung des Textes vorkommen kann, dass nur wenige Wörter in den Content-Block passen. Da die Zeilenhöhe fest ist, können sich Buchstaben auf verschiedenen Zeilen bei der Skalierung überlappen. Dadurch verschlechtert sich die Lesbarkeit der Texte. Konsequenz: Im Endeffekt werden Inhalte das Layout sprengen und unlesbar werden, etwa wenn ein Wort vorkommt, das zu lang ist und wegen eingestellter Schriftgröße nicht in die für es gedachte Box passt.

Zudem kann es vorkommen, dass bei festen Layouts ein rechter Teil der Seite beim Drucken abgeschnitten wird, da die ganze Seite wegen dem linken Freiraums nicht auf DIN A4-Papier passt – ein sorgfältig ausgearbeitetes CSS-Drucklayout ist deshalb bei Layouts dieser Art immer unvermeidlich. Bei dynamischen Layouts taucht dieses Problem nicht auf.

Wie Garrett Dimon in seinem Beitrag »To Scale or Not To Scale«[3] bemerkt, ist die Entscheidung für oder gegen ein Layout fester Breite grundsätzlich eine Entscheidung für ein festes visuelles Design oder für einen flexiblen, skalierbaren Text.

Zoomen und Skalieren

Bei den meisten Browsern können Nutzer die *Zoom-Option* verenden und die Schriftgröße der Inhalte beliebig skalieren. Beim Internet Explorer bis einschließlich Version 6 lassen sich Elemente, deren Dimensionen in px-Werten gesetzt sind, nicht skalieren.

3 *http://v1.garrettdimon.com/archives/to-scale-or-not-to-scale* (Linkcode 301)

10.5.3 Liquid/Fluid Layout

HINWEIS

Die Beispiele zur Float-Methode und zu relativen wie absoluten Positionierung wurden als flüssige Layouts realisiert.

Die Anpassung der Containergröße an die Fenstergröße des Browsers ermöglicht dem Designer, die Darstellung von Inhalten automatisch an die Präferenzen des Nutzers anzupassen. Bei flüssigen Layouts kommt diese Idee entscheidend zum Tragen: Die Größe der Seitenblöcke wird durch die Dimensionen des Browserfensters bestimmt. Möchte der Anwender die Seitendarstellung anpassen, um etwa eine optimale Lesbarkeit (z. B. eine andere wünschte Zeilenlänge) zu erreichen, so genügt es, die Fenstergröße entsprechend zu verändern. Der horizontale Scrollbalken wird bei vernünftigen Auflösungen vermieden.

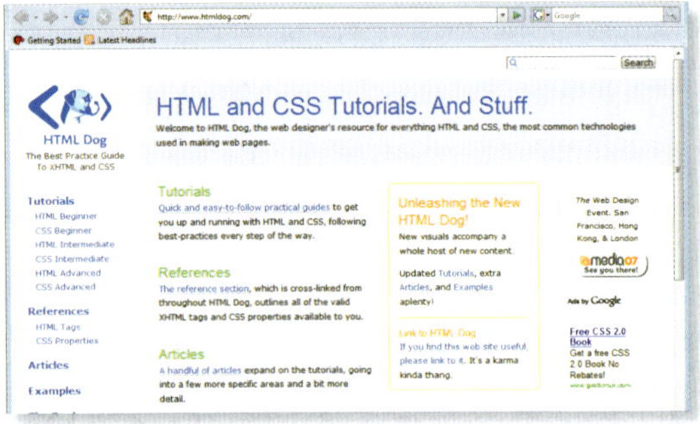

▲ **Abbildung 10.82**
Liquid Layout bei Htmldog.com. Da die Breite von Seitenblöcken in Prozentwerten angegeben ist, verkleinert sich die Breite der Blöcke mit kleiner werdender Bildschirmauflösung. Optimale Darstellung bei 1024 × 768

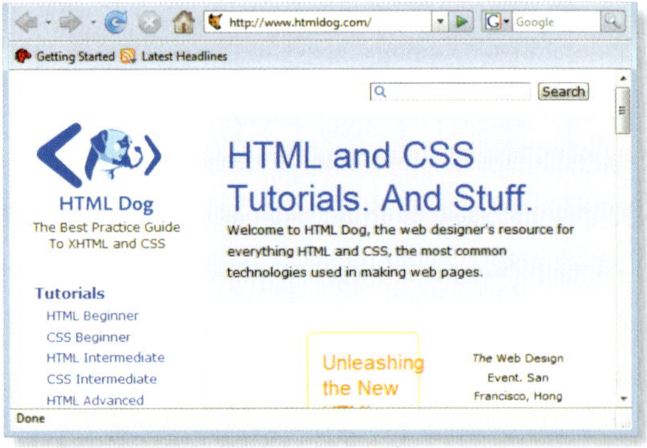

▲ **Abbildung 10.83**
Bei 640 × 480 ist die gesamte Seitenstruktur zwar nur schwer zu erkennen, ein horizontaler Balken entsteht trotzdem nicht.

HINWEIS

Beziehungen zwischen Seitenelementen in *Fixed Layouts* können bei *Liquid Layouts* schnell an Deutlichkeit verlieren: Blöcke verändern ihre Dimensionen, sodass neben Usability-Problemen unter Umständen auch die Struktur der Seite mehr zu erkennen ist.

Grundsätzlich verwenden flüssige Layouts den gesamten verfügbaren Browserplatz, wodurch Designer Inhalte bei hohen Bildschirmauflösungen auf der Seite verteilen können, ohne sie in schmale Containern einsperren zu müssen. Zudem bleiben Inhalte auch bei kleinen Auflösungen wahrnehmbar und können (meistens) in akzeptabler Form präsentiert werden.

Flüssige Layouts überlassen Seitenbesuchern die Freiheit zu entscheiden, wie breit ein Layout erscheinen soll. Dies bedeutet für Sie als Designer, dass die Beziehungen zwischen Seitenelementen, die bei Layouts fester Breite immer unverändert blieben, nun nicht mehr rigide sind und in einen flexiblen strukturellen Rahmen gesetzt werden müssen.

Flexible Layouts sind grundsätzlich zeitaufwendiger und schwerer zu realisieren als statische Layouts fester Breite. Sie bauen auf präzisen Vorüberlegungen des Designers auf und benötigen eine sorgfältige »Glättung« der Werte, die für die Breite der Container gesetzt werden. In der Praxis zeigt sich nämlich, dass

Proportionen, die bei kleinen Bildschirmauflösungen noch durchaus brauchbare Ergebnisse liefern, bei großen Bildschirmauflösungen Inhalte übermäßig ausdehnen können und die Lesbarkeit erschweren können.

Aus dem oben geschilderten Sachverhalt leitet sich ein grundlegendes Problem ab, das bei der Implementierung von flüssigen Layouts gesondert berücksichtigt werden muss.

Zum einen ist in Layouts dieser Art bei genügend großer Bildschirmauflösung mit übermäßig großer Zeilenlänge von Texten zu rechnen. Konsequenterweise vergrößert sich die Anzahl der Zeichen pro Zeile; somit verschlechtert sich die Lesbarkeit der Inhalte. Da die Breite in Prozentwerten gesetzt wird, lässt sich dieser Aspekt nur schlecht direkt in die Wahl der Seitenbreite einbeziehen. Hat eine »flüssige« Seite darüber hinaus auch wenig Inhalt anzubieten, so sieht der Seitenbesucher mit einer großen Bildschirmauflösung nur wenige Zeilen Text mit hoher vertikaler `#sidebar`-Spalte, die von dominierenden leeren Räumen umgeben sind.

Eine gängige Lösung des Problems ist, eine obere Schranke für die Breite des Layouts bei großen Auflösungen festzulegen. Dies entspricht zwar nicht dem Prinzip der absoluten Flexibilität, die durch flüssige Layouts gegeben wird, ist jedoch eine vernünftige Maßnahme, um die Zeilenlänge in einem angemessenen Rahmen zu halten.

Bei der Wahl der oberen bzw. unteren Schranke empfiehlt es sich, den Wert abhängig von der Breite des `#content`-Containers mit optimalen (und noch gut leserlichen) Zeilenlängen ± 10 % zu wählen. Dies entspricht in etwa 47 (minimal) bis 86 (maximal) Zeichen pro Zeile.

Verweis

Weitere Details zur Wahl der optimalen Zeilenlänge finden Sie in Kapitel 3.

Realisiert wird die Festlegung maximaler Seitenbreite mit der CSS-Eigenschaft `max-width`, die einem Container die maximal mögliche Breite zuweist. Die Eigenschaft wird vom Internet Explorer bis einschließlich Version 6 nicht unterstützt. Um dieses Verhalten auch dem Internet Explorer beizubringen, wird die `expression()`-Eigenschaft, eine der sogenannten *Dynamic Expressions*[4] des Internet Explorers ausgenutzt. Diese Eigenschaft ist in der CSS-Spezifikation nicht definiert und ist als JavaScript-Snippet zu verstehen, das in CSS eingebettet wird. Sie wird von anderen Browsern ignoriert.

```
#container {
min-width: 730px;
max-width: 1150px;
```

4 *http://msdn.microsoft.com/library/default.asp?url=/workshop/author/dhtml/overview/recalc.asp* (Linkcode 302)

```
width: expression(document.body.clientWidth < 731 ?
"730px" : document.body.clientWidth > 1151 ? "1150px"
: "auto");
}
```

Die obere Anweisung wird dafür sorgen, dass die minimale Seitenbreite des Containers 730 px beträgt, die maximale 1150 px. Bei älteren Versionen des Internet Explorers wird der dynamische Ausdruck ausgewertet: Ist die Seitenbreite kleiner als 731 px, so wird die Breite auf 730 px gesetzt, liegt die Seitenbreite über 1151 px, so wird sie auf 1150 px gesetzt; ansonsten wird der Wert »`auto`« übernommen.

Weitere Informationen über die Implementierung der min- und max-Eigenschaften im Internet Explorer finden Sie im Beitrag »max-width in Internet Explorer« (*http://www.svendtofte.com/code/max_width_in_ie* Linkcode 303).

Seltener wird auch die Eigenschaft `min-width` benutzt, um die untere Schranke für die Seitenbreite festzulegen.

TIPP

Wie geht man mit Multimedia-Elementen fester Größer bei flüssigen Layouts um? In seinem Beitrag »Experiments with wide images« (*http://clagnut.com/sandbox/imagetest.php*) experimentiert Richard Rutter mit Bildern fester Größe und zeigt, wie ihre Größe an beliebige Auflösungen angepasst werden kann.

Bei der Implementierung von flüssigen Layouts kann es sehr nützlich sein, bei Seitenblöcken horizontale innere und äußere Abstände relativ (%) zu der Fenstergröße anzugeben. In der Design-Szene läuft diese Vorgehensweise unter dem Begriff *concertina padding*[5] (concertina = Ziehharmonika). Wird das Fenster vergrößert, so vergrößern sich auch die Abstände zwischen den Blöcken, wodurch sich die Zeilenlänge sich nicht so stark vergrößert. Bei der Verkleinerung des Fensters verkleinern sich auch die Abstände und geben dem Text mehr freien Raum.

Nebenbei sei angemerkt, dass nicht jeder Seitenbesucher begeistert sein wird, wenn er/sie nach der Skalierung des Browserfensters wird feststellen müssen, dass sich die Darstellung eines Beitrags komplett verändert hat.

10.5.4 Elastic Layout

Um eine optimale Lesbarkeit von Texten mit flexibler Seitenpräsentation zu vereinen, wird bei flüssigen Layouts die Zeilenlänge explizit begrenzt. Dies sorgt dafür, dass Zeilen bei verschiedenen Bildschirmauflösungen eine geeignete Anzahl von Zeichen beinhalten.

Mit elastischen Layouts wird dieses Ziel mit einer anderen Methode angestrebt: Setzt man die Breite des Layouts in em-Einheiten der verwendeten Schriftgröße, so ist die Seitenpräsentation zwar nicht von der Fenstergröße, wohl aber vom eingestellten Schriftgrad abhängig. Ist neben dem Layout auch die

5 *http://webstandardsgroup.org/features/richard-rutter.cfm#liquid* (Linkcode 304)

Schriftgröße selbst in em-Einheiten gesetzt, so werden sich Texte und Layouts bei modernen Browsern einwandfrei skalieren lassen und Zoom-Effekt erzeugen (daher werden elastische Layouts häufig auch *zoomable Layouts* genannt). Dadurch lässt sich gewährleisten, dass eine Textzeile bei beliebiger Skalierung des Schriftgrads immer die gleiche Anzahl von Zeichen enthält. Konsequenz: Das Layout dehnt sich bei der Vergrößerung der Schriftgröße automatisch aus – wie es sich für ein »elastisches« Objekt gehört.

HINWEIS

Der grundlegende Vorteil von elastischen Layouts besteht also darin, dass Textblöcke ihre Proportionen erhalten.

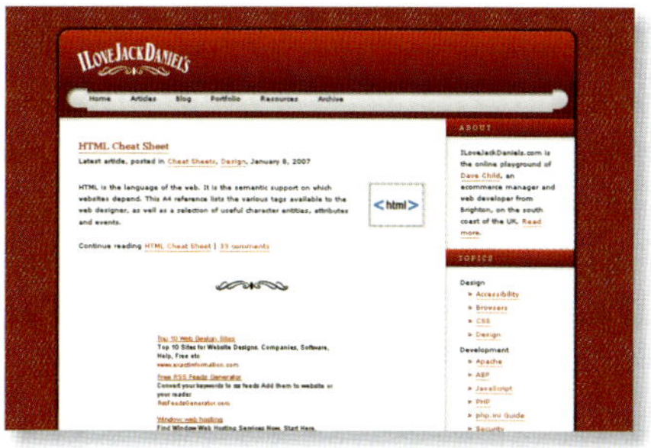

▲ **Abbildung 10.84**
Elastic Layout bei Ilovejackdaniels.com. Bei kleiner Schriftgröße ist das gesamte Layout entsprechend klein (0,5-fache Darstellung der Seite).

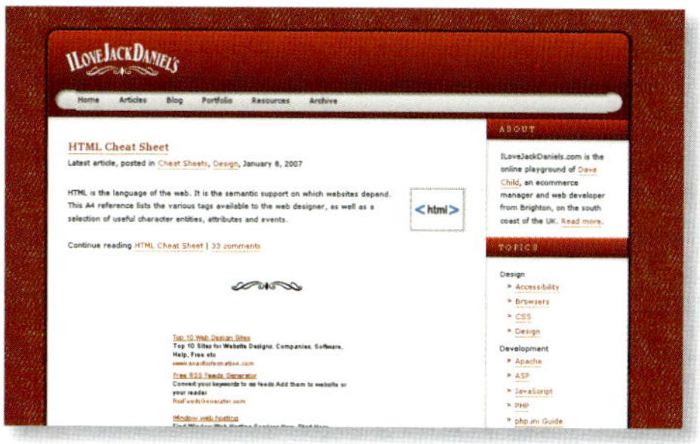

▲ **Abbildung 10.85**
Mit zunehmender Schriftgröße nimmt auch die Layoutbreite zu (Standarddarstellung).

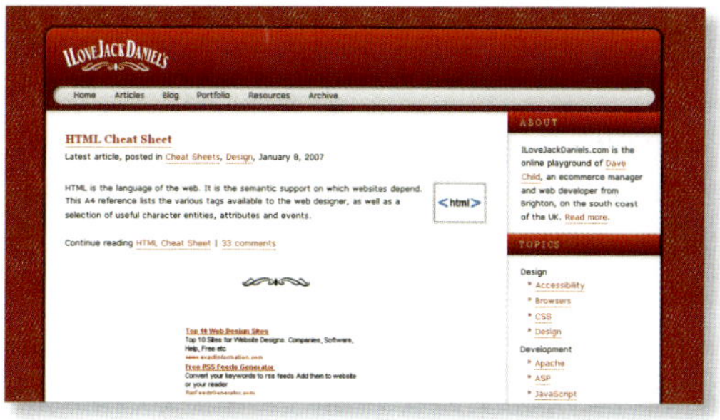

▲ **Abbildung 10.86**
Zweifache Vergrößerung der Schriftgröße

▲ **Abbildung 10.87**
Dreifache Vergrößerung der Schriftgröße

Da die Schriftgröße ohne Zutun des Seitenbesuchers nicht verändert wird, entspricht das Verhalten elastischer Layouts im Grunde genommen dem Verhalten der Layouts mit fester Breite. Hiermit übertragen sich auch Vorteile, Nachteile und potenzielle Probleme von *Fixed Layouts* unmittelbar auf die *Elastic Layouts*.

Problematischer ist bei elastischen Layouts der Umgang mit Multimedia-Elementen. Theoretisch lassen sich auch ihre Dimension über em-Werte angeben. Ob jedoch die Skalierung von Bildern auch ihre Deutlichkeit erhöht, ist fraglich – bei Bildern kleiner Auflösung wird dies mit Sicherheit nicht der Fall sein, da auf diese Weise kein optischer, sondern digitaler Zoom realisiert wird. Interessante Zoom-Effekte sind dadurch jedoch durchaus möglich.[6] Deshalb werden Bilder grundsätzlich mit ihren px-Angaben versehen, wodurch sie zwar »fest« bleiben, dafür aber deutlich hervortreten.

Hinzu kommt, dass eine vielfache Skalierung von Texten bei elastischen Layouts die Breite des Layouts explodieren lässt und horizontale Balken verursacht. In der Praxis wird dies aber selten vorkommen, falls die Schriftgröße ursprünglich vernünftig gewählt wurde. Die Festlegung einer maximalen Layoutbreite erweist sich als die einzige Möglichkeit, die Breite auch in solchen Fällen in vernünftigen Schranken zu halten.

10.5.5 Hybrid Layouts

In meisten Fällen wird in der Praxis eine Balance zwischen mehreren Layouttypen verwendet.

Fixed-Layouts mit skalierbaren Texten | Um allen Nutzern die Möglichkeit zur Skalierung von Textinhalten bereitzustellen, wird der Schriftgrad im Web 2.0-Layout fester Breite (px) in relativen em-Einheiten gesetzt. Dies hat zwar immer noch den Nachteil, dass Inhalte in feste Blöcke gepackt werden, sodass weniger Zeichen pro Zeilenlänge angezeigt werden, relativiert jedoch das Problem, dass Inhalte im Internet Explorer überhaupt nicht skalierbar sind. Als Beispiel betrachten Sie die Abbildung 10.88 bis Abbildung 10.90.

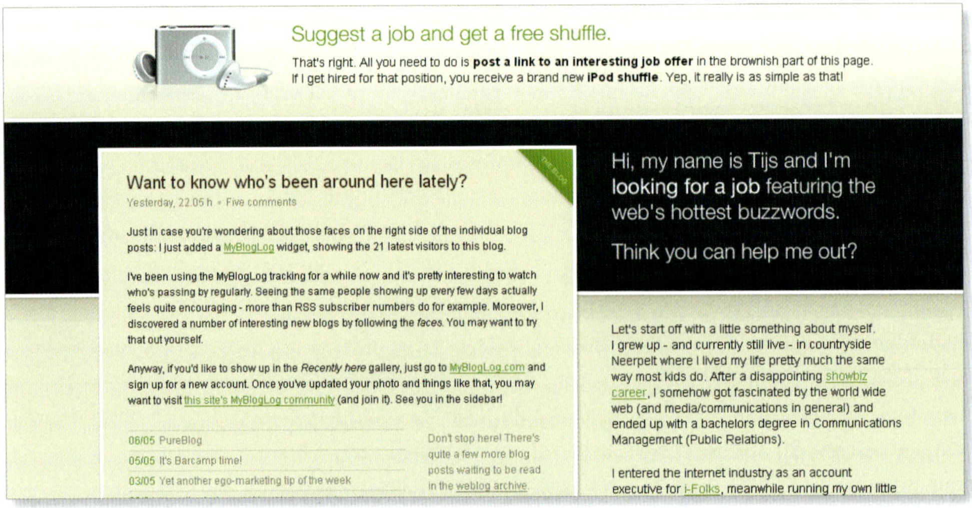

▲ **Abbildung 10.88**
Fixed Layout mit skalierbarem Schriftgrad bei Tijsvrolix.be – Standardschriftgröße

6 Clagnut Dynamic Layout (*http://clagnut.com/sandbox/dynamic-layout* Linkcode 305)

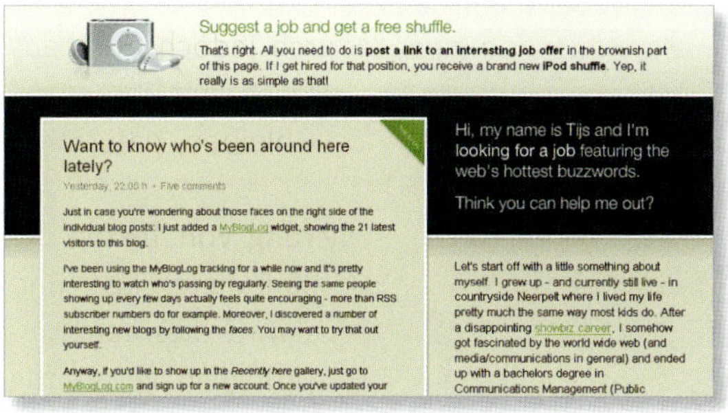

▲ **Abbildung 10.89**
Doppelte Schriftgröße

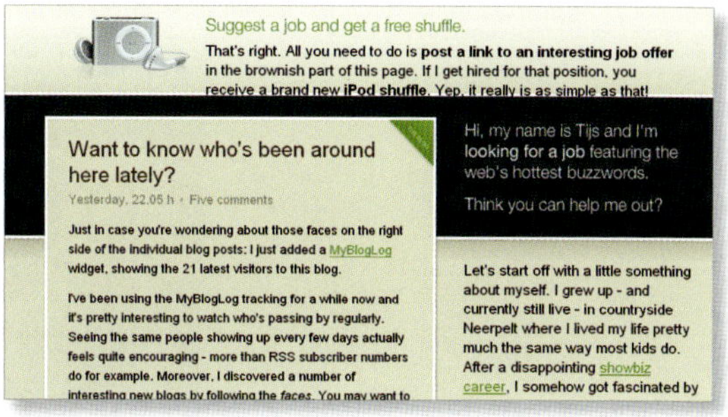

▲ **Abbildung 10.90**
Dreifache Schriftgröße

Flüssige und feste Layouts | Um die Vorteile von Layouts fester Breite und Flexibilität von flüssigen Layouts gleichzeitig auszunutzen, können sogenannte Fixed-Liquid-Layouts mit der *Jello Layout-Methode* (*http://uwmike.com/articles/2005/05/04/jello-liquid-layout* Linkcode 306) realisiert werden. Die grundlegende Idee dahinter ist, das proportionale Wachstum der Seitenbreite mit zunehmender Bildschirmauflösung zu verlangsamen. So wird dadurch beispielsweise sichergestellt, dass ein dynamisches Layout, das bei der Auflösung 800 × 600 die Breite 770 px (770/800 = 0,9625) hat, bei 1280 px nicht die Breite von 1232 px (1232/1280 = 0,9625) besitzt.

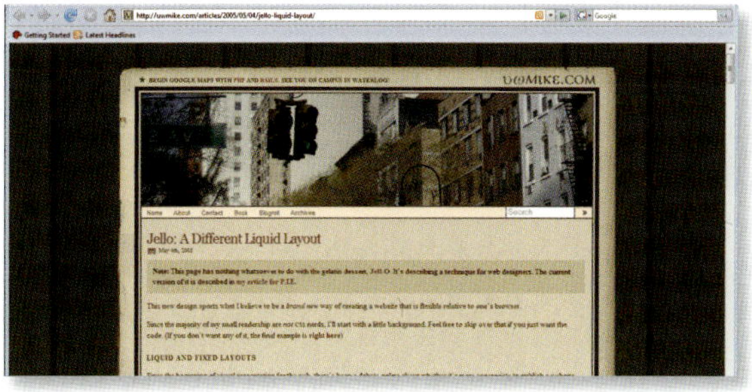

▲ **Abbildung 10.91**
Die Jello-Technik. Festes Layout wird mit flüssigem Layout kombiniert, damit die Seitenbreite mit zunehmender Bildschirmauflösung nicht zu stark wächst.
Bildschirmauflösung: 1280 × 800

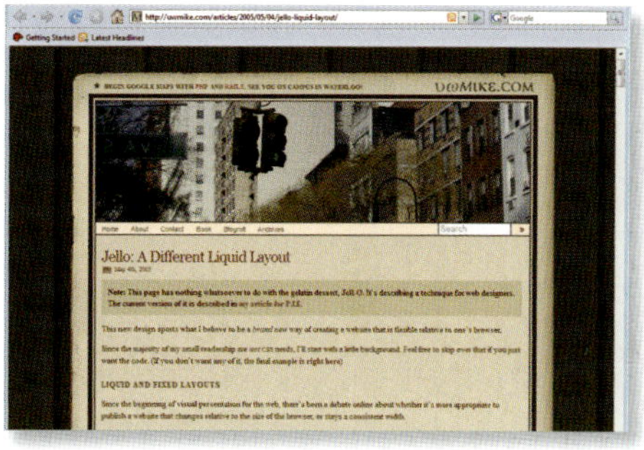

▲ **Abbildung 10.92**
Bildschirmauflösung: 1024 × 768

Die Implementierung ist intuitiv einfacher zu verstehen als aus rein technischer Sicht. Ein Großteil der Seitenbreite wird durch eine feste px-Breite festgelegt, der Rest ergibt sich aus einem Prozentanteil der Bildschirmbreite. Je kleiner der »feste« Anteil im Layout, desto stärker dehnt sich die Seite aus, so das Prinzip.

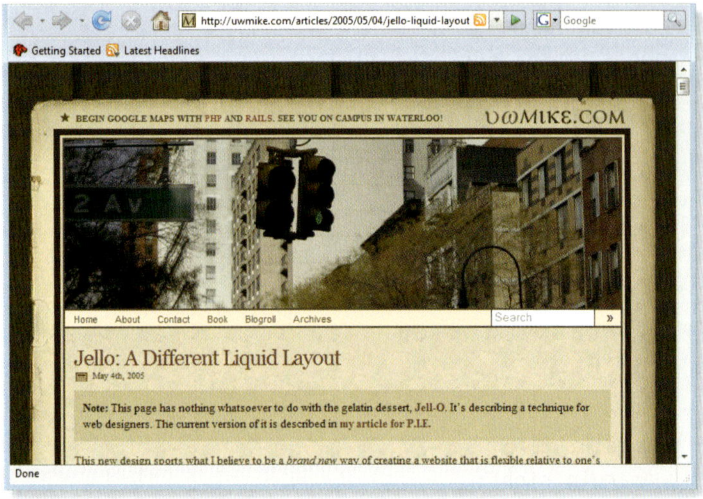

Abbildung 10.93 ▸
Jello-Methode im Einsatz. Jello-Layout mit Jello Calculator (Quelle: *http://uwmike.com/articles/2005/05/04/jello-liquid-layout* Linkcode 307).

Technisch wird bei diesem Ansatz im Rückwärtsgang vorgegangen. Zuerst werden bei einem zweispaltigen Layout zwei Spalten erzeugt, deren Breite entsprechend ihrem Gewicht in Prozentwerten gesetzt wird (etwa 70% zu 30%). Anschließend werden sie in einen Container gelegt, der mit negativen horizontalen äußeren Abständen (`margin-left`, `margin-right`) versehen ist. Der linke und der rechte Abstände betragen jeweils genau die Hälfte der Breite, die den »festen« Anteil der Seitenbreite ausmachen soll. Anschließend wird die gesamte Konstruktion in einen weiteren Container gepackt, dessen Breite von der Breite der Fenstergröße abhängt.

```
<div id="stretch">
    <div id="container">
    <div id="content">
    ...
    </div>
    <div id="sidebar">
    ...
    </div>
</div>
```

CSS:

```
#stretch {
    margin: 0 auto;
    width: 60%;
/* Verwendete Seitenbreite bzgl. der Fensterbreite */
}
```

```
#container {
    margin: 0 -265px 0 -265px;
/* 265px + 265px = 530px, "fester" Anteil der Seiten-
breite */
}
#content {
    float: left;
    width: 55%;
    margin-left: 8%;
}
#sidebar {
    float: right;
    width: 21%;
    margin-right: 8%;
}
```

Es ist zu beachten, dass diese Technik einiger IE-Tweaks bedarf, um den Effekt in allen Versionen des Internet Explorers zu erzeugen.

Das Layout kann mithilfe von *Jello Layout Calculator* (*http://sandbox.mikepurvis.com/css/jello/calculator.php* Linkcode 308) online generiert werden. Der »feste« und der relative Anteil der Seitenbreite können angegeben werden; dadurch lässt sich der Streckfaktor des Layouts automatisch festlegen.

Flüssige elastische Layouts | Im Web 2.0 zeigt sich zunehmend der Trend zu elastischen Layouts mit fluiden Elementen. Dabei ist es typisch, die maximale und minimale Breite (nicht die Breite selbst!) des Containers abhängig vom eingestellten Schriftgrad (em-Einheiten) anzugeben. Seitenblöcke werden dagegen in Prozentwerten zur Fenstergröße festgelegt, die Textinhalte werden in em-Werten gesetzt.

▼ Abbildung 10.94
Auf 456bereastreet.com verändert sich die Layoutbreite in Abhängigkeit von der gewählten Schriftgröße.

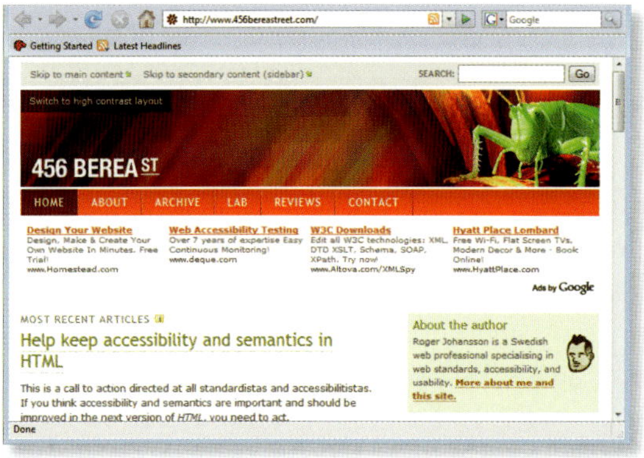

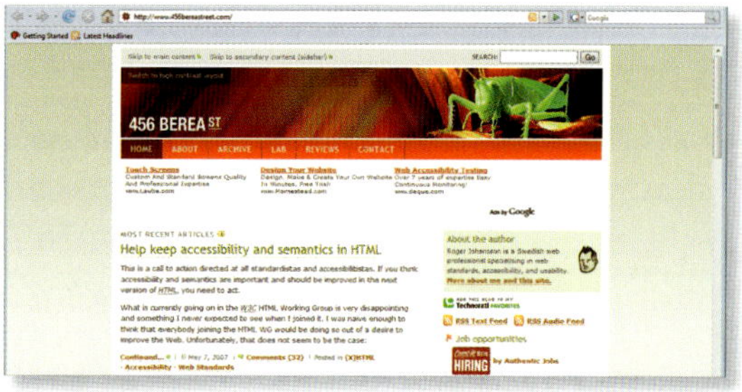

Somit bleibt das Seitenlayout insofern flüssig, als dass es sich an die Fenstergröße anpasst, hat aber sowohl eine obere als auch eine untere Schranke, die für eine optimale Lesbarkeit sorgen sollen. Dadurch hat man neben dem elastischen »Zoom«-Effekt auch den Nebeneffekt, dass die Breite der Spalten sowohl bei einer Skalierung des Browserfenster als auch bei der Skalierung des Schriftgrads angepasst wird.

```
<div id="wrap">
    <div id="content">
         <div id="main"> ...</div>
    </div>
    <div id="content-secondary"> .. </div>
</div>
```

Die Gestaltung mit CSS:

```
#wrap {
    min-width:600px;
    max-width:70em;
    margin:0 auto;
}
#content {clear:both}
#main {
    float:left;
    width:62%;
}
#content-secondary {
    float:right;
    width:33%;
}
```

10.5.6 Weitere Techniken – Chamäleons

Neben klassischen Layoutarten zeichnen sich bei der Implementierung immer wieder neue Schemata und Muster ab, die im Web 2.0 neue Konzepte und Ansätze entstehen lassen. Sie setzen nicht auf das Erscheinungsbild eines Layouts (z. B. feste oder dynamische zweispaltige oder dreispaltige Layouts), sondern auf eine dynamische Seitenstruktur, genauer – die dynamische Positionierung von Seitenblöcken. Konkret heißt dies, dass ein Layout, das bei einer Bildschirmauflösung aus drei Spalten besteht, bei kleinerer Auslösung zweispaltig wird und bei einer größeren Auflösung zu vier Spalten erweitert wird.

Der Vorteil solcher Vorgehensweise liegt an der Hand. Der Entwickler muss sich keine Gedanken darüber machen, dass Seiteninhalte immer unbedingt an ihren Positionen bleiben. Auch der Vorteil für Seitenbesucher ist offensichtlich: Bei allen Auflösungen wird die Seitendarstellung automatisch optimiert.

10.5.7 Feste Layouts mit variabler Breite

Um die Darstellung von Layouts bei verschiedenen Bildschirmauflösungen besser in den Griff zu bekommen, können Designer auch zu JavaScript-Methoden greifen. Wird mittels JavaScript die aktuelle Seitenbreite bestimmt, so können Browser mit einer entsprechend optimierten CSS-Formatierung gespeist werden. Layouts solcher Art werden *variable fixed width layouts* genannt.

▼ Abbildung 10.95
Mit kleiner werdender Bildschirmauflösung verändert sich die Seitenstruktur entsprechend. Dies wird mit einem JavaScript realisiert. (Quelle: *http://clagnut.com/sandbox/dynamic-layout* Linkcode 309).

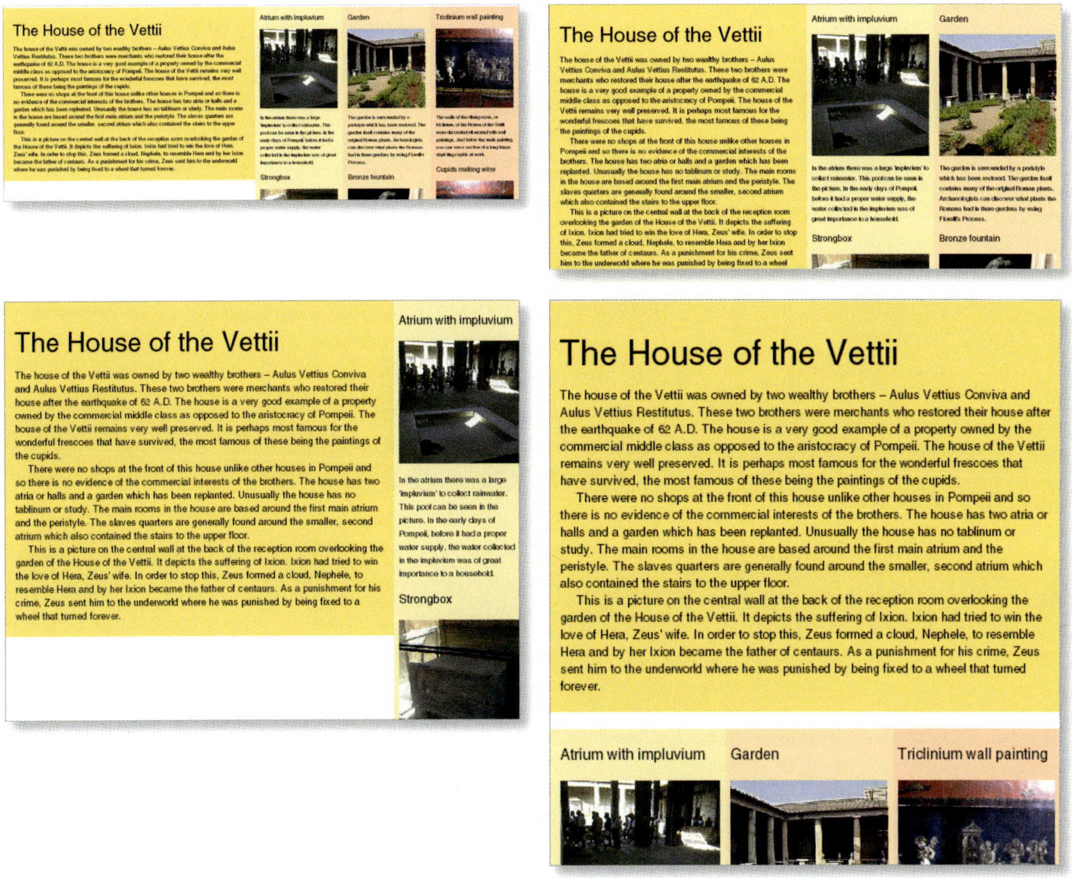

Eine Implementierung solcher Layouts finden Sie im Beitrag »Redesign Notes 1: Width-based layout« (*http://www.colly.com/?/comments/redesign-notes-1-width-based-layout* Linkcode 310) von Simon Collison.

Ähnliche Methoden werden in den folgenden Demos präsentiert:

- **Dynamic Layout**
  http://clagnut.com/sandbox/dynamic-layout (Linkcode 311)
- **Resolution dependent layout**
  http://themaninblue.com/experiment/ResolutionLayout (Linkcode 312)
- **Dynamic layout: adaptive columns**
  http://www.brandspankingnew.net/specials/adaptLayout/adaptive_columns_01.html (Linkcode 313)
- **Dynamic layout: adaptive columns**
  http://www.brandspankingnew.net/archive/2005/12/dynamic_layouts_with_css_javascript.html (Linkcode 314)

Außerdem bieten folgende Beiträge zahlreiche Beispiele zum Thema:

- **Variable fixed width layout**
  http://clagnut.com/blog/1663 (Linkcode 315)
- **Collapsible Layout – Fensterbasierendes Layout**
  http://blog.calm-n-easy.de/archiv/collapsible-layout-fensterbasierendes-layout.html (Linkcode 316)
- **Flexible Fixed Layouts**
  http://www.netmag.co.uk/zine/home/flexible-fixed-layouts

10.5.8 Text Zooming-Methode

Ein weiterer erwähnenswerter Ansatz wird durch die *Text Zooming-Methode* (*http://www.tinnedfruit.com/sandbox/textzoom.html* Linkcode 317) geliefert. Die JavaScript-basierte Technik verändert die Schriftgröße von Inhalten in Abhängigkeit von der eingestellten Fensterbreite. Die Methode kann analog zu elastischen Layouts verwendet werden, um in etwa die gleiche Anzahl von Zeichen pro Zeile bei verschiedenen Auflösungen sicherzustellen.

Abbildung 10.96 ▼
Text-Zooming-Technik. Die Schriftgröße ändert sich abhängig von der Bildschirmauflösung (Quelle: http://www.tinnedfruit.com/sandbox/textzoom.html)

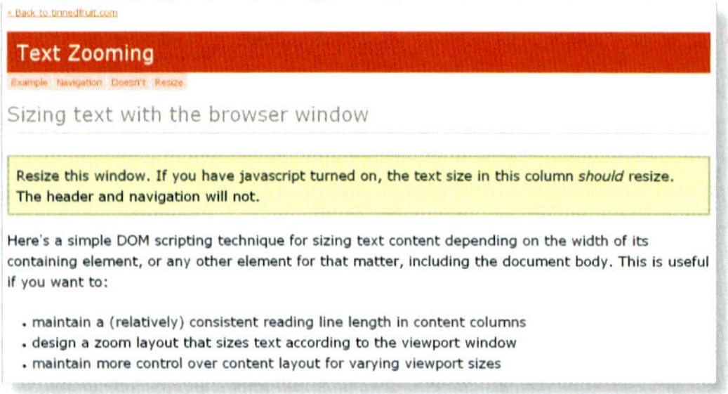

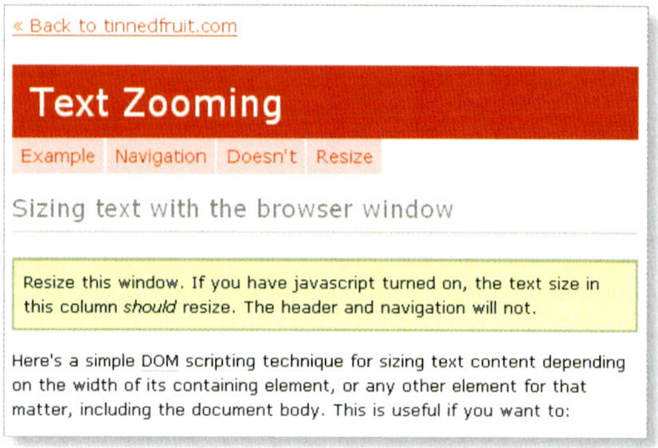

10.5.9 Switchy McLayout

Im Gegensatz zu ähnlichen JavaScript-basierten Techniken werden bei *Switchy McLayout* (*http://www.alistapart.com/articles/switchymclayout* Linkcode 318) nicht nur eins, sondern gleich sieben Layouts in eine CSS-Datei gepackt, um die Seitendarstellung für verschiedenste Auflösungen zu optimieren. Mit einem JavaScript-Regler, der bei Veränderungen der Fenstergröße aktiv wird, werden eine optimale Mini-Darstellung der Seite für PDAs (< 240 px) genauso wie eine angemessene Darstellung für extrem breite Auflösungen (> 1280 px) bereitgestellt. Von breiter Darstellung zu dem Miniformat werden überflüssige Seitenelemente (Navigation, Bilder u. Ä.) nacheinander entfernt, in einer anderen Gestalt angezeigt und Inhalte bei kleineren Auflösungen stärker in Vordergrund treten. Zu diesem Zweck werden nicht etwa mehrere CSS-Dateien verwendet, sondern verschiedene Klassen deklariert, zwischen denen anschließend gewechselt wird (dafür wird das `body`-Element mit passenden IDs versehen). Im Beitrag finden sich zwei Demos, welche die Funktionsweise des Layouts veranschaulichen.

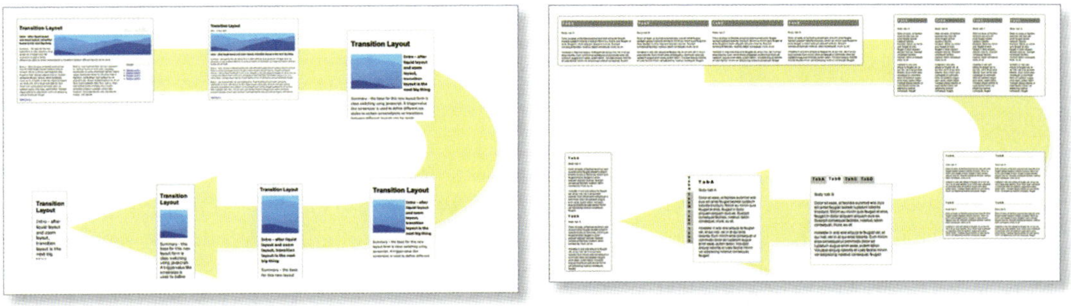

Abbildung 10.97 ▼
Switchy McLayout
(Quelle: http://www.alistapart.com/articles/switchymclayout)

Es bleibt anzumerken, dass bei den drei vorgestellten JavaScript-basierten Techniken die Seiteninhalte auch bei Nutzern, die ohne JavaScript-Unterstützung surfen, optimal angezeigt werden.

10.5.10 Zusammenfassung

Die Suche nach einem optimalen Layout für Web 2.0-Auftritte liefert kein eindeutiges Ergebnis. In einzelnen Fällen können die drei Typen ihre Stärken zeigen. Komplexe grafikbasierte Layouts werden wegen der exakten Positionierung von Bildern mit Layouts fester Breite optimal bedient. Dabei ist aufzupassen, dass die Breite groß genug gewählt wird, damit das Layout auch bei hohen Bildschirmauflösungen lesbar bleibt.

Layouts, bei denen überwiegend Texte veröffentlicht werden, sind dagegen bei dynamischen flüssigen oder elastischen Layouts besser aufgehoben. Beachten Sie dabei, dass genügend Inhalte

HINWEIS

Viele Designer tendieren eher dazu, bei Seiten, die vor allem ihre Beiträge (also Text) in den Vordergrund stellen, Layouts fester Breite zu verwenden. Dies ist nicht unbedingt praktisch, da Nutzer in solchen Fällen kaum Kontrolle über die Darstellung von Inhalten haben.

vorliegen und die Zeilenlänge immer die Kriterien der optimalen Lesbarkeit erfüllt.

Bei elastischen Layouts wird man grundsätzlich ähnliche Probleme entdecken wie bei Layouts breiter Größe. Im Prinzip ist es vernünftig, im Zweifelsfall auf elastisches Layout mit fluiden Elementen zu setzen.

Zusätzlich ist es empfehlenswert, nach Möglichkeit einen Layoutswitcher bereitzustellen und diesen deutlich in den Vordergrund treten zu lassen, damit Seitenbesucher selbst entscheiden können, nach welchem Schema sie das Layout dargestellt bekommen wollen. Dadurch können Sie die Besucher etwa die Breite sowie den Typ des Layouts manuell auswählen lassen. Die Einstellungen können per Cookies auf der Festplatte des Seitenbesuchers gespeichert werden (*http://www.alistapart.com/articles/alternate* Linkcode 319).

10.6 Umsetzung eines Web 2.0-Entwurfs

Im Folgenden betrachten wir eine Schritt-für-Schritt-Anleitung zur Implementierung eines Web 2.0-Layouts mit CSS. Das Layout habe ich zusammen mit Wolfgang Bartelme (*http://bartelme.at*), professioneller Webdesigner und Grafiker, realisiert und dokumentiert.

HINWEIS

Im Beispiel wird der Schwerpunkt auf die Implementierung des Layouts gesetzt. Aus Platzgründen wurden einige gestalterische Besonderheiten ausgelassen. Diese können Sie beim Nachschlagen der Quelltexte auf der DVD näher studieren.

10.6.1 Zielsetzung und Entwurf

Die wesentliche Faustregel eines jeden Webprojekts lautet: Einer konkreten Implementierung soll immer ein sorgfältig durchdachter Entwurf zugrunde liegen. Um Ihnen ein anschauliches Beispiel anzubieten, haben wir uns zum Ziel gesetzt, ein klassisches Blog-Design (Header, Content, Sidebar, Footer) in leichten und hellen Tönen zu entwerfen. Die runde Formgebung, Spiegelungen, Verläufe sowie bunte Farbwahl sollen dem Entwurf typische Merkmale des Web 2.0 verleihen.

Aufgabe

Ein klassischer Webauftritt im Web 2.0-Look mit deutlicher und flexibler Seitenstruktur sowie benutzerfreundlicher Seitenführung. Traditionelles zweispaltiges Layout solle mit einem Notizrand erweitert werden.

Im Hinblick auf die Seitenstruktur soll die Hauptnavigation eine prominente Stelle im oberen Seitenbereich bekommen; die Optionen zum Abonnieren von Inhalten via Web Feeds sollten direkt sichtbar sein und mithilfe von Standard-RSS-Icons mit einem Wiedererkennungswert versehen werden. Eine Suchbox rechts oben ist aus Usability-Sicht ebenfalls sinnvoll.

Die sekundäre Navigation sollte im rechten mittleren Block erscheinen – zusammen mit Ankündigungen, weiteren Infobereichen oder etwa Google AdSense-Werbung. Der linke mittlere Block sollte für den Inhalt bestimmt sein. Dabei wollen wir Beiträge mit Randbemerkungen versehen können. Ein dunkler Footer soll die Seite optisch abschließen.

Beim Entwurf wurde höchste Priorität auf eine einheitliche visuelle Darstellung sowie eine klare und flexible Seitenstruktur gelegt. Aus diesen Überlegungen heraus wurde ein abstraktes Schema entworfen. Dieses wird in Abbildung 10.98 illustriert.

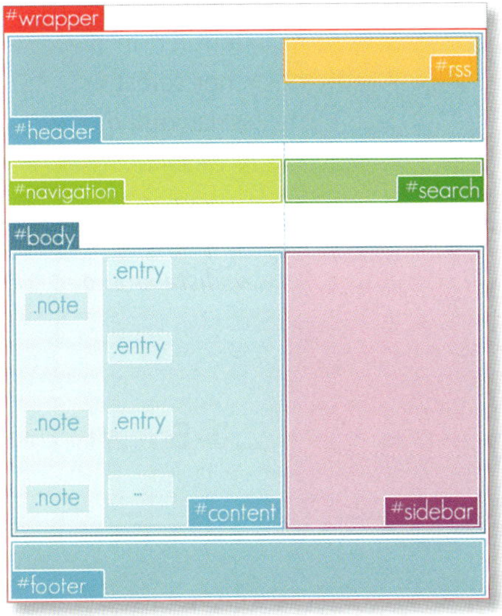

◂ **Abbildung 10.98**
Das abstrakte Schema des Musterbeispiels

Nach einer mehrstufigen Entwurfsphase haben wir uns für einen recht simplen und anschaulichen Seitenprototyp entschieden. Die grafischen und typografischen Entscheidungen basieren auf der Grundlage von Richtlinien und Regeln, die in Kapiteln 3 und 4 erläutert wurden.

◂ **Abbildung 10.99**
Der Entwurf aus dem abstrakten Schema. Ein Adobe Photoshop-Sketch im Web 2.0-Look

> **TIPP**
>
> Häufig greifen Designer zu anspruchsvollen rasterbasierten Schemata und optimieren das Seitenlayout so lange, bis die Proportionen und Verhältnisse von Elementen in Einklang mit rigiden tabellarischen Strukturen gebracht sind (*grid-based design approach*). In diesem Beispiel war dies nicht notwendig. Der rasterbasierte Ansatz ist vor allem für die Abstimmung der Strukturharmonien in komplexen Layouts notwendig.

10.6.2 Abstimmung von Entwurfs und Schema

Zur anschaulichen Umsetzung des Entwurfs in XHTML und CSS werden einzelne Seitenblöcke jeweiligen Seitenblöcken aus dem Schema zugeordnet. Das Seitenlayout wird in zusammenhängende Bereiche aufgeteilt, wobei Unterabschnitte visuell deutlich gemacht werden. In diesem Schritt können Sie strukturelle Fehler finden bzw. ein strukturiertes Layout aufbauen.

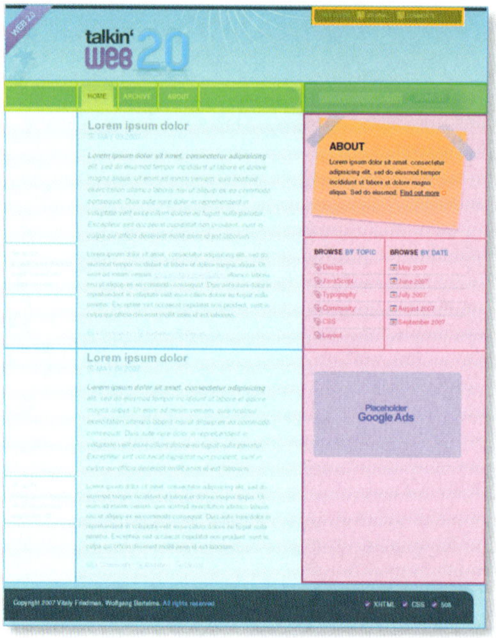

Abbildung 10.100 ▸
Der Entwurf wird für den Abgleich mit dem Schema vorbereitet. Je deutlicher die Konturen der Seitenbereiche sind (also etwa sich nicht überschneiden) und je fester Elemente im Raster zu sitzen scheinen, desto besser und durchdachter ist der Entwurf.

Nach der Analyse des Bildes stellt man fest, dass Seitenelemente im Entwurf »gut sitzen« und von der Struktur her konsistent angeordnet sind. Dies liefert grünes Licht für das Ausschneiden (Slicing) von einzelnen Bildern in Adobe Photoshop (wird im Weiteren nicht erläutert) und den Code des Auftritts.

10.6.3 Grundgerüst entwerfen

> **HINWEIS**
>
> Bei semantisch korrekten Layouts ist es möglich, auch mit *Transitional* zu arbeiten. Dieser Dokumenttyp wurde jedoch ursprünglich zum Zweck entworfen, Designer beim Redesign von »alten« tabellenbasierten Layouts zu unterstützen. Bei neuen Webprojekten sollten Sie *Strict* verwenden.

Bei einer konkreten Umsetzung eines Entwurfs gilt es als Erstes, die Grundstruktur des Markups und die Default-Stile festzulegen. Als Dokumenttyp wurde XHTML 1.0 Strict – ein de facto-Standard für semantisch korrektes Markup[7] – gewählt. Als Charset wurde die universelle Kodierung UTF-8 gewählt.

Zusätzlich zum ursprünglichen Schema wurde die Sidebar im Sketch durch drei Blöcke (sections) genauer festgelegt. In die Sidebar wurden ein »About«-Block sowie die sekundäre Seitenna-

7 Die Gründe dafür können Sie im Beitrag »Transitional vs. Strict Markup« von Roger Johansson, *http://24ways.org/2005/transitional-vs-strict-markup* (Linkcode 320) nachlesen.

vigation eingebaut. Die letztere wurde in zwei Bereiche (*columns*) aufgeteilt – Navigation nach Thema und nach Datum. Die übrige XHTML-Struktur ließ sich wegen der einfachen Struktur der Seite beinahe direkt ablesen.

```
<!DOCTYPE html PUBLIC "-//W3C//DTD XHTML 1.0 Strict//
EN"
    "http://www.w3.org/TR/xhtml1/DTD/xhtml1-strict.
dtd">
<html xmlns="http://www.w3.org/1999/xhtml"
xml:lang="en" lang="en">
<head>
<meta http-equiv="Content-Type" content="text/html;
charset=utf-8"/>
<title>talkin' web 2.0</title>
<link rel="stylesheet" href="style.css" type="text/
css" />
</head>
<body>
    <div id="wrapper">
        <div id="header">
            <p id="skip"><a href="#body">Skip
            Navigation</a></p>
            <div id="rss"></div>
            <div id="search"></div>
            <div id="navigation"></div>
        </div>
        <div id="body">
            <div id="content">
                <div class="entry"></div>
                <div class="entry"></div>
            </div>
            <div id="sidebar">
                <div class="section about"></div>
                <div class="section">
                    <div class="column"></div>
                    <div class="column"></div>
                </div>
                <div class="section"></div>
            </div>
        </div>
        <div id="footer"></div>
    </div>
</body>
</html>
```

▲ **Abbildung 10.101**
Grundgerüst mit minimaler CSS-Formatierung

HINWEIS

Die Breite von elastischen Layouts ändert sich mit der Veränderung der Schriftgröße. Dadurch soll eine optimale Seitendarstellung bei allen Bildschirmauflösungen gewährleistet werden.

Hinzugefügt wurde die Option »Skip Navigation« im oberen Seitenbereich. Sie soll es Nutzern von nicht-visuellen Ausgabegeräten oder PDAs ermöglichen, die Navigation zu überspringen und direkt zu den Inhalten zu gelangen.

Mit *Global Reset* wurde sichergestellt, dass alle Browser beim Interpretieren der Seite mit gleichen Standardwerten arbeiten.

```
* {/* reset default values */
    list-style: none;
    margin: 0;
    padding: 0;
    text-decoration: none;
}
body {
    font: small/150% Helvetica, Arial, Verdana,
    sans-serif;
}
```

10.6.4 Breite festlegen: #wrapper, #header, #content, #footer

Die Seite soll eine klassische zweispaltige Struktur aufweisen. Dazu wurden sämtliche Elemente innerhalb des Containers `#wrapper` platziert. Dieser soll die Blöcke `#header`, `#body` (nicht zu verwechseln mit dem body-Tag!), `#sidebar` und `#footer` enthalten. Um eine maximale Flexibilität der Seite zu erzielen, wurden diese Hauptblöcke innerhalb eines elastischen Layouts platziert.

Bei einem absolut elastischen Layout würde sich die Breite des linken Notizrandes bei einer Vergrößerung der Schriftgröße automatisch skalieren. Dies hätte eine Verschiebung des `#content`- und des `#sidebar`-Blocks zur Folge und würde die Seitenstruktur verändern. Aus diesem Grunde wurde die Breite des Rands auf einen festen Wert (145 px) gesetzt.

Die maximale Layoutbreite wird beim Wrapper angegeben (72 em-Einheiten); die Angabe der Größe seiner Kindelemente kann dann über entsprechende Prozentwerte erfolgen.

Der `#content` -Block wird nach links gefloatet, `#sidebar` nach rechts – bei der Größenangabe beider Blöcke ist die konstante Breite des Rands zu beachten. 145 px wird bei den meisten Bildschirmbreiten (800 px – 1300 px) 18,125 bis 11,15 % ausmachen. Im CSS-Code können deshalb mit ruhigem Gewissen 18 % von der Gesamtbreite des Wrappers abgezogen werden. Dies stellt `#content` und `#sidebar` insgesamt 82 % der Layoutbreite zur Verfügung.

```
...
/*** Main Positioning ***/
#wrapper {
    min-width: 905px;
    max-width: 80em;
}
#header,
#body,
#footer {
    clear: both;
    float: left;
    position: relative;
    width: 100%;
}
#content {
    float: left;
    width: 48%;
}
#sidebar {
    float: right;
    width: 34%;
}
```

Beachten Sie, dass `#header`, `#footer` und `#body` relativ positioniert werden, damit ihre absolut positionierten Kindelemente relativ zum Elternelement positioniert werden (etwa Textblöcke im Footer).

Nicht zu vergessen – gefloatete Elemente müssen immer eine feste Breite besitzen. Mit `clear: both;` wird sichergestellt, dass keines der Seitenelemente am Rand eines anderen Blocks fließen wird. Bei wichtigen Elementen einer Webseite werden Sie dies so gut wie nie wollen.

Mit ein wenig HTML-Füllmaterial ergibt sich in Webbrowsern das folgende Bild:

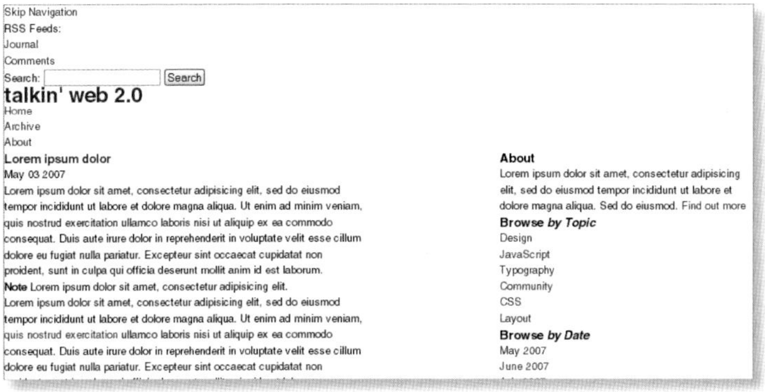

◂ **Abbildung 10.102**
Seitendarstellung mit Defaultstilen und Float-Positionierung von Blöcken

10.6.5 Gestaltung von #content und #sidebar

Die Positionierung von Blöcken wurde durch die Angabe ihrer Breite sowie der float-Eigenschaft bereits festgelegt. Was noch übrig bleibt, ist die Verschiebung der Elemente, damit ihre Nähe den Textfluss nicht stört und die Seitenstruktur deutlich ist.

Damit der Rand zur Geltung kommt, wird der #content-Block um 145 px nach rechts verschoben.

```
#content {
    padding: 10px 0;
    padding-left: 145px;
}
```

Elemente der Klasse .note sollen als Randnotizen erscheinen und werden als solche aus dem Fluss herausgenommen (absolut positioniert) und horizontal bewegt.

```
#content .entry .note {
    position: absolute;
    left: 15px;
    width: 130px;
}
#content .entry .note strong {
    background: transparent url("images/icon_note.
    gif") no-repeat 0 50%;
    display: block;
    padding-left: 20px;
    text-transform: uppercase;
}
```

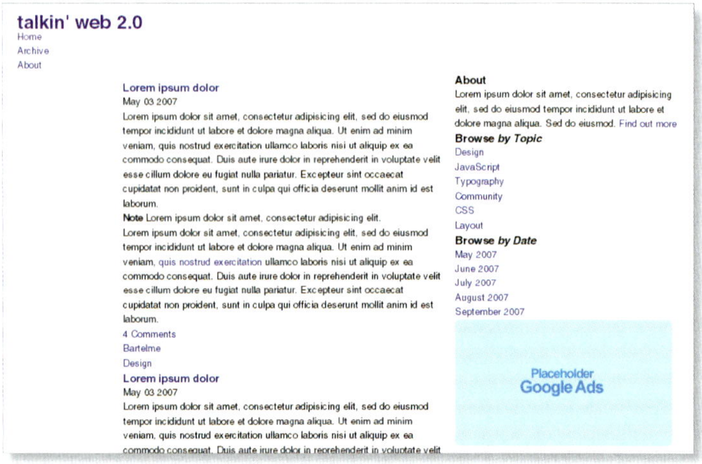

Abbildung 10.103 ▸
Der Content-Block wird um 145 px nach rechts bewegt.

Die einzelnen Abschnitte der Sidebar (About-Block, Navigationsblock sowie der Platzhalter) werden deutlicher voneinander getrennt.

```
#sidebar {
    padding: 10px 0;
}
#sidebar .section {
    clear: both;
    margin-bottom: 20px;
    padding: 10px 20px;
}
```

Die Navigationsleiste soll zusammengefasst und kompakter dargestellt werden – etwa in Form von zwei Spalten, die gleich breit sind. Jede der beiden Navigationsleisten soll Attribute der Klasse `.column` übernehmen.

```
#sidebar .column {
    float: left;
    width: 50%;
}
```

XHTML:

```
                <div class="section">
                    <div class="column">
                        <h3>Browse <em>by Topic
                        </em></h3>
                        <ul class="tag">
                            <li><a href="#">Design
                            </a></li>
...
                        </ul>
                    </div>
                    <div class="column">
                        <h3>Browse <em>by Date</em>
                        </h3>
                        <ul class="date">
                          <li><a href="#">May 2007
                          </a></li>
...
                        </ul>
                    </div>
                </div>
```

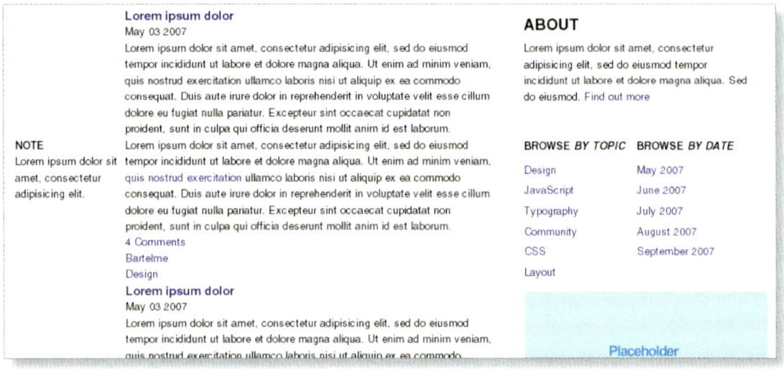

Abbildung 10.104 ▸
Die Navigationsleiste in der Sidebar wird in eine kompakte Form gebracht.

Mit ein wenig CSS-Formatierung lässt sich das Seitenbild relativ schnell in eine benutzerfreundliche Gestalt bringen.

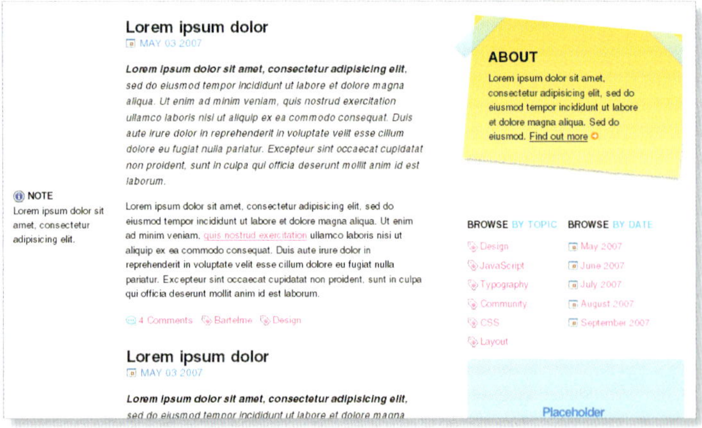

Abbildung 10.105 ▸
Visuelle Gestaltung der Auftritts. Mit wenigen CSS-Eigenschaften lässt sich die Benutzerfreundlichkeit um ein Vielfaches erhöhen.

▴ **Abbildung 10.106**
Eine Navigationsleiste im #sidebar-Block. Die anklickbare Fläche wurde mittels display:block auf die gesamte Breite vergrößert.

10.6.6 Gestaltung des #header-Bereichs

Mit dem Header haben wir versucht, ein angenehmes visuelles Bild sowie eine ansprechende und freundliche Atmosphäre zu erzeugen. Um dies zu gewährleisten, war der Einsatz von Grafiken notwendig. Nun müssen diese im Layout umgesetzt werden.

Zuerst wird ein Blau-Weiß-Verlauf hinzugefügt. Er soll sich über die ganze Seitenbreite erstrecken.

```
html {
    background: #fff url("images/bg_main.gif")
    repeat-x 0 0;
}
```

TIPP

Da der #skip-Divisor absolut positioniert ist, wird die Suchbox vom #skip-Bereich teilweise überdeckt. Zu Darstellungszwecken wird die Suchbox in diesem Abschnitt ausgeblendet.

Ein elegantes Hintergrundbild kann die visuelle Erscheinung der Seite verbessern:

```
#header {
   background: transparent url("images/bg_header.
   jpg") no-repeat 50% 6px;
```

```
    padding-top: 35px;
}
#skip {
    background: transparent url("images/badge.jpg")
    no-repeat 0 0;
    left: 0;
    position: absolute;
    height: 160px;
    top: 0;
    width: 152px;
}
```

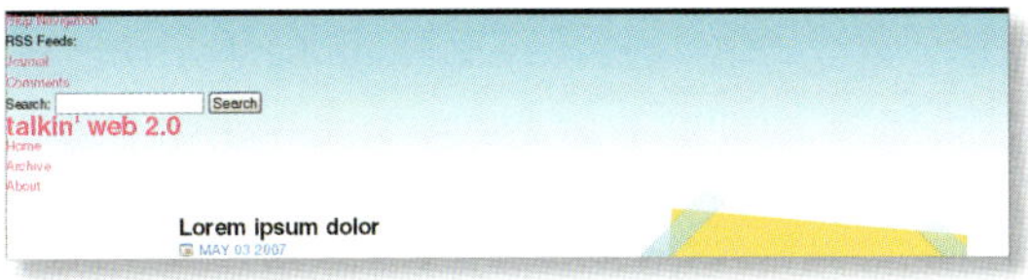

▲ **Abbildung 10.107**
Ein Blau-Weiß-Verlauf wird hinzugefügt.

▲ **Abbildung 10.108**
Header mit einem zusätzlichen Hintergrundbild. Links wird badge.jpg verwendet, rechts bg_header.jpg.

Um einen direkten Sprung zu den Inhalten von Besuchern mit visuellen Browsern zu verstecken, wird Folgendes verwendet:

```
#header #skip a {/* hide from visual browsers */
    visibility: hidden;
}
```

Ein Block für RSS-Feeds im oberen rechten Seitenbereich wird in Bezug auf den oberen rechten Randes absolut positioniert und mit passenden Abständen versehen.

```
#rss {
    background: transparent url("images/darkbg-rss.
    gif") no-repeat 0 100%;
    color: #00bbee;
    font-size: 88%;
    padding: 0.3em 15px 0.5em 15px;
    position: absolute;
    right: 30px;
    text-transform: uppercase;
    top: 6px;
    width: 270px;
}
```

Abbildung 10.109 ▲
Der RSS-Block im oberen Seitenbereich fällt direkt auf, wirkt aber dennoch nicht aufdringlich und ist somit optimal platziert.

Eine semantische und visuell ansprechende Darstellung ist mit einer kleinen Erweiterung des XHML-Markups und CSS-Code möglich. Die Liste von Feeds wird als eine Liste ausgezeichnet; CSS-Code soll RSS-Feed-Icons in die Darstellung hinzufügen.

```
<div id="rss">
    <dl>
        <dt>RSS Feeds:</dt>
        <dd><a href="#">Journal</a></dd>
        <dd><a href="#">Comments</a></dd>
    </dl>
</div>
```

Die Gestaltung mit CSS:

```
#rss * {
    float: left;
}
#rss dt {
    padding-right: 1em;
}
#rss a {
    background: transparent url("images/icon_rss.
    gif") no-repeat 0 50%;
    color: #fff;
    margin-right: 15px;
    padding-left: 20px;
}
#rss a:hover {
    text-decoration: underline;
}
```

Abbildung 10.110 ▲
RSS-Feed-Icons im RSS-Bereich der Seite.

Schließlich wird das Logo pixelgenau positioniert, sodass es in die gesamte Komposition perfekt passt und keine Unregelmäßigkeiten in der Darstellung auftreten. Ein linker äußerer Abstand von 160 px genügt. Der vertikale Abstand wurde durch `padding-top: 35px;` im Header schon festgelegt. Dabei wird eine Bild-

Ersetzungstechnik verwendet. Beachten Sie, dass die Eigenschaft `display` auf `block` gesetzt wird und Größenangaben gemacht werden, damit das Logo in voller Größe angezeigt wird.

```
#header h1 {
    padding-left: 160px;
}
#header h1 a {
    background: transparent url("images/logo.gif")
    no-repeat 0 0;
    color: #25313b;
    display: block;
    line-height: 400px;
    overflow: hidden;
    height: 120px;
    width: 225px;
}
```

Abbildung 10.111 ▼
Vollständige Darstellung des `#header`-Bereichs

10.6.7 Gestaltung der Navigationsleiste und der Suchbox

Menüpunkte der Navigationsleiste werden als übliche Registerkarten (*Tabs*) umgesetzt.

◀ Abbildung 10.112
Die Navigationsleiste erstreckt sich auf die ganze Seitenbreite.

▲ Abbildung 10.113
Navigationsleiste mit dem hover-Effekt.

Damit die Suchbox perfekt »sitzt«, wird sie absolut positioniert:

```
#search {
    height: 53px;
    position: absolute;
}
```

und entsprechend bewegt:

▲ Abbildung 10.114
Die absolut positionierte Suchbox wird im linken oberen Rand platziert.

```
#search {
   height: 53px;
   position: absolute;
```

▲ **Abbildung 10.115**
Die Suchbox wird zum rechten Rand der Navigationsleiste bewegt. Wegen der absoluten Positionierung überdeckt sie die Navigationsleiste.

```
  right: 0;
  top: 155px;
}
```

Mit einem passenden inneren Abstand lässt sich die Suchbox an einen geeigneten Ort setzen.

```
#search {
    height: 53px;
    position: absolute;
    right: 0;
    top: 155px;
    padding: 13px 50px 0 65px;
}
```

▲ **Abbildung 10.116**
Die absolut positionierte Suchbox sitzt am richtigen Platz.

Mit etwas CSS-Styling kann die Darstellung der Suchbox noch deutlich verbessert werden:

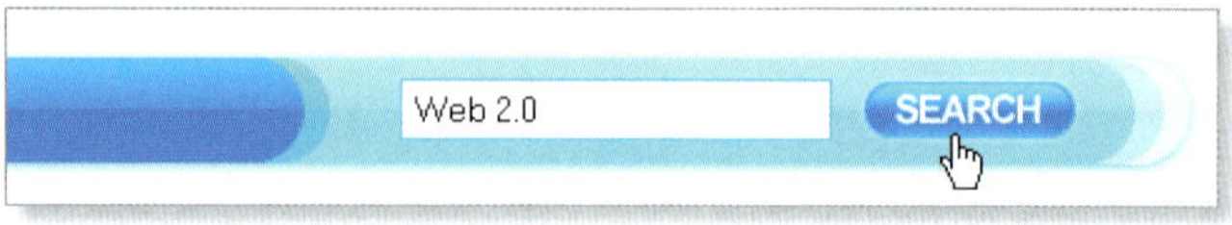

▲ **Abbildung 10.117**
Die Suchbox

HINWEIS

Die konkrete Implementierung von Tabs kann in Kapitel 5 nachgelesen werden.

10.6.8 Gestaltung des Footers

Nach dem Entwurf sollte der Footer die Seite visuell abschließen. Das Einfügen des Hintergrundbildes für den `#footer`-Container erzielt den gewünschten Effekt.

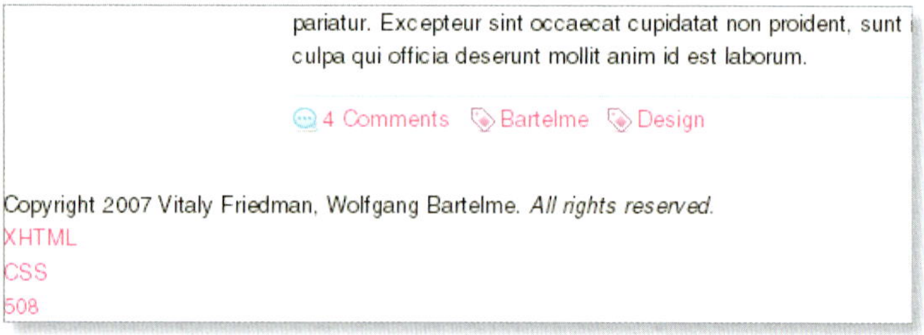

Abbildung 10.118 ►
Default-Footer ohne CSS-Stile

```
#footer {
    background: #2c2c2c url("images/bg_footer.gif")
    no-repeat 100% 0;
    color: #fff;
    padding: 2em 0;
}
```

Die Verweise des Footers werden als Elemente einer ungeordneten Liste aufgefasst und im oberen rechten Randbereich des Footers platziert. Zu diesem Zweck werden die gesamte Liste sowie alle ihre Kindelemente absolut positioniert und im rechten Footerbereich nach links gefloatet.

▲ **Abbildung 10.119**
Der Footer wird mit einem Hintergrundbild versehen.

```
#footer ul {
    position: absolute;
    right: 20px;
    top: 2em;
}
#footer ul,
#footer ul * {
    float: left;
}
```

Ein wenig CSS-Styling erzeugt das gewünschte Resultat.

▲ **Abbildung 10.120**
Die Liste im Footer wird absolut nach rechts positioniert und nach links gefloatet.

```
#footer li {
    margin-right: 1em;
}
#footer li a {
    color: #fff;
    background: transparent url("images/icon_check.
    gif") no-repeat 0 0.2em;
    padding-left: 20px;
}
#footer li a:hover {
    color: #ff519d;
}
```

▲ **Abbildung 10.121**
Ein attraktiver Footer mit Angaben zu den Autoren und Spezifikationen der Seite

10.6.9 Dekoration

Eine abgerundete Gestalt erhält die Seite durch das Hinzufügen eines Hintergrundbildes für das body-Element.

```
body {
    background: transparent url("images/bg_wrapper.
    jpg") repeat-y 0 60px;
}
```

Abbildung 10.122 ▼
Das fertige (X)HTML- und CSS-basierte Layout

Dadurch ist die Implementierung abgeschlossen. Das Ergebnis ist eine einfache, standardkonforme, benutzerfreundliche und browserunabhängige Seitendarstellung mit CSS und (X)HTML.

Abbildung 10.123 ▼
Die Seite wird bei der Skalierung der Schriftgröße ebenfalls skaliert.

Mithilfe des elastischen Layout-Ansatzes wird sich die Seite bei unterschiedlichen Bildschirmauflösungen und Schriftgrößeneinstellungen automatisch anpassen.

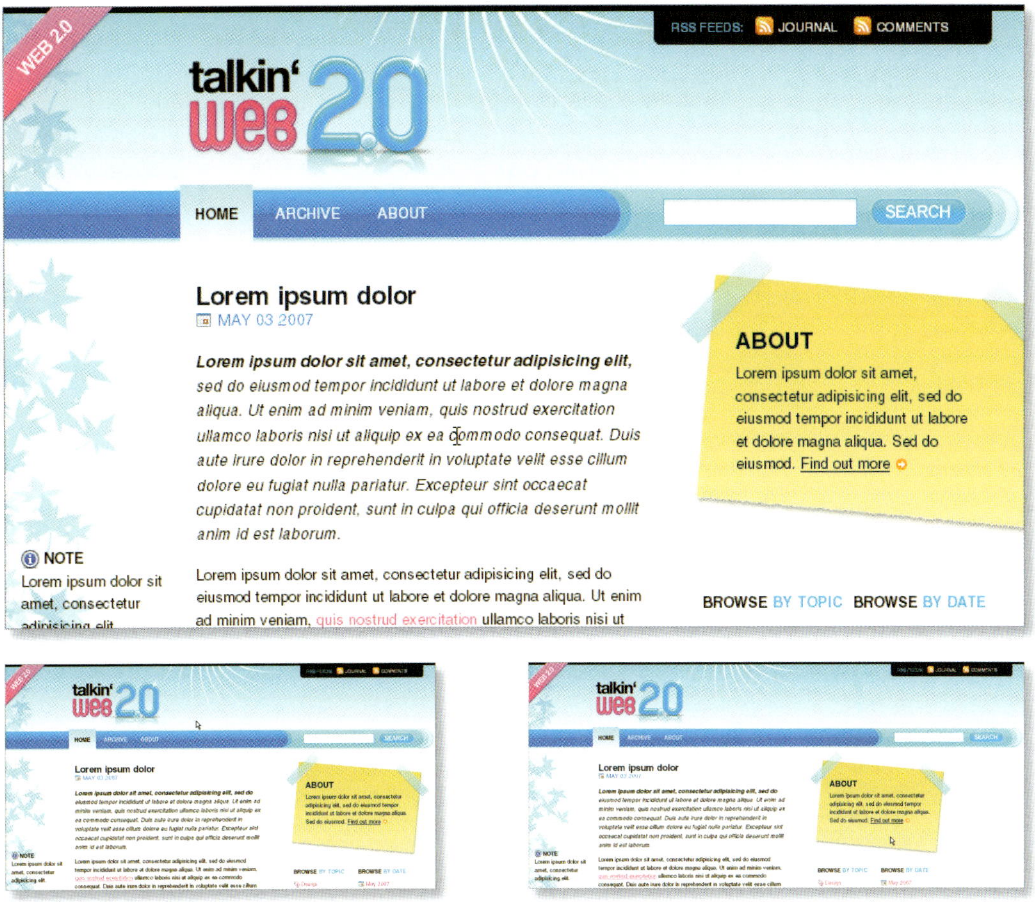

▲ **Abbildung 10.124**
Bei einer Größenänderung des Browserfensters wird das Layout skaliert.

10.7 Ressourcen

- **CSS-Layouts**
  http://www.smashingmagazine.com/2007/01/12/free-css-layouts-and-templates (Linkcode 321)
- **35 x 5**
  Eine Zusammenstellung von nützlichen Tipps, Ideen, Methoden sowie Schriftarten und Büchern rund um das Thema Webdesign von 35 renommierten Webentwicklern.
  http://www.smashingmagazine.com/2007/04/20/35-designers-x-5-questions (Linkcode 322)
- **70 Expert Ideas for better coding**
  http://www.smashingmagazine.com/2007/05/10/70-expert-ideas-for-better-css-coding (Linkcode 323)
- **The Web Developer's Handbook**
  http://www.alvit.de/handbook (Linkcode 324)

11 Browserkompatibilität

Eines der größten Probleme, die Webentwicklern in der Implementierungsphase bereitet werden, ist die inkonsistente Darstellung der Seiten in verschiedenen Browsern. Zahlreiche Fehler, Bugs und Interpretationsunterschiede sorgen bei verschiedenen *rendering engines* für unterschiedliche Resultate in der Darstellung der Seitenelemente. Möchte der Seitenbetreiber viele Nutzer erreichen, so ist es erforderlich, die gewünschte Darstellung nicht nur bei gängigen Bildschirmauflösungen, sondern auch in möglichst vielen Browsern sicherzustellen. Wenigstens jedoch in den gängigen Browsern, die vom Großteil der Nutzer verwendet werden: Internet Explorer, Mozilla Firefox, Opera und Safari gehören hierzu. Dies gilt insbesondere auch für Web 2.0-Auftritte, die mit dynamischen Elementen arbeiten und auf Interaktivität setzen.

Für Sie als Webentwickler bedeutet dies, dass in der Schlussphase eines jeden Projekts kein Weg an zahlreichen Browsertests vorbeiführt. Auch die Suche nach vernünftigen *workarounds* zur Behandlung von Inkonsistenzen wird sich als notwendig erweisen. Diese stellen Ihnen nämlich die einzige Möglichkeit zur Verfügung, die Fehler der Browserentwickler zu umgehen und eine korrekte Seitendarstellung trotz der vorhandenen Bugs zu erzielen.

Browserkompatibilität

Eine universelle Browserkompatibilität zu erreichen, ist bei großen Online-Projekten eine äußerst schwierige und zeitaufwendige Angelegenheit. Mit zusätzlichen workarounds wird der Code unleserlicher, die Verwaltung der Webseite kostspieliger. Dennoch ist ein hoher Grad an Browserkompatibilität möglich. Vorausgesetzt, die Seitengestaltung folgt gewissen Schemata und verwendet Techniken, die bei Browsern der nächsten Generation zu keinen unerwünschten Nebeneffekten führen werden.

Browserkompatibilität / Unterstützung von Standards

Technologie	IE 6	IE 7	Firefox 2	Opera 9
HTML / XHTML	73%	73%	90%	85%
CSS 2.1	51%	56%	91%	94%
Neue Attribute in CSS 3	10%	13%	24%	19%
DOM	50%	51%	79%	84%

◄ **Abbildung 11.1**
Browserkompatibilität und Unterstützung von Standards in modernen Browsern. Stand: Mai 2007. (Quelle: *http://www.webdevout.net/ie-myths* Linkcode 325).

In diesem Kapitel erfahren Sie insbesondere, wie Sie in der Implementierungsphase vorgehen, damit ein möglichst hoher Grad an Browserkompatibilität von Anfang an erreicht werden kann. Außerdem werden Sie die am häufigsten auftretenden Probleme und die einschlägigen Lösungsansätze kennenlernen.

HINWEIS

Bei komplexen Projekten treten unvermeidlich Fälle auf, bei denen die gewünschte Darstellung ohne Behandlung von einzelnen Problemfällen schlicht und einfach unmöglich wird. Wie geht man in solchen Situationen effizient vor? Und wie geht man vor, um solchen Problemen effizient vorzubeugen? Dieses Kapitel liefert Antworten.

11.1 Umgang mit Inkonsistenzen

In der Praxis ist ein tiefgreifendes Verständnis der Theorie notwendig, aber nur selten ausreichend, um eine konsistente Seitendarstellung in den einschlägigen Browsern zu erreichen.

In der Tat ist die Behebung von Inkonsistenzen ein grundlegender Bestandteil der Seitengestaltung.

Dies heißt nicht, Interpretationsunterschiede zu ignorieren, sondern sie zu akzeptieren und eine optimale Darstellung für möglichst viele Nutzer sicherzustellen. Dieser Ansatz wird durch das Prinzip des Progressive enhancement realisiert – einer Strategie, die Nutzern älterer Browser eine leserliche Darstellung anbieten, Nutzern moderner Browser dagegen erweiterte Funktionalität bereitstellen.

11.1.1 Vorbeugung

Potenziellen Inkonsistenzen rechtzeitig vorzubeugen, heißt vor allem, den zeitlichen Aufwand zur Bereitstellung der Webseite zu minimieren. Ein sinnvoller Ansatz zum Design eines zukunftsorientierten Codes wird in der modernen Seitengestaltung durch das weit verbreitete Prinzip *»code for the best, fix for the rest«* geliefert.

11.1.2 Umsetzung mit CSS und XHTML

Bei der Implementierung wird ein Prototyp des Seitenlayouts (eine bis drei Seiten – etwa Startseite, Rubrikseite, Kontaktseite) entsprechend dem Designentwurf mit CSS und XHTML zuerst umgesetzt. Zu Beginn wird eine Master-Datei (CSS) aus der Werkzeugkiste des Entwicklers verwendet – sie soll die wesentlichen Selektoren, Attribute und Seitenelemente auflisten und mit leeren Angaben belegen. Auch gehört *Global Reset* dazu – ein wesentlicher Aspekt, der die Default-Darstellung in verschiedenen Browsern glättet und viele Unterschiede durch eine explizite Angabe der Nullwerte von vornherein entfernt.

TIPP

Die Seitenentwicklung mit dem Layout für den Internet Explorer zu beginnen, macht den Code zukunftsunsicher, da zukünftige Browserversionen Seiten ausschließlich auf der Grundlage von Standards rendern werden. Tweaks für spezielle Browser wären in diesem Kontext falsch und kontraproduktiv: Schließlich wird der Code nicht von standardkonformen Browsern falsch interpretiert, sondern von Internet Explorer.

Die Seite selbst wird nach einem der einschlägigen Webstandards mit semantisch korrektem Markup erstellt.

In standardkonformen Browsern testen und validieren | Um die Übereinstimmung des implementierten Layouts mit dem Designentwurf zu überprüfen, wird das Layout in standardkonformen Browsern (Firefox, Safari, Opera) getestet, analysiert und gegebenenfalls modifiziert.

Anschließend werden sowohl das XHTML-Markup als auch die CSS-Stylesheets mithilfe von W3C-Online-Validatoren auf Konsistenz überprüft. Sämtliche Fehler und Warnungen, die dabei auftreten, geben Hinweise auf problematische Stellen im Code.

Code für ältere und nicht standardkonforme Browser anpassen | Wird das gewünschte Ergebnis in validen Browsern erzielt, so muss der Webauftritt nun noch in den übrigen Browsern getestet werden. Entspricht die Darstellung in der aktuellsten Version von Internet Explorer bzw. älteren Versionen von Firefox, Opera oder Safari nicht der gewünschten Darstellung, so müssen die Browserfehler im Detail angegangen werden.

TIPP

Eine Übersicht zu professionellen Master-Stylesheets finden Sie im Beitrag »*70 Expert Tips For Better CSS Coding*« (*http://www.smashingmagazine.com/2007/05/10/70-expert-ideas-for-better-css-coding* Linkcode 326). Im Artikel finden Sie auch Referenzen zu Global Reset-Dateien, die von professionellen Entwicklern verwendet werden – Sie können sie in Ihrer Master-Datei verwenden.

Vorgehensweise | Unterschiedliche Inkonsistenzen beim Rendering der Seiten lassen sich in verschiedenen Browsern unterschiedlich beheben. Die Vorgehensweise ist jedoch in sämtlichen Fällen gleich und folgt einem relativ intuitiven Schema.

Ursache erkennen | Um die Ursache zu identifizieren, kann es nützlich sein, Schritt-für-Schritt nach der *cut-and-check-Methode* vorzugehen: Der Quelltext wird so lange minimiert, gekürzt und auf das Wesentliche reduziert, bis das Problem nicht mehr auftritt. Tritt der Fehler nach einem Schritt nicht mehr auf, so wird der Fehler sich in demjenigen Codestück eingeschlichen haben, das gerade gelöscht wurde.

Ein nützliches Werkzeug zur Einschränkung des fehlerhaften Quellcodes ist Firebug (*http://getfirebug.com*). Die kostenlose Firefox-Erweiterung erlaubt es, CSS in Echtzeit zu bearbeiten sowie Abhängigkeiten zwischen den Elementen zu untersuchen.

Testen

Bei größeren Projekten empfiehlt es sich, »frischen« Quellcode permanent zu validieren, damit unerwünschte Nebeneffekte nicht zu spät auftreten.

Alternative Lösungswege suchen | Sauberer, übersichtlicher und gut dokumentierter Code spielt bei der Implementierung eine wichtige Rolle. »Saubere« Methoden zur Behandlung von Problemfällen werden als *workarounds* bezeichnet. Sie geben einen Lösungsweg an, auftretende Rendering-Fehler mithilfe einer alternativen Methode zu umgehen, ohne dass betroffene Browser dadurch direkt angesprochen werden (CSS-orientierter Ansatz). Dies geschieht dies in der Regel durch den Austausch einer verwendeten Technik gegen eine andere. Sollen etwa verschiedene Browser (Internet Explorer und Firefox) typografische Vorgaben (z. B. die Schriftgröße) unterschiedlich interpretieren (etwa wenn die em-Einheit verwendet wird), so kann das Problem durch die Verwendung von Prozentangaben für das `body`-Element und den Einsatz der `em`-Einheit für die übrigen Elemente gelöst werden.

HINWEIS

In Internet Explorer (vor allem in älteren Versionen) können Browserbugs nur schwer zu erkennen sein, insbesondere wenn die Positionierung von Elementen oder Floats im Spiel ist. In solchen Fällen heißt es, sich auf die bekannten Heuristiken zu verlassen und mehrere Optionen in Betracht zu ziehen.

CSS Hacks (Filter) als letzte Option einsetzen | Techniken, bei denen Browser absichtlich ausgetrickst werden (Browser-orien-

CSS Hacks

Der Einsatz von *CSS Hacks* erschwert die Verwaltung der Seite. Hacks öffnen den Weg für mehrere Szenarios, die den Kostenfaktor nach oben treiben.

tierter Ansatz), bezeichnet man als *CSS Hacks* oder *CSS Filter*. Grundsätzlich bedienen sich solche Methoden der Fehler der Browserentwickler, indem sie etwa Parsing Bugs, Syntaxfehler oder die mangelhafte CSS-Unterstützung ausnutzen.

Ein Paradebeispiel für Techniken dieser Art ist *Tantek's Box Model Hack*, mit dem die fehlerhafte Implementierung des CSS Box Models im Internet Explorer 5.x korrigiert wird. Dabei wird mithilfe von speziellen Zeichenketten, die nur von IE 5.x verstanden werden können, erreicht, dass dieser Browser spezielle Angaben erhält, die von anderen Browsern überlesen werden.

Im Grunde genommen wird bei CSS Hacks ein Fehler durch die Ausnutzung eines anderen Fehlers behoben. Der Nachteil dieser Methode ist offensichtlich: Sie funktioniert nur so lange, bis ein Fehler durch eine neue Browserversion vermieden wird. So kann es zum einen vorkommen, dass bei einem erneuerten Browser das Problem selbst, nicht aber der Hack behoben wird, wodurch die Seitendarstellung fehlerhaft wird. Zum anderen ist es auch möglich, dass ein Hack nach einem Update nicht mehr »funktioniert«, das Problem aber auch nicht gelöst wird – dann müssen neue Hacks gesucht werden.

An dieser Stelle gilt es zu erwähnen, dass Filter bei neuen Browserversionen neue Inkonsistenzen erzeugen können, da ungewiss ist, wie zukünftige Browser CSS Hacks behandeln werden.

11.1.3 Welche Hacks sollte man verwenden?

Zahlreiche Rendering-Probleme bei verschiedenen Browsern (insbesondere Internet Explorer) haben im Laufe der letzten Jahre zur Entstehung von verschiedenen Filtern geführt. Doch weitaus nicht jedes Problem, das mithilfe eines Hacks gelöst werden kann, sollte unbedingt auf diese Weise gelöst werden.

HINWEIS

Der Vorteil von sauberen CSS-basierten workarounds gegenüber schnellen CSS Hacks liegt auf der Hand: Während Hacks in den nächsten Browserversionen nicht unbedingt funktionieren müssen, werden standardkonforme, logisch begründete workarounds ihren Dienst immer leisten.

Um beim Einsatz von Filtern immer auf der sicheren Seite zu bleiben, also die Qualität des Quelltextes zu sichern sowie den Aufwand für die zukünftige Verwaltung der Seite zu minimieren, ist es sinnvoll, bei Ihrer Entscheidung für oder gegen Hacks folgenden Faustregeln zu folgen[1]:

- Verwenden Sie nur standardkonforme Hacks (Filter), welche die Darstellung von anderen Seitenelementen (abgesehen vom betroffenen Element) nicht beeinflussen und von Validierungs-Tools akzeptiert werden.
- Verwenden Sie nur Hacks, die Probleme bei älteren Browserversionen lösen, aktuelle Browserversionen aber nicht betreffen.

1 Pandora's Box (Model) of CSS Hacks And Other Good Intentions (*http://tantek.com/log/2005/11.html#d26t1820* Linkcode 327)

- Trennen Sie Hacks deutlich von übrigen CSS-Deklarationen. Es ist nützlich, Hacks, die mit der Darstellung der Seite in modernen Browsern nichts zu tun haben, in separate Dateien auszulagern oder im Quelltext deutlich zu markieren.
- Beachten Sie, dass Hacks Redundanzen im Code erzeugen, die Übersichtlichkeit erschweren und Nebeneffekte verursachen können. Je weniger Hacks zum Einsatz kommen, desto leichter ist der Code zu handhaben.

▼ Abbildung 11.2
Dutzende von CSS Hacks in der Übersicht auf *http://centricle.com/ref/css/filters* (Linkcode 328). Nur wenige davon sollten in einem, zukunftsorientierten Webauftritt eingesetzt werden.

Will the browser apply the rule(s)?

turn on interactive highlight

	Windows													Mac OS X											Macintosh								Other
	IE					Mz	Ns			Op				iC	IE	Mz	Ns		Om	Op				Sf	IE		Mz	Ns			Op		Ko
	7	6	5.5	5	4	1	7	6	4	8	7	6	5	2	5	1	7	6	4	8	7	6	5	2	5	4	1	7	6	4	6	5	3
voice-family:"\"}\""; voice-family:inherit; property:value;	Y	Y	N	N	N	Y	Y	Y	N	Y	Y	Y	Y	Y	Y	Y	Y	Y	Y	Y	Y	Y	Y	Y	Y	N	Y	Y	Y	N	Y	Y	Y
p\roperty:value;	Y	Y	N	N	N	Y	Y	Y	N	Y	Y	Y	N	N	Y	Y	Y	Y	N	Y	Y	Y	N	Y	Y	N	Y	Y	Y	N	Y	N	N
/*/*/property:value;/* */	Y	Y	Y	Y	Y	Y	Y	Y	N	Y	Y	Y	Y	Y	Y	Y	Y	Y	Y	Y	Y	Y	Y	Y	Y	Y	Y	Y	Y	N	Y	Y	Y
/*/*//*/property:value;/* */	N	N	N	N	N	N	N	N	Y	N	N	N	Y	N	N	N	N	N	N	N	N	N	Y	N	N	N	N	N	N	Y	N	Y	N
div#test	Y	Y	Y	Y	Y	Y	Y	Y	N	Y	Y	Y	Y	Y	Y	Y	Y	Y	Y	Y	Y	Y	Y	Y	Y	Y	Y	Y	Y	N	Y	Y	Y
head:first-child+body div	Y	N	N	N	N	Y	Y	Y	N	Y	Y	N	N	N	Y	Y	Y	Y	N	Y	Y	N	N	Y	Y	N	Y	Y	Y	N	N	N	Y
body>div	Y	N	N	N	N	Y	Y	Y	N	Y	Y	Y	Y	N	Y	Y	Y	Y	Y	Y	Y	Y	Y	Y	Y	Y	Y	Y	Y	N	Y	Y	Y
html[xmlns] div	Y	N	N	N	N	Y	Y	Y	N	Y	Y	Y	Y	N	N	Y	Y	Y	N	Y	Y	Y	Y	Y	N	N	Y	Y	Y	N	Y	Y	Y
@import 'styles.css'	Y	Y	Y	Y	N	Y	Y	Y	N	Y	Y	Y	Y	Y	N	Y	Y	Y	Y	Y	Y	Y	Y	Y	N	N	Y	Y	Y	N	Y	Y	Y
@import "styles.css"	Y	Y	Y	Y	N	Y	Y	Y	N	Y	Y	Y	Y	Y	Y	Y	Y	Y	Y	Y	Y	Y	Y	Y	Y	N	Y	Y	Y	N	Y	Y	Y
@import url(styles.css)	Y	Y	Y	Y	Y	Y	Y	Y	N	Y	Y	Y	Y	Y	Y	Y	Y	Y	Y	Y	Y	Y	Y	Y	Y	Y	Y	Y	Y	N	Y	Y	Y
@import url('styles.css')	Y	Y	Y	Y	Y	Y	Y	Y	N	Y	Y	Y	Y	Y	N	Y	Y	Y	Y	Y	Y	Y	Y	Y	N	N	Y	Y	Y	N	Y	Y	Y
@import url("styles.css")	Y	Y	Y	Y	Y	Y	Y	Y	N	Y	Y	Y	Y	Y	Y	Y	Y	Y	Y	Y	Y	Y	Y	Y	Y	Y	Y	Y	Y	N	Y	Y	Y
@import "null?\"\{"; @import "styles.css";	Y	Y	Y	N	N	Y	Y	Y	N	Y	Y	Y	Y	Y	Y	Y	Y	Y	Y	Y	Y	Y	Y	Y	Y	N	Y	Y	Y	N	Y	Y	Y
@media all{/* rules */}	Y	Y	Y	Y	N	Y	Y	Y	N	Y	Y	Y	Y	N	N	Y	Y	Y	N	Y	Y	Y	Y	Y	N	N	Y	Y	Y	N	Y	Y	Y
<link media="all">	Y	Y	Y	Y	Y	Y	Y	Y	N	Y	Y	Y	Y	Y	Y	Y	Y	Y	Y	Y	Y	Y	Y	Y	Y	Y	Y	Y	Y	N	Y	Y	Y
<link media="All">	Y	Y	Y	Y	Y	Y	Y	Y	N	Y	Y	Y	Y	Y	Y	Y	Y	Y	N	Y	Y	Y	Y	Y	Y	Y	Y	Y	Y	N	Y	Y	Y

11.1.4 IE Conditional Comments

In der Praxis unterscheiden Webentwickler grundsätzlich zwischen zwei Methoden zum Einsatz von CSS Filtern: Den Hacks (merkwürdig aussehende Codestücke, die für »besondere« Browser gedacht sind und in das CSS-Stylesheet eingefügt werden) und *Conditional Comments*[2] (die vom IE-Team extra entwickelten if-else-Konstrukte, mit denen unterschiedliche Versionen des Internet Explorers einzeln behandelt werden können).

Conditional Comments
Mit *Conditional Comments* lassen sich die Versionen von Internet Explorer direkt und standardkonform behandeln. Die Unterscheidung nach Browser geschieht nicht in CSS, sondern im XHTML-Markup. Dadurch wird die durch Standards angestrebte strikte Trennung zwischen Darstellung und Form verletzt.

Die jeweiligen Konstrukte werden nicht in CSS-Dateien, sondern direkt im XHTML-Code platziert. Dies verletzt zwar die strikte Trennung zwischen der Seitenstruktur und der Seitenpräsentation, kann aber unter Umständen hilfreich sein, um Internet Explorer-Bugs zukunftssicher entgegenzuwirken.

2 *http://msdn2.microsoft.com/en-us/library/ms537512.aspx* (Linkcode 329)

HINWEIS

2005 richtete sich das Entwicklungsteam des Internet Explorers an Webentwickler mit der Bitte, CSS Hacks für den Internet Explorer zu vermeiden sowie Filter für ältere Versionen des Browsers zu entfernen *(Call to action: The demise of CSS hacks and broken pages, http://blogs.msdn.com/ie/archive/2005/10/12/480242.aspx* Linkcode 330). Als eine vernünftige Option zur Behandlung von IE-Problemen schlagen die Entwickler Conditional Comments vor.

Die Fehlerbehandlung mithilfe von Conditional Comments ist die einzige Methode, mit der Sie jegliche Nebeneffekte von CSS Hacks in zukünftigen und älteren Browsern garantiert ausschließen können. Conditional Comments basieren nicht auf existierenden Bugs, sondern auf einer proprietären Eigenschaft des Internet Explorers, die auch in zukünftigen Versionen des Browsers unterstützt wird. Sie sind standardkonform.

Die Struktur von if-else-Konstrukten ähnelt der Struktur von üblichen HTML-Kommentaren. Die Bedingung, die geprüft werden soll, wird in eckigen Klammern innerhalb des Kommentars festgelegt:

```
<!--[if IE]>
<link href="ie_only.css" rel="stylesheet" type="text/
css">
<![endif]-->
```

Dadurch kann der Internet Explorer die Verzweigung auflösen. die Datei `ie_only.css` laden und somit die Seite gemäß der darin festgelegten Formatierung darstellen.

Auch die Unterscheidung nach der Version des benutzen Browsers ist möglich:

```
<!--[if IE]>Internet Explorer<![endif]-->
<!--[if IE 5]>Internet Explorer 5<![endif]-->
<!--[if IE 5.0]>Internet Explorer 5.0<![endif]-->
<!--[if IE 5.5]>Internet Explorer 5.5<![endif]-->
<!--[if IE 6]>Internet Explorer 6<![endif]-->
<!--[if IE 7]>Internet Explorer 7<![endif]-->
```

Mit der speziellen Syntax

- `gt` (größer als, greater than)
- `lt` (kleiner als, less than)
- `gte` (größer als oder gleich, greater than or equal to)
- `lte` (kleiner als oder gleich, less than or equal to)

kann man auch mehrere Browserversionen gleichzeitig berücksichtigen:

TIPP

Sowohl CSS Hacks als auch Conditional Comments sollten nach Möglichkeit vermieden werden. Conditional Comments stellen jedoch im direkten Vergleich das kleinere Übel dar, da sie nicht auf Browserbugs basieren, sondern sich eine zukunftssichere Eigenschaft des Internet Explorers zunutze machen.

```
<!--[if gte IE 5]>Internet Explorer >= 5<![endif]-->
<!--[if lt IE 6]>Internet Explorer <= 6<![endif]-->
<!--[if gt IE 6]>Internet Explorer > 6<![endif]-->
```

So kann etwa die folgende Fallunterscheidung nützlich sein:

```
<link href="master.css" rel="stylesheet"
type="text/css" />
<!--[if IE]>
<link href="common-ie.css" rel="stylesheet"
type="text/css" />
<![endif]-->

<!--[if IE 6]>
<link href="ie6.css" rel="stylesheet"
type="text/css" />
<![endif]-->

<!--[if lt IE 6]>
<link href="lthe-ie6.css" rel="stylesheet"
type="text/css" />
<![endif]-->
```

Die in der ersten Zeile erwähnte Datei *master.css* gilt für alle Browser; Bugs von Internet Explorer werden mit speziellen Stylesheets extra behandelt.

Es ist vernünftig, diejenigen Stildeklarationen in externe CSS-Dateien auszulagern, die Probleme verursachen und einzeln behandelt werden müssen.

Conditional Comments können nur vom Internet Explorer erkannt und interpretiert werden. Von anderen Browsern werden sie als Kommentare interpretiert und überlesen.

HINWEIS

Eines der wesentlichen Probleme für zahlreiche Inkonsistenzen im Internet Explorer liegt darin, dass die IE-Entwickler bei den ersten Versionen sich nicht an die Standards hielten. Viele Details wurden intuitiv geklärt und umgesetzt, wobei der Browser häufig selbst entscheiden durfte, wie das eine oder andere Codestück zu interpretieren ist. Bei modernen Browsern versuchen Entwickler, Standards 1:1 umzusetzen. Dies ist eine notwendige Voraussetzung für browserunabhängige Darstellung.

11.1.5 Der Internet Explorer

Wie bereits angemerkt, treten Inkonsistenzen in der Regel erst beim Testen der Seitendarstellung im Internet Explorer auf. Die offizielle W3C-Spezifikation von CSS 2.1 – in sämtlichen modernen Browsern beinahe vollständig umgesetzt – wurde im Internet Explorer bis dato nur teilweise abgedeckt; ganz zu schweigen von älteren Versionen.

Dies ändert jedoch nichts an der Tatsache, dass der Internet Explorer laut einschlägigen Studien[3] von über 60 % (manche Studien sprechen von 80 %) der Nutzer als Standardbrowser verwendet wird.

Rendering im IE 7

Im Vergleich mit der siebten Version des Internet Explorers weisen seine Vorgänger erheblich mehr Rendering-Probleme auf.

3 *http://www.w3schools.com/browsers/browsers_stats.asp* (Linkcode 331)

Abbildung 11.3 ▲
Internet Explorer 7 – trotz seiner eleganten und benutzerfreundlichen Oberfläche ist er immer noch weit von der Standardkonformität entfernt. Schwerwiegende Fehler seines Vorgängers wiederholt der Internet Explorer 7 erfreulicherweise nicht.

11.2 Browserweichen für den Internet Explorer

CSS-Filter wurden entwickelt, um den Internet Explorer zu ergänzen, also mit Funktionen und Eigenschaften zu erweitern. Neben fehlenden Attributen und Selektoren gehört dazu auch die fehlerhafte Umsetzung von grundlegenden CSS-Konzepten. Der Internet Explorer kann unter anderem mit folgenden Aspekten der Webstandards nicht (oder nicht korrekt) umgehen:

- Transparenz von PNG-Bildern
- Float-Attribut
- Fixe Positionierung von Elementen (`position: fixed;`)
- Fixe Positionierung des Hintergrundbildes (`background-attachment`)
- Minimale und maximale Breite/Höhe (`min-width`, `max-width`, `min-height`, `max-height`)
- CSS Box Model
- innere und äußere Abstände

11.2.1 Sichere CSS Hacks für den Internet Explorer

Um die aufgelisteten Probleme zu lösen, kann der Internet Explorer entweder direkt via CSS oder mithilfe einer Fallunterscheidung über Conditional Comments zur korrekten Seitendarstellung gezwungen werden. Bei der ersten Methode sollten Sie sich zum Filtern des »passenden« Browsers ausschließlich auf *Star HTML Selector Hack* und *IE5/Mac Band Pass Filter* beschränken.

VORSICHT

Häufig wird falsch angenommen, dass IE bis einschließlich Version 6 die Regel `!important` – nicht kennt. Sie sorgt hinter einer angegebenen Eigenschaft dafür, dass die Eigenschaft ungeachtet aller weiteren im Stylesheet auftretenden Deklarationen den definierten Wert annimmt. – Dies ist falsch. Der berühmte *!important* Hack erzeugt somit mehr Probleme als Lösungen.

Star HTML Selector Hack | *Star HTML Selector Hack* (auch *Tan Hack* genannt) basiert auf der Tatsache, dass Internet Explorer als einziger Browser einen nicht existierenden Wrapper des `html`-Elements vorsieht und diesen – und nicht das `html`-Element selbst – als oberstes Element in der Seitenhierarchie festlegt.

Somit wird die Angabe `* html .class` nur vom Internet Explorer bis einschließlich Version 6 interpretiert, während `html .class` von *allen* Browsern interpretiert wird. Der Selektor `*` steht dabei für den universellen Selektor, der jedes Element selektiert, das ein `html`-Element enthält, das wiederum ein Element der Klasse `class` enthält.

Dies bedeutet, dass der Internet Explorer das Codestück

```
* html
* * body
* html body p
```

wie

```
html
* body
html body p
```

interpretiert.

Star HTML Selector

Mit dem *Star HTML Selector* Hack können alle Versionen von Internet Explorer, bis auf die siebte Version, behandelt werden. Im Internet Explorer 7 existiert der abstrakte Wrapper über dem html-Element nicht mehr.

Es ist zu beachten, dass zwischen `*` und `html` ein Leerzeichen stehen muss. Im Internet Explorer 7 wird dieser Fehler behoben (*http://www.info.com.ph/%7Eetan/w3pantheon/style/starhtmlbug.html* Linkcode 332)

IE5/Mac Band Pass Filter | Bei der Behandlung von älteren Browsern kann es notwendig sein, bestimmte Eigenschaften nur für IE5/Mac festzulegen. IE5/Mac weist nämliche etliche Float-Fehler auf und kommt mit der absoluten Positionierung von Elementen äußert schwer zurecht.

Mit dem IE5/Mac Band Pass Filter

```
/*\*//*/
  @import "ie5mac.css";
/**/
```

TIPP

Eine Übersicht von bekannten IE5/Mac-Bugs und Lösungsansätzen finden Sie im Beitrag »CSS Bugs in IE5.x Mac« (*http://www.macedition.com/cb/ie5macbugs* Linkcode 333) wird erreicht, dass nur IE5/Mac die Datei *ie5mac.css* lädt und interpretiert. Darin sind spezielle IE5/Mac-Tweaks zur korrekten Darstellung enthalten.

11.2.2 Transparenz von PNG-Bildern

Ältere Browser, insbesondere ältere Versionen des Internet Explorers (bis einschl. IE 6) haben Probleme mit transparenten *.png*-Dateien.

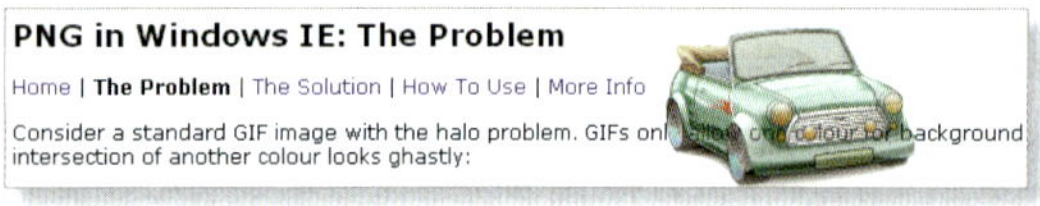

▲ **Abbildung 11.4**
Ein transparentes PNG-Bild überdeckt Text nur teilweise.

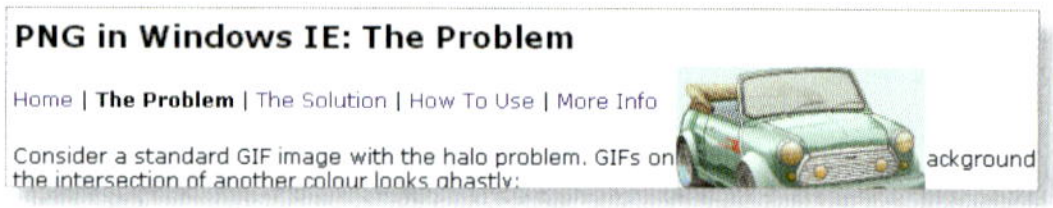

▲ **Abbildung 11.5**
Internet Explorer kann mit der Alpha-Transparenz von PNG-Dateien nicht umgehen. Der Browser weist dem Bild eine feste Hintergrundfarbe zu.

- **Problem**
  PNG-Dateien können Transparenzinformationen enthalten, entweder in Form eines Alphakanals oder für jede Farbe der Farbpalette. Internet Explorer weist Probleme mit der Darstellung von PNG-Dateien mit Alphakanal auf und interpretiert Bilder höherer Farbtiefe demzufolge falsch. Internet Explorer bis einschließlich Version 6 stellt nur solche PNG-Bilder korrekt dar, deren Farbtiefe unter 256 Farben liegt. Im Internet Explorer 7 ist das Problem behoben.
- **Lösung**
  Die DirectX-Komponente *AlphaImageLoader* von Microsoft erzeugt denjenigen Effekt, der durch transparente PNG-Dateien hoher Farbtiefe erreicht wird. Diese Komponenten kann man als Filter für beliebige Seitenelemente verwenden – jeweils einmal für jedes transparente PNG-Bild. Von anderen Browsern wird die Anweisung ignoriert.
- **Beispiel**

```
.img {
filter:progid:DXImageTransform.
Microsoft.AlphaImageLoader (src='image.png',
sizingMethod='scale');
}
```

- **Info**
  Microsoft Support (*http://support.microsoft.com/kb/294714* Linkcode 334)

HINWEIS

Eine alternative Lösung stellt die Bibliothek IE PNG Fix v1.0 RC4 (*http://www.twinhelix.com/css/iepngfix/*) bereit.

11.2.3 Float-Attribut

Der Internet Explorer weist eine Reihe von Float-Bugs auf, die selbst bei einfachster Positionierung von Elementen auftauchen.

Link
http://www.positioniseverything.net/explorer/doubled-margin.html (Linkcode 335)

11.2.4 The IE Doubled Float-Margin Bug

- **Problem**
  Eine Float-Box wird innerhalb eines Containers erzeugt und nach links gefloatet. Damit ein deutlicher Abstand zwischen dem Containerrand und der Float-Box entsteht, wird die Float-Box mit einem linken äußeren Abstand versehen. Im Internet Explorer wird der linke äußere Abstand dagegen in doppelter Größe angezeigt. Das Problem tritt im Internet Explorer 7 nicht mehr auf.
- **Lösung**
  Die Deklaration der Float-Box wird mit der Anweisung `display: inline;` erweitert. Float-Boxen werden laut Standards immer als Block-Level-Elemente interpretiert. Diese Angabe wird von modernen Browsern ignoriert, löst aber das Problem in älteren Versionen des Internet Explorers.
- **Beispiel**

```
.floatbox {
float: left;
width: 300px;
margin: 5px 0 5px 100px;
display: inline;
}
```

TIPP
Eine ausführliche Referenz zum Thema »IE7/IE6 Hacks und deren Unterschiede« finden Sie auf *http://www.thestyleworks.de/tut-art/ie7.shtml* (Linkcode 336).

11.2.5 IE/Win Guillotine Bug

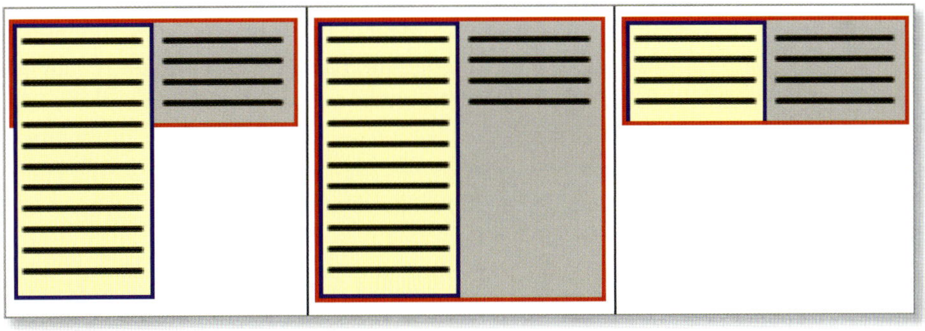

▲ **Abbildung 11.6**
IE/Win Guillotine Bug. Links die Darstellung in standardkonformen Browsern, in der Mitte die ursprüngliche Darstellung im Internet Explorer. Wird mit der Maus auf einem Verweis drübergefahren, so wird die gefloatete Box abgeschnitten – daher der Name.

IE/Win Guillotine Bug
http://www.positioniseverything.net/explorer/guillotine.html (Linkcode 337)

- **Problem**

  Eine Float-Box wird innerhalb eines Containers erzeugt und gefloatet. Die Float-Box wird nicht mit dem `clear`-Attribut versehen. Nach der Float-Box folgt im Markup ein Block mit Verweisen, der nicht gefloatet wird. Mit der `a:hover`-Deklaration lässt man Verweise beim Drüberfahren mit der Maus ihre Gestalt verändern. Ist die Float-Box höher als der Block mit den Verweisen, so verschwindet beim Hovern ein Teil der Float-Box.
- **Lösung**

  IE/Win erzeugt merkwürdige Renderingfehler, falls die Dimensionen der Float-Box nicht eindeutig festgelegt sind. Eine minimale Höhenangabe (etwa 1 %) der gefloateten Box lässt IE die Box korrekt anzeigen. Dieser Lösungsansatz wird als *Holly Hack* bezeichnet.

  Der Guillotine Bug lässt sich durch die Festlegung der Boxhöhe beheben. Dabei ist zu beachten, dass alle Browser außer IE/Win die Angabe überlesen, da sie die Float-Box sonst mit minimaler Höhe anzeigen und den Inhalt innerhalb der Float-Box unleserlich machen würden. Zu diesem Zweck kann man den *Star HTML Selector Hack* zu Rate ziehen.
- **Beispiel**

```
/* Hides from IE5-mac \*/
* html .floatbox { height: 1%; }
/* End hide from IE5-mac */
```

- **Erläuterung**

  Das zusätzliche Escape-Zeichen (\) in der ersten Zeile versteckt die zweite Zeile vor IE 5.x/Mac. Dieses Zeichen zwingt IE5/Mac, das abschließende Tag des Kommentars zu ignorieren und alle Inhalte bis zum nächsten abschließenden Tag als Kommentare zu interpretieren (*Commented Backslash IE5 CSS Hack*). Die zweite Zeile kann nur vom IE/Win interpretiert werden. Renderingfehler werden durch eine Quasi-Festlegung der Dimensionen der Float-Box behoben.

Zahlreiche Probleme treten sowohl beim `float`-Attribut als auch beim `clear`-Attribut auf.

11.2.6 Feste Positionierung von Elementen

Fixe Positionierung von Elementen
http://tagsoup.com/cookbook/css/fixed (Linkcode 338)

- **Problem**

  Internet Explorer bis einschließlich Version 6 ist mit der fixen Positionierung von Elementen (gegeben durch `position: fixed;`) nicht vertraut. Sie wurde erst in der siebten Version vollständig implementiert.

- **Lösung**:
`overflow: hidden;` dem `body`-Element und `overflow: auto;` der fix positionierten Box zuweisen. Absolut positionierte Elemente außerhalb der Box sind dann fix bezüglich der Seitendarstellung im Browser. Absolut positionierte Elemente innerhalb der Box verhalten sich dagegen wie sonst. Der Ansatz funktioniert im IE ab Version 5.
- **Beispiel**

```
body
{
overflow: hidden;
}
div.content
{
height: 100%;
overflow: auto;
}
```

11.2.7 Three Pixel Text-Jog Bug

▲ **Abbildung 11.7**
Korrekte Darstellung in Mozilla Firefox

▲ **Abbildung 11.8**
3px-Bug im Internet Explorer

- **Problem**
Ein `div`-Block wird gefloatet. Inhalte, die der Float-Box folgen, werden vom Internet Explorer 6 automatisch mit einem horizontalen Abstand von 3 px versehen. Die explizite Belegung von inneren und äußeren Abständen mit Nullwerten verändert die Darstellung nicht. Unter der Floatbox ist der horizontale Abstand wieder Null.

Three Pixel Text-Jog Bug
http://www.positioniseverything.net/explorer/threepxtest.html
(Linkcode 339)

```
<div id="container">
<div id="floatbox">Float</div>
<p>
Dieser Text hat in IE 6 einen horizontalen Abstand
von 3px vor dem linken Rand der Floatbox.
</p>
</div>
```

- **Lösung**
  Inhalten, die eine Floatbox umfließen sollen, wird eine Höhe zugewiesen (*Holly Hack*). Weder IE 5/Mac noch IE 7 haben diesen Bug.
- **Beispiel**

```
/* Hide from IE5-mac \*/
* html p {
height: 1%;
margin-left: 0;
}
/* End hide from IE 5 / Mac */
```

IE6 Peekaboo Bug

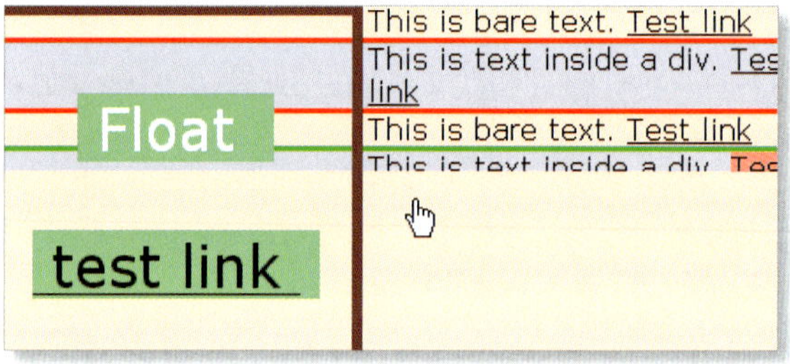

Abbildung 11.9 ▸
Peekaboo Bug: Internet Explorer 6 lässt Inhalt verschwinden.

IE6 Peekaboo Bug
http://www.positioniseverything.net/explorer/peekaboo.html (Linkcode 340)

- **Problem**
  Ein Container enthält eine Floatbox mit Verweisen sowie einen Block mit Text, welcher der Floatbox folgt. Im Internet Explorer 6 wird der Block mit dem Text nicht angezeigt. Der Inhalt ist erst dann zu sehen, wenn über einen Verweis in der Floatbox mit der Maus gefahren wird.

```
<div id="container">
<div id="floatbox">
  <p>Float.<br /><a href="#">Verweis</a></p>
</div>
<p>Inhalte außerhalb der Floatbox. Mit <a
href="#">beliebigen Verweisen</a>.</p>
</div>
```

- **Lösung**
  Der Floatbox wird eine feste Höhe zugewiesen (*Holly Hack*).
- **Beispiel**

```
/* Hide from IE5-mac \*/
* html #floatbox {
height: 1%;
}
/* End hide from IE 5 / Mac */
```

Adjacent Float-Clear Gap Bug

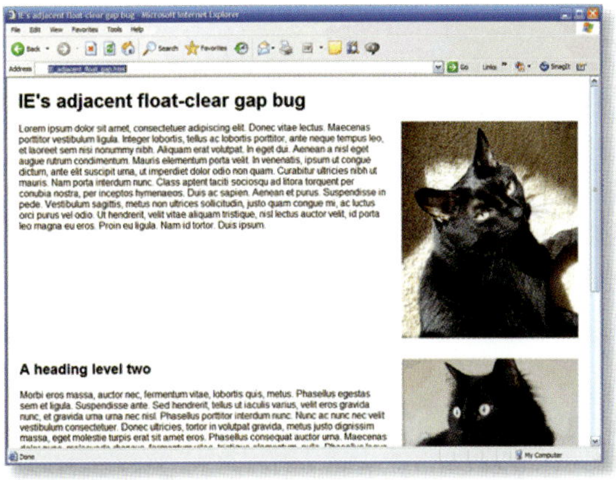

▲ **Abbildung 11.10**
Der IE bis einschließlich Version 6 zeigt eine Spalte zwischen dem oberen und dem unteren Absatz an.

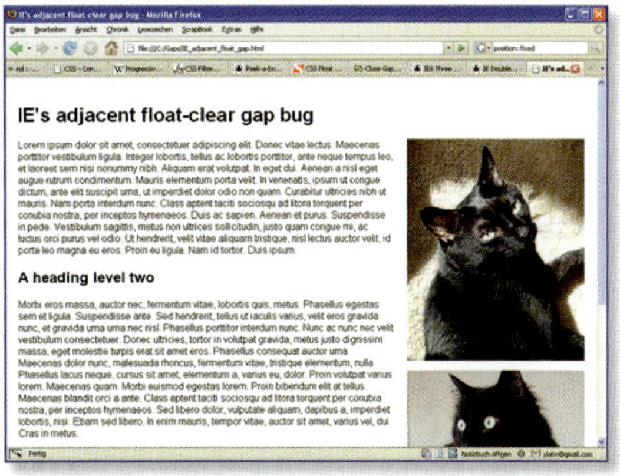

▲ **Abbildung 11.11**
Korrekte Darstellung in Mozilla Firefox

- **Problem**
  Mehrere Bilder werden gefloatet, von nachfolgenden Texten umflossen und sollen direkt untereinander liegen.

```
img {
float: right;
margin: 0 0 1em 1.5em;
}
```

Adjacent Float-Clear Gap Bug
http://www.communitymx.com/content/article.cfm?cid=B03A6
(Linkcode 341)

Reicht der Textblock nicht aus, um das Bild komplett zu umfließen, erscheint das nachfolgende Bild nicht unter dem ersten Bild, sondern wird in Floatrichtung des oberen Bildes gefloatet. Mit `clear: both;` wird sichergestellt, dass das Bild an der richtigen Position ist.

```
img {
float: right;
clear: right;
```

```
margin: 0 0 1em 1.5em;
}
```

Der Internet Explorer erzeugt Lücken zwischen dem ersten umfließenden Textblock und dem nachfolgenden Textblock. Die Höhe der Lücken entspricht der Höhe der Bilder.

- **Lösung**
  Stellen Sie die Textblöcke als Inline-Elemente dar und verwenden Sie das Attribut `zoom` zur Formatierung. Wird diese Eigenschaft auf »1« gesetzt, so wird die Gestalt des Textes nicht verändert; bei »2« wird der Text zweifach vergrößert. Wegen der Inline-Darstellung fallen alle Absätze zusammen, da sie keine Block-Level-Elemente sind und demnach nicht automatisch mit Zeilenumbrüchen versehen werden. Wird auf einen Absatz die Eigenschaft `zoom` angewendet, so wird das gewünschte Ergebnis erzeugt: Blöcke werden voneinander getrennt.
- **Beispiel**

```
img {
float: right;
clear: right;
margin: 0 0 1em 1.5em;
}
p {
display: inline;
zoom: 1;
}
```

Line-Height and Replaced Element Hack

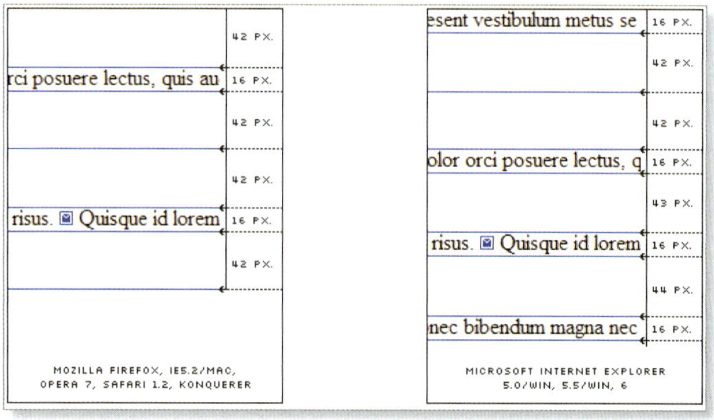

Abbildung 11.12 ▶
Internet Explorer (rechts) berechnet die Zeilenhöhe falsch. Vertikaler Abstand (42 px + 42 px im linken Bild wird im IE durch 43 px ersetzt).

Line-Height and Replaced Element Hack
http://www.positioniseverything.net/explorer/lineheightbug.html
(Linkcode 342)

- **Problem**
  Die Zeilenhöhe (`line-height`) eines Textblocks wird auf einen Wert gesetzt, der größer als der Default-Wert ist. Ein Texte-

lement innerhalb dieses Blocks wird durch ein beliebiges Element ersetzt (`img`, `input`, `textarea`, `object` u.a.). Im Internet Explorer wird die Höhe der Zeile mit dem ersetzten Element halbiert. Im Internet Explorer 7 wurde der Bug gefixt.

- **Lösung**
  Verändern Sie den äußeren Abstand des ersetzten Elements so lange, bis die Zeilenhöhe passt. Dabei darf nur der betroffene Browser adressiert werden – etwa über *Star HTML Selector Hack*. Damit der Text korrekt positioniert wird, sollte das ersetzte Element mit dem zusätzlichen Attribut `vertical-align: middle;` versehen werden.
- **Beispiel**

```
* html img {
 margin: 45px 0;
 vertical-align: middle;
}
```

Horizontal Centering Hack

- **Problem**
  Ein Container soll horizontal zentriert werden. Zu diesem Zweck werden der linke sowie der rechte äußere Abstand auf `auto` gesetzt. Im Internet Explorer 5 / Win wird der Block nicht zentriert; im Internet Explorer 6 ist der Fehler behoben.
- **Lösung**
  Dem Container, der zentriert ausgerichtet werden soll, wird die Eigenschaft `text-align: center;` zugewiesen. Hierdurch werden aber auch alle Inline-Level-Elemente innerhalb des Containers zentriert, da das `text-align`-Attribut von Kinderelementen des Containers vererbt wird. Deshalb ist es erforderlich, für alle Elemente, die nicht zentriert werden sollen, die `text-align`-Eigenschaft zu ändern, um den Effekt rückgängig zu machen.
- **Beispiel**

```
#content {
margin: 0 auto;
text-align: center;
}
#content p {
    text-align: left;
}
```

Expanding Box Bug

- **Problem**
  Innerhalb eines Containers befindet sich ein Textblock. Im Textblock tauchen lange Zeichenketten auf, deren Breite grö-

Expanding Box Bug
http://www.positioniseverything.net/explorer/expandingboxbug.html (Linkcode 343)

ßer als die Breite des Layouts ist (etwa in Kommentaren oder dynamisch angezeigten Inhalten). Der Internet Explorer setzt die Breite des Layouts fälschlich auf die maximale Breite der auftretenden Zeichenkette. Wird eine rechts gefloatete Box von einem Textblock mit solchen Zeichenketten umflossen, so bricht das Layout zusammen.

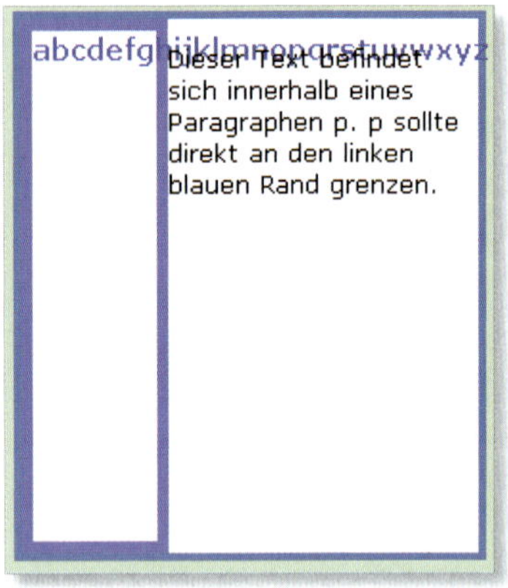

▲ **Abbildung 11.13**
Innerhalb einer Floatbox befindet sich ein langes Wort ohne Leerzeichen. Dennoch zeigt Firefox die Floatbox in der festgelegten Breite.

▲ **Abbildung 11.14**
Der Internet Explorer bis einschließlich Version 6 vergrößert die Floatbox so lange, bis das ganze Wort in die Box passt.

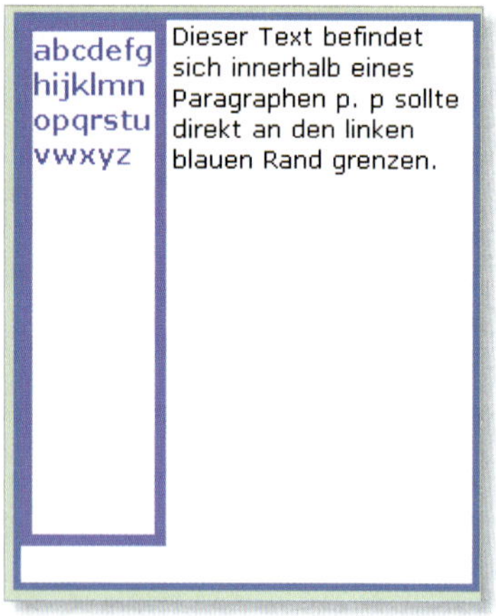

▲ **Abbildung 11.15**
Das word-wrap-Attribut im Einsatz bei Internet Explorer 6

- ▶ **Lösung**
  Setzen Sie die Eigenschaft `word-wrap: break-word;` für den Textblock. Sie sorgt dafür, dass Texte immer mit Zeilenumbrüchen versehen werden, falls sie zu lang sind.
- ▶ **Beispiel**

```
#content {
    word-wrap: break-word;
}
```

11.2.8 CSS Hover Behavior

CSS Hover Behavior
http://www.xs4all.nl/~peterned/csshover.html (Linkcode 344)

▶ **Problem**

Standardkonforme Browser wenden den `:hover`-Selektor (dieser bestimmt den Zustand eines Elements beim Drüberfahren mit der Maus) auf beliebige Seitenelemente an. Seien es Block-Level-Elemente wie Listen oder Inline-Level-Elemente wie Verweise oder Bilder. Der Internet Explorer dagegen interpretiert die Pseudoklasse `:hover` ausschließlich für

Verweise. Im Internet Explorer 7 wird der `:hover`-Zustand für alle Elemente gerendert.

- **Lösung**
  Die Unterstützung der `:hover`-Pseudoklasse kann man mithilfe eines JavaScripts erzwingen. Der Internet Explorer unterstützt nämlich das proprietäre *Behaviors Concept*, mit dem das Verhalten von gewissen Seitenelementen, die in CSS-Code auftauchen, genau festgelegt werden kann. Unter anderem ist es möglich, das Verhalten über externe *.hta-* und *.htc*-Dateien zu definieren und damit sicherstellen, dass es auf sämtliche Elemente eines Typs angewandt wird. Zu diesem Zweck kann die *Whatever:hover Bibliothek* in den Code eingefügt werden; der Rest wird durch die Library erledigt. Andere gängige Browser kennen das Behavior Concept nicht und ignorieren die Anweisung.
- **Beispiel**

```
body {
    behavior:url("csshover.htc");
}
ul#nav li:hover {
    background-color: #fafafa;
}
```

IE7-Bibliothek

Alternativ kann auch die JavaScript-Bibliothek *IE7* (*http://dean.edwards.name/IE7* Linkcode 345) zur Erweiterung des IE mit der `:hover`-Funktionalität verwendet werden. Sie zwingt ältere Browser dazu, das Verhalten von IE7 zu simulieren. JavaScript ersetzt somit viele spezielle Hacks, die für Vorgänger von IE7 eingesetzt werden mussten. Der IE7 lässt sich mittels Conditional Comments in den XHTML-Code einfügen. Die IE7-Bibliothek kann auch zur Behebung von weiteren IE-Bugs benutzt werden.

11.2.9 Fixe Positionierung des Hintergrundbildes (background-attachment)

Internet Explorer Win bis einschließlich Version 6 wendet das Attribut `background-attachment` ausschließlich für das `body`-Element an. Die Eigenschaft legt fest, ob ein Hintergrundbild beim Scrollen der Seite fest bleibt oder »mitwandert«.

Info: *http://www.howtocreate.co.uk/fixedBackground.html* (Linkcode 346)

11.2.10 Minimale und maximale Breite/Höhe

IE Win kennt die Eigenschaften `min-width`, `max-width`, `min-height` und `max-height`. nicht, die eine minimale bzw. eine maximale Breite bzw. Höhe des Layouts festlegen.

Einen Workaround für den Internet Explorer finden Sie im Abschnitt 10.5.3.

HINWEIS

Nachbarselektoren (*adjacent sibling selectors*) (+), *Kindselektoren* (*child selectors*) (>) und *Attributselektoren* (`p[class]`) unterstützt der Internet Explorer erst seit Version 7.

11.2.11 Weitere Mängel des Internet Explorers

- **Pseudoklassen und Pseudoelemente**
  IE Win unterstützt weder `:focus`- oder `:first-child`- noch `:after`- oder `:before`-Klassen.

- **CSS Box Model**
  IE 5.x/Win interpretiert das Box-Modell anders, als dies die Standards vorschreiben. Das W3C Box Model definiert die Breite einer Box als die Breite des Inhalts. Im Internet Explorer dagegen setzt sich die Breite der Box aus den Rändern, den äußeren Abständen und der Breite des Inhalts zusammen. Im Internet Explorer 6 wird das Box-Modell korrekt implementiert, jedoch nur beim Doctype *Strict*.
- **Äußere und innere Abstände**
  Internet Explorer legt für Block-Level-Elemente äußere und innere Abstände fest, die bei anderen Browsern standardmäßig auf 0 gesetzt werden. Ohne *Global Reset* wird das Seitenlayout in verschiedenen Browsern deshalb meistens inkonsistent erscheinen.

11.2.12 Häufige Lösungsansätze

Betrachtet man die aufgezählten Bugs des Internet Explorers, so lässt sich ein durchgehendes Muster erkennen. Tatsächlich erweisen sich bei der Behandlung von verschiedensten Internet Explorer-Inkonsistenzen folgende Attribute und Techniken als hilfreich:

- **display: inline**
  Darstellung eines Block-Elements als Inline-Level-Element – insbesondere wenn ein Element gefloatet wird und mit einem äußeren Abstand versehen wird oder bei beliebigen Listen, bei denen IE Lücken zwischen Listenelementen erzeugt.
- **position: relative**
  Zuweisung der relativen Positionierung für betroffene Seitenelemente
- **Zuweisung einer festen Dimension**
  `height: 0; height: 1%;` oder
  `width: 0; width: 1%`
  Zuweisung einer festen Dimension (meistens Höhe) einer gefloateten Box. Im Internet Explorer 7 führten diese Angaben zu Darstellungsproblemen und sollte von Internet Explorer 7 deshalb versteckt werden. Alternativ kann man betroffenen Elementen die Eigenschaft `zoom: 1` zuweisen. Dadurch wird dem Element in allen Internet Explorer-Versionen (auch Internet Explorer 7) ein IE-Layout gegeben.

Durch feste Dimensionsangaben (beliebig außer auto) werden Seitenelementen sogenannte »Layouts« aufgezwungen – entsprechend dem `hasLayout`-Konzept des Internet Explorers. Damit lassen sich zahlreiche Probleme im Zusammenhang mit der

Darstellung von Hintergrundbildern und Rändern lösen. Unter Umständen kann auch `position: absolute` helfen.

- **@import**
  Ein wesentlicher Vorteil von modernen CSS-basierten Webauftritten basiert auf dem häufig zitierten Prinzip von *Graceful Degradation* (langsamer Qualitätsabfall). Darunter versteht man die Eigenschaft einer Seite, auf Gegebenheiten der Umgebung (Browser, Bildschirmauflösung etc.) sicher und angemessen zu reagieren. Die Umgebung kann die Funktionalität des Systems schrittweise reduzieren, etwa durch eine verminderte Qualität der Darstellung, kann aber auch in solchen Fällen trotzdem benutzt werden.

Auf die Seitengestaltung angewendet bedeutet dies, dass moderne Webseiten in beliebigen Browsern lesbar angezeigt werden. Eine Seite darf dabei beliebig komplex sein. Es soll jedoch dafür gesorgt werden, dass sie auch ohne diese Komplexität benutzbar bleibt.

Um dies sicherzustellen, verwendet man in der Praxis zum einen den sogenannten *@import workaround*. Browser aus der Netscape-Familie, bekannt für ihre Probleme mit CSS 1.0, können mit dem `@import`-Befehl zum Importieren von CSS-Stylesheets nicht umgehen. Wird ein Seitenlayout etwa über

```
<style type="text/css" media="screen">
    @import "layout.css";
</style>
```

eingefügt, so bleibt die Datei *layout.css* für Netscape 4.x-Browser versteckt. Der Browser zeigt Seiteninhalte in einer minimalistischen Textform an.

- **margin statt padding verwenden**
  Um Darstellungsproblemen wegen der fehlerhaften Implementierung des CSS-Box-Modells vorzubeugen, ist es hilfreich, statt innerer Abstände für Elternelemente äußere Abstände für die Kindelemente zu verwenden. Dann werden Boxen sowohl bei älteren als auch bei modernen Browsern identisch dargestellt.
- **Leerzeichen einfügen**
  Leerzeichen an den richtigen Stellen können u. U. merkwürdige Renderingprobleme im Internet Explorer lösen (*IE Space Bugs*). So wird `p:first-letter { ... }` (mit Leerzeichen zwischen »letter« und »{«) vom Internet Explorer richtig interpretiert, `p:first-letter{ ... }` dagegen ignoriert.

[hasLayout]
Das *hasLayout* stellt ein Konzept in IE/Win dar, nach dem Elemente dargestellt und mit anderen Elementen in Beziehungen gesetzt werden. Standardmäßig verfügen nur gewisse Elemente über das IE-Layout. Daraus resultieren Unterschiede bei der Darstellung von Seitenelementen.
Eine ausführliche Dokumentation zu *hasLayout* finden Sie im Beitrag »On having layout« (*http://www.satzansatz.de/cssd/onhavinglayout.htm* Linkcode 347) bzw. in der deutschen Übersetzung«Über hasLayout – das Konzept des hasLayout im IE/Win« (*http://onhavinglayout.fwpf-webdesign.de* Linkcode 348).

- **Doctype korrekt festlegen**
  Viele Renderingprobleme entstehen im Internet Explorer, falls der Dokumenttyp (*Doctype*) falsch festgelegt wird. Schaltet der Browser in den *Quirks Mode*, so ist mit Inkonsistenzen verschiedenster Art rechnen. Beachten Sie, dass der Doctype in älteren Versionen vom Internet Explorer (bis einschließlich Version 6) an erster Stelle im Quelltext stehen muss. Davor dürfen weder eine XML Deklaration noch Leerzeichen auftreten.
- **Schriftgröße vererben**
  Inkonsistenzen betreffen nicht nur die Darstellung von Seitenelementen, sondern auch die Schriftgröße des Textes. Im Internet Explorer 5.x/Win ist die Schriftgröße standardmäßig um einen Grad größer als die Standardgröße in den anderen Browsern. Bei relativen Angaben der Schriftgröße ist immer zu beachten, auf welchen Wert sich die Angabe bezieht. Erkennt Internet Explorer den *Containing Block* falsch, so wird auch die Schriftgröße falsch interpretiert.

Um Inkonsistenzen dieser Art zu vermeiden, ist es empfehlenswert, die Schriftgröße für das `body`-Element zu spezifizieren und diese von Elementen in der unteren Seitenhierarchie nacheinander vererben zu lassen. Als Startwert für das `body`-Element kann etwa 62,5% (reduziert die Standardschriftgröße von 16 px auf 10 px, wodurch der Umgang mit dem Wert vereinfacht wird) oder 76% (der Wert, bei dem Absätze bei üblicher Standardschriftgröße gerade den Wert 1em erhalten) gewählt werden.

Beispiel:

```
/*
Schriftgröße in % bzgl. der Standardschriftgröße
*/
body { font-size: 76%; }
/* Alle weiteren Größenangaben geschehen mithilfe der
Em-Einheiten */
p { font-size: 1em; }
h1 { font-size: 2em; }
h2 { font-size: 1.8em; }
... usw.
```

Inkonsistenzen im Hinblick auf den typografischen Satz werden häufig durch die CSS-Angaben

```
body {
   font-size: 1em;
}
```

```
body * {
   font-size: 100%;
}
```

gelöst. Standardmäßig setzen ältere Versionen des Internet Explorers die Schriftgröße für gewisse Seitenelemente falsch.

11.3 Kompatibilitätstabellen

Ein hilfreiches Nachschlagewerk für den Umgang mit Inkonsistenzen bieten gängige Kompatibilitätstabellen. Sie dokumentieren, wie Regeln, Eigenschaften und Konzepte aus einschlägigen Webstandards von Browsern »verstanden«, implementiert und korrekt interpretiert werden.

11.3.1 HTML 4.01/XHTML 1.0

In der folgenden Tabellen finden Sie eine Übersicht von allen Seitenelementen, die in der Spezifikation von HTML 4.01 und XHTML 1.0 festgelegt sind und verwendet werden dürfen. In den rechten Spalten steht, seit welcher Version des Internet Explorers das jeweilige Tag unterstützt wird (Internet Explorer) sowie in welchen Versionen (Strict, Transitional, Frameset) es erlaubt ist (*DTD*).

Tag	Beschreibung	IE	DTD
`<!--...-->`	Kommentar	3.0	STF
`<!DOCTYPE>`	Dokumenttyp		STF
`<a>`	Anker, Verweis	3.0	STF
`<abbr>`	Abkürzung		STF
`<acronym>`	Akronym	4.0	STF
`<address>`	Adresse	4.0	STF
`<applet>`	Deprecated. Applet.	3.0	TF
`<area>`	Fläche innerhalb einer Imagemap	3.0	STF
`<b>`	Fettgrad	3.0	STF
`<base>`	»Home URL« für alle Verweise der Seite	3.0	STF
`<basefont>`	Deprecated. Base font	3.0	TF
`<bdo>`	Ausrichtung des Textes auf dem Bildschirm	5.0	STF
`<big>`	Text in großer Schrift	3.0	STF
`<blockquote>`	Ein langes Zitat	3.0	STF

◂ **Tabelle 11.1**
Kompatibilitätstabelle von HTML 4.01-/XHTML 1.0-Elementen

Tabelle 11.1 ▶
Kompatibilitätstabelle von HTML 4.01-/XHTML 1.0-Elementen (Forts.)

Tag	Beschreibung	IE	DTD
`<body>`	Body-Element	3.0	STF
` `	Zeilenumbruch	3.0	STF
`<button>`	Schaltfläche	4.0	STF
`<caption>`	Beschreibung einer Tabelle	3.0	STF
`<center>`	Deprecated. Zentrierung des Textes	3.0	TF
`<cite>`	Zitat	3.0	STF
`<code>`	Quellcode	3.0	STF
`<col>`	Attribut für Spalten einer Tabelle	3.0	STF
`<colgroup>`	Gruppierung von Spalten einer Tabelle	3.0	STF
`<dd>`	Beschreibung einer Definition	3.0	STF
`<del>`	Gelöschter Text	4.0	STF
`<dir>`	Deprecated. Verzeichnisliste	3.0	TF
`<div>`	Abschnitt einer Seite (block-level)	3.0	STF
`<dfn>`	Definition	3.0	STF
`<dl>`	Definitionsliste	3.0	STF
`<dt>`	Eintrag in einer Definitionsliste	3.0	STF
`<em>`	Hervorgehobener Text	3.0	STF
`<fieldset>`	Gruppierung von Feldern	4.0	STF
`<font>`	Deprecated. Schriftart, Schriftgröße, Schriftfarbe	3.0	TF
`<form>`	Formular	3.0	STF
`<frame>`	Frame	3.0	F
`<frameset>`	Eine Gruppe von Frames	3.0	F
`<h1> to <h6>`	Überschriften der Ordnung 1 bis 6	3.0	STF
`<head>`	Information über die Seite	3.0	STF
`<hr>`	Horizontale Linie	3.0	STF
`<html>`	HTML-Dokument	3.0	STF
`<i>`	Kursive	3.0	STF
`<iframe>`	Eingebetteter Frame	4.0	TF
`<img>`	Bild	3.0	STF
`<input>`	Eingabefeld	3.0	STF
`<ins>`	Eingefügter Text	4.0	STF
`<isindex>`	Deprecated. Einzeiliges Eingabefeld	3.0	TF
`<kbd>`	Tastaturkürzel	3.0	STF
`<label>`	Beschriftung eines Steuerungselements	4.0	STF
`<legend>`	Beschriftung einer Gruppe von Formelementen	4.0	STF
`<li>`	Listenelement	3.0	STF
`<link>`	Referenz zu einer externen Ressource	3.0	STF

Tag	Beschreibung	IE	DTD
<map>	Bildkarte	3.0	STF
<menu>	Menüleiste	3.0	TF
<meta>	Metadaten	3.0	STF
<noframes>	Noframe-Sektion	3.0	TF
<noscript>	Noscript-Sektion	3.0	STF
<object>	Eingebettetes Objekt	3.0	STF
<ol>	Geordnete List	3.0	STF
<optgroup>	Gruppe von Optionen	6.0	STF
<option>	Option in einem Klappmenü	3.0	STF
<p>	Absatz	3.0	STF
<param>	Parameter für ein Objekt	3.0	STF
<pre>	Präformatierter Text (wie in einem Texteditor eingegeben)	3.0	STF
<q>	Kurzes Zitat		STF
<s>	Deprecated. Durchgestrichener Text	3.0	TF
<samp>	Quelltextcode	3.0	STF
<script>	Skript	3.0	STF
<select>	Liste mit Optionen	3.0	STF
<small>	Kleine Schriftgröße	3.0	STF
<span>	Abschnitt einer Seite (inline-level)	3.0	STF
<strike>	Deprecated. Durchgestrichener Text	3.0	TF
<strong>	Hervorgehobener Text	3.0	STF
<style>	Stildefinition	3.0	STF
<sub>	Tiefgestellter Text (subscript)	3.0	STF
<sup>	Hochgestellter Text (supscript)	3.0	STF
<table>	Tabelle	3.0	STF
<tbody>	Tabellenkörper	4.0	STF
<td>	Tabellenzelle	3.0	STF
<textarea>	Mehrzeiliges Eingabefeld	3.0	STF
<tfoot>	Tabellenfuß	4.0	STF
<th>	Tabellenkopfzelle	3.0	STF
<thead>	Tabellenkopf	4.0	STF
<title>	Titel eines HTML-Dokuments	3.0	STF
<tr>	Tabellenzeile	3.0	STF
<tt>	Text im Schreibmaschinenstil	3.0	STF
<u>	Deprecated. Unterstrichener Text	3.0	TF
<ul>	Ungeordnete Liste, Aufzählungsliste	3.0	STF
<var>	Variable	3.0	STF

◂ **Tabelle 11.1**
Kompatibilitätstabelle von HTML 4.01-/XHTML 1.0-Elementen (Forts.)

- **CSS 2.1**
  http://www.css4you.de/browsercomp.html (Linkcode 349)
- **Attribute von XHTML 1.0-Elementen**
  http://www.blackwidows.org.uk/resources/tutorials/xhtml/attribute-comparison.html (Linkcode 350)
- **CSS Hacks**
  http://centricle.com/ref/css/filters (Linkcode 351)

Eine weitere ausführliche Kompatibilitätstabelle für sämtliche CSS-Konzepte und Eigenschaften finden Sie auf Westciv CSS Browser Support (*http://www.westciv.com/style_master/academy/browser_support/index.html* Linkcode 352). Die Tabelle umfasst alle Versionen von Internet Explorer, Netscape Navigator 4, Mozilla, Firefox, Safari und Opera und wird regelmäßig aktualisiert.

11.4 Ressourcen

Treten bei der Suche nach Bugs Fälle auf, in denen Sie nicht weiterkommen, so lohnt sich die Suche nach einem ähnlichen Problem auf Seiten mit dokumentierten Bugs und Kompatibilitätsproblemen. Eine Übersicht über nützliche Ressourcen zum Thema »Browserkompatibilität«:

11.4.1 Werkzeuge, Dienste

- **Firebug**
  Eine exzellente Firefox-Erweiterung für effiziente Seitenentwicklung und Debugging. Mit dem Tool lassen sich beliebige Probleme direkt im Browserfenster analysieren und korrigieren (*http://www.getfirebug.com* Linkcode 353).
- **Xyle Scope**
  Xyle Scope ist ein weiteres CSS-Analyse- und Authoring-Tool für Mac OS X und die Safari-Engine. Seitenelemente werden in kompakter Ansicht dargestellt, sodass die Seitenstruktur und Beziehungen im Code können analysiert werden. Das Tool verfügt über keine Funktion zum Entwerfen und Verwaltung von Webseiten (*http://www.culturedcode.com/xyle/index.html* Linkcode 354).
- **Web Developer Toolbar**
  Dieses Tool ist eine Erweiterung für Firefox, Flock, Mozilla und Seamonkey, mit der sich Seiten direkt im Browserfenster modifizieren und debuggen lassen. Unter den vielen Optionen ist auch ein Live-Editor dabei sowie verschiedene Funk-

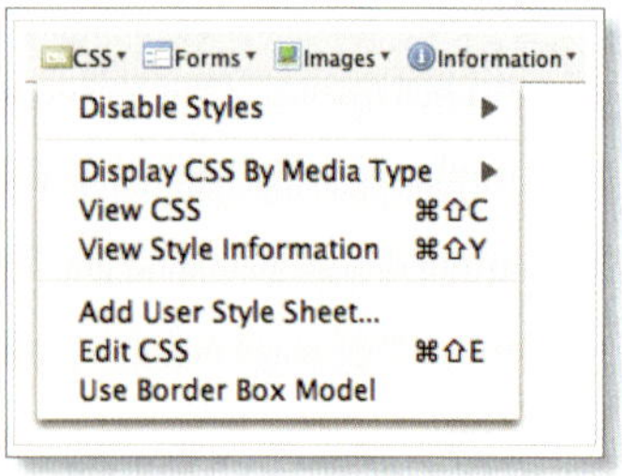

▲ **Abbildung 11.16**
Web Developer Toolbar in Mac OS X

tionen zum CSS-Authoring (*http://chrispederick.com/work/web-developer* Linkcode 355).

- **Browsercam**
  http://www.browsercam.com (Linkcode 356)
- **Browsershots**
  Erzeugt Screenshots einer Webseite in verschiedenen Browsern bei unterschiedlichen Bildschirmauflösungen, online und automatisch (*http://www.browsershots.org* Linkcode 357).

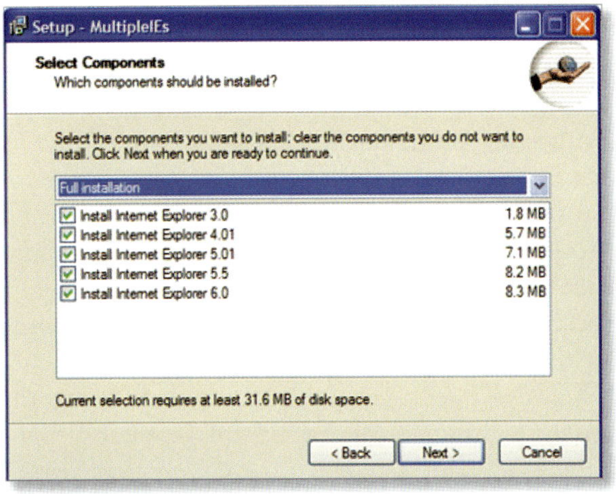

◀ **Abbildung 11.17**
Mit MultipleIEs (http://tredosoft.com/Multiple_IE) können fünf Versionen des Internet Explorers gleichzeitig installiert werden.

- **MultipleIEs**
  Das Paket ermöglicht es, Internet Explorer 3, 4.01, 5.01, 5.5 und 6.0 zu installieren und gleichzeitig zu verwenden (*http://tredosoft.com/Multiple_IE* Linkcode 358)
- **Kompatibilitätstabellen zu HTML, CSS und JavaScript DOM**
  http://www.quirksmode.org/dom/compatibility.html (Linkcode 359)
  Browserunterstützung
  http://www.westciv.com/style_master/academy/browser_support/index.html (Linkcode 360)

11.4.2 Tipps

- **PositionIsEverything**
  Die größte Sammlung von Bugs und Inkompatibilitätsproblemen moderner Browser sowie von Lösungsansätzen. Unter anderem wird auch der Internet Explorer (*http://positioniseverything.net/explorer.html* Linkcode 361) ausführlich behandelt. Die Seite wird regelmäßig aktualisiert (*http://www.positioniseverything.net* Linkcode 362).

- **Bugzilla**
  Berichtet über Firefox-Bugs
  (*http://www.firefox-browser.de/wiki/Bugzilla* Linkcode 363)
- **Quirksmode Bug Reports**
  Berichtet regelmäßig über Bugs und Darstellungsprobleme von einschlägigen Browsern. Auch mangelhafte JavaScript-Unterstützung der Browser wird behandelt (*http://www.quirksmode.org/bugreports/index.html* Linkcode 364).
- **CSS Filters and Hacks, CssHack – css-discuss**
  Die Seiten geben einen Überblick über verschiedene Methoden, um Attribute für »problematische« Browser festzulegen (*http://css-discuss.incutio.com/?page=CssHack* Linkcode 365).
- **CSS Float Theory: Things You Should Know**
  Eine Übersicht von dokumentierten Float Bugs, die beim Internet Explorer auftreten (*http://www.smashingmagazine.com/2007/05/01/css-float-theory-things-you-should-know* Linkcode 366).
- **Solutions to CSS Browser Bugs and Cross-Browser, Cross-Platform CSS Issues**
  Eine Sammlung von Beiträgen zu Problemen und Lösungsansätzen für eine plattformunabhängige Seitengestaltung. Referenzen zu ausführlichen Beiträgen über den Internet Explorer 7 (*http://websitetips.com/css/solutions* Linkcode 367).
- **Web Design References: Browsers**
  Eine umfangreiche Sammlung von Beiträgen, Referenzen und Ressourcen zum Thema Browserkompatibilität. Auch mit Referenzen zu ausführlichen Beiträgen über den Internet Explorer 7. Die Seite wird monatlich aktualisiert. (*http://www.d.umn.edu/itss/support/Training/Online/webdesign/css.html#browsers* Linkcode 368)

TEIL III

Web 2.0-Programmierung

12 Ajax

Ganz gleich, ob attraktive Designelemente Nutzer ansprechen sollen oder pragmatisches Design Inhalte in den Mittelpunkt stellt: Ohne saubere, reibungslose Funktionalität bleiben jeder Webanwendung Seitenbesucher aus. Konsequenz: Die Qualität des Back Ends einer Webapplikation bestimmt die Qualität des Dienstes entscheidend, da Nutzer mit besseren, sicheren und zeitsparenden Lösungen rechnen können. Die visuelle Gestalt hat dabei keine primäre Bedeutung. Aus diesem Grunde etablieren sich im Web 2.0 neben klassischen Konzepten neue, elegante, dynamische und benutzerfreundliche Programmiertechniken. Darauf basierend, ähneln Webdienste zunehmend gewöhnlicher Desktop-Software und können durch schnelle und simple Interaktivität überzeugen.

Doch neue Methoden setzen ein neues Denk- und Designmodell in der Webprogrammierung voraus – diese werden durch die Verbindung von *Ajax*, zahlreichen *Ajax-Frameworks* sowie *JavaScript*-Bibliotheken bereitgestellt. Mit *Microformats*, *Mashups*, *Wikis* und *Blogs* kommen neue Erscheinungen des Mitmach-Webs zum Tragen, die mit Ajax zu vielfältigen dynamischen Plattformen erweitert werden können. Im Folgenden werden all diese Erscheinungen im Einzelnen beleuchtet und anschaulich erklärt.

Wer von Web 2.0 spricht, hat in der Regel den Begriff *Ajax (Asynchronous JavaScript and XML)* im Kopf. Dies ist nicht überraschend, denn im Gegensatz zu Designtrends, die sich über Jahre hinweg permanent verändert haben, tragen moderne Webapplikationen zu einer Veränderung des Surfverhaltens bei.

Zunehmend weisen Webdienste eine neue Dimension der Interaktivität auf, deren Mangel bisher den wesentlichen Unterschied zwischen Online-Applikationen und Desktop-Anwendungen ausmachte. Die Veränderungen betreffen weniger die visuelle Gestalt als das funktionale Gerüst. Insbesondere ist die zügige Reaktionszeit einer der wesentlichen Vorteile, die das Ajax-Modell hervortreten lassen.

Online- und Offline

Die Schlichtheit, die zur Etablierung des Webs als Medium führte, erzeugte eine Kluft zwischen User Experience bei Online- und Software-Interaktionen. Genau diese Kluft gilt es nun, mithilfe des Ajax-Ansatzes zu überbrücken.

Um eine bessere Intuition für Ajax zu gewinnen sowie besser zu verstehen, ist es vernünftig, den Mechanismus zuerst aus der »Vogelperspektive« zu betrachten.

12.1 Ajax-Anwendungen in der Praxis

Ein neues Programmiermodell genügt nur selten, um einen Durchbruch in der Öffentlichkeit zu erzielen. Damit ein neuer Trend sich durchsetzen kann, sind innovative Applikationen gefragt, welche die neue Funktionalität bis an die Spitze treiben und Nutzer durch neue Interaktionsmöglichkeiten zu überzeugen wissen.

Als eine neue Entwicklungstechnik stellt Ajax dabei keine Ausnahme dar. In den letzten Jahren konnte eine Reihe von Applikationen durch verbessertes User Interface und elegante, dynamische Ajax-basierte Lösungen das Interesse der Öffentlichkeit für sich, und damit auch für Ajax, gewinnen. Eines davon ist *GMail* (*http://www.gmail.com*), ein von Google entwickelter webbasierter E-Mail-Dienst, dessen Eigenschaften weit über die der üblichen E-Mail-Software hinausgehen.

12.1.1 Google Mail (GMail): clever, robust und elegant

▲ **Abbildung 12.1**
GMail (http://gmail.com) überzeugt durch übersichtliche Präsentation und dynamische Lösungen.

Im Unterschied zu üblichen Webmail-Diensten können GMail-Nutzer nicht nur Nachrichten verschicken, sondern Real-Time-Diskussionen führen. Zusammenhängende E-Mails werden automatisch als solche erkannt, chronologisch angeordnet, je nach Versender visuell markiert, miteinander verknüpft und in Form einer Konversation (*Conversation View*) zusammengefasst.

GMail-Nutzer, die gleichzeitig online sind, können Nachrichten in einem Instant-Messaging-Fenster austauschen, während diese automatisch im Archiv abgelegt werden und bei Bedarf nachgeschlagen werden können. Dabei kann jeder Nutzer seinen Status angeben und GMail als Instant-Messanger verwenden.

So wird beim Schreiben von E-Mails automatisch eine sinngemäße visuelle Hervorhebung und Formatierung von Inhalten vorgenommen; damit keine Daten verlorengehen, werden sie regelmäßig automatisch abgespeichert. Und wenn der Anwender beim Schreiben einer E-Mail neue Nachrichten im Postfach erhält, wird er direkt benachrichtigt und kann seine Konversationen aktualisieren lassen, ohne dass zuerst zum Eingangspostfach gewechselt werden muss. Die wesentlichen Funktionen der Anwendung können über Tastaturkürzel aufgerufen werden.

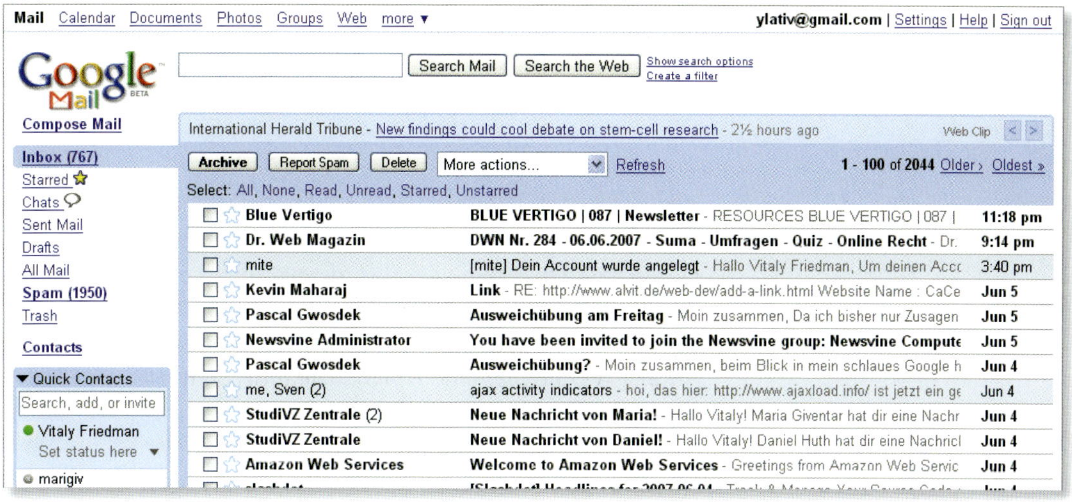

▲ **Abbildung 12.2**
GMail im Einsatz. Benutzerfreundliche, elegante und simple Oberfläche

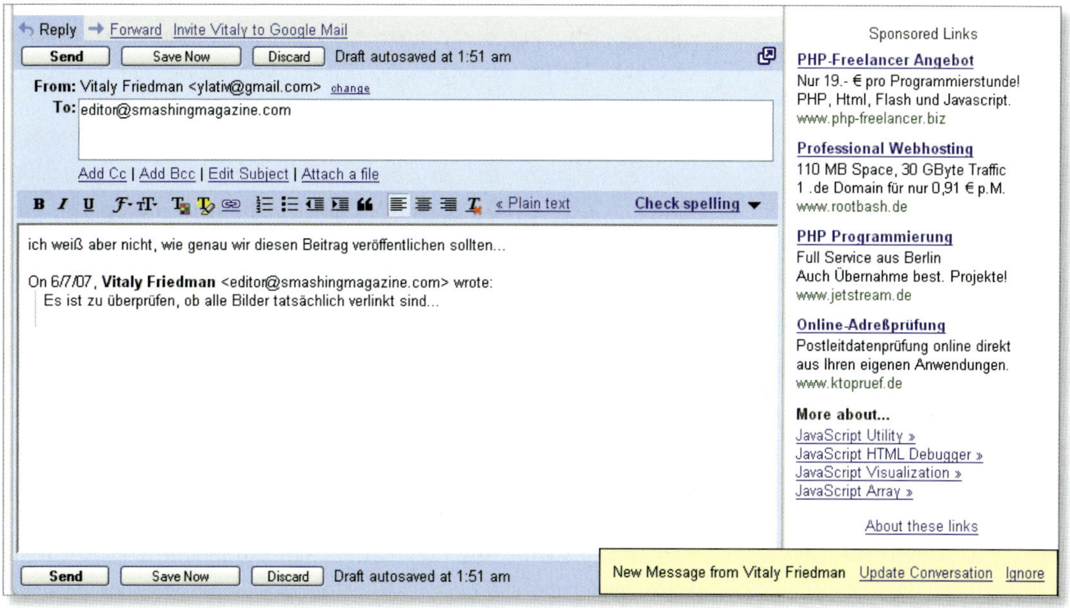

▲ **Abbildung 12.3**
Beim Empfang einer neuen E-Mail zeigt GMail dies automatisch in einer Infobox.

Die treibende Kraft hinter all diesen Ansätzen ist die Ajax-Architektur. Umfassend umgesetzt, lässt sie in GMail mehrere Funktionen zum Tragen kommen, die für eine Webanwendung eher ungewöhnlich sind.

So werden traditionelle Funktionen wie etwa ein Adressbuch, eine optimierte Suche, ein Spamschutz oder ein Virusscanner von GMail mitgeliefert.

12.1.2 Netvibes: personalisierbare Startseiten

▲ **Abbildung 12.4**
Netvibes.com bietet personalisierbare Startseiten an – kostenlos, übersichtlich und elegant.

Moderne Nutzer wollen möglichst schnell an Informationen gelangen – gleichgültig, ob es sich dabei um neue E-Mails oder aktuelle Beiträge auf Webseiten handelt. Personalisierbare Startseiten kommen diesem Wunsch wie kein anderer Dienst entgegen: Schließlich dienen sie dazu, schon beim Starten des Browsers alle interessanten Inhalte zu laden und in einer kompakten Übersicht aufzubereiten.

Netvibes (*http://netvibes.com*), eine der führenden Anwendungen in der Branche von *personalized homepages*, bietet ihren Nutzern jedoch weit mehr. Neben Inhalten von beliebigen Feeds kann der Dienst Kalender, Bookmarks, Notizen, To-Do-Listen, unterschiedliche Suchoptionen (Google, Wikipedia u. A.), E-Mails (etwa von GMail), Photos (Flickr), Videos (YouTube), Screencasts und Ähnliches anzeigen. Auch weitere Optionen wie etwa das Schreiben einer E-Mail, Benachrichtigungen und Spiele sind möglich. Einzelne Module werden in Boxen platziert und können mithilfe der Drag and Drop-Funktionalität beliebig verschoben und angeordnet werden.

Die visuelle Darstellung von Daten können Nutzer manuell festlegen; die Navigation kann auch über Tastaturkürzel erfolgen. Startseiten lassen sich im sogenannten *Netvibes Ecosystem* allen Nutzern zugänglich machen, wodurch etwa der Austausch von fertigen Netvibes-Layouts möglich wird. Über die *Netvibes-API* können Programmierer außerdem neue Module entwerfen, veröffentlichen und weiterentwickeln.

12.1.3 Mite: Zeiterfassungstool für Web-Worker

▲ **Abbildung 12.5**
Mite (http://www.bemite.de): ein Zeiterfassungstool für Web-Worker.

Wer mobil ist oder sein möchte, benötigt ein effizientes Zeitmanagement. Dies betrifft auch und vor allem Web-Worker, deren Zeitaufwand sich nur schwer intuitiv bemessen und bewerten lässt. Die deutschsprachige Anwendung *Mite* (*http://www.bemite.de*) soll in solchen Fällen Abhilfe schaffen: Der Dienst stellt automatisch Berichte zusammen, die das Zeitmanagement des Nutzers dokumentieren und schön grafisch aufbereiten.

Mit Mite können Anwender beliebige Aufgaben und Projekte festlegen und Fortschritte bei der Bearbeitung von Aufgaben erfassen. Daten können nach Tagen sortiert und nach Kalenderwochen ausgewertet werden. Mehrere Benutzer können ihre Aktivitäten mit dem Tool dokumentieren und Handlungsbedarf in Echtzeit abschätzen. Die von Mite gelieferten Reports stellen die gesamte und durchschnittliche Arbeitszeit des Benutzers sowie die Budgetauslastung zusammen. Die Daten werden dabei visuell aufbereitet, etwa in Form eines Kuchendiagramms.

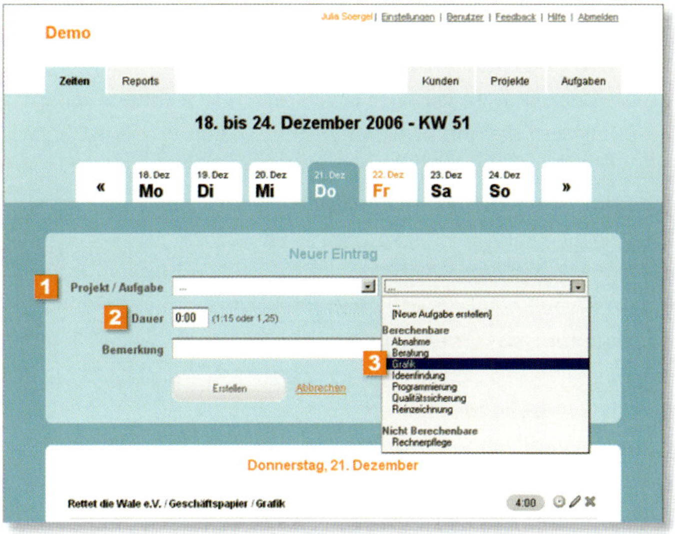

◂ **Abbildung 12.6**
Mit Mite können Anwender beliebige Aufgaben und Projekte festlegen und Fortschritte bei der Bearbeitung von Aufgaben erfassen.

Aus technischer Sicht bietet Mite Ajax-basierte Funktionalität, die vor allem durch die Dynamik der Nutzerangaben deutlich wird. Einträge können direkt in Feldern eingegeben und geladen werden, ohne dass der Nutzer permanent von einer Seite zur anderen wechseln muss. Module (Formulare, gesammelte Daten) werden dabei dynamisch ein- und ausgeblendet. Die Daten werden im Hintergrund abgespeichert, wobei der Anwender nichts davon mitbekommt. Um das Tool zu verwenden, ist weder ein Download noch eine Installation notwendig.

Der Dienst kann sowohl zur Bewertung eigener Produktivität als auch zur effektiven Zusammenarbeit und zum besseren Zeitmanagement verwendet werden.

12.1.4 Typische Merkmale von Ajax-Applikationen

Moderne Ajax-basierte Anwendungen zeichnen sich insbesondere durch neue Designschemata und interaktive Interface-Elemente auf. Eine klare Trennlinie zwischen traditionellen und neuen Elementen hebt die Vorteile der Ajax-basierten Lösungen hervor. Typische Merkmale von modernen Webapplikationen im Schnelldurchlauf:

- **Das User Interface wird zunehmend dynamischer**
  Seitenelemente werden nachgeladen und nach Anfrage der Nutzer in die Seitenstruktur eingebettet. Diese ist nicht mehr statisch und kann durch den Nutzer angepasst werden. Somit wachsen Benutzerschnittstellen »organisch«.
- **Rich Internet Applications**
  Ajax soll einen ersten Schritt in Richtung umfangreicher *Rich Internet Applications* (*RIA*) darstellen, deren Funktionalität

laut Vorstellung von Webentwicklern besser oder wenigstens genauso mächtig wie die der Desktop-Software sein soll.

- **Bessere Präzision der Nutzerinteraktion**
  Anwender können genauer festlegen, welche Inhalte wie präsentiert und behandelt werden müssen.

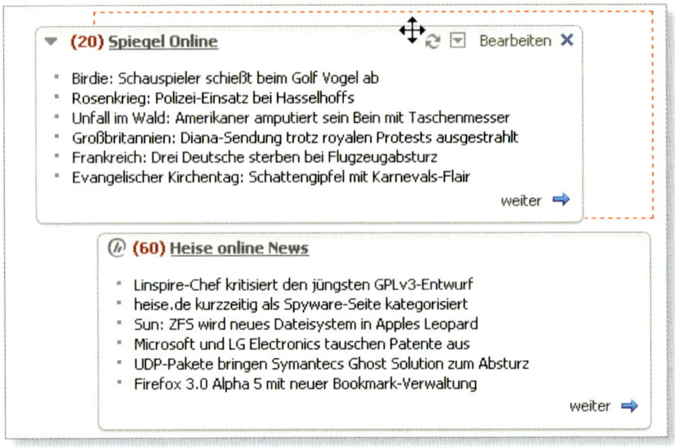

Abbildung 12.7 ▸
Auf Netvibes.com können Inhalte über die Drag and Drop-Funktionalität besser fixiert werden.

- **Redundanz zwecks maximaler Reichweite**
  Inhalte werden gleichzeitig in mehreren Versionen und Formaten angeboten, um ein möglichst breites Publikum anzusprechen.
- **Robuste Kommunikation der Applikationen**
  Die Angaben der Nutzer werden direkt im Hintergrund bearbeitet, noch während sie getätigt werden. Visuelle Hinweise während der Eingabe ermöglichen eine bessere Kommunikation mit den Anwendern (*Progress indicators*, *saving-/loading*-Hinweise sowie grafische Hervorhebungen). Sie sind an ablaufende Prozesse nicht gebunden und können Dienste weiterhin verwenden, ohne auf eine Antwort des Servers warten zu müssen.
- **Webapplikationen ähneln zunehmend Desktop-Applikationen**
  Moderne Webanwendungen können nicht nur durch Mobilität und Interaktivität, sondern auch durch Funktionalität überzeugen. Diese ist zunehmend schwerer von der aus Software-Produkten zu unterscheiden.

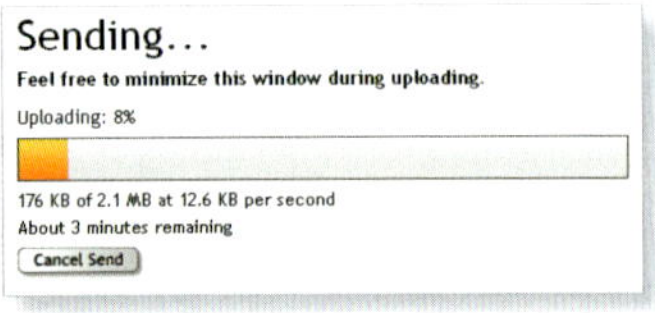

▴ **Abbildung 12.8**
Ein Progress indicator auf Dropsend.com. Während die Datei hochgeladen wird, können Anwender den Dienst weiterhin verwenden.

Web ohne Ajax

Beispielhaft für das klassische Modell der Server-Client-Schnittstelle ist *Amazon.de*. Um ein Produkt zu kaufen, müssen Käufer mehrere Schritte hintereinander erfolgreich abschließen.

12.2 Klassisches Modell und Ajax-Modell

Im bewährten klassischen Modell basieren Webdienste auf einem relativ simplen Schema. Um über ein Web-Interface zu einem Ziel zu gelangen, geben Nutzer ihre Daten in mehreren Schritten an.

Einzelne Felder werden nacheinander abgearbeitet; da zwischen Server- und Client-Seite keine permanente Verbindung existiert, erhält der Anwender während der Eingabe keine Rückmeldung – diese ist erst im nächsten Schritt möglich.

Die Angaben werden über Steuerelemente explizit an den Server übermittelt. Der Server bearbeitet die Anfrage, generiert eine neue HTML-Seite und liefert diese an die Client-Seite zurück.

Der erste Schritt ist abgeschlossen und die Interaktion zwischen Nutzer und Server kann nun im zweiten Schritt nach demselben Muster fortgesetzt werden.

Dieses traditionelle Modell mag aus technischer Sicht leicht zu realisieren sein, hat jedoch im Hinblick auf die User Experience – insbesondere gegenüber Desktop-Anwendungen – einen gravierenden Nachteil. Denn in jedem einzelnen Schritt müssen Anwender warten. Und zwar so lange, bis die komplette Anfrage wieder abgearbeitet und die Seite komplett neu geladen ist.

Traditionelle Webanwendungen weisen eine synchrone Funktionsweise auf: Der Nutzer sendet Anfragen, wartet, erhält die Antworten und kann neue Anfragen schicken. Dies spiegelt sich in mangelhafter Interaktivität und Responsivität von Webapplikationen wider.

▲ **Abbildung 12.9**
Auf Amazon.de sind für eine abgeschlossene Bestellung sieben Schritte notwendig – dies heißt wenigstens sieben Ladevorgänge der Seite pro Bestellung.

Desktop-Anwendung

Desktop-Software kommuniziert mit ihren Anwendern permanent, Webdienste dagegen erst nach vollständiger Übermittlung von Daten. Konsequenz: In einer Software werden die aktualisierten Einstellungen direkt wirksam – beim klassischen Modell müssen sich Online-Nutzer dagegen auf einen erneuten Ladevorgang der kompletten Seite einstellen.

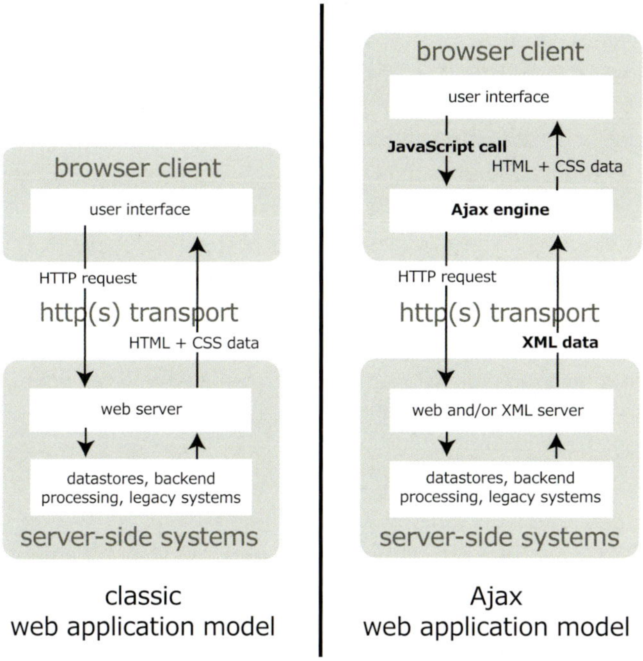

◂ **Abbildung 12.10**
Klassisches Modell von Webapplikationen im Vergleich zum Ajax-basierten Ansatz (Quelle: *http://www.adaptivepath.com/publications/essays/archives/000385.php* Linkcode 369).

Dass diese Vorgehensweise sich im Web als Standard etabliert hatte, ändert nichts an der Tatsache, dass traditionelle Webanwendungen langsamer, unbequemer und unangenehmer zu

> **HINWEIS**
>
> In modernen Ajax-basierten Applikationen geschieht die dynamische Interaktion zwischen Nutzer und Seite im Hintergrund, durch einen permanenten Client-Server-Datenaustausch. Grundlage dafür bietet die Erweiterung von statischen HTML-Dokumenten mit XML-Daten, die auf dem Server gespeichert und bei Bedarf aktualisiert und nachgeladen werden können. Der Seiteninhalt kann sich verändern, ohne dass die Seite komplett neu geladen werden muss.

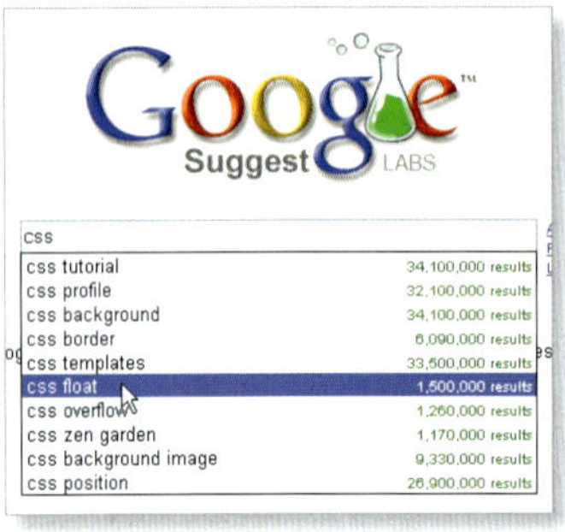

▲ **Abbildung 12.11**
Bei Google Suggest (http://www.google.com/webhp?complete=1&hl=en&btnG=Google+Search) werden häufige Suchanfragen schon während des Eintippens angezeigt. Dies ist eine der ersten Anwendung, die auf asynchrone Interaktion mittels Ajax setzte.

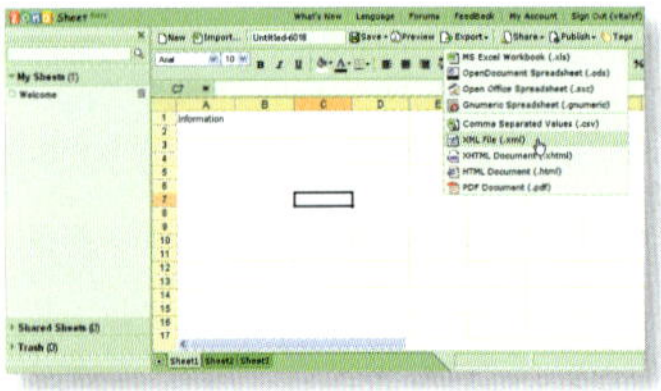

▲ **Abbildung 12.12**
Die Tabellenkalkulation auf Zoho Sheet (http://sheet.zoho.com) weiß zu beeindrucken. Von gewöhnlichen Desktop-Anwendung lässt sie sich nur schwer unterscheiden.

bedienen sind als Desktop-Anwendungen. Die grafische Benutzeroberfläche wird nicht nach jeder Eingabe neu geladen; auch werden Nutzer unmittelbar bei der Eingabe auf fehlerhafte Eingaben hingewiesen, ohne dass die gesamte Anfrage zuerst übermittelt werden muss.

Eine derartige Dynamik ins Web zu übertragen, ist die primäre Aufgabe des Ajax-Konzepts. Die Grundidee hinter dem Ajax-Modell basiert dabei auf der Ergänzung des klassischen Modells durch einen permanenten Vermittler zwischen der Client- und der Server-Seite. Neben dem gewöhnlichen (X)HTML-Dokument wird beim ersten Ladevorgang der Seite die sogenannte *Ajax Engine* automatisch mitgeladen. Sie soll die Interaktionen der Besucher beobachten, bei Bedarf Anfragen an den Server schicken, seine Antworten interpretieren und die Seitendarstellung entsprechend anpassen – und zwar direkt und im Hintergrund, ohne dass der Benutzer etwas von den Client-Server-Prozessen merkt.

HTTP-Anfragen werden demnach durch Engine-Anfragen ersetzt, wobei Inhalte der Seite immer automatisch aktualisiert werden, sodass ein erneuter Aufbauvorgang der kompletten Seite nicht mehr notwendig ist.

In einem konkreten Fall kann diese Interaktion etwa wie folgt aussehen: Beim Eintippen des Benutzernamens liest die Ajax Engine den aktuellen Inhalt des Eingabefeldes ab und sendet diese an einen Serverskript (z. B. eine php-Datei). Dieser verbindet sich mit einer Datenbank und überprüft, ob ein Benutzer mit solchem Namen bereits existiert. Ist dies etwa der Fall, wird die entsprechende Mitteilung an die Engine zurückgeschickt. Sie sorgt anschließend dafür, dass ein versteckter `div`-Block mit einer Fehlermeldung angezeigt wird oder eine der CSS-Deklarationen auf das jeweilige Eingabefeld angewendet wird. In beiden Fällen wird sich die Seitendarstellung ändern. Dies geschieht automatisch in Bruchteilen von Sekunden, sodass der Anwender die Meldung über den bereits belegten Benutzernamen scheinbar direkt erhält.

Ein wichtiges Merkmal dieser Konstruktion wird dadurch gegeben, dass die Engine sich nicht auf genau eine Anfrage beschränkt. Eine Anfrage muss demnach nicht zuerst vollständig abgearbeitet werden, damit andere Anfragen zum Zuge kommen können. Stattdessen kann die Engine mehrere Anfragen parallel bearbeiten und ablaufen lassen – während der Anwender weitere Angaben macht und die Engine wiederum neue Anfragen generiert.

Damit geschieht die Interaktion der Besucher unabhängig von parallel ablaufenden Server-Prozessen. Diese Trennung wird in der Fachsprache als Asynchronität bezeichnet. Sie ist ein wesentlicher Bestandteil von Ajax.

▲ **Abbildung 12.13**
Bei modernen Webapplikation geschehen Prozesse im Hintergrund. Die Daten bei GMail werden im Hintergrund geladen, die bei Flickr im Hintergrund abgespeichert.

Ajax Engine

Anstatt Server permanent neue Seiten generieren zu lassen, lädt die Ajax Engine nur solche Informationen vom Server nach, die für die aktuelle Interaktion wichtig sind. Dieser Vorgang muss nicht notwendigerweise vom Nutzer initiiert werden – auch ein im Hintergrund laufendes Skript kann Funktionen selbständig aufrufen.

12.3 Architektur von Ajax

An sich stellt Ajax keine neue Technologie dar, sondern ein Zusammenspiel von etablierten Websprachen, Standards und Techniken, die nun in einem neuen Zusammenhang kombiniert werden.

▲ **Abbildung 12.14**
Die Angaben des Nutzers werden bei modernen Ajax-Applikationen direkt überprüft. Die explizite Übergabe von Daten an ein Serverskript ist nicht notwendig (Quelle: iconbuffet.com).

Die Ajax-Architektur basiert auf der Komposition von

- *(X)HTML und CSS*, welche eine standardkonforme Seitenstruktur und Präsentation sicherstellen,
- *DOM (Document Object Model)* zur dynamischen Anzeige, Interaktion und Manipulation von Seitenstrukturen,
- *XML (eXtensible Markup Language)* zum Nachladen, Austauschen und Ändern von lokal und extern gespeicherten Daten (dies kann auch HTML oder Plain Text sein),
- *XMLHttpRequest-Objekten* zur Generierung und Vermittlung von Anfragen sowie asynchroner Datenübermittlung zwischen der Client- und der Server-Seite und
- *JavaScript*, mit dem alle aufgelisteten Techniken miteinander in einer Ajax Engine verknüpft werden.

An dieser Stelle ist es wichtig anzumerken, dass der Ajax-Code meistens als gewöhnlicher JavaScript-Code auftritt. Dies wird schon dadurch angedeutet, dass der Quelltext von Ajax-basierten Applikationen sich innerhalb des JavaScript-Konstrukts befindet.

```
<script type="text/javascript">
...Ajax-Code...
</script>
```

Ajax-Programmierung ist somit im Allgemeinen als gewöhnliche und vor allem simple JavaScript-Programmierung zu verstehen, die durch zusätzliche Methoden und Zugriffsoptionen erweitert wird.

HINWEIS

Mithilfe des asynchronen Ansatzes ist es möglich, »frische« Inhalte, die erst beim Besuch einer Seite geliefert werden, Nutzern direkt bereitzustellen. Sollte etwa eine neue Nachricht auf den Server ankommen, während der Anwender noch eingeloggt ist, so kann sie direkt angezeigt werden, ohne dass der Anwender seine Mails abrufen muss. Realisieren lässt sich das etwa mithilfe eines absolut positionierten, halbtransparenten div-Blocks, den die Ajax Engine erst beim Eintreffen von gewissen Events mit passenden Daten erzeugt.

TIPP

In den meisten Code-Listings dieses Kapitels wird das `<script>`-Konstrukt weggelassen, sollte aber immer dazu gedacht werden.

12.3.1 Strategie der Ajax-Programmierung

Um mit der Ajax-Technik geschickt umzugehen und Webanwendungen effektiver zu programmieren, liegt es nahe, bei der Entwicklung einem effizienten Schema zu folgen. Bei umfassenden Ajax-Projekten genügen meistens sechs Schritte:

1. Konzeption des Entwurfs, gegebenenfalls mit jeweiligen UML-Diagrammen, die Methoden, Attribute sowie den Austausch und Übergabe von Daten und Parametern genau dokumentieren
2. Umsetzung eines »Skelettes« der Anwendung, mit Deklaration von allen verwendeten Attributen und Methoden
3. Abfangen von Inkompatibilitätsproblemen, meistens betrifft dies nur die Deklaration von *XMLHttpRequest-Objekten*
4. Programmierung von Methoden, unter Anderem:
   - Beobachtung der Nutzereingaben (in komplexen Projekten auch Beobachten von Serverdaten)
   - Generierung von Anfragen in Abhängigkeit von Interaktionen des Nutzers oder Daten auf dem Server (mit *XHR*)
   - Versenden von Daten an ein Serverskript (mit *XHR*)
   - Programmierung von Serverskripten, die Anfragen an Server weiterleiten und dessen Antworten zurückliefern
   - Behandlung von Serverantworten – etwa Manipulation der Seitenstruktur bzw. Veränderung von Seitenelementen (mit *XHR*, *JavaScript*, *CSS*, *DOM Scripting*)
   - Dokumentation der Methoden im Quellcode
5. Durchlauf von Unit Tests auf Musterdaten, Tests von Serverskripten, Tests auf die Browserkompatibilität, Sicherheitstests
6. Release

Diese Strategie kann Ihnen helfen, üblichen Problemen und Inkonsistenzen, die in der Praxis häufig auftreten, effektiv und frühzeitig vorzubeugen.

12.3.2 XMLHttpRequest (XHR)

XMLHttpRequest

Das XMLHttpRequest-Objekt gibt es seit Internet Explorer 5. Aber auch davor wurde schon *Ajax* verwendet: Damals wurden die Daten über einen versteckten *Iframe* geladen.

Die einzige wesentliche Erneuerung in der Ajax-Architektur wird durch die wenig bekannte *XMLHttpRequest-API* geliefert. Vollständig implementiert in sämtlichen einschlägigen Browsern, liefert sie die Möglichkeit, HTTP-Anfragen an den Server zu senden, die Antworten abzufangen und Daten zwischen der Client- und der Server-Seite zu versenden. Das *XMLHttpRequest-Objekt* (ein JavaScript-Objekt) übernimmt dabei die Kernaufgabe, die Anfragen asynchron während der Interaktion der Nutzer zu generieren und zu behandeln. Somit baut es einen Kanal zwischen beiden Seiten auf, durch den Informationen ausgetauscht werden können.

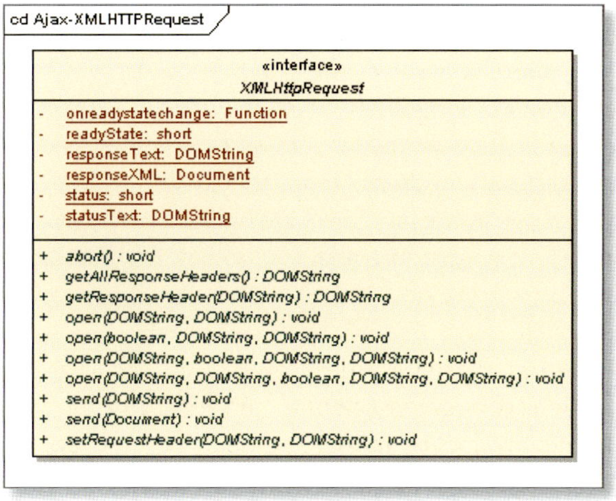

◀ **Abbildung 12.15**
Schnittstellenbeschreibung des XMLHTTPRequest-Objekts gemäß des W3C-Vorschlags.[2]

Das *XHR*-Objekt lässt sich anschaulich mit üblichen Objekten aus objektorientierten Programmiersprachen vergleichen. Über seine Attribute und Methoden können JavaScript-Funktionen im Hintergrund auf Serverdaten zugreifen und die Seitendarstellung über DOM manipulieren.

12.3.3 Methoden des XMLHttpRequest-Objekts

Beim Zugriff auf Methoden des XHR-Objekts ist es wichtig zu verstehen, dass es sich im Ajax-Modell immer um nichts anderes als um die Generierung von Anfragen und die Behandlung von Antworten handelt (Anfrage/Antwort-Muster, request/response-model). Das einzige, was ein Ajax-Entwickler bei der Programmierung mit XHR sicherstellen muss, ist, dass das Objekt die Interaktion der Nutzer korrekt interpretiert und mit der Serverseite korrekt kommuniziert.

Zu diesem Zweck können u.a. folgende Funktionen verwendet werden:

- **abort( )**
  Bricht eine Anfrage ab
- **getAllResponseHeaders( )**
  Liefert alle HTTP headers als String zurück
- **getResponseHeader (headerName)**
  Liefert den Inhalt des HTTP headers *headerName* als String zurück
- **open (method, URL), open (method, URL, async: bool), open (method, URL, async: bool, login), open (method, URL, async: bool, login, pass)v**
  Erzeugt eine neue Anfrage für den Server. Legt die Übergabemethode (etwa *GET*, *POST*) sowie die URL des Serverskripts

TIPP

Im Augenblick arbeitet das W3C-Konsortium an der Festlegung eines allgemeingültigen Standards für das XMLHttp-Request-Objekt. Die Ergebnisse sollen auf *http://www.w3.org/TR/XMLHttpRequest* (Linkcode 370) veröffentlicht werden.

1 Quelle: *http://de.wikipedia.org/wiki/XMLHttpRequest* (Linkcode 371)

fest. *async* legt bestimmt, ob die Anfrage asynchron ablaufen soll (ja: true, nein: false).

Im asynchronen Fall wird das JavaScript nach der Erzeugung einer Anfrage weitere Anfragen generieren und bearbeiten, ohne jeweils auf die Antwort des Serverskripts zu warten. Üblicherweise wird immer auf die Antwort des Servers gewartet. Standardmäßig wird `async` auf `true` gesetzt. Zusätzlich können Benutzername und Kennwort für den Zugang zum Serverskript angegeben werden.

- **send (content)**
  Sendet die Anfrage an den Server
- **setRequestHeader (label, value)**
  Erweitert den HTTP-Header mit einem Beschriftung/Wert-Tupel. Dies ist nützlich, wenn Sie eine oder mehrere ähnliche Anfragen eindeutig identifizieren wollen.

12.3.4 Attribute des XMLHttpRequest-Objekts

> **TIPP**
> Um die Bedeutung der einzelnen XHR-Methoden und Attribute besser zu verstehen, wird auf den nächsten Seiten zuerst Grundlegendes über den Umgang mit dem XHR-Objekt und seine Anwendung in Webapplikationen gesagt.

Sämtliche Attribute des XHR-Objekts beziehen sich auf die Behandlung von Serverantworten und bilden als solche den Kern einer jeden Ajax-Applikation. Die theoretischen Aspekte von Attributen werden im nächsten Kapitel ausführlich behandelt.

- **onReadyStateChange**
  Referenz auf eine Funktion (*event handler*), die bei der Veränderung des Zustands der Anfrage aufgerufen wird.
- **readyState**
  Legt den aktuellen Zustand der Anfrage fest:
  0: nicht initialisiert (vor dem Aufruf von `open()`);
  1: initialisiert (vor dem Aufruf von `send()`);
  2: versandt (Headers der Anfrage können ermittelt werden);
  3: die Anfrage wird bearbeitet;
  4: die Anfrage ist beantwortet und zurückgeschickt worden.
- **responseText**
  Die Serverantwort in Gestalt eines Text Strings
- **responseXML**
  Die Serverantwort in Form eines XML-Objekts (kann über DOM behandelt werden)
- **status**
  HTTP Status Code der Serverantwort (200 für »OK«, 404 für »Not Found«, 403 für »Forbidden« etc.)
- **statusText**
  HTTP Status Code der Serverantwort als String (»OK«, »Not Found«, »Forbidden« etc.)

12.3.5 Praxisbeispiel

Um die Ajax-Programmierung möglichst konkret vorzustellen, wird auf den nachfolgenden Seiten der theoretische Hintergrund durch eine praxisnahe Beispielaufgabe veranschaulicht.

Schritt für Schritt: Einen Ajax-basierten Katalog erzeugen

1 Basisgerüst erstellen

Angenommen, ein Verlag möchte seinen Besuchern einen Ajax-basierten Katalog anbieten. Unter anderem soll der Nutzer eine ISBN-Nummer angeben können. Die ISBN-Nummer wird über ein Eingabefeld eingegeben. Die Details zum jeweiligen Buch sollen direkt aus der Datenbank ausgelesen und präsentiert werden, ohne die Seite neu laden zu müssen. Unter dem Eingabefeld soll nach dem Auslesevorgang eine Tabelle `table#details` erscheinen, in der die ISBN-Nummer, der Buchtitel, der Name des Autors, eine Beschreibung sowie der Preis angezeigt werden. Den HTML-Code für die Vorschau soll das Skript innerhalb des Containers `vorschau` anzeigen.

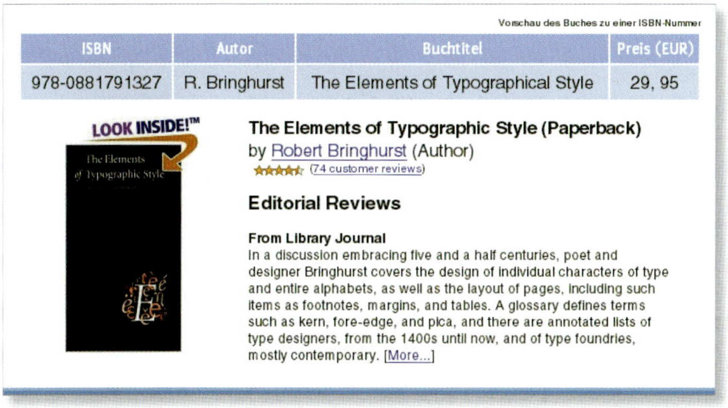

◄ **Abbildung 12.16**
Eine mögliche tabellarische Ansicht der Vorschau eines Buchs

```
<form action="form.php" method="GET">
<div class="contactform">
<!-- Eingabefeld für die ISBN-Nummer, mit Label -->
<div class="contactleft"><label for="ISBN">ISBN:
</label></div>
<div class="contactright"><input name="ISBN"
id="ISBN" size="30" maxlength="50" value=""
type="text"/> <span class="required">*</span></div>
<!-- Obere Trennlinie zwischen ISBN-Eingabefeld und
Vorschau -->
<div id="separatorTop"></div>
```

◄ **Listing 12.1**
Das XHTML-Grundgerüst

```
<!— Vorschau-Block -->
<div id="info">
<!— Tabelle mit ausgelesenen Daten -->
<table summary="Daten zu einer ISBN-Nummer"
id="details">
<caption>Vorschau des Buches zu einer ISBN-Nummer
</caption>
<thead><tr>
<th>ISBN</th>
<th>Autor</th>
<th>Buchtitel</th>
<th>Preis (EUR)</th>
</tr></thead>
<tbody>
<tr>
<td id="isbnnum">...Daten...</td>
<td id="autor">...Daten...</td>
<td id="buchtitel">...Daten...</td>
<td id="preis">...Daten...</td>
</tr>
</tbody>
</table>
</div>
<div id="vorschau">...Daten...</div>
<!—Untere Trennlinie zwischen ISBN-Eingabefeld und
Vorschau -->
<div id="separatorBottom"></div>
<!— Eingabefeld für die Rückmeldung, mit Beschriftung
-->
<div class="contactleft"><label
for="Feedback">Rückmeldung: </label></div>
<div class="contactright"><textarea name="Feedback"
id="Feedback" cols="35" rows="8"></textarea>
</div>
<!— Eingabefeld für die E-Mail -->
<div class="contactleft"><label for="Email">Email:
</label></div>
<div class="contactright"><input name="Email"
id="Email" size="30" maxlength="50" value=""
type="text"/> <span class="required">*</span></div>
<!— Übergabe der Daten -->
    <div class="contactright"><input name="submit"
value="Absenden!" id="subm" type="submit"/></div>
</div>
</form>
```

Das Serverskript soll automatisch überprüfen, ob eine ISBN-Nummer gültig ist und, sollte dies der Fall sein, den dazugehörigen Buchautor, Titel, Preis des Buchs sowie den HTML-Code der Vorschau aus einer Datenbank auslesen und direkt anzeigen. Das Skript liefert die Antwort in Form eines Strings zurück; die einzelnen Einträge sind durch das Pipe-Zeichen voneinander getrennt (|).

Da die Detail-Felder sowie der Vorschau-Block vor der Eingabe der ISBN-Nummer leer sind, ist es vernünftig, sie beim Ladevorgang der Seite zuerst auszublenden und erst bei Bedarf mit ausgelesenen Daten anzuzeigen. Um dies zu bewerkstelligen, können zwei zusätzliche Klassen eingeführt werden, `invisible { display: none; }` und `visible { display: block; }`.

Ursprünglich wird der Container `#info` die `invisible`-Eigenschaft der Klasse `invisible` übernehmen. Die Ajax-Engine wird dem Container bei Bedarf (nach einem entsprechenden Event) die `invisible`-Eigenschaft vorschreiben. Konsequenterweise wird der Block angezeigt. Somit wird im oberen Code folgendes auftauchen:

▲ **Abbildung 12.16**
Der »passive« Zustand

```
<!— Vorschau-Block -->
<div id="info" class="invisible">
```

Um den Nutzer über die fehlerhafte Eingabe der ISBN-Nummer direkt zu informieren, ist eine Unterscheidung nach drei möglichen Zuständen notwendig.

▲ **Abbildung 12.17**
Der Zustand »verified«.
Die Angabe ist so weit korrekt.

Der »passive« Zustand soll dem Zustand vor der Eingabe der Daten entsprechen (wird in neutraler heller Farbe gestaltet).
Hat ein Serverskript die Eingabe teilweise (eins oder mehrere Zeichen) oder komplett verifizieren können, so wird der Zustand »verified« erkannt (grüne Farbe).
Wurde vom Serverskript eine fehlerhafte Eingabe festgestellt, wird der Zustand »failed« erkannt (rote Farbe).

▲ **Abbildung 12.18**
Der Zustand »failed«.
Die Angabe ist falsch.

Zu jedem Zustand wird eine entsprechende Klasse erzeugt. Der Wechsel zwischen den Zuständen wird durch einen Wechsel zwischen den verwendeten Klassen gewährleistet. Demzufolge wird das ISBN-Eingabefeld im Markup wie folgt angegeben:

```
<input name="ISBN" id="ISBN" size="30" maxlength="50"
value="" type="text" class="passive" />
```

2 Erzeugung eines XHR-Objektes

Zwar ist die XHR-Schnittstelle in modernen Browsern vollständig integriert, doch auch sie wird von unterschiedlichen Browserfamilien unterschiedlich implementiert. Grundsätzlich wird ein XHR-

HINWEIS

Beachten Sie, dass im Unterschied zu gewöhnlichen Programmiersprachen in JavaScript bei der Benennung von Variablen kein Datentyp angegeben wird. Statt `XMLHttpRequest request = new XMLHttpRequest ( )` wird `var request = new XMLHttpRequest ( )` verwendet.

Objekt (im Beispiel `request`) in einschlägigen Browsern (Mozilla, Opera, Internet Explorer ab Version 7) über die JavaScript-Anweisung

```
var request = new XMLHttpRequest();
```

generiert. Diese sollte auch in zukünftigen Browsern genügen. Bei älteren Versionen des Internet Explorers ist der Zugriff zu der API nur über die ActiveX-Objekttypen *Msxml2.XMLHTTP* oder *Microsoft.XMLHTTP* möglich.

```
var request = new ActiveXObject("Msxml2.XMLHTTP");
```

oder

```
var request = new ActiveXObject("Microsoft.XMLHTTP");
```

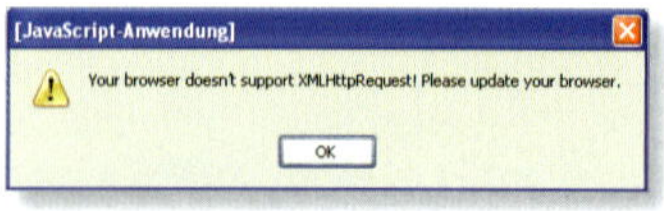

▲ **Abbildung 12.19**
Error-Handling mit dem Try-Catch-Konstrukt im Internet Explorer. Ohne spezielle Konstruktoren kann IE kein XMLHttpRequest-Objekt erzeugen.

Um sicherzustellen, dass sämtliche moderne Browser das XHR-Objekt tatsächlich erzeugen, kann man das Try-catch-Konstrukt der Skriptsprache nutzen und damit alle auftretenden Fälle abfangen. Dies wird in der Praxis meistens mithilfe des Quellcodes im nachfolgenden Listing stillschweigend gemacht.

```
<script language="javascript" type="text/javascript">
var request = false;

try {
  request = new XMLHttpRequest();
} catch (msxml2failure) {
  try {
    request = new ActiveXObject("Msxml2.XMLHTTP");
  } catch (msfailure) {
    try {
      request = new ActiveXObject("Microsoft.↩
      XMLHTTP");
    } catch (failure) {
      request = false;
    }
  }
}
if (!request)
  alert("Your browser doesn't support ↩
  XMLHttpRequest! Please update your browser.");
</script>
```

Im Code wird `request` ursprünglich auf `false` gesetzt; anschließend wird versucht, ein XHR-Objekt auf konventionelle Weise zu erzeugen. Sollte die Anweisung fehlschlagen, werden die in IE integrierten Methoden ausprobiert. Können auch sie kein vernünftiges Ergebnis liefern, wird dem Nutzer eine entsprechende Fehlermeldung angezeigt.

Sorgen Sie bei Ihren Ajax-Anwendungen immer dafür, dass der XHR-Check noch vor der Eingabe von Daten aufgerufen wird, damit Nutzer nicht erst am Ende der Eingabe feststellen müssen, dass ihr Browser die XMLHttpRequest-Schnittstelle nicht unterstützt.

TIPP

Alternativ können Sie den oberen Quellcode in eine Methode verlagern, die am Anfang des Aufbauvorgangs aufgerufen und anschließend von Methoden Ihrer Anwendung benutzt werden kann. Zum Beispiel wie folgt:

```
var request = false;
function initRequest ( ) {
try {
  request = new XMLHttp-
Request();
      ...
}
initRequest ( );
function emailCheck {
     initRequest ( );
...weitere Anweisungen...
}
```

3 Erzeugen, Versenden und Behandeln von Anfragen

Liegt ein XMLHttpRequest-Objekt vor, so stellt sich die Frage, wie die Kommunikation zwischen Server und Client ablaufen soll. Zu diesem Zweck können Methoden und Attribute verwendet werden, die durch das XHR-Objekt und das *Document Object Model* (*DOM*) bereitgestellt werden.

4 Auswahl von relevanten Parametern

Zuerst sollten Sie sich genau überlegen, welche Daten (Parameter) für jede der verwendeten Methoden relevant sind, damit entsprechende Anfragen folgerichtig konstruiert und an den Server geschickt werden können. Nicht jede Eingabe der Nutzer muss unbedingt asynchron sein oder überhaupt behandelt werden. So ist es etwa nicht unbedingt sinnvoll, während der Eingabe einer E-Mail-Adresse deren Konsistenz zu überprüfen. Dies ist erst dann sinnvoll, wenn die Angabe der Adresse abgeschlossen ist.

In üblichen Formularen werden relevante Parameter meistens Eingabefelder sein; bei Tabellen werden dies Zeilen und Spalten sein. Bei komplexen Strukturen können dies beliebige Werte und Objekte sein, die etwa von weiteren Funktionen übermittelt werden.

Im Beispiel wird man auf das Eingabefeld `input#ISBN` zugreifen müssen. Seine Inhalte sollen von zwei Methoden verwendet werden: Einer Methode, welche die ISBN-Angabe Zeichen für Zeichen liest und diese auf Konsistenz überprüft (`getFetchedInput()`), sowie eine Methode, die zu einer abgeschlossenen ISBN-Angabe Seitenelemente `div#info`, `td#isbnnum`, `td#autor`, `td#buchtitel`, `td#preis`, `div#vorschau` dynamisch mit Inhalten »speist« (`getCompleteInput()`). Beide Methoden stellen in diesem Fall den Kern der Ajax-Engine dar. Über sie wird der Datenaustausch, die Kontrolle der angegebenen Daten sowie die Manipulation von Seitenelementen erfolgen.

> **HINWEIS**
>
> Im Kontext des Document Object Models kann die (X)HTML-Seitenstruktur als ein Objekt veranschaulicht werden, mit dessen Methoden auf Elemente (HTML-Fall) bzw. Knoten des Strukturbaums (XML-Fall) zugegriffen und ihre Inhalte abgelesen werden können.
> Eine ausführliche Übersicht von allen DOM-Methoden und Attributen zur Manipulation der Seitenstruktur finden Sie auf *http://www.howtocreate.co.uk/tutorials/javascript/domstructure* (Linkcode 372).

> **TIPP**
>
> Eine ausführliche Übersicht von allen in der Spezifikation DOM Level 2 (aktueller Standard) verfügbaren DOM Events finden Sie unter *http://en.wikipedia.org/wiki/DOM_Events* (Linkcode 373).

> **HINWEIS**
>
> DOM Events stellen die notwendige Voraussetzung für automatisierte Anfragen bereit. Sie ermöglichen den Zugriff auf Inhalte und Aufrufe von JavaScript-Methoden.

5 Zugriff auf Inhalte von Seitenelementen mit DOM

Zum Zugriff auf Inhalte der Eingabefelder wird bei der Ajax-Anwendung die Baumstruktur der HTML-Dokumente, genauer das *Document Object Model*, zugrunde gelegt.
Am häufigsten werden dabei folgende Methoden verwendet:

- `getElementById ('element_id')`
  Liefert die Referenz auf ein Element mit dem Bezeichner `element_id`
- `getElementByTagName ('element_name')`
  Liefert die Liste von Referenzen auf alle Elemente mit dem Tag `element_name`
- `setAttribute('attribute' 'value')`
  Fügt ein Attribut attribute mit dem Wert value in den Knoten des Elements hinzu.

Hinzu kommen die Attribute:

- `className`
  Legt den Namen der Klasse fest, zu der ein Seitenelement gehört
- `value`
  Wert eines Seitenelements; üblicherweise Wert eines Eingabefeldes
- `innerHTML`
  Legt den Wert eines Seitenelements (Knoten) fest; wird dieser Wert bei einem Element verändert, so verändert sich automatisch seine Darstellung im Browser.

Tritt im XHTML-Code etwa das Eingabefeld

```
<input type="text" name="ISBN" id="ISBN" />
```

auf, so kann man den Inhalt des Eingabefeldes mittels

```
var inputISBN = document.getElementById("ISBN").value;
```

der JavaScript-Variable `inputISBN` zuweisen. Beachten Sie, dass der Inhalt des Eingabefelds `ISBN` nicht an ein Serverskript übergeben werden muss; er wird dynamisch mit dem Eintippen von Daten verändert.

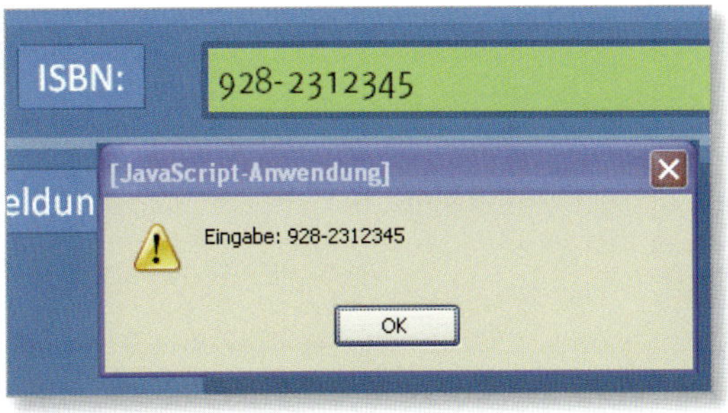

◀ **Abbildung 12.20**
Mit DOM kann man auf Seitenelemente zugreifen. Mit `alert()` lässt sich ihr Inhalt ausgeben. `document.getElementById("ISBN").value` im Einsatz.

6 Behandlung der Nutzerinteraktionen mit DOM Events

Die Rückkopplung zwischen dem Online-Formular und JavaScript-Methoden geschieht bei Ajax-Anwendungen über die sogenannten *DOM Events*. Darunter versteht man die Eigenschaft von Seitenelementen, JavaScript-Funktionen bei gewissen Aktionen (Events) des Benutzers automatisch aufzurufen und die Interaktion auf diese Weise »on the fly« zu behandeln.

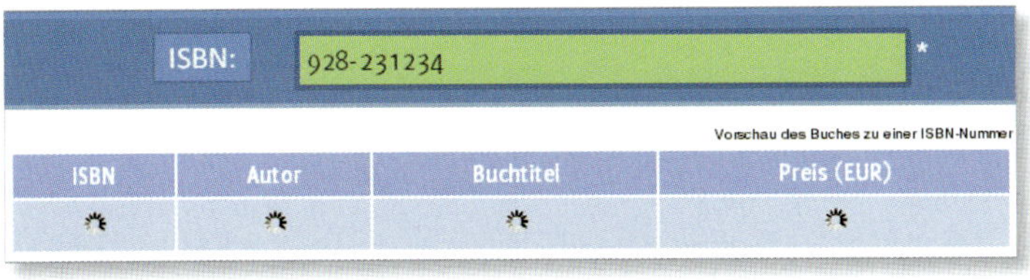

◀ **Abbildung 12.21**
Wechselt ein Anwender von einem Feld zum anderen, so wird automatisch eine Infobox eingeblendet (dafür sorgt das Attribut `onChange`). Die Daten werden geladen, während der Nutzer weitere Angaben macht.

Bei Online-Formularen kann man etwa mit der Festlegung des Wertes `onChange` eine JavaScript-Funktion festlegen, die automatisch aufgerufen wird, wenn der Anwender vom dazugehörigen Eingabefeld zum nächsten Eingabefeld gesprungen ist. Ein anderes praktisches Beispiel: Mit `onKeyDown` können Sie die Methode angeben, die aufgerufen werden soll, wenn der Nutzer beim Ausfüllen eines Eingabefeldes eine Taste gedrückt hat.

Der veränderte Inhalt der Eingabefelder lässt sich mit DOM abgreifen und kann direkt für die Konstruktion von Anfragen verwendet werden. Betrachten Sie dazu den folgenden Quellcode:

```
<input name="ISBN" id="ISBN"
onchange="getCompleteInput();" class="passive"
onkeydown="getFetchedInput();" size="30"
maxlength="50" value="" type="text" />
```

Das entsprechende JavaScript:

```
function getFetchedInput() {
var inputISBN = document.getElementById("ISBN").
value;
```

TIPP

Einem Seitenelement können beliebig viele DOM Events zugewiesen werden. Diese können bei passenden Interaktionen jeweilige JavaScript-Funktionen automatisch aufrufen, etwa mit

```
<input type="text"
name="cdata"
onKeyDown="getFetched-
Input();"
onChange="getComplete-
Input();" id="email" />
```

```
var query = "/home/htdocs/validation/checkISBN.⮐
php?input=" + escape(inputISBN);
// ...Versenden der Anfrage...
// ...Behandlung der Serverantwort...
}
```

Tritt schon bei der Eingabe eine Inkonsistenz auf, etwa eine fehlerhafte Zahlenfolge, so kann der Nutzer direkt darauf aufmerksam gemacht werden, während die Angabe vielleicht noch nicht abgeschlossen ist. Dies kann mit der Methode `getFetchedInput()` geschehen, welche nach dem Eintippen jedes einzelnen Zeichens im Eingabefeld `ISBN` eine entsprechende Anfrage konstruiert, versendet und behandelt.

Wird die ISBN-Nummer im Eingabefeld `ISBN` vollständig angegeben (13 oder 10 Zeichen bzw. der Nutzer ist zum nächsten Eingabefeld gesprungen), so wird durch `getFetchedInput()` sichergestellt, dass die Angabe korrekt ist.

```
function getCompleteInput() {
var inputISBN = document.getElementById("ISBN").⮐
value;
var query = "queryISBN.php?input=" +
escape(inputISBN);
// ...Versenden der Anfrage...
// ...Behandlung der Serverantwort...
}
```

Um die Details zu der Angabe aus der Datenbank auszulesen, wird anschließend die Methode `getCompleteInput()` automatisch aufgerufen.

Die `escape()`-Methode sorgt im Beispiel dafür, dass Zeichen, die nicht direkt übergeben werden können (etwa Leerzeichen), entsprechend codiert werden (`%20`) und sichergestellt wird, dass keine Informationen verlorengehen.

Die Skriptaufrufe haben dabei die übliche Gestalt, die sie auch beim konventionellen, synchronen Modell besitzen. Ein PHP-Skript kann seine Parameter etwa wie gewohnt über

```
process.php?query1=value1&query2=value2...
```

erhalten (GET-Methode). Die Anfragen werden durch »&« voneinander getrennt.

TIPP

Ein bekanntes DOM Event aus den »alten Zeiten« ist etwa die *onMouseOut*-Eigenschaft, die früher mithilfe von JavaScript zur Erzeugung des Hover-Effekts für Bilder verwendet wurde. Eine flexible moderne Lösung dieser Aufgabe wird durch *CSS Sprites* geliefert.

7 Festlegung der Adresse von Serverskripten

Im oberen Beispiel wurde die Adresse des Serverskripts, an den Requests geschickt werden sollen, lokal festgelegt. Dies hat einen guten Grund: Die Implementierung von XHR sieht vor, dass eine Anfrage nur an lokale Serverskripte gerichtet werden darf – also Skripte, die sich auf dem gleichen Server wie die Ajax-Anwendung befinden. Dabei können eine absolute, eine relative sowie die URL-Adresse angegeben werden.

8 Übermittlung von Anfragen

Das Versenden von Anfragen geschieht mithilfe der Methode `open()` des erzeugten XHR-Objekts. Im obigen Beispiel ließe sich die Anfrage etwa wie folgt an das Serverskript übermitteln:

```
<script language="javascript" type="text/javascript">
var request = false;
//    ...Versuche, ein XHR-Objekt zu erzeugen...
function getFetchedInput() {
var inputISBN = document.getElementById("ISBN").⮐
value;
var urlQuery = "/home/htdocs/validation/checkISBN.⮐
php?input=" + escape(inputISBN);
request.open("GET", urlQuery, true);
request.send(null);
// ...Behandlung der Serverantwort...
}
</script>
```

Dadurch wird eine Anfrage initialisiert. Sie soll mittels GET-Methode, also Parameterübergabe in der URL-Adresse, erfolgen und asynchron sein. Die `send()`-Methode verschickt die Daten an das Serverskript. Sollten Daten über die POST-Methode versandt werden, so wären die jeweiligen Parameter in dieser Methode aufgelistet.

9 Behandlung von Serverantworten

Um auf die Eingaben der Nutzer robust reagieren zu können, ist eine folgerichtige Behandlung von Serverantworten wohl am wichtigsten. Ist eine Anfrage konstruiert und an den Server verschickt worden, so wird die Behandlung mithilfe von Attributen des XHR-Objekts realisiert.

Eine besondere Bedeutung kommt dabei dem Attribut `onreadystatechange` zu. Dieses legt die Methode fest, die bei der Veränderung des Zustands der Anfrage automatisch aufgerufen wird. Soll etwa eine Funktion `updateISBNField()` dafür sorgen, dass in Abhängigkeit von der Antwort des Servers das ISBN-Feld entsprechend markiert wird, so wird dies mit folgendermaßen sichergestellt:

```
function getFetchedInput() {
var inputISBN = document.getElementById("isbn").↩
value;
var urlQuery = "/home/htdocs/validation/checkISBN.↩
php?input=" + escape(inputISBN);
request.open("GET", urlQuery, true);
request.onreadystatechange = updateISBNField;
request.send(null);
}
function updateISBNField() {
// ...ISBN-Feld aktualisieren...
}
...
```

HINWEIS

Unterschiedliche Browser weisen einer Anfrage die Zustände unterschiedlich zu. Unter Umständen überspringt ein Browser die Zustände 1 und 2 und bleibt »mehrmals« im Zustand 3. Erfreulicherweise wird bei allen Browsern der Zustand 4 ähnlich und korrekt zugewiesen.

Da jedoch eine Anfrage sich während ihrer Bearbeitung in den Zuständen 0 bis 4 befinden kann, wird die Funktion – so wie sie oben steht – mehrmals aufgerufen, obwohl der Server noch keine Antwort zurückgeliefert hat. Um dies zu verhindern, ist eine Fallunterscheidung notwendig:

```
function updateISBNField() {
if (request.readyState == 4) {
  if (request.status == 200)
    {
//        ...ISBN-Feld aktualisieren...
    }
  }
}
```

Demnach wird ein ISBN-Feld nur dann aktualisiert, wenn der Server die Anfrage komplett abgearbeitet (`request.readystate == 4`) und der Server den Status »OK« zurückgeliefert hat (`request.status == 200`).

Die Methode `getCompleteInput ()` wird analog konstruiert:

```
function getCompleteInput() {
var inputISBN = document.getElementById("ISBN").↩
value;
var urlQuery = "queryISBN.php?input=" + ↩
escape(inputISBN);
```

```
request.open("GET", urlQuery, true);
request.onreadystatechange = updatePreview;
request.send(null);
}
```

10 Dynamische Aktualisierung von Seitenelementen

Für die Aktualisierung von Seitenelementen müssen Serverantworten entweder in der Gestalt eines Strings (Attribut `responseText`) oder eines XML-Dokuments (`responseXML`) interpretiert werden. Im Sinne des Beispiels wird die String-Übergabe verwendet: Die einzelnen Einträge werden durch das Pipe-Zeichen (|) voneinander getrennt. Der Eintrag selbst wird in der Variable `responseText` gespeichert. Dabei ist davon auszugehen, dass das PHP-Skript zu einer Anfrage eine korrekte Zeichenfolge gewünschter Gestalt liefert. Ist die ISBN-Nummer korrekt, so wird `true` geliefert, sonst `false`.

◄ **Abbildung 12.22**
`request.responseText` nach dem Laden der Informationen mittels eines PHP-Skripts.

```
function updateISBNField() {
if (request.readyState == 4) {
    if (request.status == 200) {
var response = request.responseText;
if (response == true) {
  document.getElementById("ISBN").className = ⮐
'verified';
}
else
{
  document.getElementById("ISBN").className = ⮐
'failed';
    }
 }
}
}
```

Ist die ISBN-Angabe korrekt, so wird `div#ISBN` mit Eigenschaften der Klasse `verified` gestaltet, sonst mit denen der Klasse `failed`.

Betrachten Sie die folgende Implementierung der Methode `updatePreview ( )`:

```
function updatePreview () {
if (request.readyState == 4) {
  if (request.status == 200)
    {
// Das Serverskript liefert die Daten aus der
// Datenbank, getrennt durch das Pipe-Zeichen
// zurück; die einzelnen Einträge werden
// mit der split('separator')-Methode in Array
// response abgelegt.

      var response = request.responseText.split("|");

// Die Daten werden von Array innerhalb der
// jeweiligen Seitenelemente über das
// innerHTML-Attribut gespeichert.

     document.getElementById("isbnnum").⮐
innerHTML =  response[0];
     document.getElementById("autor").innerHTML = ⮐
response[1];
     document.getElementById("buchtitel").⮐
innerHTML = response[2];
     document.getElementById("preis").innerHTML = ⮐
response[3];
     document.getElementById("vorschau").⮐
innerHTML = response[4];

// Die Klasse des div-Blocks #info wird auf 'visible'
// gesetzt,
// der Inhalt des Blocks soll angezeigt werden.
     document.getElementById("info").className = ⮐
'visible';
    }
  }
}
```

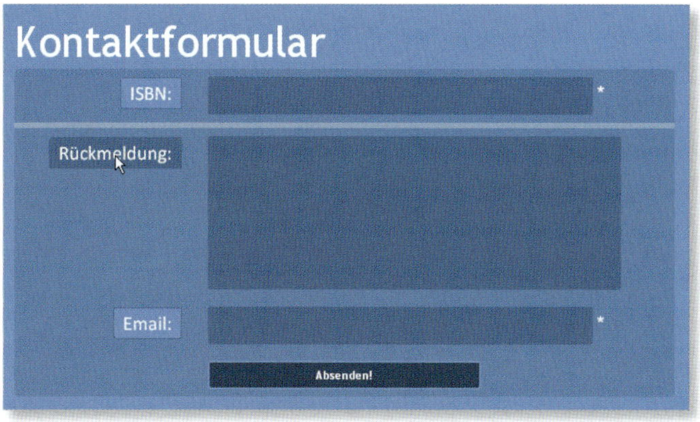

◀ **Abbildung 12.23**
Gestaltung des Kontaktformulars mit CSS: Vor der Anfrage.

11 Benutzerfreundliche Gestaltung der Interaktion

Da Ajax-basierte Anwendungen eine Interaktivität anbieten, die eher ungewöhnlich ist, ist es wichtig, die interaktiven Merkmale einer Anwendung deutlich zu kommunizieren. Explizite Anmerkungen zur Funktionsweise der Anwendung sind deshalb genauso hilfreich wie deutliche visuelle Hinweise. Eine typische Andeutung der Interaktivität wird in der Praxis durch *Aktivitätsindikatoren* erzielt. Darunter versteht man animierte .gif-Bilder, die den Aufbauvorgang symbolisieren sollen. Genauso wie bei Desktop-Anwendungen sollen sie dem Benutzer mitteilen, dass Daten gerade nachgeladen werden.

Bei der Implementierung von Indikatoren beachten Sie, an welcher Stelle sie im Ajax-Code auftauchen. Im Grunde genommen stellen sie Platzhalter für eigentliche Daten dar, die in Feldern – nach dem Ladevorgang – durch nachgeladene Daten ersetzt werden sollen. In diesem Sinne sollten sie auch nur dann angezeigt werden, wenn die dazugehörigen Daten in der Tat im Hintergrund nachgeladen werden. Im Beispiel ist es etwa sinnvoll, Indikatoren nach der kompletten Eingabe der ISBN-Nummer anzuzeigen. Und zwar in `td#isbnnum`, `td#autor` sowie `div#vorschau`, für die Inhalte im Hintergrund nachgeladen werden.

Demzufolge werden diese Elemente in der speziellen Methode `setupPreview()` mit HTML-Code von Preloading-Bildern gespeist und so lange angezeigt, bis die Daten geladen sind. Beachten Sie, dass dies die Stelle ist, an der `div#info` für Nutzer zum ersten Mal in Erscheinung tritt.

Ist der Nachladevorgang abgeschlossen, so wird der temporäre Quellcode automatisch durch den »richtigen« Inhalt ersetzt – mithilfe der Methode `updatePreview()`.

```
function getCompleteInput () {
var inputISBN = document.getElementById("ISBN").⤶
value;
```

```
var urlQuery = "queryISBN.php?input=" + escape(inputISBN);
setupPreview();
request.open ("GET", urlQuery, true);
request.onreadystatechange = updatePreview;
request.send (null);
}
function setupPreview() {
// Details zur ISBN-Nummer (Daten in der Tabelle)
// werden mit temporärem Preloader versehen
document.getElementById("isbnnum").innerHTML = '<img src=\"preloading.gif\" width=\"16\" height=\"16\" alt=\"Preloading\" title=\"Preloading \" />';
// ...Analog für alle Eingabefelder...
document.getElementById("preis").innerHTML = '<img src=\"preloading.gif\" width=\"16\" height=\"16\" alt=\"Preloading\" title=\"Preloading \" />';
// Der Infoblock wird eingeblendet
document.getElementById("info").className = 'visible';
}
```

▲ **Abbildung 12.24**
Die Daten werden vom Server geladen.

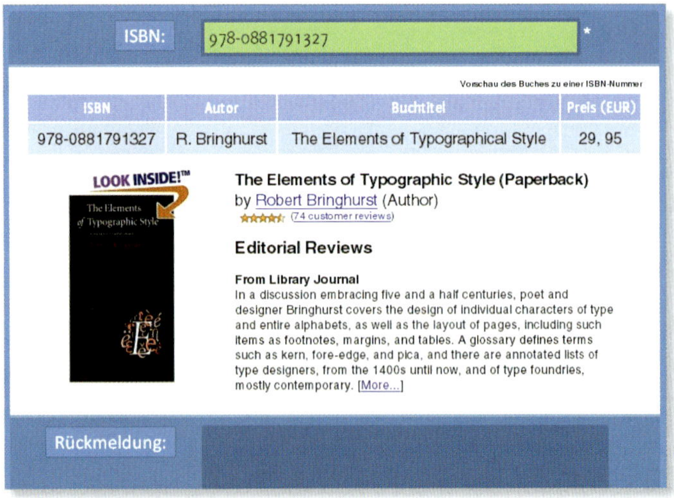

Abbildung 12.25 ▶
Die Vorschau nach dem Laden der Daten vom Server

12 Zusammenfassung

Abgesehen von zusätzlicher Fehlerbehandlung ist das Grundgerüst des Beispiels an dieser Stelle bereits komplett fertig. Was übrig bleibt, ist eine ansprechende visuelle Darstellung des Formulars. Diese wird mit gewöhnlichen CSS-Deklarationen realisiert. ■

Ajax-Bibliotheken und Frameworks erweisen sich oft als ausgesprochen hilfreich. Sie sollen Webentwickler bei großen Projekten unterstützen. Sie sollen helfen, den Code übersichtlicher zu gestalten und mit komplexen Strukturen effizienter zu arbeiten, ohne komplizierte Ausdrücke mehrfach verwenden zu müssen.

Doch die Auswahl der Ajax-Frameworks ist groß (es existieren insgesamt über 70 verschiedene Module) und die Suche nach einem passenden Modul zeitaufwendig.

12.4 Ajax-Bibliotheken und Frameworks

Entwicklern wird die Arbeit durch Bibliotheken und Frameworks auf beiden Ebenen der Webprogrammierung erleichtert. Auf der Client-Seite lässt sich die Generierung, Übermittlung und Behandlung von Daten einfacher gestalten. Etwa im Hinblick auf zahlreiche DOM-Attribute und Methoden, die »zu Fuß« nur mühselig zu handhaben sind. Auf der Serverseite wird dadurch die Bearbeitung von Anfragen zügiger erfolgen können. Dies kann zum Beispiel die Suche von Daten und die Rückmeldung an die Ajax-Engine betreffen.

Praktische Bedeutung haben dabei optimierte und vorgefertigte Module, die zusätzliche Interaktivität bereitstellen und statische Umgebungen mit dynamischen Bausteinen erweitern.

▲ **Abbildung 12.26**
dojo JavaScript Toolkit

- **Dojo Toolkit**
  Das Open-Source-Toolkit stellt Komponenten bereit, die zur Implementierung von interaktiven Nutzerschnittstellen verwendet werden können. Unter anderem stellt die Bibliothek Assistenten für Animationen und Drag and Drop zur Verfügung sowie Hilfsfunktionen für DOM. Eine detaillierte Dokumentation wird mitgeliefert. Das Package verfügt über Dutzende von selbsterklärenden Beispielen (*http://www.dojotoolkit.org*).

▲ **Abbildung 12.27**
Mochikit.com

- **MochiKit**
  Eine umfangreiche Bibliothek mit Beispielen zur Behandlung von Tastaturangaben, Implementierung von sortierbaren Tabellen, Behandlung von regulären Ausdrücken sowie Drag and Drop-Funktionalität. Außerdem erzeugt Mochikit visuelle Effekte (Ein- und Ausblenden von Daten) und stellt ein Debug-Modul zur Verfügung sowie Methoden zur Formatierung von Zeit und Datum (*http://mochikit.com*)

TIPP
Die Grundlage für *MochiKit* bietet Python: Wer sich damit auskennt, wird sich beim Umgang mit MochiKit schnell zurechtfinden.

- **Plex Toolkit**
  Das DHTML GUI Toolkit bietet vorgefertige Widgets wie Datagrid, Bäume, Akkordeon-Navigation, DHTML Window Manager, DataGrid, Viewstack u. A. Mit dem Framework lässt

sich die Benutzeroberfläche visuell via Markup festlegen. Über den Zurück-Button kann der Nutzer zu einem älteren Zustand zurückkehren. Im Hinblick auf visuelle Effekte hat die Bibliothek dagegen nicht viel zu bieten (*http://www.plextk.org*, Lizenz: LGPL oder GPL).

▲ **Abbildung 12.28**
Prototype

- **Prototype**
  Simple und weit reichende DOM-Manipulation. Das Framework erleichtert den Umgang mit DOM-Methoden und Attributen sowie mit dem XHR-Objekt. Dadurch können auch komplexe Ajax-Konstrukte anschaulich und übersichtlich gehalten werden. Prototype liefert grundsätzliche Vereinfachungen im Programmierprozess und stellt eine Grundlage für weitere Toolkits bereit (*http://www.prototypejs.org*).
- **Adobe Spry**
  Ajax mit Schwerpunkt XML verwenden. Das Framework präsentiert eine Effekt- und Widget-Bibliothek zum effizienten Umgang mit XML-Daten. Mit Spry lassen sich die in XML-Dokumenten gespeicherten Informationen mit minimalen JavaScript-Kenntnissen in HTML einbetten. Es werden alle XML-Formate unterstützt. Animationen, visuelle Effekte, Widgets-Bausteine und ausführliche Dokumentation werden mitgeliefert. Das Framework wendet sich eher an Designer als an professionelle Webprogrammierer (*http://labs.adobe.com/technologies/spry* Linkcode 374):

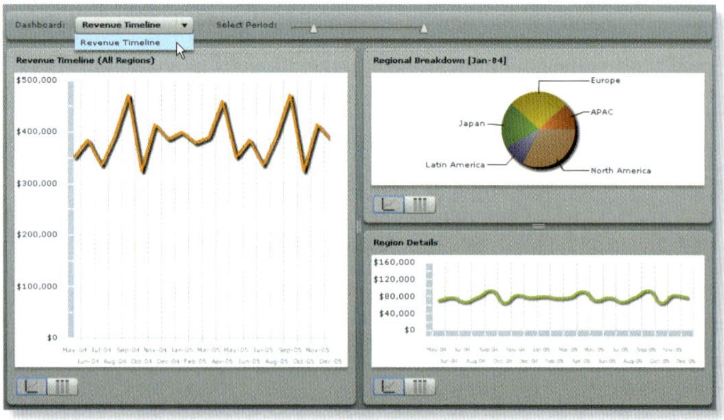

Abbildung 12.29 ►
Die Beispielanwendung in Adobe Flex ist interaktiver als übliche Desktop-Applikationen. Die kombination von Flash und Ajax zeigt seine Stärken.

- **Flex und Apollo**
  Flash-basierte Alternative zu Ajax (*http://www.adobe.com/products/flex* (Linkcode 375) und *http://labs.adobe.com/wiki/index.php/Apollo* Linkcode 376)
- **Rico**
  Eine auf Prototype basierende Bibliothek mit zahlreichen interaktiven (visuellen) Templates zur Wiederverwendung und Weiterentwicklung. Die Anwendungen mit Funktionen der Biblio-

▲ **Abbildung 12.30**
»Rico« basiert auf Protype.

thek wurden intensiv getestet und in kommerziellen Produkten umgesetzt und überzeugen deshalb durch ihre Benutzerfreundlichkeit. Drag and Drop-Funktionalität, das Ein- und Ausblenden von Elementen, Akkordeon-Effekt sowie Sortierung von Tabellen werden mitgeliefert. Nachteil: eine sehr sparsame Dokumentation (*http://www.openrico.org*).

- **Script.aculo.us**
  Eine Bibliothek mit zahlreichen visuellen Effekten, die sehr leicht zu handhaben sind. Unter anderem werden das Umsortieren von Listen, Drag and Drop sowie eine dynamische Navigation bereitgestellt. Hinzu kommen zusätzliche funktionale Erweiterungen, etwa die automatische Ergänzung von Anfragen (*http://script.aculo.us*).
- **Mootools und Yahoo! UI Library (YUI)**
  Beeindruckende visuelle Effekte kann auch die Bibliothek *Mootols* vorweisen. Neben dem üblichen Arsenal an Funktionen weist sie etwa die Drag and Drop-fähige Warenkorb-Methode, die Sliding-Methode, Tooltips, fließende Übergänge und grafische Effekte auf. Nützlich sind außerdem Methoden zum Wechsel zwischen CSS-Klassen, zum Nachladen von Daten sowie zur Verwendung von Cookies (*http://mootools.net, http://developer.yahoo.com/yui*):

▲ **Abbildung 12.31**
Die Bibliothek »Mootols«

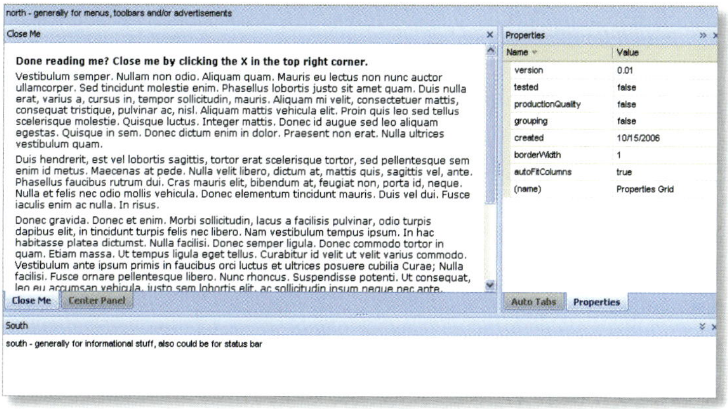

◀ **Abbildung 12.32**
Eine Webapplikation, die von Desktop-Anwendungen ununterscheidbar ist, realisiert mithilfe von YUI-Komponenten (Quelle: *http://www.jackslocum.com/blog/examples/layout6.htm* Linkcode 377).

Yahoo! UI Library (YUI) erlaubt es dem Programmierer, nicht nur visuelle Effekte und Animationen direkt einzusetzen, sondern auch zahlreiche Steuerungselemente und gewöhnliche Elemente von Software-Applikationen (User Interface-Komponenten), Loggers, Tabellen, Baumstrukturen, Slider, Kalender, Lesezeichen-basierte GUIs zu verwenden. Außerdem wird der Browser History Manager bereitgestellt. Darüber kann der Nutzer zu älteren Zuständen der Seite navigieren. Auch komplexe Layouts sind mit YUI möglich.

▲ **Abbildung 12.33**
Simple Ajax Toolkit (*http://modernmethod.com/sAjax*)

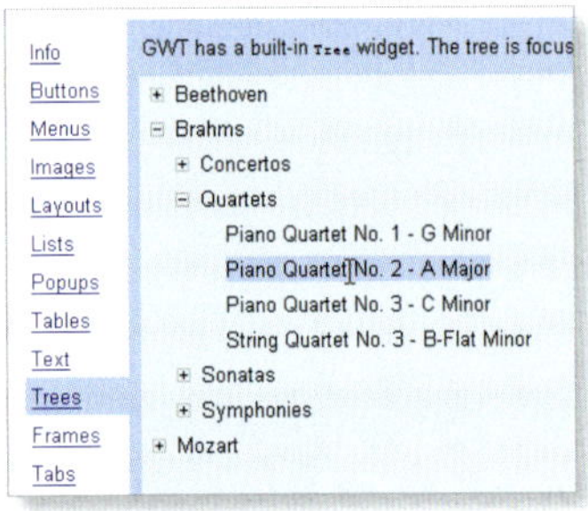

▲ **Abbildung 12.34**
Google Web Toolkit beinhaltet mehrere Widgets, die frei verwendet und weiterentwickelt werden können. Darunter auch Trees zur Darstellung von Daten als baumartige Datenstrukturen.

ASP.NEt und Ajax

Beispielhaft für eine konkrete Implementierung von *ASP.NET* Ajax ist die populäre Anwendung *Pageflakes* (*http://www.pageflakes.com*), eine personalisierte Startseite mit dynamischen Elementen wie etwa die Drag and Drop-Funktionalität.

- **SAjax**
  Ajax zusammen mit PHP verwenden. *Simple Ajax Toolkit*, *http://www.modernmethod.com/sAjax*), *XOAD* (*http://wiki.xoad.org*) und *xAjax* (*http://www.xAjaxproject.org*) stellen Bibliotheken zum leichteren Datenaustausch zwischen PHP-basierten Serverskripten und Ajax zur Verfügung. *SAjax* erleichtert Aufrufe und die Behandlung von PHP-, Perl-, ASP- und Python-Skripten. *XOAD* unterstützt neben DOM-Manipulation und Caching auch server- und clientseitige Events. Bei *xAjax* sind dagegen keinerlei JavaScript-Kenntnisse notwendig. Aufwendige JavaScript-Anwendungen lassen sich komplett mittels PHP programmieren.
- **Google Web Toolkit**
  Ajax zusammen mit Java verwenden. Das Framework enthält Templates von User Interface-Komponenten (*Widgets*), die analog zu Swing-Bauteilen in der Java-Runtime erstellt und vom Compiler in JavaScript »übersetzt« werden können. Die Gestaltung von Widgets geschieht mit CSS. Swing wird in Java zur Implementierung von GUIs verwendet. Alle Funktionsaufrufe werden gespeichert. Sprünge zu früheren Zuständen über die Zurück-Schaltfläche sind möglich. Mitgeliefert werden Kontrollelemente, Panels, Tabs, Menüs, Dialog-Boxen und Tabellen (*http://code.google.com/webtoolkit* Linkcode 378).
- **ASP.NET Ajax**
  Ajax zusammen mit .NET verwenden. Das Framework baut die technische Erweiterung von JavaScript zur objektorientierten Sprache auf. Neben üblichen Kontrollelementen und vorgefertigten ASP-basierten Serverskripten stellt *ASP .NET Ajax* einen Debugger, StringBuilder, Klassen, Vererbung sowie Namensräume bereit. Damit erhalten Entwickler einen umfangreichen Werkzeugkasten zur multifunktionalen JavaScript-Programmierung in .NET (*http://atlas.asp.net*, ursprünglich *Microsoft Atlas*).

12.5 Nachteile von Ajax

Wie auch bei jeder anderen Technik muss nicht jede Applikation, die unter dem Stichwort »Ajax« läuft, Anwendern nur Vorteile verschaffen. Bei der Entwicklung von Ajax- Applikationen ist mit mehreren Nebeneffekten zu rechnen, die eine statische und synchrone Lösung eventuell besser abschneiden lässt.

- **Sicherheit**
  Da Ajax-Anwendungen JavaScript-basiert sind und als solche in (X)HTML integriert werden, muss Sicherheit bei der Behandlung und Übermittlung von Daten durch zusätzliche relativ komplexe Konstrukte sichergestellt werden.
- **Zurück-Schaltfläche**
  Die Veränderungen der Seitenansicht geschehen bei dynamischen Ajax-Applikationen »on the fly«, ohne dass die Seite neu geladen wird. Um von einem Zustand zu einem früheren Zustand zurückzukehren, kann man den Zurück-Button im Browser deshalb nicht verwenden. Um dies zu ermöglichen, muss ein *History Logger* extra implementiert bzw. Zurück-Funktionalität explizit programmiert werden.
- **Usability**
  Nutzer wissen nicht, was im Hintergrund abläuft. Eine klare Kommunikation soll dem Nutzer genau erklären, was gerade passiert und worauf bei Anfragen gewartet wird. Außerdem verändert sich die Seitendarstellung beim Nachladen von Daten. Diese darf den Anwender nicht überraschen und muss und neue Inhalte dort platzieren, wo sie auch erwartet werden.
- **Zugänglichkeit**
  Massive Accessibility-Probleme in der Praxis. Ajax setzt stark auf das Visuelle, indem neue Inhalte dynamisch generiert und angezeigt werden. Es stellt sich die Frage, wie diese Veränderungen für Nutzer dargestellt werden sollen, die ohne visuelle Browser arbeiten. Mögliche Abhilfe: *Hijax*.
- **JavaScript**
  Anwender, deren Browser keine JavaScript-Unterstützung vorweisen, können Ajax-Applikationen nicht verwenden. Eine »statische« Alternative ist deshalb häufig notwendig.
- **Unsichtbarkeit für Suchmaschinen**
  Wegen der Dynamik der Anwendung können Web-Crawler diese nicht vernünftig analysieren, da sie dynamisch erzeugt werden. Die Inhalte werden demzufolge ignoriert oder nicht gesehen.

Es empfiehlt sich, Ajax bei mehrseitigen Formularen, Umfragen, Client-to-Client-Interaktionen, Tabellen und Datenverarbeitung (Filter, Sortierung usw.), dynamischen Umgebungen und Platzierung von Hinweisen einzusetzen.

Bei einfachen Formularen, simpler Navigation und zur Anzeige von größeren Textblöcken sind konventionelle, statische Methoden vorzuziehen.

Hijax

Hijax sieht die Bereitstellung von redundantem Code vor, der sowohl für Browser mit als auch ohne JavaScript-Unterstützung verständlich ist.
`<a href="#" onclick="AjaxCode();">Verweis</a>` wird durch `<a href="Ajaxcode.php" onclick="AjaxCode(); return false;">Verweis</a>` ersetzt. Nutzer ohne JavaScript werden dadurch auf die alternative statische Seite Ajaxcode.php geführt.

12.6 Ressourcen

Online-Artikel

- *http://www.smashingmagazine.com/2007/06/20/ajax-javascript-solutions-for-professional-coding* Linkcode 379)
  »80+ AJAX-Solutions for Professional Coding«
  Eine Übersicht von wesentlichen AJAX-Komponenten, die in professionellen Web-Applikationen als vorgefertigte Vorlagen verwenden werden können.
- *http://Ajax.solutoire.com* (Linkcode 380)
  Eine umfangreiche Linksammlung zu Themen Ajax, Ajax Frameworks, Ajax Toolkits, JavaScript, DOM u. a.
- *http://chandlerproject.org/Projects/AjaxLibraries* (Linkcode 381)
  Ajax-Bibliotheken in einer kompakten Übersicht. Auch Vorteile und Nachteile der Bibliotheken werden aufgelistet.
- »Ajax: A New Approach To Web Applications«
  Ein Beitrag, in dem Jesse James Garrett den Begriff »Ajax« geprägt und die Architektur des Ajax ausführlich dargelegt hat.
- *http://Ajaxpatterns.org/Patterns* (Linkcode 382)
  Techniken, Praktiken, Patterns und übliche Methoden in der Ajax-Programmierung. Mit Lösungsansätzen und weiterführenden Referenzen zum Thema.
- *http://dmoz.org/Computers/Programming/Languages/JavaScript/Ajax* (Linkcode 383)
  Auflistung von zahlreichen Ajax-Projekten, Ressourcen, Beiträgen, Magazines und Werkzeugen rund um das Thema *Ajax*
- *http://Ajax.solutoire.com* (Linkcode 384)
  Eine regelmäßig aktualisierte Sammlung von Referenzen zum Thema *Ajax* mit Frameworks und Tutorials
- *http://chandlerproject.org/Projects/AjaxLibraries* (Linkcode 385)
  Eine Übersicht von 25 Ajax-Bibliotheken, jeweils mit Vorteilen und Nachteilen
- *http://en.wikipedia.org/wiki/Ajax_framework* (Linkcode 386)
  Ein Wikipedia-Beitrag stellt eine Sammlung von populären Ajax Frameworks zur Verfügung.
- *http://Ajaxpatterns.org/Patterns* (Linkcode 387)
  Eine ausführliche Einführung in die Grundlagen des Ajax, mit zahlreichen Beispielen und Codestücken

13 Mikroformate

Nach der strikten Trennung von Inhalt und Darstellung durch CSS + (X)HTML ist in der modernen Seitengestaltung nun ein neues Modell in Sicht. Das Web wird semantischer, Inhalte präziser und Suchmaschinen raffinierter. Da Seitenelemente zunehmend gemäß ihrer Bedeutung ausgezeichnet werden, können sie in Web 2.0 besser extrahiert, verarbeitet und wieder verwendet werden. Dies liefert die Grundlage für vielfältige Applikationen und verschafft neue Möglichkeiten für mobile Nutzer. Das Ziel, das Webentwicklern vorschwebt, ist ein besseres Web, dessen Semantik von Maschinen exakter interpretiert und analysiert werden kann (*Semantic Web*). Mikroformate stellen einen neuen, vielversprechenden Schritt in diese Richtung dar.

Der Hauptgedanke hinter *Mikroformaten* liegt in der semantischen Auszeichnung von Webinhalten. Die ausdrückliche Kennzeichnung von Zusammenhängen zwischen Inhalten einerseits und ihren Eigenschaften im alltäglichen Leben andererseits mag komplex erscheinen, bedeutet aber für Nutzer im Endeffekt bloß mehr Komfort und leichteren Umgang mit Daten.

Wer heute eine Anzeige im Web veröffentlichen möchte, muss sich auf eine langwierige Suche nach einschlägigen Online-Börsen und Webplattformen begeben. In jedem Einzelfall sind eine Registrierung sowie eine erneute Aufbereitung von Daten notwendig. Je allgemeiner die Anzeige dabei ist, desto komplexer und zeitaufwendiger wird der Vorgang und desto schwieriger wird sie für Interessenten zu finden sein.

Wie wäre es, stattdessen die gleiche Anzeige entsprechend einem Standard aufzubereiten, im eigenen Weblog zu veröffentlichen und Webplattformen diese automatisch entdecken, analysieren und thematisch passenden Rubriken zuordnen zu lassen – und zwar direkt in dem Augenblick, in dem sie veröffentlicht wird?

[Semantic Web]
Das Leitprinzip des *Semantic Web* basiert darauf, sämtliche Webinhalte in einer Form zu präsentieren, die von Maschinen und Software-Agenten logisch verstanden oder semantisch erfasst werden kann.

▲ **Abbildung 13.1**
Microformats

HINWEIS
Mithilfe von Mikroformaten dreht sich das Schema der Informationssuche im Web um: Nicht Anwender suchen nach passenden Online-Plattformen, sondern Online-Plattformen suchen nach passenden Inhalten der Anwender.

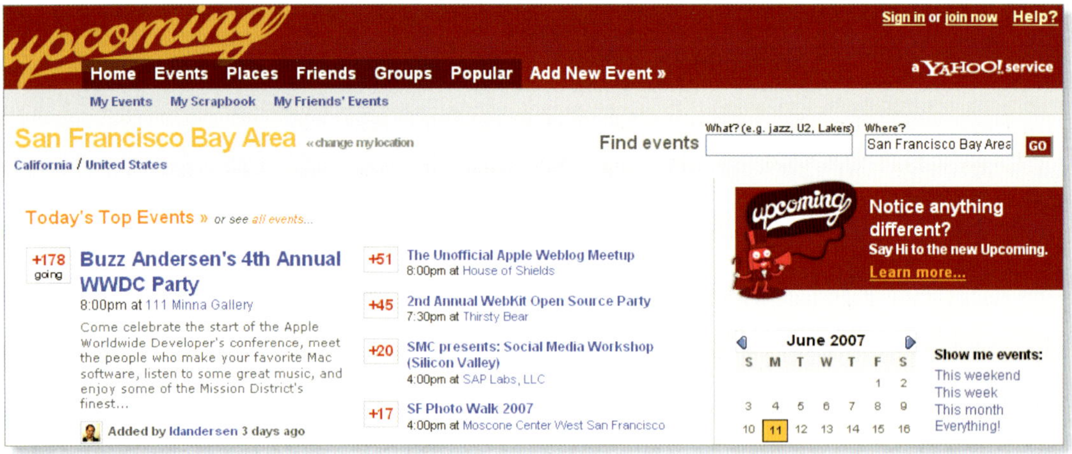

▲ **Abbildung 13.2**
Auf Upcoming (Upcoming.yahoo.com) werden Inhalte mithilfe von Mikroformaten gesammelt. Zur Ankündigung von Veranstaltungen genügt es, einen entsprechenden Beitrag auf der Seite des Veranstalters im Mikroformat hCalender zu veröffentlichen.

Allgemeiner: Mussten Anwender sich bei ihren Anfragen bis dato explizit an einschlägige Plattformen wenden, so indizieren diese Plattformen im semantischen Web Anfragen, Anzeigen und Meldungen der Nutzer automatisch. Inhalte werden dabei nicht etwa durch Parsen von Textblöcken und Scannen nach Schlüsselwörtern erraten (dies ist heute bei gängigen Suchmaschinen der Fall), sondern direkt gemäß ihrer Bedeutung interpretiert und zugeordnet.

Dieses semantische Element des Webs bezieht sich nicht nur auf Webautoren, die ihre Inhalte besser »vermarkten« können, sondern auch auf Anwender.

- **Gezielte Suche (target search)**
  Anstatt in globalen Suchmaschinen nach speziellen Inhalten zu suchen, können Information direkt bei entsprechenden semantischen Suchmaschinen nachgefragt werden.
- **Semantische Suche (semantic search)**
  Es wird möglich, nicht nur nach Inhalten, sondern auch nach Zusammenhängen und Bedeutung zu suchen. Zu einem Namen kann eine semantische Suchmaschine etwa geschäftliche Kontakte, Beziehungen oder Stammbäume anzeigen.
- **»Saubere« Suche (filtered search)**
  Eine Liste von Referenzen auf relevante Webseiten wird durch eine Liste von präzisen Antworten, Empfehlungen und Dokumenten zum Thema ersetzt. Wer nach einem Produkt sucht, erhält eine Liste von Rezensionen (nicht Links auf Rezensionen), die andere Nutzer in ihren Weblogs veröffentlicht haben.
- **»Real-time«- und zeitbasierte Suche (real-time search)**
  Suchmaschinen indizieren Daten permanent und zeigen diese direkt in Ergebnislisten an. Nutzer können etwa zu einer Uhrzeit eine Liste von parallel laufenden Veranstaltungen anfra-

HINWEIS

Möchte beispielsweise jemand seine Diplomarbeit veröffentlichen und einem möglichst breiten Publikum bekannt machen, so könnte er beim Annoncieren seines Werks mithilfe eines Mikroformats weitaus mehr Menschen ansprechen als durch das Indizieren der Seiten in gängigen Suchmaschinen. In diesem Kontext kommt die Relevanz der gezielten Suche, die in der Regel effizienter als eine allgemeine Suche ist, entscheidend zum Tragen.

gen. Oder sie können zu einem Datum und Ort themenverwandte Veranstaltungen anfragen, die Unternehmen oder Organisationen auf ihren Webseiten angekündigt haben. Die Möglichkeit, neue Veranstaltungen via RSS-Feeds zu abonnieren, wird dem Anwender selbstverständlich mitgeliefert.

Eine Darstellung von Inhalten, deren Bedeutung von Maschinen gelesen und verstanden werden kann, wird in allen Szenarien stillschweigend vorausgesetzt – genau wie einheitliche Standards und Formaten, in denen Daten aufbereitet werden können. Genau im Letzteren liegt die wesentliche Kernaufgabe von Mikroformaten.

Bedeutung von Mikroformaten

Mikroformate mögen nicht sonderlich aufregend erscheinen, da sie etwa im Gegensatz zu Ajax im Code subtil bleiben und keine zusätzliche visuelle Dynamik vorweisen. Ihre Bedeutung liegt in ihrem erneuerten Konzept und der rapiden Umsetzung und Verbreitung.

13.1 Was sind Mikroformate?

Mikroformate (auch *μF* und *uF* genannt) stellen eine Sammlung von simplen Formaten zur semantischen Annotation von Webinhalten dar. Sie basieren auf einschlägigen Webstandards (XML/(X)HTML), die mit zusätzlichen semantischen Attributen versehen werden. Als solche sind sie nicht mit Programmiersprachen zu verwechseln.

Grundsätzlich sind sie Ergänzungen zum Quellcode, die Seiten eine »feinstrukturierte« Form verleihen und von Maschinen für beliebige Zwecke genutzt werden können.

Ein Mikroformat besteht dabei bloß aus Schreibregeln zur korrekten Präsentation von semantischen Daten. Meistens sind das zusätzliche CSS-Klassen, mit denen Seitenelemente erweitert werden.

▲ **Abbildung 13.3**
Mikroformate stellen eine Sammlung von simplen Formaten zur semantischen Annotation von Webinhalten dar.

Webseiten, deren Inhalte mithilfe dieser Schreibregeln ausgezeichnet werden, können etwa Ereignisse oder Rezensionen ankündigen und Suchmaschinen aufmerksam darauf machen. Darüber hinaus können z.B. auch Kontaktinformationen, Kalender, Bekanntschaften, Bookmarks und Visitenkarten mittels Mikroformaten präsentiert werden. Konsequenz: Während Seiteninhalte für Seitenbesucher wie gewohnt angezeigt werden, tragen sie auch eine semantische Bedeutung und können von Browsern erkannt, extrahiert und weiterverwendet werden.

Konkret bedeutet dies, dass eine μF-Visitenkarte, die neben Kontaktdaten etwa eine Verkehrsanbindung enthält, nicht als ein bloßer Textblock, sondern als eine Visitenkarte interpretiert wird und direkt ins Adressbuch des Benutzers importiert werden kann. Auch die Verkehrsanbindung wird als solche erkannt und kann über Google Maps näher untersucht werden, ohne dass der Benutzer entsprechende Angaben macht. Der Anwender spart

TIPP

Online-Visitenkarten wurden zuerst mithilfe des Formats `vCard` (`.vcf`) realisiert, über das sich Businesskontakte via E-Mail knüpfen ließen. Mit `hCard` aus der Microformats-Familie können Visitenkarten aus Webinhalten extrahiert und im Browser importiert und benutzt werden.

somit das manuelle Erfassen von Daten, beispielsweise auf seinem Handy oder in seinem E-Mail-Programm – dies macht der Browser nach Wunsch, und zwar ganz automatisch.

Die Vision, die hinter diesem Konzept steckt, ist ziemlich verblüffend. In zukünftigen Browserversionen (ab Firefox 3, Internet Explorer 8) sollen semantisch ausgezeichnete Daten mit Web 2.0- oder Desktop-Anwendungen des Benutzers assoziiert werden können.

Informationsbroker

Experten reden in diesem Zusammenhang von Browsern als *zukünftigen Informationsbrokern*: Sie sollen semantisch aufbereitete Inhalte interpretieren und exportieren lassen.

So könnte ein Anwender schon bald beim Anklicken eines angekündigten Ereignisses dieses automatisch in seinem Kalender markieren und beschreiben lassen; beim Anklicken eines Lokals kann Google Maps automatisch aufgerufen werden und die Daten auf einem Handy speichern; und beim Anklicken einer Telefonnummer könnte diese direkt via VOIP gewählt werden – wie man es aus Desktop-Applikationen gewohnt ist.

13.2 Mikroformate im Überblick

Insgesamt stehen Webentwicklern derzeit elf Mikroformate zur Verfügung, die bereits jetzt aktiv eingesetzt werden. Dabei unterscheidet man zwischen elementaren (`rel-directory`, `rel-nofollow`, `rel-tag`) und zusammengesetzten (kombinierten) Mikroformaten.

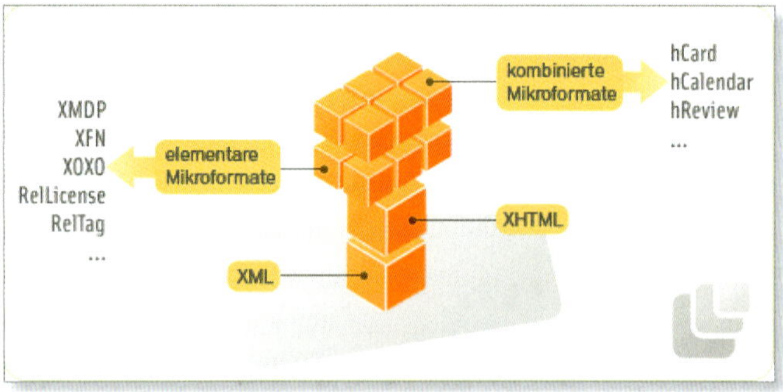

Abbildung 13.4 ▶
Architektur von Mikroformaten (Quelle: Microformats.org)

- **hAtom**
  Mikroformat für Inhalte, die abonniert werden können – vor allem Beiträge in Weblogs
- **hCalendar**
  Format für die Auszeichnung von Ereignissen in Kalendern
- **hCard**
  Format für die Vorstellung von Menschen, Unternehmen, Organisationen und Orten

- **hResume**
  Format für die Präsentation von Resümees und Lebensläufen (CV)
- **hReview**
  Format für die Präsentation von Rezensionen von Produkten, Diensten, Geschäften, Veranstaltungen u. Ä.
- **rel-directory**
  `<a rel="tag directory" href="http://technorati.com/blogs/css">css</a>`
  Format für Auszeichnung von Daten, die in einem Verzeichnis und/oder Online-Katalog stehen
- **rel-nofollow**
  `<a href="http://www.beispiel.de" rel="nofollow">...</a>`
  Ein HTML-Attribut, über das Suchmaschinen mitgeteilt wird, dass ein Verweis nicht bei der Berechnung des Rankings der jeweiligen Seite berücksichtigt werden soll.
- **rel-tag**
  `<a href="http://www.spiegel.de" rel="tag">Nachrichten</a>`
  Wird `rel="tag"` zu einem Verweis hinzugefügt, so wird Web-Crawlern mitgeteilt, dass die jeweilige Webseite den Linktext als ein Tag oder ein Schlüsselwort enthält.
- **XFN (XHTML Friends Network)**
  `<a href="http://www.heikohoffmann.de" rel="friend neighbour met">`
  Informiert die Suchmaschinen darüber, dass der Autor der verlinkten Seite befreundet ist
- **XOXO (eXtensible Open XHTML Outlines)**
  Format für die Präsentation von Listen
- **xFolk**
  Format für die Kennzeichnung von Bookmarks und Listen von Bookmarks

Dutzende von weiteren Mikroformaten, etwa zur Auszeichnung von Zitaten, geografischen Angaben und Jobangeboten, sind im Gespräch (*http://microformats.org/wiki/Main_Page* Linkcode 388).

13.3 Mikroformate im Einsatz

In den letzten Monaten wuchs die Popularität von semantischen Suchmaschinen. Neben Technorati, Google und Yahoo! legen immer mehr Dienste ihr Augenmerk auf semantisch ausgezeichnete Inhalte, indizieren diese und stellen sie dynamisch und kompakt an einer Stelle zusammen. Spezialisierte µF-Suchmaschinen gewinnen immer mehr an Bedeutung.

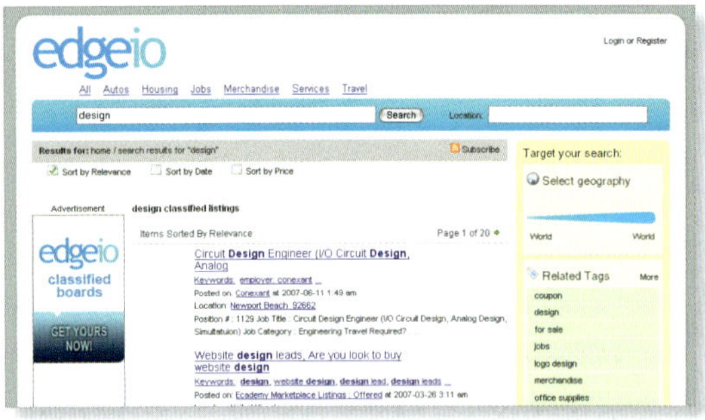

▲ **Abbildung 13.5**
Auf Edgeio.com sind über 100 Millionen Anzeigen, Angebote, Produkte und Dienstleistungen von Weblogs von großen und kleinen Unternehmen indiziert.

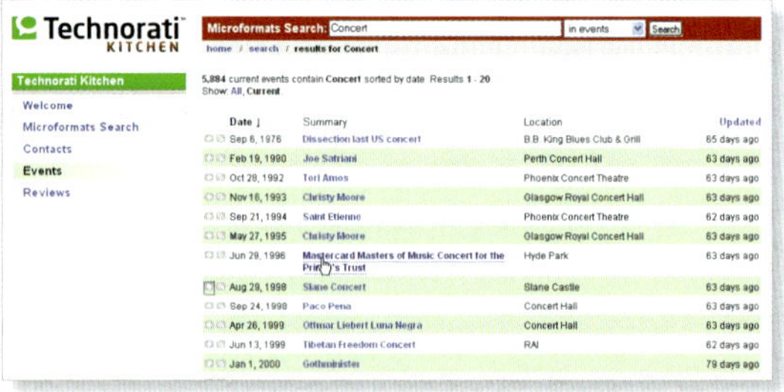

▲ **Abbildung 13.6**
Suche nach Veranstaltungen auf Technorati Kitchen (http://kitchen.technorati.com)

- Google und Yahoo! Local (Suche nach Unternehmen und Dienstleistungen) können Inhalte im hCard-Format semantisch erfassen (15 Millionen Einträge Ende 2006). Yahoo! Local bietet neben Suchergebnissen die Möglichkeit, Visitenkarten direkt zu importieren.
- Edgeio.com (hListing – noch kein offizieller Standard) indiziert über 100 Millionen Anzeigen, Angebote, Produkte und Dienstleistungen von Weblogs von großen und kleinen Unternehmen.
- Rubhub.com (XFN) gibt Beziehungen zwischen Menschen und Webseiten an; nützlich bei der Suche nach Kontakten innerhalb großer Unternehmen.
- Technorati.com (*http://kitchen.technorati.com*, hCard, hCalendar und hReview) bietet eine umfangreiche Suche in Visitenkarten, aktuellen Ereignissen und Rezensionen an.
- Pingerati.net stellt eine Sammelzentrale von Webseiten mit semantisch ausgezeichneten Daten dar. Anwender können Pingerati über Aktualisierungen von µF-Daten benachrichtigen, die Daten sammeln lassen und diese an Dienste weiterleiten, die sie indizieren wollen.
- Upcoming (*http://upcoming.yahoo.com*) (hCalendar) indiziert Ereignisse weltweit und stellt detaillierte Suchoptionen zur Verfügung (über 1,5 Millionen Einträge).
- simplyHired (*http://simplyhired.com*) ist eine der größten Plattformen zur Vermittlung von Arbeitgebern und Arbeitnehmern. Implementiert zur Zeit das hResume-Mikroformat zum besseren Erfassen von Angeboten und Jobanfragen.

- iBegin Source (*http://source.ibegin.com*) (hCard) verwaltet über 10,5 Millionen Geschäfte.
- Flickr.com verwendet hCard für Profile und XFN für die Auszeichnung von Lesezeichen, Corkd.com bietet eine Plattform für Weinliebhaber – alle Nutzer werden mithilfe von Mikroformaten semantisch ausgezeichnet.

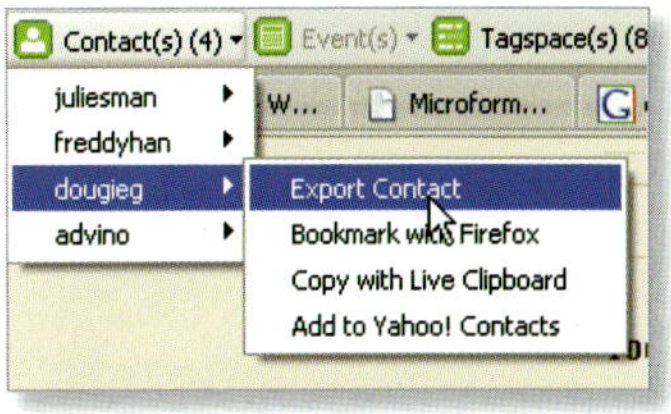

▲ **Abbildung 13.7**
Die Erweiterung »Operator« in Mozilla Firefox lässt semantisch aufbereitete Kontaktinformationen exportieren, bookmarken und ins Adressbuch hinzufügen.

Um Inhalte, die auf Webseiten in Form von Mikroformaten abgelegt werden, verwenden und exportieren zu können, können Firefox-Nutzer die Erweiterungen *Tails* (*https://addons.mozilla.org/de/firefox/addon/4106* Linkcode 389) und *Operator* (*https://addons.mozilla.org/de/firefox/addon/4106* Linkcode 390) verwenden. Mit beiden Werkzeugen können Nutzer jetzt schon direkt auf Inhalte zugreifen – etwa Kontaktdaten in ein Adressbuch automatisch hinzufügen oder Orte bei Google Maps nachschlagen.

13.4 Visitenkarte als hCard

Da die semantische Kennzeichnung von Daten im Web meistens auf der Grundlage von (X)HTML erfolgt, lassen sich Informationen zuerst in der üblichen Form präsentieren und anschließend in die notwendige Form überführen.

Schritt für Schritt: Visitenkarte mit Mikroformaten erzeugen

1 Festlegung von Daten

Angenommen, Sie möchten eine Visitenkarte semantisch aufbereiten und im Netz veröffentlichen. Die dazu notwendigen Daten können kurz und bündig als Textblock zusammengefasst werden:

Max Mustermann
Mainzer-Str. 7, 66121 Saarbrücken, Deutschland
+49 681 1234567
max@mustermann.de
http://www.mustermann.de

2 HTML-Formatierung

Während ein Mensch sämtliche Informationen aus diesem Textblock direkt extrahieren kann, ist er für Maschinen zunächst einmal bloß eine Folge von Zeichen, die keine Bedeutung tragen.

Um Dieser Folge eine interpretierbare Struktur zu geben, ist eine HTML-Formatierung notwendig:

```
<p><strong>Max Mustermann</strong><br />
Mainzer-Str. 7, 66121 Saarbrücken, Deutschland<br />
+49 681 1234567<br />
<a href="mailto:max@mustermann.de">max@mustermann.
de</a><br />
<a href="http://www.mustermann.de">www.mustermann.
de</a></p>
```

HINWEIS

Obwohl Menschen Saarbrücken direkt in Verbindung mit einer Stadt bringen würden, muss dies bei einer Suchmaschine nicht der Fall sein. Konsequenz: Die Semantik müssen Seitengestalter durch zusätzliche semantische Auszeichnung genauer festlegen.

Daraus können Browser Inhalte zwar in gewünschter Form darstellen; doch Maschinen können damit ebenso wenig anfangen, da die Semantik, also die Bedeutung der HTML-Struktur, nicht festgelegt ist.

Eine denkbare Option, Maschinen Semantik näher zu bringen, wäre eine strikte Präsentation von Daten, etwa in der Form

```
Vorname: Max
Nachname: Mustermann
Strasse: Mainzer-Str.
Hausnummer: 7
PLZ: 66121
Stadt: Saarbrücken
Land: Deutschland
Telefon: +49 681 1234567
E-Mail: max@mustermann.de
URL: www.mustermann.de
```

wie sie auch bei der Übergabe von Parametern in Online-Formularen verwendet werden. Verständlicher für Maschinen, erschwert diese Darstellung die Lesbarkeit und Extraktion von Inhalten für Menschen. Strikte Strukturen dieser Art sind im Web unbeliebt. Sie sind schwer zu lesen und mühselig zu bearbeiten.

Um die Vorteile der visuellen Deutlichkeit mit semantischer Kennzeichnung dennoch zu vereinen, kann die obere HTML-Formatierung mithilfe von hCard mit zusätzlichen Klassen in ein Mikroformat überführt werden.

3 HTML-Format zu einem Mikroformat erweitern

Zum einen sollten Angaben mit ähnlicher Bedeutung zusammengefasst werden. Im Beispiel gilt dies etwa für die angegebene Adresse. Mithilfe von Attributen des Formats kann eine semantische Struktur festgelegt werden.

```
<p id="hcard-Max-Mustermann" class="vcard">
 <span class="fn"><strong>Max Mustermann</strong>
 </span>
 <a class="email" href="mailto:max@mustermann.de">
 max@mustermann.de</a><br />
 <a class="url fn" href="http://www.mustermann.de">
 Max Mustermann</a>
 <span class="adr">
  <span class="street-address">Mainzer-Str. 7</span>
  <span class="locality">Saarbrücken</span>,
  <span class="postal-code">66121</span>
  <span class="country-name">Deutschland</span>
 </span>
 <span class="tel">+49 681 1234567</span>
 </p>
```

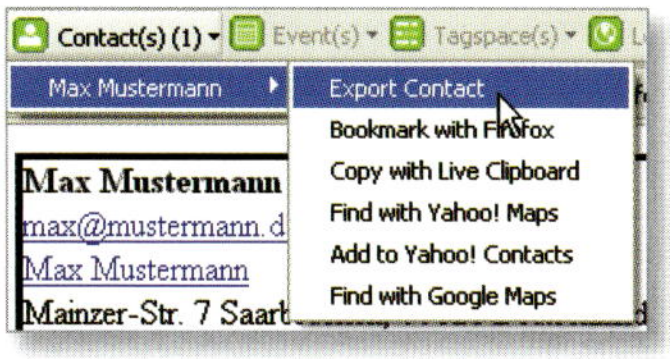

▲ **Abbildung 13.8**
Eine gerade erzeugte Visitenkarte kann von Nutzern direkt verwendet werden – etwa für das automatische Einfügen des entsprechenden Eintrags in ein Adressbuch.

Der Quelltext ist relativ selbsterklärend: Einzelne Eigenschaften der Visitenkarte werden über zusätzlich deklarierte CSS-Klassen und HTML-Elemente definiert. In der ersten Zeile wird ein Mikroformat deklariert. Die Angabe `class="vcard"` teilt Suchmaschinen mit, dass es sich um eine Visitenkarte handelt und die Bezeichnungen für Kindelemente nicht zufällig gewählt wurden. Der Rumpf der Visitenkarte befindet sich innerhalb des Absatzes `p`.

Beachten Sie, dass eine Angabe durch Spezifikation von mehreren Klassen mehrere Bedeutungen erhalten kann. So steht `<a class="url fn" ...>` sowohl für eine URL-Adresse als auch für den formalen Namen des definierten Objekts.

4 Visitenkarte veröffentlichen

Wird der semantisch aufbereitete Quellcode etwa auf einer Kontaktseite veröffentlicht, so werden Nutzer, deren Browser semantische Daten extrahieren können, die Visitenkarte direkt in ihr Adressbuch hinzufügen können. Die Suche nach E-Mail-Adresse ist genauso wie manuelles Einfügen von Daten nicht mehr notwendig.

Nach der Veröffentlichung können Sie manuell sicherstellen, dass die Daten direkt interpretiert und weitergeleitet werden.

Mit `http://pingerati.net/ping/www.beispiel.de` schicken Sie Pingerati direkt auf die Suche nach µF-Objekten auf der Seite www.beispiel.de; beim Auffinden von standardkonformen Angaben wird Pingerati diese an weitere Dienste (edgeio, Technorati etc.) automatisch weiterleiten. ■

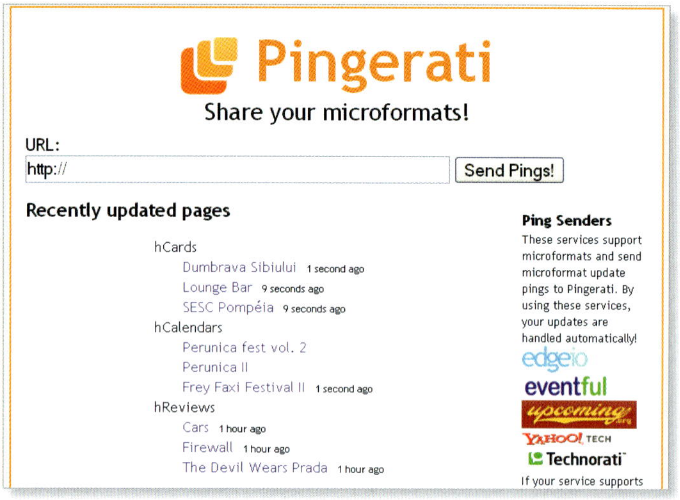

Abbildung 13.9 ▸
Pingerati.net: Eine Sammelzentrale von Webseiten mit semantisch ausgezeichneten Daten.

13.5 Mikroformate kombinieren

Es ist durchaus möglich, mehrere Mikroformate zur semantischen Darstellung von Inhalten zu kombinieren, um Inhalte präziser zu beschreiben.

Angenommen, es liegt ein Zitat vor, das möglichst exakt semantisch annotiert werden soll. Standardmäßig könnte die HTML-Formatierung wie folgt aussehen:

```
<p><a href="http://www.simplebits.com">Dan Ceder-
holm</a> schrieb:</p>
<p>Designed for humans first and machines second, mi-
croformats are a set of simple, open data formats
built upon existing and widely adopted standards.</p>
```

Die Semantik lässt sich durch die entsprechende Auswahl von HTML-Elementen, in diesem Fall `<cite>` (Quellenangabe) und `<blockquote>` (Zitat) angeben.

```
<p><cite><a href="http://www.simplebits.com">
Dan Cederholm</a></cite> schrieb:</p>
<blockquote cite="http://www.microformats.org/..." >
<p>Designed for humans first and machines second,
microformats are a set of simple, open data formats
built upon existing and widely adopted standards.</p>
</blockquote>
```

Um diese Angabe zu einem hCard-Mikroformat zu erweitern, genügt es, eine formale Definition von `hCard` einzufügen.

```
<p><cite class="vcard"><a href="http://www.simple-
bits.com" class="url fn">Dan Cederholm</a></cite>
schrieb:</p>
<blockquote cite="http://www.microformats.org/..." >
<p>Designed for humans first and machines second,
microformats are a set of simple, open data formats
built upon existing and widely adopted standards.</p>
</blockquote>
```

Die Person kann mit dem XFN-Mikroformat näher spezifiziert werden. Sollten Sie mit Dan Cederholm zusammenarbeiten und sich mit ihm persönlich getroffen haben, so wäre die folgende Angabe semantisch korrekt.

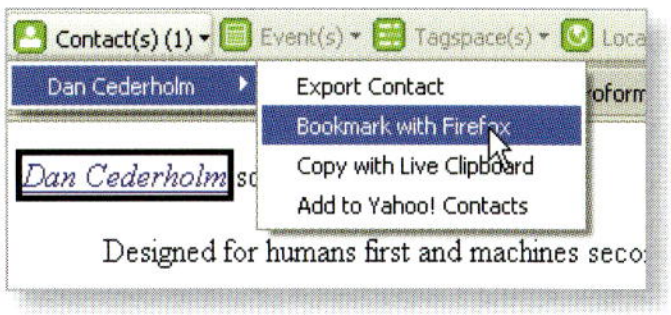

▲ **Abbildung 13.10**
Mikroformate können auch miteinander kombiniert werden.

```
<p><cite class="vcard"><a rel="met colleague"
href="http://www.simplebits.com" class="url fn">
Dan Cederholm</a></cite> schrieb:</p>
<blockquote cite="http://www.microformats.org/..." >
<p>Designed for humans first and machines second,
microformats are a set of simple, open data formats
built upon existing and widely adopted standards.</p>
</blockquote>
```

13.6 Zusammenfassung

Beachten Sie, dass Metadaten, die durch Mikroformate explizit angegeben werden, zurzeit von einschlägigen Suchmaschinen nur indirekt berücksichtigt werden. Die meisten Crawler können bei der Analyse von Mikroformaten bloß Verknüpfungen zwischen dem Autor und dem Inhalt herstellen. Aber weder Zusammenfassungen von Daten noch die Auswertung der Semantik befinden sich im Moment in der Implementierungsphase.

Mikroformate sind einfach, nützlich und praktisch. Sie leiten eine Vision von besser strukturierten Webinhalten in die Wege. Bessere Ergebnisse in den Suchmaschinen, leichterer Zugang zu Daten und schnellerer Export von Informationen sind die wesentlichen Vorteile, die schon bald dadurch ergeben werden.

HINWEIS

Häufig wird die Bedeutung von Microformats höher als die von Ajax geschätzt: Nicht ganz zu Unrecht, denn durch sie könnte die Qualität des Webs einen rasanten Umschwung erleben.

13.7 Ressourcen

Bei keinem der Mikroformate ist es notwendig, die einzelnen Attribute des jeweiligen Formats in Einzelheiten zu studieren und diese manuell sinngemäß umzusetzen. Mithilfe von µF-Generatoren können Daten automatisch im gewählten Format aufbereitet werden – der standardkonforme Quellcode wird online generiert.

Abbildung 13.11 ►
Semantische Dienste sind selten aufregend, liefern aber enorme Vorteile. Dies gilt auch für hCalendar Creator, einen Dienst, der Inhalte für die Beschreibung von Veranstaltungen online semantisch aufbereitet.

In den meisten *Web Publishing Engines*, etwa in Wordpress, sind die Funktionen zur Auszeichnung von Daten mithilfe von Mikroformaten bereits implementiert. Ist dies nicht der Fall, so stehen dem Nutzer meistens zusätzliche Plug-ins zur Verfügung, welche die Formatierung übernehmen, ohne dass der Webautor etwas davon merkt.

Grundsätzlich wird der generierte Code für die Vermittlung der Semantik genügen. Für die gewünschte visuelle Darstellung werden Seitenelemente häufig mit entsprechender CSS-Formatierung erweitert werden müssen.

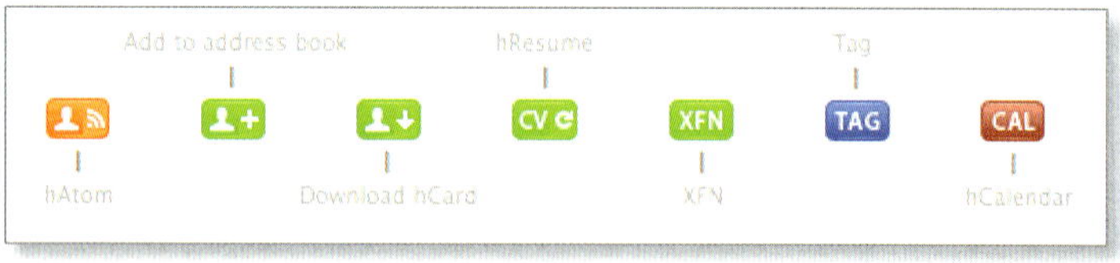

▲ **Abbildung 13.12**
Microformats Icons in der Übersicht

Eine Sammlung von Icons und Bildern zum Einsatz in Webseiten, die semantischen Mikroinhalt aufweisen, finden Sie auf der Seite »Microformats Icons« (*http://www.factorycity.net/projects/microformats-icons* Linkcode 392).

TIPP

Eine Übersicht von Werkzeugen, Tools, Beiträgen und wesentlichen Informationen über Mikroformate finden Sie im Beitrag »Microformats: What They Are and How To Use Them« (*http://www.smashingmagazine.com/2007/05/04/microformats-what-they-are-and-how-to-use-them* Linkcode 391). Der Beitrag enthält Referenzen auf alle Quellen, die in diesem Kapitel verwendet wurden.

14 Mashups

Eine der wesentlichen Komponenten des Web 2.0 ist das Verschmelzen von Ideen, Daten und Projekten. Offene Programmierschnittstellen (APIs) bieten Webentwicklern Möglichkeiten zur kreativen Vermischung von verschiedensten Informationsquellen. Spezielle Kenntnisse werden meistens nicht vorausgesetzt. Der Seitenbetreiber darf selbst entscheiden, welche Programmiersprache er verwenden möchte. Bei kleinen Projekten lassen sich Daten auch ohne Programmierwissen recht intuitiv zusammenstellen: dynamisch und oft in Bruchteilen von Sekunden.

Das neue Phänomen hat einen passenden Namen: *Mashups* stehen für Webprojekte, die sich mehrere öffentlich zugängliche Informationsquellen zunutze machen, etwa um neue Dienste anzubieten und daraus einen Mehrwert zu generieren.

Das Faszinierende bei jeder modernen Webanwendung ist die Unvorhersehbarkeit ihrer Weiterentwicklung. Meistens können Entwickler selbst nach dem Release nur vage vermuten, welche Gestalt ihre Applikation schon in naher Zukunft annehmen wird. Denn geprägt durch das Verhalten der anspruchsvollen Anwender ist die Qualitätssicherung im Web 2.0 wie nie zuvor an eine permanente Wartung und Erweiterung gebunden. Mit wachsender Popularität können beide Aspekte sowohl kosten- als auch zeitaufwendig werden. Um den Erwartungen der Nutzer dennoch gerecht zu werden, liegt es nahe, die Erweiterung des Dienstes der Öffentlichkeit zu überlassen und eigene Kräfte für eigene Ideen zu bündeln. Dadurch wird die Voraussetzung für öffentliche APIs gegeben und somit auch eine optimale Grundlage für Mashups geschaffen.

Software-Zyklus

Die Abschaffung des Software-Zyklus schafft im Web 2.0 neben neuen Möglichkeiten auch neue Herausforderungen. Der mobile Nutzer erwartet Dynamik und permanente Verbesserung der Qualität. Konsequenz: Entwickler müssen ihre Dienste permanent aktualisieren und erweitern.

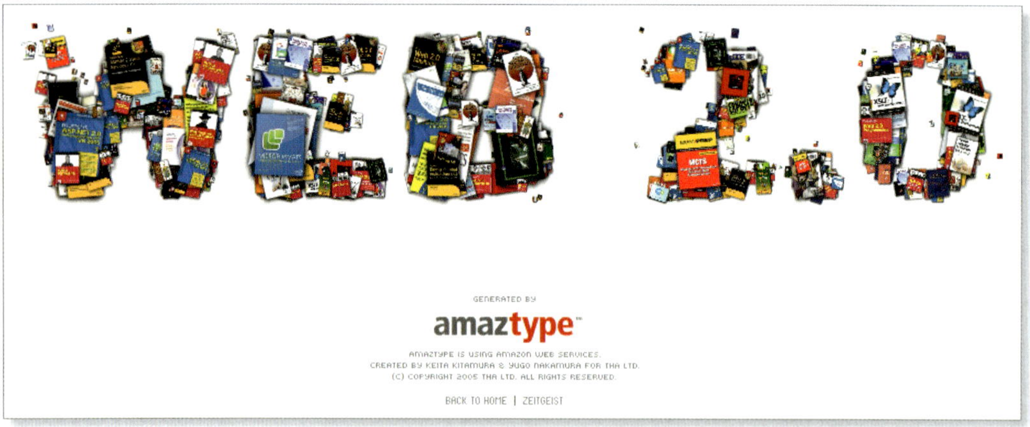

Abbildung 14.1 ▲
Zu einer Anfrage generiert das Mashup amaztype (http://amaztype.tha.jp) eine visuelle Karte von Büchern aus der Amazon-Datenbank.

Die Tatsache, dass durch öffentliche Schnittstellen innovative und kreative Projekte entstehen, die auf Stammprojekte aus einer ganz anderen Sicht blicken lassen, kommt als Zusatzfaktor hinzu. Nebeneffekt: das Spektrum der Anwender wird erweitert.

▲ Abbildung 14.2
Flickr + Google Maps. Die neuen Bilder auf Flickr.com zeigt flickrvision (http://flickrvision.com) direkt auf einer virtuellen Karte an.

▲ Abbildung 14.3
Musicmap (http://www.dimvision.com/musicmap) verwendet Dienste, um beliebte Musikstücke und ihre Beziehungen zueinander grafisch aufzubereiten.

14.1 Was sind Mashups?

Im Allgemeinen stehen Mashups für Webprojekte, in denen externe Inhalte aus verschiedenen Quellen dynamisch kombiniert und eingebettet werden. Diese Inhalte können beliebig sein – neben Datenbeständen sind also auch Multimedia-Elemente (Audio, Video) oder interaktive Komponenten (etwa Flash) möglich.

Die Integration von externen Inhalten kann folgendermaßen erfolgen:

- durch Zugriff auf *RSS*- oder *Atom-Feeds*,
- durch Verwendung von *Widgets*,
- durch sogenanntes *Web Scraping* (Auslesen/Extrahieren von Daten aus Webdokumenten),
- durch Zugriff auf Daten über *APIs* (Verwendung von Webdiensten).

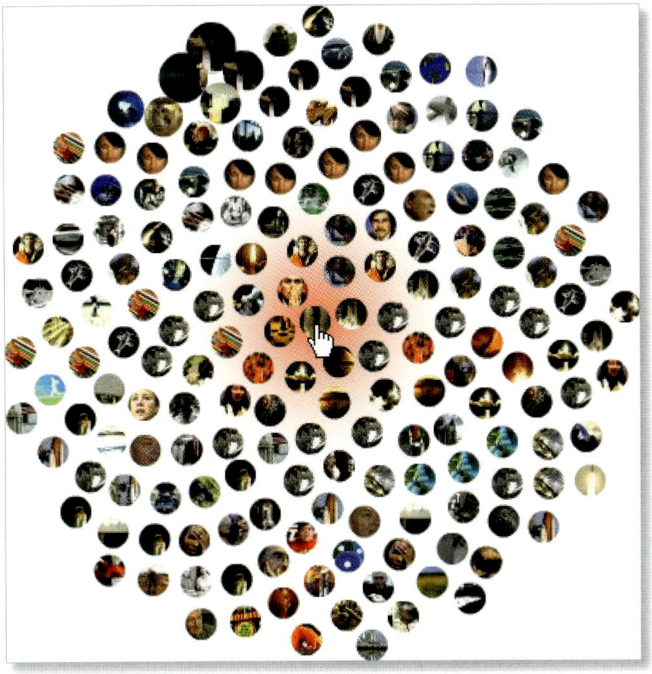

◂ **Abbildung 14.4**
Neuigkeiten können auch visuell aufbereitet werden. Phylotaxis (*http://www.phylotaxis.com/phylotaxis.html* Linkcode 393) sammelt wissenschaftliche Neuigkeiten aus Dutzenden von Quellen und bereitet diese visuell auf.

In allen Fällen werden Sie bei Ihren Mashups eine Mischung von mehreren Techniken verwenden, die das Grundgerüst eines jeden Mashups darstellt.

14.2 Feeds im Einsatz

Die zunehmende Beliebtheit von Web Feeds unter Webautoren und ihren Lesern ermöglicht neben direkten Benachrichtigungen neuer Inhalte auch, diese Inhalte dynamisch zu behandeln. Bei der Integration in ein Mashup werden externe Feeds in regelmäßigen Zeitabständen geladen, auf Aktualisierungen überprüft, schön aufbereitet und in kompakter Übersicht zur Schau gestellt. Der Zugriff auf Feeds lässt sich dabei mit einschlägigen Diensten vollkommen automatisieren. Auch die Platzierung von Inhalten kann automatisch festgelegt werden.

Web Feeds

Mit *Web Feeds* kann jeder meisterhaft jonglieren – mit einschlägigen Webdiensten können Sie Ihre Inhalte in Bruchteilen von Sekunden zusammenstellen. Die Veröffentlichung von so generierten Mashups ist jedoch nur selten möglich.

14.2.1 Personalisierbare Startseiten

Die einfachste Methode zur Mischung von Web Feeds stellen personalisierbare Startseiten dar. Mit Netvibes.com, Pageflakes.com, iGoogle (google.com/ig) und Dutzende weiterer Dienste können beliebig komplexe Zusammenstellungen konstruiert werden – sie können sich auch über mehrere Seiten erstrecken. Neben Feeds erlauben es solche Dienste auch, zahlreiche weitere Module einzufügen. Etwa die Wetteranzeige, Neuigkeiten, Börsenmeldungen, Flickr-Bilder, YouTube-Videos, Last.FM-Musikstücke und vieles mehr. Die Anzahl der Komponenten wächst zunehmend. Über eine öffentliche API können Entwickler neue Module entwickeln und veröffentlichen.

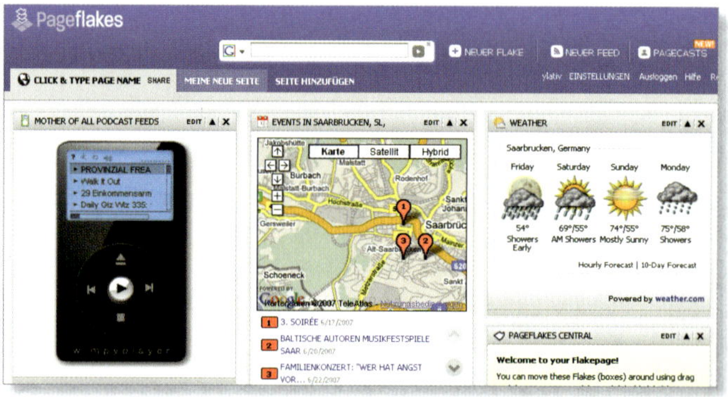

Abbildung 14.5 ▸
Ein Music-Player, die Karte mit aktuellen Veranstaltungen sowie die Wettervorhersage in einem: die personalisierbare Startseite auf Pageflakes.com.

Bei personalisierbaren Startseiten müssen Sie meistens davon ausgehen, dass sie nur zum privaten Gebrauch gedacht sind und nicht veröffentlicht werden können. Als Startseiten können sie jedoch ihren Dienst sehr gut leisten und Nutzern eine Menge Zeit sparen.

Personalisierbare Startseiten im Überblick

- *http://mashable.com/2007/06/11/rss-toolbox* (Linkcode 394)
- *http://www.readwriteweb.com/archives/ajax_homepages.php* (Linkcode 395)

14.2.2 Feeds mischen, filtern und aufbereiten

Ein wesentlicher Nachteil von personalisierbaren Startseiten wird durch die Beschränkung ihrer Funktionalität gegeben. Meistens werden Sie bei personalized homepages einzelne Module einzeln hinzufügen können, jeweilige Blöcke werden nebeneinander angeordnet und lesen Inhalte automatisch aus. Doch die gefetchten Daten werden sie untereinander nicht austauschen können. Eine Verknüpfung von mehreren Modulen zu einem Zweck wird also in meisten Fällen nicht möglich sein. Auch benutzerdefinierte Filter lassen sich meistens nicht einrichten.

14.2.3 Feed Bundler

Mit Feedshake.com, Feedbite.com, Feedblendr.com und Feedcombine.co.uk können Sie mehrere Feeds zu einem Feed bündeln. Dies kann etwa praktisch sein, um Inhalte zu einem Thema zusammenzufassen, ohne mehrere Feeds durchgehen zu müssen.

▲ **Abbildung 14.6**
Das Logo Feedshake lässt vermuten, dass es sich beim Dienst um das Bündeln von RSS-Feeds handelt.

14.2.4 Feed Filter

Um unerwünschte Inhalte aus einem Feed automatisch zu entfernen, kann der Dienst Feed Rinse verwendet werden. Filter lassen sich manuell angeben und mit häufigen Filtern anderer Nutzer abgleichen. Aus einem oder mehreren Feeds generiert der Dienst eine »saubere« OPML-Liste von Feeds, die Ihre eingestellten Filter passiert haben.

▲ **Abbildung 14.7**
Feed Rinse Logo

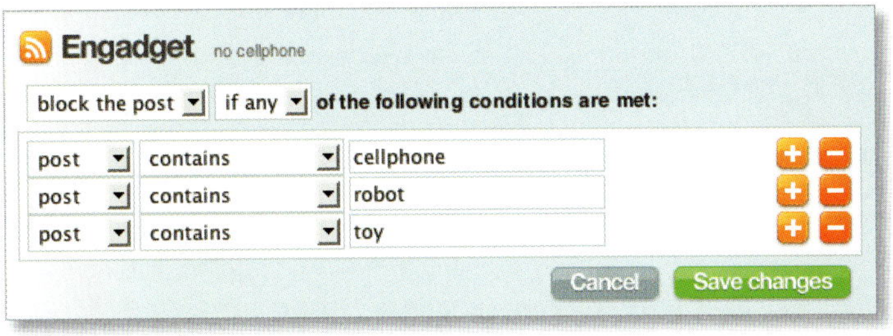

▲ **Abbildung 14.8**
Mit Feedrinse.com können beliebige RSS-Feeds gefiltert werden – automatisch, gemäß den Einstellungen des Nutzers.

14.2.5 Manuelle Implementierung von Feed-basierten Mashups

Die Mischung von Web Feeds kann auch mithilfe von Serverskripten manuell programmiert werden. Eine Möglichkeit zur Implementierung eines Feed-Aggregators »zu Fuß« wäre *CaRP: Caching RSS Parser* zum Extrahieren, Filtern und Aufbereitung von Inhalten (*http://www.geckotribe.com/rss/carp* (Linkcode 396), die kostenlose Version *CaRP Free* reicht aus; Voraussetzungen: PHP, MySQL) und *Feedshake* zum Bündeln von geladenen Inhalten in einem neuen Feed.

Eine genauere Erläuterung der Vorgehensweise bei der Implementierung eines Feed-Aggregators können Sie auf *http://www.drweb.de/leseproben/feed-aggregator-bauen.shtml* (Linkcode 397) nachlesen. Mit beiden Werkzeugen ist es möglich, einem Feed-basierten Mashup eine beliebige Struktur zu verleihen, beliebiges Design festzulegen und Inhalte mit PHP nach beliebigen Kriterien zu selektieren und zu formatieren.

Abbildung 14.9 ▲
Popurls.com ist einer der populärsten Feed-Aggregatoren im Web. Vermischt werden populäre Beiträge im Web, aber auch Bilder, Videos und Podcasts.

14.2.6 Feed Mixer

Eine fortgeschrittene Lösung bieten sogenannte *Feed Mixer* an. Sie ermöglichen einen besseren Zugriff auf Inhalte und lassen Module Informationen untereinander austauschen. Beispielhaft dafür ist die Plattform Yahoo! Pipes (*http://pipes.yahoo.com*). Inhalte von Feeds können gefiltert, sortiert, verarbeitet und miteinander kombiniert werden. Die Ergebnisse einer Anfrage können weiteren Modulen als Parameter übergeben werden. Die entsprechende Festlegung können Programmierer manuell vornehmen. Der Dienst erzeugt ein Widget, das auf dem Pipes-Server ausgeführt wird. Die Einstellungen werden abgespeichert und können in der Engine verändert werden. Yahoo! Pipes empfiehlt sich unter anderem auch für komplexe Projekte, in denen erzeugte Mashups in anspruchsvolle GUIs (z. B. Flex-basiert) integriert werden.

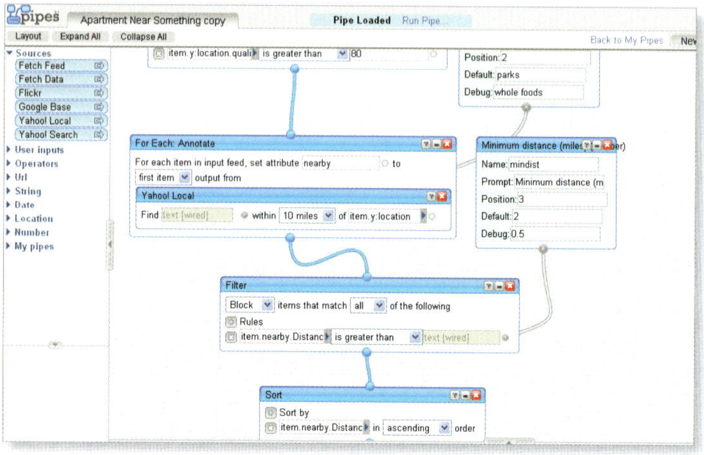

Abbildung 14.10 ▶
Mit Yahoo! Pipes können relativ komplexe Mashups programmiert werden. Daten lassen sich filtern, sortieren, an verschiedene Dienste übergeben, verknüpfen und in ein Widget einkapseln.

Eine alternative Möglichkeit bietet der Dienst *Teqlo* (*http://www.teqlo.com*) an: Mit dem kostenlosen Werkzeug können Sie beliebige Module miteinander kombinieren und Informationen untereinander austauschen lassen. Programmierkenntnisse sind dabei nicht gefragt – alles geschieht intuitiv mit der Drag and Drop-Funktionalität und Dutzenden von vorgefertigten Modulen, die direkt verwendet werden können.

Die Konkurrenz schläft nicht: In den nächsten Monaten soll eine analoge Anwendung von Google, *Google Mashup Editor*, veröffentlicht werden (*http://editor.googlemashups.com*). Sie wird es Nutzern unter anderem erlauben, benutzerfreundliche User Interface-Komponenten in Mashups zu integrieren und Feeds vielfältig zu behandeln.

Außerdem liefert Microsoft mit *Popfly* (*http://www.popfly.ms*) eine anspruchsvolle und intuitive Programmierumgebung für Mashups, Widgets und Webapplikationen. Das Tool ist kostenlos verfügbar, lässt sich als Add-In in Visual Studio 2005 hinzufügen und weist eine Vielzahl von professionellen vorgefertigten Templates auf.

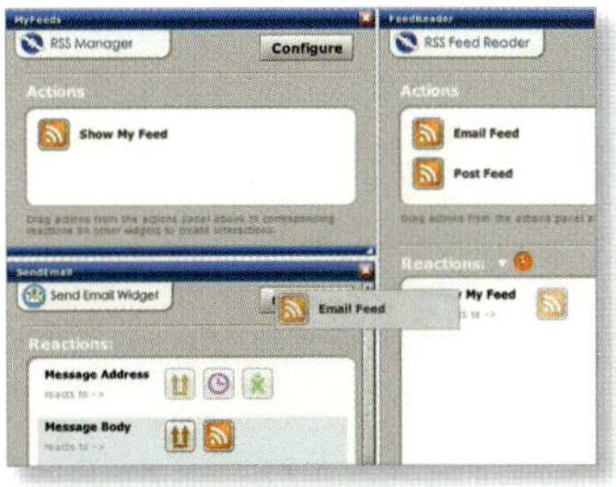

▲ **Abbildung 14.11**
Unter den vielen Vorteilen für Mashups-Programmierer zeichnet sich bei Teqla.com insbesondere eine sehr simple Festlegung von Übergabeparametern und Beziehungen zwischen verwendeten Webdiensten aus

▲ **Abbildung 14.12**
Microsoft Popfly dient zum Programmieren von Mashups

14.3 Widgets

Im Grunde genommen basieren personalisierbare Startseiten auf der Kombination von Skripten, die Inhalte aus bestimmten Quellen automatisch auslesen, bearbeiten und präsentieren können. Werden diese Module nicht auf einer externen Seite angezeigt, sondern beispielsweise innerhalb eines Weblogs, so spricht man von *Widgets* (auch *Gadgets*, *Minis, Flakes* genannt). Erweiterungen, mit denen sich die Funktionalität einer Seite mit dynamischen Inhalten und Diensten ergänzen lässt. Bei Widgets handelt es sich immer um Flash-Elemente oder Serverskripte (JavaScript, PHP), die eine Schnittstelle zwischen einem Webdienst und einer Seite darstellen.

14.3.1 Was haben Widgets zu bieten?

Neben externen Inhalten lassen sich mit Widgets auch beliebige interaktive Elemente einfügen und vermischen. Da moderne Widgets häufig auf Ajax basieren, können Seiten auf diese Art leicht mit Attributen typischer Desktop-Anwendungen versehen werden.

So ist es etwa möglich, aktuelle Musik-Neuigkeiten mit Charts, einem Music Player, einer Suchmaschine für Musikstücke (*Allmusic.com*), Rezensionssuche (*Amazon.de*) und einem Preisvergleich (*PriceGrabber.com*) relativ flott im Web 2.0-Look zusammenzu-

▲ **Abbildung 14.13**
Wie bei Yahoo! Pipes können bei Microsoft Popfly einzelne Module anschaulich miteinander verknüpft werden.

HINWEIS

Gegner von Widgets warnen Webentwickler vor einer übermäßigen Verwendung von dynamischen Erweiterungen. Blinkende und/oder aufdringliche Flash-basierte Widgets sind im Web 2.0 genauso unerwünscht wie Java Applets. *Small Is Beautiful* lautet das Motto, nach dem moderne Mashups erzeugt werden sollen.

bauen. Die Anfragen werden im Hintergrund an entsprechende Server weitergeleitet und Ergebnisse in Bruchteilen von Sekunden gleich unter der Suchbox angezeigt.

▲ Abbildung 14.14
Elegante Umfragen im Web 2.0-Look, ohne Installation und ohne Programmierkenntnisse als Widget verfügbar (Quelle: Polldaddy.com).

▲ Abbildung 14.15
Auf Pageflakes.com können Sie beliebige Module exportieren und innerhalb von HTML-Dokumenten einfügen. Im Beispiel die populärsten Videos zu einem gegebenen Schlüsselwort bei YouTube.

HINWEIS

Widgets können zwar immer noch keine Daten untereinander austauschen, können aber zusammen mit anderen Inhalten der Seite in das Seitenlayout Ihrer Wahl eingebettet werden.

Das Ergebnis ist ein »neuer« nützlicher Webdienst, mit dem Sie und andere Musikliebhaber sich direkt über Musikstücke informieren können, ohne von einer Seite zur anderen surfen zu müssen. Der Mehrwert wird durch die verkürzte Suche nach spezifischen Inhalten erzeugt.

Eine Exportfunktion, über die diese Module in eine Webseite »on the fly« integriert werden können, steht z. B. Nutzern von Pageflakes.com zur Verfügung. Zu jedem Modul bietet der Dienst ein dazugehöriges Code-Snippet. Damit ein gewähltes Widget in eine Seite integriert wird, genügt es, dieses in den Quellcode einzufügen. Ist dies der Fall, so wird auf der Seite ein Block erzeugt, dessen Inhalte durch Pageflakes automatisch nachgeladen, aufbereitet und anschließend als HTML-Code angezeigt werden.

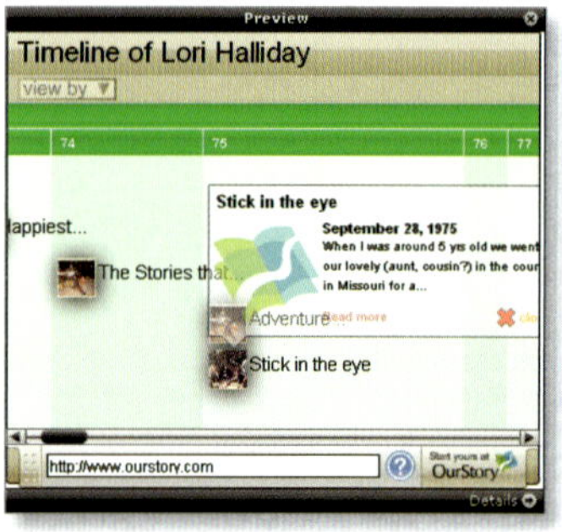

▲ Abbildung 14.16
Timeline-Widget bereitet Lebensläufe in einer eleganten Form auf. http://www.widgetbox.com/widget/timeline

14.3.2 Wo finde ich Widgets?

Mit zunehmender Popularität von Ajax ist es nicht verwunderlich, dass neben Pageflakes-Community Dutzende von weiteren Anbietern selbst gebastelte Widgets öffentlich und frei zur Verfügung stellen. Manche Widgets können runtergeladen und lokal, auf der Serverseite des Seitenbetreibers installiert und ausgeführt werden.

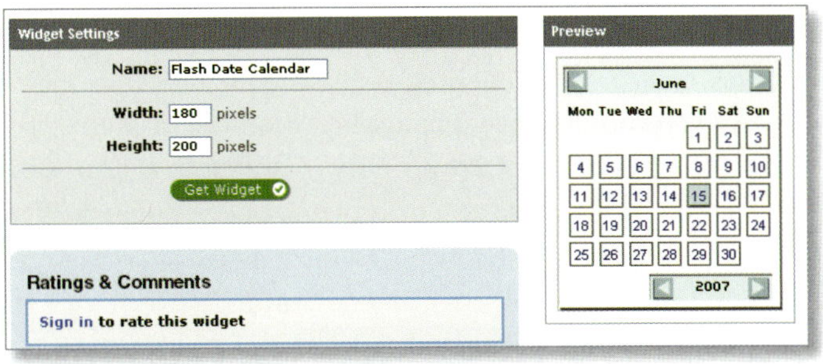

◂ **Abbildung 14.17**
Flash-Date-Calendar-Widget (http://www.widgetbox.com/widget/flash-date-calendar)

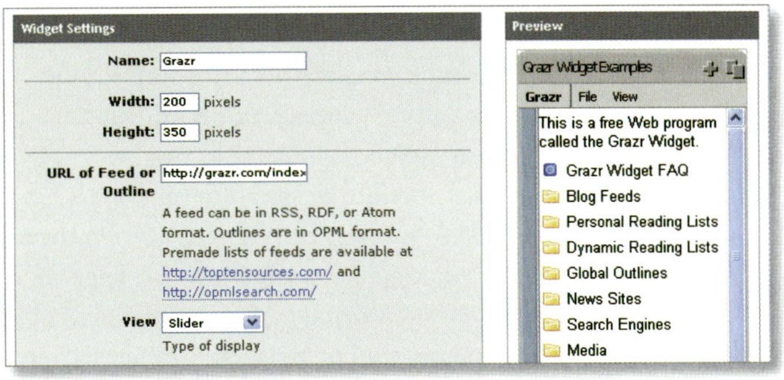

◂ **Abbildung 14.18**
RSS-Feedreader als Widget (http://Grazr.com).

Zahlreiche Kalender, Umfragen, Navigationsmenüs, automatisch generierte Grafiken, Präsentationen, Timelines, Drag and Drop-fähige Dashboards, Web Messenger und weitere Widgets sind kostenlos zu haben und können leicht zu einem Mashup erweitert werden. Darüber hinaus werden viele Widgets als Plugins für Web Publishing-Plattformen wie Wordpress angeboten und können somit gleich in der Wordpress-Engine aktiviert und benutzt werden.

Gehen Sie mit Widgets vernünftig und sparsam um. Allzu viele Widgets erweitern zwar die Seite mit neuen Funktionen, doch davon müssen Seitenbetreiber nicht unbedingt profitieren. Beachten Sie, dass Widgets immer als Ergänzung gelten und als solche unter keinen Umständen bloß zum Selbstzweck, vorhanden sein dürfen. Ein Widget passt genau dann, wenn es thematisch und funktional passt und Inhalte unterstützt.

HINWEIS

Eine ausführliche Übersicht von Referenzen zu Hunderten von *externen* und *lokalen* Widgets finden Sie im Beitrag »Widgets: Baukästen für Webentwickler« (*http://www.drweb.de/weblog/weblog/?p=671* Linkcode 398)

14.3.3 Wie programmiere ich Widgets?

Die Entscheidung, mit welchen Mitteln Widgets programmiert werden, reduziert sich meistens auf die Komplexität der Anwendung, die damit entworfen werden soll. Bei relativ simplen Widgets – etwa textbasierter Anzeige von Suchergebnissen – werden relativ bescheidene Ajax-Skripte (JavaScript und DOM) komplett ausreichen. Bei einer komplexeren Datenaufbereitung (etwa Online-Umfragen) werden Sie zum Laden und Aktualisierung von externen Inhalten zum Beispiel Iframes benötigen oder alternativ eine Flash-basierte GUI.

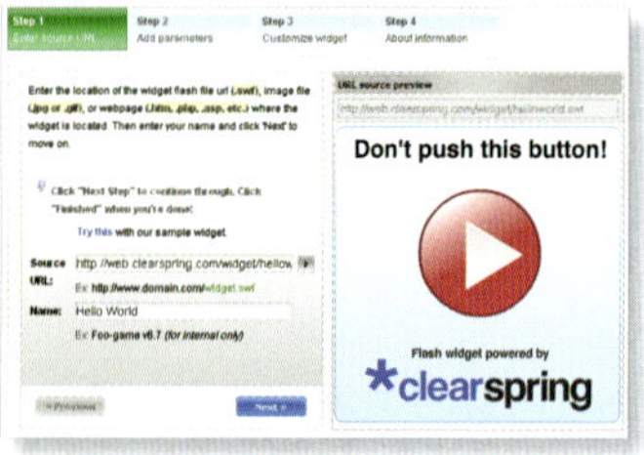

▲ **Abbildung 14.19**
So schnell kann es gehen – in vier Schritten zu einem Widget – mithilfe von Clearspring.com.

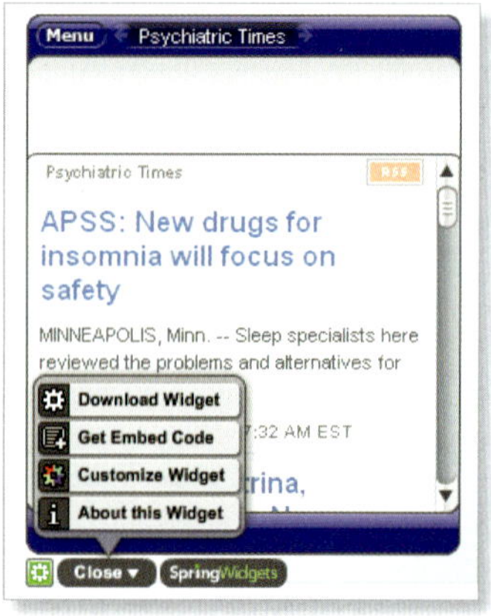

▲ **Abbildung 14.20**
Multifunktionale Widgets auswählen, anpassen und veröffentlichen auf Springwidget.com.

Grundsätzlich ist die Programmierung von Widgets jedoch nichts anderes als eine Programmierung von dynamischen und interaktiven Serverskripten. In Abhängigkeit von Ihren Kenntnissen können Sie zu diesem Zweck etwa ActionScript, des Ruby on Rails-Framework (*http://www.igvita.com/blog/2007/06/05/creating-javascript-widgets-in-rails* Linkcode 399) oder JavaScript DoJo Toolkit (*http://www.alexatnet.com/Blog/Index/2006-08-27/creating-new-dojo-widget* Linkcode 400) verwenden.

Bei fertigen Skripten müssen Sie diese nicht manuell in Widgets einkapseln. Um das Rad nicht immer wieder neu erfinden zu müssen, können Sie Clearspring Widgets Platform (*http://www.clearspring.com* Linkcode 401) oder SpringWidgets (*http://www.thespringbox.com/developers* Linkcode 402) benutzen.

Mit *Clearspring* lassen sich etwa die Parameterübergabe und Datenbehandlung automatisch erledigen; Widgets werden dynamisch erzeugt, und zwar auf der Grundlage von vorliegenden Flash- oder JavaScript-basierten Modulen. Die auf diese Weise erzeugten Widgets können sowohl auf personalisierbaren Startseiten als auch auf gewöhnlichen Seiten verwendet werden.

SpringWidgets stellt Entwicklern eine Flash-basierte Plattform zur Entwicklung von Widgets zur Verfügung. Damit versprechen die Autoren eine schnellere und effizientere Programmierung anhand von fertigen Bauteilen.

In Mac OS X können Sie sich zum Programmieren von Widgets das Tool *Webclip* zu Rate ziehen. Andere Nutzer werden mit *Yahoo! Pipeline*, *Google Web Toolkit* und *Microsoft PopFly* optimal bedient.

Hunderte von weiteren Widgets Toolkits finden Sie auf *http://en.wikipedia.org/wiki/Widget_toolkit* (Linkcode 403).

14.4 Web Scraping

HINWEIS

Logisch strukturierte XML-Dokumente werden zwar zunehmend populärer, umfassen jedoch nicht notwendigerweise alle Auftritte, auf deren Inhalte Sie zugreifen wollen. In solchen Fällen ist Web Scraping, quasi »reverse engineering«, notwendig.

Möchten Sie mehrere Widgets miteinander kombinieren, so werden Ihre Informationsquellen nicht immer in einem strukturierten Format angeboten, mit dem Sie direkt arbeiten können. Auch werden Sie häufig Widgets benötigen, über die Daten aus ganz speziellen Quellen automatisch ausgelesen werden können. Aber solche Widgets können schlicht und einfach noch nicht existieren. Um gewisse Inhalte dennoch zu extrahieren und darauf zugreifen zu können, ist sogenanntes *Web Scraping* erforderlich.

Dieser Begriff ist ein allgemeiner Bezeichner für eine Technik zum Auslesen des Inhalts aus dem Quellcode einer Webseite. Dafür werden spezielle Schemata entworfen, nach denen Inhalte gescannt und geparst werden. Meistens benutzt man Web Scraping zur der Übersetzung des Inhalts in ein Format, das für die Zwecke des Entwicklers besser geeignet ist. Im Fall der Mashups sollen Daten automatisch in strukturierten Text überführt werden und an Webdienste weitergeleitet werden.

Unter nützlichen Werkzeugen, die Sie im Notfall zum Web Scraping verwenden können, gehören insbesondere:

- **Piggy Bank Firefox Erweiterung**
  Zur automatisierten Generierung von Schemata und zur Programmierung von Web Scrapern (*http://simile.mit.edu/wiki/Piggy_Bank* Linkcode 404).
- **Feedity**
  Generiert aus einem HTML-Code einen RSS-Feed. Die Schemata zum Selektieren von passenden Inhalten lassen sich manuell verbessern, z. B. bei eBay (*http://www.feedity.com*).
- **scRUBYt – Ruby Webscraping Toolkit**
  Framework, das extra zum effizienten Web Scraping entworfen wurde (*http://scrubyt.rubyforge.org/files/README.html* Linkcode 405).

Eine robuste Alternative zu diesen Tools stellen die Dienste *Dapper.net* und *Openkapow.com* bereit: Sie können nicht nur gewünschte Inhalte visuell selektieren und umwandeln, sondern auch gleich zusammenfassen und als Widgets zusammenbauen.

TIPP

Ein typisches Beispiel für Web Scraping ist der Umgang von Suchmaschinencrawlern mit Webseiten. Manchmal wird man ohne schlaue Pattern Matching-Methoden nicht auskommen, um zum eigentlichen Inhalt der Seite zu gelangen.

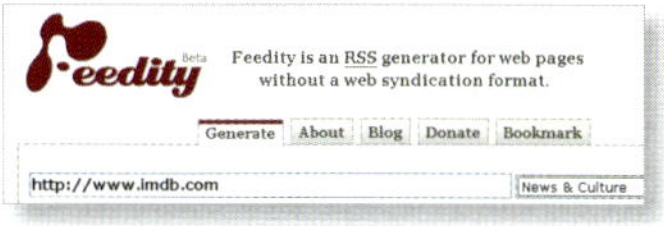

▲ **Abbildung 14.21**
Feedity.com erzeugt zu einer Webseite einen dazugehörigen RSS-Feed.

14.5 Zugriff auf APIs

Bisher haben Sie relativ unspektakuläre Techniken zur Erzeugung von Mashups betrachtet. Inhalte wurden aus Web Feeds oder Webseiten ausgelesen, zusammengestellt und dargestellt. Doch ein direkter Zugriff auf gewisse Datenbestände (etwa auf die Datenbank von Amazon.com) wäre mit diesen Techniken nur schwer zu realisieren und mit äußerst aufwendigen Web Scraping-Methoden verbunden.

HINWEIS

Programmierschnittstellen erleichtern einen direkten Zugriff auf beliebig komplexe Datenbestände ohne aufwendige Web Scraping-Methoden.

14.5.1 Was sind APIs?

Eine elegante Methode zum direkten Zugriff auf gewünschte Inhalte stellen öffentliche Programmierschnittstellen (APIs) moderner Webdienste bereit. Auf der Suche nach neuen Kundenkreisen veröffentlichen große Projekte ihre Datenbestände (Amazon.com) oder erleichtern Programmierern den Umgang mit Funktionen der Anwendung (del.icio.us).

Um eine API verwenden zu können, ist es meistens notwendig, sich auf der Seite des Dienstes zu registrieren und einen API-Schlüssel anzufordern. Diesen werden Sie in Ihren Mashups bei

[API]
Eine *API* (*application programming interface*) kann grundsätzlich mit einem Objekt verglichen werden, über dessen Methoden und Attribute Programmierer auf externe Daten zugreifen können.

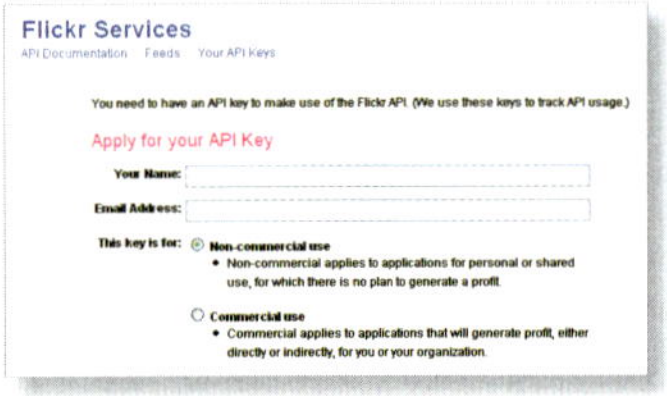

▲ **Abbildung 14.22**
Wie auch andere Dienste setzt Flickr einen persönlichen API-Schlüssel zur Verwendung der Programmierschnittstelle voraus.

jeder Anfrage an externe Dienste zur Identifikation verwenden müssen.

Unterschiedliche Dienste realisieren ihre Programmierschnittstellen unterschiedlich. Bei Google Maps geschieht dies etwa durch den Aufruf von JavaScripts, bei YouTube, del.icio.us, eBay und Amazon per *REST* (*Representational State Transfer*), *SOAP* oder *XML-RPC*. Die letzten stellen im Prinzip simple XML-basierte Protokolle zur Übertragung und Behandlung von Anfragen dar und ähneln sehr stark HTTP Requests aus Ajax.

So werden Anfragen bei YouTube folgendermaßen durchgeführt:

```
http://www.youtube.com/api2_rest?parameter1=value1&
parameter2=value2&_parameterN=valueN
```

XML-RPC hat eine kompliziertere Struktur (im Beispiel Flickr):

```
<methodCall>
    <methodName>Eine API-Methode </methodName>
    <params>
        <param>
            <value>
                <struct>
                    <member>
                        <name>Parameter1</name>
                        <value><string>Wert1
                           </string></value>
                    </member>
                    <member>
                        <name>Parameter2</name>
                        <value><string>Wert2
                           </string></value>
                    </member>
                </struct>
            </value>
        </param>
    </params>
</methodCall>
```

Wird diese Anfrage an eine API gesendet, so erhält die Anwendung meistens einen strukturierten XML-Code zurück, in dem spezifizierte Inhalte geordnet aufgelistet sind. Im Falle von Amazon können dies etwa Rezensionen zu einem Buch, bei Flickr die zuletzt hinzugefügten Bilder zu einem Stichwort und bei Google

Maps die letzten Aufnahmen einer Stadt sein. Mit diesen strukturierten Daten können Entwickler genauso wie mit Feeds weiterarbeiten und Daten in der gewünschten Form präsentieren.

14.5.2 Wie verwende ich APIs?

▲ **Abbildung 14.23**
ProgrammableWeb.com sammelt Mashups, APIs sowie Rezensionen und relevante Beiträge zu beiden Themen.

Die Programmierung von Mashups mit APIs ist keine triviale Angelegenheit und erfordert sowohl viel Zeit als auch eine genaue Vorgehensweise bei der Auswahl von Werkzeugen, die in jedem einzelnen Fall verwendet werden. In dem Beitrag »ProgrammableWeb: How To Make Your Own Mashup« (*http://www.programmableweb.com/howto* Linkcode 406) finden Sie weitere Informationen. Der Artikel stellt eine Vielzahl von Schritt-für-Schritt-Tutorials zur Verfügung, die konkrete Vorgehensweisen bei mehreren APIs detailliert beschreiben.

Alle einschlägigen APIs können detaillierte Dokumentationen vorweisen, die mit zahlreichen Beispielen erweitert und ergänzt werden. Zusätzliche Toolkits auf den Entwicklungsseiten der jeweiligen Dienste stellen Entwickvlern außerdem Werkzeuge bereit, welche die Programmierung von Mashups erleichtern.

Insbesondere sollten Sie bei Ihren Mashups folgende APIs im Auge behalten:

- **Amazon Web Services**
  http://www.amazon.com/webservices (Linkcode 407)
- **Last.FM-API**
  http://www.audioscrobbler.net/data/webservices (Linkcode 408)
- **Ebay Entwicklerseiten**
  http://entwickler.ebay.de (Linkcode 409)
- **Google API-Dokumentation**
  http://www.google.com/apis (Linkcode 410)
- **Flickr-API**
  http://www.flickr.com/services/api (Linkcode 411)
- **YouTube-API**
  http://www.youtube.com/dev (Linkcode 412)

Eine Übersicht von themenverwandten Beiträgen und weiterführenden Informationen zum Thema finden Sie auf Programmableweb.com. Neben Rezensionen zu über 450 APIs sind auf der Seite Tutorials sowie eine Übersicht von über 2000 Mashups zu finden. Wem dies nicht genügt, kann Hunderte von Mashups auf *Mashupawards.com* finden.

14.6 Zusammenfassung

HINWEIS

Große wie kleinere Webseiten werden zunehmend zu Webdiensten. Der Zugriff auf Daten wird leichter, ihre Präsentation bleibt dem Seitenbetreiber komplett überlassen. Dies ist eines der Hauptmerkmale des Web 2.0.

Mit Mashups sind neue Modelle der Seitenentwicklung in Sicht. Nicht nur können Daten dynamisch manipuliert werden, auch die Komposition von Daten, Diensten und Anfragen von Nutzern wird mit modernen Werkzeugen einfacher als je zuvor. Offene Programmierschnittstellen bieten in diesem Kontext eine saubere und robuste Option zum Umgang mit großen Datenbeständen und erleichtern ihre Wiederverwendung in beliebigen Webprojekten. Damit können Webentwickler effektiv arbeiten und Dienste ins Leben rufen, die Nutzern einen besseren Zugriff auf Webdienste bereitstellen.

Die Vermischung von Inhalten sollte nicht beliebig sein. Nicht zusammenhängende Inhalte wirken eher verwirrend als unterstützend, während sinnvolle Verknüpfungen von mehreren Diensten einen Mehrwert erzeugen und somit eine Grundlage für einen erfolgreichen Webdienst darstellen können. Deshalb überlegen Sie sich vor der Implementierung genau, welche Dienste Sie zum welchem Zweck kombinieren möchten. Nicht jede Kombination wird sich tatsächlich als vernünftig erweisen.

Beachten Sie bei der Programmierung von Mashups, dass nicht jeder Seitenbetreiber seine Inhalte gerne kopieren lässt, insbesondere wenn keine Quellenangabe gemacht werden. Eine frühzeitige Anfrage beim Seitenbetreiber kann daher nicht schaden.

TEIL IV

Web 2.0-Publishing

15 Podcasts, Vidcasts & Screencasts

Das Web 2.0 gehört uns. Angelehnt an die rasante Entwicklung der Technik publizieren Webnutzer ihre Inhalte im Sekundentakt. Das Mitmach-Web lebt von selbst produzierten Inhalten, die als Video-Dateien, Audio-Stücke oder Bildschirmpräsentationen veröffentlicht werden. Wer einen komplexen Sachverhalt geschickt veranschaulicht oder eine kreative Idee fachgerecht umsetzt, kann nicht nur seine fachliche Reputation aufbauen, sondern auch das Web verändern. Doch um ein breites Publikum anzusprechen, muss man mit Profis auf Augenhöhe konkurrieren können. Demzufolge ist es wichtig, die besten Techniken, Praktiken sowie grundlegende Regeln des Web Publishings im Auge zu behalten. Es folgt im Schnelldurchlauf das Wesentliche über Podcasting, Vidcasting und Screencasting, inklusive Werkzeuge, Dienste und Ressourcen.

▲ **Abbildung 15.1**
Das Videoblog von »Lonelygirl15« auf YouTube stellte eine der ersten selbst produzierten Video-Serien dar, die nur im Web »ausgestrahlt« wurden. Lonelygirl15 gehörte 2006 zu den häufigsten Anfragen bei YouTube.

Bilder sagen mehr als Tausend Worte. Eine Wahrheit, die auch im Web gilt, dessen Inhalte Seitenbesuchern möglichst schnell, präzise und attraktiv vermittelt werden sollen. Eine denkbare Textform, die Ansprüchen mobiler Nutzer gerecht wird, sind kurze und prägnante Listen. Doch wer mit einer schnellen Breitband-Verbindung unterwegs ist, kann und will sich mehr leisten. Beispielsweise Audio- oder Video-Sendungen, in denen ein Thema von Experten erläutert oder eine Entertainment-Story im Episoden-Format präsentiert wird.

TIPP

Beachten Sie, dass eine visuelle Präsentation ohne ein durchdachtes und niedergeschriebenes Konzept meistens in zusätzlicher Bearbeitungszeit (Ausschneiden, Einfügen) resultiert. Doch im Gegensatz zu Blog Posts können Sie bei Konzepten Ihrer Broadcasts mit Brain Storming und ein wenig Improvisation recht anregende Inhalte anbieten.

Das wissen Blogbetreiber zu schätzen. Und stellen auf der Suche nach Leserschaften entsprechende Inhalte fleißig und regelmäßig zur Verfügung. Zumal die Zusammenfassung eines Beitrages in der Regel zeitaufwendiger als eine Tonaufnahme oder ein Video-Sketch ist. Der Bedarf nach interaktiven Inhalten trifft somit auf neue Möglichkeiten des Web Publishings: In der Kultur von *User-Generated Content* etabliert sich ein neuer Zweig, der (häufig) *Podcasting* genannt wird.

15.1 Was ist Podcasting?

[Social Webcasting]
Beim *Social Webcasting* werden Multimedia-Dateien abonniert, runtergeladen. Sie können auf einem internen (PC) oder externen (etwa iPod) Gerät abgespielt werden.

Der Begriff »Podcasting« (abgeleitet von *iPod* und *Broadcasting*) steht im Allgemeinen für das Produzieren und Veröffentlichen von Multimedia-Inhalten im Web. Im Unterschied zum Begriff »Web Casting« soll Podcasting die »soziale« Komponente betonen. Dadurch soll angedeutet werden, dass es sich nicht um die Industrie, sondern um einzelne Nutzer handelt, die ihre Beiträge mithilfe von Audio- und Videoaufnahmegeräten produzieren und anschließend der Öffentlichkeit anbietet.

Abbildung 15.2 ▼
Podcasting im Überblick

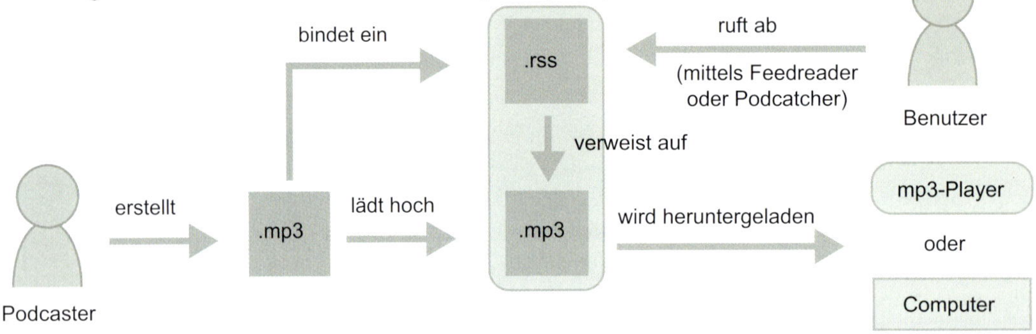

Einer der Gründe, weshalb Podcasting sich in letzten Jahren etablieren konnte, ist die vereinfachte Präsentation von Ideen und Inhalten. Komplexe Zusammenhänge können mit minimalem Zeitaufwand visuell oder sprachlich dargestellt werden, ohne in Textform niedergeschrieben werden zu müssen. Mit dem automatisierten Produzieren und Verbreiten von Multimedia-Content wird Web Publishing noch mobiler und Inhalte interaktiv und selbsterklärend.

▲ Abbildung 15.3
Für die Icon-Darstellung von Podcasts gibt es kein einheitliches Logo. Das von Peter Marquardt entworfene Logo ist eines der Kandidaten.

An sich bringt Podcasting nur wenige Neuerungen in das Konzept des Web Publishings. Multimedia-Inhalte werden über XML-basierte Web Feeds abonniert. Diese Feeds enthalten Daten über aktuelle Sendungen des Podcasters und werden bei der Veröffentlichung neuer Inhalte aktualisiert. Erkennt ein Feedreader des Abonnenten (auch *Podcatcher* genannt) »frische« Multimedia-Inhalte, so lädt er diese *automatisch* runter. Anschließend kann die Sendung in aller Ruhe angeschaut, angehört und verfolgt werden. Dies ist das Prinzip von »syndicated webcasting«.

Demnach sind selbst produzierte und veröffentlichte Multimedia-Inhalte mit Radio- und Video-Sendungen zu vergleichen, die jedoch zu einem beliebigen Zeitpunkt konsumiert werden können.

HINWEIS
Bei Podcasting werden Sendungen ähnlich abonnierten Zeitungen automatisch »nach Hause« geliefert. Dies ist der wesentliche Unterschied zum üblichen Download im Web.

15.2 Möglichkeiten des Podcastings

Im Web 2.0 erzeugen gemischte Formen des *Web Publishings* viele Begriffe, die auf den ersten Blick ganz unterschiedliche Konzepte andeuten, sich jedoch nur durch wenige Facetten unterscheiden. Nicht jeder Webautor spricht davon, was er meint und auch nicht jeder meint das, wovon er spricht. Im Wesentlichen unterscheidet man zwischen:

- **Podcasts**
  Ursprünglich Audio-Sendungen (Musik, Sprache), die im Web als Quicktime- (*.M4A*) oder MP3-Dateien veröffentlicht und verteilt werden (Beispiel: Technikwuerze.de). Zunehmend werden unter Podcasts sowohl Audio- als auch Video-Sendungen zusammengefasst.
- **Vidcasts**
  Video-Sendungen (Video, Bilder, Musik, Sprache), die im Web meistens als Quicktime- oder AVI-Dateien veröffentlicht und verteilt werden (Beispiel: Revision3.com).
- **Screencasts**
  Von spezieller Software aufgenommene Bildschirmaufnahmen (digitaler Film), die meistens mit Textkommentaren oder einer Tonspur des Erzählers erweitert werden.
- **Blogcasts**
  Eine Kombination von Podcasts und einer begleitenden alternativen Textbeschreibung innerhalb eines Weblog-Posts.

HINWEIS

Web Broadcaster sind sich uneinig: Autoren, die von Webcasting, Netcasting, Blogcasting und Podcasting sprechen, meinen unter Umständen unterschiedliche Arten des Web Publishings.

▲ **Abbildung 15.4**
Podcast auf Technikwuerze.de

▲ **Abbildung 15.5**
Vidcasts auf Diggnation.com

15.3 Podcasts produzieren

Zwar weisen die aufgelisteten Arten des Online Publishing Unterschiede im Hinblick auf Inhalte vor, eins haben sie alle jedoch gemeinsam: Eine erfolgreiche Produktion eines Podcasts setzt ein Bündel von kreativen Ansätzen und sorgfältig durchdachten Konzepten voraus.

Am wichtigsten sind bei jedem Podcast eine klare thematische Linie sowie regelmäßige und interessante Inhalte. Dies muss nicht unbedingt ein umfangreiches Thema sein. Manchmal ist es genauso nützlich, Nischen, also ganz spezielle Themen, zu besetzen.

Bemerken Sie, dass jeder Seitenbesucher insbesondere ein potenzieller Zuschauer ist, den Sie durch die Qualität Ihres Angebots überzeugen wollen. Je weniger Details dabei dem Zufall überlassen bleiben, desto besseren Eindruck können Sie bei Ihrer Leserschaft hinterlassen und desto besser wird dadurch Ihre Reputation in der Szene.

TIPP

AskANinja.com beantwortet alle Fragen, die es per E-Mail von seinen Seitenbesuchern erhält – und zwar in Form eines Podcasts. Wer genau die Seite betreibt, ist unklar. Im Allgemeinen ist es aber ein Beispiel für eine ganz nette und kreative Idee, welche die Seite unter die Top 100 der populärsten Weblogs weltweit gebracht hat.

Damit Sie dies bei Ihren Podcasts sicherstellen können, ist eine vernünftige Strategie notwendig. Sie setzt noch vor der Zusammenstellung der Inhalte an.

15.3.1 Grundlegende Richtlinien des Podcastings

TIPP

Diese Richtlinien lassen sich auch auf »normale« Weblogs übertragen.

Die folgende Übersicht soll einige wesentliche Grundlagen des Podcastings herausstellen. Beachten Sie, dass nicht alle Punkte für alle Formate passen (etwa für eine Webpräsentation, ein kurzer Video-Ausschnitt oder eine Webserie.

Kommunizieren Sie mit Ihren Besuchern. Laden Sie Ihre Hörer und Zuschauer direkt ein. Lassen sie Leser direkt wissen, worum es gerade geht und wie die Sendung aufgebaut ist.

Klare Struktur ist bei Podcasts genauso wichtig wie bei Texten. Ein Leitfaden muss deutlich erkennbar sein und kann in Screencasts und Vidcasts etwa durch Ariadnepfade angegeben werden. Beachten Sie die Usability-Regeln. Auch sie stellen bloß eine Präsentation von Daten dar und sind demnach in gleichem Maße und im gleichen Sinne zu behandeln. In Podcasts kann die Struktur der Sendung durch eine entsprechende musikalische Begleitung betont werden.

Vermeiden Sie monotone wie auch allzu bunte Präsentationen. Lassen Sie sowohl Typographie als auch Farbe Inhalte unterstützen, nicht dominieren.

Machen Sie die Stärken Ihres Produkts, Ihrer Idee bzw. Ihrer Argumentation deutlich.

Wiederholen Sie sich nicht, es sei denn Ihre Argumentation erfordert das. Schätzen Sie Ihre Zeit und die Zeit Ihrer Besucher.

Vermeiden Sie langatmige Fließtexte. Ersetzen Sie diese durch Kernaussagen, die mit Beispielen ergänzt werden.

Sorgen Sie für Korrektheit und Eindeutigkeit Ihrer Aussagen. Beispielsweise muss eine Tonspur mit der Videospur exakt synchronisiert sein; bei Verzögerungen fangen Sie die Szene neu an, anstatt sich beim Zuschauer für technische Probleme zu entschuldigen. Sie bieten keine Live-Übertragungen an, sondern sollen perfekte Berichte bereitstellen, die Seitenbesucher nachher (hoffentlich) immer wieder benutzen werden.

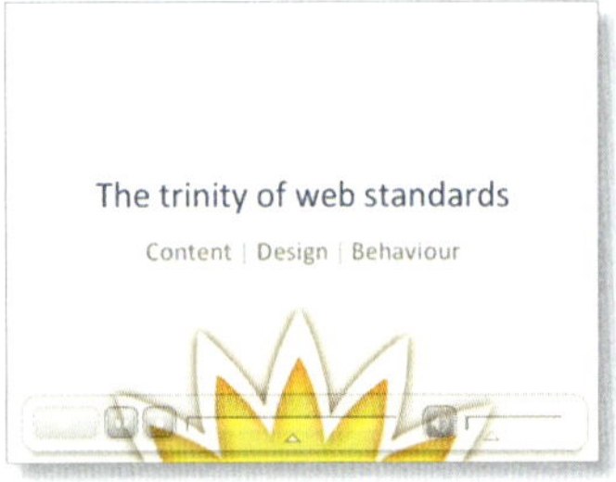

▲ **Abbildung 15.6**
Simples, elegantes und anschauliches Podcast auf Boagworld.com

Bieten Sie am Ende der Präsentation immer eine Zusammenfassung (eventuell die ganze Präsentation im Schnelldurchlauf) des Gesagten an.

Verschenken Sie Ihr Wissen. Stellen Sie Screencasts und Vidcasts als .PDF-Dateien oder etwa PowerPoint-Präsentationen kostenlos zur Verfügung. Nützliche Inhalte werden in der Regel nicht nur gerne verlinkt, sondern auch direkt ausgedruckt. Nutzer werden Ihnen dankbar sein.

Überzeugen Sie sich von der Qualität der Aufnahme, bevor sie diese veröffentlichen. Schlechte Qualität kann Ihrer Reputation schaden, auch wenn der Beitrag gut ist.

15.3.2 Plan und Entwurf

Stellen Sie sich vor der Aufnahme Ihrer Sendungen immer auf eine Entwurfsphase ein. Wissen Sie genau, was und wie Sie Ihrem Auditorium nahebringen wollen, so wird es Ihnen leichter fällen, verständliche, klar strukturierte und somit auch erfolgreiche Sendungen zu produzieren. Deshalb ist es besonders wichtig, das Format der Podcasts sowie die Frequenz ihrer Veröffentlichung möglichst früh festzulegen und sich bei jeder Sendung daran zu orientieren.

HINWEIS

Rechtzeitige Festlegung des Podcast-Formats und »Sendezeiten« helfen, sich beim Produzieren von Inhalten an ein festgelegtes Schema zu halten und Inhalte in einer konsistenten Form zu veröffentlichen.

Bei der Auswahl eines Themas suchen Sie einen vernünftigen Kompromiss zwischen Interessen Ihres Auditoriums, Ihren Interessen sowie dem zeitlichem Aufwand, mit dem das Thema für Sie verbunden ist. Erfordert ein umfassender Themenbereich eine große zeitliche Investition, so nehmen Sie sich Zeit für seine Vorbereitung. Qualität geht vor Quantität.

Um ein breites Publikum anzusprechen, behandeln Sie Themen, in denen Sie sich gut auskennen und Ihre Fachkompetenz stark unter Beweis stellen können. Überzeugen Sie durch Ihr Wissen und schlüssige Argumentation. Aufsehenerregende Themenbereiche können Ihnen zum Durchbruch verhelfen, so lange sie sorgfältig analysiert, während Ihre Aussagen logisch begründet und durch glaubwürdige Quellen bestätigt sind.

Lassen Sie sich Zeit beim Brain Storming von Aspekten, die aus Ihrer Sicht zum gewählten Thema gut passen. Fangen Sie klein an und erweitern Sie das Feld von betroffenen Themen schrittweise. Betrachten Sie Ihr Thema aus unterschiedlichen Blickwinkeln und konzentrieren Sie sich nicht auf einen sehr spezifischen Themenkreis.

TIPP

Lassen Sie Ihre Idee wachsen und deren Potenzial sich in verschiedenen Formen zeigen. Denken Sie über die Grenzen eines Themas hinaus.

Verfeinern Sie Ihren Entwurf mit ausgeschriebenen Sätzen, die den Sachverhalt näher erläutern und Ihnen Anhaltspunkte beim Produzieren geben. Diese Notizen werden Sie nachher in Screencasts und Vidcasts an entsprechenden Stellen einblenden lassen; bei Audiocasts können sie etwa in der Zusammenfassung eines Blog-Posts erscheinen.

Fassen Sie zusammenhängende Ideen und Schlüsselwörter zusammen und ordnen Sie diese systematisch ein. Versehen Sie jede Gruppe mit einem eindeutigen Titel – diese werden nachher als Überschriften Ihrer Abschnitte dienen.

Stehen die Gruppen fest, so überlegen Sie sich die Vorgehensweise bei der Erläuterung des Themas (Plan). Legen Sie die thematischen Schwerpunkte, die Länge sowie den geschätzten Zeitplan der Sendung fest.

15.3.3 Achtung, Aufnahme!

Bei der Auswahl eines Aufnahmeortes legen Sie höchste Priorität darauf, dass ungewollte Nebeneffekte – etwa Echo, Hintergrundgeräusche oder Störungen – nicht vorkommen oder wenigstens minimiert werden. Schalten Sie zu diesem Zweck unbenutzte Geräte aus und stellen Sie sicher, dass Sie während der Aufnahme nicht gestört werden. Ein ruhiger Raum mit geschlossenen Fenstern und Türen ist dafür geeignet. Ein kurzer Test vor der Aufnahme wird Ihnen helfen, eine optimale Qualität der Sendung zu erzielen.

15.3.4 Technische Aufrüstung

Audiocasts | Grundsätzlich können Tonaufnahmen mithilfe eines beliebigen aufnahmefähigen Geräts erfolgen – eines Mikro, falls Sie zu Hause sind, oder eines Diktiergeräts, falls Sie unterwegs sind. Um die Qualität der Aufnahme unter Kontrolle zu haben und Sendungen professionell aufbereiten zu können, empfiehlt es sich, eine professionelle Audiobearbeitungssoftware zu verwenden.

Abbildung 15.7 ▸
Audacity (http://audacity.sourceforge.net) auf Mac OS X

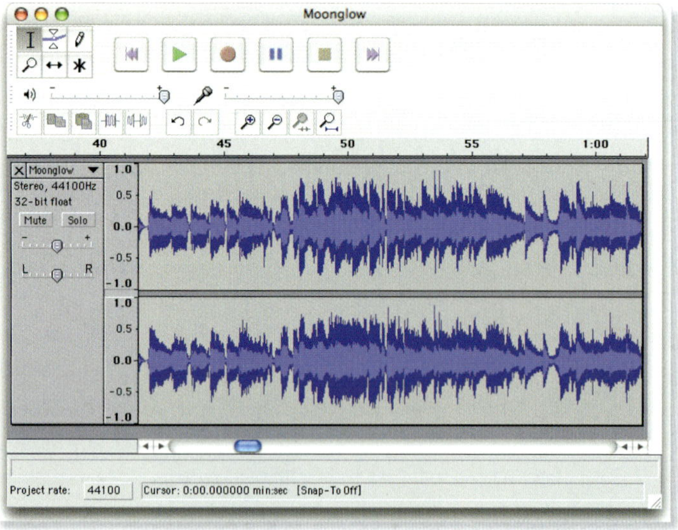

TIPP

Zur Konvertierung von Audiocasts in MP3 werden Sie bei anderen Audiowerkzeugen einen speziellen Encoder benötigen – etwa Lame-MP3 oder iTunes.

Mit *Audacity* (*http://audacity.sourceforge.net*, Open Source, Win/Mac/Linux) werden Anfänger wie Profis optimal bedient. Mit dem Tool können Sie neben professionellen Tonaufnahmen die Einstellungen für Audiocasts verbessern, Töne und Dateien schneiden, kopieren und mischen sowie Geschwindigkeit und Tonhöhe einer

Aufnahme anpassen. Außerdem bietet das Tool einen internen Konverter der erstellten Audio-Dateien in das MP3-Audiocast-Standardformat an. Mit Audacity können Ogg Vorbis-, MP3- und Wave-Dateien bearbeitet und konvertiert werden.

Mac-Nutzer können alternativ *GarageBand* (*http://www.apple.com/ilife/garageband* Linkcode 413)verwenden.

▲ **Abbildung 15.8**
GarageBand auf Mac OS X

Vidcasts | Zur professionellen Videobearbeitung stehen Podcastern eine Fülle von Optionen zur Verfügung. Dabei werden Sie in Abhängigkeit vom Betriebssystem und verfügbaren Rechnerkapazitäten häufig auf manch einen Video-Effekt verzichten wollen. Leichte und schnelle Lösungen können durchaus praktischer sein als multifunktionale und kostspielige Werkzeuge, mit denen zwar mehr gemacht werden kann, aber dafür auch mehr Zeit aufgewendet werden muss.

Um einen optimalen Video-Editor zu finden, schlagen Sie einen direkten Vergleich von 20 führenden Produkten bei Wikipedia nach: *http://en.wikipedia.org/wiki/Comparison_of_video_editing_software* (Linkcode 414). Der Beitrag führt technische Voraussetzungen, Features und Empfehlungen zu Produkten in tabellarischer Form auf.

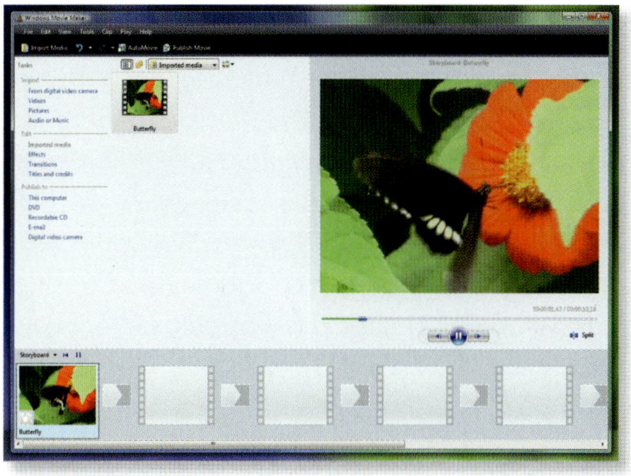

◄▲ **Abbildung 15.9**
Apple iMovie

Unter den preiswerten Werkzeugen sind Windows *Video Maker* (mitgeliefert auf Windows-Systemen), *Apple iMovie* (integriert in Apple iLife) sowie kostenlose Lösungen wie *JanShaka* (*http://www.jahshaka.org*) und *VirtualDub* (*http://www.virtualdub.org*) zu empfehlen. Grundlegende Aufgaben wie das Bearbeiten von Video-Dateien und Einblenden von Textbemerkungen werden sie professionell lösen können. Bei VirtualDub werden Nutzern zwar keine visuellen Effekte geboten, dafür aber zahlreiche Optionen zur Bearbeitung von Ton- und Videospuren sowie zur Codierung und Komprimierung von Dateien.

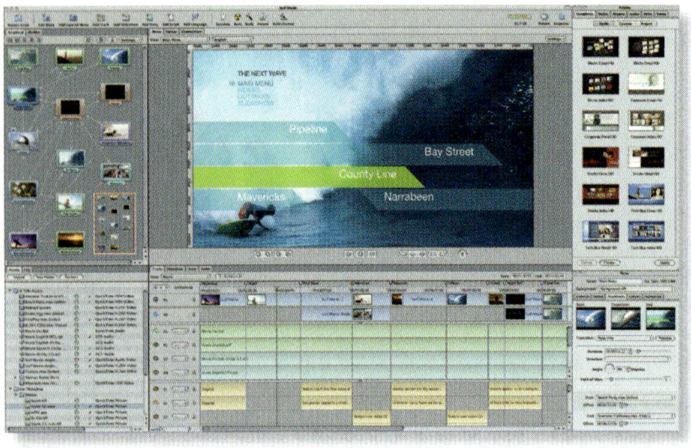

▲ **Abbildung 15.10**
Videobearbeitungssoftware für Profis – Final Cut Pro für Mac OS X

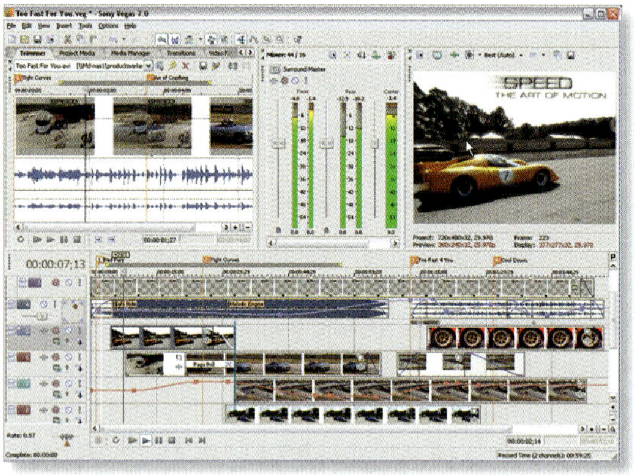

▲ **Abbildung 15.11**
Sony Vegas

TIPP

Beachten Sie, dass beim Kauf einer Digitalkamera meistens eine professionelle Bildbearbeitungssoftware mitgeliefert wird. Darunter können auch All-In-One-Solutions zu finden sein.

Fortgeschrittene All-In-One-Lösungen, wie etwa *uLead Media Studio Pro* für Windows-Nutzer (*http://www.ulead.com/msp/runme.htm* Linkcode 415), *Final Cut Pro* (*http://www.apple.com/finalcutstudio* Linkcode 416) für Mac-Nutzer sowie *Sony Vegas* (*http://www.sonymediasoftware.com/products/vegasfamily.asp* Linkcode 417) und *Adobe Premiere Pro* (*http://www.adobe.com/products/premiere* Linkcode 418) haben insbesondere im Hinblick auf die Funktionalität deutlich mehr zu bieten – schlagen aber auch mit entsprechend hohen Preisen zu Buche.

Zum Konvertieren von produzierten Video-Dateien in ein einschlägiges Videocast-Format empfiehlt es sich, sich mit *VirtualDub* und *QuickTime Pro* (*http://www.apple.com/quicktime/pro* Linkcode 419) auszurüsten. Damit können Dateien in die Formate *.avi* und *.mov* konvertiert werden.

Zum Umwandeln von Video-Dateien in Flash Video Format (flv) können Sie als Windows-Nutzer das kostenlose Tool *Riva FLV Encoder* (*http://www.rivavx.com*) verwenden. Mac-Nutzer werden in *ffmpegX* (*http://www.ffmpegx.com*) ein passendes Werkzeug entdecken. Eine Open-Source-Lösung bietet außerdem *ffmpeg* (*http://ffmpeg.mplayerhq.hu*) an. Zum Konvertieren von Video-Dateien in das .swf-Format ist *Video to Flash Converter 5.5* (*http://www.geovid.com/Video_to_Flash_Converter*) zu empfehlen.

Einen Einblick in die besten Praktiken zum Konvertieren von Video-Dateien in Flash verschafft der Beitrag *Selecting a Flash Video Encoder* (*http://www.adobe.com/newsletters/edge/march2006/index.html?sectionIndex=2*). Auch stellt er nützliche Werkzeuge zur Schau.

Außerdem wird eine ausführliche Übersicht von Werkzeugen zum Bearbeiten und Konvertieren von Video-Dateien durch die

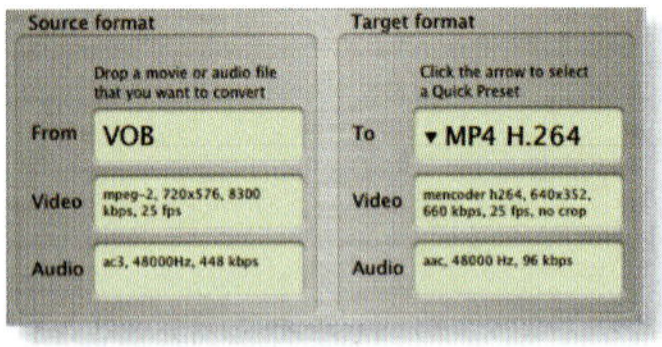

▲ **Abbildung 15.12**
Mit ffmpegX kann man Video- und Audio-Dateien in ein passendes Format unwandeln.

TIPP

Beachten Sie, dass es vorkommen kann, dass sich eine Video-Datei nicht direkt in ein Flash-Format konvertieren lässt. Abhilfe kann ein Umweg liefern: Versuchen Sie, die Datei zuerst in .avi umzuwandeln und erst anschließend in .flv.

List of Video Editing Software (*http://en.wikipedia.org/wiki/List_of_video_editing_software* Linkcode 420) auf Wikipedia geboten.

▲ **Abbildung 15.13**
BB Flashback

Screencasts

Wollen Sie als Windows-Nutzer relativ kurze Bildschirmaufnahmen erstellen, die nicht dazu gedacht sind, professionell aufbereitet zu werden, so sollte *Windows Media Encoder* (*http://www.microsoft.com/windows/windowsmedia/forpros/encoder/default.mspx*) Ihre erste Wahl sein. Fortgeschrittene Aufgaben (etwa nachträgliche Bearbeitung von Screencasts) können mit Techsmith *Camtasia Studio* (*http://www.techsmith.com/camtasia.asp*, Bildqualität und optimaler Editor) und *BB Flashback* (*http://www.bbsoftware.co.uk/BBFlashBack.aspx*, zur Optimierung der Dateigröße) gelöst werden.

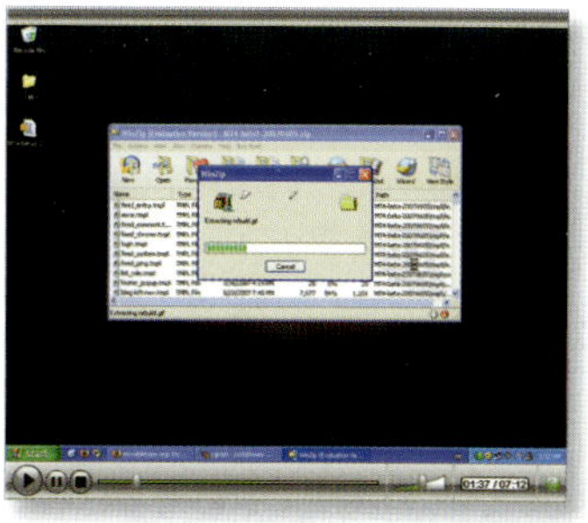

▲ **Abbildung 15.14**
Camtasia Studio im Einsatz

◄ **Abbildung 15.15**
SnapZProx für Mac OS X

Für Mac-Nutzer stehen *Backdrop* (*http://www.johnhaney.com/backdrop*), *Boinx Mouseposé* (*http://www.boinx.com/mousepose* Linkcode 421), *OmniDazzle* (*http://www.omnigroup.com/applications/omnidazzle* Linkcode 422) und *SnapZProx* (*http://www.ambrosiasw.com/utilities/snapzprox* Linkcode 423) zur Verfügung.

Mit diesen Tools können Sie neben Bildschirmaufnahmen etwa Notizen anzeigen lassen, Seitenbereiche markieren und angeklickte Bereiche visuell hervorheben. Ausgabeformate sind entweder Flash (FLV) oder Video (Quicktime, MPEG4).

Eine umfangreiche Übersicht von Screencasting-Tools finden Sie in den Beiträgen »*ScreenCasters: Review*« (*http://www.donationcoder.com/Reviews/Archive/ScreenCasting* Linkcode 424) sowie »*Einführung in Screencasting*« (*http://www.screencasting.de/2006-06/einfuehrung-in-das-screencasting* Linkcode 425) von Manuela Hoffmann.

15.3.5 Vorbereitung der Dateien

Sind die letzten Schnitt- und Tonarbeiten abgeschlossen, so gilt es nun, die fertige Datei in ein Format umzuwandeln, das von möglichst vielen Zuhörern bzw. Zuschauern verwendet werden kann. Ein Großteil der Abonnenten benutzt zum Herunterladen und Verwalten von Multimedia-Content iTunes, den wohl populärsten Multimedia-Dienst, über den iPod-Inhaber Musikstücke kaufen, sammeln, verwalten und auf iPod übertragen können. Um die Reichweite Ihrer Podcasts zu maximieren, ist es demnach wichtig, im iTunes-Verzeichnis vertreten zu sein – also auch Ihre Sendungen im dazugehörigen Format anzubieten. Wird ein Podcaster ins iTunes-Verzeichnis aufgenommen, so wird sein Feed regelmäßig auf Aktualisierungen überprüft und gegebenenfalls an Abonnenten weitergereicht.

▲ **Abbildung 15.16**
iTunes

Angespornt durch den weltweiten Triumph von iPod, konnte sich für Audio-Dateien neben dem plattformübergreifendem .mp3-Format auch .m4a durchsetzen. Aus Kompatibilitätsgründen sollten Sie für Ihre Audiocasts .mp3 verwenden.

▲ **Abbildung 15.17**
Mit iTunes können Podcasts abonniert werden.

Bei Vidcasts müssen Videos im .m4v- oder .mov-Format vorliegen, weshalb Quicktime Pro zum Konvertieren von Video-Dateien in das Quicktime-Format benutzt wird. Alternativ, falls Sie Podcasts in Ihrem Blog anzeigen lassen möchten, können Sie Flash (.flv, .swf), .avi sowie .wmv benutzen. Das Gleiche gilt auch für Screencasts.

Sind die Dateien in passende Formate konvertiert, so laden Sie diese auf Ihren Server.

15.3.6 Veröffentlichen

Falls Sie zur Veröffentlichung Ihrer Beiträge eine Web Publishing-Plattform (etwa Wordpress) verwenden, können Sie damit rechnen, dass ein XML-Code, der zum Erkennen eines Podcasts notwendig ist, automatisch generiert wird. Ein Verweis auf eine lokal abgespeicherte Audio- bzw. Video-Datei genügt: Der Rest wird automatisch erledigt. Zusammen mit Feedburner.com lässt sich dies außerdem effektiv realisieren. Die notwendigen Einstellungen zur besseren Verbreitung der Feeds liefert Feedburner standardmäßig mit.

TIPP

Geben Sie in Blog Posts die vollständige URL der hochgeladenen Datei an:
`<a href="http://www.beispiel.de/podcast.mp3">Podcast</a>`
wird von Wordpress Engine erkannt,
`<a href="podcast.mp3">Podcast</a>`
dagegen ignoriert.

Zusätzliche Optionen wie das Abspielen von Dateien direkt in einem Blog-Beitrag, allgemeine Statistiken sowie automatisches Formatieren und eine Vorschau der XML-Datei für iTunes liefert Podpress Plugin (*http://www.mightyseek.com/podpress* Linkcode

426). Wer kein Feed abonnieren möchte, kann sich die Datei direkt anhören bzw. anschauen.

Zur Veröffentlichung der Sendung bei iTunes, folgen Sie den Richtlinien *Podcaster Tech Specs* (*http://www.apple.com/itunes/store/podcaststechspecs.html* Linkcode 427). Meistens genügt es, den Podcast auf einer Anmeldeseite unter einer passenden Kategorie hinzuzufügen. Zusätzlich kann es nützlich sein, einen neuen »Sender« bei Podcast-Verzeichnissen anzumelden. Eine ausführliche Übersicht finden Sie auf *http://www.podcastingnews.com/topics/Podcast_Directory.html* (Linkcode 428) und auf *http://www.google.com/Top/Computers/Internet/On_the_Web/Podcasts/Directories* (Linkcode 429).

Alternativ können Sie Ihre Video-Sendungen bei YouTube und Ihre Audiocasts bei Odeo.com (oder ähnlichen Diensten) hochladen. Die Dateien können Sie mithilfe eines externen JavaScripts innerhalb Ihrer Blog Posts anzeigen.

15.4 Zusammenfassung

Mit hochwertigen Werkzeugen und einschlägigen Diensten ist das Publizieren von Media-Inhalten genauso einfach wie das Beziehen von Webdateien per Abonnement. Auf der Suche nach interaktiven und ansprechenden Inhalten greifen beide Seiten zur neuen Form des Web Publishings und machen sich dessen Vorteile zunutze.

Doch dies ist erst der Anfang. Angesichts fortschreitender technologischer Entwicklungen schwärmen Webvisionäre von neuen Webformaten, die unser Verständnis von Interaktivität und Informationskonsum radikal verändern werden. *3D-Web* ist im Gespräch; außerdem wird über recht aufwendige Live-Sendungen im Fernsehformat diskutiert sowie Groupcasts, die von mehreren Moderatoren in mehreren Sprachen parallel geführt werden. Ob dies bloß Visionen sind, wird die Zeit zeigen. Eins ist aber klar: Sollte sich eine Gelegenheit dazu ergeben, werden Content-Anbieter nicht lange auf sich warten lassen.

16 Wikis

Unter vielen Vorteilen des Web 2.0 ist für durchschnittliche Webnutzer eine Erneuerung spürbarer als jede andere – die Präsenz von Wikipedia, der freien Enzyklopädie, die von jedem nicht nur gelesen, sondern auch geändert werden kann. Die neue Art der Datenerfassung lässt Millionen von Menschen Ihr Wissen zusammentragen, multiplizieren, organisieren und veröffentlichen. Doch was in großem Maßstab Erfolg hat, wird auch lokale Aufgaben meisterhaft bewältigen können. Und so entstehen zunehmend kleinere Projekte, die auf dem Prinzip von Wikipedia basieren, dieses aber für Zusammenstellung und Aufbereitung von speziellen Daten zu speziellen Zwecken verwenden. Die so entstehenden Wikis liefern Flexibilität und eine bessere Organisation von Daten. Es zeigt sich, dass beide Aspekte sowohl Webautoren als auch großen Unternehmen erhebliche Vorteile verschaffen können.

▲ **Abbildung 16.1**
PHP-Nuke (http://phpnuke.org), ein CMS aus alten Zeiten. Es stellt auch heute noch ein mächtiges Werkzeug zur Programmierung von Webseiten und Verwaltung von komplexen Seitenstrukturen dar.

Über mehrere Jahre hinweg galten umfangreiche Content-Management-Systeme (CMS) als Standardwerkzeug zur Verwaltung von Datenbeständen im Web. Häufig recht komplex und nicht intuitiv, erledigten sie die Aufgabe, Inhalte in Rubriken zu verteilen und in einem kompakten Seitenlayout automatisch unterzubringen. Doch wegen bis an die Spitze getriebener Funktionalität konnten diese Systeme ihren Nutzern kaum Flexibilität anbieten, mit der sich Daten effizient bearbeiten ließen.

◄ **Abbildung 16.2**
Auf Cmsmatrix.org können Sie 765 Content-Management-Systeme miteinander vergleichen. Eine Vergleichstabelle von einschlägigen Content-Management-Systemen finden Sie auch auf der Seite von Wikipedia (*http://en.wikipedia.org/wiki/Comparison_of_content_management_systems* Linkcode 430).

HINWEIS

Die Veränderung der Datenbestände stellte bei Content-Management-Systemen noch vor wenigen Jahren eine recht zeitaufwendige und nicht intuitive Angelegenheit dar. Mit modernen Systemen geht dies schneller, einfacher und eleganter.

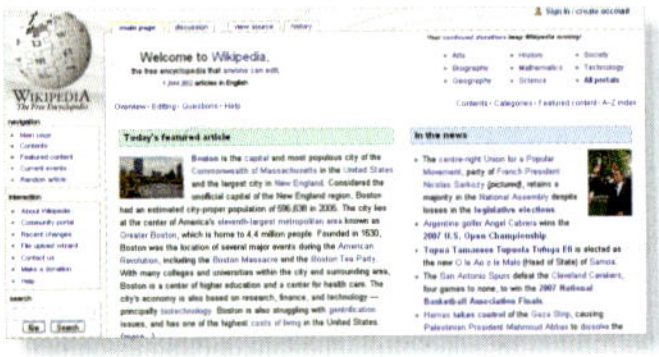

▲ **Abbildung 16.3**
Die englischsprachige Wikipedia verfügte Mitte 2007 über fast 1,85 Millionen Beiträge. Die deutschsprachige Version konnte sich mit 600.000 Beiträgen auf Platz 2 unter allen Wikipedia-Enzyklopädien weltweit behaupten.

▲ **Abbildung 16.4**
MediaWiki (http://mediawiki.org), die Wiki-Engine, auf der Wikipedia aufgebaut ist.

Die zentrale Verwaltung der Seite machte es etwa für nicht registrierte Mitglieder unmöglich, Inhalte dynamisch einzufügen oder vorhandene Inhalte zu modifizieren. Die Formatierungsvorlagen zur Auszeichnung von Inhalten waren meistens genauso stark begrenzt wie die Möglichkeiten zur automatisierten Verknüpfung von bereits existierenden Seiten.

So war es in vielen Intranets üblich, dass die Zusammenarbeit zwischen den Angestellten mithilfe eines nicht intuitiven CMS realisiert und koordiniert werden musste – oder sogar ganz neu, angelehnt an die Zielsetzung, programmiert werden musste. Genauso oft wurde der Einsatz von CMS zur internen Kommunikation ganz unterlassen und durch direkte E-Mail-Kommunikation ersetzt. Aus dem einfachen Grund: Per E-Mail ging es schneller. Im Laufe der Zeit konnten sich die CM-Systeme zwar deutlich verbessern (und kommen heute intensiv als Weblog Publishing Software zum Einsatz: Drupal.org, Joomla.org, Mambo-Foundation.org, Textpattern.com, Typo3.com, Wordpress.com), auf grundsätzlich neue Konzepte hat man jedoch vergeblich gewartet.

MediaWiki (*http://mediawiki.org*), das offene Web Publishing-Konzept, das der Enzyklopädie zugrunde liegt, ließ CMS aus einer neuen Perspektive betrachten: anhand einer einfachen, intuitiven Formatvorlage und minimalistisch gehaltener Seitenstruktur konnten Webautoren Seiten nun »on the fly« generieren, bearbeiten und verknüpfen. Das rasante Wachstum von Wikipedia zeigte schon bald, dass das Konzept Zukunft hat. Darauf aufbauend, konnten Webprojekte zur Verwaltung und Zusammenstellung von Daten ein neues einschlägiges Format zu Rate ziehen – die sogenannten Wikis.

16.1 Was ist ein Wiki?

Ein Wiki (aus dem Hawaiianischen für »schnell«) ist eine Zusammenstellung von Webinhalten, die von mehreren Autoren erstellt, bearbeitet und auch wieder gelöscht werden können. Die Hauptaufgabe eines Wikis besteht darin, die Zusammenarbeit mehrerer Autoren oder Gruppen von Autoren zu erhöhen und das Publizieren von zusammenhängenden Inhalten zu erleichtern. Man spricht deshalb auch von einem *collaborative authoring tool*.

Zu diesem Zweck stellen Wikis ein Web Publishing-System (*Wiki-Engine*) zur Verfügung. Mit dessen Hilfe können Autoren über Inhalte diskutieren, Änderungen vornehmen und diese dokumentieren. Sämtliche Veränderungen und Versionen eines Dokuments werden gespeichert und können bei Bedarf abgeglichen und sogar rückgängig gemacht werden. Die Wiki-Engine ist meistens direkt ins Wiki eingebaut, wodurch sich Seiten live modifizieren und mit anderen Nutzern direkt besprechen lassen.

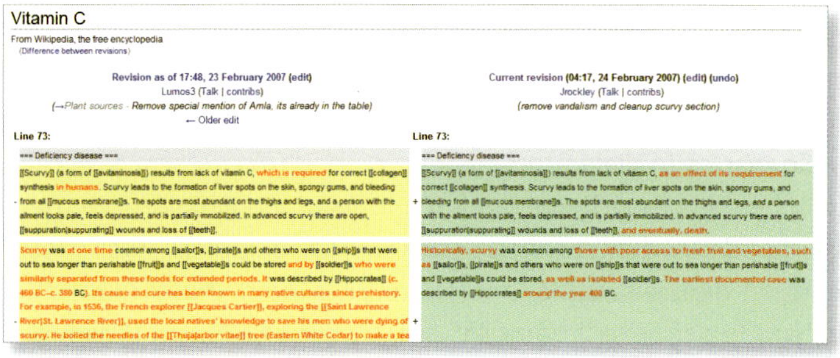

◂ **Abbildung 16.5**
Abgleich von Veränderungen in einem Wikipedia-Eintrag. Links das Original, rechts die modifizierte Version.

Grundsätzlich folgen Wikis einer offenen Philosophie: Jeder kann Inhalte hinzufügen und entsprechend seiner Vorstellung bestehende ändern. Zur Qualitätssicherung werden meistens keine expliziten Sicherungssysteme entworfen.

Innerhalb eines lokalen Projekts wird man in der Regel nicht mit der mutwilligen Zerstörung von Daten rechnen müssen. Bei unabsichtlichen Fehlern können Inhalte leicht wiederhergestellt werden. In größeren Projekten wird das Problem durch gegenseitige Kontrolle der Nutzer gelöst. Verschiedene Nutzer können über unterschiedliche Zugriffsrechte verfügen. Bei einer Veränderung des Datenbestandes können sämtliche Änderungen eingesehen und gegebenenfalls rückgängig gemacht werden. Außerdem werden an neue Mitglieder oftmals gewisse Anforderungen gestellt, bevor ihnen Schreibrechte gewährt werden. Hierzu zählen beispielsweise eine gewisse Anzahl an positiv bewerteten Vorschlägen des neuen Nutzers oder eine Art »Probezeit«, in der er seine positive Einstellung unter Beweis stellen muss.

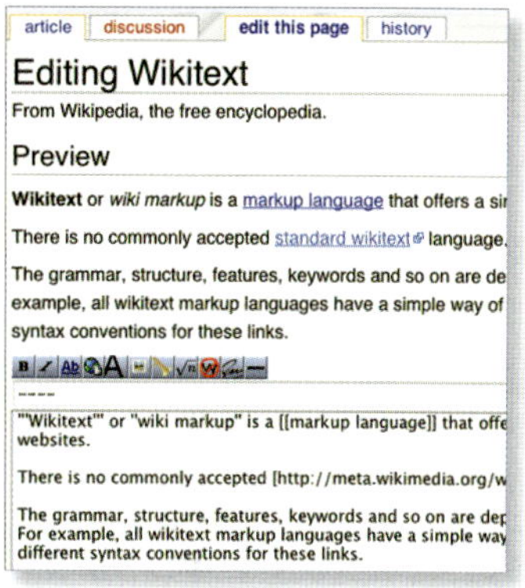

▴ **Abbildung 16.6**
Die Formatierung von Inhalten ist bei Wikis einfach und intuitiv. Der Inhalt einer Seite kann gleich diskutiert werden. Auch die vorhergehenden Versionen des Dokuments können angeschaut werden.

Der wesentliche Vorteil eines Wikis besteht darin, dass es Autoren erlaubt, Inhalte leicht in eine hierarchisch strukturierte und organisierte Form zu bringen. Die Veröffentlichung der Daten geschieht weit schneller, als dies mit Content-Management-Systemen der Fall ist, wobei Seitenbesucher Inhalte auch selbst modifizieren können. Außerdem kann ein Wiki auch in Intranets zum Einsatz kommen. Es wird meistens zur effizienten Zusammenarbeit, der besseren Verwaltung von Informationen sowie einem schnellem Datenaustausch und zur Dokumentation verwendet.

HINWEIS

Die meisten Wikis folgen »weltoffenen« Leitprinzipien: Anstatt Techniken zur Vorbeugung gegen bewusste Zerstörung zu entwerfen, haben Entwickler die Wiederherstellung von Daten so schlicht wie möglich realisiert. Da alle Änderungen geloggt werden, können sie im Zweifelsfall manuell korrigiert werden. Auch das Zuweisen von Rechten zum Ändern eines Beitrags für verschiedene Nutzertypen ist für Nutzer mit Administrator-Rechten möglich.

Zwar orientieren sich die meisten Wiki-Plattformen an der Funktionsweise des MediaWikis, doch abhängig von der Zielsetzung bieten sie auch fortgeschrittene Lösungen an, die für Nutzer mit erweiterten Aufgabenstellungen hilfreich sind. Mittlerweile existieren über 100 verschiedene Wiki-Engines. Ein Überblick von ausgewählten Plattformen lohnt sich daher.

16.2 Wiki-Engines in der Übersicht

16.2.1 Allgemeine Lösung

Wie bereits angesprochen, bietet das kostenlose *MediaWiki* (*http://mediawiki.org*, PHP + MySQL/PostgreSQL) eine allgemeine Plattform für Wikis jeglicher Art an. Als Formatierungssprache verwendet die Plattform WikiText, eine intuitive Formatierungssprache, mit der HTML-Quelltexte dynamisch generiert werden. Sie ist sehr einfach zu installieren und zu bedienen. Eine Übersicht zu den wichtigsten Formatierungskommandos finden Sie auf dem Spickzettel in Tabelle 16.1. Dieser wurde von Wikimedia Deutschland entworfen und unter *http://commons.wikimedia.org/wiki/Image:Cheatsheet-de.pdf* (Linkcode 432) zu finden.

TIPP

Zur Verwendung einer Wiki-Engine müssen Sie die Wiki-Software nicht unbedingt selbst installieren. Viele Wiki-Hosts bieten ihre Dienste kostenlos an. Eine Übersicht finden Sie auf *http://en.wikibooks.org/wiki/Wiki_Science:How_to_start_a_Wiki* (Linkcode 431).

Tabelle 16.1 ▸
Wikitext-Spickzettel

<table>
<tr><th>Wikitext</th><th>Ergebnis</th></tr>
<tr><td><code>''kursiv''</code></td><td>kursiv</td></tr>
<tr><td><code>'''fett'''</code></td><td>fett</td></tr>
<tr><td><code>'''''fett und kursiv'''''</code></td><td>fett und kursiv</td></tr>
<tr><td><code>==Überschrift==</code>
<code>===Ebene 2===</code>
<code>====Ebene 3====</code>
<code>=====Ebene 4=====</code></td><td>Überschriften in verschiedenen Größen</td></tr>
<tr><td><code>[[Link auf eine Seite]]</code>
<code>[[Link|anderer Titel]]</code></td><td>Internen Link auf eine andere Wiki-Seite setzen</td></tr>
<tr><td><code>http://www.irgendwas.de</code>
<code>[http://www.irgendwas.de Text]</code></td><td>Externer Link</td></tr>
<tr><td><code>Link mit Beschreibung</code>
<code>[[en:English article]]</code></td><td>Interwiki-Link zur englischen Wikipedia setzen</td></tr>
<tr><td><code>[[Kategorie:Beispiel]]</code></td><td>Artikel in die Kategorie »Beispiel« einsortieren</td></tr>
<tr><td><code>----</code></td><td>horizontale Linie</td></tr>
<tr><td><code>* eins</code>
<code>* zwei</code>
<code>* drei</code></td><td>Aufzählungsliste</td></tr>
<tr><td><code># eins</code>
<code># zwei</code>
<code># drei</code></td><td>Nummerierte Liste</td></tr>
<tr><td><code>[[Bild:Datei.jpg|Text]]</code>
<code>[[Bild:Datei.jpg|thumb|Text]]</code></td><td>Bild mit Beschreibung einbinden Vorschaubild</td></tr>
<tr><td><code>[[Media:Datei.ogg]]</code></td><td>Datei verlinken</td></tr>
<tr><td><code>{{Name}}</code></td><td>Vorlage »Name« einbinden</td></tr>
<tr><td><code>--~~~</code></td><td>Signatur (Link auf Benutzerseite)</td></tr>
<tr><td><code>--~~~~</code></td><td>Signatur mit Datum</td></tr>
</table>

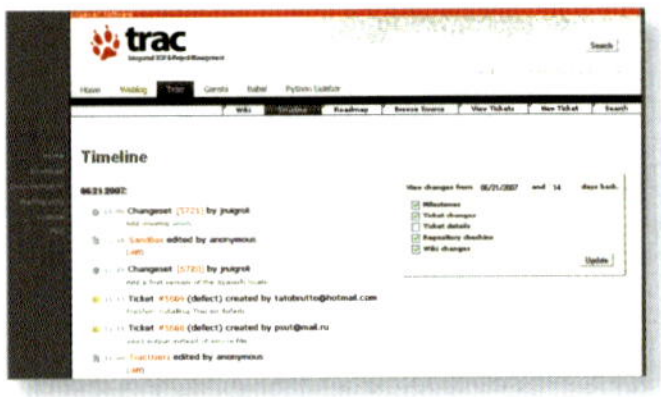

▴ **Abbildung 16.7**
TracWiki (http://trac.edgewall.org) empfiehlt sich vor allem für Software-Projekte und zur Dokumentation.

16.2.2 Software-Management und Dokumentation

TracWiki (*http://trac.edgewall.org*, Python + SQLite/PostgreSQL, Open Source) stellt eine umfangreiche Wiki-Engine mit speziellen

Optionen für Software-Entwickler bereit. Neben dem Einbinden von *Subversion* und *Doxygen* ist es auch möglich, »Tickets« zu öffnen und diese im Team zu besprechen. *Bug Hunting* kann dadurch schneller und effizienter geschehen. Die Änderungen des abgelegten Quellcodes können mit RSS-Feeds verfolgt werden.

16.2.3 All-In-One-Lösung für große Unternehmen

TWiki (*http://twiki.org*, Perl, kostenlos) erlaubt die Erstellung und Verwaltung von mehreren Gruppen von Nutzern, die Inhalte unabhängig voneinander klassifizieren und organisieren. Die Engine stellt unter anderem eine Programmierumgebung zur Verfügung. Nutzer können damit Variablen und Konstrukte festlegen und TWiki somit an ihre eigenen Bedürfnisse anpassen. Auch eine Volltextsuche mit und ohne reguläre Ausdrücke ist vorhanden. Die TWiki-Community stellt außerdem zahlreiche weitere Plugins zum Download bereit (*http://twiki.org/cgi-bin/view/Plugins/PluginPackage*). TWiki ist ein mächtiges Werkzeug zur Bewältigung von komplexen Managementaufgaben.

▲ **Abbildung 16.8**
Twiki (http://twiki.org) stellt eine umfassende Business-Lösung für mittlere und große Unternehmen bereit.

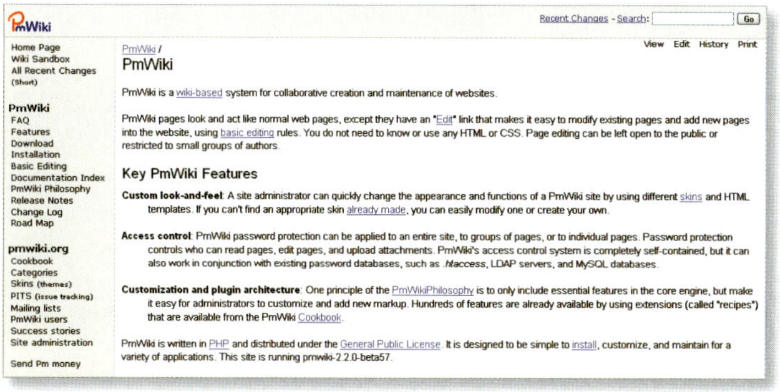

◀ **Abbildung 16.9**
PmWiki (http://pmwiki.org) – eine schnelle und einfache Wiki-Engine.

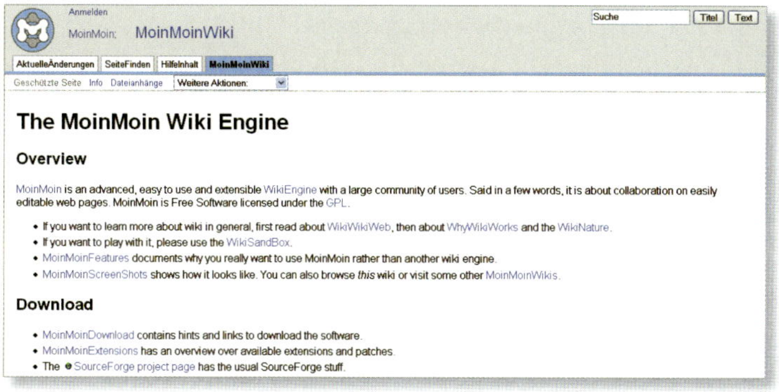

◀ **Abbildung 16.10**
MoinMoin (http://moinmoin.wikiwikiweb.de) ist einfach und leicht zu bedienen.

16.2.4 Schnelle und einfache Lösung

PmWiki (*http://www.pmwiki.org*, PHP, keine Datenbank notwendig, GPL) überzeugt durch die Einfachheit der Installation und die Wartung der Einträge. Seiten können gruppiert werden, und jede

Gruppe kann mit Templates versehen werden, welche die Darstellung und Funktionalität der Seiten festlegen. Online-Formulare und Podcasts können in Wiki direkt eingebettet werden. Es sind Hunderte von Erweiterungen verfügbar, etwa die Integration von LaTeX oder automatisierte Ariadnepfade.

Abbildung 16.11 ▼
Wikka Wiki: schnell, elegant und multifunktional. Mit der Engine lassen sich auch Flash-Filme einfügen und Mindmaps entwerfen.

▲ Abbildung 16.12
PhpWiki: Ein kompaktes Werkzeug für kleine Gruppen.

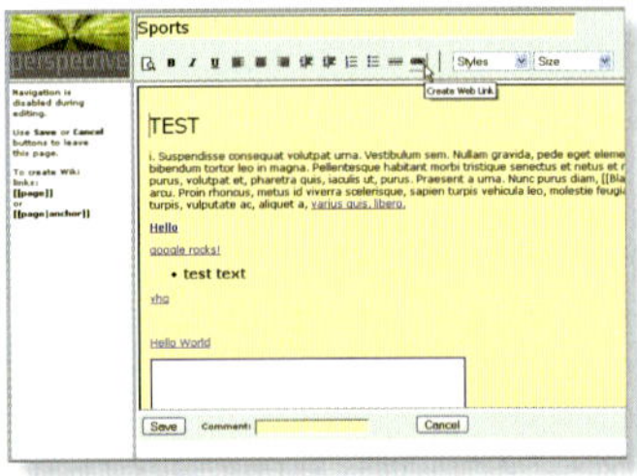

▲ Abbildung 16.13
Per Spective hat nicht viel Besonderes zu biete, sie überzeugt jedoch durch die Volltextsuche in MS Office-Dateien in einem Wiki.

Alternativ können Sie *MoinMoin* (*http://moinmoin.wikiwikiweb.de*) und *WikkaWiki* (*http://wikkawiki.org*) verwenden. Beide Systeme lassen sich schnell installieren, konfigurieren und verwalten. *WikkaWiki* verfügt außerdem über einen WYSIWG-Editor, Code-Highlighting, Flash-Unterstützung sowie ein Tool zum Erstellen von Mindmaps.

16.2.5 Kompaktes Werkzeug für kleine Gruppen

PhpWiki (*http://phpwiki.sourceforge.net*, PHP + MySQL/PostgreSQL) ist eine weitere einfache Lösung, die es etwa im Gegensatz zu MediaWiki erlaubt, eine Datenbank von mehreren Wikis aus gleichzeitig zu verwenden. Die Engine unterstützt eine Volltextsuche, die Anzeige von beliebtesten Seiten sowie grundlegende Wiki-Funktionen.

16.2.6 Volltextsuche in hochgeladenen MS Office-Dateien

Per Spective (*http://www.high-beyond.com*, Microsoft .NET) ist die einzige Wiki-Engine, mit der Sie auch hochgeladene MS Office-Dateien (Word, Excel u.A.) in einem Wiki durchsuchen können. Mit einem integrierten WYSIWG-Editor lassen sich die Inhalte der Dokumente visuell aufbereiten. Eine Seite kann nicht gleichzeitig von mehreren Nutzern bearbeitet werden (*page lock*).

16.2.7 Weitere Informationen

Folgende Ressourcen helfen Ihnen bei der Suche nach einer optimalen Wiki-Engine:

- **Wiki-Engines**
  http://c2.com/cgi/wiki?WikiEngines (Linkcode 433)
  http://c2.com/cgi/wiki?ChoosingaWiki (Linkcode 434)
  Eine Liste sämtlicher Wiki-Engines, sortiert nach der Implementierungssprache und versehen mit detaillierten Beschreibungen. Außerdem bietet die Seite weiterführende Referenzen zum Thema.
- **Wikipedia: Comparison of Wiki Software**
  http://en.wikipedia.org/wiki/Comparison_of_wiki_software (Linkcode 435)
  Eine Vergleichstabelle von Wiki-Werkzeugen
- **Wiki-Engine Comparison**
  http://moinmoin.wikiwikiweb.de/WikiEngineComparison (Linkcode 436)
  Eine detaillierte Vergleichstabelle von 13 populären Wiki-Engines.
- **WikiMatrix.org**
  Auf der Seite können Sie sämtliche Wiki-Engines direkt miteinander vergleichen. Ein Choice Wizard (*http://www.wikimatrix.org/wizard.php* Linkcode 437) hilft Ihnen, eine Engine zu finden, die Ihren Anforderungen am besten entgegenkommt.

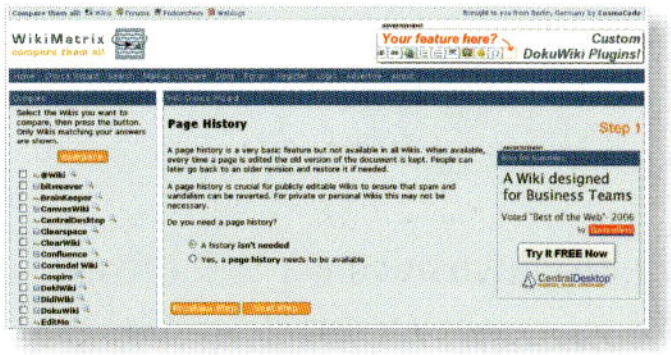

▲ **Abbildung 16.14**
Auf WikiMatrix.org können Nutzer eine optimale Wiki-Engine mit einem Choice Wizard bestimmen.

▲ **Abbildung 16.15**
WikiMatrix.org lässt verschiedene Wiki-Engines gegeneinander auftreten.

16.3 Installation einer Wiki-Engine – MediaWiki

Die geläufigste Wiki-Engine, für die Sie sich in der Regel zum Zusammenstellen und Verwalten von Inhalten entscheiden werden, ist MediaWiki. Die Ähnlichkeit des Systems mit Wikipedia vermittelt die Idee der Engine direkt. Über die intuitive Benutzeroberfläche und vereinfachte Markupsprache ist das Bearbeiten und Hinzufügen von neuen Inhalten leicht und intuitiv möglich.

TIPP

Eine ausführliche englischsprachige Anleitung zur Installation von MediaWiki finden Sie auf *http://www.mediawiki.org/wiki/Manual:Installation* (Linkcode 438).

Schritt für Schritt: MediaWiki installieren

Als Beispiel betrachten wir den Installationsvorgang der MediaWiki. Er ist bei allen Engines ähnlich.

1 Package hochladen und Rechte einräumen

Laden Sie die letzte Version der MediaWiki-Engine von *http://www.mediawiki.org/wiki/Download* herunter und entpacken Sie das Package in einen Ordner auf dem Server, etwa *www.beispiel.de/wiki*. Stellen Sie sicher, dass der Server über eine PHP-Unterstützung verfügt und legen Sie über PhpMyAdmin oder ein anderes Admin-Interface eine neue SQL-Datenbank an.

Räumen Sie für den Ordner *config* neben Leserechten auch Schreibrechte ein, damit die Engine die Dateien im Ordner modifizieren und speichern kann; in UNIX-Systemen geschieht dies mithilfe des Befehls `chmod 777 config`.

Starten Sie das Installationsskript durch den Aufruf der Adresse *http://www.beispiel.de/wiki* in Ihrem Browser.

▲ Abbildung 16.16
Das Installationsskript der MediaWiki wird aufgerufen.

Erscheint nach dem Einräumen der Schreibrechte eine Fehlermeldung, in der auf nicht vorhandene Rechte zum Schreiben von Sessiondateien hingewiesen wird (dies wird häufig der Fall sein), so ist es erforderlich, die Datei *php.ini* entsprechend anzupassen.

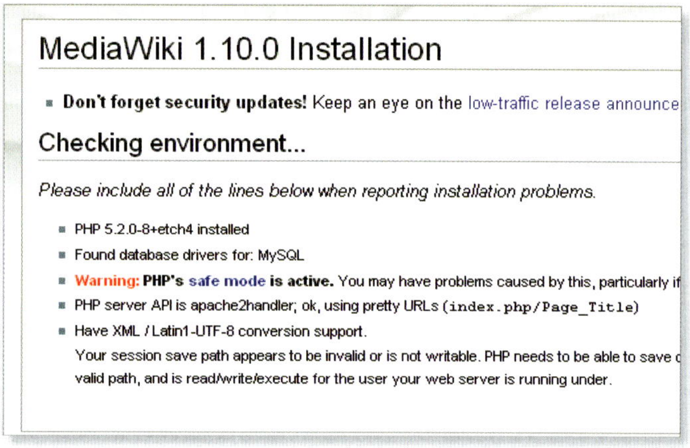

Abbildung 16.17 ▶
Eine Fehlermeldung informiert über nicht vorhandene Rechte zum Schreiben von Sessiondateien.

Wo sich die Datei auf Ihrem Server befinden, können Sie mittels `<? phpinfo(); ?>` erfahren.

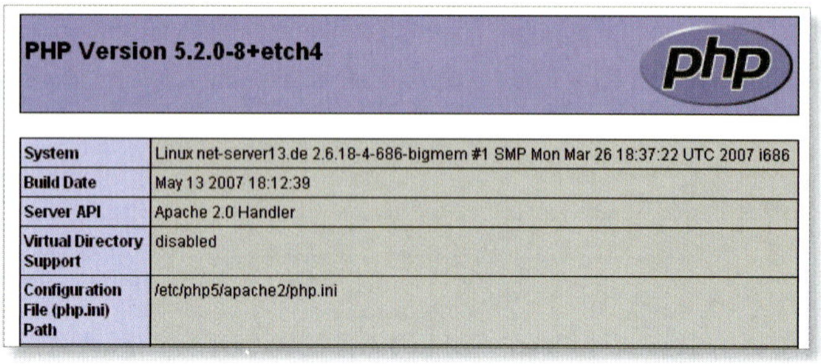

Abbildung 16.18 ▶
`phpinfo()` im Einsatz. Die letzte Zeile zeigt den Pfad zur Konfigurationsdatei php.ini. Diese werden Sie bei der Installation der MediaWiki-Engine häufig anpassen müssen.

Stellen Sie sicher, dass die Variable *session.save_path* in der Datei *PHP.ini* einen korrekten Pfad enthält. Der jeweilige Ordner muss mit read/write/execute-Rechten versehen werden (`chmod 777`).

Verfügen Sie über keine Rechte zum Ändern der Datei, so müssen Sie sich zu diesem Zweck mit dem Kundendienst in Verbindung setzen.

2 Konfigurieren und Festlegen von Parametern

Sind die Installationsvoraussetzungen erfüllt, so kann die Konfiguration der Wiki mit dem Installationsskript erfolgen.

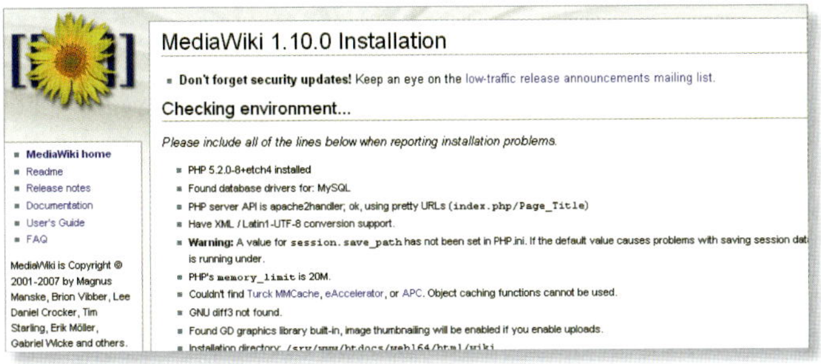

◂ **Abbildung 16.19**
Das MediaWiki-Skript gibt grünes Licht: Wiki kann installiert werden.

Unter anderem lassen sich der Wiki-Titel, die Interface-Sprache, die Admin-Zugangsdaten sowie die Datenbankdaten festlegen.

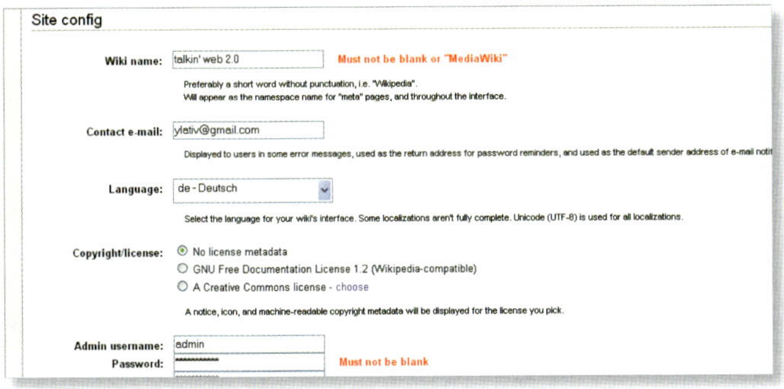

◂ **Abbildung 16.20**
Konfiguration der installierten Wiki: Das Installationsskript benötigt einen Wiki-Titel, die Festlegung von Admin-Zugangsdaten sowie die Sprache, die die Benutzer verwenden sollen.

Erzeugen Sie nun eine MySQL-Datenbank mithilfe von PhpMyAdmin oder eines anderen Werkzeugs zur Verwaltung von Datenbanken.

Daten, die nach der Erstellung der Datenbank zum Zugang benötigt werden, müssen nun in dazugehörigen Feldern eingegeben werden.

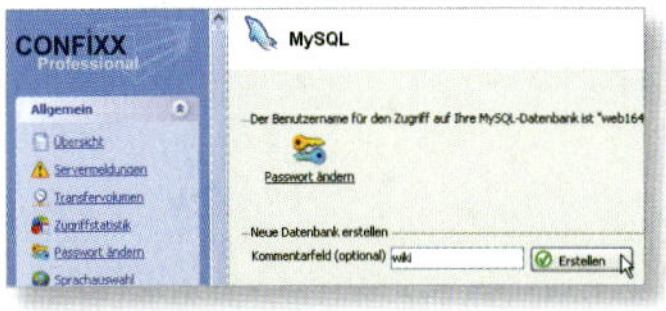

▴ **Abbildung 16.21**
Eine neue MySQL-Datenbank wird unter Confixx Professional erzeugt.

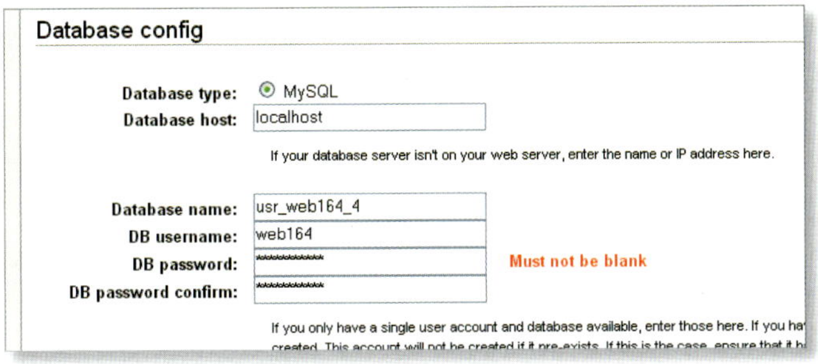

◂ **Abbildung 16.22**
Angabe der Datenbankdaten bei der Installation von MediaWiki

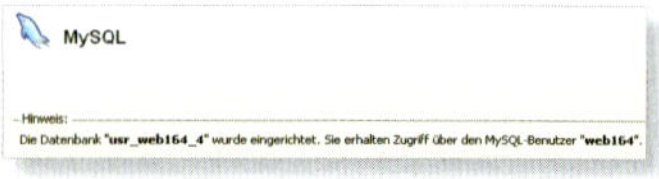

▲ **Abbildung 16.23**
Das System liefert Zugangsdaten für den Zugriff auf die Datenbank.

Soll eine Datenbank außer MediaWiki weitere Webanwendungen (etwa mehrere Wikis bedienen), so können Sie für die Datenbanktabellen der aktuellen Wiki ein Präfix festlegen. Etwa mw_, damit die Tabelle eindeutig identifiziert werden kann.

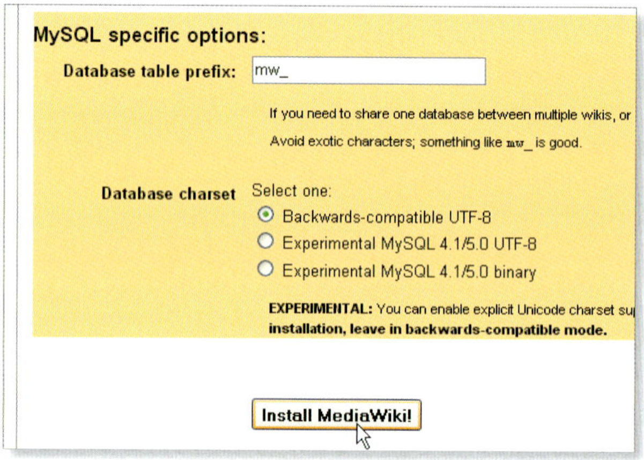

Abbildung 16.24 ►
Damit mehrere Webapplikationen eine Datenbank benutzen können, können Sie für Tabellen der einzelnen Wikis ein Präfix festlegen.

Wird das Installationsskript nach dem Anklicken der Schaltfläche Install MediaWiki! gestartet, so werden Sie über den Installationsvorgang informiert. Bei korrekten Angaben wird eine lauffähige Wiki-Engine installiert.

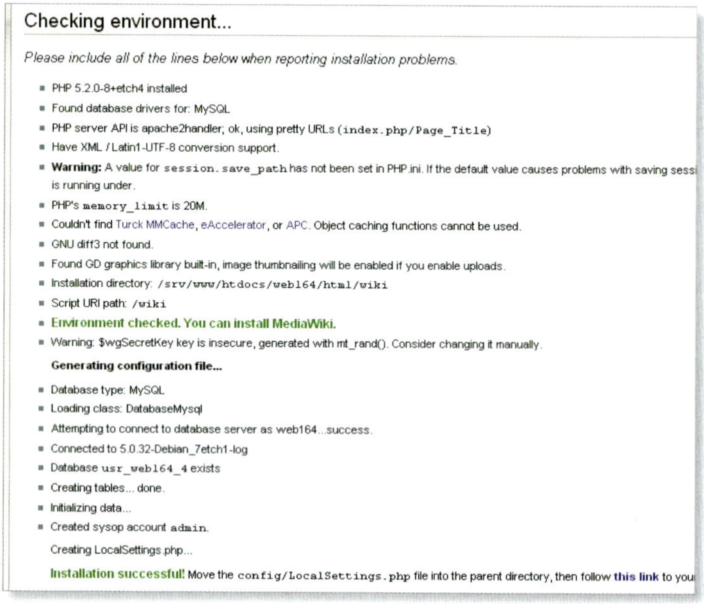

Abbildung 16.25 ►
Die Wiki-Engine wurde erfolgreich installiert.

Um die Installation fertigzustellen, folgen Sie dem angegebenen Verweis. Aus Sicherheitsgründen werden Sie gebeten, die Datei *LocalSettings.php* aus dem Verzeichnis *config* in den root-Ordner zu verschieben.

◀ **Abbildung 16.26**
Zur Fertigstellung der Installation werden Sie gebeten, die Datei LocalSettings.php zu verschieben.

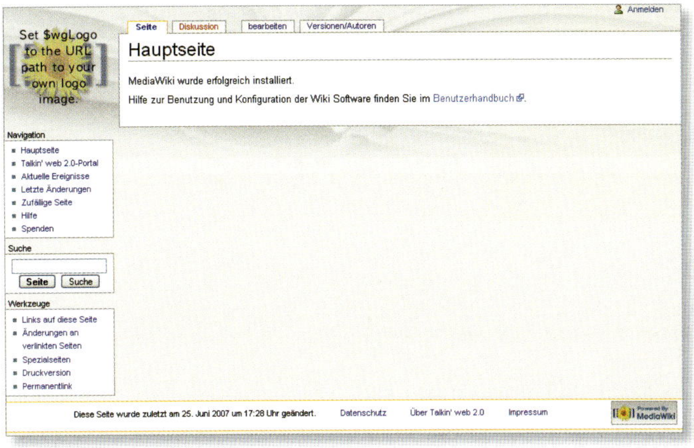

◀ **Abbildung 16.27**
Die Installation ist abgeschlossen. Wiki kann benutzt werden. Zur Anmeldung folgen Sie dem Verweis im rechten oberen Bereich der Seite.

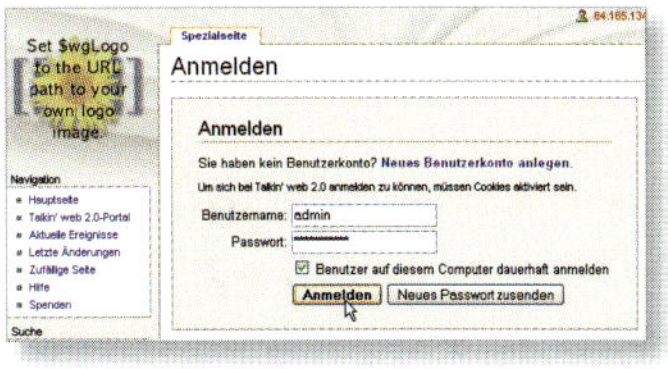

▲ **Abbildung 16.28**
Die Anmeldung in der Wiki-Engine

Nach der erfolgreichen Installation können Sie direkt loslegen. Die Engine ist jetzt lauffähig. Bei MediaWiki stehen Ihnen zahlreiche Optionen zur Verfügung. ■

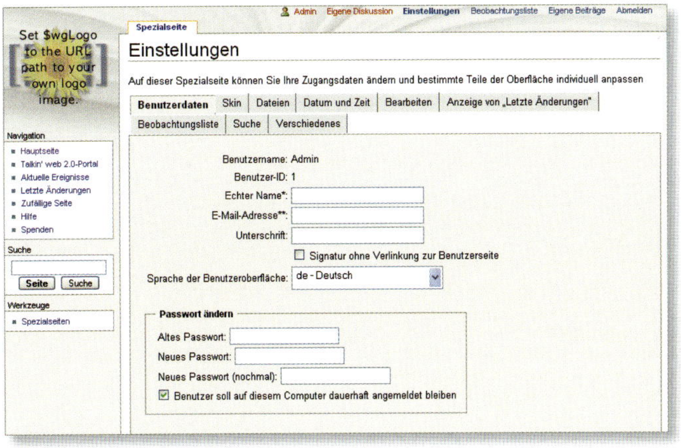

◀ **Abbildung 16.29**
Bei MediaWiki stehen Ihnen zahlreiche Optionen zur Verfügung.

16.4 Zusammenfassung

Wikis stellen eine einfache und elegante Methode bereit, Webinhalte zusammenzufassen, zu verknüpfen und unter einem Dach zu präsentieren. Mit minimalem Zeitaufwand können damit aufwendige Projekte besser organisiert, dokumentiert und verwaltet werden. Im privaten Gebrauch können Wikis zur strukturierten Verwaltung von Daten eingesetzt werden. Unternehmen können mit ihnen die effiziente Zusammenarbeit ihrer Mitarbeiter fördern.

Angesichts der Vielfalt von verfügbaren Wiki-Engines können Sie sich ein System, das Ihren Anforderungen am besten entspricht, aussuchen. Meistens wird MediaWiki komplett ausreichen. Für spezifische Aufgaben sind insbesondere *Trac* (Software-Development), *Twiki* (Business-Lösung), *PmWiki* sowie *Wikka Wiki* (Simple Lösungen) zu empfehlen.

Überzeugen Sie sich bei der Wahl eines Wikis, dass die Engine, für die Sie sich entschieden haben, tatsächlich optimal ist. Bei umfangreichen Systemen wird es im Nachhinein äußerst schwer sein, von einem System zu einem anderen zu wechseln. Soll die Engine intensiv von Ihren Mitarbeitern verwendet werden, so ist es hilfreich, sicherzustellen, dass die Mitarbeiter leicht damit umgehen können und sich keine speziellen Kenntnisse erwerben müssen.

17 Weblogs

Das regelmäßige Publizieren von Inhalten gehört im Web 2.0 zu den unverzichtbaren Attributen eines modernen Webauftritts. Webautoren, Journalisten und Unternehmen greifen zunehmend zu Web Publishing-Tools. Doch wer gerne schreibt, wird nicht notwendigerweise gerne gelesen. Um eine große Leserschaft zu erreichen, muss man regelmäßig Qualität liefern – nach Möglichkeit exklusiv und mit thematischen Schwerpunkten, die für viele Leser interessant sind.

In diesem Kapitel studieren wir das Phänomen Weblogs, ihre Funktionsweise sowie einschlägige Werkzeuge zur Veröffentlichung von Webinhalten. Ein Beispiel wird die Umsetzung eines Wordpess-Templates veranschaulichen. Außerdem geben wir eine Übersicht der wesentlichen Prinzipien des erfolgreichen Bloggens. Diese Regeln haben sich aus der Praxis ergeben.

HINWEIS

Mit einer großen Zahl von Lesern entsteht auch eine große Verantwortung für die Qualität der Inhalte, die im Web der Öffentlichkeit präsentiert werden. Dieser Verantwortung sind sich nur die wenigsten Webautoren bewusst, was sich wiederum an der Qualität der Beiträge im Web widerspiegelt. Nur die wenigsten »Posts« können durch Qualität beeindrucken.

War der Journalismus noch vor wenigen Jahren ein exklusives Privileg der Printmedien, so tritt er angesichts rasanter Entwicklungen des Web 2.0 heute in einem ganz anderen Lichte auf. Hervorgegangen aus Online-Tagebüchern, wird das Publizieren im Web nun zunehmend allgegenwärtiger und qualitativ anspruchsvoller. Allerdings sind es im Web immer noch die wenigsten Beiträge, die durch Qualität zu überzeugen wissen.

Webautoren werden zu selbst ernannten Journalisten. Ihre Berichterstattung geht über den Formalismus klassischer Artikel hinaus, ist mobiler und wirkt meistens persönlicher, wenn auch nicht unbedingt glaubwürdiger. Unternehmen versuchen, ihre Fachkompetenz durch hochwertige Beiträge zu kommunizieren. Und Nutzer stellen ihre Ideen, Gedanken und Lebensabläufe öffentlich zur Diskussion – sowohl privat als auch beruflich.

Nicht zuletzt sind diese Veränderungen durch die Etablierung von neuen Web Publishing-Werkzeugen möglich geworden. Diese erlauben das Publizieren im Web auf einfache Art. Die planmäßige Veröffentlichung, Verwaltung und Wartung der Inhalte läuft beinahe schon mechanisch ab.

70 000 000 Webauftritte
Im Web 2.0 existieren weltweit über 70 Millionen Auftritte, die regelmäßig Beiträge mehr oder weniger regelmäßig veröffentlichen – Tendenz steigend.

Die Tatsache, dass diese Werkzeuge inzwischen sehr einfach zu handhaben sind und sich dabei moderne Webtechnologien zunutze machen, veränderte auch das Format, in dem die Inhalte im Web präsentiert werden. Statische, private Webseiten gaben den Weg frei für dynamische, flexible und automatisierte Auftritte, auf denen den Seitenbesuchern eine Fülle von interaktiven Optionen geboten wird. Dieser Wandel ließ eine Kultur der sogenannten Weblogs entstehen – Online-Tagebücher, die schnell zu einem de facto-Standard in der Webseitengestaltung wurden.

17.1 Was sind Weblogs?

HINWEIS

In Weblogs erscheinen neue Inhalte nicht nur in dazugehörigen Rubriken der Webseite, sondern auch auf der Startseite. Der Seitenbesucher muss somit nicht zu einzelnen Seiten navigieren und kann neue Inhalte direkt auf der Startseite lesen.

Als *Weblog* (*blog, journal*) bezeichnet man einen Webauftritt in Form eines Tagebuchs, dessen Inhalte auf der Seite chronologisch angezeigt werden. Beiträge lassen sich in einer oder mehreren Rubriken ablegen und abrufen.

Jeder Beitrag (*blog post*) wird meistens mit dazugehörigen Tags versehen und erhält eine Adresse (*permanent link*), über die er eindeutig identifiziert werden kann. Typisch für Weblogs ist die Integration von Web Feeds, über die Leser Inhalte abonnieren und verfolgen können.

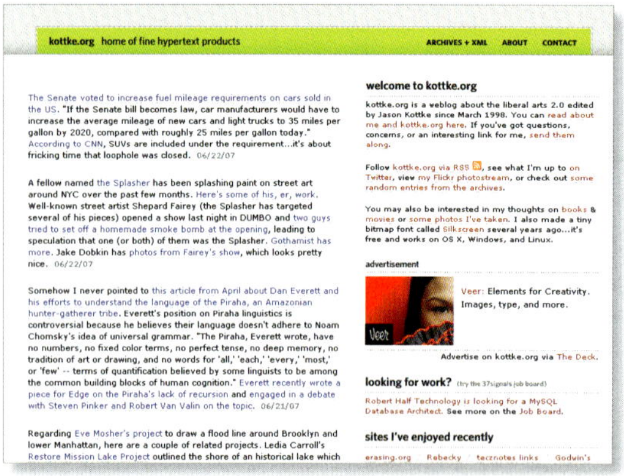

▲ **Abbildung 17.2**
Jason Kottke (kottke.org) gehört zu den weltweit prominentesten A-Bloggern. In seinem Tagebuch schreibt er über Kultur, Medien und das Web.

▲ **Abbildung 17.1**
Read/WriteWeb (http://readwriteweb.com) ist eines der populärsten Weblogs zu den Themen Web 2.0 und moderne Webtechnologien. Das Projekt weist über 76.000 regelmäßige Leser (RSS-Abonnenten) auf.

Die Interaktivität von Weblogs wird durch eine integrierte Kommentarfunktion gegeben. Zu jedem Beitrag können Seitenbesucher ihre Anmerkungen hinterlassen und über den Inhalt diskutieren. Verweisen andere Weblogs auf einen Beitrag über dessen permlink, so können diese automatisch abgefangen und direkt im Weblog angezeigt werden (*trackbacks*).

Die Verwaltung und Wartung von Inhalten erfolgen mittels einer *Web Publishing-Plattform*. Diese sorgt dafür, dass Beiträge in der gewünschten Form präsentiert und sämtliche Zusammenhänge bei der Veröffentlichung neuer Posts automatisch hergestellt werden. So erscheint ein neuer Beitrag nicht nur automatisch auf der Startseite des Weblogs, sondern auch in denjenigen Rubriken, denen er zugeordnet ist, zusammen mit weiteren Beiträgen, die in den jeweiligen Rubriken früher erschienen sind.

Darin liegt der wesentliche Unterschied zwischen Weblogs und statischen Webseiten. Die zuletzt hinzugefügten Inhalte werden immer auf der Startseite eines Weblogs angezeigt. Der Seitenbesucher braucht also nicht zu einer Rubrik zu navigieren, um sich die neuen Inhalte anzuschauen – es genügt, die Startseite des Weblogs aufzurufen.

Der Blogbetreiber kann nach seinem Geschmack sowohl das Design des Weblogs als auch die Funktionalität beliebig gestalten und erweitern. In der Regel sind zahlreiche vorgefertigte Designtemplates verfügbar – genauso wie Plug-ins und Erweiterungen, die leicht eingefügt und angepasst werden können. Die Flexibilität der Templates stellt viel Raum zum Experimentieren bereit, denn die Struktur der Weblogs ist an kein rigides Schema gebunden.

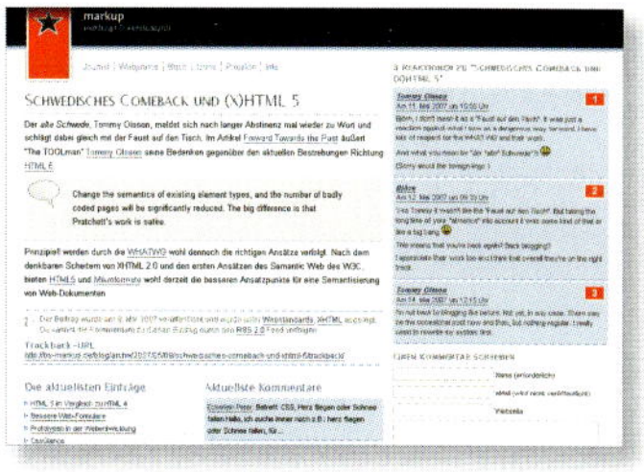

▲ **Abbildung 17.3**
Eine Weblog-Seite mit Kommentarfunktion – ein Tagebuch aus den Zeiten des Web 2.0 (Quelle: Bs-markup.de)

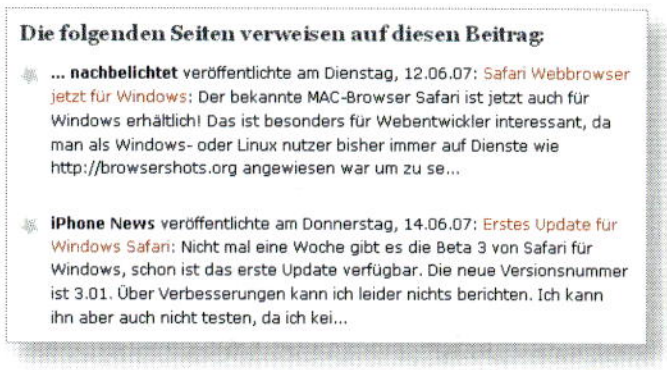

▲ **Abbildung 17.4**
Trackbacks auf Pixelgraphix.de

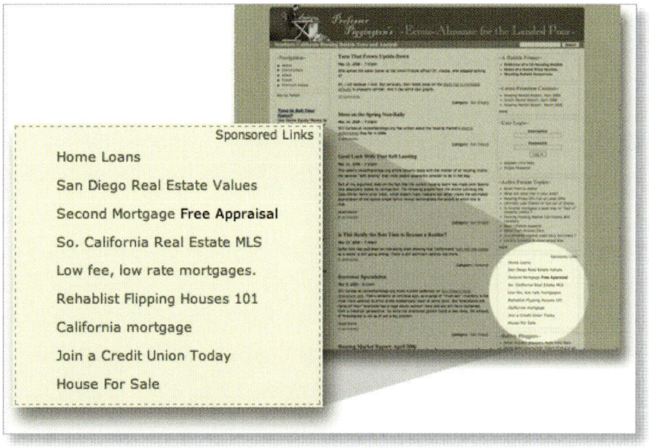

◂ **Abbildung 17.5**
Text-Link-Ads werden als Textverweise in Webseiten eingebettet.

◂ **Abbildung 17.6**
Textanzeigen mit Google AdSense

▲ **Abbildung 17.7**
Text-Link-Ads wirbt mit Einnahmen, die auf Webseiten generiert werden können. Die Einbettung der TLA-Werbung erfordert meistens einen Kompromiss zwischen der Qualität der Inhalte und der Qualität der Werbung.

▲ **Abbildung 17.8**
Google AdSense (google.com/adsense)

▲ **Abbildung 17.9**
Darren Rowse (problogger.net) arbeitet als Vollzeit-Blogger. Sein Einkommen verrät der Blogger gerne – über 100,000 $ pro Jahr.

Die Motivation zum freiwilligen Publizieren von Inhalten basiert in der Regel auf den vielfältigen Möglichkeiten, mit den Inhalten Geld zu verdienen. Typisch für Weblogs sind demnach Werbeblöcke und Sponsoranzeigen, die dort angezeigt werden. Besonders beliebt ist etwa *Google AdSense* (*http://google.com/adsense*), mit dem Einnahmen abhängig von Seitenanzeigen und Werbeklicks abgerechnet werden. Anders geht *TextLinkAds* (*http://Text-link-ads.com*) vor: Die Plattform führt Seitenbetreiber, die ihren Seitenplatz als Werbefläche anbieten, mit Inserenten zusammen, die wiederum für die Platzierung Ihrer Verweise auf populären Webseiten zu zahlen bereit sind.

Die Erfolgsgeschichten von bekannten Bloggern sprechen dafür, dass das Führen eines Weblogs bei einem erfolgreich umgesetzten Konzept zum Hauptberuf werden kann.

Bei der Auswahl einer passenden Weblog-Engine stehen Webentwicklern zahlreiche Optionen zur Verfügung. Zwar liefern alle Systeme die Funktionalität, die von einem Weblog grundsätzlich erwartet wird. Dennoch gibt es erwähnenswerte Unterschiede, die erst nach der monatelangen Erfahrung mit der jeweiligen Engine deutlich werden. Welche Engine sollten Sie wann und zu welchen Zwecken einsetzen? Eine kompakte Übersicht soll hierfür Anhaltspunkte liefern.

17.2 Weblog-Engines in der Übersicht

Im Folgenden betrachten wir die populärsten Blog-Engines, die nicht nur durch ihre Funktionalität zu überzeugen wissen, sondern auch mit vielfältigen Erweiterungen und Templates ausgerüstet sind. Die Wahl einer passenden Engine hängt zumeist von den Erfahrungen des Webentwicklers ab.

17.2.1 Professionelle Lösung für anspruchsvolle Aufgaben

Expression Engine (*http://expressionengine.com*, PHP + MySQL) stellt eine umfangreiche Engine bereit, die mit Elementen eines professionellen und robusten Content Management Systems erweitert wird.

Expression Engine zeichnet sich im Vergleich mit anderen Systemen insbesondere durch die absolute Kontrolle der kleinsten Details aus. Sie verfügt über vielfältige Optionen zur Verwaltung von Templates, Datenbankanfragen, Beziehungen zwischen Inhalten und XML-RPC-Modulen. Auch werden Caching-Optionen sowie automatisierte Captcha-Funktionalität für Kommentare bereitgestellt. Der Inhalt eines Beitrags lässt sich mithilfe der Revisionen zu einer vorherigen Version zurücksetzen. Außerdem können verschiedene Templates für verschiedene Seiten und Gruppen von Seiten definiert werden. Nur *Tags* werden in EE bis jetzt – auch in der letzten Version noch nicht unterstützt.

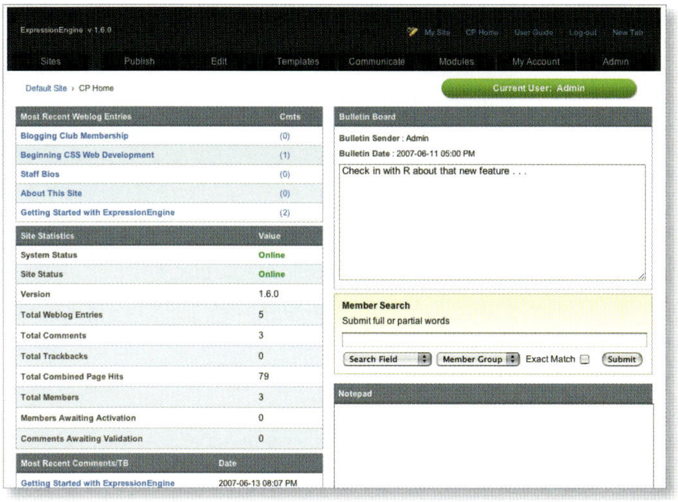

◀ **Abbildung 17.10**
Hauptfenster in ExpressionEngine

Expression Engine ist zwar recht komplex, stellt aber ein beeindruckendes Angebot an exklusiven Funktionen und Möglichkeiten bereit, die man bei anderen Blog-Engines nicht finden wird. Mit dem modularen Aufbau der Engine können Seitenkomponenten in Beziehungen miteinander gesetzt und besser in komplexe Designkonzepte zusammengefügt werden. Insbesondere lassen sich Inhalte vielfältiger platzieren (über die Sticky-Funktion kann ein Beitrag auch nach dem Erscheinen neuer Beiträge für eine gewisse Zeitspanne auf der Startseite bleiben) und flexibler gestalten. In keiner anderen Blog-Engine sind die Optionen zur Darstellung einzelner Seiten in solchem Maße verfügbar.

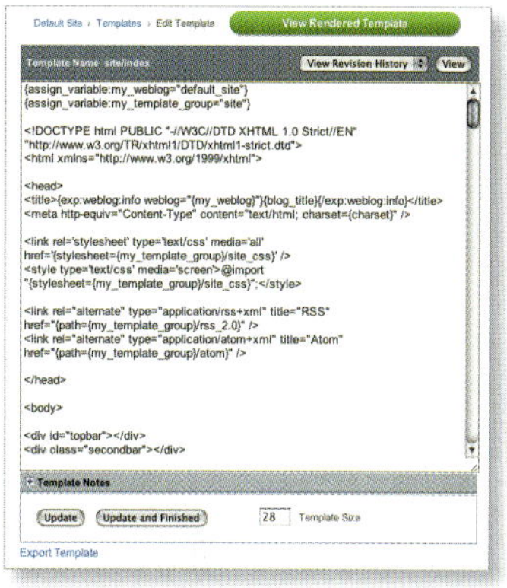

▲ **Abbildung 17.11**
Template Editor in ExpressionEngine

Die Programmierung von Layouts geschieht mithilfe von intuitiven *ExpressionEngine Tags*; mehrere Blogs können parallel verwaltet werden. Darüber hinaus stehen Textfilter sowie die Search-and-Replace-Funktion zur automatischen Korrektur von Texten zur Verfügung. Blogbetreiber können unter anderem Bildergalerien, Wikis und Foren automatisch einfügen, verschiedene Nutzertypen anlegen. Alle Funktionen können über ein User Interface verwaltet werden.

Expression Engine ist ein anspruchsvolles und flexibles Werkzeug, mit dem beliebig komplexe Aufgaben professionell angegangen und behandelt werden können. Bei kleinen Projekten wird man sich dagegen schnell in Details verlieren und die meisten Optionen unbenutzt lassen.

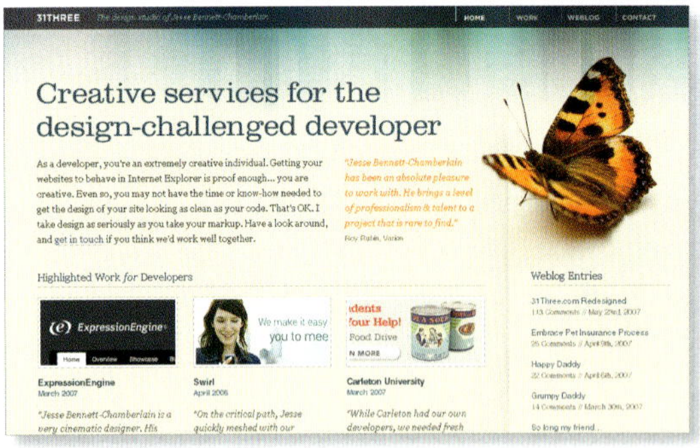

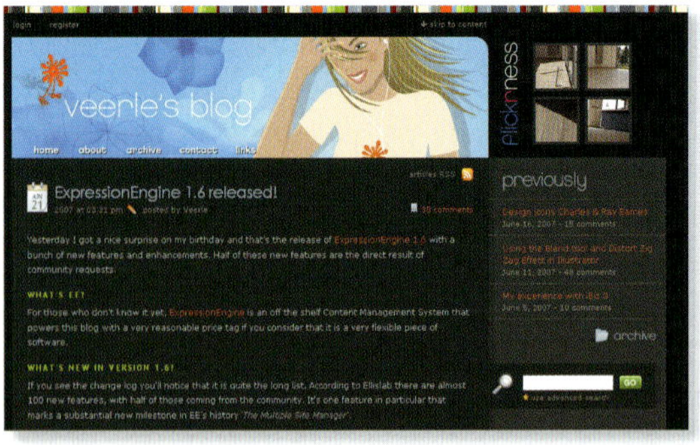

Abbildung 17.12 ▲
Links: Expression Engine im Einsatz (31three.com)
Rechts: Expression Engine im Einsatz (Quelle: 31three.com, Veerle.duoh.com)

Einfaches, elegantes und kompaktes Werkzeug

Movable Type (*http://www.movabletype.com*) überzeugt vor allem durch ein benutzerfreundliches Design und eine kompakte Zusammenstellung von Funktionen. Die klassische (erste überhaupt) Blog-Plattform wird mit mehreren Layouts und Designvorlagen mitgeliefert. Tausende von frei verfügbaren Plug-ins erweitern die Engine mit zusätzlicher Funktionalität.

Der Blogbetreiber kann per RSS Feeds über sämtliche Aktivitäten seiner Besucher informiert werden. Ein eleganter WYSIWG-Editor erleichtert die Eingabe und Formatierung von Beiträgen für Laien und Profis. Für Templates können Programmierer sowohl HTML als auch Movable Type-Tags verwenden.

Außerdem ist es möglich, zwischen statischen und dynamisch generierte Webseiten zu wechseln (etwa um die Serverlast zu minimieren) und mehrere Weblogs gleichzeitig zu verwalten.

Der einzige Nachteil des Movable Type besteht in der relativ mühseligen Installation der Engine. Braucht man bei anderen Systemen höchstens 15–20 Minuten, so ist hier mindestens mit 1 Stunde zu rechnen. Dies nicht wegen der Komplexität der Installation, sondern wegen der Vielfalt der Einstellungen, die festgelegt werden müssen.

Abbildung 17.13 ▼
Text- und Template Editor in Movable Type

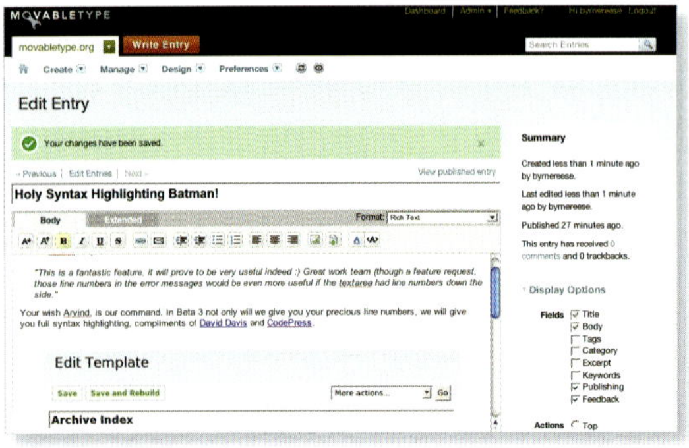

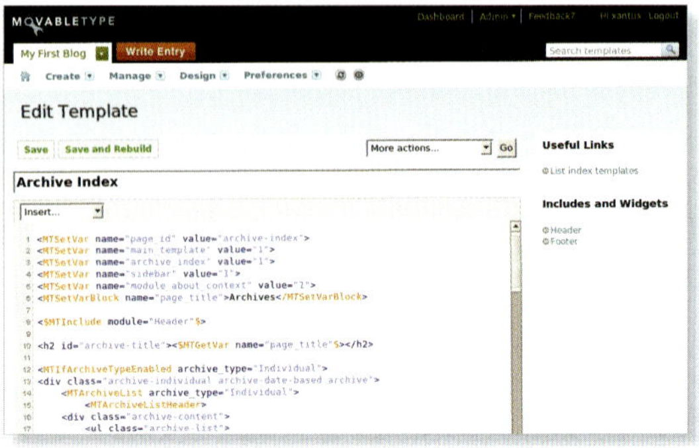

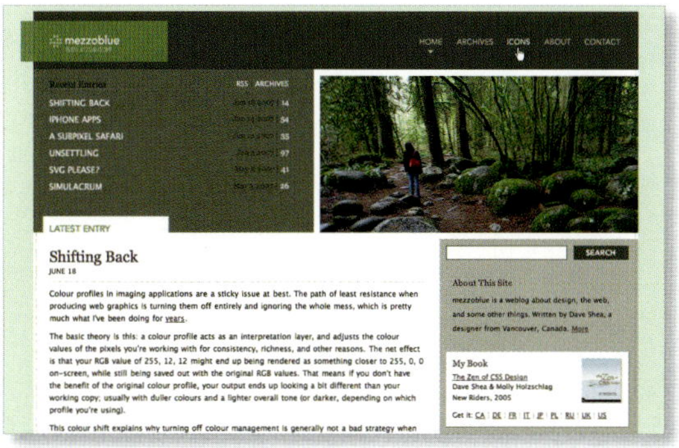

▲ **Abbildung 17.14**
Movable Type im Einsatz auf Mezzoblue.com

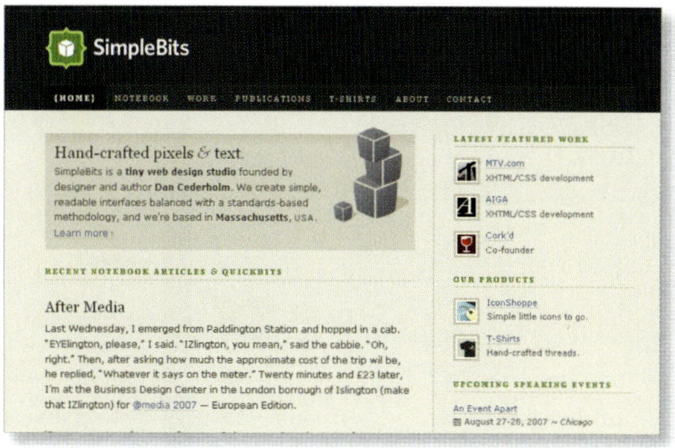

▲ **Abbildung 17.15**
Simplebits.com basiert auf der Movable Type-Engine

17.2.2 Mächtiges CMS mit einfacher Markup-Sprache

Der wesentliche Vorteil von *Textpattern* (*http://www.textpattern.com*, PHP + MySQL) gegenüber anderen Engines ist vor allem eine intuitive Markup-Sprache (Textile), die auch komplexe Seitenelemente wie Tabellen oder Listen mit wenigen Befehlen – ohne Kenntnis von HTML – erstellen lässt. Seiten können zu Gruppen (*Sections*) zusammengefasst werden und als solche über unterschiedliche Strukturen und Darstellungen verfügen.

Seitenbetreiber können beim Einfügen neuer Inhalte direkt zwischen der Textile-, XHTML- und Live-Vorschau wechseln, ohne die Seite neu laden zu müssen. Ein Spickzettel mit sämtlichen Textile-Befehlen wird direkt neben den Eingabefeldern für Inhalte angezeigt. Die automatische Veröffentlichung eines Beitrags zu einem zukünftigen Zeitpunkt ist möglich. Außerdem lassen sich Inhalte aus anderen CM-Systemen importieren und Co-Autoren in 5 Benutzergruppen mit vordefinierten Schreibrechten einteilen. Zusätzlich kann Textpattern sämtliche Aktivitäten der Seitenbesucher speichern und einen leistungsfähigen Spamschutzmechanismus vorweisen. Mit zahlreichen Erweiterungen auf der Seite der Engine lässt sich die Funktionalität der Engine erweitern.

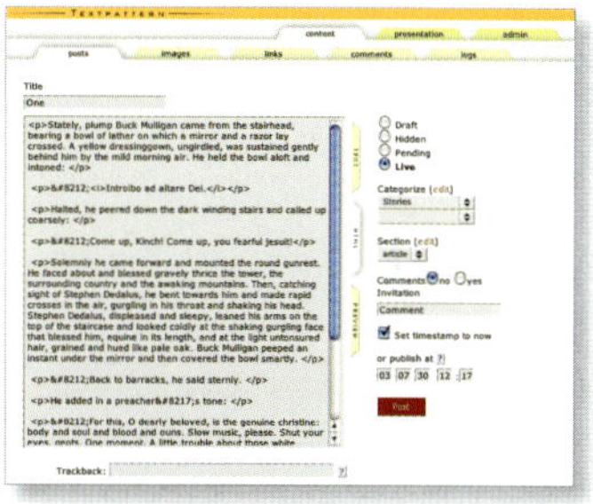

▲ **Abbildung 17.16**
Einfügen neuer Inhalte mit Textpattern

▲ **Abbildung 17.17**
Ändern des Passworts mit Textpattern

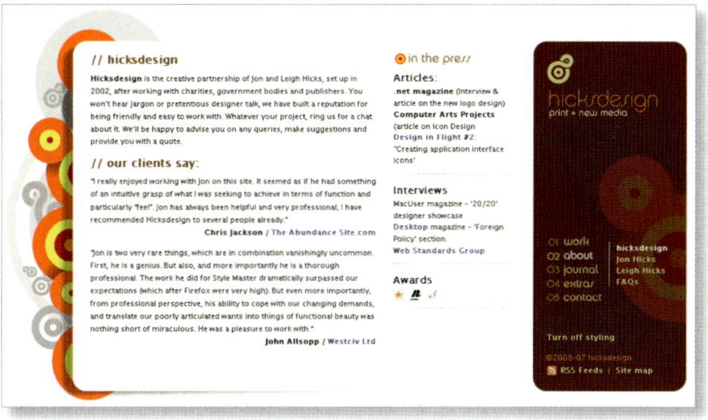

◄ **Abbildung 17.18**
Hicksdesign.co.uk läuft auf Textpattern

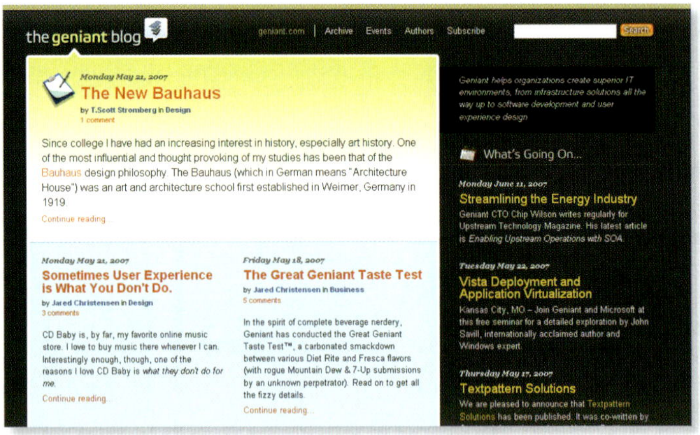

Abbildung 17.19 ▸
The geniant blog (http://geniant-sandbox.com) basiert auf Textpattern.

Textpattern ist eher ein umfassendes CMS als eine minimalistische Weblog-Engine. Eine exzellente Lösung für kleine Projekte, die auch von Autoren ohne tiefgreifende HTML-Kenntnisse schnell und effektiv verwaltet werden kann.

17.2.3 Intuitiver Alleskönner

WordPress (*http://WordPress.org*, GPL, kostenlos, PHP + MySQL) ist mit Tausenden von verfügbaren Templates und Plug-ins die weltweit beliebteste Weblog-Engine. Das Werkzeug lässt sich in wenigen Minuten installieren, bietet eine übersichtliche Navigation und ist sehr einfach zu bedienen.

▲ Abbildung 17.20
WYSIWG-Texteditor in WordPress

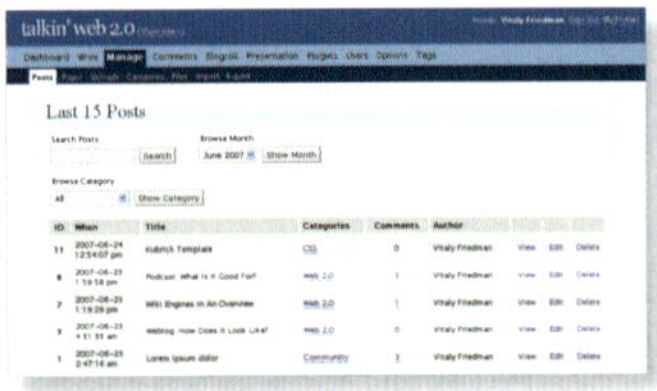

▲ Abbildung 17.21
WordPress im Einsatz – die Übersicht von Posts

WordPress nutzt als einzige Plattform die Texturize-Engine zur Übersetzung von eingefügten Inhalten in semantisch korrekten (X)HTML-Code. Beachtet wird dabei nicht nur die Korrektheit des Codes, sondern auch die Korrektheit der Typografie. Mit einem WYSIWIG-Editor und der direkten Vorschaufunktion kann der Weblogbetreiber seine Änderungen direkt sehen.

Unter anderem lassen sich Weblogs aus *Movable Type* und *Textpattern* automatisch in WordPress überführen. Die Templates sowie CSS-Code können direkt über das Interface verändert werden und sind direkt wirksam. Die Anzeige von Inhalten lässt sich mit der Engine genau festlegen – etwa die Anzahl der Posts, die pro Seite angezeigt werden müssen. Ein mächtiges Framework zur Programmierung von Templates ermöglicht den effektiven und intuitiven Umgang mit dynamischen Inhalten. Dennoch zwingt die Programmierung von Layouts häufig zur Suche nach passenden Plug-ins und zur Programmierung von zusätzlichen Modulen, mit denen der Umgang mit dynamischen Inhalten realisiert werden muss. Die »nackte« WordPress-Engine ist mit grundlegender Funktionalität aufgerüstet.

Mit WordPress kann man verschiedene Kategorien und Seitentypen festlegen; Außerdem können Sie Ihre Seitenbesucher registrieren lassen und Posts mit Passwörtern versehen. Die Verwaltung von mehreren Weblogs in einer Engine ist jedoch nicht möglich.

▲ Abbildung 17.22
Kostenlose Themes für WordPress werden weit häufiger veröffentlicht als für andere Engines. FFF WordPress Theme als Beispiel: http://www.farfromfearless.com/archives/39

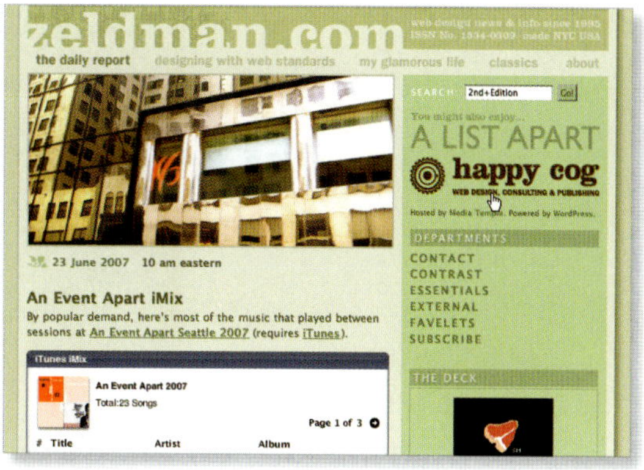

▲ Abbildung 17.23
Zeldman.com verwendet WordPress.

Insgesamt macht WordPress eine gute Figur – insbesondere wegen der intuitiven Benutzeroberfläche und einem soliden Angebot an verfügbaren Funktionen. Wer ein Weblog möglichst schnell installieren und zum Laufen bringen möchte, wird mit WordPress optimal bedient. Angesichts verfügbarer WordPress-Layouts und Plug-ins sollte diese Engine in der Regel Ihre erste Wahl sein.

17.2.4 Leistungsstark und einfach zu bedienen

Zwar mag die Optik der *Serendipity* (S9y.org) nicht unbedingt überzeugen, aus technischer Sicht bietet die Open-Source-Engine jedoch durchaus mehr als etwa WordPress.

Neben »klassischen« Blog-Features wie etwa einem robusten WYSIWG-Editor, Trackback-Funktion und Plug-in-Schnittstellen ist Serendipity mit der leistungsstarken und bewährten Template-Engine *Smarty* ausgestattet. Diese ermöglicht es, komplexe Layouts und Templates innerhalb eines bequemen PHP-Frameworks zu erstellen und damit flexiblen Code zu erzeugen, der wiederverwendet werden kann.

Hinzu kommen Wortfilter, Captcha sowie das zeitlich beschränkte Sperren als Spamschutzmaßnahme, flexible Ein- und Ausgabe von Daten (HTML, Textile, Wiki, BBCode u. A.) sowie die Importfunktion aus *Movable Type*, WordPress und anderen Engines. Ein weiterer Vorteil wird durch die einfache Integration der Engine in bereits existierende Webseiten gegeben. Außerdem

TIPP

Ein Online-Handbuch mit nützlichen Referenzen zu *Serendipity* finden Sie auf *http://www.robertlender.info/blog/archives/2087-Das-fragmentarische-Quer-durch-das-Web-SerendipityS9y-Online-Handbuch.html* (Linkcode 439).

können Web Feeds für einzelne Seitenbereiche (und nicht für ganze Weblogs) automatisch erstellt und abonniert werden. Zahlreiche Plug-ins erweitern die Funktionalität der Engine.

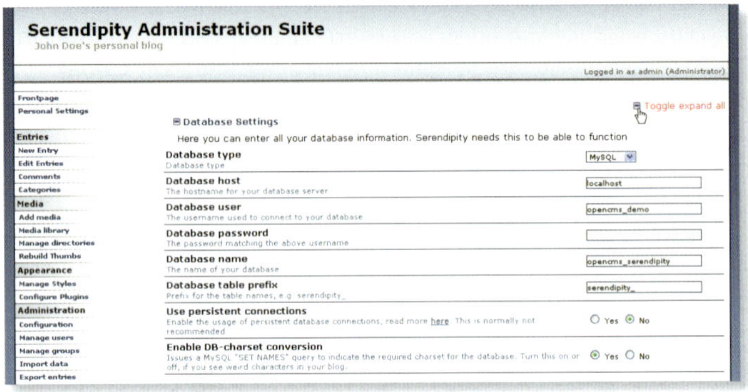

Abbildung 17.24 ▸
Administrationsmenü bei Serendipity.

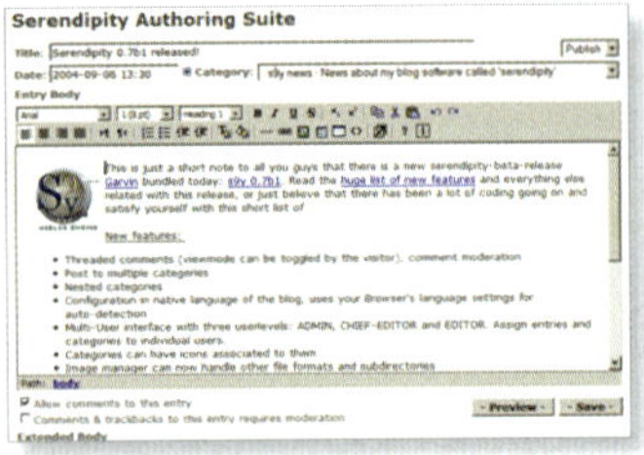

▲ **Abbildung 17.25**
Ein robuster WYSIWG-Editor von Serendipity

Serendipity ist relativ unbekannt, dafür aber sehr leicht zu bedienen und wird sich sowohl bei professionellen Auftritten als auch kleineren Projekten als leistungsstark und zuversichtlich erweisen. Der wesentliche Vorteil des Systems liegt zweifellos in der Integration der Smarty-Engine.

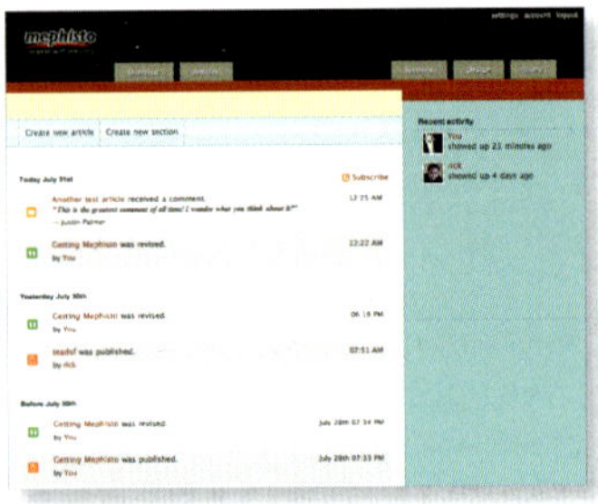

▲ **Abbildung 17.26**
Mephisto, eine eher unbekannte Ruby-on-Rails basierte Weblog-Engine. Bereitet die Blog-Funktionalität kompakt, elegant und benutzerfreundlich auf. Im Bild: Übersicht der letzten Aktivitäten der Blogbetreiber.

17.2.5 Weitere Lösungen

Erwähnenswert ist an dieser Stelle die Ruby on Rails-basierte Blog-Engine *Mephisto* (*http://mephistoblog.com*), die insbesondere ein sehr elegantes und benutzerfreundliches User Interface sowie ein flexibles, fluides Template-System vorweist. Das System ist einfach zu bedienen und genügt einschlägigen Anforderungen moderner Weblogs. Eine sehr ausführliche Dokumentation erleichtert den Einstieg. Voraussetzung: Der Server muss Ruby unterstützen.

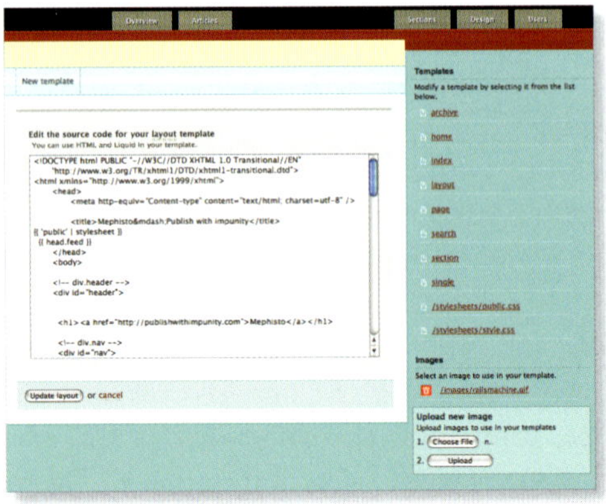

Abbildung 17.27 ▸
Benutzerfreundlicher geht es kaum. Tempate-Editor in der Weblog-Engine Mephisto (http://mephistoblog.com).

Mit *Drupal* (*http://drupal.org*, PHP, GPL) erhalten Sie ein schlaues Werkzeug zur automatisierten Klassifizierung von Inhalten. Thematisch verwandte Beiträge werden von der Engine automatisch erkannt und können dynamisch zu neuen Seitenbereichen zusammengefasst werden (Drupal Taxonomy, scaleable content architecture). Die Installation von Drupal ist dagegen genauso wie die Bedienung des Systems recht anspruchsvoll, zeitaufwendig und benötigt weitgehende Administrator-Rechte auf dem Server.

Ausführliche Vergleichstabellen von weiteren Web Publishing-Systemen können Sie auf *http://unblogbar.com/software* und auf *http://asymptomatic.net/blogbreakdown.htm* nachschlagen. Außerdem lassen sich 21 Engines auf *Weblogmatrix.org* direkt miteinander vergleichen. Demo-Versionen zum Ausprobieren der Engines finden Sie auf *http://www.opensourcecms.com*.

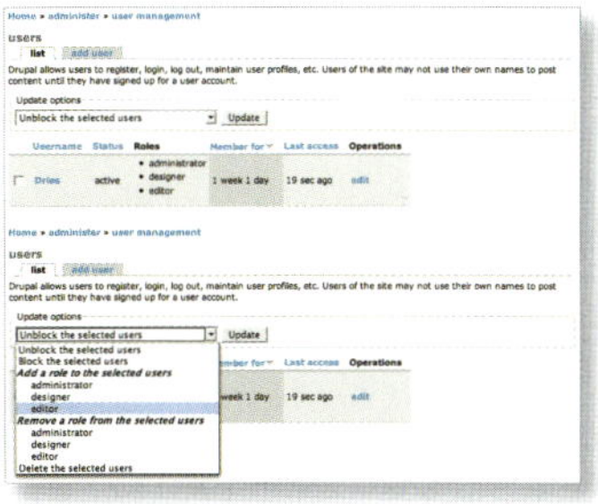

▲ **Abbildung 17.28**
Benutzerinterface bei http://drupal.org: mächtig, aber nicht unbedingt benutzerfreundlich

								EINTRÄGE				
Vergleich	Name	Demo	Version	Lizenz	Sprachen	Voraussetzungen	Kommentar	Mehrere Kategorien wählbar	Mehrere Autoren	Moderation	PW-Schutz	Unterkategorien
☐	b2evolution	Demo	0.9.0.12	GPL	Englisch, Deutsch, zahlreiche weitere	PHP 4.1+, MySQL 3.23+		Nein	Ja	Ja	Ja	Ja
☐	bBlog	Demo	0.7.6	GPL	Englisch	PHP 4.1+, MySQL 3.23+	Trackback nur senden, sehr umfangreich mit Plugins! Threaded-Darstellung f. Kommentare; Smarty Templates	Nein	Nein	Nein	Nein	Ja
☐	Beta-Blogger	Demo	2005-09-05	GPL		PHP 4.1+	Sehr einfach gehalten.	Nein	Nein	Nein	Nein	Nein
☐	Birdblog	Demo	1.4.0	GNU	Englisch, Deutsch	MySQL, PHP		Ja	Ja	Ja	Ja	Ja
☐	Block	Demo	1.0	GPL			Ascii-Art-Modul, korrigierender HTML-Parser für	Nein	Ja	Nein	Nein	Ja

▲ **Abbildung 17.29**
Weblog-Software Vergleichsliste (http://unblogbar.com/software) stellt 32 Weblog-Systeme in 42 Kategorien gegenüber. Die Liste wird regelmäßig aktualisiert.

Ein Blogbetreiber muss nicht unbedingt eine Engine intern auf einem eigenen Server installieren. Viele Dienste bietet ihr Hosting kostenlos an. Meistens wird die Anzeige von Werbung als Gegenleistung gefordert. Blogger.com, Livejournal.com, WordPress.com, Blog.de und Twoday.net bieten ihre Dienste kostenlos an. Eine weitere Übersicht von Weblog-Anbietern finden Sie auf *http://en.wikipedia.org/wiki/Blog_publishing_system* (Linkcode 440).

17.3 WordPress-Theme entwerfen

▲ **Abbildung 17.30**
Auf Blogger.com können Weblogs in wenigen Schritten erstellt werden.

Eine typische Aufgabe, die bei der Erstellung moderner Webauftritte beinahe unvermeidlich auftaucht, ist die Anpassung eines statischen Templates für dynamische Weblog-Engines oder der Entwurf einer dynamischen Layoutvorlage. Da in den meisten Fällen nach schnellen und einfachen Lösungen gesucht wird, wird die WordPress-Engine häufig die Standardvorgabe sein. Zwar erfolgt die konkrete Vorgehensweise bei WordPress, Movable Type und Expression Engine grundsätzlich anders, dennoch

HINWEIS

Zur Übersichtlichkeit werden umfangreiche Code-Stücke ausgelassen; der Quellcode des umgesetzten WordPress-Layouts wird ausführlich dokumentiert und empfiehlt sich zum Selbststudium.

lassen sich gewisse Aspekte nennen, die für alle Engines typisch sind und bei einer konkreten Umsetzung hilfreich sein können. Ein Beispiel zur Implementierung eines WordPress-Layouts kann deshalb nützliche Richtlinien angeben.

Im Folgenden betrachten wir die Anpassung des in Kapitel 10 entworfenen Layouts für die WordPress-Engine. Gewisse Vorüberlegungen erleichtern Ihnen den Einstieg.

17.3.1 Vorüberlegung und Vorbereitung

Die Programmierung von WordPress-Templates ist im Grunde genommen nichts anderes als die Programmierung in PHP mit zusätzlichen Attributen und Methoden, welche durch die WordPress-Engine geliefert werden. Die Umsetzung eines statischen Templates ist meistens viel einfacher als der Entwurf des Templates für Adobe Photoshop.

Bei der Umsetzung eines Templates müssen Sie das Rad nicht immer neu erfinden. Unabhängig von der Zielsetzung ist es nützlich, sich noch vor der konkreten Umsetzung mit einem »Sandkasten« aufzurüsten. Auf WordPress.org finden Sie Dutzende von vorgefertigten Vorlagen für zwei- und dreispaltige Layouts. Diese weisen die übliche Struktur von WordPress-Templates auf und verwenden Methoden und Attribute, die im Allgemeinen auch für Ihre Zwecke nützlich sein werden.

Nehmen Sie sich Zeit, sowohl die einfachsten (Kubrick Theme, *http://binarybonsai.com/wordpress/kubrick*) als auch recht komplexe (Redoable 1.0, *http://www.deanjrobinson.com/WordPress/redoable*) Layouts genau zu studieren, um Muster zu erkennen und die typische Strukturierung von WordPress-Templates zu verstehen. Entwerfen Sie selbst Standard-Templates. Als Vorlagen können Sie entweder selbst angepasste Templates verwenden oder aber eines der Templates, die von WordPress-Package mitgeliefert werden (WordPress Classic und WordPress Default).

Versuchen Sie bei Ihren Templates, den Code so abstrakt und dynamisch wie möglich zu halten. Je häufiger dynamische Anpassungen in der WordPress-Engine zusätzliche manuelle Veränderungen erzwingen, desto schwieriger ist das Template zu handhaben.

TIPP

Beachten Sie, dass Sie die Funktionalität Ihrer Templates beliebig erweitern können, falls Sie externe Plug-ins verwenden und diese in Ihr Layout einfügen.

In der Regel wird die Hauptstruktur von WordPress-Templates aus wenigstens sieben Modulen bestehen. Die zwei eingeklammerten Module werden mit zunehmender Komplexität des Layouts erforderlich sein:

- *index.php*: Ein Hauptcontainer, der regelt, wie die Startseite und die Contentseite angezeigt werden; primärer Infoblock, enthält entweder Beiträge vollständig (*post*) oder Auszüge (*excerpts*) davon

- *header.php*: oberer Seitenbereich
- *search.php*: Suchbox und Behandlung von Suchanfragen
- *sidebar.php*: Sidebar, sekundärer Infoblock
- *comments.php*: Kommentare
- *footer.php*: unterer Seitenbereich
- *404.php*: Seite für Fehlermeldungen
- [*single.php*]: Seite zur Darstellung eines Beitrags in voller Länge
- [*functions.php*]: Sämtliche Funktionen, die extra für ein Template geschrieben worden sind

Diese Namen sind durch WordPress vorgegeben. Liegt etwa *single.php* vor, so wird der Inhalt eines Beitrags automatisch entsprechend den Anweisungen aus *single.php* angezeigt.

Jedes WordPress-Template wird mindestens aus diesen Modulen bestehen. Auch unser Beispiel wird keine Ausnahme sein.

HINWEIS

Die Programmierung von WordPress-Templates ist relativ einfach, benötigt aber Wissen über die Methoden, Attribute und Konstrukte, die in WordPress verwendet werden.

17.3.2 Grundlagen

Vor der Umsetzung des Templates setzen Sie sich mit der Funktionsweise der WordPress-Engine auseinander. So ist es beispielsweise wichtig zu verstehen, dass WordPress für die Abarbeitung (etwa die Darstellung) von abgespeicherten Beiträgen einen Loop von Datenbankanfragen benötigt. Jede Datenbankanfrage stellt der Engine genau einen Beitrag zur Verfügung, der gemäß der Einstellungen des Programmierers ähnlich einer Schleife bearbeitet wird. Ist der Beitrag abgearbeitet, so wird die nächste Datenbankanfrage ausgeführt.

Betrachten Sie den folgenden Loop, der in jedem WordPress-Template auftritt:

```
<?php if (have_posts()) : while (have_posts()) : the_
post(); ?>
// ...Quellcode...
<?php endwhile; else: ?>
<p><?php _e('Sorry, no posts matched your crite-
ria.'); ?></p>
<?php endif; ?>
```

Ins Deutsche übersetzt heißt es so viel wie »falls Beiträge vorliegen [`if (have_posts())`], nimm einen, der noch nicht genommen wurde [`the_post();`], führe Anweisungen des Programms aus [`...Quellcode...`] und wiederhole das Ganze so lange, bis alle Beiträge abgearbeitet sind [`while (have_posts())`]. Sind keine Beiträge verfügbar, so gib eine entsprechende Meldung aus [`Sorry, no posts matched your criteria.`]«. Die Anweisungen betreffen in der Regel die Ausgabe des Beitrags auf dem Bildschirm.

17.3.3 Methoden und Attribute

Bei vielen Methoden und Attributen, die Sie beim Programmieren verwenden, werden Sie feststellen, dass diese nur innerhalb eines Loops funktionieren. So lässt sich die Methode `get_category()`, welche die Rubrik anzeigt, zu der der aktuelle Beitrag gehört, nur innerhalb eines solchen Loops ausführen, da außerhalb des Loops unklar ist, welche Kategorie gemeint ist. Würde sich die Methode innerhalb des oberen Loops befinden, würde man also den Quellcode durch `<?php the_category(); ?>` ersetzen, so würde die Engine alle Beiträge nacheinander abarbeiten und zu jedem Beitrag die jeweilige Kategorie bzw. Kategorien ausgeben.

HINWEIS

Diese Übersicht ist nicht vollständig. Zahlreiche Argumente, mit denen Angaben näher spezifiziert werden können, sind in der Dokumentation auf *http://codex.wordpress.org* ausführlich erläutert.

Unter den wesentlichen Methoden und Attributen werden Sie die folgenden häufiger verwenden:

- `the_author( )`
  liefert den Autor des Beitrags (Loop notw.).
  ```
  <p>Dieser Beitrag wurde verfasst von <?php the_author(); ?></p>
  <p>Dieser Beitrag wurde verfasst von Roger Johansson.</p>
  ```
- `the_category( )`
  liefert den Verweis auf die Kategorie, zu der der Beitrag gehört (Loop notw.).
  ```
  <p>Rubrik: <?php the_category(); ?></p>
  <p>Rubrik: <a href="..." title="...">Web 2.0</a></p>
  ```
- `wp_list_categories( )`
  liefert die Liste von Verweisen zu sämtlichen festgelegten Rubriken des Weblogs.
  ```
  <?php wp_list_pages(‚orderby=ID&title_li=&style=list'); ?>
  liefert eine Liste (style=list), die nach ID sortiert wird und keine Überschrift enthält (title_li ist leer).
  ```
- `wp_list_pages( )`
  liefert die Liste von Verweisen zu sämtlichen festgelegten Seiten des Weblogs.
  ```
  <?php wp_list_pages(‚orderby=ID&title_li=&style=list'); ?>
  liefert eine Liste (style=list), die nach ID sortiert wird und keine Überschrift enthält (title_li ist leer).
  ```

- `wp_link_pages( )`
  erzeugt eine Navigationsstruktur für Beiträge, die sich über mehrere Seiten erstrecken. Um einen Beitrag auf zwei oder mehr Seiten zu »verteilen«, kann man den Quick-Tag `<!--nextpage-->` (zusammengeschrieben) an entsprechenden Stellen setzen. Der Rest wird von der Methode erledigt.
- `<?php wp_link_pages(); ?>`
  genügt, um die Navigation ggf. auf mehrere Seiten zu verteilen.
- `bloginfo( )`
  liefert Information über das Weblog, etwa den Titel, Tagline und Andere zurück.
  ```
  <h1><?php bloginfo('name'); ?></h1>
  <h1>talkin' web 2.0</h1>
  ```
- `the_ID()`
  liefert die ID des aktuellen Beitrags zurück (Loop notw.).
  ```
  <p>Postnummer: <?php the_ID(); ?></p>
  <p>Postnummer: 8</p>
  ```
- `the_title()`
  liefert den Titel des aktuellen Beitrags zurück (Loop notw.).
  ```
  <?php the_title('<h3>', '</h3>'); ?>
  <h3>Podcast: What Is It Good For?</h3>
  ```
- `the_content()`
  liefert den Inhalt des aktuellen Beitrags (Loop notw.).
- `the_excerpt()`
  liefert den Auszug des aktuellen Beitrags (Loop notw.).
- `get_posts( )`
  generiert einen Loop.
  ```
  <?php
  $postslist = get_posts('numberposts=10&
  orderby=post_title');
  foreach ($postslist as $post) : start_wp(); ?>
  <?php the_date(); echo "<br />"; ?>
  <?php the_title(); ?>
  <?php the_excerpt(); ?>
  <?php endforeach; ?>
  ```
  Nimmt 10 letzte Beiträge aus der Datenbank, sortiert sie alphabetisch und gibt für jeden der Beiträge sein Datum, Titel und Auszug aus.

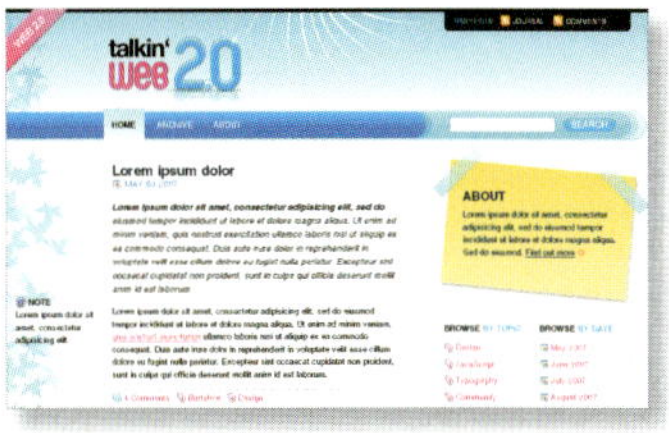

▲ **Abbildung 17.31**
Das statisches Layout des »talkin' web 2.0« soll in ein dynamisches Template überführt werden.

HINWEIS
Eine Übersicht zu weiteren Methoden und Attributen finden Sie auf *http://codex.wordpress.org/Template_Tags* und *http://codex.wordpress.org/Conditional_Tags* (Linkcode 441).

17.3.4 Installation von WordPress

Die Installation der Engine geschieht schnell und schmerzlos: Package herunterladen, Datenbank anlegen, die Konfiguration anpassen (*wp-config.php*), auf einen Server hochladen, Installationsskript starten, Instruktionen folgen – fertig. Das Weblog

HINWEIS
Die berühmte 5-Minuten-Installation von WordPress ist auf *http://codex.wordpress.org/Installing_WordPress* (Linkcode 442) detailliert erläutert. Einfacher geht's kaum.

soll »talkin' web 2.0« heißen und wird auf *http://www.alvit.de/web20* installiert.

▲ **Abbildung 17.32**
Die Installation der WordPress-Engine ist schnell durchgeführt.

▲ **Abbildung 17.33**
Schritt 1: Eingabe des Blog-Titels und der E-Mail-Adresse. An diese werden Zugangsdaten versandt.

▲ **Abbildung 17.34**
Schritt 2: Die Installation ist erfolgreich abgeschlossen.

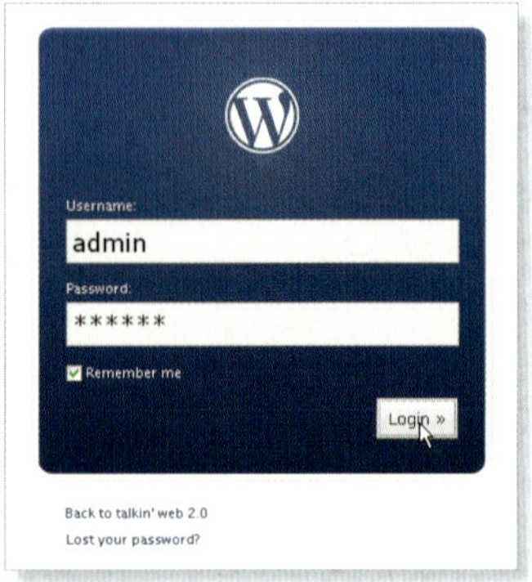

▲ **Abbildung 17.35**
Anmeldung in der WordPress-Engine

▲ **Abbildung 17.36**
Das Hauptmenü der WordPress-Engine.

Abbildung 17.37 ▶
Mit etwas Fülltext erhält man die folgende Standarddarstellung. Die Installation ist abgeschlossen, das Weblog ist lauffähig.

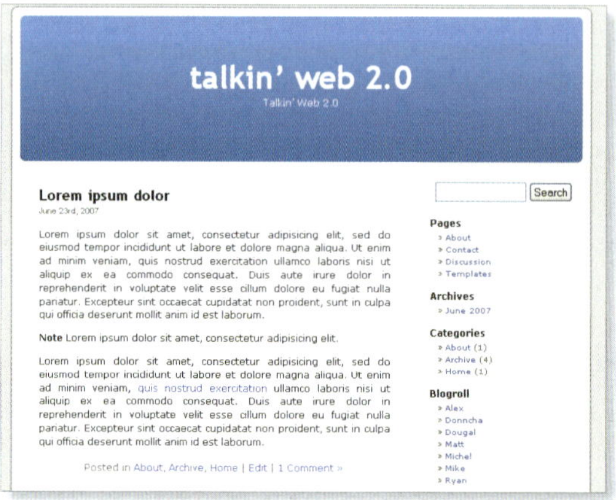

17.3.5 Analyse und Strukturierung des statischen Templates

Analysieren Sie das statische Template und gliedern Sie es in Bereiche auf, die zum oberen Schema der WordPress-Layouts jeweils passen. Arbeiten Sie den Code Schritt für Schritt ab. Bei größeren Templates kann es nützlich sein, entsprechende Codestücke zuerst in einzelne Dateien aufzuteilen und anschließend mit diesen Dateien zu arbeiten. Im Beispiel wurde diese Gliederung bereits vorgenommen.

Bestimmen Sie Rubriken und Seitentypen, die im Weblog verwendet werden und legen Sie diese in WordPress fest. Beachten Sie, dass in WordPress zwischen Rubriken (*Categories*) und Seitentypen (*Pages*) deutlich unterschieden wird. So können Beiträge in Rubriken, aber nicht auf Seiten abgelegt werden. Seiten stellen besondere Einheiten dar, auf denen zusätzliche Informationen präsentiert werden – sie können auch in einer nicht chronologischen Form angezeigt werden.

Um vorhandene Rubriken nicht mit Beispieltexten zu füllen, wird im Beispiel zusätzlich zu »Design«, »Typography« u. A. die Rubrik »Web 2.0« hinzugefügt (MANAGE • CATEGORIES). Als Seiten werden zunächst »Archive« und »About« hinzugefügt (MANAGE • PAGES).

HINWEIS

Bei komplexen Vorlagen ist es notwendig, die Seitenstruktur zuerst in einzelne Bereiche aufzuteilen, um diese die Engine anschließend dynamisch zusammenfügen zu lassen.

Categories & Pages

Categories stehen in WordPress für Rubriken, in denen Daten abgelegt werden, *Pages* für einzelne Seiten, die unabhängig von »üblichen« Beiträgen festgelegt werden.

17.3.6 Hochladen der Dateien und Umsetzen des Header-Bereichs

Je strukturierter die Umsetzung erfolgt, desto weniger Freiraum wird Fehlern und Inkonsistenzen gelassen. Zwecks Einfachheit wird als Standardvorlage das Default-Theme Kubrick verwendet. Sie stellt nämlich die einfachste Vorlage vor, die mit sämtlichen wesentlichen Seitenattributen und Funktionen aufgerüstet ist.

Kopieren Sie das Kubrick-Theme in einen neuen Ordner (im Beispiel *http://alvit.de/web20/wp-content/themes/web20*). Laden Sie Ihre CSS-Dateien in diesen Ordner und benennen Sie diese entsprechend um. Laden Sie außerdem Bilder, JavaScripts, Flash-Dateien u. A. in dazugehörige Ordner auf dem Server. Im Beispiel werden Bilder im Ordner *images/* und die Datei *style.css* (wie durch WordPress standardmäßig vorgeschrieben) in den Ordner des neuen Themes hochgeladen.

Um die Header-Datei anzupassen, wird die Datei header.php geöffnet und mit dem Quellcode des statischen Templates abgeglichen. Elemente, die zum Beispiellayout nicht passen, werden entfernt, Elemente, die nicht vorkommen, werden eingefügt. Im Beispiel betreffen die Veränderungen nur das Element `#wrapper` und die Seitenstruktur der statischen Vorlage, die einfach kopiert wird.

Der Inhalt vor `<body>` bleibt unverändert. Statische Elemente, die im statischen Layout mit konkreten Werten versehen sind,

HINWEIS

Als Vorlage für das dynamische Template wird das Kubrick-Theme verwendet. Es stellt sämtliche Funktionen eines Weblogs in einer minimalistischen Seitenstruktur zusammen und ist demnach optimal für die dynamische Umsetzung eines statischen Layouts.

werden durch dynamische Angaben ersetzt. Der Zugriff darauf erfolgt über die WordPress-Methode `bloginfo()`. Die Methode `_e()` wird zur Ausgabe von Meldungen und Informationen (*echo*) verwendet.

So wird etwa

```
<h1 id="headline"><a href="index.html">talkin' web
2.0</a></h1>
```

zu

```
<h1 id="headline"><a href="<?php bloginfo('url');
?>"><?php bloginfo('name'); ?></a></h1>.
```

Zur Darstellung der Seitennavigation ist es notwendig, mit der dynamisch erzeugten Struktur der Engine zu arbeiten, da ungewiss ist, welche Seitenrubriken in Zukunft erzeugt und verwendet werden können. Diese Flexibilität lässt sich mithilfe der Methode `wp_list_pages( )` erreichen:

```
<div id="navigation">
<ul>
<?php wp_list_pages('orderby=ID&title_
li=&style=list'); ?>
</ul>
</div>
<!-- end header -->
```

An dieser Stellung kommt die durch CSS und (X)HTML gegebene strikte Trennung zwischen Darstellung und Struktur deutlich zur Geltung. Die Gestaltung des Weblogs wird im Wesentlichen beinahe komplett übernommen, nur die Struktur und kleinere Details müssen zusätzlich angepasst werden.

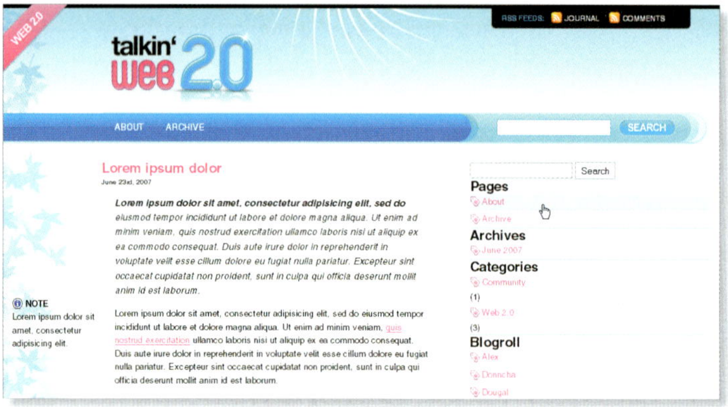

Abbildung 17.38 ▶
Das Verändern des Header-Bereichs und Ersetzen der CSS-Dateien genügen, um die groben Züge der gewünschten Seitendarstellung zu erhalten.

17.3.7 Umsetzung des Content-Bereichs

Die Datei *index.php* regelt die Anzeige des Content-Bereichs. Nach wenigen Anpassungen des (X)HTML-Markups an die CSS-Datei wird es notwendig, auch den PHP-Code entsprechend anzupassen. Das Kubrick-Theme zeigt den kompletten Inhalt eines Beitrags auf einer separaten Seite. Um flexibler zu sein und nicht zwischen mehreren Seiten unterscheiden zu müssen, kann man

```
<div class="entry">
<?php the_content('Read the rest of this entry
&raquo;'); ?>
</div>
```

durch

```
<div class="contenblock">
 <?php if(is_home() || is_category() || is_archive())
{
the_excerpt(); ?>
<p class="moreinfo"><a href="<?php the_permalink()
?>" rel="bookmark">Full article &raquo;</a></p>
<?php
 } else {
     the_content();
 } ?>
```

ersetzen und den wichtigen Inhalt der Datei *single.php* in die Datei *index.php* übernehmen.

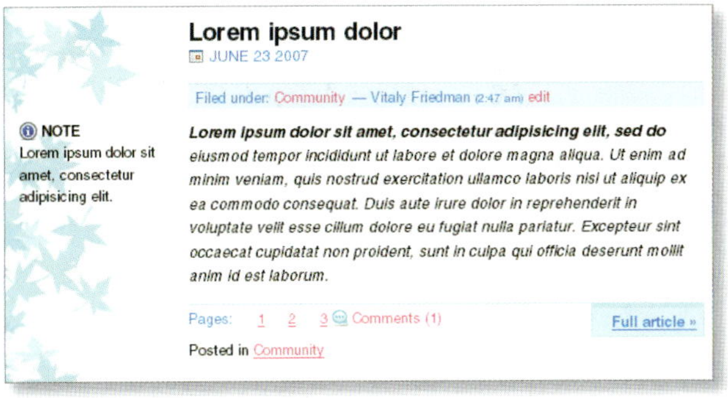

◀ **Abbildung 17.39**
Der Content-Bereich

Pagination, Verteilung des Beitrags auf mehrere Seiten, geschieht in WordPress mit wenigen zusätzlichen Meta-Angaben. Es genügt, `<?php wp_link_pages(); ?>` einzufügen und `<!--nextpage-->-Quicktag im Quelltext des Beitrages zu verwenden.`

Was dabei geschieht, ist die Anpassung der Darstellung bei der Darstellung von Auszügen (*excerpts*) und kompletten Beiträgen

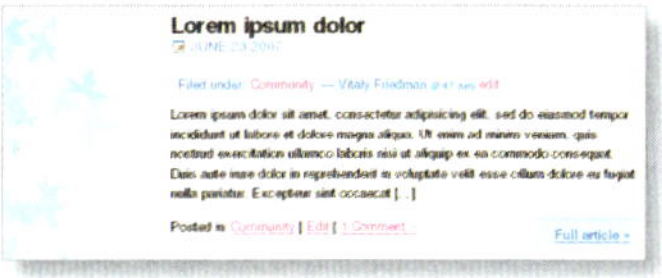

▲ **Abbildung 17.40**
Ohne explizite Festlegung des Auszugs wird der Inhalt automatisch abgeschnitten.

(*content*). Ist die angezeigte Seite eine Startseite, eine Archivseite oder eine Rubrikseite (wird also mit anderen Beiträgen aufgezählt), so soll der jeweilige Auszug mit dem Verweis zum kompletten Beitrag angezeigt werden. Ansonsten wird der Beitrag vollständig angezeigt, ohne zusätzliche Verweise.

Ohne Festlegung des Auszugs wird der Inhalt automatisch abgeschnitten.

Nach der Festlegung des Auszugs wird der Beitrag in der festgelegten Form präsentiert.

Abbildung 17.41 ▶
Excerpt-Version eines Beitrags

Die obere Anpassung sorgt dafür, dass auch die Darstellung des vollständigen Beitrags elegant aufbereitet wird.

▲ **Abbildung 17.42**
Links zum kompletten Beitrag

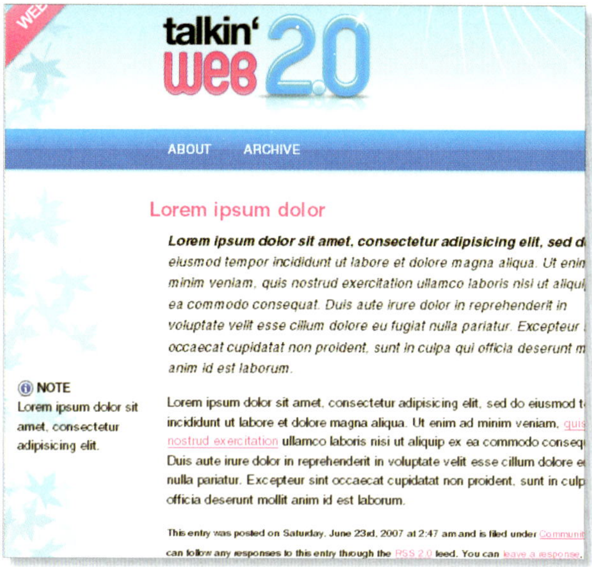

Abbildung 17.43 ▶
Der komplette Inhalt des Beitrags auf seiner eigenen Seite

17.3.8 Umsetzung der Sidebar-, Footer- und Comments-Bereiche

In der `#sidebar` werden Informationen angezeigt, die in der Datenbank abgelegt sind und auf die über WordPress-Methoden bequem zugegriffen werden kann. Das Ablesen und Darstellen von Inhalten geschieht immer nach dem gleichen Muster.

Mit den folgenden Zeilen lassen sich etwa die fünf letzten Beiträge des Weblogs in einer Liste anzeigen:

```
<h3>Latest <em>5 Posts</em></h3>
<ul class="date">
<?php wp_get_archives('type=postbypost&limit=5'); ?>
</ul>
```

▲ **Abbildung 17.44**
Mit `wp_get_archives()` lassen sich etwa fünf letzte Beiträge dynamisch in einer Liste anzeigen.

`Type=postbypost` steht dabei dafür, dass Beiträge hintereinander ausgegeben werden sollen. Mit `type=daily` (Default-Wert) wird eine Liste mit Verweisen zu Tagesarchiven generiert. Es sollen also höchstens fünf solche Verweise erscheinen.

```
<?php wp_list_categories('orderby=name&title_li=');
?>
```

Mit dieser Zeile werden alle Kategorien in Form einer ungeordneten Liste angezeigt. Vor der Liste soll keine Überschrift erscheinen (`title_li = leer`).

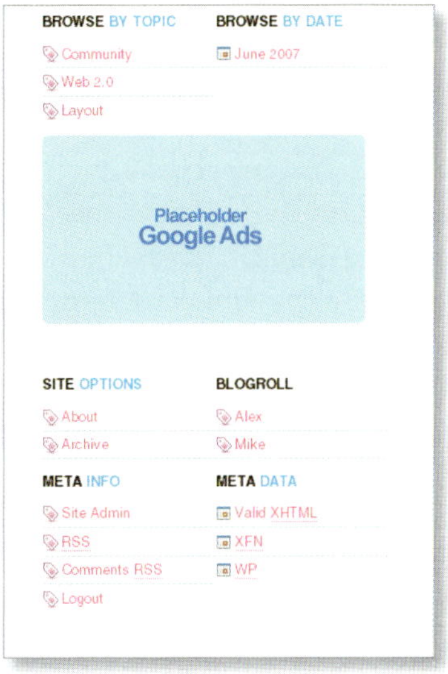

◀ **Abbildung 17.45**
Dynamische Darstellung der Kategorien (Browse by Topic) und Seiten (Site Options)

Die Anpassung des Footer-Bereichs ist mit wenigen Anpassungen des (X)HTML-Markups mithilfe der `bloginfo()`-Methode verbunden. Bei Kommentaren ist ein wenig CSS-Styling notwendig.

▼ **Abbildung 17.46**
Verweise im Footer werden dynamisch erzeugt.

Abbildung 17.47 ▸
Ein wenig CSS-Styling für Kommentare Dynamisches Einfügen von Inhalten

Der `About`-Block im rechten mittleren Seitenbereich sollte automatisch mit Inhalten der Seite »About« gefüllt werden. Um dies zu gewährleisten, empfiehlt es sich, die Methode `query_posts()` zu verwenden. Mit der Funktion lassen sich nur diejenigen Beiträge aus der Datenbank selektieren, die einer Bedingung genügen. Diese können anschließend für einen Loop verwendet werden – zum Beispiel, um alle Beiträge anzuzeigen, die in einer bestimmten Zeitspanne geschrieben worden sind, oder spezielle Inhalte (wie in diesem Fall der »About«-Bereich) darstellen.

Zum Filtern des interessierenden Bereichs wird die Anfrage

```
<p>
<?php query_posts("page_id=2&showposts=1"); ?>
</p>
```

verwendet, wobei `page_id=2` in der Datenbank in diesem Beispiel für den About-Bereich steht (WordPress Manage • Pages). Der Parameter `showposts` gibt die Anzahl der Beiträge an, die selektiert werden sollen.

Anschließend werden die Ergebnisse der Anfrage in einem Loop bearbeitet. Es soll der Inhalt des Beitrags angezeigt werden, also wird die Methode `the_content ( )` verwendet.

```
<p><?php query_posts("page_id=2&showposts=1"); ?></p>
<?php if (have_posts()) : while (have_posts()) : the_
post(); ?>
<?php the_content(); ?>
<?php endwhile; else: ?>
```

```
<p><?php _e('Sorry, no posts matched your crite-
ria.'); ?></p>
<?php endif; ?>
```

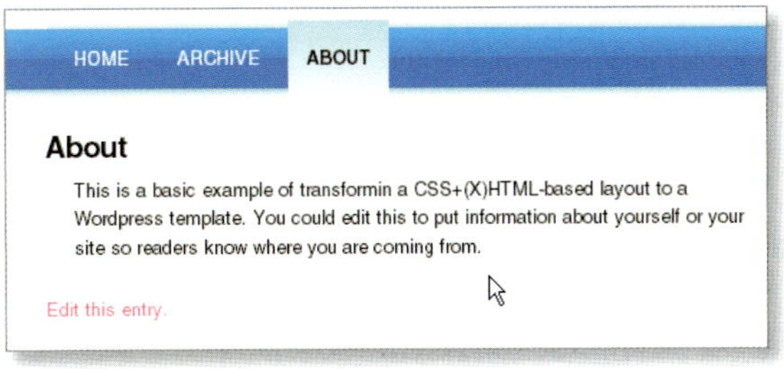

◂ **Abbildung 17.48**
Inhalt der Rubrik »About«

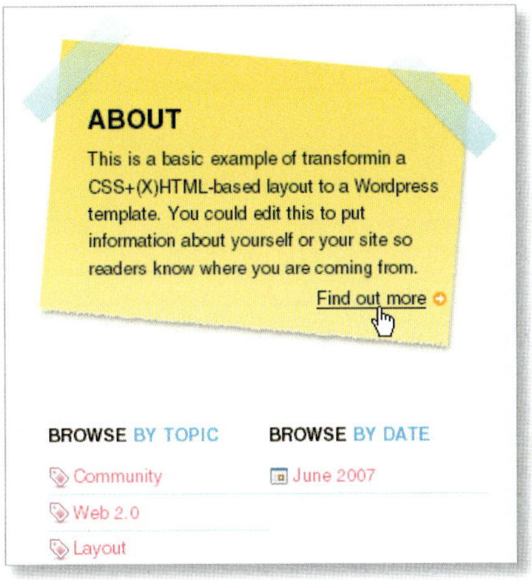

◂ **Abbildung 17.49**
Der Inhalt des About-Blocks stimmt mit dem Inhalt der About-Rubrik überein. Der Inhalt wird automatisch aus der Datenbank gelesen. Bei Veränderungen der About-Rubrik ändert sich auch der Inhalt dieses Blocks automatisch.

Darin zeigt sich die Bequemlichkeit der Loops, mit denen Sie SQL-ähnliche Anfragen bequem ausführen können.

17.3.9 Erweiterungen und manuelle Änderungen

Trotz einer Fülle an verfügbaren Funktionen liefert WordPress nicht immer die Flexibilität, die ein Blogbetreiber von einer Engine gerne hätte. Wegen einer beschränkten Parameterübergabe bei der Methode `wp_list_pages ( )` ist es etwa nicht möglich, die Kategorien in einem Format auszugeben, das die aktuelle Rubrik eindeutig identifizieren kann.

Zwar lässt sich die »aktuelle« Rubrik hervorheben, wenn die Engine sie als solche erkennt. Ist dies der Fall, so wird das aktuelle Listenelement automatisch der Klasse `current_page_item` bei Seitentypen (`wp_list_pages`) und `current-cat` bei Kategorien (`wp_list_categories`) zugeordnet.

Wird dagegen eine Seite angezeigt, die zu einer der vorhandenen Seiten gehört (z. B. Startseite, die zu Home gehört), so ist es ohne manuelle Änderungen nicht möglich, diese Beziehung herzustellen.

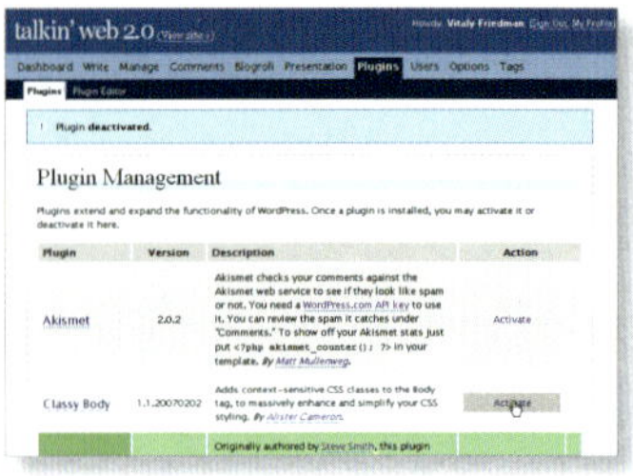

▲ **Abbildung 17.50**
Plug-in-Management in der WordPress-Engine

Eine Alternative ist die manuelle Angabe der verfügbaren Kategorien in einem passenden Ausgabeformat. Die Hervorhebung der aktuellen Rubrik muss dagegen nicht manuell erfolgen. Wie bereits in Kapitel 5, »Navigation«, gezeigt wurde, ist eine dynamische Lösung mithilfe der `body`-Bezeichner möglich. Der Ansatz kann auch in dieser Situation verwendet werden – vorausgesetzt, das Menü wird nur selten verändert.

Zu diesem Zweck kann man das WordPress-Plugin *ClassyBody* (*http://www.alistercameron.com/2007/01/04/wordpress-plugin-classybody* Linkcode 443) einsetzen. Die Erweiterung weist dem `body`-Tag in Abhängigkeit von der Seite, die gerade angezeigt wird, der jeweiligen Klasse zu. Damit lassen sich alle Seiten eindeutig identifizieren. Im Beispiel sollen *Home*, *Archive* und *About* als Seiten auftreten.

In der Datei *header.php* wird

▲ **Abbildung 17.51**
WordPress ist nicht perfekt. Häufig sind auch manuelle Änderungen notwendig.

```
<div id="navigation">
<ul>
<?php wp_list_pages('orderby=ID&title_
li=&style=list'); ?>
</ul>
```

durch einen Block mit statischen Verweisen ersetzt. Die Verweise können aus der dynamischen Darstellung abgelesen werden.

```
<div id="navigation">
<ul>
<li id="home"><a href="<?php bloginfo('url');
?>">Home</a></li>
<li id="archive"><a href="<?php bloginfo('url');
?>?page_id=2">Archive</a></li>
<li id="about"><a href="<?php bloginfo('url');
?>?page_id=3">About</a></li>
</ul>
            </div>
```

▲ **Abbildung 17.52**
Die Selektion einer passenden Rubrik geschieht automatisch mit einer eleganten CSS-basierten Lösung.

Anschließend wird die Präsentation der Listenpunkte in Abhängigkeit von dem `body`-Bezeichner gesetzt. Wird `body` durch `ClassyBody` der Klasse `home` zugewiesen, so wird der Menüpunkt *Home* hervorgehoben. Wird ein Beitrag angezeigt (`body`-Bezeichner `post`), so wird *Archive* markiert.

```
body.post #navigation #archive a,
body.post #navigation #archive a:hover,
body.home #navigation #home a,
```

```
body.home #navigation #home a:hover {
    background: #fff url("images/bg_navigation_
    selected.gif") repeat-x 0 0;
    color: #1f1a11;
    font-weight: bold;
    text-decoration: none;
  }
```

Ähnlich kann man mithilfe des Plug-ins auch weitere Seitentypen wie etwa Suche, Fehlermeldungen usw. entwerfen.

Ein weiteres Plug-in, das von WordPress nicht automatisch mitgeliefert wird, ist *Simple Tagging* (*http://sw-guide.de/wordpress/plugins/simple-tagging* Linkcode 444). Die Erweiterung lässt Blogbetreiber ihre Beiträge mit Tags versehen und diese direkt anzeigen. Nach der Installation des Plug-ins genügt es, zu Beiträgen jeweilige Tags zu setzen. Die Anzeige der Tags kann beliebig formatiert werden.

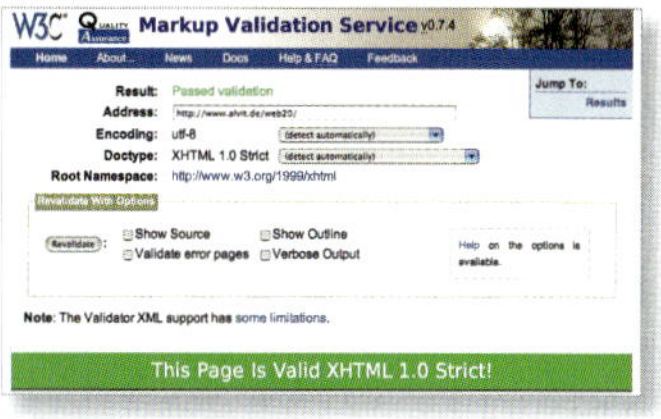

▲ **Abbildung 17.53**
W3C Validator kann bezeugen: Das erstellte WordPress-Theme ist standardkonform.

17.3.10 Validierung, Überprüfung, Zusammenstellung

Wird ein Template vollständig umgesetzt, so ist eine Validierungsphase zur Qualitätssicherung notwendig. Zur Behebung von Fehlern lassen sich W3C-Validatoren verwenden. Diese sollen sicherstellen, dass der Code, der durch WordPress produziert wird, standardkonform ist.

Durch Hinzufügen von weiteren Inhalten erhält man insgesamt die folgende Seitendarstellung:

▲ **Abbildung 17.54**
Der obere Seitenbereich

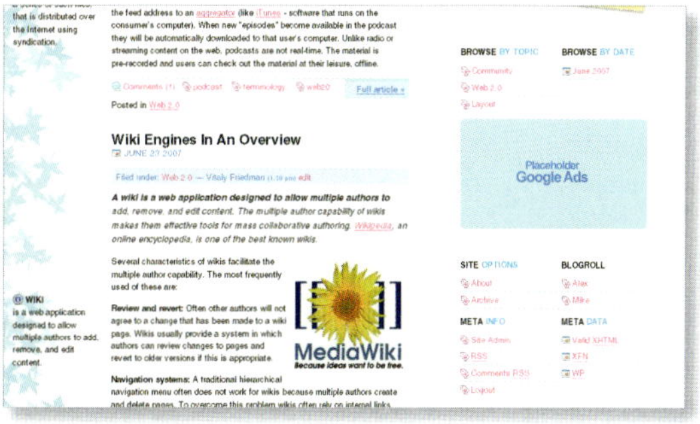

▲ **Abbildung 17.55**
Der mittlere Seitenbereich

Das Ergebnis ist ein einfaches, elegantes und funktionales WordPress-Theme, das einfach zu verwalten ist und mit zusätzlichen Optionen erweitert werden kann.

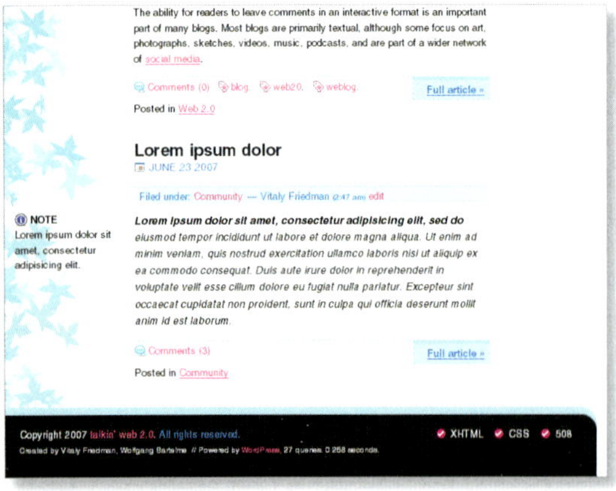

▲ **Abbildung 17.56**
Der untere Seitenbereich

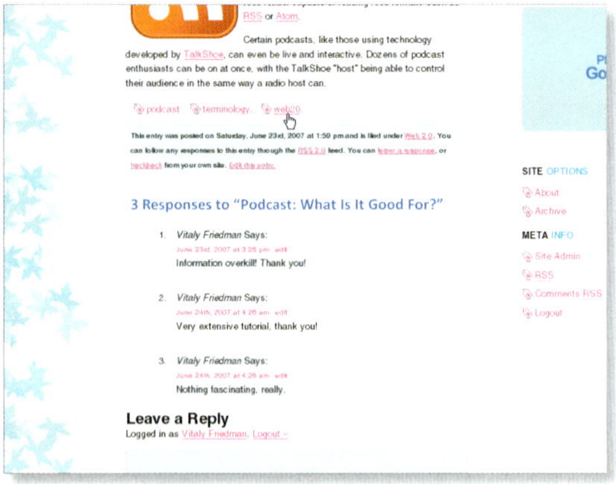

▲ **Abbildung 17.57**
Kommentarfunktion auf der Seite eines Beitrags

17.4 Weblogs: Strategie zum Erfolg

Die wohl schwierigste Aufgabe, mit der Webautoren in der Anfangsphase konfrontiert werden, ist die Etablierung ihres neuen Weblogs neben populären, thematisch verwandten Webauftritten. In der Regel ist das Hinzugewinnen neuer Leser keine einfache Angelegenheit und setzt neben viel Zeit und Geduld auch die nötige Motivation voraus. Eine durchdachte Strategie kann dabei helfen, an der Zielsetzung festzuhalten und beim Publizieren von Inhalten konsistent zu bleiben. Diese Strategie basiert auf typischen Heuristiken, die sich in der Praxis immer wieder als richtig erwiesen haben.

17.4.1 Heuristiken

Erfolg = Qualität + regelmäßiges Publizieren | Je häufiger qualitativ hochwertige Beiträge veröffentlicht werden, desto schneller wird der Erfolg eines Weblogs an zunehmenden Traffic-Werten sichtbar. Jeder erfolgreiche Beitrag erhöht die Besucherzahl und gibt dem Weblog positive Impulse für die Weiterentwicklung.

Das Potenzial des Weblogs steckt nicht im Wissen des Blogbetreibers, sondern im Wissen, das er im Weblog veröffentlicht. Exklusive und nützliche Inhalte stellen Schlüssel zum Erfolg dar.

Eine unangekündigte Pause führt in der Regel zum Verlust an Lesern, die jedoch beim erneuten Publizieren meistens schnell zurückkehren. Wird ein Weblog mehrere Wochen oder Monate nicht mehr aktualisiert, so sinkt die Zahl der Abonnenten rapide. Besucher über Suchmaschinen und externe Verweise kommen trotzdem.

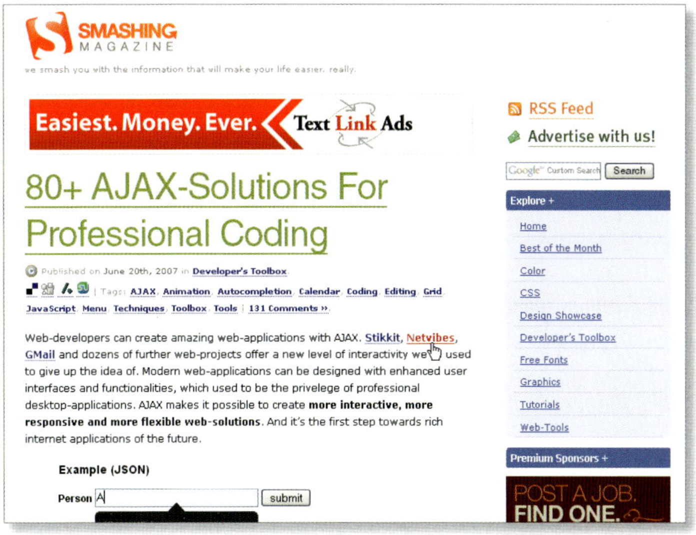

◀ **Abbildung 17.58**
Smashingmagazine.com, das vom Autor des Buchs und Sven Lennartz (Drweb.de) im September 2006 gegründete englischsprachige Online-Magazin für Webdesigner.

Je häufiger Impulse erzeugt werden, desto häufiger (oder genauso häufig) müssen sie in der weiteren Entwicklung des Weblogs erzeugt werden. Negative Signale (wenig ansprechende Posts), die zwischen positiven Signalen erzeugt werden, wirken sich schwächer aus als populäre Posts, die zwischen mehreren Flops veröffentlicht werden.

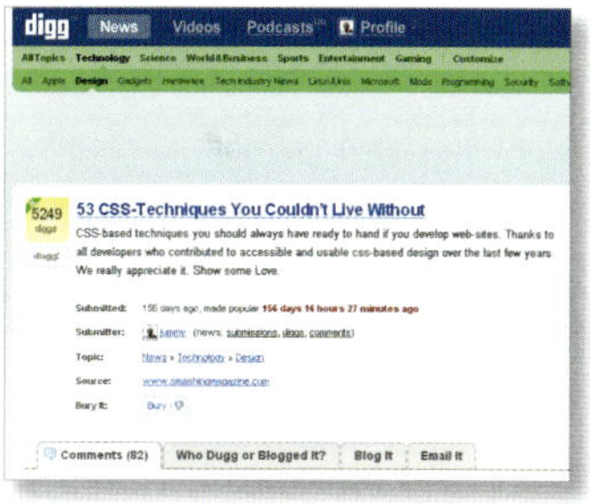

▲ **Abbildung 17.59**
Einer der Smashingmagazine.com-Posts bekam im Laufe von fünf Monaten über 5000 Diggs.

Erfolg setzt ein perfektes Timing voraus | Zur Erhöhung der Popularität ist es vorteilhaft, neue Beiträge genau dann zu veröffentlichen, wenn mit optimalen Bedingungen für ihre Popularität zu rechnen ist. Grund: Der Beitrag soll rechtzeitig in populären Netzwerken wie del.icio.us, Digg.com, Mister-Wong.de u.a. erscheinen. Und zwar genau denn, wenn zum einen möglichst viele Leser für den Beitrag abstimmen oder diesen verlinken können, und zum anderen, wenn möglichst viele Interessenten angesprochen werden können.

Qualität verjährt nicht | Hochwertige Beiträge, die in der Vergangenheit gut gelaufen sind, treten mit der Zeit in den Hintergrund, verlieren aber nicht an Qualität. Dennoch ist die regelmäßige Qualitätssicherung (etwa das Entfernen von nicht mehr existierenden Links) wichtig für die Aufrechterhaltung des Werts eines Beitrags.

Dadurch werden nicht nur treue Leser gefunden, sondern auch Tausende von zufälligen Besuchern, die über Verweise und Suchmaschinenanfragen auf die Seite geführt wurden.

▲ **Abbildung 17.60**
Auf del.icio.us haben 12 200 Nutzer ein Lesezeichen auf einen Beitrag von Smashingmagazine.com gesetzt.

Der Erfolg eines Weblogs basiert auf dem Dominoeffekt | Jeder gute Beitrag kann eine »Explosion« der Anzahl der Seitenbesuche hervorrufen und dem Weblog damit zum Durchbruch verhelfen. Wird ein Artikel von einem prominenten Blogger entdeckt und verlinkt, so kann dieser Verweis seinen Dienst, nämlich Besucher auf Ihre Seite zu ziehen, über Jahre hinweg leisten. Dieser Verweis kann auch von anderen Bloggern entdeckt und verlinkt werden. Durch die Kettenreaktion wird die Popularität des Weblogs regelmäßig automatisch erhöht.

Die Entwicklung eines Weblogs geschieht nicht geradlinig, sondern sprunghaft und weist zahlreiche Schwankungen auf.

Im Netz sind derartige Effekte typisch. Sie stellen die wesentliche Grundlage für die wachsende Popularität eines Weblogs dar. Die Kernaufgabe eines Webautors ist es somit, möglichst viele Stützstellen zu erzeugen (*Linkbaiting*), die von anderen Webautoren entdeckt werden und ein organisches Wachstum – ohne Zutun des Autors – erzwingen. Jeder Verweis ist wichtig.

Der Erfolg eines Weblogs lässt sich planen | Dominoeffekte lassen sich durch gezielte Impulse erzielen. So hilft es etwa, prominente Webautoren durch die Qualität eigener Inhalte zu überzeugen. Die aktive und konstruktive Teilnahme in thematisch verwandten Diskussionen (Weblogs, Foren) lenkt die Aufmerksamkeit anderer auf sich.

Eine übermäßige Planung kann kontraproduktiv sein. Eine Abwechslung zwischen manuellen Eingriffen und organischem Wachstum ist notwendig. Erholungsphasen können nützlich sein.

Die Ansprüche der Leser wachsen mit dem Erfolg des Blogs | Leser stellen an den Autor eines Weblogs gewisse Erwartungen, die erfüllt werden müssen, damit das Weblog regelmäßig gelesen wird. Mit jedem erfolgreichen Beitrag wachsen die Ansprüche der Leser. Jeder Flop spiegelt sich in der sinkenden Anzahl der Abonnenten wider.

Ein erfolgreiches Weblog ist einfacher zu führen | Je populärer ein Weblog ist, desto populärer wird es. Die breite Leserschaft unterstützt den Blogbetreiber durch Verweise auf eigenen und externen Webseiten. Mehr Verweise generieren immer mehr Verweise und somit auch mehr Traffic. Hat sich ein Weblog etablieren können, so wissen Blogbetreiber, welche Inhalte ihre Leser interessieren. Dadurch lässt sich die Aufrechterhaltung der Popularität und Qualität eines Weblogs besser lenken.

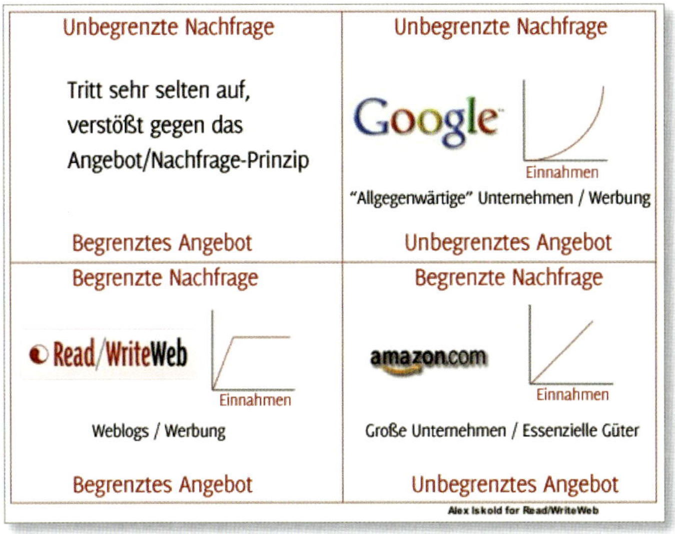

◂ **Abbildung 17.61**
Einkommenswachstum bei verschiedenen Seitentypen laut einer Analyse von Alex Iskold aus Read/Write Web (*http://www.readwriteweb.com/archives/google_the_ultimate_money_making_machine.php* Linkcode 445). Bei Blogs (links unten) gibt es einen Sättigungspunkt.

Das Wachstum jedes Weblogs ist beschränkt | Ähnlich den Wachstumsvorgängen in der Wirtschaft folgt auch das Wachstum von Weblogs gewissen Gesetzmäßigkeiten. Die Popularität ist durch mehrere Faktoren bestimmt. Insbesondere wird der Leserkreis durch das Thema des Weblogs mehr oder weniger fest bestimmt. Die Erforschung neuer Themengebiete kann sowohl zur Erweiterung als auch zum Verlust von Lesern führen. Jedes Weblog erreicht früher oder später einen Sättigungspunkt, der nur durch permanente Erweiterungen und Verbesserungen übertroffen werden kann. Diese sind mit weiteren zeitlichen Investitionen verbunden.

17.4.2 Strategie

Um den zunehmenden Erwartungen anspruchsvoller Leser gerecht zu werden, ist es wichtig, noch vor der Veröffentlichung eines Weblogs einen realistischen vorläufigen Zeitplan zu entwerfen. Überlegen Sie sich Themengebiete, in denen Sie sich gut auskennen und die für viele Nutzer interessant sein könnten. Betrachten Sie zu diesem Zweck erfolgreiche Weblogs aus Ihrem Themenbereich. Vergleichen Sie diese miteinander. Schätzen Sie die verfügbare Zeit nach dem worst-case-Szenario ab.

Seien sie kreativ und einzigartig: Überzeugen Sie durch exklusive Ansätze, ungewöhnliche Vorgehensweisen und außergewöhnliche Themenwahl. Spontane Einfälle können am Rande der Planung platziert werden und beim Verfassen von Beiträgen einen Antrieb für weitere Ideen darstellen. Kopien werden schnell als solche erkannt und einen guten Ruf schon im Keim ersticken.

Versuchen Sie, ihre Leser durch die Themenauswahl zu binden. Planen Sie Inhalte, die im gleichen Umfeld liegen, aber dennoch unterschiedlich genug sind. Tasten Sie unterschiedliche Themen ab.

Die Behandlung von weit auseinanderliegenden Themen kann zwar mehrere Zielgruppen ansprechen, wird aber keine treue Leserschaft in der Anfangsphase entstehen lassen. Außerdem wird es mit der Entwicklung des Weblogs immer schwerer werden, sich auf mehreren Themengebieten zu konzentrieren und hochqualitative Beiträge zu allen Themen regelmäßig zu liefern.

Steht der Entwurf fest, so nehmen Sie sich Zeit für die ausführliche Vorbereitung von Beiträgen zu drei bis fünf Themen, die Sie für besonders interessant halten. Dies kann mehrere Wochen und Monate beanspruchen und erfordert ein hohes Maß an Geduld. Das Ergebnis werden jedoch mehrere nützliche Beiträge sein, die einen erfolgversprechenden Start ermöglichen.

Um ein Weblog zum Laufen zu bringen, erwecken Sie das Interesse der Leser durch einen herausragenden Beitrag. Dies können besonders gut recherchierte Beiträge sein, eine ausführliche, logisch begründete Stellung zu einem kontroversen Thema oder auch ein elegantes und nützliches Geschenk in Form eines Icon-Sets, Spickzettels oder Templates. Bieten Sie etwas an, wofür Ihre Besucher Ihnen dankbar sein werden und deshalb gerne zurückkommen.

Fügen Sie Verweise auf Ihre Beiträge auf einschlägigen Diensten wie del.icio.us und digg.com, aber auch in Webprojekten, die mit Ihrem Thema thematisch verwandt sind. Benachrichtigen Sie Technorati und Google über Ihre Existenz.

Legen Sie für sich ein Tempo fest, in dem Sie Beiträge veröffentlichen wollen. Regelmäßigkeit ist wichtig, aber auch die Qualität der Beiträge, die keinesfalls unter dem Zeitdruck leiden darf. Stimmen Sie die Auswahl der Themen mit ihrer Popularität ab – diese lässt sich häufig an den Kommentaren der Nutzer ablesen.

In der Anfangsphase ist es sinnvoll, die Anzahl an angezeigten Werbeblöcke klein zu halten. Um das Wachstum Ihres Weblogs genau im Auge zu behalten, verwenden Sie moderne Analyse-Dienste. Verändern Sie die Platzierung der Werbung sowie die Farbwahl – sie können sich auf die Klickrate enorm auswirken.

Lesen Sie im Web, was über Sie geschrieben wird. Die Suche in Google und Technorati nach dem eigenen Namen oder Ihrem Weblog wird in den meisten Fällen vollkommen ausreichen.

Modifizieren Sie Ihr Weblog gegebenenfalls. Das Design ist weniger wichtig als eine durchdachte Struktur, die aus Usability-Sicht leicht erkennbar ist und Inhalte deutlich kommuniziert.

Folgen Sie unabhängig von den Ergebnissen in den ersten Monaten Ihren festgelegten Richtlinien. Google benötigt meistens mehrere Wochen, um eine Seite »abzutasten« und ihre Qualität einzustufen. Mit einer zunehmenden Anzahl von interessanten Beiträgen wird auch die Anzahl der Nutzer, die auf Ihre Seite über Suchmaschinen gelangen, zunehmen.

Setzen Sie bei allen Ihren zukünftigen Beiträgen auf Qualität und einen Nutzwert. Experimentieren Sie bei der Auswahl und Präsentation von Inhalten und knüpfen Sie Schritt für Schritt neue Kontakte und Bekanntschaften mit gleichgesinnten Nutzern und Autoren.

In der Regel sollten sich die ersten Früchte Ihrer Arbeit schon nach wenigen Monaten bemerkbar machen. Ist dies der Fall, so ist dies ein Zeichen für die richtige Richtung, die Sie mit Ihrem Weblog eingeschlagen haben.

17.5 Zusammenfassung

Mit Online-Tagebüchern (Weblogs) wird das Web zunehmend zu einem Medium, das durch jeden einzelnen Webautor geprägt und mitgestaltet werden kann. Das Publizieren von Beiträgen erfolgt mit einschlägigen Web Publishing-Werkzeugen einfacher als je zuvor.

Die Wahl einer optimalen Weblog-Engine ist eine Frage der Zielsetzung und Erfahrung, die ein Blogbetreiber mitbringt. In den meisten Fällen wird für einfache Lösungen WordPress ausreichen, für fortgeschrittene Aufgaben eignen sich am besten Textpattern und Movable Type. Profis erhalten mit Expression Engine Kontrolle über ihre Auftritte.

Der Erfolg eines Weblogs ist planbar, bedarf aber eines organischen Wachstums, das durch die Qualitität und Regelmäßigkeit der Beiträge sichergestellt wird.

18 Schlusswort

In seiner zweiten Entwicklungsphase erlebt das Web eine ausgesprochen simple, aber dennoch fundamentale konzeptionelle Erneuerung: Waren Nutzer noch vor wenigen Jahren auf die passive Erforschung von Webinhalten angewiesen, so setzt Web 2.0 auf die Partizipation der Nutzer, um Inhalte, Dienste und Menschen auf interaktiven Plattformen zusammenzuführen.

Vernetzung

Die Vernetzung zweiter Ordnung führt Inhalte, Dienste und Menschen zusammen. Sie entwirft ein neues Paradigma, in dem Webnutzer mit interaktiven Applikationen interagieren.

Was ist geschehen? Der Drang zu offenen Technologien und »leichten«, eleganten Lösungen zeigte zusammen mit wieder entdeckten Konzepten schon am Ursprung des Web 2.0 seine Stärken (Wirtschaft: The Long Tail, Technologie: RSS). Innovative Applikationen mit praktischem Nutzwert für Jedermann (Flickr, Last.FM, del.icio.us) waren das Ergebnis dieser Entwicklung. Diese schufen eine solide Grundlage für *Rich Client Applications* und etablierten ein neues Netzverständnis. Wesentlich in diesem Zusammenhang ist die Tatsache, dass Inhalte, bisher über Querverweise verlinkt, zunehmend semantisch ausgezeichnet wurden und somit auch eine Bedeutung transportieren konnten (*Tagging*).

Netzverständnis

Offenheit und Authentizität sind die wesentlichen Merkmale des Netzverständnisses im Web 2.0. Masken werden abgelegt, Nutzer werden zum Mitdiskutieren aufgefordert.

In diesem Hinblick stellt das Web 2.0 einen wesentlichen Schritt in Richtung dessen dar, was das Web ursprünglich werden sollte. Mit Mikroformaten ist der erste wichtige Schritt in diese Richtung erfolgt. Doch damit wird das Ziel, ein allgegenwärtiges semantisches Netz von Webdokumenten aufzubauen, bei weitem noch nicht erreicht.

Die Weiterentwicklung des Web 2.0, das semantische Web (*Semantic Web*), rückt näher und soll nach Einschätzungen der Experten das World Wide Web weiter verändern. Doch was hat das Web der Zukunft tatsächlich zu bieten? Und wie wird sich Web 2.0 weiter entwickeln? Ein Blick über den »Tellerrand« lohnt sich.

Das wesentliche Merkmal des zukünftigen Webs wird sich in seinen ausgewachsenen Strukturen und Inhalten zeigen. Die beinahe natürliche Selektion von Inhalten und Webauftritten wird das Web qualitativ hochwertiger machen.

Semantische Web

Das von Tim Berners-Lee postulierte semantische Web, in dem sämtliche Inhalte semantisch ausgezeichnet und miteinander verknüpft werden, ist die Hauptmerkmal des zukünftigen Webs. Über die Realisierungsmöglichkeiten des Konzeptes wird heftig gestritten.

Webentwickler können in Zukunft mit einer weiteren Modularisierung von Webseiten rechnen. Präsentation (*CSS*), Seitenstruktur (*(X)HTML*), Logik (*Webdienste, API*) und Daten (*Datenbanken*) werden durch neue Standards noch strikter voneinander getrennt. Die Funktionalität (*Features*) der Websprachen wird sich erweitern und verbessern.

Webnutzer können sich dementsprechend auf eine bessere Qualität der Webapplikationen (*Quality Of Service*) sowie mobile und robuste Anwendungen einstellen. Diese werden schon bald bequemer, flexibler und funktionaler als die vertrauten Desktop-Anwendungen sein.

Interessant ist dabei, dass die semantische Auszeichnung von Inhalten neue dynamische Plattformen anbieten wird, die auf der automatisierten Kombination von Webdiensten basieren. Eine besondere Rolle wird dabei die bereits jetzt schon voranschreitende Personalisierung von Webauftritten spielen.

Neue Werkzeuge

Das Web wird erwachsener, damit auch die Qualität der Inhalte. Mächtige Werkzeuge werden Webentwicklern die Programmierung von interaktiven, benutzerfreundlichen und funktionalen Webapplikationen ermöglichen.

Konkret heißt es, dass die Anfragen eines Benutzers in Abhängigkeit von seinen bisherigen Aktivitäten (in und außerhalb des Webs) beantwortet werden. Liefern Suchmaschinen zu einer Anfrage im klassischen Modell eine Auflistung von Referenzen, deren Relevanz intern eingestuft wird, so werden zukünftige Suchmaschinen mehrere Webdienste dynamisch verknüpfen, die Suchergebnisse live bewerten und diese in Form eines direkten Dialogs mit dem Nutzer präsentieren.

Wichtig ist dabei der Kontext, in dem die Suchanfrage erfolgt. Eine personalisierte Websuche wird es ermöglichen, auf die Interessen jedes einzelnen Nutzers genauer einzugehen. Als wesentliche Grundlage hierzu wird die Integration von Entwicklungen aus dem Bereich der Künstlichen Intelligenz dienen (*Machine Learning*, *Machine Reasoning*, *Natural Language Processing* und Andere).

Personalisierte Suche und Suchdialoge

Sowohl Google als auch Yahoo! arbeiten mit Hochdruck an Konzepten für eine personalisierte Websuche. In Zukunft wird die Suche nach Webinhalten über Dialoge mit Webanwendungen erfolgen.

Allgemein wird der Einsatz von intelligenten Webagenten sowohl die Suche als auch weitere Aktivitäten der Nutzer direkt beeinflussen. Das Verfassen von Inhalten wird etwa durch schlaue Schreibassistenten online möglich sein. Auch die Darstellung von Webseiten und die Auswahl von Inhalten werden personalisiert.

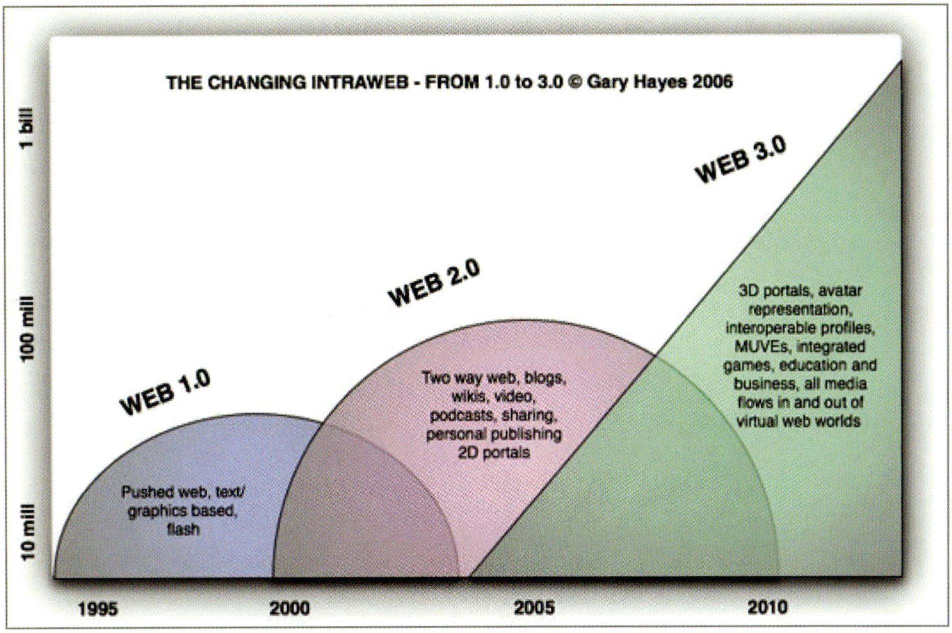

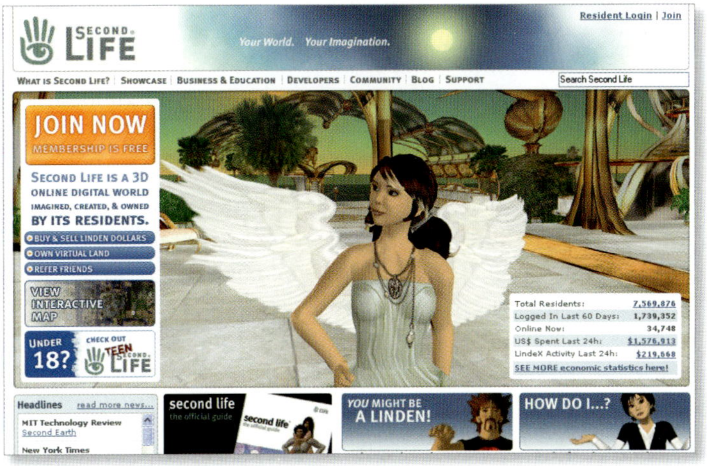

▲ **Abbildung 18.1**
Die Evolution des Webs. Illustration von Gary Hayes (http://personalizemedia.com)

◂ **Abbildung 18.2**
Auf Secondlife.com können Webnutzer ihre digitale Welt erstellen und als Charaktere online spielen. Ende Juni verfügte das Projekt über 7,5 Millionen Nutzer.

18.1 Das mobile Web wird zum Standard

Das mobile Web wird schon in den nächsten Jahren Standard sein. »Mobile« Versionen der Webseiten werden zunehmend erforderlich werden. Der Austausch von Daten zwischen PC, PDA und Handy wird mittels einheitlicher Standards über das Web erfolgen. Auch die Verknüpfung von verschiedenen Geräten wird über das Web möglich sein. So ist etwa zu erwarten, dass eine Rufnummer über einen Verweis auf das Handy übertragen und direkt angewählt werden kann.

18.2 Das Web als Interactive Pool

▲ **Abbildung 18.3**
3D-Browser SphereXPlorer (http://www.spheresite.com)

Neben den Strukturen des Webs wird sich auch die Darstellung von Webauftritten verändern. Außer 3D-Ansichten in einschlägigen Browsern (solche Lösungen gibt es bereits) ist insbesondere ein sogenanntes *Interactive Pool* in Sicht. Webseiten transformieren sich danach in Widgets, die auf einem Desktop in Abhängigkeit von Interessen des Anwenders und Empfehlungen anderer Nutzer dynamisch angezeigt werden. Das System lernt dabei durch Gestik, Sprache, Mimik sowie weitere Reaktionen des Anwenders mit und passt sich dementsprechend an.

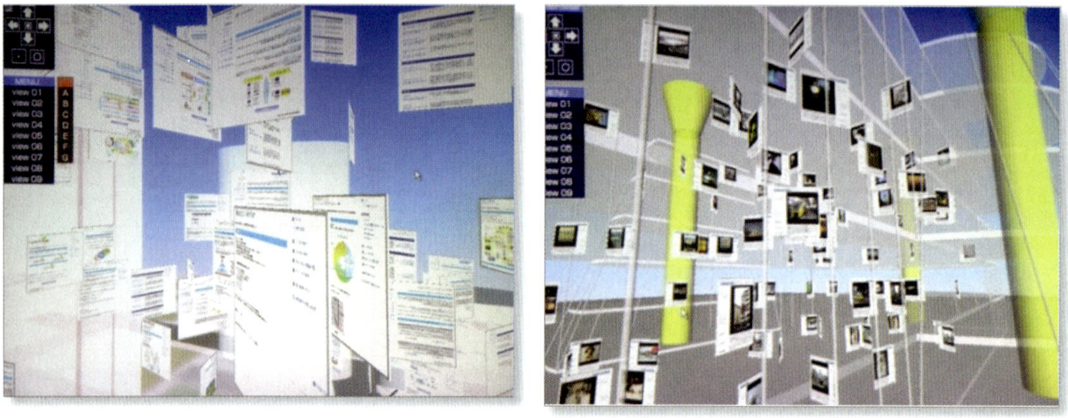

▲ **Abbildung 18.4**
NTT 3D Space Browser: Vorschau. Das Release-Datum steht noch nicht fest. So könnte ein Interactive Pool aussehen.

18.3 Einheitliche Identität und das Web als Betriebssystem

▲ **Abbildung 18.5**
Das Logo von OpenID (http://openid.net). Der Dienst könnte in Zukunft zum Standard der Webauthentifizierung werden.

Das Web wird dynamischer, mobiler und durch mediale Konvergenz immer schneller. Aufgaben, die zur Zeit mithilfe von mehreren Webseiten gelöst werden, können in Zukunft über offene Schnittstellen miteinander verknüpft werden und über definierte Standards Daten austauschen.
Dies erfordert unter anderem eine einheitliche Identifikation auf sämtlichen Webseiten. Vorteil: Nutzer müssen sich nicht auf mehreren Seiten immer wieder registrieren, um einen neuen Dienst zu verwenden. Auch wird die Verwaltung von Benutzernamen und einfallsreichen Passwörtern nicht mehr erforderlich sein. OpenID (*http://openid.net*) ist der erste vielversprechende Ansatz in diese Richtung. Webseiten, die OpenID unterstützen,

erfordern von OpenID-Nutzern bloß eine einmalige Anmeldung, eine Registrierung ist nicht notwendig.

Dies lässt das Konzept des Webs als mobiles Betriebssystem aufkommen, das sich leicht übertragen lässt und überall zugänglich ist (*portable Web*). Das Web-Betriebssystem wird Nutzern viele Möglichkeiten anbieten, die im Moment nur von Desktop-Betriebssystemen geboten werden, aber darüber hinaus noch mobiler, dynamischer und flexibler sind. Hinzu kommt, dass es möglich sein wird, ein Benutzerkonto mit personalisierten Einstellungen von einem Webdienst auf einen anderen zu übertragen.

Inwiefern diese Zukunftsvision in der Praxis umsetzbar ist, wird sich zeigen. Eins steht jedoch fest:

Die Voraussetzungen für eine logische und erfolgreiche Weiterentwicklung des Web 2.0 sind schon heute gegeben.

Index

K

L

M

N

O

P

Q

R

U

V

W

X

Y

Z

Der Name Galileo Press geht auf den italienischen Mathematiker und Philosophen Galileo Galilei (1564–1642) zurück. Er gilt als Gründungsfigur der neuzeitlichen Wissenschaft und wurde berühmt als Verfechter des modernen, heliozentrischen Weltbilds. Legendär ist sein Ausspruch *Eppur se muove* (Und sie bewegt sich doch). Das Emblem von Galileo Press ist der Jupiter, umkreist von den vier Galileischen Monden. Galilei entdeckte die nach ihm benannten Monde 1610.

Gerne stehen wir Ihnen mit Rat und Tat zur Seite:
marc.czesnik@galileo-press.de bei Fragen und Anmerkungen zum Inhalt des Buches
service@galileo-press.de für versandkostenfreie Bestellungen und Reklamationen
stefan.krumbiegel@galileo-press.de für Rezensions- und Schulungsexemplare

Lektorat Marc Czesnik
Fachgutachten Wolfgang Bartelme, Graz
Korrektorat René Wiegand, Bonn
Cover Barbara Thoben, Köln
Typografie und Layout Vera Brauner
Herstellung Steffi Ehrentraut
Satz SatzPro, Krefeld
Druck und Bindung Himmer AG, Augsburg

Gesetzt aus der Linotype Syntax mit Adobe InDesign CS3. Gedruckt wurde es auf chlorfrei gebleichtem Bilderdruckpapier.

Bibliografische Information der Deutschen Bibliothek
Die Deutsche Bibliothek verzeichnet diese Publikation in der Deutschen Nationalbibliografie; detaillierte bibliografische Daten sind im Internet über http://dnb.ddb.de abrufbar.

ISBN 978-3-8362-1087-4

1. Auflage 2007